连续三届荣获全国年鉴编纂质量特等奖

山东金融年鉴

SHANDONG JINRONG NIANJIAN

2014

（总第15卷）

山东金融年鉴编纂委员会

图书在版编目（CIP）数据

山东金融年鉴.2014/中国人民银行济南分行主编
-- 北京：中国财政经济出版社，2014.9
ISBN 978-7-5095-5637-5

I. ①山… II. ①中…III. ①地方金融事业-山东省
-2014-年鉴 IV. ①F832.752-54

中国版本图书馆CIP数据核字（2014）第194751号

封面设计：马丽君
版式设计：宋文胜

中国财政经济出版社 出版
URL：http：//www.cfeph.cn
E-mail:cfeph@cfeph.cn

社址：北京市海淀区阜成路甲28号 邮政编码：100142
营销中心电话：010-88190406 北京财经书店电话：010-64033436
济南黄氏印务有限公司印刷（0531-88711234）
889*1194毫米 16开 52.75印张 2000千字
2014年10月第1版 2014年10月第1次印刷
印数：1-4500册 定价：260.00元
ISBN 978-7-5095-5637-5
（图书出现印装问题，本社负责调换）
本社质量投诉电话：010-88190744

《山东金融年鉴》编委会

《山东金融年鉴》编辑部

本卷特邀编委

各市地工作站站长

济 南	窦重田	潍 坊	邓大海	滨 州	王 伟
青 岛	于洪平	济 宁	高 雷	德 州	李文强
淄 博	王玉华	泰 安	赵尊振	聊 城	王银光
枣 庄	任宪文	威 海	邵明志	临 沂	吕大军
东 营	刘春华	日 照	厉平福	菏 泽	王志华
烟 台	李信见	莱 芜	张勤清		

本卷金融统计资料供稿人员

潘海艳　任代滨　张 杨　尹 琳　李 媛

本卷编校、排版、彩页设计人员

马丽君　刘 茜　王 娜　贠晓雅

一、《山东金融年鉴》优秀工作者名单（2013 年度）

（一）人民银行系统

中国人民银行临沂市中心支行　谢玉军
中国人民银行东营市中心支行　石文华
中国人民银行聊城市中心支行　王银光
中国人民银行日照市中心支行　丁　文
中国人民银行莱芜市中心支行　吕　华
中国人民银行青岛市中心支行　董　莉
中国人民银行烟台市中心支行　崔　艳
中国人民银行滨州市中心支行　王春昕

（二）政策性银行、商业银行及其他金融机构

中国邮政储蓄银行山东省分行　梁　骞
中国建设银行股份有限公司山东省分行　刘太丽
中国银行股份有限公司山东省分行　张　民
中国农业发展银行山东省分行　段玉华
中国工商银行股份有限公司山东省分行　段维斌
中国光大银行股份有限公司青岛分行　张钟文
天津银行股份有限公司济南分行　田　霄
上海浦东发展银行济南分行　燕　峰
中国银联股份有限公司山东分公司　段好勇
广发银行股份有限公司济南分行　郝文刚
中信银行股份有限公司济南分行　施广智

二、本卷优秀稿件获奖名单

（一）人民银行系统

一等奖：青岛、菏泽、济宁、莱芜、淄博、泰安、日照、威海、聊城
二等奖：临沂、营业管理部、潍坊、枣庄、烟台
三等奖：东营、滨州、德州

（二）监管局、政策性银行、商业银行

一等奖：中国邮政储蓄银行山东省分行、交通银行股份有限公司青岛分行、中国光大银行股份有限公司济南分行、天津银行股份有限公司济南分行、中国农业发展银行山东省分行、中国建设银行股份有限公司山东省分行、国家开发银行青岛市分行、交通银行股份有限公司山东省分行、华夏银行股份有限公司青岛分行、渤海银行股份有限公司济南分行、中国银行业监督管理委员会山东监管局、中国证券监督管理委员会山东监管局、平安银行股份有限公司青岛分行、中国工商银行股份有限公司山东省分行、华夏银行股份有限公司济南分行、中国银行股份有限公司山东省分行、中国民生银行股份有限公司济南分行、北京银行股份有限公司济南分行、上海浦东发展银行济南分行、兴业银行股份有限公司青岛分行、招商银行股份有限公司济南分行、中信银行股份有限公司济南分行、中国农业银行股份有限公司山东省分行、中国光大银行股份有限公司青岛分行、恒丰银行股份有限公司、广发银行股份有限公司济南分行

二等奖：中国光大银行股份有限公司烟台分行、中信银行股份有限公司青岛分行、平安银行股份有限公司济南分行、中国进出口银行山东省分行、中国邮政储蓄银行青岛分行、山东省农村信用社联合社、兴业银行股份有限公司济行、浙商银行股份有限公司济南分行、中国建设银行股份有限公司青岛市分行、中国工商银行股份有限公司青岛市分行、上海浦东发展银行青岛分行、中国保险监督管理委员会青岛监管局、中国农业银行股份有限公司青岛市分行

三等奖：招商银行股份有限公司青岛分行、中国银行业监督管理委员会青岛监管局、中国保险监督管理委员会山东监管局、国家开发银行山东省分行、中国证券监督管理委员会青岛监管局、中国民生银行股份有限公司青岛分行

（三）保险、资产管理公司及信托等机构

一等奖：山东省国际信托有限公司、太平财产保险有限公司山东分公司、中国信达资产管理股份有限公司山东省分公司、太平人寿保险有限公司山东分公司、泰山财产保险股份有限公司、中国平安财产保险股份有限公司青岛分公司、中国东方资产管理公司青岛办事处、中国长城资产管理公司济南办事处、中国平安人寿保险股份有限公司青岛分公司

二等奖：华泰财产保险有限公司青岛分公司、中国人寿保险股份有限公司山东省分公司、中国人民财产保险股份有限公司山东省分公司

三等奖：中国华融资产管理股份有限公司山东省分公司、中国太平洋财产保险股份有限公司山东分公司

（四）其他参编机构（中小金融机构及金融院校）

一等奖：渣打银行（中国）有限公司青岛分行、中国石化财务有限责任公司山东分公司、日本山口银行股份有限公司青岛分行、瑞穗实业银行（中国）有限公司青岛分行、汇丰银行（中国）有限公司济南分行、新韩银行（中国）有限公司青岛分行、南山集团财务有限公司、南洋商业银行（中国）有限公司青岛分行、汇丰银行（中国）有限公司青岛分行、中国银联股份有限公司山东分公司

二等奖：企业银行（中国）有限公司青岛分行、中国重汽财务有限公司、山东大学经济学院、中国银联股份有限公司青岛分公司、山东钢铁集团财务有限公司、齐鲁工业大学财政与金融学院

三等奖：山东重工集团财务有限公司、海尔集团财务有限责任公司、海信集团财务有限公司

三、《山东金融年鉴》(2013年卷)综合考评获奖名单

（仅限考核人民银行系统）

一等奖：临沂、东营、聊城、日照、莱芜、青岛、烟台、滨州、威海、淄博、济宁、枣庄
二等奖：泰安、菏泽、德州、营业管理部、潍坊
三等奖：（注：此项暂缺）

编 辑 说 明

一、《山东金融年鉴》是反映山东省金融事业改革和发展历程的大型历史性、资料性工具书，是系统了解山东省经济金融运行状况较为理想的媒介。它通过登载各种经济、金融数据和史实资料，全面系统地反映山东省金融改革和发展的全貌，为贯彻实施货币政策、加强金融监管，防范和化解金融风险，推动金融改革和发展提供系统资料和基础数据。

二、山东省金融系统的年鉴编撰工作，开启于2000年，当时的名称为《中国人民银行济南分行金融年鉴》，内容反映了辖内山东、河南两省的金融运行态势及状况，该《年鉴》自2000年卷开始至2004年卷，连续出版了五卷。

《山东金融年鉴》自2005年卷启始，上承《中国人民银行济南分行金融年鉴》，本卷为第十五卷。今后仍将每年出版一卷。按年度系统地反映山东省金融事业的运行和发展状况。

三、本卷的内容，主要反映2013年山东省金融运行的状况及金融改革和发展的历程。在具体组稿、筛选和编纂工作中力求体现科学性、资料性、全面性和连续性。对山东省金融事业有影响的大事、情况，以及反映全省各金融机构业务发展的相关数据、文字和图片资料，我们均尽力收录并进行了精心编辑加工。

四、本卷年鉴采用条目式整体编排，适当考虑金融业务部门的单元组成。各金融机构的排列顺序，力求按一般惯例，不含名次高低之意。

五、本卷年鉴中，国民经济统计资料以统计局的口径为准；有关金融方面的数据资料，主要是根据各金融机构“全科目”上报系统数据加工整理，由中国人民银行济南分行提供；各金融机构文稿中的统计数据，由该机构自行提供；在使用时请注意统计口径的差别和适用范围。

六、为更好地发挥《年鉴》存史、教化、启智、咨政、励新作用，从2009年卷起开辟了经济金融数据研发部分——金融地图，以期通过对相关数据资料的研发制作，达到更加全面、形象、深刻、准确地反映金融运行态势的目的。

七、《山东金融年鉴》的编纂工作是在中国人民银行济南分行党委和山东省各金融业监管部门、政策性银行、商业银行、保险、证券、信托公司等省级管辖行和公司负责人共同组成的编委会的组织领导下进行的。工作中得到了山东省金融系统各单位的大力支持。各组稿、编纂人员为本书的出版付出了辛勤的劳动；广大摄影爱好者提供了大量的图片资料。在此表示衷心的感谢。

《山东金融年鉴》编辑部

2014年8月28日

中国人民银行 济南分行

THE PEOPLE'S BANK OF CHINA JINAN BRANCH

分行党委书记、行长

杨子强

分行党委副书记、副行长

于华民

分行巡视员

李亚新

分行党委委员、副行长

李建文

中国人民银行 济南分行

THE PEOPLE'S BANK OF CHINA JINAN BRANCH

分行党委委员、副行长

刘克俭

分行党委委员、副行长

肖龙沧

分行党委委员、纪委书记

刘振海

分行党委委员、营管部主任

陈好孟

分行党委委员、副行长

王均坦

分行党委委员、工会主任

王珐琰

2013年1月8日，山东省副省长夏耕到济南分行调研。

2013年4月26日，为加强监管合作，共同维护金融稳定，人民银行济南分行与山东证监局经过多次协商沟通，修定了《关于加强证券期货监管合作共同维护金融稳定的备忘录》。杨子强行长与山东证监局徐铁局长正式签署该项备忘录，标志着山东省证券期货监管合作工作正式启动。

2013年5月17日，人民银行济南分行与山东省社科联、山东师范大学共同举办了“放飞中国梦，主题展暨金融知识进校园”活动。人民银行济南分行工会主任王珏琰、山东省社科联副主席张洪明、山东师范大学副校长张文新出席了活动启动仪式。

2013年5月29日，人民银行济南分行党委中心组围绕“落实科学发展观，加强县域金融风险管控”专题，深入学习了订单农业融资和县域金融风险管控相关内容。分行党委书记、行长杨子强主持会议并讲话。与会人员实地参观了寿光新世纪种苗有限公司。

2013年6月14日，借助全国统一的“信用记录关爱日”的契机，人民银行济南分行举办了《征信业管理条例》专题培训暨征信文艺宣传活动，节目涵盖歌曲、舞蹈、小品等多种形式，全面展现了全省征信文化建设成果。

2013年9月10日，人民银行总行党委委员、副行长刘士余出席济南分行党委举办的党的群众路线教育实践活动专题民主生活会。

2013年10月30日，人民银行总行党委委员、副行长李东荣视察济南分行。

2013年11月27日，人民银行总行党委委员、行长助理金琦莅临人行威海市中支就货币金银工作开展调研。

2013年12月9日，人民银行总行党委委员、副行长刘士余，党委委员、行长助理郭庆平到德州就金融支持现代农业发展开展调研。

中国银行业监督管理委员会山东监管局

陈育林

党委书记、局长

解晓非

党委副书记、副局长（正局级）

刘悦芹

党委委员、副局长

王忠坦

党委委员、副局长

张孟军

党委委员 纪委书记

葛彬

监管副巡视员

宁敏

副巡视员

山东银监局成功举办“十年辉煌谱华章”建局十周年教育展览

阎庆民副主席到山东调研

山东银监局召开 2013 年工作会议

山东银监局党委中心组召开两会精神学习扩大会议

山东银监局召开《商业银行资本管理办法（试行）》实施推进工作会议

夏耕副省长到山东银监局调研

山东银监局召开全辖银行业消费者权益保护工作会议

全国“送金融知识下乡”工作推进会暨金融知识专题宣传片发布仪式在潍坊召开

山东银监局召开系统党的群众路线教育实践活动动员大会

山东银行业“金融知识进万家”宣传服务月活动正式启动

山东银监局召开2013年三季度监管分析会议

中国银行业监督管理委员会青岛监管局

熊　涛

党委书记、局长

王永存

党委副书记、副局长

罗　中

党委委员、纪委书记

徐　强

党委委员、副局长

韩　冰

党委委员、副局长

李继明

党委委员、副局长

1月23日，青岛银监局召开2013年辖区银行业监管工作会议。

7月3日，青岛银监局召开全体干部大会，银监会副主席郭利根宣布熊涛担任青岛银监局党委书记、局长。

9月1日，青岛银监局在五四广场举行青岛辖区银行业金融知识宣传服务月活动启动仪式。

9月28日，2013年青岛市银行业职工运动会在天泰体育场隆重举行。

10月8日，熊涛局长带队到青岛港调研。

11月12日，青岛银监局召开“党的群众路线教育实践活动专题民主生活会情况通报会”。

12月18日，青岛银监局召开全体干部大会，银监会人事部副主任董铁峰宣布王永存任青岛银监局党委副书记、副局长。

12月25日，中国金融工会青岛工作委员会恢复成立。

中国证券监督管理委员会　山东监管局

China Securities Regulatory Commission　Shandong Bureau

党委书记、局长

冯鹤年

党委委员、副局长、纪委书记

陈　飞

党委委员、副局长

赵洪军

山东证监局局长冯鹤年到沂源县拟上市企业调研

山东证监局组织召开山东辖区会计监管暨2013年年报审计监管工作会议

山东证监局联合山东省金融办、日照市政府、大连商品交易所举办“铁矿石期货与市场发展报告会”

山东证监局举办山东辖区上市公司财务总监培训暨交流活动

中国保险监督管理委员会 山东监管局
China Insurance Regulatory Commission Shandong Bureau

局长

孙建宁

副局长

曹光中

副局长

鲁 青

副局长

姚 飞

2013年1月6日，山东省委常委、常务副省长孙伟深入到济南市基层保险机构调研了解保险服务情况。

2013年3月，山东保险业组织开展“保险让生活更美好，保险知识进万家”活动，大力普及保险知识，开展消费者教育。

2013年7月8日，首个全国保险公众宣传日期间，山东保监局组织我省保险业18家保险行业协会、75家保险公司开展了形式多样的宣传活动，发放各类宣传材料10万余份。

2013年7月30日至8月2日，中国保监会副主席周延礼（左二）带队到山东开展蹲点调研，通过走访交流、明察暗访、会议座谈等形式，深入了解行业发展情况，广泛听取意见建议。

2013年9月2日，山东保监局联合山东省金融办召开座谈会，深入研究讨论如何贯彻落实省政府《关于加快全省金融改革发展的若干意见》，推动山东保险业改革发展工作。

2013年12月，山东省分管副省长夏耕到山东保监局视察调研。

中国保险监督管理委员会
China Insurance Regulatory Commission

青岛监管局
Qingdao Bureau

青岛保监局在“11.22”中石化黄岛输油管道爆炸事故重灾区域召开理赔现场调度会。

2013年7月8日全国保险公众宣传日期间，青岛保险业深入社区开展宣传活动。

2013年7月10日青岛保监局召开保险社会监督员座谈会。

青岛保监局吉立群副局长（右一）参与车险理赔服务现场测评。

2013年9月青岛保监局巩庆军局长带队赴平度调研基层保险市场并召开座谈会。

2013年11月青岛保监局巩庆军局长带队赴中国人寿青岛市分公司调研并召开座谈会。

2013年“11.22”中石化黄岛输油管道爆炸事故发生后，青岛某保险公司查勘员在现场查勘。

2013年9月青岛保监局赴平度调研基层保险市场，召开各保险公司分支机构座谈会。

2013年9月青岛保监局巩庆军局长带队赴莱西调研，会见莱西市副市长丁朝霞。

1994-2014

二十回首

再奋新程

庆祝中国农业发展银行成立20周年

中国农业发展银行
AGRICULTURAL DEVELOPMENT BANK OF CHINA

建设新农村的银行

ICBC 中国工商银行 山东省分行

中国工商银行山东省分行成立于1985年1月。一直以来，该行始终秉承“您身边的银行，可信赖的银行”的服务理念，积极支持地方经济社会发展，努力为广大客户提供卓越金融服务。经过近三十年的不懈努力和稳健发展，全行综合实力大幅提升，品牌影响不断扩大，在企业年金、电子银行、信用卡、投资银行等多项业务领域拥有领先的市场地位。

工行山东省分行各级机构持续开展员工技术练兵活动，积极提升客户服务技能。图为该行济宁分行营业部组织员工进行班后技术练兵，以老带新传授翻打传票、点钞等业务技巧。

工行山东省分行各级机构积极开展金融知识普及教育服务活动。图为该行员工主动上门为企业财务人员传授点钞技巧，宣传反假币常识。

2013年，该行在省委、省政府正确领导下，认真贯彻宏观经济金融政策，全面落实金融监管要求，加快经营转型，优化信贷结构，创新业务产品，为全省经济社会发展提供了有力的资金支持和高效的金融服务。截至年末，该行本外币表内外融资余额7700余亿元，较年初增加1000余亿元。其中各项贷款余额5600余亿元，较年初增加500余亿元。与此同时，深入实施接力式服务改进计划，围绕服务百姓民生，改进服务模式，强化规范化管理，服务质量、效率和层次进一步提高。济南市中支行营业室被中国银行业协会授予“2013年中国银行业文明规范服务百佳示范单位”。山东省分行被省政府授予“山东省金融发展贡献奖”。

工行山东省分行各级机构积极开展多种形式社会公益行动，履行企业社会责任。图为该行青年员工在“泉水节”期间开展志愿服务活动。

工行山东省分行聘请专业老师进行手语培训，提高对特殊客户的服务能力。

中国农业银行
AGRICULTURAL BANK OF CHINA
山东省分行

获总行服务暗访测评和客户满意度调查“双第一”。

荣获“改善农村支付服务环境先进集体”荣誉称号。

2013年，农行山东省分行以服务地方经济发展为己任，认真贯彻落实山东省委省政府和农总行各项决策部署，坚持“同业争排头、系统创一流”的战略目标，不断加快金融改革创新步伐，持续加大信贷投放力度，切实提升金融服务水平，积极支持全省经济社会发展。各项存款余额达到6853亿元，比年初增加546亿元；各项贷款余额4552亿元，比年初增加393亿元；实现中间业务收入55亿元；实现拨备后利润135亿元。先后荣获“山东省管理创新十佳企业”、“改善农村支付环境先进集体”、“改革开放35周年企业文化竞争力优秀单位”等荣誉称号。

出台一揽子信贷政策和管理办法大力支持新型城镇化和农业新型经营主体发展。

积极参与社会公益活动

中国银行 山东省分行
BANK OF CHINA SHANDONG BRANCH

山东省委书记姜异康会见中国银行董事长田国立

中行总行纪委书记张林莅鲁调研期间与客户亲切交谈

山东中行跨境财富管理峰会现场

山东中行与青岛农商银行签订战略合作协议

中国银行山东省分行成立于 1913 年，是省内持续经营时间最长的银行，辖内机构网点 621 家，员工达到 1.9 万人。

近年来，山东中行以建设“系统内一流分行”和“省内最具竞争力银行”为指引，紧跟国家战略，担当社会责任，倾力服务实体经济，带动业务持续发展。2013 年末，全行本外币表内外授信达到 6330.58 亿元，较年初增长 681.27 亿元，并引进 560 亿元海外资金支持山东经济发展。各项存款余额达到 5189.19 亿元，较年初增长 469.05 亿元。国际结算、中小企业授信、信用卡、网络银行等业务指标均居中行系统首位，绩效考核排名连续五年位居系统前三，连续六年实现无案件无事故，成功跻身“系统内一流分行”。

党委书记、行长 何兴祥

在百年的发展历程中，山东中行多元化、国际化的经营特色和比较优势得到不断巩固和提升。2009 年以来与 30 余家海外机构联动，叙做山东电建三公司 19.1 亿美元国际银团、兖州煤业 29 亿美元海外并购、烟台万华 9 亿欧元债务置换等重大“走出去”项目 20 余个，提供融资支持 110 亿美元；作为唯一的银行业代表，连续六年参与省政府“香港山东周”招商活动，铸就了省内“走出去”企业首选银行品牌。先后被省委、省政府授予“优秀企业”、“山东省金融创新奖”，被媒体评为“最具竞争力银行”、“服务山东功勋品牌”等称号，在省政府 2012 年度民主评议政风行风活动中名列金融业第一名。

中国银行赞助“母亲健康快车”发车仪式

山东中行关爱新市民子女捐赠活动

山东中行喜迎百年华诞

中国建设银行
China Construction Bank

山东省分行

建行山东省分行是中国建设银行股份有限公司辖属的一级分行，下辖各类机构807个、员工2万余人。2013年，分行认真贯彻国家宏观经济政策和央行货币政策，坚持服务实体经济的基本方向，着力优化资源配置，加大综合融资投放力度，支持山东省经济结构调整和转型升级，全力保障改善民生，维护金融运行秩序，充分发挥了国有大银行在服务地方经济发展中的作用。截至2013年末，各项存款余额5746亿元，各项贷款余额3854亿元，实现拨备前利润132亿元，实现中间业务毛收入58.5亿元。先后荣获“诚信3.15百姓满意度优秀金融品牌”、“山东十大服务品牌”、2013年度“山东省履行社会责任示范企业”等荣誉称号。

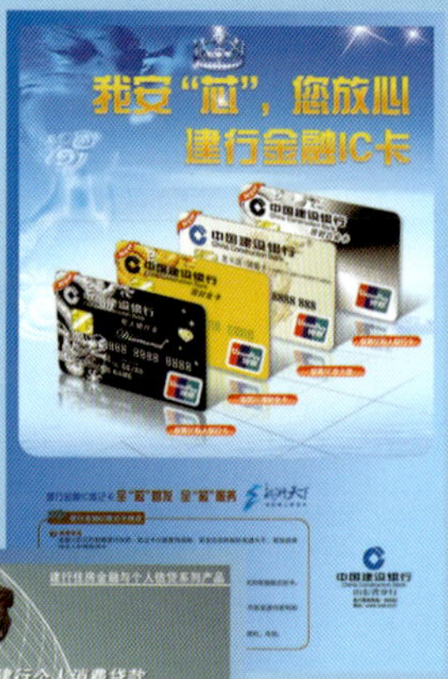

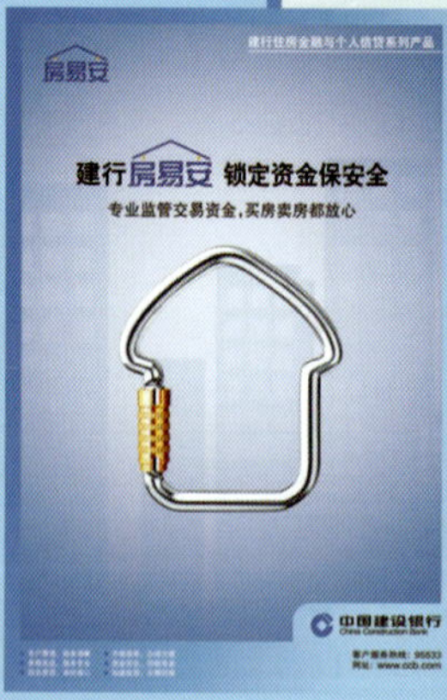

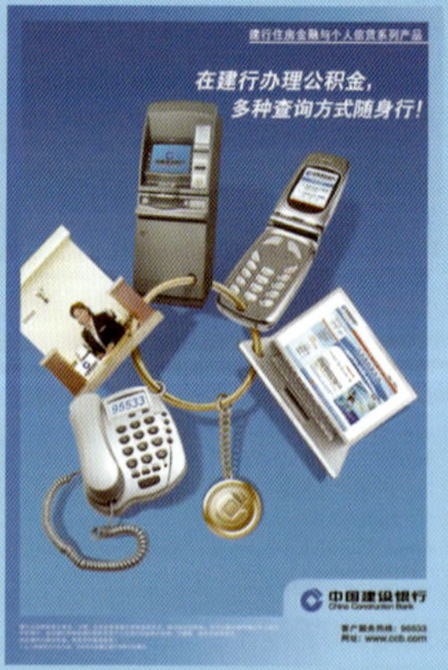

交通银行 BANK OF COMMUNICATIONS 山东省分行 SHANDONG BRANCH

同山东新闻出版局签署战略合作协议

成功举办“智融通”知识产权融资业务发布会

济南科技支行成立，致力于服务科技型企业

成立莱芜分行，与莱芜市政府签署战略合作协议

为外籍顾客周到服务

为残障顾客提供哑语服务

履行社会公益，捐助省立医院复明工程

中国邮政储蓄银行 POSTAL SAVINGS BANK OF CHINA | 山东省分行 SHANDONG BRANCH

中国邮政储蓄银行山东省分行行长　马洪宁

2007年12月28日，中国邮政储蓄银行山东省分行在济南隆重成立。截至2013年底，该行下辖16家二级分行，109家一级支行、1226家二级支行和1514处邮政代理网点，拥有从业人员1.32万人。

组建六年来，邮储银行山东省分行坚持以服务经济社会发展为己任，大力践行服务城乡大众、服务社区、支持“三农”的零售银行定位，加快实施“特色办行、人才立行、科技强行、依规治行、文化兴行”科学发展战略，在改革中推进发展，在发展中坚持创新，在凝聚中激发奋进，整体工作走在了全国邮储银行系统前列，迈出了向全功能商业银行转型的坚实一步。

真诚服务到“海上”

发行惠商卡改善小微企业金融服务

业务宣传到农户

举办金融支持青年创业论坛

在新的发展征程上，邮储银行山东省分行将进一步致力于建设内控严密、营运安全、竞争力强的现代商业银行，为促进山东经济社会发展和社会主义新农村建设，为构建社会主义和谐社会做出积极的奉献！

中国邮政储蓄银行　青岛分行

POSTAL SAVINGS BANK OF CHINA　QINGDAO BRANCH

中国邮政储蓄银行青岛分行行长、党委书记

银青志

中国邮政储蓄银行青岛分行成立于2008年1月28日，是直属中国邮政储蓄银行总行的一级分行。截至2013年底，分行辖12家一级支行，拥有营业网点263个，其中216个网点分布在县及县以下农村地区，占总网点数的82%。全市拥有ATM机近500台，POS机超过1400部，成为网点遍布城乡、信息技术领先、服务功能齐全的现代金融机构。

组建六年来，邮储银行青岛分行持续创新进取，不断推出新业务、新产品，手机银行、微信银行等电子银行服务的完善让越来越多的市民享受到邮政储蓄银行高效、便捷、优质的金融服务。坚持“普惠金融”的发展理念，不断加大对小微企业以及民生领域的金融服务力度，2013年，分行新增各项零售贷款33亿元，其中新增小微企业贷款7.6亿元，同比增长了99.3%，为岛城小微企业提供了资金支持。

积极支持青岛经济建设，加强金融服务，勇担社会责任，先后荣获“山东省直文明单位”、“青岛市A级纳税信用等级单位”、“送金融知识下乡宣传活动优秀集体”、“最佳中小企业服务奖”等荣誉称号。

举办青年创业大赛，助力岛城创业青年

注重网点服务管理，为客户提供优质周到的服务

热心公益事业，积极参加各种公益慈善活动

经常性开展金融知识普及活动

EGF 恒丰银行

恒丰银行于2003年经中国人民银行批准，经过整体股份制改造，成为一家全国性股份制商业银行，全称为恒丰银行股份有限公司，英文简称为Evergrowing Bank Co, ltd.，总部设在中国烟台。已在烟台、青岛、济南、南京、杭州、成都、重庆、福州、昆明、西安、宁波等地设有158个分支机构，北京分行已获准筹建。“恒丰银行”品牌商标被国家工商总局认定为中国驰名商标，是中国众多银行业金融机构中获此殊荣的5家银行之一。

截至2013年末，全行资产规模7722亿元，各项存款（不含同业）3702亿元，各项贷款2073亿元，不良贷款率为0.95%。资产利润率1%，资本利润率23.7%，成本收入比24.35%，人民币流动性比例51.83%，资本充足率（新口径）10.61%，存贷款比例55.99%，拨备覆盖率334.06%。

恒丰银行各地市分行（排名不分先后）

青岛分行

济南分行

南京分行

杭州分行

成都分行

重庆分行

EVERGROWING BANK

先后获得“中国最具社会影响力品牌企业”、“中国优秀企业”、“中国维护消费者权益诚信服务满意单位”、“全国青年文明号”、“全国巾帼文明岗”、“中国金融企业慈善榜·银行业突出贡献奖”、“山东省文明单位”、“山东省服务业先进单位”、“山东省诚信纳税企业”等共计近100项地市级以上荣誉称号。

恒丰银行机构名录

董事长、党委书记：蔡国华
董事、副行长、党委委员：栾永泰　宋恒继
党委委员：毕继繁
董事会秘书、党委委员：于海松

地　址：山东省烟台市芝罘区南大街248号
邮　编：264001　　电　话：（0535）2118015
传　真：（0535）6207878　　网　址：www.egbank.com.cn

烟台分行

福州分行

昆明分行

西安分行

宁波分行

齐鲁证券
QILU SECURITIES

齐鲁证券董事长　李玮

【基本概况】齐鲁证券有限公司是全国大型综合类券商，有员工近5000人，截至2013年12月31日，在全国27个省、市、自治区设有25家分公司、192家证券营业部，控股鲁证期货股份公司、鲁证创业投资公司、齐鲁国际控股公司，参股万家基金管理公司、齐鲁股权交易中心，形成了集证券、基金、期货、直投为一体的综合性证券控股集团。近几年来，公司为全国100多家企业提供股权、债券融资服务，实现融资额1000多亿元；服务客户400万，管理客户资产5000亿元。

【经营状况与市场成就】公司按照“各种专业化证券业务协同发展”的战略目标，全力推进包括经纪、投行、固定收益、场外市场、资产管理、资本中介、金融创新等在内的全牌照业务体系建设。经纪业务，从完善营业网点专业功能、加强投顾队伍建设、大力开展期货IB业务、代销金融产品等方面，推动业务从通道服务向财富管理转型。截至2013年底，服务客户近400万，管理客户资产3000亿元。投资银行业务，拥有包括50名保荐代表人、36名准保荐代表人在内的高素质业务团队，具有丰富的IPO、再融资、债券发行、新三板、并购重组、财务顾问业务开展以及创新融资经验。2013年，完成了“日照债”等22家债券主承销项目，募集资金近200亿元；完成了“山东地矿”等多家重大资产重组项目；新增三板挂牌项目9家，累计挂牌项目19家，市场排名第3位。资产管理业务，在北京设立了资产管理分公司；建立了涵盖现金管理类、货币类、债券类、权益类、量化类等多种类型的产品线。截至2013年底，管理33只集合产品和218只定向产品，资产管理模式1650亿元。资本中介业务，公司具有融资融券、约定购回、股票质押回购等资本中介业务资格，2013年，累计为6万名客户融资900亿元。研究业务，公司在农林牧渔、钢铁、TMT产业研究、电力设备与新能源及大宗品研究等领域处于业内领先水平，农林牧渔行业研究荣获新财富排名第一名。创新业务，研究探索互联网金融服务模式创新，是行业内首批开展网上开户和手机开户的券商，截至目前，实现网上和手机开户14000户，客户资产10亿元；建立了齐鲁证券柜台交易市场，发行产品8只，募集资金10亿元；取得了中小企业私募债业务资格，为中小企业融资15.7亿元；完成山东省内首单资产证券化项目国泰租赁，募集资金12亿元；公司具有利率互换、股票收益权互换等互换业务资格，提高了为客户融资的能力；首批参与了上交所个股期权全真模拟交易，目前已取得个股期权的经纪、自营、主做市商等全牌照全真模拟交易资格；公司是首批取得国债期货套保套利额度的券商之一。

【公司荣誉】凭借良好的专业能力和业绩表现，齐鲁证券得到了社会各界的广泛认可，多次被山东省政府授予“山东省金融创新奖”、“山东省金融发展贡献奖”，获得中国证券业协会“证券公司投资者教育与服务优秀单位”、上海证券交易所“投资者教育活力奖”、深圳证券交易所“优秀保荐机构奖”、中国证券报“金牛投行进步奖”等荣誉称号。

李玮董事长出席十二届全国人大二次会议，在山东代表团全体会议上发言。

李玮董事长在公司保荐主承销的“易世达”创业板上市挂牌仪式上致辞。

齐鲁证券手拉手走进平阴西胡庄小学，向学校30位家庭贫困、成绩优秀的小学生捐赠了图书及学习文具。

广发银行|CGB 济南分行

广发银行成立于1988年7月，是国内首批组建的股份制商业银行之一。围绕成为一流商业银行的愿景目标，本行确立以创新、高效、客户为中心、以IT为领先、关爱员工为核心经营理念，致力于打造中国最佳中高端零售银行和最高效中小企业银行，始终将“只争朝夕，臻于至善”的企业精神贯彻于经营管理的过程之中，不断改革创新，提升发展质量和水平，成为具有较强竞争优势和影响力的全国性商业银行。2013年，在英国《银行家》杂志全球1000家大银行排名中，广发银行按一级资本排名列第118位。

广发银行济南分行于2012年5月18日举行开业典礼。济南分行的成立，标志着广发银行完成了在环渤海经济重镇山东的布局。

▲ 新办公楼醒狮点睛仪式

作为最后一家进驻山东的全国性股份制商业银行，广发银行济南分行承载着总行北接京津、南连苏沪，西通中原的战略重任。自成立以来，广发银行济南分行一直致力于支持山东经济发展，面对复杂多变的经济环境，扎根齐鲁，从战略布局、产品结构设计等多个维度开展工作，积极培育合规文化，深化企业文化建设，为业务发展注入动力。经过三年来的稳健发展，各项业务快速推进，资产负债规模不断扩大，盈利水平逐步提升。

▲ 大力支持区域经济发展

▲ 推出生意人卡服务生意人

▲ 广发银行济宁分行开业

▲ 山东首家推出24小时智能银行

截至2013年末，广发银行济南分行机构总量为4家，其中济南市3家，济宁1家，员工总数近300人；各项存款余额150.5亿元，各项贷款余额77.96亿元；累计实现营业收入3.08亿元，实现利润总额1.54亿元。

在各项业务快速发展的同时，广发银行济南分行获得多项殊荣，成为总行系统和山东省金融界一道亮丽的风景线。先后获得广发银行系统内唯一“最具成长性分行”荣誉称号、山东省“诚信3.15文明规范服务优秀金融品牌”、济南市“文明单位”、2013年山东十大服务品牌、2013最受消费者信赖金融品牌等多项荣誉称号，广发银行的品牌形象在山东初步树立，得到社会各界的广泛认同和赞许。

浦发银行 SPD BANK 济南分行 JINAN BRANCH

浦发银行济南分行成立于2001年9月。开业以来，在各级党委政府和监管部门的关心支持下，以建设具有核心竞争优势的现代金融服务企业为目标，紧紧抓住金融改革开放和山东省经济快速发展所带来的重大机遇，将先进的经营理念与山东经济特点紧密结合，坚持发展与管理并举，不断加强市场开拓和业务创新，实现了从无到有、从小到大，各项业务位居济南同业前列的业绩。截至2013年末，存款余额784.10亿元，贷款余额593.38亿元，实现利润17.84亿元。

10月16日，上海浦东发展银行日照分行开业。

在取得良好经济效益的同时，努力饯行社会责任，不断回馈社会、奉献社会，大力弘扬以诚信为核心的企业文化，树立了良好的社会形象，组织的“西藏光明行”、“齐鲁光明行”等活动得到了社会各界的认可和肯定。荣获山东省政府“金融发展贡献奖”、“金融创新奖”，人民银行济南分行“金融机构综合评价A级单位”等荣誉。目前已在济南、淄博、潍坊、临沂、济宁、东营、聊城、日照开设了32家营业网点。

1月12日，浦发银行济南分行开展“打工子弟新年圆梦”志愿者活动。

7月31日，浦发银行济南分行启动齐鲁光明行慈善公益活动。

山东省农村信用社联合社
SHANDONG RURAL CREDIT UNION

2013年11月15日，中共中央政治局常委、中央书记处书记刘云山同志在山东调研，省联社理事长、党委书记宋文瑄作为全省唯一一家企业和金融机构代表作了工作汇报。

2013年7月25日，省委副书记、省长郭树清到诸城农村商业银行调研支农工作情况。

山东省农村信用社联合社现辖办事处14家，市级联社2家，县（市、区）联社72家，农村商业银行38家，农村合作银行8家，机构网点5163家；在岗从业人员7万余人；各项存款余额10910亿元，各项贷款余额7520亿元，存贷款总量和新增市场占有率连续九年居全省银行业首位，是全省营业网点和从业人员最多、服务范围最广、资金规模最大的综合性、多功能地方金融机构，山东农村金融当之无愧的主力军。

2013年，在省委、省政府的正确领导下，在人民银行、银监部门的指导监管下，山东省农村信用社联合社团结带领全省农村信用社、农村商业银行、农村合作银行抢抓机遇，拼搏奋进，各项业务持续健康发展，主要指标均创历史最好水平。年内新组建10家农村商业银行。截至年末，已改制机构数量占全部机构的52%，银行类机构资产占全省农村信用社资产总额的60%以上。以支持“三农”、小微企业和县域经济为重点，深入推进金融服务进村入社区、阳光信贷和富民惠农创新“三大工程”。年末涉农贷款余额5380亿元，小微企业贷款余额2558亿元，分别增长15%和26%。支付结算畅通工程圆满完成，基本实现了农村金融服务全覆盖。全年实现各项收入860亿元，账面利润172亿元，同比分别增长12%和21%。缴纳各项税金92亿元，增长12.2%。加大拨备计提力度，年末资本充足率、拨备覆盖率分别较年初提高2和74.5个百分点。

站在新的起点上，全省农村信用社将紧跟中央和省委、省政府的决策部署，以加快转型发展为主线，以提高质量效益为中心，稳中求进，改革创新，加快创建一流金融机构，为建设经济文化强省做出新的更大贡献。

“服务三农圆梦行动”助农发家致富

深入企业调研了解资金需求

文明规范化服务展现农信新形象

金融知识宣传普及进校园

关心关爱留守儿童健康成长

中国光大银行股份有限公司青岛分行

中国光大银行股份有限公司青岛分行成立于1994年11月28日，青岛分行一贯秉承“立足岛城，服务全省”的宗旨，锐意进取，开拓创新，各项业务健康发展。目前青岛分行已经辖有东营二级分行，分行营业部和18家同城支行，在编人员600余人。

光大银行青岛分行成立19周年暨新产品新闻发布会

中国光大银行青岛松岭路支行开业

中国光大银行“光大杯”职工乐器大赛（青岛赛区）

2013年，青岛分行新一届领导班子提出了“巩固传统优势，突出发展主题，依托精细管理，打造优秀团队”的发展理念，坚持稳健经营和可持续发展的原则，立足中端市场，积极发展对公业务，大力发展对私业务，加快中间业务，建立风险防控的长效机制，进一步夯实长远发展的基础，实现了分行规模、结构、质量和效益的均衡协调发展。

光大银行青岛分行开展反假币宣传月活动

2013年光大集团驻青企业运动会

分行大楼

光大银行青岛城阳支行在仁和居社区举办趣味运动会宣传金融知识

中秋节来临之际，光大银行青岛分行团委和工会给青岛湖岛小学的新市民子女送去温暖

招商银行 CHINA MERCHANTS BANK **济南分行** JINAN BRANCH

2013年，招行济南分行积极顺应宏观形势和监管政策，贯彻落实总行战略部署，提出了“创新发展、精细管理、提升效益、深化转型”的工作思路，明确了“一线四点”的工作重点，即以发展为主线，以效益、负债、“两小”、推进二级分行发展为重点。经过努力推动，各项业务呈现稳步发展势头。自营存款、“两小”贷款占比、经营结构、客群基础、风险防范、精细化管理有了明显改善和提升。

济南分行党委书记、行长　周伟林

2014年，济南分行确立了全年各项工作目标和推动举措，明确了“一个中心、三个重点”，即以利润为中心，以负债、客群、质量为重点，通过服务升级和“轻”型经营模式的打造深入推进二次转型，振奋精神，凝心聚力，创新求变，加快发展，推动济南分行持续稳健发展。

（一）促进存款多元化增长，提高增存稳定性。推动财政机构存款突破增长，大力营销新兴存款，深入挖掘资产派生存款，有效拓展结算性存款，提高“两小”存款贡献度，着力提高储蓄存款发展速度。

（二）突出“两小”、及早投放，搞好资产经营。统筹安排、有保有压、盘活经营，最大限度地发挥贷款资源的稀缺效应和效益贡献。

（三）大力发展新兴业务，拉动非息收入快速增长。把大力发展中间业务作为拉动利润增长的主渠道、主抓手。发挥投资银行、现金管理、融资租赁“三驾马车”优势，加快省市级平台客户营销和储备，扩大非息创收来源，全力提升同业金融影响力和竞争力，加强融资类、交易类国际业务创新，继续发挥财富管理为平台作用。

（四）打赢攻坚战，继续壮大客户群体。大力开发公司客群，广泛拓展同业客群，迅速发展零售客群。

（五）严防死守，加快处置，努力提高资产质量。全力防止不良资产再度反弹。

（六）提升服务能力，增强执行力，不断提高管理水平。增强形势的预判能力、综合统筹能力、推动协调能力，及早做好发展布局。以提升素质、释放潜能为目标，以优化结构、双向激励为手段，努力打造德才兼备、充满活力的员工队伍。

周伟林行长当大堂经理，倾听客户心声

与山东招金集团签订全面战略合作协议

华夏银行 HUAXIA BANK 济南分行 JINAN BRANCH

总分行领导在营业网点视察指导工作

热情接待客户，讲解业务知识

为特需客户提供上门服务

走上街头，走进社区，向市民宣传金融知识

进社区服务

华夏银行济南分行成立于1996年，是总行在山东设立的省级区域性管辖分行，已在济南成立了13家营业网点，在烟台、聊城、东营、潍坊、临沂等地建立了分支机构，在全省建立了56家24小时自助银行服务。2013年，华夏济南分行围绕把握“风控、发展、服务”三个环节，突出“效益、规模、质量、客户”四个重点，加快创新发展、推进经营转型、实现降本增效、打造服务品牌、提升员工能力，各项业务持续发展，截至年末，总资产同比增加142亿元，资产利润率和人均创利能力进一步提高，资产质量保持良好，客户基础得到夯实。

在日常业务实践中，华夏银行济南分行深入研究和贴近市场，依托高新科技，下大力气抓产品创新、重点业务推进和重点产品应用，做客户最信赖的专家、最贴心的伙伴，以“专家+伙伴”的市场定位，满足客户个性化金融需求，融资供应链、龙盈理财、华夏龙网、平台金融等创新金融产品建立起良好的品牌形象。同时致力于打造华夏服务品牌，增设实体网点扩大服务辐射能力，完善虚拟网点、网络银行、移动银行服务，两家支行被评为全国千佳网点，一家支行获“中国银行业文明规范服务百佳示范单位”称号，为山东省银行业五家获选单位之一。

为客户讲解反假币知识

通过召开各类会议，传达贯彻落实上级行、人民银行各项要求，促进发展

常年通过分层次组织各类客户活动，提升客户体验

平安银行股份有限公司青岛分行

2013年6月8日，集团副董事长、平安银行董事长孙建一，平安银行行长邵平、副行长赵继臣、吴鹏，代表集团同青岛市政府签订了战略合作协议，青岛市委副书记、市长张新起，副市长刘明君，青岛分行负责人陈昊序及分行领导班子成员、部分中层干部、平安青岛地区其他其他公司一把手等参加了签约仪式。

2013年1月17日，总行副行长吴鹏携北区5个部门负责人至青岛分行进行“两率”政策宣导，广泛听取了该行下辖各支行行长的思路和意见，并推动开门红各项工作。

平安银行股份有限公司青岛分行
党委书记、负责人　陈昊序

平安银行青岛分行依托集团综合金融的优势和总行的强大后台支持，凭借分行2013年在业务、产品、服务等方面的卓越表现，荣获“2013青岛最具创新力企业”大奖。

2013年10月21日，平安银行董事会一行莅临青岛分行调研，与分行班子及经营管理团队进行了座谈。

山东省国际信托有限公司

山东省国际信托有限公司（以下简称山东信托）成立于1987年3月，是经中国人民银行和山东省人民政府批准设立的非银行金融机构，现为中国信托业协会理事单位。山东信托自成立以来，始终坚持稳健经营、规范运作，致力于运用信托平台为经济社会发展服务。目前主要业务为资金信托、财产信托、投资银行、资产管理和证券投资基金等，并受托管理山东省基本建设基金。

相开进董事长

2013年，公司以做大做强证券投资信托、工商企业信托、基础设施信托和上市公司综合金融服务信托为重点，不断提升发展质量。2013年新增信托业务规模3668.98亿元，同比增加1555.52亿元，增幅73.6%，主营业务实现了快速稳步发展。全年实现信托报酬收入超过9亿元，信托业务盈利能力进一步增强。在追求经济效益的同时，山东信托积极履行社会责任，充分发挥信托制度优势，引导社会资金助力中小微企业、三农、重要战略区的发展，加大对山东半岛蓝色经济区、黄河三角洲高效生态经济区、省会城市群经济圈和西部经济隆起带的融资支持力度；同时积极贯彻国家环保政策，加大对低碳环保、新能源产业的扶持力度，积极为旧城改造、保障房建设、河流整治、污水处理、园林绿化等民生基础设施建设提供融资服务。近年来，山东信托先后荣获“2010年度中国阳光私募最佳创新信托公司金樽奖”、“2011年度山东省金融创新奖”、“2011年度中国阳光私募最佳服务信托公司金樽奖”、“山东省十大最具成长性金融类机构”、“第五届中国资产管理金贝奖——年度最具发展潜力信托公司”、“2012年度中国阳光私募最佳风控信托公司金樽奖”、“最受消费者信赖金融品牌”、“2013年度省级文明单位”等荣誉称号，公司社会知名度和影响力进一步提升。

王映黎总经理

2013年6月，公司经营班子及业务部室负责人赴邹平项目现场实地调研

2012-2013年度中国阳光私募最佳风控信托公司金樽奖

2013年股东会

全国第一个保险公众宣传日，分公司展台亮相泉城广场，受到了欢迎。

热心公益事业，彰显大爱，为东阿县范坡村村民送光明。

在农险查勘上公司应用卫星遥感技术、无人机航拍技术等科技手段，提高定损的效率和正确性。

在首届“精英杯”技能大比武上，公司荣获团体一等奖。

十年转型路 创新再出发

中华联合财产保险股份有限公司，成立于1986年7月15日，是我国成立的第二家国有独资保险公司，公司总部设在北京，公司注册资本金145亿元，居全国财险公司第四位。

中华财险山东分公司2004年成立，十年磨一剑，如今山东中华财险已成为山东保险市场上的一支重要生力军，在全省16个市设有216家分支机构，实现了山东所有县区全覆盖，服务网点向乡镇延伸的格局。中华财险自根植齐鲁大地以来，一直秉承服务社会、开拓创新、转型升级、追求卓越的经营思路，取得了经济效益和社会效益的双丰收。

责任中华　打造一流公司

近十年来，累计承担社会风险责任金额24752.88亿元，累计支付保险赔款79.79亿元，累计缴纳税金18.21亿元，较好的发挥了承担社会责任、服务国计民生的作用。

心系三农　打造一流农险

关注民生，服务“三农”，中华财险是首批获得国家政策性农业保险承办资格的公司，目前中华财险山东分公司农险经营份额居省内第二位，年保费规模达到3亿元以上，承担保险责任90多亿元。为落实支农惠农政策，公司积极推进科技创新，在理赔查勘中引入卫星遥感和数字农业测控技术、无人机航拍及GPS地面定点采样等科技手段，为支持农业发展发挥了保险保障作用。中华财险山东分公司进一步扩大农业保险覆盖率和服务领域，除小麦、玉米、棉花等政策性险种外，2014年上半年我司开办了9个新增补贴险种中的7个。同时，公司已开办蔬菜大棚、林木、林果、奶牛、肉牛养殖等11个商业性农险品种，形成了政策性农险与商业农险共同拓展的良好局面。公司积极开展保险下乡活动，启动了农村服务网点工程，目前已在部分乡镇设立了106个网点，2014年将实现全省40个试点县400多个乡镇服务网点全面铺设。

服务中华　打造一流品牌

近几年，中华财险山东分公司致力于从“以产品为中心”向“以客户为中心”的转变。一是创新服务手段。实现了移动平板电脑现场查勘，现场传送资料，现场理赔，小额赔案立等可取。公司车险小额赔案结案周期和结案率连续三年处于全省同行业前列。二是创新服务举措。定期开展客户大回访活动，推出了“中华‘行’！”车险品牌服务项目，不断提升客户体验的满意度。三是创新渠道。积极致力于电子商务平台的开发和应用。目前公司的电网销业务占比不断提高，优良的服务赢得了社会的认可，公司先后被山东省品牌组委会连续两届授予“山东省十佳保险品牌”称号，荣获“2013年度山东省最具影响力最佳品牌保险”殊荣，2012-2013年度被山东省人民政府授予“山东省金融创新奖”，被山东省工商局、山东省企业信用与社会责任协会授予2012年省级“守合同重信用”企业称号，2013年被大众网评为“山东保险行业最佳服务奖”称号。

中国银联 China UnionPay 山东分公司

公司总经理 李金良

中国银联山东分公司成立于2002年10月，是中国银联在山东地区（不含青岛）的直属分支机构。中国银联是中国银行卡联合组织，通过银联跨行交易清算系统，实现商业银行系统间的互联互通和资源共享，保证银行卡跨行、跨地区和跨境的使用。目前，银联卡可在境外140多个国家和地区使用并免除货币转换费。

中国银联山东分公司大力推进各类基于银行卡的综合支付服务，积极构建山东省银行卡和谐发展环境。持卡人不仅可以在ATM自动取款机、商户POS刷卡终端等使用银行卡，还可以通过互联网、手机、固定电话、自助终端、智能电视终端等各类新兴渠道实现公用事业缴费、机票和酒店预订、信用卡还款、自助转账等多种支付。围绕多元化用卡需求，中国银联山东分公司与省内各商业银行通力合作，携手拓展受理市场，为持卡人提供优质、安全、高效的银行卡综合支付服务，共同推动山东银行卡产业又好又快发展。

2013年度山东省银行卡工作座谈会

2014年山东银行卡市场发展委员会工作会议

截止2013年底，全辖入网商户41.44万家，比年初新增18.6万家；活动POS终端59万台，比年初新增23.9万台；2013年POS成功交易笔数4.38亿笔、清算金额11984亿元，突破万亿大关，分别同比增长30.08%、47.61%；ATM成功清算笔数1.23亿笔、清算金额1356亿元，同比增长19.08%、30.27%。银联借记卡新增2105万张，累计发行量达到1.44亿张；银联信用卡新增376万张，累计发卡量突破2000万张大关，达到2026万张，银联信用卡市场份额稳步提升，继续占据山东地区卡品牌市场份额第一，保持了对国际卡品牌信用卡的全面超越态势。

2013年银联杯业余网球大师赛颁奖现场

中国民生银行 CHINA MINSHENG BANK 济南分行

党委书记、行长　陈焕德

中国民生银行济南分行成立于2001年11月15日。自成立以来，济南分行始终坚持“服务齐鲁大众，情系泉城民生”的经营理念，制定了“立足济南、面向全省”的发展目标，积极为广大客户提供系列化的金融产品和个性化的金融服务，业务拓展辐射全省。

截至2013年末，中国民生银行济南分行设立各级经营机构34家（含临沂分行、潍坊分行、东营分行、济宁分行4家二级分行），资产总额达790亿元，各项存款余额达670亿元，各项贷款余额410亿元，累计上缴税金超过23亿元，主要经营指标和市场份额均位居当地股份制银行前列。

2月，中国民生银行济南分行举办新春少儿话剧专场活动。

中国民生银行济南分行多次荣获“文明诚信单位”、“支持地方经济建设先进单位”、“十大最具责任感企业”、“十佳金融企业”、“服务山东功勋品牌”等荣誉称号。最近几年，济南分行两次获得山东省人民政府颁发的“金融创新奖”，并荣获中国银监会系统“文明单位”称号。

发展尚未有穷期，风物长宜放眼量。面对机遇和挑战，中国民生银行济南分行将全面落实总行“二次腾飞”战略发展要求，走“特色银行”、“效益银行”发展之路，将济南民生打造成为业务结构科学合理、盈利能力显著提升、经营管理规范有序、企业文化积极向上、干部员工素质过硬、最具影响力和竞争力的特色银行、效益银行。

5月9日，中国民生银行济南分行召开“整顿工作作风 强化廉政教育 狠抓合规经营”专项活动启动大会。

5月11日，中国民生银行济南分行举办第五届职工运动会。

10月11日，第十届中国艺术节在山东省济南市开幕。中国民生银行作为本次艺术节唯一金融合作伙伴，以高效优质的金融服务，助力十艺节成功举办。

中国民生银行济南分行组织辖内各机构认真开展“普及金融知识万里行”活动。

北京银行济南分行成立于2010年9月12日，是北京银行设在山东的省级管辖行。目前拥有营业部、大明湖支行、千佛山支行、舜耕支行、高新支行、章丘支行6家营业网点。登陆齐鲁大地三年多来，该行切实将服务好济南乃至山东社会经济发展作为义不容辞的责任，坚持“服务中小企业、服务城镇居民”的市场定位，不断创新产品与服务，各项业务齐头并进、协调发展，在与地方经济发展的良性互动中，实现了自身业绩的持续增长。

截至2013年12月31日，该行本外币各项存款余额达到143.29亿元，较年初新增56.07亿元。其中，公司存款余额131.56亿元，新增49.95亿元；储蓄存款余额11.73亿元，新增6.11亿元。各项贷款余额达到178.56亿元，新增60.77亿元。全年实现考核利润4.44亿元，实现中间业务收入1.74亿元。

2013年，该行与齐鲁股权托管交易中心合作，在国内首推“京彩集合股权债”，发放了省内首支股权类集合融资产品“京彩集合股权贷”，有效拓宽了省内中小企业的融资渠道；办理了京行首笔黄金租借业务，通过创新开掘了中收新的增长点；实现了与济南市中区政府公务卡支付平台的对接，成为系统内首家开办公务卡业务的外埠分行；京行第一台远程智能柜员机（VTM）也落户在济南，为营业厅增添了一道崭新的风景；该行还完成了首笔结构性投资业务、首笔保理池融资业务、首笔电子票据业务、首笔国内信用证福费廷业务、首笔电子商票保贴业务、首支私募债券等十多项“首笔”业务的落地，填补了业务空白。

2013年，该行在大众报业集团大众网主办的山东省首届网络金融博览会暨山东金融网评选中荣膺“最佳财富管理银行”称号。年内，山东电视台《山东新闻联播》栏目头条刊播了该行支持中小企业发展的报道，充分肯定该行在致力解决中小企业融资难方面的探索。在总行基层党建创新评比中，该行千佛山支行党支部“我+”青年服务队以第一名的成绩荣获“党建创新十佳品牌”称号，并入选北京市国企党建研究党建创新项目典型案例。大明湖支行和营业部分别荣膺济南市和总行级“青年文明号”。

2013年11月5日，北京银行济南分行与齐鲁股权托管交易中心签订战略合作协议。省金融办主任李永健等为包括该行“京彩集合股权债”在内的国内创新产品鸣锣挂牌。

2013年3月19日，北京银行济南分行开展了“大爱无疆、积善存爱”募捐活动，向商河县房家村小学捐献课桌椅、书籍和生活用品。

▲ 北京银行济南分行组织青年员工开展了多种形式的“红色旅游”，强化革命传统教育。

◀ 2013年10月19日，北京银行济南分行组织全体员工沿黄河大堤10公里徒步拉练活动，展示了团体协作能力。

中国农业银行
AGRICULTURAL BANK OF CHINA

临沂分行

总行龚超副行长、省行益虎行长在蒙阴县垛庄镇后里村“惠农通”服务站视察

中国农业银行临沂分行辖属16个一级支行、134个营业机构，员工2226人。近年来，中国农业银行临沂分行始终坚持“面向三农、服务城乡”的市场定位，紧紧围绕市委市政府及上级行总体部署，加快金融创新，加大信贷投放，恪守社会责任，各项工作呈现出发展加快、经营稳健、效益提升的良好态势，现已发展成为服务覆盖城乡、本外币综合化经营，科技产品先进、资金实力雄厚、内部管理精良、经营效益领先、社会信誉良好的大型商业银行分支机构。截至2013年末，各项存款余额542亿元，较年初增加66亿元，存增量份额分别为40%、37%，均居四大行第1位。各项贷款较年初增加43亿元，余额331亿元，近两年增加83亿元，增量份额35%，居四大行第1位，为地方经济发展提供了有力的资金支持。

农行临沂分行宋红光行长到企业考察了解生产经营和金融需求

同时，农行临沂分行还积极支持社会公益事业发展，开展了百名贫困母亲救助、爱心助学、慈心一日捐等系列公益活动，赢得了市委市政府、监管部门和社会各界的广泛赞誉。荣获“全国模范职工之家”、“全国金融系统思想政治工作先进单位”、“富民兴鲁劳动奖状”、省级“文明单位”、“全国农行文明单位”等十多项省部级以上荣誉称号。

↑行领导带头捐款救助百名贫困母亲

开展小微企业金融产品推介活动

工作人员上门服务发放“惠农卡”

天津银行 济南分行
BANK OF TIANJIN JINAN BRANCH

天津银行济南分行党委书记、行长　姚志坚

天津银行组建于1996年11月，是全国第一批获准建立的城市商业银行，目前设有6家异地分行、212个营业机构，员工4000余人，注册资本为51.26亿元，资产总额4043亿元、各项存款2459亿元、各项贷款1474亿元。多年来，天津银行始终坚持“服务地方经济、服务中小企业、服务市民百姓”的经营定位，以建设“好银行为目标”，把发展作为主线，不断深化改革、大胆创新，健全公司治理和内控机制，着力化解金融风险，提高资产治理，增加经营效益，经营管理全面向好，实现了质的飞跃。

2013年，全球银行业权威杂志英国《银行家》公布“全球银行品牌500强排行榜”，国内上榜金融机构共29家。其中，天津银行品牌首次跻身全球银行业500强，排名第489位，已连续八年跻身全球大银行之列。

天津银行济南分行于2010年5月28日开业。自成立以来，济南分行牢固树立发展的责任意识和紧迫意识，以建设内控有效、财务良好、创新能力强、商业可持续的现代金融企业为目标，改革创新、加快发展，不断提升服务社会、服务地方经济的能力和水平。在社会各界的大力支持下取得了长足的发展。截至2013年底，分行资产总额达到331亿元、各项存款余额157.6亿元、各项贷款110.2亿元、在岗员工260多人。未来发展中，我行将本着根植济南服务山东的理念，在齐鲁大地倾力打造有业务特色的“全能银行”。

组织员工开展“抗雾霾 净家园”植树活动

天津银行济南分行环雪野湖徒步活动

天津银行济南槐荫支行开业

天津银行济南分行新址

青岛金融押运有限责任公司

青岛金融押运有限责任公司是国有控股企业，下属全资子公司——青岛华鼎金融押运有限公司。下设8个分公司、1个现金业务中心、1个保安分公司。公司现有员工1600余人，运钞车260余辆，大型金库8个，服务银行网点1460多个，上门服务企业430余家，托管银行自助设备3200余台，服务范围覆盖青岛市全部辖区。年营业收入1.9亿元。主要经营现金、有价证券和贵重物品的押运、守护、代保管、银行自助设备托管、现金清分、银行票据传递业务、门卫、巡逻、随身护卫、安全技术防范等多项金融及社会安保服务。

2013年以来，该公司以党的十八大精神为指导，秉承“以员工为本、科学发展”的理念，认真学习借鉴“海尔”的先进管理经验，突出创新发展主题主线，精心打造优质品牌，不断提升核心竞争力，各项工作迈上了新的台阶。

一是，业务发展稳健快速。银行自助设备托管总量达到3200余台；现金清分业务在清分百元券的基础上增加了外币、小面额纸币和残损券，清分种类更加全面。注册成立了青岛华鼎金融押运有限公司保安分公司，分别与交通银行青岛分行、新华保险青岛分公司、海通证券签订了《保安服务合同》；与建设银行青岛分行、交通银行青岛分行签订了《金库守卫服务合同》。

二是，管理创新扎实推进。年内，组织全体管理人员学习哲学、学“历史周期率”和“破窗理论”；开展了“学海尔经验，促创新发展”实践活动。在促进管理人员素质能力提高的同时，较好的完善了内部管理，提升了服务质量。

三是，文明建设成果显著。过去的一年，公司在深化改革，拓展市场，增收节支，改善员工物质文化生活等方面取得了良好的成绩，受到了上级监管部门、服务客户和广大市民的好评。被山东省公安厅荣记集体二等功；杨玉文董事长获（全国）“优秀诚信企业家”荣誉称号。

总经理　于　波

公司组织管理人员到海尔参观学习

为银行营业场所提供安保服务

为市大型社会活动提供安保服务

华夏银行 HUAXIA BANK 日照分行 RIZHAO BRANCH

华夏银行于1992年10月在北京成立，1995年3月实行股份制改造，2003年9月，首次公开发行股票并上市交易（股票600015），成为全国第五家上市银行，2005年10月，成功引进德意志银行为国际战略投资者，2008年10月、2011年4月，先后两次顺利完成非公开发行股票。

截至目前，华夏银行在78个中心城市设立了34家一级分行、34家二级分行和10家异地支行，营业网点达到558家，形成了“立足经济发达城市，辐射全国”的机构体系，与境外1千多家银行建立了代理业务关系，代理行网络遍及五大洲110个国家和地区的320个城市，建成了覆盖全球主要贸易区的结算网络；总资产达到17785.60亿元。在2014年7月出版的英国《银行家》杂志世界1000家大银行评选中，华夏银行按资产规模排名第90名；在2014中国企业500强中排名第158名、中国服务业企业500强排名第58名。

宣传普通金融知识

具有良好专业素养的客户服务团队

华夏银行日照分行是二级分行，隶属青岛分行管辖，2012年12月经中国银监会批准筹建，2013年9月正式对外营业。面对新的发展机遇和挑战，华夏银行日照分行将坚持以科学发展为主题，认真传承华夏银行优秀企业文化，实现服务专业化、业务品牌化、经营特色化、管理精细化，为全市各类企业、广大市民提供全方位、高品质的金融服务，建设具有鲜明品牌特色的现代化商业银行。

宽敞明亮的全功能服务大厅

济宁银行
BANK OF JINING

济宁银行，前身为济宁市商业银行，经中国银监会批准，于2006年8月开业，2009年 12月更名为济宁银行。

近年来，济宁银行始终坚持“服务中小企业、服务城市居民、服务地方经济”的市场定位，以差异化、特色化发展为主线，以服务创新为动力，以强化管理、防范风险为重点，持续保持了各项业务的稳健较快发展。截至2013年末，资产总额达到298亿元，存款余额257亿元，贷款余额180亿元；存贷比70%，不良贷款率0.82%，各项经营指标稳步、健康增长；支持中小企业14500余户，占全行贷款企业户数的99.8%，中小企业贷款金额157亿元，占各项贷款的比重90%以上；上交税金4.4亿元，位列2013年度济宁市纳税百强企业金融行业第一名，在解决就业、增加居民收入、支持地方经济发展等方面发挥了金融主力军的作用。

济宁银行以科学发展为主题，科学规划机构发展，全面提升服务质量和效率，全力打造区域性现代商业银行。2013年，济宁银行在全辖机构网点覆盖率达到100%的基础上，加快推进跨区域发展战略的实施，菏泽分行、枣庄分行、淄博分行、泰安分行相继开业；辖内增设龙行路支行等5家营业网点。截至年末，全行营业网点数量达到39家，离行式自助银行12处，ATM设备129台，机构布局逐步完善，对当地及省内周边地区经济发展的区域影响力进一步增强。

济宁银行菏泽分行隆重开业

济宁银行泰安分行隆重开业

济宁银行淄博分行隆重开业

济宁银行枣庄分行隆重开业开业

济宁市委书记马平昌年终决算日赴济宁银行慰问一线员工

李印喜行长在全省创业创新会议上作典型发言

儒商E付通手机银行新闻发布会

常怀感恩之心，不忘回报社会，济宁银行在全省首推“小微信贷工厂”模式，为小微企业发展开辟“阳光”融资渠道；突出“惠民”和“便民”特色，陆续推出了儒商卡、国际业务、“e 路行”网银、“儒商e付通”手机银行等新型金融产品，通过塑造良好的金融服务品牌，努力将济宁银行打造成为实力雄厚、信誉卓越、管理先进的现代化流程银行、精品银行。

凭借良好的服务形象和优异的经营业绩，济宁银行先后被中共山东省委授予“先进基层党组织”、“先锋基层党组织”；被中国银行业协会评为“文明规范服务示范单位”，被山东省文明委授予“文明单位”称号；连续三年在中国银监会监管评级中达到“二级”；连续两年被评为“小企业金融服务先进单位”；连续四年在山东省财政厅180余家地方金融企业绩效评价中获“AAA”优秀。

兴业银行
INDUSTRIAL BANK CO.,LTD.

济南分行

党委书记、行长　张　霆

兴业银行济南分行是总行在山东设立的省级管辖行，2001年7月正式开业。成立以来，济南分行一直秉承“一流银行，百年兴业”的办行理念，在服务地方经济中迅速发展壮大，资产质量与综合效益屡创新高，各项业务取得长足发展，经营管理指标全面优化，产品服务功能日益完善，树立了全新、健康、优良的企业形象。

目前济南分行已在济南辖区设立了14家同城支行，在潍坊、烟台、淄博、济宁、临沂、泰安、滨州、威海、东营开设了9家二级分行，另外在寿光、蓬莱、邹城等地成立了多家县域支行，初步形成了立足济南、辐射全省的服务网络和“省-分-支”三级管理的组织架构，拥有了一支创业精神饱满、专业素质过硬、富有朝气、奋发向上的职业团队。截至2013年末，兴业银行济南分行各项主要业务再创佳绩：全行资产总额达1337亿元，本外币各项存款余额突破千亿大关，达1077亿元，各项贷款余额509亿元，当年实现账面利润21亿元。分行已成长为系统内最具发展活力的优秀分行之一，也稳居山东同类型股份制商业银行先进行列。

兴业银行总行行长李仁杰来济调研。

2013年以来，济南分行面对内外部经营环境的变化，逐渐转变传统经营理念，加快推进发展模式、盈利模式和基础管理的转型，加大产品创新力度，提升专业化服务能力，全行经营发展呈现良好势头。未来，分行将承袭“真诚服务，相伴成长”的办行理念，继续为广大客户提供优质、高效的服务，为山东社会经济发展做出新的贡献！

大力发展绿色金融　兴业助建“美丽齐鲁”。

助力小微快发展，银企合作显成效。

威海分行正式开业。

兴业银行济南分行“添绿十艺节”植树活动。

太平洋保险
CPIC

中国太平洋人寿保险股份有限公司山东分公司

持续推进战略转型　稳步推进公司发展

中国太平洋保险1991年5月13日诞生于上海，具有雄厚的实力和良好的品牌形象，自2011年起，中国太平洋保险连续4年入选《财富》世界500强。

中国太平洋保险于1993年5月在济南设立分公司，2000年12月5日，公司实行产寿险分业经营，太平洋人寿保险济南分公司分设成立，2004年12月23日，更名为中国太平洋人寿保险股份有限公司山东分公司（以下简称太平洋寿险山东分公司）。2013年，太平洋寿险山东分公司共实现规模保费70.07亿元，在山东省44家寿险公司中，市场排名位居前列。

太平洋寿险山东分公司党委书记、总经理 郃富春

太平洋寿险山东分公司秉承推动和实现可持续的价值增长的经营理念，全面推进以客户需求为导向的战略转型，继续坚持“聚焦营销渠道，聚焦期缴业务”的发展策略，稳步推进各项转型举措。通过持续的产品创新、渠道创新、销售创新、服务创新，满足客户多方面的需求。截至2013年末，山东分公司辖内共有364家分支机构，其中三级机构16家，四级机构128家，五级机构220家，拥有2000余名员工，30000余名营销人员。

太平洋寿险山东分公司党委书记、总经理郃富春（右），在“客户接待日”为客户亲切讲解保险知识。

公司以客户需求为导向，致力于提供全生命周期的专业关注与整体解决方案，通过持续的产品创新和服务创新，满足客户多方面的需求。目前开办险种160余个，覆盖人寿保险、年金保险、健康保险、意外伤害保险等多个领域。在客户服务方面，致力于完善客户服务体系，运营“稳健一生”客户俱乐部，打造“中国太保”微信平台作为俱乐部对客户提供服务的载体，优化服务内容，创新服务界面，拓展服务渠道，创造以“坐享服务、智能导航、便捷透明”为核心要素的全新客户体验；强化诚信建设，实施承保、理赔透明化举措，为客户提供主动、亲切、规范的信息服务；努力提升客户经营能力，认真履行保险责任，切实保障保险消费者利益，全面提升客户体验和服务效率。

2013年2月5日，太平洋寿险山东分公司举行本部职工春节联欢晚会。

2013年11月26日，太平洋寿险山东分公司举行全辖“变革 突破 领导力”管理干部提升培训。

公司始终秉承“诚信天下，稳健一生，追求卓越”的企业核心价值观，在努力追求自身发展的同时，积极致力于各类公益活动，履行企业公民职责，以拳拳爱心回报社会的厚爱。近年来，秉承“做一家负责任的保险公司”的使命，太平洋寿险山东分公司获得了行业的尊重和社会的认可，在政府机构和社会媒体等多家单位组织的评选活动中，先后荣获“服务山东功勋品牌”、“年度山东网民信赖的寿险公司”、“年度文化管理创新奖”、“百姓口碑最佳荣誉单位”、“影响力2010山东金融成就品牌”、“百姓最放心保险公司”、“山东省金融创新奖”、“2011年度山东省最具社会责任感保险公司”、“2011年山东最佳诚信保险公司”、“影响力2012·山东最佳诚信服务保险公司”、“2012年百姓满意度调查优秀金融品牌”、“2012山东十大服务品牌”等多项荣誉。2013年，在由山东省委党报《大众日报》发起的“诚信3·15文明规范服务优秀金融品牌”评选活动中，太平洋寿险山东分公司被评选为“山东省优秀金融品牌”；在中国主流媒体《理财联盟》、山东省《齐鲁晚报》共同发起的山东保险业服务质量调查评选中，荣获2013年度山东“最佳保险理赔服务奖”；在中国人民银行济南分行组织的评选中，被评为“山东省金融机构2013年度综合评价A级单位”。

“用心承诺，用爱负责”，面向未来，太平洋寿险山东分公司将认真贯彻落实集团公司“重价值、优管理、重合规、优服务”的工作要求，积极推动以客户需求为导向的战略转型，稳中求进，创新驱动，着力打造个人客户经营模式升级版，深入探索新型保险销售和服务模式的转型升级，在服务中不断洞察客户需求，以最优质的客户服务、最优异的经营业绩来回馈社会各界的信任与支持，为山东经济和社会发展做出更大的贡献。

兰山农村合作银行

认真贯彻党员密切联系群众活动，访民情、知民意，切实为客户解决实际问题

山东临沂兰山农村合作银行成立于2005年10月29日，现辖1个营业部、29家支行、58个分理处，共有干部职工1100余人。截至2013年12月末，各项存款余额达到192.89亿元，各项贷款余额达到138亿元，有力地支持了地方经济社会发展。

兰山合行牢固树立“四个面向”的零售银行市场定位，着力打造“普惠金融—我们永远在路上”的特色信贷服务品牌，重组和开发了“信惠农”、“信惠商”、“信惠企”、“美好生活”、“融通天下”五大系列40余款信贷产品，创新设计了“信用联盟”和“产业链”两大贷款模式，走出了一条信贷“富农、惠商、利民、助企”多元化发展道路。目前，兰山合行已经形成以自助银行、网上银行、手机银行、电话银行、POS机具等为主体的电子银行产品系列，以客服中心和微博网站为主体的服务体系，初步建立起电子银行与营业网点互为补充、互为促进的良好发展格局。

兰山合行始终坚持立足于民、服务于民的理念，在取得优异成绩的同时，不忘肩负社会责任，不忘回馈社会，积极参与社会公益活动，认真履行社会责任。先后参与、组织了捐资助学、捐助见义勇为基金、关爱孤寡老人、慰问参战复退人员等活动，三年来累计捐款300多万元，树立了良好的社会形象，赢得了良好的社会效应，提升了社会公信力。

兰山合行在自身蓬勃发展的同时，为当地经济建设做出了积极的贡献。先后获得“全国模范劳动关系和谐企业”、“全国工人先锋号”、“全国模范职工之家”、“全国文明规范服务示范单位”、“全国三八红旗集体”、“全国青年文明号”、“省级文明单位”、“省级先进基层党组织”、“山东省富民兴鲁劳动奖状”、“良好银行”、“山东省服务名牌”等荣誉称号。

今后，兰山合行将继续坚持“面向‘三农’、面向社区、面向中小企业、面向区域经济”的零售银行市场定位，牢固树立“合行靠我发展，我靠合行生存”的共同成长理念和“人人代表合行形象，事事体现合行素质”的高效服务理念，不断创新经营机制，增加服务功能，为广大客户提供更加优质便捷的金融服务，逐步打造成员工荣耀、客户满意、社会认可的地方金融机构，为有利支持地方经济建设、大美临沂建设做出新的更大的贡献！

召开庆“八一”退伍专业军人座谈会

开展“金融知识进万家”宣传活动，为客户送金融知识

引入省内首辆“流动汽车银行”

举办职工运动会 丰富职工文化生活

规范化导入 提高服务水平

举办“柜员业务能力提升”提升活动

英大泰和财产保险股份有限公司 山东分公司

YINGDA TAIHE PROPERTY INSURANCE CO.,LTD.

英大泰和财产保险股份有限公司（以下简称“公司”）是经中国保监会批准设立的一家全国性股份制财产保险公司，股东包括国网英大国际控股集团有限公司等27家国有大型骨干企业。公司注册资本金21亿元，总部设在北京，于2008年10月28日获准开业。中国精算研究院发布的《2013年中国保险公司竞争力评价研究报告》中，公司在62家财险公司中综合竞争力排名第五，其中发展潜力排名第四，盈利能力排名第五，被中国保监会评定为A类公司，被中国保险行业协会确定为常务理事单位。

英大财险山东分公司成立于2010年5月11日，四年间打基础、严管理、铺机构、引人才、强服务、拓市场、控风险、育文化，逐步培育起具有英大特色的核心竞争力，公司致力于为国家电网公司保驾护航的同时，也努力为广大客户提供优质、便捷的保险服务。2013年取得保费收入4.61亿元，实现利润3872万元，在公司系统排名第二。

2013年，公司荣获山东省工会颁发的“劳动关系和谐企业”荣誉称号，总经理刘波被授予“富民兴鲁”劳动奖章；荣获统计局颁发的“济南市统计先进集体”荣誉称号；聊城中心支公司获得总公司先进集体荣誉称号；日照中心支公司获得“日照市质量诚信先进单位”荣誉称号。多位员工获得总公司“先进个人”、“服务明星”荣誉称号。

公司始终秉承“诚信、责任、创新、奉献”的核心价值观，以客户为中心，不断创新服务举措，先后推出3G移动定损、“一站式”理赔服务、网上投保、“微信”快捷服务等注重客户体验的措施，努力成为客户心中“小而美”的保险公司。在未来，英大财险山东分公司将继续以服务促发展，为广大客户提供优质、高附加值的保险服务，为山东社会经济发展做出积极的贡献。

①

②

③

④

①英大财险山东分公司举办圣诞节茶话会，职工共度欢乐时光。
②英大财险山东分公司员工向社会群众讲解保险知识。
③英大财险山东分公司春节值班理赔人员在事故现场接受电视台采访。
④英大财险山东分公司员工在圣诞晚会上展示才艺。
⑤英大财险山东分公司理赔查勘人员在事故现场记录变压器型号。
⑥英大财险山东分公司高效、快捷的理赔服务得到客户赞赏，赠送锦旗。
⑦英大财险山东分公司理赔人员向客户提供免费道路救援。

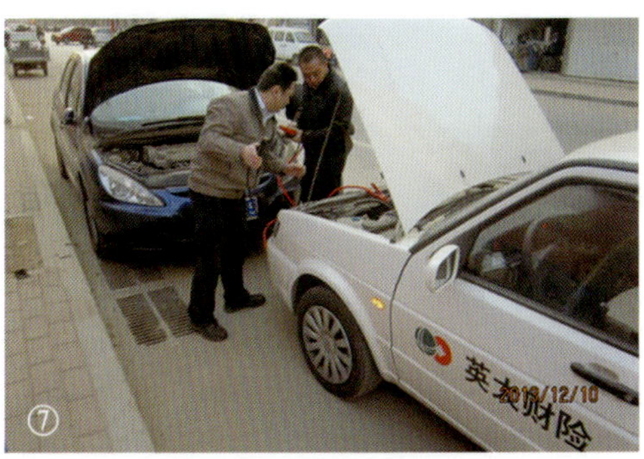

⑦

⑥

⑤

五莲中银富登村镇银行

2013年4月20日，五莲中银富登村镇银行开业典礼

举办反非法集资宣传

免费送农民工回家“爱心直达车”活动开幕

卓越服务、从我开始培训班

员工上门服务，做到真正的一对一服务的社区银行

关爱特教、奉献爱心

中银富登、迈向成功训练营

中国大地财产保险股份有限公司

China Continent Property & Casualty Insurance Company Ltd.

党委书记、总经理　高卫东

中国大地财产保险股份有限公司是经国务院同意，中国保监会批准成立的全国性财产保险公司，是中再集团公司旗下唯一直保公司。成立于2003年10月，总部设在上海。注册资本金64.3亿元人民币。经营范围涵盖非寿险业务的各个领域。2013年，实现保费近200亿元，公司总资产达到253亿元，市场份额稳居第六位。

公司坚持“诚信为先、稳健经营、价值至上、服务社会”的经营理念，为客户提供的3G智能理赔、车险案件免上门交单理赔、全国通赔、承保理赔信息在线查询、事故定责指导、人伤关怀、限时赔付、赔款全国集中支付、非事故道路救援、风险提示与排查等十大类特色服务赢得广泛认可，创立十一年来成绩卓著。2013年，荣获“2013中国品牌100强”、“2013年度最受信赖财险公司”奖、“经营服务模式创新奖”、“2013中国企业社会责任杰出企业奖”。

党委书记、总经理高卫东在四级机构主要负责人培训班上的授课。

山东分公司是中国大地保险辖属省级分公司，成立于2004年8月，办公地址济南市高新区。下辖中心支公司16家、四级机构120家。全辖1600名员工始终把公司经营战略与山东保险强省建设紧密结合，以“根植齐鲁大地，服务齐鲁大众”为己任，坚持依法合规经营，不断追求卓越、超越自我，保费规模、盈利水平、服务能力等均居全国系统前列，成立以来获得集团公司、总公司授予的多项荣誉，涌现出“山东省文明单位”、“省级青年文明号”、“山东省消费者满意单位”等一批先进典型。2013年，山东分公司被中国金融工会授予“全国金融五一劳动奖状”，辖属烟台中心支公司被全国总工会授予“全国工人先锋号”。2014年以来，山东分公司开启迈向新十年“二次创业”新征程，以改革创新为引领，不断开创公司持续健康发展的新局面。

1. 2013年12月29日，中国大地保险山东分公司召开2014年度工作启动会。确立了“做亮点、找对手、树典范、求卓越，利用三年时间打造卓越山东大地”的新愿景。
2. 2014年7月19-20日，山东分公司召开2014年上半年工作会议。明确了在新的形势下，公司以“一门心思谋发展”为主题，统一目标、统一行动、统一思想，形成强劲的发展合力。
3. 2014年七一前夕，中国大地保险山东分公司党委班子成员、机关党员赴西柏坡接受党的优良传统教育。
4. 2014年8月份中国大地保险组织全省系统中层干部赴宁夏中卫拓展训练。

1

3

4

2

郓城农村商业银行

YUNCHENG RURAL COMMERCIAL BANK

山东郓城农村商业银行股份有限公司（以下简称郓城农商行）于2013年12月28日由郓城县农村信用合作联社改制成为菏泽市首家农村商业银行，被银监部门评为菏泽市第一家监管评级二级单位。现有在职职工640人，辖前台经营、中台管理和后台保障共16个内部职能部门，1处营业部，40处支行，网点遍布城乡，是全县资金实力最强、机构网点最多、服务范围最广，支持地方经济发展最给力的金融机构。

2013年12月28日，郓城农商行正式挂牌开业。商行董事长崔荣国同志(右)、行长黄福斌同志共同为商行揭牌。

近年来，在省联社、菏泽办事处的正确领导下，在县委、县政府的大力支持下，在人民银行、银监部门的监督指导下，郓城农商行始终秉承“面向三农、面向社区、面向中小企业、面向县域经济”的市场定位，坚持把改革作为提高经营管理水平、实现跨越式发展的契机，切实处理好业务发展、风险防控、银行化改革之间的关系，克服困难，积极作为，扎实进取，各项工作稳步推进，实现了“农民增收、企业增效、商行增盈、政府满意”的共赢局面。截止2013年末，全行各项存款余额104.02亿元，各项贷款余额66.43亿元，存、贷款业务约占全县金融市场的半壁江山；实现各项收入8.75亿元，实现经营利润3.5亿元；缴纳各项税收10044万元，突破亿元大关。

郓城农商行分管信贷业务副行长韩修良同企业代表签订信贷合作意向书

近年来，郓城农商行先后荣获省级文明单位、省级先进基层党组织、省级先进集体、省级“六型”团队、省级“农信创业先锋基层党组织”、省财贸金融系统“工人先锋号”等省级荣誉9项，市五一劳动奖状、市“劳动关系和谐企业”、市学习型组织先进单位、市级文明单位、市思想政治工作先进单位、市创先争优先进单位等市级荣誉12项，优秀金融服务单位、支持地方经济先进单位、工会工作先进单位、新闻报道和对外宣传先进单位、人民满意服务单位、青年文明号、先进基层党组织等县级荣誉17项。

郓城农商行办公大楼

站在新的起点，面对新的发展机遇，改制后的郓城农商行将继续坚持又好又快的发展思路，致力打造一流服务、一流管理、一流效益、一流形象的农村商业银行，便民利民，防范风险，健康发展，为客户提供更多优质高效的金融服务，为地方经济又好又快发展贡献力量。

中信银行 CHINA CITIC BANK 济南分行 JINAN BRANCH

中信银行创立于1987年，是我国改革开放中最早成立的新兴商业银行之一，是中国最早参与国内外金融市场融资的商业银行，并以屡创中国现代金融史上第一而蜚声海内外。经过二十多年的发展，中信银行已成为国内资本实力最雄厚的商业银行之一，是一家快速增长并具有强大综合竞争力的全国性国有商业银行。

中信银行济南分行成立于1994年5月，目前下辖淄博、济宁、东营、临沂四家二级分行和38家营业网点。截至2013年末，该行本外币资产总额900多亿元，各项主要经营指标位居当地股份制银行前列。

2013年9月4日，中信银行与济南市人民政府签订战略合作协议。

2013年5月15日，在关爱沂蒙革命功臣捐赠仪式上，济南分行张少华行长助理代表中信银行济南分行全体员工，将50万元捐款郑重交付山东老龄事业发展基金会。

近年来，中信银行济南分行先后被山东省政府授予“山东省金融创新奖”，被人行济南分行、山东省商务厅评为“山东省跨境人民币结算先进单位”，获得山东银监局的最高监管评级2级A，人行济南分行营管部“济南市金融机构综合评价A级单位”，连续三年获得省财政厅“全省政府非税收入代理收缴服务创新银行”等荣誉称号。

中信银行鼎力支持地方经济建设，更以优质的金融产品和完善服务支持社会财富进程，已成为地方经济发展、企业成长壮大、居民财富增长的支持力量。中信银行济南分行将秉承“承诺于中，至任于信”的经营理念，励精图治，博采众长，广泛吸纳国内外同业先进经验，继续坚持以客户需求为导向、以现代科技为手段、以高质量服务为基础的集约化、内涵型发展模式，力求以更新的观念、更高的品位、更强的功能，真诚地服务于国内外客户，以崭新的形象一如既往地为广大客户提供优质的金融服务，在社会经济建设中写下更加灿烂辉煌的篇章。

2013年3月15日，济南分行在人行举办的消费者权益保护周集中宣传活动中，向消费者讲解识别假币知识

2013年10月13日，济南分行举办“信福年华杯”山东省首届中老年太极拳大赛。

上海浦东发展银行股份有限公司日照分行

2013年10月16日，浦发银行日照分行行长焦东在开业仪式上致辞

上海浦东发展银行股份有限公司日照分行成立于2013年8月27日，于2013年10月16日举行的开业盛典，是浦东发展银行济南分行设在日照的二级分行，现位于日照市烟台路201号安泰大厦。

浦发银行日照分行成立以来，在济南分行党委和各级监管部门的正确领导下，在各级领导和社会各界朋友的关心支持下，分行领导班子团结带领全行员工，牢固树立“发展是第一要务”的经营理念，立足日照实际，在员工中开展“敢于发展、率先发展、和谐发展、科学发展”主题教育活动，在全行营造健康向上、团结和谐的内部工作氛围。

在业务发展中，立足稳健经营、提升业务引领，细化行业投向、优化区域差异，强化组合营销、加强结构调整，加快转型创新，提升盈利水平，加大风险管控、稳定资产质量，把负债业务、资产业务和中间业务作为发展的重点，努力转变增长方式，全面调整发展结构，集中资源优势，做好重点客户营销工作，努力实现分行在发展中的“速度、质量、效益”的有机统一，开业以来各项业务取得快速发展。截至2013年12月末，开业仅两月时间，实现各项存款余额17.2亿元，各项贷款余额9.6亿元。

作为一家进驻日照的全国性股份制银行，浦发银行日照分行将借助日照蓝色经济快速崛起的东风，积极融入日照经济发展的主旋律，全面落实“新思维 心服务”的经营服务理念，全力打造服务最优、效率最高的现代化商业银行，为日照经济繁荣做出积极的贡献。

2013年10月16日，浦发银行济南分行与日照市政府签约

2013年10月16日，日照市人民政府、浦发银行济南分行战略合作签约暨浦发银行日照分行开业发布会

浦发银行日照分行理财室

浦发银行日照分行营业厅

山东沂水农村商业银行
RURAL COMMERCIAL BANK OF SHANDONG YISUHI

党委书记、董事长戚建刚

山东沂水农村商业银行系在原沂水县农村信用合作联社基础上改制成立的股份制商业银行，内设11个职能部室，辖1个营业部、27家支行、21家分理处，共有干部员工726人。近年来，在省联社、临沂办事处和县委县政府的正确领导下，在人民银行和银监部门的监管指导下，沂水农村商业银行坚持“稳健经营、稳步发展”经营理念和“六大突破、六个提升、一个强化支撑”工作思路，不断加快改革创新，完善经营机制，实现了规模、质量、效益的大幅提升。至2013年末，各项存款余额128.62亿元，较年初增加21.95亿元，增长率为20.58%，各项贷款余额87.05亿元,较年初增加12.33亿元，增长率为16.5%，新口径资本充足率12.6%，较年初提高3.82个百分点，拨备覆盖率160.98%，较年初提高9.41个百分点。被中国银监会授予农村金融服务先进单位；被山东省联社授予先进单位、省级文明服务单位；被市委、市政府授予振兴沂蒙劳动奖状、文明单位，被省联社临沂办事处授予经营管理优胜单位，被县委、县政府授予贡献沂水功勋企业、支持经济发展先进单位等荣誉称号。

与改革前相比，沂水农村商业银行在资本实力、资产质量、经营规模、效益水平、风险防控能力、服务质量等方面得到了极大提升。改制后的沂水农村商业银行，将以崭新的精神面貌，更加务实的工作作风，围绕富民惠农目标，坚持“服务三农、服务中小企业、服务社区、服务县域经济”的市场定位，秉承“稳健经营、健康发展”的经营理念，发扬“改革创新、团结实干、廉洁高效、争创一流”的精神，进一步明晰产权关系，完善法人治理结构，改革内部经营机制，提升金融服务水平，为地方经济的持续快速健康发展做出新的更大的贡献！

山东省农村信用社联合社副主任郇涛和临沂人民政府副市长沈继奔为沂水农商银行揭牌

临沂银监分局副局长陈振业为沂水农商银行颁发金融许可证

沂水农商银行荣获“全国农村金融服务“双百竞赛”活动先进单位”

沂水农商银行荣获“中国地方金融2013十佳成长性银行”

沂水农商银行荣获“中国地方金融2013十佳成长性银行”

沂水农商银行已设置农民金融自助服务点728个，使广大农民不出村就能够享受金融服务

“服务三农圆梦行动”走进沂水

沂水农商银行赴王庄革命根据地接受红色教育

成武农商银行

CHENGWU RURAL COMMERCIAL BANK

成武农商银行党委书记、董事长　刘艳

省联社理事长宋文瑄到成武农商银行视察工作

团结奋进的领导班子

开展送金融知识进万家活动

山东成武农村商业银行股份有限公司（以下简称成武农商银行）是经中国银行业监督管理委员会批准，在拥有60多年历史的成武县农村信用社基础上组建的地方性金融机构。近年来，成武农商银行紧密围绕上级工作部署，牢固树立和落实科学发展观，立足支持成武经济发展，始终坚持用改革深化发展内涵，用理念指导工作开展，用服务赢得市场先机，靠创新推动业务发展，内强素质、外树形象，已经发展成为综合性、多功能、现代化的地方性金融机构。

成武农商银行现有员工480人，内设12个职能部门，下辖1处营业部、27处支行和1处分理处，是成武县资金实力最强、机构网点最多、服务范围最广的金融机构。至2014年3月底，成武农商银行各项存款余额56.26亿元，较年初增长8.07亿元，各项贷款余额37.53亿元，较年初增长3.82亿元，1-4月份累计投放贷款24亿元，实现各项收入1.58亿元，经营利润6372万元，上缴各项税收2800万元，成为支持成武地方经济发展的金融主力军。先后被授予省级文明单位、省级劳动关系和谐企业、省级五一劳动奖状、山东省服务名牌、省级优质文明服务单位、省级卫生先进单位等荣誉称号。

新的起点，蕴含新的机遇。成武农商银行全体员工将继续秉承扎根地方、艰苦奋斗的精神，努力打造一流服务、一流管理、一流效益、一流形象的现代化商业银行，为成武经济发展做出更大的贡献！

送贷上门，解决农民贷款难

莱芜市农村信用联社

LAI WU RURAL CREDIT COOPERATIVES

莱芜市农村信用联社于2005年7月18日挂牌开业，现内设13个职能部室，辖4个公司业务部，26家信用社、7家直管分社、53家分社，在岗员工 951人，是全市营业网点和从业人员最多、服务范围最广、资金实力雄厚的金融机构。

党委书记、理事长　　崔建强

省联社宋文瑄理事长、张建民主任到莱芜市联社调研指导工作

实施机构改革　催生发展活力

加强政银企合作　实现多方共赢

2013年以来，莱芜市农村信用联社在省联社、市委市政府的正确领导及各级监管部门的监管指导下，以组建莱芜农商银行、实现跨区域经营为奋斗目标，按照“一年打基础，两年大变样，三年创一流”的工作思路，立足当地经济发展现状，加大改革发展力度，不断提升金融服务水平和层次。将6家单位作为一级社管理，将其余23家信用社（直管分社）划归一级社管理，分别与市直部门及五个经济行政区相对应，进一步加强与地方政府部门的沟通联系；打出了“信用工程+四扫工程+涉农信贷产品创新”组合拳，以农村信用工程建设全覆盖为目标，将文明信用工程建设与以“扫村、扫街、扫社区、扫企业”为主要内容的“四扫”活动相结合，重点扶持“三辣一麻”、“三黑一花”等地方特色产业，并先后推出了企业流动资金循环贷、“免评估”抵（质）押贷款、财产公证抵押贷款等产品，初步建立了包含40余种信贷产品的产品体系，破解客户资金瓶颈制约和融资担保难题；全面开展“家文化”建设，成立了文艺、书画摄影、爱心和运动四个协会，定期开展文体活动，积极开展“六小工程”建设、“关爱职工送温馨”等活动，打造爱岗敬业、爱社如家的企业文化，不断增强改革发展的内在动力和活力。截至2013年末，各项存款余额163.7亿元，存款余额市场占有率及新增存款市场占有率均居全市金融机构首位；各项贷款余额108.8亿元，贷款市场占有率居全市第二位；电子银行业务综合考核居全省农信系统第二位。

深入中小企业了解信贷需求

进村入户宣传信用工程

企业文化丰富多彩

莱商银行
LAISHANG BANK

莱商银行党委书记、董事长　李敏实

莱商银行是2005年7月经中国银行业监督委员会批准设立的股份制商业银行，多年来，坚持走规范发展、改革创新、文化兴行、品牌竞争之路，逐步成长为一家发展理念先进、公司治理完善、内部控制严密、管理机制高效、经营效益良好的区域性品牌银行。截至2014年6月末，莱商银行各项存款余额达到330亿元，贷款总额241亿元，资产总额达到476亿元。

在经营中，莱商银行始终坚持“服务当地经济、服务中小企业、服务城乡居民”的市场定位，主动适应中小企业“短、频、快”的信贷需求特点，对分支机构实行授权经营管理模式，优化贷款审批流程，提高了放贷效率。2008年以来，面对众多中小企业受金融危机影响出现的资金紧张局面，莱商银行以攻为守，以同舟共济的信念不遗余力的支持中小企业，多方引入资金，扶持一大批中小企业渡过了生存危机。2012年又在莱芜地区推出了主办行制度和信用贷款业务，对中小企业和地方经济的发展起到积极地推动作用。为传播诚信文化，引导广大中小企业规范经营，创新发展，莱商银行提出了“融资”与“融智”相结合的支持理念，自2002年起，成功发起并主办了六次“中小企业发展论坛”，在广大中小企业不同的发展阶段发挥了良好的引领作用，真正实现了银企联手，共赢共荣。

在董事会战略规划指引下，莱商银行致力于创新“莱商模式”，打造“莱商品牌”。一方面积极搭建引资引智的战略发展平台；另一方面全力打造机构战略发展格局。2008年11月引入上海浦东发展银行作为战略投资者；2009年11月，投资入股德州市商业银行，成为全国第三家为同业作战略投资者的城市商业银行。目前，莱商银行在山东济南、菏泽、济宁、泰安、临沂、聊城和江苏徐州各设立一家分行，日照分行将于年内开业；在天津武清、山东东营、河南南阳方城和山西五台各发起设立一家村镇银行。跨区域经营的不断推进为增加辐射面，打造鲁、苏、豫、冀、皖、晋的机构发展格局奠定了基础。

良好的经营业绩使莱商银行社会公信力不断提升，先后被授予“全国五一劳动奖状”、“全国守合同重信用企业”、“省级文明单位”、“山东省企业文化优秀品牌”、“中国银行业文明规范服务示范单位”等荣誉称号。先后被中国社科院金融研究所、《金融时报》、中国《银行家》研究中心等授予“最具经营效益城市商业银行”、“最具区域竞争力城市商业银行”、“最佳公司治理中小银行”、“最佳风控中小银行”等荣誉称号。李敏实董事长被授予“全国劳动模范”、“2012中国银行业年度人物”等荣誉称号。

推行主办行制度和信用贷款业务

莱商银行主办中小企业发展论坛第六次会议

不定期召开银企座谈会，与企业共谋合作与发展

向四川芦山地震灾区捐款

成立莱商银行青年志愿者服务队

参加金融知识宣传活动

Hisense 海信集团财务有限公司

11月，总经理黄金萍在人行“跨境融系统”推介会上做主题发言

海信集团坚持“技术立企、稳健经营”的发展战略，形成了涵盖多媒体、家电、通信、智能信息系统和现代地产的产业格局，产品远销130多个国家和地区，其中海信电视连续九年国内市场占有率第一。

随着集团产业的发展，海信财务公司以“立足集团、服务集团”为宗旨，以加强集团资金集中管理，提高集团资金使用效率为核心目标，开拓创新，稳健求实，为成员单位提供优质、高效、多元化的金融服务，尤其在融资业务集中管理、电票推广、资金集中收付、结售汇等业务上取得了优异的成绩，并成为全国首批参与电子商业汇票线上清算试点的财务公司之一。公司在创造良好社会效益的同时，为股东创造了良好的经济回报。

11月，人民银行总行货币政策二司方昕司长助理一行参观海信公司。

4月，为丰富员工活动，组织员工进行“健步行”。

临商银行
LINSHANG BANK

党委书记、董事长、行长　钱进

临商银行全称“临商银行股份有限公司”，是一家总部设在山东临沂市的跨区域经营的股份制商业银行。其前身临沂市商业银行成立于1998年2月18日，2008年11月22日经中国银监会批准正式更名为临商银行。

多年来，临商银行在上级党委、政府的正确领导和监管部门的监管指导下，始终以支持地方经济建设为己任，围绕省市金融经济中心工作和鲁浙两省产业结构特点，牢牢把握“服务地方经济、服务中小企业、服务城镇居民”的市场定位，充分发挥自身优势，坚持以质效发展为核心，强调效益立行和资产强行，推进法人营销、零售业务、信贷管理、从严治行等十大战略转型，建立科学高效的风险防控、市场营销、绩效评价、资源配置四大长效体系，实现了自身业务与地方经济的共同发展。目前，临商银行共拥有73个分支机构、横跨鲁浙两省，跨区域经营的新型股份制商业银行。到2014年6月末，全行资产余额达616亿元，各项存款余额519亿元，各项贷款余额450亿元（含投行），较年初增加61亿元，贷款总量、增量居全市银行业首位。临商银行紧跟临沂市构建现代产业体系、建设商城国际化等战略部署，争做支持经济发展的主流银行，创造了“临商速度”，2013年实现了存款增量，综合用信总量、增量，贷款（含投行）总量、增量，缴纳税收总量，小企业贷款总量、增量，对公存款总量、增量“十项第一”。临商银行在支持地方经济、扶持中小企业发展方面的经验做法得到了各级领导和社会各界的高度评价和充分认可，先后被各级各部门授予“全国五一劳动奖状”、“中国服务业企业500强”、“中国最具投资价值高成长银行”、“全国支持中小企业发展十佳商业银行”、“全国小企业金融服务先进单位”、“中国最佳物流金融服务企业”等几百个荣誉称号。

↑中国·临沂首届资本交易大会暨全国地方金融第十八次论坛上，张少军书记参观临商银行展厅。

→中央电视台《新闻联播》报道临商银行支持小微企业做法

↑临商银行获全国五一劳动奖状

↑钱进董事长在全国地方金融第十八次论坛上介绍临商银行创新发展经验。

↑临商银行送金融知识进校园公益实践活动

↑临商银行为下岗失业人员办理再就业小额担保贷款

阳光保险集团 阳光财产保险股份有限公司

Sunshine Insurance Group Sunshine Property and Casualty Insurance Co., Ltd.

山东省分公司

阳光财产保险股份有限公司山东省分公司
负责人　段卫平

阳光保险集团是中国500强企业、中国服务业100强企业，集团注册资本金67亿元人民币，目前拥有阳光财产保险股份有限公司、阳光人寿保险股份有限公司、阳光资产管理股份有限公司等多家专业子公司，成立3年便跻身国内七大保险集团，5年跻身中国企业500强，7年成为集产、寿险和资产管理于一身的保险金融集团。

作为第一批成立的分公司，在全省各界的大力支持下，阳光产险山东省分公司迅速在16个地市（青岛单列）、116个县建立健全了三、四级保险服务网络，并并以优异的服务和业绩，先后荣获“百姓最放心保险公司”、“百姓口碑最佳荣誉单位”、集团“十佳价值贡献单位”等荣誉称号。

阳光产险山东省分公司将继续秉承“打造最具品质和实力的保险公司”的企业愿景，践行“共同成长”的使命和“诚信、关爱”、“创造价值”的核心价值观，以“战胜自我”的企业精神，力争为全省社会经济做出更大的贡献。

阳光财产保险股份有限公司山东省分公司召开客服工作座谈会

全省销售精英在俱乐部活动上认真学习讨论

阳光财产保险股份有限公司山东省分公司青年志愿者参加爱心助考活动现场

交通银行
BANK OF COMMUNICATIONS

交通银行莱芜分行

莱芜分行是山东省分行在地级市组建的最后一家分行，于2013年3月组织筹备，同年7月获得银监会筹建批复，10月28日完成网点装修改造工作，11月19日通过总行验收，12月20日开始对外营业。12月28日，山东省分行与莱芜市人民政府在莱芜市签订了全面战略合作协议，标志着让交行融入莱芜，服务莱芜全面启动。

分行现有员工36人，领导班子成员四人，全行平均年龄29岁，是一支年轻、充满激情和活力的优秀团队。截止2014年6月30日，莱芜分行实现各项存款余额12.05亿元，投放各类信用额度10亿元，实现了“开门红”。

开业半年来，莱芜分行充分发挥国企自觉承担社会责任和回报社会的表率作用，积极参与“慈心一日捐”慈善捐助活动，开展了“交爱心、行好运”贫困小学爱心捐书活动，与共青团莱芜市委举办“乡村文明行”暨“关爱农民工子女”百场电影展映活动，班子成员带头支持地方慈善事业发展。通过这些活动的开展，展现交通银行员工团结互助、扶危济困、无私奉献的良好品质，得到社会的认可和客户的赞誉。

2014年的工作目标：

1、围绕全市经济工作重点，加大对地方实体经济的支持力度。一是围绕全市经济结构调整，济莱协作区推进，重点招商引资项目，发挥交行国有大行的优势，跟随大项目，服务大项目；二是支持中小企业发展，计划全年支持中小企业50户以上，投放贷款及其他融资15亿元以上；三是积极争取上级行创新产品的支持，结合莱芜企业的特点，引导对接融资租赁、信托理财等新业务，扩大表外融资的渠道和规模。

2、突出品牌优势，做好服务工作。一是发挥交通银行“百年交行”、“国有银行”、“好客交行”的品牌优势，在目前莱芜分行硬件较好，占优的基础上，练好服务内功，关注客户体验，提升服务质量；二是履行国企的政治责任、社会责任，在市委、市政府的统一领导下，维护好经济发展、社会稳定这一大局，在交行落户莱芜的基础上，尽快融入于莱芜，服务莱芜，为莱芜的发展做出贡献。

3、加快网点建设。2014年全年计划建设自助银行4处，年底前筹备交通银行钢城支行，同时根据交总行发展普惠型特色网点的总体规划，待监管部门批准后，今年拟在莱芜设立普惠型特色网点两处，更好的服务当地居民百姓，支持地方经济发展。

4、围绕稳健合规经营，严抓风险管控。结合莱芜当地的实际，一方面认真分析研究当地市场，选好户、选准户，防范信用风险；另一方面加强对团队合规经营的制度约束，保证银行、客户、员工的生命财产安全，防范各类案件和重大风险事件发生，确保一方平安。

省分行行长、莱芜市委书记洽谈金融工作

签约仪式

王磊市长视察我行工作

沃德财富大厅

客户体验

营业大厅

2014

经济金融数据研发
——金融地图

2013年全国各地区人均地区生产总值

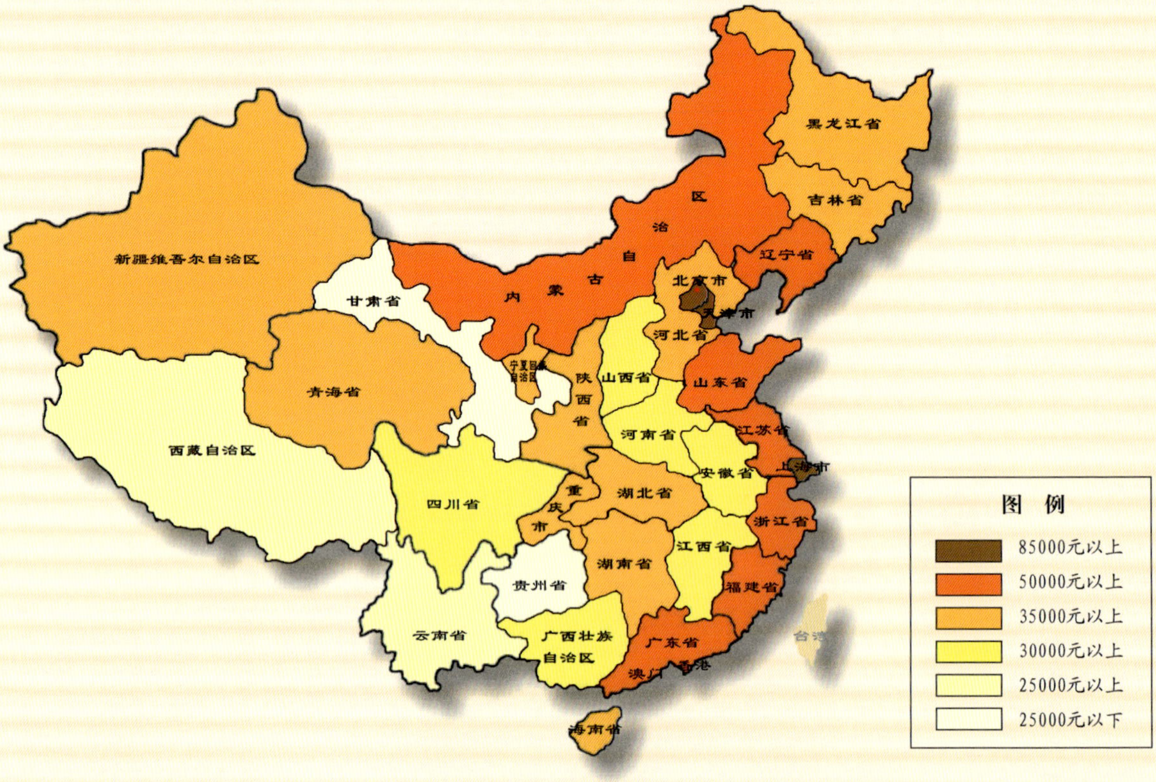

2013年全国各地区生产总值

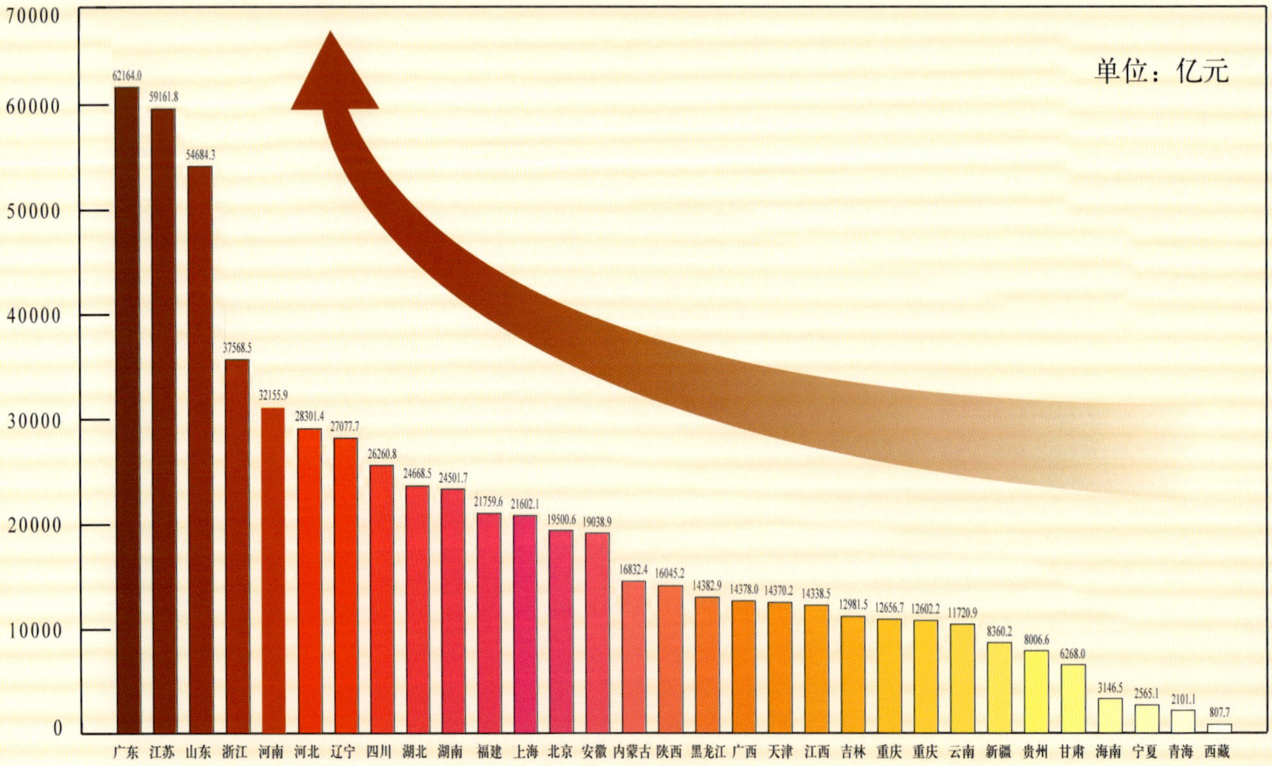

2003年全国各地区人均地区生产总值

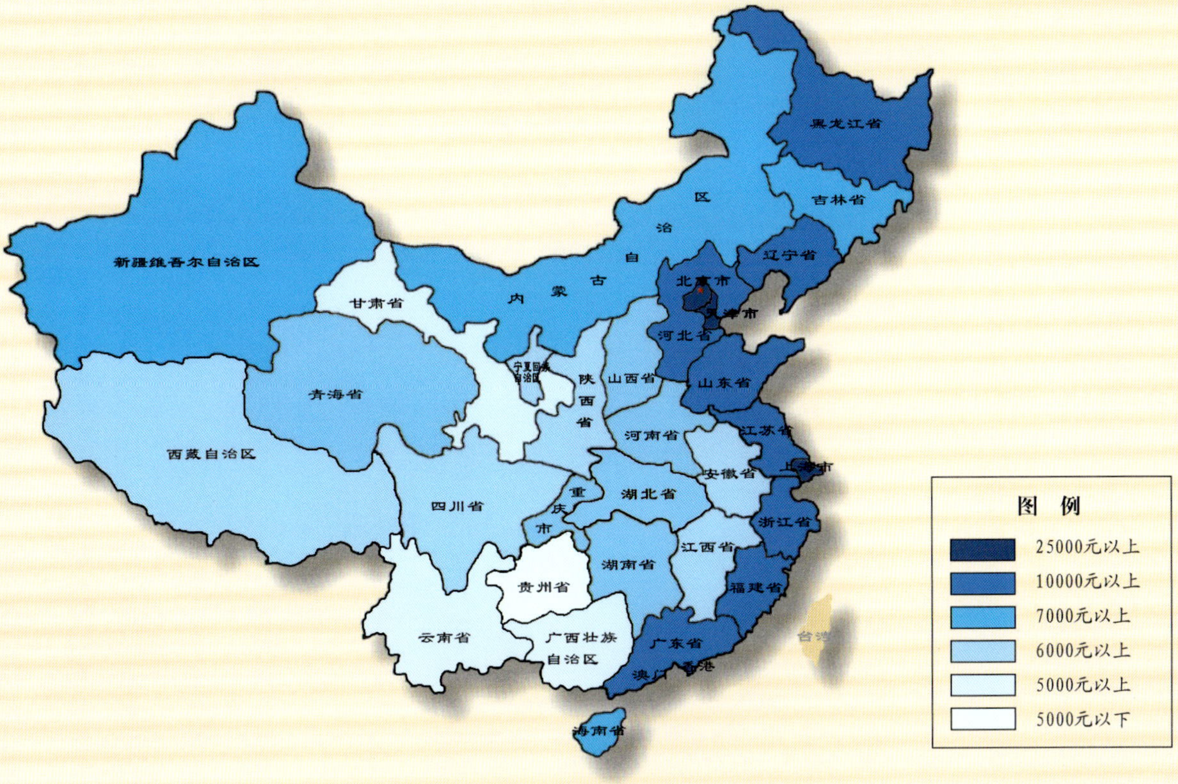

2003年全国各地区生产总值

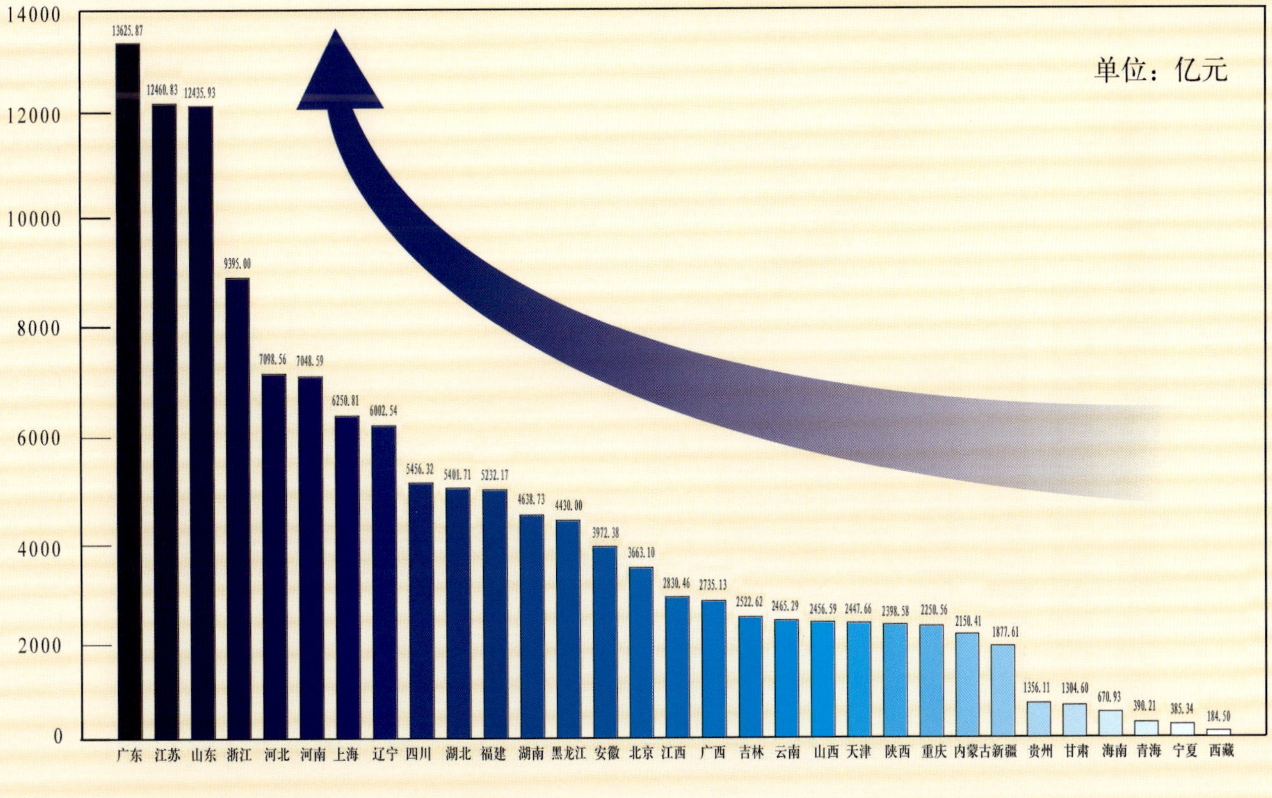

2013年山东省各市地人均地区生产总值

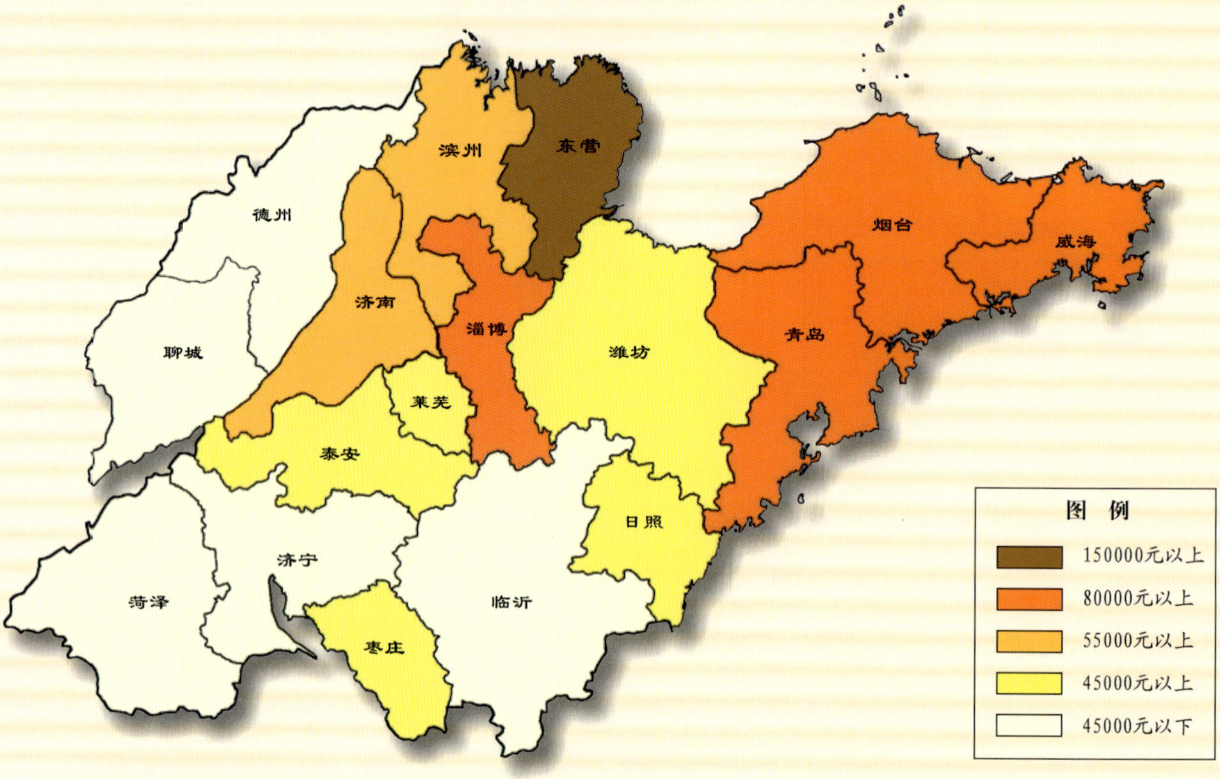

2013年山东省各市地地区生产总值

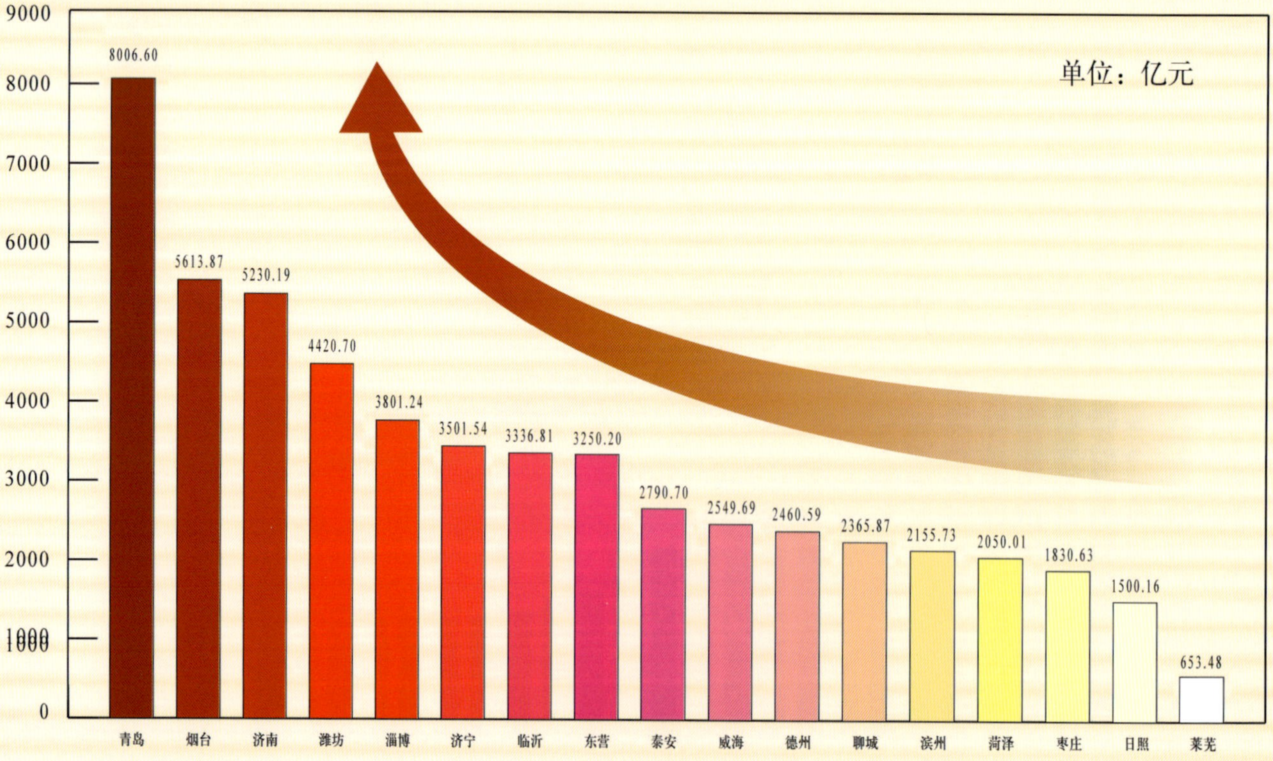

2003年山东省各市地人均地区生产总值

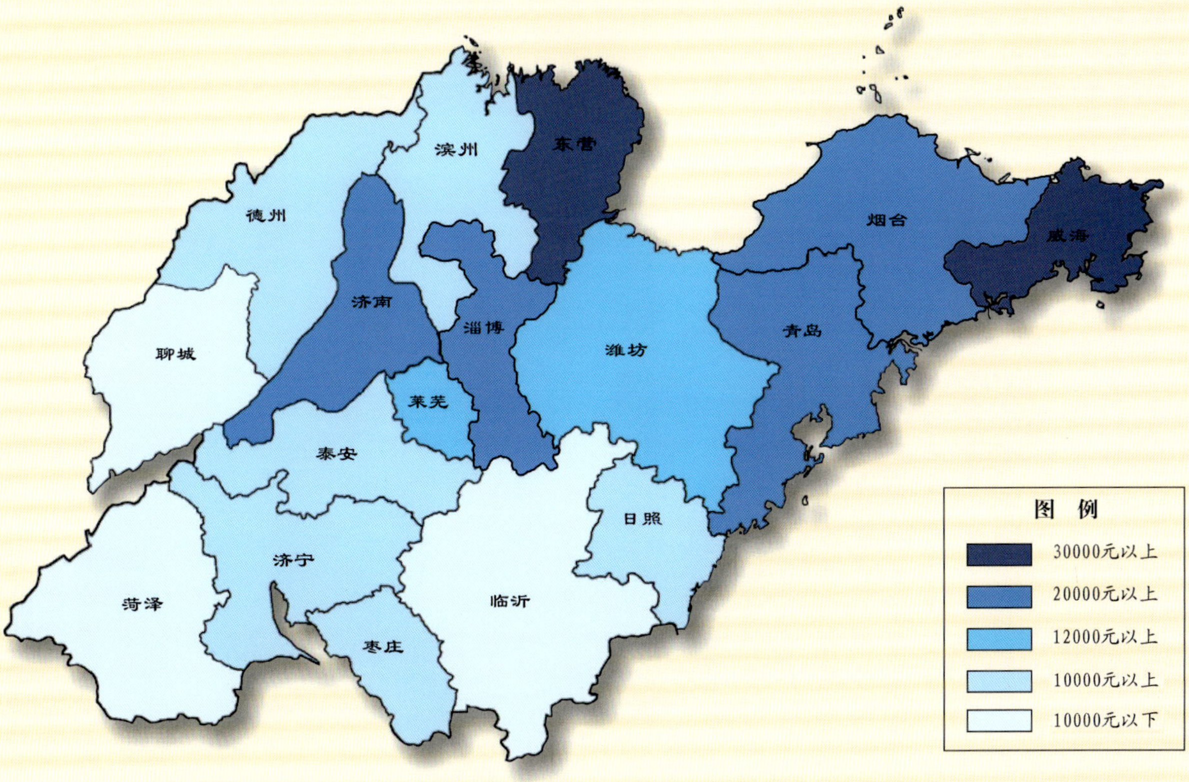

2003年山东省各市地地区生产总值

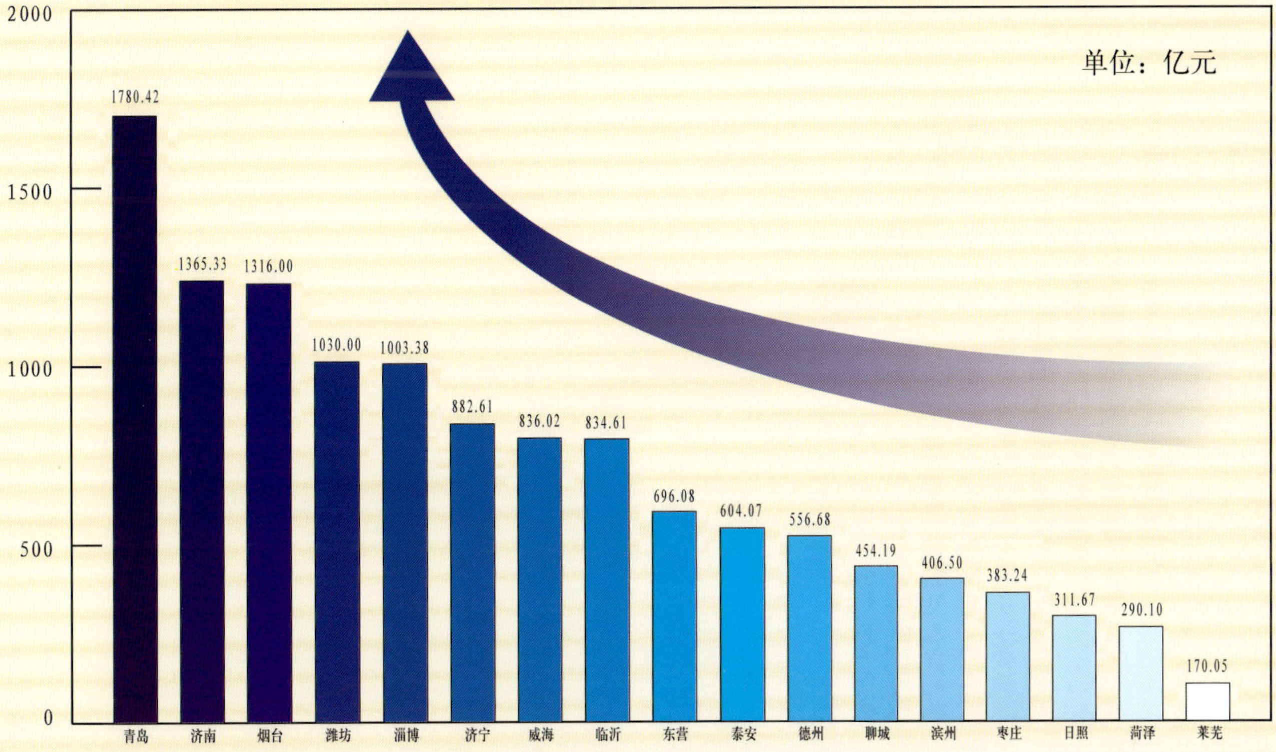

2013年全国各地区人均存款

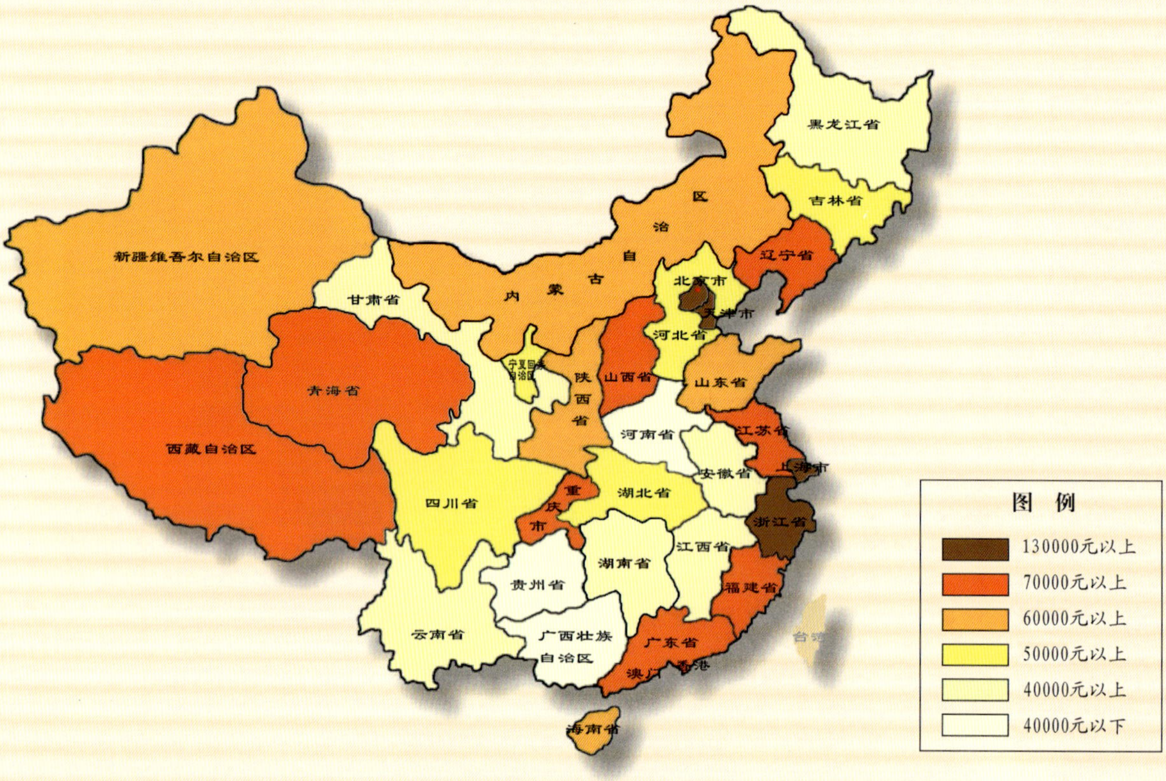

2013年全国各地区各项存款

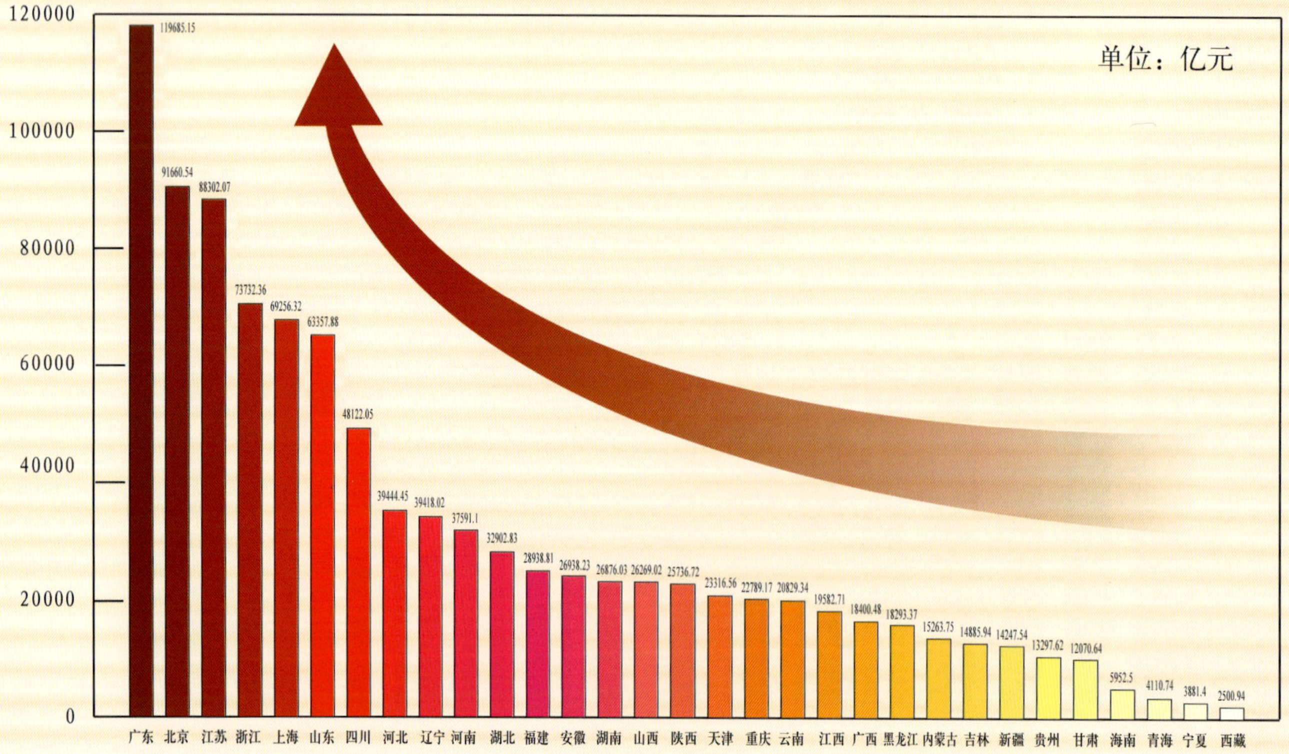

2003年全国各地区人均存款

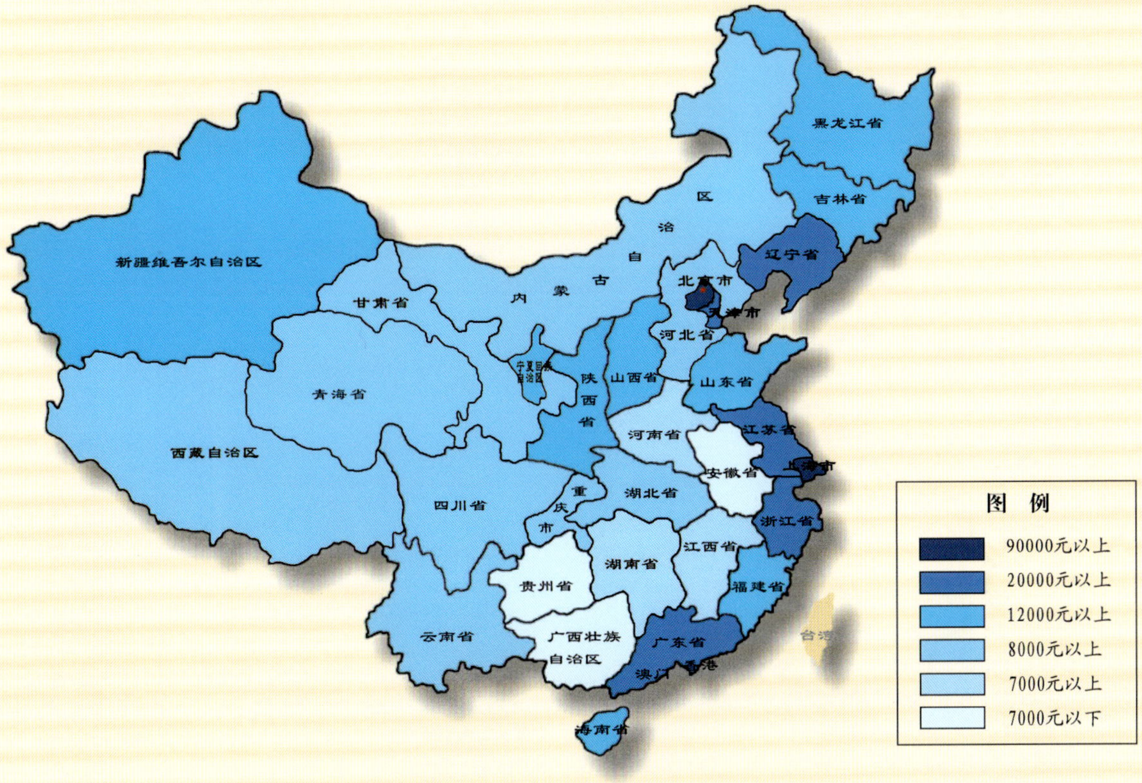

2003年全国各地区各项存款

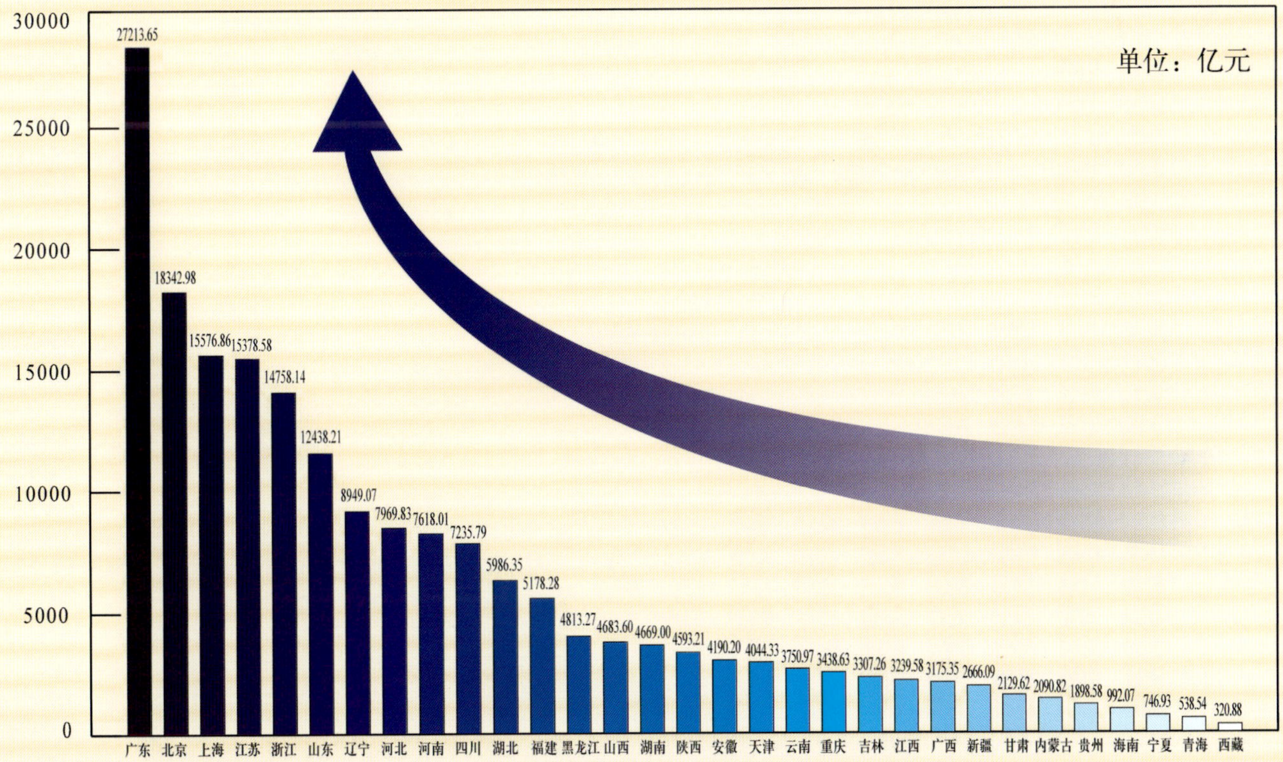

2013年山东省各市地人均存款

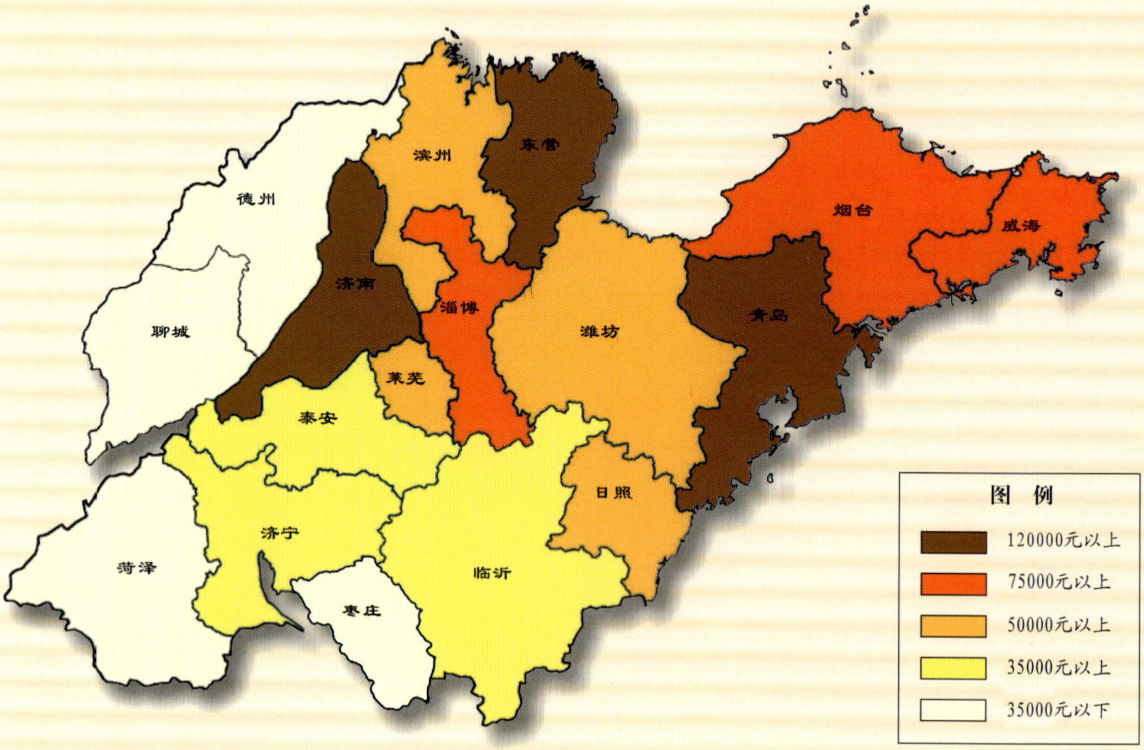

2013年山东省各市地各项存款

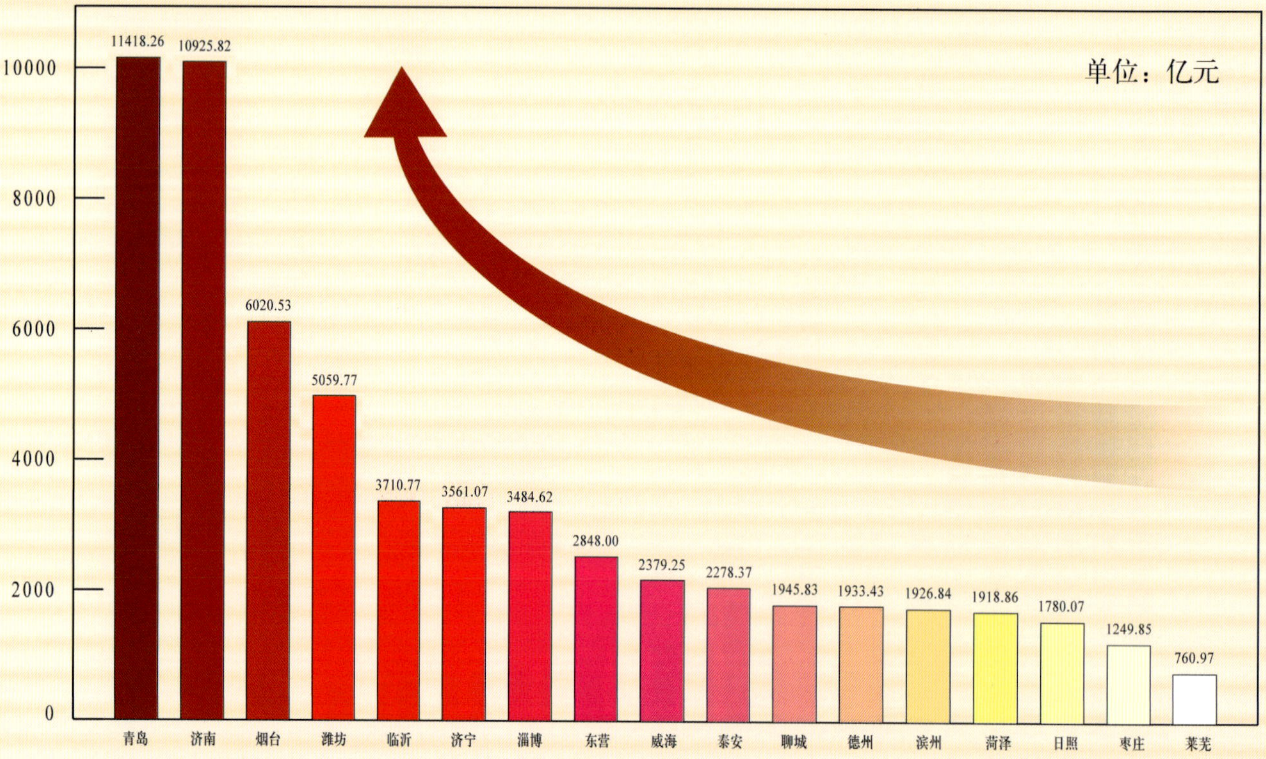

2003年山东省各市地人均存款

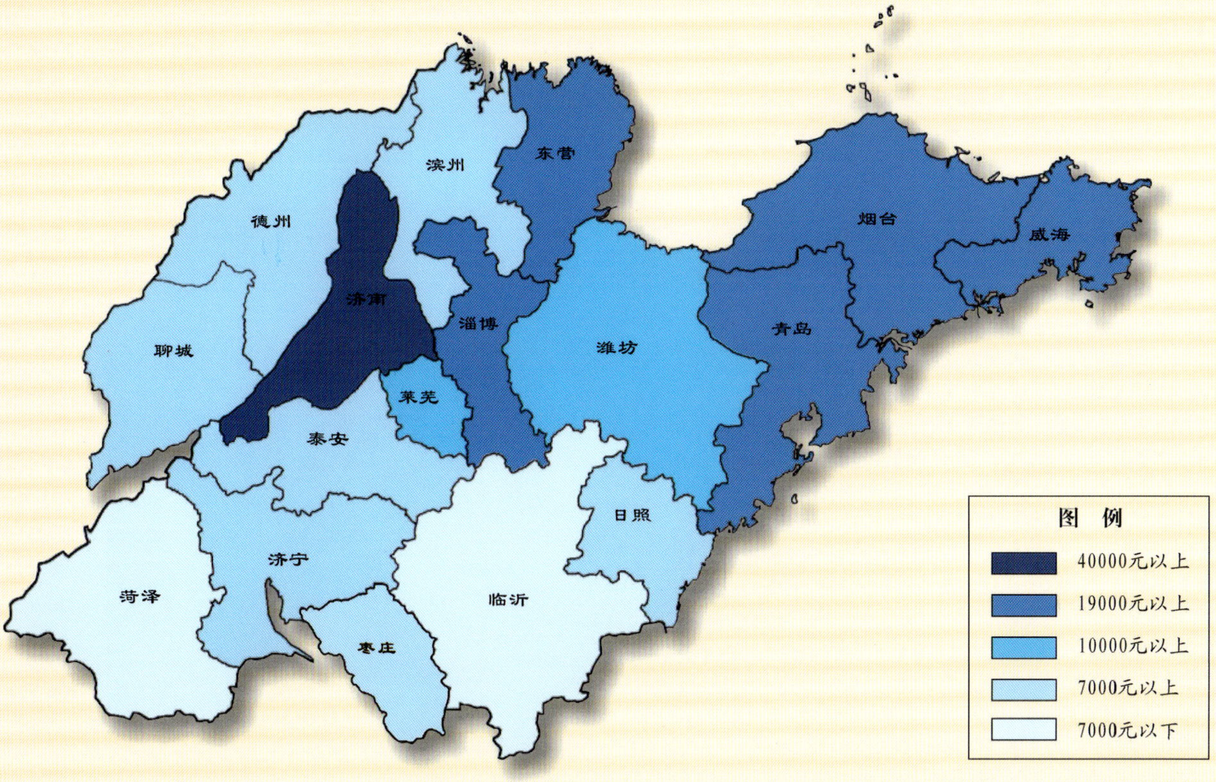

2003年山东省各市地各项存款

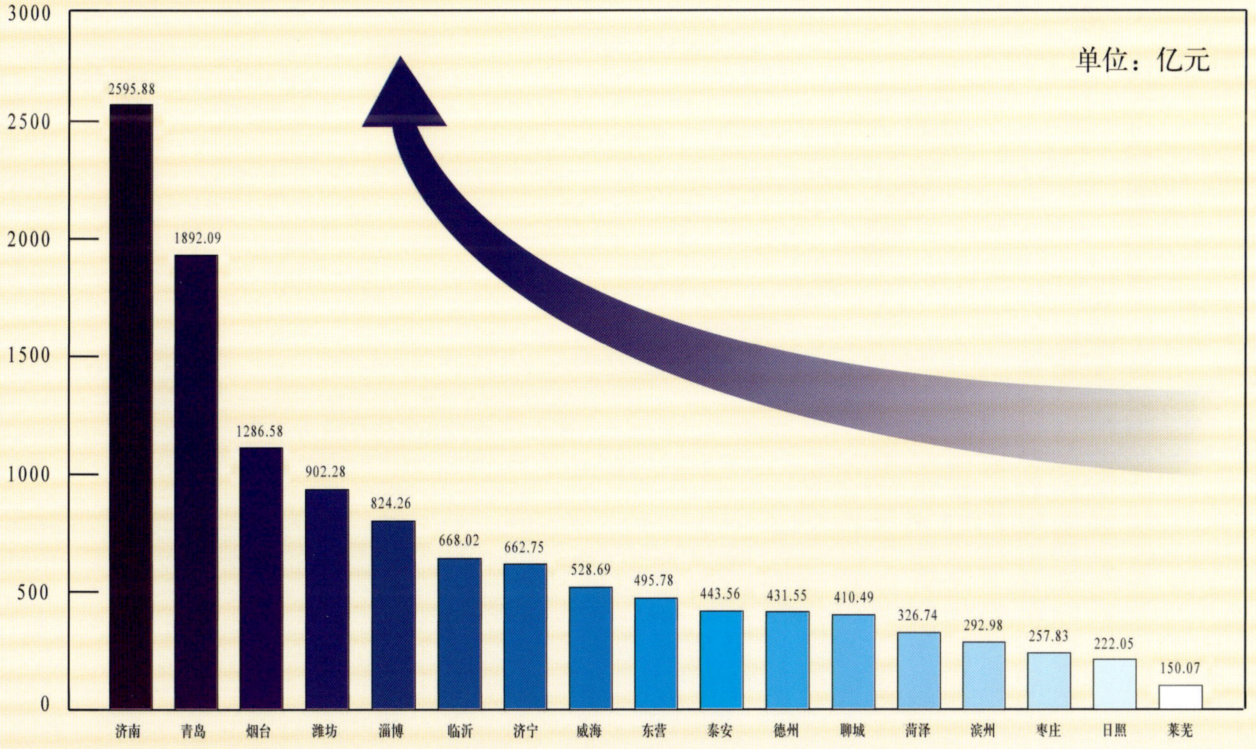

2013年全国各地区人均储蓄存款

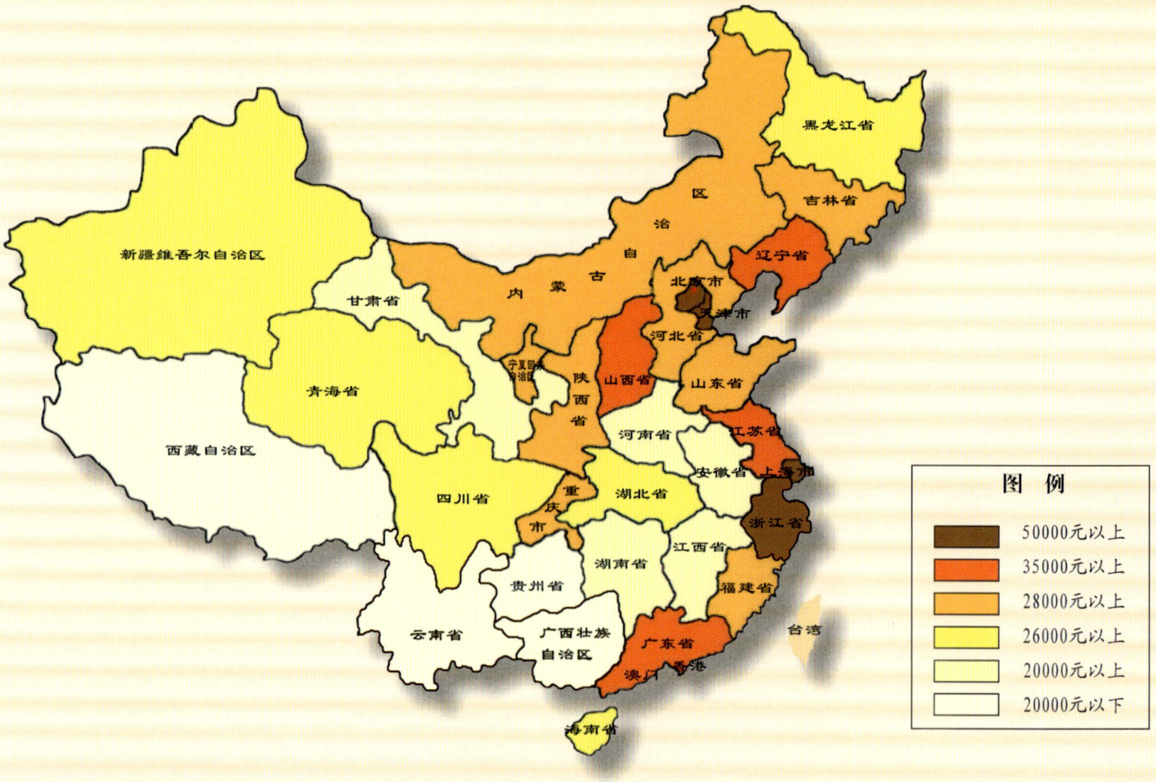

2013年全国各地区储蓄存款

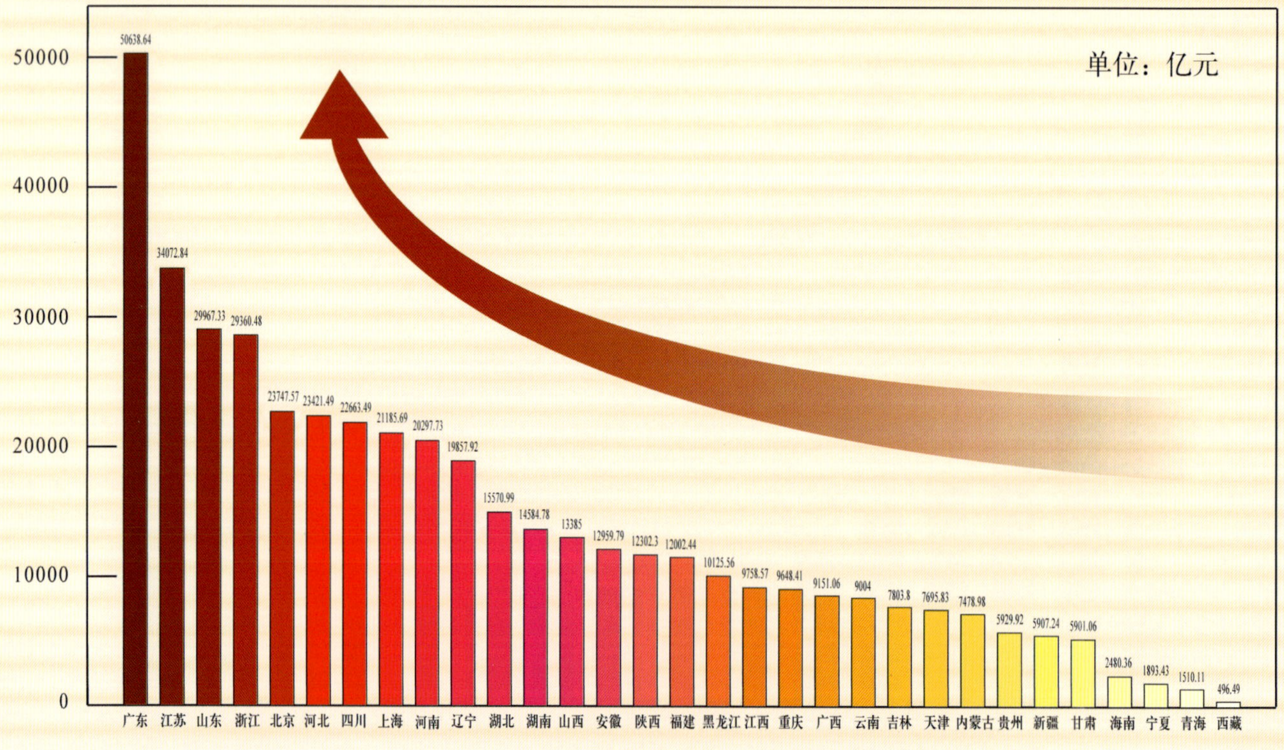

2003年全国各地区人均储蓄存款

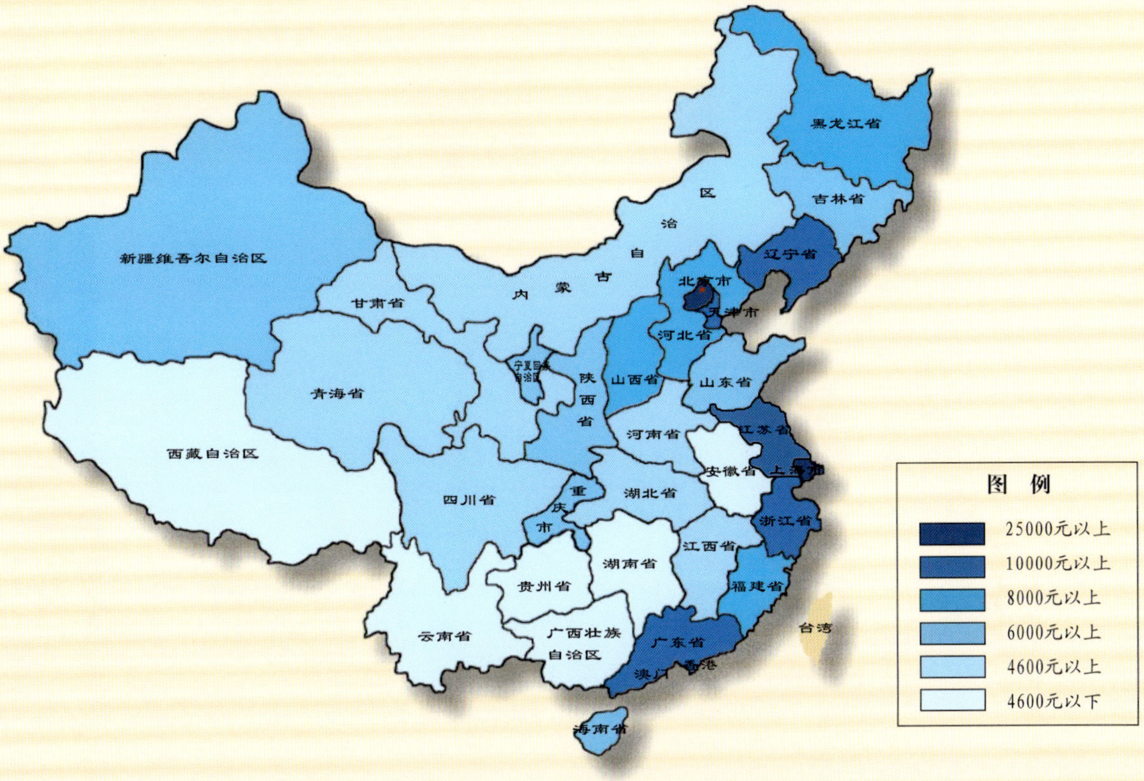

2003年全国各地区储蓄存款

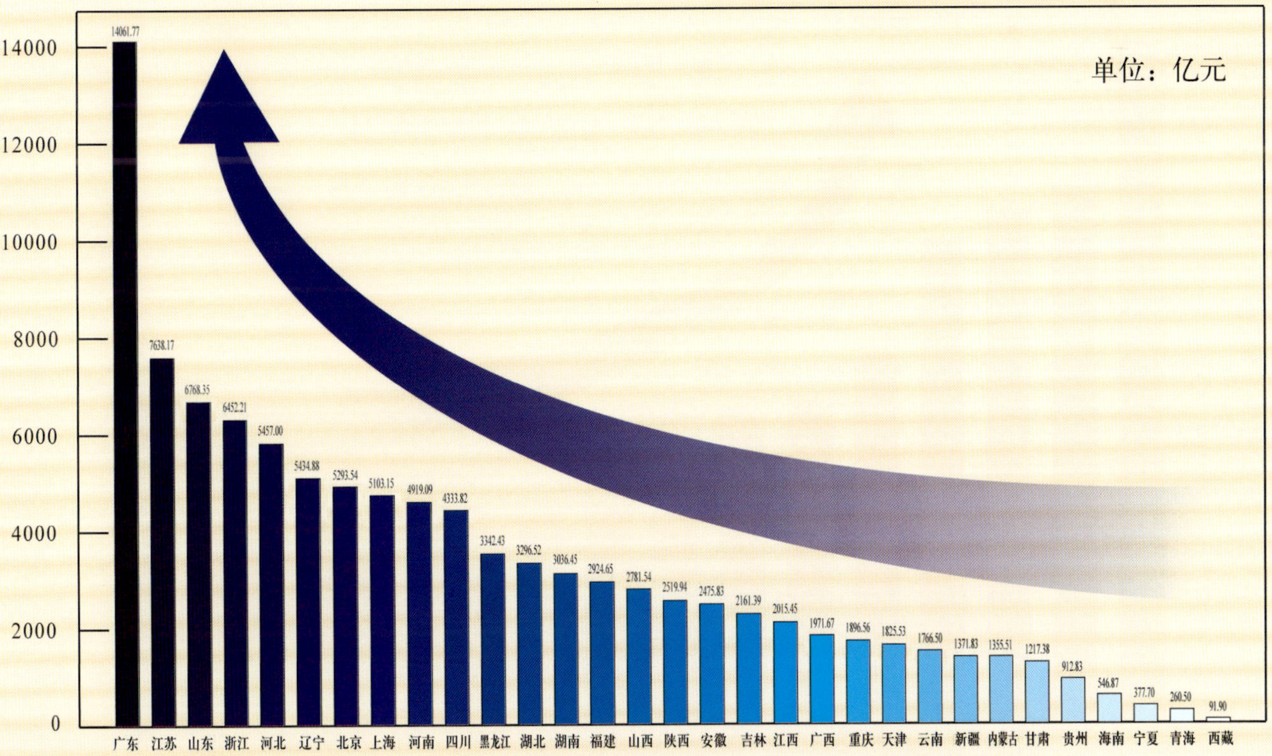

2013年山东省各市地人均储蓄存款

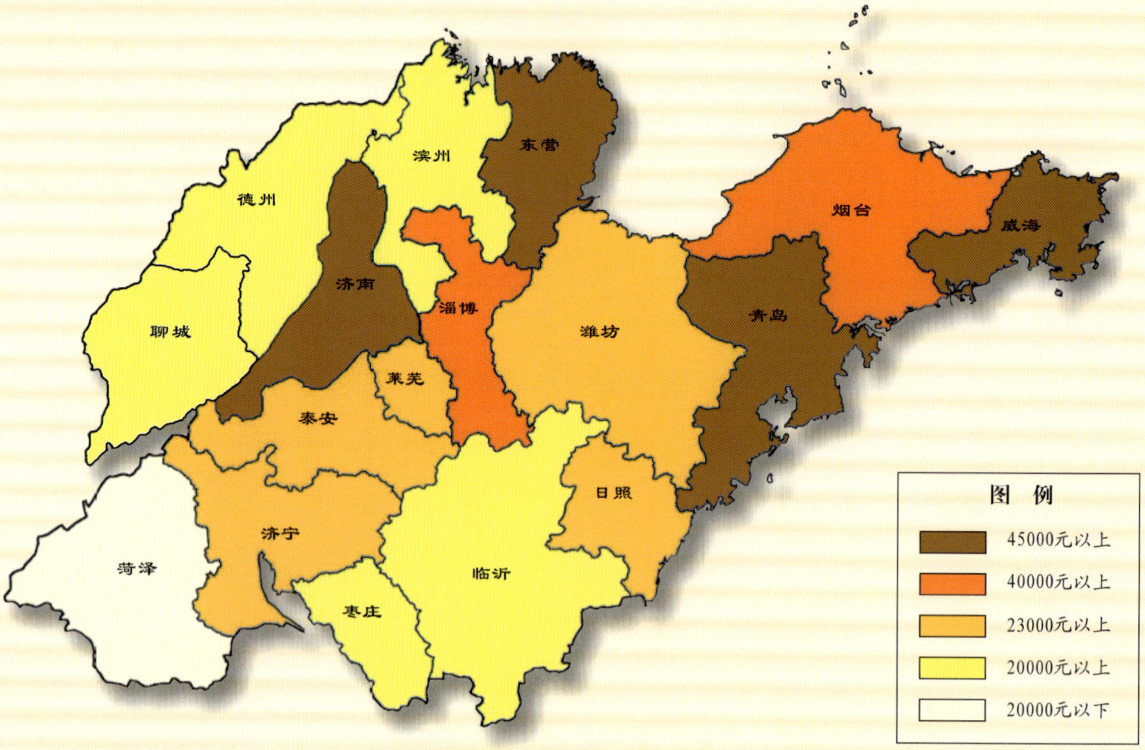

2013年山东省各市地储蓄存款

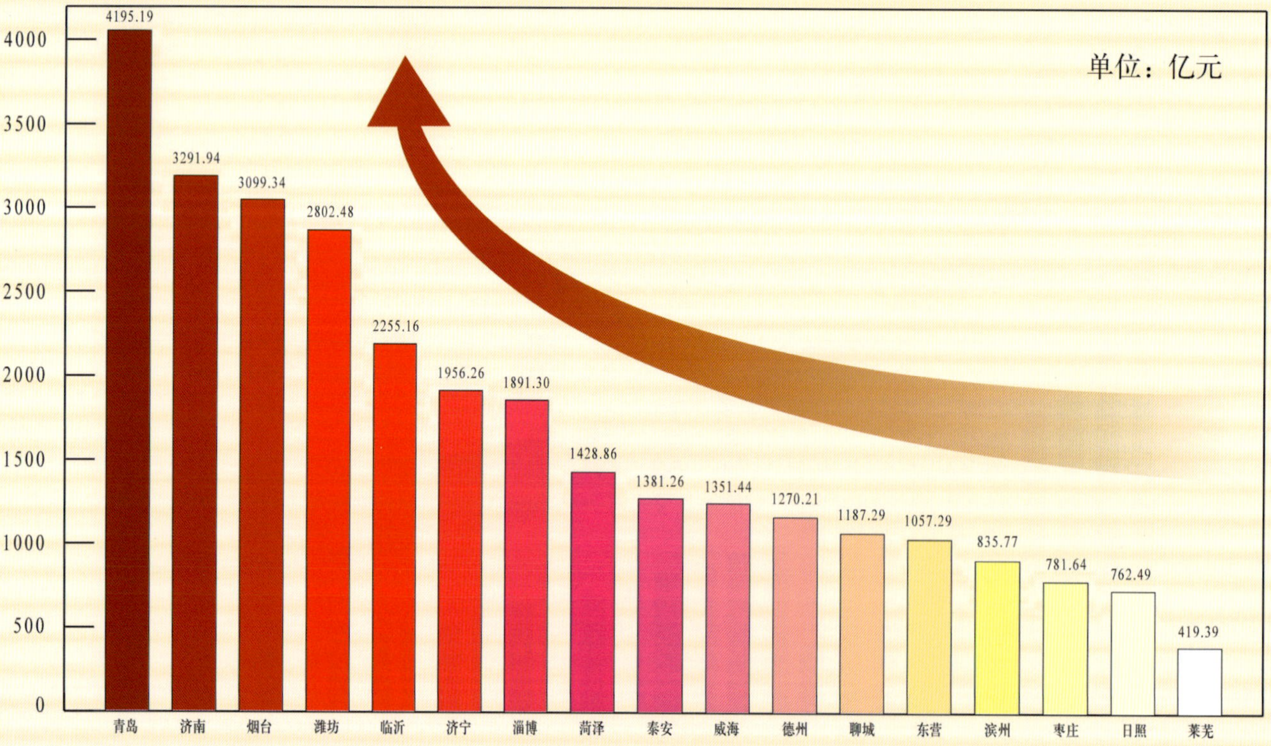

2003年山东省各市地人均储蓄存款

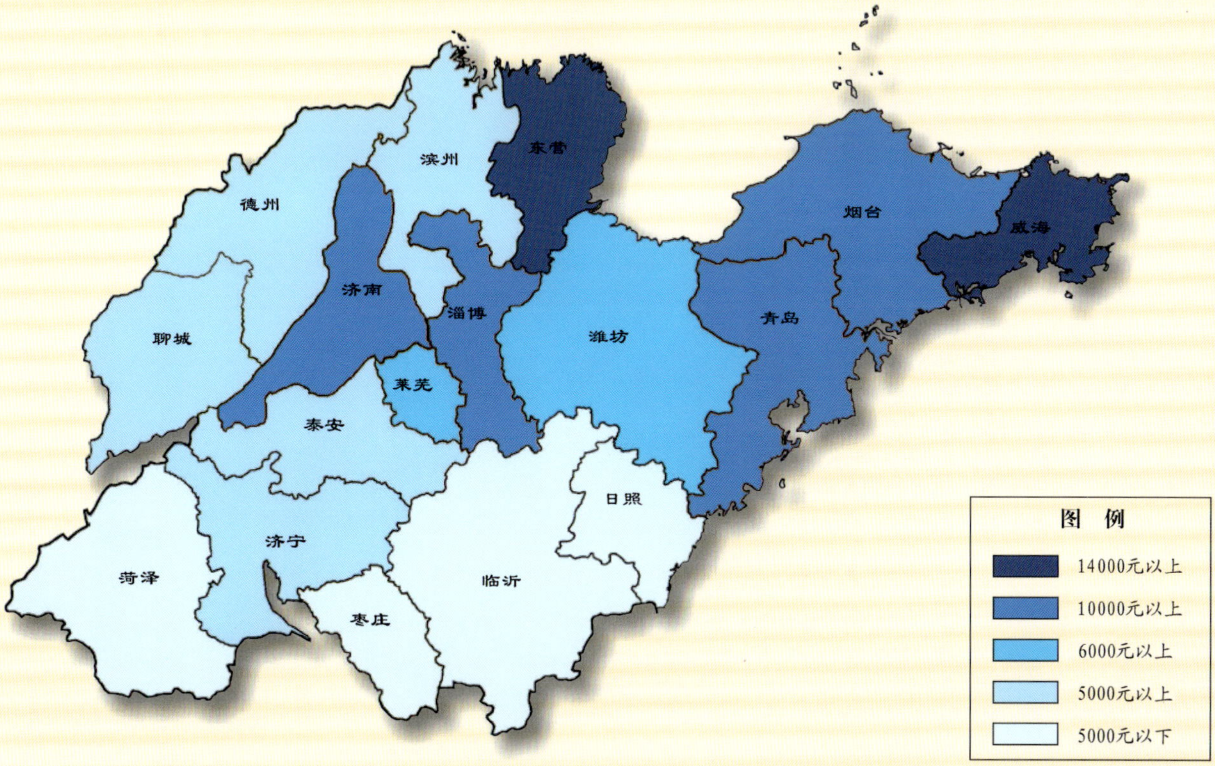

2003年山东省各市地储蓄存款

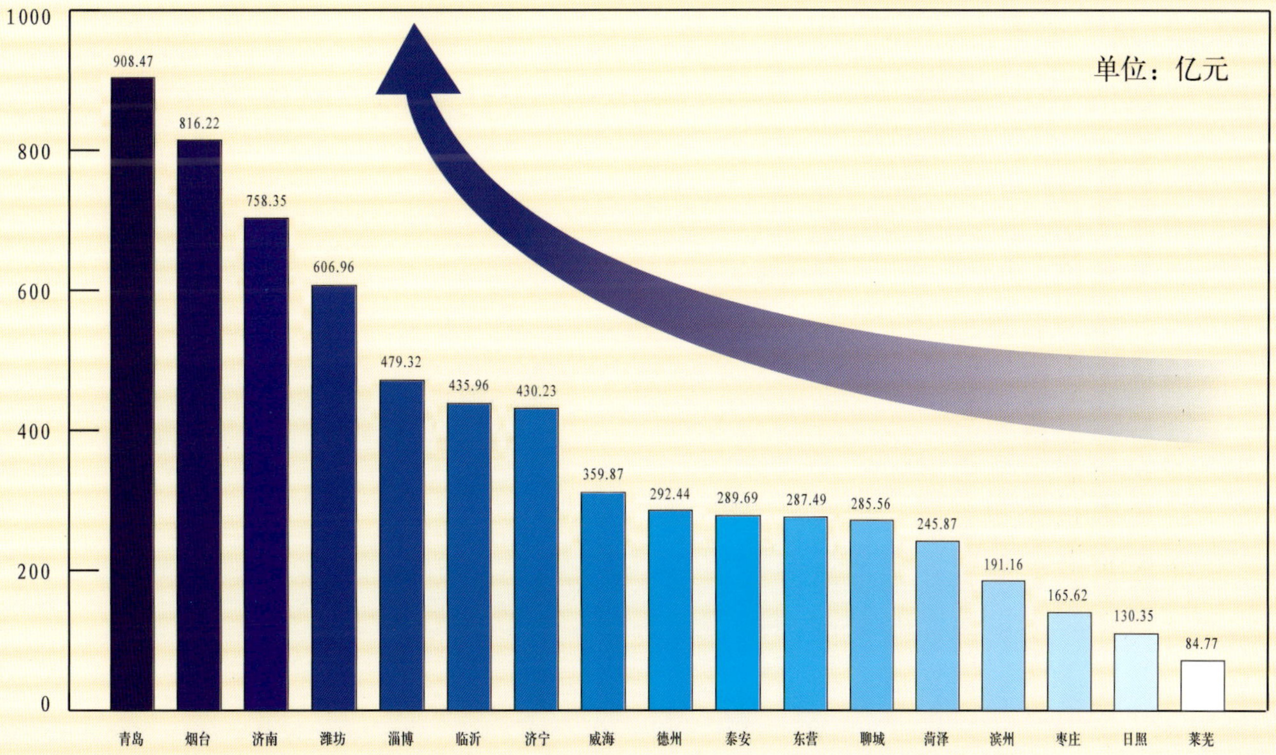

2013年全国各地区人均贷款

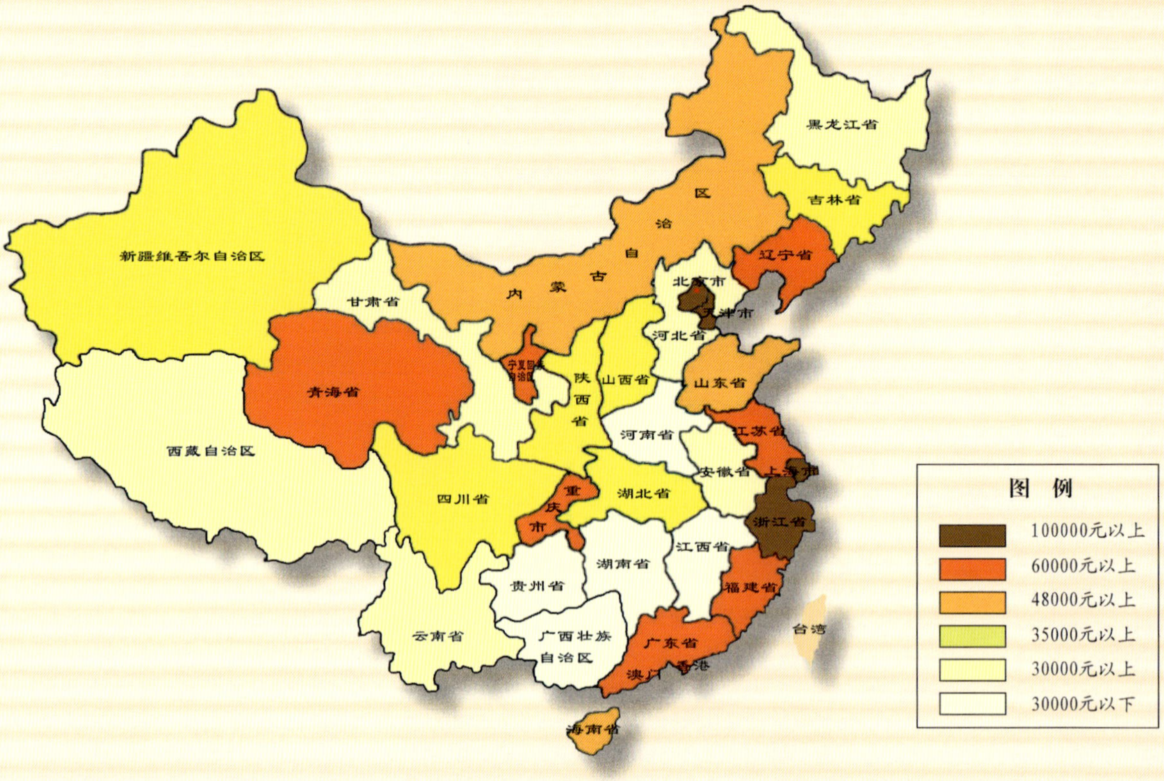

2013年全国各地区各项贷款

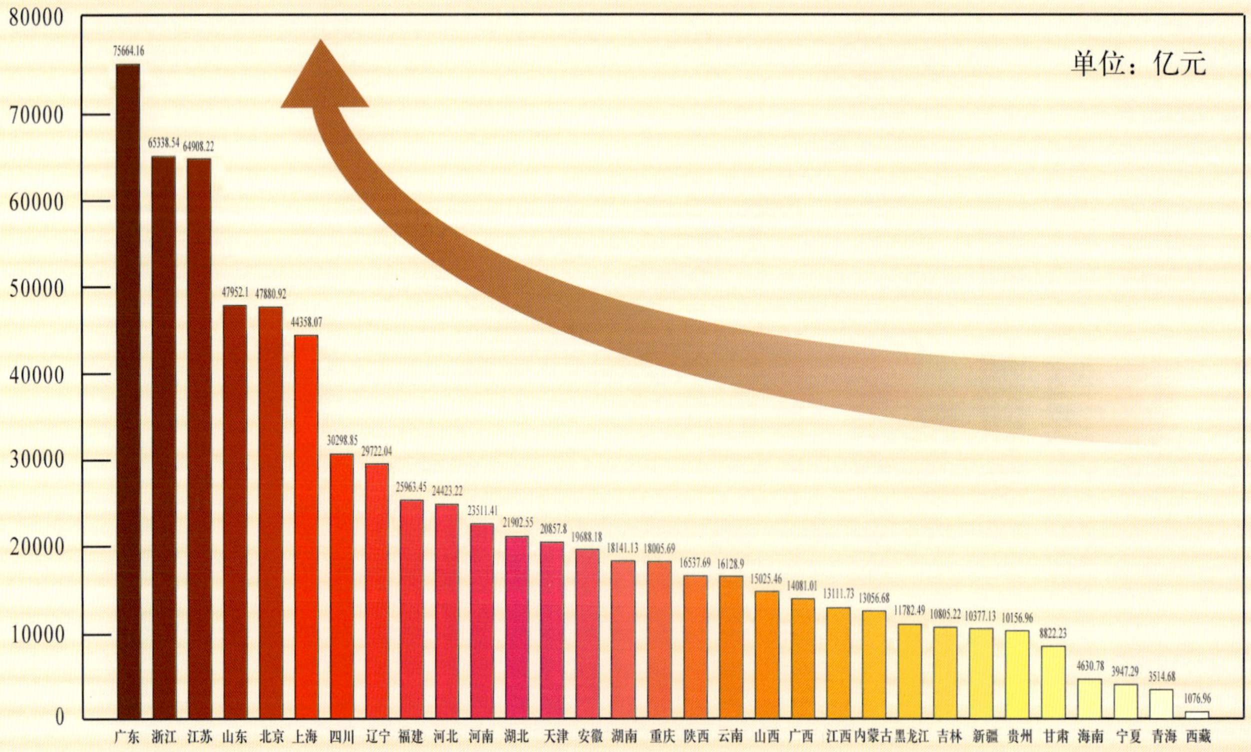

2003年全国各地区人均贷款

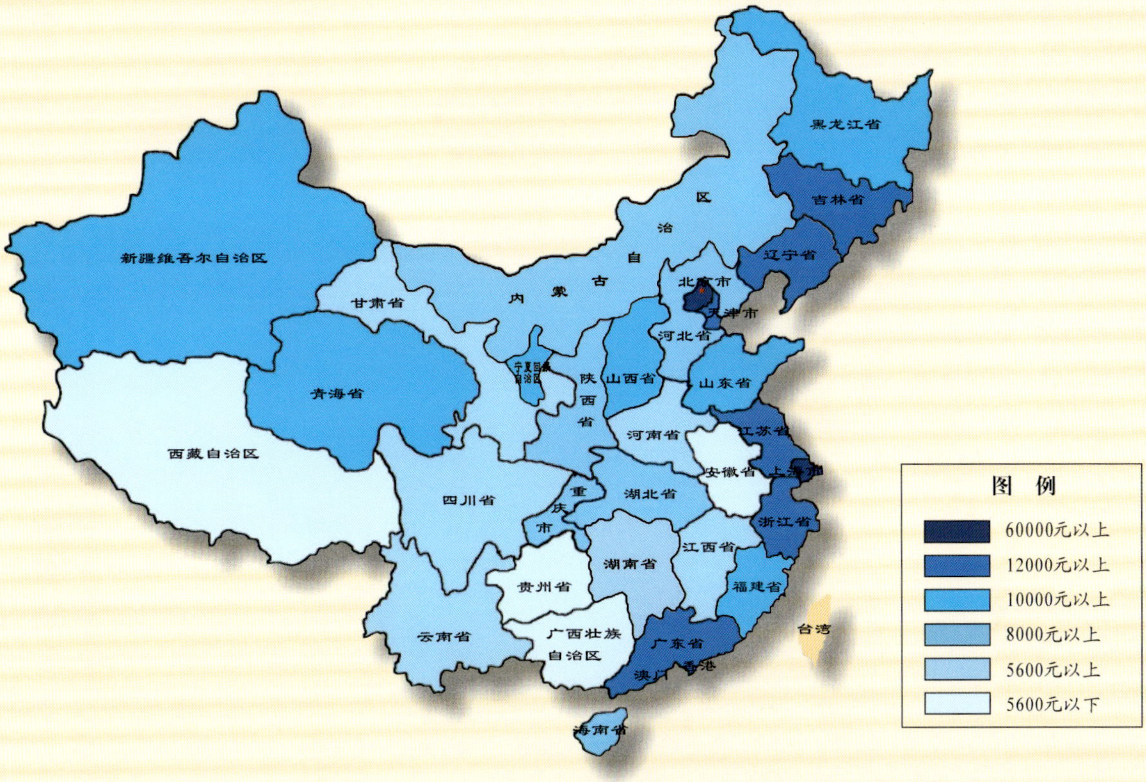

2003年全国各地区各项贷款

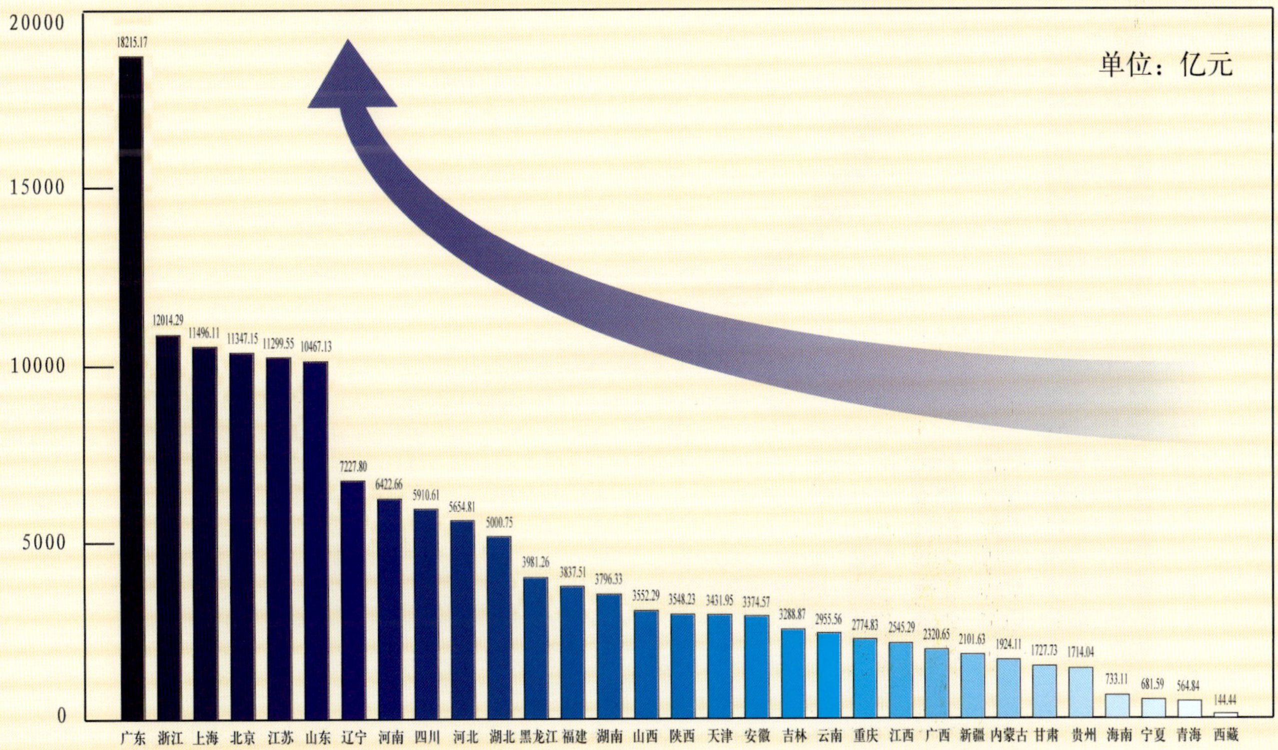

2013年山东省各市地人均贷款

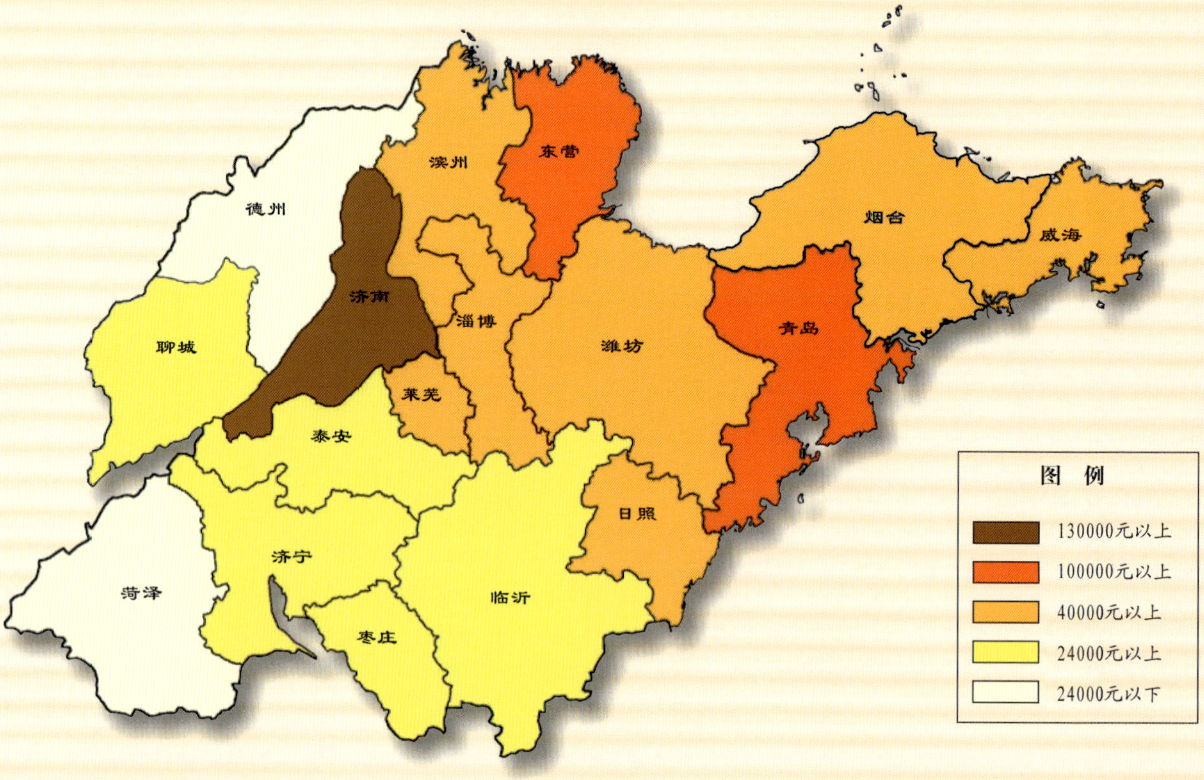

2013年山东省各市地各项贷款

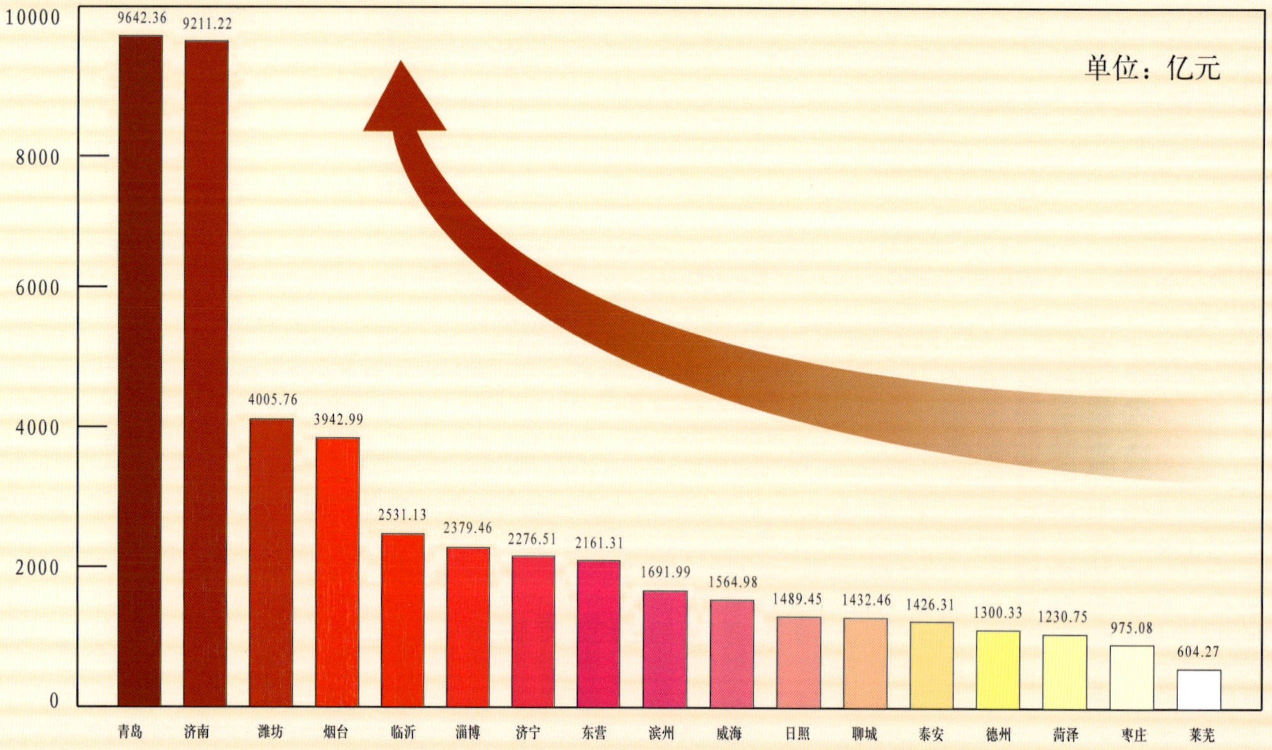

2003年山东省各市地人均贷款

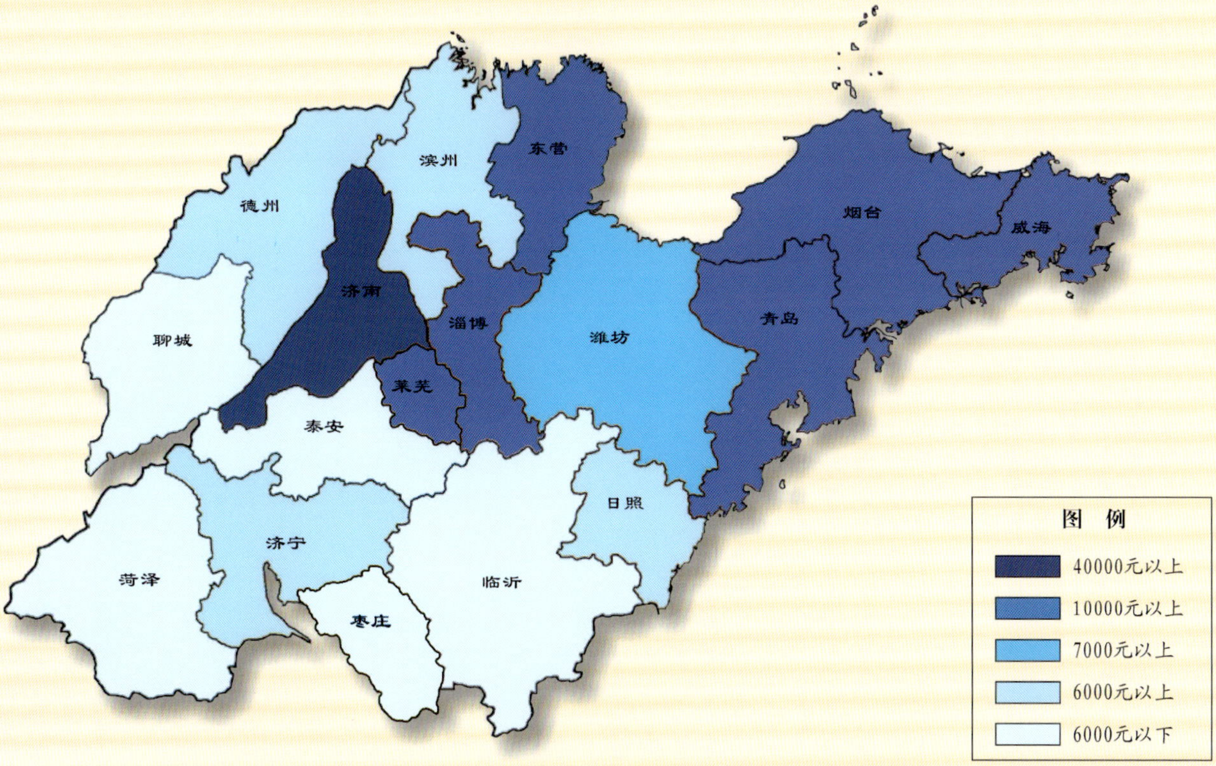

2003年山东省各市地各项贷款

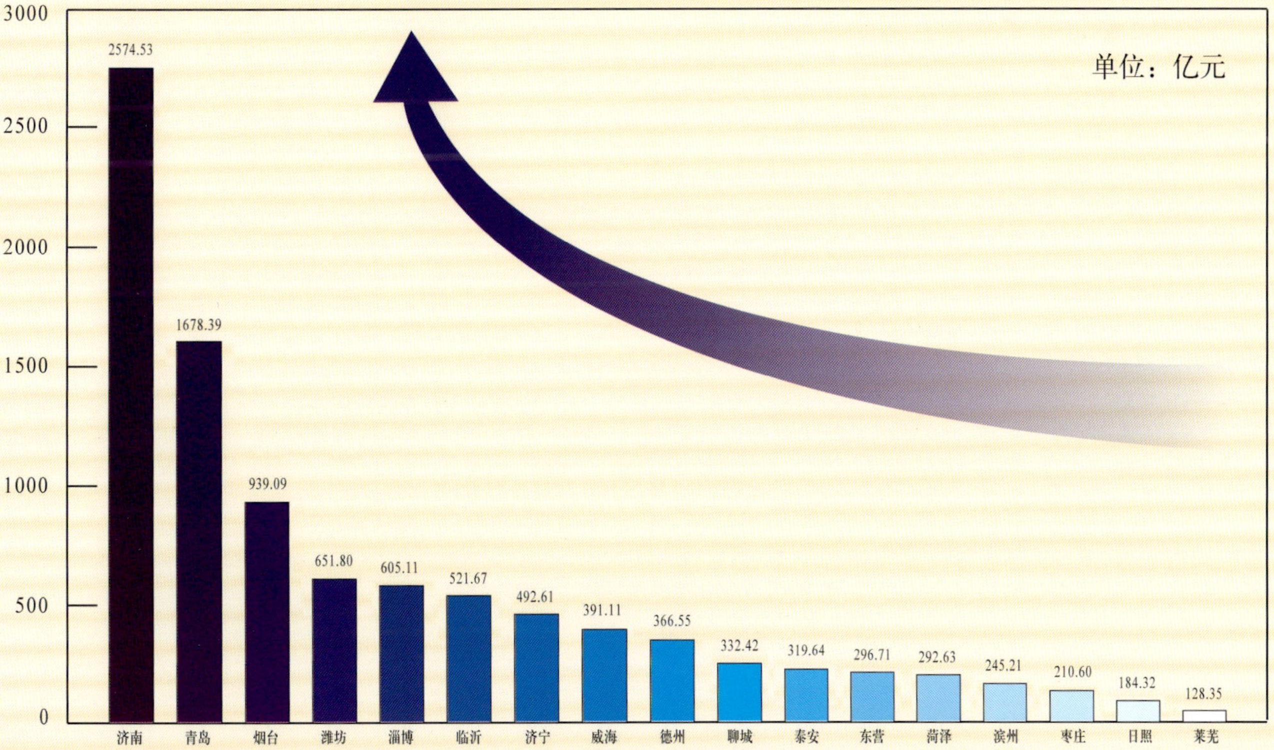

目 录

1 第一部分

2 第二部分

3 第三部分

4 第四部分

5 第五部分

第六部分

7 第七部分

8 第八部分

8

9

第九部分

10 第十部分

11 第十一部分

13

14 第十四部分

第一部分

山东省金融运行报告

山东省金融运行报告

【综述】 2013年，山东省深入贯彻党的十八大会议精神，继续推进"转方式、调结构、增创发展新优势"各项工作，经济保持稳中有进的发展态势。转型升级步伐加快，发展质量效益稳步提高，区域发展布局日趋完善，民生事业不断加强，物价水平保持稳定，经济社会协调可持续发展。金融运行总体平稳，信贷总量合理适度增长、结构持续优化，证券期货业稳健发展，保险服务保障功能逐步增强，金融市场交易活跃，社会融资规模稳步扩大。金融改革创新不断深化，金融生态环境建设持续推进，金融服务实体经济能力进一步提升。

【金融运行情况】 2013年，山东省金融运行平稳，融资结构持续改善，各项改革深入推进。银行融资稳定增长，资本市场稳健发展，保险服务保障功能日益增强，金融支持经济社会发展和促进经济转型升级能力进一步提升。

一、银行业稳健运行，支持实体经济力度加大。2013年，山东省银行业金融机构积极贯彻落实稳健货币政策，各项贷款平稳增长，信贷结构持续优化。金融改革创新步伐加快，服务体系日趋完善，业务品种更加丰富，市场化定价能力不断增强，有力支持实体经济平稳较快发展。

（一）规模效益稳步提升，市场主体日趋丰富。2013年，山东省银行业金融机构资产规模稳步增长，不良贷款低位双降，实现盈利同比多增131亿元。中小法人金融机构抗风险能力不断增强，拨备覆盖率同比提高79.7个百分点。金融市场组织体系进一步完善，财务公司、外资银行分支机构分别增至12家和19家；新设村镇银行15家，新增小额贷款公司61家。

2013年山东省银行类金融机构情况

机构类别	营业网点			法人机构（个）
	机构个数（个）	从业人数（人）	资产总额（亿元）	
一、大型商业银行	4445	98434	31517	0
二、国家开发银行和政策性银行	128	3787	6422	0
三、股份制商业银行	558	20149	13274	1
四、城市商业银行	755	21215	8758	14
五、主要农村金融机构	5152	70771	13438	120
六、财务公司	12	512	1143	10
七、信托公司	2	321	3667	2
八、邮政储蓄	3007	8756	3453	0
九、外资银行	40	1106	484	0
十、新型农村金融机构	118	2586	392	69
合　　计	14217	227637	82549	216

注：1.营业网点不包括国家开发银行和政策性银行、大型商业银行、股份制银行金融机构总部数据；大型商业银行包括中国工商银行、中国农业银行、中国银行、中国建设银行和交通银行；主要农村金融机构包括农村信用社、农村合作银行和农村商业银行；新型农村金融机构包括村镇银行、贷款公司和农村资金互助社。

数据来源：山东银监局。

（二）各项存款增势放缓，结构分化较为明显。2013年末，山东省本外币存款余额同比增长14.3%，增速比上年回落3.6个百分点。在理财产品、互联网金融等分流因素影响下，储蓄存款同比少增726亿元。保证金存款增量为上年的1.8倍，定期存款新增占比大幅下降。受上年同期基数较高和美联储退出量化宽松政策的预期影响，外币存款仅增加37.2亿元。

2012–2013年山东省金融机构
人民币存款增长变化

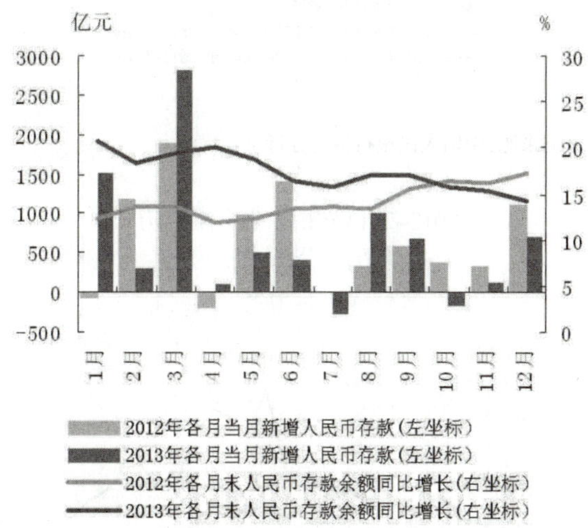

数据来源：中国人民银行济南分行。

（三）各项贷款稳定增长，支持经济转型升级力度增强。2013年，山东省本外币贷款增加4925亿元，余额增速同比下降2.8个百分点。期限结构长期化趋势明显，中长期贷款新增占全年新增贷款的50.5%，同比提高43.8个百分点。受规范外汇头寸政策等因素影响，外汇贷款同比少增20.8亿美元。差别存款准备金动态调控政策有效落实，地方法人金融机构通过压缩票据转贴现调整信贷结构，新增实体贷款为上年同期的1.5倍。积极运用支农再贷款工具，引导农村合作金融机构全年增加涉农贷款672亿元；全年累计为民品民贸企业贷款贴息3.6亿元。

信贷投放重点突出，有力支持山东经济转型升级。战略新兴产业、服务业贷款稳步增长，小微企业贷款连续四年实现"两个不低于"目标。在全国率先开展金融支持现代农业加快发展两年攻坚计划，涉农贷款余额同比增长14.5%。就业、助学贷款等民生领域金融服务水平继续提升，小额担保贷款发放额同比增长 88.6%，个人消费贷款增量为上年同期的 2.3 倍。不良贷款总体下降，但部分行业、地区不良贷款有所反弹，大企业担保圈风险进一步凸显，信贷风险防控压力加大。

2012–2013 年山东省金融机构
人民币贷款增长变化

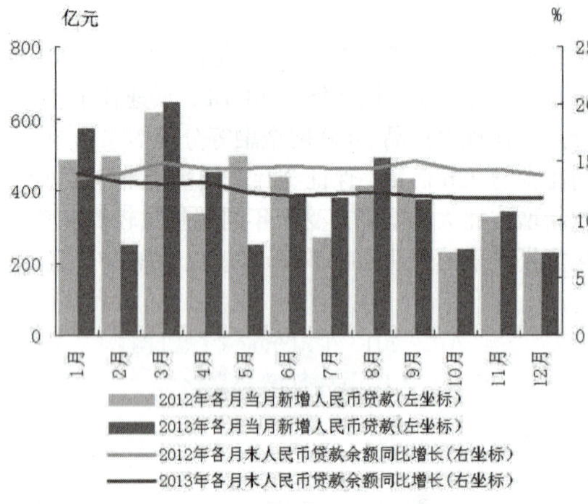

数据来源：中国人民银行济南分行。

2012–2013 年山东省金融机构
本外币存、贷款增速变化

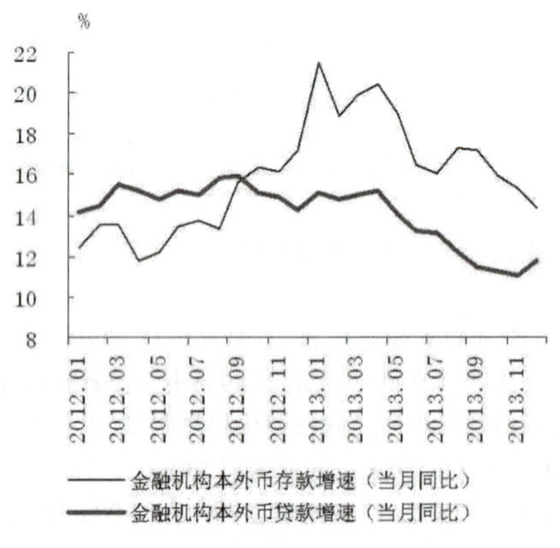

数据来源：中国人民银行济南分行。

（四）贷款利率总体下行，存款定价差异化程度不断提高。2013 年，一般性贷款加权平均利率同比下降 0.45 个百分点，年内走势较为平稳。贷款利率重心下移，基准和下浮利率贷款占比同比上升 1.4 个百分点。小微企业贷款利率上浮区间整体下行，农村合作金融机构贷款利率降幅高于全部贷款 0.29 个百分点。贷款利率管制全面放开，金融机构自主定价空间进一步扩大，部分贷款定价降至 0.7 倍基准利率以下。贷款基础利率对金融机构定价的指导作用逐步显现，风险识别和定价能力提高。民间借贷活跃度下降，监测的民间借贷量缩价跌，全年加权平均利率同比下降 1.6 个百分点。

2013 年山东省金融机构人民币
贷款各利率区间占比

单位：%

	月份	1月	2月	3月	4月	5月	6月
	合计	100.0	100.0	100.0	100.0	100.0	100.0
	下浮	4.8	6.3	4.2	5.2	4.3	5.1
	基准	19.2	20.3	22.3	21.3	19.6	22.6
上浮	小计	76.0	73.4	73.5	73.5	76.1	72.3
	(1.0-1.1]	24.7	22.0	22.6	20.3	22.6	21.9
	(1.1-1.3]	25.3	25.5	24.3	24.5	26.4	24.4
	(1.3-1.5]	9.2	8.6	8.7	10.2	9.5	9.7
	(1.5-2.0]	12.4	12.4	13.0	13.6	12.9	11.8
	2.0以上	4.4	4.9	4.9	4.9	4.7	4.5
	月份	7月	8月	9月	10月	11月	12月
	合计	100.0	100.0	100.0	100.0	100.0	100.0
	下浮	4.3	5.1	4.2	2.6	3.0	3.2
	基准	22.7	21.1	23.0	24.2	25.3	23.7
上浮	小计	73.0	73.8	72.8	73.2	71.7	73.1
	(1.0-1.1]	23.7	21.5	21.7	18.0	19.8	20.9
	(1.1-1.3]	26.2	28.3	26.7	28.4	26.1	27.1
	(1.3-1.5]	8.8	9.2	10.4	9.8	9.5	10.5
	(1.5-2.0]	10.4	10.5	10.3	12.2	12.3	11.4
	2.0以上	3.9	4.3	3.7	4.8	4.0	3.2

数据来源：中国人民银行济南分行。

2012–2013 年山东省金融机构外汇
存款余额及外汇存款利率

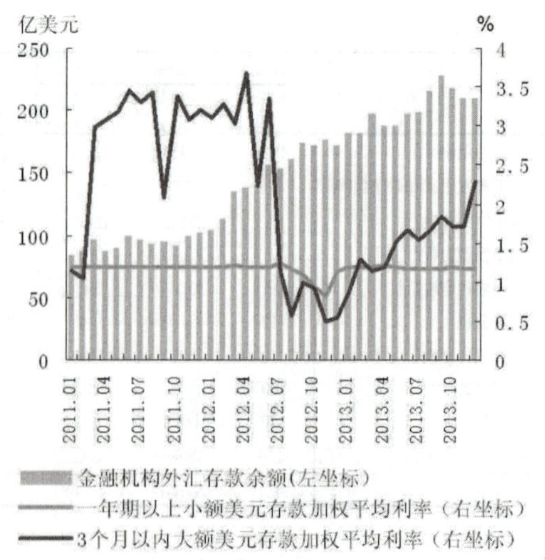

数据来源：中国人民银行济南分行。

（五）金融改革创新步伐加快，金融服务惠及面进一步扩大。山东省制定出台《山东省人民政府关于加快全省金融改革发展的若干意见》，明确未来5年金融改革目标。青岛市财富管理金融改革试验区总体方案顺利通过，济南区域性金融中心建设稳步推进。县域金融组织体系建设提速，股份制商业银行和城市商业银行新设县域分支机构46家，县域金融创新发展试点范围扩大到山东省20个县和莱芜市。融资性担保机构达490家，新增担保金额近1300亿元，支持7万余户中小企业发展。农村金融机构改革纵深推进，全年新改制组建10家农村商业银行。农村新型金融组织发展速度加快，村镇银行达到79家，县域覆盖率超过60%；小额贷款公司达到357家，注册资本411.4亿元，全年累计发放贷款1082亿元。中小企业私募债券试点步伐加快，全年19家企业募集金额28.8亿元。齐鲁股权交易中心完成公司制改革，新增挂牌企业175家，实现直接融资20亿元。

（六）跨境人民币业务蓬勃发展，深入推进贸易投资便利化。2013年，山东省跨境人民币业务结算额5188.6亿元，自试点以来累计结算额突破万亿元，继续稳居全国前列。山东省800余家银行分支机构办理跨境人民币业务，覆盖企业超过5100家，涉及境外国家和地区扩展至170个。货物贸易结算规模快速扩大，占同期进出口总额的14.8%。受跨境投融资大项目减少等因素影响，资本项目下收付总额同比减少7%。在全国率先建立跨境人民币业务综合服务系统工作平台和电子结算平台，业务效率进一步提升。

二、证券业实力不断提升，上市融资继续扩大。2013年，山东省证券市场资源配置功能继续增强，证券期货业经营机构稳步发展，上市公司股票融资规模继续扩大，新三板挂牌工作进展顺利。

（一）机构实力进一步增强，经营水平显著提升。2013年，山东省证券业和期货业总资产合计超830亿元，新增证券分公司和营业部31家，期货营业部7家。证券市场趋于活跃，2家法人证券公司总交易额同比增长35.1%，净利润同比增长近八成。融资融券业务加快发展，全年发生额超千亿元。期货市场交易快速增加，交易总额为上年同期的1.7倍，3家法人期货公司净利润同比增长16.6%。

（二）上市公司融资规模继续扩大，新三板上市工作稳步推进。2013年，山东省政府与上海证券交易所签订战略合作备忘录，稳步扩大企业上市融资规模。山东省共有237家上市公司，其中153家境内上市公司总市值达8955.7亿元，21家公司市值超过百亿元。14家上市公司通过证券市场再融资92.6亿元。积极培育上市后备资源，拟上市公司84家。全面参与全国中小企业股份转让系统（“新三板”）扩容工作，储备挂牌企业资源超800家，居全国前列。

（三）期货市场建设步伐加快，服务实体经济功能逐步提升。山东证监局与郑州商品期货交易所签署《市场功能“面”基地合作建设协议》，推动山东省期货业协会与中国金融期货交易所签署《国债期货投资者教育活动委托协议》，期货市场不断向纵深发展。证券期货机构法人治理进一步完善，鲁证期货积极准备上市。业务领域稳步扩展，鲁证期货启动期现结合业务和资产管理业务。境外代理、原油期货、期权等创新业务准备工作有序推进。

（四）证券业改革创新力度加大，市场发展健康稳健。推动证券期货机构业务创新和结构转型，探索金融控股集团发展模式，齐鲁证券在2013年证券公司分类评价中被评为A类A级。支持法人证券公司开展资产证券化、中小企业私募债等创新业务，齐鲁证券承做的山东首单资产证券化项目“国泰租赁”已获证监会批准，发行4单中小企业私募债、募集资金5.3亿元。完善上市辅导监管工作机制，制定《山东辖区律师事务所从事首次公开发行股票并上市法律业务监管指引》，61家企业进入辅导程序。

2013年山东省证券业基本情况

项　　目	数量
总部设在辖内的证券公司数(家)	2
总部设在辖内的基金公司数(家)	0
总部设在辖内的期货公司数(家)	3
年末国内上市公司数(家)	153
当年国内股票（A股）筹资（亿元）	82.4
当年发行H股筹资（亿元）	0.0
当年国内债券筹资（亿元）	1736.2
其中：短期融资券筹资额（亿元）	925.2
中期票据筹资额（亿元）	497.9

数据来源：中国人民银行济南分行，山东证监局。

三、保险业稳步发展，服务保障功能进一步增强。2013年，山东省保险业市场体系继续完善，服务领域不断拓宽，保障功能充分发挥。

（一）保险机构实力逐步增强，市场体系进一步完善。2013年，山东省新增保险公司2家，全省保险公司总数达79家。保费收入同比增长13.5%，高于全国2.3个百分点；为经济社会承担保险责任29万亿元，赔付支出同比增长36.1%，承保企事业单位8.2万家次。电子营销渠道快速发展，电话网络销售保费超20亿元，人身险电话网络销售保费超过专业代理渠道；5家保险公司在山东设立电销中心，太平洋保险在线商务公司日均保费突破4000万元，成为江北最大的新型保险经营主体之一。

（二）保险业务加快发展，保障作用增强。2013年，财产险公司承保利润居全国首位，承保利润率高于全国平均水平6.2个百分点；人身险公司业务结构持续优化，标准保费居全国前列。农业保险新增花生等9大类补贴品种，创新推出生猪价格指数保险、菜篮子工程保险等特色险种。环境污染、食品安全等责任保险试点工作稳步推进，责任保险保费同比增长25.6%。新农合大病保险承保人数和保费收入均居全国首位，保险互助试点工作正式启动。

（三）保险资金运用规模不断扩大，投资领域持续拓宽。

2013 年，山东省保险资金运用新增 83 亿元，累计达 177 亿元。吸引保险资金实现突破，到账金额 232 亿元，其中大额存款、企业债投资等超过 200 亿元。基础设施、能源等项目投入资金 131 亿元，投资方式包括入股农村商业银行、成立投融资中心等多种模式。

2013 年山东省保险业基本情况

项　　目	数量
总部设在辖内的保险公司数(家)	2
其中：财产险经营主体（家）	1
寿险经营主体（家）	1
保险公司分支机构（家）	79
其中：财产险公司分支机构（家）	35
寿险公司分支机构（家）	44
保费收入（中外资，亿元）	1280.4
其中：财产险保费收入（中外资，亿元）	445.6
人身险保费收入（中外资，亿元）	834.8
各类赔款给付（中外资，亿元）	441.7
保险密度（元/人）	1336.6
保险深度（%）	2.3

数据来源：山东保监局。

四、金融市场交易活跃，多元化融资格局加快形成。2013 年，山东省金融市场继续保持平稳健康发展，资源配置效率不断提升。

（一）融资结构变化明显，表外融资快速增长。2013 年，山东省本外币贷款新增额占社会融资规模的 46.4%，同比下降 11.2 个百分点。银行表外融资（含委托贷款、信托贷款、未贴现银行承兑汇票）占社会融资规模的 39.7%，同比提高 14.4 个百分点。直接融资平稳增长，非金融企业直接融资增加 1174.9 亿元。其中，短期融资券、中期票据、中小企业集合票据等银行间市场直接融资增加 807.2 亿元，占山东省社会融资规模的 7.5%，同比提高 0.3 个百分点。

2013 年山东省社会融资规模分布图

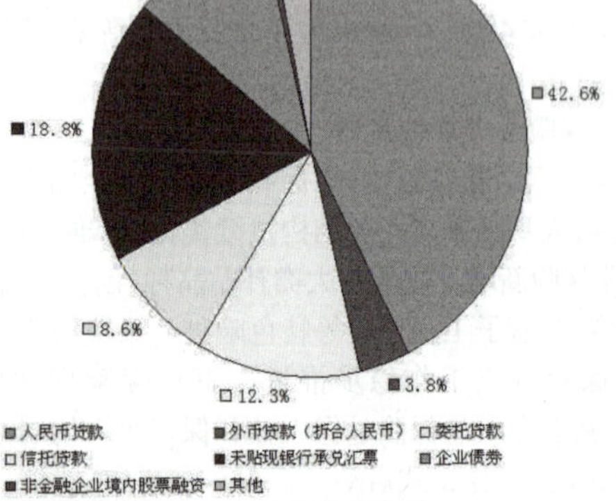

数据来源：中国人民银行济南分行。

（二）银行间市场交易量下降，债券回购业务较快发展。2013 年，山东省银行间市场成员交易量 12.6 万亿元，同比下降 3.1%。同业拆借交易量同比下降 17.6%，债券回购交易量同比增加 2.3 万亿元。质押式回购占全部市场交易量的 75%，隔夜品种占质押回购的 9 成以上。现券交易成交量降幅达 53.2%，净卖出债券 392.7 亿元。同业拆借和债券回购利率均有上升，现券买卖加权到期收益率同比提高 56 个基点。

（三）票据融资同比下降，贴现利率呈 V 型走势。2013 年，山东省票据累计贴现量、银行承兑汇票累计量同比分别增长 58%和 16.7%，票据融资金额净下降 246 亿元，占各项贷款比重同比下降 1 个百分点。电子商业汇票业务进一步推广，贴现金额继续稳居全国前列。再贴现需求旺盛，全年发生额同比增加 58.3 亿元。贴现利率前 5 个月逐步回落，下半年受市场流动性波动影响，随银行间市场利率变化逐步走高。

2013 年山东省金融机构票据业务量统计

单位：亿元

季度	银行承兑汇票承兑		贴现			
			银行承兑汇票		商业承兑汇票	
	余额	累计发生额	余额	累计发生额	余额	累计发生额
1	9712	5390	1932	5689	152	333
2	9995	10064	1941	8251	209	718
3	9978	15381	1759	11815	159	1022
4	10010	20249	1714	15146	145	1396

数据来源：中国人民银行济南分行。

2013 年山东省金融机构票据贴现、转贴现利率

单位：%

季度	贴现		转贴现	
	银行承兑汇票	商业承兑汇票	票据买断	票据回购
1	5.0445	5.9367	4.6474	4.4132
2	4.8541	6.0777	4.6332	4.5895
3	6.5747	7.4734	5.5106	5.6271
4	7.0095	7.9110	5.8775	6.2884

数据来源：中国人民银行济南分行。

（四）银行间外汇市场业务大幅增长，黄金市场量升价跌。2013 年，山东省银行间外汇市场成员成交额同比增长 43.9%，结售汇业务占市场交易量的 98.1%。14 家上海黄金交易所会员单位累计成交量是上年的 1.7 倍，累计净卖出 106.5 吨。产金炼金企业继续保持交易主力地位，自营交易比例与上年基本持平。纸黄金交易趋于活跃，成交量和成交金额同比分别增长 21.3%和 2.1%；受美元升值压力等影响，平均成交价格同比下降 16.1%。

五、金融生态环境建设深入推进，金融服务水平持续提升。2013 年，山东省金融生态环境建设继续扎实推进，金融基础设施建设和服务水平全面提升。在全国率先开展小额贷款公司和融资性担保公司接入金融信用信息基础数据库和信用评级试点工作，年末覆盖面达到 65%。启动省域征信服务平台

建设，推进小微企业和农村信用体系实验区建设。企业、个人征信系统日均查询数量 6.7 万次，互联网个人信用信息服务平台申请注册用户超过 31 万。大力推广银行卡助农取款服务和手机支付业务，截至年末，山东省助农取款服务点覆盖率达 96.8%，1230 万户农村地区手机支付用户累计处理业务 1.4 亿笔。金融 IC 卡推广应用工作持续推进，发卡量同比增长 7.5 倍，建成金融 IC 卡非接触小额支付商圈 113 个。金融消费权益保护机制创新取得新突破，实现银、信、保全覆盖，截至 2013 年末，山东省 3 地市和 13 县区成立金融消费权益保护协会。

2012–2013 年山东省支付体系建设情况

	支付系统直接参与方（家）	支付系统间接参与方（家）	支付清算系统覆盖率（%）	当年大额支付系统处理业务数（万笔）	同比增长（%）	当年大额支付系统业务金额（亿元）	同比增长	当年小额支付系统处理业务数（万笔）	同比增长	当年小额支付系统业务金额（亿元）	同比增长（%）
2012	63	7648	56.3	6900.7	35.2	1187252.7	34.4	8755.7	33.6	25784.3	-21.8
2013	65	8449	59.9	8905.4	29.1	1465587.0	23.4	13473.9	53.9	18770.9	-27.2

数据来源：中国人民银行济南分行。

【经济运行情况】 2013 年，山东省经济呈稳中向好的发展态势。固定资产投资重点突出，产业结构更趋优化，消费市场需求旺盛，对外贸易企稳回升，物价水平总体稳定，环境治理力度加大，经济社会持续健康协调发展。

1978–2013 年山东省地区生产总值及其增长率

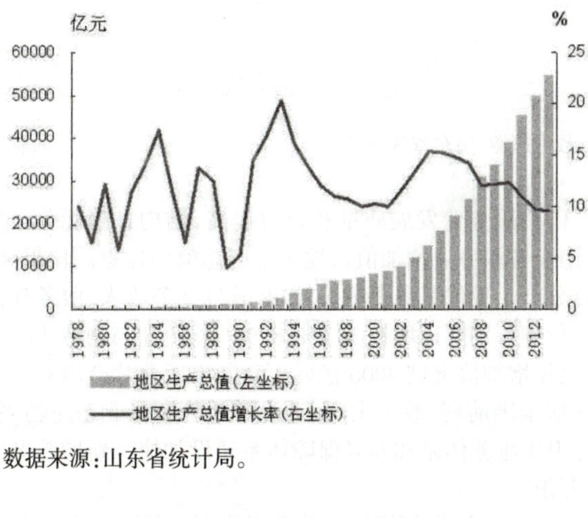

数据来源：山东省统计局。

一、内外需求有效提振，经济发展稳中有进。2013 年，山东省投资增速保持平稳，结构进一步优化。消费需求保持旺盛，对外贸易逐步回暖，内需对经济增长拉动力逐步增强。

（一）投资结构更趋优化，重点项目加快推进。2013 年，山东省固定资产投资增幅与全国持平，同比回落 0.9 个百分点。三次产业投资比例持续优化，服务业投资占比连续三年超过第二产业。内涵效益型投资增势良好，技术改造和高新技术产业投资增速分别高于全部投资增速 9.5 个和 4.4 个百分点。民间投资保持主体地位，增速超过 20%，经济内生增长动力不断增强。山东省百项重点建设项目超额完成，南水北调东线山东段工程正式通水。“两区一圈一带 ”等重点区域投资步伐持续加快，区域协调发展取得新突破。产业转移有序推进，山东（宁夏贺兰）如意科技时尚产业工业城、山钢集团产业援疆等重点项目进展顺利。

1980–2013 年山东省
固定资产投资（不含农户）及其增长率

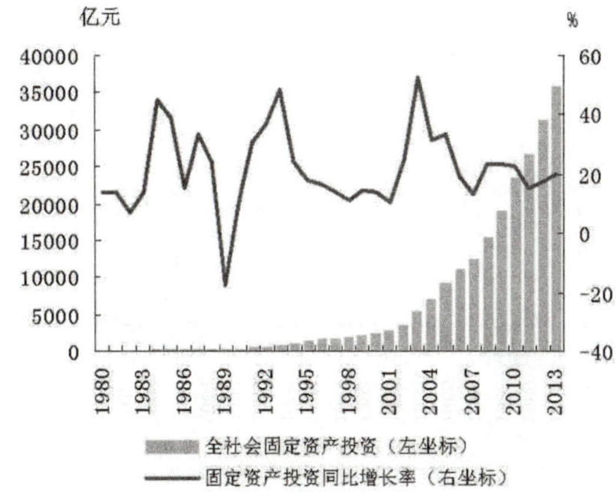

数据来源：山东省统计局。

（二）城乡消费升级加速，居民收入稳定增长。2013 年，山东省社会消费品零售总额同比增长 13.4%，高于全国 0.3 个百分点。消费结构不断优化，新的消费增长点和现代经营业态发展迅速，电子商务交易额突破万亿元，信息消费规模超过 6000 亿元。乡村消费增速高于城镇 0.5 个百分点，农村消费潜力进一步激活。城镇居民人均可支配收入和农民人均纯收入同比分别增长 7.4%和 9.7%，为消费市场稳定增长提供有力支撑。

1978–2013 年山东省
社会消费品零售总额及其增长率

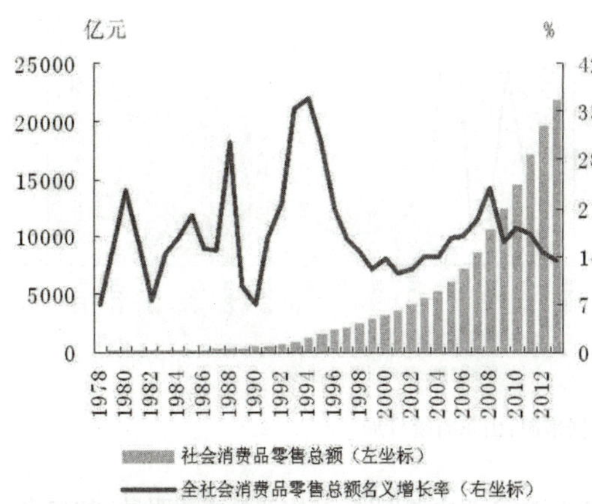

数据来源：山东省统计局。

（三）对外贸易企稳回升，利用外资不断扩大。2013年，山东省进出口总额增速明显回升，同比提高4.7个百分点。贸易顺差同比下降84.4%，降幅扩大61.2个百分点，延续近5年下降趋势。出口市场多元化格局更趋稳固，对欧盟、美国出口小幅增长，对日本、韩国出现下降，对大洋洲、中东、东盟、非洲、俄罗斯等新兴市场增长较快。民营企业外贸活力不断增强，占山东省贸易比重超过50%。资源类商品进口拉动作用明显，对进口增长贡献率达74.1%。

1978–2013年山东省外贸进出口变动情况

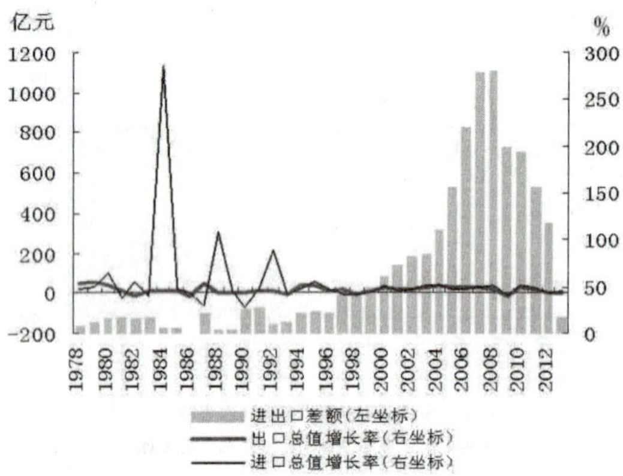

数据来源：山东省统计局。

利用外资增势平稳，实际到账外资增速同比提高3.1个百分点。服务业利用外资占比进一步提升，跨国公司投资快速增长。对外承包工程和劳务合作稳步发展，新签合同额同比增长12.1%，外派劳务人数连续六年居全国首位。

1986–2013年山东省外商直接投资额及其增长率

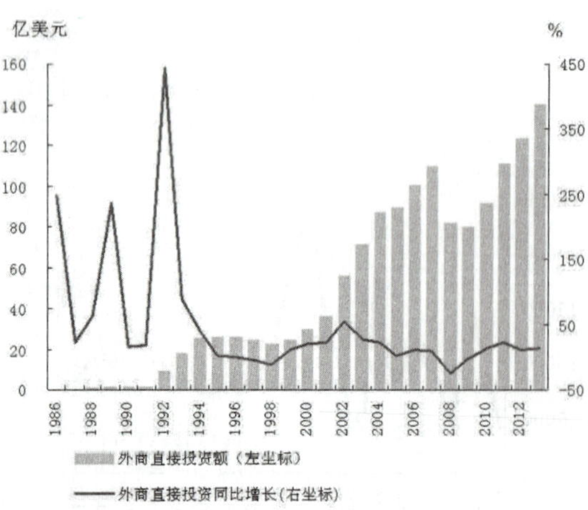

数据来源：山东省统计局。

二、三次产业协调发展，结构调整成效明显。2013年，山东省三次产业比例为8.7∶50.1∶41.2，第二产业比重下降1.3个百分点，第三产业比重提高1.2个百分点，产业结构继续优化。

（一）农业基础更加稳固，农业现代化加快推进。山东省粮食总产量实现“十一连增”，种植业综合机械化水平达到80%。农业科技支撑能力进一步增强，果品、蔬菜和食用菌等高效特色农业稳步发展。现代农业快速发展，规模以上龙头企业9100家，农民合作社9.7万家，家庭农场1.2万户。土地确权登记颁证试点工作全面展开。农产品出口连续14年居全国首位。

（二）工业生产平稳增长，质量效益同步提高。全年工业生产呈“前低后高”走势，增速比全国高1.6个百分点。重点产品产量增长面扩大，产销率为98.8%。工业企业效益持续提高，主营业务收入、利税分别同比增长12.2%和10.8%。工业技改投资突破万亿元，高新技术、信息技术、节能环保等新兴产业快速发展，高耗能企业对工业税收增长贡献率连续3年低于10%。企业自主创新能力不断增强，全年发明专利授权量达到8913件，同比增长19.6%。

2000–2013年山东省
规模以上工业增加值增长率

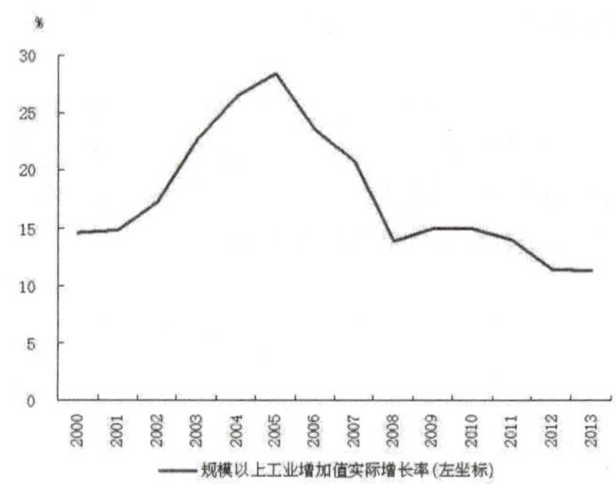

数据来源：山东省统计局。

（三）服务业发展质量和效益提高，结构日趋优化。2013年，山东省服务业增加值占地区生产总值的比重同比提高1.2个百分点。现代服务业增长较快，软件业务收入、服务外包离岸执行额分别同比增长30.2%、82%。物流业与制造业联动发展，全年增加值突破4000亿元。新闻出版业总产出等7项指标均居全国前列，数字出版、动漫游戏等新兴业态蓬勃兴起。医疗卫生服务体系和养老保障体系建设加快，新增养老床位8.9万张。

三、物价水平总体稳定，就业形势积极向好。2013年，宏观调控效应逐步显现，物价水平控制在合理区间内，劳动力价格稳步增长。

（一）消费价格温和上涨，食品价格仍为推动物价上涨主要因素。2013年，山东省居民消费价格总水平同比上涨2.2%，低于全国0.4个百分点。八大类商品和服务价格“七升一降”，其中食品类价格上涨4.8%，拉动价格总水平上涨1.5个百分点。受国际市场粮价上涨及国内提高最低收购价政策影响，粮食价格同比上涨7.3%，涨幅比上年扩大4.8个百分点。

（二）工业生产者价格涨幅收窄，农资价格稳步回落。工业生产者出厂和购进价格同比均下降1.6个百分点，涨幅分别连续23个月、20个月下降。农业生产资料价格涨幅同比回落4.8个百分点，年内走势前高后低。

2001–2013年山东省居民消费价格和生产者价格变动趋势

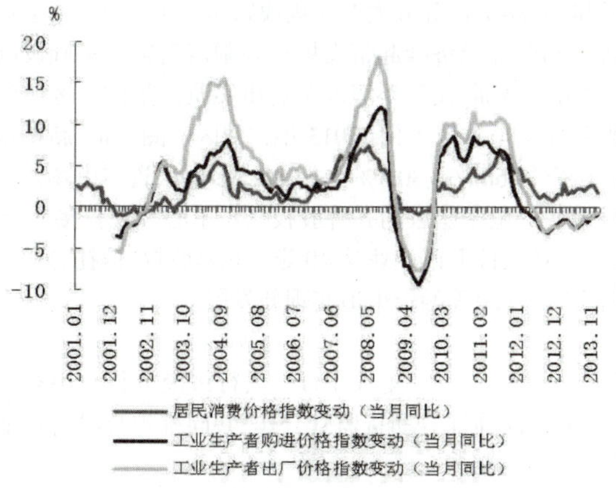

数据来源：山东省统计局。

（三）就业形势基本稳定，劳动力价格稳步增长。2013年，山东省就业形势持续向好，成为全国唯一连续十年实现城镇新增就业和农村劳动力转移就业“双过百万”的省份。年末城镇登记失业率3.2%，低于全国0.9个百分点。监测的企业人均年工资同比增长4.4%。最低工资标准平均上调12%，连续6年提高农村低保补助标准，补助资金达24.1亿元。

四、财政收入增速回落，支出结构进一步优化。2013年，山东省公共财政预算收入同比增长12.3%，较上年回落5.2个百分点。税收收入增长15.8%，“营改增”试点工作稳步推进。公共财政预算支出增长13.4%，连续6年50%以上用于民生领域；教育支出占比20.9%，居全国前列。在全国率先以省为单位推行新农合大病保险，启动城乡居民基本医疗保险整合工作。

1978–2013年山东省财政收支状况

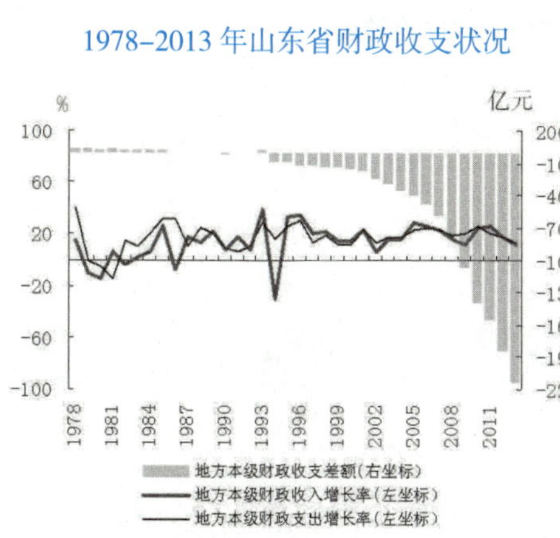

数据来源：山东省统计局。

五、环境治理力度加大，生态文明建设成效显著。2013年，山东省启动实施大气污染防治规划及一期行动计划，出台机动车排气污染防治规定和车用成品油升级实施方案。南水北调东线山东段治污方案确定的324个治污项目全部完工，小清河流域生态环境综合治理扎实推进。开展千家企业节能低碳行动，淘汰111家企业落后产能、681万吨立窑水泥生产线。加快调整能源结构，新能源发电装机占比提高到9.5%，关停小火电机组51.7万千瓦。万元地区生产总值能耗下降5%左右，主要污染物排放总量持续下降。3个市、407个乡镇、6个村获得国家级生态市、生态乡镇、生态村称号，5个园区被命名为国家级生态工业示范园区。新治理水土流失面积1600平方公里，新增湿地保护面积130万亩，新增国家级、省级湿地公园55处。农村生态文明建设不断推进，80%以上农村实现社区化服务与管理。

六、房地产市场总体平稳，文化产业快速发展。

（一）房地产市场平稳发展，房地产金融稳健运行。2013年，山东省房地产市场整体运行平稳，开发投资高位趋稳，市场供求有所回升。房地产贷款增长较快，重点支持保障性住房建设和个人购房刚性需求。

开发投资平稳运行，自筹资金占比下降。2013年，受新“国五条”房地产调控政策影响，房地产开发投资总体平稳，增速同比上升1个百分点。住宅投资增势稳定，办公楼、商业开发投资较快增长。开发企业自筹资金占比同比下降2.5个百分点，国内贷款、其他资金占比同比分别提高1.6个和2.1个百分点。

市场供给有所回升，保障性住房建设加快。新开工步伐加快，住宅和商业营业用房增速分别同比提高10.2个和6.4个百分点。竣工面积增速有所放缓，除商业营业用房外，住宅和办公楼增速分别同比下降0.4个和17.2个百分点。土地市场成交量逐步回暖，降幅逐月收窄，年末同比增长0.2%。保障性安居工程加快实施，新开工28.3万套，开工率120.1%，超额完成年初计划。

2002–2013年山东省商品房施工和销售变动趋势

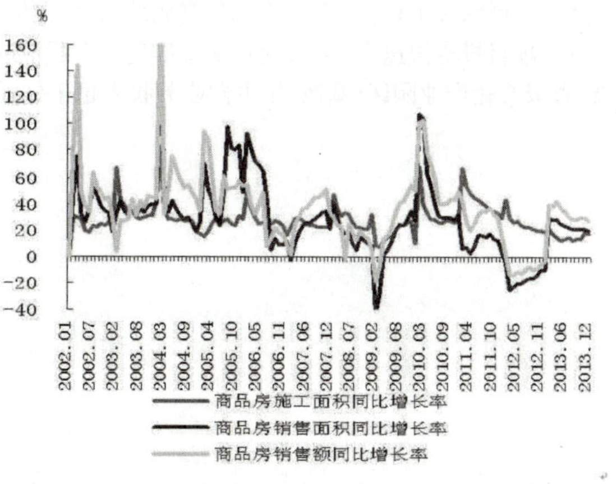

数据来源：山东省统计局。

调控政策逐步落实，销售增速前高后低。2013 年一季度，山东省商品房销售增势明显，商品房销售面积、销售额增速同比大幅提高。伴随房地产调控政策的逐步落实，销售增速逐月回落，但全年商品房销售额、销售面积增速仍较上年提高 30.3 个和 30.1 个百分点。住宅和办公楼销售稳步回落，商业营业用房销售呈“M”型走势。

重点城市房价上涨明显，呈现波动上升态势 。济南、青岛、烟台、济宁新建住宅价格环比增长率呈峰谷交替态势，同比增长率呈加快上涨的态势，年末 4 市同比涨幅均超过 8.8%，其中济南房价连续 18 个月呈上涨态势。

房地产贷款增长加快，重点满足刚性需求。全年房地产贷款增速同比提高 14 个百分点，高于同期各项贷款增速 2.6 个百分点。房地产开发贷款增长平稳，土地储备贷款同比增长 50.6%。重点满足个人首套房和改善型住房贷款需求，购房贷款增速高于房地产开发贷款增速 14.2 个百分点。保障性住房开发贷款增长 21.3%，保障性安居工程私募债实现突破。

2013 年山东省主要城市
新建住宅销售价格指数变动

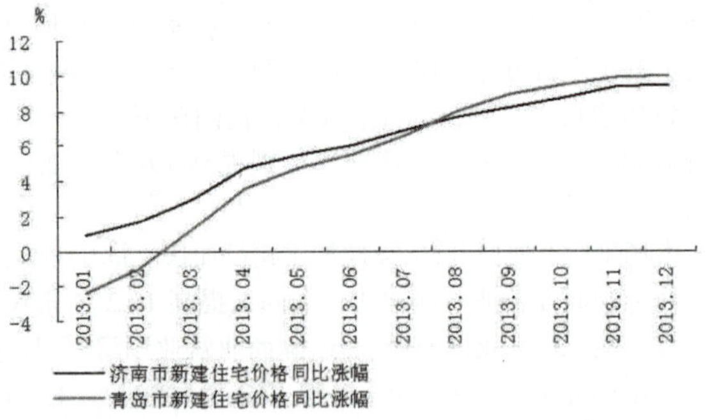

数据来源：国家统计局。

（二）文化产业提质增效，金融支持力度加大。山东省深入贯彻落实《合作推进山东文化强省建设框架协议》，创新实施文化产业发展六大工程。大项目带动战略成效初显，文化产业固定资产项目投资快速增长。文化产业集群建设不断推进，国家级、省级文化产业园区（基地）年主营业务收入超千亿元，带动就业 12.9 万人。文化与科技、金融、旅游深度融合，动漫产业服务体系不断完善。成功举办十一届演艺产品交易会，86 个演艺项目签约金额达 9 亿元。金融支持文化领域发展力度加大，年末文化、体育和娱乐业贷款余额 112 亿元，同比增长 29.4%，重点支持文化产业园区、文化风景旅游等领域。

七、“两区一圈一带”海陆统筹，推动区域经济联动协调发展。“蓝黄” 战略深入实施，全年地区生产总值增长 10.4%，高出全省 0.8 个百分点。科技创新、特色产业培育、未利用地开发成效明显，海洋生物等五大产业规模跃居全国前列。省会城市群经济圈和西部经济隆起带发展规划制定实施，基础设施建设、人才引进培训、投资环境改善迈出实质性步伐。区域经济发展得到金融全方位支持。2013 年，“两区一圈一带”新增贷款分别占全省的 66.8%、30.5%和 24.8%。多层次资本市场体系建设步伐加快，位于蓝区的齐鲁股权交易中心实现直接融资 20 亿元，黄区新三板上市企业达 40 家。私募股权、信托、典当、融资租赁、资产管理等融资渠道实现新发展。

【经济金融大事记】　4 月 4 日　人行济南分行与山东证监局签订《关于加强证券期货监管合作 共同维护金融稳定的备忘录》。

4 月 9 日　黄河三角洲国家现代农业科技示范区建设座谈会暨“渤海粮仓”科技示范工程启动会在东营举行。

4 月 16 日　全球首台纸硬币自助兑换机在济南面世。

5 月 2 日　山东省济南、济宁两地在全国率先完成中央银行会计核算数据集中系统（ACS）上线。

5 月 31 日　人行济南分行召开山东省金融支持现代农业加快发展工作会议。

8 月 7 日　山东省出台《山东省人民政府关于加快山东省金融改革发展的若干意见》。

9 月 13 日　山东省土地储备中心、山东省土地和矿业权交易中心、山东省土地储备开发集团有限公司成立揭牌仪式在济南举行。

10 月 11 日　第十届中国艺术节开幕式在济南举行。

12 月 4 日　山东省制定出台《山东省人民政府关于建立健全地方金融监管体制的意见》，推动地方金融工作职能加快向服务和监督管理并重转变。

附表 1-1

山东省经济主要统计指标

指标 \ 年度	2009	2010	2011	2012	2013	2013年同比增幅（%）
土地面积（万平方公里）	15.70	15.70	15.70	15.70	15.7	0
人口（万人）	9470	9588	9637	9685	9733	0.5
非农业人口（万人）	3548	3839	3945	4021	5232	—
地区生产总值（亿元）	33896.65	39169.92	45361.85	50013.24	54684.33	9.6
第一产业（亿元）	3226.64	3588.28	3973.85	4281.70	4742.63	3.8
第二产业（亿元）	18901.83	21238.49	24017.11	25735.73	27422.47	10.7
工业（亿元）	16896.14	18861.45	21275.89	22798.33	24222.16	10.9
建筑业（亿元）	2005.69	2377.04	2741.22	2937.40	3200.31	8.4
第三产业（亿元）	11768.18	14343.14	17370.89	19995.81	22519.23	9.2
人均地区生产总值（元）	35893.57	41106	47335	51768	56323	9.0
地区生产总值构成（%）	100	100	100	100	100	—
第一产业（%）	9.50	9.20	8.80	8.60	8.7	—
第二产业（%）	55.80	54.20	52.90	51.40	50.1	—
第三产业（%）	34.70	36.60	38.30	40.0	41.2	—
公共财政预算收入（亿元）	2198.63	2749.38	3455.93	4059.43	4559.95	12.3
公共财政预算支出（亿元）	3267.67	4145.03	5002.07	5904.52	6688.80	13.3
全社会固定资产投资（亿元）	19030.97	23276.69	26769.73	31255.96	—	—
房地产开发（亿元）	2428.73	3249.37	4106.8	4708.3	—	—
进出口总值（亿美元）	1386.04	1889.51	2359.92	2455.45	2671.59	8.8
出口总值（亿美元）	795.65	1042.47	1257.88	1287.32	1345.10	4.5
外商直接投资（亿美元）	80.10	91.68	111.60	123.53	140.53	13.8
社会消费品零售总额（亿元）	12362.97	14620.30	17155.49	19651.94	22294.84	13.4
居民消费价格指数（%）	100.00	102.90	105.0	102.1	102.2	2.2
城市居民人均可支配收入（元）	17811.04	19945.83	22792	25755	28264	9.7
农民人均纯收入（元）	6118.77	6990.28	8342	9446	10620	12.4

注：该表为本编辑部根据《山东统计年鉴》有关数据整理。

附表 1-2

山东省工农业主要统计指标

农业主要统计指标（万吨）				规模以上工业企业主要统计指标（亿元）			
项目 \ 年度	2012年	2013年	增幅（%）	项目 \ 年度	2012年	2013年	增幅（%）
粮食	4511.4	4528.2	0.4	工业增加值	—	—	11.34
夏粮	2179.91	2219.40	1.8	国有企业	—	—	5.28
秋粮	2331.50	2308.83	-1.0	集体企业	—	—	10.65
棉花	69.8	62.1	-11.1	股份制企业	—	—	12.29
油料	351.0	349.6	0.4	外商及港澳台投资企业	—	—	10.32
水果	1523.82	1601.54	5.1	轻工业	—	—	10.25
蔬菜	9386.01	9658.20	2.9	重工业	—	—	11.85
肉类	764.16	774.8	1.4	主营业务收入	118086.93	132130.34	—
禽蛋	402.44	396.6	-1.5	利税	12871.03	14124.17	—
奶类	294.09	281.2	-4.4	利润	8016.35	8715.36	—
水产品	841.88	863.16	2.5	经济效益综合指数（%）	—	—	—

注：该表为本编辑部根据《山东统计年鉴》有关数据整理。

附表 1-3

山东省金融业务统计指标

类别	指标（亿元）\ 年度	2009	2010	2011	2012	2013	比年初增减数
银行类	本外币存款余额	35170.71	41653.72	46986.51	55386.41	63357.9	7916.8
	人民币存款余额	34697.78	41104.96	46345.41	54301.53	62077.9	7722.4
	单位存款	--	--	22162.89	25601.03	29001.4	3373.7
	定期存款	--	--	5669.31	6798.19	7335.0	558.5
	活期存款	--	--	9839.49	10881.00	11624.0	757.1
	个人存款	--	--	22290.76	26637.40	30614.3	3953.1
	储蓄存款	17082.76	19648.21	22173.27	26343.31	29796.1	3442.5
	本外币贷款余额	27385.93	32536.29	37521.93	42899.91	47952.1	4925.4
	人民币贷款余额	25961.32	30722.64	35179.00	40021.49	44761.3	4613.3
	短期贷款	12220.71	14369.15	17331.13	20947.01	23531.3	2459.7
	中长期贷款	11758.14	15007.60	16291.94	16692.62	19123.8	2429.4
	票据融资	1898.45	1217.51	1385.36	2105.51	1859.2	-246.4
	现金收入	65307.61	77144.41	--	--	--	--
	现金支出	65302.17	77300.30	--	--	--	--
	现金投放（+）回笼（-）	-5.44	155.88	--	--	--	--
保险类	保险公司保费收入	792.89	1030.07	1036.04	1128.04	1280.42	--
	财险收入	215.19	297.44	339.21	392.19	462.49	--
	寿险收入	577.70	732.63	696.83	735.85	817.93	--
	保险公司赔款和给付支出	228.39	228.64	271.23	324.56	441.66	--
	财险赔款	114.74	136.66	161.41	197.88	245.42	--
	寿险给付	113.65	91.98	109.82	126.68	212.34	--
证券类	证券经营机构证券交易量	35928.0	20710.1	24595.4	18880.2	29033.6	--
	证券投资者资金开户数（万户）	421.9	457.1	486.4	508.3	526.8	--
	净利润	76.57	56.41	--	--	--	--
	期货经纪公司代理交易量	48369.5	73005.9	43702.4	46648.6	99678.0	--
	期货客户保证金余额	--	29.66	--	30.11	--	--
	净利润	0.64	0.71	--	--	--	--

附表 1-4

山东省国民经济主要指标占全国的比重（2013 年）

项目	单位	山东	全国	山东占全国比重（%）
一、人口与就业				
年末总人口	万人	9733	136072	7.2
就业人员	万人	6580	76977	8.5
二、土地面积	万平方公里	15.79	960	1.6
三、农林牧渔业总产值	亿元	8750	96995	9.0
四、地区生产总值	亿元	54684	568845	9.6
第一产业	亿元	4743	56957	8.3
第二产业	亿元	27422	249684	11.0
第三产业	亿元	22519	210689	10.7
五、人均地区生产总值	元	56323	41908	
六、主要工农业产品产量				

续表

项　目	单　位	山　东	全　国	山东占全国比重（%）
粮　食	万吨	4528.2	60193.8	7.5
棉　花	万吨	62.1	629.9	9.9
油　料	万吨	349.6	3517.0	9.9
肉　类	万吨	774.80	8535.0	9.1
水产品	万吨	863.2	6172.0	14.0
原　油	万吨	2765.6	20946.9	13.2
原　煤	亿吨		36.8	
发电量	亿千瓦时	3510.9	53975.9	6.5
家用电冰箱	万台	524.4	9261.0	5.7
彩色电视机	万台	1580.7	12776.1	12.4
原　盐	万吨	1841.7	7037.0	26.2
化　肥	万吨	760.0	7037.0	10.8
粗　钢	万吨	6119.8	77904.1	7.9
平板玻璃	万重量箱		77898.4	
七、固定资产投资				
全社会固定资产投资额	亿元	36789	447074	8.2
八、运输、邮电				
货物周转量	亿吨公里	8194	168165	4.9
旅客周转量	亿人公里	1084	27572	3.9
沿海主要港口货物吞吐量	万吨	118137	728098	16.2
邮电业务总量	亿元	920	16679	5.5
九、财政金融				
公共财政预算收入	亿元	4560	68969	6.6
公共财政预算支出	亿元	6689	119273	5.6
城乡居民人民币储蓄存款余额	亿元	29796	447602	6.7
十、国内贸易				
社会消费品零售额	亿元	22295	237810	9.4
十一、外贸外经旅游				
进出口总额	亿美元	2671.6	41596.9	6.4
出口总额	亿美元	1345.1	22093.7	6.1
国际旅游外汇收入	亿美元	27.3	516.6	5.3
十二、价格指数				
商品零售物价指数	%	101.4	101.4	
居民消费价格指数	%	102.2	102.6	
十三、人民生活				
城镇单位就业人员工资总额	亿元	6098.9	92996	6.6
城镇单位就业人员平均工资	元	46998	51474	
城镇居民人均可支配收入	元	28264	26955	
农民人均纯收入	元	10620	8896	
十四、教育、卫生				
普通高等学校在校生数	万人	169.1	2468.1	6.9
医院床位数	万张	34.2	457.9	7.5
专业卫生技术人员数	万人	35.4	721.1	4.9

附表 1-5

山东省主要存贷款指标

（2013 年）

		1月	2月	3月	4月	5月	6月
本外币	金融机构各项存款余额（亿元）	56996.4	57295.8	60212.2	60245.6	60729.6	61202.8
	其中：城乡居民储蓄存款	27073.0	28130.3	29027.5	28571.0	28866.6	29297.3
	单位存款	27356.0	26525.6	28461.2	28822.1	28967.8	28820.5
	各项存款余额比上月增加（亿元）	1555.3	299.4	2916.3	33.5	484.0	473.2
	金融机构各项存款同比增长（%）	21.4	18.9	19.9	20.4	19.0	16.4
	金融机构各项贷款余额（亿元）	43805.6	44194.6	45026.2	45480.4	45640.4	45955.6
	其中：短期	22964.4	23144.7	23674.7	23768.0	23786.8	23993.9
	中长期	17374.3	17571.7	17808.0	18060.6	18187.1	18416.3
	票据融资	2044.2	2031.8	2084.2	2196.5	2276.1	2149.5
	各项贷款余额比上月增加（亿元）	778.9	389.0	831.5	454.2	160.1	315.2
	其中：短款	470.1	180.3	530.0	93.4	18.8	207.1
	中长期	365.5	197.4	236.3	252.5	126.5	229.3
	票据融资	-61.5	-12.4	52.4	112.3	79.6	-126.6
	金融机构各项贷款同比增长（%）	15.1	14.8	15.0	15.2	14.0	13.2
	其中：短款	23.0	21.6	20.9	20.2	18.7	17.0
	中长期	3.8	4.8	6.1	7.8	8.3	9.8
	票据融资	43.3	32.8	30.6	28.1	16.1	5.1

续表

		7月	8月	9月	10月	11月	12月
本外币	金融机构各项存款余额（亿元）	60953.4	62058.0	62803.5	62568.1	62645.9	63357.9
	其中：城乡居民储蓄存款	29214.0	29348.5	29878.4	29539.6	29562.2	29967.3
	单位存款	28430.4	29320.2	29377.9	29417.4	29473.4	30075.8
	各项存款余额比上月增加（亿元）	-249.3	1104.6	745.5	-235.1	77.5	711.9
	金融机构各项存款同比增长（%）	16.0	17.3	17.2	16.0	15.3	14.4
	金融机构各项贷款余额（亿元）	46164.9	46526.4	46872.7	47105.0	47375.4	47952.1
	其中：短期	24041.8	24250.7	24588.9	24744.2	24889.8	25005.7
	中长期	18663.7	18866.2	19045.1	19187.7	19377.3	19498.2
	票据融资	2055.8	2078.1	1918.1	1844.1	1845.5	1859.2
	各项贷款余额比上月增加（亿元）	209.2	361.5	346.4	232.2	270.4	576.7
	其中：短款	47.8	208.9	338.2	155.3	145.6	116.0
	中长期	247.4	202.5	178.9	142.6	189.6	120.9
	票据融资	-93.7	22.3	-160.0	-74.0	1.4	13.7
	金融机构各项贷款同比增长（%）	13.1	12.2	11.5	11.2	11.0	11.8
	其中：短款	16.4	15.8	14.6	13.5	12.7	11.8
	中长期	11.5	12.3	12.9	13.4	14.0	14.6
	票据融资	-5.4	-7.7	-14.5	-15.6	-15.9	-11.7

续表

		1月	2月	3月	4月	5月	6月
人民币	金融机构各项存款余额（亿元）	55860.0	56156.9	58978.0	59074.6	59569.7	59985.0
	其中：城乡居民储蓄存款	26923.6	27969.3	28864.3	28407.1	28698.6	29130.3
	单位存款	26400.3	25580.2	27422.0	27850.7	28011.2	27806.7
	各项存款余额比上月增加（亿元）	1504.5	296.9	2821.1	96.6	495.1	415.3
	其中：城乡居民储蓄存款	570.0	1045.7	895.0	-457.2	291.6	431.6
	单位存款	772.6	-820.1	1841.8	428.7	160.5	-204.5
	各项存款同比增长（%）	20.7	18.3	19.4	20.1	18.8	16.3
	其中：城乡居民储蓄存款	16.4	20.0	19.9	19.7	18.8	16.2
	单位存款	1.3	1.2	1.2	1.2	1.2	1.2
	金融机构各项贷款余额（亿元）	40722.4	40974.0	41619.8	42071.0	42319.8	42707.5
	其中：个人消费贷款	5573.7	5634.1	5746.4	5886.8	6001.4	6122.3
	票据融资	2044.0	2031.7	2084.1	2196.4	2276.0	2149.4
	各项贷款余额比上月增加（亿元）	574.4	251.7	645.8	451.2	248.8	387.7
	其中：个人消费贷款	162.5	60.4	112.3	140.3	114.6	121.0
	票据融资	-61.5	-12.4	52.4	112.3	79.6	-126.6
	金融机构各项贷款同比增长（%）	14.1	13.2	13.1	13.2	12.4	12.0
	其中：个人消费贷款	16.8	17.4	18.3	20.8	22.3	23.4
	票据融资	43.3	32.8	30.6	28.1	16.1	5.1
外币	金融机构外币存款余额（亿美元）	181.0	181.4	196.9	188.2	187.7	197.1
	金融机构外币存款同比增长（%）	73.5	59.4	46.0	36.3	32.8	26.0
	金融机构外币贷款余额（亿美元）	491.0	513.0	543.4	548.1	537.4	525.7
	金融机构外币贷款同比增长（%）	31.9	40.8	46.9	48.5	43.2	34.7

续表

		7月	8月	9月	10月	11月	12月
人民币	金融机构各项存款余额（亿元）	59720.6	60730.6	61403.5	61235.5	61360.4	62077.9
	其中：城乡居民储蓄存款	29043.4	29177.2	29709.1	29369.7	29392.7	29796.1
	单位存款	27406.0	28207.8	28182.8	28297.1	28399.6	29001.4
	各项存款余额比上月增加（亿元）	-264.4	1010.0	672.9	-167.9	124.9	717.4
	其中：城乡居民储蓄存款	-86.9	133.8	531.9	-339.5	23.0	403.4
	单位存款	-400.8	801.8	-25.0	114.7	102.2	601.8
	各项存款同比增长（%）	15.8	17.0	17.0	15.8	15.3	14.3
	其中：城乡居民储蓄存款	16.7	16.0	15.1	14.7	13.8	13.1
	单位存款	1.1	1.2	1.2	1.1	1.1	1.1
	金融机构各项贷款余额（亿元）	43090.3	43579.6	43953.3	44190.2	44534.3	44761.3
	其中：个人消费贷款	6226.3	6352.9	6477.3	6554.5	6688.8	6748.8
	票据融资	2055.7	2078.0	1918.0	1844.0	1845.4	1859.1
	各项贷款余额比上月增加（亿元）	382.9	489.3	373.6	237.0	344.1	227.0
	其中：个人消费贷款	103.9	126.7	124.4	77.2	134.3	60.0
	票据融资	-93.7	22.3	-160.0	-74.0	1.4	13.7
	金融机构各项贷款同比增长（%）	12.2	12.3	12.0	12.0	11.9	11.8
	其中：个人消费贷款	24.6	25.7	26.1	26.7	27.6	27.5
	票据融资	-5.4	-7.7	-14.5	-15.6	-15.9	-11.7
外币	金融机构外币存款余额（亿美元）	199.5	215.1	227.7	217.0	209.6	209.9
	金融机构外币存款同比增长（%）	29.9	33.4	30.4	26.0	18.7	21.6
	金融机构外币贷款余额（亿美元）	497.6	477.5	474.9	474.5	463.3	523.4
	金融机构外币贷款同比增长（%）	29.2	14.3	7.7	3.6	0.8	14.3

数据来源：中国人民银行济南分行。

附表 1-6

山东省各类价格指数

		居民消费价格指数		农业生产资料价格指数		工业生产者购进价格指数		工业品出厂价格指数	
		当月同比	累计同比	当月同比	累计同比	当月同比	累计同比	当月同比	累计同比
2001		—		—		—		—	
2002		—	-0.7	—	0.3	—	-1.3	—	-1.2
2003		—	1.1	—	2.4	—	5.7	—	3.5
2004		—	3.6	—	10.2	—	13.4	—	6.4
2005		—	1.7	—	6.2	—	5.9	—	3.7
2006		—	1.0	—	3.0	—	4.3	—	2.3
2007		—	4.4	—	7.1	—	4.8	—	3.3
2008		—	5.3	—	19.3	—	13.1	—	8.6
2009		—	0.0	—	-3.7	—	-4.5	—	5.9
2010		—	2.9	—	3.0	—	9.3	—	7.2
2011		—	5.0	—	11.1	—	9.2	—	6.0
2012		—	2.1	—	5.9	—	-0.8	—	-1.6
2013		—	2.2	—	1.2	—	-1.6	—	-1.6
2012	1	4.7	4.7	9.9	9.9	2.9	2.9	0.3	0.3
	2	3.2	3.9	9.2	9.6	2.2	2.5	-0.3	0.0
	3	3.5	3.8	8.8	9.3	1.4	2.1	-0.5	-0.2
	4	3.9	3.6	8.2	9.0	0.4	1.7	-0.8	-0.4
	5	2.2	3.3	7.8	8.8	-0.2	1.3	-1.3	-0.5
	6	1.5	3.0	5.7	8.3	-1.2	0.9	-1.5	-0.7
	7	1.3	2.8	4.8	7.7	-2.0	0.5	-2.3	-0.9
	8	1.8	2.6	3.5	7.2	-2.8	0.1	-2.9	-1.2
	9	1.1	2.4	3.0	6.7	-2.9	-0.3	-3.1	-1.4
	10	0.9	2.3	3.5	6.4	-2.4	-0.5	-2.6	-1.5
	11	1.0	2.2	3.8	6.1	-2.1	-0.6	-2.1	-1.6
	12	1.6	2.1	4.0	5.9	-2.3	-0.8	-1.9	-1.6
2013	1	1.6	1.6	4.1	4.1	-1.9	-1.9	-1.5	-1.5
	2	3.0	2.3	4.1	4.1	-1.8	-1.8	-1.4	-1.5
	3	1.7	2.1	4.0	4.1	-1.8	-1.8	-1.6	-1.5
	4	2.1	2.1	2.6	3.7	-2.4	-2.0	-2.1	-1.7
	5	1.9	2.0	1.7	3.3	-2.6	-2.1	-2.3	-1.8
	6	2.4	2.1	1.1	2.9	-2.2	-2.1	-2.4	-1.9
	7	2.3	2.1	0.3	2.5	-1.7	-2.0	-2.0	-1.9
	8	2.0	2.1	0.1	2.2	-1.1	-1.9	-1.4	-1.8
	9	2.5	2.2	-1.0	1.9	-1.2	-1.8	-1.2	-1.8
	10	2.8	2.2	-1.0	1.6	-1.2	-1.8	-1.1	-1.7
	11	2.7	2.3	-0.9	1.3	-0.9	-1.7	-1.0	-1.4
	12	1.9	2.2	-0.7	1.2	-0.7	-1.6	-0.9	-1.6

注：数据来源：山东省统计局，中国景气月报。

附表 1-7

山东省主要经济指标

（2013年）

	1月	2月	3月	4月	5月	6月
绝对值（自年初累计）						
地区生产总值（亿元）	—	—	11076.5	—	—	25958.2
第一产业	—	—	615.2	—	—	2098.8
第二产业	—	—	6240.4	—	—	13311.9
第三产业	—	—	4220.9	—	—	10547.5
工业增加值（亿元）	—	—	—	—	—	—
固定资产投资（亿元）	—	1852.0	4967.8	7895.1	11291.2	15009.8
房地产开发投资	—	402.9	858.0	1254.9	1724.1	2327.7
社会消费品零售总额（亿元）	—	3463.9	5067.9	6701.4	8435.4	10171.9
外贸进出口总额（万美元）	217.0	377.2	593.6	819.3	1039.1	1235.9
进口	106.8	191.1	301.2	418.2	526.0	623.0
出口	110.2	186.1	292.4	401.1	513.1	612.9
进出口差额（出口—进口）	3.3	-4.9	-8.8	-17.2	-12.9	-10.2
外商实际直接投资（亿美元）	10.0	14.8	28.6	35.7	46.5	71.8
地方财政收支差额（亿元）	9.6	-68.5	-95.1	-149.2	-275.8	-402.8
地方财政收入	436.9	720.0	1148.8	1569.8	1967.0	2536.7
地方财政支出	427.3	788.4	1243.9	1719.0	2242.7	2939.4
城镇登记失业率（%）（季度）	—	—	—	—	—	—
同比累计增长率（%）						
地区生产总值	—	—	9.7	—	—	9.6
第一产业	—	—	3	—	—	2.9
第二产业	—	—	11	—	—	10.9
第三产业	—	—	8.6	—	—	9.2
工业增加值	—	11.4	11.4	11.5	11.4	11.3
固定资产投资	—	20.1	20.1	20	20	20
房地产开发投资	—	20.2	15.2	17.4	15.5	14.1
社会消费品零售总额	—	12.7	12.8	12.9	12.9	13
外贸进出口总额	16.1	5.9	5	7.8	7.3	5.4
进口	27.3	6.4	6.4	11.7	10.4	9
出口	7	5.4	3.6	3.9	4.3	2
外商实际直接投资	42.7	23.4	12.5	2.6	3.7	11.8
地方财政收入	12.6	13	11.6	12	12.4	12.5
地方财政支出	52.9	28.3	14.9	19.9	18.2	17.3

续表

	7月	8月	9月	10月	11月	12月
绝对值（自年初累计）						
地区生产总值（亿元）	—	—	39601.7	—	—	54684.3
第一产业	—	—	3197.7	—	—	4742.6
第二产业	—	—	20255.8	—	—	27422.5
第三产业	—	—	16148.2	—	—	22519.2
工业增加值（亿元）	—	—	—	—	—	—
固定资产投资（亿元）	18792.7	21889.9	25092.1	28877.3	32251.6	35875.9
房地产开发投资	2814.8	3297.7	3838.7	4318.7	4864.4	5444.5
社会消费品零售总额（亿元）	11819.1	13510.7	15543.7	17612.7	19566.7	21744.8
外贸进出口总额（万美元）	1457.3	1682.7	1920.8	2147.9	2397.4	2671.5
进口	734.0	845.9	965.8	1066.2	1190.1	1326.5
出口	723.3	836.8	955.0	1081.8	1207.3	1345.0
进出口差额（出口—进口）	-10.7	-9.0	-10.9	15.6	17.2	18.5
外商实际直接投资（亿美元）	79.0	89.6	102.9	111.8	124.9	140.5
地方财政收支差额（亿元）	-471.1	-622.9	-893.7	-999.2	-1373.4	-2132.9
地方财政收入	2899.1	3176.1	3481.8	3892.5	4194.5	4560.0
地方财政支出	3370.2	3799.0	4375.5	4891.7	5567.9	6693.0
城镇登记失业率（%）（季度）	—	—	—	—	—	3.2
同比累计增长率（%）						
地区生产总值	—	—	9.6	—	—	9.6
第一产业	—	—	3	—	—	3.8
第二产业	—	—	10.9	—	—	10.7
第三产业	—	—	9.1	—	—	9.2
工业增加值	11.1	11.1	11.2	11.3	11.3	11.3
固定资产投资	20	20.1	20.1	20.1	19.9	19.6
房地产开发投资	14.1	11.8	13.8	14	14.4	15.6
社会消费品零售总额	13	13	13.1	13.1	13.2	13.4
外贸进出口总额	5.4	5.9	6.4	6.4	7.4	8.8
进口	9.2	10.1	10.8	10.4	11.9	13.5
出口	1.8	2	2.3	2.6	3.3	4.5
外商实际直接投资	11.4	12.8	13.1	12.5	12.5	13.8
地方财政收入	12.3	11.5	11	11.6	12	12.3
地方财政支出	15.3	13.8	13.4	13.6	13.6	13.4

数据来源：山东省统计局，中国景气月报。

附表 1-8

山东省历年地区生产总值

单位：亿元

年份	地区生产总值	第一产业	第二产业			第三产业			人均地区生产总值（元）
				工业	建筑业		#交通运输仓储邮电通信业	#批发零售贸易餐饮业	
1952	43.81	29.55	7.27	6.82	0.45	6.99	1.01	2.72	91
1953	45.79	28.23	9.30	8.74	0.56	8.26	1.20	3.22	94
1954	52.98	32.48	10.98	10.38	0.60	9.52	1.31	3.92	106
1955	57.78	35.52	11.42	10.81	0.61	10.84	1.40	4.62	113
1956	63.13	35.67	16.34	14.98	1.36	11.12	1.44	4.53	121
1957	61.39	31.95	17.59	16.62	0.97	11.85	1.61	4.38	116
1958	72.97	33.94	23.73	21.29	2.44	15.30	3.28	4.88	135
1959	75.96	28.73	27.86	25.16	2.70	19.37	4.55	5.56	141
1960	71.37	20.61	31.07	28.11	2.96	19.69	5.38	4.68	135
1961	63.40	26.44	20.19	19.04	1.15	16.77	4.02	3.64	121
1962	64.38	30.42	16.91	15.90	1.01	17.05	3.89	3.93	120
1963	67.61	33.47	19.09	17.65	1.44	15.05	2.84	3.16	123
1964	71.66	33.05	23.43	21.74	1.69	15.18	3.25	2.64	128
1965	86.25	42.24	28.96	25.99	2.97	15.05	3.67	2.00	152
1966	97.58	46.99	34.44	31.34	3.10	16.15	3.98	2.67	169
1967	99.44	46.71	35.43	32.78	2.65	17.30	3.92	3.66	168
1968	99.34	44.46	37.43	34.72	2.71	17.45	3.77	3.77	165
1969	108.17	50.16	39.56	36.22	3.34	18.45	3.99	4.15	175
1970	126.31	52.23	53.71	50.16	3.55	20.37	4.84	4.69	199
1971	139.69	56.33	61.50	57.65	3.85	21.86	5.45	4.49	215
1972	146.52	59.11	63.22	58.57	4.65	24.19	6.07	4.51	221
1973	154.33	61.92	65.99	60.67	5.32	26.42	6.15	6.31	229
1974	130.81	59.19	47.44	42.70	4.74	24.18	5.15	4.60	191
1975	166.19	65.54	75.31	69.76	5.55	25.34	5.63	4.77	240
1976	179.58	68.88	84.70	78.23	6.47	26.00	6.27	4.40	242
1977	207.07	79.01	95.34	88.05	7.29	32.72	7.81	3.92	293
1978	225.45	75.06	119.35	108.53	10.82	31.04	8.27	3.29	316
1979	251.60	91.12	127.68	114.67	13.01	32.80	9.50	4.18	350
1980	292.13	106.43	146.11	130.55	15.56	39.59	10.07	6.39	402
1981	346.57	132.21	155.41	138.09	17.32	58.95	13.18	16.56	472
1982	395.38	154.07	166.05	147.10	18.95	75.26	14.10	22.39	531
1983	459.83	185.57	178.75	159.15	19.60	95.51	17.12	32.07	611

续表

年份	地区生产总值	第一产业	第二产业	工业	建筑业	第三产业	#交通运输仓储邮电通信业	#批发零售贸易餐饮业	人均地区生产总值（元）
1984	581.56	222.13	239.27	214.20	25.07	120.16	22.25	37.97	765
1985	680.46	235.96	293.07	259.42	33.65	151.43	28.22	46.14	887
1986	742.05	252.73	313.21	274.80	38.41	176.11	34.03	49.85	956
1987	892.29	287.31	384.57	341.31	43.26	220.41	47.45	60.58	1131
1988	1117.66	331.94	497.10	435.51	61.59	288.62	55.50	86.71	1395
1989	1293.94	359.14	579.65	513.97	65.68	355.15	66.55	108.51	1595
1990	1511.19	425.29	635.98	568.25	67.73	449.92	81.87	132.83	1815
1991	1810.54	521.85	745.90	663.90	82.00	542.79	98.97	161.00	2122
1992	2196.53	534.62	999.11	889.59	109.52	662.80	120.18	200.93	2556
1993	2770.37	596.63	1355.71	1201.67	154.04	818.03	141.09	239.98	3212
1994	3844.50	775.03	1891.43	1692.10	199.33	1178.04	213.58	346.88	4441
1995	4953.35	1010.13	2355.78	2098.06	257.73	1587.44	296.08	471.95	5701
1996	5883.80	1200.17	2784.09	2475.99	308.10	1899.54	362.05	574.97	6746
1997	6537.07	1195.00	3147.37	2796.02	351.35	2194.70	420.49	664.92	7461
1998	7021.35	1215.81	3408.06	3008.45	399.61	2397.49	437.37	735.63	7968
1999	7493.84	1221.00	3644.32	3197.16	447.16	2628.52	484.65	787.90	8483
2000	8337.47	1268.57	4164.45	3665.74	498.71	2904.45	545.13	856.94	9326
2001	9195.04	1359.49	4556.01	4004.09	551.92	3279.53	657.57	972.33	10195
2002	10275.50	1390.00	5184.98	4518.87	666.11	3700.52	655.64	1142.54	11340
2003	12078.15	1480.67	6485.05	5706.71	778.34	4112.43	710.18	1283.70	13268
2004	15021.84	1778.45	8478.69	7576.12	902.57	4764.70	969.13	1431.58	16413
2005	18366.87	1963.51	10478.62	9418.58	1060.04	5924.74			19934
2006	21900.19	2138.90	12574.03	11378.82	1195.21	7187.26			23603
2007	25776.91	2509.14	14647.53	13283.72	1363.81	8620.24			27604
2008	30933.28	3002.65	17571.98	15894.95	1677.03	10358.64			32936
2009	33896.65	3226.64	18901.83	16896.14	2005.69	11768.18			35894
2010	39169.92	3588.28	21238.49	18861.45	2377.04	14343.14			41106
2011	45361.85	3973.85	24017.11	21275.89	2741.22	17370.89			47335
2012	50013.24	4281.70	25735.73	22798.33	2937.40	19995.81			51768
2013	54684.33	4742.63	27422.47	24222.16	3200.31	22519.23			56323

注：1.本表按当年价格计算。

附表 1-9

山东省历年主要金融指标

单位：万元

年份	存款余额	#企业存款	#财政存款	#农业存款	#储蓄存款	贷款余额	#工业贷款	#农业贷款	#商业贷款	#基建贷款	#技改贷款
1952	27761	13282	10177	101	4201	15674	2786	3796	9092		
1953	37503	14033	16399	428	6643	44486	2584	6082	35820		
1954	37953	14230	12829	996	9898	92049	5722	8051	78276		
1955	66543	12862	38541	2255	12885	140448	6580	11898	121970		
1956	59508	17058	17275	6299	18876	162892	12195	34271	116426		
1957	66853	13671	21811	10970	20401	168720	10248	33183	125289		
1958	119815	30097	42900	12408	34410	349843	59095	56826	233922		
1959	174223	22237	94119	22061	35806	465430	117950	55414	292066		
1960	152412	26747	60237	29408	36020	539109	178222	78879	282008		
1961	154397	35419	65453	28048	25477	505425	119466	77270	308689		
1962	147935	41050	53695	15974	20691	414574	72815	75921	265838		
1963	155443	45826	56502	14924	25872	335573	39091	79662	216820		
1964	157531	46288	62306	18604	30271	336843	33558	82586	220699		
1965	173968	52426	65917	18600	37025	389927	41769	86353	261805		
1966	203942	51901	83799	25528	42714	467671	56561	91222	319888		
1967	249023	78115	92748	33202	44958	524989	82522	92431	350036		
1968	266821	85320	93774	40114	47613	573970	104699	92497	376774		
1969	271167	82682	105564	38148	44773	622424	143203	96513	382708		
1970	539978	97982	355104	41358	45534	669092	136735	97501	434856		
1971	564186	81566	374227	54081	54312	673315	172035	56895	444385		
1972	523844	81483	324625	54677	63059	709712	178014	58874	472824		
1973	617913	90537	397042	52709	77625	801467	181583	58446	555619		5819
1974	528596	111890	271985	60467	84254	833605	225297	63227	538531		6550
1975	722193	142258	417459	67018	95458	917553	235441	69972	607077		5063
1976	765045	160536	419241	76113	109155	1029329	282332	101031	639958		6008
1977	782107	123030	460033	66737	132307	1208633	323841	122037	754734		8021
1978	900037	130437	556357	68941	144302	1337139	352225	135620	839518		9776
1979	655921	219751	27280	106696	195573	1248830	376931	119144	735148		3355
1980	879427	312830	22597	151545	297520	1801830	456971	101552	1161848		29478
1981	1135778	403119	33461	150207	395513	2064250	515804	123506	1305492		51834
1982	1231364	356001	38951	141051	510980	2354235	533949	125550	1505177	1135	86526

续表

年份	存款余额	#企业存款	#财政存款	#农业存款	#储蓄存款	贷款余额	#工业贷款	#农业贷款	#商业贷款	#基建贷款	#技改贷款
1983	1554862	397019	52104	164557	730519	2650117	530720	144154	1742243	3916	110909
1984	2333485	725014	47686	219520	1001699	3666770	713687	291226	2088860	51276	164851
1985	2788151	799892	66522	190082	1301761	4464893	849353	290436	2496747	103677	212522
1986	3515824	972556	73213	215275	1755638	5549438	1189134	386722	2731161	135384	285757
1987	4702246	1201345	90726	247034	2427793	6678425	1464076	533772	2938915	203120	383431
1988	5913422	1416925	77620	263310	3282031	8031351	1821004	635129	3261651	285119	467099
1989	7246567	1544788	118179	276931	4291525	9413406	2279606	782795	3637710	352348	513105
1990	9340575	1976484	153542	335938	5754706	11667880	3023434	939869	4179923	499006	595666
1991	11636250	2845002	159394	404736	7216749	14280093	3570738	1130450	4737915	736741	868499
1992	14482703	3893897	114525	443904	8841510	17205544	4033468	1389718	5360085	916789	1124986
1993	18166260	4648492	159034	492086	11182415	20791075	4795134	1568072	6225867	1243646	1342356
1994	25225337	6194052	257887	521413	16003992	25204369	5434972	1118700	7388355	1477151	1718007
1995	34243843	8776853	263884	656439	21971982	31289040	6487091	1516858	8850079	1985458	2013439
1996	42938411	11317043	239414	829448	28177108	36802427	7658151	2474472	10289962	2250044	2531164
1997	49698489	13914367	246182	852300	32657331	44567197	9219803	3177039	11798956	2780310	2536443
1998	57554782	15010890	441380	883521	37353766	51067900	9795567	4189496	12097868	3879386	2522862
1999	65629934	17250542	584925	1084540	41098425	56798630	10391030	4435895	12657508	5563931	2522178
2000	74711987	20771967	764478	1351492	44667153	62090468	9938023	5281785	11249154	7315876	2678175
2001	85017294	23079030	1140353	1613431	50637936	70176588	11472037	7071209	12227300	8373434	2854302
2002	102477706	27371339	1318673	2050450	58057165	85365991	13466479	9073641	12561986	11343636	1111118
2003	124382360	33965555	1486500	2438209	67683453	104671108	16329927	11565081	12566663	13992866	1537491
2004	145142781	38730410	2258323	2715491	77214610	117828279	19255716	13401333	11660566	16834244	1946567
2005	171035148	41238617	2596570	3221967	90351351	133817463	20218176	15611128	10867721	20403236	2069666
2006	196339878	47745652	3431146	3954365	103580272	157096014	28372457	18446480	9981885	26278047	1433182
2007	220722430	59101969	4790568	4310596	114381079	175451466	33006922	21559437	10530468	30478416	1405230
2008	269301809	68289510	5352549	4471688	143821895	200539104	35509421	24634301	9439945	36443285	1528325
2009	346977763	100209426	8683402	6605038	170827554	259613230	39415542	29629694	11177739	52526564	1328334
2010	411049645	115855356	10260711	2779643	196482092	307226360					
2011	463454133		11094869		221732725	351789985					
2012	543015254		11728756		263433050	400214919					
2013	620778809		12268371		297960833	447612638					

附表 1-10

山东省历年地区生产总值构成

单位：%

年份	地区生产总值	第一产业	第二产业			第三产业		
				工业	建筑业		#交通运输仓储邮电通信业	#批发零售贸易餐饮业
1953	100	61.7	20.3	19.1	1.2	18.0	2.6	7.0
1954	100	61.3	20.7	19.6	1.1	18.0	2.5	7.4
1955	100	61.5	19.7	18.7	1.0	18.8	2.4	8.0
1956	100	56.5	25.9	23.7	2.2	17.6	2.3	7.2
1957	100	52.0	28.7	27.1	1.6	19.3	2.6	7.1
1958	100	46.5	32.5	29.2	3.3	21.0	4.5	6.7
1959	100	37.8	36.7	33.1	3.6	25.5	6.0	7.3
1960	100	28.9	43.5	39.4	4.1	27.6	7.5	6.6
1961	100	41.7	31.8	30.0	1.8	26.5	6.3	5.7
1962	100	47.2	26.3	24.7	1.6	26.5	6.0	6.1
1963	100	49.5	28.2	26.1	2.1	22.3	4.2	4.7
1964	100	46.1	32.7	30.3	2.4	21.2	4.5	3.7
1965	100	49.0	33.5	30.1	3.4	17.5	4.3	2.3
1966	100	48.1	35.3	32.1	3.2	16.6	4.1	2.7
1967	100	47.0	35.6	32.9	2.7	17.4	3.9	3.7
1968	100	44.7	37.7	35.0	2.7	17.6	3.8	3.8
1969	100	46.4	36.6	33.5	3.1	17.0	3.7	3.8
1970	100	41.4	42.5	39.7	2.8	16.1	3.8	3.7
1971	100	40.3	44.0	41.3	2.7	15.7	3.9	3.2
1972	100	40.3	43.2	40.0	3.2	16.5	4.1	3.1
1973	100	40.1	42.8	39.3	3.5	17.1	4.0	4.1
1974	100	45.2	36.3	32.7	3.6	18.5	3.9	3.5
1975	100	39.4	45.3	42.0	3.3	15.3	3.4	2.9
1976	100	38.3	47.2	43.6	3.6	14.5	3.5	2.5
1977	100	38.2	46.0	42.5	3.5	15.8	3.8	1.9
1978	100	33.3	52.9	48.1	4.8	13.8	3.7	1.5
1979	100	36.2	50.8	45.6	5.2	13.0	3.8	1.7
1980	100	36.4	50.0	44.7	5.3	13.6	3.5	2.2
1981	100	38.2	44.8	39.8	5.0	17.0	3.8	4.8
1982	100	39.0	42.0	37.2	4.8	19.0	3.6	5.7
1983	100	40.3	38.9	34.6	4.3	20.8	3.7	7.0

续表

年份	地区生产总值	第一产业	第二产业	工业	建筑业	第三产业	#交通运输仓储邮电通信业	#批发零售贸易餐饮业
1984	100	38.2	41.1	36.8	4.3	20.7	3.8	6.5
1985	100	34.7	43.0	38.1	4.9	22.3	4.2	6.8
1986	100	34.1	42.2	37.0	5.2	23.7	4.6	6.7
1987	100	32.2	43.1	38.3	4.8	24.7	5.3	6.8
1988	100	29.7	44.5	39.0	5.5	25.8	5.0	7.8
1989	100	27.8	44.8	39.7	5.1	27.4	5.1	8.4
1990	100	28.1	42.1	37.6	4.5	29.8	5.4	8.8
1991	100	28.8	41.2	36.7	4.5	30.0	5.5	8.9
1992	100	24.3	45.5	40.5	5.0	30.2	5.5	9.2
1993	100	21.5	49.0	43.4	5.6	29.5	5.1	8.7
1994	100	20.2	49.2	44.0	5.2	30.6	5.6	9.0
1995	100	20.4	47.6	42.4	5.2	32.0	6.0	9.5
1996	100	20.4	47.3	42.1	5.2	32.3	6.2	9.8
1997	100	18.3	48.1	42.7	5.4	33.6	6.4	10.2
1998	100	17.3	48.5	42.8	5.7	34.2	6.2	10.5
1999	100	16.3	48.6	42.6	6.0	35.1	6.5	10.5
2000	100	15.2	50.0	44.0	6.0	34.8	6.5	10.3
2001	100	14.8	49.5	43.5	6.0	35.7	7.2	10.6
2002	100	13.5	50.5	44.0	6.5	36.0	6.4	11.1
2003	100	12.3	53.7	47.3	6.4	34.0	5.9	10.6
2004	100	11.8	56.5	50.5	6.0	31.7	6.5	9.5
2005	100	10.7	57.0	51.3	5.8	32.3	6.5	8.9
2006	100	9.8	57.4	52.0	5.5	32.8		
2007	100	9.7	56.8	51.5	5.3	33.5		
2008	100	9.7	56.8	51.4	5.4	33.5		
2009	100	9.5	55.8	49.8	5.9	34.7		
2010	100	9.2	54.2	48.2	6.1	36.6		
2011	100	8.8	52.9	46.9	6.0	38.3		
2012	100	8.6	51.4	45.6	5.9	40.0		
2013	100	8.7	50.1	44.3	5.9	41.2		

注：1.本表按当年价格计算。

附表 1-11

山东省历年地区生产总值指数（一）

（以 1952 年为 100）

年份	地区生产总值	第一产业	第二产业	工业	建筑业	第三产业	#交通运输仓储邮电通信业	#批发零售贸易餐饮业
1953	102.1	92.7	127.8	128.5	117.7	113.7	114.2	113.8
1954	116.4	104.7	148.5	150.0	124.3	131.0	120.4	139.5
1955	127.5	115.6	155.3	157.1	126.5	147.0	122.1	162.8
1956	142.5	116.1	236.5	234.4	279.7	151.7	131.7	159.5
1957	137.5	101.6	262.0	264.6	226.6	154.6	147.4	146.4
1958	163.2	107.7	349.5	334.7	572.4	199.4	300.3	162.9
1959	169.6	90.4	410.3	396.3	626.2	249.4	412.6	183.3
1960	149.2	63.6	394.7	375.3	682.6	251.4	483.6	153.1
1961	116.5	65.3	269.2	264.2	325.6	170.4	355.0	79.8
1962	113.5	69.7	214.8	213.2	236.4	184.4	349.0	97.3
1963	126.0	82.0	245.3	240.1	322.9	180.9	264.5	92.5
1964	140.4	84.7	311.5	307.1	379.1	193.0	306.6	83.0
1965	171.3	107.2	405.0	386.0	693.0	197.8	370.1	61.7
1966	199.2	122.4	499.8	485.2	725.6	213.4	403.4	83.8
1967	203.8	121.7	538.8	537.1	587.0	207.9	334.8	112.3
1968	201.8	112.3	565.2	563.4	608.1	209.6	321.7	115.7
1969	217.5	124.9	597.4	588.8	746.1	222.2	341.0	128.0
1970	251.6	129.3	753.3	748.4	833.4	260.9	454.9	150.8
1971	290.8	135.6	1004.9	1014.8	913.4	266.6	514.5	144.6
1972	315.2	139.7	1125.5	1132.5	1106.1	295.9	575.2	145.8
1973	332.5	146.1	1180.6	1180.1	1268.7	323.4	583.8	204.0
1974	280.0	139.8	854.8	840.2	1132.9	296.6	490.4	148.9
1975	361.8	154.6	1366.0	1374.6	1325.5	310.5	535.5	154.4
1976	380.6	162.0	1452.1	1450.2	1544.2	318.3	596.0	142.2
1977	423.6	185.7	1553.7	1544.5	1738.8	376.5	742.6	126.8
1978	466.4	174.6	1948.3	1907.5	2580.4	379.5	784.9	106.3
1979	497.2	188.9	2071.0	2004.8	3060.4	395.1	888.5	133.0
1980	557.9	207.4	2319.5	2233.3	3586.8	469.8	928.5	200.4
1981	590.3	220.9	2393.7	2329.3	3382.4	524.8	910.9	389.2
1982	657.0	244.8	2527.7	2443.4	3774.8	667.5	971.0	524.6

续表

年份	地区生产总值	第一产业	第二产业	工业	建筑业	第三产业	#交通运输仓储邮电通信业	#批发零售贸易餐饮业
1983	748.3	284.0	2719.8	2648.6	3823.9	825.7	1149.7	732.3
1984	878.5	336.0	3201.2	3090.9	4810.5	952.0	1368.1	794.5
1985	978.6	343.4	3793.4	3619.4	6200.7	1093.8	1582.9	880.3
1986	1040.3	341.3	4199.3	4035.6	6504.5	1189.0	1783.9	889.1
1987	1183.9	366.6	4917.4	4794.3	6764.7	1391.1	2326.2	1010.0
1988	1331.9	365.9	6033.6	5858.6	8537.1	1524.6	2277.3	1210.0
1989	1385.2	363.7	6462.0	6356.6	8101.7	1567.3	2279.6	1264.5
1990	1458.6	383.3	6927.3	6865.1	8028.8	1578.3	2227.2	1230.4
1991	1671.6	437.7	7897.1	7894.9	8478.4	1830.8	2588.0	1434.6
1992	1954.1	438.6	10155.7	10216.0	10225.0	2129.2	2994.3	1705.7
1993	2352.0	465.4	13005.4	13142.9	12506.2	2554.0	3433.9	1944.0
1994	2733.9	499.3	15269.6	15454.7	14448.4	3081.4	4192.1	2266.1
1995	3115.8	544.0	17419.6	17579.7	16984.1	3604.3	4984.8	2667.2
1996	3491.3	579.9	19830.5	19993.4	19521.5	4054.1	5602.4	3042.2
1997	3878.5	582.6	22350.9	22532.6	22032.0	4639.9	6334.1	3508.6
1998	4295.4	615.5	25048.7	25254.5	24658.2	5159.6	6861.1	3972.1
1999	4725.8	644.4	28069.5	28340.7	27237.5	5639.4	7630.9	4470.6
2000	5211.6	668.9	31429.5	31795.4	29884.9	6228.2	8491.6	4989.2
2001	5734.9	697.0	34883.6	35366.0	32649.3	6927.6	10190.8	5683.1
2002	6407.6	714.1	40102.1	40515.3	38519.6	7682.7	10284.6	6454.9
2003	7266.8	753.7	46839.3	47613.6	42987.9	8555.5	11480.7	7149.5
2004	8385.9	806.1	55855.9	57664.8	45154.5	9608.6	15291.1	7687.8
2005	9643.7	845.2	65595.0	68077.3	50554.3	10995.6	17493.0	8579.6
2006	11063.2	888.7	76495.4	79812.9	56166.3	12593.5		
2007	12636.4	924.2	88552.1	93032.1	60798.6	14426.5		
2008	14155.5	970.9	99201.0	104738.8	64685.6	16437.5		
2009	15879.3	1011.2	112952.6	118122.1	81147.8	18279.7		
2010	17832.9	1047.9	127369.5	133220.3	91364.1	20752.6		
2011	19769.1	1089.8	142274.7	149911.5	96062.9	23102.1		
2012	21698.7	1140.5	157227.9	166483.6	101717.2	25375.7		
2013	23771.2	1183.8	174001.8	184667.4	110270.0	27700.6		

注：本表按可比价格计算。

附表 1-12

山东省历年地区生产总值指数（二）

（以上年为100）

年份	地区生产总值	第一产业	第二产业	工业	建筑业	第三产业	#交通运输仓储邮电通信业	#批发零售贸易餐饮业
1953	102.1	92.7	127.8	128.5	117.7	113.7	114.2	113.8
1954	114.0	112.9	116.2	116.7	105.6	115.2	105.4	122.6
1955	109.5	110.4	104.6	104.7	101.8	112.2	101.4	116.7
1956	111.8	100.4	152.3	149.2	221.1	103.2	107.9	98.0
1957	96.5	87.5	110.8	112.9	81.0	101.9	111.9	91.8
1958	118.7	106.0	133.4	126.5	252.6	129.0	203.7	111.3
1959	103.9	83.9	117.4	118.4	109.4	125.1	137.4	112.5
1960	88.0	70.4	96.2	94.7	109.0	100.8	117.2	83.5
1961	78.1	102.6	68.2	70.4	47.7	67.8	73.4	52.1
1962	97.4	106.8	79.8	80.7	72.6	108.2	98.3	121.9
1963	111.0	117.6	114.2	112.6	136.6	98.1	75.8	95.1
1964	111.4	103.3	127.0	127.9	117.4	106.7	115.9	89.7
1965	122.0	126.6	130.0	125.7	182.8	102.5	120.7	74.3
1966	116.3	114.2	123.4	125.7	104.7	107.9	109.0	135.8
1967	102.3	99.4	107.8	110.7	80.9	97.4	83.0	134.0
1968	99.0	92.3	104.9	104.9	103.6	100.8	96.1	103.0
1969	107.8	111.2	105.7	104.5	122.7	106.0	106.0	110.6
1970	115.7	103.5	126.1	127.1	111.7	117.4	133.4	117.8
1971	115.6	104.9	133.4	135.6	109.6	102.2	113.1	95.9
1972	108.4	103.0	112.0	111.6	121.1	111.0	111.8	100.8
1973	105.5	104.6	104.9	104.2	114.7	109.3	101.5	139.9
1974	84.2	95.7	72.4	71.2	89.3	91.7	84.0	73.0
1975	129.2	110.6	159.8	163.6	117.0	104.7	109.2	103.7
1976	105.2	104.8	106.3	105.5	116.5	102.5	111.3	92.1
1977	111.3	114.6	107.0	106.5	112.6	118.3	124.6	89.2
1978	110.1	94.0	125.4	123.5	148.4	100.8	105.7	83.8
1979	106.6	108.2	106.3	105.1	118.6	104.1	113.2	125.1
1980	112.2	109.8	112.0	111.4	117.2	118.9	104.5	150.1
1981	105.8	106.5	103.2	104.3	94.3	111.7	98.1	194.2
1982	111.3	110.8	105.6	104.9	111.6	127.2	106.6	134.8
1983	113.9	116.0	107.6	108.4	101.3	123.7	118.4	139.6

续表

年份	地区生产总值	第一产业	第二产业	工业	建筑业	第三产业	#交通运输仓储邮电通信业	#批发零售贸易餐饮业
1984	117.4	118.3	117.7	116.7	125.8	115.3	119.0	108.5
1985	111.4	102.2	118.5	117.1	128.9	114.9	115.7	110.8
1986	106.3	99.4	110.7	111.5	104.9	108.7	112.1	101.0
1987	113.8	107.4	117.1	118.8	104.0	117.0	130.4	113.6
1988	112.5	99.8	122.7	122.2	126.2	109.6	97.9	119.8
1989	104.0	99.4	107.1	108.5	94.9	102.8	100.1	104.5
1990	105.3	105.4	107.2	108.0	99.1	100.7	97.7	97.3
1991	114.6	114.2	114.0	115.0	105.6	116.0	116.2	116.6
1992	116.9	100.2	128.6	129.4	120.6	116.3	115.7	118.9
1993	120.4	106.1	128.1	128.7	122.3	120.0	114.7	114.0
1994	116.2	107.3	117.4	117.6	115.5	120.7	122.1	116.6
1995	114.0	108.9	114.1	113.8	117.6	117.0	118.9	117.7
1996	112.1	106.6	113.8	113.7	114.9	112.5	112.4	114.1
1997	111.1	100.5	112.7	112.7	112.9	114.5	113.1	115.3
1998	110.8	105.7	112.1	112.1	111.9	111.2	108.3	113.2
1999	110.0	104.7	112.1	112.2	110.5	109.3	111.2	112.6
2000	110.3	103.8	112.0	112.2	109.7	110.4	111.3	111.6
2001	110.0	104.2	111.0	111.2	109.3	111.2	120.0	113.9
2002	111.7	102.5	115.0	114.6	118.0	110.9	100.9	113.6
2003	113.4	105.6	116.8	117.5	111.6	111.4	111.6	110.8
2004	115.3	106.9	119.3	121.1	105.0	112.3	133.2	107.5
2005	115.0	104.8	117.4	118.1	112.0	114.4	114.4	111.6
2006	114.7	105.2	116.6	117.2	111.1	114.5		
2007	114.2	104.0	115.8	116.6	108.2	114.6		
2008	112.0	105.1	112.0	112.6	106.4	113.9		
2009	112.2	104.2	113.9	112.8	125.4	111.2		
2010	112.3	103.6	112.8	112.8	112.6	113.5		
2011	110.9	104.0	111.7	112.5	105.1	111.3		
2012	109.8	104.7	110.5	111.1	105.9	109.8		
2013	109.6	103.8	110.7	110.9	108.4	109.2		

注：本表按可比价格计算。

附表 1-13

山东省分市地主要经济指标

（2013 年）

地区	地区生产总值（亿元）	同比增幅（%）	全社会固定资产投资总额（亿元）	同比增幅（%）	出口总值（亿美元）	同比增幅（%）	社会消费品零售总额（亿元）	同比增幅（%）	居民消费价格指数（%）
济南	5230.19	9.6	2638.3	20.7	54.81	-4.1	2633.9	13.4	102.8
青岛	8006.60	10	5027.90	21.10	419.90	2.90	2904.30	13.30	102.50
淄博	3801.2	9.5	—	—	52.50	-1.33	1547.1	13.45	101.7
枣庄	1830.63	10.1	1238.21	20.5	9.47	0.8	627	13.5	101.8
东营	3250.2	11.2	2332.13	20.8	58.03	16.5	585.56	13.5	102
烟台	5613.87	10.2	3538.19	20.1	294.75	3.9	2110.65	13.5	101.8
潍坊	4420.7	10.6	3429.9	19.5	116.0	5.8	1758.8	13.4	101.6
济宁	3501.54	11.0	2256	21.7	33.34	4.3	1475.92	13.5	101.5
泰安	2790.7	10.6	1981.8	20.5	13.7	11.8	1053.8	13.5	103.1
威海	2549.69	10.8	—	—	107.02	0.5	1047.29	13.5	102.7
日照	1500.16	10.6	1069.05	20	38.8	0.1	476.2	13.4	102.1
莱芜	653.48	10.1	—	—	7.51	2.3	257.75	13.02	101.9
临沂	3336.8	11.04	—	—	46.4	19.0	1781.0	13.4	101.6
德州	2460.59	11.2	1686.6	20.9	20.26	8.5	990.5	13.6	101.9
聊城	2365.87	10.0	1511.09	20.5	20.03	8.3	820.82	13.4	102.0
滨州	2155.73	9.8	—	—	35.45	25.29	658.04	13.2	100.7
菏泽	2050.01	12	810.77	23.1	17.5	14.5	1016.27	13.7	101.8

注：该表为本编辑部根据山东省人民银行各市中心支行报送的《经济主要统计指标》整理。

附表 1-14

山东省分市地主要金融指标

（2013 年）

地区	本外币存款余额（亿元）	同比增幅（%）	单位存款余额（亿元）	同比增幅（%）	储蓄存款余额（亿元）	同比增幅（%）	本外币贷款余额（亿元）	同比增幅（%）	短期贷款余额（亿元）	同比增幅（%）	中长期贷款余额（亿元）	同比增幅（%）
济南	10925.82	10.5	6843.59	7.31	3267.78	13.03	9211.22	6.6	2935.25	6.01	4231.88	7.19
青岛	11418.26	15.72	6036.72	17.63	4140.59	10.28	9642.36	11.42	3635.67	9.85	4881.87	14.43
淄博	3484.62	9.15	1399.60	1.66	1884.20	11.41	2379.46	9.76	1504.32	9.62	743.74	15.42
枣庄	1249.85	8.97	429.90	-0.36	779.81	12.41	975.08	5.83	438.81	6.45	481.12	4.27
东营	2848.0	19.0	1632.8	19.3	1051.3	11.1	2161.3	19.7	1497.9	13.6	558.9	24.6
烟台	6020.53	13.90	2341.41	14.30	3078.69	11.25	3942.99	10.75	1998.40	12.57	1482.09	15.52
潍坊	5059.77	13.98	2099.66	13.08	2802.48	13.96	4005.76	13.07	2492.88	16.49	1435.58	13.02
济宁	3561.07	11.57	1460.95	9.16	1950.32	12.69	2276.51	14.59	1292.16	12.14	804.61	24.73
泰安	2278.37	16.96	790.24	16.14	1375.11	15.96	1426.31	15.02	688.49	6.41	661.13	36.31
威海	2379.25	15.41	870.29	21.94	1336.69	12.67	1564.98	13.40	720.91	26.54	719.37	6.66
日照	1780.07	21.1	865.74	24.21	758.05	14.97	1489.45	13.75	839.48	17.37	387.07	9.65
莱芜	760.97	4.90	296.98	-7.76	417.86	10.25	604.27	6.48	429.19	3.88	116.75	-0.22
临沂	3710.77	21.93	1287.40	29.44	2250.30	15.83	2531.13	17.72	1520.69	15.02	817.09	26.48
德州	1933.43	17.40	576.94	19.03	1266.44	14.35	1300.33	16.17	784.25	9.47	472.83	30.43
聊城	1945.83	15.29	684.11	13.55	1185.41	16.38	1432.46	11.11	1001.56	12.43	392.72	23.47
滨州	1926.84	13.5	1020.69	8.45	833.51	17.52	1691.99	12.53	1180.67	11.19	429.94	13.35
菏泽	1918.86	19.35	439.64	24.34	1427.23	17.13	1230.75	15.85	692.88	15.94	478.10	28.55

注：该表为本编辑部根据山东省人民银行各市中心支行报送的《金融业务统计指标》整理。

附表 1-15

山东省各市地区生产总值

单位：亿元

地区	地区生产总值			第一产业增加值			第二产业增加值		
	2012	2013	2013 年为 2012 年%	2012	2013	2013 年为 2012 年%	2012	2013	2013 年为 2012 年%
济南	4803.67	5230.19	9.6	252.92	284.71	3.9	1938.14	2053.24	10.1
青岛	7302.11	8006.60	10.0	324.41	352.41	2.1	3402.23	3641.39	10.2
淄博	3557.21	3801.24	9.5	123.75	137.79	3.3	2101.19	2171.37	10.3
枣庄	1702.92	1830.63	10.1	133.00	149.81	3.3	991.33	1037.55	11.4
东营	3000.66	3250.20	11.2	104.34	117.19	3.5	2126.02	2258.42	11.8
烟台	5281.38	5613.87	10.2	377.31	420.99	3.9	2985.09	3075.12	10.8
潍坊	4012.43	4420.70	10.6	390.52	433.09	3.3	2166.17	2297.42	11.5
济宁	3189.37	3501.54	11.0	371.97	418.93	4.3	1673.50	1789.75	11.6
泰安	2547.01	2790.70	10.6	233.05	260.11	3.7	1290.54	1367.77	11.1
威海	2337.86	2549.69	10.8	180.11	203.47	4.3	1249.30	1312.93	10.5
日照	1352.57	1500.16	10.6	117.64	131.45	3.5	724.06	784.33	10.7
莱芜	631.41	653.48	10.1	44.20	49.34	3.1	365.20	366.19	11.8
临沂	3012.81	3336.81	11.0	291.34	324.30	3.2	1463.45	1583.87	12.2
德州	2230.55	2460.59	11.2	244.39	273.54	3.8	1208.65	1301.67	12.6
聊城	2146.75	2365.87	10.0	257.80	287.15	3.5	1186.38	1258.15	11.1
滨州	1987.73	2155.73	9.8	189.51	211.02	3.7	1045.61	1106.10	11.5
菏泽	1787.36	2050.01	12.0	241.01	255.00	3.0	974.22	1113.51	13.8

注：本表绝对额按当年价格计算，速度按可比价格计算。

续表

地区	#工业增加值			第三产业增加值			人均地区生产总值（元）	
	2012	2013	2013 年为 2012 年%	2012	2013	2013 年为 2012 年%	2012 年	2013 年
济南	1603.08	1690.63	10.6	2612.61	2892.24	9.7	69444	75022
青岛	3041.31	3248.44	10.4	3575.47	4012.80	10.5	82680	89797
淄博	1897.61	1950.80	10.5	1332.27	1492.08	8.7	77876	82889
枣庄	905.60	942.96	11.5	578.59	643.27	9.0	45262	48346
东营	2007.59	2130.65	12.1	770.30	874.59	10.3	145395	156356
烟台	2694.25	2757.80	11.0	1918.98	2117.76	10.4	75672	80357
潍坊	1952.43	2063.24	11.7	1455.74	1690.19	11.4	43681	47943
济宁	1514.29	1613.82	11.8	1143.90	1292.86	12.1	39165	42796
泰安	1110.93	1173.80	11.6	1023.41	1162.82	11.3	46130	50296
威海	1122.80	1174.42	10.7	908.45	1033.29	12.5	83516	91010
日照	634.20	685.90	10.9	510.87	584.38	12.1	47852	52778
莱芜	332.50	331.06	12.2	222.01	237.95	8.3	48212	49390
临沂	1202.68	1297.31	12.8	1258.02	1428.64	11.3	29808	32902
德州	1048.54	1127.06	13.1	777.52	885.38	11.2	39710	43542
聊城	1088.10	1149.55	11.2	702.57	820.57	10.3	36573	40084
滨州	948.62	1001.56	11.9	752.61	838.61	8.6	52591	56771
菏泽	858.05	984.27	14.2	572.13	681.50	12.5	21461	24542

附表 1–16

山东省各市地区生产总值构成

单位：%

地 区	地区生产总值		第一产业		第二产业		第三产业	
	2012 年	2013 年	2012 年	2013 年	2012 年	2013 年	2012 年	2013 年
济南	100.0	100.0	5.3	5.4	40.3	39.3	54.4	55.3
青岛	100.0	100.0	4.4	4.4	46.6	45.5	49.0	50.1
淄博	100.0	100.0	3.5	3.6	59.0	57.1	37.5	39.3
枣庄	100.0	100.0	7.8	8.2	58.2	56.7	34.0	35.1
东营	100.0	100.0	3.5	3.6	70.8	69.5	25.7	26.9
烟台	100.0	100.0	7.2	7.5	56.5	54.8	36.3	37.7
潍坊	100.0	100.0	9.7	9.8	54.0	52.0	36.3	38.2
济宁	100.0	100.0	11.6	12.0	52.5	51.1	35.9	36.9
泰安	100.0	100.0	9.1	9.3	50.7	49.0	40.2	41.7
威海	100.0	100.0	7.7	8.0	53.4	51.5	38.9	40.5
日照	100.0	100.0	8.7	8.7	53.5	52.3	37.8	39.0
莱芜	100.0	100.0	7.0	7.6	57.8	56.0	35.2	36.4
临沂	100.0	100.0	9.7	9.7	48.5	47.5	41.8	42.8
德州	100.0	100.0	10.9	11.1	54.2	52.9	34.9	36.0
聊城	100.0	100.0	12.0	12.1	55.3	53.2	32.7	34.7
滨州	100.0	100.0	9.5	9.8	52.6	51.3	37.9	38.9
菏泽	100.0	100.0	13.5	12.5	54.5	54.3	32.0	33.2

注：本表按当年价格计算。

第二部分

中央银行、监管局

中国人民银行济南分行

【综述】 2013年，中国人民银行济南分行（以下简称“人行济南分行”）坚持以作风建设为主线，以求真务实为导向，继续深化以学习促工作、以文化促管理、以规范促安全、以创新促发展的整体思路，各项工作取得新成效。

一、坚持把强化作风建设作为工作主线，切实以作风带行风促履职。在以济银党1号文印发具体实施细则的同时，把促进高效履职作为强化作风建设的根本目标；并在全国各分支行率先启动了群众路线教育实践活动。

二、坚持把监测分析和引导作为贯彻执行稳健货币政策的着力点，努力支持全省经济加快转型升级步伐。一是高度重视监测分析和引导，有35篇分析报告得到总行和省委省政府主要领导批示；二是以济银发1号文印发了《关于认真贯彻稳健货币政策改进金融服务和外汇管理支持全省经济持续健康发展的意见》，引导金融机构加大对重点领域和薄弱环节的支持力度；三是与有关部门和市政府联合召开银企合作促进会10场，达成协议金额5482亿元；四是与济宁市政府就资源型城市转型创新发展签订战略合作协议；五是开展涉农和中小企业信贷政策执行效果评估，与省财政厅建立了财政奖励资金向评估优良机构倾斜的机制；六是联合省农业厅、财政厅和保监局等部门在全国率先出台《金融支持现代农业加快发展的指导意见》，总行刘士余副行长、山东省政府郭树清省长和赵润田副省长均对这项工作给予充分肯定并做出重要批示。

三、坚持把不发生区域性系统性金融风险作为工作底线，加大维护金融稳定和金融管理工作力度。一是把金融风险监测分析和报告作为维护金融稳定的工作重点，组织实施金融风险监测全覆盖，将地方法人机构和具有融资功能的非金融机构等所有潜在风险机构全部纳入监测范围，对工行山东省分行开展信贷资产质量专项评估；二是积极推进证券期货监管合作，与山东证监局签署监管合作共同维护金融稳定备忘录，在潍坊、烟台开展监管合作试点；三是修订完善《山东省金融机构综合评价管理办法》，组织对107家省级金融机构进行全面综合评价，对兴业银行济南分行和泰山财险公司开展综合执法检查，对金融机构支付结算、现金业务等6项业务开展专项检查；四是加强反洗钱监管，向相关部门移交洗钱案件线索30个。

四、坚持把强化金融服务作为新时期履行基层央行职责的新的切入点，积极推进金融服务创新。一是扎实推进标准化存贷款综合抽样统计试点，参与机构和报送数据数量均居全国首位，连续16年实现金融统计数据上报无差错；二是深化农村支付环境建设，确保2013年末实现农村地区手机支付业务和助农取款服务点覆盖80%以上的行政村，力争2014年末实现100%全覆盖；三是在全国率先实现全省全面上线运行中央银行会计核算数据集中系统，得到总行刘士余副行长充分肯定；四是积极宣传和推广金融IC卡，全省累计发卡量同比增长近9倍；五是建立助农取款“新票直通车”模式，开展残损人民币回收攻坚年活动；六是切实加强国库管理和服务，创新实施工会经费国库统一汇缴管理模式；七是开展中小企业和农村信用体系试验区建设，扎实推进小额贷款公司和融资性担保公司信用评级试点工作；八是在全国率先开发运行人民币跨境非现场监测预警系统；九是建立完善金融消费者投诉管理规章制度和处理机制，试点组建市级金融消费权益保护协会和县级金融协会，全省受理投诉办结率达98%。

五、坚持把促进涉外经济发展作为外汇管理重要任务，进一步改进外汇管理和服务方式。一是进一步简化保税监管区域货物贸易收支管理，扎实推进服务贸易外汇管理改革，全面落实外商直接投资和外债登记管理改革政策；二是改进外债和对外担保管理和服务，对中西部地区和近年贸易融资业务发展较快的省内地方性银行在外债指标分配上给予适当倾斜；三是加大跨境资金流入防控力度，加强对银行结售汇综合头寸管理，严密监测企业跨境资金异常变化；四是开发外汇年检数据审核程序，被总局在全国推广；五是外汇信息调研居全国第一，撰写了《2012年山东省外汇收支运行报告》，相关经验在2013年全国外汇管理工作会议上交流。

六、坚持把学习贯彻十八届三中全会精神作为重大政治任务，进一步加强党建和党风廉政建设。一是坚持“开展一次理论学习、解决一个重大问题”的学习模式，党委中心组全年开展集中学习12次；二是开展机关助推青年员工成长成才职业导航活动，选派9名青年业务骨干到金融机构交流锻炼，联合团省委选派128名青年骨干到县级团委挂职锻炼；三是举办4期辖区干部领导能力与管理创新培训班，建立中支领导干部帮扶县支行责任人制度；四是深入开展“廉政风险防控年”和会员卡专项清理活动，着力打造“清泉”廉政文化品牌；五是积极开展道德讲堂活动，深入推进央行志愿者活动，编写了《思想政治工作案例分析》；六是稳步推行系统职代会试点，利用职工民主管理系统开展建言献策活动，分行工会被表彰为全国金融系统先进工会组织。

七、坚持把安全放在首要位置来抓，切实强化规范管理。一是按季召开风险管理联席会议排查风险，在各级行开展安全生产大检查；二是积极完善应急预案，在全国率先开展TBS作为TCBS应急备用系统的应急切换演练；三是开展涉密事项集中梳理暨风险防控体系建设活动，四是制定《国库业务辅导办法》，组织中心支库加大对县支库的风险防控和指导力度；五是充分发挥内审“保健医”和事后监督“防火墙”作用，2013年，辖区没有发生重大安全事故、重大资金风险和集体上访事件。

（办公室）

【法律事务】 2013年，人行济南分行进一步优化法律服务，推进依法行政，金融法制和金融消费者权益保护工作水平进一步提高。

一、不断加强"两管理两综合"工作，提升履职质效。一是修订完善了《山东省金融机构综合评价管理办法》，组织对辖内107家省级金融机构2012年度执行有关金融法律法规和人民银行政策措施、管理规定等情况进行了全面综合评价并通报了结果；二是组织对银行业机构、支付机构、保险公司开展了专项执法检查，对兴业银行、泰山财产保险公司分支机构开展了综合执法检查，并将个人金融信息保护工作首次纳入综合执法检查中，对中国银行和招商银行开展了个人金融信息保护专项检查；三是组织研发的金融机构管理与服务系统在全省推广使用，金融机构通过该系统报送重大事项报告5094项，切实提高了金融机构综合管理与服务效率；四是进一步完善了"银行业金融机构高级管理人员和重要岗位从业人员考试系统"功能。

二、深入推进金融消费者权益保护工作，不断提升保护力度。

（一）建立组织体系，明确工作职责。印发了《关于明确辖区人民银行系统金融消费权益保护职责的通知》，在分行法律事务处加挂了金融消费权益保护处牌子，设立了专门的金融消费权益保护科，并明确中心支行由办公室负责本辖区内金融消费权益保护工作，完善了组织体系。

（二）健全规章制度，夯实工作基础。一是制定印发了《关于进一步加强金融消费权益保护工作的意见》，将银、证、保各类金融机构及支付机构金融消费权益保护工作纳入监督管理范畴；二是印发了《金融消费者投诉管理办法》和《金融消费权益保护工作考核办法》；三是建立了"六位一体"的金融机构自评估制度，要求金融机构自2013年起，从环境建设、义务履行、争议处理、宣传教育、信息反馈和监督评价6个方面对金融消费权益保护工作进行自评，于每年1月31日前向当地人民银行报送自评报告。

（三）完善工作机制，促进内外协调。一是印发了《金融消费权益保护内部工作协调制度》和《机关处置群体性投诉事件应急预案》；二是与山东证监局共同签署了《关于加强证券期货监管合作共同维护金融稳定的备忘录》，探索建立金融消费权益保护工作协调机制；三是联合济南仲裁委组建金融仲裁院，建立了金融消费争议解决仲裁机制。

（四）推进协会建设，创新保护工作体制。选择威海、临沂、聊城中支，以及部分县支行作为试点行，推动组建地方金融消费权益保护协会，明确其在人民银行指导下承担受理金融消费者咨询与投诉等职能，较好地解决了人民银行在开展此项工作中遇到的各种困难和法律障碍。

三、加强"法治央行"建设。一是制定了《山东省银行业金融机构现金业务管理暂行办法》；二是将《征信业管理条例》列为年度普法宣传重点，组织辖内30余家金融、评级机构在山东财经大学广场进行宣传；三是联合山东省社科联、山东师范大学、山东省金融学会共同举办了"放飞中国梦主题展暨金融知识进校园"活动，重点宣传了消费权益保护和《中国人民银行法》；四是组织开展了"法治央行十年回顾与展望"征文活动，进一步提高了广大干部职工的依法行政意识；五是开展了"金融知识普及月"活动，组织了规范性文件和制度的清理，审核各部门起草的各类规范性文件100余份，有效避免了法律风险。

（法律事务处）

【货币信贷管理】 2013年，人行济南分行认真贯彻执行稳健的货币信贷政策，努力助推辖区经济金融的健康发展，各项工作取得了新成果。

一、紧紧抓住重点工作，全力推进金融支持现代农业发展。一是在全国率先开展调研，全面摸清辖内现代农业发展和金融服务现状，专题研究金融支持现代农业课题，形成了完整的工作思路；二是强化组织领导，召开了金融系统支持现代农业发展电视电话会议，与财政、农业、保险等部门联合制定《山东省金融支持现代农业加快发展的意见》，形成政策合力，推动工作的开展；三是加强情况反映与动态调查，编发《工作简报》17期；四是建立激励机制，把金融支持现代农业发展工作完成情况纳入年终考核。截至年末，在各级人行的推动下，全省已有10市、28县政府出台了金融支持现代农业发展指导意见，12市、59县成立了跨部门的工作领导小组。省财政出资8000万元发起设立共保基金，启动了农业新型经营主体融资增信试点。

二、健全调控体系，全面落实稳健货币政策各项要求。一是按季召开货币信贷政策与金融管理通报会，先后与省综合经济管理部门、各市政府召开各类项目推介会10余次；二是准确实施法人金融机构差别存款准备金动态调整管理，对违背调控要求较为严重的5家法人机构实施差别调控措施；三是对727家金融机构涉农和中小企业信贷政策执行效果进行评估，对评为优秀和良好的机构在奖励和风险补偿资金方面给予倾斜。

三、管理与培育并重，夯实辖区金融市场运行微观基础。

（一）加强风险管理。一是重新制定下发流动性监测办法（试行），引导法人金融机构提高资金备付水平；二是适时向两家金融机构发放短期头寸再贷款，有效缓解其短期流动性紧张问题；三是加强市场风险管理和处置，及时了解评估发债企业兑付违约风险，督促海龙化工严格按照银行间债券市场有关制度披露信息，推动全省非金融企业债务融资工具市场健康发展。

（二）加强市场主体管理。一是加强银行间债券市场机构备案准入管理，先后暂停部分机构在银行间债券市场备案和农合机构债券市场备案准入；二是审核批准12家地方法人金融机构依法合规进入同业拆借市场，审核并备案4家金融机构、10余个信托计划进入全国银行间债券市场；三是加强黄金市场业务备案管理，对21家金融机构黄金市场业务进行备案；四是做好55家法人金融机构备案材料的初审。

（三）加强利率市场管理。一是改进金融机构贷款利率定价监测体系，增加重定价周期等新的监测要素，及时了解金融机构对利率政策调整的预期；二是严格执行金融机构存款挂牌利率日监测和周报告制度，全面监测各类金融机构存款定价差别状况；三是开展“推进利率市场化，助力实体经济”宣传活动，试点“法人金融机构利率定价社会评议”制度，对金融机构利率定价情况进行评议反馈，促进其提高利率定价水平。

（四）积极参与金融改革。一是认真组织农信社改革后续监测工作，严格实施现场考核；二是对经考核达标的农行“三农金融事业部”，执行优惠存款准备金率；三是配合省金融办进行小额贷款公司准入审核，批准新设小额贷款公司25家，撤销处置3家。

四、完善监测体系，围绕热点难点问题开展调查研究。一是健全区域经济金融监测数据库，进一步加强对经济金融微观主体运行的监测，每月至少一次深入金融机构开展实地调研；二是逐步将经济发展动力、金融机构流动性水平、市场利率波动风险、跨市场融资产品创新等内容充实到常规监测分析体系中，做到了月度分析有热点、季度分析有重点；三是先后对春耕时期涉农资金需求、实体经济融资结构变化、法人机构资本负债管理、非标资产演变和互联网金融等热点问题进行专题研究。

（货币信贷管理处）

【跨境人民币业务】　2013年，人行济南分行以落实政策和宣传培训推动业务均衡发展，以制度规范和监督检查防范化解业务风险，切实加强监测分析和调研，跨境人民币业务规范健康快速发展。

一、强化政策宣传和业务推进力度。一是在济南、青岛、东营、济宁、泰安、滨州等地举办6期业务及政策培训班，参加人员涉及76家商业银行及300家企业1200余人；二是在全国率先建立跨境人民币业务综合服务系统工作平台，青岛市中支推出的跨境融综合服务系统上线试运行以来，24家银行与130家企业达成业务申请意向金额93.4亿元，实际成交金额85.7亿元；三是指导德州市中支建立了跨境人民币结算电子平台，该中支辖区已有134家企业和5家金融机构参与，70余家企业正积极利用该平台进行业务咨询。

二、规范业务操作，强化风险防控。一是在全国率先组织开发了“人民币跨境非现场监测预警系统”，提高非现场监测水平；二是完成对兴业银行济南分行综合执法检查中跨境人民币业务管理的检查，并开展对浦发银行山东省内分支机构以及济南、东营、聊城4家企业的跨境人民币业务专项检查，共检查业务417笔、金额71.42亿元；三是在全国率先建立了RCPMIS信息核对制度，并制定《跨境人民币业务非现场监管工作暂行办法》；四是编制跨境人民币业务操作指引，明确各项业务办理流程。

三、加强信息调研与专题研究。一是向总行报送69期跨境人民币结算工作简报、12期外汇市场分析，被总行采用21篇；二是加强对人民币国际化前沿问题的专题研究，完成《人民币跨境循环链构建：离岸、在岸市场互动与资本项目开放》、《人民币跨境套利活动研究：规模测度与效应分析》、《外部事件对人民币汇率走势的影响－基于事件研究法的分析》、《人民币在离岸汇率互动影响的实证研究》、《激进式“休克疗法”下的俄罗斯资本项目开放》、《人民币境外项目融资的国际经验借鉴和制度路径设计》、《外债管理的国际经验与启示》等多篇课题，被总行采用5篇；三是按月对山东省跨境人民币业务发展的基本情况进行分析，形成《山东省跨境人民币业务工作报告》报送总行，利用日常的监测分析成果，完成《铜“金融属性”背后企业融资行为的调查分析》、《资本账户开放与实体经济发展的定量化研究》、《提升人民币在大宗商品交易中的计价功能》等多篇报告；四是及时跟踪韩国宏观经济、金融形势和货币政策，共报送12期宏观监测月报、4期监测季报；五是拟定18个调研选题，对中支的课题研究工作进行指导性安排。

四、畅通沟通协调机制，提升管理效率和服务水平。一是自1月起开始建立并实施山东省跨境人民币业务月度通报制度；二是与各相关部门协商制定年度出口货物贸易重点监管企业名单（合计1464家），并积极与商务、海关、税务等部门保持联系，及时解决工作中遇到的困难和问题。

五、积极参与总行重点工作。一是参加总行RCPMIS优化各项工作，对运行中存在的问题进行总结并提出改进建议，成为总行重新构建RCPMIS设计思路的主要来源；二是开展对韩跨境人民币研究和评估人民币进入日韩的难易程度，评估各国对外币进入该国后的监管要求以及外币在该国进行不同类型交易时存在的法律障碍，向总行上报《日本央行组织结构》和《中日跨境人民币业务分析》；三是汇总整理全国部分分支行对老挝基普、泰国泰铢等非主要储备国家货币的季度监测情况，形成《部分非主要储备货币挂牌交易监测季报》；四是对银行间外汇市场供求情况进行跟踪分析，按时上报月度形势分析形成《汇率快报专刊》。

（跨境办）

【金融稳定工作】　2013年，人行济南分行积极探索创新工作机制，狠抓重大事项报告制度落实，突出现场评估及成果转化，有效开展风险防范处置工作。

一、强化重大事项报告制度执行。一是修订下发了《银行业金融机构重大事项报告管理办法》；二是组织29家省级银行业机构召开金融稳定工作座谈会，全年全省累计开展重大事项报告业务培训、考试33次，并对6家银行机构开展了现场检查53次；三是全年各省级银行机构共上报重大事项1215项，中支转报基层银行机构风险信息1780项；四是及时向总行上报《金融稳定要情专报》26期，其中，《关于乳山船厂职工对农行乳山市支行聚集情况的报告》，总行刘士余副行长作出批示；五是编发14期《金融机构重大事项报告摘编》。

二、全面深化监测分析，风险预警水平进一步提升。一是修订完善了银行业机构监测指标体系，全年撰写各类风险分析报告20余篇；二是加强实体经济监测分析，对全部出险企业开展动态监测，全年累计入库大额不良贷款386项、89.3亿元，涉及风险企业367家；三是与山东大学齐鲁证券金融研究院签定了合作协议，确定了首个研究课题，并取得进展。

三、推动评估工作常态化，力促金融机构稳健运行。一是组织全辖全年开展现场评估16项，并做好对泰山财险公司开展现场评估的前期准备；二是参与总行对中行的稳健性现场评估工作，参与并牵头负责金融市场组的工作，对工行山东省分行信贷资产质量开展专项评估，还组织对辖内6家银行机构资产质量进行了评估；三是仅用一周时间完成了对齐鲁证券及相关银行开展的资产管理业务的评估；四是针对全省14家城商行评估发现的问题，协助撰写了《关于2012年山东省城商行经营情况的报告》，郭树清省长做出批示；五是完成《2013年山东省金融稳定报告》并形成摘要版在《金融发展研究》刊发，并积极参与《中国区域金融稳定报告》撰写和审稿工作；六是承担了总行《金融机构现场评估手册（试行）》银行业主要业务风险及证券业市场风险、信用风险评估部分的编写工作。

四、加强风险排查，摸清辖区风险底数。一是对全省97个县（市、区）开展了风险状况摸底调查，形成9个专项报告，得到郭树清省长批示；二是组织全省17市中支结合上年地方金融风险排查发现的风险点和近两年来辖内金融风险暴露情况，重点对2013年的风险状况进行排查；三是全年指导辖区各级行共参与各类信用风险事件应对和处置事项15项，涉及贷款165.6亿元；四是制定各项突发事件应急预案，并开展应急演练28次。

五、持续推进工作机制建设。一是4月底与山东证监局签署了《关于加强证券期货监管合作共同维护金融稳定的备忘录》，并于6月份在烟台、潍坊两市启动了试点；二是参与总行存款保险立法研究小组工作，对80个国家存款保险组织形式和管理体制以及存款保险核心原则等进行了梳理研究。

六、做好再贷款管理工作。一是按时上报再贷款各类月度报表、季度报告，确保数据无差错；二是组织开展了对处置济正公司非法集资问题地方政府专项借款等检查；三是指导分行营管部向济南市财政局发送了还款提示函，该局已经筹措资金准备第四次还款。

七、提高调研信息质量，有效服务领导决策。一是修订完善系统性金融风险预警指标框架，并完成《信用风险压力测试手册》的撰写；二是针对经济金融热点问题开展多项专题调研，形成调研报告30余篇，被总行《金融稳定专题研究》采用6篇；三是积极参与总行国际银行业稳健标准研究小组工作等，编译形成报告10余篇；四是全年工作信息被总行采用21期次，采用率位居全国前列。

（金融稳定处）

【调查统计】 2013年，人行济南分行调查统计工作坚持不断夯实统计基础，实现统计数据连续16年无差错上报，较好地完成了各项工作任务。

一、夯实基础，强化管理，不断拓展央行金融统计视野。

（一）贯彻执行各项金融统计制度。一是圆满完成金融统计报表生产；二是组织召开全省金融统计制度会，做好统计数据的年初结转和调整工作；三是协助总行圆满完成ACS新会计系统转换接口程序的测试和维护工作。

（二）做好社会融资规模统计和分析，积极探索金融业综合统计工作。一是按月编制山东省社会融资规模统计报表，参与总行社会融资规模快速调查，按月向省委省政府领导报送专报件，得到郭树清省长多次批示；二是牵头做好山东省"一行三局"统计信息交流与共享，按季编制全省证券、保险机构主要业务统计表。

（三）全力配合总行开展标准化存贷款综合抽样试点工作，参与机构数量居全国首位。一是将前期试点过程中积累的系统开发和数据采集相关经验及时向总行汇报，派出业务骨干参与总行对该系统的设计、开发；二是积极引导中小金融机构将存贷款等金融统计标准"嵌入"核心业务系统，稳步推进各项工作。

（四）密切跟踪金融机构业务发展，加强创新统计制度研究及统计工作管理。一是建立金融创新业务专项报备制度，要求金融机构将创新业务操作模式、会计核算及对统计数据的影响等向人行报备；二是完成委托贷款、受益权转让、表外业务等多项研究工作；三是加强对新设机构的业务指导，组织完成金融机构统计指标与会计科目归并关系备案工作；四是扎实开展金融统计检查工作，对检查中发现的问题给予严肃处理；五是认真做好县域法人金融机构考核工作。

二、夯实经济调查监测基础，注重数据信息整合和挖潜，充分发挥经济调查对央行决策的支持作用。

（一）调整经济监测样本，改善样本结构，提高监测准确度。一是新增企业家调查19家、外向型调查企业3户、民间融资调查企业3户，企业商品价格规格品20种；二是新选入33家小微企业，纳入总行小微企业样本库。

（二）加强与监测企业的沟通协调，实现与企业的良性互动，全面提升了监测数据质量。

（三）建立小微企业问卷调查制度，进一步丰富和完善监测体系。突破通过金融机构联系企业的渠道限制，加强与统计局、发改委、经信委、中小企业办等部门的联系与沟通，将505户小微企业纳入监测范围。

（四）充分利用和挖掘监测数据，探索经济变动的周期性规律。一是对我国的工业增长率周期波动特征等进行测定和分析；二是编制了人行消费者信心指数。

三、深入开展宏观分析，围绕信贷政策动向及突出热点问题及时开展专题调查。

（一）跟踪经济金融形势，做好分析工作。一是引导中支关注新形势下货币信贷中出现的新特点、新问题，及时掌握金融业务创新动向及影响；二是加强对辖区和全国经济金融形势的预测分析；三是加强对主要经济金融指标的动态监测，把大宗商品价格、人民币汇率、货币供应量等指标也纳入了监测范围。

（二）紧密跟踪热点敏感问题，及时开展专题调查。对经济增长、信贷结构、禽流感、利率市场化、盘活信贷存量、比特币等热点问题进行了专题调查，形成20余篇高质量调研报告，完成山东省政府调研课题《关于金融支持山东省转调创的调研报告》。

（三）选准角度突出重点，全力加强专题性研究。形成了《利率市场化对商业银行盈利能力和利率风险的影响》、《利率市场化改革对商业银行体系的影响：国际经验和启示》、《关于GDP

核算方法的比较以及相关问题的解释》、《系统性金融风险问题研究》等4篇专题研究报告。

（四）创新工作形式，发挥辖区调研合力。建立“重点调研制度”，根据各中支研究特长及区域特点，确定了现代农业、涉外经济、城镇化、小微企业等8个方面作为重点调研、持续跟踪监测的方向。

四、加强内部管理，强化队伍建设，调统业务各项工作始终保持前列。

（一）全面梳理调统工作和风险点，优化工作流程，完善岗位职责，重新修订了《内部管理暂行规定》、《调统专业工作考核评比办法》等工作制度，严格内部管理，提高工作效率。

（二）认真贯彻落实保密及信息安全工作要求，先后制订或修订了《涉密数据和文字资料管理办法（暂行）》、《调统业务应急管理工作预案》、《应急预案简明操作手册》和《调统业务应急联系人手册》（一案双册）等文件，分别对金融统计监测管理信息系统、企业财务调查系统、企业商品交易价格调查系统开展应急演练。

五、金融年鉴和史志工作取得新突破。

（一）圆满完成年鉴编辑工作。编辑出版的《山东金融年鉴》（2013卷），在中国版协第七届全国年鉴质量评比中，连续第3年获得特等奖，是全国金融年鉴中唯一获此殊荣的单位。

（二）建立了辖区金融机构经济金融大事记月度征集制度，尤其是强调了对图片资料征集的要求，并通过内刊予以刊载和反馈，由此加大了对金融史志资料的保存、研究和开发的力度；加强了与各金融机构的互动、交流和往来，对于省内金融史志工作的发展起了重要的推动作用。

（三）以全国唯一的省级金融年鉴和山东省唯一的专业年鉴的身份被中国出版协会年鉴工作委员会选为理事单位，并参加了全国年鉴工作会议。

（四）开展了北海银行史料的征集工作，编写了第一部《北海银行历史年表》。史志办在充分掌握史料的基础上，充分运用北海银行的研究成果，考订和理清了许多模糊或相互矛盾的历史表述，第一次全面梳理了北海银行的历史发展轨迹，并打破以往的历史年表在体例上平铺直述，仅仅按照年代和日期排列史料的陈规；通过编撰者点评，年度人物，年度图像，年度文献，年度表格，年度账簿，年度聚焦等多种角度，全方位地再现了北海银行在抗日战争和解放战争时期的可歌可泣的伟大业绩及历史贡献；为行史馆中的北海银行展馆部分奠定了坚实的基础。

（五）中国人民银行济南分行行史馆的筹备工作开始起步，并形成了初步思路。

（调查统计处）

【会计财务】 2013年，人行济南分行会计财务工作进一步强化基础管理和风险防范，加大精细化管理力度，积极推进工作转型，被总行授予“2009-2012年度中国人民银行会计财务工作先进集体”荣誉称号，连续第9年获得总行会计报表综合优胜奖。

一、认真开展“大会计”管理工作，提升会计管理水平。一是修订完善《分管行长会计监督检查办法》，协助总行开展会计报表测试及ACS运行情况实地调研，做好辖区会计科目和报表系统的维护工作；二是连续7年牵头组织开展会计业务联合检查，对辖区各中支、分行营业管理部和30%的县支行的会计业务进行全面检查，牵头开展会计风险评估，对辖区5家中支开展了突击检查；三是制定印发了《关于进一步规范地方性法人金融机构存款准备金和财政存款交存范围核定工作的通知》，完成了对16家地方性法人金融机构交存款范围的核定或调整工作；四是建立了与商业银行会计管理工作联系机制、金融会计信息简报制度，组织召开了驻济银行业金融机构座谈会。

二、坚持厉行节约方针，推进财务预算精细化管理。一是认真执行各项财经法规，进一步严格财务预算审批程序，从严控制压缩“三公”经费和一般性开支，重点保障重要业务财务需求；二是全面测算并合理分配财务预算指标，加大向基层行的预算倾斜力度，强化预算管理责任制落实，严格预算分配报备审核；三是加强费用列支情况动态监测分析，在按季全面分析财务预算执行情况基础上，重点关注增减幅度较大的支出项目，指导辖区各行有效控制预算执行进度；四是制定出台了《大型修缮项目预算绩效评价实施方案》，严把申报关。

三、突出重点，提升资产管理水平。一是制定了《继续做好公务用车专项治理工作实施方案》和《一般公务用车管理实施办法》；二是进一步明确车辆置换项目报批程序，加大房产类置换项目的调度和推进力度，积极推动淄博中支房产置换项目进度，指导济宁中支完成了房产置换项目账务处理工作；三是严把集中采购预算审批关和采购方式审核关，全年共完成集中采购项目24项，采购金额757.82万元，资金节约率15.45%；四是强化基建管理，实施县支行新建发行库及营业办公用房设计方案统一招标，同时，认真贯彻落实中央和总行关于停止新建楼堂馆所有关要求，组织完成了辖区基建项目清查工作。

四、强化调研分析和风险管理，积极推进会计财务工作转型。一是加大会计研究力度，完成上报调研课题16篇，参与或承担总行多项课题研究和信息编译工作，在总行会计分析研究座谈会中作交流发言；二是全面分析山东省城商行财务状况和经营成果，形成的《关于2012年山东省城商行经营情况的报告》被郭树清省长批示；三是跟踪分析俄罗斯央行会计报告，跟进了解国际会计准则改革发展动态，在辖区建立了《国内外会计资讯快报》和翻译专报制度，定期编发《会计财务工作简报》；四是开展了多种形式的会计检查辅导。

（会计财务处）

【支付结算】 2013年，人行济南分行支付结算工作圆满完成了各项工作任务，荣获总行2009-2012年度改善农村支付服务环境先进集体，2012年总行支付结算专业考核第一名。

一、全面上线试点运行中央银行会计核算数据集中系统（ACS）。建立了全新会计核算制度体系，实现四个“全国第一”：第一个上线试点运行、第一个批量上线试点运行、第一个全省上线试点运行、第一批全省试点上线子系统，为该系统在全国的推广积累了宝贵经验，得到总行刘士余副行长充分肯定。针对 ACS 上线后全新的会计核算模式，积极完善会计核算管理制度，建立了全方位日常业务监测体系，自主开发了凭证打印系统和同城清算系统与 ACS 接口，指导工行、建行、齐鲁银行等 38 家机构网点上线运行 ACS 综合前置子系统。同时，成功切换上线第二代支付系统，支付清算秩序进一步规范。

二、农村支付环境建设取得新突破。一是形成了“智能手机+手机刷卡器”、商河惠农服务站等有效模式，完善社区金融服务点和三农自助服务站服务功能，提高机具使用效率；二是确定银行卡助农取款服务点覆盖全省 80%行政村新目标，通过推进空白村的服务点建设、现场督导等措施得以提前实现；三是在 4 个地市试点基础上，面向全省所有县（市、区）推广手机支付业务，通过明确服务点设立标准、组织完善制度流程、加强协调指导等措施，加快业务推广；四是组织开展了农村支付风险专题调研，及时掌握新形势、新问题，有针对性地提出加强外包管理、机具巡检等要求，约谈涉农机构督促落实，巩固建设工作成果。

三、推行非金融支付服务属地监管，不断提升监管科学化、专业化水平。一是明确中心支行对辖区支付机构的属地管理职责，形成对全省 73 家支付机构的纵向监管体系，针对收单外包服务管理中的问题，下发了《山东省银行卡收单外包服务管理办法》；二是创新实施新设机构开业前窗口指导、新备案机构监管谈话，备案机构信息互联网公开，召开了全省支付机构执法检查通报会；三是以保障备付金安全为核心，建立了客户备付金信息核对校验机制，强化备付金账户开立指导和数据核对。

四、非现金支付工具创新取得新进展。一是指导青岛银行申请开展手机非实名单电子现金试点，批复民生银行济南分行发行肉菜追溯联名金融 IC 卡，鼓励地方性银行机构发行主账户复合电子现金，平稳实施刷卡手续费新标准；二是组织海尔、海信 2 家财务公司做好全国首批（共 7 家）财务公司电子商业汇票线上清算试点准备，实施重点企业业务推广带动策略，开展全省业务推广经验总结交流，推动业务应用范围扩大；三是稳妥推进银行票据凭证印制管理改革，成功上线票据凭证管理系统，确保票据凭证印制安全；四是制定了银行卡收单业务管理办法实施细则，持续做好信用卡套现名单管理，督促城商行限期建立商户信息管理系统；五是加强支付风险趋势研究和监测，及时发布风险提示，组织开展风险排查。

五、不断改进支付结算执法检查组织方式，进一步规范支付服务市场秩序。组织对省内农行、浦发银行、恒丰银行等 26 家银行机构、10 家支付机构的 225 个机构网点开展了支付结算执法检查，重点加强了预算单位账户业务、银行卡收单业务等的检查，根据违规情节督促整改，规范业务办理，得到总行充分肯定。

六、银行结算账户管理进一步加强。一是率先在全省开展账户管理系统与同城清算系统账户信息比对工作，得到总行肯定；二是推进地方银行机构存量个人账户真实性核实工作并提前完成核实任务，累计核实账户 4280.96 万户；三是组织开展了账户管理系统、联网核查系统应急演练。

（支付结算处）

【科技工作】 2013 年，人行济南分行不断加快信息化建设步伐，各项工作取得新进展。

一、省级数据中心建设成效显著。一是圆满完成二代支付系统上线技术支持工作；二是成功完成 ACS 系统在辖区的试运行试点，5 月 2 日分行营管部和济宁中支作为首批试点行，在全国率先上线试运行，8 月 5 日在其他地市全部顺利上线；三是利用省级数据下发平台下发的 TIPS 与 TCBS 数据，开发国库事后监督系统，做好数据深度利用试点；四是做好总行账户管理系统集成运维工具试点工作，完成对天津等 7 家对口行的技术支持；五是组织完成辖区 100 多家县行 TBS 作为 TCBS 备用系统推广工作；六是顺利完成金税三期工程和营改增财税库银横向联网系统联调测试工作；七是机房空调和照明系统改造项目圆满竣工。

二、金融信息化工作扎实推进。一是将金融标准化管理相关工作纳入“两综合、两管理”；二是大力推进省内金融机构编码和代码证相关工作；三是制定《软件资产管理办法（征求意见稿）》，做好辖区软件正版化工作；四是“山东省农村信用社基于 SOA 的统一管理平台系统” 项目顺利通过初审并完成鉴定；五是加强软件项目管理建设，精选“跨境人民币非现场监测预警系统”和“反洗钱监测调查系统”2 个项目报备总行；六是组织完成“跨境人民币非现场监测预警系统”等 3 个项目的立项、开发以及系统的测试验收工作。

三、信息安全管理水平不断提升。一是组织完成了全省入侵检测系统升级改造工程；加大信息安全检查力度；二是做好应急管理工作，异地数据备份中心相关经验做法在总行培训班上做了介绍；三是作为试点单位参与了总行办公网漏洞扫描系统的建设实施工作；四是对山东省银行业组织实施了 3 次信息安全相关检查及自查，应急处置机制已覆盖金融、公安、国安、通讯、电力、监管等多个领域或部门以及全省 17 个地市。

四、网络基础设施建设取得进展。一是有序推进小微金融机构“汇聚接入”金融城域网工作，已完成全省 50 家机构的网络接入；二是建立了覆盖全省的业务网网管系统，实现对全省 400 余台核心网络设备的管理；三是完成业务网、骨干网和省域网线路带宽扩容，并修订发布了《山东省金融城域网管理办法》；四是组织各中支开展业务网核心交换机升级改造工程，完成业务网下联备路由器设备更新工作。

五、金融 IC 卡推广应用工作持续推进。一是金融 IC 卡发卡量实现跨越性增长，受理环境日趋成熟，山东省所有 ATM 均完成电子现金跨行圈存改造任务，已建立 52 个重要商圈，POS 终端非接触改造完成率达 100%；二是金融 IC 卡在高速、企业园区、物业管理、校园卡、民生领域等行业应用不断拓展，东营市在公交行业的应用已进入项目实施阶段，济南市实现了菜市场受理 IC 卡电子现金功能，潍坊市建成了在公共自行车租赁领域的应用项目；三是积极做好金融 IC 卡宣传和培训工作，大力加强软环境建设。

六、综合服务管理水平得到提高。一是规范软件项目开发流程化管理；二是在办公网、业务网、金融网均建成虚拟化平台，完成人事信息系统等虚拟化迁移工作；三是做好办公网、业务网办公自动化系统部分功能升级，优化网站功能；四是做好日常服务，全年设备维修1000余次；五是加强电视会议系统的管理和日常运维，全年召开电视会议100余次。

七、做好金融信息化研究、宣传及培训。一是编发《工作简报》33期，上报总行信息20余篇；二是完成山东省村镇银行核心业务系统等5项总分行重点调研课题，在《金融电子化》发表文章3篇；三是举办了村镇银行信息科技培训班，辖区61家村镇银行及中支80余人参加；四是组织举办了全省金融机构及中支信息安全培训班和金融IC卡培训；五是组织了总局《信息系统代码标准化管理实施细则》专题电视会议培训，并选派业务骨干参加了总局组织的CISP/CISM培训班并通过了认证考试。

（科技处）

【货币金银工作】 2013年，人行济南分行货币金银工作以管好“四票”（新票、旧票、零票和假票）为中心，圆满完成了各项工作任务。

一、严格落实制度，夯实安全基础。一是对全省货币金银基础业务开展了全面交叉检查，定期通报；二是强化会计核算规范化管理，继续保持了“零差错”；三是以提高应对现金突发事件的能力和银行机构的自我救助能力为重点，开展了现金供应和钞票处理、发行库、货金系统等应急演练。

二、加强计划调拨管理的科学性，确保全省合理现金供应。一是组织开展了“换新钱、过新年”活动，确保群众兑现需求；二是不断探索发行基金调拨工作，根据各券别的投放、销毁任务，及时与总行沟通，不仅保证了现金总量供应，而且流通中货币券别结构也得到进一步优化；三是制定印发了《零币定向投放管理办法》，采用“零币直通车”模式，人民银行、商业银行根据零币需求单位向其报送的零币需求计划，向需求单位定向投放零币，切实满足了企业经营、人民生活的需要；四是圆满完成了纪念币试点改革任务。

三、做好残损人民币销毁及回笼券清分工作。一是对各行每季度各券别残损人民币回收销毁完成情况进行通报，各钞票处理中心按照月度工作任务，周密安排工作进度，提高生产效率；二是严格按照设备操作规程进行操作，按规定做好设备巡检及大中修工作，全年全省钞票处理设备未发生任何人为责任事故，更未发生非生产性停机。

四、加强货币流通管理，努力畅通货币发行渠道。一是印发了《山东省虚拟发行库管理办法》，规范虚拟发行库信息管理系统操作；二是印发了《关于建立新票直通车模式 改进助农取款现金服务的意见》，全面净化了农村地区人民币流通环境；三是在市、县两级金融机构间组织开展了现金横向调剂，建立了现金横向调剂信息监测报告制度；四是研发了全球首台纸硬币循环兑换、存取款一体机，该设备兼具了纸硬币互兑、零整币互兑等功能，已在金融机构网点试点布放，运行效果良好。

五、全面推动反假货币工作的深入开展。一是制定下发了《山东省银行业金融机构现金全额清分规划》，组织对全省金融机构对外误付假币专项治理工作进行了现场检查；二是组织开展了反假货币宣传月活动；三是在济宁开展了综合业务技能水平测试试点，重点进行识假、挑残实务技能测试，加强对公检法执法专业队伍、助农取款点、邮政代办点和外币代兑点等业务经办人员的培训，全面提升了反假货币队伍反假识假水平。

（货币金银处）

【国库工作】 2013年，人行济南分行国库工作不断加强风险防控、探索TCBS应急管理，各项工作稳步推进，先后获得全国“巾帼文明岗”、总行“国债收款单催兑活动先进单位”和分行“突出贡献奖”等荣誉称号。

一、资金安全保障能力不断增强。一是探索建立县支库国库业务辅导机制，制定《国库业务辅导办法》，全面防范基层国库风险；二是对16个中心支库、28个县支库开展实地检查，开展风险评估，全面掌握市、县两级国库整体运行情况，力求风险可控；三是细化2项基本制度，建立8项专项制度，国库内控制度进一步完善。

二、充分发挥国库服务效能。一是全面推开“地税代征、自动汇缴、实时扣划、当日入库”的工会经费收缴新模式，2013年，全省共收纳工会经费4.54亿元，实现了政府性资金国库直缴入库的新突破；二是继续推动国库直接支付向纵深发展，自开办以来至2013年底，山东17市办理直接支付业务308项、3906万笔，金额71.87亿元；三是全面配合完成“金税三期”的上线工作，组织淄博、烟台、济南3市完成地方横联向TIPS的切换，10月8日顺利上线；四是组织全省国库经过3次参数预校验，完成省级分享的一般企业营业税、企业和个人所得税等下划市县的工作；五是配合省政府完成“营改增”试点工作；六是启动省级国库集中支付电子化管理工作。

三、加强应急管理，开展TCBS应急备用系统实战演练。一是制定下发了TBS应急备用系统《业务处理流程》、《初始设置手册》和《管理细则》，为快速启用TBS准确处理业务提供制度保障；二是会同科技部门重点建设县支库TBS应急备用系统；三是举办辖区TBS应急备用系统操作培训班和实战演练。

四、强化商业银行监管，健全政策传导机制。一是制定执行了《人行济南分行与商业银行国库工作联系制度》；二是举办商业银行代理国库业务培训班，对24家商业银行省级管辖行部门负责人和经办人员68人进行了专题培训；三是对兴业银行济南分行代理国库业务开展执法检查；对中信济南分行、交行山东省分行、青岛银行组织了业务考试，严格资格准入；对7家省级集中支付代理银行进行年度考核，考核合格方签订2013年清算协议。

五、强化调研分析工作。一是建立国库调研分析人才库制度、客座研究员等制度；二是独立承担总行“国库会计基本问题”研究课题，年内在《中国财政》、《武汉金融》等核心期刊发表论文14篇，编发《山东国库情况反映》104期、《国库研究》14期，总行采用19篇；三是撰写的《2012年山东省地方国库收入运行报告》获山东省时任省长姜大明批示，定期参与省财政厅牵头组织的经济财税形势分析会，向省人大常委会预算工委报送国库资金运行分析报告。

六、推动开展凭证式国债到期预约转存业务，加强国债管理。一是年内，共销售国债145.39亿元，同比增加64.41亿元，增长79.54%；二是继续扎实做好无记名国债和国债收款单催兑清兑工作。2013年，全辖共兑付国债收款单164份，金额21.71万元，累计兑付国债收款单744万元；三是大力推动、宣传网银购债新方式；四是指导齐鲁银行开办凭证式国债到期预约转存业务，探索开展国债业务创新。

（国库处）

【内审工作】 2013年，人行济南分行探索开展风险管理审计，提升绩效审计工作水平，深化信息技术审计，改进工作方法和质量，有效发挥了内审职能。

一、组织辖区内审工作顺利开展。

（一）开展内审转型成果转化活动。一是印发成果转化年活动方案；二是对内审转型工作中形成的做法、经验进行梳理，明确了各领域成果转化重点；三是编制了辖区内审转型成果转化实施计划；四是建立了转型成果库，召开了内审转型成果展示交流会，总行内审司杨立杰司长亲临会场并作了重要指导；五是开展内审转型成果评比，评选并推广优秀成果。

（二）强化监督，有效组织开展审计工作。深化履职、离任审计和内部控制审计，深入开展各项业务专项审计，先后完成对10家中支原行长的离任审计、1家中支行长的履职审计、2家中支的内控审计、5家中支的专项审计以及对分行机关6个处室的同级监督。

二、重点攻关，内审转型领域实现新突破。

（一）探索开展风险管理审计，制订审计方案并进行审计试点。一是明确风险管理审计内容；二是建立评价指标体系进行评价。

（二）提升绩效审计工作水平，形成阶段性成果。一是分类指导；二是进一步修订完善《货币信贷绩效审计操作指南》；三是组织开展办公设备配置与管理绩效审计，组织编写《办公设备配置与管理绩效审计操作指南》，并作为人行内审业务培训班授课内容。

（三）应用计算机辅助审计系统，深化信息技术审计工作。一是以科技服务管理为切入点拓展信息技术审计领域；二是在TCBS系统审计中全面应用计算机辅助审计系统。

（四）推进内审质量评估工作。组织编写了《内审质量评估实务操作指南》。该指南一是修订了评估内容；二是细化了评估标准；三是改进了评估方法。

三、强化内审管理工作。

（一）提升内审成果运用效果。一是在完成分行机关同级监督后，与相关处室就审计情况进行磋商；二是对风险管理审计开展了课题研究，并在《金融发展研究》上发表。

（二）开展内审工作调研。一是组织辖区34家中支对本单位实施内审转型的成效进行总结分析；二是选择德州、东营、洛阳、驻马店4家中支进行了重点调查，与中支行领导和部门负责人围绕内审转型工作以及内审职能发挥状况进行了座谈，分管行领导的调研报告《人行内审转型的成效与建议》被总行郭庆平行长助理批示。

（内审处）

【组织人事】 2013年，人行济南分行组织人事部门全力推进各项工作任务的落实，取得较好成效。

一、开展党的群众路线教育实践活动。一是协助分行党委研究制定了《深入开展党的群众路线教育实践活动实施方案》，组织编印学习资料，会同金融研究处组织窗口处室举办了以"为民、务实、创新"为主题的研讨活动，开展了"每月一课"、"每周一讲"、"每日一看"等学习活动，并采取在线测试的方式对学习情况进行了测试；二是协助分行党委发放144份征求意见函、召开37场座谈会，征求意见建议888条；三是协助分行党委于9月10日率先在全国人行系统召开专题民主生活会，研究制定了整改方案和专项整治方案；四是在分行内联网开辟活动专栏，编发117期活动简报，被总行采用6篇，在《金融时报》刊发19篇报导。

二、加强基层党建和县支行建设。一是研究制定《关于进一步加强党员发展和管理工作的意见》，率先实施党员发展票决制和公示制度；二是加强基层党建联系点建设和"党员活动室"建设，重新遴选16家党建工作联系点，下拨32万元党费用于联系点建设，督促指导加强基层党组织"党员活动室"示范点建设；三是分别组织举办党校主体班、中青年干部培训班、县支行领导干部进修班，培训党员干部121人；四是研究制定了《县支行建设帮扶责任人实施办法》，组织召开了县支行建设帮扶工作交流推进电视电话会议。

三、协助党委优化领导班子和干部队伍结构。一是完善竞争选拔程序和方法，在地市中支班子副职和机关干部竞争上岗中创新实施履历业绩评价；二是在干部选拔中注重加强干部德的考核，率先开展正向测评和反向调查；三是组织开展辖区地市中支缺职副行长竞争上岗，选拔中支副行长10名，考察选拔配备地市中支行长2人、纪委书记和工会主任10人，分行机关通过竞争性方式选拔调研员3人、副处长6人、助理调研员2人，通过常规的推荐考察方式选拔处长2人、调研员3人、助理调研员4人；四是加大干部交流力度，制定《关于选派业务骨干到金融机构交流锻炼的管理规定》；五是继续开展业务履职能力测试，对87名中支领导班子成员进行了测试；六是加强干部监督，研究制定《干部选拔任用工作监督检查操作指引》，组织对2010年以来分行干部选拔任用情况进行了自查。

四、加大干部培训培养力度。一是研究制定《关于在分行机关开展助推青年员工成长成才职业导航活动的意见》，举办职业生涯规划专题讲座，开展"青年成长课堂"活动；二是制定干部培训计划，各专业组织各类培训班52期，被总行授予全员培训工作综合成绩一等奖，举办4期"干部领导能力与管理创新系列培训班"，综合满意率97.3%，对128名新录用人员进行了岗前培训；三是研究制定正高级专业技术职务首聘考核具体操作办法和高级工程师技术资格考核确认办法，完成高级专业技术资格申报推荐工作，择优推荐75人参加总行评审并全部通过初审。

五、提升工资管理和统筹基金工作质量。一是研究制定《行员平时考核实施办法》,会同科技处设计开发行员考核系统；二是主动邀请审计部门在辖区对养老保险基金开展同级审计监督，利用总行人力资源管理系统探索推行基金会计电算化，认真落实离退休人员养老待遇，组织完成规范离退休人员津补贴列支渠道和增资兑现工作，月人均增资523元，同时，指导营管部做好规范离退休人员津补贴列支渠道工作，组织在职和退休人员参加省直基本医疗保险；三是注重做好政策宣传解释，先后通过召开离退休干部政策通报会、综合科长会议、专家讲座等，讲清医保政策。

六、扎实开展组织人事基础工作规范化建设年活动。一是加强调查研究和信息反映工作，按季度下发信息调研要点并通报报送和采用情况；二是完成青年课题组《人行基本养老保险统筹风险防范探究——基于COSO内部控制风险管理框架视角》研究课题；三是开展重点课题《基于能本管理的人行分支机构人力资源培训开发问题研究》,阶段性研究成果在《金融理论与实践》发表；四是进一步健全完善组织人事制度和基础资料，组织梳理制度1714个，新建制度55个，集中整建近5年各类文书资料；五是组织人事基础工作培训122人次，认真抓好党风廉政建设责任制的落实。

（人事处）

【金融研究】 2013年，人行济南分行努力开展科研组织和金融科普工作，较好完成各项工作任务。在全国第15次社科普及理论研讨与经验交流会上，杨子强行长荣获“全国社科普及专家”称号；金融学会秘书处组织撰写的《融“汇”贯通——外汇知识一本通》荣获山东省第27届社会科学优秀成果三等奖和第2届山东省社会科学普及与应用优秀作品一等奖。

一、持续深化特色金融研究。

（一）继续深化特色研究领域。一是承担总行年度重点研究课题《利率市场化对市场风险的冲击效应与分担机制研究》;二是完成总行2013年度青年课题组课题《交易性外汇储备资产的多层次优化配置》,获总行一等奖；三是首次成功中标“财政金融联动支持区域经济发展”重大课题；四是围绕城商行最优规模、外汇占款与流动性、城镇化融资机制、宏观审慎框架下流动性管理、国内银行外资引入效率等问题进行持续研究，形成阶段性成果10余篇并发表在《金融研究》、《中国金融》、《山东社会科学》等核心期刊。

（二）与总行密切合作开展理论政策研究。一是与总行研究局合作撰写2013年各季度《价格监测分析报告》;二是承办潘功胜副行长召集的全国小贷公司座谈会，撰写的《小额贷款公司发展中的问题及相关政策建议》得到总行研究局肯定；三是开展农村信用合作组织调研，负责撰写全国总报告，还编纂了《微型金融监管的国际经验》一书；四是参与总行“金融业营改增”中英项目课题，翻译整理的《欧盟金融业增值税免税制度》得到总行周小川行长批示；五是承担总行低碳经济与绿色金融相关研究，形成《金融支持低碳经济发展的政策梳理、影响及展望》等多篇成果，被总行《金融研究报告专报》采用。

（三）积极参与推动地方金融改革发展。一是持续推动寿光蔬菜订单融资创新，在全国首创“贷款保证保险”蔬菜订单融资模式，贷款额已达10亿元；二是建立健全地方金融监管体制、农信社改革等专题研究，其中，农信社改革方案得到郭树清省长批示，并赴总行进行专题汇报；三是围绕济南区域性金融中心建设、青岛财富中心建设、金融生态环境建设以及完善地方金融市场体系等问题开展研究；四是围绕金融发展改革，为省发改委、金融办、供销社等部门以及青岛等地方政府等提供相关意见建议10余项。

（四）组织开展特色调研。一是根据总行部署，开展商行呆账核销调研，形成调研报告《不良资产处置及呆账核销问题研究》,围绕机械行业发展问题展开调研，形成《山东省机械制造行业发展现状及融资情况分析》；二是完成分行调研任务数十项，组织蓝区各地市对山东省海洋经济发展及金融支持状况进行调研，相关成果被《公司金融研究》刊发。

二、创新管理平台，有效推进金融科研组织工作。一是开发建立经济金融信息共享平台，并制定了《管理办法》;二是加快推进省金融学会网站建设；三是2013年度立项分行年度研究课题55项。

三、充分发挥期刊载体作用。一是编辑出版12期《金融发展研究》,针对“人民币国际化”、“宏观审慎视角下的流动性管理与政策工具选择”等经济热点问题，组织专题研讨；二是继续推进特色栏目建设；三是修订编辑部规范化工作、会计财务管理办法，不断提升办刊的规范化和制度化水平。

四、组织开展金融科普宣传。一是于5月14日联合省社科联、山东师范大学及分行有关处室共同举办“放飞中国梦主题展暨金融知识进校园”活动；二是组织“金融科普进校园”主题活动；三是连续四年组织完成了省委宣传部、省社科联全额重点资助项目——科普书《征信知识通解》的撰写工作，并将正式出版发行。

（金融研究处）

【征信管理】 2013年，人行济南分行征信监管和服务水平不断提升，地方小微企业和农村征信数据库建设稳步推进，征信宣传教育取得新突破，征信理论与实务研究成果丰硕，被总行评为机构信用代码推广应用先进集体一等奖。

一、深入开展《征信业管理条例》专题宣传和培训工作。采取报刊、网络、有奖问答、征文、征信文艺创作与演出等生动形式，圆满完成为期3个月的专题宣传活动，全省发放宣传材料200余万份、开展户外宣传6000余次，扎实开展《条例》专题培训。

二、稳妥开展“两类机构”接入和评级试点。一是制定中小机构接入金融信用信息基础数据库实施方案，完成软件运行环境搭建及网络连通，指导两类机构完成网络安装和测试数据准备；二是作为全国首批六家试点单位之一，严格按照“双层筛选、择优而定”的原则选择试点评级机构；三是推动省中小企业局将评级结果作为担保机构申请免征营业税、申报财税扶持项目等的重要依据。

三、加快推动社会信用体系建设。一是启动省域征信服务平台建设，在全省实现联网试运行；二是以市、县为单位建设小微企业和农村征信数据库，其中农村征信数据库已在日照五莲县进行试点使用；三是制定《关于推进金融支持农业发展的征信工作建议》，充分依托涉农金融机构深入开展“三信”评定活动；四是强力推进机构信用代码推广，全年发放代码证18.3万份，代码应用实现市县100%覆盖。

四、加大征信监督管理工作力度。一是认真做好征信机构认定，严禁金融机构与未经核准或备案的征信机构开展业务合作；二是积极推进信贷市场信用评级管理方式改革，突出做好市场监测和信息反馈，开展信贷市场评级业务标准化建设；三是先后开展商业银行专项检查两次，涵盖国有、股份制和地方性金融机构三个层面；四是严格规范贷款卡行政许可管理，全省新核准发放贷款卡2.1万张，年审贷款卡10.9万张；五是配合总行开展征信管理系统研究攻关，多次承担系统上线测试，有力推进了征信监管系统建设。

五、引导征信市场健康快速发展。一是组织山东省征信市场摸底调查，全面掌握征信机构业务开展情况和市场需求；二是将信用评级进一步向商业银行信贷风险控制的重点领域延伸；三是升级改造山东省信用评级综合服务平台，组织引导评级机构建设符合自身特色的评级业务系统；四是制定下发《山东省信贷市场企业信用评级数据项指引》，推进评级作业标准化建设。

六、着力提高系统建设与对外服务水平。一是扎实做好地方性金融机构接口程序测试验收，数据质量得分位居全国前列；二是试点互联网个人信用信息服务平台查询，极大满足了社会公众查询需求；三是开展内部自查，制定下发《关于进一步加强个人信用报告查询工作的通知》；四是规范征信数据异常情况核实与处理，个人异议申请全部按期解决；五是加强动产融资登记公示系统推广应用。

七、积极拓展征信宣传教育与文化平台。一是在济南大学开设《现代征信理论与实务》必修课程，推动省教育厅在高校定期开展诚信教育，累计培训大学生5万多名；二是创新开展“征信知识讲堂”活动，联合省教育厅和团省委统一部署，建立起全辖高校联动宣传长效机制；三是大力推动征信文化创作，开展全省专题文艺宣传汇演活动；四是充分利用“科普知识宣传周”、农村青年创业大会、“泰山国际登山节”和“国际牡丹节”等各种有利契机开展特色宣传。

八、持续提升征信理论与实务研究水平。一是开展评级行业系列专项研究，完成山东省两类机构信用评级研究，启动了2013年小贷和担保行业分析、山东省区域企业信用指数研究；二是充分应用征信系统数据，完成《山东省主要行业贷款情况实证分析》、《银行信用贷款与支持小微经济发展调研报告》和《千户企业监测分析报告》；三是组织完成总行《现代征信学》书稿重点章节的撰写；四是牵头完成省委宣传部、省社科联重点资助项目《征信知识通解》的撰写。

（征信管理处）

【反洗钱工作】 2013年，人行济南分行强化监督检查，规范监测调查，不断完善制度，反洗钱工作取得新进展。

一、切实有效地开展现场检查。一是对35家金融机构开展了洗钱风险评估工作，以此为基础开展了现场检查，重点对洗钱风险高、有涉案违规记录的金融机构进行检查，并首次开展对外资银行的现场检查，依法对7家违规金融机构进行了行政处罚，罚金共计141万元；二是开展了对华夏银行济南分行、工行淄博分行、临商银行等金融机构的现场督导，通过现场查看其反洗钱工作流程及系统运行情况，督促其进一步提高工作水平。

二、强化动态监管，积极推行反洗钱立体化监管框架。一是组织开展了对1200余家市级以上金融机构反洗钱工作的综合评价，并对其建立了监管档案；二是组织对9家地方法人银行的反洗钱数据运行和保存情况进行测试，引导其进一步优化数据运行流程；三是组织辖区支付机构开展了反洗钱自查工作，完成了3家申请《支付机构许可证》的支付机构反洗钱措施审核工作；四是组织召开监管系统建设座谈会3次，撰写了《关于反洗钱非现场监管信息系统建设情况的报告》上报总行反洗钱局。

三、规范监测调查，努力发挥反洗钱防控体系效能。一是加强资金监测，提高可疑交易报告质量，全年辖区金融机构共报送重点可疑交易报告192份，指导辖区各中支报案38起，涉案金额62亿元，被公安机关立案9起，立案率为23.7%，经分行研判上报反洗钱信息监测分析中心线索7个，得到总行肯定，并在总行可疑交易线索分析方法研讨会上进行经验交流；二是编写完成了《监测调查工作指南》，协助司法机关立项开展协助调查18个，涉及金额116.4亿元；完成总行布置调查线索2个，实施调查4次，查得开（销）户资料8份，交易记录12579条，涉及金额9583万元；三是指导临商银行作为辖内第一家地方法人机构完成了自定可疑交易报告试点工作，并成功上线运行；四是及时下发风险提示，增强金融机构洗钱风险防范能力，全年辖内金融机构成功识别和堵截各类潜在案件风险210起，涉及金额2.19亿元，涉及可疑人员132名，协助公安机关抓获多名犯罪嫌疑人；五是加强与公安司法机关在打击洗钱犯罪方面的合作，积极推动洗钱罪入罪判决，举行各类情报会商46次，推动宣判洗钱罪1起；六是将人行各市中支、各银行省分行、各证券保险公司法人以及4家大型保险公司省级分公司纳入洗钱类型分析体系，在此基础上完成了《上半年洗钱类型分析报告》报送总行；七是做好大额现金存取监测工作，全年共接收金融机构上报“大额现金存取监测月报表”1548份，撰写月度监测报告12份，分析后发现并移送涉嫌腐败线索3个、涉嫌操纵证券市场线索1个。

（反洗钱处）

【事后监督工作】 2013年，人行济南分行事后监督工作较好地实现了“防风险、促规范、保安全”的工作目标，基础业务核算连续 8 年实现差错数量及差错率双降。

一、顺应会计核算方式变化，做好 ACS 上线事后监督配套工作，确保业务监督有效衔接。一是在系统上线前印发实施了 ACS 事后监督操作规程、核算凭证装订规范、实时监督办法等，确保全省 ACS 业务监督在统一制度框架下规范有序开展；二是注重系统运行情况监测，通过各种渠道向上级反映，提出合理化建议，使系统运行和监督工作开展更加顺畅。

二、推进方法创新，信息技术应用取得明显进展。一是针对人行会计核算信息化发展趋势，不断研究创新监督手段，重点推进自主开发的 TCBS 配套版本国库事后监督系统建设应用，完成了系统设计开发和优化；二是推动创新货币发行核算业务信息技术监督方式，自主开发完成了“货币发行会计核算业务监督系统”，并在山东省正式推广使用，有效改变了货币发行业务完全手工监督效率低下、风险监督不足等局面。

三、加强监测分析和调研工作，推动监督成果转化。一是进一步深化“监测－分析－预警”工作机制；二是完成了“事后监督 10 年发展回顾与思考——山东的实践及探索”课题研究，并在《金融时报》刊发；三是围绕 TCBS 上线后国库监督变化和风险状况，完成的“基于风险防范的 TCBS 事后监督视角分析”、“TCBS 事后监督配套机制研究”，分别获分行辖区青年课题评审二等奖、三等奖。

四、有效履行日常监督职责，防范核算资金风险。一是严格按制度要求对会计、国库、货币发行核算业务实施全面监督，强化风险环节的重点监督，执行监督情况日记载、月统计、季通报、年分析制度，加强对差错问题的及时反馈和督促整改；二是强化分行机关财务经费业务监督，对差旅、接待、办公、交通等公用经费的事前审核及核算情况重点把关，充分借助会计监督月报、国库监督季报、联席会议等，加强部门联动和监督成果共享，发挥监督检查合力，有效促进了辖区会计核算质量提高。

（事后监督中心）

【安全保卫】 2013 年，人行济南分行保卫工作狠抓发行库守卫、货币押运、枪支弹药管理等制度执行力，实现了全年保卫专业安全生产无事故。

一、领导高度重视，组织领导有力。一是对撤警后的安全保卫工作召开了专题会议研究；二是组织召开发行库安全大检查电视电话会议和安全保卫工作座谈会各 1 次，对工作要点、难点、热点问题进行了安排部署，确保安全保卫工作顺利展开。

二、强化内部管理，发行库守卫和枪弹管理安全无事故。一是积极开展安全保卫制度执行年活动；二是对守库、押运、枪弹、应急实施细则进行修订，完善全省技防工作指引、发行库安全区封闭式管理和守卫值班室标准化建设规范等，共修订分行级制度 7 个，废除 1 个，实现各项安全保卫制度规定“无缝对接”、“全覆盖”；三是组织开展安保管理大检查，对所有风险隐患落实了整改责任，明确了整改期限；四是对发行库实行了封闭式管理，强化守卫值班管理，实现远程电视监控；五是严格落实枪弹管理责任制，全方位、全时段重点抓好守库、押运用枪各个环节的管理和武器库（柜）守卫、开启及钥匙保管、交接管理、枪弹动态双人同行管理以及依法合规持枪管理，严防涉枪案件事故；六是加强枪支实弹射击训练与考核、培训，举办全省安保业务（押运、守卫、技防、枪弹及安全形势）培训班。

三、圆满完成发行基金押运任务。加强押运装备建设，做好押前准备和教育，认真检查解决押运过程中存在的困难和问题，全年分行机关押运 72 次，押运里程 51550 公里，押运发行基金 290030 件。

四、加强技防建设，提升技防水平。一是对监控报警系统进行检修维护，对重点部位的监控设备更新 6 处，安装生物识别门禁系统；二是对枣庄、菏泽、临沂、潍坊中支监控值班室和库区封闭式管理进行了技防改造，提高了库区出入口智能控制的科学化水平；三是修订和完善应急预案，形成了职责明确、反应快速、处置得当的应急管理机制；四是认真开展应急预案演练和应急培训，提高针对性和有效性，时刻保持信息报告、指挥系统通畅高效。

五、加强协调沟通，人武合作开创新模式。通过与各个层面沟通，全省原银武联合押运模式保留到 2014 年 3 月份。同时，与武警联合，初步建立了以济南、青岛武警部队为主的分片押运模式，确保全省押运安全，得到了总行保卫局的肯定。

（保卫处）

【离退休干部工作】 2013 年，人行济南分行离退休干部工作以落实好“两项待遇”为重点，各项工作取得了新成效。

一、工作取得新亮点。一是积极参加总行举办的离退休干部工作政策业务竞赛，济南分行代表队荣获团体一等奖，在参加 A 类业务竞赛的 3 名选手中，2 名选手获得一等奖，1 名选手获得二等奖，在参加 B 类业务竞赛中的 3 名处级领导全部获得一等奖；二是在总行开展的“美丽中国”主题摄影活动中，济南分行上报的作品中，1 件获得一等奖，2 件获得二等奖，4 件获得三等奖；三是荣获省委老干部局离休干部统计全优报表和优秀报表单位称号。

二、注重制度建设，强化管理促稳定。制定下发了《关于进一步加强离退休干部队伍管理的通知》，并进行了彻底排查，确保了干部队伍的稳定。

三、确保政策落实到位。一是继续严格执行老干部阅读文件、情况通报、理论学习、列席会议等各项制度；二是坚持生病住院探视慰问制度，并针对机关退休人员参加省直医疗保险工作，积极协调人事处等部门，组织机关退休干部进行登记、拍照、发放社会保障卡。

四、加强调查研究，增强工作的主动性和预见性。对辖区发挥退休干部积极作用的现状进行了调研，并撰写了《有效发挥离退休干部在全面建成小康社会中积极作用的探讨》。

（离退休干部处）

【宣传工作】 2013 年，人行济南分行强化思想保证和舆论支持，促进了辖区高效履职和和谐央行建设。

一、积极推进学习型党组织建设。一是制定了辖区党委（党组）中心组学习意见和《理论学习计划配档表》；二是撰写的《转

作风 最大成效在于提升履职效能——人行济南分行党委中心组学习扩大会议侧记》、《中心组学习：理论与实践同行》等被《金融时报》报道，在总行专业工作会议上作经验交流，总结的《四措并举提升县支行党组中心组理论学习质效》被总行《宣传工作通讯》刊发；三是继续开展干部职工读书活动，组织了主题读书交流会、读书学习月等活动；四是开展党的群众路线专题学习教育活动，撰写的《贯彻群众路线 扎实做好基层行各项工作》被总行《宣传工作通讯》刊发；五是开展学习贯彻党的十八届三中全会精神活动；六是组织辖区35个地市中支开展调研活动，总结3年来学习型党组织建设经验、问题和不足，制定改进措施。

二、突出特色，提升文明单位创建质效。一是下发了《关于认真做好2013年精神文明建设工作的通知》，召开党建工作联席会议；二是开展了2009-2011年度文明单位复查测评工作；三是开展道德讲堂活动，制定下发了活动意见；四是深入推进央行志愿者活动，设计了统一标识和旗帜，并组建了青年、女工、党员、应急四支志愿服务队，上报的专报件《以志愿服务三驾马车带动文明单位创建》被《金融时报》刊发；五是指导辖区各级行深入开展文明窗口、文明岗位创建等活动，大力推广"文明服务"。

三、强化宣传阵地和宣传干部队伍建设。一是认真做好信息反映和上报等工作，全年上报信息专报件33篇，被总行采用11篇，位列人行系统第一，编辑出版《党建通讯》4期，制作了济南分行宣传展板，撰写的48篇征文和专稿，被《金融时报》采用8篇；二是继续开展"激情岁月的点滴记忆"主题征文活动；三是指导辖区各级宣传部门定期举办宣传干部业务讲堂，开展了辖区宣传思想先进集体和个人评选表彰活动，评选出了2008-2012年度宣传思想工作先进集体12个和先进个人18人。

（党委宣传部）

【青年工作】 2013年，人行济南分行团委进一步改进作风，工作取得了新成效。被总行团委授予"人行五四红旗团委"称号。

一、增强青年思想政治工作的针对性和有效性。一是认真抓好党的十八大和团的十七大精神的学习宣传贯彻，在分行"青年之窗"网站开辟相关专栏，学习十八大心得体会文章《以改革创新精神推动基层央行青年工作品牌化建设》被总行团委书记批示；二是向全辖青年员工发出《"学雷锋 树新风"——致济南分行辖区广大青年朋友的青春倡议》，组织观看电影《青春雷锋》，在分行网站开辟活动专栏，有关做法被《金融时报》以《人行济南分行让学雷锋活动富有时代气息》为题进行了报道；三是开展"我的中国梦"主题团日活动，共开展活动69项；四是将新媒体引入青年思想引领工作，先后建立分行机关青年员工微信群和辖区中支团委书记微信群，并指导各中支团委分别建立了本行的青年员工微信群，积极推广总行团委微信公众平台。

二、提高青年员工综合素质和履职能力。一是开展"尚学青年课堂"活动；二是开展"做青年友——为身边青年办几件实事"活动；三是开展青年课题组活动，辖区各级行共成立青年课题组340个，举办青年论坛92期（次），共收到课题研究成果108篇，推荐上报总行的10篇青年课题中有3篇获一等奖、3篇获二等奖、2篇获三等奖；四是深化青年员工成长交流平台建设。

三、加强品牌建设，提升工作水平和成效。一是连续两年组织开展选派优秀青年干部到县级团委挂职工作，5月至11月，与山东团省委联合从全省人行系统和农行、邮储银行、农信社3家涉农金融机构择优选派128名青年干部到县级团委挂职担任副书记；二是深化青年文明号创建活动，组织启动了"我们是青年文明号"和"我的中国梦"等主题教育实践活动；三是开展"金融知识进社区"活动，先后组织开展了"'庆八一'金融知识进军营"、"挂职金融干部农村金融知识集中宣传"、"山东省县乡团干部暨挂职金融干部金融知识电视电话培训班"等特色金融知识宣传普及活动。

（团　委）

【纪检监察】 2013年，人行济南分行坚持围绕中心、贴近业务、制度反腐、从严治行，加强作风建设，充分履行监督保障职责。

一、多措并举，力促干部作风进一步转变。一是组织开展政治纪律教育、廉政文化宣传和廉政提醒等活动；二是开展会员卡清退活动，全辖实现"零持有、零报告"；三是通过节前发送廉政公开信、下发廉政案例、开展家庭助廉等形式，加强重要节点和重点人员的廉政提醒；四是组织全辖对新任职干部进行廉政谈话477人次；五是积极参与并推动党的群众路线主题教育实践活动；六是强化各级行落实"八项规定"情况的监督检查，并纳入党风廉政建设责任制考核。

二、健全机制，扎实推进廉政风险防控。一是印发《廉政风险防控年活动实施方案》，利用"廉政风险防控之窗"专题网页等平台，开展宣教活动380余次，编发《廉政风险防控年简报》18期；二是研究制定《廉政风险防控融入性评估实施方案》，探索将廉政风险防控融入到各项业务管理之中；三是围绕"权力决策失误预防、纠偏、究责机制研究"等课题，组织各级行开展调研62次，建立完善制度169项，开展监督检查79次。

三、采取措施，抓好党风廉政建设责任制落实。一是印发《党风廉政建设和反腐败工作任务分解落实的意见》；二是修订完善《党风廉政建设责任书》内容，分4个层次、32个专业签订责任书308份；三是严格执行定量考核与定性考核相结合、日常督查与集中考核相结合、外部评价与内部考核相结合的党风廉政建设责任制综合考评制度；四是通过党风廉政建设党委专题季度例会等形式，及时研究和解决党风廉政建设工作中的重大问题。

四、强化监督，确保反腐倡廉取得实效。一是认真开展执法监察和专项治理，在总行执法监察工作座谈会上，推荐的《枪弹管理制度执行情况执法监察》被评为人行系统优秀执法监察项目；二是加强信访举报核查管理，受理举报58件，办结53件；

三是积极履行监督检查职能，严格责任追究，辖区各级行履职问责2100余人次，保障了各项制度的落实；四是编发《纪检监察信息》11期，向总行报送纪检监察信息180份，被采用14份。

（纪检监察一处　纪检监察二处）

【巡视工作】　2013年，人行济南分行顺利完成了全年巡视工作任务，组织完成了对9家中支的巡视，8家中支的跟踪评估，与1096人进行了个别谈话，查阅资料13000余份，听取专题汇报26次，召开座谈会11次，走访单位36个，提出建议62条。

一、明确巡视重点，完善制度机制。一是明确了工作思路、重点任务和具体措施，下发了《2013年巡视工作的意见》；二是制定了《巡视人员管理办法》、《巡视人员责任追究办法》和《分行巡视工作档案管理办法》；三是完善巡视问卷测评和巡视监督检查基本框架的内容。

二、改进方式方法，提高巡视效能。一是缩短巡视时间；二是扩大个别谈话面，提高谈话技巧；三是减少资料调阅，突出调阅重点，调阅资料幅度减少三分之二。

三、加强学习培训，提高队伍素质。一是积极参加有关集体活动，确保规定动作做到位，自选动作做扎实；二是强化支部和巡视党小组的学习；三是加大巡视组人员的培训教育力度，加强廉政教育。

（巡视办公室）

【党建工作】　2013年，人行济南分行继续加强基层组织建设，再创全国文明单位。

一、认真开展群众路线教育实践活动。一是组织机关各支部开展以“践行群众路线、坚决反对四风”为主题的征文活动；二是与组织部、金融研究处共同组织了“以为民务实清廉”为主题的群众路线教育活动主题论坛，收到总行督导组的好评；三是布置各支部认真开展学习教育活动“回头看”；四是组织机关各支部查摆支部和党员干部在“四风”方面存在的问题等，开展批评和自我批评。

二、以健全“创先争优”长效机制为根本，继续抓好基层组织建设。

（一）抓好基层组织建设。一是深入开展窗口部门“为民服务创先争优”和群众评议活动，党委书记、行长杨子强以《党的群众路线》为题为大家上了党课；二是根据人员变动情况，对支委组成人员及时进行调整和改选；三是对机关党建八项工作制度进行梳理、修改、完善，确保党建工作的科学规范。

（二）抓好党员队伍建设。一是举办以“弘扬沂蒙精神、践行群众路线”为主题的青年党员和入党积极分子培训班，共有140余人赴临沂红嫂纪念馆、济南战役纪念馆参加了培训；二是对本年度各支部拟推荐的16名党员发展对象进行集中辅导和考试；三是组织全体干部职工观看《守住第一次》、《苏联亡党亡国20年祭》等教育片，员工廉洁从政意识不断增强。

（三）抓好宣传阵地建设。一是组织各支部开展了党建、文明单位创建、央行核心价值观、履行央行职责等专题组稿活动，编发宣传栏21期；二是组织开展“感动央行人物”评选推荐工作，一名员工被总行评为“感动央行人物”。

三、全面推进文明单位创建工作。一是开启“道德讲堂”，并制作了各类弘扬美德宣传牌；二是完成全国文明单位复查相关工作，编辑、印制了《文明单位创建工作学习资料汇编》和《工作人员文明行为规范》；三是做好省级文明单位复查工作。

（党委办公室）

【工会工作】　2013年，人行济南分行工会工作取得良好成效，被表彰为全国金融系统先进工会组织。

一、进一步完善和落实制度，不断深化民主管理工作。一是制定下发了《职工代表大会实施办法（暂行）》，指导青岛等30家中支顺利召开了系统职代会；二是辖区各级行共收到职工代表实时建议735条，8674名干部职工参与；三是组织开展了“强化作风建设，促进高效履职”专题建言献策活动，共收集各类建议4746条。

二、深化业务竞赛长效机制，发挥“创争”激励效应。一是制定下发了2013年度分行各专业竞赛实施方案和河南省内的实施方案；二是加大对先进典型的总结、宣传工作力度；三是先后召开了业务竞赛活动交流推进会和两次竞赛工作调度会；四是总结归纳了“定位、管理、结合、文化、激励、借力”12字工作指针，“两创一促”业务竞赛调研报告获总行一等奖，辖区菏泽市中支获二等奖。

三、广泛开展职工文体活动，营造和谐奋进氛围。一是积极组织参加总行组织的活动；二是自主组织开展了摄影采风、书画摄影作品展评等系列活动。

四、扎实开展帮扶送温暖工作，助推和谐央行建设。一是及时启动了6次四级爱心救助机制；二是深入开展帮困送温暖活动；三是积极参加爱心捐助等社会公益活动，召开了帮扶工作动员会，组织各处室开展了对平邑县温水镇20户困难户的走访慰问工作。

五、认真开展女职工工作，发挥女职工“半边天”作用。一是集中开展了以为女职工做好事、办实事、解难事为主要内容的“转作风、下基层、办实事”主题活动；二是广泛开展演讲比赛读书征文活动；三是制定下发了辖区学习贯彻《女职工劳动保护特别规定》意见，机关及辖区女职工“四项特殊疾病”保险参保率继续保持100%。

（工会办公室）

【清算工作】　2013年，人行济南分行清算工作实现全年技术业务操作无差错。

2013年，全部六个系统可用率均实现了100%，山东省支付系统业务量稳步增长，大额支付系统共处理业务8905.4万笔，金额146.6万亿元，同比分别增长29.1%、23.4%；小额支付系统共处理业务13473.9万笔，同比增长53.9%；清算资金18770.9亿元，同比下降27.2%；全国支票影像交换系统共处理业务27.9万笔，同比下降0.3%，金额201.6亿元，同比增长

6.7%；电子商业汇票系统按承兑人开户行或承兑行统计共处理业务 8.55 万笔，金额 1706.02 亿元，同比分别增长 37.13%、47.88%。

一、确保支付系统安全稳定运行。一是加强内部控制管理，完善清算中心内部运行机制；二是认真做好日常业务、技术监控和运维工作，坚持 7*24 小时运行值班制度，总结工作经验，创新运维模式，改进运维手段；三是全面检查维护支付系统主备机及网络、通讯设施，尤其是做好节假日停启运以及两会期间的运维工作。

二、顺利完成二代支付系统建设工作。一是完成了二代支付系统四轮模拟测试，山东省辖内共有 28 家参与者，其中商业银行参与机构 23 家，ABS 2 家，TBS 3 家，ACS2 家，截至 2013 年 5 月 29 日共发起大额支付系统各类业务 261571 笔、小额各类业务 101867 笔、网银 4022 笔；二是完成了相关技术验证；三是顺利完成上线切换运行工作，第二代支付系统上线首日，全省银行业金融机构通过大小额支付系统成功收发支付业务 9.09 万笔，金额 35.32 亿元。

三、加强对直接参与者运维工作指导。一是建立了对辖内商业银行参与者巡检制度，重点对支付系统运行维护情况进行检查并加强指导，于 10 月 26–28 日完成对临商银行支付系统运维工作的巡检；二是做好新增支付系统参与机构加入支付系统参数设置工作，完成华侨银行青岛分行加入大小额支付系统、山东省农信联社加入网上支付跨行清算系统，以及完成交行威海荣成支行等 10 余家商业银行分支行加入电子商业汇票系统；三是组织完成山东省 430 余家参与者支票影像交换系统数字证书、13 家参与者网上支付跨行清算系统山东省数字证书换发以及 160 余家参与者电子商业汇票系统数字证书的换发；四是组织全省 14 家商业银行对网上支付跨行清算系统进行升级换版，并对 CCPC 端应用软件也进行了升级换版；五是组织召开部分城市商业银行参加的支付系统直接参与者座谈会和山东省支付清算系统运维工作情况通报会议。

四、提升支付清算运维工作培训力度，推进宣传工作的开展。一是举办了 4 次模拟测试及切换上线培训；二是创建了辖内直接参与者 QQ 群，开通了辖内直接参与者技术、业务人员交流平台；三是在全省范围内陆续开展形式多样的宣传活动。

五、信息调研工作成效显著。一是重点对辖内城市商业银行运维突出问题进行了调研，并形成调研报告在总行《支付清算》2013 年第 8 期发表；二是组织成立了关于“支付清算系统服务民生实证分析”调研小组，课题初稿已完成。

（清算中心）

【后勤服务】 2013 年，人行济南分行后勤服务工作较好地完成了各项任务，被总行授予“2009–2012 年度人行后勤工作先进集体”荣誉称号。

一、完善内部制度，促进工作规范化。一是完善后勤内部管理规定，制定了岗位风险和廉政风险防控措施，并进行常态化的监督检查；二是进一步加强预算管理，对后勤核算会计科目、设施设备维修、更换，办公家具采购等数额较大的费用支出按季报送计划，对临时性费用支出编制签报，增强了费用支出的计划性和可控性。

二、落实“八项规定”，厉行勤俭节约。一是坚持先预算后支出的原则，加强支出审核和审批控制，严格执行费用支出签报制度和“一枝笔”审批制度，严格规范控制“三公”经费以及各项经费支出，确保各项费用支出符合预算，合规、合法；二是严格执行公务接待规定，严禁超规格、超标准接待；三是严格执行派车审批程序，有效杜绝公车私用，限定单车油耗，杜绝用车浪费，有效降低公务用车费用；四是严格控制机关食堂费用支出，有计划到生产厂家和蔬菜生产基地直接采购，减少流通环节，并利用蔬菜边料，自行腌制泡菜、酸菜等，倡导“光盘”行动，防止舌尖上的浪费；五是严格控制采购和维修费用支出，对后勤管理的固定资产最大限度地进行调剂、循环使用。

三、强化安全生产，推进节能减排。一是建立了安全生产教育制度，健全完善了安全生产例会制度和安全生产岗位责任制，实行安全事故责任追究，为安全生产提供制度保障；二是组织召开了节能减排工作电视电话会议，制定下发了节能工作要点和考核办法；三是抓重点工程和关键环节，积极探索推进节能新技术、新产品和新材料的应用，顺利实现了总行下达的年度节能指标。

（后勤服务中心）

【齐鲁钱币博物馆】 2013 年，齐鲁钱币博物馆和山东省钱币学会坚持“古为今用，服务现实”的指导思想，在强化钱币研究，办好《齐鲁钱币》会刊和宣传钱币文化知识等项工作中，取得了新的成绩。

一、举办系列纪念活动，弘扬红色金融文化。10 月 25 日，齐鲁钱币博物馆在临沂市举办北海银行成立 75 周年系列纪念活动。一是组织举办北海银行史料挖掘工作经验交流及学术理论研讨会，临沂、济宁学会分别在会上介绍了经验和做法；二是邀请人总行巡视员马林在分行机关和临沂做了两场《人民银行的创建历程》专题学术报告；三是编印了《北海银行在沂蒙》书籍，制作了《北海银行在沂蒙》录像片；四是举办北海银行史料及实物展览，部分展品属首次展出；五是举行捐赠仪式，省钱币学会两位会员为齐鲁钱币博物馆捐赠钱币实物共计 203 件。

二、开展史料挖掘，推动历史遗产保护。各市钱币学会一是依据相关史料记载，调查摸清了辖区北海银行及印钞厂遗址的具体位置及保存情况，撰写了北海银行业务开展和活动的报告；二是联合当地党史研究及文博部门，在民间广泛开展北海银行遗存实物的征集保护工作；三是深入北海银行曾经活动的区域，寻访历史当事人，整理并保存口述的历史资料及照片和录像资料。截至年末，全省各级学会共派出 50 余人次，行程 1000 余公里，实地调查遗址遗存 50 余处，采访历史当事人 80 余人次，采录音像资料 3G。

三、突出理论研究，带动全面发展。一是组织编撰了《临淄地方币》、《莒疆货币史略》和《北海银行在沂蒙》等 3 本钱币研究专著；二是指导济宁市钱币学会创办了会刊《济宁钱币》；三是组织北海银行货币理论研讨会，征集论文 30 余篇；四是组织

“金代货币”理论研究论文近10篇，其中两篇参加全国专题学术交流活动；五是承办了中国钱币博物馆在淄博组织召开的“钱币类文物评级分类座谈会”；六是先后两次在中国钱币博物馆和中国钱币学会组织的会议和培训班上以《中国红色金融文化亟待保护》和《钱币学会的三驾马车》为题作了经验交流。

四、狠抓基地建设，促进科普宣传。一是以齐鲁钱币博物馆正式成立为契机，广泛开展山东特色钱币文化宣传与钱币知识普及，先后共接待各级领导、金融业从业人员、大中小学生、社会各界的钱币收藏、研究及爱好者数百人次，成为全省钱币学术研究、宣传教育、培训实习和藏品储备基地；二是组织对《齐鲁钱币》刊载内容及刊物封面、版式设计进行重点研究和改版；三是完善钱币网页的编辑制作，利用网页内容丰富、信息量大、传播速度快的特点，加大对钱币知识的宣传力度；四是与山东电视台合作录制《乱世中诞生的北海币》电视纪录片，全面介绍了北海银行在山东革命根据地的创立发展历程。

五、精心组织，完成改革试点工作。人总行安排在全省开展第3组“和”字普通纪念币学会会员兑换改革试点工作。省学会首先拟定了《山东省钱币学会普通纪念币(钞)会员兑换管理办法》。同时，健全相关账簿凭证，建立起纪念币总账和实物明细账等相关登记保管制度。其次，针对可能出现的风险制定了全面的风险防控措施。在实施过程中，经过制定分配方案、设立专用账户、收缴兑换款项、组织押运入库、开展兑换工作、加强会员管理等6个步骤程序，圆满完成试点工作。

(齐鲁钱币博物馆)

【大事记】 2月1日 人行济南分行印发《关于改进工作作风、密切联系群众的实施细则》。

3月15日 人行济南分行在山东财经大学明水校区启动金融消费权益保护集中宣传活动。此次活动共有16家银行机构、6家征信公司和5家第三方支付机构100余人参加。

3月24日 由中共山东省委宣传部、省社科联、山东大学、齐鲁晚报主办，山东省金融学会承办的公益性讲坛——齐鲁大讲坛在山东大厦影视厅成功举办。

3月28日 烟台市政府和人行济南分行联合举办的“2013烟台转方式调结构，助推蓝色经济发展”银企推介会在烟台举行。

4月1日 人行济南分行联合济南市政府在龙奥大厦举办“济南市2013年银企合作推进会暨签约仪式”。

4月26日 人行济南分行与山东大学齐鲁证券金融研究院举行了战略合作协议签订仪式。

人行济南分行与山东证监局正式签署《关于加强证券期货监管合作 共同维护金融稳定的备忘录》，山东省证券期货监管合作工作正式启动。

4月27日 人行济南分行印发《县支行建设帮扶责任人实施办法(试行)》。

5月14日 省社科联与山东省金融学会在德州市联合举办“我的中国梦·宣讲进基层”人文社科普及和公益讲座活动。

5月15日 人行济南分行举行“央行志愿者活动动员暨分行机关启动仪式”。分行机关干部职工，人行郑州中支，人行山东、河南各市中支、分行营管部中层以上干部，县(市)支行干部职工以及辖区全体央行志愿者参加了启动仪式。

5月17日 山东省社科联、山东师范大学、省金融学会联合人行济南分行法律事务处(金融消费权益保护处)、国库处、征信管理处、团委共同举办“放飞中国梦主题展暨金融知识进校园”活动。

5月21日 人行济南分行和泰安市政府联合召开“2013年泰安市金融支持实体经济推进政银企合作会议”。各驻鲁商业银行省级分行有关负责人，泰安市各县(市、区)政府市(县、区)长、分管市(县、区)长，市县两级相关部门和企业代表等共200余人参加了会议。

6月3日 《山东金融年鉴》编委会印发《关于开展山东省经济金融大事记月度征集工作的通知》，并决定通过内刊将各金融机构报送的资料予以刊载和反馈；由此加大了对山东省金融年鉴史志资料的保存、研究和开发的力度；加强了与各金融机构的互动、交流和往来，对于山东省金融年鉴史志工作的发展起了重要的推动作用。

《山东金融年鉴》编委会印发《关于征集北海银行史料的通知》。

6月14日 人行济南分行举办《征信业管理条例》专题培训暨征信文艺宣传活动，人总行征信管理局王煜局长专程来济参加了此项活动。

6月20日～21日 人行济南分行和山东证监局分别在潍坊、烟台两市成功召开“推进证券期货监管合作试点工作启动会议”。

6月26日 由中共山东省委宣传部和省社科联主办、省金融学会和泰安市金融学会共同承办的“我的中国梦·宣讲进基层”专题活动在泰安成功举办。

7月12日 人行济南分行设立齐鲁钱币博物馆。

7月18日 人行济南分行党委召开党的群众路线教育实践活动动员大会，学习贯彻中央和总行党委关于党的群众路线教育实践活动的决策部署，安排部署辖区深入开展教育实践活动的各项工作。

7月22日 人行济南分行印发《深入开展党的群众路线教育实践活动实施方案》。

7月23日 人行济南分行党委中心组召开了以“弘扬沂蒙精神，践行群众路线”为主题的中心组专题学习，赴山东沂蒙党的群众路线教育基地——“沂蒙红嫂纪念馆”，重温革命历史，接受传统教育。

7月31日 人行济南分行、山东证监局印发《证券期货监管合作试点工作方案》。

8月26日 《山东金融年鉴》荣获第七届全国年鉴编校质量检查评比特等奖，这是该年鉴连续三年获得该项荣誉，在全国的金融年鉴和全省的专业年鉴中，这都是唯一的。

9月27日 人行济南分行印发《综合服务大厅管理办法》。

10月19日～20日　人行济南分行在日照培训中心举办全省商业银行代理国库业务培训班。全省各市中心支行、分行营业管理部国库部门负责人，24家商业银行省级管辖行代理国库业务管理部门负责人及业务骨干共68人参加了培训。

10月25日　齐鲁钱币博物馆、山东省钱币学会在临沂市成功举办北海银行成立75周年纪念活动。各市钱币学会理事长、秘书长、论文作者及临沂市钱币学会、金融学会的会员代表等160余人参加会议。

11月27日　《山东金融年鉴》年度工作会议在济南召开，共有40余家金融机构参加了会议，会议表彰了先进集体和个人，总结了工作，交流了经验，提出了新年度的工作规划。

12月31日　人行济南分行、山东银监局、山东证监局、山东保监局、外管局山东省分局联合印发山东省金融支持服务业发展的指导意见。

人行济南分行印发《会议费管理实施办法》。

（李　玲）

国家外汇管理局山东省分局

【综述】　2013年，国家外汇管理局山东省分局（以下简称“外管局山东省分局”）着力推动落实总局的重要工作部署，各项工作取得新成效。

一、牵头完善主体监管工作框架及推广组织工作。按照“整合力量、简化程序、提高效率、加强管理”的思路，全面总结威海和济宁市中心支局试点经验，针对其突出问题，制定了《外汇主体监管暂行办法》并牵头组织召开了全省外汇主体监管推广工作会议。

二、认真落实“控流入”政策。一是指导各分支局通过政策通报会、联席会议和座谈会等形式传达政策要求，制定实施《重点企业联系制度》，涵盖全省576家代表性涉外企业；二是组织各分支局通过重点走访等形式，加强与被列入核查名单企业的联系，并对未列入流入监测的重点联系企业加强预防性管理，提前介入引导重点企业均衡摆布跨境资金，合规经营；三是组织各分支局及时反映“控流入”工作动态，整理上报《防范异常外汇资金流入工作简报》22篇，被总局采用16篇。

三、强化监测分析与信息调研。一是完成《2012年山东省外汇收支运行报告》，有关经验在全国外汇管理工作会议交流；二是按月、按季监测分析全省涉外经济态势、外汇收支形势和跨境资金流动走向；三是进一步完善《特色涉外产业监测制度》，将重点出口行业监测样本量由151家扩大至259家；四是持续监测市场主体跨境资金套利运作方式，跟踪农产品、房地产等重点领域外汇资金流动情况，及时调研外汇管理改革实施情况和效果，形成一系列调研信息并上报总局；五是完成《基于“五个转变”的全口径银行短期外债规模管理制度构想》，被总局《送阅信息》采用。

四、加强外汇政策宣传。一是围绕外汇管理改革新政策，指导各级分支局举办巡回宣讲130余次，累计培训2万多人次；二是总局互联网山东分局子站于10月12日上线运行，依托网站及时发布外汇政策，增强了与社会公众的沟通联系；三是推动各级分支局定期深入企业调研、走访，帮助企业解决外汇业务中遇到的困难；四是开展金融外汇政策支持中日韩经济合作示范区调研，提出措施；五是对金融外汇支持青岛自贸园区建设的创新政策进行梳理，调研报告被夏耕副省长批示；六是形成《2013年上半年外汇管理支持全省涉外经济发展情况的报告》并报省政府。

五、规范做好政策法规工作。一是坚持政务公开，依托总局互联网山东分局子站，公布全省各级外汇局办公地点及业务咨询电话，发布现行规范文件目录和外汇业务指南；二是组织开展全省外汇管理业务竞赛和银行贸易融资业务视频培训，促进政策法规学习；三是顺利完成辖区执法证申领和发放工作，制定印发《执法证管理办法（试行）》；四是积极做好政策法规咨询和服务，解答企业、银行和个人外汇政策咨询100余次；五是牵头《外汇业务数据共享方案》撰写工作，被总局作为蓝本采用。

六、积极探索内控新方法。一是探索将风险导向审计模式引入外汇管理领域，研究成果被总局内审司推荐为重点研究课题；二是统一开展对3家中心支局的内控监督检查，督促基层局提高内控管理水平；三是精简整合内部工作制度，进一步规范专项经费登记、使用和管理。

【经常项目管理】　2013年，外管局山东省分局全面推进服务贸易外汇管理改革，切实提升货物贸易管理质效，加强跨境资金流动监测。

一、全面落实服务贸易管理改革。一是以专题信息形式向省政府领导汇报改革主要内容，利用《生活日报》等主流媒体加大政策宣传力度，发放宣传海报和手册6000余份，组织银行利用电子滚动屏幕等形式告知公众改革动态；二是组织各中心支局分管科长到北京参加总局政策改革培训会，开展银行机构专题培训，到烟台、威海等地进行巡回宣传培训；三是改革周报和月报制度，上报信息《对服务贸易外汇管理改革的评估报告》被总局刊发。

二、继续深化货物贸易管理改革。

（一）扎实做好货物贸易"控流入"工作。一是加强与政府部门沟通与交流，按程序做好重点企业名单筛选和分类管理，通过电话、邮件和现场一对一等形式对核查企业进行指导；二是探索完善重点企业资金流数据采集和核查方法，开展重点企业结售汇数据采集和核查。

（二）积极创新非现场监测与现场核查方法。下发《企业货物贸易业务监测、核查方法指南》，开发了"报关单错误数据修正辅助工具"和"不在名录企业进出口业务筛选工具"，对不在名录企业办理进出口业务开展有针对性的核查，并在总局工作会议上进行经验交流。

（三）完善货物贸易管理工作机制。一是打造非现场监测与典型案例分析交流平台，共享各分支局好的监测分析方法、工作经验和典型案例，并开展专题竞赛活动；二是实施货物贸易非现场监测专管员、现场核查主核查人和集体审议等制度，被总局作为改革经验予以推广；三是制定并实施《海关特殊监管区域货物贸易外汇管理风险方法操作指引》，提高该区域外汇风险防范能力。

三、加大跨境资金流动监管力度。

（一）加大个人分析结售汇核查力度。一是在全辖开展电子银行"关注名单"执行情况调查，督促银行履行好尽职审查义务；二是结合日常监测实践撰写的《个人用汇发展的新形势、影响及对策》，在总局个人外汇管理业务培训会上作交流发言。

（二）创新服务贸易核查方法。一是充分利用服务贸易非现场监管系统，加强对重点行业、重点交易渠道及异常数据监测；二是积极推广利用海关报关数据核查海运费收支真实性的方法，在全省组织开展专项核查，成功查处1起虚构交易背景支付海运费案件，涉及金额1210万美元。

（三）强化金融机构外汇业务合规监管。一是对邮储银行个人外汇业务开展专项检查，据此撰写的报告材料被总局刊发；二是总结货物贸易监测核查工作经验，编写下发了《金融机构货物贸易外汇业务合规性监测核查方法指南》。

四、全力支持地方涉外经济健康发展。一是联合省商务厅出台了《促进跨境电子商务发展实施意见》；二是坚持"一企一策"式外汇服务，解决了东营国际马拉松组委会临时外汇账户和外币现钞的使用难题；三是解决了部分保税区企业区内外本外币结算问题，仅马士基一家企业每年就节约汇兑成本300多万元；四是在省内部分地区开展了集中巡回政策宣讲活动，特别是在总局控流入政策实施后，指定专人具体负责向所联系企业传达政策，将政策对企业的不利影响降到了最低。

五、积极参与总局重点工作攻关。一是作为服务贸易改革小组成员，全程参与其改革法规的起草、修订和论证，以及服务贸易外汇监测系统需求书撰写与现场测试；二是作为货物贸易改革攻关小组成员，派业务骨干参与了总局系统升级需求研究和写作；三是作为总局优化贸易信贷监管方向研究课题组的成员，完成了指定部分的写作，并承办了课题协调会；四是作为指定分局，参与了总局货物贸易改革经验总结撰写工作，以及《个人外汇业务监测系统需求书》、经常项目外汇管理《内部控制指导意见》和《管理操作指引》的论证和修订。

【资本项目管理】　2013年，外管局山东省分局以资本项目外汇管理便利化为核心，完善事后核查工作机制，防范跨境资金异常流动风险，各项工作取得新成效，被总局评为外商及境外投资企业两项外汇年检突出分局。

一、扎实推进各项改革。一是先后组织召开4次直接投资、外债管理和资本项目信息系统上线等培训会，配合商务部门对农行等5家分行全省业务骨干和重点企业进行培训，各中心支局也开展了丰富多彩的培训；二是设立微信群由专人负责答疑，利用阳光政务热线、政务公开等平台宣传新政策；三是针对资本项目信息系统上线初期银行数据质量不高的问题，安排专人负责逐日跟踪，对错误率超过1%的部分银行进行约见谈话，对系统滞留数据进行排查，提高银行数据报送质量；四是加大新政策执行跟踪反馈力度，建立直接投资月报制度、系统推广日报和周报制度，《系统上线一周运行情况反馈》等被总局转发。

二、努力推进贸易投资便利化。一是制定《促进山东省涉外经济发展指导意见》的资本项目部分，受到涉外主体的肯定；二是采取基础指标核定和临时指标调整相结合的办法，创新了短期外债、融资性对外担保指标管理方式；三是组织召开57家重点涉外企业投融资座谈会和22家外汇指定银行座谈会，为兖州煤业境外放款、山东重工财务公司即期结售汇等提供事前咨询、事中服务和事后反馈，促进了全省重点涉外企业的发展。

三、着力探索资本项目事后核查工作新机制。一是在全省组织开展事后核查工作业务竞赛，制定下发了《资本项目外汇业务事后核查工作操作指引》，被总局转发全国参考；二是对农行等6家银行及相关企业进行检查，进一步规范了涉外主体资本项下业务发展；三是开发"外汇年检数据审核程序"被总局在全国推荐使用；四是研究制定《山东省会计师事务所外商投资企业年检数据质量评估办法》，会计师事务所代申报率达93.35%。

四、不断强化跨境资金流动形势分析和专题调研。一是按月、季形成全省资本项目外汇收支运行分析，为领导决策提供参考；二是组织人员开展外资流入房地产行业等问题调查，撰写的《人民币资本项目可兑换：次序与条件》等3篇文章在《金融参考》、《金融发展研究》等刊物发表；三是《完善资本项目非现场核查工作机制与方法研究》被总局李超副局长批示；四是110篇信息被《资本项目信息专报》等刊物采用，在全国名列第一。

五、积极参与总局资本项目外汇管理改革攻关。一是作为总局改革攻关小组成员，代总局编写了《资本项目信息系统操作指南》衍生业务等内容；二是报送的《外债及对外担保宏观审慎管理方式研究》被总局转发全国参阅；三是承担总局直接投资项下结汇数据的核对工作，在全省抽调业务骨干组成核对小组，选定5家核对银行，通过采集银行会计业务流水、构建核查数据库等方法，查找数据差错原因，相关做法被总局转发全国参阅；四是积极参与全国外商投资企业抽样调查，确认样本企业120家，上报已暂停或无法联系的企业名单50家；五是认真完成总局资本项目外汇业务《操作指引》及《配套法规》的编写汇总和修订工作；六是协助总局举办第三期资本项目信息系统推广培训会，为系统在全国顺利推广上线奠定了扎实基础。

【国际收支】 2013年，外管局山东省分局不断强化数据质量控制，加强监测调研分析，改进银行外汇收支管理，撰写的《当前山东省跨境服务贸易发展现状及相关建议》调研报告得到夏耕副省长批示，《涉外企业国际收支现场核查方案及方法》被总局国际收支司全国转发。

一、监测分析和专题调研相结合，调研分析水平进一步提升。一是集中全省监测分析力量，成立5个监测分析小组，加大对新情况、新问题的专题分析力度，全年上报总局《国际收支专报》63期；二是进一步完善形势分析框架，加大国别、币种、行业等结构分析力度，受到总局领导的肯定；三是撰写的《山东省银行结售汇顺差连续数月快速反弹应予以关注》，得到人行济南分行行长杨子强批示。

二、改进核查手段与完善制度相结合，数据基础进一步夯实。一是组织撰写了《新版国际收支间接申报常用核查规则》，并对非现场核查系统功能进行了完善和升级；二是及时督促各银行自查自纠，完善对各地市、驻济银行、省级银行三级通报工作机制；三是分别对全省127家和55家银行机构进行了国际收支统计业务和结售汇业务现场核查；四是进一步修订了《山东省国际收支统计现场核查案件移交规程》，实现了现场核查程序化、规范化和标准化。

三、加强监管与改善服务相结合，促进外汇业务健康发展。一是进一步简化审批程序，提升业务办理效率，办理结售汇业务准入等行政审批137笔；二是顺利完成辖区2012年度对银行执行外汇规定情况的考核工作，并进行了通报；三是加强对银行结售汇综合头寸管理，确保其在每个交易日结束时的结售汇综合头寸保持在核定限额内；四是积极支持相关机构开办本外币兑换特许业务。

四、注重工作方式创新，工作质效有了新提高。

（一）创新核查方式方法，强化对企业的核查。积极探索建立涉外企业国际收支统计业务核查新模式，采取现场核查与调查研究结合，自4月17至5月17日首次大规模组织对全省39家涉外企业国际收支统计业务的现场核查，并形成了贸易信贷、贸易融资、转口贸易、出口换汇成本等四个方面的调研报告。

（二）创新监测分析机制，不断提升工作成效。一是在做好月度分析基础上，加大对日韩经济、特色行业、政策实施效果等的持续跟踪，努力做到"反应快、情况全、有重点"；二是制定《外汇收支风险应急预案》，为防范跨境资金流动风险提供了保障；三是在每月原有4张统计报表基础上增加了分币种、国别等9张统计报表；四是完善与商务等部门的合作，及时就服务贸易发展等问题进行信息共享协作，丰富了监测分析内容。

（三）创新监管与服务方式，对法人银行的支持力度不断加强。一是通过集中调研等形式，实地走访10余家法人银行，并以行长调研报告形式上报总行；二是加强对法人银行业务日常监测及指导，积极支持其与国有大银行合作办理远期结售汇业务等；三是连续第三年举办全省法人机构外汇业务培训暨座谈会，着力打造外汇业务发展交流平台，达到了促进业务发展、防范业务风险的目的。

（四）加强前瞻性研究，完成多项重点课题。一是做好《新版国际收支统计申报案例》货物和服务贸易部分的编写工作；二是协助总局完成《新版涉外收支交易分类及代码》的修订与定稿工作；三是积极参与各类课题研究，在《中国外汇》、《西南金融》和《金融理论与实践》等刊物上公开发表8篇论文。

五、完善企业调查体系，专项调查工作取得新突破。一是做好出口换汇成本监测，确保样本企业的代表性；二是按季开展进出口企业问卷调查，加强数据对比核对力度；三是进一步扩大抽样企业范围，把贸易信贷样本企业数量增加至832家，并协助总局赴滨州、潍坊等地就贸易信贷等内容进行调研；四是按月做好银行贸易融资统计，要求银行及时反馈经营中出现的新情况；五是继续开展优秀监测企业评选表彰奖励活动，为建立快速高效的监测体系奠定良好基础。

【外汇检查】 2013年，外管局山东省分局创新管理模式，加强跨境资金异常流动监测与检查，加大金融机构检查频率和覆盖面，严厉打击外汇违法违规行为。

一、强化检查系统作风建设，贯彻"规范管理"工作理念。一是制定全省案件处罚原则和标准，对七大类实体性违规处罚设立底限；二是制定企业和金融机构检查流程，明确取证、定性、法律文书、处罚等标准格式，确保依法检查和处罚；三是两次召开由各中心支局分管局长和科长参加的电视电话会议，专门就案件查处和金融机构处罚等事项提出明确要求；四是对重点案件和地区，采取实地督导和调取材料等方式重点督办，确保各项工作圆满完成。

二、积极开展专项检查，严厉打击跨境资金违规流动。一是组织参加总局"港华系"企业专项检查，涉及33家企业；二是组织参加总局房地产企业外资流入专项检查，涉及5家企业；三是参加总局转口贸易专项检查，选择烟台、威海、日照、泰安四市开展专项行动，涉及企业63家；四是组织外资流入专项检查，分两期下发异常案件线索150条。

三、加大金融机构检查频率，促进外汇管理政策执行。一是参加总局对光大银行的统一检查，组织对济南、烟台2家分行外汇业务进行全面检查；二是参加总局招商银行回访专项检查，对6家市分行进行检查；三是组织对全省邮储银行16家市分行外汇业务进行检查；四是针对资本金结汇、外债结汇及利润汇出等重点关注业务，自主组织开展对中行、农行、建行等6家银行31家分支机构的检查；五是组织对南山集团财务有限公司外汇业务进行检查。

四、加快技术创新，做好非现场系统升级改造工作。一是突出应用成效，通过非现场系统开展全省案件查处和金融机构检查，大大提升了工作效率；二是选派精干力量，全力配合总局做好外汇非现场系统迁移和改造工作；三是承办三次非现场系统研究会议，撰写了新业务需求书；四是受总局委托，两次主持参加全国非现场集中分析工作。

五、稳步推进，积极开展银行检查数据研究工作。一是联合分行科技部门成功开发“银行数据调阅系统”，解决了大数据量的清洗、转换和存储问题；二是针对银行非现场检查新需求，改造研发银行外汇业务检查系统；三是结合总局下发建行数据，设计建立建行版本的银行数据中间库；四是组织业务骨干，设计银行外汇业务监测和检查指标，将应用成效及下一步思路向总局做专题汇报，邓先宏副局长听取汇报并高度评价。

六、探索开展现场督导管理模式，促进检查任务全面落实。一是由处领导带队，分5组对全省15家中心支局进行现场督导，重点关注有案不立、有案不查、处罚不当等情况，必要时对多次检查未发现违规问题的中心支局组织进行复查；二是持续追踪异常线索和已办理案件，组织检查人员进行交叉复核，一方面消除存在的隐患，另一方面以查带训，提高整体工作水平。

七、开展调查研究。一是积极参与总局重点调研课题研究，完成《银行数据提取与应用研究》等重点课题；二是继续以《外汇检查上报信息》为载体向总局上报信息调研，全年共编发信息44期，总局管检司采用18篇，其他部门采用164篇；三是挖掘典型案例，积极反映外汇查处过程中的重点和难点问题。

【大事记】 8月30日 外管局山东省分局和烟台市政府共同举办“烟台市涉外政策高级研讨班”。

（外管局山东省分局）

中国银行业监督管理委员会山东监管局

【第一负责人简介】 陈育林，男，汉族，1964年3月生，四川蓬安人，中共党员，硕士研究生学历，高级经济师。1989年8月参加工作，任人行重庆营业管理部副处长、处长；2004年10月，任重庆银监局副局长、党委委员；2008年6月，任青岛银监局局长、党委书记；2013年7月至今，任山东银监局局长、党委书记。

【综述】 2013年，中国银行业监督管理委员会山东监管局（以下简称“山东银监局”）坚持稳中求进、稳中有为，以“守底线、促改革、强管理、助发展”为主线，认真履行监管职责，辖区银行业运行健康有序。截至年末，辖区银行业资产总额63916亿元，较年初增加7962亿元，同比增长14.23%，负债总额61729亿元，较年初增加7629亿元，同比增长14.1%；不良贷款余额551亿元，较年初下降51.1亿元，不良贷款率为1.44%，较年初下降0.32个百分点；全年实现利润867.8亿元，同比增加102.25亿元，增长13.36%。辖区法人银行业机构统算资本充足率较年初提高0.41个百分点，核心资本充足率提高0.43个百分点；辖区银行机构各项贷款损失准备金余额较年初增加144.11亿元，同比增长16.21%，统算拨备覆盖率较年初提高39.78个百分点，银行业抵御风险能力显著提高。

【风险监管】 2013年，山东银监局将防范和化解金融风险作为首要任务，全力做好重点风险监测、排查和处置，牢牢守住了不发生系统性、区域性风险的底线。

一、有效缓释平台贷款风险。一是坚持“总量控制、分类管理、区别对待、逐步化解”的总体原则，建立完善全口径风险监测机制，抓好平台贷款统计台账报送，督促银行机构逐月统计到期金额；二是协调政府部门、平台公司等提前筹集资金、落实还款来源，并针对平台融资渠道明显增多、融资规模增长过快的情况，开展专项检查，稳步化解风险。

二、全面布控大额授信风险。一是深化调研分析，对1亿元（含）以上的大额授信客户进行逐笔排查，开展异地授信专项调查；二是强化风险监测，自主研发大额授信分析工具和担保圈图谱绘制系统，集成行业、行际、跨期和迁徙等8项分析模块，自动绘制担保关系图谱，实现了对传染链风险的提前预警，在辖区多个担保圈风险化解中发挥了积极作用；三是硬化授信管理，制定下发《关于进一步加强大额授信风险管理的通知》，建立了四项机制及“三位一体”报告制度，督促银行建立大客户专业化管理团队，提升风险预警及处置能力。

三、严格执行房地产贷款政策。一是建立房地产贷款统计分析机制及非现场监测台账，逐笔登记、定期更新、分类管理，动态监测；二是主动加强沟通协调，及时将财政部门核准的土地储备机构融资规模转发银行，督促强化名单制管理，严禁对名单外机构发放贷款；三是加大对房地产企业关联方和建筑企业等上下游企业贷款的监督检查力度，严控信贷资金绕道进入房地产市场。

四、严防表外业务关联风险。一是大力加强理财、同业、代付和各类跨业业务合作监管；二是督促银行业严格执行8号文规定，辖区法人机构投资非标资产的理财资金两项占比均已符合监管要求；三是圆满完成农总行理财及影子银行业务检查，积累了有益经验；四是先后就同业间出具隐性承诺协议、信托受益权买入返售下发2个风险提示，并对2家比较典型的银行进行现场检查，对发现问题责令全面整改。

五、强化信息科技风险管控。一是重点防控外包风险，指导15家法人机构制定外包战略、6家机构修订了管理制度；二是对1家机构进行了全面检查，对5家机构开展业务连续性专项检查，对2家机构开展快速巡查，完成14家中小法人机构首次年度信息科技监管评级；三是制定《城市商业银行信息科技风险管理操作指南》，为开展工作提供了有力指导。

六、着力加强声誉风险监管。一是建立涵盖舆情、应急、信访、维稳等全方位的声誉风险防控机制，完善与机构、分局、公安、网监、应急、宣传及主要媒体的沟通联系制度；二是构建了覆盖省市县三级的舆情监测和引导员队伍，建立重大声誉风险快速处置机制，努力实现全方位、全天候舆情监测和处置，成功应对辖区重大舆情。

七、切实做好各项监管工作。一是督促辖区银行业紧盯各项流动性指标，完善资产负债期限管理，适时开展压力测试，全力防范流动性风险；二是统筹抓好非法集资、民间融资等外部风险的防控工作，督促银行开展自查并建立严密的"防火墙"，防范外部风险向银行系统传染渗透。

【案件处置与防控】 2013年，山东银监局把案件防控作为监管的重中之重，持续开展案件专项治理，保持案防高压态势，有效遏制了案件高发频发势头。

一、完善工作机制。一是强化案件防控部署，进一步优化工作流程，并责成机构监管部门加大压力传导，多方协调联动，形成内部合力；二是主要负责人就案件防控向全辖银行业各级负责人写了一封公开信，告诫要抓好案防工作，反响强烈。

二、强化风险排查。一是将操作风险纳入对112家法人机构、26项现场检查内容，通过排查，摸清风险隐患，及时堵塞风险漏洞；二是对邮储银行开展操作风险专项检查，并召开省市县三级通报会议，督促全面整改；三是集中治理历年检查发现的重大风险隐患，推动制定二级分行主要负责人异地交流计划，督促开展顶冒名贷款深度排查，全力堵塞风险漏洞。

三、注重技防应用。一是指导省农信联社完善核心业务系统的风控功能，全面推广指纹识别；二是推动业务异常运行预警系统实现法人全覆盖，推广案防报告电子信息平台，实现了案件前瞻防范、规范管理。

四、推进案件处置。一是齐鲁银行案件全部审结、损失补偿全部到位、内部责任追究全部落实；二是经多方沟通，烟台银行制定了综合改革方案，一次性全部消化历史包袱，优化调整了领导班子，妥善解决了困扰多年的历史包袱和治理机制问题。

【金融改革】 2013年，山东银监局坚持深化改革提升银行业持续发展能力，一手抓长远机制建设，一手抓重点机构改革，推动银行业实现持续稳健发展。

一、稳步推进新资本协议落地实施。按照"分步推进、逐年达标、适度提前"原则，在省局、分局、银行三个层面成立领导小组，制定了工作规划，先后召开2次专题会议部署，推动开展多层次业务培训，新资本协议落地稳步推进。

二、全面加强银行业消费者权益保护。一是把保护金融消费者合法权益作为推动银行业转变发展方式的重要体现，成立消保工作办公室，出台指导意见和投诉处理实施细则，理顺工作机制和流程；二是出台《银行业消费者权益保护工作考核评价办法》，将考评结果与高管人员年度履职考核和市场准入挂钩；三是组织开展"金融知识进万家"宣传服务月活动，取得良好效果；四是妥善处置消费者投诉，消费者满意率高达98.24%。

三、加快推进地方法人机构改革。一是紧紧抓住省政府集中推进地方金融改革的有利时机，加强沟通，强化联动，合力推进地方法人机构改革；二是恒丰银行公司治理的历史性难题取得实质性突破，"三长"人选确定并已启动法律程序，增资扩股以及发展转型等改革正稳步推进；三是农信社银行化改革进程加快，年内上报、组建农商行18家，创单年改革数量之最；四是城商行转型稳步推进，制定具体指导意见，对法人和异地分行提出松紧不同的准入要求，推动城商行按照深耕本地、紧盯小微、突出特色的要求转型发展。年内增设县域支行15家，县域覆盖面达90.8%，8家行引入德国微贷技术，5家行设立22家社区金融便利店，培育打造的特色支行、专业支行逾百家。城商行联盟发展障碍问题顺利解决，上线城商行达到12家。

四、推动健全银行业市场体系。一是新型农村金融机构培育进一步加快，新设立村镇银行16家，新型农村金融机构已达74家，覆盖16地市71个县级经济区域，机构总量居全国第一；二是2家外资银行入驻山东，3家财务公司开业或获准筹建，银行业市场体系进一步健全。

【金融服务】 2013年，山东银监局督促银行业"盘活存量、用好增量"，提升信贷资源配置质量和效率，向重点领域、化解过剩产能、小微企业、"三农"和消费升级倾斜，通过信贷引领，推动地方经济发展和结构调整。

一、重点领域及薄弱环节金融服务进一步改善。一是积极引导辖区银行业优化信贷资金配置，着力加强重点领域及薄弱环节金融服务和信贷支持；二是辖区银行业金融机构"黄、蓝"经济区贷款投放加快，小微、涉农贷款均完成"两个不低于"的目标。

二、绿色信贷助推转方式调结构的能力进一步增强。引领银行业加大对绿色经济、循环经济和低碳经济的支持力度，主动防控好"两高一剩"行业信贷风险。

三、查纠结合督导银行业经营行为进一步规范。一是开展不规范经营专项治理“回头看”活动，部署银行业从问题整改、机制建设、宣传教育、投诉处理等方面进行自查评估，并充分发挥行政处罚的震慑作用，进一步规范了银行业的经营行为；二是针对年终变相高息揽储现象有所抬头的现象，部署开展专项整治，有力维护市场秩序。

【监管能力建设】 2013年，山东银监局注重创新监管方式，强化非现场监管与现场检查协调联动，推动监管外部压力与机构内生动力的良性互动，有效提升监管效能。

一、推广应用银监局版EAST系统。一是建立科技部门、监管部门分工负责、协调联动的工作机制，在系统内率先完成银监局版EAST系统数据采集和投产应用，新发生数据全部实现T+1报送；二是稳步做好数据校验、质量评估、数据分析、模型开发、系统功能运用和组织培训，开发异常行为监管、跨行数据、监管热点3大类模型57个，提高了现场检查的针对性和有效性。

二、夯实非现场监管基础。一是进一步完善以“分类召开、全员参与、监管处室分析、综合处室补充、局领导点评”为机制的监管分析例会制度，将其打造成风险分析会、信息共享会、情况通报会、业务培训会；二是优化监管资源集成，成立跨部门政策研究小组，承担重大监管政策研究工作；三是开展“数据治理年”专项活动，建立“重点督导、严格考核、强化整改、培训指导”四位一体的数据质量管控体系，完成对13家城商行的外部评估，组织3期涵盖新版客户风险统计、绿色信贷、新资本充足率报表填报等专项培训，累计培训近600人次。

三、创新现场检查方式。一是下发《关于进一步加强内外检查联动，提升辖内国有商业银行内控合规能力的意见》，建立内外部检查联动新机制，探索“以外查促内查”压力传导工作机制；二是不断完善“双线进点、双线反馈、双线整改、双线问责”的检查机制，力求检查效能放大；三是创新开展恒丰银行主要风险管控机制合规性及有效性的评估检查，首次引入对风险管理的适宜性等级评价，指导该行持续完善风险管控机制；四是实行城商行异地交叉检查，指定异地分局承担主查工作，减少先验监管判断及人情关系干扰，取得良好成效。

【内部管理】 2013年，山东银监局紧紧围绕监管中心工作，着力强化内部管理，加强思想、作风、组织、纪律、文化等综合保障能力建设，最大限度调动干部职工积极性，努力营造和谐氛围，为监管工作的顺利开展提供强有力保障。

一、强化思想作风建设。一是认真组织学习贯彻十八大精神，举办处级干部学习贯彻十八大精神轮训班，分两期对全系统处级干部进行了集中轮训，并对基层党组织书记进行了培训；二是围绕纪念建局十周年，开展以“十年历程·我们与银监事业共成长”为主题的文化年活动，以“十年历程看变化”宣传图片展、“我们身边的感动”员工事迹展示等为载体，增强员工的责任感和归属感；三是严格执行中央八项规定及有关规定，制定实施细则，推进作风转变，年内发文、现场会议大幅减少；四是注重增强准入事项的审批透明度，精简程序、规范操作，优质高效完成市场准入工作。

二、强化纪检监察保障。一是细化完善巡视、离任审计、绩效考核、风险排查“四位一体”的监督机制，全面梳理财务及车辆管理、物资采购、公务接待等制度；二是推进廉政风险排查常态化，开展对部分分局的执法效能监察。

三、强化财务规范化管理。一是抓好精细化管理，加强预算资金的调配，提高资金使用效率；二是推进公务卡制度改革，认真做好审计检查整改落实，财务规范化管理水平进一步提升。

【大事记】 1月21日 山东银监局召开2013年工作会议。

山东银监局召开大型银行监管工作（电视电话）会议。

3月8日 山东银监局召开山东城市商业银行第14次联席会议。

4月12日 中国银监会第3期资本监管制度专题培训班在山东召开。

4月15日 中国银监会执法监察工作座谈会在山东召开。

5月30日 山东银监局召开恒丰银行联动监管工作会议。

6月24日 山东银监局召开辖内银行业金融机构案件防控经验交流会暨案件防控和安全保卫业务培训。

7月5日 中国银监会副主席郭利根到山东宣布山东银监局主要负责人职务任免。

7月24日 山东银监局召开系统党的群众路线教育实践活动动员大会。

8月7日 山东银监局召开年中工作会议。

8月15日 中国银监会督导组到山东银监局指导金融知识宣传服务月活动。

9月3日 山东银行业“金融知识进万家”宣传服务月活动正式启动。

9月4日 山东银监局机关正式建立跨部门政策研究小组。

9月26日 山东银监局举办银监局版EAST系统应用培训班。

9月30日 中国银监会副主席阎庆民到山东调研。

10月15日 山东银监局举办纪念建局十周年“我身边的感动”故事报告会，并成功举办“十年辉煌谱华章”建局十周年教育展览。

11月5日 全国“送金融知识下乡”工作推进会暨金融知识专题宣传片发布仪式在潍坊召开。

11月7日 山东银监局召开党员领导干部专题民主生活会。

11月29日 山东银监局召开全辖银行业消费者权益保护工作会议。

12月18日 夏耕副省长来山东银监局调研。

12月26日 中国金融工会山东工作委员会正式恢复建立。

12 月 27 日　山东银监局召开部署济南各银行业机构开展治理违规揽存活动专项会议。

（张秀民）

中国银行业监督管理委员会青岛监管局

【第一负责人简介】　熊涛，1965 年 6 月生，湖南汉寿县人，硕士研究生学历，高级经济师，曾供职于中国人民银行深圳分行、深圳中心支行和中国银行业监督管理委员会深圳监管局，2004 年 10 月任深圳银监局副局长、党委委员，2013 年 7 月至今任银监会青岛监管局党委书记、局长。

【综述】　2013 年，中国银行业监督管理委员会青岛监管局（以下简称“青岛银监局”）认真开展党的群众路线教育实践活动，坚决贯彻银监会守风险底线、促经济增长的指导思想，突出重点，探索创新，强化执行，确保辖区银行业稳健运行。该市银行业一是规模稳定增长；二是风险保持较低水平，不良贷款率比全国平均水平低 0.05 个百分点；集团客户风险化解取得阶段性成果；法人机构主要审慎监管指标全面达标；三是盈利水平保持增长。

【业务监管】　2013 年，青岛银监局出台多项指导意见，引导辖区银行机构合理安排信贷资金，积极支持地方经济转变发展方式，加大对实体经济及重点领域的信贷支持力度，着力提高对小微企业和“三农”的金融服务水平。

一、加大重点领域信贷支持。一是制定实施了《关于银行业服务实体经济指导意见》，指导辖区银行机构合理安排信贷资金，满足国家重点在建续建项目的合理信贷需求，积极支持消费、产业升级、绿色环保和蓝色经济等重点领域；二是建立完善统计监测制度，按季监测绿色信贷等领域信贷投放及资产质量变化情况，力推产业结构调整。截至年末，绿色信贷余额 348.85 亿元，比年初增加 61.1 亿元。

二、扎实推进小微企业金融服务。一是出台了社区支行设立及促进小微企业金融服务两项《指导意见》，明确监管要求及配套政策规定；二是对小微企业信贷投放不达标的银行机构负责人逐个约见谈话，暂停了 17 家银行的机构准入；三是开展了小微企业宣传月活动；四是支持财务公司开办消费信贷、融资租赁等业务，加大对其上下游小微经销商的支持力度。

三、创新方式，不断完善“三农”金融服务。一是支持银行机构加大县域网点建设，提高农村金融服务自助终端覆盖率，在县域增设支行 34 家，其中 26 家已开业，新增自助终端 112 台，总数达 1367 台；二是指导青岛农商行丰富集中评级授信内容，有效满足了广大农户的融资需求，并推出了专门面向农民工的“乡情卡”；三是引导村镇银行在乡镇设立信贷服务专门窗口，并推行首问负责制，提高服务便利性；四是支持开展林权抵押贷款，积极推动并参与市政府土地承包经营权、农村居民房屋所有权等农村产权抵押政策制定，推动抵质押方式创新，改善涉农金融服务。截至年末，辖区银行机构涉农贷款比年初增长 19.62%，高于辖区全部贷款增速 7.89 个百分点。

四、增强市场准入及新业务规范性。一是强化对机构设置与调整规划的审查，要求将年度机构规划涉及的新设、升格等申请进行汇总上报，确保银行既合理配置资源又履行必要的社会责任；二是完善准入机制、细化准入流程，提升准入工作的规范性和严肃性；三是持续规范理财业务，及时传达银监会规范理财业务投资运作的新监管要求，督促银行按照《理财产品销售管理办法》认真做好内部审查审批、风险评估和销售文本规范披露；四是督导做好票据、代销、表外融资等业务的排查规范工作，按照自营、代销分类加强理财业务管理，同时做好客户风险提示，严禁误导消费者。

五、营造良好外部环境。加强与地方政府及相关部门的协调配合，促进政策协同与传导。一是多次向政府汇报平台贷款及集团客户风险处置化解工作，引起市政府主要领导的高度重视；二是主动与地方政府及银行机构共享区域经济金融形势分析报告，加强对银行机构业务经营和风险防控的指导；三是把握舆论引导主动权，积极利用微博、微信等媒体对热点问题进行正面解读，消除误判，增强公信力。

【风险监管】　2013 年，青岛银监局结合实际，突出重点，有针对性地制定落实风险管控措施，严控各类风险，辖区银行业保持了稳健发展态势。

一、全面加强信用风险防控。

（一）有效缓释政府融资平台贷款风险。一是组织召开了专题监管工作会议，强化政策传导与工作推动；二是摸排全口径平台融资规模，关注其非信贷融资和借道融资情况；三是督导银行机构严控平台贷款新增，建立了到期贷款台账监测制度，逐户落实还款方案；四是有针对性地开展现场检查，了解平台公司运行和银行贷款实际情况。

（二）不断加强房地产贷款风险管控。一是督导银行机构严格执行房地产调控政策，强化名单制管理，自主建立了包含298家房企的信息库；二是逐月监测房地产信贷风险变化情况，开展重点客户预警分析，突出对房企全口径融资的监测，并将建筑等关联行业纳入监测范围，密切监控房企借道融资等行为，按季形成《房地产信贷运行和风险分析报告》；三是加强信息共享，及时向银行机构通报监测发现的风险信息，进行风险提示。

（三）有效管控集团客户风险。一是在客户风险数据系统中新增集团客户不良及逾期贷款变化趋势与行业分析，建立了重点集群客户风险动态监测和处置跟踪机制，提高前瞻性；二是指导银行业协会完善债权人会议制度，指导监管办事处协调城阳区政府制定防范和化解区域性金融风险的意见，夯实风险管控基础；三是强化存量风险化解力度，多次向市政府主要领导汇报4家集团客户存在的风险及处置建议；四是加强对银行业协会和牵头行的指导，协调各方积极化解风险。

二、加强重点领域及行业风险防控。

（一）密切关注产能过剩行业贷款风险。及时转发国务院和银监会相关文件，加强与地方政府相关部门协调，并敦促银行机构提前介入，前瞻性地做好风险管控工作。同时，建立完善统计监测制度，按季监测辖区银行机构"两高一剩"行业信贷投放及资产质量变化情况。

（二）加强重点行业贷款风险监测。一是密切关注钢贸行业贷款情况，开展专项调研，及时向银行机构进行风险提示，要求其采取适当的风险控制措施；二是根据行业风险状况，借鉴其他地区良好做法，提出化解风险的措施建议，推动加大对恶意逃废银行债务人的追查力度，支持了钢贸行业风险的化解和银行债权的维护；三是针对青岛橡胶贸易占全国贸易量80%左右，且天然橡胶价格持续下滑的实际，建立了持续监测机制，及时了解橡胶价格变动及银行授信质量变化情况，对银行进行风险提示。

三、有效管控流动性风险。一是推动法人银行机构优化负债结构，提高储蓄等稳定性较强负债占比，合理安排同业等资金头寸；二是强化管理信息系统建设，实现流动性风险指标的实时监测；三是加强制度建设，修订流动性管理办法和应急预案，并有针对性地开展压力测试；四是督促青岛农商行调整优化部门职责分工，将流动性管理职能由前台资金部门转至后台计划财务部门；五是通过明确报告报送、审阅制度等方式，进一步强化董事会对流动性风险的管控责任。

四、严控银行机构表外业务关联风险。一是全面加强理财业务风险监管，推进"全国银行业理财信息登记系统"测试及上线准备工作；二是加强理财业务监测，新增季度监测报告；三是加强对法人机构理财产品设计、销售和资金流向的全方位监控；四是加强对银行机构同业业务发展情况的研判和分析，对监测发现的问题及时进行风险提示，引导银行机构相关业务稳健运行。

五、有效防止外部风险向银行体系传染。一是督导辖区银行机构对银证、银基、银保、银信等跨业合作类业务建立风险"防火墙"和风险代偿机制；二是开展了融资性担保贷款现场检查，派员参加地方政府对部分小额贷款公司的抽查；三是组织开展了打击非法集资宣传活动，督促银行机构持续加强员工教育，防控员工道德风险。

六、全面加强信息科技风险监管。一是制定了《辖区法人银行业金融机构信息科技风险监管纲要》，对城商行、农商行和村镇银行三类机构分别提出针对性的监管思路，提升监管专业化和标准化水平；二是指导法人银行制定信息科技三年战略发展规划，加快灾备中心建设，提高应急处置能力；三是强化对分支机构系统准入和应急处置等重点信息科技风险领域的监管，及时高效处置2起信息科技突发事件；四是认真组织开展银行业分支机构信息科技非现场评估，在全国率先完成辖区银行机构信息科技工作评估报告。

七、着力加强案件风险和声誉风险防控。一是督导银行机构强化业务流程中风险点管理与合规文化建设，成功堵截案件4起；二是组织编写案防工作指引，加强监管指导；三是针对信用卡业务经营管理中的薄弱环节，组织跨部门检查组对全辖信用卡业务进行了现场检查；四是指导银行业协会优化银行从业人员不良信息通报制度，避免银行员工带病流动；五是组织银行机构开展声誉风险排查，提高董事会和管理层对声誉风险的重视程度，对部分银行机构舆情工作开展情况进行现场督导，总结良好做法及存在问题，印发各机构共享。

【机构改革监管】 2013年，青岛银监局通过健全公司治理制度、完善激励约束机制、优化股权结构等方式推动相关银行加快业务和经营模式转型，促进管理水平提升，实现平稳较快发展。

一、强化监督引导，推动法人银行加快转型发展。一是指导青岛银行加快二级资本合格工具的申报工作；二是督促法人银行落实公司治理指引相关要求，列席董事会，对银监会政策进行解读，指导制定细化的整改方案，并对执行情况进行跟踪监管；三是指导法人机构按照差异化、特色化原则制定战略规划，加快风险管理信息系统建设，为转型发展提供制度和系统保障；四是指导青岛农商行出台合规风险管理办法和市场风险管理政策，制定了过渡期资本达标规划和年度资本管理计划，并启动流程银行建设；五是推进陆家嘴信托加快增资和战略规划修订进程，审慎开展业务创新，在业务快速发展的过程中确保风险可控，到期信托产品均顺利完成兑付；六是推动财务公司及时充实高管队伍，强化IT系统改造升级，提升资金归集能力。

二、深化改革创新，推动银行分支机构科学发展。一是开展了辖区大型银行、股份制银行绩效考评评估，督促其优化绩效考核机制，引导其由注重规模的粗放经营管理模式向注重质效的可持续发展模式转变；二是加强对政策性银行创新业务规范性的监管；三是指导邮储银行制定二类支行改革方案，加快二类机构改革；四是加强对城商行异地贷款管理，并要求将异地贷款控制比例写入制度，实现业务结构优化。

【日常监管】 2013年，青岛银监局通过清理规章制度、创新工作机制等方式不断夯实监管基础，加强消费者保护和应急管理，切实提升监管有效性。

一、全面清理内部规章制度，夯实依法监管基础。一是成立了完善内部规章制度工作小组，对局内各项规章制度进行了全面梳理，对清理发现的26件制度空白、36件需修订完善的制度进行任务分解和跟踪推进，夯实依法合规监管的制度保障；二是建立了内部规章制度后评估机制，指定专门部门对制度有效性和适用性进行定期评估，适时进行修订和完善。

二、创新工作机制，着力提高监管有效性。一是结合工作实际，探索成立了现场检查、非现场监管、市场准入、创新业务和信息调研5个跨处室的委员会，集成监管资源，统一标准，促进监管能力和监管有效性的持续提升；二是建立了现场检查发现问题整改评分与后评价制度，不断优化信息调研工作推动机制，提升调研信息质量，更好地服务监管工作。

三、全面加强消费者教育和权益保护工作。一是制定了信访工作暨消费者投诉处理实施细则，加大对银行机构的督导力度，实施信访情况季度通报制度，组织开展专项风险排查，前瞻性识别风险隐患；充分利用政府信访联席会议平台，主动加强与地方政府政务热线对接，参与行风在线接访；二是组织开展了“金融知识宣传月”、“3·15金融消费者保护知识宣传周”等活动，加大宣传力度，提高宣传实效；三是深入开展“送金融知识下乡”活动，提升农民金融知识获取的便利性；四是在青岛新闻网设置专栏，动态更新消费者权益保护相关知识；五是推动银行机构强化投诉机制建设，妥善处理客户投诉，维护金融消费者合法权益。

四、完善应急制度建设，提升应急管理水平。修订了突发事件应急预案，会同青岛市金融办开展了金融突发事件应急演练。黄岛输油管道爆燃事件发生后，立即启动应急预案，第一时间向银监会报送重大突发事件报告并动态报送事态进展，局领导带队赴现场了解银行网点受损情况，督促银行机构及时拨付政府救灾资金，要求相关银行机构做好受爆燃事件影响的客户金融服务，指导其对授信客户受爆燃事件影响情况进行全面排查。7个受影响网点在爆燃发生第3天即全面恢复营业，复业时间在服务业中居于前列。

【大事记】 1月23日 青岛银监局召开2013年辖区银行业监管工作会议。

1月31日 青岛银监局召开2013年党风廉政建设暨纪检监察工作会议。

4月22日 青岛银监局组织召开辖区银保业务监管联席会2013年第一次会议。

7月3日 青岛银监局召开全体干部大会，银监会副主席郭利根宣布由熊涛担任青岛银监局党委书记、局长。

7月24日 青岛银监局召开党的群众路线教育实践活动工作会议，局长熊涛主持会议并讲话。

11月23日 青岛银监局副局长李继明到黄岛爆燃事故现场查看商业银行受损情况，慰问银行干部职工，提出监管要求。

12月18日 银监会人事部副主任董铁峰宣布王永存任青岛银监局党委副书记、副局长。

（刘淑芳 庞洪涛 刘金文）

中国证券监督管理委员会山东监管局

【第一负责人简介】 冯鹤年，江苏宝应人，1985年12月加入中国共产党。1992年10月任轻工业部政策法规司法规处副处长，1994年5月任中国轻工物资供销总公司副处长，1997年5月进入中国证券监督管理委员会（以下简称中国证监会），1997年7月起历任中国证监会法律部法规处副处长、处长，法律部副主任，非上市公众公司监管部副主任（主持工作）、主任，创业板发行监管部主任，2013年10月至今任中国证监会山东监管局党委书记、局长兼济南稽查局局长。

【综述】 2013年，中国证券监督管理委员会山东监管局（以下简称“山东证监局”）有效打击非法证券期货活动，净化了全省证券市场环境，规范了市场发展秩序。一是对“QNHG”等一批违法违规案件实施了立案和非正式调查；二是处理涉嫌非法证券活动信访事项8件，将1起案件线索移交山东省金融工作办公室（以下简称省金融办）。

截至年底，山东辖区（不含青岛市，下同）共有境内上市公司134家，境内上市股票144只；证券公司1家，证券公司分公司25家，证券营业部244家；期货公司3家，期货营业部51家；2家证券投资咨询公司及3家分公司。山东辖区11家上市公司实现再融资，募集资金71.99亿元。证券经营机构全年代理交易金额2.90万亿元，同比增长53.44%；期货经营机构全年代理交易额8.97万亿元。

【上市公司监管】 2013年，山东证监局以强化信息披露为主线，不断提高上市公司监管精细化、规范化水平。

一、及时排查公司风险，采取有效措施处置化解。一是以现场检查为主要手段，及时揭示风险公司违规事项，并采取责令改正、要求充分披露信息、立案调查等措施，较好实现了惩治违规和释放市场风险的双重功效；二是加强与证券交易所的信息互通共享和监管联动，加强与当地政府的沟通协作，及时揭示处置风险，维护投资者合法权益。

二、抓住信息披露监管主线，提高上市公司透明度。一是完善上市公司信息舆情监控、筛查及快速响应机制，督促30余家股价异动公司发布澄清公告，对近20家信息披露存在疑点及被投诉公司采取相应处理措施；二是把公司治理监管融入信息披露监管过程中；三是督促上市公司保持现金分红政策的一致性和合理性，保证信息披露真实性。

三、抓实做透现场检查，提升年报监管效果。全年共安排对22家公司开展年报现场检查，对4家公司采取责令改正措施，对4家公司、6名责任人出具警示函，责令2家公司2名人员参加培训，出具监管意见函和关注函20份。就检查中发现的中介机构存在问题，出具警示函2份，监管意见函和关注函12份。

四、提高并购重组及再融资监管质量。一是对3家实施并购重组公司进行实地核查，对再融资公司前次募集资金使用规范性与相关信息披露情况进行检查，累计出具16份持续监管意见表；二是做好并购重组分道制执行，完成对5家上市公司分类评价。

五、强化培训和督导检查。一是审阅117家公司披露的2012年度内控自我评价报告和46家公司的内控审计报告；二是制定内控现场检查指引，将内控建设和内控规范执行情况作为现场检查重点内容，三是组织各类培训9期，参训人员1100余人，编发“上市公司监管信息快递”15期。

六、完善制度细化流程，提高监管工作效果。发布实施《山东辖区保荐机构财务顾问持续督导工作指引》，修订了《公司治理现场检查工作指引》、《内幕信息管理登记制度检查指引》、《上市公司现金分红现场检查工作指引》，并修订上市公司再融资事项自查表。

【拟上市公司监管】 2013年，山东证监局以督促中介机构充分履行核查程序为主线，不断提高辅导监管成效。

一、完善辅导监管工作机制。一是启动拟上市公司监管工作支持系统，搭建监管信息交流平台；二是制定《山东辖区律师事务所从事首次公开发行股票并上市法律业务监管指引》；三是及时在该局互联网站披露17家企业拟首发上市接受辅导公告。

二、督促中介机构提高执业质量。一是全年督导17家公司保荐机构修订、完善辅导计划及实施方案，对25家公司中介机构执业人员进行辅导监管谈话，出具辅导监管工作报告3份；二是加强审计机构从事IPO业务监管；三是下发《关于律师事务所在山东辖区从事首次公开发行股票并上市业务存在问题的通报》，组织在辖区执业项目较多的6家律师事务所召开座谈会，并对其中5家事务所执业情况进行现场检查。

三、多方式督导拟上市公司提高规范运作水平。一是组织开展2期拟上市公司走进上市公司学习交流活动，共有18家企业参与；二是对9家拟上市公司17家异地控股子公司进行公司治理专项检查；三是对25家拟上市公司进行辅导监管谈话，组织召开烟台、威海地区拟上市公司辅导监管谈话暨培训会议。

四、积极培育上市资源。一是在日照莒县召开企业上市座谈会，并对辖区西部地市30余家后备企业改制上市进行现场指导；二是走访辖区30余家后备企业，现场解答相关问题；三是更新上市后备企业数据库，对重点企业跟踪指导，有17家后备企业向该局辅导备案。

五、配合做好辖区在审企业的财务专项核查工作。一是向辖区会待发行、正在审核的43家公司下发《关于配合中介机构做好财务会计信息专项检查工作的通知》，督导要求其主动配合保荐、审计机构做好专项核查工作；二是做好IPO财务核查后续监管工作。

【证券经营机构监管】 2013年，山东证监局推动提高证券机构合规风控水平，支持其创新发展。

一、依法做好行政许可审核工作。全年共审核任职资格59件（68名）、证券公司新设分支机构申请事项14项，230家证券分支机构领取、变更《经营证券业务许可证》，审核4项商业银行申请基金销售业务资格事项，对198家证券营业部申请实施证券经纪人制度的备案进行确认，对79家证券公司分支机构备案事项进行确认，审阅32项集合资产管理计划和213项定向资产管理计划相关材料。

二、推动证券经营机构深化合规管理，提升风险防控能力。一是通过召开辖区证券经营机构监管工作会议、编发法规汇编、机构监管情况通报等方式，加强风险警示教育；二是对齐鲁证券有限责任公司（以下简称齐鲁证券）合规风险管理进行专项检查，并督导其健全风险监控和压力测试机制。

三、加强创新业务监管。一是组织召开山东辖区证券经营机构监管工作会议暨证券经营机构负责人培训会议；二是制定《山东辖区2013年创新业务监管主要工作思路和计划》；三是编发《山东辖区证券经营机构创新发展动态》6期。

四、深化非现场和现场检查制度。一是深化证券营业部个体分析制度，及时发现潜在风险；二是下发通知对证券公司分公司纳入监管报表报送范围做出安排；三是对齐鲁证券进行专项检查，对59家证券公司分支机构、7家银行基金代销机构进行现场检查，对2012年以来新开业营业部中的21家进行检查；四是做好齐鲁证券年报审计监管工作。

五、加强证券投资咨询活动监管。一是督促辖区证券机构落实对利用“荐股软件”从事证券投资咨询业务的监管要求；二是继续推行辖区广播电视证券节目监听监看制度；三是对66项证券经营机构、证券投资咨询机构举办投资报告会、参与媒体证券节目、通过媒体进行广告宣传进行备案审查；四是做好证券投资咨询机构2012年度年检工作。

【期货经营机构监管】 2013年，山东证监局加强合规风控监管与支持创新发展并重，提升期货市场服务经济发展的能力。

一、推动业务创新。一是支持鲁证期货股份有限公司(以下简称鲁证期货)启动期现结合业务和资产管理业务,支持招金期货有限公司申请中国金融期货交易所(以下简称中金所)会员资格,引导中州期货有限公司与股东进行中间介绍业务合作,支持其开展投资咨询业务;二是加强对鲁证期货资产管理业务合规监管;三是适度开展对期货公司风险管理子公司的监管。

二、以监管促进公司内生合规发展动力,提升机构合规运作水平。一是对3家期货公司、21家期货营业部、10家为期货公司提供中间介绍业务的证券营业部进行现场检查;二是组织召开辖区期货公司首席风险官2013年度联席会议;三是召开鲁证期货监管工作座谈会;四是对期货从业人员张某擅自操作客户期货账户事项,出具警示函,通报中国期货业协会。

三、加强对净资本和两金的监管,提高期货经营机构风控水平。一是加强对客户保证金和净资本的监管,及时处理风险监管指标预警事项;二是扎实开展2012年期货公司年报审计,加强对其自有资金的监管;三是组织期货公司首席风险官对两金进行合规性检查;四是做好期货经营机构、为期货公司提供中间介绍业务的证券营业部非现场检查工作。

四、做好行政许可项目取消和下放的后续监管衔接工作。完成行政许可审核事项24项,向相关证监局发出征询合规意见函15份、回复合规意见15份。对50项已取消行政许可事项(含IB业务)进行备案管理。

五、拓展期货市场服务实体经济深度。一是与郑州商品期货交易所签署《市场功能"面"基地合作建设协议》,推动山东省期货业协会与中金所签署《国债期货投资者教育活动委托协议》;二是与期货交易所、辖区期货公司、地方政府共同举办"国债期货与利率风险管理高峰论坛"、"玻璃期货与产业企业风险管理研讨会"、"铁矿石期货与市场发展报告会",提高实体企业风险管理水平。

【非上市公众公司监管】 2013年,山东证监局加强新三板培训指导,推动辖区企业做好挂牌准备工作。一是到济南、烟台、潍坊等10个地市进行新三板知识宣讲,与150余家企业座谈,进行现场指导;二是会同山东省金融办、全国股份转让系统有限责任公司举办新三板挂牌培训会议,联合济南、潍坊、聊城、泰安、烟台等5个地市金融办开展新三板业务宣传培训;三是到济南、德州、泰安等地近40家非上市公众公司进行实地调研。

【审计资产评估机构监管工作】 2013年,山东证监局加强审计与资产评估监管工作。一是制定《年报审计监管工作规程》,修订了《会计师事务所与资产评估机构证券期货相关业务监管职责分工与协作工作规程》;二是对3家上市公司年报审计项目、1家上市公司资产评估项目进行专项检查,对立信会计师事务所山东分所进行全面检查;三是组织召开山东辖区会计监管暨2013年年报审计监管工作会议,通报会计监管新形势,明确辖区审计机构规范发展要求。

【稽查打非】 2013年,山东证监局从严从快查处违法违规行为,严厉打击非法活动。

一、全力做好案件调查工作。一是办结"QNHG"涉嫌信息披露虚假行为案,韩某某涉嫌内幕交易案,徐某某涉嫌违法违规案、"QXTT"涉嫌内幕交易案等4起立案案件;二是完成"TYGF"、"THJM"股票异常交易等4起5个事项初步调查,做好4起涉嫌内幕交易事项初步调查工作;三是完成18起案件协查,完成4起案件所涉72人次的法律文书送达工作。

二、积极探索执法协作模式。一是与山东省公安厅签署《关于加强信息资源共享与合作协议书》;二是与山东省通信管理局开展网络安全工作的合作协议已完成征求意见,准备签署;三是不定期走访法院、检察院等司法单位,对加强执法协作进行沟通。

三、认真做好打非工作。一是处理涉嫌非法证券活动信访事项8件,将1起案件线索移交山东省金融办;二是撰写了《山东港岳航电集团股份有限公司原董事长李培合等人非法诈骗集资活动案例》。

【法制工作】 2013年,山东证监局加强法制工作建设,全面提高监管工作合规性。

一、扎实开展法律审查工作。一是审查会签制度、文件72件;二是组织召开法律专业小组会议7次;三是按季度分析法律审查会签件,提出规范监管工作建议。

二、认真做好行政处罚权下放准备工作。制定了《行政处罚案件审理工作规则》和《行政处罚听证规则》(以下简称《听证规则》),并在该局互联网公开《听证规则》,同时做好行政处罚听证室各项设备准备工作。

三、加强诚信档案建设。及时查询录入诚信档案信息,依申请查询诚信信息155次,录入诚信档案信息117条,录入公开承诺信息508条。

【信访信息公开和投资者保护工作】 2013年,山东证监局审慎处理信访信息公开事项,认真做好投资者保护工作。一是全年接收来信112封、来访54批82人次,重要来电411个;二是通过山东证监局互联网站主动公开信息246条,向主流媒体提供新闻稿件8篇,接收办理监管信息公开申请3件;三是与人行济南分行签署《关于加强证券期货监管合作共同维护金融稳定的备忘录》及《证券期货监管合作试点工作方案》,向试点地区证券期货机构下发《人行济南分行证券期货机构金融稳定重大事项报告管理办法》,合理部署监管合作试点方案;四是制定投资者保护工作计划;五是制定《12386热线投诉事项处理细则(试行)》,热线运行后接受投诉事项26项,已办结24项。

【大事记】 3月13日 山东证监局向山东辖区各上市公

司、拟上市公司、证券期货经营机构、证券投资咨询机构、有关中介机构、行业协会发出《关于做好山东辖区2013年证券期货相关工作的通知》,提出6项要求。

3月22日　山东证监局组织召开山东辖区期货公司首席风险官2013年度第一次联席会议。陈飞副局长、山东省期货业协会负责人及辖区期货公司首席风险官参加了会议。

4月26日　山东证监局与人行济南分行在济南签署了《关于加强证券期货监管合作、共同维护金融稳定的备忘录》。该局局长徐铁、副局长赵洪军,人行济南分行行长杨子强、副行长肖龙沧出席签署仪式。

5月8日　证监会下发通知,决定:陈飞任山东证监局纪委书记(兼)。

5月15日　山东证监局在烟台召开烟台、威海地区拟上市公司监管谈话暨培训会议。

5月20日～22日　山东证监局联合山东上市公司协会在烟台举办2013年山东辖区上市公司董事长座谈会。

5月20日～21日　山东证监局在泰安组织召开山东辖区证券经营机构监管工作会议暨证券经营机构负责人培训会议。

5月29日　证监会人教部下发《关于处室更名的批复》(人教函[2013]99号),同意山东证监局信息调研处变更为会计监管处。

6月14日　山东省济南市市中区法院以(2013)市行初字第12号、(2013)市行初字第13号对陈慈、黄霆诉山东证监局信息公开一案作出判决,判决驳回原告的诉讼请求。

10月16日　中国证监会党委下发《关于冯鹤年、徐铁同志职务任免的通知》(证监党委任[2013]71号),于10月9日研究决定冯鹤年任山东证监局党委书记、局长兼济南稽查局局长;免去徐铁山东证监局党委书记、局长兼济南稽查局局长职务,办理退休手续。

10月17日　山东证监局与郑州商品交易所联合主办、山东省期货业协会协办、金晶科技有限公司与招金期货有限公司共同承办的“玻璃期货与产业企业风险管理研讨会”在淄博举行。

10月29日　山东证监局在济南组织召开山东辖区会计监管暨2013年年报审计监管工作会议。

11月7日～8日　山东证监局在泰安举办山东辖区上市公司财务总监培训暨交流活动。

11月15日　山东证监局联合山东省金融办、日照市政府、大连商品交易所在日照举办了“铁矿石期货与市场发展报告会”。

12月6日　山东证监局党委召开党的群众路线教育实践活动专题民主生活会,证监会党委委员、副主席姜洋、证监会第三督导组组长韩燕到会指导并讲话。

(王殿祥　孙素美)

中国证券监督管理委员会青岛监管局

【综述】　2013年,中国证券监督管理委员会青岛监管局(以下简称“青岛证监局”)以推动科学发展为指引,加快转变监管理念,创新监管方式,努力加强内部管理和党风廉政建设,确保了辖区资本市场的健康稳定发展。

【监管服务】　2013年,青岛证监局以推动科学发展为指引,切实增强服务区域实体经济能力。

一、落实多层次市场建设的要求。一是结合区域特色和产业布局,深入挖掘可上市资源,主动帮助符合条件的企业解决上市瓶颈问题,建立健全备案企业沟通交流机制,辅导备案的拟上市公司12家,其中上报证监会6家,创历史最高水平;二是举办“新三板·资本·证企对接”等大型宣讲会,10月份起启动辖区证券机构“千家工程”战略,鼓励机构积极培育新三板、区域性股权交易市场拟挂牌、上市企业。目前辖区企业已上报全国股转公司5家,通过券商内核10家,完成股改15家,与券商有效对接37家,进入青岛市重点拟培育挂牌企业130家。

二、推进市场机构创新驱动发展。一是指导辖区机构围绕新三板与区域性股权交易市场拓展业务资源,提升创新发展能力;二是结合青岛财富管理中心建设规划,赴6家券商总部探讨设立证券分公司、专项投资子公司,开展创新业务试点的规划;三是以财富管理为方向,推动证券期货机构从通道服务向综合投融资服务转型,辖区法人证券公司年内新增代销金融产品业务资格,主营业务范围已达8项。

【综合监管】　2013年,青岛证监局转变监管理念,创新方式,监管有效性得到提升。

一、加大稽查执法工作力度。一是研究确立了监管联动、立案会商等稽查工作机制,建立起行政处罚工作机制,形成查审分离的执法体系,并强化稽查执法力量,稽查干部占干部总数的20%以上;二是转变工作方式,立案调查并办结的案件同比翻了一番,联合调查案件办理同比增加50%;三是与青岛市公安局经侦支队、人行青岛中支签署合作备忘录,深化行政执法与刑事追责的高效衔接机制,实现监管信息共享,形成维护地方金融稳定的合力。

二、严抓上市公司信息披露。一是创新并固化运用分类评价、法律财务AA角监管、三方沟通会督导等手段，大幅提高上市公司信息披露质量，年内辖区1家上市公司在上交所“管理层讨论与分析”披露质量专项评价活动中名列10家优良企业之一，3家上市公司在深交所信息披露质量评价活动中被评为优秀，超过历史最好水平；二是加强上市公司董事会监管，4名董秘被《新财富》杂志评选为金牌董秘，其中1名被机构投资者推荐为最佳沟通董秘，获奖比例19%，远超全国6%的平均水平。

三、引导证券期货机构规范发展。一是加强对证券期货机构的法规法制培训教育，增强其合规运营意识；二是对辖区全部证券期货经营机构开展1次以上现场检查，并自主组织信息系统安全、消防与安全保障、投资者适当性管理、投资者合法权益保护、合规风控、创新业务规范化等多次专项检查；三是先后开展3个系列非现场检查，合计编发简报17期，扩宽了非现场监管的新形式；四是对于违规行为，坚决依法查处、严厉打击，年内共计出具3份监管意见书、1份警示函、2份责令增加合规检查函，记入诚信档案，震慑了从业人员的违规冲动。

四、切实维护投资者合法权益。一是落实投资者保护工作责任制，组织开展“走进上市公司”、“投资者网上集体接待日”、上市公司接听投资者电话调查等系列活动；二是举办“国债期货研修班”、“对话·金融期货”、“金融期货走进高校”活动，持续深化“百日讲坛”品牌内涵，引导投资者提高认识、理性投资，年内开展大型投资者教育活动计100余次；三是持续做好风险提示工作，年内辖区机构编发投资风险提示短信128万余条；四是落实“六五”普法方案，组织编写并于网站公开发布证券期货稽查典型案例，提高投资者的法律素质和维权意识；五是重视信访投诉处置工作，及时化解矛盾纠纷，年内共接待现场信访10起，办结率达100%。

五、将监管与自律工作相结合。推动成立青岛市上市公司协会，指导青岛证券期货业协会增选理事单位和副会长单位，组织完善了《青岛地区期货行业反对不正当竞争自律合约》，两个协会逐步承担了组织研讨、业务培训等工作，成为连接监管机构与市场主体的桥梁和纽带。

六、深化政务公开。一是修改完善证券期货现场检查、行政许可及备案事项工作指引26项，并进行社会公开；二是推进行政许可“阳光化审核”，对申请受理及审核过程全程公示，提高监管工作透明度。

【内部管理与队伍建设】 2013年，青岛证监局以改进工作作风为着力点，努力加强内部管理和党风廉政建设。

一、深入开展党的群众路线教育实践活动。一是认真组织个人自学与集体学习，深刻查找“四风”方面存在的问题，全面制定整改措施，拟制定修订制度流程30项，拟采取工作措施44条；二是自主发起了“学党章、讲党性、强作风”主题教育活动；三是出台《关于切实改进作风 加强内部管理的意见》，探索建立起落实中央“八项规定”的长效机制；四是修订完善行政效能督查工作办法，及时落实重大决策事项，实现督办事项办结率100%。

二、创新干部培养模式，深化队伍建设。一是圆满完成2013年度7名公务员的考录工作；二是创新干部培养模式，年内对3名干部进行轮岗，参加证监会党校培训等4人次。

三、加强惩防体系建设，切实防范廉政风险。一是修订《党风廉政建设责任制实施细则》，组织监管干部签署党风廉政建设责任书和工作人员自律承诺书；二是修订《纪检监察工作规则》，开展纪检监察干部持有会员卡专项清退活动，实现会员卡“零持有、零报告”。

（青岛证监局）

中国保险监督管理委员会山东监管局

【第一负责人简介】 孙建宁，男，回族，1959年12月生，中共党员，研究生学历，高级经济师。曾任人行宁夏分行金管处处长、银行处处长、人行银川中支副行长；宁夏保监局党委书记、局长；新疆保监局党委书记、局长。2013年5月起，任山东保监局党委书记、局长。

【业务发展】 2013年，山东保险业积极进取，开拓创新，全省保险业发展呈现出增长趋于稳定、结构调整加快、创新亮点增多的态势。

一、业务发展趋稳回升，全年实现保费收入1101.4亿元，居全国第3位，同比增速13.81%，提高5.11个百分点；财产险公司实现保费收入385.8亿元，增长18.4%；人身险公司实现保费收入715.62亿元，增长11.49%，同比提高5.96个百分点，扭转了业务增速连续下滑的势头。

二、发展质量相对较好，财产险公司实现承保利润22.03亿元，居全国首位，承保利润率6.67%，高于全国平均6.17个百分点，在规模排名前10的省市中最高；人身险公司寿险新单期交率31.81%，较全国平均水平高0.83个百分点。

三、改革创新的积极效应逐步显现，新兴销售渠道快速发展，人身险公司电销、网销实现保费5.5亿元，电销、网销在车险业务中占比升至28.1%；寿险费率市场化激活了需求，普通寿险新单保费增长76.53%，创近年新高；经营模式创新取得积极进展，合众、新华等公司通过投资养老社区、健康管理中心等方式延伸产业链条，平安、太平、安邦等公司通过加强战略合作、设立“投融资中心”等方式稳步推进综合金融发展。

四、保险服务不断改善，商业车险5000元及以下、5000元以上结案周期分别为4.2天、32.6天，同比缩短1.6天、5.4天，结案率达96.9%；人身险公司综合治理评价平均得分同比提高1.4分，电话回访成功率提高2个百分点。

【监督服务】 2013年，山东保监局紧紧围绕“抓服务、严监管、防风险、促发展”，进一步解放思想，转变观念，扎实开展监管工作，各项工作取得良好成效。

一、牢牢守住不发生系统性区域性风险底线，着力防范化解风险。一是加强预警监测，建立多维度风险监测体系，开展专项检查和风险排查；二是完善风险防范机制，健全联合处置风险机制，与省公安厅联合印发全国首个《打击保险诈骗合作备忘录》，组建山东保险业反欺诈中心和10家地市工作站；三是妥善处置东营邮局客户纠纷、梁山保险客户邮局自缢、邹平学平险虚假信息等事件，积极应对生命人寿王郭华非法集资案件，防止事态扩大，维护了市场稳定。

二、加大现场检查力度，全力维护正常的市场秩序。一是全年共派出276人次对82家保险机构进行了现场检查，共对73家次机构和67人次实施行政处罚，对机构警告31家次、罚款310万元，对个人警告59人次、罚款22.75万元；二是建立并实施市场巡查制度，先后组织了5个巡查组，57人次，分赴5个地市对基层保险机构依法合规经营情况开展市场巡查；三是健全市场准入退出机制，细化并严格执行市场准入标准，开展保险机构生存状况评估，依法调控市场准入的节奏和结构，对30家基层保险机构开展清理整顿抽查，全年共注销兼业代理机构825家。

三、切实保护消费者权益，综合治理行业顽疾。一是开展人身险销售误导评价，在全国率先建设推广销售人员评价系统，稳步推进“访后付费”机制；二是简化车险小额案件索赔手续，联合交警部门建立机动车轻微道路交通事故快处机制，督促财险公司清理积压案件29.4万件，涉及金额39.27亿元；三是完善消费者利益保护机制，启动诉调对接试点，推动建立保险中介纠纷调处机制，委托第三方机构开展消费者满意度测评；四是建立信访投诉工作考评和督查督办制度，实现12378热线投诉快速处理，全年处理信访投诉15222件，其中有效信访投诉1010件，结案率100%。

四、营造良好发展环境，积极推进行业改革创新。一是参与制定和落实山东“金改22条”，积极汇报改革成果，郭树清省长、夏耕副省长多次对此做出批示、指示；二是推动大病保险稳健发展，建立与政府良好的沟通协调机制，全省(除东营外)15个地市与新农合基本医疗系统对接基本完成，380家医院实现了即时结报；三是积极争取政策支持，推动全省新增9个财政补贴农险险种，协调将安全生产责任险写入省政府有关文件，与省环保厅、质监局联合发文推动环境污染责任险、特种设备责任险工作，试点食品安全责任险，加紧研究支持设立农村保险互助社；四是加大力度，推进保险知识普及工作，认真开展“全国保险公众宣传日”活动。

【内部管理与队伍建设】 2013年，山东保监局大力加强自身建设，着力提高干部队伍的凝聚力和战斗力。一是开展教育实践活动，认真贯彻落实各环节要求，严格执行“八项规定”，切实转变工作作风，全年发文减少35%，会议数量减少62%，会议费支出下降34.87%，实行领导干部不配专车只保证公务用车；二是加强干部队伍建设，举办好监管论坛，集中开展处级干部轮训，建设办公自动化系统，开展处室(科)、岗位职责评估；三是加强党风廉政建设，深入开展执法监察、效能监察、廉政教育，认真执行各项廉政制度；四是发挥工会、共青团等作用，首次召开青年干部工作会议，开展丰富的文体活动。

【大事记】 4月28日 山东保监局与山东省公安厅联合成立“山东省保险业反欺诈中心”。

5月7日 中国保监会决定，孙建宁任山东保监局党委书记、局长。

6月27日 利宝互助保险集团在华全资子公司利宝保险山东分公司获批开业。

7月3日 中国保监会决定，曹光中任山东保监局党委委员、纪委书记、副局长。

7月30日～8月2日 保监会周延礼副主席带队在山东保监局开展蹲点调研。

7月 山东保监局组织行业开展《农业保险条例》系列宣传活动。

10月14日～11月1日 山东保监局先后组织5个巡查组，分赴菏泽、淄博、潍坊、泰安、临沂5个市开展市场巡查。

(马俊川)

中国保险监督管理委员会青岛监管局

【第一负责人简介】 巩庆军，男，1959年11月生，研究生学历，高级经济师。2000年6月调入中国保监会济南办公室筹备组，历任济南保监办党委委员、主任助理，中国保监会人身保险监管部副主任，济南保监办党委委员、副主任，山东保监局党委委员、纪委书记、巡视员、副局长。2013年5月任青岛保监局党委书记、局长(正局级)。

【综述】 2013年，中国保险监督管理委员会青岛监管局(以下简称“青岛保监局”)紧密围绕“抓服务、严监管、防风险、促发展”的理念，着力推进改革创新，积极防范化解风险，保险业发展趋势总体向好，基本实现了企稳回升。

【业务发展】 2013年，青岛保险业实现保费收入178.99亿元，同比增长11.7%。在15个副省级城市中，保费规模列第9位，保费增速列13位。财产保险业(扣除信保)综合成本率为97.52%，14个大类险种中9个险种实现盈利，累计盈利1.93亿元。青岛保险业赔款和给付支出共计62.7亿元，同比增长21.8%。其中，财产保险赔付39.7亿元，增长20%。人身保险赔款与给付23亿元，增长25%。

截至年末，青岛市共有保险公司61家，其中财产保险公司32家，人身保险公司29家。保险业总资产为436亿元，比年初增加63.1亿元。

【监督服务】 2013年，青岛保监局准确把握监管定位，坚持依法、科学、审慎监管，夯实了行业持续健康发展的基础。

一、加强风险防范化解。一是扎实推进非现场指标监控，对监测指标出现异动的公司进行监管约谈或风险提示；二是有效防范满期给付和退保风险，建立健全风险应急机制，开展风险排查和处置应急演练与跨区域跨行业风险防控协作；三是加强重点领域风险防范，两次组织开展中介业务专项排查；四是认真做好反欺诈工作，汇总案例编写《车险诈骗常见手法与防治》，向公安机关移交欺诈案件62起，涉案金额460余万元。

二、加强市场秩序整治。一是突出现场检查重点，财产保险方面集中开展整顿规范市场秩序专项行动，人身保险方面重点针对销售误导、满期给付和退保风险、大病保险业务财务数据及内部审计等问题进行检查，中介业务方面严厉整治保险公司利用中介业务和中介渠道弄虚作假、非法套取资金以及非法集资等问题；二是提高现场检查效率，积极探索与工商机关开展检查合作，与保险行业协会自律检查进行联动等；三是加大违法违规查处力度，共对9家保险机构和11名个人做出行政处罚；四是完善区县市场管理机制，加强走访和巡查。

三、加强行业顽疾治理。一是强化基础建设，扎实整治理赔难，对26家中资保险公司逐一进行达标创建现场验收考评，大力清理积压未决赔案；二是坚持多措并举，严查销售误导，建立了客户回访年度抽查制度，实行销售误导投诉逐案核查制度，并对举报案件进行严肃查处；三是完善保险纠纷解决机制，与青岛市中级法院建立保险纠纷诉讼与调解对接机制，在黄岛区、胶州市和城阳区建立交通事故“先调解后立案”的诉讼调解新模式，扎实开展“全国保险公众宣传日”活动，认真贯彻落实保监局局长接待日，强化保险公司总经理信访接待日制度执行，畅通“信、访、网、电”等各个渠道，全年调解中心共受理调解申请214件，涉及金额1244.52万元，其中调解成功149件，金额690.01万元。

四、加强监管制度建设。一是创新市场监管措施。财产保险方面，完善分类监管评价体系，重新修订《产险公司费用监管指引》，指导出台《车险小额赔案快赔服务行业规范》；人身保险方面，研究出台《区域人身保险市场巡查实施办法》，制定《人身险公司电话回访年度抽查制度》，设计完成企业年金、健康委托管理业务等数据统计模板并实现季度监测；中介市场方面，出台《保险销售从业人员监管办法》；二是完善行政许可制度，研究制定《保险公司分支机构市场准入指导意见》，出台《行政许可工作管理办法》，下发《保险业高管任职资格电子化考试管理暂行办法》；三是加强统计研究制度建设，出台《市场运行分析例会工作规程》，制定了《保险统计管理规定实施细则》。

五、加强保险改革创新。一是发挥风险管理作用，做好减灾防损工作，“11·22”事故(黄岛输油管线爆炸)发生后，青岛保监局启动全行业重大事件应急预案，协调部署保险业全力开展救灾理赔工作，协助地方党委政府做好救灾善后事宜，共有32家保险公司累计受理报案296件；二是不断创新产品，拓宽保障服务领域。政策性农业保险新增马铃薯、肉兔两个险种，承担风险金额26亿多元；环境污染责任保险全年共计有52家大型化工类企业正式投保，累计提供风险保障1.83亿元；实习生责任保险为10.2万名职校实习生提供风险保障714万元，城镇职工大额医疗保险经办业务运行机制不断完善。另外，保险业还为青岛世园会、青荣城际铁路、国家石油储备基地、大唐风电等一批大项目提供一揽子风险保障。

【精神文明建设】 2013年，青岛保监局大力加强作风建设。一是认真开展党的群众路线教育实践活动，聚焦“四风”问题，深入开展批评和自我批评，召开“四查四看”党委专题民主生活会，开展“三对照”党支部专题组织生活会，制定了《党委党的群众路线教育实践活动整改方案》，积极构建长效机制；二是加强机关作风建设，在改进会风方面，将每周一次的局务会改为每月一次；在改进文风方面，严格控制发文数量；并制定下发《贯彻落实厉行勤俭节约反对铺张浪费具体措施》，推出18项具体举措。

【大事记】 1月31日 青岛保监局向驻青各保险公司、保险行业协会下发《关于2012年度青岛保险业信访投诉处理情况的通报》。

2月5日 青岛保监局向驻青各保险公司、保险中介法人机构、保险行业协会、保险学会转发保监会《关于做好保险消费者教育微博推广及后援工作的通知》。

2月19日 青岛保监局向驻青各保险公司下发《关于表彰2012年“和谐号服务示范岗”暨青岛保险业“双十佳”的通报》。

2月27日 青岛保监局向驻青各保险公司转发保监会《关于尽快遏制电销扰民有关事项的通知》。

3月1日 青岛保监局向驻青各保险中介机构转发保监会《关于实施<保险专业代理机构基本服务标准>、<保险经纪机构基本服务标准>、<保险公估机构基本服务标准>的通知》。

3月7日 青岛保监局召开2012年度和谐保险表彰暨行业情况通报会。

3月8日 青岛保监局向驻青各财产保险公司下发《机动车辆保险电话销售合规经营指引》。

3月15日 青岛保监局下发《保险业争创基层行风建设示范窗口实施方案》。

3月19日 青岛保监局向驻青各保险公司、保险专业中介法人机构、保险兼业代理机构下发《关于加强保险中介许可证续期管理的通知》。

3月26日 青岛保监局和市保险行业协会联合举办了青岛市财产保险行业理赔新技术与先进服务经验交流会。

4月3日 青岛保监局向驻青各保险公司、保险行业协会、保险学会下发《2013年青岛市和谐保险建设工作方案》。

4月27日 青岛保监局向驻青各保险公司下发《青岛市保险统计管理规定实施细则》。

5月7日 中国保监会及党委下发文件，任命巩庆军为青岛保监局党委书记、局长。

5月28日 青岛保监局发布《关于青岛保险销售从业人员资格考试有关事项的公告》。

6月7日 青岛保监局巩庆军局长、曹光中副局长和吉立群副局长赴青岛市保险行业协会调研指导工作。

7月3日 中国保监会及党委下发文件，任命曹光中为山东保监局党委委员、纪委书记、副局长。

7月8日 由青岛保监局主办、保险行业协会承办的“全国保险公众宣传日”保险进社区活动正式开始。市政府副秘书长张军、青岛保监局局长巩庆军和副局长曹光中赴中山路社区、平安人寿市南支公司巡视。

青岛保监局组织保险网络问政专题访谈，曹光中副局长代表保监局作客青岛新闻网。

7月25日 青岛保监局曹光中副局长离青并赴山东保监局任职。

8月13日 青岛保监局下发《财产保险公司费用监管指引》。

9月2日~11日 青岛保监局巩庆军局长带队赴平度市、莱西市开展基层调研。

10月24日 青岛保监局下发《关于加强车险远程出单管理的通知》。

11月25日 青岛保监局向驻青各人身保险公司、各保险专业中介机构、各银邮保险兼业代理机构转发《人身保险客户信息真实性管理办法》。

12月2日 中共青岛市委宣传部组织青岛相关新闻媒体召开新闻通报会，由青岛保监局召集部分保险公司向社会通报“11·22”中石化东黄输油管道泄漏爆炸事故保险理赔情况。

12月5日 青岛保监局下发《关于行业协会自律检查工作指导意见》。

12月6日 青岛市政府分管副市长刘明君代表青岛市政府向青岛保监局发来感谢信，感谢青岛保监局在“11.22”中石化东黄输油管道泄漏爆炸事故发生后，组织保险业积极开展理赔并协助政府做好救灾善后工作。

12月24日 中共青岛市委、青岛市政府联合向青岛保监局发来感谢信，感谢青岛保监局及青岛保险业在中石化东黄输油管道泄漏爆炸事故发生后，全力做好理赔及抢险服务工作。

12月26日 青岛市保险行业协会莱西办事处正式成立，青岛保监局局长巩庆军、莱西市政府副市长丁朝霞出席揭牌仪式。

（袁本刚）

第三部分

金融机构运行报告
——政策性银行

国家开发银行山东省分行

【第一负责人简介】 于泽水，男，山东烟台人，中共党员，研究生学历，管理学硕士，高级经济师，现任国家开发银行山东省分行党委书记、行长，山东省银行业协会会长，山东省金融学会副会长，山东海外联谊会副会长，山东省第十一届政协委员。

【综述】 2013年，国家开发银行山东省分行（以下简称“开行山东分行”）充分发挥开发性金融的中长期投融资优势，较好地实现了支持发展、防范风险与优良业绩的统一。截至年末，该行资产总额3668.60亿元，贷款余额2940.24亿元，其中人民币贷款余额1640.54亿元，较年初新增106.50亿元；外汇贷款余额213.17亿美元，较年初增加34.85亿美元；负债总额3623.48亿元，其中存款76.67亿元，其他负债3546.81亿元（主要为从总行拆入资金）；全年累计发放本外币贷款854.81亿元；本息累计回收率99.95%，当期回收率99.99%；不良贷款率0.12%，较年初下降0.06个百分点。

一、发挥主力银行优势和骨干作用，服务新型城镇化建设。全年共向山东省城镇化建设领域发放贷款164.48亿元，贷款余额966.81亿元，城镇化建设贷款余额新增占全部人民币贷款新增的比例为53.44%。一是围绕“两区一圈一带”重点区域发展战略，在编制完成“黄、蓝”两区系统性融资规划的基础上，参与编制了省会城市群经济圈规划；二是开创了山东省棚户区改造项目贷款“市带县”模式并在临沂成功推行，与临沂签署了50亿元棚户区住房改造项目借款合同，并实现贷款发放；三是完成《山东棚户区改造系统性融资规划》、《山东城镇化产业支撑专题研究》、《山东百强示范镇经济社会发展状况分析》、《小城镇建设投融资创新研究》等专项课题研究；四是与省政府相关部门、山东16地市联合召开了“银政企联手支持新型城镇化建设研讨会”，现场对接全省各地市城镇化项目50余个。

二、服务重大项目建设及省属大企业发展，助力山东产业结构优化升级。一是探索支持产业发展和科技自主创新的融资模式，支持了海阳核电、润峰电力等清洁能源项目，山航援疆机队、力诺新疆光伏电站等援疆项目，济南省会大剧院、淄博文化中心、邹城文化旅游等文化产业以及天岳材料、滨州垃圾发电、泉林秸秆利用等新兴科技产业和循环经济项目建设，支持山东能源、兖矿等煤炭企业转型发展；二是与5个省级战略性新兴产业项目进行了对接，拟合作额度101.77亿元，全年发放贷款32.37亿元；三是把支持节能减排和淘汰落后产能作为加强审贷管理的重要参照依据，严格环保审查程序，助力山东化解钢铁、水泥等过剩行业产能，严控“两高一剩”行业和落后产能项目贷款；四是促进山东省交通厅公路建设以及山东高速、山东黄金、山东能源、中国重汽、山东钢铁、浪潮、兖矿等集团大企业发展。

三、深化国际合作，全力支持山东企业“走出去”。重点支持了浪潮集团、科瑞集团、潍柴动力、山东钢铁等企业“走出去”，自2010年首次开展跨境人民币业务以来，已累计发放跨境人民币贷款340亿元，其中2013年发放13亿元，完成跨境人民币结算量近600亿元。

四、积极承担社会责任，大力开展基层民生业务。一是通过对小额贷款公司、村镇银行和地方中小商业银行转贷款以及发行集合票据、与省再担保集团合作建立中小企业贷款机制等多种模式，创新支持中小微企业发展，全年发放中小企业贷款40.42亿元；二是控股的龙口国开南山村镇银行自2010年11月成立以来，稳步健康发展，总资产达12亿元；三是全年向现代农业项目发放贷款15.66亿元，贷款余额20余亿元，试点支持了滕州市、寿光市现代农业示范区建设；四是累计发放水利贷款32.28亿元，重点支持了烟台市辛安河环境整治工程、诸城市农田水利灌溉工程、乳山市两河综合治理工程、临朐县嵩山水库改造及供水等20余个项目；五是向全省15.75万名家庭经济困难学生发放2013至2014学年生源地信用助学贷款9.05亿元，自2008年底正式启动该项业务以来，累计发放生源地助学贷款66.25万人次、金额合计37.2亿元，惠及全省16个地市，144个县（市、区）约37.5万名家庭经济困难学生，成为山东省助学贷款领域的主力银行。

五、发挥综合经营优势，提供全面金融服务。一是积极开展债券承销工作，全年共承销各类债券132亿元，同比增加43%；二是依托国开金融、国银租赁、国开证券、中非基金等开行子公司，为客户提供全方位综合金融服务，累计实现协同资金到位25.22亿元；三是协同其他商业银行发放银团贷款102.35亿元，支持了海阳核电、兖矿集团、青荣城际轨道交通等一批省内重大项目建设；四是不断丰富中间业务品种、创新业务开展模式，开立山东核电一期工程项目银票，实现票据贴现业务“零”的突破，完成首笔票据转贴现业务，成功发行2期人民币理财计划，并对接国开证券定向资产管理计划和山东国托信托贷款业务，实现企业理财业务的突破。

【计划资金管理】 2013年，开行山东分行不断优化信贷结构，努力防范信贷风险，有力地支持了全省经济“转方式、调结构”。一是合理控制信贷增量，积极争取总行规模资源倾斜，将更多的信贷资金投放到山东实体经济上来；二是制定《资金头寸管理实施细则》，保证了资金业务的每一个环节都有制度覆盖；三是对资金需求预测、头寸申报、系统内资金调拨等业务流程进行了规范，为资金业务提供了有力的保障。

【信贷项目及管理】 2013年，开行山东分行积极贯彻国家宏观经济政策和产业政策，严格执行总行信贷投向和管理要求。一是合理把握贷款投放节奏，积极支持地方经济发展；二是严格控制对“两高”行业发放贷款，加大对节能减排项目的支持力度，不断加大对中小企业、保障性住房、助学、水利等基层民生领域的信贷支持。

同时，该行进一步完善内控机制，加强业务合规管理，强化员工合规和风险防范意识。通过“银监会派出机构客户风险监测预警系统”对客户的经营管理活动、综合风险趋势以及客户关联方信息等指标进行数据分析和监测，有效防范了相关客户的信用风险。

【金融债权维护】 2013年，开行山东分行以提高资产质量和保全金融债权为目标，以机制建设为基础，从信贷源头防范贷款风险，积极主动地开展依法收贷工作：一是成立了由行长任组长、法律部门牵头、各业务处室为成员的依法收贷领导工作小组，确保每个收贷项目都有法律人员和客户经理参与；二是建立起业务部门初步法律风险识别、内部法律部门配合、外部法律专业人士协助的“三道防线”的信贷法律风险防范机制；三是从信贷项目源头就进行风险防范，认真调查借款人信用记录和经营状况，审查借款人、担保人主体资格，认真审查每一份信贷合同，将监管政策贯彻到实处；四是积极采取应对措施，努力化解不良贷款。指定专人及时跟踪不良贷款化解进程，定期向开行总行和监管部门汇报。

【会计与财务管理】 2013年，开行山东分行全面提升财务管理水平，大力开展国际结算和跨境人民币结算业务，实现了会计与财务管理的服务保障职能。

一、全面提高分行财务管理水平。一是统筹管理，优化配置财务资源；二是做好贷款减值准备核算管理工作，防范中长期财务风险；三是开展已签未贷清理，尽量减少资本占用。

二、开展国际结算与贸易融资业务。一是全年完成国际结算业务量512.7亿美元，其中，传统国际结算业务量511.06亿美元，贸易融资结算量1.51亿美元；二是制定了《直接投资外汇业务实施细则》、《服务贸易业务操作规程》等制度，并在外管局的银行执行外汇管理规定考核中被评为“A”级。

【电子化建设】 2013年，开行山东分行积极贯彻落实总行“推动IT与业务的融合，在提升IT管理能力与服务水平上下功夫，为内部管理和业务拓展创造有力支撑条件”的指示。

一、以深化信息安全管理为目标，努力提升内部管理效率。一是制定了《网络故障报告及处理流程》和《机房基础设施应急处理手册》，并对《IT外包人员信息安全管理实施细则》《IT应急预案管理规范》等制度进行了修订；二是组织开展计算机及移动介质保密检查工作；三是强化电子设备资产管理，积极开展信息科技条线整改。

二、综合利用各种手段，推进信息规划的实施。一是积极参与全流程信贷系统、客户关系管理系统以及数据仓库一期项目群等重大IT系统的建设和推广工作；二是推动基础设施建设，完成机房配电及环境监控系统改造升级工作；三是实施分行IP电话项目建设；四是先后完成密押设备信息收集、网络资源分配、系统配置及测试环境搭建等工作，保证了系统模拟运行测试的顺利开展；五是做好电子银行用户技术支持工作，确保基层金融业务的顺利开展。

三、努力提高运维管理水平。一是加强电子设备巡检和网络监控力度，进一步提升IT运维保障水平；二是做好视频会议技术支持工作，保障视频、电子路演等各类会议总计312场；三是实行机房每日巡检制度，借助智能监控设备，及时排除故障风险，实现全年机房安全运行；四是保障重大事件期间IT系统平稳运行。

【内部管理与企业文化建设】 2013年，开行山东分行在不同部门、岗位间形成了横向相互监督制约的内控机制，并以培养人才、用好人才为目的，不断加强干部队伍建设。一是新提拔了10名处级干部，组织开展了聘期满处级干部考核续聘和试用期满处级干部考核正式聘任工作；二是通过民主测评、处室推荐、组织考察等程序，确定58位处以下行员晋升；三是通过笔试、面试、体检等程序招录了16名新员工；四是带队参加了2013年总行“建功立业”岗位技能大赛十条线的现场竞赛，并大力开展各项教育培训；五是做好老干部管理与服务工作，有针对性地开展多种形式的慰问活动。

【大事记】 1月7日 开行山东分行被山东省委机要局评为山东省直密码使用管理工作先进单位。

4月8日 开行规划局、评审二局、国开金融及山东分行在济南联合召开“银政企联手支持新型城镇化建设研讨会”。

4月9日 开行山东分行成功发行首笔国开理财2013027号人民币理财计划。产品期限4个月，规模4亿元，预期收益率4.9%。

4月19日 在人行济南分行2012年度山东省金融机构综合评价情况的通报中，开行山东分行被评为A级。

4月25日 开行山东分行组织开展向四川雅安地震灾区捐款活动，分行189人共捐款13.84万元。

4月28日 开行山东分行与聊城市政府签订《2013–2015年开发性金融合作备忘录》。

5月2日 山东省委书记姜异康会见开行总行党委副书记、行长郑之杰一行，常务副省长孙伟，省委秘书长雷建国和开行评审总监樊海斌出席。

5月3日　山东省委副书记、代省长郭树清会见开行总行党委副书记、行长郑之杰一行，常务副省长孙伟和开行评审总监樊海斌出席。开行总行评审总监樊海斌代表开行与山东省政府签署《开发性金融合作备忘录》。

开行总行党委副书记、行长郑之杰接见山东分行全体员工并讲话，樊海斌总监出席。

6月26日　开行奖学金2011级来华留学生结业典礼在山东大学举行。

7月10日　开行山东分行与万华化学集团签署老厂搬迁异氰酸酯(MDI)一体化项目借款合同。该项目总投资130亿元，合同金额85亿元，期限8年，为国家发改委批复的重点项目，项目的实施对于万华化学集团由“中国万华”向“全球万华”的转变以及确立其在全球MDI行业的领先地位和竞争优势具有重要意义。

8月22日　开行山东分行与交行山东省分行签署《全面合作协议》。

9月17日　开行山东分行、山东省文物局、济宁市政府国家大遗址曲阜片区文化遗产保护开发性金融合作启动会在济南举行。第九届、第十届全国人大常委会副委员长许嘉璐，山东省委常委、宣传部长孙守刚，副省长季湘绮出席会议。

9月18日　开行山东分行与山东省财政厅签订山东省省级国库现金管理协议。根据协议，对方首笔存入财政资金5.5亿元，利率执行基准利率。该笔业务实现了分行国库现金管理业务的突破。

11月15日　开行山东分行向全省15.75万名家庭经济困难学生发放2013至2014学年生源地信用助学贷款9.05亿元。

11月29日　开行山东分行与临沂城市资产经营开发有限公司签署了临沂市棚户区住房改造项目50亿元贷款合同，并于当日实现10亿元贷款资金到位。

开行山东分行与省金融办、临沂市政府在临沂联合召开支持山东棚户区改造项目座谈会。

12月24日　开行山东分行外汇贷款余额突破200亿美元。

12月31日　山东省委常委、济南市委书记王敏到开行山东分行调研，看望慰问参与年终结算的分行员工。

（赵恒新）

国家开发银行青岛市分行

【第一负责人简介】郭蕾，女，中共党员，1964年生，北京大学经济系毕业，本科学历，硕士学位，高级经济师。曾任职于中国农业银行总行、中国投资银行总行，1998年12月起先后任国家开发银行总行国际金融局处长、副局长，2012年10月任国家开发银行青岛市分行党委书记、行长。

【综述】　截至2013年末，国家开发银行青岛市分行(以下简称“开行青岛分行”)累计发放本外币各项贷款1415亿元，牵头引导社会资金投入408亿元，有力支持了青岛市城市重大项目和民生工程。

一、主要经营业绩。截至年底，该行管理资产1145亿元，资产总额981亿元；全年累计实现社会融资总量335亿元，发放贷款266亿元。牵头发放银团贷款余额占全市的2/3。不良资产(率)、不良贷款(率)继续保持为零。纳税总额5.98亿元。

二、发挥综合金融优势，助力打造青岛经济“升级版”。一是与多个部门建立规划合作机制，共同完成市域轨道交通、临空经济区、新机场、海洋旅游、古镇口园区、红岛经济区等融资规划，融资支持了董家口港区、轨道交通等“一谷两区”重大项目建设，全年发放重大项目贷款158亿元；二是支持蓝色高端产业发展，海洋渔业、海洋工程建筑业、海洋生物医药业等海洋经济领域贷款余额135亿元；三是丰富重大项目融资渠道，积极推动政府投融资公司资本市场直接融资，并探索运用私募债、“债贷统筹”等多元融资模式；四是助推开放型经济发展，立足区域内重点涉外企业，开发重点外汇项目35亿美元。

三、发挥融智融资优势，支持新型城镇化建设。一是深度参与青岛市城镇化发展规划，与市建委合作完成青岛市小城市试点镇、棚户区改造系统性融资规划，联合市城乡社区集团完成《基于产业支撑的新型农村社区建设融资规划》，得到省、市和总行领导的高度肯定，被作为开行支持新型城镇化典型案例报送国家发改委；二是在城市，以棚户区改造为重点，支持各类保障性住房建设，贷款余额达66.5亿元，占全市的54.4%，在农村，创新设计融资方案，实现平度市南村镇北村试点社区项目贷款发放，创立新型农村社区建设典范。

四、践行社会责任，服务社会民生事业。通过搭建统贷平台、担保平台等方式，支持了近200家企业，一是11月22日中石化东黄输油管道黄岛段发生泄漏爆炸事故后，以最短时间发放3亿元应急贷款用于救灾和灾后重建工作；二是发放水利项目贷款 8.75 亿元，重点支持了产芝水库、跃进河治理等项目；三是发放生源地助学贷款 1040 万元，惠及 1800 余名青岛籍贫困学子。

【计划资金管理】 2013 年，开行青岛分行切实加强计划资金管理。

一、贷款发放计划管理。严格按照总行核定的信贷规模，编制年度计划，不断改进规模与计划调控，推动结构调整与效益提升，确保了对市海洋经济发展和新型城镇化建设领域的信贷资金支持。

二、加强信贷资产质量管理和贷款回收计划管理，狠抓贷款回收责任制和收贷挂钩项目的落实，全年累计回收表内贷款本息 195.46 亿元，贷款本息当期和累计回收率连续 29 个季度保持 100%，不良贷款额和不良贷款率连续 29 个季度保持“双降”。

三、深化与市金融机构的合作，引导社会资金投入，完成银团及信托业务工作量 71 亿元，为市重点项目和各行业建设提供了持续稳定的资金支持。

四、提高资金需求预测准确率，降低资金使用成本。强化头寸管理和调控水平。加强系统内拆借管理，增强资金管理的增效成果。

【信贷项目及管理】 2013 年，开行青岛分行以“提质增效”为主线，大力提高信贷管理水平，促进了各项业务合规、稳步、健康发展。

一、建立完善贷款综合定价机制，变单一定价为综合定价，提高综合收益。

二、加强风险管控，资产质量保持稳定。一是与市财政部门加强沟通，建立政府债务风险预警机制，密切关注地方政府债务审计情况；二是扎实推进风险文化建设年活动，完善“兼职风险管理岗”工作机制；三是加强与外监部门沟通，通过座谈、现场调研、邀请授课等方式，争取监管部门的理解和支持；四是加强不良贷款项目的预警监测，资产质量不断优化，贷款本息当期和累计回收率持续保持“双百”，平台贷款全覆盖率达到 98.39%，不良资产率、不良贷款率继续保持为零，在总行开展的分支机构风险管理能力评价中被评为“强健级”。

三、严格贷后管理制度，及时整改问题。一是按照总行指示，做好配合审计署检查的事宜，开展社会融资行为风险排查、操作风险自查和全面风险排查等；二是配合外监部门、总行稽核专员等做好现场检查和巡视，对检查提出的建议和要求逐一落实，进一步强化信贷基础管理工作。

【筹资工作】 2013 年，开行青岛分行建立分行内部考核机制，加强项目资金监管，吸收贷款项下与项目有关的存款，争取财政性存款支持，推进各品种存款均衡发展，努力降低筹资成本，提高资金运用效率。

【电子化建设】 2013 年，开行青岛分行强化数据标准化管理，提升信息科技运维能力和保障能力。

一、规范业务系统操作，提升数据质量。一是重点规范业务数据录入、维护、权限调整等方面的操作，从数据源头加强数据管理；二是编制数据质量提升方案，检核提升方法、操作规范等；三是建立数据管理动态监控机制，开通每日动态监控，建立数据管理月报。

二、建立健全信息安全保障体系。研究实施内外网安全隔离，推行桌面终端等软件正版化，加强互联网访问审计、外网邮件内容过滤和移动终端安全等，提升信息安全技术防控手段。做好信息安全保密检查和培训，提高灾备管理和应急处置能力。

三、建立 IT 外包属地化管理模式。强化自身管理责任，细化 IT 外包服务相关的规范和标准，完善外包服务采购流程，注重风险和质量管控。优化完善外包商选择和退出机制。

【大事记】 4 月 27 日 青岛市委副书记、市长张新起，副市长刘明君带领市发改委、财政局、金融办和国土局等部门赴开行青岛分行调研并现场办公。

4 月 30 日 开行青岛分行管理资产首次突破 1000 亿元。

5 月 24 日 青岛市国税局及地税局共同认定开行青岛分行为 A 级纳税信用等级单位。

6 月 5 日～6 日 开行纪委书记周清玉带队在青进行新型城镇化建设课题调研，其间，分别与山东省委常委、青岛市委书记李群，青岛市委副书记、市长张新起，青岛市副市长徐振溪座谈，并赴青岛市平度北村社区、南村镇工业产业园、青岛世园会园区、李沧区金水路社区、北客站安置区等项目现场调研。

7 月 4 日 开行青岛分行与平度市政府签订《开发性金融支持青岛平度市国家现代农业示范区合作协议》。

7 月 15 日 开行纪委书记周清玉与青岛市委副书记、市长张新起座谈，就进一步深化双方在棚户区改造、深潜基地、轨道交通等重点项目建设和海洋经济发展等领域的合作达成共识。

8 月 13 日 开行党委书记、董事长胡怀邦与山东省委常委、青岛市委书记李群座谈。双方就青岛市现代海洋体系建设、海陆统筹发展、城乡统筹发展和综合金融改革示范区等领域的合作达成共识。

8 月 27 日 开行副行长王用生与青岛市委副书记、市长张新起座谈，并代表双方签署了《支持海陆统筹联动发展开发性金融合作备忘录》。

9 月 2 日 《人民日报》以“国开行青岛分行支持危旧房改造”为题，报道该行发挥主力银行作用，支持岛城危旧房改造情况。

11 月 5 日 开行青岛分行资产总额首次突破 1000 亿元。

11 月 28 日 开行青岛分行开立金额 1.42 亿人民币进口信用证，这是该行第一笔跨境人民币表外融资业务。

（张鹏飞 郭 杰）

中国农业发展银行山东省分行

【综述】 2013 年,中国农业发展银行山东省分行(以下简称“农发行山东省分行”)牢牢把握“稳中求进”的工作总基调,强化信贷支农,夯实基础管理,切实防控风险,经营管理取得突出成效,工作作风得到明显改进,全行上下呈现出“风正、气顺、心齐、劲足、绩优”的良好局面。

截至年末,全行各项贷款余额 1270.2 亿元,比年初增加 31.2 亿元;各项存款日均余额 304.4 亿元,比年初增加 19.2 亿元,居系统内第 3 位;国际结算业务量 20.7 亿美元,同比增加 2 亿美元,居全系统第 1 位;全年实现考核利润 31.9 亿元,经营效益稳步增长;年末不良贷款余额 4.47 亿元,不良贷款率 0.36%,低于全系统 0.35 个百分点;经营绩效考核位居全系统前列,继续保持良好势头。

【业务发展】 2013 年,农发行山东省分行强化政策性银行职能,着力实施“两轮驱动”战略,积极推进金融改革发展,信贷支农取得新成效,在农村金融中的骨干和支柱作用明显增强。

一、粮棉油收购资金供应及时。一是统筹政策性和市场性收购信贷业务,全年累放粮棉油收储贷款 177.4 亿元,带动企业收储粮食 588.8 亿斤,棉花 360.8 万担,保护了农民利益;二是认真做好储备化肥、猪肉等信贷业务,累放贷款 16.9 亿元,支持了国家重要物资调控;三是代理拨付种粮农民直补、农资综合直补等各类财政补贴资金 119 亿元,促进了国家支农惠农政策落实。

二、支持农业农村基础设施建设成效显著。一是以水利和新农村建设为重点,加大增减挂钩项目营销力度,积极推动与土储中心的合作,适当拓展农村路网项目;二是与德州市政府签署战略合作框架协议,探索“整区域、全产业”的金融服务模式,支持新型城镇化建设;三是通过支持农村水土综合整治,提高农业综合生产能力。全年累放农业农村基础设施建设贷款 170.1 亿元,支持项目 83 个,支持复垦土地面积 1550 亩,新增有效耕地面积 1260 亩;支持新增农民住房面积 188 万平方米;修缮疏浚河道沟渠 128 公里,增加或改善灌溉面积 48 万亩。年末该类贷款余额 657.2 亿元,居全系统第 2 位。

三、支持实体经济持续有力。一是充分发挥农业产业化龙头企业带动作用,全年累放农业产业化龙头及加工企业贷款 190.6 亿元,支持企业 441 户;二是积极开展农村流通体系建设、农业科技等信贷业务,累计发放贷款 25.5 亿元,提升了农业科技应用水平;三是坚持转方式,调结构,不断优化贷款结构和客户结构,AA- 级以上客户占比 91.8%,同比提高 5.7 个百分点。

四、存款及中间业务进展顺利。一是扩展渠道,积极营销,扩大资金来源,低成本存款业务实现较快增长;二是稳步开展保险代理业务,率先开办了全系统首笔政府债券分销和系统内票据转贴现业务;三是成功启动股权融资顾问业务试点;四是配合总行成功发行第 1 期信贷资产支持证券,山东省 5.1 亿元资产入池,居全国系统首位;五是国际结算和贸易融资业务保持全国领先水平,外汇贷款增长迅速。

【运营管理】 2013 年,农发行山东省分行不断完善管理措施,切实加强资金计划管理和信息科技建设,努力增收节支,提高经营效益。

一、不断提升办贷效率。一是严格贷款准入,切实加强调查研究,适时调整准入标准;二是实行限时办贷制度,积极推行无纸化办贷;三是改进审查审议流程,重点加强押品价值、法律合规和业务合同审查。

二、持续深化贷款管理。一是开展购储销业务基础管理规范化建设,巩固了封闭运行管理成果;二是完善大客户分析监测制度,实行集团客户联动管理;三是积极探索适合新政策要求的项目运作模式和担保要求,强化了农业农村基础设施建设贷款的营销指导和收贷收息调度。

三、完善优化运营机制。一是优化信贷计划资源配置,资金调拨顺畅;二是加强财务管理,利息收回率达 100.3%,地方财补到位率达 108%,均创历史最高水平;三是全面推行晨会制度,提升网点服务水平,完善结算服务手段,全年通过合作网银账户结算资金同比增加 39%;四是组织序时审计活动,开展内部控制试评价;五是先后开发反腐倡廉管理信息、资金汇划管理、柜员绩效量化考核、贷款调查中心管理等系统,广泛使用高清网络视频会议系统。

【风险防控】 2013 年,农发行山东省分行一是制定风险处置预案,加强案例指导,成功处置风险隐患 24 例,涉及贷款 11.9 亿元;二是认真抓好存量不良贷款清收,积极运用金融、法律和行政等多种手段,清收不良贷款 2.08 亿元;三是加快不良贷款核销进度,核销呆账贷款 237 个项目、10.8 亿元。

【队伍建设】 2013 年,农发行山东省分行认真贯彻落实中央八项规定和总行实施细则,队伍凝聚力、向心力和战斗力显著提高,工作作风明显改进。一是深入开展党的群众路线教育实践活动,坚持班子率先转作风;二是坚持群众参与,通过各种方式征求内外部各类意见 489 条;三是召开专题民主生活会,制定整改方案和制度建设计划,初步建立了作风建设长效机制;四是组织各级行积极开展以“改进作风、提高能力、狠抓落实、廉洁自律”为主题的“作风建设年”活动。

【大事记】 1 月 31 日~2 月 1 日 农发行山东省分行全省

行长会议在济南召开。

3月26日　农发行总行副行长姚瑞坤在烟台出席2013年信息科技和营运管理工作会议。

6月6日　农发行总行印发(农发银党【2013】93号),任命刘书香为农发行山东省分行党委委员、副行长。

6月27日　农发行总行行长郑晖在德州市分行进行调研。

7月25日~26日　农发行山东省分行行长杨杰主持全省农发行深入开展党的群众路线教育实践活动动员部署会和市分行行长汇报会。

8月13日　农发行山东省分行行长杨杰与德州市市长杨宜新成功签署战略合作协议，标志着农发行山东省分行支持德州农村新型城镇化建设正式拉开序幕。

9月4日　农发行山东省分行与北京市分行成功试点开办了首笔系统内票据转贴现业务1.1亿元,系统内票据流转工作正式启动。

11月6日　农发行山东省分行研究制定了《支持德州市农村新型城镇化建设试验区工作方案》,建设农业政策性银行支持“四化同步”和城乡发展一体化的改革试验区。

12月11日　农发行总行副行长李刚在德州市转型农村城镇化建设实验区进行考察。

12月12日　农发行山东省分行行长杨杰向山东省副省长赵润田汇报信贷支农工作。

12月17日　农发行山东省分行行长杨杰向山东省副省长夏耕汇报信贷支农工作和业务发展情况。

(段玉华　张　军)

中国进出口银行山东省分行

【第一负责人简介】　王伟明，男,1960年7月11日生,硕士研究生。1982年起历任山东银行学校外汇保险、银行业务等教研室教师、副主任;1996年起历任国家外汇管理局山东分局、济南分局副主任科员、主任科员、山东省分局经常项目管理处副处长、人民银行青岛市中心支行党委委员、副行长、国家外汇管理局青岛市分局副局长、山东省分局国际收支处处长;2007年起任中国进出口银行青岛分行副行长、党委委员;2010年5月起任中国进出口银行业务开发与创新部总经理;2011年12月至今任中国进出口银行山东省分行党委书记、行长。

【综述】　2013年，中国进出口银行山东省分行（以下简称“进出口山东省分行”)实现了信贷业务快速发展,超额完成了全年指标;风险管理水平进一步提高,没有发生新增不良。

【业务发展】　2013年,进出口山东省分行加大信贷投放,加快创新发展,应对和化解信贷风险,实现了既定的发展目标,较好地支持了山东省外向型经济发展。

一、密切银政关系,业务营销事半功倍。一是参加了人行济南分行与山东省商务厅、滨州、临沂市政府等多家政府部门组织的银企推介会6次,开发了潜在客户15个;二是与山东省商务厅联合举办了机电及高新技术产品金融服务政策座谈会,商务厅、机电办、各地市商务主管部门及153家企业参会,吸引了东方电子、杰瑞股份等一批企业前来商洽业务合作;三是先后与东营、滨州市政府签订银政战略合作协议,构建与地方企业对接的纽带和桥梁；四是针对信贷业务发展地区不均衡的情况,加强了同中西部外贸欠发达地区政府的联系,营销当地龙头企业,做到业务均衡发展。全年新增贷款客户16家,贷款余额32.87亿元。

二、发展创新业务,业务发展后劲增强。一是在参与银团贷款的基础上，牵头完成了昊达集团乙烯衍生物工程项目评审承诺14.4亿元,这是该行作为牵头行的第一笔银团贷款;二是向正大食品贷款5亿元,完成了该行第一笔联合融资贷款,也是第一笔引进外商直接投资贷款;三是开展国内保理业务,为新华锦集团、润峰集团等客户开展了供应链融资,满足其日常生产经营资金需求;四是开展租金保理,为民生租赁办理了第一笔无追索权的租金保理业务，满足日钢集团生产经营的资金需求;通过中侨租赁帮助山东高速盘活固定资产,通过中飞咸亨租赁帮助山航进口飞机，为进一步开展业务合作奠定了基础。

三、发展中间业务,收入稳定增长。一是向如意集团等客户提供咨询顾问业务，帮助企业了解境外投资环境，防范风险,全年办理咨询顾问业务3笔,实现收入130万元;二是全年共办理委托代开银行承兑汇票业务4笔、金额6.20亿元,满足了企业融资需求;三是为祥光铜业、青建集团等客户开具了融资保函,帮助其从其他银行获得资金支持;四是办理网上开立信用证业务,为德正资源控股有限公司开立信用证1296万元。截至年末,共办理国际结算业务543笔、43.15亿美元,实现收入1.06亿元；叙做贸易融资业务194笔、128.86亿元,实现利差收入1.07亿元。

【转贷业务贷后管理】　截至2013年末,进出口山东省分行转贷项目72个,余额4.83亿美元。其中,部分项目存在不同程度的拖欠,为此,该行密切跟踪企业改制、重组等情况,并积极向政府反映情况，引起其重视，取得较为理想的成果，转贷拖欠项目已由2006年末的44个下降到目前的22个。

【不良资产清收】 2013年，进出口山东省分行积极化解新形成的不良贷款。一是完成了神工化工的资产保全、兰雁集团的债权申报；二是督促地方政府和神工化工履行还款义务，收回逾期贷款1980万元；三是协调总行内控部等相关部门，核销轻骑集团1亿元不良贷款；四是与济南高新控股集团签订不良贷款转让协议，成功化解长达13年之久的轻骑集团1亿元不良贷款。

【内部管理】 2013年，进出口山东省分行一是制定了《信贷风险防范与化解工作方案》和《风险提示与报告操作规程》等制度，规范了基础管理和业务操作流程；二是对光伏、钢铁、船舶等行业的10余家客户、中企联合担保的11家贷款企业，以及大额远期信用证业务、转口贸易融资业务分别进行了行业风险、担保风险和政策风险的排查；三是试行区域代理业务集中机制，在济南开展了代理行招标工作，选择了交行山东省分行、中行济南分行作为济南地区业务集中代理机构，改变代理行数量多、管理水平参差不齐的现象。

【企业文化建设】 2013年，进出口山东省分行一是深入开展党的群众路线教育实践活动，召开了专题民主生活会，总行孙平副行长、人力资源部领导和总行督导组出席了会议；二是建立人才储备梯队，进行了社会招聘，开展了员工岗位交流活动；三是组织开展了职工运动会、迎新春联欢晚会等文化活动。

【大事记】 3月7日 进出口山东省分行与总行公司业务部、山东省商务厅联合召开山东省农业企业走出去座谈会。

4月26日 进出口山东省分行与浪潮集团公司签署战略合作协议。

5月7日 进出口山东省分行行长王伟明与济南市金融办、济南高新控股集团公司负责人谈轻骑不良贷款清收事宜。

6月5日 进出口山东省分行行长王伟明陪同总行巡视组人员走访山东省商务厅、省金融办和力诺集团公司。

7月2日 进出口山东省分行行长王伟明与交行山东省分行行长洽谈合作发展业务

7月12日 进出口山东省分行行长王伟明与济南市金融办负责人谈轻骑集团不良贷款化解有关事宜。

12月6日 中国进出口银行青岛分行更名为“中国进出口银行山东省分行”，并举行揭牌仪式。

（王永杰）

第四部分

金融机构运行报告
——商业银行（上）

中国工商银行股份有限公司山东省分行

【第一负责人简介】 沈如军，男，1964 年 2 月生，博士研究生，高级会计师。历任中国工商银行江苏省分行会计处副处长，计划处副处长、处长，总行计划财务部副总经理，北京分行副行长、党委委员、党委副书记，总行财务会计部总经理兼消费者权益保护办公室主任。现任工行山东省分行党委书记、行长。

【综述】 2013 年，中国工商银行股份有限公司山东省分行(以下简称"工行山东省分行")认真贯彻国家宏观经济政策，全面落实金融监管要求，扎实推进各项工作，在服务地方经济社会发展的同时，保持了持续健康发展的良好势头。年末，该行在总行组织的内控综合评价中，继续保持一类行位置；在系统内一级分行经营绩效和业务发展考评中排名第 4 位。滨州、东营、聊城、日照、济宁、潍坊、临沂、菏泽分行等 8 家二级分行进入经营 30 强，其中滨州分行排名 30 强第 1 位。

一、积极稳妥增加信贷投放，提升服务地方经济发展水平。该行始终坚持金融服务实体经济的本质要求，积极争取总行在信贷规模、资金安排和信贷政策方面的倾斜支持，各项贷款保持平稳适度增长。截至年末，本外币各项贷款较年初增加 500 亿元，增量在全国系统内排名第 4。

二、持续优化信贷投向结构，支持全省经济转型升级。一是紧密结合山东产业结构和业务发展实际，科学把握信贷投向，促进信贷资源在区域、品种、行业间的最优配置，全年新增"黄蓝"两区贷款 138.44 亿元、十大振兴产业贷款 163.83 亿元、文化旅游业贷款 15.1 亿元、生产性服务业贷款 277.96 亿元；二是积极做好县域经济、城镇化、新农村建设金融服务，全年新增县域贷款 270 亿元、棚户区改造贷款 73 亿元和城镇化贷款 84 亿元。

三、加快业务产品创新，丰富金融服务手段。一是在信贷规模有限的情况下，推出"票据池"质押融资业务，将企业沉淀票据资产转变为方便可用的"活跃"资产；二是加快推广银企互联业务，有效满足集团客户资金归集、收付以及降低财务成本等多元化金融需求；三是创新推出随借随还、无需抵押的个人"逸贷"业务，方便了客户网上购物及刷卡消费；四是加强金融衍生产品与贸易融资的结合，推出债券质押式回购业务、掉存通、保融通、外汇掉期、双远期业务、电子供应链融资等新型产品，为"走出去"企业提供了灵活资金支持。

四、全力加强风险防范，保持资产质量持续稳定。该行面对经济环境深刻变化、不良贷款持续反弹的严峻形势，坚持管控风险源头和压降不良贷款"两手抓"，千方百计打好资产质量保卫战。全年累计清收处置不良贷款 37.84 亿元，其中呆账核销 8.74 亿元，较上年增加 5.04 亿元。年末不良贷款率 1.36%，资产质量总体保持在可控范围之内。

五、毫不放松做好内控案防工作，全行实现安全运营。在社会转型加快、银行安全经营管理难度增加的大背景下，该行开展层层自查和重点检查，突出重要风险点防控治理，确保了安全平稳运行，已连续 6 年实现零发案。在近 3 年全国系统一级分行内控评价中，均保持了一类行的好成绩。

六、积极推进服务改进提升工作，努力建设人民群众满意银行。一是新建及改扩建营业网点 61 家，投放自助设备 827 台、POS 机 1250 台，新发信用卡 52 万张，通过自助设备和网上银行办理业务的笔数占全部业务量的比重达到 67%；二是不断加强业务创新，推出了逸贷卡、交通卡、物流卡等新型产品；三是广泛开展服务规范活动，努力提升客户服务效率，切实维护消费者合法权益，客户满意度不断提高。

七、深入开展教育实践活动，增强全行凝聚力和向心力。一是深入开展党的群众路线教育实践活动，狠抓学习教育和查摆问题两个基础、以及整改落实和建章立制两个关键，广泛征求意见建议，认真查摆"四风"问题；二是进一步加强和改进思想政治工作，积极推进职工之家建设，大力宣传企业文化，广泛开展员工喜闻乐见的文体娱乐活动，全行员工的责任感、归属感和主人翁意识不断增强。

【公司业务】 2013 年，工行山东省分行加强市场营销，加快业务创新，积极促进资产、负债、中间业务协调发展。一是深挖市场资源，坚持"下管一级、监控两级"的工作思路，积极构建"过程化"公司存款管理机制，年末全行本外币公司存款(含保本理财)余额较年初增加 72.4 亿元；二是加强资源储备，做大公司信贷业务，年末本外币公司贷款余额突破 4000 亿元，较年初增加 290.8 亿元；三是坚持大中小客户并举的发展思路，通过"一行一户"、供应链融资、中型客户拓展、大额资金平台等一系列拓展工作，推动了客户数量稳步增长；四是积极推动公司金融业务转型，银团贷款、理财融资、债务融资工具承销、融资租赁等金融资产服务业务快速发展。

中国工商银行股份有限公司山东省分行主要统计指标 1

单位：亿元

项目＼年度	2009	2010	2011	2012	2013	2013年同比增幅（%）
本外币资产总额	4546.8	4882.44	5564.18	6392.33	6906.50	8.04
本外币存款余额	4317.47	4624.99	5079.87	5755.24	6310.52	9.65
人民币存款余额	4281.38	4586.74	5006.72	5627.04	6162.91	9.52
企业存款	1260.97	1305.11	1419.56	1555.39	1610.83	3.56
机关团体存款	872.31	1016.09	1151.71	1268.88	1372.17	8.14
储蓄存款	1956.05	2175.13	2435.45	2802.76	3179.91	13.46
本外币贷款余额	3592.29	4122.1	4647.45	5044.73	5522.42	9.47
人民币贷款余额	3524.28	4034.23	4464.24	4867.93	5310.52	9.09
短期贷款	1188.89	1347.05	1648.4	2101.5	2230.34	6.13
中长期贷款	2335.39	2775.05	2815.85	2766.43	3080.18	11.34
票据融资	110.68	48.04	69.31	140.29	95.71	-31.78
利润总额	84.55	92.07	114.8	126.49	127.83	1.06
不良贷款余额	67.95	64.05	58.53	59.71	74.96	25.54
不良贷款占比（%）	1.89	1.55	1.26	1.19	1.36	0.17

中国工商银行股份有限公司山东省分行主要统计指标 2

项目＼年度	2009	2010	2011	2012	2013	2013年同比增幅（%）
单位结算账户（万户）	19.96	22.91	20.71	21.04	22.4	6.46
单位结算金额（亿元）	384068	465122	524337	539739	624556	15.71
信用卡发卡量（万张）	279.83	387.17	450.00	506.32	558.67	10.3
信用卡消费额（亿元）	103.96	329.64	485.72	582.85	724.75	24.3
企业网银客户（万户）	8.0	9.5	10.3	9.8	11.98	22.2
个人网银客户（万户）	414.7	554.5	684.1	798.9	935.2	17.1
手机银行客户（万户）	90	199.6	308.8	460.4	680.2	47.7
电话银行客户（万户）	341.3	456.9	612.3	702	732	4.3
现金自助设备（台）	1737	2088	2681	3469	4065	17.2
营业网点（个）	867	866	894	975	981	0.6
自助网点（个）	14	22	41	94	156	66

【机构业务】 2013年，工行山东省分行以存款工作为主线、以客户拓展为抓手，以增加贡献为目标，统筹抓好各项经营管理工作，机构业务继续保持平稳健康的发展态势。一是以短板客户为重点，积极抢抓新兴市场机遇，拓展客户构成的广度和深度；二是高度关注民生领域金融服务，积极拓展代发工资、财政非税项目、养老保险、地方债发行等银政服务领域；三是出台《军队客户服务标准落实意见》，进一步提升了军银合作层次和服务水平；四是积极开展业务创新，在券商资产管理计划、阳光

私募、基金专户理财、股票质押融资等新兴业务品种上开展同业合作，取得新的成果。

【个人业务】 2013 年，工行山东省分行加大各类新市场和新客户拓展，强化渠道队伍建设，有力推动了个人金融业务快速发展。一是积极拓展优质市场，个人客户实现量质同步提升；二是充分发挥商友卡、福农卡、个人经营、助业贷款等特色产品优势，加强对重点商品交易市场、专业市场，以及重点社区和乡镇的营销服务；三是借助个贷业务流程与营销模式创新，加快逸贷产品的推广，累计发放“逸贷”贷款 3.43 亿元；四是加快自助渠道建设和创新型机具试点应用，网点服务能力得到有效补充和提升。同时，加快推动网点调整优化工作，提升其经营效能和市场竞争力。

【国际业务】 2013 年，工行山东省分行积极推进国际业务第一银行建设，国际业务营销管理水平和经营效益显著提高。一是通过分类与分层营销结合、挖潜与拓户结合、现场与主题活动结合，各类客户均实现有效拓展；二是将增值业务融入传统业务，积极发挥境外机构平台作用，加强内外联动，国际业务整体产品竞争力有了显著的提升，全年办理国际结算业务 902.58 亿美元，跨境人民币结算量 786.63 亿元；三是先后成功推出了跨境人民币反向汇兑通、结构性代付、低风险担保融资以及“工银跨境通”系列产品组合，国际结算类新产品数量再创新高；四是成功投产了个人账户外汇及原油业务，成为省内第一家开办此类业务的银行；五是网点国际业务服务能力逐步提升，全行具备外汇业务办理资格的网点达到 466 个。

【信贷管理】 2013 年，工行山东省分行以信贷风险控制为重点，加强政策服务引导，深化信贷基础管理，有力保障了全行经营目标的顺利实现。一是全面做好资产质量管理，定期对法人客户开展风险排查，建立并完善客户风险分类和退出机制，加强逾期贷款管理，突出加强小企业、房地产、个人经营贷款等重点风险领域的风险控制；二是研发投产“行业信贷风险预警监控系统”，进一步完善了监测预警体系，提高了风险识别和防控能力；三是严格客户准入，增强信贷政策的引导作用，促进信贷资源在全行区域、品种、行业、客户间的最优配置。

【投资银行业务】 2013 年，工行山东省分行强化产品和服务创新，积极推动投行业务产品升级和结构优化。一是将业务创新和品牌建设作为提高业务可持续发展能力的战略任务，加大营销推动力度，在并购重组、股权融资、高端财务顾问等业务领域积极开拓市场；二是成功完成 5 个股权融资 PE 主理银行业务，创新开办了“专项债权业务”，补充了业务空白点。

【银行卡业务】 2013 年，工行山东省分行大力调整发卡结构，提升服务品质，信用卡业务迈出新步伐。一是以项目发卡为突破口，推进优质客户营销，优化发卡结构；二是以汽车、车位、家装类专项分期为发展重点，稳步推进分期付款业务健康快速发展；三是大力发展收单业务，进一步完善业务布局；四是从联合商户、积分兑换、分期付款、行业消费等多个方面入手，持续推动信用卡消费额稳步增长。

【财务会计】 2013 年，工行山东省分行以推动价值创造为目的，优化绩效管理和财务资源配置机制，努力提升财务会计基础管理效率和规范化、精细化管理水平。一是注重发挥预算编制的导向作用，实施全过程财务预算管理，推动实现财务目标；二是构建了一套纵横分解、整体联动的绩效考核管理模式，完善费用分配办法，有效发挥费用资源激励约束效果，促进全行业务发展和业绩提升；三是切实做好中间业务组织推动，中间业务收入同比增加 6.89 亿元。

【电子银行业务】 2013 年，工行山东省分行电子银行业务快速健康发展，业务占比达到 67.2%。一是加快客户拓展速度，业务规模再创新高；二是加快产品创新，投产了多项电子银行代缴水费、有线电视费、暖气费、燃气费等服务民生产品，拓宽了服务领域；三是银企互联、企业网银理财、企业网银结汇、“融 e 购”电商平台等重点产品稳步推广，服务内涵持续提升。

【企业文化建设】 2013 年，工行山东省分行一是精心组织“十八大”精神学习宣传，省行和各二级分行举办党委中心组集体学习 191 次，开展了由全行 330 余名正副处级干部、资深经理和高级经理参加的集中轮训，学员撰写学习体会 336 篇，形成研讨报告 44 篇；二是紧紧围绕总行、省行行长会议精神，组织各行抽调专人组成宣讲团，到支行、网点进行巡回宣讲，引导基层干部员工准确领会、把握上级行党委决策部署；三是做好文化积淀的记载与传承，编写建行 30 年《发展大事记》350 余万字，《企业文化建设集锦》30 万字；四是因地制宜建立“文化角”、“文化墙”和“文化长廊”，依托职工之家，将文化传播融入书法、绘画、摄影、演讲比赛及文体活动中。

【大事记】 1 月 6 日 山东省委常委、常务副省长孙伟，省政府副秘书长张德宽，省金融办主任李永健，人行济南分行行长杨子强，山东银监局局长廖平之一行到工行山东省分行营业部视察指导工作。

4 月 14 日 工行山东省分行“学习党的十八大精神培训班”正式开班。

5 月 7 日 人行济南分行副行长肖龙沧一行到工行山东省分行调研。

5 月 20 日 工行山东省分行私人银行中心揭牌。

6 月 19 日~20 日 工总行刘立宪纪委书记到山东省分行进行调研。

6 月 21 日 工行山东省分行与山东电力基本建设总公司，山东电力建设第一工程公司等中国电力建设集团驻鲁企业签署战略合作协议。

8 月 1 日 工行山东省分行召开深入开展党的群众路线教育实践活动工作部署会。

8月28日　工总行在济南召开县支行改革发展及竞争力提升专题座谈会。

9月16日　山东省金融办主任李永健一行到工行山东省分行调研指导工作。

9月26日　工总行董事长姜建清主持召开山东省分行干部大会，宣布总行党委对山东分行主要领导进行调整的决定。期间，姜建清董事长在济南拜会了山东省委书记姜异康，省委副书记、省长郭树清，省委常委、常务副省长孙伟，并到济南大观园支行、山东省分行授信审批中心调研指导工作，看望慰问一线员工。

10月15日　工总行城市金融研究所《中国城市金融》采访组就山东省分行支持县域经济发展的情况进行采访。

10月24日　工总行魏国雄首席风险官到山东省分行调研，并就供应链融资业务做专题报告。

10月30日　工行山东省分行召开二级分行行长会议。

11月5日　工行山东省分行参加齐鲁股权交易中心“战略协议签署、平台上线暨企业挂牌仪式”，并签署相关合作协议。

11月12日　工行山东省分行召开全省案件防范分析会议。

11月13日　工总行股权董事汪小亚、王小岚一行到山东省分行就国际业务进行调研。

11月23日　工行山东省分行召开党的群众路线教育实践活动专题民主生活会。

11月　工行山东省分行制定印发《关于优化人员配置增强营销力量的意见》、《关于加快离行式自助银行建设工作的实施意见》、《关于持续提升网点竞争力的意见》等系列文件。

12月13日　工行山东省分行召开网点竞争力提升工作会议。

（段维斌）

中国工商银行股份有限公司青岛市分行

【第一负责人简介】　侯本旗，男，1971年9月生，中共党员，中国社会科学院经济学博士学位。1996年8月参加工作，2006年6月任工行总行人力资源部（党委组织部）副总经理；2009年2月任工行广东分行党委委员、副行长；2012年4月，任工行青岛分行党委书记、行长。

【综述】　2013年，中国工商银行股份有限公司青岛市分行（以下简称“工行青岛分行”）紧紧围绕创建“同业大而强、系统精而优”的“标杆城市分行”的发展战略，深化经营结构调整和发展方式转变，竞争发展能力得到进一步提升，全行的各项经营管理工作总体保持了盈利增长、业务发展、结构优化、风险可控的稳健发展态势。

【贷款业务】　2013年，工行青岛分行合理把握信贷投向，信贷结构持续优化，青岛第一融资大行地位日益巩固。一是按照“细分市场、锁定目标、整合产品、理顺机制、团队联动、全面出击”24字营销方针，加强“公私联动”，领先一步抓住新进入客户，推动业务市场份额不断扩大和客户结构持续优化；二是通过创新业务模式、改变固有思路、采用更加灵活的结构，依托“表内+表外+创新”的思路，综合运用债权、股权和收益权类单一或集合信托融资模式，成功探索了多渠道融资的新模式；三是将2013年作为“信贷管理年”，加强信贷管理，通过改革固本培元，从根本上提高信贷风险防范与控制能力。

【存款业务】　2013年，工行青岛分行突出负债业务的基础地位，创新思路，确保日均存款稳定增长。一是加快储蓄存款增长，通过以公带私，批量发展个人优质客户，狠抓代发工资等源头性业务；二是利用支付、结算等基础业务优势，依托法人客户营销系统、大额资金流向监控平台，围绕企业资金流开展链式营销，挖掘核心客户上下游存款资源；三是加大对青岛市级财政、社保、军队等存量优质客户的营销、维护力度，持续扩大市场份额。

【国际业务】　2013年，工行青岛分行以青岛市扩大对外开放和实施企业“走出去”战略为契机，利用境内外“两个市场、两种资源”，以客户提升和产品创新为主要着力点，统筹协调，精耕细作。全年共办理国际结算业务216.3亿美元，同比增长11%；办理贸易融资业务40.6亿美元，增长18.89%；办理跨境人民币业务158.1亿元，增长157.9%。一是提高客户覆盖率和产品渗透率，增强产品市场竞争力；二是加快业务创新，有效满足客户结算、融资和理财的一揽子金融需求；三是通过与工银亚洲内外联动叙做跨境汇兑业务，利用境内外市场不同兑换价

中国工商银行股份有限公司青岛市分行主要统计指标 1

单位：亿元

项目＼年度	2010	2011	2012	2013	2013年同比增幅（%）
本外币资产总额	885.91	961.74	1053.17	1173.04	11.38
本外币存款余额	820.07	880.23	939.88	1050.31	11.75
人民币存款余额	804.1	859.8	921.11	1030.61	11.89
单位存款	384.93	414.05	421.14	459.47	9.10
储蓄存款	435.14	466.18	520.4	590.8	13.53
本外币贷款余额	772.54	911.44	1016.21	1097.66	8.02
人民币贷款余额	733.97	865.99	973.48	1041.37	6.97
短期贷款	165.04	275.88	388.45	419.46	7.98
中长期贷款	597.34	635.57	627.76	678.21	8.04
票据融资	10.17	18.99	77.24	78.42	1.53
利润总额	23.11	30.51	35.11	35.96	2.42
不良贷款余额	6.98	10.77	15.68	22.09	40.88
不良贷款占比（%）	0.90	1.18	1.54	1.97	0.43

中国工商银行股份有限公司青岛市分行主要统计指标 2

项目＼年度	2010	2011	2012	2013	2013年同比增幅（%）
单位结算账户（万户）	5.07	4.84	5.15	4.85	-5.80
单位结算金额（亿元）	56085.84	76455	57855	61561.23	6.41
个人结算账户（万户）	346.47	385.01	424.73	603.11	42.00
个人结算金额（亿元）	7843.15	8977.75	9821.67	11346	15.5
信用卡发卡量（万张）	63.85	63.93	66.92	76.68	14.58
信用卡消费额（亿元）	40.5	56.1	70.7	99.69	41.00
企业网银客户（万户）	1.45	1.82	2.12	2.27	7.08
个人网银客户（万户）	93.7	111.2	126.6	146.7	15.88
手机银行客户（万户）	18.6	33.1	52.7	85.3	61.86
电话银行客户（万户）	75.1	82.6	88.1	99.3	12.71
现金自助设备（台）	351	489	634	721	13.7
营业网点（个）	111	115	122	124	1.64
自助网点（个）	11	25	36	48	33.33

格优势，创造了丰厚的中间业务收入，同时帮助企业降低了财务成本，实现了银企互利双赢。

【银行卡业务】 2013年，工行青岛分行从规模、质量、效益、品牌等全方位入手，以“转型、提升、创新”为发展主题，加快向依靠管理创新、服务创新提升品牌价值转变。一是以客户拓展为核心，加快信用卡产品渗透，完善增值服务，提高客户的忠诚度和贡献度；二是从战略的高度抓好收单业务，同步推进POS规模扩张和结构调整两大工程，强化联动营销，提高POS活跃率和收益水平；三是做强做优信用卡贷款业务，精确授信，严控风险，推进信用卡贷款健康发展。

【电子银行业务】 2013年，工行青岛分行以扩大活跃客户群体为核心，加强重点市场营销，积极开展产品创新，持续推进业务分流，推动电子银行业务全面协调发展。一是加快拓展移动互联网市场，大力发展手机银行业务，推动电子银行由"家中的银行"向"掌中的银行"转变；二是发挥网络化营销优势，建立与行内各相关部门紧密联动、与行外各类合作伙伴开发协作的营销机制；三是深入推进柜面业务分流，扩大离柜客户群体，加快证书客户、移动银行客户发展，带动离柜客户活跃度的全面提升。

【内部管理与企业文化建设】 2013年，工行青岛分行一是坚持从严治行，围绕以"遵章守纪为荣，违规违纪为耻"为主要内容的内控文化主题教育活动；二是将2013年作为"信贷管理年"，切实加强信贷管理；三是倡导"银行与员工共发展"的理念，建立以"事业分享、能力分享、财富分享"为特征的分享机制，营造"共创共享"的家园文化。

【大事记】 4月18日 工行青岛分行印发（工银青发〔2013〕136号）、(工银青党发〔2013〕26号文，免去吴刚青岛市分行党委委员、副行长职务。

4月25日 工行青岛分行成功完成首笔黄金租赁业务的还金工作，实现了分行贵金属融资业务的历史性突破。

4月28日 工行青岛分行召开2013年支行行长会议暨"旺季业务竞赛活动"、"双先"表彰大会。

5月18日 工行青岛分行电业集中对账项目正式投产上线。

6月9日 工行青岛分行印发《关于成立辽阳西路支行的通知》(工银青发[2013]187号)。该行由原辽阳西路储蓄所升格成立，地址为青岛市市北区辽阳西路100号。

工行青岛分行印发《关于成立秦岭路支行的通知》(工银青发[2013]189号)。该行由原秦岭路储蓄所升格成立，地址为青岛市崂山区仙霞岭路17号。

工行青岛分行印发《关于成立洛阳路支行的通知》(工银青发〔2013〕190号)。该行由原洛阳路分理处升格成立，地址为青岛市市北区洛阳路28号。

6月14日 工行青岛分行印发《关于成立分行服务与流程改善办公室的通知》(工银青发〔2013〕192号)。同时撤销服务与品牌工作办公室。

工行青岛分行印发《关于成立太行山路支行的通知》(工银青发〔2013〕193号)。该行由原太行山路分理处升格成立，地址为青岛市黄岛区长江中路519号。

工行青岛分行印发《关于成立长江东路支行的通知》(工银青发〔2013〕194号)。该行由原长江东路分理处升格成立，地址为青岛市黄岛区长江东路361-3-4-5号。

6月24日 工行青岛分行成功办理首笔中小企业集合信托业务。

8月13日 工行青岛分行印发《关于成立辽阳东路支行的通知》(工银青发〔2013〕263号)。该行地址为青岛市崂山区辽阳东路8-4号、8-5号。

8月26日 "工行青岛分行电子银行"微信平台成功开通。

8月27日 工行青岛分行与青岛市地税局合作，成功开通"网上银行地税缴纳"，成功办理首笔网银自助缴税业务。

9月16日 工行青岛分行蓝色半岛投资平台下属基金成功为某企业验资账户发放股权增资款4000万元，实现了PE(私募股权)基金主理银行业务零的突破。

10月24日 工行青岛分行成功为客户办理了期限为3个月的大豆期权代客商品风险管理交易，实现了代客商品风险管理业务的突破，也是系统内办理的首笔代客商品期权交易。

11月12日 工行青岛分行印发(工银青发〔2013〕355号)文，聘任孙风雷、陈兵为青岛市分行行长助理。

12月12日 工行青岛分行印发《关于成立胶州澳门路支行的通知》(工银青发〔2013〕388号)。该行由原胶州支行湖州路储蓄所升格成立，地址为胶州市澳门路333号。

12月20日 工总行刘立宪纪委书记出席青岛分行党委群众路线教育实践活动专题民主生活会。

（栾经光 杨 杰）

中国农业银行股份有限公司山东省分行

【第一负责人简介】 陈军，男，1963年1月生，汉族，中共党员，大学学历，高级经济师。1979年11月参加工作，1999年12月任农行泰安市分行党委书记、行长，2004年5月任农行山东省分行党委委员、副行长；2005年12月任农行新疆区分行党委书记、行长兼新疆兵团分行党委书记、行长；2009年11月任农行房地产信贷部总经理，2010年4月任中国农业银行山东省分行党委书记、行长。

【综述】 2013年，中国农业银行股份有限公司山东省分行(以下简称"农行山东省分行")坚持"同业争排头、系统创一流"的战略目标，不断加快改革创新步伐，持续加大信贷投放力度，切实提升金融服务水平。

一、积极助推全省经济发展。一是主动加强与各级党政、行业主管部门、资源优势客户的战略合作，深化与系统性、重点客户的合作关系；二是积极实施客户下沉战略，强化网点对公营

中国农业银行股份有限公司山东省分行主要统计指标 1

单位：亿元

项目	2009	2010	2011	2012	2013	2013年同比增幅(%)
本外币资产总额	4622	4916	5475	6708	7230.86	7.23
本外币存款余额	4203	4697	5193	6307	6852.98	7.97
人民币存款余额	4181	4664	5157	6239	6769.14	7.83
单位存款	1605	1773	2130	2509	2913.15	13.87
储蓄存款	2410	2706	2989	3503	3855.99	9.15
本外币各项贷款余额	2680	3220	3684	4159	4551.86	8.63
人民币贷款余额	2623	3166	3622	4053	4464.35	9.21
短期贷款	1286	1586	1929	2295	2401.96	4.45
中长期贷款	1142	1494	1659	1704	2062.39	17.38
票据融资	194	86	34	54	71.82	24.81
利润总额	71	105	133	120	127.53	5.90

中国农业银行股份有限公司山东省分行主要统计指标 2

年度 项目	2009	2010	2011	2012	2013	2013年同比增幅(%)
单位结算账户(万户)	—	12	14	15	16	8.64
单位结算金额(亿元)	—	10111	14274	18240	22070	17.35
个人结算账户(万户)	4398	3738	4391	4829	5778	16.42
信用卡发卡量(万张)	50	45	48	51	47	-8.51
信用卡消费额(亿元)	143	246	444	537	564	4.79
企业网银客户(万户)	2.49	3.71	6.19	11.99	15.05	20.33
个人网银客户(万户)	174.67	286.74	496.19	646.42	820.58	21.22
手机银行客户(万户)	6.58	76.00	285.77	439.79	613.53	28.32
电话银行客户(万户)	107.11	229.67	557.05	761.05	959.46	20.68
现金自助设备(台)	2592	3215	3892	4633	5713	18.90
营业网点(个)	1436	1420	1411	1411	1414	0.21
自助网点(个)	42	63	105	179	339	47.20

销服务职能，稳妥加大小微企业支持力度；三是按照“盘活存量，用好增量”的原则，积极跟进全省“两区一圈一带”发展规划；四是高度重视重金属排放企业的环保及政策风险，严格落实行业信贷政策，“两高一剩”行业贷款占比 18.1%，比年初下降 1.8 个百分点；五是加快互联网、移动、电商金融等电子渠道的建设和推广，电子渠道交易占比达 85%；六是大力发展个人信贷业务，积极推广随薪贷、旺铺贷、消费分期等特色业务。

二、扎实提高“三农”服务水平，支持全省县域经济发展。一是积极探索建立现代农业和城镇化金融示范区，打造支持城乡一体化的金融服务样板；二是择优支持商业化运作的道路交通、供电、供气管网等优质项目，县域城镇化贷款达 125 亿元；三是深入研究农业产业链经营机制，改进农户贷款流程；四是深入推进“惠农通”提质增亮工程，向农村地区提供低成本、广覆盖、多功能的基础金融服务；五是强化新农保、新农合、政策性惠农资金等涉农代理项目营销，农村基础金融服务能力明显提升。

三、注重实施金融创新，满足客户多元化金融需求。一是通过下移经营重心，强化网点建设，逐步实现柜员服务、自助服务、客户经理服务三区分设，提升网点服务功能；二是加快电子化网络服务渠道建设，更好地满足社会公众日益增长的资金存取、汇划、代理缴费等各种金融服务需要；三是创新推出了私募股权投融资顾问业务，开发了国内保理、机械设备经营性融资租赁业务、银团+融资租赁业务、黄金租赁等新型业务，探索推出了法人渔船抵押贷款、农村流转土地收益权抵押贷款、浮动抵押融资业务等创新产品，并积极开展无人岛、人工岛使用权抵押融资及股权、专利权质押融资业务试点，全年全行共组织研发新产品234项，其中产品研发项目112项，定制理财产品122项，连续6年举办产品创意大赛，连续4年夺得总行产品创意大赛一等奖，产品创新工作保持系统首位。

四、狠抓全面风险管理，基础管理日臻完善。一是开展了以“抓基层、强基础、促规范”为主要内容的“基层风险控制360”活动，持续优化完善作业、授权、监管“三大集中”运营模式，确保各项业务“安全、高效、和谐”运营；二是加强营业网点、金库守库值班、运钞押运集约化管理，全面推行异地集中守库；三是健全责任追究长效机制，连续5年组织开展案件风险排查，连续3年开展合规文化建设活动；四是开展了不良资产处置、农户贷款专项治理、员工参与民间借贷和非法集资、经商办企业等三项专项治理活动，严防民间借贷、非法集资等风险向银行传导。

【三农业务】 2013年，农行山东省分行坚持服务三农市场定位，推进产品和服务模式创新。一是组织辖内支行针对县域十类对公客户进行了“地毯式”普查，确定了522家省行及市行级核心客户，72家省行级核心客户贷款增加21.7亿元，中间业务收入和国际结算增幅均超过30%；二是推广了“龙头企业+担保公司+农户”的“六和模式”、“龙头企业+专业合作社+农户”的“泉林模式”、“订单+保险”的“农产品订单模式”，全年累计向80余家龙头企业产业链上4403家农户发放农户贷款13.2亿元。同时，加大对县域中小企业动产质押融资、县域钢结构抵押贷款等10项特色产品的推广力度，贷款余额76.6亿元，惠及企业812家；三是深入推进金穗“惠农通”工程，全行共设立“惠农通”服务点2.4万个，布放电子机具15.8万台，覆盖全省68.9%的行政村，新发放有效惠农卡158.6万张，农户贷款累计投放168.5亿元。

【公司业务】 2013年，农行山东省分行积极推进营销转型，强力提升营销质效，推动公司业务健康稳健发展。

一、加强对公客户的基础管理。一是突出抓好三级核心客户建设，研究出台了对公法人客户分层经营管理和三级核心客户价值提升《实施意见》；二是大力开展专项营销活动，筛选推荐28个项目纳入总行重大项目库管理；三是组织制定了《关于信贷支持小微企业的实施意见》，推出小微企业产品专属品牌体系，小微企业贷款195亿元，较年初增加45亿元，增幅29.81%。

二、突出对公业务的重点领域。强化对重点城市行、“蓝、黄”两区的支持政策，两区存、贷款分别比年初增加258.40亿元和198.60亿元，获得省政府两区专项奖励资金133.7万元，居金融同业首位。围绕总行信贷政策和山东产业政策导向，重点支持先进制造业、战略性新兴产业、现代服务业和文化创意产业，着力保障电力能源、电信、石油石化、交通运输等基础设施的信贷投放。

三、积极拓宽企业融资渠道。一是推进公司业务投行化经营，发行债券承销12只、金额137.1亿元，新增理财融资业务232.66亿元，理财融资业务普及面达到14个行；二是推动高端投行业务，办理了11笔银团贷款业务，涉及金额42.8亿元。

四、确保房地产业务持续发展。一是与全国前十大房地产开发企业均建立了业务合作关系，支持项目21个，额度112.3亿元；二是注重开发贷款与个人按揭贷款的联动营销，共带动个人住房按揭贷款72.8亿元，带动发卡量17061张。

【机构业务】 2013年，农行山东省分行按照“巩固优势、突破短板、提升质效”总体要求，全力拓展“十大系统客户”、“八大重点行业”，着力营销“六大重点产品”，机构业务实现稳健发展。一是围绕“资格、账户、存款”三大目标，加大对核心系统、潜力市场、优质项目的服务力度，新增省财政系统存款40亿元，新取得2市、8县财政集中支付资格，新突破非税归集资格2个，代理业务量居各家商业银行首位，获山东省财政厅“突出贡献奖”；二是全面提升部队政法客户服务成效，部队政法存款达52亿元，新增结算账户25户，交警非税电子征缴实现突破；三是着力提升代理保险综合收益，全年实现代理保费42.9亿元，手续费1.98亿元，两费四行占比均居第一位；四是深化“银银”系统合作，完成了14家银行授信，总额度达295亿元；第三方存管客户达111万户，增长13万户；“保赁通”获总行产品创新二等奖；五是推动托管业务多元发展，全年新增托管资产规模62亿元，年金到账规模1.65亿元。

【个人业务】 2013年，农行山东省分行个人业务健康发展。一是扎实推进客户价值提升工程，完善落实“1+1+N”的客户服务体系，建成财富管理中心15家、理财中心59家，组织各类高端特色客户活动150余场，全行个人贵宾客户较年初增加28.8万户，私人银行签约客户增加271户；二是出台了《网点竞争力提升工程实施方案》，全省共实施转型网点329家，同时，加强网点准入，完成网点建设立项497个，94个网点升格为二级支行；三是实行大额存款支付监测报告制度，加强营销督导。

【国际业务】 2013年，农行山东省分行健全机制、优化流程、创新产品、强化管理，国际业务呈现持续、均衡的发展局面。全年实现国际结算量465亿美元，完成结售汇169亿美元，累计发放本外币贸易融资771亿元，跨境人民币业务量达530亿元，国内信用证开证量208亿元，开证总量、增量、余额均居系统内第一位，连续两年被外管局山东省分局评为执行外汇管理规定A级行。

2013年，该行一是在省行贸易融资中心建立了客户直联制度，在东营分行试点成立了全省首家贸易融资分中心，积极构建客户经理+产品经理的矩阵式营销模式，提升对核心客户的本外币一体化服务能力；二是成立了国际业务产品创新领导小组，按照研发产品——普及培训——试点突破——快速复制的流程牵头组织全省外汇产品的创新推广，全年新介入外汇客户257家,推广应用结构性贸易融资外汇新产品15项,境内外联动业务量182亿美元;三是完善考核激励机制,加强国际业务组织体系建设,巩固重点客户和基础业务市场地位。

【风险控制】 2013年,农行山东省分行坚持风控关口前移,突出风控重点和技术手段跟进,提升风险防控能力。一是出台了《不良贷款压降和管控工作方案》,组织实施综合治理,对8个不良贷款重点行,由省行班子成员分别挂包实施帮扶督导;二是加强操作风险管理工具升级与应用,强化对关键指标和业务的监控,建立了操作风险评估常态机制,在全行开展了24个业务条线的操作风险评估工作,制定了《风险考核评价管理办法》,增强了风险管控部门合力。

【财务会计】 2013年,农行山东省分行创新管理机制,持续提升财务会计基础管理水平。一是完善了"以分行综合考评为核心,三农分部综合考评为辅,支行穿透考评、部门条线考评和重点资源配置为补充"的矩阵式绩效考核体系;二是加大绩效费用与经济增加值挂钩力度,战略费用重点支持重点区域、渠道建设和三农业务;三是扎实推进运营中心建设,作业中心圆满完成省域集中,柜面压力明显减轻,累计堵截重大风险差错423笔;四是深入开展"三化三铁"创建,进一步优化和创新监管流程,全年共创建"三铁"单位196个,运营基础管理先进单位13个,堵截各类风险事件106起,涉及资金2.4亿元;五是完成了BoEing三期上线应用。

【信用卡业务】 2013年,农行山东省分行信用卡业务以优质客户为抓手,以提高效益为目标,推动业务创新和经营模式优化,着力构建信用卡可持续发展能力。全年实现信用卡中间业务收入6.1亿元,新增贷记卡有效活动客户16.2万户,新增有效收单商户5274户。一是积极推广"赢在大堂"信用卡网点营销模式,加大个人优质客户挖潜力度;二是持续推进分期业务发展,全年实现信用卡分期交易额54亿元;三是在扩大商户规模同时,着力优化商户结构,提高高端商户和有效商户占比,新增有效收单商户5274户。

【电子银行业务】 2013年,农行山东省分行电子银行业务以"扩大规模、加大分流、增强创收"为重点,实现高效稳健发展。一是组织了"智行无疆、慧泽无限"等综合营销活动,加快实现电子银行产品的全覆盖,个人网银和企业网银(证书版)存量市场份额均居同业首位;二是针对有效客户占比和客户渗透率偏低的实际,适当调整优化指标,提高电子银行业务发展质量,累计实现电子银行业务收入7.5亿元,个人、企业网上银行和智付通客户分别绑定存款743亿元、1098亿元和127亿元;三是加大对产品发展质量、电子渠道分流率、自助设备投产率等重点指标的考核,进一步提高了渠道分流能力。

【内控管理】 2013年,农行山东省分行持续完善内控管理体系,不断夯实合规管理基础,为全行业务健康发展提供了有力保障。一是持续开展以"无案件、无违规、无重大事故、无声誉风险事件、创建合规管理先进单位"为主要内容的"四无一创建"活动,积极推动基础管理提升;二是完善了尽职监督考核评价机制,组织开展了案件风险排查和重点线索专项核查,建立了定期分析通报制度;三是组织完成了对16家二级分行和180个经营行的内控评价,做好反洗钱数据补正工作,不断提高反洗钱人员业务技能。

【党建和企业文化建设】 2013年,农行山东省分行坚持以人为本,大力推进党建、队伍和企业文化建设。一是圆满完成了岗位管理体系和薪酬体系改革工作;二是创新启动了"幸福家园"工程,开展了优秀派遣制员工录用为合同制柜员工作,匹配3500余万元专项费用、640万元工会经费用于"职工之家"建设,出台了《困难员工救助金管理办法》,加大对困难员工的救助帮扶力度。

【大事记】 1月24日~25日 农总行行长张云莅临山东省分行,出席省行党委民主生活会并视察指导工作。省委书记姜异康、省长姜大明在山东大厦会见了张云行长一行。

2月5日 农行山东省分行与山东出版集团有限公司签署了全面战略合作协议。

2月18日~19日 农总行监事长车迎新出席总行审计局济南分局干部调整大会,并莅临山东省分行视察指导工作。

3月20日 农行山东省分行集中作业平台个贷放款功能全面推广上线。

4月27日~28日 农总行董事长蒋超良到山东省分行视察指导工作,并与山东省委副书记、省长郭树清会见,商讨深化合作事宜。

5月10日 农行山东省分行在全省实施"幸福家园"工程,增强员工的归属感、成就感和幸福感。

4月26日 农行山东省分行在济南举办第6届产品创意大赛。

5月23日 农行山东省分行在全省范围推广应用集中作业平台财政支付集中处理功能。

5月28日下午 农行山东省分行与中国电力建设集团山东区域公司在济南签署战略合作协议。

6月20日 农行山东省分行设立金融市场与投资银行部(一级部)。

7月11日 农总行下发(农银党任[2013]74号)文,任命李国峰为中共农行山东省分行委员会委员。

7月18日~19日 农总行零售业务总监兼个人金融部总经理李庆萍莅临山东省分行,就零售业务发展及"百佳"文明示范单位创建等工作进行调研。

7月19日 农行山东省分行办公大楼正式运行智能"一卡通"系统。

7月29日 农行山东省分行撤销省行房地产信贷部,其部门职责并入公司业务部,相应岗位一并划转。

7月30日~31日 农总行副行长楼文龙莅临山东省分行,

就开展“党的群众路线教育实践活动”征求意见建议。

8 月 2 日　农行山东省分行与山东省石油天然气开发总公司在济南举行战略合作协议签字仪式。

9 月 14 日~15 日　由中国金融工会、中国金融体育协会组织举办的“2013 年全国金融系统第二届职工运动会”在北京国家奥林匹克中心成功举办。农行山东省分行信用卡中心的张庆龙以 11 秒 05 的成绩勇夺男子 100 米冠军；张庆龙、韩兵（济宁分行）、任怡旭（东营分行）为主要选手组成的接力队伍，以绝对优势夺得男子 4×100 米冠军。

10 月 22 日　农行山东省分行与山东建筑大学在济南签署战略合作协议。

10 月 30 日~11 月 1 日　农总行副行长楼文龙到山东省分行参加党的群众路线教育实践活动专题民主生活会。

11 月 5 日　农行山东省分行第七届柜台业务技术比赛在济南举办。

12 月 4 日　农行山东省分行与山东新华书店集团有限公司在济南签署业务合作协议。

12 月 6 日　农行山东省分行作业中心正式挂牌运行，标志着该行首家省域运营后台中心全面建成。

（高中义）

中国农业银行股份有限公司青岛市分行

【第一负责人简介】　张晓男，男，汉族，1963 年 1 月生，山东济南长清人。2004 年 5 月起，历任农行山东省分行党委委员、纪委书记，农行海南省分行党委委员、纪委书记、副行长，农行山东省分行党委副书记、副行长；2012 年 8 月至今，任农行青岛市分行党委书记、行长。

【综述】　2013 年，中国农业银行股份有限公司青岛市分行（以下简称“农行青岛分行”）以建设一流现代商业银行为奋斗目标，坚持稳中求进，服务实体经济，优化经营结构，推动升级进位，各项业务保持了良好的发展态势，经营管理水平再上新台阶。

【公司业务】　2013 年，农行青岛分行大力实施扩户提质工程和名单制管理，强化营销体系建设和产品创新推广，加快推进业务经营转型，不断提高公司业务综合竞争力、价值创造力和风险管控力，实现了对公业务又好又快发展。

一、突出支持重点优质客户和重点项目建设。为青岛航空、青岛东方影都、山东高速物流、山东省海洋投资公司、清华大学科技园、山东大学齐鲁医院（青岛）、雨润集团、西王集团等优质客户和项目提供金融服务，与海信集团的合作进一步深化，与进出口青岛分行、国开行青岛分行、长城资产管理公司济南办事处等签署了战略合作协议。

二、突出支持实体经济转方式、调结构。一是积极支持青岛市七大传统产业升级、六大战略新兴产业以及蓝色经济相关产业发展，持续优化信贷投向和存量结构，实体经济贷款比年初增加 84.2 亿元；二是加强对科技型、“专精特新”型和为龙头企业配套的骨干型小微企业的信贷投放，小微企业贷款比年初增加 23.5 亿元，高于全行贷款平均增速 36.6 个百分点。

三、突出落实强农富农惠农措施。一是围绕青岛市六大功能区和产业集群建设，积极支持县域城镇化、工业化、农业产业化以及新型农村社区建设，县域各项贷款比年初增加 44.7 亿元，占全行新增贷款的 57.9%，增速高于全行贷款平均增速 12.2 个百分点；二是推出“新型农村社区+农业产业园区”城镇化服务模式，发放青岛市首笔农村新型社区建设贷款；三是大力实施“惠农通”工程，三类重点区域乡镇和行政村电子机具覆盖率达到 100%和 95%，“金穗农贸通”项目被人行青岛市中支作为“样板工程”在全市推广。

四、推动公司业务投行化。一是加大高端投行业务营销，全年行司联动实现投融资 35.85 亿元；二是与农银租赁联动营销，为公路建设、海众锅炉、青建集团办理融资租赁业务 6.25 亿元；与农银国际联动，为海信集团、汉缆集团等客户办理收益权受让业务 14.5 亿元；三是加强对公理财业务营销推广，全年累计定制对公理财产品 88.3 亿元；加强国内保理业务营销管理，累计发放国内保理融资 48.08 亿元。

【个人业务】　2013 年，农行青岛分行充分发挥网点覆盖面广、客户群体广泛、社会认同度高的优势，大力实施金融产品综合营销和交叉营销，加快推进零售业务转型，努力建设现代化零售业务强行。连续 5 年被农总行授予“大行德广、伴您成长”个人金融产品综合营销活动示范分行。

一、大力推广个人理财服务。积极营销本利丰、黄金理财及代理基金、信托理财等理财产品。个人资金（存款+理财）总量居四大行之首；销售基金 24.47 亿元；销售各类实物贵金属 980 公斤，同比增加 328 公斤；新增金融 IC 借记卡 77.32 万张，IC 借记卡总量达 82.92 万张，存量、增量居同业第一。

二、加大对居民个人贷款和消费领域的信贷支持力度。一是积极参与城市“两改”和保障房建设，保障房贷款余额 1.2 亿元；二是积极开办个人创业贷款、个人生产经营贷款以及“房抵贷”、“随薪贷”等新业务，满足城乡居民消费创业需求。

三、加快推进网点升级改造。一是完成了 5 个网点迁址调整、16 个网点装修改造、9 个网点升格、60 个样板网点软转落地，精品以上网点占比达 85%；二是全面提升营业网点软环境，增配大堂经理、个人客户经理和大堂引导员，筛选网点配备对公客户经理，实行窗口弹性工作制，推行文明标准服务，进一步

中国农业银行股份有限公司青岛市分行主要统计指标 1

单位：亿元

项目 \ 年度	2009	2010	2011	2012	2013	2013年同比增幅（%）
本外币资产总额	852.20	988.20	1058.52	1204.61	1328.16	10.26
本外币存款余额	788.10	939.13	1001.6	1127.24	1260.39	11.81
人民币存款余额	770.20	921.70	984.03	1090.14	1225.31	12.40
企业存款	291	309.86	238.33	255.71	287.1	12.28
机关团体存款	21.20	79.36	179.8	189.36	227.71	20.25
储蓄存款	458	532.48	565.9	645.07	710.5	10.14
本外币贷款余额	515	625.38	708.31	815.54	892.83	9.48
人民币贷款余额	478.90	588.82	667.73	750.53	833.01	10.99
短期贷款	211.51	237.69	318.2	431.93	434.47	0.59
中长期贷款	259.19	334.10	349.53	359.5	398.54	10.86
票据融资	44.30	17.03	15.75	24.11	17.24	-28.49
利润总额	12.70	15.71	25.27	30.07	33.39	11.04
不良贷款余额	9.34	8.67	9.02	9.97	9.77	-2.01
不良贷款占比（%）	1.81	1.39	1.27	1.22	1.09	-10.65

中国农业银行股份有限公司青岛市分行主要统计指标 2

项目 \ 年度	2009	2010	2011	2012	2013	2013年同比增幅（%）
单位结算账户（万户）	--	3.65	3.75	3.89	4.32	11.05
单位结算金额（亿元）	--	--	--	--	--	--
个人结算账户（万户）	--	--	--	--	--	--
个人结算金额（亿元）	--	--	--	--	--	--
信用卡发卡量（万张）	28	34	40	47	55.35	17.77
信用卡消费额（亿元）	12.14	25.15	40.65	54.2	70.35	29.8
企业网银客户（万户）	0.6	1.1	1.7	2.2	3.1	40.9
个人网银客户（万户）	24.7	41.1	61.4	84.4	107.6	27.49
手机银行客户（万户）	2	10.3	39.5	67.3	93.4	38.78
电话银行客户（万户）	13.5	45.4	62.2	96.3	129.7	34.68
现金自助设备（台）	512	670	818	947	1096	15.73
营业网点（个）	190	190	190	190	190	0
自助网点（个）	12	14	20	27	35	29.63

提高网点服务水平。

四、精心打造私人银行服务品牌。一是大力推广私人银行专属银行卡、专属团队、专属产品、专属活动、专属信贷、专属优惠“六项专属”服务，加强分行、支行、网点三级联动，建立“青岛私人银行服务团队”微信群，发布、交流产品和服务信息；二是开展了“伙伴计划”客户转推介活动，并在全行推广。

【中间业务】 2013年，农行青岛分行按照巩固基础、弥补短板、创新挖潜、做实做强的思路，注重通过产品创新和改善服务提升收入水平。

一、大力开拓新兴中间业务。一是出台了《加快推进新兴中间业务发展实施意见》，对高端投行、理财、国际贸易融资等6项高附加值重点新兴中间业务进行专项激励；二是协调农银租赁在保税区开办青岛正穗融资租赁有限公司，办理首笔并购贷款、银赁通保理、理财融资、本币信用债券自营投资、企业年金托管资金到账和集团高管理财产品定制业务，累计办理行司联动业务35.8亿元。全年实现新兴中间业务收入4.13亿元，同比增长1.1亿元，增速达35.90%。

二、加快推进国际业务发展。重点推广跨境贸易人民币结算、国内信用证、外汇衍生交易等理财业务，取得新突破。截至年末，累计实现国际结算量262.41亿美元，同比增加43.26亿美元，增幅19.74%；办理结售汇87.2亿美元；本外币贸易融资77.71亿元；跨境人民币结算量140.39亿元，同比增加42.71亿元，增幅43.72%。

三、提升贷记卡业务发展质量，贷记卡新发卡52369张，客户数新增45323户。大力拓展商户收单和汽车分期业务，提升收入贡献度，有效商户净增877户，商户总量达到6270户，居四大行首位；商户收单额410亿元，收单笔数和收单额居同业第一；完成汽车分期业务量2.98亿，同比增加2.3亿元。

【电子银行业务】 2013年，农行青岛分行把服务城乡居民作为全行工作的重中之重，强化电子渠道建设，加大产品功能创新和风险防控，提高了电子化建设水平。

一、丰富业务办理渠道。大力推广网上银行、电话银行、手机银行及短消息服务，加大柜面业务分流力度，满足客户多样化、个性化需求。

二、自助设备市场覆盖率进一步提升。现金类自助设备总量和自助银行收入继续保持同业第一。

三、电子商务实现跨越式发展。积极主导总行电商在线融资项目，推动电商平台对外批量付款功能开发上线，实现电商系统的全供应链结算。率先将跨行支付运用到双星等供应链商户，在全国起到示范作用。全年新增电子商务网上特约商户266户，实现交易量538亿元，名列全国农行第四。

【内部管理与企业文化建设】 2013年，农行青岛分行采取多种措施，提高内部管理水平和风险防控能力，加强企业文化建设。

一、不断完善全面风险管理体系。一是完善风险监测报告制度，进一步明确了分支行和各业务条线、各岗位的风险管理职责；二是扎实推进运营体系建设，强化运营后台中心管理，实现银企集中对账和全辖重要空白凭证集中配送。

二、突出加强信用风险防控。一是成立了信用风险管理委员会，制定了39个行业的信贷政策，对8个行业客户实施限额管理，持续加大对房地产开发、融资平台和“两高一剩”等重点行业和领域信用风险的防控；二是高度关注担保圈、担保链风险，开展关联担保专项治理，切实防范集团内部关联担保和循环担保；三是加强对融资担保机构的管理，实施名单准入和动态调整；四是加强存量贷款风险管理，累计退出潜在风险客户贷款14.8亿元；五是加强到期贷款收回管理，到期贷款现金收回率99.7%，同比提高2.1个百分点。

三、强化内控和案防管理。一是制定了《加强基层管理的实施方案》，召开了双基管理工作会议；二是组织开展案件风险排查、员工行为排查、安全生产大检查等一系列活动；三是推进“平安农行”建设，深入开展“三化三达标”工作，对离行式自助设备进行联网改造，安全管理水平进一步提升；四是扎实推进BoEing系统三期上线和核心前置系统升级改造，加强对基础设施及重要应用系统的运行监控，保障了信息系统安全运行。

四、推动企业文化核心理念落地深植。一是制定了《产品与服务的文化竞争力提升工程试点实施方案》，编发了《绿蕴·文化农行》内刊，从服务、管理、营销、创新、风险、团队、最佳新星7个方面评选出“员工之星”和“团队之星”；二是制定了《注重人文关怀、关爱基层员工实施意见》，下拨关爱基层员工专项资金140余万元，走访慰问困难员工139人，发放慰问金36.9万元；三是成立了网络文明志愿者队伍，顺利通过全国文明单位复审，有效提升了品牌形象。

【大事记】 2月18日 农总行决定：任命陈令山为农行青岛市分行巡视员（正厅级）。

3月28日 农总行投资总监、农银汇理基金董事长刁钦义一行，在青岛分行召开基金销售座谈会，青岛分行行长张晓男、副行长兰卫东出席。

4月16日 农行青岛分行被人行济南分行评为银行业金融机构综合评价A级单位。（济银发〔2013〕67号）

5月6日 农行青岛分行与开行青岛市分行签订战略合作协议。

5月30日 中共农行委员会决定，任命于东为青岛市分行委员会副书记。（农银党任〔2013〕58号）

6月9日 农行青岛分行在总行2013年“大行德广 伴您成长春天行动”零售业务综合营销活动考评中取得第5名好成绩。（农银办发〔2013〕411号）

8月26日 农行青岛分行与进出口青岛分行签订战略合作协议，双方约定在银团贷款、贸易融资、代理业务以及支持节能环保、“三农”、台资企业、中小企业等业务领域开展全面合作。

8月27日 中共农行委员会决定：任命范久顺为青岛市分行委员会委员。（农银党任〔2013〕31号）

农总行决定，任命张勇为农行青岛市分行副行级干部。

9月12日~13日 农行执行董事、副行长楼文龙，财务总监张克秋到农行青岛分行调研。

9月18日 农行青岛分行与山东大学齐鲁医院签订战略合作协议。

9月25日 农总行决定：任命范久顺为农行青岛市分行副行长。

（宁吉会）

中国银行股份有限公司山东省分行

【第一负责人简介】 何兴祥，男，1963年11月生，浙江绍兴人，毕业于华南理工大学工商管理专业，研究生学历，经济师。1982年8月参加工作，历任中国银行嘉兴分行副行长、行长，浙江省分行风险管理处处长，吉林省分行副行长，海南省分行行长；2008年4月至今，任中国银行股份有限公司山东省分行党委书记、行长。

【综述】 2013年是中国银行股份有限公司山东省分行（以下简称"中行山东省分行"）百年华诞之年(成立于1913年4月15日)。该行以转型跨越、变革图强为主题，以加快结构调整为主线，坚持"突出质量效益、兼顾规模速度、持续健康发展"的方针，增强全行核心竞争力和发展软实力，各项工作取得显著成效，系统内考核排名第二。

【财务管理】 2013年，中行山东省分行优化全行财务资源配置，稳步推进财务管理迈上新台阶。一是建立健全以效益为中心多维度绩效评价体系，优化考核指标设置，强化绩效分析，及时调整经营重点与方向；二是测算、分析重点产品利润贡献、RAROC提升、绩效表现，促进全行资产结构有效调整，净息差水平持续提升；三是密切关注市场利率走势，打造多维度、精细化利润核算体系，推动管理会计信息系统开发建设。

【个人业务】 2013年，中行山东省分行全面落实"创新产品、优化结构、改善体验、提升质效"工作方针，推进个人业务的转型升级。

一、创新产品，增强市场攻击力。一是推出"金蒜贷"、"个人游艇分期"等29个创新项目，激发活力，拼抢市场；二是加强理财产品研发，满足客户财富保值增值需求；三是推出"中银财富E站"微信平台，建立官方微博，搭建"出国金融全接触"网络平台，借力移动互联提升竞争力。

二、优化结构，增强价值创造力。一是以代发薪、专业市场、授信带动和产品转换为依托，推进个人存款稳健发展，降低负债成本；二是加大结构调整力度，将规模向"益农贷"、"益商贷"等经营类贷款倾斜，成功发放系统内首笔微型企业贷款，全年累计投放额12.51亿元；三是推进基金、贵金属常态销售，发挥外汇专长，重点抓好出国留学、商务旅行、外派人士、投资移民、来华人士五大跨境客户群，增加外汇业务收入。

三、改善体验，增强客户服务力。一是加强"统一高效、全面专业"客户关系管理体系建设，制定17类客户群综合营销服务方案，组织开展私行产品推介专场，投资者服务沙龙，"百年智富、情动齐鲁"，"出国金融优惠季"等系列客户营销活动；二是加强在新城区、新社区、新园区及重点县域地区网点布局，扩大辐射范围；三是完善网点功能，推进国际汇款、经营类个贷等复杂业务下沉。全年新建理财中心101家、财富中心3家。

四、提升质效，增强内生增长力。一是制定个人客户经理任职资格培训及评定实施细则，组织开展系列培训和练兵竞赛活动，提升员工素质；二是推广应用财富管理信息平台、项目化管理系统、客户数据库分析系统，加强数据支持；三是着力推进基层行不良清收"晨检制度"、客户经理预警叫停、集中催收平台等工作，严格资产质量管理。

【公司业务】 2013年，中行山东省分行以服务实体经济发展为使命，加快产品创新推广，深入推进网点转型，夯实客户基础，盘活存量、用好增量，公司授信均衡发展，为地方经济社会发展做贡献。年末，该行对公贷款(包括贸易融资、票据贴现)余额2808.80亿元，同比增长162.73亿元，增幅6.15%。

一、加快业务转型，为效益提升扩空间。一是以"细分客户、做优存量、做大增量、提升利润"为目标，提升基础客户向优质客户及高端客户转化率，优化客户结构，年内有效客户新增量系统内排名第一；二是依托海内外联动、跨境人民币、出口买方信贷等业务优势，提供全球化公司金融服务，支持企业"走出去"；三是实施前瞻性授信规划，引导信贷投向，优化审批授权；四是实施中型客户审批新模式，构建中型客户信贷审批体系，开发授信项目流转系统，建立项目时效定期调度制度，全面实现无纸化在线审批，提高审批效率。

二、坚持精细管控，为稳健经营作保障。一是修订完善客户综合效益测算模型，通过提定价、增押品、缩敞口等手段，精细管控资本；二是加强产能过剩行业风险管理，牵头或参与制定橡胶轮胎、工程机械、医药、钢铁、造船等行业信贷政策，对造纸、化工、纺织、电子、轮胎等行业经营情况进行调研，及时调整授信政策，强化预警分析；三是加强重点领域风险管控，组织政府融资平台贷款整改增信，规范房地产销售资金回笼操作，跟进部分重组企业以及不良大户的债务处置重组方案，降低授信风险。

三、协同联动，促进创新发展。一是研发"中银农贷通宝"等货押融资产品27款，涵盖煤炭、石油、小麦、家电、白酒等20余种货物，加强对县域和农村市场的信贷投放；二是通过创新"易融通宝"、"易兑通宝"、"易信通宝"、"易达通宝"4个"易贷"系列产品，积极推动围绕核心企业的"1+N供应链"融资业务模式；三是专项研究融资租赁保理产品，通过"融资租赁+内保外贷"授信模式，加强海内外联动，实现银企双赢。

四、优化业务结构，为实体经济添动力。一是坚持固大、扩中、扶小的客户定位，合理安排大型客户贷款规模，加大中小微

中国银行股份有限公司山东省分行主要统计指标 1

单位：亿元

项目＼年度	2009	2010	2011	2012	2013	2013 年同比增幅（%）
本外币资产总额	3719.44	4237.74	4681.98	5156.99	5634.13	9.25
本外币存款余额	3471.10	3898.85	4327.97	4648.78	5145.82	10.69
人民币存款余额	3298.40	3737.57	4146.70	4386.82	4815.67	9.78
单位存款	1334.36	1192.33	1827.04	2391.19	2599.80	8.72
储蓄存款	1373.75	1507.22	1631.33	1814.02	2016.04	11.14
本外币贷款余额	2774.11	3125.92	3394.98	3579.62	4019.40	12.29
人民币贷款余额	2309.71	2655.20	2950.45	3215.05	3621.48	12.64
短期贷款	869.26	876.60	1104.29	1308.82	1705.05	30.27
中长期贷款	1285.39	1742.13	1797.52	1786.40	1850.14	3.57
票据融资	153.00	34.34	45.08	116.20	62.68	-46.06
利润总额	58.18	79.67	58.57	90.09	120.14	33.36
不良贷款余额	26.80	21.03	22.99	22.23	27.87	25.37
不良贷款占比（%）	0.97	0.67	0.68	0.62	0.69	—

中国银行股份有限公司山东省分行主要统计指标 2

项目＼年度	2009	2010	2011	2012	2013	2013 年同比增幅（%）
单位结算账户（万户）	13.23	15.52	26.39	31.98	37.34	16.76
单位结算金额（亿元）	6434.97	6628.01	26582.01	29000.34	37639.03	29.79
个人结算账户（万户）	1177.70	1232.58	1604.39	1993.16	2531.16	26.99
个人结算金额（亿元）	2549.21	2920.40	3094.91	3279.85	3471.34	5.84
信用卡发卡量（万张）	99.85	156.76	244.65	301.80	360.70	19.52
信用卡消费额（亿元）	170.63	276.96	468.85	695.12	925.27	33.11
企业网银客户（万户）	1.76	3.55	10.35	18.44	21.04	14.10
个人网银客户（万户）	85.34	185.28	425.45	781.44	840.46	7.55
手机银行客户（万户）	—	5.76	175.13	371.11	448.26	20.79
电话银行客户（万户）	126.88	235.61	358.58	522.01	609.63	16.79
现金自助设备（台）	1078	1510	2312	3487	3797	8.89
营业网点（个）	593	593	594	606	621	2.48
自助网点（个）	12	60	100	[illegible]	[illegible]	[illegible]

说明：因统计口径变化，统计指标 2 中“单位结算账户”、“单位结算金额”项目自 2011 年起所列数据均为本外币合计。

企业信贷投放；二是重点发展传统产业转型升级、节能减排、信息产业、文化产业、现代农业、服务业等领域信贷业务；三是构建跨境人民币产品体系，大力拓展供应链融资、大宗商品融资等业务；四是积极为“走出去”企业量身订做综合金融服务方案，完善投融资服务体系，支持企业向海外市场转移过剩产能。

【资金业务】 2013 年，中行山东省分行坚持加大传统优质产品推广力度，不断挖掘客户需求，持续提升客户的满意度，金融市场业务取得显著成绩。截至年末，远期结售汇交易量 168 亿美元，增长 19%；日积月累理财日均余额达 87 亿元，增长 28%；对公贵金属交易量 289 亿元，增长 30%；债券承销额达 148 亿元，省内金融同业市场份额排名第一。

一、突出专业、做实基础,实现传统业务持续增长。一是合理调配业务资源,促进远期结售汇业务持续发展;二是发挥地区资源优势,推进贵金属业务健康发展;三是建立一行一策的业务发展战略,实现债券承销业务质的飞跃。

二、增强创新研发能力,引领条线转型升级。一是推出人民币期权业务,丰富汇率保值产品种类;二是挖掘客户债务保值需求,创新开办远起息利率掉期业务;三是结合市场时机,推出人民币黄金远期业务;四是拓展海外联动业务,为客户搭建优质的外汇交易平台。

三、优化操作流程,确保业务合规发展。一是创新改造业务流程,更新"汇利达"产品报价模版、新型人民币与外币掉期汇利达组合产品,研发人民币期权定价模型;二是简化交易流程、提升询价效率,有效促进汇率远期和期权业务快速发展;三是加强业务授权,梳理规章制度,加强风险管控,规范业务经营。

【国际业务】 2013年,中行山东省分行完成国际贸易结算量1223亿美元,同比增长18%。其中,出口业务完成612亿美元,增长14%;进口业务完成611亿美元,增长23%;实现非利息净收入22.49亿元,增长15%;实现贸易融资利息收入29.75亿元,增长9%;跨境人民币结算量达1531亿元,首次突破1000亿元大关,增长61%。

一、发挥领军优势,促进外向型经济发展。一是充分发挥专业优势,帮助企业防范国家区域政治风险和汇率、大宗商品价格波动引发的市场风险,积极推广跨境人民币结算业务;二是把握市场机遇,为客户量身订做贸易金融产品,满足企业多元化需求。

二、充分利用海内外业务平台,服务重点企业"走出去"。一是与海外分行和多元化平台在客户互荐、资源共享、联动营销等方面深化合作,有效满足业务需求;二是支持企业跨境发展,为"走出去"企业在对外承包工程、出口成套设备和对外投资等方面提供结算、融资、担保等服务,缓解企业资金压力,降低融资成本。

三、加强风险管理,提高业务发展质量。一是坚持业务发展和风险防控"两手抓",控不良,降成本;二是加大对转口贸易、大宗商品贸易、涉高风险国家贸易融资及保函业务等重点领域的风险管控,加强贸易融资贷后跟踪管理,推动业务健康发展。

【银行卡业务】 2013年,中行山东省分行实现银行卡中间业务收入9.06亿元,增长26.63%。

一、深挖内外部客户资源,扩大发卡规模。一是创立"金融应用+行业应用"发展模式,搭建"金融IC卡一卡通集中平台",实现规模化发卡;二是加大源头营销,集中发展保障卡、校园卡、代发薪、商会等源头项目,批量拓展客户群;三是加强内部客户挖掘,启动外呼发卡、换卡及升级工作,优化客户体验,提高发卡效率。

二、大力发展消费金融,加强跨境客户营销,提升综合效益。一是举办多样化刷卡促销活动,加强品牌宣传与推广,拉升银行卡消费额,带动手续费收入增长;二是拓宽分期开办领域,创新车位、教育培训费、游艇泊位等分期业务;三是与旅行社、出入境管理机构等建立合作关系,广泛开展跨境业务宣传。

三、强化银行卡风险管理,保障资产质量。一是加强营销端风险防控,加大对风险倾向型客户审核力度;二是拓展催收渠道,落实不良资产清收措施,优化银行卡资产质量;三是完善银行卡案件联动防查长效机制,组织全辖开展风险排查,严控业务风险发生。

【电子银行业务】 2013年,中行山东省分行积极探索网络金融发展新模式,不断丰富产品功能,加强风险管控,电子银行业务实现新突破,荣获总行2013年电子银行业务综合评价第一名。一是推出新版网银和手机银行服务,推进家居银行项目投产上线;二是加强产品营销,扩大客户规模,企业网银、手机银行、个人网银累计客户数分列系统内第一、第二、第三名;三是通过产品创新、品牌宣传,提升客户活跃度,交易规模快速增长,年内实现交易额61505.40亿元;四是开展防范"电子银行外部欺诈"和电子支付安全宣传活动,提高客户风险意识,规避网络交易风险。

【内部管理与企业文化建设】 2013年,中行山东省分行以内控、队伍、文化建设为重点,加强合规管控,强化人才培养,转变工作作风,履行社会责任。

一、加强内控管理,严防各类案件。一是深化内控三道防线联动机制建设,推动关口前移,增强防案控险的内生动力;二是推广应用操作风险管理工具,投产操作风险监控分析平台,提升风险识别、评估和监控能力;三是开展一线自查、重点检查、离任审计及问题整改工作,提高检查整改效果;四是推进反洗钱集中甄别工作,严格执行重大事项报告制度;五是深入开展"案防工作提高年"和"平安中行"创建活动,连续6年无案件。

二、注重人才队伍建设,夯实发展基础。一是出台管理职位任期目标承诺制度,推行营销类管理者公开评议制度,健全管理岗位退出机制;二是加大基层一线选拔人才力度,深化岗位任职资格管理,加强网点负责人、基层客户经理和青年人才的培养,加大分层分类培训力度。

三、强化企业文化建设。一是认真开展党的群众路线教育实践活动,年内整改落实群众反映问题319条,"四风"整治取得阶段性成效;二是组织开展形式多样的职工文体活动,增强凝聚力;三是创新党建和思想政治工作,及时了解员工思想动态;四是加快推动服务转型,健全服务承诺制、首问负责制、流程标准制等8项服务长效机制;五是积极履行社会责任,荣获省政府民主评议政风行风活动金融行业第1名,山东省残疾人福利基金"2012—2013年度爱心助残之星"称号,连续3年荣膺"岛城第一"品牌称号。

【大事记】 2月1日 中行山东省分行2013年工作会议在青岛召开,何兴祥行长做工作报告。

2月22日 中行总行党委决定免去漆德京中行山东省分行纪委书记职务,批准退休(中银党[2013]10号)。

4月11日　中行青岛市北支行发放中行系统内首批微型企业贷款200万元。

4月15日　中行山东省分行迎来百年华诞(1913—2013),员工自编自导自演“史诗晚会”。

5月27日　由山东省政府主办的“香港山东周”活动在香港举行。中行山东省分行作为山东唯一一家连续五届参与招商活动的金融业代表赴港,利用海内外一体化优势,积极进行营销活动,为山东企业搭建外展桥梁。

6月26日　中行山东省分行获得高校收费批量代扣代理银行资格,为2013年驻济8所高校及2014年全省省属高校代理高校收费批量代扣业务。

7月31日　中国银行田国立董事长赴山东省分行、济南分行开展调研。

8月5日　中行山东省分行召开深入开展党的群众路线教育实践活动启动大会。

8月15日　中国银行李军监事长赴烟台分行开展群众路线教育实践活动工作调研。

8月19日　中行总行党委决定李海钧任山东省分行纪委书记(中银党[2013]52号)。

9月2日　中行山东省分行与青岛农商银行签署全面战略合作仪式,双方将在国际结算、同业存放、银团贷款、资金清算、综合理财、资产托管等业务领域展开合作。

10月11日　中行山东省分行行政事业及烟草存款余额达1007.3亿元,成为继广东、江苏之后中行系统内第三家行政事业及烟草存款余额过千亿的分行。

11月20日　中行山东省分行召开党的群众路线教育实践活动专题民主生活会。中国银行李军监事长到会指导。

11月29日　中国银行李早航副行长赴济南分行宣布葛春尧兼任中行济南分行党委书记，免去孟和平党委书记职务。(中银党[2013]78号)

12月20日　山东省居民健康卡推进会在枣庄召开。全省首张集就诊、结算、健康档案、电子病历、金融等多功能一体的“中国银行—居民健康卡”在枣庄发出。国家卫计委信息中心副主任胡建平、省卫生厅副巡视员邱枫林、枣庄市政府副市长赵联冠、山东省分行副行长王仁堂等出席。

(张　民　张安军)

中国建设银行股份有限公司山东省分行

【第一负责人简介】　薛峰,男,汉族,辽宁大连人,中共党员,高级经济师,管理学博士。历任建设银行大连市分行、黑龙江省分行党委书记、行长，现任建设银行山东省分行党委书记、行长。

【综述】　2013年，中国建设银行股份有限公司山东省分行(以下简称“建行山东省分行”)贯彻国家宏观经济政策和央行货币政策,着力优化资源配置,支持经济结构调整和转型升级,各项工作取得了积极进展。

【公司业务】　2013年,建行山东省分行强化市场营销,优化信贷结构,对公业务总体发展态势优良,主要业务指标创历史最好水平。

一、巩固存款业务市场优势。努力突破政府机构和事业单位,加大省、县两级机构类客户、财政资金的营销力度;加强结算资金营销,明确财政授权支付资金下游承接率和信贷客户销售归行率,通过做大流量来积蓄存量,实现同业、系统内余额“双进位”,新增“双第一”。

二、夯实客户基础,加强产品营销。一是以“三大一高”为核心,制定对公客户战略推进实施方案,抓好链式营销、高层营销、联动营销;二是加大新型融资业务的营销,通过总分行、母子公司联动等方式重点推进全额保证金黄金租借业务和融资租赁业务。黄金租借业务收入新增系统第一,国内信用证业务收入系统第一。

三、加快信贷结构调整。建立以RAROC为核心的客户选择、产品安排标准体系,提升资本利用效率。国家调控领域信贷规模得到严格控制,“6+1”行业贷款、政府融资平台贷款进一步压缩。

四、大力支持小微企业。在各市组建小企业中心,深化专营机制建设。创新推出助保贷、供应贷、信用贷、善融贷、信托贷款集合型理财产品、集合票据等产品,其中在市场上率先推出的助保贷产品实现了小微企业贷款批量化运作和政银企三方共赢。

五、推进新兴业务发展。一是积极支持蓝、黄区域发展,创新推出海洋经济建设贷款产品,支持滩涂资源开发利用、港口、临港产业园区和滨海旅游等项目建设,截至年末,蓝、黄两区对公信贷余额2047亿元,较年初新增485亿元,超过对公信贷业务增幅9.03个百分点;二是支持城镇化和新农村建设,先后与滨州、聊城、潍坊、济宁以及寿光、东昌府、博兴、邹平等重点市、县政府进行合作,对接重点项目,截至年底,新农村建设贷款余额50.54亿元,储备项目70个,涉及贷款金额141.17亿元,城镇化建设贷款(含旧城改造贷款)余额19.65亿元,储备项目33个,支持设立黄三角新农村建设投资基金,积极支持现代农业发展，向省级以上农业产业化龙头企业提供信贷支持161亿元,发放贴息贷款12亿元;三是推进网络银行业务,创新设计福田雷沃“e点通”和“e销通”网络银行业务运营模式。

【个人业务】　2013年,建行山东省分行依托客户战略,紧抓

中国建设银行股份有限公司山东省分行主要统计指标 1

单位: 亿元

项目 \ 年度	2009	2010	2011	2012	2013	2013 年同比增幅 (%)
本外币资产总额	3760.06	4105.93	4248.46	5212.01	5907.61	13.35
本外币存款余额	3495.28	3850.06	3958.9	4879.1	5653.57	15.87
人民币存款余额	3463.72	3812.57	3922.3	4783.3	5523.63	15.48
单位存款	1261.04	1332.38	1286.86	1975.98	2829.63	16.10
储蓄存款	1587.25	1777.22	1912.2	2346.2	2694.00	14.83
本外币贷款余额	2307.38	2678.46	2919.3	3340.3	3702.56	10.84
人民币贷款余额	2242.90	2586.83	2857.1	3133.9	3528.50	12.59
短期贷款	515.48	591.93	874.05	1099.84	1255.63	14.16
中长期贷款	1561.88	1873.63	1858.2	1918.5	2272.87	18.47
票据融资	165.54	121.27	124.9	115.6	69.19	-40.14
利润总额	55.80	64.59	76.19	91.37	113.47	24.19
不良贷款余额	30.01	25.41	23.10	19.85	17.56	-11.54
不良贷款占比（%）	1.30	0.98	0.79	0.59	0.47	-20.34

中国建设银行股份有限公司山东省分行主要统计指标 2

项目 \ 年度	2009	2010	2011	2012	2013	2013 年同比增幅 (%)
单位结算账户（万户）	11.88	12.25	12.71	14.95	17.37	16.16
单位结算金额（亿元）	36026.32	53583.63	69296.46	92639.75	119441.25	28.93
个人结算账户（万户）	1357.00	1671.00	2294.00	2861.00	3425	19.71
个人结算金额（亿元）	1801.52	10062.52	14555.56	16546.35	21970	32.78
信用卡发卡量（万张）	119.82	136.39	156.07	196.36	270.62	37.82
信用卡消费额（亿元）	181.73	242.72	334.84	497.51	836.54	68.15
企业网银客户（万户）	3.05	4.09	6.79	9.85	13.51	37.16
个人网银客户（万户）	201.63	340.37	546.26	760.62	956.37	25.74
手机银行客户（万户）	90.44	171.96	351.41	572.91	772.38	34.82
电话银行客户（万户）	338.91	453.48	679.54	915.13	1129.64	23.44
现金自助设备（台）	1862	2028	2886	3316	3898	17.55
营业网点（个）	771	771	771	786	807	2.67
自助网点（个）	604	563	560	571	702	26.09

市场热点，深化营销服务，个人条线各项业务乘势而上，三大核心业务指标竞争力快速提升。

一、抓客户基础。制定《2013 年个人客户战略推进实施方案》；加强公私联动，绘制“网点客户地图”；深化社区营销，抢抓代工、代收代付、市场和个人结算客户；创新推出“通系列”品牌。

二、抓渠道基础。完成 22 个机构新设和 10 个机构升格；调整小面积网点 17 个，减少低效网点 65 个；购置网点 23 个；新建离行式自助银行 177 家；系统内首家运营多功能自助银行；探索采用管道银行，实现网点前台受理综合化。

三、抓队伍基础。加强客户经理队伍建设，积极开展条线员工综合能力提升培训，组织 CFP 培训和考试，培训客户经理 220 余人次；组织“星光大道”风采展示。

四、抓服务基础。优化服务流程、强化业务分流，业务处理时间由 6 分 14 秒缩短至 5 分 38 秒。推广排队机新版本、网点平板电脑；试点推广自助发卡机、自助填单机等机具。

五、抓管理基础。加强过程监测，定期分析关键业绩指标，建立专职客户经理关键质量指标监测体系；加强营销支持，加快业务创新，丰富金融 IC 卡功能，加快行业应用；系统内首创银医合作模式，推出济南军区总医院一卡通。

【中间业务】　2013 年，建行山东省分行加大对份额提升和重点产品的差别化激励，打造国际业务、投资银行、信用卡等旗舰产品，全年实现中间业务毛收入 58.5 亿元，增幅 20.6%。一是加强产品创新，先后为兖矿、新矿设计推出股权投资类理财产品、资产组合型理财产品，推出“转板通”业务，帮助客户实现从海外退市到海外其他资本市场或回国重新上市的转板需求；二是将中间业务规范管理纳入年度财会检查内容，开展“不规范经营回头看”专项整治活动。

【机构业务】 2013年，建行山东省分行不断强化营销服务、夯实内控基础，主要业务指标保持稳健发展。一是积极办理代理财政业务，成功中标“高校收费批量代扣代理银行资格”，顺利开通了利用POS和自助收费机代理公安交警收费业务，获得省财政厅“2013年度全省政府非税收入代理收缴突出贡献银行”称号；二是积极服务社会保障领域，机构业务贷款主要投向教育、文化、卫生等行业，与10个城市联合发行金融社保卡390.1万张，系统内首创银医合作模式，推出济南军区总医院一卡通；三是加强业务创新，积极向信托公司等金融机构推荐分行融资客户，解决企业融资需求，成功运作系统内首笔多对一的新型议价业务，实现有风险敞口的代签银行承兑汇票零的突破。

【国际业务】 2013年，建行山东省分行通过统筹规划、产品创新、联动营销、合规经营，主要业务的规模和增速均实现快速增长。一是加强政策学习、研究和传导，建立国际业务条线专家团队，最大限度降低政策变动对业务发展的影响，建立国际业务基层服务团队，帮助基层行营销重点客户、对接重点项目，全面推行“速赢”机制，畅通与总行、境外分行、各市地行的政策与产品沟通协调，提高信息传递效率和市场反应速度；二是加强境内外联动，先后与悉尼分行、建行亚洲、香港分行、新加坡分行、胡志明市分行等境外分支机构进行深入座谈，并在产品创新、客户营销、风险防范等方面加强了联动合作，累计与海外机构联动办理以上产品166亿美元；三是强化基础管理，制定了贸易融资风险管理等级行办法，实行差别化管理，开展了境内外联动授信业务审计、国际结算与贸易融资业务审计、国际业务专项检查等一系列内审外查活动，完善了产品制度及体系文件。

【住房金融与个人信贷业务】 2013年，建行山东省分行房金条线优化信贷结构，加强市场营销，提高服务水平，实现了业务持续健康发展。一是提升民生服务质量，密切与二手房中介机构合作，跟进专业市场和农业产业龙头，重点支持百姓购买自住房的需求和优质客户消费经营融资需求，截至年末，个人贷款余额1016亿元，全年累计为12.07万个人客户提供信贷支持，存量客户达62.83万户，大力支持保障房建设项目，支持经济适用房项目13个、棚户区改造项目11个；二是加大住房资金归集力度，优化服务流程，全面提升服务水平，截至年末，住房资金归集余额828.24亿元，全年投放公积金项目贷款6.28亿元；三是推进电子平台应用和业务创新，拓展房e通、善融商务个贷业务，新增房e通合作楼盘944个、新增房e通注册认证客户8.19万户、在线申请且发放贷款4.56万笔；四是深化个贷中心建设，完善个贷业务经营架构体系，在全辖16个二级行所在城市及98个远郊区、县(市)建设个贷中心132家，为客户提供方便、快捷、“一条龙”服务。

【银行卡业务】 2013年，建行山东省分行强化市场营销，信用卡累计发卡、新增发卡、消费交易额、贷款余额、贷款新增、资产质量6项指标均居同业第一，收单商户新增系统内排名首位。一是强化目标客户市场拓展，加大鲁通汽车卡营销推广力度，夯实网点营销主渠道，加强电子渠道建设，提高电子渠道审批通过率；二是加快产品创新推广，推出系统内首张与文化传媒行业合作的鲁信院线龙卡，获得分行产品创新一等奖，推出齐鲁龙卡惠客户服务系统，保险分期、留学分期、旅游分期、贵金属分期等新产品；三是加快推进消费信贷业务，开展专项营销推进活动，利用齐鲁晚报车展独家冠名优势，持续加大购车分期营销力度，大力发展账单、现金分期等循环信贷产品，实现信用卡消费信贷额60.3亿元；四是积极应对市场变化，抢抓商户收单市场，开展网点“一月一户”营销竞赛活动，通过“换签+营销”抢占商户收单市场份额，全年新增商户8842户。

【电子银行业务】 2013年，建行山东省分行以有效客户拓展为重点，以善融商务发展为突破口，进一步推动电子银行业务发展。一是加强业务的组织推动，成立电子银行业务推进领导小组，制定实施《2013年电子银行业务发展推进方案》；二是大力推进善融商务发展，组建善融商务辅导团队，制定营销服务宝典图册、“快速入门”明白纸等各类营销工具，举办客户推介会，协助二级行开展商户入驻和运营；三是对外组织开展“缤纷好礼送不停”、“缴包年短信送网银盾”等营销活动，对内组织“电子银行网点营销竞赛活动”、“我应用、我营销、我建议”等竞赛及体验活动，配合阳光政务活动，推广网上招投标系统，提高政府采购效率，降低采购成本和风险；四是加强电子银行渠道应用与创新，推出“民生缴费平台”、“公积金短信通”、“校园E路通”、“财政代发宝”等创新产品，开发上线校园一卡通电子渠道充值功能，并在省工会管理干部学院、德州学院等五所学校开通应用，启动网点WiFi部署工作，改善网点电子银行应用体验环境，创新营销宣传新渠道，探索建立“95533山东客服中心”微信公众平台。

【计划财务】 2013年，建行山东省分行持续完善业绩评价与资源配置机制建设，突出价值创造和责任落实，加强过程管理，提升执行能力、合规经营能力和管控成效，支持决策水平和服务能力不断提升。一是推行六精工作法；二是完善业绩评价体系，做到长计划短安排，支持战略重点与转型，加强预算管控，建立贷款定价管理机制，关注资产质量，引导二级行加强风险监测，完善风险缓释措施；三是关注资源获取能力和考核位次提升，2013年度等级行评定进入一类行，KPI考核排名获得历年最好位次，经营效益，一般性、对公和个人存款新增位次、中间业务增量及增速位次均取得历年最好成绩，人民币各项贷款(含分期)同比多增113亿元。

【风险管理】 2013年,建行山东省分行不断强化基础管理,积极维护金融稳定,资产质量达历史最优。一是优化信贷行业布局,做好对房地产、钢铁、融资平台、小企业、民营企业及出口企业等重点领域风险防范;二是落实全面风险管理责任制,组织开展多发问题专项治理活动;三是加强案件防范,签订《案件防控责任书》,以员工参与非法民间融资、违规办理信贷业务、商业贿赂等作为案件防范重点,开展案件风险排查“百日行动”;四是加强合规经营,制定实施反洗钱工作集中处理方案,开发反洗钱辅助监测分析系统,加大后台统一监测力度,在上半年人行组织的反洗钱自律评估中被评为A类,成为唯一一家连续5年被评为A类的金融机构,坚持内控合规与业务发展同比例考核,建立基层机构和员工主动报告内部控制缺陷制度,实施突出问题专项治理,有效整改率达到100%;五是加大不良处置力度,综合运用重组、核销各种处置手段,对1000万元以上不良项目逐户制定处置方案,全年累计清收处置不良14.88亿元。

【IT技术与营运管理】 一是推进网点功能、营销队伍、岗位设置综合化,完成了全辖存量综合性网点功能定位和85个单功能对私网点综合化转型;二是通过渠道分流、扩大上收产品等措施,深入推进前后台业务分离项目,重点完成了5项对公产品和2项对私产品的推广上线,电子验印通过率提升至87%,对公凭证打印率达80%;三是圆满完成“新一代”一期项目推广,13个应用系统全部上线,并推出了企业现金、家庭现金、代收代付、企业级数据应用等多项业务功能;四是加强信息系统基础设施建设和运行维护工作,开展全员信息安全知识学习活动,规范网点IT建设,加强网络安全控制,各项系统整合与升级改造工作圆满完成,全年重要信息系统可用率、一二级骨干网络畅通率、机房设施可用率均达到100%。

【队伍与企业文化建设】 2013年,建行山东省分行深入学习贯彻党的十八大精神,扎实开展党的群众路线教育实践活动,着力加强领导班子和核心人才队伍建设。认真做好关心关爱员工工作,着力解决工作环境等实际问题,将部分短期、定向及劳务用工纳入内部等级管理,其中业务岗位劳务用工全部转制完毕。积极参加公益活动,组织开展“履行社会责任,建设绿色家园”植树活动、“情系留守儿童,捐助‘快乐儿童家园’”爱心活动、向农民工“送清凉”、“携手青年员工,关爱自闭症儿童”等活动。

【大事记】 1月24日 建行山东省分行与淄博市政府签署战略合作协议。

2月27日 建行山东省分行与威海市商业银行签署战略合作协议。

3月 建行山东省分行与《齐鲁晚报》签约,作为唯一合作银行独家冠名2013年齐鲁车展。

4月25日 建行山东省分行与山东艺术学院签署战略合作协议。

5月17日 建行山东省分行在全省正式开展大客户综合定价试点工作。

6月6日 建行山东省分行与山东省交通运输厅道路运输局签署战略合作协议。

7月17日 建行山东省分行与济南军区总医院合作开发的“银医一卡通”项目正式上线运行,成为全省首家银医一卡通工程项目。

8月21日 建总行赵欢副行长到山东省分行调研。

9月2日 建行山东省分行发放全国首笔善融商务个人助业贷款,善融商务个贷发放4755万元。

9月13日~14日 建总行王洪章董事长、胡哲一副行长到山东省分行调研。

10月24日 建行山东省分行举办私人银行VIP客户专场欧美经典美术展。

11月19日~20日 建总行章更生副行长到山东省分行调研。

12月24日 建行山东省分行与泰安市政府签署支持新农村、城镇化暨基础设施建设战略合作协议。

12月27日 “新一代核心系统建设”一期13个应用系统全部上线。

12月30日 建总行张建国行长到山东省分行调研。

(刘太丽)

中国建设银行股份有限公司青岛市分行

【第一负责人简介】 冯涛,1958年12月生,中共党员,研究生学历,山东临沂人,高级会计师。历任中国建设银行山东省分行财会处、营业部副处长、处长,1996年任建行青岛市分行副行长、党委委员,2007年8月任建行大连市分行副行长、党委委员,2011年11月任建行沈阳审计分部主任、党委书记,2012年5月至今任建行青岛市分行行长、党委书记。

【综述】 2013年,中国建设银行股份有限公司青岛市分行(以下简称“建行青岛市分行”)按照“强基础、谋发展、上台阶”的要求,推进改革创新,深化经营战略,加强风险防控,实现规模、效益和质量的全面提升。

中国建设银行股份有限公司青岛市分行主要统计指标 1

单位：亿元

项目 \ 年度	2009	2010	2011	2012	2013	2013年同比增幅（%）
本外币资产总额	712.53	826.09	936.12	899	1027.81	14.33
本外币存款余额	658.88	775.21	912.12	877.9	1000.57	13.97
人民币存款余额	641.67	754.32	896.97	852	953.87	11.96
单位存款	363.81	404.03	466.36	459.33	476.22	3.68
储蓄存款	294.73	341.07	342.60	394.41	424.51	7.63
本外币贷款余额	508.41	620.67	712.26	798.8	877.03	9.79
人民币贷款余额	494.95	597.10	689.51	749.04	841.87	12.39
短期贷款	101.80	169.05	197.57	240.21	228.67	-4.8
中长期贷款	371.32	440.02	514.69	515.91	582.18	12.85
票据融资	35.29	11.60	23.10	26.25	88.74	238.06
利润总额	13.47	14.60	19.19	20.38	22.7	11.38
不良贷款余额	10.06	7.17	6.17	6.82	6.07	-11
不良贷款占比（%）	1.98%	1.15%	0.87%	0.87	0.71	-18.39

中国建设银行股份有限公司青岛市分行主要统计指标 2

项目 \ 年度	2009	2010	2011	2012	2013	2013年同比增幅（%）
单位结算账户（万户）	4.20	4.40	4.70	5.10	5.50	7.84
单位结算金额（亿元）	15114	23592	29912	37014	73069	97.41
个人结算账户（万户）	496.60	544.33	597.10	600.24	610.18	1.66
个人结算金额（亿元）	3180.60	4606.07	5597.48	5369.35	6912.6	28.74
信用卡发卡量（万张）	11.05	8.16	9.26	14.91	50.30	24.41
信用卡消费额（亿元）	35.93	41.92	51.80	68.44	62.90	-8.09
企业网银客户（万户）	0.71	0.99	1.34	1.69	2.08	23.6
个人网银客户（万户）	27.84	37.16	58.34	88.15	1198212	35.93
手机银行客户（万户）	47.01	10.32	28.76	59.98	925464	54.29
电话银行客户（万户）	42.39	55.56	89.77	125.73	159.52	26.88
现金自助设备（台）	309	326	369	456	538	17.98
营业网点（个）	107	107	108	116	120	3.45
自助网点（个）	243	253	278	361	329	-8.86

【公司业务】 2013年，建行青岛市分行将国际、投资银行、电子银行、信用卡等项业务作为突破口，加大营销力度，实现快速发展。

一、重点推进客户战略。一是把2013年确定为“客户增长年”，有效客户增长超额完成总行计划；二是与青岛市政府就海洋经济和城镇化建设合作达成了总体框架协议；三是实施“三大一高”战略，成功营销胶东国际机场、中德生态园、万达“东方影都”等多个投资过百亿元的项目；四是深化与海尔集团、青岛国信集团、城投集团、青岛港务局以及地方财政、社保、“八一工程”等大系统客户的战略合作。

二、小企业业务发展稳健。一是制定小企业业务流程优化方案，合理控制业务权限；二是与青岛市经信委合作搭建政策性优惠贷款平台——“青岛市小微企业助保贷平台”，小企业贷款全年新增36.15亿元，增速33.44%。

三、投行业务快速增长。一是大力推进资产收益权类理财产品，信贷资产入池工作有效开展，释放存量贷款规模17.10亿元；二是承销海尔财务公司8亿元金融债并首期发行1.60亿元，全年发行投行产品66.97亿元，同比新增49.07亿元。

【个人业务】 2013年，个人业务紧盯“市场份额提升、系统排名进位”两项核心目标，拓客户、争份额、提质量、增效益，个人业务稳健发展。一是以“创新求进、巩固基础”为主线，大力发展有效客户，建立精准营销工作机制，充分发挥数据仓库系统的支撑作用；二是组织实施“零售网点星级评定”激励，推动客户战略和产品战略转型，将个人客户服务管理提升活动与“提升网点竞争力”工作有机结合；三是大力发展私人银行业务，以营销市人大代表、政协委员为切入点，打造服务青岛高端的品牌形象，私人银行客户人均AUM1097.87万元；四是稳步推进网点建设，完成3个原址装修项目和25个租赁到期网点续租工作；五是电子银行业务全面超额完成计划，营销青纺联等23家新客户入驻“善融商务”网络平台；六是信用卡业务增势良好，通过组织“百日竞赛活动”、“岁末大冲关活动”、“越聚越惠”等活动，客户净增7.62万户，完成计划的109%，分期交易额累计实现8.07亿元，同比增长26%，实现中间业务收入1.09亿元，同比增长30%，完成全年计划的95%。

【国际业务】　2013年，国际业务克服困难，实现跨越式发展。一是加强平台营销和总分行联动，配合建行总行成功举办了商品与期货业务全行重点客户等营销活动，组织“海关千强”和中信保客户的营销活动；二是大力发展大宗商品套保业务，取得境内首家商品交易所大宗商品美元交易清算行清算资格，成功办理首笔商品融资代客OTC套期保值业务，办理跨境人民币业务148.43亿元，同比增长55.90%，完成国际结算业务量208.16亿美元，同比增长11.65%。

【房地产信贷】　2013年，住房金融业务加大市场营销拓展，个人贷款保持较快增长，电子渠道拓展继续加快，资产质量稳定。一是住房金融业务继续领跑同业，建立楼盘项目名单制管理制度，开通绿色审批通道，限时批复放款，推广一手房“房易安”产品，加大力度抢抓新楼盘储备，全力保障住房贷款发展；二是积极开展各类营销活动，制定“房e通”推广活动方案，先后组织“贷无忧”产品“金蛇劲舞”系列活动、“善融e时贷，贷给您精彩”善融商务个人贷款营销活动、“体验房e通 新春礼相送”等营销推广活动；三是持续做好中介机构营销和二手房贷款拓展工作，制定二手房贷款发展指导意见，对二手房贷款实施利率倾斜，并配置了专项营销费用，加强联动营销，在重点区域开展二手房贷款进社区活动。

截至年末，该行个人类贷款、个人住房贷款余额在青岛同业首家突破300亿元，继续保持同业第一，新发放个人类贷款利率水平同业最高。

【风险控制】　2013年，建行青岛市分行以不良资产处置为主线，把风险防范放在突出位置，强化不良资产处置力度，实现不良贷款“五连降”，有力保障了资产质量的稳定向好。一是完善管理机制，提升风险处置能力，制定了《重大信用风险项目风险化解工作规程》和《责任收贷制度实施办法》；二是持续开展风险排查和处置，对存在潜在风险的重点客户，组建专业团队，专题研究、落实处置方案，有效化解潜在风险；三是不良资产处置实现重大突破，广源发、喜盈门集团两户合计3.10亿元不良贷款实现全额处置。

截至年末，不良贷款处置5.31亿元，完成计划的187.27%；不良资产超值现金回收0.37亿元，完成计划的186.05%，现金回收已核销资产0.39亿元。

【内部管理和企业文化建设】　2013年，建行青岛市分行认真组织开展“抓基层、强管理、防案件”专项活动和案件风险大排查“百日行动”，前移案防关口，不断完善各项内控机制，加大对关键风险点的监督检查和整改力度。

一、在全行集中开展以“制度至上，敬畏纪律；合规从业，保护你我”为主题的警示教育活动，巡回宣讲38场次，制定内控体系建设三年规划、开展“寻找身边的内控合规标兵”等活动，营造“合规从业”的文化氛围。注重运用审计成果，制定整改工作考核办法，对历年审计发现的问题持续督促整改。

二、深入开展党的群众路线实践教育活动，认真落实中央“八项规定”和总行党委十条要求，大力倡导和实践求真务实的工作作风，完善基层联系行制度，出台分行党委改进作风密切联系群众和严格管理勤俭办行等细化要求。

三、关心员工职业发展，有计划地选派优秀人员参加名校培训，丰富专业知识；出台并实施星级网点和星级员工考评办法，完善了客户经理管理办法；完成了劳务派遣人员择优转制工作，提高了劳务人员的工作积极性和归属感。

四、开展“知行合一，实干兴行”企业文化主题实践活动，评选“最具影响力员工故事”；履行企业社会责任，参与“关爱新市民子女”等公益活动；开展送温暖活动，组织职工体检，关心老同志生活，慰问困难职工43人次，发放慰问金46.10万元；推进补充医疗保险商业化运作，给员工及家属更多保障。截至年末，分行拥有3个“山东省文明单位”、7个“青岛市文明单位标兵”和6个“青岛市文明单位”，市北支行被继续命名为“青岛市文明服务示范窗口”。

【大事记】　1月11日　建行总行庞秀生副行长一行参加青岛市分行领导班子民主生活会。

1月22日　建行青岛分行对分行本部做出7项内设机构调整。

1月25日　建行青岛分行召开2013年工作会议，冯涛行长作了题为《抓住机遇攻坚克难 全力实现跨越式发展》的讲话。

1月29日　建行总行解聘崔凤芹青岛分行总审计室总审计师兼主任职务，另行安排工作。

建行总行聘任刘远方为青岛市分行副行长。

建行青岛分行在财务会计部下设信息中心(二级部)。

5月17日　建行总行聘任于敬一为青岛总审计室总审计师兼主任，聘期4年。

6月7日　青岛胶东国际机场基本建设专用账户落户建行胶州支行。

6月25日　建行总行张福荣监事长一行到分行调研工作。

12月19日　建行总行下发解聘陈庆辉青岛市分行风险

总监职务。

建行总行党委决定陈庆辉任青岛市分行党委委员。

（孙　岩　谭庆勋）

交通银行股份有限公司山东省分行

【第一负责人简介】　王锋，男，1969年5月生，河南南阳人，博士研究生，高级经济师。1989年7月工作，1995年5月入党。1994年8月起，历任交通银行郑州分行紫荆山支行副行长、文化路支行副行长（主持工作）、百花路支行行长。2000年9月任交行郑州分行党委委员、副行长，2004年3月任交行郑州分行党委副书记、纪委书记、副行长。2005年11月任交行山西省分行党委书记、行长。2010年4月至今，任交行山东省分行党委书记、行长。

【综述】　2013年，交通银行股份有限公司山东省分行（以下简称“交行山东省分行”）严格执行国家经济政策和总行工作要求，以作风建设为抓手，全面推进三年发展规划，较好地完成了经营任务。

【资产负债管理】　2013年，交行山东省分行紧紧围绕“存款、利润、风险”这条主线，努力开展各项工作，有力促进了全行业务协调、健康、稳定发展。

一、加强业务计划指导，存款规模稳步增长。一是将存款日均指标纳入问责体系，考核理念深入人心，当年日均存款增量达到250.66亿元，系统内排名第3位；二是在日均存款增长的基础上，努力做好时点存款的调度，存款增幅高出同业平均水平7.11个百分点，市场占比提升27个点。

二、加强贷款规模调控，支持业务稳定发展。一是做好贷款规模管理，新增贷款高于总行平均水平3.15个百分点；二是在资源分配过程中，实行全行排队机制，优先支持定价水平高、综合回报好的客户；三是注重优化信贷结构，加强对零售信贷业务的支持，年末零售信贷余额217.01亿元，较年初增加62.96亿元，增幅40.87%，超过各项贷款增幅28.05个百分点。

三、强化定价管理意识，提高存贷款综合收益。该行对新发放贷款执行以上浮利率为主的定价原则，新发放贷款上浮占比80.87%，同比上升4.92个百分点。

四、加快业务转型，推动中间业务快速发展。通过加强同业对比分析，将中间业务发展的要求、压力及时传导到经营单位，推动中间业务快速发展。全年该行实现中间业务净收入9.27亿元，净收入总量系统内排名第7位，较年初提升3个位次。

【授信业务】　2013年，交行山东省分行坚持以发展为主线、以客户为中心、以风险防控为保障、以创新为驱动，推动授信工作质效发展。

一、信贷结构调整持续优化。截至年末，一是行业结构持续优化，对公贷款中占比居前五位的行业为石油化工、机械、采矿业、食品、交通运输，增量居前五位的行业为批发、机械、食品、汽车、科教文卫；二是期限结构不断优化，对公短期贷款、对公长期贷款和贸易融资分别占全部对公贷款的70.83%、21.52%和6.95%；三是担保结构继续优化，灵活运用存货抵质押、应收账款质押或国内保理等贸易融资业务，信用贷款占比降低7.25个百分点，保证类贷款占比提高4.08个百分点。

二、持续做好风险排查，加强对“两高一剩”行业的管控力度。一是多次组织风险排查，加大对“两高一剩”行业及集团客户的排查力度；二是确立授信客户名单，通过定客户、定目标、定进度、定考核的方式，成效明显；截至年末，总行管控类行业与银监局口径的“两高一剩”行业占比分别较年初下降2.74和2.73个百分点。

【公司业务】　2013年，交行山东省分行依靠综合服务优势，加快建立适应市场竞争需要的工作机制，实现了公司业务的快速发展。

一、深入贯彻“大户做大”客户战略，进一步扩大优质客户群体。一是先后与省科技厅、省新闻出版局等签署合作协议；二是促成总行与山东重工集团、山东晨鸣纸业等行业龙头企业签署战略合作协议，进一步提升了与客户的合作层次；三是先后与山东再担保集团、山东广电、重汽集团、山东中烟、如意集团等十余家省属国企及省内大型民企签署了合作协议，为拓展业务发展空间奠定了坚实基础。

二、顺应市场变化，打造全方位金融服务品牌。一是通过直投业务为山东高速集团、省交通厅等重点客户提供了30亿元

交通银行股份有限公司山东省分行主要统计指标 1

单位：亿元

项目＼年度	2009	2010	2011	2012	2013	2013年同比增幅（%）
本外币资产总额	677.92	848.20	1105.39	1298.32	1542.54	18.81
本外币存款余额	643.95	810.02	1037.73	1226.89	1465.26	19.43
人民币存款余额	636.66	802.86	1028.21	1209.81	1456.75	20.41
单位存款	428.21	554.11	710.73	854.40	1035.20	21.16
储蓄存款	164.92	199.66	268.00	306.01	369.83	20.86
本外币贷款余额	516.76	597.94	691.51	816.89	913.65	11.84
人民币贷款余额	510.70	588.88	678.13	779.14	879.04	12.82
短期贷款	213.42	260.33	327.93	504.59	613.73	21.63
中长期贷款	238.79	311.87	346.78	273.57	259.23	-5.24
票据融资	58.10	16.49	3.29	0.96	5.83	507.29
利润总额	7.78	11.49	16.84	17.06	19.32	13.25
不良贷款余额	9.20	7.63	4.81	4.83	6.14	27.12
不良贷款占比（%）	1.78	1.28	0.69	0.59	0.67	--

交通银行股份有限公司山东省分行主要统计指标 2

项目＼年度	2009	2010	2011	2012	2013	2013年同比增幅（%）
单位结算账户（万户）	2.60	2.84	3.38	3.93	4.34	10.43
单位结算金额（亿元）	955.63	1161.31	1398.12	1671.04	1924.97	15.20
个人结算账户（万户）	181.92	181.92	233.67	517.76	571.04	10.29
个人结算金额（亿元）	205.08	246.65	331.11	372.75	453.94	21.78
信用卡发卡量（万张）	47.76	70.02	104.73	143.63	182.22	26.87
信用卡消费额（亿元）	78.74	114.3	187.67	333.75	526.97	57.89
企业网银客户（万户）	0.43	0.58	0.89	1.38	1.81	31.16
个人网银客户（万户）	39.22	53.28	70.86	97.74	130.05	33.02
手机银行客户（万户）	0.61	3.28	5.86	12.83	27.26	112.47
电话银行客户（万户）	0.06	0.05	0.24	0.66	0.31	-53.03
现金自助设备（台）	336	374	534	749	950	26.84
营业网点（个）	151	138	132	135	131	-2.96
自助网点（个）	26	30	58	94	161	71.28

资金支持，在市场资金环境十分紧张的情况下满足了客户的资金需求；二是大力推进产业链业务发展，先后与福田雷沃重工、山推集团等企业签署“一家分行做全国”供应链合作协议，与山重建机集团、汇源果汁集团、中通客车集团新签署了供应链合作协议。

三、加大产品创新力度，推进政府类客户营销。一是通过招标成功入围省级财政非税收入的代理银行资格，省级财政代理国库集中支付资格已得到人行、省财政厅批复；二是成功启动烟草新商盟跨行支付系统业务试点和结算户开立工作，标志烟草营销工作取得突破性进展。

【个人业务】 2013年，交行山东省分行积极夯实客户基础，继续推进“好客交行”服务品牌的建设，取得好成效。一是开展零售客户经理销售能力轮训，推行“一业为主、兼做其它”的方式，努力为客户提供全方位、综合化的服务；二是优化服务检查标准，省分行营业部成功入选中银协文明规范服务百佳示范单位，同时创建客户体验中心，以点带面，着力打造高端客户差别化“超预期体验式”特色服务；三是强力推进科技金融服务，探索建立了“政府+银行+担保”的合作模式，重点为处于初创期和成长期的小企业进行批量融资支持，全年为278户科技型企业授信21.11亿元。

【国际业务】 2013年，交行山东省分行以“存款、中收、客户数”三大指标发展为导向，推动管理转型，提高操作风险管控水平，实现了国际业务的快速发展。一是认真梳理业务产品和目标客户，通过条线会议、客户经理培训、重点客户营销、客户服务方案设计等方式，积极引导营销人员促进三大指标发展，取得良好成效；二是简化业务操作，通过落实首问负责制、开展高层营销、成立技术支持小组、制作营销手册等方式，加快营销方式转变；三是加强业务审查力度，对于贸易背景不真实的转口业务开证申请予以否决，并向经营单位提示风险点；四是督促经营单位做好对国内证风险参与和福费廷项下融资资金的流向监控；五是加强结构性存款业务流程管理，加大保证金存入、解冻、付息管理的监督和指导；六是积极开展业务印章、贸易融资、进口开证等风险自查，保障国际业务稳健发展。

【会计结算】 2013年，交行山东省分行重点围绕“作风建设”、“能力建设”和“机制建设”，全力提升营运服务支撑能力，保障营运安全。一是严密防控操作风险，加强节假日期间检查辅导，开展重点专题排查26项；二是严格落实营运主管委派制度，不断提高其履职能力；三是重点落实员工失范行为排查工作，严防道德风险；四是先后完成二代支付系统提前上线业务、贵金属营运平台、单位结算卡、在线开户、新一代联网核查系统、磁条卡同卡号置换IC卡等7个项目上线推广、业务优化等工作；五是建立营运部负责人基层坐班制度，坚持营运人员季考制度，建立制度流程优化答疑周报制度，全年开展脱产培训14期，培训586人。

【电子银行业务】 2013年，交行山东省分行积极整合科技资源，提高信息技术和业务发展的融合度，有力地支持了业务发展。

一、加强生产管理，规范日常操作。一是严格按照变更流程执行总分行发起的变更；二是每周定期对重要生产系统主备机进行健康检查，防范运行隐患，全年系统可用率、网络可用率和重要业务系统运行率均达100%。

二、多方面探索，努力提高系统交易质量。每日统计ICS、EPS、ECM等系统的交易情况，分析影响成功率的错误交易笔数和明细，查找原因寻求解决办法，每月形成劳动竞赛简报下发全行，集合全行的力量努力提高交易成功率。同时，联合业务部门持续进行客户自助区引导和安全用卡宣传，努力改善用卡环境，为客户提供更优质的电子渠道服务。

三、发挥技术优势，做好新业务推广和特色业务开发工作。一是完成全行智能排队机系统、服务影音上传系统、新版影像留存系统、新一代自助通系统等12个系统的上线工作；二是研发特色项目32项，其中管理类软件9项，业务类软件23项。

四、加快自助银行铺设力度。2013年，该行新建自助银行67家，新投放自助设备201台。在传统存取款机、取款机和查询机自助设备的基础上，积极推动自助发卡机业务，完善了自助区的渠道分流能力，逐步实现了网点的业务模式和功能定位的转型。

【内部管理与企业文化建设】 2013年，交行山东省分行不断夯实内部管理，经营管理水平不断提升。一是“三位一体”网络布局融合发展，已覆盖全省各地市，离行自助数量首超人工网点；二是进一步优化组织结构，成立金融机构及市场部、资产托管部、离岸业务中心三大利润中心，提高直营能力和盈利能力；三是强化营运、内控和操作风险管控，加强重点岗位和关键环节的管控，逐步形成以价值为目标、以客户为中心、以市场为导向、以责任为纽带、以能力为基础的全员风险文化；四是以“实、新、学、勇”的作风要求，积极开展党的群众路线教育实践活动；五是认真履行社会责任，先后捐助驻村“第一书记”扶贫帮扶项目10万元、省立医院肿瘤患者慈善活动15万元。

【大事记】 1月30日 交行山东省分行2013年工作会议在济南召开。省金融办、人行济南分行、山东银监局相关人员应邀列席会议。

2月21日 交行山东省分行成立金融机构及市场部、资产托管部。

2月22日 由交行山东省分行承办的2013年山东卫视元宵节戏曲晚会在南郊宾馆蓝色大厅精彩上演。

3月20日 交行山东省分行成功举办“智融通”—知识产权融资业务发布会，期间，该行与省知识产权局、省中小企业局、山东省科技融资担保有限公司签署了战略合作协议。

交行山东省分行成立离岸金融部。

4月9日 交行山东省分行行长王锋到泰安分行调研，期间，拜访了泰安市委副书记、市长王云鹏，副市长闫新建。

4月16日 交行山东省分行行长王锋在济宁参加济宁市委、市政府举办的2013年济宁市政银企合作暨重点项目推介会，副行长王磊代表该行与济宁市政府签订战略合作协议。

4月25日~26日 交行山东省分行副行长叶宁出席菏泽分行举办的“政协委员进交行”主题活动，并拜访了菏泽市副市长段伯汉、市政协主席刘勇。

5月10日 交行总行与山东重工集团在上海举行全面战略合作协议签约仪式。山东重工集团董事长谭旭光，交行总行副行长钱文挥，交行山东省分行行长王锋、副行长王磊出席了签约仪式。

5月18日 交行山东省分行行长王锋参加在山东大厦举行的科技金融合作座谈会。山东省副省长张超超出席座谈会并为交行山东省分行济南科技支行揭牌。

5月30日~31日 交通银行2013“中国优秀企业家财富

管理峰会”在武汉举行,交行山东省分行行长王锋、副行长王磊陪同该行重点客户山东焦化集团董事长王清涛、威高集团副总裁周淑君、阳谷祥光铜业有限公司总裁刘志光等企业家出席了峰会。

6月18日　交行山东省分行与省新闻出版局在山东大厦举行战略合作协议签约仪式。山东省副省长季缃绮、交行总行副行长钱文挥出席签约仪式并致辞。

6月26日　在省财政厅举办的省属高校收费代理银行资格招标仪式上,交行山东省分行成功中标省属高校收费代理银行。

6月27日　交行山东省分行行长王锋到潍坊调研,拜访了潍坊市委书记杜昌文,市委副书记、市长刘曙光;期间,还走访了福田雷沃国际重工股份有限公司、潍坊市农信联社、潍坊市农商行。

7月9日　交行山东省分行召开全辖矩阵式改革推广暨综合型网点建设推进工作视频会议,副行长董莹出席会议并讲话。

交行山东省分行与阳谷祥光铜业有限公司在济南举行全面战略合作协议签约仪式。

7月16日　交行山东省分行与得利斯集团有限公司在济南举行全面战略合作协议签约仪式。

7月27日　交行山东省分行在济南召开2013年年中工作视频会议。

7月30日~31日　交行山东省分行行长王锋到烟台进行高层走访与调研,分别拜访了烟台市委书记张江汀,市委副书记、代市长孟凡利,副市长张广波。

8月1日　交行山东省分行行长王锋到威海进行高层走访与调研,拜访了威海市委副书记、市长张惠,副市长徐连新,以及市金融办、人行和银监局领导。

8月7日　交行山东省分行与开行山东省分行在济南签署了全面战略合作协议。

8月8日　交行山东省分行与山东如意科技集团有限公司在济南举行全面战略合作协议签约仪式。

8月18日~19日,交行山东省分行行长王锋到日照进行高层营销与调研,拜访了日照市委书记、市人大常委会主任杨军,市委常委、秘书长王斌,副市长刘兆亮,市府副秘书长、市金融办主任孙云峰等。

8月20日　交行山东省分行行长王锋到临沂进行高层营销与调研,拜会了临沂市委副书记、市长陈先运,市委常委、常务副市长左沛廷,副市长沈继奔,市政府秘书长谭庆功,以及市金融办、财政局和人行领导。

8月21日　交行山东省分行行长王锋到枣庄进行高层走访与调研,拜会了枣庄市委副书记、市长张术平,市政府秘书长朱国伟、副秘书长朱世宏陪同会见。

10月9日　交行山东省分行召开干部会议,宣布詹敏任交行山东省分行党委委员、行长助理。

12月9日　交行山东省分行与山东晨曦集团有限公司在济南举行全面战略合作协议签约仪式。

12月12日　交行山东省分行与山东焦化集团有限公司在济南举行全面战略合作协议签约仪式。

12月17日　交行山东省分行与山东广电网络有限公司在济南举行全面战略合作协议签约仪式。

12月18日　交行山东省分行与山东玉皇化工集团有限公司在济南举行全面战略合作协议签约仪式。

12月19日　交行山东省分行与山东省再担保集团有限公司在济南举行全面战略合作协议签约仪式。

12月20日　交行莱芜分行建成并对外营业。

12月26日　交行山东省分行与福田雷沃国际重工股份有限公司在济南举行全面战略合作协议签约仪式。

12月28日　交行山东省分行与莱芜市政府在莱芜宾馆举行全面战略合作协议签约仪式。

(李光飞)

交通银行股份有限公司青岛分行

【第一负责人简介】　李智斌,男,1966年3月生,云南武定人,汉族,大学本科学历,1989年9月参加工作,高级工程师。历任交通银行昆明分行电脑室主任、私人金融业务处处长,交通银行云南省分行党委委员、副行长、高级信贷执行官。2011年至今任交通银行青岛分行党委书记,行长。

【综述】　交通银行股份有限公司青岛分行(以下简称“交行青岛分行”)成立于1988年2月,是交行总行7个直属分行之一;在青岛市内设有51个营业网点,分布于市内七区和即墨、胶州、平度、莱西等4个青岛所辖市。

交通银行股份有限公司青岛分行主要统计指标 1

单位：亿元

项目＼年度	2009	2010	2011	2012	2013	2013年同比增幅（%）
本外币资产总额	488.77	639.97	761.82	869.04	897.91	3.32
本外币存款余额	458.41	575.26	679.3	776.14	840.50	8.29
人民币存款余额	444.4	557.33	656.59	748.83	805.65	7.59
单位存款	191.74	351.66	416.52	528.81	562.64	6.40
储蓄存款	146.6	168.45	184.35	220.02	243.01	10.45
本外币贷款余额	289.43	385.05	438.85	504.12	550.69	9.23
人民币贷款余额	276.74	376.29	426.52	477.47	524.41	9.83
短期贷款	123.95	195.59	196.95	220.15	236.22	7.30
中长期贷款	152.44	158.76	206.55	234.02	263.82	12.73
票据融资	44.88	21.83	22.82	22.84	28.04	22.77
利润总额	8	10.26	12.87	14.23	16.49	15.88
不良贷款余额	4.32	2.81	6.38	6.66	10.30	54.65
不良贷款占比（%）	12.92	0.73	1.45	1.32	1.87	41.67

交通银行股份有限公司青岛分行主要统计指标 2

项目＼年度	2009	2010	2011	2012	2013	2013年同比增幅（%）
单位结算账户（万户）	1.13	1.47	1.72	1.91	2.06	7.65
单位结算金额（亿元）	7219.31	9837.11	12507.19	15285.02	18640.06	21.95
个人结算账户（万户）	206.40	228.63	308.84	390.68	425.72	8.97
个人结算金额（亿元）	3000.44	4924.95	5709.63	5175.31	5397.22	4.29
信用卡发卡量（万张）	4.75	4.39	2.39	3.37	4.88	44.81
信用卡消费额（亿元）	--	24.32	30.37	93	134.57	44.7
企业网银客户（万户）	0.21	0.37	0.58	0.79	0.99	25.3
个人网银客户（万户）	29.25	39.77	47.14	61.21	78.92	28.9
手机银行客户（万户）	2.35	5.42	7.95	13.68	22.61	65.3
电话银行客户（万户）	0.12	0.5	0.19	0.19	0.19	0
现金自助设备（台）	312	328	380	405	460	13.6
营业网点（个）	58	58	58	54	51	-5.56
自助网点（个）	47	53	64	68	75	10.3

【公司业务】 2013年，交行青岛分行努力夯实客户基础，深挖业务潜力，对公存款市场份额稳居当地同业之首。

一、全力支持地方经济建设。交行青岛分行与青岛市政府签订了“十二五”期间战略合作协议，为青岛市经济健康快速发展提供强有力的支撑。

（一）大力支持实体经济建设，配合地方产业结构调整。一是鼎力支持青岛地方重点公路、港口建设项目，保税港区汽车整车进口口岸银企合作项目，轨道交通产业链动车小镇建设等重点项目;二是为青岛市老企业搬迁以及旧城改造项目提供融资方案。截至年末,该行在电力、交通运输和仓储业、制造业、建筑等四个行业的优质客户贷款占比同比提高了5个百分点。

(二)积极支持蓝色经济及战略新兴产业。一是在港口建设方面,作为主办行参与了青岛港老港区改造,前湾港集装箱码头、招商局码头等项目建设;二是在船舶制造方面,围绕海西湾、即墨、胶南三大船舶基地,以产业链条为依托,与北船重工、扬帆船舶、齐耀瓦锡兰、武船重工、海西重机、海西重工等一批行业龙头企业建立了密切的合作关系。

二、加大对民生项目的金融支持。一是参与地税、商检和海关系统的建设,协助公积金中心推出公积金网上营业厅平台;二是新投放保障房贷款余额比上年增加140%,分别为平度市两个最大的旧城改造项目发放保障房贷款5.8亿元,积极支持青岛市重点打造的"新都心"和"西海岸新区"等核心居住商业板块的保障房项目。

三、积极服务三农,扶持融资弱势群体。一是制订《零售信贷基本政策及投向指引》,积极支持运作模式成熟、商业化运作能力较强的新农村建设项目;二是进行产品创新和探索,不断完善适合城镇经济的"展业通"系列服务产品;三是上线助农通项目,填补农村金融服务空白乡镇,这种设备在交行系统内也是初次使用;四是加快县域电子银行渠道发展,在即墨、胶南、胶州、平度、莱西5个县级市开设自助银行12家,安装离行式自助设备80台,5个县域的自助设备占总量的20%以上。

【个金业务】 2013年,交行青岛分行坚持以客户为中心,加强个金客户群建设,储蓄存款市场占比超8%,稳居交行系统首位。

一、拓宽思路,巩固代发客户群。一是成立产品智囊团,开展"走进百家好企业、薪心相印·一路相伴"等营销活动,打造家庭基本收、支账户,融入黄金定投、基金定投、零存整取等多种概念;二是推广薪金理财。

二、丰富手段,巩固中高端客户。一是建立专家团队,专门研究满足高端客户需求的产品和服务;二是先后推出中医养生问诊、"沃德财富杯"羽毛球赛、"银企薪干线杯 "台球争霸赛、《历险恐龙岛》沃德儿童专场、斯诺克大师见面会等20余场品牌推广和客户联谊活动,拓宽增值服务内容。

三、善用工具,提升客户管理水平。一是先后建立"个金发展成功路线图"、"个金客户分析表"和"零贷贡献度分析表"等专业数据分析表,推出"话术包、产品包、事件包"等具有特色的三包营销方案,帮助客户经理筛选目标客户;二是利用互联网创新推广营销工具,建立"财富管理"等微信、微博客户群,及时发布产品信息,搭建客户交流平台。

【中间业务】 2013年,交行青岛分行加快业务转型,综合财富管理能力持续增强,截至年末,中间业务净收入完成总行年度计划143%,占比同比提升了8.57个百分点,继续保持系统内首位。一是加强优势业务特色化经营,加大特色产品宣传推广力度,深挖优势业务盈利潜力;二是加快信托受益权、资产管理计划等投行业务发展,积极拓宽盈利渠道;三是持续加强创新产品与转型发展,抓好项目储备建设,进一步优化资源配置,为中间业务发展夯实基础。

【内部管理】 2013年,交行青岛分行全面落实各项风险防控措施,在党风廉政建设、案件防范、营运管理、风险控制等方面均取得较好成效。

一、强化风险排查。一是按照总行部署,组织开展"遵规章、查隐患、控风险"及"1+X"精准防控等一系列专项行动;二是组织员工进行全面自查并做出书面承诺,全员自查承诺达到100%;三是对柜面及渠道类业务、新兴表外业务员工失范行为,以及零贷、公司和印章管理等业务开展重点检查与排查,检查覆盖面达100%;四是制定下发《员工轻微违规行为记分管理实施细则》、《职能部门首问负责制投诉管理办法》等多项规定,不断增强全员合规经营意识。

二、规范营运管理工作,加强风险管控。一是强化责任意识,强调营运生产细节管理,严格执行审批制度,加强日常业务系统运行监控;二是完善服务工作机制,加大实时监控力度,持续提升柜面服务质量;三是加大培训力度,通过"每周培训、每月考试"的模式,提升营运人员业务水平;四是加强现金运营管理,积极开展示范网点创建活动。

三、理顺业务处理流程,提高工作效率。一是优化了贷款发放会计确认操作流程;二是开发直联商户POS批量入账及回单打印功能,实现了清算资金的实时、自动入账;三是建立柜面业务分流监测分析模型,有效降低柜面压力、减少客户排队;四是在交行系统内首创小微企业验资、询证业务绿色服务通道,为小微型企业发展提供支持。

四、提升全面风险管理水平。一是制定"一把手抓风险,全方位控风险"的风险管控责任制;二是加强考核力度,将信贷管理全流程纳入绩效考核;三是出台了加强信贷资产质量考核的补充规定,对出现新增不良贷款的单位和个人实行"一票否决制";四是开展多种风险排查,严防风险死角,化解潜在风险。

【企业文化建设】 2013年,交行青岛分行积极参与社会公益活动,加强精神文明建设。

一、践行百年交行责任文化,大力支持公益事业的发展。一是连续14年赞助"青岛市新年音乐会";二是连续10年冠名"青岛市万人健身跑"活动;三是开展"暖冬活动",为外地大学生送去保暖内衣。

二、凝聚人心,关怀员工送温暖。截至年末,全行组织帮扶救护员工79人次,下发困难补助金慰问金15万元。一是坚持召开职代会,征集员工议案,解决基层员工生活、工作中出现的问题;二是为员工订购生日蛋糕,为员工的父母订阅《老年生活报》,为员工的未成年子女发放书卡,开办午间轻松一小时讲座;三是为婚龄阶段的青年单身员工牵线搭桥,举办交友活动;四是组织离退休老干部参加春游、秋游活动,组织全行员工开展木栈道健步行、羽毛球比赛、职工篮球赛等活动;五是重新装修扩大员工之家,开设员工活动室和阅览室,举办健美操和太极班；六是连续 6 年为全行员工办理补充医疗保险，按时组织员工体检。

【大事记】 1 月 1 日 由交行青岛分行冠名的“交通银行杯·青岛市新年万人健康跑”活动正式启动，社会各界近万名市民进行健康跑活动，迎接新年到来。

1 月 18 日 交行青岛分行第一台 ITM 智能柜员机通过各项性能指标测试，正式投入使用。

1 月末 交行青岛分行开通“财富管理”微信服务平台，创新营销服务模式。

2 月 交行青岛分行成功营销青岛市城镇大病医疗救助金代发项目。

3 月 18 日 交行青岛延安三路支行撤销。

3 月 交行青岛分行成功营销平度市旧城改造重点项目。交行青岛分行零贷业务突破 100 亿元大关。

4 月 8 日 交行青岛分行与青医附院合作的自助诊疗服务系统成功上线。

4 月 20 日 交行青岛分行迅速启动雅安爱心传递绿色通道，所有网点均优先受理赈灾捐款。

4 月 22 日 交行青岛麦岛支行由香港东路 23 号迁址到海口路 33 号—59 号。

4 月 交行青岛分行成功营销青岛城阳白沙河拆迁项目。

5 月 4 日 交行青岛分行在青岛市政府举办的关于推进中小企业融资战略合作签约仪式上，与山东省再担保公司签订战略合作协议，给予其再担保额度 10 亿元。

5 月 23 日 交行青岛彰化路支行撤销。

5 月 24 日 交行青岛分行正式启动“走进交行、感受温馨”主题宣传活动。通过“服务明星”评选、“温馨服务”创意金点子大赛等形式，提升全行服务质量。

5 月 交行青岛分行与崂山交银村镇银行携手，签约融资服务平台，签订中小企业融资战略合作协议。

6 月 17 日 交行青岛分行成功与胶南社保局签约，为其代收代缴自由职业者社保费。

6 月 19 日 交行总行董事胡华庭到青岛分行调研。

7 月 1 日 交行青岛福州南路第一支行由崂山区香港东路 23 号迁址到黄岛区青岛港董家口港区综合办公楼东一楼，更名为董家口支行。

7 月 12 日 交行总行副行长寿梅生到青岛分行调研。

8 月 交行青岛分行开创小型微型企业绿色服务通道，是交行系统内率先开办小型微型企业验资、询证业务的分行。交行青岛分行成功上线黄岛海关电子对账系统

9 月 4 日 交行青岛分行与青岛城乡社区建设融资担保有限公司举行业务合作签约仪式。

9 月 16 日 交行青岛分行成功与城阳社保局签约，为其代收代缴自由职业者社保费。

9 月 27 日 交行青岛分行与开行青岛市分行签署全面合作协议。

9 月 交行青岛分行成功叙做首笔预付款项下保票通业务，为中集来福士海洋工程有限公司办理金额 2060 万美元，期限 3 个月的预付款保票通业务。

交行青岛分行首次办理 NRA 他行买断福费廷业务。

交行青岛分行成功与青岛城阳区社会劳动保险事业处签订社会保险费代收代缴协议。

交行青岛分行与青岛城乡社区建设融资担保有限公司成功签订战略合作协议，为发展小企业业务提供了新的业务模式。

10 月 交行青岛分行创新推广新型助农终端，该助农终端在交行系统内是初次使用。

11 月 10 日 交行青岛分行成功与即墨社保局签约，为其代收代缴自由职业者社保费。

11 月 20 日 交行总行与青岛市政府在青岛签署战略合作协议。交行总行董事长牛锡明，青岛市市委书记李群以及相关负责人出席签字仪式。交行总行副行长钱文挥和青岛市常务副市长牛俊宪分别代表双方致辞并签约。

11 月 21 日 交行总行副行长钱文挥在青岛出席蕴通财富伴您同行(青岛站)路演活动。交行青岛分行在活动现场与青岛前湾港集装箱码头有限责任公司、青岛海湾集团有限公司、青岛马士基集装箱工业有限公司签订了合作协议。

11 月 交行青岛分行开发直联商户 POS 批量入账、POS 入账回单打印功能，全面提升商户管理能力。

交行青岛分行推广“多嘴猫”无线呼叫系统，加强网点内外联动、提升服务效率。

12 月 10 日 交行青岛分行支付系统“快汇通”功能上线。

12 月 16 日 交行青岛分行参与建设的青岛市公积金网上营业厅项目正式运行。

12 月 21 日 交行青岛香港中路支行由香港中路 76 号迁址延吉路 30 号，更名为山东路支行。

12 月 30 日 由青岛市政府主办、青岛分行协办的“2014 年青岛新年音乐会”在青岛市大剧院举行。

(李庆章)

中国邮政储蓄银行山东省分行

【第一负责人简介】　马洪宁，山东单县人，1964 年 11 月生，大学本科学历，中共党员，经济师。1982 年 1 月参加工作，历任江苏省邮政储汇局副局长、党委书记，中国邮政储蓄银行江苏省分行党委书记、行长；2013 年 4 月至今，任中国邮政储蓄银行山东省分行行长。

【综述】　2013 年，中国邮政储蓄银行山东省分行(以下简称“邮储银行山东省分行”)立足于服务城乡、服务社区、支持“三农”的零售银行定位，以全面推进精细化管理为主线，加快向全功能商业银行转型，整体工作继续走在了全国邮储银行同业前列。

【经营管理】　2013 年，邮储银行山东省分行以提升经营能力为重心，以做精产品、做细业务、做熟市场为重点，通过整合队伍、产品、客户资源，有效推进了各大业务板块联动发展。

一、整体业务稳健发展，企业效益稳步提升。全年业务收入居全国邮储同业第 5 位。截至年底，该行一是办理票据直贴 380 亿元、票据转贴 4269 亿元，分别同比增长 26%、60%；二是公司贷款余额新增 27 亿元，增长 31%；供应链金融余额达到 8200 万元；三是零售贷款快速投放，消费贷款余额新增 123 亿元，商务和小企业贷款新增 31 亿元；四是办理对公国际结算 2.20 亿美元、对公结售汇 1.36 亿美元、外汇融资 2064 万美元；五是信用卡分期、借意险、理财资金池等中间业务新品种快速增长。

二、进一步加大风险管控力度，提高风险管控意识。

(一)全面风险管理水平稳步提升。一是继续推进全辖风险管理组织和制度体系建设，扎实做好风险监测、资产分类、新产品新业务风险评估等工作；二是深入开展了“合规大讨论”活动，有效推动工作规范化开展。

(二)重视流程控制在风险管理中的作用。不断改进与完善业务操作程序，重点关注条线盲点和业务交叉环节，使各业务

中国邮政储蓄银行山东省分行主要统计指标 1

单位：亿元

项目＼年度	2009	2010	2011	2012	2013	2013 年同比增幅（%）
本外币资产总额	1602.64	2004.03	2428.48	2943.44	3132.55	6.42
本外币存款余额	1577.02	1973.23	2378.21	2827.16	3047.70	7.80
人民币存款余额	1576.97	1973.18	2378.16	2827.09	3047.32	7.79
单位存款	137.73	225.19	308.41	377.29	408.75	8.34
储蓄存款	1434.26	1717.02	2049.42	2449.80	2638.57	7.71
本外币贷款余额	145.68	225.60	299.55	422.07	576.70	36.64
人民币贷款余额	145.68	225.60	299.55	422.05	576.09	36.50
短期贷款	102.84	133.65	170.91	229.84	243.59	5.98
中长期贷款	42.83	91.96	128.64	192.21	332.49	72.98
票据融资	—	10.51	27.98	57.37	25.48	-55.59
利润总额	1.84	7.67	7.29	14.06	9.63	-31.48
不良贷款余额	0.63	2.18	4.22	6.32	9.05	43.18
不良贷款占比（%）	0.43	0.92	1.57	1.32	1.50	13.85

中国邮政储蓄银行山东省分行主要统计指标 2

项目 \ 年度	2009	2010	2011	2012	2013	2013年同比增幅（%）
单位结算账户（万户）	2.44	3.38	4.24	4.91	5.32	8.35
单位结算金额（亿元）	1690.02	3541.2	5643.93	6990.77	--	--
个人结算账户（万户）	3287.97	5136.92	5604.78	6453.48	7952.07	23.22
个人结算金额（亿元）	305.92	569.04	588.52	682.90	884.83	29.57
信用卡发卡量（万张）	0.64	2.76	8.52	10.39	11.06	6.46
信用卡消费额（亿元）	0.13	1.98	18.44	58.29	110.89	90.21
企业网银客户（万户）	0.23	0.47	0.78	1.15	0.75	87.5
个人网银客户（万户）	--	34.56	143.34	292.64	529.17	80.83
手机银行客户（万户）	--	--	--	74.0	288.57	289.96
电话银行客户（万户）	48.74	137.66	237.25	329.7	566.28	71.76
现金自助设备（台）	1003	1253	1831	2481	3350	35.03
营业网点（个）	2542	2542	2622	2694	2727	1.22
自助网点（个）	--	--	--	873	1155	32.30

发展与控制更趋合理。

（三）信用风险防控更加突出。一是高度重视信用风险防范，强化信贷资产质量控制；二是全力开展资产保全清收，由自主清收扩大到委外清收、贷款重组、抵债资产管理等多种方式；三是进一步优化不良资产处置流程，加速了不良资产移交。

（四）重视加强案防与安保工作。一是加强审计与安保检查，持续关注并积极解决重大风险隐患；二是加大现场检查与非现场监测力度；三是扎实开展员工日常行为排查，及时发现并处置风险苗头问题，保障了企业安全稳健运行。

【电子银行业务】 2013年，邮储银行山东省分行电子银行业务快速发展。截至年底，该行全年自助渠道交易金额1412亿元，电子银行交易金额673亿元，电子渠道交易替代率达76%，同比提高9.3个百分点。该行公司业务结算集中处理系统、个人信贷系统等金融信息化项目圆满完成，信息系统运行稳定、保障有力，全年无重大安全运行故障。

【大事记】 1月21日 邮储银行山东省分行工作会议在济南召开。

9月 邮储银行山东省分行全面部署开展了“合规大讨论”活动。

邮储银行山东省分行内设机构改革顺利完成。

11月 邮储银行山东省分行举办了“邮储银行杯”第三届山东省青年创业大赛。

12月 山东省文明委授予邮储银行山东省分行及18家市县行省级文明单位称号。

（梁　骞）

中国邮政储蓄银行青岛分行

【第一负责人简介】 银青志，1966年3月生，毕业于北京邮电大学，硕士研究生学历，中共党员，高级经济师。1987年7月参加工作，历任河南省辉县市邮政局局长、党委书记，新乡市邮政局局长、党委书记，中国邮政储蓄银行河南省分行副行长，邮储银行总行信贷业务部副总经理；2012年11月至今，任中国邮政储蓄银行青岛分行行长、党委书记。

【综述】 2013年，中国邮政储蓄银行青岛分行（以下简称“邮储青岛分行”）以支持地方经济发展为已任，以服务“三农”、服务中小企业为目标，加大业务发展力度，强化基础管理

中国邮政储蓄银行青岛分行主要统计指标 1

单位：亿元

项目＼年度	2009	2010	2011	2012	2013	2013 年同比增幅（%）
本外币资产总额	171.52	206.01	244.55	288.93	320.60	10.96
本外币存款余额	167.77	202.01	237.97	280.40	310.74	10.82
人民币存款余额	167.67	201.89	237.86	280.24	310.53	10.81
单位存款	7.66	12.78	16.31	19.47	23.33	19.83
储蓄存款	159.79	187.56	219.57	260.93	287.41	10.15
本外币贷款余额	11.56	19.35	29.97	38.09	72.20	89.55
人民币贷款余额	11.56	19.35	29.97	38.09	72.20	89.55
短期贷款	5.42	6.47	10.58	14.08	22.00	56.25
中长期贷款	6.14	12.88	19.29	24.02	50.20	108.99
票据融资	--	3.83	4.59	9.31	6.25	-32.87
利润总额	0.06	0.35	0.02	0.47	0.29	-38.30
不良贷款余额	0.07	0.11	0.14	0.25	0.30	21.21
不良贷款占比（%）	0.57	0.57	0.42	0.52	0.38	-26.92

中国邮政储蓄银行青岛分行主要统计指标 2

项目＼年度	2009	2010	2011	2012	2013	2013 年同比增幅（%）
单位结算账户（户）	1377	2727	3200	3327	3891	16.95
单位结算金额（亿元）	7.97	14.44	18.97	19.69	23.71	20.41
个人结算账户（万户）	55.07	632.71	697.30	784.32	708.69	-0.1
个人结算金额（亿元）	971.28	1122.41	1326.56	1456.43	1797.78	23.44
信用卡发卡量（张）	160	3121	6812	4324	5362	24.01
信用卡消费额（万元）	263.68	1166.70	5365.92	10488.47	15813.10	50.77
企业网银客户（户）	26	381	468	399	762	90.98
个人网银客户（户）	--	64627	52559	36645	64974	77.31
手机银行客户（户）	--	--	--	32574	65130	99.94
电话银行客户（户）	--	7250	37013	35711	73167	104.89
现金自助设备（台）	191	238	255	319	423	32.60
营业网点（个）	248	248	250	255	263	3.1
自助网点（个）	--	--	--	1	10	900

工作、服务功能不断完善，业务种类逐渐丰富，抗风险能力进一步提升。

【内控管理】 2013 年，邮储青岛分行一是成立了“资产负债管理委员会”、“授信审议委员会”和“风险与内控委员会”，进一步强化了内控领导机制；二是开展了风险监测及新产品新业务风险评估工作，对监测发现的风险隐患及时进行预警提示；三是规范法律事务管理，加强授权管理、合同审查、诉讼管理和法律支撑，深化案件防控与网点合规检查工作。

【电子银行建设】 2013 年，邮储青岛分行高度重视电子银行渠道建设，多方位、大力度促进电子银行产品的销售，有效缓解了柜台压力，并将服务延伸到农村金融市场。

【大事记】 1月15日 邮储青岛分行开办票据直贴业务。

2月1日 邮储青岛分行开始发行绿卡通VIP卡。

3月18日 邮储青岛分行个人信贷系统v2.0系统顺利上线。

3月22日 邮储青岛分行公司结算业务系统顺利上线。

3月26日 邮储青岛分行营业部开业。

4月18日 邮储青岛分行开办公司外汇业务。

5月7日 邮储青岛分行成功办理首笔公司外汇国际结算业务。

5月14日 邮储青岛分行公司信贷风险管理系统顺利上线运行。

6月1日 邮储青岛分行开始发行绿卡通IC卡。

6月13日 邮储青岛分行获批开办供应链金融业务。

6月27日 邮储青岛分行开办商业承兑汇票业务。

7月11日 邮储总行副行长姚红、个人金融部总经理刘志军、信用卡部总经理姚伟一行到青岛分行调研指导工作。

8月21日 邮储青岛分行首笔供应链项下应收账款质押业务成功放款。

8月22日 邮储青岛分行获得跨境贸易人民币结算业务资格，并开办该项业务。

9月3日 邮储青岛分行正式获得总行批复开办个人留学贷款业务。

9月 邮储青岛分行小企业信贷中心改制为小企业金融部。

10月1日 邮储青岛分行正式对外推出微信银行功能。

10月12日 邮储青岛分行成功发放首笔个人汽车消费贷款。

11月1日 邮储青岛分行开始推广白金信用卡产品。

邮储青岛分行对外推出手机银行PAD版。

11月15日 邮储青岛分行成功办理首笔协议付息票据贴现业务。

12月9日 邮储青岛分行成功发放首笔个人信用消费贷款业务。

（邮储银行青岛分行）

第五部分

金融机构运行报告
——商业银行(下)

恒丰银行股份有限公司

【第一负责人简介】 蔡国华,工学博士,北京大学光华管理学院应用经济与金融专业博士后,兼任北大光华区域经济与地方金融研究中心副主任;国家教育行政学院经济研究中心客座教授;现任恒丰银行董事长、党委书记。

【综述】 2013年,恒丰银行股份有限公司(以下简称"恒丰银行")认真贯彻执行国家宏观调控政策,全行资产规模、机构规模和经营管理水平均呈现良好发展态势,综合实力不断增强。在英国《银行家》"全球1000家大银行"排名继续前移至第

恒丰银行股份有限公司主要统计指标 1

单位:亿元

项目 \ 年度	2009	2010	2011	2012	2013	2013年同比增幅(%)
本外币资产总额	2137.6	2741	4373	6179.5	7722	24.96
本外币存款余额	1386.5	1804	2027	3065	3702	20.78
人民币存款余额	1382	1795	2020	3028	3607	19.12
单位存款	939	1107	1319	2165	2772	28.04
储蓄存款	281	369	401	548	835	52.37
本外币贷款余额	937.3	1201	1447	1716	2073	20.80
人民币贷款余额	934	1194	1408	1677.9	1998	19.08
短期贷款	497	576	787	1035.2	1508.7	45.74
中长期贷款	435	545	495	473	489	3.38
票据融资	50	65	122	160.5	149.95	-6.57
利润总额	11.9	25	54.16	74.9	89.57	19.59
不良贷款余额	3.6	7.5	8.53	11.46	19.62	71.20
不良贷款占比(%)	0.38	0.62	0.59	0.67	0.95	41.79

恒丰银行股份有限公司主要统计指标 2

项目 \ 年度	2009	2010	2011	2012	2013	2013年同比增幅(%)
单位结算账户(万户)	2.88	3.61	4.26	4.52	5.03	11.28
单位结算金额(亿元)	18520.33	32023.27	51387.37	61478.2	74708.1	21.52
个人结算账户(万户)	55.84	72.58	94.91	120.87	144.59	19.62
个人结算金额(亿元)	992.83	1782.41	2960.42	3392.38	5093.99	50.16
信用卡发卡量(万张)	0	0	0	0	0	—
信用卡消费额(亿元)	0	0	0	0	0	—
企业网银客户(万户)	0.29	0.63	1.11	1.43	1.80	26.02
个人网银客户(万户)	0.75	2.82	5.80	12.22	16.77	37.28
手机银行客户(万户)	0	0	0	0	2.69	—
电话银行客户(万户)	0.2559	0.3281	0.3667	0.3915	0.4011	2.45

续表

项目＼年度	2009	2010	2011	2012	2013	2013年同比增幅（%）
现金自助设备（台）	169	311	399	525	595	13.33
营业网点（个）	93	107	117	130	145	11.54
自助网点（个）	55	79	102	125	169	35.20

203位，较2011年上升了61个位次。

【信贷管理】 2013年，恒丰银行在信贷管理方面的主要工作：

一、严格贯彻落实贷款新规，提升精细化管理水平。截至年末，全行三类贷款的受托支付金额与累计发放三类贷款金额的比例为99.86%，较年初上升了0.03个百分点，三类贷款实际受托支付金额占应受托支付金额的比例达100%，有效防范了信贷资金挪用风险。

二、调整优化信贷结构，夯实发展基础。对授信资产行业结构实行指导性的授信比例管理，截至年末，全行抵质押贷款比率达到72.36%，较年初提高4.29个百分点；中长期贷款占比26.26%，较年初下降4.57个百分点；涉农贷款余额609.23亿元，较年初增加145.99亿元，较上年多增22.35亿元，增幅为31.5%，高于各项贷款平均增幅11.7个百分点，实现涉农贷款投放"两个不低于"目标；严控房地产开发贷款，提高授信准入条件，实行比例管理，房地产开发贷款（不含土储）61.51亿元，占一般贷款的3.27%，低于10%的全行总体控制水平。

三、加大对小微企业的信贷支持力度。截至年末，全行国标小微企业贷款余额228.56亿元，占全行一般贷款的比例为13.4%。小微企业贷款较年初增加54.3亿元，增幅31.2%，高出全部贷款增幅11.4个百分点，连续第5年超额完成银监会下达的小微企业贷款"两个不低于"监管指标。

【中间业务】 2013年，恒丰银行中间业务管理体系更加完善，截至年末，共实现中间业务收入35.76亿元，同比增加9.68亿元，增长37%。

一、理财业务实现稳中向好。全行累计发行零售端理财产品902期，募集资金272.76亿元；发行机构理财产品117期，募集金额380.83亿元。到期理财产品均达到了发行时的预期收益率，兑付资金按时到达客户账户，深受好评。理财融资业务五级分类均为正常，风险控制良好。

二、国债、银行卡、品牌金、保险等业务健康快速发展。截至年末，代理销售储蓄国债合计9.84亿元；九州借记卡累计发卡129.26万张，同比增加22.5万张，增长21%，实现POS消费76.59亿元，同比增加31.38亿元，增长69.41%，实现银行卡中间业务收入1627万元；全年销售品牌金金条510.98千克，同比增加245.51千克，增长92.48%；全年代理保险销售2746.32万元，同比增加1925.35万元，增长234.52%。

【国际业务】 截至2013年末，恒丰银行共完成结算量152.59亿美元，同比增加68.74亿美元，增长81.9%。各项外汇存款日均余额折合8.97亿美元，同比增加6.27亿美元，增长232.65%。实现中间业务收入6.38亿元，同比增加1.36亿元，增长27.1%。加强建设全球同业合作网络，已与86个国家和地区的744家金融机构建有代理行关系，为贸易金融业务的发展提供了有力保障。

【电子银行业务】 2013年，恒丰银行网上银行业务呈现良好发展态势。全年实现网银动账交易笔数292.08万笔，同比增长31.21%；网银动账交易额7062.76亿元；网银查询类交易692.81万笔，同比增长295.17%；电子票据业务1011笔，交易额157.71亿元。电子渠道在线购买理财11186笔，同比增长213.86%；全年共实现互联网电子支付业务2.6万笔，同比增长805.33%。自助银行渠道建设取得新进展。截至年末，该行商户数达6268户，同比增加2209户，增长54.42%。

【内部管理与企业文化建设】 2013年，恒丰银行一是通过完善管理机制、组织开展压力测试、加强流动性风险预判、开展业务连续性风险评估等举措，有效提升了全行信用、流动性和信息科技风险的管理水平，在全行范围内开展了重点业务领域、岗位和人员的风险排查以及"横向到边、纵向到底"的支付清算业务拉网式自查活动，有效防范了操作风险的发生；二是狠抓案防措施落实情况检查、合规风险管理评估等工作，连续保持了无重大经济案件、无员工刑事犯罪案件、无重大违规违纪行为、无重大事故的案防标准；三是审计部门实行派驻统管的组织体制，深入开展常规、专项、后续和突击审计，进一步加强重点领域防控力度；四是扎实开展群众路线教育"先学一步、边查边改"活动及"厉行勤俭节约、反对铺张浪费"专项行动，全行上下形成了勤俭节约、健康文明的良好风气；五是持续推进文明服务建设，全行有6家网点荣获"中国银行业千佳示范单位"荣誉称号；六是成功承办了全国股份制商业银行行长联席会议，扩大了该行知名度，提升了品牌形象。

【大事记】 1月21日 栾永泰被中国银监会授予"2012年度信息和新闻宣传先进个人"称号。

2月5日　外管局江苏省分局对南京地区外汇指定银行2012年度国际收支工作进行了考核评比，恒丰银行南京分行获得“2012年度国际收支统计工作先进单位”称号。

3月28日　外管局下发了对恒丰银行2012年度执行外汇管理规定情况考核结果的通报，总行考核评级为A级。烟台、济南、青岛和南京分行获当地外汇局考评A级评价。

3月　恒丰银行正式开始在全行范围内推广手机银行业务，有效提高了该行电子银行业务的客户覆盖能力。

4月　恒丰银行推出国内买方信贷业务，解决了产业链下游小微企业批量授信问题，丰富了该行供应链融资品种。

5月28日　恒丰银行总行为成都分行新增10亿元贷款额度专项用于支持四川“4.20”抗震救灾和灾后重建工作，对受灾地区电力、电网、公路交通、建筑施工、电信、通信、供水供气等抗震救灾重点领域的融资需求设立专项金融服务绿色通道，提高金融服务效率，及时满足灾区客户的融资需求，积极弘扬社会责任。

6月4日　恒丰银行首次正式对外发行“恒裕金理财丰盈系列”产品，该产品为非保本浮动收益型产品，募集资金100%投资低风险、固定收益类券商定向资产管理计划。该产品为该行首次推出的与券商资管合作的理财产品，主要期限为3、6、12个月，较好的满足了客户低风险、较长期限的理财需求。

6月20日　恒丰银行与盛京银行签署了二级资本债券承销协议，这是恒丰银行首次作为主承销商承销商业银行二级资本债券业务，标志着恒丰银行债券承销业务取得了突破性进展。

6月27日　为进一步加强全行流动性管理工作，根据中国银监会二部指示精神和山东银监局2013年第7号监管提示文件要求，恒丰银行成立了流动性应急管理领导小组。

7月12日　恒丰银行推出知识产权质押担保贷款，并制订《知识产权质押担保管理办法(试行)》，进一步拓宽了中小企业的融资渠道。其中，东营分行获得济南市首家知识产权质押贷款试点银行资格，并率先建立了“银行＋评估机构＋担保单位”的风险共担机制。

7月13日　恒丰银行受邀参加首届“中国中小企业投融资交易会”，推广小微企业“财运恒通”品牌。

9月10日～13日　由中央国债登记结算公司主办，恒丰银行协办的“债券衍生品投资策略与风险管理培训班”在烟台顺利举行。

11月1日　恒丰银行顺利通过中国证监会及银监会关于开展证券投资基金托管业务的现场验收。

11月11日　恒丰银行正式启动信贷资产证券化项目，通过推进信贷资产证券化等手段，主动释放信贷规模用于投放小微企业贷款，支持实体经济的发展。

11月　恒丰银行试点小微企业还款方式创新，推出小微企业“续贷通”贷款。

12月19日　恒丰银行公司董事会会议在烟台召开。会议审议通过了《关于选举蔡国华先生为恒丰银行董事、董事长，免去姜喜运先生恒丰银行董事长、董事的议案》和《关于2014年第一次临时股东大会由李志云董事主持的议案》。

12月31日　恒丰银行完成新一代综合业务系统的设计开发和测试验收工作。

(王文彬)

中国光大银行股份有限公司济南分行

【第一负责人简介】　王欣，男，汉族，1968年3月生，中共党员，研究生，经济师。历任中国光大银行太原分行公司银行部副总经理、总经理；太原分行行长助理、纪委书记、风险总监；2010年5月至今，任中国光大银行股份有限公司济南分行党委书记、行长。

【综述】　2013年，中国光大银行股份有限公司济南分行(以下简称“光大济南分行”)紧紧围绕总行发展战略，实现了规模和业绩的同步提升，在光大系统考核排名大幅跃升，取得历史最好业绩。

一、完善和优化小微企业金融服务体系。一是坚持“行业主导、模式推进、稳步发展”的方针，优先保障中小微企业发展的资金需求；二是以“服装纺织、食品饮料、设备制造、卫生医药、建材家装、现代农业、节能环保”等弱周期行业及政府采购和科技金融为重点，把有效客户数量的增加作为考核的重要内容，中小授信客户数新增158户，完成全年计划的141%，表内授信64亿元，较年初增加29.59亿元，增速86.48%，大大超过贷款平均增速；三是在模式化业务推进工作中，对政府采购、联保、供销商、担保等模式进行了有益探索。

二、创新业务思路，深化客户综合金融服务。一是推动集团企业联动，将创新作为业务发展的重要着力点；二是与香港分行开展合作，办理了海外代付业务；三是黄金租赁业务占全系统总量的30%，为山东黄金、国泰租赁、新汶矿业等客户发放高资质理财18亿元，为山东钢铁、山东黄金等客户发债28亿元；四是与齐鲁股权托管交易中心签署了战略合作协议。

三、大力支持“黄、蓝经济区”发展。一是进一步深化光大集团与山东省政府的战略合作，积极为山东半岛蓝色经济区和黄三角生态区发展提供全方位综合性的金融服务；二是在信贷调控政策越收越紧的情况下，全年投放“黄区”的贷款超过了年初核定规模。

中国光大银行股份有限公司济南分行主要统计指标 1

单位：亿元

项目＼年度	2009	2010	2011	2012	2013	2013 年同比增幅（%）
本外币资产总额	196.77	229.98	256.17	240.52	369.48	53.62
本外币存款余额	135.41	196.32	234.7	230.05	278.35	21
人民币存款余额	134.04	194.44	233.86	228.89	276.85	20.95
单位存款	116.79	174.54	207.95	199.76	239.67	19.98
储蓄存款	18.61	21.78	26.42	30.29	38.68	27.7
本外币贷款余额	106.05	149.77	176.76	173.61	192.59	10.93
人民币贷款余额	104.85	136.6	167.3	168	186.9	11.25
短期贷款	39.22	73.6	77.58	104.3	140.96	35.15
中长期贷款	66.83	76.17	90.85	63.19	49.03	-22.41
票据融资	12.72	1.12	0.09	1.05	2.78	164.76
利润总额	1.76	3.47	3.05	4.52	5.37	18.81
不良贷款余额	2.63	1.89	1.83	1.63	2.54	55.83
不良贷款占比（%）	2.48	1.25	1.04	—	1.33	—

中国光大银行股份有限公司济南分行主要统计指标 2

项目＼年度	2009	2010	2011	2012	2013	2013 年同比增幅（%）
单位结算账户（万户）	0.57	0.56	0.54	0.52	0.47	-9.62
单位结算金额（亿元）	271	496	431	412	523.35	27.03
个人结算账户（万户）	37.28	43.26	47.98	53.28	60.47	13.49
个人结算金额（亿元）	3.76	5.89	7.56	5.82	12.3	11.34
信用卡发卡量（万张）	—	—	—	—	8.68	—
信用卡消费额（亿元）	—	—	—	—	238	—
企业网银客户（万户）	0.14	0.14	0.2	0.3	0.44	46.67
个人网银客户（万户）	3.21	6	8.7	11.55	31.97	177
手机银行客户（万户）	0.11	0.36	1	3.86	27.19	604
电话银行客户（万户）	2.95	3.5	—	—	—	—
现金自助设备（台）	229	261	280	278	193	-30.58
营业网点（个）	12	13	14	14	18	28.57
自助网点（个）	1	2	2	2	8	300

四、加快战略布局，支持区县域经济发展。潍坊分行和临淄、章丘、桓台支行顺利开业并实现稳步发展，淄川支行的筹建也获总行批复。

五、加强重点业务管控。重点关注工程机械按揭贷款、钢贸类贷款、票据买卖业务、政府融资平台业务和理财业务，及时采取多项措施，全力防范业务风险。在经济持续下行的不利条件下，未发生系统性、区域性重大风险。

【公司业务】 2013 年，光大济南分行按照“整体推进、突出重点”的思路，切实保证公司业务的稳步发展。

一、有保有压,实行差别化投放。积极适应总行竞价投放的规模管理政策，将大多数与总行努力协调的额度分配给中小企业和贸易融资,较年初新增人民币贷款16.2亿元,新增贸易融资业务4.63亿元,新增中小贷款余额26.86亿元,产能过剩重点调控行业压缩近15亿元。

二、积极发展供应链金融。从批零、机械、家电、化工等行业入手,针对客户实际情况配置不同的产品,积极为客户提供全面的、一揽子的综合性金融服务。截至年末,供应链金融网络有13个,较年初净增9个;网络项下客户111个,较年初增加21户。

三、加快重点产品的推进。积极推进授信和非授信客户营销,由单纯的信贷拉动转变为产品、服务拉动,依靠多样化的产品和优质的服务不断满足客户的需求。现金管理业务新增签约客户116户,新增银关备案客户1户;年金业务新增创新产品客户3户;托管业务、投行业务实现新的突破。

【个人业务】 2013年，光大济南分行一是加快自助银行建设,年内新开业20家;二是大力拓展支付易业务,全年支付易存量803台,较年初新增734台,九项资产1.85亿元,对私储蓄存款8676万元,分别较年初新增1.66亿元和7311万元,台均九项资产和储蓄存款分别为20.03万元和10.8万元；三是通过久富咨询公司的系统性导入培训，提高零售业务营销和服务水平。

中小微业务发展方面,一是成立了由“一把手”任组长的领导小组,研究政策,改进流程;二是将中小部改为小微部,将小微业务从零售部剥离,从人才、费用等各方面给予倾斜;三是出台了小微条线考核和客户经理管理办法，引领小微业务营销和发展。

【电子银行业务】 2013年,光大济南分行按照总行部署,对内细化管理、提高效率,对外面向市场、主动营销,电子银行各项业务取得较快发展。一是加大手机银行拓展力度;二是大力发展资金归集业务;三是积极营销网络缴费业务;四是加强自助渠道建设;五是做好电子银行宣传工作,被大众网、和讯网评为全省最佳创新电子银行奖。

【内部管理与企业文化建设】 2013年，光大济南分行坚持从严治行、以人为本,致力于和谐分行建设。一是继续深化合规文化建设;二是7月份启动了以“为民务实清廉”为主要内容的党的群众路线教育实践活动,并开展了绩效考核调整、制度流程优化、服务评价“三大工程”;三是不断改革激励机制,加快人才引进步伐;四是加快落实职工之家“四个一”工程建设，组织开展了迎新春暨年度颁奖晚会、“光大集团驻济单位第二届职工运动会”、“巾帼创佳绩 岗位争一流” 业务技能比赛等活动;五是落实“关心”二字,营造和谐氛围。

【大事记】 1月下旬 光大济南分行召开2013年度工作会议。

2月初 光大济南分行与香港分行办理首笔海外代付业务。

3月18日 光大银行淄博临淄支行开业。

7月24日～25日 光大总行单建保副行长赴济南分行出席巡视动员会。

9月 光大济南分行开展金融知识进万家宣传月活动。

9月25日～27日 光大总行郭友行长赴济南参加2013年全国股份制商业银行行长联席会，期间赴光大济南分行调研。

10月12日 光大济南分行辖内首家县域支行章丘支行开业。

12月6日 光大济南分行召开分行领导班子群众路线教育实践活动专题民主生活会,总行单建保副行长出席会议。

12月11日 光大银行淄博桓台支行开业。

12月15日 光大济南分行首家社区银行泉景天沅社区银行开业。

12月20日 光大济南分行辖内第2家二级分行潍坊分行开业。

(马建军 刘 佳)

中国光大银行股份有限公司青岛分行

【第一负责人简介】 张博，男，1968年9月生,河南永城人,中共党员,经济师,研究生。1990年7月参加工作,1999年3月调入光大银行，历任郑州分行京广路支行副行长、文化路支行行长,北京阜成路支行行长,厦门分行党委委员、副行长,西安分行党委副书记、党委书记、行长,乌鲁木齐分行筹备组组长、行长、党委书记。2013年5月起任光大银行青岛分行党委书记、行长。

【综述】 2013年,中国光大银行股份有限公司青岛分行(以下简称“光大青岛分行”)新一届领导班子提出了“巩固传统优势,突出发展主题,依托精细管理,打造优秀团队”的经营理念,立足中端市场,积极发展对公业务,大力发展对私业务,加快提升中间业务,建立风险防控的长效机制,实现了规模、结

中国光大银行股份有限公司青岛分行主要统计指标

单位：亿元

项目 \ 年度	2010	2011	2012	2013	2013 年同比增幅（%）
本外币资产总额	259.16	320.18	528.19	492.42	-0.07
本外币存款余额	176.7	209.74	242.85	274.73	13
人民币存款余额	174.67	205.13	235.31	262.08	11.3
单位存款	87.44	157	178.84	188.83	0.56
储蓄存款	37.67	52.4	64.01	85.91	34
本外币贷款余额	150.43	194	245.13	269.59	9.98
人民币贷款余额	133.17	182.06	225.33	243.17	7.9
短期贷款	52.24	97.6	121.04	121.90	0.007
中长期贷款	80.89	89.6	89.45	84.02	0.06
利润总额	2.36	5.26	8.11	6.59	-23
不良贷款余额	2.44	2.38	1.41	1.08	-30
不良贷款占比（%）	1.62	1.23	0.58	0.4	-45

构、质量和效益的均衡协调发展。

【公司业务】 2013 年，光大青岛分行实施了一系列措施。通过营销非授信客户、财政类客户存款，狠抓授信客户留存，加大走访力度、拓宽存款来源渠道等方法，提高对公存款。截至年末，对公存款增幅为 5.58%，对公贷款增幅为 12.9%，现金管理全年计划完成率 193%，易管家全年计划完成率 113.5%，主办有效供应链金融网络全年任务完成率 257.1%，上下游客户数全年任务完成率 217.1%，新客户数全年任务完成率 237.1%。

【零售业务】 2013 年，光大青岛分行明确发展思路，强化团队合作，各项业务指标显著增长。一是客户规模快速提升，客户总数较年初增长 14%；二是客户基础进一步夯实，客户资产结构更加优化，零售客户总资产量较年初增长 30.63%；三是对私存款稳步增长，年末余额同比增长 34.21%；四是加大对个贷优势产品议价区间的调整，在做稳住房、工程机械贷款传统个贷业务的同时，大力发展商用房、助业贷款、经营性物业贷款等小微类贷款的规模，不良贷款实现双降；五是信用卡业务呈现“客户引入提速、结构显著优化、交易快速增长、收入潜能强劲、风险状况改善”的经营亮点，截至年末，信用卡客户完成全年考核任务的 163%，新增高端考核客户完成全年目标的 110%。

【贸金业务】 2013 年，光大青岛分行立足区域优势，大力发展贸金金融，全年国际业务结算量增幅达 43%。

【同业业务】 2013 年，国内金融市场出现了史无前例的“钱荒”事件，光大青岛分行克服各种困难，积极营销，在资金紧张时期未发生一起流动性风险事件。

【电子化建设】 2013 年，光大青岛分行以打造“网络里的光大银行”为发展目标，以客户为中心，以创新为动力，实现了客户、交易、收入的同步显著提高。一是持续加大以手机银行、网上银行为重点的客户引导力度，扩大客户规模，夯实业务基础；二是推出了“阳光 e 付”手机支付业务，并与青岛移动、联通、电信三大运营商达成了合作共识；三是做大做强网络缴费业务，实现基础缴费项目的全覆盖，并不断引入网络缴费渠道，推出“瑶瑶缴费”手机客户端；四是继续加强自助渠道建设并施行精细化管理。

【内控管理】 2013 年，光大青岛分行进一步加强制度建设，持续开展内部稽核检查，加大违规追究力度，内控管理水平不断提高。一是建立健全各项管理制度和业务操作规程；二是持续推进合规稽核和条线部门业务检查工作，强化对发现问题的系统性整改；三是对屡查屡犯、整改不力及违规人员加大责任追究力度。

【精神文明建设】 2013 年，光大青岛分行一是深入开展党的群众路线教育实践活动，坚持分行部门负责人轮值“大堂经理”等制度；二是对员工进行合规、风险、道德教育，增强依法合规经营意识；三是通过日常培训、短期外培、职业导师等方式，促进员工业务素质提高；四是通过职工运动会、书画摄影比赛等活动，丰富员工文化生活；五是坚持“送温暖、献爱心”

救助活动,并每年为员工进行体检;六是连续3年开展志愿服务活动,积极投身公益事业建设。

【大事记】 1月16日 光大总行工会副主任陈元生在青岛分行党委书记、行长范建华陪同下,看望了分行退休党员老干部,送上了慰问金和新春祝福。

1月17日 光大总行考核组对青岛分行领导班子进行年度考评。

2月11日 光大青岛分行荣获青岛市纳税50强企业。

2月22日 光大青岛分行与青岛市小额贷款企业发展促进会签署小额贷款公司融资战略合作协议。

3月6日 光大青岛分行喜获2012年度青岛市政府金融发展先进单位荣誉称号(青政字[2013]17号文)。

光大青岛分行喜获2012年度人行青岛市中支贯彻落实货币信贷政策先进单位和小微企业金融服务先进单位荣誉称号(青银发[2013]37号文)。

4月9日 光大集团副董事长、党委副书记臧秋涛在青岛参加光大控股(青岛)投资有限公司乔迁新址办公仪式期间,亲临青岛分行指导工作。

5月21日 光大总行李杰副行长率领人力资源部总经理武健、信贷审批部副总经理刘莹一行3人到青岛分行宣布总行对青岛分行领导班子成员任免事项:免去范建华行长职务、郭志雄风险总监职务;聘任张博为行长、颜庆迪为风险总监。(光银任[2013]65号、光银任[2013]64号、光银任[2013]141号文)。

6月19日 光大青岛分行牵头集团驻青企业等单位相关领导18人在青岛分行召开了驻青企业联动座谈会。

6月24日 光大青岛分行党委书记张博等一行到东营拜访了中共东营市委副书记、市长申长友,市委常委、副市长田青云以及金融办、人行和银监局的领导。

6月26日 光大青岛分行党委书记张博等一行到即墨市调研,并拜访了即墨市委副书记、市长郑德雁,即墨市委常委、副市长邢福栋及即墨金融办主任、人行即墨支行行长、青岛银监局即墨办事处主任等领导。

8月7日 光大总行牟辉军副监事长等一行莅临青岛分行考察指导工作。

8月9日 青岛银监局徐强副局长一行到光大青岛分行通报上半年监管情况。分行张博书记、颜庆迪风险总监、范华廷副行长参加会议。

8月28日 光大总行单建保副行长赴青岛分行指导党的群众路线教育实践活动并走访了青建集团公司和万科地产青岛公司,看望了香港中路支行员工。

9月12日 光大总行单建保副行长赴青岛分行做党的群众路线教育实践活动专题报告。

11月1日 光大青岛分行张博行长、孙昌勇副行长拜会了日照市委书记杨军、副市长刘兆亮、日照市政府副秘书长和金融办主任孙运峰。

11月4日~5日 光大银行董事吴钢、娜仁图雅、王中信、吴高连一行4人赴青岛分行调研,卢鸿副行长及总行战略部负责人和汇金公司人员同行。

11月8日 光大青岛分行张博行长、孙昌勇副行长一行拜会临沂市有关领导,就双方战略合作及设立临沂分行等事宜交换意见。

11月27日 光大青岛分行举行建行19周年暨新产品新闻发布会,总行信用卡中心刘鹰副总经理、分行张博行长、范华廷副行长、孙昌勇副行长和岛城的主流媒体参加了此次发布会。

12月11日 光大总行单建保副行长参加了青岛分行党委民主生活会。

12月28日 光大青岛松岭路支行开业。

(张钟文)

中国光大银行股份有限公司烟台分行

【第一负责人简介】 唐健,男,1964年9月生,中共党员,研究生。1988年4月参加工作,历任中国光大银行重庆分行行长助理、党委委员、副行长兼纪委书记;现任光大银行烟台分行党委副书记、副行长(主持工作)。

【综述】 中国光大银行股份有限公司烟台分行(以下简称"光大烟台分行")成立于1993年12月29日,是直属总行管理的一级分行。

2013年,该行通过业务结构调整、绩效考核改革等努力,实现了全年业务发展的顺利推进,存、贷款规模均位居当地股份制商行前列。

【公司业务】 2013年,光大烟台分行紧紧围绕"客户、存款、项目"三项重点工作,营造了对公业务良好的发展态势。截至年底,对公有效授信客户314户,较年初增加106户;对公非授信有效存款客户782户,增加53户;供应链金融客户10户,增加4户;有效上下游客户111户,新增24户。新增代发工资单位144个,代发客户12884个,累计代发金额16.48亿

中国光大银行股份有限公司烟台分行主要统计指标 1

单位：亿元

项目 \ 年度	2009	2010	2011	2012	2013	2013年同比增幅（%）
本外币资产总额	81.03	128.58	127.58	161.06	168.95	4.90
本外币存款总额	55.38	77.59	96.65	111.87	126.97	13.50
人民币存款余额	54.28	75.28	91.26	99.66	113.73	14.12
单位存款	41.19	56.46	61.14	62.29	64.29	3.21
储蓄存款	13.09	18.82	30.12	37.37	49.44	32.30
本外币贷款余额	61.15	82.43	90.36	94.78	108.22	14.17
人民币贷款余额	56.35	77.87	86.56	83.36	96.97	16.32
短期贷款	18.81	46.18	51.36	48.72	56.81	16.61
中长期贷款	22.7	29.51	33.75	33.25	38.81	16.75
票据融资	14.84	2.17	1.46	1.4	1.35	-4.07
利润总额	0.56	0.89	2.24	2.8	2.66	-4.85
不良贷款余额	0.95	0.85	0.8	0.54	0.5	-7.47
不良贷款占比（%）	1.55	1.03	0.88	0.57	0.46	-19.30

中国光大银行股份有限公司烟台分行主要统计指标 2

项目 \ 年度	2009	2010	2011	2012	2013	2013年同比增幅（%）
单位结算账户（万户）	0.3	0.35	0.4	0.45	0.51	13.33
单位结算金额（亿元）	833.85	1432	1716	2172.65	2570.59	18.32
个人结算账户（万户）	27.3	33.89	57.51	61.57	63.45	3.05
个人结算金额（亿元）	745.7	1200.57	1633	1874.32	2532.35	35.11
信用卡发卡量（万张）	8.55	12.74	15.88	19.69	24.01	21.94
信用卡消费额（亿元）	0.95	1.51	2.82	7.36	12.17	65.35
企业网银客户（万户）	0.04	0.05	0.07	0.12	0.32	176.75
个人网银客户（万户）	2.83	3.93	5.48	7.66	14.74	92.58
手机银行客户（万户）	0	0.21	0.49	1.35	7.35	442.47
电话银行客户（万户）	--	--	--	--	--	--
现金自助设备（台）	53	57	59	66	71	7.57
营业网点（个）	7	8	8	9	10	11.1
自助网点（个）	11	12	13	17	25	47.06

元,新增1.57亿元。

一、现金管理业务持续发展。现金管理类产品中的易管家、新增银关备案数、现金管理动户数、对公客户网银交易量均超额完成全年任务，实现了系统内首家单用途预付卡业务的落地。

二、黄金租赁业务实现零突破。先后办理黄金租赁业务4笔，黄金租赁量892公斤，租赁货值2.27亿元（全国排第7名),实现黄金租赁中收1178万元。

三、股权全程通业务稳步发展。2013年,间接融资客户4户（投放7000万元），直接融资客户1户，股权托管客户14户,实现股权服务费13万元。

【个人业务】 2013年,光大烟台分行坚持"目标明确、执行到位、管理高效"的思路,围绕财富、小微、消费、社区、养老、出国等六大金融板块开展业务,着重零售基础平台建设,保持了零售业务持续、快速、有效的增长势头。该行对私存贷款规模、年增量保持了当地股份制同业双第一的排名,客户数量、存款、九项资产规模网均产出也在当地股份制商行前列,并被光大总行授予"零售业务最具竞争力分行"奖。

该行一是积极调整个贷业务结构,努力提高小微贷款占比,截至年末,小微贷款在个贷中占比由年初的29%提升到43%,提升14个百分点;二是注重小微贷款的资产质量管理,助业贷款不良率控制在总行规定的范围内,不良余额在系统内最少;三是注重个人理财品牌环境建设与口碑经营,在烟台当地主流媒体组织的银行业口碑评选中,该行被评为"最佳理财银行"与"最具创新银行"奖;四是抓好个人银行卡收单商户规范化建设,为持卡人创建良好的金融消费环境。

【内部管理与企业文化建设】 2013年,光大银行烟台分行积极实施绩效考核改革,为业务发展和经营管理提升动力。

一、全面强化全流程风险管理理念,实施合规治行。一是信用风险管理方面实施动态监测和结构调整;二是全力配合审计工作,积极实现同步整改;三是梳理完善经营管理授权工作,制定了《经营管理授权办法(试行)》;四是积极开展合规执业教育和案件防控工作;五是召开纪检监察工作会议,开展警示教育。

二、加大队伍建设力度。一是依靠外出专家培训和行内导师培训相结合,加大客户经理培训力度;二是对于中后台管理人员,依靠轮岗交流、专业资格考试和外出培训相结合,提升履职能力和专业技能;三是针对新员工开展入职培训和引入导师制,使员工实现了较好地融入和提升。

三、认真推动分行党的群众路线教育实践活动。一是通过开展行长接待日、基层调研、员工家访、工会活动、拓展训练、外出培训等活动,关心和锻炼员工;二是实施行务公开,自觉接受员工监督;三是积极开展党风廉政建设,肃清行风行纪。

四、重视企业文化建设。注重加强各级班子建设,努力打造一个"员工信赖、群众拥护"的分行管理者队伍,营造"互助合作、团结友善"的工作氛围。

【大事记】 1月15日 光大总行工会主席陈元生到烟台分行调研。

1月26日 光大烟台分行召开2012年度经营分析暨中层干部述职会议。

1月27日 光大烟台分行在南山国际会议中心召开总结表彰暨迎新春联欢晚会。

1月31日 光大烟台分行被大众日报、大众网评选为2012年度"最佳财富管理奖"。

2月17日 光大烟台分行被烟台市委评为"烟台发展突出贡献单位"。

3月20日 光大烟台分行招远支行行长隋俊超被评为2012年度"烟台青年榜样"。

4月25日 光大总行(光银任[2013]48号文),聘任唐健为光大烟台分行副行长(主持工作)。

5月3日 光大烟台分行唐健行长带队赴重庆分行考察学习。

6月24日～25日 光大总行单建保副行长到烟台分行视察指导工作。

8月8日 光大总行牟辉军副监事长莅临烟台分行检查指导工作。

8月23日 光大总行(光银任[2013]50号文),任命张永军为中共光大烟台分行纪律检查委员会书记。

10月26日 光大烟台分行成功举办光大集团驻烟企业职工沙滩趣味运动会。

11月5日～6日 光大总行卢鸿副行长来烟台分行开展专题调研。

11月8日 光大银行总行(光银任[2013]167号文),聘任唐宁为光大烟台分行风险总监(分行行长助理级)。

12月2日 光大银行总行(光银任[2013]173号文),聘任张永军为光大烟台分行副行长。

12月9日 光大烟台分行召开党的群众路线教育实践活动专题民主生活会,总行单建保副行长出席并讲话。

(黄福壮)

中信银行股份有限公司济南分行

【第一负责人简介】 侯训义,男,1959年11月生,中共党员,研究生学历,高级经济师。历任中国工商银行济南分行工业信贷处副处长、长清县支行副行长、开发区支行行长、山东省分行工业信贷处、资产风险处处长、营业部副总经理;2001年5月,任中信济南分行副行长;2008年7月至今,任中信济南分行行长;2010年3月至今,任中信济南分行党委书记。

【综述】 2013年,中信银行股份有限公司济南分行(以下简称"中信济南分行")切实贯彻落实"转方式、调结构"的要求,取得了良好的经营业绩。

【零售业务】 2013年,中信济南分行不断完善"以模式为基础、平台支撑、组织推动与流程优化"的精细化管理水平,核心指标继续快速增长,储蓄存款时点当年新增列中等规模股份制银行首位。一是以POS产品为切入点,丰富零售银行产品体系,建立了全面代缴费平台、微信平台,落地启动小企业金融

中信银行股份有限公司济南分行主要统计指标 1

单位：亿元

项目 \ 年度	2009	2010	2011	2012	2013	2013 年同比增幅（%）
本外币资产总额	423.08	477.91	622.46	656.47	913.65	39.18
本外币存款余额	365.72	441.56	497.61	588.95	692.63	17.60
人民币存款余额	353.87	430.73	493.12	585.17	678.50	15.95
企业存款	264.6	312.68	350.46	407.30	529.55	30.01
机关团体存款	31.62	48.66	61.1	72.65	—	—
储蓄存款	69.51	80.22	86.06	109.01	148.95	36.64
本外币各项贷款余额	251.84	285.75	354.07	416.76	471.98	13.25
人民币贷款余额	247.27	280.97	349.8	400.42	442.98	10.63
短期贷款	145.01	168.51	235.1	262.30	347.47	32.47
中长期贷款	83.27	109.46	113.69	106.29	124.51	17.14
票据融资	23.56	7.78	5.11	48.17	15.10	-68.65
利润总额	5.46	7.59	12.24	13.27	11.91	-10.25
不良贷款余额	5.56	2.78	1.59	1.74	3.56	104.60
不良贷款占比（%）	2.21	0.97	0.45	0.42	0.76	80.95

中信银行股份有限公司济南分行主要统计指标 2

项目 \ 年度	2009	2010	2011	2012	2013	2013 年同比增幅（%）
单位结算账户（万户）	1.56	1.45	1.33	1.42	1.54	8.45
单位结算金额（亿元）	235.78	240.52	370.54	362.73	206.59	-43.05
个人结算账户（万户）	—	—	—	—	—	—
个人结算金额（亿元）	—	—	—	—	—	—
信用卡发卡量（万张）	3.7	6.87	10.26	12.6	16.38	30.00
信用卡消费额（亿元）	39.7	61.5	95.6	149.6	237.3	58.62
企业网银客户（万户）	0.33	0.31	0.35	0.49	0.57	16.33
个人网银客户（万户）	6.36	10.9	15.8	22.51	34.34	52.55
手机银行客户（万户）	—	—	0.13	5.79	15.33	164.77
电话银行客户（万户）	—	—	—	—	46.11	—
现金自助设备（台）	197	250	252	277	373	34.66
营业网点（个）	22	25	26	28	33	17.86
自助网点（个）	136	176	179	194	240	23.71

注：单位结算账户口径：（1）不含保证金账户（2）当年日均余额不为零的存款账户（3）包含活期、定期、通知存款。

产品体系建设；二是精准定位客群特征，建立健全产品服务体系，全面推广特色老龄服务体系，初步建立了香卡女性特色活动体系，持续深化出国金融业务经营。

【机构业务】 2013 年，中信济南分行加大营销力度，实现了机构业务的平稳较快发展。一是重点关注大客户部上收的机构类客户的关系维护，形成复合式渗透和联动式营销；二是针对财政、社保、医疗卫生、教育、旅游、军队、住建、社团法人等诸多板块实施了名单制下发引导，形成了组合式、配合式、地毯式营销；三是省市两级国库现金管理定期存款营销取得重大突破，有效拉动了机构存款增长；四是电子化代缴非税业务全面推进，省内银行中首家实现了“公安交警非税收入POS缴费系统”上线；五是银医、银校合作业务有序推进；六是先后与临沂、济南市政府签署了战略合作协议，进一步深化了合作关系。

【同业业务】 2013年，中信济南分行在经营意识上坚持打造“市场化、专业化”为特征的管理运营体系；在经营理念上不断强化“以资产拉动负债”的发展思路；在经营策略上采取“以拓展产品品种，扫平业务盲点”为核心的跟进战略，同业业务实现了资产和负债规模的爆发式增长，产品品种进一步丰富，有效客户大幅增加，FTP利润明显增长。

【大事记】 1月21日 山东省福利彩票发行中心福彩定投项目在中信济南分行正式上线运行。

1月 中信银行供应链金融系统线上融资模块试行，济南分行开始推进该项业务。

2月5日 中信济宁分行成功开通济宁市交警支队交通违法罚没收入POS收缴业务，成为山东省首批开通此项业务的代理银行之一。

2月27日 中信济南分行成功签署首笔单用途商业预付卡预收资金存管协议。

2月 中信济南分行制定下发《现代服务业营销推动方案》，全面进军现代服务业务的各个行业。

3月14日 中信济南分行成功办理首笔人民币对外汇期权业务。

3月17日 中信济南分行举办首期香卡悦读会活动，开创了香卡营销活动的新模式。

3月21日 中信济南历城支行正式开业，该行是中信银行在济南设立的第14家网点。

3月30日 中信济南分行成功办理首笔境内外币代付业务。

3月 中信济南分行实施大客户集中经营工作，将大客户的经营管理重心上升到分行层面，初步建立了客户分层分类经营模式。

中信济南分行金融同业部成立。

4月2日 中信济南分行成功发行首笔票据类保本型对公理财产品。

4月 中信济南分行创新推出老龄金融服务体系，并凭借该体系荣获省级“敬老文明号”称号。

中信济南分行成立消费金融中心。

中信济南分行将小企业金融业务纳入零售板块，同时将个人经营贷款业务归口小企业金融中心管理。

5月15日 中信银行与临沂市政府签订战略合作协议，宣告了中信银行临沂分行正式成立，并于同日在关爱沂蒙革命功臣捐赠仪式上向山东老龄事业发展基金会交付50万元捐款。

6月13日 中信临沂分行政银企合作推进会成功召开。

8月21日 中信济南分行成功开展首笔票据类定向资产管理计划业务。

8月30日 中信济南分行成功发行首笔代销类标准化理财产品。

9月3日 山东省省长郭树清在山东大厦会见中信集团董事长常振明、中信银行行长朱小黄、副行长张强、济南分行行长侯训义等。

9月4日 中信银行与济南市政府签订战略合作协议。

9月5日 中信济南分行成功发放首笔小企业法人客户小额信用贷款。

9月17日 中信临沂分行成功办理首笔黄金租赁业务。

9月30日 中信济南分行成功取得山东省财政国库集中支付业务代理银行资格。

9月 中信济南分行消费信贷余额突破50亿元，并全面启动“房产抵押综合授信”模式，成为房贷产品2.0升级版。

10月7日 中信济南分行顺利完成人民银行二代支付系统切换上线。

10月21日 中信济南分行成功实现首笔房产抵押综合授信产品附加额度提款。

10月 中信济南分行成功举办“携手共进，共赢发展”战略客户银企合作论坛。

11月1日 中信济南分行与济南市旅游局签署战略合作协议。

11月5日 中信济南分行与齐商银行签署战略合作协议。

中信济南分行与齐鲁股权托管交易中心签署了战略合作协议。

中信济南分行主导设计的山东省首支小额贷款公司私募债成功挂牌交易。

11月13日 中信银行济南舜玉支行正式开业，这是中信银行在济南设立的第15家网点。

11月 中信济南分行召开“2013年中信集团济南地区业务协同联席工作会议”。

中信济南分行创新推出微信平台，实现该行市场活动的在线宣传与展示，同时可以在线活动咨询验证及活动预约。

12月3日 中信济南分行与泰山财产保险股份有限公司签署战略合作协议。

12月 中信银行与新浪乐居联合举办“乐居贷”济南地区产品发布会，通过新型的银企合作，带来多方共赢。

中信济南分行协同中信期货、中信万通举办煤炭行业供应链金融产品推介会。

（施广智）

中信银行股份有限公司青岛分行

【第一负责人简介】 杨威，男，湖北武汉市人，中共党员，硕士。历任建行武汉开发区支行办公室副主任、信贷部经理，中信武汉分行开发支行行长，湖北省鄂州市政府挂职副市长，中信武汉分行副行长、党委委员，现任中信青岛分行党委书记、行长。

【综述】 2013年，中信银行股份有限公司青岛分行(以下简称“中信青岛分行”)整合发展资源、调整充实人员、优化考核机制、强化平台支撑，形成了各个经营单位业绩协同增长的良好格局。

【公司业务】 2013年，中信青岛分行取得财政代理资格46项，被省财政厅评为“2013年度全省非税收入代理收缴特别进步银行”，连续4年获得省财政厅表彰。一是与烟台山医院签署银医项目合作协议，已进入系统改造测试阶段，银医通项目取得发展；二是取得了潍坊市住房公积金业务归集、支取、个人委托贷款三项代理资格，成为潍坊市唯一获得住房公积金贷款资格的中小股份制银行；三是联合山东省财政厅和公安厅开发推广应用全新的“公安交警非税收入征收管理系统”，并取得独家试点银行资格，现已实现潍坊市“公安交警非税收入征收管理系统”的上线。

【个人业务】 2013年，中信青岛分行主要业务指标实现高质量快速增长。其中，储蓄存款增长创历史最好水平，在系统内率先实施存款利率差异化定价，全年新开立定期存单44亿元，定期存款余额80亿元；零售客户结构进一步优化，5万元以上目标客户新增2.3万户，系统内增量排名第3；代理销售业务稳步提升，贵金属、保险、基金、理财销售额分别为30亿元、4.86亿元、33.44亿元和372亿元。

【国际业务】 2013年，中信青岛分行国际业务通过产品开发、深入营销客户、加强与信银国际合作等手段，实现了收付汇量、结售汇量、中间业务收入的大幅增长。截至年末，实现国际业务收付汇量178.86亿美元，同比增长32%；结售汇量70亿美元，增长40%；跨境人民币收付汇量104亿元人民币，增长145%；中间业务收入2.53亿元，同比增长16%；继续保持领先优势，系统内排名第2。国际业务结算量在青岛地区市场份额位居第6，居中小股份制商业银行首位。

中信银行股份有限公司青岛分行主要统计指标1

单位：亿元

年度 项目	2009	2010	2011	2012	2013	2013年同比增幅(%)
本外币资产总额	433	481.78	581.69	684.28	771.61	12.76
本外币存款余额	344.06	449.45	513.44	603.3	738.28	22.37
人民币存款余额	334.24	433.84	501.88	582.39	693.31	19.05
单位存款	247.2	335.18	399.35	447.92	508.47	13.52
储蓄存款	87.04	98.66	102.53	134.47	184.84	37.46
本外币贷款余额	256.9	319.65	369.91	458.8	548.38	19.52
人民币贷款余额	237.47	310.21	357.99	417.69	488.12	16.86
短期贷款	168.22	228.01	247.10	302.69	346.93	14.62
中长期贷款	69.11	82.06	110.76	113.85	139.43	22.47
票据融资	8.84	1.79	11.66	6.41	8.5	32.61
利润总额	6.70	8.84	12.51	13.5	13.3	-1.48
不良贷款余额	4.95	3.91	3.41	3.89	4.23	8.74
不良贷款占比(%)	1.86	1.22	0.89	0.84	0.76	-9.11

中信银行股份有限公司青岛分行主要统计指标 2

项目＼年度	2009	2010	2011	2012	2013	2013年同比增幅（%）
单位结算账户（万户）	1.59	1.77	1.91	2.05	2.43	18
单位结算金额（亿元）	5984	8930	12412	15166	17643	16
个人结算账户（万户）	67.41	89.57	112.25	132.93	144.43	9
个人结算金额（亿元）	1229	2626	3453	3522	4360	24
信用卡发卡量（万张）	--	--	5.6	6.9	7.6	10
信用卡消费额（亿元）	--	--	51.7	82	--	--
企业网银客户（万户）	2.47	3.32	6.04	6.98	8.48	1.21
个人网银客户（万户）	104.497	168.58	239.84	322.32	437.66	1.35
手机银行客户（万户）	0	0	0	54	145	264
电话银行客户（万户）	0	0	0	0	0	--
现金自助设备（台）	180	211	263	345	450	30.43
营业网点（个）	28	31	32	37	43	16.22
自助网点（个）	43	50	59	69	97	40.58

【内部管理】 2013 年,中信青岛分行一是修订了《合规评价办法》,确保考核的合理公正;二是依托总行内控管理平台系统建立了完善的制度、流程动态更新机制,新增制度由 OA 系统自动导入内控管理平台系统,由各部门专人负责完善要素,及时梳理发布,合规部专职人员定期进行核对、监督。

【企业文化建设】 2013 年，中信青岛分行深入推进创先争优工作，形成了良好的工作氛围。一是积极推进职工之家建设;二是与行政职工签订了《集体合同》和《女职工权益保护专项集体合同》,维护了职工的权益;三是开展丰富多彩的文体活动,丰富职工生活。

【大事记】 2 月 18 日 中信总行决定，聘任杨威为中信青岛分行行长(信银人字[2013]101 号）。

3 月 7 日 中信总行朱小黄行长前往青岛分行视察调研。

3 月 22 日 中信总行(信党银字[2013]32 号、信党银字[2013]33 号)文件通知,李耀东副行长不再担任青岛分行党委委员职务,调任泉州分行党委委员、书记。

4 月 18 日 在人行济南分行召开的 2012 年度全省金融机构综合评价通报会上,中信青岛分行荣获综合评价 A 级,名列青岛辖区股份制商业银行第一。

4 月 23 日 按照中信总行“关于号召全行干部员工向四川芦山地震灾区捐款的通知”要求,青岛分行仅一天时间募集捐款 201553.92 元。其中,青岛同城捐款 116400 元;威海分行 36500 元;烟台分行 28703.92 元;潍坊分行 19950 元。此笔捐款于 4 月 25 日上划总行,由总行统一捐往灾区。

5 月 18 日 中信潍坊昌乐支行隆重开业。这是潍坊分行开业 3 年来设立的第一家县域支行。

6 月 23 日 中信威海石岛支行迁址开业（由威海荣成石岛镇黄海南路 199 号迁址至 136 号)。

7 月 1 日 为向贵宾客户提供高质量增值服务,满足理财客户日益增长的子女出国留学需求，中信青岛分行贵宾理财部特邀美国常春藤教育(Ivy Labs Education)的顶级教育规划团队在分行贵宾理财中心举办了讲座及私人会晤活动，凸显了该行出国金融业务的独特优势。

7 月 15 日 中信总行副行长曹彤在网络银行部副总经理徐鹏的陪同下,到青岛分行进行调研。

中信青岛分行与青岛市崂山风景区管理局就“智慧崂山”项目达成合作意向,并正式签订战略合作协议。总行网络银行部副总经理徐鹏、青岛市崂山区区委书记、崂山风景区管理局党委书记齐家滨、青岛分行行长杨威等出席了签约仪式。

7 月 24 日 中信青岛分行为青岛大宗商品交易中心提供的电子商务项目成功上线，实现了该行在 B2B 电子商务服务领域的重大突破。

中信青岛分行成功为青岛一家公司发放金额为 50 万元的小企业标准抵押贷款。

8 月 2 日 中信青岛分行辖内首笔并购贷款业务落地威海分行。

中信烟台分行与烟台山医院正式签署了“银医通”合作协议,成为青岛分行辖内首个“银医通”项目。

8 月 20 日 中信烟台分行成功签约山东电力板块 B2C 项目,成为山东省中信系统内唯一获此资格的分行。

9 月 17 日 中信烟台分行布局县域的第二家支行蓬莱支行隆重开业。

9月24日　中信总行朱小黄行长在总行会见了青岛市市长张新起、青岛市金融办主任白光昭一行。双方就支持青岛经济社会的全面发展、推进城镇化建设及建立战略合作关系等方面进行了会谈。

9月26日　由人行济南分行主办的山东省银行业金融机构首届"支付清算"杯业务知识竞赛在济南结束，中信青岛分行以370分获得总分第一。

10月8日　中信青岛分行大额系统开启运行，标志着青岛分行正式投产新支付系统，圆满完成了人行第二代支付系统上线切换工作任务。

10月17日　青岛银监局局长熊涛、副局长徐强一行到中信青岛分行调研。

10月21日　中信青岛城阳支行由城阳正阳街222号迁址到205号并正式对外营业。

10月31日　中信集团副总经理李庆萍在集团业务协同部主任张翔燕及中信证券党委委员王长华等的陪同下，莅临青岛分行调研指导工作。

11月27日　中信青岛人民路支行正式开业。

12月26日　中信青岛紫金山路支行正式开业。

中信青岛开发区支行迁址到开发区长江中路218号新址营业。

12月28日　中信潍坊安丘支行正式开业。

（田　鹏）

华夏银行股份有限公司济南分行

【第一负责人简介】　孙彤军，男，1961年11月生，中共党员，高级经济师。历任农业银行蓬莱市支行农信科科长、营业部主任、支行副行长、行长，农行烟台市分行副行长、淄博市分行副行长，华夏银行烟台支行党委书记、行长，华夏银行沈阳分行党委书记、行长，华夏银行济南分行党委书记、行长。

【综述】　2013年，华夏银行股份有限公司济南分行（以下简称"华夏济南分行"）围绕四年发展规划目标，科学把握"风控、发展、服务"三个环节，突出"效益、规模、质量、客户"四个重点，加快创新发展、推进经营转型、实现降本增效、打造服务品牌、提升员工能力，沉着应对各种挑战，主动破解业务难题，各项业务持续发展，稳中有升、稳中有进。主要呈现以下特点：

一、业务规模不断扩大。截至年末，该行总资产同比增加142亿元，其中贷款同比增加18.74亿元；一般性存款同比增加82.88亿元。

二、效益实现稳步增长。全行实现中间业务收入2.71亿元，中间业务收入占利润总额23.14%，资产利润率和人均创利能力进　步提高。

三、资产质量保持良好，全面完成总行不良资产控制计划。

四、客户基础得到夯实。全年对公有效户净增322户，完成计划189.4%；个人贵宾客户净增4600户，完成计划115%；国际结算量61亿美元，完成计划111.93%；净增信用卡VIP客户4.7万户，完成计划111.9%。

【公司业务】　2013年，华夏济南分行强化整体营销，在重点客户、重点项目和无贷户营销上主动出击、强力攻关，不断加大低耗高效产品的运用，有效缓解风险资产和贷款规模对业务发展的制约，积极搭建新的渠道平台，推动公司业务稳健持续发展。

一、加强低效客户挖潜，实现客户数量大幅提升。该行研究制定了《对公客户提升工作模板》，依难易程度，采用名单制分阶段进行，通过强化过程管理实现精准提升。全年实现对公客户挖潜提升为有效户185户，实现年日均提升2.62亿元。

二、加强新产品应用，实现业务创新发展。一是重点应用银租通、商票保贴（电子）、结构化存款、票据托管业务、信贷资产转让等多个产品，较好的满足企业金融需求；二是围绕生产企业物流配套发展供应链金融业务，通过业务开展带动客户倍增；三是不断加强与同业合作，业务渠道进一步拓宽；四是完成对多家金融机构的授信申报，与齐鲁产权交易中心达成合作协议，成为9个签约行之一。

三、加强客户经理队伍建设，持续引导业务转型。一是不断调整和优化客户经理绩效考核办法，加强考核对业务方向的导引作用，深入开展业务转型和结构调整；二是创新客户经理培训模式，建立公司业务公开课培训机制，及时解决客户营销工作的难点问题。

【个人业务】　2013年，华夏济南分行做实客户开发，狠抓存款组织，推动网点经营转型，搭建营销平台，强化阵地营销，提升产品营销水平，提高团队专业能力，个人业务得到持续快速发展。

一、积极拓宽储蓄增长源头。一是通过代发工资全行储蓄留存6.50亿元，理财客户沉淀个人储蓄存款3亿元，拉动储蓄增长效果明显；二是在拆迁项目上强化信息收集，制定有针对性的综合金融服务方案，累计吸收拆迁款1.55亿元；三是着

华夏银行股份有限公司济南分行主要统计指标 1

单位：亿元

项目 \ 年度	2009	2010	2011	2012	2013	2013 年同比增幅（%）
本外币资产总额	384.67	454.85	440.67	599.98	741.63	23.61
本外币存款余额	335.23	430.18	382.22	496.16	579.04	16.7
人民币存款余额	333.52	426.84	377.71	463.83	562.92	21.36
单位存款	159.92	221.62	187.04	229.84	293.12	27.53
储蓄存款	60.17	79.60	69.23	92.58	116.87	26.24
本外币贷款余额	291.47	345.01	371.43	433.72	452.46	4.32
人民币贷款余额	290.41	339.99	365.14	402.43	419.48	4.24
短期贷款	173.23	209.07	264.60	295.05	302.96	2.68
中长期贷款	115.29	130.12	99.26	102.33	101.99	-0.33
票据融资	1.06	0.11	0.89	4.44	10.64	139.64
利润总额	2.59	5.68	9.26	11.58	11.50	-0.69
不良贷款余额	4.41	4.83	3.33	2.62	4.24	61.83
不良贷款占比（%）	1.51	1.40	0.90	0.60	0.94	56.67

华夏银行股份有限公司济南分行主要统计指标 2

项目 \ 年度	2009	2010	2011	2012	2013	2013 年同比增幅（%）
单位结算账户（万户）	1.22	1.51	1.52	1.74	1.94	11.49
单位结算金额（亿元）	4068	5354	6229	6984	7952	13.87
个人结算账户（万户）	39.57	48.42	57.4	69.34	81.35	17.32
个人结算金额（亿元）	882	1389	2209	3137	5134	63.85
信用卡发卡量（万张）	1.71	2.62	3.11	4.37	4.81	10.07
信用卡消费额（亿元）	6.82	12.67	23.29	36.8	60.91	65.51
企业网银客户（万户）	0.18	0.25	0.42	0.68	0.86	26.47
个人网银客户（万户）	3.11	3.49	5.33	11.84	17.43	47.21
手机银行客户（万户）	0	0	0	0	0.48	—
电话银行客户（万户）	0.07	0.16	0.22	0.29	0.37	27.59
现金自助设备（台）	142	159	168	194	224	15.46
营业网点（个）	26	27	28	29	33	13.79
自助网点（个）	34	42	46	51	56	9.80

力打造个人业务高产网点，共有 12 家网点储蓄存款新增过亿，聊城分行营业部单产突破 10 亿元，5 亿元以上的高产网点由 4 个增加到 6 个。

二、客户规模快速提升，结构持续优化。该行加大低效客户挖潜提升和贵宾客户维护，全行有效户、贵宾客户、财富客户等层级客户保持较快增长，客户结构持续优化。一是在新客户开发上突出平台客户批量营销，新增社区、市场、楼盘、券商等各类平台 350 个，新增客户 1.26 万户；二是做好存量客户提升工作，优化厅堂营销、社区营销和客户活动的流程，拿出专项费用，跟踪抓好活动开展，全年提升个人客户 4 万户；三是以投资理财报告会为主线，采用大型论坛、小型沙龙、高端对话等形式，开展了黄金讲堂、财富论坛、"欢乐六一"沙龙、慈善募捐等各类产品推介 100 余场次，带动高净值客户链式开发。

三、产品营销效果明显。一是个贷业务累计新开发按揭楼盘项目 38 个，授信金额近 40 亿元，同比增加 200%；二是累计销售理财产品 371 亿元，余额 48.22 亿元，分别同比增长 123% 和 92%；三是新发信用卡 4.81 万张，并通过"8 元观影"、"半价美食"、"高端客户定向回馈" 等多项促销活动提高客户用卡率，使其持续保持在 65%以上。

【国际业务】 2013 年，华夏济南分行加强国际金融服务品牌建设，强化营销组织推动与精细化管理，实现国际业务在系统专业评比中名列前茅。

一、强化联动营销，市场份额明显提高。该行着力加大主流客户开发力度，进一步做大结算业务规模，国际结算量同比增速达到 24%，国际结算市场占比 3.71%，同比增长 0.57 个百分点，实现了市场份额的有效提升。

二、强化产品营销，结算收益率显著提高。该行重点营销远期进口开证、进口代付和国内信用证等高收益产品，远期信用证和福费廷业务增长明显，跨境人民币业务同比增长 104.6%，贸易融资风险参贷业务实现突破，成为系统内第 3 家开办该项业务的分行。

【会计结算】 2013 年，华夏济南分行会计工作围绕 "零案件"核心目标，不断推进业务流程改造，夯实案件防控基础，提高金融服务能力，强化会计队伍素质提升，实现会计工作安全平稳运行。

一、强化会计专业案件防控。一是全年存量对公账户网银对账签约率达到 72.85%，新增对公客户网银对账签约率 100%；二是通过组织辖内 8 家营业机构进行强制轮岗，有效预防柜台操作风险和案件风险；三是组织会计各类排查 11 次，排查员工 8780 人次，账户 2798 个，交易 23.59 笔；四是通过实施定期存款证实书加注电子芯片技术、深化支付密码器推广、全面运用金融票证信息平台系统、改进抵质押品管控办法、上线账户管控平台等手段进一步提升案件防控能力。

二、强化支付结算运行管理。一是对全行 1.4 万多户单位银行结算账户存量账户进行全面梳理，上线管理系统，实现了账户"全周期、全方位"信息化管理；二是每季度派驻检查辅导员对营业机构进行支付结算业务检查，落实整改，防范案件风险；三是严格按照《华夏银行中间业务服务收费管理办法》要求，开展人民币支付结算业务服务收费的报备、公告和公示工作。

三、加强反洗钱管理。一是加强组织机构建设，制定了《反洗钱领导小组工作规则》；二是各业务条线设立反洗钱专（兼）职岗位；三是强化反洗钱内控制度建设，开展形式多样的专题培训和宣传；四是强化客户身份识别制度落实，进行高风险客户评定工作。

四、加强反假货币治理。一是实现济南分行同城及辖属异地分支行交存到人行发行库的完整券及 ATM 机加钞全额清分，以及对外付出现金全额清分；二是对外支付现金及 50%的存取款一体机实现冠字号码自动采集和查询；三是上线冠字号码管理系统，制定《现金冠字号码管理办法（试行）》，辖内营业机构均高标准配置机具。

【电子银行业务】 2013 年，华夏济南分行对公网银结算活跃度达到历史最高水平，使用率居系统内前列。一是在 3 家报纸、10 家网站和 1 家电台进行全方位电子银行业务宣传；二是将需激活转化的睡眠低效客户分类分解到经营单位营销小组，发挥党员和电子银行持证人带头作用，按步骤有序推进挖潜工作；三是借助查询对账、资金归集和代发集付等产品，针对客户需求采取个性化营销；四是推广网上银企对账服务客户，通过代发工资、集付服务激活客户。

【内部管理与企业文化建设】 2013 年，华夏济南分行继续加强内控管理和企业文化建设，不断调动员工积极性，形成发展合力。

一、强化信用风险防控。一是制定年度信贷政策，明确业务发展方向；二是有序推进风险经理制试点工作，加大贷前、贷后风险把控。

二、有序推进合规管理工作。一是重点开展《内控手册》学习活动，组织全员签订案防目标责任书 1413 份，签订率 100%；二是开展"拒绝高利诱惑，远离非法集资"宣传教育月活动和"两个防控"知识竞赛，制订《员工异常行为排查实施方案》，按季度实施排查。

三、加强系统安全运行管理。一是重点加强骨干网络系统等重要信息系统保障；二是开展重要信息系统应急演练四次，实现全年平安运行。

四、强化声誉风险管理。一是下发《舆情管理实施细则》，明确了工作任务、流程和报告路径；二是做好日常舆情监测工作，年度内未出现有害舆情。

五、争创全国百佳，培育网点服务文化。该行聊城东昌支行荣获"2013 年度中国银行业文明规范服务百佳示范单位"称号，是山东省银行业五家获选单位之一，也是华夏银行系统内四家获选单位之一。

六、积极发挥工会和共青团组织作用。一是羽毛球等 7 个协会定期组织开展多种文体活动；二是成功举办了行庆 17 周年文艺汇演；三是开展了"我与分行领导面对面"专题座谈会等活动。

【大事记】 2 月 23 日 华夏济南分行召开 2013 年工作会议暨纪检监察工作会议，对全年工作进行全面部署。

2 月 28 日 华夏济南分行成功办理首笔电子商业承兑汇票保贴业务。

4 月 15 日 华夏济南分行深入开展 "金融服务普惠公众服务月"活动，重点宣传银行卡、理财服务、渠道服务、中小企业贷款、个贷、"三农"服务、特殊群体服务等内容。

4月23日　华夏总行公司业务部在济南分行召开公司业务座谈会。

5月14日　华夏总行国际业务部总经理马晓华和济南分行班子领导拜访考察浪潮集团，与集团总裁辛卫华、副总裁李凯声等集团领导进行座谈。

6月5日　华夏总行董事长吴建、副行长王耀庭一行到济南分行调研指导工作。

7月11日　华夏济南分行召开全辖中层干部会，总行纪委副书记、合规部总经理王立英作专题合规从业讲座。

8月30日　华夏济南分行与华夏租赁合作成功发放首笔5亿元融资租赁业务。

10月14日　华夏济南分行以“提高服务技能、提升客户满意度”为主题，开展“现金服务技能竞赛”活动，有效促进了柜台总体服务水平的提升。

11月5日　华夏济南分行与齐鲁股权交易中心签署全面战略合作协议。

11月11日~12日　华夏济南分行行长孙彤军到潍坊支行进行工作调研。期间拜会了潍坊市委书记杜昌文、分管金融副市长夏芳晨、市银监局、人行、金融办、规划局等主要领导。

11月26日　华夏济南分行党委召开党的群众路线教育实践活动专题民主生活会，围绕为民务实清廉的活动主题，以反对“四风”、服务群众为活动重点，做到“照镜子、正衣冠、洗洗澡、治治病”。

11月30日~12月1日　中国银行业协会副秘书长周永发对华夏济南分行员工进行服务品牌创建等问题的现场指导。

（方桂良）

华夏银行股份有限公司青岛分行

【第一负责人简介】　刘辉，男，1959年1月生，福建省泉州市南安县人，党员，经济师，澳大利亚弗林德斯大学国际经贸关系专业硕士，1978年12月参加工作。历任中国光大银行青岛分行信贷管理部总经理、华夏银行青岛支行市场营销本部总经理、华夏银行青岛分行副行长等职，现任华夏银行青岛分行党委书记、行长。

【综述】　2013年，华夏银行股份有限公司青岛分行(以下简称“华夏青岛分行”)按照创新转型，增效降本，严防快收，规范运营，努力实现“上规模、增效益、稳质量、保平安”的经营思路，真抓实干，开拓进取，实现了各项业务持续稳定发展。

主要经营指标全面完成。其中，一般性存款新增53.9亿元，占青岛市市场份额的2.86%，存量和增量在青岛市8家同类股份制银行中分别排名第3位和第4位。储蓄存款新增18亿元，占青岛市市场份额的2.15%，在同类股份制银行中排名第3位。完成国际结算量84.74亿美元，增长30.83%，完成计划127.4%。

【公司业务】　2013年，华夏青岛分行继续稳步推进营销转型，积极融入地方主流经济发展，加强对小微企业的支持力度，公司业务在该行发挥了中流砥柱作用。

一、信贷支持力度增强。一是加强本地客户金融服务，其中重点客户增加121户，占比63%，比年初提高11个百分点；二是全面发展保兑仓、未来货权开证、订单融资、有追索权国内保理、反向保理、融资租赁、票据池等新产品，业务金额31.87亿元；三是发放青龙高速等重点项目贷款10亿元，发放城镇化贷款8亿元。

二、小微企业服务能力提高。一是实施中小企业金融服务商战略，8家支行转型为中小企业特色支行；二是壮大客户经理队伍，加强业绩考核评价，重点强化转型支行小微企业专业服务水平；三是在信贷资源紧张的情况下，优先保证小微企业信贷需求。截至年末，全行小微企业贷款增加10.27亿元，增长20.44%，高于全部贷款增速13.61个百分点。

【个人业务】　2013年，华夏青岛分行深入推进个人业务特色分行建设。一是通过各网点积极开展“天天进社区，周周有活动”社区金融服务，带来储蓄存款10.2亿元，较年初新增6.8亿元，新增有效客户9855户，形成存款增长主渠道；二是将网点服务与营销紧密结合，通过固化管理方案、加大考核力度、配套专项支持、实施网点纠偏等措施，厅堂营销意识明显提

华夏银行股份有限公司青岛分行主要统计指标 1

单位：亿元

项目＼年度	2009	2010	2011	2012	2013	2013年同比增幅（%）
本外币资产总额	204.25	213.29	264.80	298.33	352.16	18.04
本外币存款余额	161.2	202.93	249.68	280.9	334.75	19.17
人民币存款余额	158.95	199.57	244.44	272.91	322.01	17.99
单位存款	116.92	145.62	177.58	194.43	225.25	15.85
储蓄存款	42.03	53.95	66.86	78.48	96.76	23.29
本外币贷款余额	145.87	168.16	190.88	220.2	237.9	8.04
人民币贷款余额	144.11	165.11	185.89	204.98	219.14	6.91
短期贷款	68.26	78.44	102.84	131.75	134.35	1.97
中长期贷款	75.34	86.00	80.25	72.28	84.79	17.31
票据融资	0.37	0.67	2.76	0.38	1.23	223.68
利润总额	2.39	4.22	5.80	5.29	6.19	17.01
不良贷款余额	1.41	1.06	1.43	2.34	1.42	-39.32
不良贷款占比（%）	0.97	0.63	0.75	1.06	0.6	-43.40

华夏银行股份有限公司青岛分行主要统计指标 2

项目＼年度	2009	2010	2011	2012	2013	2013年同比增幅（%）
单位结算账户（万户）	0.18	0.22	0.92	0.95	1.12	17.89
单位结算金额（亿元）	554	592	5196	6687	9212	37.76
个人结算账户（万户）	2.96	6.07	32.82	41.88	50.36	20.25
个人结算金额（亿元）	531	641	2007	2526	3766	49.09
信用卡发卡量（万张）	2.81	2.62	3.46	5.55	6.97	25.59
信用卡消费额（亿元）	9.88	12.19	18.57	19.51	20.4	4.56
企业网银客户（万户）	0.14	0.19	0.30	0.47	0.69	46.81
个人网银客户（万户）	1.1	1.7	2.9	7	10	42.86
手机银行客户（万户）	--	--	--	--	1.3	--
电话银行客户（万户）	780	1963	2421	2900	3712	28.00
现金自助设备（台）	153	214	248	303	342	12.87
营业网点（个）	13	14	15	19	20	5.26
自助网点（个）	26	36	46	56	60	7.14

升；三是运用暗访、电话回访等方式，落实客户分层服务要求，同时丰富服务内涵，为客户提供增值服务50项，举办贵宾活动240次。

【国际业务】 2013年，华夏青岛分行国际业务保持快速发展势头，连续4年实现规模、收入、客户数量的快速增长，系统内综合排名第一。一是将县域支行、保税区、出口加工区等特殊经济区打造成新的国际业务增长点，进一步夯实客户基础；二是发展单证业务，做大结售汇业务，提高汇兑收益，增加新产品收入。全年实现国际业务收入1.2亿元，首次突破亿元大关，同比增长 25.9%。

【金融服务】 2013 年，华夏青岛分行加大资源配置，强化队伍建设，改善服务环境，持续推进金融环境建设和消费者权益保护工作。一是为特殊金融消费群体开通绿色通道和专用窗口，实施一对一服务，全力营造保护金融消费者的良好氛围；二是配套专项费用加大对社区金融服务的支持力度，将其纳入重点工作单独考核；三是调整优化现有营业网点、自助银行结构布局，迁址支行 2 家、自助银行 4 家，新建自助银行 6 家，新增 TPOS 机具 1228 台，新增 POS 商户 969 户。全年自助交易量达 254 万笔，同比增长 28%。

【电子银行业务】 2013 年，华夏青岛分行进一步丰富电子银行业务产品，业务发展较快。截至年末，公司网银使用客户和交易客户分别达到 5849 户和 4585 户，同比增长 59.3%和 58.4%；新增公司客户开通网银比例达 75.48%；企业网银交易 48.25 万笔，增长 58.35%；个人网银交易 117 万笔，增长 80%；手机银行交易 6 万余笔，居系统前列。

【内部管理与企业文化建设】 2013 年，华夏青岛分行进一步强化风险管控，加强企业文化建设，积极开展公益活动，为业务发展提供了有效保障。

一、风险防控有效推进。一是狠抓内外部检查发现问题的整改，开展举一反三式的合规检查；二是完善见证过程管理，有效防范合同签署、抵质押登记等环节的风险；三是贷后工作提示频率由每月 1 次提高到每月 2–3 次；四是清收处置问题贷款 23 户，现金清收 3.47 亿元、清收欠息 4620 万元；五是拨备覆盖率由年初的 138.9%提高到 255%；六是堵截各类风险性事件 34 起，涉及金额 233.56 万元，没收假人民币 1.54 万元。

二、加强企业文化建设。一是深入开展创先争优暨群众路线教育实践活动，搭建责任区 30 个、示范岗 55 个；二是以为民、务实、清廉为主题，以“反对‘四风’、服务群众”为重点，开展批评和自我批评；三是新发展党员 13 名，预备党员转正 13 名；四是关爱员工，开展了困难员工家庭送温暖，向员工赠送生日蛋糕，组织员工健康体检，为员工办理特需医疗基金保险，增加“补充医疗保险”等一系列活动。

三、积极开展公益活动。一是持续开展“送金融知识下乡”活动，发放宣传材料 3.5 万份，受理咨询 1.2 万人次；二是举办“关爱新市民子女志愿服务行动”系列活动，与安国路小学、浮山小学结对子，开展金融知识普及讲座、看电影、新市民子女家访、春节爱心同行送温暖、关爱残疾儿童和“春蕾女童”捐资助学等活动；三是连续 9 年荣获“山东省文明单位”称号，辖内 12 家支行先后荣获青岛市、山东省或总行级“青年文明号”称号。

【大事记】 1 月 23 日 华夏青岛分行成功发放首批 3.3 亿元委托贷款。

2 月 5 日 华夏青岛分行在 2012 年度青岛市地方纳税 50 强中排名第 40 名。

2 月 23 日 华夏青岛分行召开 2013 年工作会议暨纪检监察工作会议。

2 月 27 日 华夏银行青岛江山南路支行正式对外营业。

3 月 5 日 华夏青岛分行开展崂山区浮山小学新市民子女爱心捐赠活动。

4 月 17 日 华夏总行在青岛海情大酒店成功举办“华夏银行与德意志银行小企业客户互荐项目启动暨培训会”。

4 月 24 日 华夏青岛分行举办“2013 年职工乒乓球比赛”。

5 月 9 日 华夏青岛分行举办“‘手拉手·心连心，金融服务进社区’庆祝华夏银行成立 15 周年文艺演出”活动。

6 月 27 日 华夏青岛分行发放首笔 500 万元“融信通”业务贷款。

8 月 15 日 华夏青岛分行召开党的群众路线教育实践活动动员大会，总行督导组列席。

9 月 3 日～4 日 华夏总行行长樊大志莅临华夏青岛分行开展基层调研工作。

9 月 26 日 华夏青岛分行在日照市举行“华夏银行与日照市政府合作签约仪式暨日照分行开业新闻发布会”。

11 月 6 日 华夏青岛分行获得“青岛市市级国库集中支付代理银行”资格。

（曲文豪）

平安银行股份有限公司济南分行

【第一负责人简介】 刘志刚，男，1963 年 4 月生，山东省淄博人，中共党员，研究生学历，高级经济师。1980 年 11 月参加工作，历任中国工商银行桓台县支行、淄博市临淄区支行行长，淄博市、东营市分行副行长，工行山东省分行资产风险管理部、风险管理部副总经理，工行威海分行党委书记、行长，工行山东省分行副行长；2013 年 11 月调入平安银行股份有限公司济南分行。

【综述】 2013 年，平安银行股份有限公司济南分行（以下简称“平安银行济南分行”）各项事业取得良好进展，基本完成了各项业务指标；员工队伍稳定，企业文化逐步深入人心。

平安银行股份有限公司济南分行主要统计指标 1

单位：亿元

项目 \ 年度	2009	2010	2011	2012	2013	2013 年同比增幅（%）
本外币资产总额	158.14	202.87	251.77	357.07	405.34	13.52
本外币存款余额	134.13	169.03	198.41	279.49	283.47	1.42
人民币存款余额	134	168.89	198.03	278.31	278.51	0.07
单位存款	120.47	151.41	179.99	248.36	248.73	0.15
储蓄存款	13.67	17.62	18.42	31.12	34.74	11.63
本外币贷款余额	89.51	112.72	142.71	186.67	182.13	-2.43
人民币贷款余额	89.51	112.42	142.71	184.03	175.06	-4.87
短期贷款	49.87	66.82	115.04	167.72	152.42	-9.12
中长期贷款	39.63	45.9	27.67	18.95	29.71	56.78
票据融资	17.95	7.38	5.12	3.01	1.50	-50.17
利润总额	1.93	1.39	0.38	0.89	6.76	659.55
不良贷款余额	0.33	0.27	0.39	1.03	0.95	-7.77
不良贷款占比（%）	0.30	0.22	0.26	0.54	0.52	-3.70

注：2013 年，由于平安银行济南分行系统内往来利息收支在账面反映，导致 2013 年利润总额数据异常。

平安银行股份有限公司济南分行主要统计指标 2

项目 \ 年度	2009	2010	2011	2012	2013	2013 年同比增幅（%）
单位结算账户（万户）	33.68	33.86	34.07	34.26	0.48	14.29
单位结算金额（亿元）	29.08	18.27	12.62	53.23	36.21	-31.97
个人结算账户（万户）	38.60	42.70	44.20	46.90	48.09	2.53
个人结算金额（亿元）	1.77	2.23	5.02	7.26	7.94	9.37
信用卡发卡量（万张）	15.30	17.20	27.60	45.20	72.26	59.87
信用卡消费额（亿元）	22.30	26.90	33.20	78.30	193.04	146.54
企业网银客户（万户）	0.07	0.13	0.25	0.36	0.38	5.55
个人网银客户（万户）	8.50	17.90	25.80	32.60	37.65	15.49
手机银行客户（万户）	0	0.10	0.80	1.30	3.55	173.08
电话银行客户（万户）	26.70	32.70	37.70	43.50	42.63	-2.00
现金自助设备（台）	23	24	25	25	51	104.00
营业网点（个）	8	0	0	10	14	40.00
自助网点（个）	10	10	11	13	23	76.92

【公司业务】 2013 年，平安银行济南分行继续秉承“干事创业、创新发展”的方针，公司业务取得了较理想的成绩。一是截至年末，该行公司存款日均 243.06 亿元，同比新增 28.9 亿元，增幅 13.5 %；二是投行业务快速发展，承销发行多笔短期融资券、非公开定向债务融资工具，丁豪广场金融资产远期收购项目、济南市小清河开发建设投资有限公司结构化融资项目均实现中收、存款双赢发展；三是全年共办理黄金租赁业务 11 笔；四是管理水平进一步提高，贷款定价引入 RAROC 测算，加

大双主办业务推进，提升对中小客户议价能力；五是对闲置客户资源进行招标管理；六是加强与平安集团其他子公司的联系，险资直投、银租联动业务、存款受益权等新业务陆续落地；七是成功开办了国内信用证福费廷转卖/偿付、国内再保理、内保外贷、掉期、系统外背对背信用证、客车按揭贷款等新业务，并启动了电子、商超、医药为代表的大消费行业拓展。

【资金业务】　2013年，平安银行济南分行实行"资产、负债两手抓，同业、票据两条腿走"的业务架构，交易规模、利润水平显著提升。一是夯实客户基础，拓展省内外客户，实现客户群体规模化及结构合理化；二是资产业务"抓外不放内"，在向行外挖掘非标、理财等业务机会的同时积极营销分行自营理财项目，时点资产及累计利润均达到分行历史最高水平；三是利润结构进一步优化，由过去单纯依赖票据业务收益转变为票据收益继续增长和同业创新类资产收益占比稳步提高；四是加强与券商、基金等同业机构的合作，提升风险资产收益水平。

【个人业务】　2013年，平安银行济南分行从队伍建设入手，着力解决束缚发展的架构和模式问题，推动零售业务快速健康发展。一是精简理财队伍，并推进员工队伍学习与培训，持有AFP证书的理财人员从年初的10名增长至17名；二是建立周例会制度，增进分支行沟通，提高执行力；三是举办大客户权益邀约活动、小微业务推介会等，提升零售业务发展水平。

【内部管理与企业文化建设】　2013年，平安银行济南分行积极提高内部管理水平，高度重视企业文化建设，通过多种形式营造积极向上、和谐共赢的工作氛围。

一、切实加强内部管理。一是实施全流程风险控制，积极推动绿色信贷，涉农、小微企业贷款，并着重加强对过剩行业、互保圈担保代偿等重点风险的关注；二是多措并举加强风险预警及问题授信的主动清退工作；三是完善合规组织架构，加强合规培训，严格问责，确保全年"零"案件发生；四是先后开展了代销业务、员工行为、规范职场使用等专项检查，落实整改跟踪和亮牌处罚机制。

二、重视企业文化建设。一是积极拓宽宣传渠道，全年发布《工作简报》13期，在外部宣传平台发布信息78则；二是建立舆情反馈机制，缓解员工压力；三是制定员工"大关爱计划"90余项，多渠道、多方式关心员工；四是推进基层食堂建设，改善员工餐饮质量；五是组织员工赴济南山青世界景区开展登山、CS比赛等活动，丰富员工业余文化生活。

【大事记】　1月　平安银行济南分行获得总行"2012年行政达标先进单位"。

平安银行济南分行获得中国银联山东分公司"2012年度银行卡工作先进单位"。

5月2日　平安银行济南分行聘任林杰为行长助理（平银人[2013]3号）。

5月17日　平安银行济南分行获得总行2012年"创新单位"。

6月5日　平安银行济南分行聘任李春节为行长助理（平银人[2013]13号）。

6月6日　平安银行济南分行获得山东银监局关于同意该行济南北园支行开业的批复。

6月27日　平安银行济南分行获得山东银监局关于同意该行济南龙奥支行开业的批复。

6月　平安银行济南分行获得人行济南分行全省银行业金融机构征信业务知识竞赛表彰奖。

7月　平安银行济南分行获得中共平安银行纪律检查委员会"2012–2013年度先进基层纪委"。

9月24日　平安银行济南分行聘任康建为副行长（平银人[2013]43号）。

11月　平安银行济南分行获得山东省财贸工会委员会"2012年度工会财务工作先进单位"。

11月21日　平安银行济南分行王方政不再担任济南分行副行长（主持工作）（平银人[2013]57号）。

12月13日　平安银行济南分行聘任徐丽为该行总监（平银济发[2013]276号）。

12月30日　平安银行济南分行获得山东银监局关于同意该行临沂分行开业的批复。

12月31日　平安银行济南分行获得山东银监局关于同意该行济南阳光新路支行开业的批复。

（崔建伟　张　睿）

平安银行股份有限公司青岛分行

【第一负责人简介】　陈昊序，男，1970年2月生，硕士研究生学历，中共党员。历任深圳发展银行青岛城阳支行副行长，青岛分行计划财务部总经理，青岛分行财务执行官；2012年8月至今，任平安银行青岛分行副行长（主持工作）。

【综述】　2013年，平安银行股份有限公司青岛分行（以下简称"平安银行青岛分行"）强化信贷风险管理，加强内控合规和企业文化建设，资产质量继续保持良好态势，经营管理水平迈上了新台阶。

平安银行股份有限公司青岛分行主要统计指标 1

单位：亿元

项目 \ 年度	2009	2010	2011	2012	2013	2013 年同比增幅（%）
本外币资产总额	128.52	204.77	225.04	296.75	296.75	1.53
本外币存款余额	111.44	133.91	155.3	162.95	206.96	27.01
人民币存款余额	110.2	132.71	154.11	155.15	204.02	31.50
单位存款	101.03	115.42	132.99	134.92	177.6	31.63
储蓄存款	9.17	17.29	21.12	20.23	25.8	27.53
本外币贷款余额	103.08	116.13	122.07	120.07	133.01	10.78
人民币贷款余额	103.08	113.88	121.39	116.73	120.69	3.39
短期贷款	60.43	75.6	92.12	91.00	87.2	-4.18
中长期贷款	23.37	28.33	28.5	25.73	33.49	30.16
票据融资	19.28	9.95	0.77	1.78	3.85	125.15
利润总额	2.22	2.78	4.43	5.31	3.69	-30.51
不良贷款余额	0.08	0.03	0.34	1.34	1.14	-14.93
不良贷款占比（%）	0.08	0.03	0.28	1.11	0.85	-23.42

平安银行股份有限公司青岛分行主要统计指标 2

项目 \ 年度	2009	2010	2011	2012	2013	2013 年同比增幅（%）
单位结算账户（万户）	0.77	0.93	1.1	1.2	1.5	25
单位结算金额（亿元）	1977.30	2190.58	2983.13	3461.23	5123.72	48.03
个人结算账户（万户）	28.76	31.00	32.88	35.52	36.67	3.24
个人结算金额（亿元）	435.53	645.90	1578.23	2226.29	3241.93	45.62
信用卡发卡量（万张）	1.87	2.88	10.08	11.76	13.48	14.63
信用卡消费额（亿元）	0.77	0.98	1.12	3.86	6.45	67.1
企业网银客户（万户）	0.27	0.47	0.76	1.15	1.72	49.56
个人网银客户（万户）	0.84	2.41	4.07	5.91	11.33	91.71
手机银行客户（万户）	0	0.6	1.02	1.48	3.06	106.76
电话银行客户（万户）	0.61	0.68	0.72	0.88	1.36	54.55
现金自助设备（台）	17	17	19	15	60	300
营业网点（个）	8	8	8	10	13	30
自助网点（个）	3	6	5	3	10	233.33

【公司业务】 2013 年，平安银行青岛分行公司业务各项核心指标表现优秀，在总行关键指标排名中位居前列。

一、以促进存款增长为核心，全力增加有效客户和业务收益。一是积极推进"一行一策"，推进区域特色行业批量营销；二是在风险可控的情况下，通过"客户下沉"增加授信客户；三是大力发展非授信客户，逐步提高客户结算存款占比，优化存款结构，降低存款成本。

二、大力发展贸易融资业务。一是围绕"批量营销、客户下沉，充分运用贸融产品和网络技术相结合"的推进思路，实现业务规模和客户快速增长；二是推动现金管理和网络融资等新业务产品的应用，提高结算存款，增加客户粘度。

三、及时跟踪类投行、类授信业务变化，抓住机会，跳出银行做银行。对信托受益权、定期存款收益权、银债通等重点产品进行积极推动，实现多途径金融跨界合作。

四、加大团队培训力度，适时调整资产负债相关政策。一是优化调整客户经理考核和绩效分配制度，提升客户经理综合营销能力；二是集约利用贷款和表外资源，提高出账率和业务综合收益。

【个人业务】 2013 年，平安银行青岛分行加大零售渠道建设，综拓业务取得突破。

一、加强零售渠道建设。一是以营业网点为依托，针对网点周边社区、学校、企业、写字楼等客户流量较集中区域开展营销；二是在总行贵宾客户增值服务的基础上，联合社区推出积分换礼活动；三是加快社区金融便利店建设；四是对零售贷款客户实行专业化和系统化服务；五是充分挖掘信用卡客户资源，落实“一户六开”，带动各项业务增长。

二、综拓业务取得突破。一是充分利用总行“个推银”新模式试点的有利时机，调动全行资源，全力开展综拓业务；二是与产险合作，推出车险客户即时迁徙方案，综合银行、产险及车行的产品、权益进行套餐设计，综合利用产险对总资源进行总体推动。

三、全面推动“贷贷平安商务卡”的营销。成立业务推动小组，制定方案，全员营销，按日进行业务进度通报，加强先进经验分享交流。

【国际业务】 2013 年，平安银行青岛分行离在岸国际结算量累计完成 185 亿美元。一是在岸业务量 37 亿美元，同比增长 106%，实现翻倍增长，大客户推动成效明显，国际贸易融资同比增长 70%，带动了国际业务利润的增长；二是离岸业务量 148 亿美元，增长 16%，继续保持稳定增长，业务规模在总行排名第四、利润排名第三，在青岛同业中业务量、客户数及收益均位列第一。

【资金同业】 2013 年，平安银行青岛分行一是做好传统票据业务，努力探索以票据资产为标的物的创新产品业务合作模式；二是优化同业资产结构，加强同业产品的开拓力度，争取加权资产收益率的最大化；三是积极开拓“行 E 通”平台客户，加强同业渠道建设；四是加强与银行、证券、信托等金融机构的紧密沟通，拓展业务合作范围。

【内部管理与企业文化建设】 2013 年，平安银行青岛分行不断提高内部管理水平，加强企业文化建设，为业务发展提供强大的精神动力。一是通过流程梳理和设立行长信箱，帮助支行和员工解决实际问题；二是成功举办了“平安一家亲”运动会，并通过登山、羽毛球、足球 、篮球俱乐部等活动，增强员工凝聚力和归属感；三是理顺架构，明确分工，落实考核，增强了职能部门的服务意识；四是成立了案防合规委员会，通过开展全员案防责任书签署、“案防下支行”、员工行为排查、廉政教育、案防合规培训、法案风险分析等工作，严控案件及合规风险。

【大事记】 1 月 25 日 平安银行青岛分行在青岛香格里拉大酒店召开 2012 年度工作总结表彰大会。

4 月 16 日 平安银行总行赵继臣副行长、公司信贷管理部陈利群总经理莅临青岛分行指导工作。

6 月 8 日 平安集团副董事长、平安银行董事长孙建一，平安银行行长邵平、副行长赵继臣、吴鹏莅临青岛，代表平安集团同青岛市政府签订了战略合作协议，青岛市委副书记、市长张新起，副市长刘明君，青岛分行负责人陈昊序及分行领导班子成员、部分中层干部、平安青岛地区其他公司一把手等参加了签约仪式。

7 月 11 日 由平安银行主办的 2013 年平安银行银银合作高峰论坛在青岛隆重召开。青岛市副市长刘明君、人行青岛市中支行长辛树人、青岛市银监局副局长徐强、平安银行行长邵平、平安银行陆金所董事长计葵生、平安银行副行长孙先朗、平安银行行长助理张金顺，以及全国 53 家城商行、农商行、农信社的负责人共同见证了“金橙行 E 通俱乐部”的成立。

9 月 8 日 由平安银行青岛分行承办，平安驻青岛地区 7 家分公司协办的“平安一家亲”青岛地区运动会隆重举行。

9 月 25 日 平安集团副总经理兼首席稽核执行官叶素兰、平安银行总行邱伟监事长一行 10 人莅临青岛分行开展 2013 年度巡检工作。

10 月 21 日 平安银行董事会一行莅临青岛分行调研，与分行班子及经营管理团队进行了座谈。

12 月 24 日 平安银行青岛分行成功举办“贷贷平安之夜 2013 平安银行小企业客户答谢晚会”。

（侯保平）

招商银行股份有限公司济南分行

【第一负责人简介】 周伟林，男，1959年生，中共党员，硕士，高级经济师。1976年参加工作，历任工商银行黑龙江省分行办公室主任，工行大兴安岭分行党委书记、行长，工行黑龙江省分行副行长；招商银行哈尔滨分行党委书记、行长；2011年7月至今，任招商银行济南分行党委书记、行长。

【综述】 2013年，招商银行股份有限公司济南分行（以下简称"招行济南分行"）深入贯彻总行提出的"以服务为主线深入推进二次转型"的指导思想，攻坚克难，真抓实干，各项工作稳步推进。

【公司业务】 2013年，招行济南分行持续加大市场开拓力度和实体经济服务支持力度，公司业务保持了良好发展势头。

一、大力发展对公负债业务。一是强化重点客户、重点资金和重点项目营销，拓宽增存渠道，对公存款保持较快增速；二是加大结算产品创新推广力度，推动结算性存款稳步增长；三是加大对重点财政资金的营销力度，财政性存款实现较快增长；四是大力拓展新兴市场存款，带动公司存款规模快速攀升。

二、加大实体经济资金支持力度。一是加强信贷规模管理，信贷投放总体平稳有序，有效满足了实体经济资金需求；二是着力优化信贷结构，将有限的信贷资源向"蓝黄"重点区域和"两小"重点客群倾斜，持续提升信贷资源运用效能；三是积极通过信托贷款、融资租赁、中期票据、短期融资券、跨境融资等新兴融资方式，多渠道为客户筹措资金，降低客户融资成本。

【个人业务】 2013年，招行济南分行零售业务发展良好，实

招商银行股份有限公司济南分行主要统计指标1

单位：亿元

项目 \ 年度	2009	2010	2011	2012	2013	2013年同比增幅（%）
本外币资产总额	424.56	515.86	531.37	636.72	760.59	19.45
本外币存款余额	368.24	440.11	462.36	596.86	679.73	13.88
人民币存款余额	352.39	428.62	455.43	588.69	668.67	13.59
单位存款	189.65	308.44	319.52	405.9	468.32	15.38
储蓄存款	103.79	121.76	135.59	187.07	208.57	11.49
本外币贷款余额	393.01	463.87	501.44	558.6	590.43	5.70
人民币贷款余额	382.16	451.62	490.22	536.76	572.7	6.70
短期贷款	189.05	202.94	246.8	338.48	386.37	14.15
中长期贷款	179.26	236.24	229.78	197.65	180.52	-8.67
票据融资	24.7	24.69	24.86	22.47	23.54	4.76
利润总额	6.65	8.81	15.16	16.32	17.68	8.33
不良贷款余额	3.23	3.18	2.84	3.59	6.02	67.69
不良贷款占比（%）	0.82	0.69	0.57	0.64	1.02	59.38

招商银行股份有限公司济南分行主要统计指标 2

项目 \ 年度	2009	2010	2011	2012	2013	2013 年同比增幅（%）
单位结算账户（万户）	1.18	1.43	2.09	2.47	2.89	17.00
单位结算金额（亿元）	11500	11473	16212	18757	20196	7.67
个人结算账户（万户）	148.44	113.98	131.97	151.87	164.13	8.07
个人结算金额（亿元）	4048	7010	10675	13398	14742	10.03
信用卡发卡量（万张）	4.47	6.77	5.76	8.92	8.84	-0.90
信用卡消费额（亿元）	89.79	116.01	138.91	173.57	227.57	31.11
企业网银客户（万户）	0.23	0.37	0.44	0.55	0.67	22.12
个人网银客户（万户）	3.86	11.29	19.61	35.95	43.28	20.39
手机银行客户（万户）	—	—		19.40	21.02	8.35
电话银行客户（万户）	4.58	6.43	10.17	—	—	—
现金自助设备（台）	146	197	238	310	379	22.26
营业网点（个）	25	30	33	35	38	8.57
自助网点（个）	48	51	56	61	67	9.84

现了非利息净收入、客户资产规模和负债业务的同步快速发展。

一、零售业务持续快速发展。一是通过“借贷双卡”交叉销售和数据库营销，全面推进客群和资产规模迅速增长；二是加快养老金融、出国金融等业务发展，提升新兴业务的竞争优势；三是不断优化创新服务模式，增强业务条线整体营销功能和后台支持保障功能，推动营销与服务工作的专业规范化和标准一体化。

二、信贷业务持续稳定发展。一是大力发展小微业务，夯实小微贷款客群基础，小微贷款年末余额 56.52 亿元，在零售贷款中占比 38.27%；二是以合规经营、风险控制为基础，积极进行产品、流程、管理创新完善，提升了零售贷款整体贡献度。

【国际业务】 2013 年，招行济南分行国际业务保持稳步增长。一是成功开发多项跨境业务产品，提升了收益，助力负债业务增长；二是大力拓展出口业务，在岸业务逆势增长，营销工作卓有成效；三是广开同业合作渠道，积极利用同业资金，有效降低企业融资成本，缓解流动资金压力，规避了汇率风险。

【中间业务】 2013 年，招行济南分行通过加快业务创新，加大推动力度，中间业务实现健康稳定发展。

一、公司中间业务多元化发展。一是以“短融星”、“债融星”等产品为切入点，加大对重点客户的营销力度，稳步扩大债券承销业务规模；二是加大国内信用证、网上电子票据等优势产品的推广力度，实现现金管理中间业务收入快速增长；三是继续加强银银合作，积极拓宽非银合作渠道，融资租赁、黄金租赁等业务得到较快发展，公司理财等中间业务收入实现稳步增长。

二、零售中间业务收入稳定增长。一是深入研究市场方向和产品营销策略，提升基金、保险、外汇等重点产品的营销力度，同比增幅分别实现 24.36%、18.43%和 18.80%；二是加大理财和信托的自主开发力度，通过新的增长点贡献中间收入水平；三是通过节庆期间举办展等方式推动贵金属业务快速发展；四是大力推进 POS 刷卡消费，实现中间收入同比增幅 6.51%。

三、国际业务中间业务收入贡献突出，盈利能力快速提升。在加大与各联动平台合作的基础上，根据不同客群的不同需求丰富业务种类，有效带动了单证业务及贸易融资的快速增长。全年国际业务实现中间收益 1.5 亿元，同比增幅 9%。

【电子银行业务】 2013 年，招行济南分行持续优化电子银行产品功能，加大网银覆盖率。针对中高端潜力客户，结合个人理财、信用卡还款等方面的实际需求，找准手机银行转账免费汇款、超级网银资金归集方便快捷等营销切入点，加大电子银行宣传力度，提高业务分流率，使电子银行成为客户的主要结算工具。

【企业文化建设】 2013 年，招行济南分行通过多种形式营造积极向上、和谐共赢的工作氛围。一是开展了丰富的文体活动和争先创优活动；二是开展了扶贫济困活动，全年累计捐款 274530 元；三是以“低碳”为主题，组织绿色出行、绿色办公等活动；四是开展了金融知识进社区、进校园活动，向社会公众普及金融知识。

【大事记】 1月30日 招行总行工会副主任李蔼华到济南分行调研工会工作。

6月8日 招行济南分行与济南市经信委签订小企业金融服务战略合作协议。

8月30日 招行总行副行长唐志宏一行到济南分行调研。

9月16日 招行济南分行举办招行2013年"跨境金融·梦享全球"产品业务研讨会(济南站)。

10月17日 山东银监局局长陈育林、副局长宁敏一行到招行济南分行调研。

10月19日 招行济南分行第三代系统(3G系统)投产。

12月29日 招行济南分行第6家2级分行聊城分行开业。

(康 玲)

招商银行股份有限公司青岛分行

【第一负责人简介】 王纪全,男,中共党员,1960年1月生,博士研究生。1983年参加工作,历任中共济南市委党校教员,山东省委党史研究室副主任科员,山东省政府办公厅正科、副处、正处,山东省人大常委会办公厅正处,招商银行济南分行党委副书记、副行长,招行兰州分行党委书记、行长,2009年6月至今,任招商银行青岛分行党委书记、行长。

【综述】 2013年,招商银行股份有限公司青岛分行(以下简称"招行青岛分行")加快经营战略调整,深入践行服务升级,继续加强精神文明和企业文化建设,积极履行社会责任,进一步树立了良好的企业形象。

【公司业务】 2013年,招行青岛分行以"突破难点、提升能力、创新发展,加快转型"的思路为指导,紧密围绕平衡计分卡和对公负债业务开展工作,积极推进落实批发条线各项工作目标,合理制定考核办法,加大营销组织推动力度,公司业务扎实推进。新兴融资业务快速发展,现金管理业务实现3368万元,融资租赁业务实现1808.72万元。

【个人业务】 2013年,招行青岛分行全面夯实基础,积极推进条线资源整合,加强平台建设,提升零售业务的盈利贡献。一是不断优化内部业务运营,推进"高柜业务低柜化"模式,强化营销产能,加强零售产品内部的交叉渗透和挖掘,促进客群

招商银行股份有限公司青岛分行主要统计指标1

单位:亿元

项目 \ 年度	2009	2010	2011	2012	2013	2013年同比增幅(%)
本外币资产总额	314.72	449.41	466.51	521.35	633.99	21.61
本外币存款余额	294.65	409.55	436.49	498.44	556.21	11.59
人民币存款余额	277.13	398.47	415.69	465.95	535.18	14.86
单位存款	169.25	280.56	285.35	305.32	379.81	24.40
储蓄存款	107.88	117.91	130.34	160.63	155.37	-3.27
本外币贷款余额	277.85	345.5	387.38	456.28	537.87	17.88
人民币贷款余额	257.06	331.59	368.12	420.11	509.42	21.26
短期贷款	[illegible]	161.1	190.98	257.9	330.06	35.73
中长期贷款	73.66	170.49	177.14	162.21	159.36	-1.76
票据融资	21.72	27.24	22.57	25.72	21.25	-17.38
利润总额	4.34	7.52	13.65	14.06	15.85	12.73
不良贷款余额	—	0.64	0.78	2.24	3.26	45.53
不良贷款占比(%)	—	0.18	0.20	0.49	0.61	24.49

招商银行股份有限公司青岛分行主要统计指标 2

项目 \ 年度	2009	2010	2011	2012	2013	2013 年同比增幅（%）
单位结算账户（万户）	1.1	1.38	1.71	2.06	2.67	29.5
单位结算金额（亿元）	4800	5000	5200	5400	6000	11
个人结算账户（万户）	—	—	—	—	—	—
个人结算金额（亿元）	107.14	122.82	134.96	165.99	181.46	9.32
信用卡发卡量（万张）	3.46	5	6.18	4.50	5.84	29.80
信用卡消费额（亿元）	—	—	—	—	—	—
企业网银客户（万户）	0.31	0.39	0.41	0.54	0.76	41.47
个人网银客户（万户）	3.56	6.47	5.59	8.19	4.73	-42.25
手机银行客户（万户）	—	—	10.88	12.28	20.89	70.11
电话银行客户（万户）	4.38	1.72	2.62	—	—	—
现金自助设备（台）	312	319	330	360	369	2.50
营业网点（个）	15	15	16	17	18	5.88
自助网点（个）	65	67	76	87	112	28.74

增长；二是加大财富业务推动力度，加强培训和队伍建设，提高理财经理客户资产管理能力，加快财富综合管理业务发展；三是创新开展和推动新兴业务，寻找零售业务发展新增点。

【票据业务】 2013 年，招行青岛分行票据业务以票据中间业务收入为主要经营指标，围绕直贴业务加速开展转贴现业务运作，全年共实现票据业务总收入 1.24 亿元，并继续保持票据业务零风险。

【国际业务】 2013 年，招行青岛分行以中收为核心，加强管理和业务创新，推动国际业务稳健发展。成功办理首笔银票质押转口贸易融资业务、NRA+OSA 背对背证业务、人民币 + 美元外币掉期等业务，并自主研发推出了“保税通”、“收支贷”、“收支盈”等新业务方案。国际业务全口径中收突破 2 亿大关，完成 2.29 亿元，同比增长 29%。

【电子银行】 2013 年，招行青岛分行进一步推动电子银行业务发展。一是个人网银专业版、企业网上银行等电子银行业务持续快速发展，非柜面交易替代率不断提升，电子银行活跃交易客户净新增超过 13 万户；二是积极拓展新兴电子银行业务，推动“超级网银”、手机银行、微信银行等电子金融服务，加大 CBS 等现金管理产品的推广。

【内部管理】 2013 年，招行青岛分行扎实开展内控合规管理，全面抓好纪检监察和安全保卫工作，推进总分行管理变革，落实双通道职业发展体系建设与人员结构调整，积极推进二级分行扁平化管理，快速推进零售专业支行筹建。

【大事记】 3 月 招行青岛分行组织开展“招商银行第九届企业文化节”。

7 月 人行青岛市中支行长辛树人到招行青岛分行调研。

8 月 招商局集团董事长傅育宁一行到招行青岛分行视察。

青岛市委书记李群视察招行青岛分行新办公大楼建设情况。

招行青岛市南支行成立。

9 月 招行青岛分行迁址至青岛市崂山区海尔路 65 号招商银行财富大厦。

10 月 青岛银监局熊涛局长赴招行青岛分行调研。

招行青岛分行中标青岛市政府采购合同信用融资服务机构项目。

11 月 招行青岛分行签约山东省首单家族信托业务。

招行总行副行长汤小青到招行青岛分行调研。

（刘 鑫）

上海浦东发展银行济南分行

【第一负责人简介】 孔建，男，汉族，1968 年 11 月生，山东济南人，中共党员，博士研究生学历。1993 年 7 月起先后任工行山东省分行计划处科员、副主任科员，国际业务部、工商信贷处科长，资金营运处副处长；2001 年 2 月起先后任浦发济南分行信贷部总经理、副行长；2013 年 7 月至今，任上海浦东发展银行济南分行党委副书记，副行长（主持工作）。

【综述】 2013 年，上海浦东发展银行济南分行（以下简称"浦发济南分行"）紧紧围绕总行"三大业务、五项重点"工作，牢牢把握"转型发展、提升效益"这条主线，夯实客户基础，加大创新力度，优化增长方式，强化管理保障，各项工作取得了新的成绩。

【业务发展】 2013 年，浦发济南分行各项业务快速发展。

一、加强战略指引，凝聚转型共识。明确提出了"巩固传统业务领先地位，打造新兴业务比较优势"的转型目标，建立了契合转型发展需要的考核激励政策和综合考评机制。

二、筑牢客户根基，夯实发展基础。一是坚持立足中端客户，积极拓展高端和中小微的市场定位，强化分层管理、分类营销和全行联动的营销推进体系，增强产品、服务、效率的统筹协调和综合运维，借助产业链延伸、集群式批量开发、交叉营销等措施，多渠道开拓新客户；二是提升精准营销能力和客户综合开发服务水平，建立针对战略客户、金融机构客户、个人客户、小微客户和重点营销区域的视图分析，对重点客户进行了专属企划；三是创新业务全面突破，明确界定部门职责和权限，优化流程，拓宽渠道，充实队伍，不断提高创新业务对存款增长和效益提升的贡献度。

【内部管理与企业文化建设】 2013 年，浦发济南分行：

一、强化风险管理，保障经营安全。一是加大对房地产、钢贸、光伏、船舶行业等重点领域的风险防控，建立重点监控客户制度，加大风险监测、报告和处置力度，组织对民间借贷、担保链风险及信用风险暴露较多的重点区域客户的专项检查；二是将风险管理关口前移，加强对国家宏观经济政策、行业政策和市场信息、企业融资环境、环保、意外事件等信息的搜集，注重对授信行业、客户和产品等方面的风险提示和预警，对出现逾期、欠息、查询、冻结等预警信息的客户实施专项监控，现场检查，落实原因，积极催收；三是加强案件防控，双线签订了《2013 年案防目标责任书》，定期召开案防联席会议，持续开展审计检查和十大重点领域风险排查，强化整改督查力度，落实整改监督后评价机制，确保各项整改要求、整改措施落实到位。

二、加强企业文化建设。一是下发了《关于实施核心岗位后备人才队伍建设和培养计划的通知》，明确了后备人才队伍的选拔标准、培养目标；二是践行社会责任，为"第一书记"所在贫困地区的近 2000 例白内障患者实施康复治疗，为日照市两所小学捐赠了电教设备；三是开展了"优秀青年员工评选"、"西藏光明行摄影展"等一系列丰富多彩的员工文化活动。

【大事记】 1 月 6 日 山东省委常委、常务副省长孙伟，省府副秘书长张德宽，山东省金融办主任李永健，人行济南分行行长杨子强，山东银监局局长廖平之等领导，到浦发济南分行视察并看望一线干部员工。

4 月 18 日 浦发济南分行荣获人行济南分行"山东省金融机构综合评价 A 级单位"。

6 月 5 日 浦发银行总行朱玉辰行长拜会山东省委副书记、省长郭树清和省委常委、常务副省长孙伟。

7 月 28 日 总行党委决定，耿光新不再担任分行党委书记、行长职务，调任总行工作；孔建副行长任分行党委副书记，主持分行工作。

9 月 25 日 全国股份制商业银行行长联席会议在济南召开，浦发银行总行朱玉辰行长参会。

10 月 16 日 浦发日照分行开业。

（燕 峰）

兴业银行股份有限公司济南分行

【第一负责人简介】 张霆，男，1969年5月生，祖籍福建泉州，中共党员，工商管理硕士，高级经济师。曾任兴业银行福州鼓楼支行、龙岩分行、泉州分行行长等职务；现任兴业银行济南分行党委书记、行长。

【综述】 2013年，兴业银行股份有限公司济南分行（以下简称“兴业银行济南分行”）深化改革，创新求变，抢抓机遇，加快发展，基本完成全年各项任务。该行主要业务指标继续位居山东同类型银行先进行列，市场份额、综合竞争力及品牌影响力持续攀升。

【经营管理】 兴业银行济南分行企金、零售、金融市场三大业务条线调整经营模式，优化业务结构，自主运营能力显著增强，管理机制日益健全。

一、企业金融业务转型提升。一方面，机构业务快速增长，机构存款余额达297亿元，较年初增加98亿元，机构存款日均达254亿元，较年初增加81亿元；投资银行业务突破350亿元，其中承销债务融资工具127.6亿元，市场占有率达11%，居山东省内同业第三位、同类型银行第一位；小企业贷款金额16亿元；供应链融资业务量达431亿元，商票保贴、信用证等资本集约产品迅猛发展；现金管理业务客户日均存款达200亿元，实现理财销售达633亿元，票据池等产品成功推广。另一方面，先后开展了“春季攻势”、“夏季突破”的一系列营销战役，小企业专业化改革破题，地市小企业中心及16家专营团队建成运营；构建起条块结合的矩阵式考核体系，搭建起合理定价、平衡收益的业务资源管理体系；开展了“三级培训、牌照管理”的素质提升计划。

二、零售金融业务再上台阶。坚持“综合金融资产扩张、核心客户增长、创利能力提升”为主线，各项工作均有所突破。一是以资产负债扩规模，储蓄存款日均余额118.25亿元，较年初新增47.03亿元，完成总行计划172.07%，连续第二年蝉联总行迎新春储蓄竞赛第一名；二是向重点产品要效益，优化“信贷工厂”运作模式，累计发放旅游贷款4353笔、贷款金额4.25亿，获得总行旅游贷竞赛一等奖，做大做强财富业务，实现综合理财销量468亿元，完成全年考核计划的133.72%；三是借渠道服务赢客户，初步实现社区银行服务网点的规模化建设，

兴业银行股份有限公司济南分行主要统计指标1

单位：亿元

项目 \ 年度	2009	2010	2011	2012	2013	2013年同比增幅（%）
本外币资产总额	624.96	598.15	758.51	1153.93	1332.56	15.48
本外币存款余额	333.11	530.07	657.32	872.21	1077.76	23.57
人民币存款余额	330.69	523.99	650.94	831.97	1055.02	26.81
单位存款	156.4	367.87	468.77	693.43	850.97	22.72
储蓄存款	28.73	42.86	67.06	111.58	177.94	59.47
本外币贷款余额	291.76	352.20	393.96	494.31	509.15	3.00
人民币贷款余额	291.28	349.50	388.96	449.18	492	9.53
短期贷款	66.05	94.39	158.93	244.56	321.89	31.62
中长期贷款	215.21	253.95	229.54	200.91	162.56	-19.09
票据融资	10.02	1.09	0.49	1.17	0.54	-53.85
利润总额	6.26	9.55	14.89	21.25	21.01	-1.13
不良贷款余额	0.82	0.55	0.57	4.56	8.73	91.45
不良贷款占比（%）	0.28	0.15	0.15	0.92	1.71	85.87

兴业银行股份有限公司济南分行主要统计指标 2

项目 \ 年度	2010	2011	2012	2013	2013年同比增幅（%）
单位结算账户（万户）	—	—	1.92	2.58	34
单位结算金额（亿元）	—	—	13771	18200	32
个人结算账户（万户）	—	—	76.62	96.78	26.31
个人结算金额（亿元）	—	—	—	—	—
信用卡发卡量（万张）	—	—	39.95	42.90	7.38
信用卡消费额（亿元）	—	—	106.94	192	79.54
企业网银客户（万户）	—	—	0.73	1.06	45.21
个人网银客户（万户）	—	—	28.89	30.83	6.71
手机银行客户（万户）	—	—	37.03	61.79	66.86
电话银行客户（万户）	—	—	43.32	50.71	17.06
现金自助设备（台）	—	—	237	323	36.29
营业网点（个）	—	—	26	35	34.62
自助网点（个）	—	—	52	105	101.92

推广电子银行营销，手机银行交易替代率居类区行第二位。

三、金融市场业务稳健发展。金融市场条线着力推动重点产品，继续保持同业领先的差异化竞争力。一是深入推进条线改革，完善运营和风控新体系，持续完善省分两级管理，逐渐搭建起适应发展的新兴业务内部管理框架、考核分配体系及风险管理体系，增强中台的风险把控意识，不断优化内部业务流程；二是积极调整业务模式，开拓低资本消耗、快产品创设新路径，着力推动重点产品，买入返售票据业务全年累计交易430亿元，实现利润1.39亿元，同比增长81%，积极推动定向资管福费廷、银证保等业务创新，加强与券商、信托、基金、保险等机构的合作，积极探索资产流转渠道；三是巩固产品和渠道优势，与省联社合作开发的理财门户实现上线，并初步达成柜面互通签约意向，同业核心负债及核心客户数、柜面互动、理财门户等指标全面超额完成总行计划，中小银行科技输出11家，储备签约100家，均占总行全系统总量半数以上。

【电子银行业务】 2013年，兴业银行济南分行强调科技创新与科技保障两手抓，致力于银行业务电子化、现代化、综合化的创新探索。

一、电子银行平台不断丰富。始终以"打造一流电子银行"为主线，已形成一个由"在线兴业"网上银行、"无线兴业"手机银行、"热线兴业" 电话银行95561客服三线产品组成的综合金融服务平台。2013年该行企业网银交易笔数约94万笔，交易金额6823亿元，柜面替代率67%；个人网银交易笔数约540万笔，交易金额2163亿元；手机银行交易笔数约53万笔，交易金额76亿元，手机银行柜面替代率6.8%；电话银行交易笔数约2.2万笔，交易金额4.3亿元，零售电子银行柜面替代率76.88%。

该行电子银行产品完善了多项产品和服务：一是微信银行，8月份官方微信银行（微信公众号名称：兴业银行）正式上线；二是12月推出家庭理财概念的"e家财富"功能；三是电子商务，共分别洽谈合作山东电力集团、易通支付、联行支付三家电子商务客户。

二、客户服务体验日趋优化。2013年底已在大部分营业网点完成WIFI系统的搭建和布设，并全面投入使用，完善营业厅WIFI的宣传、标识、使用指南等信息，为精英版电子银行特别是精英版手机银行的拓展提供技术支持。

三、信息科技管理更加严谨。独立研发了济南市中公务卡、联通代收费、商品房预售资金监管等多个项目。

【内部管理与企业文化建设】 2013年，兴业银行济南分行重点围绕"发展与风险控制"、"发展与资源管理"两大主线，强化对中后台的运营管理，持续提升对业务发展的服务支持能力。

一、风险管理体系更加完备。构建了对新兴业务及小企业业务的内嵌式管理架构；做实了事前、事中、事后三大信贷管理环节，创新贷后管理方式，拓宽清收处置渠道，强化了信市服务引导职能，实施业务导向动态调整，强化沙盘建设的模式运用；建立了全行合规经营与内部控制综合考评体系，开展各类内控检查32项，引导全行合规稳健经营。

二、资源配置机制持续优化。构建统分结合、矩阵式管理的考核分配体系，完善了对条线及地市行的考核评价方式，强化了过程管理；完善了存增量相结合、条块相结合的资源管理模式；通过"动态挂钩、比例管理"等方式，提升了全行业务资源精细化水平。

三、支持保障能力稳步提升。人力资源方面，组织各级各类牌照考试4432人次，同比增长3倍；公开竞聘上岗比例达75%，同比提升26个百分点；开展了各条线系统培训；会计结算方面强化了对结算薄弱点、风险点的专项检查；信息科技方面独立研发了联通代收费等7个项目；安全保卫方面构建了三级内保队伍，有序推进地市行监控中心改造和建设；党团工群方面开展了群众路线教育实践活动，组织了各类学习及文体活动。

【大事记】 3月10日 兴业银行济南分行举办以“添绿十艺节”为主题的植树活动。

5月30日 兴业银行“美丽齐鲁——山东省绿色金融政银企会议”成功举办，省发改委、节能办、能源环境交易中心及全省50家绿色产业企业相关负责人共同参会。

5月31日 平宁任兴业银行济南分行副行长（兴银任[2013]30号）。

8月16日 兴业银行济南分行举办“随兴游”个人旅游贷款产品推介会。

9月25日 兴业银行总行行长李仁杰赴济南分行调研，并参加在济南举行的2013年全国股份制商业银行行长联席会议，期间与省政府相关负责人座谈。

10月21日 兴业银行济南分行第八家异地机构兴业银行威海分行开业。

12月10日 兴业银行济南分行济南阳光舜城社区银行开业。

（王相林 布晨光）

兴业银行股份有限公司青岛分行

【第一负责人简介】 沈健，男，中共党员，经济师，山东大学本科学历，历任兴业烟台分行党委书记、行长，兴业济南分行党委委员、行长助理，2012年1月至今，任兴业银行股份有限公司青岛分行副行长、党委副书记。

【综述】 2013年，兴业银行股份有限公司青岛分行（以下简称“兴业青岛分行”）以经营转型为主线，以核心负债和效益为目标，事业发展全面突破，凭借强劲的业务成长和优质特色的经营服务，被当地权威媒体评为“2013年最具创新力银行”。

【公司业务】 2013年，兴业青岛分行企业金融业务保持了持续快速发展的经营态势。一是对公核心负债拓展有力，对公存款存量市场占比在当地同类型股份制银行中排名第三，较年初提升三位，新增额在当地同类型股份制银行排名第二；二是机构业务顺利突围，机构客户数达到144户，日均存款22.52亿元，两项指标在总行系统内均位列前四，顺利扭转机构业务发展落后的不利局面；三是贸易金融业务保持发展优势，各项指标提前超额完成总行计划；四是积极推进小微企业专营体制建设，加大小企业易速贷、连连贷等特色产品的推广力度，年末小企业贷款余额12.06亿元，较年初新增5.26亿元，增幅77.35%，小企业日均存款为10.05亿元，较年初增长3.92亿元，增幅为63.95%。

【个人业务】 2013年，兴业青岛分行持续推动零售管理机制、考核体系、营销推动的改革落地工作，广泛开展沙盘营销、社区营销及零售旺季大营销活动。截至年末，零售综合金融资产余额90.03亿元，同比增长28.81%，零售客户18.43万户，较年初新增3.79万户。

【中间业务】 2013年，兴业青岛分行大力推进财富管理、投行、现金管理、贸易融资等业务模式的发展，提高资产盈利能力和中间业务收入水平，实现金融服务可持续发展。一是通过多种营销模式，推动理财产品、贵金属交易等多种零售业务产品的发展；二是推动投行业务实现新跨越，发行非金融企业债务融资工具4笔，规模合计23.77亿元，发行规模在总行系统内同类分行及青岛所有银行中均位列第二，发行支数在青岛市场位列第一；三是大力推进国际结算业务，年末国际结算量实现35.98亿美元，完成总行计划指标的179.92%，与去年同期相比增加15亿美元，增长71.5%；四是加强现金管理的营销推动，现金管理有效层及以上客户161户，客户日均存款40.2亿元，企业理财销售规模270.65亿元，均提前超额完成总行计划。

【电子银行业务】 2013年，兴业青岛分行一是注重客户质

兴业银行股份有限公司青岛分行主要统计指标 1

单位：亿元

项目 \ 年度	2009	2010	2011	2012	2013	2013年同比增幅（%）
本外币资产总额	159.30	256.75	270.88	430.96	608.44	41.18
本外币存款余额	121.76	157.87	168.49	219.58	277.26	26.27
人民币存款余额	121.18	141.65	164.32	185.84	252.9	36.08
单位存款	109.86	123.46	142.42	154.90	215.49	39.12
储蓄存款	11.90	18.19	21.90	30.94	37.41	20.91
本外币贷款余额	78.14	103.68	130.25	137.48	144.26	4.93
人民币贷款余额	77.39	103.05	123.55	105.81	129.3	22.20
短期贷款	30.34	42.23	61.97	47.40	76.05	60.44
中长期贷款	42.81	60.82	61.52	58.41	53.24	-8.85
票据融资	4.99	5.90	0.06	0.99	0	-100.0
利润总额	1.01	1.55	3.66	4.28	4.35	1.64
不良贷款余额	0.00	0.00	0.30	1.05	1.26	20.00
不良贷款占比（%）	0.00	0.00	0.00	0.01	0.01	13.91

兴业银行股份有限公司青岛分行主要统计指标 2

项目 \ 年度	2009	2010	2011	2012	2013	2013年同比增幅（%）
单位结算账户（万户）	0.20	0.40	0.72	1.15	1.53	32.81
单位结算金额（亿元）	1344.54	2158.40	3399.99	5836.90	15135.85	159.31
个人结算账户（万户）	4.12	7.28	12.17	16.67	21.86	31.12
个人结算金额（亿元）	224.24	396.23	768.92	1179.42	1883.05	59.66
信用卡发卡量（万张）	2.66	2.65	4.31	3.22	2.66	-17.39
信用卡消费额（亿元）	2.25	8.00	18.87	31.39	53.28	69.74
企业网银客户（万户）	0.02	0.05	0.10	0.14	0.17	27.37
个人网银客户（万户）	2.76	5.27	9.27	10.50	11.38	8.37
手机银行客户（万户）	2.07	3.61	7.38	11.45	18.3	59.77
电话银行客户（万户）	6.03	9.74	12.33	14.73	16.76	13.80
现金自助设备（台）	59	72	76	86	93	8.14
营业网点（个）	4	6	8	10	11	10.00
自助网点（个）	11	11	11	13	12	-7.69

量，重点发展20–40岁之间的“精英版”有效客户群体，成功举办了“精英行动”零售电子银行竞赛活动，在活动中涌现出一大批优秀的电子银行营销专才及营销方法；二是加强员工培训与客户指导，推进营业厅免费WIFI的建设。截至年末，该行新增零售电子银行客户7.46万户，完成总行下达计划的117%；手机银行柜面替代率8.35%，同比提升5%以上；零售电子银行柜面替代率为74.38%，同比增长11.32%，客户在个人网上银行、手机银行发生的交易量是柜台交易量的2.9倍。

【内部管理与企业文化建设】 2013年，兴业青岛分行加速推进经营转型，深化经营管理改革，狠抓风险管控能力建设，实现发展规模、层次、质量、效益的全面提升。

一、内控合规基础进一步夯实。明确业务办理全流程关键风险点、控制目标与措施；建立内控合规考核体系；完善违规问责制度，健全规范化的岗责体系；开展案件风险以及员工异常行为排查，做好反洗钱工作。

二、人才队伍建设卓有成效。一是进一步规范人员引进管理工作；二是完善岗位竞聘、公开选拔的用人机制；三是开展业务竞赛，以赛练兵，打造专业能力强、综合素质高、极具凝聚力的人才队伍。

三、企业文化彰显活力。积极推进干事创业、奋勇争先的拼搏文化，敞开大门、有效沟通的简单文化，"二线服务一线，一线服务客户"的服务文化，温馨和谐、积极向上的家园文化和热心公益事业、践行企业责任的社会文化。

【大事记】 1月8日　兴业银行总行监事会主席康玉坤赴青岛分行宣布人事调整决定，任命沈健为中共兴业青岛分行委员会副书记，主持青岛分行全面工作，张晓莉不再担任中共兴业青岛分行委员会书记、委员、青岛分行行长职务，卸任退休。

2月26日　兴业青岛黄岛支行正式开业。

5月31日　兴业银行总行蒋云明副行长一行赴青岛分行进行金融市场业务调研，并于6月3日分别赴青岛银行、青岛农商行进行业务考察与交流。

（郭文娟）

中国民生银行股份有限公司济南分行

【第一负责人简介】　陈焕德，男，汉族，47岁，党员，研究生学历，高级经济师。1989年7月参加工作，2007年3月加入中国民生银行，历任济南分行党委委员、行长助理、副行长，2012年9月起任济南分行党委副书记、副行长（主持工作），2013年11月任济南分行党委书记、行长。

【综述】　2013年，中国民生银行股份有限公司济南分行（以下简称"民生济南分行"）按照"加快转型、加速发展、加强管理、加大创新"的工作总方针，全力推进各项工作，主要经营指标再创新高，各项业务保持平稳健康发展，专业经营能力和内生增长动力稳步提升，取得了良好的经营业绩。

【经营管理】　2013年，民生济南分行公司业务稳步增长，小微金融推进有力，私人银行业务再上台阶，资产质量保持优良，管理水平持续提高，品牌形象进一步提升，取得了良好的经营成果。

一、经营指标稳步提升，发展态势快速稳健。自二季度以来，该行各项存款余额较年初新增基本保持在100亿元以上，在当地股份制银行中，自3月开始到10月，连续8个月存款新增均排名第一位。存款快速稳定增长的良好形势，不仅为各项经营工作的顺利开展奠定了坚实基础，也进一步提升了该行的市场竞争力和社会影响力。

二、深入践行民企战略，打造民企专业机构。该行重点对全省各地市占主导地位的特色行业，制定了完备的开发规划。截至年末，该行民企客户数量16382户，客户占比为83.9%，民企客户贷款占比达到60%，

三、深入践行小微战略，大力发展普惠金融。该行当年共向省内重点批发市场、重点商圈、特色产业集群等与大众生活密切相关的小微型企业，投放小微贷款近70亿元，目前该行小微贷款余额144亿元，有效缓解了省内小微客户群体融资难问题，同时也有效支持地方政府缓解就业压力等民生问题。

四、着力发展小区金融，服务广大居民百姓。2013年6月，民生银行提出了"小区金融"战略，即本着"便民、利民、惠民"的原则，通过设立金融便民店，让小区居民足不出"小区"即可享受相关服务，极大便利了小区居民。

五、提升风险管控能力，确保稳健合规经营。该行始终将防范金融风险当做一项重中之重的工作。一是根据市场景气度和主要经济指标的变化情况，适时调整授信政策，调整客户结构；二是通过事业部制改革，将能源、冶金、交通、地产、现代农业以及文化产业，进行专业化经营，不断提升对产业和行业的风险防控水平；三是根据企业实际情况，密切跟踪，及早制定确保金融资产安全和地方金融环境稳定的解决方案，确保合规经营。在风险防范上，努力实现精准投放，确保业务稳定健康发展。

【中间业务】　2013年，民生济南分行以加强产品应用和产品推广为引擎，拉动中间业务收入持续增长，各项业务多元化发展，盈利能力进一步提升，完成总行年度计划的121%，有效促进了分行收入结构的优化调整。

【电子银行业务】　2013年，民生济南分行积极利用手机银行、B2B电子商务、现金池资金归集、集团账户管理、银企直联

中国民生银行股份有限公司济南分行主要统计指标1

单位：亿元

项目 \ 年度	2009	2010	2011	2012	2013	2013年同比增幅（%）
本外币资产总额	351	476	615	745	798	7.11
本外币存款余额	296	448	553	569	673	18.28
人民币存款余额	294	445	551	567	672	18.52
单位存款	257	393	482	460	529	15.00
储蓄存款	37	52	69	107	143	33.64
本外币贷款余额	286	355	400	411	414	0.73
人民币贷款余额	286	355	400	411	414	0.73
短期贷款	106	161	235	305	319	4.59
中长期贷款	180	194	165	106	95	-10.38
票据融资	2.37	0.87	0.05	2.84	4.59	61.62
利润总额	3.67	7.46	12.15	9.00	8.31	-7.67
不良贷款余额	0.54	0.44	0.79	1.94	4.97	156.19
不良贷款占比（%）	0.19	0.12	0.20	0.47	1.2	155.32

中国民生银行股份有限公司济南分行主要统计指标2

项目 \ 年度	2009	2010	2011	2012	2013	2013年同比增幅（%）
单位结算账户（万户）	0.53	0.83	1.44	2.12	3.06	44
单位结算金额（亿元）	10900	13260	15943	18090	20845	15
个人结算账户（万户）	46	50	53	103	162	57.2
个人结算金额（亿元）	668	1392	2498	4087	12081	195.6
信用卡发卡量（万张）	3.19	5.01	7.78	13.55	10.66	-21
信用卡消费额（亿元）	47.96	52.10	74.99	117.35	207.59	76
企业网银客户（万户）	797	2347	4650	8394	14319	70.59
个人网银客户（户）	24005	41269	54871	84175	181041	115.08
手机银行客户（万户）	0	0	0	26032	276042	960.39
电话银行客户（户）	31387	41491	50844	61271	67304	9.85
现金自助设备（台）	51	55	73	112	518	400
营业网点（个）	11	13	16	25	34	36
自助网点（个）	29	29	39	59	270	400

等电子银行产品，大力拓宽服务渠道，不断创新服务模式，持续提升服务水平。尤其是手机银行业务，2013年实现强势推进，民生手机银行软件全面支持iPhone、iPad及Android操作系统，可以实现手机账务查询、代理缴费、转账支付、订票服务等多种便民业务操作，安全等级和安全系数较高，有效满足了客户需求，客户满意度持续攀升。

【内部管理与企业文化建设】 2013年，民生济南分行努力强化科学管理,推动中后台专业化建设,各项工作协调发展,管理水平持续提升,企业文化建设也取得了长足进步。一是通过不断完善各项制度,明确部门职能,理清岗位职责,实现了分层次管理,建立了高效的工作运行模式;二是通过做好战略业务规划,推行目标管理,调动工作积极性确保战略目标的实现;三是通过在全行范围内推行部门月度工作总结汇报例会和客户经理月度培训例会制度,使决策层紧密贴近市场一线,及时调整经营策略和经营思路,保证总行各项政策的有效实施;四是通过不断加强团队建设和人才培养,保证了分行新建机构和战略业务开展的人才储备;五是通过持续开展各类文体活动和推行员工幸福计划,让全行员工分享发展成果,努力培育民生"家园文化"。

【大事记】 1月9日 民生济南分行千佛山支行正式开业。

1月15日 民生济南分行"大商城物流IC卡"正式发卡。

1月22日 潍坊市政府召开中国食品谷冷链物流平台对接会,民生潍坊分行成为"中国食品谷"冷链物流平台唯一合作银行。

1月30日 在2013年山东省银行业服务小微企业及三农双十佳金融产品评选活动中,民生济南分行荣获"小微企业十佳金融产品推广奖"。

2月21日 潍坊银监分局赴民生潍坊分行,召开2012年度审慎监管会议,宣布潍坊分行2012年度经营管理与风险状况评估结果为二级,各单项要素评估结果也均为二级,在潍坊全市6家股份制商业银行中获得了最高评级。

3月6日 民生济南分行张庄路支行正式开业。

3月14日 民生银行副董事长梁玉堂出席济南分行零售转型总结动员大会并讲话。

3月15日 民生银行董事长董文标莅临济南分行视察指导,总行行长助理石杰、财务总监白丹以及董事会战投办主任席晓艳、亚洲金融合作联盟秘书长钟吉鹏陪同视察。

3月18日 山东银监局赴民生济南分行召开2012年度审慎监管会议,宣布济南分行2012年度监管评级为"一级"。该行成为山东银监局辖内唯一一家连续两年获得监管评级一级的银行业金融机构。

3月28日 民生银行东营垦利支行正式开业。

4月16日 民生银行监事会段青山主席一行赴济南分行调研指导工作。

5月18日 山东省珠宝玉石行业协会会长会议在潍坊隆重举行。民生济南分行与山东省珠宝玉石首饰行业协会签署全面战略合作协议。

6月5日 民生银行党委委员、工会主席陈世强一行莅临济南分行开展"家园文化"调研活动。

7月5日 "民生临沂分行存款超百亿元"新闻发布会在临沂市政府会议室召开。临沂分行成为系统内第五家,江北第一家存款规模过百亿的二级分行。

民生银行临沂罗庄支行、临沭支行正式开业。

7月17日 民生潍坊临朐支行正式开业。

7月18日 民生潍坊昌邑支行正式开业。

7月24日 民生银行梁玉堂副董事长在总行民生置业总经理朱忠义的陪同下,莅临济宁分行调研指导工作。

8月2日 民生济南分行举办的2013经济学家论坛在山东大厦影视厅举行。中国社会科学院研究员、著名经济学家樊纲教授应邀做主题演讲。

8月19日 民生银行济南分行取得全省公安交警非税收入代收银行资格,可在全省范围内开展公安交警非税收入银行代收业务。

9月26日 2013年全国股份制商业银行行长联席会议在济南召开,民生银行副董事长、行长洪崎出席了本次会议。

民生济南分行荣获2013年山东省银行业金融机构首届"支付清算杯"业务知识竞赛一等奖。

10月11日 第十届中国艺术节在山东省济南市开幕。民生银行作为本次艺术节唯一金融合作伙伴,以高效优质的金融服务,助力十艺节成功举办。

民生银行副董事长梁玉堂在总行品牌管理部总经理甘乾坤、北京管理部总经理马琳、文化产业金融事业部副总裁(主持工作)万晓芳、济南分行副行长(主持工作)陈焕德的陪同下,出席了第十届中国艺术节开幕式。

11月27日 民生银行党委任命陈焕德为中共民生济南分行党委书记(民银党[2013]69号)。

12月8日 民生银行毛晓峰副行长赴济南分行视察指导工作,并出席分行党委班子专题民主生活会和2013年度现场考核述职大会。

12月10日 民生济南分行第16家同城支行市中支行正式开业。

12月27日 民生银行临沂分行第二家县域支行费县支行正式开业。

12月28日 蓬莱民生村镇银行潮水支行正式开业。

(朱 郁 霍 岩)

中国民生银行股份有限公司青岛分行

【综述】 中国民生银行股份有限公司青岛分行（以下简称“民生青岛分行”）成立于2006年3月18日，为一级分行，在青岛、烟台、威海、日照4个地市设立机构。截至2013年末，共设立21家机构（含营业部），其中2家二级分行，12家同城支行，7家县域支行。

【经营管理】 2013年，民生青岛分行立足胶东半岛本土优势，服务地方经济，不断深化转型，推动“两小”战略，强化“两链”经营，盈利能力持续增强。

一、公司业务方面。以“做大规模、做大创利、做大金融资产”为中心，不断夯实客户基础，聚焦区域特色经济，金融资产规模快速增长。其中，海洋渔业和港口金融业务作为区域特色业务继续领跑全行，蓬勃发展。资产托管规模增势迅猛，私银业务发展全面提速，投行业务成绩显著且发展后劲十足。

二、小微金融方面。不断提升规划、深入转型，风险管控能力进一步增强。截至年末，小微客户数规模达27393户，较年初新增8723户。一是做好项目规划和微贷业务推广，组织成立了小微促进会，为互助基金业务的开展打下良好的基础；二是组建了小微及小区售后服务管理部，极大地促进了小微售后工作的顺利开展；三是通过“零售催清收大会战”活动，进一步加强风险管控，遏制正常类、关注类逾期的不良迁徙。

【中间业务】 2013年，民生青岛分行根据市场变化不断调整策略，业务规模和质量都有明显进步，在总行召开的2013年中间业务工作会议上喜获中间业务融资服务三等奖。收费业务管理体系进一步完善，确保达到监管要求的同时，没有出现不利舆情，维护了良好市场形象。业务收入从过去主要依靠结算手续费收入，逐渐向理财、托管等新业务领域转移，新产品和服务不断扩展，新的业务亮点不断涌现，已经成为节约资本和利润增长的助推因素。

【电子银行业务】 2013年，民生青岛分行对手机银行、资金归集、乐收银和新网银等产品进行了重点推动，以提升结算产品质量与客户覆盖率，跨行资金归集新增有效客户5820户，归集资金28.4亿元。自助设备开机率为98.38%。完成了新一代核心账务系统的上线工作，提高了客户对该行服务的感受度和中后台合规管理水平。

【内部管理与企业文化建设】 2013年，民生银行青岛分行组织架构进一步理顺，风险把控和业务服务水平进一步提升。

中国民生银行股份有限公司青岛分行主要统计指标

单位：亿元

项目 \ 年度	2009	2010	2011	2012	2013	2013年同比增幅（%）
本外币资产总额	219.36	178.72	284.72	414.24	420.11	1.42
本外币存款余额	165.78	168.4	249.17	327.23	355.65	8.69
人民币存款余额	163.9	166.98	246.75	322.89	353.90	9.60
单位存款	134.23	140.78	193.41	242.11	258.75	6.87
储蓄存款	29.67	26.2	53.34	80.78	95.15	17.79
本外币贷款余额	124.17	141.41	183.87	233.04	232.12	-0.39
人民币贷款余额	124.17	141.41	183.87	233.04	232.12	-0.39
短期贷款	65.72	70.91	127.93	167.35	175.29	4.74
中长期贷款	58.09	69.56	55.94	55.69	56.83	2.05
票据融资	0.36	0.94	0	0	1.35	100
利润总额	1.89	2.92	5.61	6.03	5.54	-8.13
不良贷款余额	0.01	0.06	0.16	1.79	1.56	-12.85
不良贷款占比（%）	0.01	0.04	0.09	0.77	0.67	-12.99

注：本表口径含事业部，含烟台、威海。

一是召开了平衡计分卡战略绩效管理启动会，根据零售战略转型及时调整了支行绩效考核办法;二是开展了“整顿工作作风、强化廉政教育、狠抓合规经营”专项活动和党的群众路线教育实践活动;三是加强内部风险监管,狠抓预警管理,将非授信业务纳入监管范围,实现业务监管全覆盖;四是围绕业务重点,积极开展各项劳动竞赛,并组织了征文、演讲比赛等活动,调动全员工作热情,丰富精神文化生活。

【大事记】 1月18日 民生威海分行开业典礼暨民生银行与威海市政府战略合作签约仪式隆重举行。

3月24日 民生总行监事会副主席王家智与青岛分行副行长(主持工作)杨新军签署了《零售转型项目实施目标责任书》。

4月2日 民生总行党委委员、副行长毛晓峰一行赴青岛检查指导海洋渔业工作,走访鲁海丰食品有限公司。

5月13日 青岛银监局局长陈育林一行莅临民生青岛即墨支行调研小微金融业务开展情况。

5月29日 青岛市财政局局长周安一行莅临民生青岛分行调研工作。

6月22日 中国北方(青岛)国际水产品交易中心和冷链物流基地项目全面启动，青岛鲁海丰食品集团有限公司与民生银行签署了项目建设合作协议，这是该行海洋渔业金融战略的重要步骤。

7月2日~3日 民生总行党委副书记、副行长邢本秀一行莅临青岛分行就“整顿工作作风、强化廉政教育、狠抓合规经营”专项活动开展情况进行督导调研。

8月30日 民生总行行长助理林云山莅临青岛分行检查指导工作，出席民生青岛分行联手政府携手地产物业联谊会暨民生银行青岛分行物业公司俱乐部启动大会，并为俱乐部揭牌。

10月31日~11月1日 民生总行行长助理李彬一行赴青岛分行进行工作调研指导。

民生总行监事会副主席王家智一行莅临青岛分行开展总行中后台管理情况评估调研，并对小区金融建设工作进行了检查指导。

11月28日 民生总行党委委员、纪委书记陈进忠莅临青岛分行调研指导工作，组织召开分行党委领导班子民主生活会暨高管考核述职大会。

11月28日~29日 民生总行党委委员、纪委书记陈进忠在青岛分行副行长(主持工作)杨新军的陪同下,视察小区金融便民店建设情况。

12月12日 由民生青岛分行发起的青岛市小微企业互助发展促进会正式成立。

(李 晶)

渤海银行股份有限公司济南分行

【第一负责人简介】 金富祯,男,1968年7月生，江西永丰人,中共党员,大学学历,会计师、经济师。曾任民生银行北京管理部按揭中心主任、零售银行(北京)总裁助理兼财富中心主任、零售银行华北(石家庄)市场总监。2007年9月入职渤海银行,历任北京分行副行长、总行个人金融部总经理、总行财富管理部总经理(兼);2013年6月至今,任渤海银行济南分行党委书记、行长。

【综述】 2013年,渤海银行股份有限公司济南分行(以下简称“渤海济南分行”)坚持审慎经营稳健发展的经营管理理念,围绕“守住风险底线、创新转型发展”主线,加快创新转型,积极探索特色化、差异化经营,不断提升品牌影响力和市场竞争力,存款增幅在山东省同类银行中排名第二,经营效益明显提升,资产质量保持良好,无不良贷款,无案件和重大差错发生,各项业务实现健康快速发展。

【经营管理】 2013年,渤海济南分行通过体制机制创新、业务产品创新和管理模式创新,积极拓展新的增长点,业务结构不断优化。

一、投行业务进展顺利。兖煤股份50亿私募债获交易商协会注册批复,当年已首期发行10亿元;山东高速150亿元超短融联合承销、山钢集团15亿元私募已获交易商协会注册。

二、国际业务亮点突出。该行拓展了外储委托贷款项目、“风险参与”、“内保内贷”、“内保外贷”等新业务品种,为带动中长期稳定负债开辟了新渠道。

三、理财业务规范发展。理财夜市、网上银行理财销售、手机银行理财销售、理财POS、开放式理财销售等业务功能相继投产上线,理财产品实现无缝衔接,更好地满足了不同层次客户的理财需求。

四、“激活分支机构”战略见到成效。该行提出“做大支行、做强分行”的战略思路,启动支行试点,对试点行在人员引进、

渤海银行股份有限公司济南分行主要统计指标 1

单位：亿元

项目 \ 年度	2009	2010	2011	2012	2013	2013 年同比增幅（%）
本外币资产总额	86.53	173.22	148.77	277.42	255.77	-7.8
本外币存款余额	83.61	91.02	100.9	112.44	141.12	25.51
人民币存款余额	83.55	90.99	96.45	109.72	140.13	27.72
单位存款	80.71	85.63	89.05	98.55	125.03	26.87
储蓄存款	2.84	5.36	7.41	11.18	15.1	35.06
本外币贷款余额	68.42	81.69	86.9	78.19	87.92	12.44
人民币贷款余额	68.27	81.69	84.83	77.05	85.79	11.34
短期贷款	35.06	38.29	54.32	59.19	65.1	9.98
中长期贷款	33.21	43.4	30.51	17.85	20.69	15.91
票据融资	0	1.25	3.81	6.22	7.77	24.92
利润总额	1.06	1.12	1.26	1.47	1.75	19.05
不良贷款余额	0	0	0	0	0	—
不良贷款占比（%）	0	0	0	0	0	—

渤海银行股份有限公司济南分行主要统计指标 2

项目 \ 年度	2009	2010	2011	2012	2013	2013 年同比增幅（%）
单位结算账户（万户）	0.05	0.07	0.11	0.17	0.19	11.76
单位结算金额（亿元）	433.25	571.85	724.42	830.03	850.34	2.45
个人结算账户（万户）	0.99	1.7	3.72	4.56	6.53	43.20
个人结算金额（亿元）	11.05	23.26	40.11	55.02	124.94	127.08
信用卡发卡量（万张）	0	0	0	0	0	0
信用卡消费额（亿元）	0	0	0	0	0	0
企业网银客户（万户）	0.01	0.018	0.036	0.098	0.15	53.06
个人网银客户（万户）	0.43	1.11	1.45	1.77	3.40	92.09
手机银行客户（万户）	0	0.16	0.3	0.4	1.86	365.00
电话银行客户（万户）	0	0	0	0	0	0
现金自助设备（台）	4	8	10	12	16	33.33
营业网点（个）	2	2	4	4	5	25.00
自助网点（个）	0	0	0	0	1	100.00

费用配置、营销支持等方面提供专项支持，以利润和增加值为导向，建立支行体系化考核方案，充分调动支行员工创业激情。

五、资产质量保持良好。该行通过持续加强重点领域和重点行业的风险管控，推行“重点监控客户例会制度”和“预警授信化解及不良资产清收推动例会制度”等措施，加强主动风险管理，以实际行动坚守风险底线。

【中间业务】 2013 年，渤海济南分行加大业务产品创新力度，围绕满足市场需求而创新，围绕提高附加值而创新，围绕缓释风险而创新，通过创新金融服务手段，进一步夯实中间业务发展基础，积极推进债务融资工具、贸易金融和理财业务持续发展，综合金融服务水平得到有效提高。

【内部管理与企业文化建设】 2013 年，渤海济南分行从基础管理工作入手，夯实基础，加强业务支撑体系建设，积极推进企业文化建设，团队的凝聚力、向心力和执行力得到进一步提高。

一、加强内控体系建设。该行持续加强规章制度管理、合规文化建设、员工行为管理、操作风险管理和案件防控等工作，全年组织开展了 24 项内控合规检查，内容涵盖批发银行、零售银行、电子银行、金融市场、营运、柜面业务等各个方面。全年无案件、无事故，被济南市综治办授予全市首批“平安单位”称号。

二、加快营运服务转型。营运条线开展了“多说一句话、多做一件事”活动，进一步提高服务的主动意识，全面提升营运服务质量和效率。

三、财务管理向精细化方向迈进。一是进一步优化费用配置政策，合理控制经营成本；二是不断完善资源配置机制，积极引导业务部门大力开展“低占用（资金、风险资产、信贷规模）、高收益”业务。

四、加强人才队伍建设。该行加大力度吸引和培养人才，着力营造优秀人才脱颖而出的选人用人环境，为业务发展提供有力支持。

五、企业文化建设成果明显。一是倡导奋发有为的进取精神，营造和谐愉快的工作氛围和“团结友爱、奋发向上”的团队氛围；二是通过乒乓球、羽毛球、篮球、健身等 7 个文体活动小组，组织丰富多彩的文体活动，丰富员工精神文化生活；三是切实积极参与“渤海银行爱林”活动，开展普及金融知识、贫困帮扶等公益活动，在 2013 年第 5 届中国银行业“好分行”评选中荣获“最具社会责任分行”称号。

【大事记】 6 月 3 日 渤海银行总行聘任孙开贤为济南分行副行长（风险总监）（渤银任[2013]60 号）。

6 月 24 日 渤海银行总行党委任命金富祯为济南分行党委委员、书记；免去王仁宝济南分行党委书记、委员职务（渤银党任[2013]17 号）。渤海银行总行解聘王仁宝济南分行行长职务，另有任用（渤银任[2013]62 号）。

6 月 28 日 渤海银行总行董事长刘宝凤赴济南分行开展调研座谈。

7 月 19 日 渤海银行总行党委任命王仁宝为渤海银行总行纪委委员、副书记（渤银党任[2013]21 号）。

7 月 28 日 渤海银行济南天桥支行开业。

8 月 21 日 渤海银行总行聘任金富祯为渤海济南分行行长（渤银任[2013]78 号）。

9 月 25 日 渤海银行总行行长赵世刚利用出席 2013 年全国股份制商业银行行长联席会议间隙赴济南分行调研，与济南分行班子成员、各分支机构和各部门负责人进行座谈。

9 月 26 日 渤海济南分行非税收入代收系统（联动模式）正式投入使用。

10 月 30 日 渤海银行总行正式批复同意烟台分行迁址及芝罘区支行筹建计划。

12 月 20 日 人行济南分行党委委员、分行营业管理部主任陈好孟一行赴渤海济南分行进行调研座谈。

12 月 27 日 渤海济南分行所辖二级分行渤海银行淄博分行获山东银监局批准筹建。

（李琥珀）

天津银行股份有限公司济南分行

【第一负责人简介】 姚志坚，男，1970 年 3 月生，山东济南人，中共党员，清华大学工商管理专业硕士，硕士学位。1990 年 7 月参加工作，历任兴业银行支行行长、恒丰银行济南分行副行长。2010 年 5 月至今，任天津银行济南分行党委书记、行长。

【综述】 2013 年，天津银行股份有限公司济南分行（以下简称“天津银行济南分行”）继续秉承“服务地方经济、服务中小企业、服务市民百姓”的经营理念，开拓进取、勇于创新，不断深化改革，健全管理和内控机制，提高防范风险的能力，在社会各界的大力支持下取得了长足的发展。

【存款业务】 2013 年，天津银行济南分行大力拓展基本客户群体，推动授信客户、结算业务客户、中小企业客户和个人客户开户数量的迅速增加，实行差别化服务，全力促进负债业务的良性发展。

天津银行股份有限公司济南分行主要统计指标 1

单位：亿元

项目＼年度	2009	2010	2011	2012	2013	2013年同比增幅（%）
本外币资产总额	0	58.56	133.38	182.04	324.06	78.02
本外币存款余额	0	53.49	83.69	122.93	157.65	28.24
人民币存款余额	0	53.49	83.58	122.82	156.45	27.38
单位存款	0	51.70	81.13	119.14	150.93	26.68
储蓄存款	0	1.79	2.39	3.60	6.72	86.67
本外币贷款余额	0	11.91	35.56	79.17	110.21	39.21
人民币贷款余额	0	11.91	32.81	77.83	106.49	36.82
短期贷款	0	10.21	29.68	72.20	81.57	12.98
中长期贷款	0	1.70	3.13	4.38	11.24	156.62
票据融资	0	0	0	2.59	13.65	427.03
利润总额	0	0.32	1.55	2.99	4.61	54.18
不良贷款余额	0	0	0	0	0	0
不良贷款占比（%）	0	0	0	0	0	0

天津银行股份有限公司济南分行主要统计指标 2

项目＼年度	2009	2010	2011	2012	2013	2013年同比增幅（%）
单位结算账户（万户）	0	0.04	0.10	0.15	0.19	29.52
单位结算金额（亿元）	0	236	987	1441	2154	49.48
个人结算账户（万户）	0	0.10	0.20	0.31	0.85	175.28
个人结算金额（亿元）	0	1.45	1.23	1.87	2.23	19.25
信用卡发卡量（万张）	0	0.003	0.05	0.08	0.18	126.02
信用卡消费额（亿元）	0	0	0	0.38	0.88	131.58
企业网银客户（万户）	0	0.005	0.03	0.05	0.07	34.23
个人网银客户（万户）	0	0.004	0.02	0.05	0.23	371.25
手机银行客户（万户）	0	0	0	0	0.26	—
电话银行客户（万户）	0	0	0	0	0	0
现金自助设备（台）	0	2	2	6	10	66.67
营业网点（个）	0	0	0	3	5	66.67
自助网点（个）	0	0	0	0	0	0

【贷款业务】 2013年，天津银行济南分行大力拓展国家重点支持行业，严格控制产能过剩的钢铁、电解铝、铁合金、焦炭、水泥等行业的客户授信，不断优化信贷资产结构，加大对中小企业信贷支持力度。同时，进一步完善贷款定价机制，强化贷款价格的分类控制，资产质量保持优秀，贷款收息率达到100%，不良贷款率为零。

【中间业务】 截至2013年末，天津银行济南分行实现中间业务收入 3429 万元，其中国际结算收入 2249 万元，担保性中间业务收入 948 万元。

【经营管理】 2013 年，天津银行济南分行不断提高科学管理能力、战略谋划能力和统筹协调能力，创新工作思路，积极进行制度完善和业务创新，各项工作良性发展。

一、业务发展。

（一）在公司业务方面。一是制定业务指标考核计划，不定期深入经营单位进行政策宣讲，同时围绕“厅局、项目、园区、市场、楼宇、社区”大力拓展省内优质客户；二是先后组织对政府融资平台、长期不动户共享清单、政府机构名录、学校医院清单、省市国资委监管企业名单、贸易融资名单等进行梳理，通过定点营销不断扩大授信客户储备量。

（二）在同业业务方面。一是成立同业市场部，积极拓展银银、银信、银租等合作渠道，分层次、分步骤推动与金融同业业务合作；二是树立“大同业”的经营理念，不断拓展同业业务品种，逐步由单一的传统业务转变为结构性投融资、票据业务及传统资金理财业务三大板块。

（三）在个人业务方面。一是通过支行、营业部加大人员培养，形成了由柜面营销、客户经理和直销人员组成的立体营销模式；二是各支行、营业部先后走进周边社区，向社区居民宣传和推荐最新产品，并现场解答居民平时遇到的各种金融问题；三是配合产品开展特色活动，通过制定方案、有序推进、交叉营销等方式，不断推动个人财富产品扩展。

（四）在小微业务方面。一是结合实际编写了《小微业务讲解指引》，并派专人深入经营单位进行宣讲；二是依托准入的担保公司，对有资金需求的企业给予担保，解决小微企业无抵押、无保证造成的融资难问题；三是先后与市生产力促进中心、政府采购中心、中小企业办等政府部门进行了接洽与沟通，并与多家企业达成合作意向。

二、人力资源。一是建立了较为科学合理的干部组织架构，注重培养自己的高级管理人员和技术人员；二是坚持正确的用人导向，“给想干事者以机会、给能干事者以舞台、给干成事者以平台”，做到“能者上、庸者下、平者让”；三是在每次季度分析会及每两周一次的业务营销会上，安排员工与行领导、各管理部门负责人直接进行交流对话，集中解决业务营销、绩效考核等方面的问题，努力做到员工提建议“有答复、有举措、有落实、有回访”。

三、安全保卫。一是通过建立落实安全保卫工作责任制、节假日值班和安全保卫工作自查等制度，保护员工人身和财产安全；二是在支行成立后，第一时间设立安全保卫工作人员，并通过组织学习提升其工作水平；三是组织各支行、营业厅、管理部门开展了多次“防火、防盗、防抢”预案演练；四是要求各支行、营业厅设立安全保卫管理档案，及时归整存档，做到“事前有工作方案、事中有落实记录、事后有工作总结”。

【内部管理与企业文化建设】 2013 年，天津银行济南分行坚持“文化兴行”战略，增强了内部凝聚力和向心力。

一、深入开展群众路线教育活动，积极开展各项党群活动。组织全员学习案例分析警示教育材料，坚持把教育活动体现在加快发展上，要求班子成员深入一线，带领分管部门通过落实“名单制营销”分层次推进存款增长。

二、建立微信群，加强交流，提升内聚力。一是在开通微博、网站、创立行报的基础上，建立了天天向上微信群，通过在线与员工的交流，及时了解员工所思、所想，将矛盾化解在萌芽状态；二是建立了登山队、篮球队、足球队、羽毛球队和乒乓球队，通过组织周末活动，加强员工相互间的了解。

三、启动“服务在心 360 度质量服务”活动。一是在辖内各支行、各部门内倡导服务兴行、服务提升核心竞争力的理念，将文明规范服务贯穿于经营活动的全过程，打造高品质服务银行；二是在综合考虑优化业务流程、加强人员培训、落实首问负责制等多项措施的基础上，按条线细化具体落实措施，努力将服务做得更周到、细致、真诚、完善。

【大事记】 1 月 11 日 天津银行监事长桑瑞敏莅临济南分行视察指导工作。

3 月 8 日 天津银行济南分行组织“庆三八品茶会”活动。

3 月 10 日 天津银行济南分行组织 “抗雾霾 净家园”植树活动。

5 月 25 日 天津银行济南分行成功举办“让青春飞扬、与天行共成长”首届业务技能比赛。

7 月 18 日 天津银行行长袁福华莅临济南分行视察指导工作。

8 月 7 日 天津银行济南分行与济南市粮食局签订全面战略合作协议。

8 月 19 日 天津银行济南槐荫支行开业。

9 月 5 日 天津银行济南分行与山东三箭集团签订全面战略合作协议。

11 月 6 日 天津银行济南分行组织开展“细节成就卓越，实干创造辉煌”演讲比赛。

11 月 21 日 天津银行副行长张祥莅临济南分行视察指导工作。

12 月 25 日 天津银行济南市中支行开业。

（田 霄）

浙商银行股份有限公司济南分行

【第一负责人简介】 傅荣生，男，中共党员，经济师。1994 年进入交通银行工作，历任交行建德支行行长、余杭支行行长、杭州分行公司业务部总经理、武林支行行长、杭州分行营业部总经理，2006 年任交行杭州分行党委委员、副行长，2009 年任交行浙江省分行党委委员、副行长。2013 年 12 月至今，任浙商银行济南分行党委书记、行长。

【综述】 2013 年，浙商银行股份有限公司济南分行（以下简称“浙商济南分行”）深入贯彻“一体两翼”（即以公司业务为主体，小企业银行和投资银行业务为两翼）的市场和业务定位，围绕“一理清三强化”（即理清思路，强化创新，强化风险管控，强化队伍建设）的指导思想，稳步推进业务发展，培育品牌特色，强化风险防控，实施精细化管理，加大系统创新，各项业务实现了平稳健康发展，资产质量持续优良，品牌影响力稳步提升。截至年末，该行辖有 1 家二级分行（德州分行）、1 家同城支行（历下支行）。

【公司业务】 2013 年，浙商济南分行系统梳理目标客户，狠抓系统性营销，夯实核心客户基础，持续加大经营型人才引进和培养力度，积极探索业务模式创新，不断提高资源使用效率，推动公司业务平稳发展。

一、推进系统性营销。该行组织开展系统及重点客户营销竞赛活动，逐户制定营销方案，强化营销攻坚，不断扩大客户群体，拓宽存款营销渠道。截至年末，通过系统性营销，实现各项存款时点余额 8.8 亿元、日均 12.9 亿元。

二、强化人才引进。该行研究下发了公司客户拓展、内部及人才管理考核政策，将人才引进纳入营销部门单项考核，重点加大跟踪考核力度，累计带动存款日均增长 2.4 亿元。

三、探索业务模式创新。一是与邮储银行山东省分行签署“接力贷”业务合作协议，共同拟定业务操作流程以及合同文本，业务渠道进一步拓宽；二是与多家金融机构深入探讨“保函贷”、“银信证合作”、“银保合作” 等合作模式，取得积极进

浙商银行股份有限公司济南分行主要统计指标 1

单位：亿元

项目 \ 年度	2009	2010	2011	2012	2013	2013 年同比增幅（%）
本外币资产总额	--	66.92	129.55	173.58	191.70	10.44
本外币存款余额	--	58.29	79.74	107.69	130.77	21.43
人民币存款余额	--	58.29	79.12	106.32	130.14	22.40
单位存款	--	57.04	77.97	104.89	128.54	22.55
储蓄存款	--	1.25	1.15	1.43	2.22	55.24
本外币贷款余额	--	33.42	46.14	62.75	76.91	22.57
人民币贷款余额	--	33.42	46.10	62.31	74.57	19.68
短期贷款	--	33.42	38.92	56.56	69.35	22.61
中长期贷款	--	0	6.58	5.75	5.22	-9.22
票据融资	--	0	0	0	0	--
利润总额	--	-0.18	1.63	2.54	2.47	-2.76
不良贷款余额	--	0	0	0	2.13	--
不良贷款占比（%）	--	0	0	0	2.77	--

浙商银行股份有限公司济南分行主要统计指标 2

项目 \ 年度	2009	2010	2011	2012	2013	2013 年同比增幅（%）
单位结算账户（万户）	—	0.05	0.03	0.03	0.11	41.77
单位结算金额（亿元）	—	629.66	2378.29	2368.93	2805.11	0.18
个人结算账户（万户）	—	0.27	0.15	0.12	0.56	3.67
个人结算金额（亿元）	—	8.89	28.61	55.65	67.03	20.40
信用卡发卡量（万张）	—	—	0	0	0	0
信用卡消费额（亿元）	—	—	0	0	0	0
企业网银客户（万户）	—	—	0.05	0.06	0.09	58.18
个人网银客户（万户）	—	—	0.06	0.11	0.18	63.64
手机银行客户（万户）	—	—	0	0.04	0.13	225.00
电话银行客户（万户）	—	—	0.008	0.01	0.02	33.33
现金自助设备（台）	—	—	2	3	4	33.33
营业网点（个）	—	—	1	2	3	50
自助网点（个）	—	—	1	2	3	50

展，存贷比、票据比等信贷规模压力得到有效缓解。

【国际业务】 2013 年，浙商济南分行围绕“扩大客户群体，深化本外币一体营销，丰富业务品种，优化客户及业务结构”的业务发展思路，整合业务资源，拓展业务渠道，推动国际业务快速发展。截至年末，累计完成国际结算量 6.1 亿美元，超过上年水平，完成分行全年计划的 122.4%，系统内排名第 7；实现国际结算收入 680.7 万元，完成计划 136.2%，系统内排名第 4；办理结售汇业务 2.5 亿美元，系统内排名第 7；办理进口开证业务 3.6 亿美元，系统内排名第 2。同时，积极推广国内信用证福费廷、外汇专项贷款等创新产品，累计带动存款增长 7 亿元。

【风险管理】 2013 年，浙商济南分行围绕中心工作，关注风险波动，强化风险管控，切实保障各项业务平稳健康发展。

一、加强授信前调查管理，提高调查质量。一是通过强化专业培训与考核，促进市场部门不断提升授信申报与调查质量；二是通过一系列政策与制度培训，提高客户经理业务素质及能力；三是加强授信项目现场核查，实现授信风险关口前移。

二、加强授信项目审查审批管理，提高风险把控能力。一是强化数据分析，利用内外部数据库验证授信人的财务真实性；二是加强单笔授信业务调查和审查；三是及时调整异地客户考核政策，持续优化授信客户结构。

三、以风险排查为切入点，加强存量授信业务后续管理。一是完善授信业务后续管理考核办法，提升授信后续管理水平；二是加强存量授信客户风险排查及分类排队工作，夯实资产业务存量基础；三是加强重点客户风险防范，强化动态跟踪管理；四是落实风险预警管理，增强风险管理的前瞻性；五是加强分支机构业务指导，促进分支行业务可持续发展。

【内部管理】 2013 年，浙商济南分行以“夯实基础，管控风险”为中心，加强督导与处置，切实防范重大操作风险和案件发生。

一、完善内控体系，形成内控合力。一是定期召开内控与案防工作会议，分析具体问题，提出整改要求；二是设置内控案防管理专岗，强化主管履职，强化内控队伍建设；三是与各部门签订《内控与案防目标管理责任书》，强化负责人内控意识和责任，完善内控问责机制；四是制定跨部门内控违规事项审批表，明确跨部门相关内控违规扣分登记及审理流程。

二、加强内控检查，落实重要环节风险防控。一是对票据业务、投行业务和授信管理系统等，组织开展了专项检查；二是对重要印章、空白凭证、抵质押物保管等重点业务领域开展了合规性检查；三是不定期开展突击检查，及时清除火灾、泄密等风险隐患；四是对分支机构适时开展了全面业务检查。

【大事记】 2 月 4 日 浙商济南分行召开 2013 年工作会议，部署年度重点工作。

3 月 26 日 浙商总行董事长张达洋一行来济南参加分行党委民主生活会，并赴历下支行调研。

4 月 24 日～25 日 浙商总行行长龚方乐先后到济南分行、德州分行调研。

6月20日~21日　浙商总行监管联席会议在济南召开。

9月24日　浙商总行董事长张达洋到济南分行调研并走访山东钢铁集团。

12月20日　浙商总行(浙商银任[2013]35号),聘任傅荣生为浙商济南分行行长。

(武建锐　李　阳)

北京银行股份有限公司济南分行

【第一负责人简介】　王淑梅,女,1962年生,中共党员,厦门大学EMBA,经济师。1993年任锦州市商业银行金华支行行长;1999年3月起先后任北京银行华安支行副行长、万寿路支行副行长、行长,北京银行总部基地支行行长,北京银行北京管理部副总经理;2010年8月至今任北京银行济南分行行长。

【经营管理】　2013年,北京银行股份有限公司济南分行(以下简称"北京银行济南分行")积极推动业务发展,取得良好成效。

一、市场份额显著提升。截至年末,本外币各项存款较年初新增56.07亿元,占济南市场的份额达1.40%,提升0.43个百分点,排名跃升3位。其中,公司存款新增49.95亿元,市场份额达2.01%,提升0.63个百分点,排名跃升5位;储蓄存款新增6.11亿元,市场份额达0.35%,提升0.13个百分点,排名跃升1位。各项贷款新增60.77亿元,实现中间业务收入1.74亿元。

二、"三大特色"逐渐显现。一是持续推动以债券承销为重点的大投行业务,全年累计发行债券承销项目11支,居全省金融机构前列;二是研发上线了"E融易"线上融资产品,供应链产品体系日益丰富,全年实现供应链销售量98.58亿元,客户新增、销售量及指标完成率均居系统内首位;三是中小业务渠道建设日臻完善,《金融时报》以《北京银行济南分行"博兴模式"助力县域经济发展》为题,再度对分行探索县域经济开发新模式给予充分肯定。

三、业务创新亮点纷呈。一是与齐鲁股权托管交易中心合作,在国内首推"京彩集合股权债",并发放了省内首支股权类集合融资产品"京彩集合股权贷";二是办理了首笔黄金租借业务;三是实现了与济南市中区政府公务卡支付平台的对接,成为系统内首家开办公务卡业务的外埠分行;四是第一台远程智能柜员机(VTM)落户济南;五是结构性投资、保理池融资等10多项"首笔"业务的落地,填补了业务空白;六是研究课题《建设供应链特色分行　打造"制造链"特色品牌》,被总行评为优秀论文,成为仅有的2家获奖经营单位之一。

四、服务网络有效拓展。高新支行和章丘支行相继开业,槐荫支行也获批筹建,建设了附行式、离行式自助银行各2家,布

北京银行股份有限公司济南分行主要统计指标1

单位:亿元

项目＼年度	2010	2011	2012	2013	2013年同比增幅(%)
本外币资产总额	21.36	140.21	299.13	298.27	-0.29
本外币存款余额	19.21	42.82	88.43	143.29	62.04
人民币存款余额	19.21	42.82	87.12	141.17	62.04
单位存款	18.13	39.85	80.69	129.47	60.45
储蓄存款	1.07	2.96	6.43	11.70	81.96
本外币贷款余额	14.1	68.12	117.4	178.56	52.10
人民币贷款余额	14.1	66.51	110.56	169.17	53.01
短期贷款	8.81	50.99	84.84	127.33	50.08
中长期贷款	5.29	15.51	25.72	41.84	62.67
票据融资	0	0.89	0.1	7.65	7550.00
利润总额	-0.38	-0.02	1.45	2.28	57.24
不良贷款余额	0	0	0	0.34	--
不良贷款占比(%)	0	0	0	0.19	--

北京银行股份有限公司济南分行主要统计指标 2

项目 \ 年度	2010	2011	2012	2013	2013 年同比增幅（%）
单位结算账户（万户）	0.02	0.05	0.08	0.21	159.66
单位结算金额（亿元）	79	876	1866	—	—
个人结算账户（万户）	0.33	1.51	2.51	6.31	151.40
个人结算金额（亿元）	6	92	248	—	—
信用卡发卡量（万张）	0	0.36	1.12	2.02	80.35
信用卡消费额（亿元）	0	1.2	3.5	8.86	153.03
企业网银客户（万户）	0.003	0.02	0.05	0.09	78.42
个人网银客户（万户）	0.07	0.26	0.87	1.85	112.64
手机银行客户（万户）		0.01	0.27	0.93	257.69
电话银行客户（万户）	0	0	0	0	0
现金自助设备（台）	3	11	24	37	54.17
营业网点（个）	1	2	4	6	50
自助网点（个）	0	1	1	5	400

放离行式 ATM3 台，形成了 1 个营业部、5 家支行、5 家附行式自助银行、4 家离行式自助银行、12 台离行式 ATM 的服务网络格局。

【内部管理与企业文化建设】 2013 年，北京银行济南分行切实加强内部管理和企业文化建设。

一、“八大工程”建设取得阶段性成果，品牌价值日益彰显。制度建设、特色品牌打造、人才建设、全面风险管理、网点建设等涵盖经营管理多个维度的“八大工程”建设不断延续并升级，在分行创业发展过程中发挥了重要作用。

该行一是被大众报业集团大众网主办的山东省首届网络金融博览会暨 2013 山东金融网评榜授予“最佳财富管理银行”称号；二是山东电视台《山东新闻联播》栏目头条刊播了该行支持中小企业发展的报道；三是获得总行第三届“财富 1+1”杯客户经理明星(团队)大赛最佳组织奖，1 名客户经理被授予大客户经理最佳明星奖，“博兴模式”团队获评“最佳明星团队”奖；四是在总行基层党建创新评比中，千佛山支行党支部“我 +”青年服务队以第 1 名的成绩荣获“党建创新十佳品牌”称号，并入选北京市国企党建研究会党建创新项目典型案例；五是大明湖支行和营业部分别荣膺济南市和总行级“青年文明号”。

二、群众路线教育深入推进。一是组织开展了以“为民务实清廉”为内容的党的群众路线教育实践活动；二是开展征集“点‘京’之笔”活动，广泛倾听民声、集中民智、凝聚民力，帮助分行总结、汲取过往的经验和教训；三是先后召开 16 场“面对面”座谈会，收集了 136 条意见和建议，梳理、归纳为 47 个问题，拿出整改措施或上报总行进行协调解决。

【大事记】 1 月 6 日 北京银行济南分行发放首笔科技金融风险补偿金贷款。此笔放款以房产抵押为担保方式，在济南市科技风险补偿金增信的背景下，以基准利率为企业提供低成本的融资支持。

1 月 16 日 北京银行济南分行办理首笔保理池融资业务。

1 月 18 日 ~ 19 日 在北京银行 2013 年度工作会议上，济南分行荣膺三大奖项，首度捧回一等奖——指标完成奖，并获得“信用卡客户奖”和“电子渠道奖”两个单项奖。(《关于对 2012 年度经营业绩突出单位予以表彰的决定》北京银行(京银人发[2013]36 号)

1 月 21 日 北京银行济南分行召开 2013 年工作会，安排部署全年工作任务。

1 月 28 日 北京银行济南分行办理了北京银行最大一笔黄金租借业务，为阳谷祥光铜业有限公司办理黄金租借 470 公斤。

2 月 5 日 北京银行总行严晓燕行长对《济南分行 2012 年工作总结和 2013 年工作计划》做出批示：“业绩优异。八大工程很好！”

3 月 19 日 北京银行济南分行开展了“大爱无疆、积善存爱”募捐活动，向商河县房家村小学捐献价值 4 万余元的课桌椅、书籍和生活用品。

3 月 26 日 北京银行济南分行赴兖州救助白血病患儿，将地里的爱心山药装箱装车，并现场购买了 60 箱，发放给社区低保户。

4 月 1 日 北京银行济南分行受邀参加济南市 2013 年银企合作推进会，签约重汽集团考格尔专用汽车有限公司。

4月12日　北京银行济南分行举行服务质量社会监督员聘任仪式，现场聘请16名VIP客户及驻区街道办事处人员担任服务质量社会监督员，对分行营业环境和员工服务礼仪进行全方位监督。

5月7日　山东省公安厅授予北京银行济南分行李国庆副行长“全省单位内部治安保卫先进个人”的称号，并记个人二等功（山东省公安厅鲁公通[2013]82号）。

5月16日～17日　北京银行总行党委副书记、监事长强新率队来济南考察。济南市政府党组副书记、市政府特邀咨询张宗祥会见了强新监事长，双方就进一步深化合作进行了交流。

5月28日　北京银行济南分行与山东省唯一的股权类交易场所——齐鲁股权交易中心以及山东省再担保集团有限公司在淄博签订了战略合作协议。

6月27日～28日　北京银行总行严晓燕行长、张慧珍总监、王健总监一行10人莅临济南分行调研。

6月30日　在北京银行总行基层党建创新评比中，济南千佛山支行党支部“我+”青年服务队以第1名的成绩荣获“党建创新十佳品牌”称号，并入选北京市国企党建研究会党建创新项目典型案例。

8月9日　北京银行济南分行存、贷款余额双双突破150亿元大关。

8月21日　北京银行济南大明湖支行承销发行了山东京博控股5亿元私募债券，实现分行首支私募债券的落地。

8月23日　北京银行济南分行组织开展了“慈心一日捐”活动，现场交予济南慈善总会捐款32540元。

8月27日　山东省财政厅非税收入代收系统在北京银行济南分行成功上线。

10月30日　北京银行济南分行发放省内首支股权类集合融资产品——京彩集合股权贷。

11月5日　北京银行济南分行与齐鲁股权托管交易中心签订了战略合作协议。

11月28日　北京银行济南分行第5家同城支行——章丘支行对外营业。

12月3日　《金融时报》以《北京银行济南分行“博兴模式”助力县域经济发展》为题，再度对分行探索县域经济开发新模式给予充分肯定。

12月18日　北京银行济南分行与章丘市政府签署全面战略合作协议并举办了章丘支行开业典礼。

（季　玮）

广发银行股份有限公司济南分行

【第一负责人简介】　庞新锋，男，1963年7月出生，大学本科学历，中共党员，经济师，金融从业年限31年。历任中国银行济南分行外汇信贷处副处长，公司业务处处长，党委委员、副行长；中国银行济宁分行党委书记、行长；现任广发银行股份有限公司济南分行党委书记、行长。获得山东省富民兴鲁劳动奖章、2012-2013年全国金融系统思想政治工作先进工作者等荣誉称号。

【综述】　2013年，广发银行股份有限公司济南分行（以下简称“广发济南分行”）大力拓展市场，各项业务快速推进，内控管理日趋完善，为总行环渤海战略的实施发挥了积极作用。先后获得广发系统内唯一“最具成长性分行”荣誉称号、济南市“文明单位”、2013年山东十大服务品牌、2013最受消费者信赖金融品牌等多项荣誉称号。

【经营管理】　2013年，广发济南分行在经营管理、机构建设、业务推动等方面，均取得了有效进展。

一、网点建设力度持续推进。一是24小时智能银行、智能填单机等设备全线投入运营；二是市中、山大路支行成立，历下支行即将获准筹建；三是济宁分行成立，该分行是广发济南分行在山东省内第一家二级分行，它的成立使广发银行金融服务的辐射面扩展到鲁南和鲁西南。

二、完善制度建设和监督检查，为业务发展提供支持保障。一是制定了年度制度建设规划，共制定、修订制度40余项；二是重点围绕“中国银监会关于严禁银行业金融机构及其从业人员参与民间融资活动的八不得”、“广发银行员工十条禁令”等开展员工行为规范自查及承诺活动，并开展打击防范非法集资行为、不规范经营专项治理“回头看”等活动；三是高度重视各项检查的整改工作，督促相关条线认真执行法规制度，并加大对柜员的日常检查监督力度。

三、各项业务迅速推动，大力支持地方经济发展。

（一）加强客户群建设，培育核心客户和“铁杆”客户。一是大力发展对公客户，并重点发展了一批规模适中、质量较好、潜力较大的中小企业客户；二是通过积极开展沙龙、路演及拓

广发银行股份有限公司济南分行主要统计指标 1

单位：亿元

项目 \ 年度	2009	2010	2011	2012	2013	2013 年同比增幅（%）
本外币资产总额	—	—	—	84.86	164.06	93.33
本外币存款余额	—	—	—	80.31	150.50	87.40
人民币存款余额	—	—	—	80.06	149.44	86.66
单位存款	—	—	—	75.73	142.16	87.72
储蓄存款	—	—	—	4.58	8.34	82.10
本外币贷款余额	—	—	—	54.20	77.96	43.84
人民币贷款余额	—	—	—	52.09	74.59	43.19
短期贷款	—	—	—	54.04	74.22	37.34
中长期贷款	—	—	—	0.16	3.74	2237.50
票据融资	—	—	—	1.99	0.00	-100.00
利润总额	—	—	—	0.17	1.54	805.88
不良贷款余额	—	—	—	0	0	0
不良贷款占比（%）	—	—	—	0	0	0

广发银行股份有限公司济南分行主要统计指标 2

项目 \ 年度	2009	2010	2011	2012	2013	2013 年同比增幅（%）
单位结算账户（万户）	—	—	—	0.09	0.14	52.78
单位结算金额（亿元）	—	—	—	28.78	21.87	-24.01
个人结算账户（万户）	—	—	—	0.36	1.22	236.41
个人结算金额（亿元）	—	—	—	4.58	8.34	82.10
信用卡发卡量（万张）	—	—	—	3.24	16.03	394.75
信用卡消费额（亿元）	—	—	—	5.11	63.88	1150.10
企业网银客户（万户）	—	—	—	0.03	0.07	175.00
个人网银客户（万户）	—	—	—	1.04	6.79	553.60
手机银行客户（万户）	—	—	—	0.25	1.80	631.91
电话银行客户（万户）	—	—	—	—	—	—
现金自助设备（台）	—	—	—	3	23	666.67
营业网点（个）	—	—	—	1	4	300.00
自助网点（个）	—	—	—	1	7	600.00

展特惠商户等方式，有效锁定现有客户，吸引潜在客户资源；三是陆续开展“第三方存管”、“代发工资”、“广发金”等营销竞赛月活动，调动员工营销热情；四是以“非标理财”为突破口快速提升中间业务，加快信托、贵金属、保险业务的发展。截至年末，对公有效客户数近 500 户，储蓄存款余额 8.33 亿元；中间业务收入 152 万元，完成总行任务的 561.5%；贵宾客户数 791 人。

（二）狠抓“生意人卡”营销。一是成立了以分行行长为组长，副行长为副组长的“生意人卡”督导小组，个人银行部成立营销小组，并对营销人员架构进行调整；二是开展了 10 余次业务培训，并召开"生意人卡"新闻发布会；三是做好"生意人卡"指标分解，强化激励考核，制定"圈链会"业务规划，重点营销济南东亚家具专业市场、海鲜市场、山东服装纺织协会等目标客户，取得良好效果。11月1日，"生意人卡"系列贷款额突破1亿元大关。

（三）深度挖掘多做贡献，抓好信用卡营销。一是不断调整客户结构，提升优质客户占比；二是加大分期商户业务拓展力度，尤其是大额分期商户的开发和维护，提高分期收入占比；三是加大业务创新力度，重点向见效快的"汽车、车位"等大额分期业务方向转型。

（四）搭建平台，促进中小企业批量业务发展。一是举办了由济南市各区经信局、担保公司、企业代表近200人参加的"首届中小企业创新发展高峰论坛之商业模式的力量"主题论坛，并承办"济南市经信大讲堂中小企业融资与发展培训班"，帮助济南市中小企业解决融资难的问题；二是大力宣传中小企业融资产品，举办了"魏家庄金融商务中心区域经济发展论坛"；三是大力拓展纯负债业务，为更多的中小微企业职工提供适合其特点的金融产品推介、融资业务辅导、财务顾问服务、"生意人卡"等各种优质金融服务。截至年末，该行中小企业授信客户数较年初新增39户，有效户数较年初新增116户。

（五）加强业务创新，贸易融资业务有新起色。一是8月23日，成功中标承销山东省首次自主发行112亿元的政府债券，成为进入主承销团的唯一股份制商行；二是坚持积极开拓市场、合规稳健运营的理念，开展资产托管业务。先后获得2013年度"GTS先进分行"、金融市场业务最佳分行奖和总行级"债融通"营销竞赛最佳分行奖。

（六）加强信贷管理工作，助推授信业务发展。一是规范和优化出账流程，先后印发《对公信贷业务出账审核管理实施细则（2013年版）》等文件；二是以风险提示、监测预警、风险排查、重大突发事件管理为抓手，有序开展风险监测预警；三是加强对审查工作和人员的管理，切实提高审查审批质量和时效；四是建立授信业务绿色审批通道制度；五是加强对小企业客户经理的贷前调查及出账操作辅导，积极推动小企业业务发展。

【内部管理与企业文化建设】 2013年，广发济南分行不断加强内部管理，深化企业文化建设。

一、积极开展合规文化建设。一是制定2013年内部控制目标，进一步优化内控体系建设，加强对高风险环节和业务领域的风险管控；二是定期召开内控与风险防范联席会议；三是积极推进反洗钱管理，开展了"预防洗钱活动，维护金融秩序"路演活动；四是堵截多起针对广发银行的风险事件，全年无案件发生。

二、深化企业文化建设，为业务发展注入动力。一是搭建立体化信息宣传渠道，抢抓宣传点，成效显著，获得2013年广发银行新闻宣传工作B类行第一名，所有一级分行第二名；二是先后组织趣味运动会、行歌学唱、广发家人开放日、"活力广发"登山比赛、"广纳百川 助力雅安"抗震救灾捐款等活动，并编撰《见证新生，感悟成长 我与广发的故事》；三是开展"金融知识进万家"等活动，并举办应急预案桌面演练；四是通过组织业务知识培训、"大练兵、大比武"比赛，增强员工的爱岗敬业意识。

三、深入开展群众教育实践活动。一是组织分行党员60余人赴东营万达集团进行实地学习，并组织全体员工观看电影《周恩来的四个昼夜》；二是设置行长信箱和行风投诉电话；三是召开会议现场听取员工意见和建议，中级经理以上人员以及基层员工代表共70余人参加，征得有效意见23条，涉及问题27个。

【大事记】 1月18日 广发济南分行入驻新办公楼位于济南市经四路15号的广发银行大厦。

3月9日 广发济南分行组织举办"为行庆增光，为上市添彩"2013年趣味运动会。

3月19日 广发济南分行庞新锋行长、杜经涛副行长参加驻济金融记者"走进广发"座谈会。

4月16日 山东银监局局长廖平之到广发济南分行调研。

4月28日 广发济南分行各项存款余额102.77亿元。广发银行总行董建岳董事长专门发来贺信。

5月27日 广发总行董建岳董事长莅临济南分行调研。

5月28日 广发总行董建岳董事长出席济南分行新办公楼醒狮点睛仪式。

7月10日 广发总行聘任范广文为济南分行副行长。

7月27日 济南市经信大讲堂中小企业融资与发展培训班在广发济南分行举办。

8月23日 广发济南分行成功中标承销政府债券，成为进入主承销团的唯一股份制商业银行，这是广发银行首次作为政府债券主承销团成员发行政府债券，展现了该行"扎根齐鲁、服务山东"的决心。

9月1日 广发济南分行杜经涛副行长带队参加山东银行业"金融知识进万家"宣传服务月活动启动仪式。

9月16日 广发济南分行举办应急预案桌面演练，提高一线员工处理投诉的能力。

10月18日 广发济南分行庞新锋行长参加广发济宁分行试营业暨醒狮点睛仪式，并拜访当地政府部门进行业务营销。

11月21日～22日 广发总行董建岳董事长参加济南分行专题民主生活会。

12月18日 广发济宁分行开业，总行王桂芝副行长出席开业仪式并讲话。

（郝文刚）

第六部分

金融机构运行报告
——区域性金融机构

一、农村信用合作社

山东省农村信用社联合社

【第一负责人简介】宋文瑄，男，中共党员，1954年9月生，山东乳山人，硕士研究生。自1989年9月起，历任山东省政府办公厅政工处副处长、处长、机关党委副书记，驻海南办事处主任，山东省政府副秘书长，省政府办公厅党组成员。2004年5月至今，任山东省农村信用社联合社理事长、党委书记。

【综述】 2013年，山东省农村信用社联合社（以下简称“省联社”）围绕年初社员大会确定的目标任务，抢抓机遇，拼搏奋进，各项工作取得明显成效，主要指标均创历史最好水平。

【内部改革】 2013年，省联社把推进县级农村商业银行组建、城区机构整合作为改革重点，强化指导，大力推动。一是全年共有10家农商行挂牌开业，3家获准筹建，农村商业银行、农村合作银行数量分别达到38家和8家，已改制机构数量占全部机构的52%，银行类机构资产总额占比达60%以上，农商行数量居全国第4位；二是积极推进经营机制转换，加强重点关注机构风险化解，加强服务平台建设，职能转型稳步推进。

【经营管理】 2013年，省联社立足自身定位，不断增强竞争实力，发展普惠金融，持续提升质量效益，实现持续稳定发展。

一、业务拓展力度进一步加大。一是稳步推进网点转型，初步建立起以农村社区为平台的村级基础金融服务体系；二是实施优质客户营销带动、新业务拉动，加大资金组织力度，调整优化信贷结构，加大对实体经济的支持力度；三是积极推动银行卡业务、国际业务发展，发挥资金调剂服务平台作用，保证支农资金投放，业务规模实现新跨越。

二、金融服务水平进一步提升。一是深入推进“三大工程”和农村金融服务示范区建设，积极开展林权、海域水面使用权抵押等业务，大力支持“三农”和小微企业发展，年末涉农贷款余额5380亿元，小微企业贷款余额2558亿元，分别增长15%和26%；二是支付结算畅通工程圆满完成，基本实现“镇乡有网点、村村有服务、电子机具村村通、家家用上银行卡”；三是代发各类政策性惠农补贴，广泛开展“送金融知识下乡”、“服务三农圆梦行动”等活动，不断扩大金融服务覆盖面。

三、经营基础进一步夯实。一是信贷管理系统全面上线，推行流程化办贷，提高抵质押贷款占比，从源头上管控信贷风险；二是积极开展不良贷款攻坚战，不良贷款余额和占比实现大幅度下降；三是强化成本核算意识，经营效益稳步提升；四是加大计提力度，年末资本充足率、拨备覆盖率、资产利润率全面达标，拨备覆盖率高于全国农信平均水平52个百分点，3家农商行被中国银监会评选为标杆银行。

【电子化建设】 2013年，省联社创新能力进一步提高，科技支撑作用得到有效发挥。一是完善组织保障机制，加快银行卡、电子银行新产品研发，引导柜面业务加快向电子渠道转移，年末柜面替代率达43%；二是推行项目研发条线化管理，全年有54个信息科技项目上线，内部资金转移、公务卡等29个项目正在实施；三是加强科技系统安全运维、制度建设和风险管理，构建涵盖各专业条线的科技管理框架，信息科技管理水平进一步提高。

【内部管理与企业文化建设】 2013年，省联社切实加强内部管理，激发经营活力。

一、风险防控能力进一步增强。一是加大对融资平台贷款、房地产贷款、流动性风险的管控力度，推进实施新资本管理办法，扎实开展“管理提升工程”；二是优化会计业务流程，规范表外资产，加强印章、档案、柜员卡管理；三是组织开展不良资产、高管履职、信息科技等审计项目，加大案件防控力度，切实做好信访工作，为改革发展创造了良好环境。

二、员工队伍素质进一步提升。一是扎实开展党的群众路线教育实践活动，将廉洁自律、勤俭节约各项要求落到实处；二是注重加强队伍建设，全年对104名县级法人机构高管人员进行了交流调整，公开招聘了1591名应届高校毕业生，并举办培训项目7367个，累计培训78万人次；三是扎实推进第2批“第一书记”选派和年轻干部到团县委挂职副书记工作。

三、社会形象进一步提升。年内荣获省级文明单位、全省信访工作先进单位和人行总行“全国农村支付服务环境建设先进集体”等多项荣誉称号。全省农信社获得市级以上各类表

山东省农村信用社联合社主要统计指标 1

单位：亿元

项目＼年度	2009	2010	2011	2012	2013	2013 年同比增幅（%）
本外币资产总额	7405.37	8510.88	10209.83	11669	13563	16.23
本外币存款总额	5761.34	6839.22	8002.1	9319.54	10897.19	16.92
人民币存款余额	5761.34	6839.22	8002.1	9319.54	10891.70	16.86
单位存款	820.22	1066.11	1722.37	1535.47	1868.54	21.69
储蓄存款	4764.48	5605.67	6516.02	7764.57	8989.48	15.77
本外币贷款余额	4392.70	5109.76	5823.02	6669.10	7517.90	12.72
人民币贷款余额	4392.70	5109.76	5823.02	6669.10	7499.39	12.44
短期贷款	3838.36	4095.64	4539.84	5010.83	6054.89	20.83
中长期贷款	170.56	684.67	922.59	1058.90	1444.50	36.41
票据融资	381.65	326.86	356.7	586.6	545.73	-6.96
利润总额	50.47	61.38	107.18	143	172	20.27
不良贷款余额	—	—	—	—	—	—
不良贷款占比（%）	—	—	—	—	—	—

山东省农村信用社联合社主要统计指标 2

项目＼年度	2009	2010	2011	2012	2013	2013 年同比增幅（%）
单位结算账户（万户）	—	—	37	40	43.78	9.45
单位结算金额（亿元）	—	—	—	—	—	—
个人结算账户（万户）	—	—	8578	9850	11022.87	11.90
个人结算金额（亿元）	—	—	—	—	—	—
银行卡发卡量（万张）	1127	1518	1992	2874	3842	33.68
银行卡消费额（亿元）	847	890	1013	1119	1225	9.47
企业网银客户（万户）	—	—	3.19	8.70	12.20	40.22
个人网银客户（万户）	—	—	45.75	184.97	275.89	49.15
手机银行客户（万户）	—	—	21.29	101.65	150.79	48.34
电话银行客户（万户）	153.33	167.14	490.87	500.68	85.97	-82.82
现金自助设备（台）	2957	3971	5657	6488	7823	20.57
营业网点（个）	5279	5265	5228	5183	5163	0.3
自助网点（个）	96	155	329	468	2269	384.82

彰奖励 736 项次，其中省级以上 247 项次。

【大事记】　1 月 14 日　省联社召开第二届理事会第十九次会议，审议并通过了《关于全省农信社 2012 年改革发展情况和 2013 年工作安排的报告》等。

1 月 15 日　省联社召开 2012 年度工作总结汇报会。

1 月 18 日　烟台农村商业银行股份有限公司挂牌开业。

2 月 20 日　山东省金融支持“三农”发展座谈会在济南召开，会议总结了工作，交流了经验，研究了措施。

2 月 20 日～21 日　省联社第二届社员大会第五次会议

在济南召开。省联社理事长、党委书记宋文瑄代表第二届理事会作工作报告。会议表彰了先进集体和个人,审议通过了有关决议。

3月8日 山东省委副书记王军民到滕州调研国家现代农业示范区建设、农村土地使用权制度改革等工作开展情况,省联社理事长、党委书记宋文瑄陪同调研。

3月14日 省联社2012年度审慎监管工作会议在济南召开,山东银监局局长廖平之、副局长解晓非出席会议。

3月19日 省联社与上海银联数据服务有限公司公务卡项目洽谈会在济南召开,省联社副主任丁浩升出席会议并讲话。

5月13日 省联社召开"金纽带"春天行动总结会议,省联社主任张建民出席会议并讲话。

5月14日 共青团省委、省联社共同为润丰农村合作银行经七路支行青年文明号授牌。

6月20日 省联社第二届理事会第二十二次会议在济南召开,会议审议通过了《关于同意王继东同志辞去省联社副主任职务的建议》、《关于成立山东农村金融研究发展服务中心的建议》两项议题。

7月15日 省联社客户关系管理系统项目建设启动会在济南召开,省联社副理事长、主任张建民出席会议。

7月16日 省联社召开党的群众路线教育实践活动动员大会。省联社党委书记、理事长宋文瑄,省委督导组组长时民出席会议并讲话。

7月18日 省联社第二届理事会第二十三次会议在诸城召开,审议通过了《关于加快营业网点转型全面提升金融服务水平的意见》、《关于调整省联社部分职能部门设置的建议》等。

9月1日 山东银行业"金融知识进万家"宣传服务月活动启动仪式在济南举行。省联社副主任王宝城出席仪式并发言。

9月9日 山东博兴农村商业银行股份有限公司举行开业庆典仪式。

9月12日 省联社在东营召开银行化改革推进会,省联社副主任郇涛出席会议并作讲话。

10月18日 省联社第二届理事会第二十四次会议在德州召开,会议审议通过了《关于全省农信社产品品牌化建设的建议》等有关决议。

11月1日 由中央金融团工委与中国银行业协会联合主办,山东银监局和省联社共同承办的全国"送金融知识下乡"工作推进会暨金融知识专题宣传片发布仪式在潍坊举行。省联社理事长、党委书记宋文瑄出席并致辞。

11月6日 省联社召开个人类贷款审查审批中心试点工作会议,省联社副主任郇涛出席会议并讲话。

11月7日 2013中国宏观经济暨农村金融论坛在山东泰安举行,省联社理事长、党委书记宋文瑄出席论坛并致辞,省联社副主任丁浩升出席论坛。

11月12日 省联社理事长宋文瑄在济南会见IBM大中华区副总裁戴建平一行,双方就进一步巩固加强信息科技领域的合作进行了座谈交流。

11月19日 省联社与莱芜市政府签订战略合作协议。省联社理事长、党委书记宋文瑄出席签约仪式,副主任郇涛和莱芜市副市长丁习文共同在协议书上签字。

11月21日 省联社理事长、党委书记宋文瑄接受新华社山东分社副总编辑罗博等采访,介绍了全省农信社改革发展,服务"三农"情况。

12月4日 省联社召开推进农村金融服务示范社区建设调研座谈会,省联社副主任丁浩升出席并讲话。

12月5日 全省农村中小金融机构案件防控分析例会在济南召开。

12月23日 德州市召开全市农信社银行化改革工作动员会议。省联社党委书记、理事长宋文瑄,德州市委书记、市人大常委会主任吴翠云为齐河农村商业银行、禹城农村商业银行揭牌,省联社主任张建民致辞。

12月25日 山东省副省长夏耕一行到省联社调研。

12月30日 山东邹城农村商业银行股份有限公司挂牌开业。

12月30日 泰安市召开全市农信社银行化改革工作推进会议。泰安市市长王云鹏、省联社副主任郇涛为宁阳农村商业银行揭牌并致辞。

(王高义 刘建光)

二、城市商业银行

【齐鲁银行】 2013年,齐鲁银行深化改革促转型,强化营销稳增长,防控风险保成果,稳健经营促发展;取得了历史最好的经营业绩。

截至2013年末,储蓄在济南市32家银行中稳居第5;拨备覆盖率361.04%;在公共服务行业33个部门综合测评排名中,取得行业第6名、金融机构第1名的成绩;在济南市文明办创建文明城市指数测评中齐鲁银行段店、英雄山两个网点荣获第一名和第三名;网上银行赢得"2013年区域性商业银行最佳网上银行业务拓展奖"殊荣;在全国"第五届全国杰出财富管理师评选"中,两名员工分别荣获活动银奖、铜奖。在6月广州召开的首届全国城商行年会上,齐鲁银行被推选为20家常委行之一。

齐鲁银行主要统计指标 1

单位：亿元

项目 \ 年度	2009	2010	2011	2012	2013	2013 年同比增幅（%）
本外币资产总额	617.89	821.25	772.79	836.8	936.05	11.98
本外币存款余额	546.55	656.93	661.13	713.31	827.96	16.25
人民币存款余额	544.84	655.78	658.02	711.39	823.93	16.00
单位存款	234.23	254.98	504.93	514.05	582.18	13.23
储蓄存款	124.88	139.43	153.09	197.34	245.71	25.00
本外币贷款余额	353.10	422.58	434.44	470.57	532.09	13.24
人民币贷款余额	352.76	421.53	434.12	469.86	529.76	12.91
短期贷款	162.93	214.97	183.96	211.43	253.66	19.97
中长期贷款	125.94	156.16	149.4	82.2	109.25	31.91
票据融资	63.84	49.68	92.23	174.98	163.93	-6.28
利润总额	6.09	8.25	9.59	10.68	12.50	16.83
不良贷款余额	7.04	4.73	41.52	5.40	5.09	-6.18
不良贷款占比（%）	1.99	1.12	9.56	1.15	0.96	-0.19

齐鲁银行主要统计指标 2

项目 \ 年度	2009	2010	2011	2012	2013	2013 年同比增幅（%）
单位结算账户（万户）	—	—	—	6.76	6.33	-6.36
单位结算金额（亿元）	—	—	—	15427	18317	18.73
个人结算账户（万户）	—	—	—	125.96	131	4
个人结算金融（亿元）	—	—	—	4109	4849	18
信用卡发卡量（万张）	—	—	—	0.27	0.11	-58.3
信用卡消费额（亿元）	—	—	—	0.75	0.85	13
企业网银客户（户）	—	—	—	2.07	2.65	28.02
个人网银客户（户）	—	—	—	15.23	25	64.15
手机银行客户（户）	—	—	—	0	2.33	—
电话银行客户（户）	—	—	—	12.6	17.16	36.2
现金自助设备（台）	—	—	—	426	531	24.65
营业网点（个）	—	—	—	83	86	3.61
自助网点（个）	—	—	—	58	70	20.69

一、以社区银行为战略突破口，推进业务经营的特色化、差异化。

齐鲁银行组建 9 个社区团队，设立 8 家社区支行，推出社区专属贷款产品、专属社区卡、专享理财产品。在小微企业业务发展方面，推出了创业贷、助业贷、茶叶贷、服装贷、商铺贷等多款产品；充分利用国家财政对小微企业的扶持政策，以市场、协会、商会、园区等为平台，推动小微业务向批量化发展；在零售银行业务发展方面，储藏了广阔的个人客户群体，现有 228 万个人客户、121 万户代发代缴个人中间代理账户；个人理财业务在全国银行业中排名第 21 位，省内城市商业银行第 1 位，在风险控制能力方面，位列全国银行第 6 位。

二、加大普惠金融覆盖面，夯实可持续发展基础。

按照群众路线教育要求，全力实践“市民银行、服务市民”的宗旨。一是与山东省下岗失业人员再就业贷款担保中心、济南市信用担保中心联合成立创业小额服务中心，为济南市登记失业人员、军队退役人员、高校毕业生、返乡农民工等群体进行自谋职业、自主创业提供单户最高10万元的创业资金支持，确保好政策惠民生；二是通过综合运用利率上浮、电子渠道拓展、客户答谢、对公联动营销代发工资等措施，推动个人存款持续增长，客户结构进一步优化，资产50万以上个人中高端客户数量达到6657户，较年初增加45.38%；三是践行社会责任，扎根社区回馈百姓，援建的拔山村进村主路桥正式竣工通车，开展贫困儿童助学，赠送图书、体育器材，开展社区联欢；四是网点建设稳步推进，布局持续优化，青岛即墨、莱西支行，聊城莘县、冠县支行先后开业，聊城东阿、天津武清、青岛胶州等支行获准筹建，服务触角进一步延伸。

三、持续巩固风险防控成果，确保安全稳健经营。

一是实施《内部控制管理大纲》，建立健全内控机制；二是提高信贷业务精细化管理水平，实行信贷业务全流程精细化管理办法，完善制度执行框架；三是持续开展小企业现金流、大中企业财务趋势、账户冻结预警等风险排查工作，持续压降高风险贷款；四是采取多种措施强化流动性管理，在保证日常经营支付的前提下提高资金效益；五是风险问责治理机制得到深化和落实，开展不规范经营专项治理“回头看”活动，持续开展警示教育，保持案件高压态势。

（齐鲁银行）

【青岛银行】 2013年，青岛银行在公司治理、制度建设、业务发展、风险管理、产品创新和服务提升等方面均取得了优异的成绩。

一、业务结构持续优化。一是资产负债结构持续改善，储蓄和对公存款基本呈现平衡增长态势；二是贷款结构调整合理，贷款收益持续提升；三是“两小”金融贷款余额稳步提高，电子银行账务性交易占比70.62%，超额完成全年计划。

二、中间业务收入增势良好。一是着力调整收入结构，中间业务收入能力大幅提升，对全行经营利润贡献度稳步提升；二是传统中间业务优势得到巩固，理财、结算等轻资本占用、低资产依赖的业务得到迅速发展。

三、科技水平保持卓越。一是系统安全保障不断强化，完成同城灾备中心建设，信息安全管理体系获得ISO27001国际标准认证；二是全面启动客户服务系统建设；三是完成了省公务卡对接系统、青岛港服务系统等多项重点项目建设，全年共建设微贷通等业务系统项目58个，受理业务需求1699例；四是陆续完成手机银行、新一代企业网银建设、B2B支付网关及电子交易市场建设，完成了自助设备无纸化、冠字号查询项目，并成为全市首家自助设备提供冠字号打印服务的银行。

四、创新发展成效明显。一是围绕“小微客户”和“财富管理”两大战略重点，相继推出“海融财富”主品牌及一系列零售新品牌；二是先后获得省级财政国库集中支付代理、驻青高校省属院校收费批量代扣代理银行资格；三是成功推出保理项下再保理、委托债权投资等业务；四是通过银证、银信和银银合作方式增加信用型非标资产的投资，优化资产配置；五是成功发

青岛银行主要统计指标1

单位：亿元

项目 \ 年度	2009	2010	2011	2012	2013	2013年同比增幅（%）
本外币资产总额	436.50	636.06	770.47	1016.52	1358.05	33.59
本外币存款余额	311.73	451.13	549.28	649.47	803.57	23.73
人民币存款余额	310.57	446.51	546.45	645.88	801.43	24.08
单位存款	163	261.53	408.05	430.66	490.85	13.98
储蓄存款	73.62	89.67	118.11	196.68	280.19	42.46
本外币贷款余额	201.19	249.21	299.62	376.18	417.14	10.89
人民币贷款余额	197.80	246.50	295.86	373.33	408.24	9.35
短期贷款	108.54	121.08	140.27	193.41	204.51	5.74
中长期贷款	79.51	117.32	145.54	162.08	191.09	17.90
票据融资	9.44	7.81	9.52	17.28	12.04	-30.32
利润总额	5.11	6.86	8.29	10.28	11.43	11.19
不良贷款余额	3.36	3.31	3.00	3.47	4.10	18.16
不良贷款占比（%）	1.49	1.19	0.88	0.76	0.74	-0.02

注：1.“单位存款”指标为2011年新增指标，2010年以前数据为“企业存款”。

青岛银行主要统计指标 2

项目 \ 年度	2009	2010	2011	2012	2013	2013 年同比增幅（%）
单位结算账户（万户）	2.80	3.29	3.90	4.46	5.42	21.52
单位结算金额（亿元）	4621.25	7415.88	10711.69	11647.73	17288.35	48.27
个人结算账户（万户）	70.70	84.61	103	124.98	158.98	27.20
个人结算金额（亿元）	853.73	1302.25	2591.24	4461.32	8979.98	101.29
信用卡发卡量（万张）	—	—	0.06	0.34	0.94	177.94
信用卡消费额（亿元）	—	—	0.04	1.12	1.97	75.89
企业网银客户（万户）	0.44	0.79	1.41	2.12	2.90	36.79
个人网银客户（万户）	1.34	2.66	6.58	11.19	22.00	96.90
手机银行客户（万户）	—	—	—	—	2.64	—
电话银行客户（万户）	1.04	1.31	1.44	1.51	1.54	1.99
现金自助设备（台）	117	140	166	195	224	14.87
营业网点（个）	44	45	47	51	60	17.65
自助网点（个）	47	48	49	54	62	14.81

布新一代企业网银及手机银行两大重要电子银行产品，个人网银新增用户数突破 10 万户；六是“青岛银行财富俱乐部”微信公众平台和五大微信群俱乐部陆续上线。

五、风险管控坚实稳健。一是通过持续强化贷后管理、推行风险预警机制、试行风险经理制度等措施，有效实现信用风险全过程管理；二是继续推进合规文化建设，编制了《合规案例选编》；三是深化经营运行分析，确保支付头寸充足；四是在资产负债管理中内置了流动性风险限额预警指标体系，强化内部审计职能；五是持续推行虚拟支行和内控评审制度。

六、网点效能持续提升。一是威海分行、淄博分行顺利开业，德州分行试营业，枣庄分行获准筹建；二是完成济南分行辖属支行筹建工作及东营分行迁址和辖属支行筹建工作；三是合理优化青岛市内机构布局，提高网点竞争力和盈利能力；四是积极筹设零售专业支行，并加强与同业之间的交流合作。

（青岛银行）

【齐商银行股份有限公司】 2013 年，齐商银行保持了稳中有升、稳中向好的发展态势，资本充足率、拨备覆盖率、资产利润率等主要监管指标持续达标，全行经营管理和创新发展跃上了新台阶。

一、公司治理持续完善，内控管理水平进一步提高。一是不断增强履职能力建设，董事会、监事会和高级管理层履职有效性进一步增强；二是深化会计结算专项辅导及关键环节风险管控；合理匹配资产负债结构，科学配置调度资金；持续规范债券投资及理财资金业务；信息科技治理框架持续完善，信息风险管控手段日益健全，高青灾备中心投入试运行，《灾备中心建设与应用模式研究》荣获山东银监局课题成果二等奖；实行了新闻发言人制度，改进舆情监测与化解机制；三是成立了全省城商行系统首家“公司律师事务部”，组织开展了“合规在我心中”主题宣传等系列活动；四是积极拓展稽核审计工作领域，强化监督检查成果利用，开展了分支行“内控评价”活动，切实发挥了风险管理“第三道防线”作用；五是严格责任追究，加大问责力度，案防长效机制建设有力推进，实现了全年安全运营。

二、战略转型持续深化，各条线业务进一步巩固。2013 年，齐商银行一是引进推广了德国 IPC 国际先进微贷管理技术，小微金融业务实现了较快发展，全行小微企业贷款余额 187.3 亿元，较年初增加 28.73%，高出全部贷款增速 13.97 个百分点，超额完成了“两个不低于”的监管指标要求；二是个贷中心正式运营，全行个贷余额 27.3 亿元，较年初增长 9.12 亿元，个贷占比 8.25%，较年初提高 1.97 个百分点；三是储蓄存款占比达到 31.47%，存款结构稳定性增强；四是中间业务收入同比增长 9.68 个百分点；五是有计划地压控受控受限行业、集团客户及异地授信业务，累计向战略新兴产业、三农等符合政策导向领域投放信贷资金 974 亿元，信贷结构进一步优化；六是国际业务发展迅速，全年累计完成国际结算量 27.3 亿美元，完成计划的 147%，淄博地区国际收支份额达到 13%以上，其中，跨境人民币结算量居全市前三名。货币市场业务运营良好，全行持债余额 90.3 亿元，累计实现债券结算量 4,297 亿元，累计办理贴现 179.04 亿元。

三、业务创新持续深入，整体运行质量进一步提升。一是在山东城商行联盟成员行内率先推出手机银行业务，交易金额达到2.4 亿元；二是全市首家推出“延时服务”，累计发行理财产品

齐商银行股份有限公司主要统计指标 1

单位：亿元

项目 \ 年度	2009	2010	2011	2012	2013	2013 年同比增幅（%）
本外币资产总额	300.92	366.19	418.26	483.19	606.37	25.49
本外币存款余额	264.59	317.46	356.76	408.38	513.49	25.74
人民币存款余额	264	316.61	355.73	407.53	511.32	25.47
单位存款	159.27	207.93	232.38	258.8	309.15	19.46
储蓄存款	88.03	93.33	108.85	131.72	161.55	22.65
本外币贷款余额	193.83	233.51	260.01	290.27	331.02	14.04
人民币贷款余额	189.47	232.71	257.25	283.23	322.93	14.02
短期贷款	127.78	161.26	189.9	219.35	263.15	19.97
中长期贷款	17.66	21.09	22.39	19.46	24.28	24.77
票据融资	43.41	50.33	44.9	43.98	35.42	-19.46
利润总额	4.33	6.25	9.08	9.93	9.47	-4.63
不良贷款余额	4.03	2.84	4.37	4.13	6.51	57.63
不良贷款占比（%）	2.08	1.22	1.68	1.42	1.97	38.73

齐商银行股份有限公司主要统计指标 2

项目 \ 年度	2009	2010	2011	2012	2013	2013 年同比增幅（%）
单位结算账户（万户）	25225	26255	26015	27657	29611	7.07
单位结算金额（亿元）	5160	6541	8102	8528	9376	9.9
个人结算账户（户）	490061	566452	677526	790777	721860	-8.7
个人结算金融（亿元）	1158	1420	1705	1785	2174	21.79
信用卡发卡量（万张）	0.01	0.02	0.17	0.18	0.23	27.78
信用卡消费额（亿元）	0	0.02	0.17	0.25	0.37	48
企业网银客户（户）	39	3211	5254	7659	11141	45.46
个人网银客户（户）	290	6538	12535	20755	35252	69.85
手机银行客户（户）	—	—	—	—	7288	—
电话银行客户（户）	198200	232213	276205	326213	331214	1.53
现金自助设备（台）	128	143	185	227	249	5.96
营业网点（个）	74	76	77	80	86	7.5
自助网点（个）	2	13	41	47	13	8.3

27 期，募集金额 15.58 亿元，同比增加 29.4%；三是自助设备交易量增长 13.6%，交易金额增长 33.2%；四是贵金属代理业务稳步发展，成立了北京研发中心，积极开展同业及理财业务；五是继续深化“小总行－大分行”组织架构改革，积极实施“一体两翼”机构发展战略，潍坊和济宁两家分行、西安明德门等四家支行相继开业运营，异地分行存款余额、净利润分别占全行总额的 28.55%和 39.36%，成为全行新的业务增长极；六是村镇银行营业网点数量增至四家，业务规模和客户群体日益壮大。

（齐商银行）

【烟台银行】 2013年，烟台银行股份有限公司（以下简称“烟台银行”）围绕“理顺机制，夯实基础，克服困难，恢复发展”的主基调，全行上下团结务实，改革创新，各方面工作取得了良好成效。实现资产利润率0.62%，资本利润率7.9%，成本收入比44.7%，贷款损失准备充足率143.29%，资本充足率12%。

一、各项存款持续稳步增长。明确部门分工，细化考核措施，通过稳定和开拓对公大客户，做好个人营销、产品拉动和服务带动等方面工作，确保各项存款稳步增长。

烟台银行股份有限公司主要统计指标1

单位：亿元

项目 \ 年度	2009	2010	2011	2012	2013	2013年同比增幅（%）
本外币资产总额	262.59	292.73	348.49	377.98	420.61	11.28
本外币存款余额	220.40	255.82	296.21	336.78	366.32	8.77
人民币存款余额	219.46	254.77	295.51	336.39	365.57	8.67
单位存款	104.44	134.03	131.47	141.7	157.57	11.20
储蓄存款	114.57	120.52	163.74	194.54	207.91	6.87
本外币贷款余额	159.72	185.35	207.30	202.48	254.81	25.84
人民币贷款余额	158.83	184.40	206.25	201.35	253.64	25.97
短期贷款	45.98	90.28	108.48	135.73	163.09	20.16
中长期贷款	51.70	78.76	78.88	65.57	90.54	38.08
票据融资	61.10	15.33	18.84	0	0	0
利润总额	0.21	2.00	2.01	2.08	2.48	19.23
不良贷款余额	2.93	2.90	4.27	4.75	4.72	-0.63
不良贷款占比（%）	1.83	1.56	2.06	2.34	1.85	-20.94

烟台银行股份有限公司主要统计指标2

项目 \ 年度	2009	2010	2011	2012	2013	2013年同比增幅（%）
单位结算账户（万户）	4.87	5.06	5.28	5.42	5.39	-0.55
单位结算金额（亿元）	3537.6	3375.6	4227.4	4330.77	4977.56	14.93
个人结算账户（万户）	79.4	87.7	98.4	106.68	111.39	4.41
个人结算金额（亿元）	478.93	629.8	901.5	934.5	950.5	1.72
信用卡发卡量（万张）	0	0	0	0	0	0
信用卡消费额（亿元）	0	0	0	0	0	0
企业网银客户（万户）	—	0.11	0.12	0.05	0.05	0
个人网银客户（万户）	—	0.26	0.27	0.15	0.15	0
手机银行客户（万户）	0	0	0	0	0	0
电话银行客户（万户）	0.007	0.008	0.01	0.01	0.01	0
现金自助设备（台）	78	78	78	80	92	15
营业网点（个）	72	73	73	73	73	0
自助网点（个）	0	0	0	0	1	—

二、信贷投放节奏全面加快。一是大力支持全市符合国家产业政策重点项目建设，围绕新农村建设、校区改造、经济适用房、治理工程、水厂、污水处理、基础民生等项目建设加大投放；二是优化工作流程，创新服务产品，不断满足全市中小企业金融需求，截至年末，小企业贷款余额218.16亿元，增长23.48%；三是以“农贷乐”产品为主导，大力支持涉农企业发展，截至年末，涉农贷款余额55.7亿元，增长42.82%；四是开发出4大类13款个贷产品，满足市民金融需求，截至年末，全行个人贷款余额42.76亿元，增长13.9%。

三、中间业务发展进一步规范。一是对网银和外汇业务收费按规定标准进行了调整；二是丰富中间业务结算代理手续费收入品种，增加了抵押资产评估、抵质押资产保险、小额贷款保险等手续费项目；三是全年银行卡消费金额17亿元，拓展特约商户累计1845余户，布放POS机具2606台，以银行卡为载体的中间业务共实现手续费净收入605万元；四是国际结算业务稳健开展，全年共完成国际结算量11.23亿美元，增长46.6%；实现外汇利润3744.55万元，增长53.69%；完成外汇中间业务收入折合人民币625.6万元，增长78.89%；各项外币存款余额1222.7万美元，增长94.58%。

（胡子连）

【潍坊银行】 2013年，潍坊银行圆满完成了各项经营指标和监管指标。资本充足率12.25%，较年初提高0.5个百分点；拨备覆盖率308.85%，较年初上升85个百分点。

一、营销工作再上新台阶。一是电子银行业务战略性推进，手机银行客户端成功上线，手机支付、公务卡支付宝业务成功运行；二是国际业务稳步发展，全年完成国际结算27.7亿美元，增长79.7 %，累计发放各类贸易融资4.22亿美元；三是理财业务发展良好，全年共发行自有理财产品20期，募集资金23亿元。

二、战略性工作取得新突破。一是实施差异化授权、优化审批流程、远程审贷等举措，小微业务审批和管理效率明显提升；二是成立文化金融事业部，创新艺术品质押融资预收购人制度，启动艺术品集保库建设；三是大力推进“金融进社区”，签约进驻社区135家，8家支行试点延时服务；四是机构建设取得新突破，聊城分行顺利开业，新设8家县域支行和1家城区支行。

三、金融创新工作取得新进展。一是推出“农民合作社信用贷款项目”、“贷贷红”、“金土地”等系列产品，丰富农村金融产品体系；二是推出“供应链金融项目”、“提单质押融资项目”，满足龙头企业及下游客户金融需求；三是推出“3+1”银校通项目、“公车贷项目”、“政采贷项目”，强化对专业市场和客户的金融服务。

四、风险管理水平明显提升。一是成立不良贷款清收转化协调领导小组，积极推进实施不良贷款诉讼清收、核销、打包处置、资产转让等多种措施，不良贷款实现双降；二是积极发挥各风险监测防控中心和监测管理子系统的作用，强化风险防控；三是完善出台各类制度144项，开展全员合规轮训，严格制度落实，强化责任追究，实现全年零发案。

五、内部管理水平持续提升。一是建立完善服务承诺践诺、

潍坊银行主要统计指标1

单位：亿元

项目 \ 年度	2009	2010	2011	2012	2013	2013年同比增幅（%）
本外币资产总额	313.80	401.03	453.69	519.10	633.23	21.99
本外币存款余额	284.42	344.20	373.48	446.34	545.01	22.11
人民币存款余额	283.79	341.07	372.54	445.94	543.08	21.78
单位存款	235.03	215.91	229.29	274.78	338.29	23.11
储蓄存款	105.30	128.29	144.19	171.56	204.79	19.37
本外币贷款余额	189.49	231.83	267.51	310.49	341.73	10.06
人民币贷款余额	189.04	230.53	265.80	307.72	336.99	9.51
短期贷款	141.54	184.35	218.07	254.96	306.76	20.32
中长期贷款	15.82	28.62	30.13	25.82	30.23	17.08
票据融资	31.68	15.11	14.92	22.69	15.34	-32.39
利润总额	3.59	7.62	8.31	9.50	9.66	1.68
不良贷款余额	2.68	2.43	2.31	4.02	3.47	-13.68
不良贷款占比（%）	1.41	1.05	0.86	1.29	0.98	-24.03

潍坊银行主要统计指标 2

项目 \ 年度	2009	2010	2011	2012	2013	2013 年同比增幅（%）
单位结算账户（万户）	1.93	3.13	1.99	2.16	2.67	23.61
单位结算金额（亿元）	86.92	104.8	101.33	106.52	110.95	4.16
个人结算账户（万户）	88.26	107.24	105.56	118.93	140.83	18.41
个人结算金额（亿元）	24.12	35.05	41.65	40.38	46.35	14.78
信用卡发卡量（万张）	0	0.03	0.06	0.18	0.36	100.00
信用卡消费额（亿元）	0	0.003	0.06	0.15	0.71	362.54
企业网银客户（万户）	0.09	0.26	0.47	0.73	0.94	28.77
个人网银客户（万户）	0.1	0.4	1.14	2.72	6.68	145.59
手机银行客户（万户）	0	0	0.02	0.08	0.66	725.00
电话银行客户（万户）	6.13	8.02	10.35	10.82	11.02	1.85
现金自助设备（台）	54	75	111	173	217	25.43
营业网点（个）	47	48	50	55	65	18.18
自助网点（个）	2	18	34	54	66	22.22

授信业务运行效率、中层负责人执行力评价等监测机制；二是创新实施授信客户电话回访，完善首席客户经理制度，初步搭建起 360 度客户服务满意度监测机制；三是举办优化工作流程竞赛、“效率提升年”青年员工演讲比赛等活动，激发基层改进工作流程、提升工作效率的能动性。

六、企业文化建设扎实有效。一是深入落实“文化兴行”战略，企业文化与品牌建设同步推进；二是举办青年员工集体婚礼、总行员工餐厅、职工互助保险等，增强了员工归属感；三是拍摄微电影《新生》和《微贷 33 天》，提高品牌影响力和感召力。

（仲 峰 肖 伟）

【威海市商业银行】 2013 年是威海市商业银行特色发展的关键之年，也是转型升级的起步之年，更是“持续跨越，持续提升”的一年。全行对加大实体经济的支持力度，积极融入经济社

威海市商业银行主要统计指标 1

单位：亿元

项目 \ 年度	2009	2010	2011	2012	2013	2013 年同比增幅（%）
本外币资产总额	410.58	519.87	562.81	720.58	1017.64	41.23
本外币存款余额	303.32	420.67	456.32	536.56	708.44	32.03
人民币存款余额	303.32	420.35	455.68	535.26	706.58	32.01
单位存款	187.19	287.92	306.63	357.43	469.25	31.28
储蓄存款	116.13	132.37	149.05	177.83	237.33	33.46
本外币贷款余额	200.28	249.83	294.54	350.76	405.26	15.54
人民币贷款余额	200.28	248.14	293.56	347.14	402.26	15.81
短期贷款	101.05	160.82	204.41	241.34	286.36	18.65
中长期贷款	61.43	68.89	68.79	74.24	103.50	39.41

续表

项目 \ 年度	2009	2010	2011	2012	2013	2013 年同比增幅（%）
票据融资	37.63	18.2	20.20	31.56	12.18	-61.41
利润总额	0.94	3.54	6.61	8.6	11.64	35.35
不良贷款余额	2.23	2.1	2.03	2.01	1.86	-7.46
不良贷款占比（%）	1.12	0.83	0.69	0.57	0.46	-19.3

威海市商业银行主要统计指标 2

项目 \ 年度	2009	2010	2011	2012	2013	2013 年同比增幅（%）
单位结算账户（万户）	1.76	1.81	1.76	1.51	1.73	14.57
单位结算金额（亿元）	87.65	94.00	112.78	117.86	135.49	14.96
个人结算金额（亿元）	10.43	13.72	20.86	18.19	28	53.93
信用卡发卡量（万张）	--	0.16	0.28	0.33	0.39	18.18
信用卡消费额（亿元）	--	0.16	0.54	0.78	1.1	41.03
企业网银客户（万户）	0.021	0.044	0.15	0.32	0.39	21.86
个人网银客户（万户）	0.018	0.028	0.4	3.13	7.15	128.43
手机银行客户（万户）	--	--	--	--	--	--
电话银行客户（万户）	0.5	0.8	1.3	6.8	13	91.2
现金自助设备（台）	42	54	71	106	128	20.75
营业网点（个）	37	42	47	56	64	14.29
自助网点（个）	--	--	1	1	2	100

会建设，各项业务实现了平稳健康快速发展。

一、经营业绩持续攀升。资产总额突破 1000 亿元，同比增加 297.11 亿元，各项存款余额增加 171.88 亿元，各项贷款余额增加 54.50 亿元，各项发展指标增长均创历史最好水平。

二、盈利水平持续提高。资产利润率（ROA）持续提升，达 1.01%；资本利润率（ROE）持续提升，达 18.41%。

三、发展质量持续提升。不良贷款持续实现“双下降”，资本充足率保持在 11.5%以上，各项监管指标全面达标并持续向好改善，连续多年被评为二级行，在国内银行同业中处于最高水平。

四、社会贡献持续增加。全年实现利税 15.52 亿元，同比增加 1.96 亿元，增长 14.45%；缴纳各项税金 5.2 亿元，增加 0.7 亿元，增长 15.3%；全口径累计信贷投放 1300 亿元，增加 260 亿元，增长 25%。

五、跨区域发展持续推进。2 月 27 日德州分行正式开业，9 月 17 日临沂分行正式开业，12 月 26 日济宁分行正式开业，“立足山东，环绕渤海，面向全国”的跨区域发展战略实现了新突破，服务区域经济的能力得到进一步提升。

六、品牌影响持续扩大。荣获“威海市市长质量奖”、“中国金融机构金龙奖·最具竞争力银行”等奖项，特色品牌影响不断提升。

（王　晶）

【临商银行】　截至 2013 年末，临商银行资产总额同比增加 84.36 亿元；各项存款增加 90.12 亿元，存款总量居全市银行业第 2 位，增量连续两年居第 1 位；各项贷款增加 96 亿元，总量、增量均居全市银行业首位；拨备覆盖率 177%，贷款损失准备充足率 360%，资本充足率 10.56%。

一、经营转型。一是围绕质效发展核心，科学布局、重点突破，全面优化客户资源，实现对公存款 310 亿元，同比增加 80 亿元，总量、增量均居全市首位；二是完成国际业务结算量 31 亿美元，同比增加 13 亿美元；三是县域发展增势强劲，新增存款 31 亿元，增幅 73%，存量和增量市场份额分别提升 1.27%和 2.89%；四是全年缴纳税收 4.5 亿元，列全市银行业首位、全市纳税百强第 5 位，较上年提升 8 个位次，创历史最好水平。

二、改革创新。一是以改革创新为突破口，开展管辖行体制

临商银行主要统计指标 1

单位：亿元

项目 \ 年度	2009	2010	2011	2012	2013	2013年同比增幅（%）
本外币资产总额	253.23	310.74	373.99	487.06	571.42	17.32
本外币存款余额	223.53	273.59	327.48	393.07	483.19	22.93
人民币存款余额	223.4	273.22	326.16	390.72	475.19	21.62
单位存款	131.63	163.42	194.46	227.93	300.63	31.9
储蓄存款	91.7	109.99	132.82	162.04	173.76	7.23
本外币贷款余额	144.83	180.53	227.96	284.19	320.03	12.61
人民币贷款余额	143.67	179.11	224.72	275.63	304.58	10.50
短期贷款	116.41	145.12	183.34	237.5	262.13	14.50
中长期贷款	17.71	21.67	23.51	24.57	37.65	53.23
票据融资	10.65	13.62	21.11	21.93	4.01	-81.73
利润总额	3.64	4.85	8.25	9.16	11.78	28.63
不良贷款余额	3.4	1.83	1.73	2.5	5.99	139.18
不良贷款占比（%）	2.34	1.01	0.76	0.88	1.87	112.39

临商银行主要统计指标 2

项目 \ 年度	2009	2010	2011	2012	2013	2013年同比增幅（%）
单位结算账户（万户）	0.91	1.24	1.68	2.16	2.39	10.65
单位结算金额（亿元）	75.61	104.11	122.67	135.02	198.27	46.84
个人结算账户（万户）	84.84	105.93	126.78	139.28	146.85	5.44
个人结算金额（亿元）	36.19	42.82	50.10	58.93	60.22	2.19
信用卡发卡量（万张）	—	—	0.10	0.14	0.3	114.29
信用卡消费额（亿元）	—	—	0.40	0.60	1.14	90
企业网银客户（万户）	0.30	0.50	0.55	0.60	0.86	43.33
个人网银客户（万户）	1.90	2.10	2.30	2.50	4.20	68
手机银行客户（万户）		1.10	1.20	1.60	2.12	32.5
电话银行客户（万户）	—	—	—	—	—	—
现金自助设备（台）	96	109	108	110	138	25.45
营业网点（个）	64	67	69	70	73	4.29
自助网点（个）	—	—	—	—	—	—

改革，“总行－中心支行－支行”的经营架构全面搭建，运营效能大幅提升；二是产品创新加快提速，通过重塑创新机制，强化创新激励等多项措施，推出创新产品26项；三是流程银行深入建设，推行集中审批、集中监督、集中档案管理，优化现金调拨、金库管理、票据交换流程，运行效率明显提高。

三、服务地方。一是紧跟临沂市构建现代产业体系、建设商城国际化等战略部署，做支持经济发展的主流银行，全行综合信用总量574亿元，同比增加177亿元，增幅45%；二是突出小微发展特色，实施"百家小企业成长计划"，搭建小微企业信息平台，批量助推小微企业发展，相关经验被央视《新闻联播》等栏目数次报道。截至年末，小微企业贷款总量154亿元，同比新增22亿元，总量、增量在全市继续保持首位。

四、风险管控。一是搭建了"质效办贷、精准管贷、从严治贷"的信贷机制，加快信贷经营转型，开启了信贷精细管理的"新纪元"；二是资本管理有序规划，努力缓解资本制约，年末资本充足率顺利达标；三是内部管控持续夯实，严格案防管理，通过远程视频监管、会计主管管理、印鉴管理和安保工作，全年安全经营无事故。

五、自身建设。一是开展经营行高管竞聘和员工"四定"（定岗、定责、定标、定编），建立了能上能下、能进能出、竞争择优的选贤任能机制；二是通过举办周末大讲堂，组织各类培训60余期，3300人次；三是通过开展"转变作风、提升素质、提高效能"、"爱我岗位、强我素质"、"四比四看"等主题活动，发展合力有效凝聚；四是先后荣获全国五一劳动奖状、省级文明单位、全市金融贡献奖、临沂市民最满意金融机构等十几项荣誉称号，品牌形象显著提升。

（李会利　崔国慧）

【日照银行】　2013年，日照银行以"务实·搏发·特色"年为主题，求真务实，搏发潜能，圆满完成各项年度任务。

一、主营业务发展态势良好。

（一）规模较快增长，质量保持稳定。注册资本由10亿元提高到24.98亿元，资本净额达69亿元；各项监管指标保持达标，资本充足率13.32%，拨备覆盖率380%；连续6年监管评级保持二级。

（二）效益总体良好。资产利润率1.99%，资本利润率23.76%；中间业务收入占比9.92%，同比提高0.22个百分点。

（三）品牌不断提升。在山东银监局辖内13家城商行，资产规模升至第3位，全年净利润列第1位。

二、服务地方经济力度加大。围绕"蓝红金"等区域经济战略，制定授信工作指导意见，全年新增表内外授信125亿元，累计投放表内外授信1829亿元。一是向临港产业集群累计投放548亿元，向现代服务业、高新技术和战略性新兴产业累计投放36亿元，向进出口企业累计投放208亿元；二是支持民生和社会事业，向城市基础建设累计投放47亿元，发放小额担保就业贷款401户3914万元；三是支持乡镇特色园区建设，累计投放16亿元；四是加大县域经济和"三农"支持，累计投放136亿元；五是大力支持小微企业，小企业贷款较年初增加27.9亿元，高出全部贷款平均增速11个百分点；六是积极支持低碳经济、循环经济，累计投放贷款19亿元，成为世界银行山东省节能减排融资项目两家合作城商行之一。

三、"一基两翼"战略稳步推进。一是试点改革支行管理体制，设立了岚山中心支行，视同分行管理；二是继续推进跨区经营，组织各分行行长到南京银行学习考察；三是在全省金融机构率先开办联网通用助农取款业务，在日照49个乡镇布设74个助农取款服务点；四是三亚、陵水两家村镇银行上线CBUS

日照银行主要统计指标1

单位：亿元

项目 \ 年度	2009	2010	2011	2012	2013	2013年同比增幅（%）
本外币资产总额	252.37	376.94	394.98	507.99	642.20	26.42
本外币存款余额	215.61	305.77	328.32	411.88	508.27	23.40
人民币存款余额	213.72	303.37	324.93	401.58	496.53	23.64
单位存款	169.78	251.00	266.02	318.95	382.61	19.96
储蓄存款	43.95	52.37	58.91	82.63	113.91	37.85
本外币贷款余额	147.24	181.26	225.86	281.05	313.48	11.54
人民币贷款余额	144.27	179.96	223.80	265.57	299.89	12.93
短期贷款	136.12	161.97	200.58	248.14	278.35	12.18
中长期贷款	8.15	17.99	23.22	17.43	21.54	23.59
票据融资	23.12	16.80	21.52	21.97	21.85	-0.57
利润总额	5.28	6.22	10.64	13.30	14.51	9.10
不良贷款余额	1.24	1.24	1.44	2.75	3.03	9.99
不良贷款占比（%）	0.84	0.68	0.64	0.98	0.97	-1.02

日照银行主要统计指标 2

项目＼年度	2009	2010	2011	2012	2013	2013 年同比增幅（%）
单位结算账户（万户）	1.4	1.9	2.3	2.8	3.4	21.43
单位结算金额（亿元）	3862	5840	7857	9940	13044	31.23
个人结算账户（万户）	57.05	72.23	83.46	94.08	134.69	43.17
个人结算金额（亿元）	17.25	20.62	22.5	30.43	38.7	27.18
信用卡发卡量（万张）	0	0.0179	0.0786	0.158	0.495	213.29
信用卡消费额（亿元）	0	0.0498	0.1592	0.253	0.719	184.19
企业网银客户（万户）	0	0.17	0.38	0.67	1.11	65
个人网银客户（万户）	0	0.64	1.34	2.38	5.29	122
手机银行客户（万户）	0	0	0.62	1.16	1.63	40
电话银行客户（万户）	0	0	0.45	1.03	1.72	67
现金自助设备（台）	29	40	60	122	166	36.07
营业网点（个）	26	28	30	36	43	19.44
自助网点（个）	1	1	1	4	9	125

系统，并启动增资扩股；五是济宁高新村镇银行班子调整后业务快速发展，年末存款余额 3.96 亿元，实现利润 808 万元。

四、特色业务打造取得突破。一是设立青岛、济南、日照、临沂 4 个微贷中心，招聘小微信贷员 80 名，开展“扫街式”营销，累计放款 1527 笔、1.72 亿元；二是开展“阳光贷”无抵押无担保个人消费贷款“百日营销”竞赛、“园丁赞歌”特惠、“信用五莲·阳光信贷”营销，“阳光贷”余额突破 1 亿元；三是启动金融服务进社区，全年入驻社区 31 个，在日照独家开办 9 处延时服务的“社区金融便利店”，并开设首家智能化社区金融超市；四是挂牌日照首家“科技金融特色支行”，推出“科技循环贷”等 5 款特色产品。

（贾艳锋）

【德州银行】 2013 年，德州银行坚持审慎经营原则，坚守风险底线，加大结构调整力度，各项业务实现了平稳较快发展。

一、规模结构均衡推进，各项指标实现良好。新增中小微企业贷款 14 亿元，余额 108 亿元，实现了“两个不低于”的目标。中间业务收入占比提高 0.3 个百分点，达 3.3%。国际业务结算量实现 5.8 亿美元，同比增加 0.8 亿美元，业务收入 1600 万元。处置抵贷资产 3.4 亿元，非生息资产处置工作成效明显。

二、公司治理持续优化，资本实力不断夯实。全面完成了定向增资扩股工作，共募集 1.3 亿股股份，合计 3.9 亿元资金，注册资本由 7.7 亿元增加至 9 亿元，资本充足率达到 14.03.%，在全省城商行列第二位。

三、战略转型加快推进，规模与质量协同发展。一是加强条线管理，实现对风险的有效控制；二是成立了战略发展部，主动与行业智库、专家学者合作，密切跟踪形势、政策变化，加快发展转型探索，修订完成了 2014-2017 年战略转型发展总提纲；三是积极推进城区网点由结算交易型向综合服务型转轨，管理架构更趋完善。

四、开拓创新持续给力，异地机构实现突破。积极开展创新实践，新推出业务产品 13 项，1 项填补德州银行业服务空白，实施管理创新活动 4 项。主动开展同业交流和产融合作，积极推进借智借力和互动共赢发展。加快拓展发展空间，实现第一家异地分行——滨州分行筹建试运行；深耕县域，2 家县域同城支行新建开业。

五、内部管理不断强化，内控环境不断向好。一是建立了督办和后评价制度，积极推进总部效能建设；二是强化员工能力和服务标准化建设，全行服务能力稳步提高；三是主动落实金融管理政策和监管要求，增强配合度和整改执行力，运营机理得到正向改观；四是健全完善制度体系、业务操作手册和业务流程，注重执行力建设和监督纠偏，保持了全行运营安全、平稳。

六、内审监督持续加强，审计效果明显提升。以打造“质效提升年”，防控主要风险和严重违规行为为目标，先后开展了操作、信用、金融市场、信息科技风险审计，首次开展了市场风险、流动性风险、统计信息质量、绩效考核审计和后续审计，共出具审计报告 74 份，发现揭示问题 235 个，处理责任人 126 人次，处罚金额 6.37 万元。

七、企业文化引领发展，人才建设不断优化。一是积极推进三大改革——组织架构改革、绩效考核改革、薪酬改革；二是加强对战略研究型人才的培养和博士、硕士研究生等高端专业人才引进；三是增加技术序列评级，拓宽员工职业发展通道，完成了科技人才、债券从业人员技术序列职称评定；四是加强后备

德州银行主要统计指标 1

单位：亿元

项目 \ 年度	2009	2010	2011	2012	2013	2013 年同比增幅（%）
本外币资产总额	133.24	175.66	206.70	250.73	303.72	21.13
本外币存款余额	116.55	154.57	163.99	193.46	222.10	14.80
人民币存款余额	116.45	153.93	163.75	193.23	221.90	14.84
单位存款	65.01	95.80	102.41	116.14	122.86	5.78
储蓄存款	51.44	58.13	61.34	77.09	99.04	28.47
本外币贷款余额	75.30	93.85	98.21	109.10	126.73	16.16
人民币贷款余额	73.84	92.80	97.13	108.84	125.14	14.98
短期贷款	68.28	87.37	92.48	101.32	104.40	3.03
中长期贷款	5.56	5.43	4.65	7.52	20.74	175.97
票据融资	9.79	10.82	15.80	23.76	26.19	10.21
利润总额	3.58	5.19	9.31	7.35	6.73	-8.47
不良贷款余额	1.65	0.98	1.90	2.19	2.75	25.51
不良贷款占比（%）	1.94	0.94	1.66	1.65	1.80	9.09

德州银行主要统计指标 2

项目 \ 年度	2009	2010	2011	2012	2013	2013 年同比增幅（%）
单位结算账户（万户）	0.82	1.14	1.31	1.47	1.72	17.01
单位结算金额（亿元）	1792.85	2717.18	3781.55	4190.84	5193.55	23.92
个人结算账户（万户）	19.79	35.03	38.51	51.75	68.86	33.06
个人结算金额（亿元）	465.56	928.72	1386.20	1411.12	1739.17	23.25
信用卡发卡量（万张）	0	0.05	0.06	0.18	0.24	33.33
信用卡消费额（亿元）	0	0.04	0.20	0.32	0.56	75.00
企业网银客户（万户）	0.02	0.19	0.31	0.43	0.63	46.51
个人网银客户（万户）	0.04	0.60	1.36	2.08	3.43	64.90
手机银行客户（万户）	0.05	1.60	2.45	2.79	3.08	10.39
电话银行客户（万户）	0.01	0.63	1.73	3.65	4.97	36.16
现金自助设备（台）	22	32	50	78	112	43.59
营业网点（个）	29	32	34	38	41	5.26
自助网点（个）	13	16	35	39	47	20.51

干部队伍建设，引进专业机构及测评工具，组织了后备中层管理人员竞聘。

（刘拥军）

【济宁银行】　2013 年，济宁银行突出“服务中小”的市场定位，依托“本土银行”的地理优势，不断完善金融服务机制，努力向中小企业、城市居民提供优质高效的金融服务。

一、坚持差异化发展战略，着力打造中小企业的“伙伴银行”。一是积极推广“小微信贷工厂”模式，共组建小微信贷团队 18个，专职小微信贷人员 140 余名，累计支持小微企业、个体工商户 1.92 万户，发放贷款 21.51 亿元；二是设立小微贷款专营、文化产业、汽车消费贷款、科技、劳动再就业等特色支行，满足

济宁银行主要统计指标1

单位：亿元

项目 \ 年度	2009	2010	2011	2012	2013	2013年同比增幅（%）
本外币资产总额	89.87	144.71	178.74	244.47	298.44	22.08
本外币存款余额	81.61	118.75	151.52	200.10	257.10	28.49
人民币存款余额	81.61	118.75	151.49	199.70	256.01	28.20
单位存款	--	83.06	105.00	131.95	150.39	13.97
储蓄存款	28.32	35.44	46.10	66.02	104.37	58.09
本外币贷款余额	59.22	78.21	107.29	147.33	179.89	22.10
人民币贷款余额	59.22	78.21	107.29	145.98	176.80	21.11
短期贷款	41.18	51.60	82.57	118.04	145.20	23.01
中长期贷款	8.04	16.19	14.30	10.41	17.95	72.43
票据融资	9.98	10.39	10.39	17.49	13.20	-24.53
利润总额	1.68	2.50	3.85	5.04	5.58	10.63
不良贷款余额	0.82	0.80	0.79	1.09	1.47	34.86
不良贷款占比（%）	1.38	1.02	0.74	0.74	0.82	10.81

济宁银行主要统计指标2

项目 \ 年度	2009	2010	2011	2012	2013	2013年同比增幅（%）
单位结算账户（万户）	0.57	0.79	1.05	1.46	2.00	36.99
单位结算金额（亿元）	25.80	36.00	49.80	51.50	63.18	22.68
个人结算账户（万户）	3.81	8.94	13.40	30.30	51.76	70.83
个人结算金额（亿元）	5.50	10.40	18.30	30.50	53.45	75.25
信用卡发卡量（万张）	--	--	--	--	--	--
信用卡消费额（亿元）	--	--	--	--	--	--
企业网银客户（万户）	--	0.13	0.37	0.65	1.04	60
个人网银客户（万户）	--	1.18	5.44	10.65	16.27	52.77
手机银行客户（万户）	--	--	--	--	1.13	--
电话银行客户（万户）	--	--	--	--	3.09	--
现金自助设备（台）	--	16	54	80	129	61.25
营业网点（个）	22	25	27	32	39	21.88
自助网点（个）	12	16	24	30	50	66.67

中小企业个性化融资需求；三是引入担保公司合作，有效降低中小企业贷款准入门槛，已与16家担保公司签约，累计办理担保业务8.05亿元，支持中小企业及个体工商户2087户；四是开拓银保合作新领域，与济宁人保财险合作开展“小贷险业务”试点工作，解决个人创业、小微企业担保难问题。11月，该行作为全省唯一一家金融机构，在“全省创业创新工作会议”上作典型发言。

二、加快机构建设步伐，区域发展取得重大突破。一是顺利完成菏泽、枣庄、淄博、泰安等4家跨区域分行的开业；二是经营区域不断扩大，新建离行式自助银行10处，增设ATM设备49台；三是发起设立的儒商村镇银行新设2家营业网点，实现了经营触角向乡镇的延伸。

三、加强信息科技支撑力度，提升金融产品创新能力。一是推出“儒商e付通”和“儒意积分宝”等新型金融业务，提升电子银行服务水平；二是积极推进签约POS、惠民便利店、金融IC卡、社区银行等产品研发，提供更加便利的金融服务；三是开展同城灾备、票据管理、二代支付等40余项系统升级和建设工作，启动新版信贷、财务等管理系统。

四、不断强化内控措施，做好重点领域风险防控。一是组织全行各部门分工协作，按照岗位职责全面梳理业务流程，建立健全业务流程操作手册；二是通过定期召开风险分析例会、加大考核问责力度、强化风险预警等方式，进一步增强风险防控能力；三是严格落实“审贷分离”和“贷款三查”等制度，实施贷款责任追究制度，确保业务持续健康发展。

五、加大人才引进及培训力度，全面提升员工综合素质。一是全年引进当地管理人员49人，向社会公开招聘录用员工138人；二是开展缺职竞聘5次，组织总行部室专业岗位选拔2次，从基层选拔24人进入专业人才储备库；三是组织管理人员赴北京大学、上海交通大学进行培训；四是与用友软件公司合作开发人力资源管理系统，为人力资源管理向科学化、精细化转变提供科技支撑。

（郭晓娟）

【东营银行】 2013年，东营银行积极抢抓黄蓝国家战略机遇，扎实推进差异化、特色化发展转型，实现了持续稳健协调发展。荣获东营市银行机构“规范经营行为，提升服务水平”百日

东营银行主要统计指标1

单位：亿元

项目 \ 年度	2009	2010	2011	2012	2013	2013年同比增幅（%）
本外币资产总额	172.47	218.38	257.54	307.50	389.55	26.68
本外币存款余额	153.07	188.17	219.60	266.31	326.03	22.42
人民币存款余额	152.43	186.88	218.77	265.29	324.88	22.46
单位存款	102.18	129.18	152.46	181.67	211.71	16.54
储蓄存款	50.25	57.70	66.31	83.62	113.17	35.34
本外币贷款余额	103.98	130.94	155.00	178.47	210.23	17.80
人民币贷款余额	103.03	129.31	152.29	174.86	207.64	18.75
短期贷款	83.45	106.35	134.14	154.55	183.92	19.00
中长期贷款	19.58	22.96	18.15	20.31	23.72	16.79
票据融资	19.00	14.46	24.07	16.19	15.85	-2.10
利润总额	2.57	4.29	5.76	7.25	7.62	5.10
不良贷款余额	0.87	0.87	0.87	0.91	1.02	12.09
不良贷款占比（%）	0.84	0.66	0.56	0.51	0.48	-5.88

东营银行主要统计指标2

项目 \ 年度	2009	2010	2011	2012	2013	2013年同比增幅（%）
单位结算账户（万户）	0.68	0.86	1.01	1.34	1.54	14.93
单位结算金额（亿元）	74.58	78.36	94.68	116.09	121.76	4.89
个人结算账户（万户）	21.17	30.84	43.81	64.85	80.38	23.95
个人结算金额（亿元）	11.07	16.51	20.92	26.43	34.16	29.24
信用卡发卡量（万张）	0	0	0	0	0	0
信用卡消费额（亿元）	0	0	0	0	0	0

续表

项目 \ 年度	2009	2010	2011	2012	2013	2013年同比增幅（%）
企业网银客户（万户）	0	0.13	0.34	0.50	0.71	42
个人网银客户（万户）	0	1.11	3.35	5.4	8.64	60
手机银行客户（万户）	0	0	0.01	0.03	0.05	66.67
电话银行客户（万户）	2.19	4.30	7.60	9.53	9.53	0
现金自助设备（台）	53	57	69	87	110	26.44
营业网点（个）	23	25	28	31	40	29.03
自助网点（个）	1	2	2	2	0	0

活动第一名、东营市金融机构综合评价等级A级第一名，获评“东营市金融服务工作先进单位”，连续两年位居全省地方金融机构绩效考核银行类榜首。

一、扎实推进新资本管理办法。确定了“树意识、制办法、打基础、稳起步”的工作思路，成立了资本管理领导小组，编制了《中长期资本规划》《资本管理办法》，建立了新资本办法推进实施工作机制和制度框架，邀请外部专家开展了资本管理培训，组织召开了全行资本管理研讨会，全面提升了全行的资本成本意识和节约意识，切实强化了资本对业务发展的引导和约束作用。

二、深入开展“规范经营行为，提升服务水平”百日活动。以活动为契机，设置了专职大堂经理队伍，开展了礼仪培训，举行了全行业务技能比武，梳理规范了产品服务和收费项目，健全完善了客户投诉应诉机制和服务监督机制，全行服务软硬件环境进一步改善，广大员工的服务意识及水平进一步提升，充分展示了文明规范的服务形象。

三、深入开展“制度完善年”活动。活动历时一年，分为制度清理、修订新建、整理汇编三个阶段，共清理有效制度419项，废止无效制度185项，新建制度170项，修订制度86项，形成了公司、零售、资金、国际、财务、前台等各业务条线的操作手册和全行制度汇编，夯实了风险管理的制度基础。

四、探索发展“老年金融”业务。突出“亲民”特点，以老年人客户群体为营销重点，推出“福寿卡”、“福寿存款”、“全家尊老”等特色产品，建设10家老年人金融特色支行，组织开展了“福寿老年人关爱活动”，推行亲情式服务，不定期组织老年人客户开展养生讲座、门球赛、钓鱼赛等各类健身比赛活动，形成了稳定的老年人客户群体，打造了“老年金融”服务品牌。

五、逐步完善服务渠道体系。该行淄博、潍坊分行成功开业，东营市新设网点4家，获批筹建1家，滨州市新设网点3家，获批筹建1家，全行分支机构已达40家，电子银行渠道建设发展较快，新设自助设备23台，累计达110台，物理网点与电子渠道、柜面服务与自助设备相补充的综合服务网络更加完善。

（东营银行）

【莱商银行】 2013年，莱商银行股份有限公司调整经营策略，加大信贷投放力度，加强产品创新，全力支持实体经济发展。

一、服务地方经济，做中小企业的贴心银行。一是加大存款的营销力度，提高存款的考核权重，同时把金凤卡作为吸引储蓄存款的重要载体，举行各类营销活动，加大理财产品的营销力度；二是多渠道筹措资金，加大对中小企业的信贷投放，在全国首次采取公开招标的方式成功发行20亿元小微企业专项金融债，同进出口银行青岛分行申请再贷款5亿元，支持当地小微企业发展；三是先后启用特别授信近20亿元为企业接续资金链，同时主动降低贷款利率，让利超过1亿元，截至年底，莱商银行累计发放中小企业贷款198亿元，占比80%以上，并与全市60%以上的纳税大户建立了合作关系。

二、以信用为轴线，打造互利共赢的银企合作新模式。

莱商银行提出了“发展有序、支持有度、风险可控、责任主导”的理念，积极探索破解制约中小企业融资难的担保抵押瓶颈，在全省率先推行主办行制度和信用贷款业务，目前为105户信用贷款企业授信43.5亿元。此外，李敏实董事长提出了“融资”与“融智”相结合的支持理念，自2002年起成功发起并主办了六次“中小企业发展论坛”。2013年论坛以“存在·规律·掌控”为主题，有鲁、苏、豫、津10地市的600余名中小企业代表参会。

三、以精简效能为原则，理顺总分支管理架构。

莱商银行不断完善经营管理模式。一方面莱芜辖内实行管辖行模式改革。将莱芜辖内钢城支行、莱城支行和总行营业部升格为管辖行，建立起了总分支三级管理架构，管辖行下设综合部、会计部、业务部，行使对下管理职能。另一方面总行部室架构调整迅速到位。将业务运营、授信审批、电子银行单独设立了部室，各部室根据职能下设业务中心，部室之间和内部职责分工更加明确。

四、以根植当地为宗旨，加快异地机构拓展步伐。

2013年，济宁、泰安、临沂、聊城四家分行先后开业，莱芜牛泉、济南历下、槐荫、菏泽东明、徐州丰县5家支行成立。异地网点达到28家，超过莱芜本部网点数。截至年末，异地机构存款余额152.7亿元，较年初增加57亿元，贷款余额96.8亿元，

莱商银行主要统计指标 1

单位：亿元

项目 \ 年度	2009	2010	2011	2012	2013	2013 年同比增幅（%）
本外币资产总额	212.68	249.43	331.62	400.02	464.49	16.12
本外币存款余额	170.6	194.86	201.81	279.33	311.8	11.62
人民币存款余额	170.49	194.41	201.51	277.78	311.37	12.09
单位存款	131.56	150.28	145.91	211.37	233.23	10.34
储蓄存款	38.93	44.13	55.6	66.41	78.14	17.66
本外币贷款余额	88.66	111.18	127.55	151.87	194.82	28.28
人民币贷款余额	87.51	110.06	125.7	148.9	190.23	27.76
短期贷款	81.3	99.74	117.26	142.7	185.78	30.19
中长期贷款	6.21	10.32	8.44	6.2	4.45	-28.23
票据融资	12.63	15.7	15.67	32.51	21.51	-33.84
利润总额	3.58	6.18	7.31	8.11	6.52	-19.61
不良贷款余额	0.97	0.88	0.82	0.92	3.1	236.96
不良贷款占比（%）	0.96	0.69	0.57	0.5	1.43	186

莱商银行主要统计指标 2

项目 \ 年度	2009	2010	2011	2012	2013	2013 年同比增幅（%）
单位结算账户（万户）	1.23	1.61	1.96	2.62	2.62	0
单位结算金额（亿元）	8173.97	6202.89	7448.50	8529.33	10854.52	27.26
个人结算账户（万户）	35.64	48.79	61.39	78.87	100.14	26.97
个人结算金额（亿元）	1070.69	913.72	1092.80	1289.68	1480.83	14.82
信用卡发卡量（万张）	0.0033	0.0750	0.1118	0.1259	0.1385	10.01
信用卡消费额（亿元）	0	0.0419	0.2408	0.2388	0.3037	27.18
企业网银客户（万户）	0	0.15	0.30	0.48	0.74	54.17
个人网银客户（万户）	0.44	0.54	0.76	1.07	1.89	76.64
手机银行客户（万户）	0	0	0	0.5165	0.6851	32.64
电话银行客户（万户）	0	0	0	0	0	0
现金自助设备（台）	33	45	55	77	106	37.66
营业网点（个）	27	33	36	44	53	20.45
自助网点（个）	1	1	1	1	1	0

较年初增加 24.7 亿元，份额占比接近全行的 50%。其中徐州、菏泽两家分行存款超过 40 亿元，菏泽、徐州、济宁三家分行存款增长超过 10 亿元。

五、以“以人为本”为核心，积极践行社会责任。

莱商银行通过不断创新选人用人机制、目标设定机制、收入分配机制和激励约束机制，打造了一支优秀团队。一是加强人才队伍建设，进行了统一员工拓展培训，提高业务技能，同时，开展“内控合规建设年”活动；二是发起三方存量信贷客户合作，发起签署了莱商、农行、农信三方存量信贷客户业务合作协议，在信贷客户信息共享、信贷需求协作扶持、突发问题联动处置方面再掀银银合作新篇章；三是热心社会公益事业，积极参与义务献血、春蕾计划、志愿者活动，为芦山地震捐款100万元，出资200万元冠名山东莱商女排，捐资200万元成立“慈母基金”，近五年累计缴纳税金超过15亿元，为公益事业捐款捐物超过1500万元。

（莱商银行）

【枣庄银行】 2013年，枣庄银行始终坚持“服务地方、服务民生、服务中小、服务高端”的市场定位，以“增强正能量、转型2013”为主线，以改革创新为手段，持续提升管理，经营效益稳步提高，发展转型取得积极进展。

一、主要发展指标再上新台阶。截至年末，存贷款增幅均居该市同行业首位；拨备覆盖率228.39%、贷款损失准备充足率488.59%、流动性比例51%、资本充足率10.93%；实现总收入7.95亿元，同比增加2.15亿元；拨备前利润3.15亿元，增加0.73亿元；净利润1.26亿元，增加0.31亿元。

二、调整营销思路，存款业务实现新突破。一是积极开展存款竞赛活动，掀起“增存款、拓市场”新高潮，实现首季开门红；

枣庄银行主要统计指标 1

单位：亿元

年度 项目	2009	2010	2011	2012	2013	2013年同比增幅（%）
本外币资产总额	53.63	65.37	73.22	99.2	124.15	25.15
本外币存款余额	49.65	58.56	65.09	90.49	112.03	23.80
人民币存款余额	49.65	58.56	65.09	90.49	112.03	23.80
单位存款	33.65	41.12	45.74	63.15	74.33	17.71
储蓄存款	15.93	17.25	19.3	27.2	37.56	38.08
本外币贷款余额	27	34.01	40.76	60	72.21	20.35
人民币贷款余额	27	34.01	40.76	60	72.21	20.35
短期贷款	22.76	30.28	33.99	40.46	56.2	38.89
中长期贷款	2.79	2.52	1.53	1.85	1.81	-2.08
票据融资	1.45	1.21	5.22	17.68	14.2	-19.64
利润总额	0.98	1.28	1.57	1.46	1.87	28.34
不良贷款余额	0.41	0.41	0.69	1.06	1.72	62.98
不良贷款占比（%）	1.53	1.21	1.7	1.76	2.38	35.23

枣庄银行主要统计指标 2

年度 项目	2009	2010	2011	2012	2013	2013年同比增幅（%）
单位结算账户（万户）	—	—	0.27	0.3	0.38	26.67
单位结算金额（亿元）	24.4	30.71	28.82	40.99	45.74	11.59
个人结算账户（万户）	—	—	8.84	9.65	11.95	23.83
个人结算金额（亿元）	3.2	0.94	3.07	4.3	5.72	33.02
信用卡发卡量（万张）	—	—	—	—	—	—
信用卡消费额（亿元）	—	—	—	—	—	—
企业网银客户（万户）	—	—	—	—	0.09	—
个人网银客户（万户）	—	—	—	—	1.13	—

续表

年度 项目	2009	2010	2011	2012	2013	2013 年同比增幅（%）
手机银行客户（万户）	--	--	--	--	0	--
电话银行客户（万户）	--	--	--	--	0	--
现金自助设备（台）	--	--	--	--	19	--
营业网点（个）	14	14	15	16	18	--
自助网点（个）	--	--	--	--	11	--

二是通过细分客户群体、分析市场状况和资金情况，实施差别化服务；三是及时做好存款结构性分析，定期调度存款任务进度，有效提高了统筹营销能力，储蓄存款占比稳步提高。

三、优化信贷投向，全力做好信贷管理。一是调整信贷投放重点，大力开展信贷产品创新，先后推出土地使用权封闭贷款、专利权质押贷款、商易通等信贷产品；二是改革和简化信贷审批流程，坚持“有扶有控”原则，准确把握绿色信贷服务重点，加大对小微企业的支持力度；三是加强与地方政府战略合作，重点支持市属骨干企业信贷需求；四是制定《异地授信业务管理办法》，促进该项业务健康发展。

四、大力开展中间业务，促进服务提升。一是网上银行业务快速发展，1 月正式上线运行；二是银行卡项目建设取得重大进展，发行金融 IC 幸福卡 5 万张，卡账户沉淀资金 3 亿元；三是推出“即时贷”、短信通知和银联柜面通业务，率先在全市实现电子现金跨行指定账户圈存；四是上线运行“聚财通 - 幸福利添利”、“聚财通 - 幸福周周赢”理财产品，为客户打造贴心、用心、轻松的理财服务；五是加大金融市场业务运作，开办了债券质押式回购、票据和投行业务，资金市场交易量近 600 亿。

五、完善公司治理机制，稳步推进增资扩股。一是修订完善了公司章程，明确各专门委员会工作职责，充分发挥决策参谋和监督评价职能；二是定期组织召开董事会和监事会，有效发挥内外部董、监事履职作用，维护银行和全体股东利益；三是稳步推进增资扩股工作，先后与中国建筑材料集团、永泰控股集团等达成重要合作意向，为实施“走出去”发展战略奠定了良好条件。

六、改革考核机制，确保业务安全平稳。一是创新考核机制，实施了“月度考核”和“过程考核”体系，遵循“奖上期、看本期”、“看发展、重质量”原则，有效避免基层网点短期行为和冲时点现象；二是引进绩效考核系统，修改完善违规行为责任追究办法，制定合规诚信举报制度、案件问责工作管理暂行办法，提高了案件防范能力；三是上线运行业务连续性管理系统，定期开展应急预案演练，全年安全无事故。

七、加强内部管理，促进企业文化建设。一是健全组织架构体系，新设人力资源与发展部、个人金融业务部和金融市场部三个职能部门；二是加快网点建设，新设新城支行、薛城永兴支行；三是引进高层次人才，组织参加互联网金融、资本市场与发展、小微贷款营销、中层领导力提升等各类培训，为发展转型提供人才保障；四是坚持“文化铸行”战略，积极打造和谐家文化，社会知名度和公信力不断地提升。年内，该行在金融时报和中国社科院金融研究所联合组织的中国金融机构金牌榜评比中，获得“年度最具创新力中小银行”的荣誉。

（张晨子）

【泰安市商业银行】 2013 年，泰安市商业银行经营业绩不断提升，各项工作稳步开展，取得了较好成绩。

一、存款规模显著增长，三类存款占比分别为 52.34%、37.41%、10.25%，存款结构进一步优化。

二、信贷规模有所提高，公司类贷款 108.42 亿元，较年初

泰安市商业银行主要统计指标

单位：亿元

年度 项目	2009	2010	2011	2012	2013	2013 年同比增幅（%）
本外币资产总额	163.84	192.39	215.19	244.67	276.93	13.19
本外币存款余额	121.60	144.36	146.58	188.87	232.26	22.97
人民币存款余额	121.60	144.36	146.58	188.87	232.26	22.97
单位存款	--	59.62	71.92	86.14	101.71	18.08
储蓄存款	54.63	58.03	68.67	93.77	121.57	29.65

续表

项目＼年度	2009	2010	2011	2012	2013	2013年同比增幅（%）
本外币贷款余额	70.64	84.62	96.18	108.88	126.58	16.26
人民币贷款余额	70.64	84.62	96.18	108.88	126.58	16.26
短期贷款	42.76	56.45	69.42	82.58	105.02	27.17
中长期贷款	13.62	13.77	11.92	5.68	10.59	86.44
票据融资	14.26	14.4	14.84	20.53	10.84	-47.20
利润总额	0.91	2.10	2.81	2.63	2.54	-3.42
不良贷款余额	0.97	0.97	1.90	1.95	3.5	79.49
不良贷款占比（%）	1.37	1.14	1.98	1.80	2.76	53.33

增长28.64亿元，增幅35.90%；个贷类贷款7.31亿元，减少1.25亿元，降幅14.64%。存贷比54.50%，较年初下降3.15个百分点。签发银行承兑汇票余额42.24亿元，较年初增加7858万元。小微企业贷款户数974户，比年初增加24户；授信户数1723户，较年初增加305户；余额53.87亿元，较年初增加9.83亿元。

三、盈利水平略有下降。实现拨备前利润40127万元，同比减少940万元，降幅2.29%。

四、金融市场业务稳步开展，实现利润5.02亿元，收益率达7.15%。一是创新多项业务，首次完成非公开定向债务融资工具参团、申购，推出了非保本类型理财产品，成功上线了上海清算所业务；二是积极带动授信开展，先后与多家城商行建立了联系，授信总额度超过110亿元。

五、推进公司业务创新升级。一是丰富业务产品线，打造特色业务品牌，完成"国库集中支付"系统上线工作，与泰山区财政签订战略合作协议，推出了"快易贷"、"诚信贷"等公司类新产品，同时完成"强村固基"工程2亿元配套资金实施方案；二是加强对实体经济的支持力度，对涵盖服务业的100个重点项目进行支持；三是与支付宝合作，推出了泰山乐积分、支付宝平台积分支付新业务，成为省内第1家、全国第11家上线合作的银行机构；四是上线了市民一卡通，在高新区泰山科技创业城落地了首个现代化园区应用；五是上线了"金紫薇卡循环贷"、"个人按揭类贷款"等业务，组建了金紫薇卡循环贷营销团队，开展了全方位的市场调研和大范围的业务推广宣传活动。

六、风控案防工作力度持续加强。按照"抓两头、控中间"的原则，大力压旧控新，严守风险管控底线，加快不良资产清收处置进度。一是继续深入推行风险经理制，10名风险经理先后派驻到10家支行；二是推进信贷业务管控工作，严格进行授信审查，对全行的关联企业进行排查，形成了授信名单；三是夯实全面风险管控基础，建立业务连续性管理平台，即"CeBCM平台"；四是多渠道消化不良资产及隐患，推进各项诉讼工作，针对问题授信客户实际情况制定切实可行的清收方案，采取以房抵贷、股权过户、债权转让、诉前保全等多种方式，重点案件重点突破。

（张志鹏）

三、农村合作银行

【山东临沂兰山农村合作银行】 2013年，山东临沂兰山农村合作银行以“夯实基础”为根本，以“抓落实、提质量、增效益”为目的，深化改革创新，转换机制流程，优化经营管理，各项业务稳步健康发展。

一、经营管理。一是加快制定重组方案和流程，为流程银行建设奠定了基础；二是启动社区银行建设及本地化金融电商平台建设工作，为打造独具特色的业务品牌奠定了基础；三是实行了“按绩取酬、上不封顶”的客户经理等级考核机制，并制定贷款尽职免责和收益覆盖不良风险的配套措施，打消了客户经理惜贷、惧贷心理；四是加强客户关系管理，推行由“营销客户”向“经营客户”的经营理念转变，以及由“跟着客户走”向“为客户创造需求”的更高层次转变；五是加快推进网点基础设施建设和装修改造力度，全年共整体装修搬迁网点9处，撤并低效网点4处，改造网点自助服务区16处，新设离行式

山东临沂兰山农村合作银行主要统计指标1

单位：亿元

项目 \ 年度	2009	2010	2011	2012	2013	2013年同比增幅（%）
本外币资产总额	139.93	155.82	163.37	197.6	227.16	14.96
本外币存款余额	122.72	140.53	141.98	164.14	192.89	17.52
人民币存款余额	116.14	140.53	141.98	164.05	192.75	17.49
单位存款	17.21	22.76	23.42	30.17	42.28	40.14
储蓄存款	96.15	110.43	111.81	126.48	141.48	11.86
本外币贷款余额	94.83	103.35	113.21	122.79	138	12.41
人民币贷款余额	94.83	103.32	113.13	122.34	137.50	12.39
短期贷款	77.32	86.23	97.49	96.45	106.94	10.88
中长期贷款	8.59	13.52	11.49	14.43	19.51	35.20
票据融资	8.92	3.56	3.83	11.44	10.48	-8.39
利润总额	2.05	2.33	2.29	2.1	2.6	23.81
不良贷款余额	4.72	2.68	2.67	4.55	3.56	-21.83
不良贷款占比（%）	4.98	2.59	2.36	3.70	2.58	-1.12

山东临沂兰山农村合作银行主要统计指标2

项目 \ 年度	2009	2010	2011	2012	2013	2013年同比增幅（%）
单位结算账户（万户）	0.45	0.59	0.79	1.07	1.22	14.02
单位结算金额（亿元）	1004.52	1231.64	1340.86	1544.92	2164.84	40.13
个人结算账户（万户）	140.90	150.80	163.56	176.52	190.97	0.08
个人结算金额（亿元）	3462.76	3958.79	4622.06	4753.24	5351.04	12.58
信用卡发卡量（万张）	0	0	0	0	0	0
信用卡消费额（亿元）	0	0	0	0	0	0
企业网银客户（万户）	0	0	0.04	0.13	0.20	53.85

续表

项目 \ 年度	2009	2010	2011	2012	2013	2013年同比增幅（%）
个人网银客户（万户）	0	0	1.36	5.44	7.83	43.93
手机银行客户（万户）	0	0	0.55	3.11	4.19	34.73
电话银行客户（万户）	13.02	14.22	15.72	17.52	19.57	11.70
现金自助设备（台）	65	80	100	140	204	45.71
营业网点（个）	92	92	92	92	88	-0.44
自助网点（个）	6	7	9	10	15	50.00

自助银行4处、精品自助银亭2处，更换网点户外标示24处，社会影响显著提升。

二、业务发展。一是依托专业市场和两区一园的区位优势，积极引导中小企业、市场商户组建企业、商户等信用联盟；二是根据客户需求适时推出特色信贷产品，全面满足客户资金需求，切实解决客户融资难、担保难的问题；三是在加大贷款投放力度的同时，大力发展电子银行、货币市场和国际业务，开办贵金属代销回购业务，收益实现多元化；四是扎实开展“金纽带”春天行动和“迎新春、庆千亿”业务营销竞赛等活动，存款实现快速增长，实体贷款投放效果明显；五是从严控新增不良和强力推动清收处置两条线发力，加强清收队伍建设，开展不良资产清收竞赛活动，加大依法清收力度，强化不良资产集中管理，探索市场化处置渠道，资产质量显著提升；六是开辟网点服务新渠道，引入省内首辆“汽车流动银行”，进驻市场、社区和学校，积极开展金融服务、业务宣传和知识普及等活动，为客户提供“零距离”、“面对面”的金融服务。

三、信贷管理。一是制定详细的市场策划、金融组合和防控方案，提高信贷营销的针对性和有效性；二是引入风险经理“二次调查”制度，推广小微贷交叉检验技术，将风险关口前移；三是与上海理工大学合作开发“小微客户贷款调查报告模板”的创建与应用项目，实现顺利交接，该项目受到上级管理部门高度评价，并将在全行范围内推广；四是综合考虑贷款户的信用状况、存款日均和电子产品使用情况等因素，制定合理的利率浮动区间，实行差别化定价机制，提高了市场竞争力。

四、风险控制。一是建立并完善风险提示制度，通过案例分析揭示风险，强化合规文化建设；二是扎实开展“案件防控长效机制建设年”活动，按季组织开展业务条线风险排查，堵塞风险漏洞；三是在常规审计的基础上，加强对重点业务的重点监督，强化日常业务操作监督和内设部门履职监督，提升审计督促和服务效果；四是组织安全保卫精细化流程学习，开展营业场所安全保卫精细化管理“标杆”活动，对重要部门、关键环节加大检查力度，切实整改屡查屡犯问题和重大风险隐患；五是组织信贷人员到市检察院、看守所等单位接受警示教育，牢筑思想道德防线；六是加强财会、信贷和电子银行等业务条线的基础检查辅导，强化辅导人员配备与职责履行，提高了操作风险的防控能力。

五、企业文化。一是完善周三定期学习制度，打造知识型员工和学习型企业；二是建立后备人才库，完善国际业务、资金营运和客户经理等岗位的资格认证考试制度，成立“青年研究小组”；三是加强各营业网点规范化服务督导工作，制定并推行“首问负责制”和“限时服务”制度；四是试点并推广“不喝客户一杯水、不抽客户一根烟、不吃客户一顿饭”的“三不”原则，树立“阳光信贷”企业新形象；五是推行目标责任制和重大工作立项推动责任制，提升制度执行力；六是深入开展以“走出机关、贴近一线、了解需求、转型服务”为主题的下基层调研活动；七是积极参与开展捐资助学、帮扶困难职工和走访慰问敬老院等活动，树立了良好社会形象。

（姜良强）

【山东圣泰农村合作银行】 2013年，山东圣泰农村合作银行坚持“稳健经营、稳步发展”的经营理念，解放思想、开拓进取，各项业务取得新进展。

一、存、贷款业务稳步发展。一是积极争取地方财政、税收、教育等部门资金，继续推广票据池、电子银行、银商联名卡、理财、国际、代理贵金属等业务，探索建立科学的考核激励机制，存款增长呈现多点支撑的可喜态势；二是以强化三大联盟建设为切入点，利用投放贷款的有利条件，扩大客户群体，增加存款来源；三是新一代信贷管理系统成功上线，“三个中心”（贷后检查、信贷专管员和放款中心）的职能进一步完善，信贷精细化管理水平显著提高；四是大力推介一抵通、三方监管质押、林权抵押等贷款业务，抢抓行业龙头和优质中小企业，大力拓展基础客户和高端客户群体，信贷结构明显优化。

二、金融服务功能进一步完善。一是按照省级规范化网点的标准对网点进行改造，配备多媒体宣传电视等便民设施，营造方便、安全、温馨的环境；二是以客户需求为导向，加强联行系统建设，共有19家营业网点加入大小额支付系统，所辖27家营业网点全部开通农信银支付系统和行内汇划系统；三是获得国际业务自营资格，全年办理国际业务118笔，金额315万美元；四是率先在全市农合系统推出理财产品，全年发行3期，募集资金1.28亿元。

山东圣泰农村合作银行主要统计指标1

单位：亿元

项目 \ 年度	2009	2010	2011	2012	2013	2013年同比增幅（%）
本外币资产总额	39.09	45.01	47.30	55.84	66.10	18.37
本外币存款余额	34.67	40.59	42.27	50.48	59.81	18.48
人民币存款余额	34.67	40.59	42.27	50.48	59.81	18.48
单位存款	--	17.63	18.71	22.76	28.93	27.11
储蓄存款	18.91	21.95	23.42	27.52	29.52	7.27
本外币贷款余额	26.80	29.72	30.89	37.02	43.21	16.72
人民币贷款余额	26.80	29.72	30.89	37.02	43.21	16.72
短期贷款	22.57	21.19	24.45	28.86	37.77	30.87
中长期贷款	3.34	6.56	5.05	5.92	4.42	-25.33
票据融资	0.84	1.97	1.40	2.24	1.02	-54.46
利润总额	0.72	0.57	0.40	0.66	0.88	33.33
不良贷款余额	2.44	1.54	2.25	1.78	1.07	-39.89
不良贷款占比（%）	9.10	5.18	7.28	4.81	2.48	-48.44

山东圣泰农村合作银行主要统计指标2

项目 \ 年度	2009	2010	2011	2012	2013	2013年同比增幅（%）
单位结算账户（万户）	0.61	0.70	0.82	0.97	0.79	-18.56
单位结算金额（亿元）	--	--	--	--	--	--
个人结算账户（万户）	13.59	17.42	27.76	36.25	36.51	0.72
个人结算金额（亿元）	--	--	--	--	--	--
信用卡发卡量（万张）	5.9	8.11	10.25	15.08	19.17	27.12
信用卡消费额（亿元）	11.85	5.38	18.29	9.6	17.9	86.46
企业网银客户（万户）	--	--	0.04	0.12	0.20	66.67
个人网银客户（万户）	--	--	0.19	1.05	1.68	60
手机银行客户（万户）	--	--	0.10	0.41	0.53	29.27
电话银行客户（万户）	--	--	--	--	--	--
现金自助设备（台）	17	21	24	37	48	29.73
营业网点（个）	27	27	27	27	27	0
自助网点（个）	2	2	2	2	4	100

三、资产质量、盈利水平明显提升。一是按照“堵新收旧”的思路，在强化信贷精细管理确保新增贷款质量的同时，加大不良贷款清收处置力度，共清收处置表内外不良贷款1.36亿元，收回不良贷款利息1558万元；二是针对部分中小企业资金链断裂风险，依靠诉讼保全渠道，及时查封借款企业、担保企业有效资产，积极与担保单位沟通协调，有效化解贷款风险；三是合理运用资金头寸，加大贴现营销力度，全年累计办理票据贴现业务493笔，金额8.83亿元，实现利息收入1149

万元；四是不断完善财务管理制度，合理压缩费用开支，降低财务成本。

四、提升员工综合素质。一是组织全行 280 余人次参加“预防职务犯罪警示教育会”、“邹城监狱警示教育现场会”等活动，提升干部职工防腐拒变的警觉性；二是建立客户经理月度例会制度，组织培训 1700 人次；三是鼓励员工积极参加相关资格考试，共有 124 名员工通过会计师、经济师、理财规划师等初、中级职称考试。

五、积极推进企业文化建设。一是为全辖网点配备微波炉、就餐座椅等设施，统一为午间临柜人员配送午餐，解决城区网点午间值班人员就餐不便问题；二是组织老干部畅谈会、青年员工座谈会、三八妇女节座谈会，对困难职工进行帮扶，对职工子女升学给予奖励等，进一步增强干部职工干事创业的归属感；三是通过举办文艺晚会、运动会等活动，丰富职工的业余文化生活。

（郭晓娟）

四、外资银行

南洋商业银行(中国)有限公司青岛分行

【第一负责人简历】 李向前，男，汉族，1960年12月生，山东青岛人，党员，经济管理本科学历。1988年起分别担任中国银行青岛分行副处长、处长、支行行长、行长，中国银行山东省分行处长、总经理，中国银行东营分行行长，2013年12月起任南洋商业银行(中国)有限公司青岛分行行长。

【综述】 南洋商业银行(中国)有限公司(以下简称“南商(中国)”)是中国银行(香港)有限公司(简称“中银香港”)通过其全资附属机构南洋商业银行有限公司(简称“南商”)全资拥有的外商独资法人银行。

南商于1949年在香港成立，1982年，在深圳特区开设分行，成为新中国成立后第一家在内地经营的外资银行。2007年12月3日，南商将其在内地的分支行改制为外商独资法人银行南洋商业银行(中国)有限公司，总部设于上海。2009年8月，中银香港原青岛分行改制更名为南洋商业银行(中国)有限公司青岛分行。目前在全国设有15家分行、21家支行，其中青岛分行辖设1分3支。

【经营管理】 2013年，南商(中国)青岛分行充分利用贸易金融及离岸金融的跨境服务优势，为国内走出去与海外走进来的企业提供整套的金融解决方案，扶持企业发展壮大；同时，个人银行为境内外个人提供本外币按揭贷款、非标准定期外币存款、理财、跨境见证开户等特色个人金融服务，保持审慎合规的经营原则，各项业务健康快速发展，其经营情况呈现以下特点：一是坚持调整和优化客户结构、货币结构及利率结构；二是积极拓展营销渠道，不断扩大客户群体；三是继续推进网点建设，网点效能不断提升；四是盈利能力同比大幅提升。

【大事记】 10月21日 南商(中国)青岛分行第三家支行暨南商（中国）青岛城阳支行正式挂牌对外营业（青银监复[2013]219号)。

12月10日 任命李向前行长担任青岛分行行长(青银监复[2013]278号)。

(孙婉珺)

新韩银行(中国)有限公司青岛分行

【第一负责人简介】 郑浩喆，男，1963年3月生于韩国，毕业于韩国忠北大学经济学系，1988年12月起先后担任韩国忠北银行忠仁洞分行代理，韩国朝兴银行忠北本部副部长、纷坪洞分行副行长，韩国新韩银行纷坪洞分行副行长，忠北营业部金融中心分行长；2010年8月3日起任新韩银行(中国)有限公司青岛分行分行长。

【综述】 新韩银行(中国)有限公司(以下简称“新韩银行”)于2008年5月12日在北京设立，自1994年在天津设立分行起，目前共拥有天津、上海、青岛、北京、无锡、长沙、深圳、沈阳八家分行以及下属八家支行。新韩银行(中国)有限公司青岛分行(以下简称“新韩银行青岛分行”)成立于2005年10月25日，青岛城阳支行成立于2008年9月1日。

【经营管理】 2013年，新韩银行青岛分行零售业务取得了进一步的发展，资产总额32.02亿元，各项存款额20.35亿元(含保证金存款3.54亿)，各项贷款额10.21亿元，纯损益997.75万元。该行主要业务范围除对公对私全面本外币业务以外，已开展银行卡业务、电子银行业务(网上银行、电话银行)、理财业务，远期结售汇业务等。同时，该行协同韩国母行开发全方位立体式的企业资金管理服务Inside Bnank金翼通(CMS)服务。截至目前已有10余家企业加入并使用金翼通资金管理服务。

【大事记】　9月　向外汇局正式进行外汇掉期业务备案，并于11月初获得外汇总局批复。

10月　首次尝试发售了4支挂钩于港股和韩国股市的结构性产品。

12月　成功了发售了挂钩于韩国股指KOSPI200的结构性理财产品。

（宋　柏）

汇丰银行（中国）有限公司济南分行

【第一负责人简介】　仇吉媛，1999年加入汇丰银行（中国）有限公司青岛分行，先后在贸易服务部、工商业务部工作。2008年4月任汇丰青岛分行副行长，2010年任山东地区工商业务总监，2013年2月任汇丰济南分行行长。

【综述】　汇丰银行（中国）有限公司（以下简称"汇丰中国"）作为首批本地注册的外资法人银行于2007年4月2日正式开业，总行设于上海，由香港上海汇丰银行有限公司全资拥有，现有超过150个网点。

汇丰银行（中国）有限公司济南分行（以下简称"汇丰济南分行"）是进驻济南的首家外资银行，于2009年7月21日正式开业，业务区域覆盖济南及周边地区，向中外资企业和个人客户提供全面的本外币银行服务。

【经营管理】　2013年，汇丰济南分行的业务持续稳步上升，在产品与服务方面丰富和活跃了当地的金融市场，助力企业"走出去"。在发展业务的同时，注重风险控制，强调合规经营。

【大事记】　3月　汇丰中国行政副总裁戴志凯到济南分行视察工作，拜访市政府领导及监管机构领导，并参加了分行的"年度联谊会"。

7月　汇丰中国战略与规划总监颜守一到济南分行视察工作。

9月　济南市市委书记王敏到汇丰济南分行视察工作。中国银监会银行三部主任段继宁到汇丰济南分行视察指导工作。

10月　汇丰济南分行携手幸福家园老年公寓在济南共同启动了"2013汇丰中华慈善敬老计划"活动。

（张婷婷）

汇丰银行（中国）有限公司青岛分行

【第一负责人简介】　张芳，女，1974年10月生，毕业于山东经济学院，现山东大学EMBA在读。1995年加入香港上海汇丰银行有限公司青岛分行，历任汇丰青岛分行贸易服务部主任、企业银行部经理、青岛经济技术开发区支行行长。2009年初调任济南筹建济南分行并任汇丰银行（中国）有限公司济南分行行长。2013年1月至今，任汇丰银行（中国）有限公司青岛分行行长。

【综述】　汇丰银行（中国）有限公司于2007年4月2日正式开业，由香港上海汇丰银行有限公司全资拥有，其前身是香港上海汇丰银行有限公司的原中国内地分支机构。

香港上海汇丰银行有限公司于1865年在香港和上海成立，目前在上海设有一间分行，从事外汇批发业务，是汇丰集团的创始成员和集团在亚太区的旗舰。

汇丰中国已在中国内地52个主要城市设立160多个服务网点，包括30家分行和130多家支行。

汇丰银行于1992年1月在青岛设立代表处，1993年2月升格为分行。2007年4月，汇丰中国挂牌成立。汇丰银行青岛分行（以下简称"汇丰青岛"）于2007年4月取得了对本地居民提供人民币零售业务的资格，全面开展外汇业务和人民币业务。截至2013年12月底，汇丰在青岛已拥有一家分行和四家同城支行。

【经营管理】　2013年，汇丰青岛积极推进各项新业务的开展，包括新增手机银行服务、开办人民币对外汇期权业务、开展证券投资基金销售业务、开展跨境人民币银行、公司担保业务等。各项业务指标均实现较快增长,资产信贷质量良好,无不良贷款,盈利能力进一步增强。

【大事记】 3月 汇丰青岛被人行青岛市中支授予“青岛市2012年反洗钱自律考核评价A级单位”。

4月 汇丰青岛被人行青岛市中支授予“青岛市2012年金融机构综合评价A级单位”。

5月 汇丰青岛工商业务部中小企业服务团队被评为全国银行业“小微企业金融服务优秀团队”。

汇丰青岛在2013年青岛市金融消费宣传月活动评比中被评为优秀组织单位。

9月 汇丰青岛举办了名为“携手汇丰,共筑成功”的高端商务活动,包括“2013汇丰经济论坛”和“汇丰之夜”啤酒节两部分。

10月 汇丰青岛在人行青岛市中支举办的青岛市银行“青春牵手 同心共筑中国梦”大赛中获得一等奖。

(韩彦平)

渣打银行(中国)有限公司青岛分行

【第一负责人简介】 陈国华(Lucy Chen)毕业于首都经济贸易大学,硕士学位,拥有17年银行工作经验,涉及领域包括运营、营销、法律合规、个人银行业务、财务管理和业务战略规划。2009年5月20日加入渣打银行,出任渣打银行(中国)有限公司青岛分行行长。

【综述】 渣打集团是一家国际领先银行,分别在伦敦、香港以及孟买交易所上市,在全球市场上经营已超过150年,在70个国家设有1,700多个分支机构。渣打银行自1858年在上海开设首家分行以来,目前在中国拥有25家分行、77家支行和1家村镇银行,营业网点达103家。2007年4月,渣打银行(中国)有限公司成为第一批本地法人银行之一。

【经营管理】 2013年渣打银行(中国)有限公司青岛分行秉承致力于成为个人客户和企业客户的首选银行和合作伙伴的经营理念,保持审慎合规经营的原则,在建立良好的客户拓展、团队建设基础上,各项业务取得了健康快速增长,经营情况呈现业务结构的优化、存款较快增长、盈利同比提高三个特点。一是注重新兴业务品种开发,为当地企业走出国门,发展海外业务提供金融解决方案;二是坚持对中小企业加大扶持力度,提供银行多样化产品的配套销售,大力推广中小企业无抵押贷款等新产品;三是个人银行继续通过“优先理财”和“创智理财”两个品牌为本地客户提供全面、高效、个性化的理财产品,挂钩标的覆盖汇率、利率、股票指数 / 篮子、商品指数 / 价格等各类资产。

(高 祥)

企业银行(中国)有限公司青岛分行

【第一负责人简介】 梁锺必,男,1961年10月生,毕业于韩国明知大学,1980年进入韩国中小企业银行。2007年来到中国,担任企业银行苏州分行行长,2013年初任青岛分行行长。

【综述】 企业银行(中国)有限公司青岛分行(以下简称“企业银行青岛分行”)原名为韩国中小企业银行青岛分行,成立于2003年7月15日,是青岛第一家韩国独资银行。2009年6月22日转制为外商独资银行分支机构。2010年1月15日,城阳支行作为青岛分行辖属的第一家支行正式对外营业。目前业务经营是对各类客户的外汇业务及人民币业务。

【经营管理】 2013年,企业银行青岛分行努力开展业务、拓宽服务领域,各项业务得到了有效的开展。该行加强对小微企业的贷款扶持;通过人民币业务、外币业务服务的不断完善,在保有原有客户的基础上不断增加新业绩;利用新开展的理财业务、CMS业务等加大宣传力度和服务范围,努力打造“风雨相伴、值得信赖”的金融机构形象。同时注重员工培养,采取多项措施增强员工归属感和忠诚度,降低流失率,每季度选派优秀职员参加韩国母行研修,鼓励员工参加各类银行业务相关证书考试;每年为职员安排体检、定期组织旅游等。

【大事记】 3月5日 梁锺必出任企业银行青岛分行行长。

4月16日 企业银行中国地区法人长李根燮来青岛分行视察工作。

10月31日 开展对公及对私理财业务。

12月19日　企业银行青岛经济技术开发区支行经青岛银监局批准正式对外营业。

12月31日　企业银行青岛分行获得全行2013年下半年度经营业绩考评第一名及2013年全年度经营业绩考评第二名。

（杨　倩）

日本山口银行股份有限公司青岛分行

【第一负责人简介】　清水雅彦，男，1968年3月2日生，1990年3月毕业于中央大学经济系，同年4月进入山口银行人事部工作，先后任职于福川分行、神户分行、久留米分行行长代理、德山分行课长代理、德山分行课长、平和通分行行长、国际部副部长。2013年10月任青岛分行行长。

【综述】　日本山口银行股份有限公司（以下简称“山口银行”）位于山口县下关市，除了在青岛、大连和韩国的釜山设有分行之外，在香港还设有代表处。

山口银行青岛代表处设立于1985年11月，1992年升格为青岛分行。该行客户范围不仅限于当地，还积极向上海、北京以及其周边地域开展业务。

【经营管理】　山口银行青岛分行在对中小企业进行积极支援的同时，努力预防风险，贯彻合规经营方针，开展健全的积极经营；应对客户需求，提供优质服务。

【大事记】　7月　山口银行青岛分行作为对中日两国友好亲善和相互理解的贡献，受到了日本外务大臣表彰。

9月　举办了第12届山口银行杯日语大奖赛。

10月　分行长由兼重清史变更为清水雅彦。

（吴慧兰）

瑞穗实业银行（中国）有限公司青岛分行

【第一负责人简介】　广濑俊(Hirose Shun)，男，1964年7月生，1988年3月毕业于日本北海道大学农学系。1988年4月进入日本兴业银行名古屋分行，1997年任职于日本兴业银行大连分行。2002年先后在瑞穗金融集团旗下的日本瑞穗实业银行股份有限公司（以下简称“瑞穗实业”）的国际管理部、中国营业推进部以及日本瑞穗银行股份有限公司的国际业务部任职。2009年4月任瑞穗实业台北分行副行长。2013年4月，任瑞穗银行（中国）有限公司青岛分行行长。

【综述】　瑞穗银行（中国）有限公司（以下简称“瑞穗中国”）于2007年6月完成了本地法人注册，总部位于上海，是日本瑞穗银行股份有限公司的全资子公司。截至2013年12月31日，瑞穗中国已拥有14个营业网点，注册资本95亿元人民币。

2008年4月，瑞穗中国青岛分行成立，2008年4月28日正式开业。

【经营管理】　2013年，瑞穗中国青岛分行各项贷款余额与年初基本持平，贷款质量良好，没有发生不良贷款，各项存款余额比年初有所减少。经营的业务包括：存款、贷款、票据承兑与贴现、提供信用证服务及担保、办理国内外结算、提供资信调查和咨询服务等。经营范围主要对山东省和部分周边地区。

【大事记】　4月　青岛银监局核准广濑俊青岛分行行长的任职资格（青银监复[2013]53号）。

5月　瑞穗中国行长网野良一到青岛分行视察工作，并拜访了青岛市银监局、人行青岛市中支领导。

7月　日本瑞穗金融集团旗下的瑞穗实业与日本瑞穗银行股份有限公司合并成为日本瑞穗银行股份有限公司。

瑞穗中国行政部王俊健部长、事务部齐藤博之部长一行到青岛分行视察工作。

10月　中国银监会批准瑞穗中国名称由“瑞穗实业银行（中国）有限公司”变更为“瑞穗银行（中国）有限公司”，瑞穗中国青岛分行名称也相应变更为“瑞穗银行（中国）有限公司青岛分行”，新行名自2013年12月2日正式启用。

（李香淑　文德苏）

第七部分

金融机构运行报告
——保险机构

中国人民财产保险股份有限公司山东省分公司

【第一负责人简介】 方杰，男，1958年11月生，宁夏人，中共党员，高级经济师。1975年8月参加工作；1982年8月进入中国人民保险公司宁夏分公司工作，历任支公司业务员、副经理、自治区分公司处长、副总经理、总经理；2004年7月，任重庆分公司党委书记、总经理；2009年4月至今，任中国人民财产保险股份有限公司山东省分公司党委书记、总经理。

【综述】 中国人民财产保险股份有限公司（PICC P&C，简称“人保财险”）是经国务院同意、中国保监会批准，于2003年7月由中国人民保险集团公司发起设立的、目前中国内地最大的非寿险公司，注册资本111.418亿元。人保财险山东省分公司在全省16个市（不含青岛）设有260个分支机构，员工队伍逾9000人。

2013年，人保财险山东省分公司秉承“以人为本、诚信服务、价值至上、永续经营”的理念，充分发挥品牌、人才、产品、技术和服务等优势，为促进改革、保障经济、稳定社会、造福人民提供强大的保险保障。

【经营管理】 2013年，人保财险山东省分公司在经营管理方面所做的主要工作：

一、狠抓重点、对标市场，公司竞争能力显著增强。一是车险实现保费收入86.29亿元，同比增速11.25%，实现承保利润7.91亿元，增长35.76%；二是加快提升商业非车险业务贡献度，持续扩大创新社会管理领域业务规模，与潍坊、东营市政府签订农业产业化战略合作协议；三是扎实做好新农合大病医疗保险，服务3100万居民。

二、加强全面预算管理，费用差异化配置能力进一步提高。车险当年赔案理赔周期10.48天，居全国系统首位；车险万元以下赔案理赔周期8.31天，同比提速19.46%。出单速度缩短至5.10分钟，居全国系统第7位；人工核保时长1.42分钟，居全国系统第2位。

三、实施两轮驱动战略，建设“老百姓家门口的保险公司”。建成三农营销服务部（站）1224家，乡镇覆盖率达91.41%；建成三农保险服务点47885个，行政村网点覆盖率77.25%。三农网点实现保费13.55亿元，同比增加43.61%。城市区域综合服务体系完成城网转型一期工程77家。

四、销售组织架构创新优化。一是持续深化销售队伍人力资源改革，着力构筑垂直化渠道管理体系；二是推广电销微信平台和网销移动互联项目；三是成功竞回并首席承保中国国电集团山东区域17个电厂的财产险项目；四是首席承保海阳核电二期工程险业务。

五、加强服务标准化建设。一是开展客户接触界面服务标准化培训；二是严格执行服务无休日制度，客户界面进一步优化；三是全面推行可视化监控系统；四是实施“车险客户保单生命周期差异化服务方案”，推出30余项增值服务举措。

中国人民财产保险股份有限公司山东省分公司主要统计指标

项目 \ 年度	2009	2010	2011	2012	2013	2013年同比增幅（%）
总资产（亿元）	73.13	88.8	104.13	113.96	114	0.04
签单数量（万件）	360.4	385.14	396.43	453.36	503.91	11.15
保费收入（亿元）	72.02	90.05	93.62	104.07	120	15.31
处理赔案（万件）	84.49	93.81	86.64	105.88	145.53	37.45
赔付支出（亿元）	42.84	46.19	51.36	59.52	62.38	4.81

【内部管理】 2013年，人保财险山东省分公司一是扎实开展党的群众路线教育实践活动，持续强化重点岗位和关键环节的内控合规与风险管理履职能力，全面推进党风廉政建设；二是加强班子队伍建设，创新干部能力素质评价机制，建立了省市县三级管理人员及后备干部能力素质测评数据库；三是进一步深化与各级政府的沟通联系，取得了“地方政府有批

示、外部媒介有声音、业务发展有特色”的积极成效。

【大事记】 1月1日 人保财险山东省分公司在山东省级机关政府采购中心召集的山东省卫生厅新型农村合作医疗重大疾病医疗保险招标项目中，以总分第一的成绩成功中标。

1月6日 人保财险山东省分公司与山东省卫生厅签署新农合大病保险工作承办服务协议。

1月17日 人保财险总裁王银成分别出席东营、潍坊两市金融保险支持农业产业化发展推动会议，人保财险山东省分公司与东营市、潍坊市签署农业产业化全流程风险控制项目战略合作协议。

1月30日 人保财险山东省分公司与山东钢铁集团财务有限公司签署战略合作协议。

2月 人保财险山东省分公司在威海签发山东省渔工责任保险第一单。

3月15日 人保财险山东省分公司在聊城与山东时风(集团)有限责任公司签署非机动车第三者责任保险业务合作协议，签发山东省新能源电动汽车第三者责任保险第一单。

4月28日 人保财险山东省分公司在济南平阴县签发国内玫瑰保险第一单。

5月20日上午10时50分左右 济南章丘保利民爆济南科技有限公司发生爆炸事故，该公司在人保财险山东省分公司投保安全生产责任险。5月31日，人保财险山东省分公司完成600万元预付赔款支付。

5月28日 人保财险山东省分公司在潍坊寿光签发订单农业贷款保证保险，首批签单16笔，共为15户种植户和1个中小企业的涉农贷款提供风险保障，承担保险金额850万元，实现了农业产业化全流程风险控制项目的突破。

7月24日 人保财险山东省分公司与枣庄市政府签署战略合作协议。根据战略合作协议，双方将以金融支持国家农村改革试验区建设和发展现代农业为契机，在农业产业化、政策性保险和商业保险等领域建立市场化运作的长效合作机制。

9月13日 人保财险山东省分公司与山东省海洋与渔业厅签署《战略合作协议》和《渔业互保合作协议》。

10月24日 人保财险山东省分公司与一汽丰田在济南正式启动山东区域3A级合作。

12月26日 人保财险山东省分公司与山东核电有限公司在济南举行山东海阳核电二期工程项目保险签约仪式。人保财险山东省分公司作为首席承保人，为山东海阳核电二期工程保险项目提供建筑安装工程一切险及第三者责任险保险保障。

(尚 斌)

中国人寿保险股份有限公司山东省分公司

【第一负责人简介】 白彬，男，回族，1958年2月生，中共党员，高级经济师，高级工商管理硕士(EMBA)，山东省保险行业协会常务理事，山东大学经济学院特聘教授、硕士生导师。1975年11月参加工作；1982年12月起，历任人保山东分公司科员、副主任科员、主任科员、副处长。1996年7月起，历任中国人寿保险股份有限公司山东分公司副处长、处长，党委委员、副总经理。2007年2月，任总公司个险销售部总经理。2009年6月至今，任人寿山东分公司党委书记、总经理。

【综述】 2013年，中国人寿保险股份有限公司山东省分公司(以下简称“人寿山东分公司”)在深入坚持“转方式、调结构、强后劲”的主攻方向、贯彻“强举绩、提件均、扩新单”的工作方针、推动“三渠九部”(即个险、团险和银保三个销售渠道及其下辖的9个业务拓展部)战略基点建设上下功夫，公司转型发展取得了新成绩。

【经营管理】 2013年，人寿山东分公司深入把握市场拓展和销售组织建设规律，多元化、多路径开拓市场领域的思路举措，业务发展积极均衡、稳中有进。

一、以续期加速积累为主导的总量增长机制作用显现。公司实现续期保费132.42亿元，占比65.19%，5年以上续期保费比例达到87.65%；首年保费82亿元(含短期险)，长险首年标准保费13.04亿元；长险首年期交保费27.52亿元，其中10年期及以上交保费15.61亿元，同比增长15.71%；短期险保费达11.29亿元，同比增长8.35%。续期保费、长险首年期交保费、5–9年期交保费、10年期及以上交保费等核心价值指标稳居全国系统前3位。

二、以优质业务放量为主导的总量增长机制作用显现。截至年末，全省险种可用费用15.12亿元，可用佣金及手续费14.02亿元；新农合大病保险到账保费4.29亿元，赔付人次和金额分别达28.6万人次和4.32亿元；代理企业年金新增中标规模8.3亿元，代理中国人寿财险业务7.69亿元，均列全国系统前茅。该公司占山东寿险行业市场份额30.56%，大幅领先主要竞争对手。

三、“三渠九部”战略基点建设稳步推进。各级公司积极构建主责突出、经营多元、特色鲜明的竞争发展主体，着力推动

中国人寿保险股份有限公司山东省分公司主要统计指标

项目＼年度	2009	2010	2011	2012	2013	2013年同比增幅（%）
总资产（亿元）	587.02	709.23	810.98	908.39	954.16	5.04
签单数量（万件）	581.97	633.53	616.58	548.93	436.78	-20.43
保费收入（亿元）	183.05	202.83	198.81	202.91	218.71	7.79
处理赔案（万件）	28.57	30.63	30.2	34.48	36.36	5.45
赔付支出（亿元）	42.83	33.42	42.40	51.25	102.66	100.30

预算责任延伸下沉，销售队伍根植市场的能力持续增强。个险城区、农村、区域拓展部人力分别达到1.59万人、2.38万人和1.26万人，实现长险首年期交保费8.63亿元、7.86亿元和6.04亿元。网点代理和机构业务实现首年保费分别达到23.2亿元、7.1亿元，客户经理和理财经理自主销售首年期交保费分别达到4700万元、2.26亿元。团险渠道专职销售人力1578人，法人、渠道、小额拓展部分别实现新单保费（含短险）2.02亿元、4.35亿元和1.86亿元。个险渠道新签约人力2.12万人，月均增员率为4.21%。

【内部管理】 2013年，人寿山东分公司扎实推进内部管理工作，防范化解风险能力显著提高。

一、后台运营提质增效成效明显。一是分期分批对各市分公司柜面人员进行了以心理辅导、情绪调节、客户应急处理为主要内容的压力舒缓培训；二是扎实开展"国寿客户节"、"国寿大讲堂"、"特约商家特惠"等系列活动。截至年末，全省系统新单和续期授权银行转账收费率分别达91.15%和67.33%，均提高16个百分点以上；授权银行转账付费率达99.47%。个险续收率达95.15%，银保续收率达93.51%。国寿E家出单件数和保费达到54万件和20亿元，出单率和保费贡献率分别为91.8%和93.1%。95519电话中心呼入电话104万通，接通率93.27%。个险和银保新单犹豫期内电访成功率达99.39%和94.95%。

二、防风险促稳定工作扎实有效。一是开展了以加强纪律、作风、廉政、内控等项建设为主题的纪检监察和内控合规教育活动；二是认真完成了内控专项评估，加强关键岗位异常数据分析核查和风险数据专项核查；三是开展风险预警电话回访真实有效性检查，查处销售人员违规行为324起，更新客户信息的保单4.53万件，办理复效保单2.04万件，复效保费8324万元；四是深入开展"诚信我为先"活动，加强对销售误导的自查自纠和专项检查；五是高度重视防范满期给付和退保风险，坚持提前预判、介入和化解，守住了维护稳定的第一道防线。

三、干事创业环境进一步优化。一是全年举办省级集中培训班288期，对各级管理骨干、关键岗位、各类销售人员2.42万人次进行了集中强化培训；二是充实专兼职讲师队伍，省公司讲师团人数达到170人，全省系统专兼职讲师队伍达到1841人；三是启动了省公司本部治理"庸懒散"正风肃纪专项活动，加强费用管控、精简会议文件，全省业务招待费用同比下降27.32%，省公司发文数量下降12%。

【大事记】 1月6日 山东省委常委、常务副省长孙伟、省金融办主任李永健、山东保监局副局长巩庆军一行赴人寿山东分公司调研慰问，并深入济南分公司共青团路客户服务中心看望一线员工。

1月6日 山东省新农合大病保险签约仪式暨第一次工作联席会议在济南举行。省卫生厅副厅长仇冰玉代表省卫生厅分别与人寿山东分公司和人保财险山东分公司签订了大病保险合作协议，这标志着山东省新型农村合作医疗重大疾病医疗保险工作正式拉开帷幕。

1月17日 人寿山东分公司与省老龄办在济南联合召开山东省银龄安康工程2012年总结表彰会议，对11个先进单位和63名先进个人进行了表彰。

2月1日 人寿总公司党委组织部（人力资源部）以视频会议形式，宣布了总公司党委、总裁室对人寿山东分公司领导班子调整充实的决定，任命胡斌为党委委员。

2月2日～3日 人寿山东分公司在济南召开全省系统工作会议。

2月16日 人寿山东分公司组织召开全省系统七大平台创先争优视频启动大会，总经理白彬到会讲话。

3月22日 人寿山东分公司举行新营业用房项目奠基典礼，党委书记、总经理白彬致辞。

3月30日～31日 人寿山东分公司在济南召开全省系统纪检监察销售督察与内控合规工作会议。

3月31日 人寿山东分公司在济南召开全省系统运营服务工作会议。

4月16日 人寿山东分公司接受山东省福彩公益金赠送老年人意外伤害保险仪式在济南市富翔老年公寓举行。

5月31日 人寿总公司总裁万峰、副总裁缪平、银行保险部总经理李国栋一行到山东分公司调研，并参加了该公司银保渠道业务发展座谈会。

7月25日～26日 人寿总公司党委委员、副总裁林岱仁一行来山东分公司调研指导群众路线教育实践活动。

8月7日～16日 人寿山东分公司党委成员白彬、胡斌、张明、徐明光、李恩林、周曙光、吴锋等分别赴济南、潍坊、泰安、淄博、济宁、临沂、枣庄等地,就深入开展党的群众路线教育实践活动进行"基层纳谏",广泛征询基层意见、建议。

8月22日~23日 中央党的群众路线教育实践活动第34督导组来人寿山东分公司调研指导工作并召开座谈会。

9月29日 人寿山东分公司总经理白彬向济南市委书记王敏一行详细介绍公司新办公楼基建项目进展情况。

10月5日 人寿山东分公司召开全省系统个险渠道"创业薪启航创富大升级"组织拓展活动调度会议。

10月9日~10日 人寿山东分公司在济宁培训中心召开全省系统满期给付及运营管理重点工作会议。

11月23日 人寿山东分公司召开全省系统个险渠道"创富大决战"冲刺调度视频会议,总结分析前期个险业务发展情况,安排部署个险冲刺重点工作。

12月18日 人寿山东分公司召开治理"庸懒散"正风肃纪专项活动启动部署会议。

12月27日~28日 人寿山东分公司召开全省系统财务工作会议。

(齐登宝)

泰山财产保险股份有限公司

【第一负责人简介】 郭永利,男,1964年5月出生,研究生学历,泰山财产保险股份有限公司董事长、党委书记。历任山东省税务局办公室科员、副主任科员、主任科员,山东省国税局办公室主任科员、稽查局副局长、办公室副主任,莱芜市国税局局长、党组书记,莱芜市副市长、市委常委,山东省金融工作办公室副主任、党组成员、党组副书记。

【综述】 泰山财产保险股份有限公司(以下简称"泰山财险公司")是由中国重汽集团、山东高速集团等16家省管国有企业发起设立,经中国保险监督管理委员会批准成立的首家注册地在山东的全国性保险法人机构,2011年1月18日揭牌开业,注册资本20.3亿元。主要经营范围:财产损失保险;责任保险、信用保险和保证保险;短期健康保险和意外伤害保险;上述业务的再保险业务;国家法律、法规允许的保险资金运用业务;经保监会批准的其他业务。

【经营管理】 2013年,泰山财险公司秉承"规范治理、稳健发展、创新经营、诚信服务"的理念,扎实推进各项工作。

一、强化依法合规经营。在全辖开展了反洗钱、外汇管理全面自查自纠工作,梳理有关制度和业务流程,全面排查管理漏洞和业务风险,对问题及时整改,确保符合监管规定。同时,扎实推进安全生产检查、反保险欺诈和治理商业贿赂工作,化解各类风险隐患,全年无重大经营风险发生。

二、提升业务发展能力。一是积极推进结构调整,强化业务品质管理;二是加强渠道建设,与129家经纪、代理公司建立了业务合作关系,成为机构保费收入的重要来源;三是大力推进农业保险,自上年起开始承办6个地市、8个县区政策性农业保险,实现保费收入3433万元;四是着力加强客服建设,全年车险件数当期结案率89.3%,继续保持良好水平。

三、积极落实"金改22条"(山东省政府的"金改22条"明确提出拓宽保险服务领域,支持泰山财险公司等注册地在山东的保险公司拓展机构网络,创新产品和服务方式)。一是加强与全省各地市的联系,目前已与济宁、聊城市政府签署战略合作协议,此外,还出台了领导班子分工联系省直部门方案,进一步做好省直统筹业务;二是积极开展战略研究,召开了战略发展研讨会,对今后发展做出了重新定位。

四、坚定不移改革创新。一是再造组织架构,减少部门设置,将总公司17个部门缩减至12个部门,调整充实部门职能,优化人员结构;二是围绕公司年度经营目标和主要任务,研究确定了总公司员工绩效考核办法和分公司经营绩效考核办法,建立起激励和约束并重的绩效考核体系;三是实行扁平化管理,通过缩短管理链条,减少管理层级,优化操作流程,降低成本、提高执行力。

五、积极开展机关作风建设。一是扎实开展教育实践活动,明确改进方向;二是大力开展降本增效活动,出台了《关于厉行勤俭节约减少公务接待开支有关规定》和《企业领导职务消费暂行办法》;三是全面开展作风整顿活动,出台了加强总部机关作风建设实施方案。

【客户服务】 2013年,泰山财险公司以提高理赔时效、提升理赔品质为目标,健全制度、完善考核、创新服务、诚信经营,努力营造和谐发展的良好环境。

泰山财产保险股份有限公司主要统计指标

项目 \ 年度	2009	2010	2011	2012	2013	2013年同比增幅(%)
总资产(亿元)	--	--	21.32	23.91	26.58	11.17
签单数量(万件)	--	--	1.23	16.7	44.18	164.55
保费收入(亿元)	--	--	0.46	3.86	8.61	123.06
处理赔案(万件)	--	--	0.14	2.09	7.76	271.29
赔付支出(亿元)	--	--	0.01	0.51	2.71	431.37

一、完善客服理赔制度体系。制定了理赔人员行为准则和车险理赔全流程服务规范，建立了理赔条线考核指标体系，对理赔人员严格进行任职资格审核，切实提高理赔时效。全年进行理赔回访33732笔，服务和服务热线满意度分别为97.37%和99.87%。

二、切实维护消费者合法权益。从销售、承保、理赔服务三个方面对告知义务、服务时效、投诉处理等内容做出公开承诺并严格履行，一般投诉当日办结，重大投诉3个工作日内给予答复，有效保障了保险消费者合法权益。

三、创新客户服务手段。理赔系统短信服务平台和车险道路救援增值服务项目全面上线运营，客户服务内容、能力和水平得到丰富和强化，进一步提升了客户感受和公司品牌形象。

【大事记】 1月11日 山东省农业厅、财政厅联合下发《关于做好2013年新增县政策性农业保险工作的通知》，明确泰山财险公司为新增农业保险承办经营主体之一。

4月1日 泰山财险公司主要领导职务调整：郭永利任泰山财险公司党委书记、拟任董事长，宋文平不再担任泰山财险公司党委书记、董事长职务。

4月3日 万春玲正式任职泰山财险公司第一届董事会董事。(保监产险[2013]260号)

4月15日 泰山财险公司车险增值服务项目上线，涵盖目前同行业赠送的全部增值服务项目。

5月9日 郭永利正式任职泰山财险公司第一届董事会董事、董事长。(保监产险[2013]448号)

5月21日 山东省金融办党组书记、主任李永健到泰山财险公司视察。

5月30日 泰山财险公司山东分公司与山东省小额贷款企业协会签订战略合作协议。

6月8日 中国保监会发改部调研组到泰山财险公司就战略规划工作进行调研。

7月6日 泰山财险公司与山东能源集团签署战略合作协议。

9月12日 贺竹君任泰山财险公司副总经理（挂职)(泰保发[2013]100号)。

11月3日 泰山财险公司成功主承保青岛大沽河堤顶道路路面及跨支流桥梁工程项目建筑工程一切险，保费收入超过200万元。

11月12日 山东省经信委副主任杨少军到泰山财险公司调研电子商务建设工作。

11月27日 山东省国资委综合调研工作会在泰山财险公司召开，省国资委副主任樊军到会主持。

11月28日 泰山财险公司与济宁市政府签署战略合作协议。

泰山财险公司在京成功中标山东(青岛)道路运输承运人责任险及道路危险货物承运人责任险全行业统保项目。

12月3日 泰山财险公司与中信济南分行签署战略合作协议。

12月15日 泰山财险公司与聊城市政府签署全面战略合作协议。

12月27日 泰山财险公司与中航安盟保险签署战略合作协议。

(张志明)

中国太平洋财产保险股份有限公司山东分公司

【第一负责人简介】 武博，男，汉族，1970年6月出生，中共党员，高级政工师、经济师、市场营销总监；博士研究生学历，先后获北京大学金融学硕士学位、南开大学保险学博士学位，中央财经大学兼职教授，山东大学保险专业硕士研究生合作导师。现任中国太平洋财产保险股份有限公司山东分公司党委书记、总经理。

【综述】 2013年，中国太平洋财产保险股份有限公司山东分公司（以下简称"太平洋产险山东分公司"）积极应对市场变化，加速推进战略转型，切实把创新发展和提高服务水平作为提升公司核心竞争力的重要手段，各项工作有序推进，保费收入和实现利润均创历史最高。

该公司一是在业内率先推广使用3G智能核赔系统和人伤全程通服务，新技术运用成效显著，3G移动视频定损技术及智能核赔系统运用均稳居全国太保系统第一名；二是积极协调总部入驻山东，太平洋在线服务科技有限公司等项目落户山东，为推动山东省金融组织体系创新、促进山东经济社会发展做出了积极贡献。连续获得省政府授予的"山东省金融创新奖"和"山东省金融发展贡献奖"，还获得"山东省第九届消费者满意单位"、中国太平洋保险集团公司价值贡献奖、山东省最佳理赔服务保险公司等。

【经营管理】 2013年，太平洋产险山东分公司切实加强经营管理，增强经营活力、提高竞争能力。

一、持续推进销售模式转型升级。一是不断探索和推动销售模式快速转型，坚持实施个人客户渠道化建设和团体业务专业化团队建设"两手抓"，总结形成了"双轮驱动"发展模式；二是通过加强客户分群管理和对销售资源的有效整合，加快传统直销队伍的科学转型，推动建立新型的专业化直销团队，实现客户价值的不断提升和公司价值的可持续增长。

二、深入挖掘县域机构发展潜力。一是确立了"优化干部队伍、夯实发展基础、提高管理能力、提升社会影响、实现持续发展"的转型发展思路，并制定了县域机构《管理暂行办法》、《综合评定办法》等，提出了县域机构发展"十大关键举措"；二是通过采取业务监测、日常督导、渠道整合、队伍建设等举措，全面推进"强县兴司"战略。2013年，全辖县域机构保费收入同比增长高出公司总体增速19个百分点，保费占比同比提升了5个百分点。

三、全力推行新兴业务领域发展。一是正式获得农业保险经营资格，并成立了农险部，正式开展政策性农险业务；二是3月份获得山东省环境污染责任险试点资格，目前正在积极推动试点；三是8月16日，与济南市人民政府食品安全工作办公室签订《关于推广食品安全责任保险战略合作框架协议》，标志着济南市食品安全责任保险试点工作正式启动。

【内部管理】 2013年，太平洋产险山东分公司始终坚持改革创新，强化内部管控，以创新服务引领发展。

一、内控优化能力持续增强。一是不断强化风险控制制度机制建设；二是稳步推进各项内控活动，积极推动内控优化整改，内控缺陷按计划整改完成率100%；三是逐步规范诉讼及合同管理，深入推动反洗钱及关联交易管理；四是着力提升队伍综合建设。山东分公司以及辖内多个中支公司连续多年在

中国太平洋财产保险股份有限公司山东分公司主要统计指标

项目 \ 年度	2009	2010	2011	2012	2013	2013年同比增幅（%）
总资产（亿元）	5.69	6.64	7.26	6.59	8.46	28.38
签单数量（万件）	366.26	352.01	473.86	544.92	914.97	67.91
保费收入（亿元）	23.48	34.89	38.40	43.14	49.61	15.00
处理赔案（万件）	33.62	32.77	32.72	41.90	55.9	33.41
赔付支出（亿元）	11.69	13.93	17.61	21.40	25.59	19.58

人行年度金融机构综合测评中被评为“A 级”机构。

二、客户服务水平全面提升。一是启用包括分析、评估、投诉以及续保提醒等在内的客户关系管理平台，推出无限次免费五星级道路救援、无偿法律援助和“五个一”标准化查勘等服务举措，累计向客户赠送 30 万瓶矿泉水和 8 万把雨伞；二是加快推进标准化门店建设，济南标准化营业门店通过中国质量协会五星级标准化服务门店验收，成为山东金融业首家获此殊荣的单位；三是推出优享 360、火车站 VIP 贵宾卡、“易审车”增值服务等服务项目和客户关怀措施；四是率先实施 95500 呼叫中心省级集中，获得总公司“客户服务技术创新奖”，呼叫中心团队荣获共青团中央、全国总工会、全国妇联、中质协等部委联合授予的“全国用户满意服务明星团队”称号。

三、创新技术提升客户体验。先后推出“随 E 保”（ipad 移动应用）、扫描枪等新技术应用举措。其中，扫描枪技术自投入业务一线以来，受到了广大客户和 4S 店员工的一致好评，荣获总公司 2012 年度技术创新奖项，还得到《中国保险报》等内外媒体的专题报道。

四、积极开展员工培训工作，提升员工福利水平。一是通过一线业务人员集中或视频培训、高管和业务骨干送入南开大学、山东大学等知名学府培训等方式，提高员工知识水平和业务能力；二是大力推进员工长效激励机制，每年为分公司本部和符合条件的中支公司干部员工购买企业年金；三是积极组织员工开展民主生活会和各类文体活动，丰富员工生活。

【大事记】　2 月 7 日　太平洋产险山东分公司承保潍坊翰睿人力资源服务有限公司团体人身意外伤害保险，承保金额达 25.3 亿元。

2 月　太平洋产险山东分公司成功承保中石化石油与天然气生产险，承保金额高达 1514.29 亿元，同时该项目荣获总公司 2013 年度重大项目拓展金奖。

太平洋产险山东分公司成功承保北京地铁四号线运营期一揽子保险、十四号线工程险，累计保险金额 167 亿元。

3 月 7 日　太平洋产险山东分公司承保枣庄市市中区医疗保险事业处团体高额补充医疗保险，承保金额达 57.6 亿元。

3 月 12 日　太平洋产险山东分公司中标承保威海市困难职工帮扶中心团体住院补充医疗保险，承保人数 23.4 万人，承保金额 117.2 亿元。

3 月 27 日～29 日　中国太平洋财产保险股份有限公司全国理赔客服工作会议在济南南郊宾馆召开，总公司董事长、总经理吴宗敏参加会议，并到山东分公司调研工作。

4 月 24 日　太平洋保险集团公司副总裁曹增和到产险山东分公司调研工作。

4 月 25 日　山东省省长郭树清到太平洋保险在线科技服务有限公司淄博职场视察工作，太平洋保险集团副总裁曹增和、产险山东分公司总经理武博陪同视察。

5 月 8 日～10 日　太平洋财险总公司精算工作会议在烟台市召开。

6 月 18 日　中国保监会发布《关于中国太平洋财产保险股份有限公司在北京市、山东省和河南省经营农业保险业务的批复》保监许可〔2013〕9 号，山东分公司正式获得农业保险经营资格。7 月，山东分公司农险部正式成立。

6 月 26 日　太平洋产险山东分公司承保枣庄市山亭区医疗保险事业处团体高额补充医疗保险，承保金额达 44.9 亿元。

6 月　太平洋产险山东分公司成功承保晨鸣集团一揽子保险项目，累计保险金额 560 亿元。

8 月 16 日　济南市政府食品安全办与太平洋产险济南中心支公司、长安责任保险股份有限公司济南中心支公司签订食品安全责任保险战略合作协议，标志着济南市食品安全责任保险试点工作正式启动。

9 月 2 日　太平洋产险山东分公司向被保险人高密市胜达鞋楦厂支付火灾损失赔款 316 万元。

9 月 3 日　太平洋产险山东分公司向被保险人淄博新骏毛绒有限公司支付火灾损失赔款 347 万元。

9 月　太平洋产险山东分公司在辖内成功发行了“优享汇会员卡”，成为太保业内首家发行 POS 会员卡的公司。“优享汇会员卡”打破常规会员卡模式，增加 POS 磁条刷卡功能，整合优化了礼品兑换、免费洗车、车辆保养、火车站贵宾室休息、易审车、酒后代驾等一系列服务。

10 月 21 日　太平洋产险山东分公司向被保险人中国石油化工股份有限公司胜利油田分公司桩西采油厂支付暴风雨损失赔款 509 万元。

12 月 18 日　太平洋产险山东分公司向被保险人中国石油化工股份有限公司胜利油田分公司河口采油厂支付暴风雨损失 551 万元。

2013 年　太平洋产险山东分公司新增烟台、威海、莱芜等 5 家中支易审车增值服务，目前全辖已在 12 个地市 22 个检测线设立了“易审车”客户休息室，增加违章查询、免费审车、代驾、驾驶证换证、预选号牌、新车挂牌等特色服务项目。

（吴丽娟）

中国平安财产保险股份有限公司青岛分公司

【第一负责人简介】 李小安，1967年1月生，安徽太湖人。1991年毕业于湖南经济学院经济法专业，大学本科，经济师，中共党员，曾就任于中国人民银行安徽省分行金管处。1996年加入中国平安财产保险股份有限公司，先后任江西分公司总经理助理、西区事业部督导部总经理、广西分公司总经理，2010年6月起担任中国平安财产保险股份有限公司青岛分公司总经理。

【综述】 中国平安财产保险股份有限公司青岛分公司（以下简称“平安产险青岛分公司”）是平安产险设在山东半岛地区的省级管辖分公司，业务范围覆盖青岛、淄博、潍坊、烟台、威海、日照、临沂7个地市，下辖分支机构69个。

2013年，平安产险青岛分公司经营管理水平稳步提升，大项目承保能力持续加强。

【经营管理】 2013年，平安产险青岛分公司坚持“增长、效益、管理”并重的经营思路，确定了“以客户为导向”的渠道化经营模式。一是加强运营标准化，开展特色增值服务，强化前中后台的沟通，逐步提升投诉处理能力和销售支持能力，为客户带来最优服务体验；二是加强队伍建设，持续提升“销售能力、风险筛选能力、管理能力和领导能力”；三是从源头防控合规风险和违规事件的发生。

【客户服务】 2013年，平安产险青岛分公司推出了以“心服务 快体验”为主题的快易免服务升级举措，连续第5年升级服务承诺，在业内首次推出四项创新服务，包括结案支付即时到账、个人VIP全程无忧简易理赔、微信实时查询理赔进度、APP客户自助免费救援等。围绕客户有车生活，创新开展了“酒后代驾”、“驾车宝典”等增值服务项目。在客服节期间开展了公益自驾游、平安校园行、金秋送平安、惠购品牌车等诸多活动，受到了客户和社会各界的好评。

【大事记】 1月16日 平安产险青岛分公司承保山东海化集团企财险业务，保费计约243万元。

1月24日 平安产险青岛分公司承保歌尔声学股份有限公司企财险业务，保费计约118万元。

2月2日 平安产险青岛分公司承保青岛地铁2号线工程险业务，保费计约515万元。

3月29日 平安产险青岛分公司承保的青州市金源工贸有限公司发生火灾，造成1100万元的责任赔偿事故，公司用时仅2个月便将赔款支付给客户。

5月12日 平安产险青岛分公司承保的JIER SHIPPING COMPANY LIMITED AS OWNER与三者船发生碰撞事故，公司1个月内预赔客户赔款21万美元。

5月30日 平安产险青岛分公司成立平安爱心小分队，前往淄博市高青县常家小学为帮扶的孩子们送去了新一年的学费以及学习和体育用品。

8月9日 平安产险青岛分公司成功签单潍柴动力财产险业务，保费114万元，保额达26.79亿元。

9月30日 平安产险青岛分公司承保青岛市新疆路高架路工程险业务，保费计约86万元。

中国平安财产保险股份有限公司青岛分公司主要统计指标

项目＼年度	2009	2010	2011	2012	2013	2013年同比增幅（%）
总资产（亿元）	12.76	18.83	30.38	38.61	42.43	9.89
签单数量（万件）	55.83	105.75	151.21	207.97	254.70	22.47
保费收入（亿元）	12.50	19.37	26.26	31.66	37.43	18.21
处理赔案（万件）	17.50	23.40	27.40	33.90	40.00	18.00
赔付支出（亿元）	5.09	7.84	9.64	13.71	15.78	15.11

10月　平安产险青岛分公司开展了"美丽童行，爱心与你同在"公益活动，为潍坊临朐县付家庄小学搭建了全新的"平安艺术教室"、捐赠了空调、书籍、文体用品。公司志愿者们到贫困学生家中送去了爱心款和营养品。

（王　超）

中国平安人寿保险股份有限公司青岛分公司

【第一负责人简介】　张毅，1965年生，河北省石家庄人，中共党员，中国人民大学MBA专业研究生学历。1996年加入平安人寿，历任烟台中心支公司副总经理、甘肃分公司副总经理、重庆分公司总经理。2012年9月任青岛分公司总经理。

【综述】　中国平安人寿保险股份有限公司青岛分公司（以下简称"平安人寿青岛分公司"）是平安集团在山东省设立的第一家二级机构，管辖青岛、淄博、潍坊、临沂、日照、威海、东营、滨州等8地市寿险业务。该公司依托平安集团综合金融服务平台，以人身保险保障产品为基础，致力于为客户提供全面的综合金融服务，形成了以个人代理渠道为基础，银邮代理渠道、公司直销渠道为补充的发展格局。

2013年，平安人寿青岛分公司稳健经营，公司业务持续发展，个险渠道市场份额排名市场前列。

【经营管理】　2013年，平安人寿青岛分公司积极转变发展思路，推动队伍转型升级。一是以收入提升为核心工作目标，增强队伍的发展动力和竞争力；二是通过分层管理运作，实现人员结构调整；三是以新人培训为抓手，强化培训留存效率；四是通过科技平台创新，加强代理人展业技能和服务规范化水平，提升客户体验；五是关注客户需求，倡导保障，实现客户满意与公司内涵价值增长的共赢局面。

综合金融的贡献日益显著。全年公司销售产险保费7.48亿元，同比增长23.2%，渠道贡献度28.5%；销售养老险短险0.94亿元，同比增长29.5%，渠道贡献度45.1%。同时，公司适时调整代理人考核指标，将综合金融展业收入计入考核项目，进一步降低了代理人的留存难度。从收入贡献来看，综合金融收入占业务员总体收入的比重已达13%。

【客户服务】　2013年，平安人寿青岛分公司针对当前客户对于服务的主要诉求，推出3项服务升级举措，包括服务多渠道、理赔提速、上门理赔服务。即：客户只要有电脑、手机、电话等，无需到公司柜面就可以办理业务；提高理赔案件时效，实施"标准案件，资料齐全，两天赔付"；客户通过电话等形式预约，就可以在家里或办公室等地方，享受专门人员上门理赔服务。

【大事记】　3月　平安人寿青岛分公司荣获青岛市政府"2012年度青岛市金融发展突出贡献单位"荣誉称号。

临沂客户谢先生在车祸事故中丧生，公司理赔人员迅速开通绿色通道，第一时间作出赔付63万元理赔款的决定。

4月20日　平安人寿青岛分公司爱心公益小组随同青岛

中国平安人寿保险股份有限公司青岛分公司主要统计指标

项目＼年度	2009	2010	2011	2012	2013	2013年同比增幅（%）
总资产（亿元）	192.96	239.12	284.30	329.07	383.21	16.4
签单数量（万件）	19.57	24.29	26.79	24.75	25.82	4.2
保费收入（亿元）	45.65	34.04	41.92	45.24	54.21	19.8
处理赔案（万件）	3.19	3.63	4.72	6.07	7.53	24.0
赔付支出（亿元）	7.26	6.07	9.09	12.18	12.37	1.6

注：本表数据根据2010保险业新会计核算准则确认。

红十字会中韩医疗团前往莱西市马连庄镇崔格庄村下乡义诊，协助医生为村民提供挂号、导医和测量血压等服务，为医疗资源匮乏的偏远乡村村民送去了健康关爱。

8月2日 平安人寿青岛分公司组织“关爱福利院老人，夏日送清凉”爱心公益活动，为青岛市社会福利院的五保老人、残疾老人送去慰问品，让他们感受到了更多的社会关爱。

8月17日 平安人寿青岛分公司在青岛电视台演播大厅举行第18届客服节少儿才艺大赛颁奖晚会。

11月16日～17日 平安人寿青岛分公司举办“开天辟地、铸梦青分”高峰会，平安人寿副总经理兼东区事业部总经理李春，总、分公司总经理室全体成员、各前线部门经理与高峰英雄、晋升人员等780余人共襄盛举。

11月22日 青岛市黄岛区发生输油管道爆燃事故，平安人寿青岛分公司立即启动重特大事故应急预案，成立应急小组赶赴事故现场调查情况。在213名事故者中，共搜寻到19名平安客户，其中身故客户4名，累计赔款107.8万元。

12月19日 平安人寿青岛分公司在青岛第一培训中心召开年终经营规划会议。寿险总部东区事业部市场经营部副总经理黄自涛，总、分公司总经理室全体成员，分公司本部C类以上管理干部及各三级机构总经理室成员，营业区经理参会。

（闫 欣）

华泰财产保险有限公司山东分公司

【第一负责人简介】 耿仁伟，男，48岁，1989年本科毕业于中央财政金融学院，2001年赴英国就读于诺丁汉大学，获硕士学位。1989年起先后在中国人民保险公司青岛分公司、太平保险有限公司就职，2008年任华泰财险山东分公司总经理。

【综述】 华泰财产保险有限公司是华泰保险集团股份有限公司全资设立的子公司，2011年7月成立，注册资本金20亿元人民币，注册地为上海。

华泰财产保险有限公司山东分公司（以下简称“华泰财险山东分公司”）于2008年6月在济南开业，目前下辖烟台、威海、潍坊、临沂、淄博、聊城6家中支。2013年，信用评级机构惠誉发布最新研究报告，继续授予华泰财产保险有限公司财务实力评级（IFS）“A–”级；在“2013中国保险业发展高峰论坛”举行的评选中，荣获“2013年度最佳保险企业”；在《2013中国保险公司竞争力评价研究报告》华泰财险名列财产险公司综合竞争力排名第二。

【经营管理】 2013年，华泰财险山东分公司保险财务状况稳定，公司经营稳健，偿付能力充足。内部管理方面，华泰的矩阵式管理模式将营销、两核、共同资源三个条线的垂直管理与机构的横向管理相结合，建立了规范的内部授权管理体系和人员任命机制，公司内审部门通过定期和专项审计开展内部监督。

2013年度，华泰财险山东分公司车险实现保费收入

华泰财产保险有限公司山东分公司主要统计指标

项目 \ 年度	2009	2010	2011	2012	2013	2013年同比增幅（%）
总资产（亿元）	0.19	0.18	0.22	0.23	0.26	13.0
签单数量（万件）	6.19	7.95	8.28	12.39	13.83	11.6
保费收入（亿元）	0.88	1.13	1.52	2.10	2.50	19.01
处理赔案（万件）	1.52	2.55	2.60	3.19	3.49	9.4
赔付支出（亿元）	0.22	0.42	0.48	0.71	1.03	45.1

21696.86 万元，同比增长 19.98%，非车险实现保费收入 3292.26 万元,同比增长 13.36%。实现利润 2044.85 万元,当年上缴税金 4681.74 万元,其中,代收代缴车船税 3044.68 万元,营业税 1220.88 万元，个税 214.90 万元，企业所得税 8.76 万元。

【客户服务】 华泰财险建有覆盖全国的客户服务网络,全国统一客服电话实行全年 365 天、全天 24 小时接入,为客户提供全方位的专业化服务。一是将“善待客户,忠实履约,树立诚信形象,以优良服务赢得市场”的理念贯穿到日常经营中;二是遵循着“以经纪人的角色为客户着想”的原则,以提高不同时期不同条件下、不同细分客户群的心理满意度为出发点,树立全流程服务的观念;三是为提高客户的心理满意度,除提高员工的知识素养、从业素养外,还从制度、流程和措施上给以机制保证。

【大事记】 4 月 15 日 华泰财产保险有限公司临沂市莒南支公司经山东保监局批准成立。

4 月 16 日 华泰财产保险有限公司临沂市郯城支公司经山东保监局批准成立。

（张 茜）

太平财产保险有限公司山东分公司

【第一负责人简介】 陈中乾，男,1968 年 11 月生，中共党员,大学本科学历,从事保险工作 20 余年,曾经在平安保险、安邦保险及太平财产保险有限公司任职,2009 年 12 月调任太平财产保险有限公司山东分公司党委书记、总经理。

【综述】 太平财产保险有限公司山东分公司(以下简称“太平财险山东分公司”)设立于 2003 年 7 月,主要经营车险、财产险、水险和意康险业务。2013 年综合成本率控制在 93.01%,实现承保利润 3087 万元,边际贡献额 8022 万元,预算达成率为 109.29%。

【经营管理】 2013 年，太平财险山东分公司各项客服指标名列系统前列,三、四级机构发展迅猛,渠道结构合理,人才队伍建设不断加强。主要工作举措,一是深化改革,不断提高运营集中管控能力;二是加强险种调整力度,确保优质业务的合理增长;三是采取可行举措,提高客户服务质量;四是加大客户拓展力度,不断扩大优质客户群体;五是搞好业务创新,增加新的客户来源。

【客户服务】 在常规客户服务方面，山东分公司设立了统一客户服务热线 95589,提供 365 天、24 小时全天候的专业服务,查勘 7×24 小时服务、定损 7×8 小时服务,并开通了全国通赔服务;在快速理赔服务方面,推出了“万元以下,8 小时赔付”服务和“快易赔”服务;非车险理赔服务方面,实施“非车险 10 万元以下案件 3 天赔付”服务承诺; 在增值服务方面,推出了非事故道路救援服务,承保商业险客户,单车损失万元以下无人伤、无物损的事故,济南地区提供免费上门收取理赔资料服务,承保商业险的 VIP 以上客户,在济南地区提供每年一次的酒后代驾服务,同时,山东分公司还组织人员对服务承诺的执行情况进行追踪检查;建立总经理接待日制度,对投诉、抱怨、有意见和建议的客户进行接待并给予解决等。

【大事记】 2 月 25 日 太平财险淄博市高青支公司获山东保监局开业批复。

3 月 5 日 中国太平保险集团授予太平财险山东分公司《优秀管理铜奖》荣誉称号。

3 月 15 日 中国太平保险集团党委委员、副总经理、太平保险有限公司董事长丁向群莅临山东分公司调研，并拜会了山东省政府金融办李永健主任。

4 月 12 日 太平财险德州市武城支公司获山东保监局开业批复。

4 月 18 日 太平财险烟台市莱阳支公司获山东保监局烟台分局开业批复。

太平财产保险有限公司山东分公司主要统计指标

项目＼年度	2009	2010	2011	2012	2013	2013 年同比增幅（%）
总资产（亿元）	0.26	0.24	0.25	0.37	0.47	27.03
签单数量（万件）	6.30	6.79	8.67	17.96	35.98	100.33
保费收入（亿元）	1.22	1.57	2.10	3.32	5.96	79.52
处理赔案（万件）	3.13	2.39	2.31	2.92	5.61	92.12
赔付支出（亿元）	0.80	0.74	0.93	1.02	2.19	114.71

5 月 29 日　中国太平保险集团与山东省政府在香港签署战略合作协议，中国太平保险集团董事长王滨与山东省省长郭树清、副省长夏耕等出席签约仪式。

5 月 30 日　太平财险济南市章丘支公司获山东保监局开业批复。

7 月 12 日　太平财险聊城中支获山东保监局开业批复。

9 月 11 日　中国太平保险集团有限公司监事长李劲夫一行人莅临山东分公司调研指导工作。

12 月 24 日　太平财险临沂中支保费收入跨上“亿元”大关，并实现承保盈利，创造了太平财险中支首个经营年度保费过亿、承保盈利的奇迹。

（杜钦杰）

太平人寿保险有限公司山东分公司

【第一负责人简介】　金依群，男，中共党员，生于 1956 年，毕业于黑龙江大学，本科。自 1984 年 7 月起先后任职于哈尔滨工业大学、辽宁师范大学；1988 年 10 月起，任辽宁纺织品进出口公司副科长；1995 年 12 月起先后任职于平安保险大连、青岛、哈尔滨等分公司，历任经理、项目经理、助理总经理、副总经理等职务；2003 年 03 月，任广电日升人寿保险公司副总经理；2004 年 06 月起，先后任太平人寿福建分公司、江苏分公司总经理；2008 年 12 月至今，任太平人寿山东分公司总经理。

【综述】　太平人寿保险有限公司（以下简称“太平人寿总公司”），1929 年始创于上海，1956 年移师海外，2001 年恢复国内经营。总部设于上海，注册资本金 100.3 亿元。目前已开设 35 家分公司。太平人寿总公司已连续 4 年获得惠誉国际“A-”评级。

太平人寿保险有限公司山东分公司（以下简称“太平人寿山东分公司”）2003 年 6 月复业，截至 2013 年 12 月底，该公司各年度累计总保费收入 196.72 亿元，期末有效承保金额 851.15 亿元。

【经营管理】　2013 年，太平人寿山东分公司新单保费 23.46 亿元，同比增长 95.57%，续期保费 23.21 亿元，同比增长 20.58%。主要工作表现，一是业务规模大，发展持续健康稳定；二是高度重视业务品质和合规管理，在保监会山东监管局分类监管评级中被持续评定为 A 级；三是服务网络覆盖全省，三级机构强大；四是队伍稳定，员工素质高。

【客户服务】　2013 年 12 月 9 日，由中国太平、中国人保、中国人寿、中国信保等四家保险央企，在京联合发布《为民诚信优质服务，倡导践行优良行风》倡议书，该公司做出积极举措。一是以“爱在太平　幸福一生”为主题，举办 2013 年客户服务节，围绕“关注公益，关爱客户”活动主旨，宣传朴素的公益理念，联合中国少年儿童出版总社知心姐姐教育机构，建立“太平人寿手拉手爱心书屋”；二是推出《太平人寿　名家之约》等

太平人寿保险有限公司山东分公司主要统计指标

项目 \ 年度	2009	2010	2011	2012	2013	2013年同比增幅（%）
总资产（亿元）	1.26	2.08	5.43	7.56	29.90	295.50
签单数量（万件）	48.25	72.14	79.85	88.77	100.57	13.29
保费收入（亿元）	16.31	26.06	26.92	31.24	46.67	49.39
处理赔案（万件）	1.59	1.99	2.25	2.68	2.88	7.46
赔付支出（亿元）	2.45	1.43	1.78	2.38	2.87	20.59

回馈高端客户的增值服务；三是针对VIP客户推出一系列健康管理增值服务项目；四是“先赔后核”提升理赔服务体验。

【大事记】 1月17日 中国保险报采访报道了《山东太平人寿投保理赔双提速投保、核保、承保、银行转账等环节10分钟内完成》的做法。

5月 山东太平人寿公司举办“同在蓝天下，爱心助成长”捐资助学活动，向平阴县李沟小学持续第三年捐资助学。

6月 菏泽市东明支公司经保监局批准开业。

6月~9月 山东太平人寿公司和济南电视台“有一说一”栏目联合举办“中国太平济南影视爱心公益行暨社区少儿才艺赛”。

7月 电话营销第二营业部经保监局批准设立。

9月 太平人寿临沂中支张教强调任太平人寿山东分公司业务总监。

11月 济南中支经保监局批准筹建。

解放路营销服务部经保监局批准撤销。

12月 太平人寿山东分公司副总经理杨杨调任总公司产品市场部副总经理。

经保监局批复临沂市苍山支公司开业。

（王海霞）

第八部分

金融机构运行报告

——其他金融机构

一、信托公司

山东省国际信托有限公司

【第一负责人简介】 相开进，男，1964 年 11 月 13 日生，1985 年山东大学本科毕业，2005 年获南开大学工商管理学硕士学位，拥有律师执业资格。1985 年在山东省计划委员会工作，1993 年 5 月加入山东信托，先后担任法律部副经理、经理，山东信托副总经理、总经理。现任山东省鲁信投资控股集团有限公司总经理，山东信托董事长。

【综述】 山东省国际信托有限公司（以下简称“山东信托”）成立于 1987 年 3 月，是经人总行和山东省政府批准设立的非银行金融机构。2002 年 8 月经增资改制变更为有限责任公司，注册资本由 11 亿元增至 12.8 亿元（其中美元 1500 万元）。2007 年 8 月经中国银监会批准，名称由“山东省国际信托投资公司”变更为“山东省国际信托有限公司”。股东包括山东省鲁信投资控股集团有限公司、山东省高新技术创业投资有限公司、山东黄金集团有限公司、济南市能源投资有限责任公司、潍坊市投资公司等 5 家单位。

2013 年，山东信托继续秉承“专业、诚信、勤勉、成就”的核心价值理念，稳健经营，规范运作，资产状况进一步优化，引进战略投资者工作取得阶段性成果。投资领域涉及证券、产业、城市基础设施、房地产、服务业等；投资方式包括贷款、股权投资、资产证券化、收益权证券化、融资租赁等多种形式。

山东省国际信托有限公司主要统计指标

单位：亿元

项目 \ 年度	2009	2010	2011	2012	2013	2013 年同比增幅（%）
本外币资产总额	19.06	30.9	32.29	30.03	47.23	57.27
本外币负债总额	1.25	11.51	11.75	2.33	13.56	481.97
营业收入	2.91	3.39	5.51	12.19	12.93	6.07
投资收益	0.86	1.39	0.41	3.90	0.35	-91.03
利润总额	2.25	3.36	3.19	9.40	9.57	1.81
净利润	1.93	2.95	2.47	7.24	7.32	1.10
信托资产总额	539.65	966.13	1140.23	1897	2994.21	57.83

【信托业务】 2013 年，山东信托积极应对市场竞争，注重风险防范，专业能力和服务水平继续提升，经营发展与各项业务取得新进展。截至年末，新增信托业务规模 3668.98 亿元，同比增加 1555.52 亿元，增幅 73.6%；信托报酬收入贡献率明显提高，占比由 63.67%提升至 81.88%，达到历史最好水平。

一、信托业务实现平稳持续发展。一是努力提升自主管理能力，尊岳进取 2 号证券信托产品净值为 1.24 元，客户实现资产增值 18%；二是艺术品信托逐渐形成品牌和规模，过户式股票质押、白酒现货收益权等新的业务模式得以尝试；三是加快推进异地业务部建设，新成立南京、西安业务部，业务覆盖区域进一步扩大；四是加大自主营销力度，自主发行信托产品 66 支；五是有序推进异地营销中心建设，采取合作共建的形式设立了上海、深圳理财中心。

二、创造了较好的社会效益。一是全年累计结束信托产品 584 只，支付受益人信托收益 179.07 亿元，是公司自身信托报酬收入的 18.4 倍，履行社会责任成效明显；二是助力“蓝黄”国家战略经济区发展，有力支持了基础设施建设及重点产业的发展；三是以服务地方经济发展、保障社会民生为目标，引导、归集社会资金服务实体经济发展，形成了恒富、恒丰、信元、弘毅、远投、长江富源系列等多支产业信托品牌。截至年末，工商企业融资余额 1201.75 亿元，占比 40.17%；基础产业信托余额 337.02 亿元，占比 11.26%。

【自营业务】 2013 年，山东信托自营业务有序推进。截至年末，自有资金涵盖基金、证券、银行、保险、租赁等行业，项目分红全年共计 3481.81 万元。一是进一步加强泰信基金公司管理，发行基金产品15只，管理资产规模80.58亿元；二是成立全资子公司上海锐懿资产管理有限公司，开端良好。

【内部管理】 2013年，山东信托不断完善制度体系，深化内部改革，夯实管理基础，有力促进了业务发展。

一、优化决策流程。一是根据公司业务运转的实际和监管部门要求，调整了集合信托业务决策程序；二是成立业务审查委员会，制定了专门议事规则；三是将项目评审改为票决制，实现了民主决策。

二、理顺管理架构。一是调整运营托管部职能，进一步细化信托项目操作规程；二是新设立业务督查部，负责审计及项目贷后检查等工作，突出对存续项目的独立检查；三是通过对公司风险控制与合规管理职能的重新梳理，进一步完善了管理体系；四是成立存续信托项目临时问题协调工作组，增强了风险处置效能。

三、加强制度建设。一是出台《薪酬分配考核办法》，激发了前台业务人员干事创业的活力；二是高度重视合规管理，制定了《合规风险管理办法》、《内部审计制度》、《反对不正当利益输送管理办法》和《重大事项报告管理办法》；三是修订完善了《集合信托融资类业务合作企业综合考核评价实施细则》；四是重新梳理了集合信托、单一信托操作流程，初步形成《贷款类集合房地产信托业务操作指引》；五是出台相关制度，规范集合资金信托计划受益权转让，信托合同变更、查询、挂失，集合资金信托计划发行等事宜，形成了前中后台相互支持、相互监督的有序机制。

四、积极推进全流程风险管控。一是组织开展风险辨识与评估，通过系统的有效预警，科学制定管理策略和解决方案；二是对存续项目进行划分，分类别、有重点的开展中后期贷后检查；三是定期对重点行业和领域的存续项目进行风险排查。由此初步实现了事前、事中、事后控制相结合的全流程风险管控。

五、大力推进信息化建设。一是重新调整业务系统使用分工，明确流程及要素规范，集中人员开展信息系统数据录入，信息数据质量明显提高；二是以信托业务系统为核心，对公司网络进行全面升级改造；三是综合管理平台、TA、资产管理、估值核算、CRM、资金清算等系统已上线运行。

六、扎实开展企业文化建设。一是制定《党建工作要点》，获评2013年省级精神文明单位；二是采取多种形式，进行员工培训；三是通过中国信托业协会向四川芦山地震灾区捐款104.25万元，用于采购救灾物资；四是邀请多家驻济金融机构举办山东省金融系统"泉城之恋·和信相伴"联谊会，成立足球队并举办多场足球比赛。

【大事记】 1月18日 山东信托投资入股金鼎租赁有限公司20%股份，拓宽了公司类金融业务领域。

3月 山东信托成立业务审查委员会。

3月20日 山东信托出台《薪酬分配考核办法》。

4月23日 山东信托通过中国信托业协会向四川芦山地震灾区捐款104.25万元，其中以单位名义捐款100万元，职工自发捐款4.25万元。

8月14日 山东信托南京、西安业务部成立。

12月30日 山东信托设立业务督察部，负责公司审计及项目贷后检查等工作，突出对存续项目的独立检查。

12月 山东信托引进战略投资者工作取得关键性突破，中油资产管理有限公司在山东产权交易中心顺利摘牌，后续工作有序推进。

（李于虎）

二、资产管理公司

中国华融资产管理股份有限公司山东省分公司

【第一责任人简介】 童玲，女，1963 年 4 月生，湖南长沙人，中共党员，大学本科学历，高级经济师。1984 年 7 月在中国工商银行总行工作；1986 年 5 月起历任工行信托投资公司（后更名为中国华融信托投资公司）业务二部业务员，外汇业务部副经理、经理（处级），债权管理部高级经理，资产管理三部总经理助理、副总经理，业务审查部副总经理；2009 年 6 月任中国华融资产管理公司天津办事处党委副书记、副总经理；2010 年 7 月任华融公司总裁办公室副主任；2010 年 12 月任华融济南办事处党委副书记、副总经理（主持工作）；2012 年 8 月至今任华融山东省分公司党委书记、总经理。

【综述】 中国华融资产管理股份有限公司山东省分公司（以下简称“华融山东分公司”）的前身为济南办事处，2012 年 10 月改为现名。

2013 年，华融山东分公司紧紧围绕“转变方式质量年、风险管理效益年”活动，深入推进资本约束模式下的经营管理转型，各项工作稳步发展。全年实现利润 2.44 亿元，同比增长 11.92%。其中，商业化利润 1.84 亿元，股权利润 0.60 亿元，股权现金流 0.99 亿元。

【资产管理业务】 2013 年，华融山东分公司稳步推进“三年三步走”的战略规划，调整业务发展模式。主动根据客户的需求开发、设计产品，通过收购并重组等创新手段，使资产管理业务继续保持了大跨步发展。全年实现资产管理业务收入 2.60 亿元，占商业化收入总额的 74.51%。

【中间业务】 2013 年，华融山东分公司加强与平台公司业务的合作，在严格控制风险的前提下，大力拓展信托、融资租赁、票据、增信、置业等中间业务，全年实现中间业务收入（含咨询服务收入）8813.85 万元，占商业化收入总额的 25.30%。

【股权管理及处置】 截至 2013 年初，华融山东分公司对省内 12 户企业持有股权 14.81 亿股。为做好股权资产的管理和处置工作，该公司主要采取了三项措施：一是加强股权资产的日常管理工作，完善了股权管理信息系统，并对有关股权企业按时进行走访和尽职调查，按时完成经营活动分析和管理报告；二是认真执行公司《对股权企业重大事项的内部决策程序》，对股权企业股东会、董事会、监事会会议题严格按权限履行审批程序，依据授权进行表决，维护了股权权益；三是完成了济南一机床集团有限公司和威海北洋电气集团股份有限公司股权退出工作，超额完成了公司下达的股权利润和现金流计划。

【内部管理和队伍建设】 2013 年，华融山东分公司增强风险意识，完善合规管理，促进了内部管理工作水平的提高。一是对内设机构进行了调整，对工作职责进行了重新划分，达到了“分工合理、职责明确、相互制衡、关系清晰”的要求；二是扎实开展“转变方式质量年、风险管理效益年”活动，把内外部检查发现的各种问题的整改工作作为重点，取得了明显成效；三是加大项目后期管理力度，项目人员必须每个季度对所管理的自营项目至少进行一次现场巡查，对重点关注的项目必须做到按月现场巡查；四是加强风险管控和整章建制工作，建立了绩效考核机制；五是加强廉政建设，制定了《落实中央八项规定实施意见》和《领导干部职务消费实施细则》，与各部门签订了《勤政廉政目标责任书》，员工签订了《员工廉洁自律承诺书》，确保“不发一案、不倒一人”。

【大事记】 1 月 15 日～16 日 华融公司董事长赖小民、副总裁章琳、总裁助理王文杰等到山东分公司调研指导工作。

1 月 22 日 经公司党委研究决定，王丙亮兼任华融山东分公司风险总监，王宾不再兼任风险总监（华融任[2013]15 号）。

2 月 7 日 华融山东分公司撤销资产经营一部、二部、三部，金融服务一部、二部，创新业务部、业务管理部，成立业务一部、二部、三部、四部、五部，股权业务部、计划财务部。

7 月 3 日 经公司党委研究决定，尚海涛任华融山东分公司副总经理（华融任[2013]92 号）。

8 月 22 日 华融公司在青岛市府新大厦与青岛市政府签署战略合作协议，青岛市委副书记、市长张新起和华融公司党委书记、董事长赖小民出席签约仪式并分别致辞。

10 月 31 日 华融公司副总裁章琳一行到山东分公司调研、检查指导工作。

（薛　萍　王志新）

中国长城资产管理公司济南办事处

【第一负责人简介】 刘学堂，男，1962 年生，中共党员，高级会计师。1981 年 7 月参加工作，历任农行山东省分行科员、副科长、科长、副处长；1997 年 1 月任农行威海市分行副行长、党委委员；1999 年 1 月任农行山东省分行国际业务部总经理；2000 年 2 月任长城公司济南办事处资产经营部、处置办处长；2006 年 12 月先后任长城公司南宁办事处副总经理、党委委员、党委副书记（主持工作）；2011 年 2 月任长城公司济南办党委副书记、副总经理（主持工作）；2011 年 12 月至今任中国长城资产管理公司济南办事处党委书记、总经理。

【综述】 中国长城资产管理公司（以下简称“长城公司”）是经国务院批准成立、具有独立法人资格的国有独资金融企业。长城公司济南办事处（以下简称“长城公司济南办”）是该公司在山东省派驻的分支机构，2000 年 3 月 3 日正式挂牌成立。

2013 年，该办不断完善业务体系，努力打造可持续盈利模式，取得了良好的经营业绩。政策性收购农行和准政策性收购工行不良资产圆满完成了处置任务；商业化业务全面铺开，业务涵盖了不良资产收购、财务性投资、资产管理综合服务及远期收购承诺、代理平台公司业务等类别，全年累计投资 32.45 亿元，实现利润 2.63 亿元，在公司系统内排名第五位，并提前完成了公司下达的任务目标。

【不良资产经营处置】 2013 年，长城公司济南办以最大限度保全国有金融资产、实现处置回收最大化为目标，在实施以往的分类处置、多法并举、充分营销等做法的基础上，内部采用招（投）标、落实责任制等方式，外部加强与各级地方政府、企业主管部门的联系沟通，有效推动了资产处置工作。

年末，接收长春办中行资产包处置取得重大进展。此外，该办还通过对不良资产的单体收购和资产包收购，共实施项目 34 个，投入收购资金 28.15 亿元。全年回收现金 1.22 亿元，并通过债务重组搭建平台，较好地服务地方经济发展。

青岛联城置业有限公司（以下简称“联城置业”）是该办在妥善解决青岛纺织系统 20 亿元债务中搭建的一个平台。截至年末，该办对联城置业累计投资 8.4 亿元，联城置业累计开发土地 321 亩，建成住宅房 57 万平方米，其中为青岛市南区、市北区政府建设的 3883 套政府安置房全部交付。

【中间业务】 2013 年，长城公司济南办围绕“资产规模、经营效益、风险控制、业务结构、客户资源、人才基础”六项标准，努力拓展中间业务品种，已涵盖增信、中小企业财务顾问及不良资产收购综合服务、集合票据（债券）远期收购承诺，以及代理平台公司的金融租赁、担保、信托、资产交易所、保险等，全年实现中间业务收入 16460 万元，有力地支持了山东经济发展。

【内部管理和企业文化建设】 2013 年，长城公司济南办基础工作不断深化，内部管理水平进一步提高。

一、内部管理方面：一是加强“五道防线”建设，构建了较为完善、相互制衡的风险防控体系；二是严守在商业化项目尽职调查、立项、方案审批、协议签订和授权、出资审查以及投后管理等 6 个环节，确保安全运营；三是实行项目终身负责制和责任追究制，进一步提高风控意识；四是进一步加强应诉案件管理，避免经济损失 1033 万元。

二、企业文化建设方面：一是举办了运动会、植树活动、推广第九套广播体操、羽毛球培训班、圣诞联欢会等，并组织员工赴井冈山接受党史党情教育；二是确定 2013 年为“学习年”，组织了党课教育、廉政专题辅导、7 期业务知识培训、4 次综合知识考试和青年读书沙龙等活动；三是组织开展爱心助学活动，向贫困山区的章丘三角湾小学留守儿童捐赠学习用品；四是被中国金融工会授予“全国金融模范职工之家”荣誉称号。

【大事记】 1 月 8 日 长城公司济南办召开 2012 年度总结大会。

1 月 15 日 长城公司济南办完成内设机构及人员调整。

3 月 2 日 长城公司济南办荣获公司系统 2012 年度纪检监察工作先进单位荣誉称号，袁新荣获 2012 年度“十佳管理标兵”荣誉称号。

3 月 7 日 长城公司济南办召开 2013 年度工作会议暨纪检监察工作会议。

5 月 2 日 长城公司济南办与山东省国托签订战略合作协议。

5 月 3 日 长城公司济南办与平安银行济南分行签订战略合作协议。

7 月 9 日 长城公司济南办与工行青岛分行签订战略合作协议。

9 月 4 日 长城公司济南办与聊城市政府签署战略合作

协议。

9月27日　长城公司济南办提前超额完成全年利润目标。

12月12日　长城公司孟晓东副总裁一行6人莅临济南办开展巡视工作。

12月17日　长城公司济南办与山东星展投资基金管理股份有限公司签署战略合作协议。

12月19日　长城公司济南办分别与建行、农行青岛市分行签署业务合作协议。

（张　满　陈　娟）

中国信达资产管理股份有限公司山东省分公司

【第一负责人简介】　陈正斌，男，1966年3月生，1988年7月毕业于贵州财经学院基建财务信用专业，大学本科学历。1988年7月任贵州省建行干校教务科科长，1995年5月起先后任贵州省建行白云专业支行办公室主任、沙冲办事处主任、白云专业支行行长助理，1999年7月起先后任贵州省建行贵阳市河滨支行副行长、城东支行行长，2001年7月起先后任信达贵阳办事处执行高级经理、主任助理，2010年6月任信达贵州分公司副总经理；2013年12月至今，任信达山东分公司总经理。

【综述】　中国信达资产管理股份有限公司山东省分公司（以下简称“信达山东分公司”）自1999年9月成立以来，秉承“化解金融风险、支持国企改革”的使命，始终致力于不良资产经营主业，综合运用债转股、债务重组、资产收购等多种手段，在支持地方经济建设和企业发展的同时，逐步确立了在不良资产行业的优势地位。尤其是2010年改制以来，信达山东分公司围绕总公司提出的以不良资产经营为核心，全力打造以资产管理和金融服务为发展重点的国际化、综合化的金融集团的目标，不断提高经营效益和内控管理水平。同时，依托总公司各项业务平台，积极为地方经济建设和广大客户提供各项优质的金融服务，目前已与省、市政府及多家金融机构和大中型企业建立了战略合作关系。

2013年，信达山东分公司紧紧依靠全体员工，深入贯彻落实总公司战略部署和经营工作安排，以三年发展规划为战略引领，强化资产管理和金融服务两项重点，狠抓增量业务利润、股权资产经营、集团业务协同和风险管控四项工作，不断完善激励约束机制，各项工作取得了明显成效，实现税前利润9.9亿元。

【不良资产收购】　2013年，信达山东分公司新增收购不良资产投资19项，投资金额63.42亿元。

【不良资产处置】　2013年，信达山东分公司完成各类资产经营现金回收23.57亿元，其中存量资产经营现金回收4.94亿元，增量资产经营现金回收18.63亿元。

【市场化业务】　2013年，信达山东分公司秉承客户至上的服务理念，开拓进取，勇于创新，持续提高发展质量和效益。

一、财务性投资。一是实现对山东出版传媒股份有限公司的财务性股权投资，投资金额6480万元；二是协同信达证券实现对山东金融资产交易中心投资出资800万元，成为山东金融资产交易中心的第二大股东。

二、资产管理业务。该公司通过冬晟基金对东营中南提供委托贷款5亿元，出资1440万元，实现新增资产管理业务规模5亿元。

三、受托代理业务。该公司实现新增受托资产规模19.32亿元，中间业务收入304万元。

四、集团协同业务。该公司实现协同收益4689万元，其中本年新增协同项目6个，实现新增业务规模12.56亿元，新增项目共实现协同收益2879万元。

【债转股股权管理】　2013年，信达山东分公司一是牢牢把握清收分红款这项重点，股权经营取得重大成效；二是与政府合作，加快处置类股权项目的处置；三是强化股权项目日常管理，维护分公司作为出资人的权益。

【大事记】　2月1日　信达山东分公司召开2013年工作会议，部署全年各项工作。

3月16日　信达山东分公司组织员工参观孔繁森纪念馆。

4月11日　信达山东分公司组织召开2013年党风廉政建设暨纪检监察工作会议，并观看了反腐倡廉警示教育宣传片。

4月16日　信达山东分公司与山东出版传媒股份有限公司在济南签署增资扩股协议，总公司副总裁李月瑾出席。

4月27日　信达分公司组织召开“比经营·比业绩·比贡献”劳动竞赛活动动员大会。

5月16日　信达总公司监事长陈维中到山东分公司调研。

5月31日　信达山东分公司为外来务工子女定点学校济南市北大槐树第二小学捐赠爱心图书4箱及书包等部分学习用品。

8月2日　信达山东分公司召开党的群众路线教育实践活动工作会议。

12月11日　信达总公司副总裁李月瑾与人力资源部总经理陈延庆莅临山东，宣布分公司总经理陈正斌任命事宜。

（吴新明　赵利国）

中国东方资产管理公司青岛办事处

【第一负责人简介】　吴少杰，男，山东莱西人，1960年10月生，1977年11月起先后任山东省即墨县汽车配件厂主管会计、地方工业供销公司会计、乡镇企业局财务科长、中国银行即墨支行副行长、行长等职；1997年10月任中国银行青岛市分行副行长、党委委员；1999年5月任中国银行山东省分行公司业务处处长；2000年5月任中国东方资产管理公司青岛办事处助理总经理、党委委员；2005年12月起先后任中国东方资产管理公司西安办事处副总经理（主持工作）、党委副书记和总经理、党委书记等职；2008年11月至今任中国东方资产管理公司青岛办事处总经理、党委书记。

【综述】　2013年，中国东方资产管理公司青岛办事处（以下简称"东资公司青岛办"）坚持"竞争、和谐、引导、培育"的方针，牢牢把握"创新"的工作主题，努力开创办事处商业化业务发展的新局面，全体员工团结努力，自我加压，圆满完成了各项工作任务。

【不良资产的接收】　截至2013年末，东资公司青岛办累计接收中行山东省分行剥离的政策性不良资产企业1174户，金额265.39亿元。其中，债权企业1155户，金额207.60亿元，分别占总户数和总金额的98.38%和78.22%；政策性债转股企业19户，金额57.79亿元，分别占总户数和总金额的1.62%和21.78%。除接收政策性不良资产外，该办还于2004年接收了财政部委托处置的中行山东省分行损失类贷款本金159.12亿元；通过市场化运作收购了建行山东省分行可疑类贷款本金73.85亿元。

【不良资产处置和管理】　2013年，东资公司青岛办根据资产资源合理配置人力资源，坚持两条战线作战，两项业务并举，一条战线抓建行可疑类资产收现不放松，一条战线抓商业化新业务不动摇，全年各类资产处置回收现金或实现收益共计36332万元，其中，中行损失类不良资产处置回收现金530万元，建行可疑类资产处置回收现金5319万元，年度内新发生其它新商业化业务实现收益30483万元。另外，该办新增商业化业务累计融通资金22亿元。作为央企在山东的省级分支机构，该办在实现自身经济效益的同时，为山东省和青岛市众多企业提供金融、资金服务，较好支持了地方经济建设。

该办在不良资产管理工作方面：一是要求项目经理做好尽职调查工作并及时入档，确保档案管理的完整性；二是积极做好项目管理，及时公告催收，确保时效延续；三是强化ISO9001体系文件学习和内审工作，使各项工作严格按公司体系文件要求操作。

【债转股进展情况】　截至2013年末，东资公司青岛办现有债转股企业9家，持股金额15.39亿元。前期完成债转股注册登记的11家企业，持股金额17.45亿元。其中，由该办牵头的完成注册登记3家，金额15.24亿元。前期已退出股权企业2家，金额2.06亿元，回收现金1.09亿元，回收率52.91%。

【大事记】　1月23日～2月2日　普华永道会计师事务所到东资公司青岛办进行现场审计。

4月15日　东资公司上海审计分部到青岛办进行现场审计。

12月20日　青岛银监局领导到东资公司青岛办调研。

（贾文斌）

三、银联公司

中国银联股份有限公司山东分公司

【第一负责人简介】 李金良，山东宁津人，研究生学历，高级工程师，历任人行济南分行科技处处长，山东银行卡网络服务中心总经理，2002年3月至今任中国银联山东分公司党支部书记、总经理。

【综述】 2013年，中国银联股份有限公司山东分公司（以下简称“银联山东分公司”）按照“抓增长、调结构、讲效益”的总基调，继续构建山东省银行卡和谐发展环境，与银行卡产业各方通力合作，推动山东省银行卡事业又快又好发展。

【业务发展】 2013年，银联山东分公司从提升银联卡市场份额，促进受理市场健康快速发展，巩固银行卡风险联合防范机制，确保系统稳定运行等方面开展工作，取得了较好成绩。

一、一行一策，继续提升银联卡市场份额。一是加强与重点发卡银行在重点项目、产品上的合作，推进银标信用卡及高端卡、IC卡的发卡；二是以专项合作的形式推进相关发卡行换发或增发银标卡，在全国各分公司中取得了银联信用卡活卡占比全国第一，借记卡交易金额占比全国第三，信用卡及高端信用卡交易占比全国第四的好成绩。

二、多措并举，促进受理市场健康快速发展。一是2月顺利完成银行卡刷卡手续费调整工作，全辖累计换签商户29.9万户，清理无效商户4.5万户，以发改委定价文件为契机，优化直联入网流程，提升入网效率，明确收单责任；二是组织辖内成员机构和收单外包服务机构开展受理市场竞赛活动等多种

中国银联股份有限公司山东分公司主要统计指标

项目 \ 年度	2009	2010	2011	2012	2013	2013年同比增幅（%）
入网特约商户（家）	74695	99347	158694	228285	414405	81.5
POS终端（台）	117238	156519	244067	351418	590168	68.0
POS机实现交易	--	--	--	--	--	--
交易业务（万笔）	13825	19348	26321	33707	43847	30.1
交易金额（亿元）	3092	4432	6042	8119	11984	47.6
ATM机具（台）	6900	15210	24044	25909	32720	26.3
ATM机实现交易	--	--	--	--	--	--
交易业务（万笔）	5470	6739	8570	10330	12302	19.1
交易金额（亿元）	411	566	799	1041	1356	30.3
借记卡发行（万张）	1823	1652	2647	1810	2105	16.29
信用卡发行（万张）	288	310	370	390	376	-9.6

注：1.ATM交易数据为银联统计的跨行取款交易数据，不含银行本行卡在本行ATM机具上交易数据。

2.表中POS/ATM交易业务笔数为清算交易笔数。

3.表中借记卡/信用卡发卡量为银联卡品牌发卡量，不含VISA、万事达等国际卡品牌双币卡。

形式的营销活动，从而提高持卡人用卡意识，活跃发卡用卡市场；三是探索行业合作，扩大市场规模，积极推进财税库银项目、开展旅游卡商圈建设、5A景区银行卡受理拓展、公务卡党政机关出差会议定点饭店拓展等相关工作，积极拓展二级地市直联受理市场。

三、多方合作，推动创新工作有序开展。一是拓展手机支付应用，扩大手机支付市场，全年发展手机支付用户20.29万户，交易金额39.8亿；二是加强行业应用，拓展互联网支付业务，全年完成互联网交易量67.2亿，实现收入80.12万元，新增用户208.13万，新增商户151户；三是加大宣传力度，推动ATM跨行转账业务，全年完成ATM跨行转账清算交易笔数200万笔，同比增长439%；四是积极推动金融IC卡的发行和应用，一方面建立和人行济南分行科技处、各发卡行日常沟通机制，做好IC卡发卡和受理推广工作，配合人行做好辖内IC卡受理环境建设，另一方面积极推进菜市场小额支付项目投产，探索城市公交受理金融IC卡业务。

四、多管齐下，维护受理市场秩序规范。一是建立以32域落地为基础，投诉和系统侦测为手段，处罚约束为保障的市场规范机制，重点开展针对突出问题的市场集中清理整顿工作，开展受理市场秩序规范投诉奖励专项活动；二是建立联席会议机制，加强和非金机构、收单外包服务机构的合作与培训，提高第三方机构风险防范意识；三是制定了《山东个人收单业务管理暂行办法》，更好地推动该业务的规范发展。

五、多方联动，巩固银行卡风险联合防范机制。一是加强与成员机构沟通，高效完成风险商户的管理工作；二是加强外部交流，共同构建银行卡风险联合防范机制。

六、强化安全意识，确保系统稳定运行。一是内部明确责任，完善制度和流程，强化生产环境及生产系统的安全管理，加强系统访问安全限制，控制移动介质在生产网中的使用，加强病毒防范；二是加强日常检查，做好应急演练和生产变更，切实把运维工作做细、做实。

（刘　勇）

中国银联股份有限公司青岛分公司

【第一负责人简介】　赵玉东，男，1970年5月生，中共党员，本科学历，经济师。1993年7月参加工作，历任人行青岛中支计划处副主任科员，青岛市银行卡网络服务中心办公室副主任、市场部经理、总经理助理，中国银联青岛分公司助理总经理、副总经理等职。2004年8月起，担任中国银联青岛分公司总经理。

【综述】　2013年，中国银联股份有限公司青岛分公司（以下简称“银联青岛分公司”）以推广银联标准卡为主线，从传统业务、创新业务、受理市场建设等方面，推动各项工作，跨行业务继续保持较为良好的增长态势。

【经营管理】　2013年，银联青岛分公司不断巩固和扩大传统市场，全面提升银联标准卡市场份额，大力发展手机支付、互联网支付等创新业务，加快推动金融IC卡受理环境及一卡多应用项目建设，市场竞争能力逐步增强。

一、狠抓市场秩序规范，维护良性产业生态环境。一是组织银行卡同业开展受理市场规范专项活动，坚决杜绝移机使用、套用低扣率MCC等违规行为；二是推动非金机构积极参与辖内直联市场，推动杉德公司加入辖内直联模式的专业化服务、推动通联支付加入辖内直联模式的收单服务，起到了很好的示范作用。

二、深入开展银联卡营销，全面提升银联卡收入占比。一是突出银联标准信用卡的用卡营销，采取定制式营销，先后与海信广场、利群集团等辖内大型重点商户达成合作意向；二是积极配合银联总公司开展62卡友节活动，开展了形式多样的营销活动，通过各类媒体渠道，与总公司形成有效互动。

三、推动传统业务加快发展。一是积极开展POS联合营销活动，全市各发卡银行共同参与、联合宣传、费用共担，活动持续至年底；二是与市银行业协会联合推动全市银行业开展“2013年ATM等自助终端评比活动”，开展ATM联合营销活动，先后启动与光大、农行的ATM跨行取款有奖活动。

四、深入开展创新业务。一是加快推进互联网支付，与中信银行、青岛农商行合作开展“银联在线支付”注册用户拓展，对世园会售票网站、交行青岛港项目等进行跟踪协助，全年实现银联在线支付5.13亿元；二是与青岛银行合作开展银联移动支付业务，解决世园会门票、园区内支付需求、园区志愿者信息管理等合作，联合钱袋网、擎动网络等第三方公司，拓展手机支付用户，并与联通、中信银行、青岛银行等单位深入合作，全年实现银联手机支付9.2亿元，同比增长256%。

中国银联股份有限公司青岛分公司主要统计指标

项目＼年度	2009	2010	2011	2012	2013	2013年同比增幅（%）
入网特约商户（万家）	1.6	2.4	3.3	3.6	4.7	30.6
POS终端（万台）	2.80	3.8	5.1	5.5	7.8	41.8
POS机实现交易	—	—	—	—	—	—
交易业务（亿笔）	0.55	0.64	0.73	0.83	1.02	23.2
交易金额（亿元）	963	1322	1551	1899	2809	48
ATM机具（万台）	0.30	0.38	0.45	0.57	0.63	10.5
ATM机实现交易	—	—	—	—	—	—
交易业务（亿笔）	0.18	0.20	0.24	0.27	0.30	11.8
交易金额（亿元）	131	162	215	255	312	22.4
借记卡发行（万张）	2129	2435	2666	2890	3299	14.2
信用卡发行（万张）	268	340	490	550	683	24.2

五、全力推进金融IC卡一卡多应用试点项目建设。一是协助人行青岛中支制订非金融行业应用《卡片结构规范》、《密钥管理规范》以及《通用存储个人化指南》；二是开展服务平台建设，已完成金融IC卡行业应用密钥管理系统的开发并投产运行；三是与农行合作开发青岛市南村蔬菜批发市场电子交易结算系统，实现在市场内交易的买卖双方资金结算、交易管理、会员管理以及蔬菜食品安全追溯等功能。

【大事记】 1月28日 银联青岛分公司联合市银行业协会于府新大厦组织召开“青岛市2012年度银行卡业务总结表彰会”。

3月12日 银联青岛分公司协助人行青岛中支，组织辖内6家非金融支付机构召开联席会议，确定了联席会议制度，并签署《青岛市非金融支付机构收单业务公约》。

4月1日 银联青岛分公司启动2013年度“银联刷卡月月奖”活动。

5月18日 银联青岛分公司启动2013年“海信广场会员日·我选银联”大型营销活动。

6月 银联青岛分公司启动利群集团2013年银联特惠日活动及银联卡友节活动。

12月1日 银联青岛分公司启动为期3个月的银联柜面通专项营销活动。

12月 银联青岛分公司开展金融IC卡年终促销活动及工行银联卡“节节有礼闹新春”营销活动。

（路 瑶）

四、财务公司

中国重汽财务有限公司

【第一负责人简介】 宋其东，男，1963 年 4 月生，山东泰安市人，中共党员，高级会计师，武汉理工大学经济学硕士研究生。1984 年参加工作，先后任职于中国重型汽车集团公司财务处科长、副处长、处长，财务部副部长，销售公司副总经理兼总会计师，计划财务部部长兼中国重型汽车财务有限责任公司副董事长、总经理。度 990 务有限责任公司副董事长、总经理，2004 年 10 月至今，任中国重型汽车集团有限公司副总会计师兼中国重汽财务有限公司董事长。

【综述】 2013 年，中国重汽财务有限公司（以下简称“重汽财务公司”）坚持发挥金融平台作用，积极为集团成员单位、上下游客户提供优质金融服务，以汽车消费信贷、融资租赁、买方信贷等措施助推集团汽车产品销售，为集团的发展发挥了不可替代的作用。

【集团资金的统一结算】 2013 年，重汽财务公司作为集团的资金结算平台，始终坚持为集团提供及时周到的优质服务。累计实现结算量 2910 亿元、2.67 万笔。一是梳理细化了服务流程，提高资金结算服务标准；二是对结算系统优化升级，大大节省了时间，提高了效率；三是启动银企直联工作，确保工作推动进度；四是根据新业务需求，创新、完善结算流程。

中国重汽财务有限公司主要统计指标

单位：亿元

项目 \ 年度	2009	2010	2011	2012	2013	2013 年同比增幅（%）
本外币资产总额	37.63	35.43	60.86	57.17	57.13	-0.07
本外币负债总额	27.37	23.98	48.57	44.93	44.42	-1.13
营业收入	0.91	1.24	2.53	2.65	2.77	4.55
利　润	0.70	0.98	2.01	1.73	1.88	8.67
净利润	0.51	0.74	1.51	1.30	1.41	8.60
上交税金	0.25	0.26	0.54	0.64	0.63	1.22

注：2013 年统计数据未经审计，最终数据以审计机构 3 月份出具审计报告为准。

【汽车金融业务】 2013 年，重汽财务公司充分发挥专业优势，利用汽车金融多种模式助推重汽产品的销售，业务成功拓展到卡车、商用车车、特种车、中卡、轻卡、客车、工程机械等全部产品系列，实现利润 8000 多万元。一是坚持定期召开贷审会制度，并定期对业务人员进行风险意识和思想道德、廉洁自律培训教育；二是对汽车金融业务的人量需求进行了系统完善；三是制定并下发了汽车金融中心业务部《日常管理制度》和《财务管理制度》；四是加强了业务办理过程的事前、事中、事后的征信、合同审核、放款、收款、考察报告汇总、收发资料、报表报送、GPS 复核等工作，完善了制度流程。

【大事记】 4 月 16 日 重汽财务公司召开二届八次董事会会议。

4 月 17 日 山东银监局对重汽财务公司开展了为期 1 个月的现场检查。

4 月 26 日 重汽财务公司召开 2012 年度股东会会议。

（王永涛）

海尔集团财务有限责任公司

【第一负责人简介】 李占国，1969年生，中共党员。现任海尔集团副总裁、党委委员兼海尔集团财务有限责任公司董事长、总经理，高级会计师。

【综述】 2013年，海尔集团财务有限责任公司（以下简称“海尔财务公司”）承接集团全球化品牌战略，以“聚焦产业链金融创新，以金融资源撬动产业资源，成为最具竞争力的驱动产业型财务公司”为目标，打造集约化金融服务、集团化金融管理、集成化金融协同三位一体的海尔全球化金融综合服务商。

【公司经营】 2013年，海尔财务公司秉承集团“创业”和“创新”的两创精神，抢抓互联网经济的新机遇。

一、持续推广保兑式信用证，实现品牌价值在金融领域的再增值。为有效承接“LC客户外部清零”的目标，公司协同集团GO采购和商务服务经营体持续加大对供应商的营销力度，全年新增23家供应商接受开证，累计供应商接受数量达147家，对外开证金额约3.3亿美元，1428笔。

二、持续大客户战略合作模式，实现客户升级与多赢。一是在集团大客户大订单营销全过程中提供全流程贴身金融服务；二是从前期预案、过程管控、项目后评估进行全流程风险防控；三是从解决集团产业与客户之间应收账款瓶颈问题，到丰富产品线、个性化产融方案满足集团级客户需求。全年共计协同集团产业获取产品与服务订单近30亿元。

三、持续推进小微信贷服务模式，推动集团销售倍速发展。一是在原有“海尔小微信贷”基础上，针对专卖店经营区域差异及其自身经营特点，量身定制个性化融资方案，有效满足了专卖店的资金需求；二是在专卖店经营规模较大的地区施行定向区域服务的模式，满足了核心区域客户经营规模不断扩大的资金需求，截至年末，小微信贷金融服务模式业务已累计为1500家小微客户提供42亿元信贷支持，金融支持覆盖融资店销额200亿元。

四、持续优化消费金融服务模式。以居家生活为切入点，为集团商业生态圈的用户提供全方位消费金融解决方案，打造国内首家家电消费金融品牌。大力推展消费分期业务，目前贷款总额已达1.2亿元，累计办理2.2万笔，户均0.55万元。

海尔集团财务有限责任公司主要统计指标

单位：亿元

项目 \ 年度	2009	2010	2011	2012	2013	2013年同比增幅（%）
本外币资产总额	248.91	344.4	380.29	381.8	612.87	60.52
本外币负债总额	233.48	324.2	350.6	340.55	558.74	64.07
营业收入	5.02	8.65	16.68	21.16	20.63	-2.50
利润	4.28	7.03	12.68	15.51	18.03	16.25
净利润	3.22	5.29	9.53	11.64	13.6	16.84
上交税金	1.31	2.03	4.09	5.45	6.23	14.31

【大事记】 8月 人行总行银办发〔2013〕189号文批准了海尔财务公司获得电子票据线上清算试点资格。

12月 银支付〔2013〕356号文批准海尔财务公司加入大额支付系统。

（海尔财务公司）

南山集团财务有限公司

【第一负责人简介】　隋政，男，山东乳山人，1963 年 5 月生，工商管理硕士。1979 年参加工作，1992 年 10 月起，历任香港中银集团投资有限公司副经理、经理、高级经理、副总裁、中国银行威海分行副行长、东方资产管理公司青岛办事处经理、高级经理、助理总经理、副总经理等职；2006 年 4 月起，任南山集团公司董事、副总经理兼财务公司筹备组组长；2008 年 8 月至今，任南山集团财务有限公司副董事长兼总经理。

【综述】　2013 年，南山集团财务有限公司（以下简称“南山财务公司”）积极推动业务创新，强化内部管理和队伍建设，较为圆满地完成了各项任务。

【公司经营】　2013 年，南山财务公司围绕集团金融需求，不断提升服务能力，职能得到进一步发挥。一是通过为企业提供个性化的账户管理体系、采取账户联动模式实现异地企业资金及时“回笼”，拓宽资金来源渠道，年末存款余额同比增长 84.99%，日均存款增长 36.13%；二是完善系统功能，确保资金枢纽畅通，累计办理结算业务 16 万笔，结算金额同比增长 34%；三是着力发挥资金调节作用，累计投放资金 49.16 亿元，办理委托贷款 23 笔、金额 15.36 亿元；四是 10 月 22 日取得保险兼业代理业务资格，统筹集团保险规划；五是新增“银行承兑汇票质押开电票”等业务品种；六是采取集中授课、上门服务、辅助设计融资方案等方式，为企业排忧解难；七是全面加强流动性管理，提高资金运作能力，资产收益率达到 2.45%，净资产收益率 15.25%。

【内控及风险管理】　2013 年，南山财务公司加强内控及全面风险管理体系建设，保持了开业 5 年“零”案件的成果。一是通过事前风险研判预警、事中风险防控、事后检查监督等手段，强化对风险点的管控，及时消除隐患，全年开展各类检查及风险排查 30 余次，覆盖面 100%；二是在原有规章制度梳理汇编的基础上，新增 20 余项制度；三是超额计提拨备，贷款损失准备充足率达 293.09%；四是制定严密的应急管理措施并开展应急演练；五是继续推动合规文化建设，通过案例警示教育、差错点评等，打牢案防根基。

南山集团财务有限公司主要统计指标

单位：亿元

项目 \ 年度	2009	2010	2011	2012	2013	2013 年同比增幅（%）
本外币资产总额	33.42	43.00	49.31	45.73	69.08	51.06
本外币负债总额	28.22	36.79	41.97	37.21	59.15	58.96
营业收入	0.67	2.06	2.50	2.56	3.29	28.52
利润	0.26	1.38	1.48	1.57	1.88	19.75
净利润	0.19	1.01	1.11	1.18	1.41	19.49
上交税金	0.10	0.47	0.54	0.57	0.68	19.30

【大事记】　6 月 5 日　经银监会烟台监管分局批准（烟银监准〔2013〕63 号），南山财务公司注册资本由 5 亿元（含美元 1000 万元）增加至 8 亿元（其中美元 1000 万元）。

9 月 16 日　经人行上海总部批准（银总部函〔2013〕63 号），南山财务公司同业拆借额度由 5 亿元增加至 8 亿元。

10 月 22 日　经保监会烟台监管分局批准，南山财务公司获得保险兼业代理资格，代理险种为中国保监会批准的财产保险和人身保险。

10月22日　南山财务公司召开第一次临时董事会，决定由隋政任董事长、曲丽华任副董事长兼总经理、郭芸任副总经理。上述人员任职资格已于12月30日经银监会山东监管局核准（鲁银监准〔2013〕601号-603号）。

（高玉臣）

海信集团财务有限公司

【第一负责人简介】　黄金萍，女，1997年5月毕业于复旦大学世界经济专业，硕士研究生学历。曾在中国建设银行任职10年，先后担任深圳市海汇、海源投资有限公司常务副总经理、总经理，现任海信集团财务有限公司总经理。

【综述】　2013年，海信集团财务有限公司（以下简称“海信财务公司”）以“立足集团、服务产业”为宗旨，通过灵活运用金融工具，创新业务功能，有效地降低了融资成本，同时坚持审慎合规经营原则，加强内控制度建设，经营业绩稳步提升。截至年末，海信财务公司资本充足率40.97%，流动性比率54.71%，各项指标均优于监管要求。

【公司经营】　海信财务公司围绕资金集中管理的核心职能，全面提高资金运作能力、结算服务能力、信贷服务能力、风险管理能力等，取得了良好的经营业绩。

一、大力推广海信电子商业汇票，提升海信品牌在金融市场的信誉度。一是改善现金流状况，提高集团支付能力；二是积极主动营销，提高电票在应付票据的比重。截至年末，海信电子商业汇票业务笔数、金额均在全国财务公司中名列前茅，并争取到全国财务公司第一批电子商业汇票线上清算试点资格。

二、加强资金集中管理，有效提高资金归集力度。一是建立集团账户平台，为资金集中管理提供保障；二是推广资金集中收付，降低集团外存资金和资金汇划成本；三是积极争取房地产预售资金监管资格，顺利将房地产青岛地区新老账户纳入监管，大幅减少外存资金。

三、公司通过对同业利率走势进行深入分析研究，不断完善同业利率询价机制，结合自身资金状况，灵活进行资金配置，有效提高了资金收益。

【内控与风险管理】　2013年，海信财务公司持续加强内控建设，有效提升风险管理水平。一是对各业务条线进行全面的风险排查，开展岗位职责和业务流程梳理，形成了具有很强指导性的覆盖全部业务和风险环节的操作手册；二是通过完善制度和加强对制度执行情况的监督，进一步促进业务规范化；三是持续推进结算差错率考核，提高结算工作质量；四是推进业务管理的信息化和工作流程标准化，在保证传统业务高效开展的同时，提升各环节的风险管控能力。

海信集团财务有限公司主要统计指标

单位：亿元

项目 \ 年度	2009	2010	2011	2012	2013	2013年同比增幅（%）
本外币资产总额	30.12	40.70	49.68	46.13	62.87	36.30
本外币负债总额	24.74	34.90	43.22	38.57	53.94	39.83
营业收入	0.41	0.66	1.02	1.50	2.03	34.96
利润	0.29	0.56	0.89	1.45	1.84	26.61
净利润	0.21	0.42	0.67	1.09	1.38	26.62
上交税金	0.10	0.18	0.27	0.43	0.58	34.88

【大事记】　1月　海信财务公司召开2013年度经营工作会议。

海信财务公司取得青岛商品房预售资金监管资格。

3月　海信财务公司组织参观反腐倡廉展览。

4月　青岛银监局颁发（青银监复〔2013〕58号）文，核准王曙光副总经理及杨国利总经理助理的任职资格。

7月　海信财务公司1104报表正式上线，可实现报表

90%的自动化。

9月　海信财务公司核心业务系统结售汇业务模块正式上线。

11月　海信财务公司总经理黄金萍在人行青岛市中支“跨境融系统”推介会上做主题发言。

12月　中国人民银行支付结算司下发（银支付【2013】357号）文，同意海信财务公司以开户特许直接参与者加入大额支付系统办理电子商业汇票资金清算业务。

（王曙光　刘　宇）

中国石化财务有限责任公司山东分公司

【第一负责人简介】　宫琳，中共党员，高级会计师。曾任中国石化青岛石油化工有限责任公司副总会计师兼财务处处长，2012年4月任中石化青岛公司副总会计师兼财务管理部主任，2013年7月任中国石化财务有限责任公司山东分公司经理。

【综述】　中国石化财务有限责任公司山东分公司（以下简称“中石化财务山东分公司”）经中国银监会批准，于2007年9月1日正式营业，公司设在山东省青岛市，营运资金1亿元，现有从业人员31人。

2013年，中石化财务山东分公司秉承“立足石化、服务主业、争创一流”的经营宗旨，重点为山东辖区的胜利油田、齐鲁石化、青岛炼化和石化等90多家成员企业提供金融服务。

中石化财务山东分公司不断强化内控稽核管理和风险防控工作，始终把风险防范和业务安全放在一切工作的首位，组织制定了《金融案件防控管理办法》，先后组织开展2012年7月至2013年6月业务稽核检查及自营贷款、企业账户专项稽核，并依托中国石化企管信息系统开展每季度线上自查，检查范围实现全面覆盖，内控与风险管理水平进一步提高。

【大事记】　3月12日　中国石化财务公司党委副书记、纪委书记、工会主席谢东莅临山东分公司检查指导工作。

7月1日　中国石化财务公司印发中国石化财司人[2013]32号文件，任命宫琳为山东分公司经理，张建江不再兼任山东分公司经理。

中国石化财务公司印发中国石化财司党[2013]4号文件，任命宫琳为山东分公司党支部副书记

7月4日　中国石化财务公司党委书记、总经理张保龙，副总经理高中元一行莅临山东分公司检查指导工作。

12月19日　中国石化财务公司副总经理高中元莅临山东分公司督导专题民主生活会。

（许钦珍）

中国石化财务有限责任公司山东分公司主要统计指标

单位：亿元

项目 \ 年度	2009	2010	2011	2012	2013	2013年同比增幅（%）
本外币资产总额	123.76	65.53	89.31	156.02	72.96	-53.24
本外币负债总额	122.76	64.56	88.87	154.55	69.99	-54.71
营业收入	3.39	2.94	2.50	5.21	3.76	-27.83
利润	1.33	1.28	0.58	1.96	2.62	33.67
净利润	1.00	0.96	0.44	1.47	1.96	33.33
上交税金	0.68	0.41	0.35	0.50	1.01	50.50

山东重工集团财务有限公司

【第一负责人简介】 吴汝江，男，中共党员，中南财经大学经济管理专业毕业，高级经济师。1980年参加工作，先后在人民银行、工商银行、民生保险经纪公司等单位工作。历任中国工商银行潍坊市分行副科长、科长、办公室主任、副行长、行长、党委书记，中国工商银行山东省分行营业部总经理、党委书记，民生保险经纪公司董事长。现任山东重工集团财务有限公司总经理。

【公司经营】 2013年，山东重工集团财务有限公司(以下简称"山东重工财务公司")紧紧围绕全年发展目标开展各项工作。

一、开展了以"现金池"建设为核心的资金归集工作。一是完成了潍坊、济宁、扬州、重庆、北京等地区成员单位的账户梳理和授权工作；二是在潍坊、济宁地区开展了资金限额管理。截至年末，公司存款余额63.47亿元，同比增长160.55%。

二、开展了以"票据池"建设为核心的票据集中管理工作。一是对成员单位的票据使用情况进行了调查摸底，制定了票据池建设实施方案，并与潍柴动力、合作银行签订了三方票据综合服务协议；二是申办了电子票据业务，有望2014年二季度获批并上线运行。

三、紧贴成员单位需求，创造性地开展综合性金融服务。一是开展了信贷业务项目库建设；二是开发产业链融资产品15种，为山重租赁、山推机械、亚星股份开展了产业链融资业务；三是取得了即期结售汇业务资质。截至年末，各项贷款余额(含票据贴现)20.03亿元，同比增长110.84%。

四、积极探索资金管理新模式。一是实施资产负债比例管理，实行了月度资金计划会议制度和周、旬资金计划预算制度；二是同业存款分散存放在13家合作银行，资金备付率6.49%。全年办理同业存款205.94亿元，同比增长75%。

五、致力于工作机制建设。从规范各项业务和管理入手，开展了现金池、票据池、资产负债比例管理、信贷业务项目库、风险合规、旬核算、信息化体系等9项业务发展和管理机制建设，提高了金融服务能力和效率。

六、开展精细化管理工作。一是以旬为周期核算公司经营情况，提高核算的及时性和指导性；二是综合考虑资金利率、费用等因素，每旬核算公司资金价格总体水平并及时发布；三是每月召开公司全员参与的运营分析会议，确保预算落到实处。

七、加强信息化建设、人才队伍建设和企业文化建设。一是开展了金融统计系统、结售汇系统等10个项目的建设，为业务发展提供了信息化平台支撑；二是从金融机构、高等院校引进人才18名，并开展了中层干部公开竞聘上岗；三是根据集团"责任、沟通、包容"的文化内涵，积极营造大家庭文化，助推公司快速、健康发展。

山东重工集团财务有限公司主要统计指标

单位：亿元

项目 \ 年度	2009	2010	2011	2012	2013	2013年同比增幅(%)
本外币资产总额	—	—	—	34.70	74.54	114.81
本外币负债总额	—	—	—	24.58	63.85	159.76
营业收入	—	—	—	0.39	1.28	228.21
利润	—	—	—	0.17	0.75	341.18
净利润	—	—	—	0.12	0.56	366.67
上交税金	—	—	—	0.03	0.22	633.33

【内控与风险管理】 2013年，山东重工财务公司制定了2013-2015年全面风险管理规划，风险管理体系进一步完善。一是严格信贷授信及审批程序，规范审批流程，全年贷款审查委员会召开会议47次，办理信用评级25户，授信总额90亿元，低风险授信总额52亿元，确保每一笔贷款程序合规和风险可控；二是梳理出主要风险点21项，并组织各部门开展了

季度合规风险自查；三是重检修订规章制度 130 项，开展业务审计 8 次；四是在山东银监局开展的新设财务公司现场检查中，公司各项指标均符合监管要求，合规风险管理工作得到监管部门的好评。

【大事记】 1 月 12 日 山东重工集团财务有限公司在济南举行挂牌仪式。

3 月 29 日 山东重工财务公司召开 2013 年第一次股东会、第一次监事会和一届五次董事会，选举王晓英为监事长。

4 月 24 日 山东重工财务公司取得保险兼业代理业务资质。

6 月 18 日～7 月 5 日 山东银监局对山东重工财务公司开展新设财务公司现场检查。

6 月 24 日 潍柴动力召开股东大会，通过中小股东投票方式，解决了与山东重工财务公司的关联交易问题。以此为标志，山东重工集团 4 家上市公司与财务公司的关联交易问题全部解决，为财务公司后续归集成员单位资金扫除了政策障碍。

8 月 14 日 山东重工财务公司开展中层干部全员竞聘上岗，12 位优秀员工通过公开竞聘走上部门领导岗位。

12 月 11 日 外管局山东省分局下发（鲁汇函〔2013〕116 号）文，同意山东重工财务公司办理自身结售汇业务，以及对山东重工集团各成员单位的即期结售汇业务。

（邰桂忠）

山东钢铁集团财务有限公司

【第一负责人简介】 陶登奎，山东莱芜人，中共党员，毕业于北京科技大学冶金机械专业，工学硕士学位。1987 年 7 月参加工作，历任莱钢集团有限公司总经理助理、董事、副总经理等职；2008 年 2 月任山东钢铁集团有限公司副总经理；2012 年 2 月至今，兼任山东钢铁集团财务有限公司董事长。

【综述】 2013 年，山东钢铁集团财务有限公司（以下简称“山钢财务公司”）始终秉持“依托集团、服务集团”的宗旨，创新思维，不断拓展业务空间，加强服务集团的能力，在提高资金使用效率、拓展融资渠道、保障公司资金链安全、服务成员单位等方面发挥了良好作用。

【公司经营】 2013 年，山钢财务公司取得了业务创新和经营管理的良好绩效。

一、多举措推进资金集中工作。一是加大对全资、控股或控制成员单位的资金归集力度，吸收存款日均余额达 34.38 亿元，同比增加 20 多亿元；二是成立了客户服务部，专职做好与成员单位的沟通交流，提升服务水平；三是抓重点单位、关键账户，每月对成员单位的资金存放分布进行统计并跟踪分析和通报；四是通过定期存款、协定存款、贷款利率下浮等优惠措施，促进成员单位主动归集，全年累计让利 1239 万元；五是通过开发上线集团公司“资金日报”系统，进一步掌握集团及所属成员单位账户情况。

二、公司业务产品运作取得新突破。一是加强同业运作，不断提高资金存放收益，全年同业活期存放利率达 1.75%以上，远高于同业 0.72%的基准水平；同业定期存放利率 5%以上，累计实现同业存放利息收入 6870 万元；二是再贴现业务取得新突破，截至年末，累计向人民银行办理银行承兑汇票质押回购式再贴现 5 次，金额 1.28 亿元，实现息差收益 600 余万元。

三、加强保险服务，多渠道服务集团。全年共计办理投保资产 48.02 亿元，同比增加 24 亿元，增幅 49.98%；代收代付保费 399.11 万元，同口径降低 226.18 万元，降幅 48%。

【内控与风险管理】 2013 年，山钢财务公司继续向风险控制一流的目标努力。一是就公司业务开展中涉及的合同、协议等事项，委托集团法律事务部出具意见，有效规避法律风险；二是对 2012 年开业以来的运行情况进行了梳理和优化，编发了财务公司《规章制度汇编》，制订了违规积分、违规失职《管理办法》，对员工及部门行为进行了进一步的规范；三是在公司《薪酬管理制度》基础上，制订了《绩效考核办法》，将公司目标与部门、员工紧密挂钩，将考核真正落到实处。

【大事记】 2 月 5 日 山钢财务公司的营业场所搬迁至济南市舜华路 2000 号舜泰广场 4 号楼山钢大厦 F2、F20。

3 月 6 日 山钢财务公司成立客户服务部。

3 月 21 日 山钢财务公司一行 15 人赴宝钢集团、申能集

山东钢铁集团财务有限公司主要统计指标

单位：亿元

项目 \ 年度	2009	2010	2011	2012	2013	2013年同比增幅（%）
本外币资产总额	--	--	--	31.06	60.29	94.10
本外币负债总额	--	--	--	14.66	42.84	192.22
营业收入	--	--	--	1.02	1.66	62.74
利润	--	--	--	0.54	1.40	159.25
净利润	--	--	--	0.40	1.05	162.50
上交税金	--	--	--	0.10	0.48	380.00

团及上海复星高科技集团等财务有限公司交流学习。

6月20日　山东银监局王忠坦副局长莅临山钢财务公司调研指导工作。

7月8日　山钢财务公司国际业务部并入信贷业务部。

10月22日　山钢财务公司协助集团开发资金日报信息系统上线试运行。

12月20日　山东钢铁集团有限公司印发山钢财字[2013]43号文，授予山钢财务公司财务工作先进单位。

12月20日　人行济南分行营管部印发济银部办发[2013]117号文，授予山钢财务公司“2013年度驻济银行业金融机构金融统计先进集体三等奖”。

（宓小婷）

山东黄金集团财务有限公司

【第一负责人简介】　李国红，男，1970年10月，安徽望江人，中国科学技术大学工商管理专业研究生，高级会计师、中国注册会计师、高级黄金投资分析师、国际注册高级会计师、国际高级财务管理师。1994年7月参加工作，历任蚌埠卷烟厂物流公司财务负责人兼上海凯贝投资有限公司总经理、安徽黄山卷烟总厂财务审计部科长、合肥卷烟厂财务总监等职务。2008年至今，任山东黄金集团有限公司副总经理，现兼任财务公司董事长、山金金控资本管理有限公司董事长、总经理等职务。

【综述】　2013年，山东黄金集团财务有限公司（以下简称“山金财务公司”）组建成立，公司秉承“依托集团、服务集团、发展集团”的思路，完善制度建设、创新发展模式、持续稳健发展，搭建山东黄金“金融服务平台”，打造具有行业特色的“资金运营、金融服务、价值创造”三大中心，呈现出健康良好的发展局面。

【公司经营】　2013年，山金财务公司各项业务发展迅速。

一、完善规章制度，确保规范发展。公司建立起了包括管理、财务、稽核等3大控制部分，涵盖90项业务操作流程的规章制度，形成较为完善的内控体系。

二、坚持多措并举，推动资金归集。一是采用先进账户管理模式，构建覆盖各成员单位的资金管理信息系统；二是确定分阶段、分批次上线运行方案，实现资金的自动上收和下拨，提升资金归集水平。截至年末，全口径资金集中率达53%，在山东辖内同业中位于前列。

三、充分筹划布局，满足信贷需求。一是组织业务人员到各成员单位开展现场调研与考察，加强沟通，并在获准营业当日成功发放首笔贷款；二是在开展传统信贷业务的基础上，积极开展委托贷款等中间业务，打通集团内外资金融通的渠道。全年共发放贷款7.7亿元，贷款余额7.05亿元，办理票据贴现业务2000万元，贷款平均利率较同期银行贷款利率下浮7.73%。

山东黄金集团财务有限公司主要统计指标

单位：亿元

项目 \ 年度	2009	2010	2011	2012	2013	2013 年同比增幅（%）
本外币资产总额	—	—	—	—	27.92	—
本外币负债总额	—	—	—	—	17.79	—
营业收入	—	—	—	—	0.41	—
利润	—	—	—	—	0.18	—
净利润	—	—	—	—	0.13	—
上交税金	—	—	—	—	0.03	—

【内控及风险管理】 山金财务公司自成立以来，着重加强内控及全面风险管理体系建设。一是开展全面内审，及时发现问题并督促整改，切实抓好各项制度的贯彻落实；二是建立"三位一体"的信贷审批管理机制，有效防范信贷风险；三是配套建设了高效、安全、独立的机房环境，并出台了信息系统风险管理制度，为各项业务的经营提供技术支撑和安全保障。

【企业文化建设】 2013 年，山金财务公司一是通过组织员工内部业务制度学习、专项业务考试，开展专家专题讲座、到其他财务公司现场对接交流等方式，提升员工能力；二是积极采取措施，实现与集团、各成员单位、监管部门及外联单位、公司内部的"四方和谐"；三是组织员工进行拓展训练，提高队伍凝聚力和向心力。

【大事记】 4 月 14 日 山东黄金集团财务有限公司召开第一届董事会第一次会议、第一届股东会第一次会议、第一届监事会第一次会议。

7 月 8 日 中国银监会下发（银监复[2013]336 号），批准山东黄金集团财务有限公司开业。

7 月 17 日 山东黄金集团财务有限公司在济南成立，注册资本 10 亿元。

12 月 30 日 山东银监局印发《关于 2013 年银行业金融机构监管统计工作考核情况的通报》（鲁银监通〔2013〕21 号），山金财务公司获得三等奖，是唯一获奖的财务公司。

（翟 晴）

五、金融院校

山东大学经济学院

【第一负责人简介】 李长英，山东大学经济学院院长，教授、博士生导师，美国科罗拉多大学经济学博士。主要研究方向：产业组织理论、国际经济学、微观经济理论与应用。2010 年南开大学优秀博士论文指导教师；2007 被列入教育部"新世纪优秀人才支持计划"。

【综述】 山东大学经济学院是在原山东大学经济学系的基础上，于 1988 年组建。学院下设经济学、财政学、金融学、国际经济与贸易学、风险管理与保险学等 5 个系，以及产业经济研究所、泰岳经济研究中心、博弈论与经济行为研究中心等研究机构，拥有应用经济学、理论经济学一级学科博士学位授予权和应用经济学博士后流动站，目前设有 9 个博士专业、20 个硕士专业和 6 个本科专业，其中金融工程和财政学本科专业为国家级特色专业，与山东大学数学学院共建"金融数学与金融工程人才培养基地"（彭实戈班），2012 年，学院选拔组成了"经济与金融卓越人才培养国际化实验班（下简称全英实验班）"，设置经济学和金融学两个专业方向，采用全英文授课，开辟了经济金融类国际化人才培养的新途径。

学院现有教职工 124 人，专职教师 99 人，其中教授 38 人，副教授 31 人；博士生导师 51 人（含兼职、合作导师 23 人），硕士生导师 60 人（含兼职、合作导师 25 人）；国家"千人计划"特聘教授 1 人，"泰山学者"特聘教授 2 人，国家级教学名师 1 人，马克思主义理论研究和建设工程重点教材首席专家 1 人，教育部"新世纪优秀人才支持计划"3 人，山东省有突出贡献的中青年专家 2 人，享受国务院特殊津贴专家 5 人。教育部"金融类专业教学指导委员会"委员 1 人。"金融学专业教学团队"、"政治经济学系列课程教学团队" 为国家级教学团队，"金融数学跨学科交叉应用型人才培养实验区" 为国家级人才培养模式创新实验区。

学院现有国家重点学科 1 个，山东省重点学科 3 个，山东省哲学社会科学重点研究基地 3 个，山东省工程技术研究中心 1 个（建设评估为"优秀"），山东省软科学重点研究基地 2 个（其中 1 个为与管理学院共建），山东省"十二五"高校人文社会科学研究基地 1 个。在 2012 年教育部学科评估中，学院应用经济学科排名全国第 12。

近 5 年来，学院教师在《Journal of comparative economics》、《Economic Record》、《经济研究》等国内外学术刊物发表论文 500 余篇，出版学术专著 60 余部，主持国家社科基金、国家自然科学基金和省部级课题 100 余项，其中国家社科基金重大招标项目 1 项、教育部重大攻关项目 2 项。《居民资产与消费选择行为分析》一书荣获"孙冶方经济科学奖（著作奖）"，《政治经济学》、《金融投资学》、《国际贸易学》、《政府经济学》、《产业经济学》被评为"国家精品课程"，《政府经济学》为普通高等教育精品教材，《公共财政概论》为马克思主义理论研究和建设工程重点教材。《城乡卫生医疗服务均等化研究》入选 2011 年全国优秀博士学位论文。

【教学工作】 2013 年，学院开设了经济与金融国际化实验班，初步形成了系统的全英文教学体系；新增 3 项精品资源共享课，70 门课程通过学校课程网站建设验收；学院举办优秀本科生夏令营，与美国宾夕法尼亚大学等 4 所大学签署了本科生海外交流或联合培养协议；与美国波士顿大学签署了本科生海外交流、暑期项目和研究生联合培养协议。有近 40 位外籍专家来校讲学；8 位教师海外访学；8 位老师赴英国等国家和地区参加了高水平国际会议并做大会发言。本科毕业生中有 81 名同学出国深造，出国比例近 25%。学院出台了"学生海外交流奖学金"办法，资助家庭困难、成绩优异的贫困学生出国访学，并为在海外名校成绩优异的学生提供奖学金。

学院全面推进"师资队伍国际化、人才培养国际化和学术研究国际化"，优先和重点发展具有优势、特色和潜力的学科，扶持和培养新的学科增长点，努力形成重点突出，优势鲜明，彰显特色的理论与应用学科协调发展的经济学学科体系。

【成人教育】 2013 年，学院共完成培训班 30 期、培训 2088 人次、实现培训收入 640 万元。连同其他培训项目创收总收入预计超过 2700 万元。

【科研工作】 2013 年，学院获得国家社会科学基金重大招标项目 1 项，1 项一般项目；国家自然科学基金重点项目 1 项，面上项目 2 项，青年项目 2 项。在教育部学科评估中，学院应用经济学科排名全国第 12 位，较 2007 年第 21 位有了大幅提升。获教育部人文社科二等奖 1 项，三等奖 1 项，山东省社科重大成果奖 1 项，优秀成果一等奖 2 项，二等奖 6 项，三等奖 2

项。学院实到科研经费总额达 505.6 万元。新增“泰山学者”特聘教授 1 名，教育部“新世纪优秀人才支持计划”1 人，国务院政府特殊津贴 1 人。入选国家社科基金学科规划评审组专家 1 人，入选教育部“金融类专业教学指导委员会”委员 1 人。在国际高水平 SSCI 期刊上发表论文共 12 篇。

【精神文明建设】 2013 年，学院认真组织师生政治理论学习，面向广泛征求意见，纠正“四风”中存在的问题，改进工作，增强凝聚力。

（朱子川）

齐鲁工业大学财政与金融学院

【第一负责人简介】 许广法，男，1966 年 7 月生，山东济宁人，中共党员，1987 年参加工作，大学本科学历，华中科技大学在读软件工程硕士，副研究员。历任山东轻工业学院教师、成人教育处副科长、办公室主任。2001 年 6 月起，先后任山东轻工业学院成人教育学院副院长，艺术设计学院党总支副书记（主持工作）、党总支书记，2011 年 3 月至今任齐鲁工业大学财政与金融学院院长。

【综述】 齐鲁工业大学财政与金融学院（以下简称“齐鲁工大财金学院”）组建于 2011 年 3 月。作为齐鲁工大的二级学院，经历了两个发展时期：隶属于人行的山东银行学校发展时期（1948–2001）、山轻金融职业学院发展时期(2001–2011)。2011 年 3 月，组建山轻财金学院，并以山轻金融职业学院的管理人员为依托成立山轻东校区管委会办公室，承担行政管理、后勤保障、社会服务等职能，山轻金融职业学院的法人代表由东校区管委会办公室负责人兼任。2013 年 4 月，山轻工业学院更名为齐鲁工大。

目前，管委会办公室下辖 12 个科室，主要负责财金学院的行政管理、后勤保障、社会服务等工作。财金学院内设 2 个系、4 个教学部、2 个研究所和 1 个实验教学中心，教学服务设施齐全。设有金融学、国际经济与贸易、投资学 3 个本科专业，金融管理与实务、会计、市场营销、投资与理财、国际经济与贸易 5 个专科专业。全日制本、专科在校生 2300 余人。有专任教师 69 人，其中，教授 12 人，副教授 35 人；具有博士学位（含在读）的教师 16 人，具有硕士学位的 55 人。毕业生综合就业率达 96.72%以上。

【教学工作】 2013 年，齐鲁工大财金学院以学生为中心，深化教育教学改革，完善质量监控体系，注重学生实践创新能力的培养。一是加强学科专业建设，新增投资学 1 个本科专业，金融学专业被列入省级非财政支持重点专业建设项目，设立金融学专业英语创新实验班，执行单独的人才培养方案；二是强化创新课程建设，获批创新课程 11 门；三是不断提升师资队伍整体素质，在职考取博士 2 人，引进博士 1 人，晋升教授 2 人、副教授 5 人；四是强化实践基地建设，新建银行模拟、证券投资、综合等 3 个校内实验室，新增校外教学实习基地 3 个；五是重新修订《教学质量评价暂行办法》，开展了教风、学风建设活动、教师多媒体课件评比、批改作业评比、英语“天天读”、英语词汇比赛、英语角等一系列活动；六是积极推进国际化合作办学，与澳大利亚堪培拉大学签署了金融学本科专业合作协议。

【科研工作】 2013 年，齐鲁工大财金学院加大科研平台建设力度，科研水平稳步提高。一是修订科研工作考核办法，完善评价机制；二是设立科研项目配套和奖励专项资金，引导和鼓励教师积极开展科研工作；三是成立了“山东金融服务创新驱动研究中心”，组建金融学、产业经济学、管理经济学 3 个科研团队；四是积极开展学术交流，举办学术讲座 6 次，组织教师参加学术交流 50 余人次。省部级课题立项 8 项，厅局级课题立项 42 项，发表学术论文 121 篇，主编或参编教材 2 部。

【内部管理】 2013 年，齐鲁工大财金学院各行政管理部门认真做好服务保障和管理工作，不断提高服务水平，确保各项工作顺利进行。一是加强制度建设，对学院《科研奖励配套经费管理办法》、《学术交流经费管理办法》、《引进和培养人才的管理规定》等各项规章制度进行了补充完善；二是认真编报年度经费预算，执行《齐鲁工大公务卡管理办法》，严格财务报销手续；三是改善办学条件，新建 3 个教学实验室，整修了学生公寓、校园路面和危墙，更换了餐厅排水管道；四是认真做好卫生防疫和医疗保险等工作，完成教职工的省直医保工作；五是增加书刊投入，采购图书 2449 册，订购期刊、报纸 168 种；六是建立安全防范体系，定期开展以防火、防盗、防事故为主要内容的安全检查，培训义务安全消防队员，组织消防演习，建立校园闭路监控系统，经常对驾驶员进行行车安全教育，确保车辆安全行驶。

【招生与就业】 2013 年，齐鲁工大财金学院共录取本专科生 960 人，其中本科生 209 人，专科生 751 人，本科报到率为 99.5%，专科报到率为 90.15%。成立了毕业生就业指导小组，通过多种形式服务于毕业生就业工作，732 名专科毕业生顺利毕业，其中，有 107 名同学考取了专升本，网上签约率达 67.8%，高端就业率达 30.6%，综合就业率达 96.72%。

【精神文明建设】 2013 年，齐鲁工大财金学院一是加强校园文化建设，继续落实《校园文化建设方案》和《文明单位创建活动方案》；二是加强教风、学风建设，组织开展了“师德建设教育活动月”以及“教风、学风建设活动月”等一系列活动；三是充分发挥院工会、团委、学生社团的作用，组织教工到沂蒙老区参观学习、举办秋季田径运动会及冬季健身运动会，坚持“学雷锋，树新风”活动常态化，宣传典型事迹 5 期，树立学雷锋活动标兵 15 人；四是加强和改进思想政治工作，建立思想政治教育的长效机制，坚持党委中心组理论学习制度和组织生活制度，落实议事规则，深入开展了党的群众路线教育实践活动，全年共发展学生党员 69 人，教工党员 2 人，培训入党积极分子和党员发展对象 334 人次；五是加强岗位廉政建设，抓好廉政教育，落实廉政建设责任制。

（周光云）

第九部分

区域性金融运行报告
——鲁中地区

济南市

【经济金融概况】 2013年,济南市凝心聚力,攻坚克难,稳增长、调结构、促改革、惠民生各项工作取得积极进展。

一、全市经济运行稳步向好。加快转调创步伐,扩大有效需求,狠抓招商引资、项目建设和实体经济,实施系列创新举措,结构调整积极推进,服务业占生产总值比重提高到55%,高新技术产业产值占全市规模以上工业比重达到40.55%,分别提高0.6和1个百分点。

二、金融平稳运行。社会融资规模大幅增长,全市金融业完成增加值461亿元,同比增长16.2%,对全市GDP的贡献率为8.8%,完成税收收入91.3亿元,占全市总税收的11.5%,全年社会融资规模达2464亿元,同比多增808亿元,增长48.8%。

三、信贷结构进一步优化,对全市重点领域和薄弱环节支持力度不断加大,涉农贷款和中小微企业贷款均实现了增量和增速"两个不低于"的目标。一是引导金融机构针对新型农业经营主体的不同需求,不断加大金融产品创新和服务支持力度,取得明显成效,截至12月末,全市涉农贷款余额1763.4亿元,比年初增加239.5亿元,增长15.7%;二是金融支持中小微企业力度加大,全市中小微企业贷款余额2637.4亿元,比年初增加274.6亿元,增长11.6%;三是民生金融取得积极进展,保障性安居工程贷款余额140.5亿元,小额担保贷款余额3.8亿元,累计发放民品贴息贷款1.85亿元,贴息250.8万元。

【货币政策实施】 2013年,人民银行济南分行营业管理部(以下简称"人行营管部")落实稳健的货币政策,引导金融支持实体经济发展效果明显。

一、制定实施了《关于落实稳健货币政策 加强金融服务支持实体经济持续健康发展的指导意见》,进一步加大对重点续建项目、重大工业技改项目、战略性新兴产业、"三农"、中小企业、民生工程等重点领域和薄弱环节的信贷投入;积极运用再贴现工具支持中小微企业发展,被贴现的中小企业票据占比达到83%,引导银行机构不断加大对中小微企业的信贷投入;认真落实差别存款准备金动态调整管理,严格把握辖区地方法人金融机构合意贷款总量及进度。

二、加强与政府部门的沟通协调,更好地发挥金融、财政和产业政策的协同作用,优化地区融资结构,持续加强对重点行业和民生领域的金融支持,力促经济结构调整和发展方式转变。联合市发改委等部门举办了2013年银企合作推进会,组织全市金融机构对398个企业项目综合授信1102亿元。有效发挥基层央行在金融市场中的桥梁纽带作用,全年共协调济南市大中型企业通过银行间债券市场直接融资725.1亿元,同比增加136.2亿元,进一步拓展了企业融资渠道、优化了融资结构。

三、大力实施金融支持现代农业加快发展"一把手"工程。一是制定了《金融支持现代农业加快发展工作实施方案》,联合财政局、农业局等部门,在对接支农政策、信贷资金供需、金融产品创新等方面加强合作,解决银政企信息不对称问题;二是引导金融机构开发、开办了"金农贷"、"村长贷"、"林权质押贷款"、"仓单质押贷款"等多种金融产品和服务模式。

【金融稳定】 2013年,人行营管部努力推动风险监测的全覆盖,并开展了风险排查。围绕政府投融资、担保链、民间融资、县域金融等风险点以及交叉性金融工具、互联网金融等新兴业态加强重点监测。有效利用和维护"重大事项报告管理系统",定期分析、预警,加大现场检查力度和现场评估,采取约见谈话等方式予以风险提示。针对齐鲁银行及时组织开展压力测试和应急演练;组织开展了"远离非法集资 维护金融稳定"集中宣传活动,联合市金融办、公安局发布了《打击非法集资 维护金融稳定的公告》。

【金融服务】 金融服务社会民生的能力显著增强。人行营管部一是作为全国首批试点单位,成功实现了ACS、第二代支付系统的上线运行;二是在全省率先建立人行与金融机构间金融消费者权益保护投诉处理的电子化流转,积极协调解决金融消费者投诉,办结率达到100%;三是深化农村支付服务环境建设,行政村自助取款实现100%全覆盖;推动跨境贸易人民币结算业务快速发展,业务量稳居全省前列。银行业大力推广电子商业汇票等非现金支付工具,业务量位居全省前列;金融IC卡发行量保持全省前列,用卡环境改造率达到100%。信用报告查询量保持全省第一,"11263"信用培植计划全面完成。

【金融监管】 人行营管部继续加强"两管理、两综合"工作,完成了对济南市102家金融机构的综合评价,并在一季度行长联席会上进行了通报;完成了对东亚银行济南分行等33家新设机构的管理申报工作,组织285人参加了业务技能考核;开展了对辖内银行机构17次现场执法检查。有效发挥反洗钱防控机制作用,向公安机关移交7条可疑交易线索、进行了10余次情报会商、发布了6期洗钱风险提示。

【保险业务】 2013年,济南市保险业形势好于预期,市场运行比较平稳,保险金投资力度明显加大。除购买债券、股票以及大额存款外,共引进保险资金96.73亿元。从资金运用形式看,主要是用于债权投资、商业不动产投资和股权投资,投向主要集中在高速公路、港口、煤炭、电力、保障房、市政设施、商业地产、医院等地方重点建设项目;保险资金投资渠道进一步

济南市经济主要统计指标

指标＼年度	2009	2010	2011	2012	2013	2013年同比增幅（%）
土地面积（平方公里）	8177	8177	8177	8177	8177	--
人口（万人）	603.27	604.1	606.64	609.21	613.2	0.65
城镇人口（万人）	111.07	112.91	115.42	--	--	--
乡村人口（万人）	492.2	491.19	491.22	--	--	--
地区生产总值（亿元）	3351.4	3910.8	4406.29	4812.68	5230.19	9.6
第一产业（亿元）	187.1	215.2	237.86	252.92	284.71	3.9
第二产业（亿元）	1453.6	1637.5	1828.97	1938.14	2053.24	10.1
工业（亿元）	1211.4	1352.4	1507.88	1603.08	1690.63	10.6
建筑业（亿元）	242.2	285.03	321.09	335.06	362.61	7.7
第三产业（亿元）	1710.74	1720.33	2339.46	2621.62	2892.24	9.7
人均地区生产总值（元）	55520	64783	64311	69574	74993	8.7
地区生产总值构成（%）	--	--	--	--	--	--
第一产业（%）	5.6	5.50	5.4	5.3	5.4	1.89
第二产业（%）	43.4	41.87	41.5	40.3	39.3	-2.48
第三产业（%）	51	52.63	53.1	54.5	55.3	1.47
财政总收入（亿元）	967.7	1285.1	1387.4	1611.1	1747.6	8.5
地方财政收入（亿元）	210.2	266.1	325.4	380.8	482.1	13.9
财政总支出（亿元）		659.7	668.1	--	--	--
地方财政支出（亿元）	259.3	336.8	396.9	461.4	522.3	13.2
全社会固定资产投资（亿元）	1655.4	1987.4	1934.3	2186.1	2638.3	20.7
规模以上固定资产投资（亿元）	--	--	--	--	806.0	24.5
房地产开发（亿元）	332.6	484.5	527.2	663.3	721.2	8.7
进出口总值（亿美元）	56.57	74.1	104.0	91.5	95.66	4.7
出口总值（亿美元）	30.47	40.6	43.5	57.2	54.81	-4.1
实际利用外资（亿美元）	9.81	10.4	11.0	12.2	13.21	8.2
社会消费品零售总额（亿元）	1617.9	1725.5	2023.1	2323.6	2633.9	13.4
居民消费价格指数（%）	100.33	102.1	105.4	103.0	102.8	-0.20
城市居民人均可支配收入（元）	22721.7	25321.1	28892	32570	35648	9.5
农民人均现金收入（元）	7804.8	8903.3	10412	11786	13247.6	12.4

济南市工农业主要统计指标

农业主要统计指标（万吨）				规模以上工业企业主要统计指标（亿元）			
项目＼年度	2012年	2013年	增幅（%）	项目＼年度	2012年	2013年	增幅（%）
粮食	286.03	266.6	-6.8	工业增加值	1357.4	1511.33	11.34

续表

农业主要统计指标（万吨）				规模以上工业企业主要统计指标（亿元）			
项目＼年度	2012年	2013年	增幅（%）	项目＼年度	2012年	2013年	增幅（%）
夏粮	128.53	123.85	-3.6	国有工业	240.4	255.55	6.3
秋粮	157.50	142.75	-9.4	集体工业	10.2	9.25	-9.3
棉花	2.76	2.0	-27.2	股份制工业	839.5	972.98	15.9
油料	5.67	5.7	0.3	股份合作制工业	2.1	2.42	15.4
水果	50.6	52.2	3.3	外商及港澳台投资工业	130.8	145.92	11.56
蔬菜	633.62	657.1	3.7	轻工业	351.0	395.05	12.55
肉类	39.80	40.24	1.1	重工业	1006.4	1116.4	10.93
禽蛋	36.12	35.6	-1.5	销售收入	5032.4	5150.16	11.41
奶类	33.23	31.82	4.2	利税	420.6	531.45	26.32
水产品	4.5	4.6	1.9	利润	176.9	251.96	40.3
森林覆盖率(%)	32.3	34.0	5.26	经济效益综合指数（%）	246.87	243.97	21.69

济南市主要金融机构概况

单位名称	行长（或其他称谓的第一负责人）	副行长（或其他称谓的同级领导）	员工总数	辖内营业网点数
人行济南分行营业管理部	陈好孟	岳隆杰 张海清 孙国强 王 刚 黄 磊 刘向群	257	
农发行山东省分行营业部	谢 军	李 慧 邢怀超 刘 健	210	7
工行山东省分行营业部	朱岩峰	刘 静 杨景泉 王 波 王愿红 刘瑞林 董 娇 许 龙	4002	147
农行山东省分行营业部	翟世勇	王旭光 袁朝阳 李登才 邵静河 吴晓娟 李 杰	2692	141
中行济南分行	葛春尧	郝连才 仲维功 周曙光 刘焕竹 李栋柱 左文莉 陈 静 靳红举	1782	74
建行山东省分行营业部	郝子建	朱晓磊 张福明 刘 双 赵海红	2844	128
中信银行济南分行	侯训义	刘国栋 柳永生 张少华 季向霞 张海鹰	738	15
光大银行济南分行	王 欣	陈贵明 黄炳华 林 燕 张建华 姜立惠	655	18
华夏银行济南分行	孙彤军	李 燕 王秀荣 陈立京 张沛儒 张 虹	528	13

续表

单位名称	行长（或其他称谓的第一负责人）	副行长（或其他称谓的同级领导）	员工总数	辖内营业网点数
平安银行济南分行	刘志刚	张汉忠 陈振华 康 建 叶逢海 林 杰 李春节 徐 丽	624	13
招行济南分行	周伟林	季 萍 齐君承 孟 丽 吕成玉 胡文有 张 洪 文 磊	1482	38
浦发银行济南分行	孔 建	钟明明 丛威娜 孙 旭	996	31
民生银行济南分行	陈焕德	李 伟 孙 兴 彭曙光 韩咏军 蔡丹平	1341	26
恒丰银行济南分行	朱 鸣	韩 民 赵 煜 赵先海 房 毅 李 静	232	8
渤海银行济南分行	金富祯	宋 奇 孙开贤 王铁华	288	5
浙商银行济南分行	傅荣生	陆为民 吴宝国 姜 兵	224	3
广发银行济南分行	庞新锋	杜经涛 许铁民 顾 蓉 范广文	263	4
齐鲁银行	董事长：王晓春 行长：黄家栋 监事长：王建军 党委副书记：胡晓蒙	赵学金 柴传早 毛芳竹 张 华 徐业东 崔 香	2311	86
威海商行济南分行	张仁钊	凌 伟 谢 磊 王希峰 王振江	266	8
青岛银行济南分行	潘丽宏	刘同刚 张甲富 张渤林	258	5
日照银行济南分行	王云龙	郭全海 王 刚	84	2
天津银行济南分行	姚志坚	潘 玲 栾德志 申凤玲 刘亚军 张维东	246	5
北京银行济南分行	王淑梅	李国庆	274	6
莱商银行济南分行	李华珍	巩长青 王 渠	142	6
省农信社济南办事处	王宝城	张洪堂 张新华 杨 艳	4847	344
邮储银行济南市分行	李玉柱	李大鹏 席晓琳	1178	44
汇丰银行济南分行	仇吉媛	黄黎明 薛 洁	35	1
渣打银行济南分行	王敬禹		32	1
东亚银行济南分行	马金玉	王智浩 赵 云	26	1
山东省商业集团财务有限公司	李 明 张志强	马玉义 王金栋 吕元忠 高振斌 周卫民	37	1
山东重工集团财务有限公司	吴汝江	庄新亭 张 珉 黄 震	51	1

续表

单位名称	行长（或其他称谓的第一负责人）	副行长（或其他称谓的同级领导）	员工总数	辖内营业网点数
山钢财务公司	陶登奎	李凤强　闵宪金 赵永辉　杨再昌	37	1
章丘齐鲁村镇银行	杨长春	王　芳　程　峰	29	1
槐荫沪农商村镇银行	周庆锋	张成立	27	1
长清沪农商村镇银行	李军昌	陆　勇	27	1
人寿保险济南市分公司	刘子强		514	6
平安人寿保险济南分公司	胡　跃（副总经理，主持工作）	胡海梅　郇心书　孙志兴 王捷宇　陈　侃　胡月明 侯小飞	1114	62
太平洋人寿济南中心支公司	党建萍		236	10
新华人寿济南中心支公司	陈丁丁		403	81
人寿财险济南中心支公司	王　鹏		150	3
平安财险济南第一中心支公司	杨　军		199	1
太平洋财险济南中心支公司	潘国波	盛善亮　逄　七　高　琪	278	10
齐鲁证券	董事长：李　玮 总裁：毕玉国	副总裁：陈　方　孙培国 何振江　罗国举　钟金龙 吕祥友	4871	200
鲁证期货	陈　方	总经理：李学魁 副总经理：刘运之　姜　辉 李喜生　裴英剑　余东新 首席风险官：刘建民	508	23

济南市金融业务统计指标

指标（亿元） \ 年度		2009	2010	2011	2012	2013	2013年同比	
							增加额	增幅（%）
银行类	本外币存款余额	6422.7	7601.9	8364.1	9893.8	10925.82	1037.95	10.5
	人民币存款余额	6363.3	7510.4	8275.8	9798.5	10808.07	1015.57	10.37
	*单位存款	2669.78	2955.3	5385.3	6392.1	6843.59	472.18	7.31
	储蓄存款	1911.53	2187.7	2427.5	2888.7	3267.78	379.53	13.03
	本外币贷款余额	6200.59	7035	8009.8	8632.8	9211.22	570.1	6.6
	人民币贷款余额	5700.86	6319.1	6893.7	7406.2	7812.51	397.98	5.37
	短期贷款	1729.33	1898.6	2313.6	2756	2935.25	170.44	6.01
	中长期贷款	3524.97	4093.7	4151.8	3948.7	4231.88	292.06	7.19
	票据融资	443.39	220.2	270.1	451	427.36	-23.66	-5.25
	当年结益	86.66	101.5	120.2	195.1	205.73	9.42	4.8

续表

指标（亿元） \ 年度		2009	2010	2011	2012	2013	2013年同比 增加额	2013年同比 增幅（%）
银行类	不良贷款余额	119.15	115.6	86.7	86.5	86.23	-0.27	-0.31
	不良贷款占比%	1.92	1.83	1.02	1.00	0.94	-0.06	-6
保险类	保险公司保费收入	84.3	113	110.345	122.5	141.5	19	15.51
	财险收入	21.9	27.7	32.91	37.9	44.3	6.4	16.89
	寿险收入	62.4	85.3	77.44	84.6	97.1	12.5	14.78
	保险公司赔款和给付支出	23.15	21.4	27.73	35.2	47.3	12.1	34.38
	财险赔款	9.89	10.6	12.61	16.8	22.4	5.6	33.33
	寿险给付	13.26	10.8	15.12	18.4	24.9	6.5	35.33
	当年结益	—	—	—	—	—	—	—
证券类	证券市场成交总额	9934.38	11263.8	6860.13	5346.63	8861.57	3514.94	65.74
	投资者保证金余额	268.84	271.1	265.2	233.5	254.7	21.2	9.08
	证券账户开户数	73.19	75.3	118.22	107.4	110.1	2.7	2.51
	佣金收入	31.5	32.7	30.4	26.8	27.0	0.2	0.75
	净利润	8.7	8.9	1.75	1.27	2.55	1.28	100.79
	期货市场成交总额	16108.2	18909.6	27627	23858	33900	10042	42.09
	期货客户保证金余额	21.71	27.4	13.25	15.0	14.57	-0.43	-2.87
	期货账户开户数	4.31	4.85	6.61	5.48	5.74	0.26	4.74
	期货手续费收入	—	—	—	—	—	—	—
	利润总额	0.58	0.71	0.6	0.46	0.26	-0.2	-43.48

注：“*”该项指标2010年前为“企业存款”，其数字亦是如此。

济南市金融机构统计指标

指标（个） \ 年度		2009	2010	2011	2012	2013	2013年同比 增幅（%）
银行类	法人机构	8	8	11	16	17	5.88
	省级分行	2	2	25	28	29	3.57
	二级分行	8	8	13	14	14	0
	县区支行	194	190	190	200	205	2.5
	分理处、营业所	234	237	240	263	284	7.98
	储蓄所	—	—	—	—	—	—
	从业人员总数	23137	24937	26436	26298	27910	6.13
保险类	保险机构	52	55	71	72	74	2.78
	财险机构	21	22	29	30	31	3.33

续表

指标（个） \ 年度		2009	2010	2011	2012	2013	2013年同比增幅（%）
保险类	省级分公司	10	10	14	15	24	60
	地市分公司	11	12	13	6	6	0
	县区支公司	43	44	47	49	49	0
	寿险机构	31	33	42	42	43	2.38
	省级分公司	25	26	29	29	36	24.14
	地市分公司	6	8	4	4	6	50
	县区支公司	20	20	40	42	45	7.14
	从业人员总数	27418	27841	31381	31124	31200	0.24
	财险人员	5560	5977	6361	5156	5240	1.63
	寿险人员	21858	21864	25020	25968	25477	-1.89
证券类	证券机构	42	43	58	62	70	12.9
	证券公司	1	1	1	1	1	0
	证券营业部	41	42	53	57	60	5.26
	证券服务部	3	3	4	4	9	125
	从业人员总数	1582	1608	1621	1618	1650	1.98
	投资者开户	119.2	128.7	124.4	121.5	125.82	3.56
	境内上市股票支数	21	21	23	28	25	-10.71
	境外上市股票支数	6	7	8	4	7	75
	辖区上市公司总数	25	26	30	30	30	0

济南市主要金融机构业务概况

单位：亿元

单位名称	本外币存款余额	人民币单位存款	人民币储蓄存款	本外币贷款余额	人民币短期贷款	人民币中长期贷款
国开行山东省分行	91.67	50.47	—	2940.24	110.70	1333.48
农发行山东省分行营业部	12.32	12.32	—	73.29	40.03	25.35
工行山东省分行营业部	1350.06	736.56	556.40	893.15	156.62	691.63
农行山东省分行营业部	1259.90	708.37	501.34	678.95	149.41	499.71
中行济南分行	681.06	460.88	167.71	393.94	120.28	251.84
建行山东省分行营业部	1149.44	629.97	485.42	475.09	101.01	351.99
交行山东省分行	418.34	327.91	54.35	163.09	81.96	80.21
中信银行济南分行	414.32	295.22	68.59	229.53	120.65	91.18
光大银行济南分行	237.31	200.14	19.91	168.74	113.68	46.51
华夏银行济南分行	211.97	172.88	37.42	176.02	100.31	61.48

续表

单位名称	本外币存款余额	人民币单位存款	人民币储蓄存款	本外币贷款余额	人民币短期贷款	人民币中长期贷款
广发银行济南分行	144.14	107.69	6.01	76.03	69.01	3.66
平安银行济南分行	283.50	223.08	32.88	182.16	145.26	29.66
招行济南分行	420.74	278.13	137.15	350.25	211.31	118.95
浦发银行济南分行	346.60	266.98	56.08	212.72	129.19	73.72
兴业银行济南分行	413.44	315.78	81.32	140.36	61.81	69.92
民生银行济南分行	442.08	368.07	61.35	217.60	143.87	69.85
恒丰银行济南分行	121.71	56.43	10.45	42.99	25.60	13.96
渤海银行济南分行	111.07	96.44	10.06	88.22	63.85	14.47
浙商银行济南分行	120.04	114.85	1.64	69.91	62.85	4.72
齐鲁银行	629.69	372.91	216.39	400.67	160.16	83.44
青岛银行济南分行	110.74	96.50	13.78	78.57	74.12	3.46
威海商行济南分行	131.64	117.87	13.56	77.94	67.47	10.14
日照银行济南分行	41.89	37.37	3.62	29.06	27.55	0.10
莱商银行济南分行	32.64	29.17	3.31	21.52	20.93	0.41
北京银行济南分行	143.27	129.25	10.30	178.33	119.33	41.84
天津银行济南分行	157.61	143.53	6.72	110.10	81.60	11.24
邮储银行济南市分行	200.89	42.86	156.70	76.63	15.21	60.20
香港汇丰银行济南分行	8.57	4.10	1.27	37.16	21.49	7.10
英国标准渣打银行	2.33	1.31	0.06	14.87	6.15	5.19
东亚银行济南分行	4.34	4.18	0.04	3.28	2.88	—
农村信用合作机构合计	703.82	151.65	548.30	483.34	265.98	142.30
村镇银行合计	15.65	9.99	5.65	9.53	9.16	0.36
重汽财务公司	42.21	42.21	—	33.26	8.61	5.10
鲁商财务公司	25.38	25.38	—	13.82	12.30	1.50
山钢财务公司	41.95	41.95	—	21.51	14.00	5.00
山东重工财务公司	63.47	63.47	—	19.72	10.69	3.75
中国电力财务公司	90.03	90.03	—	21.66	5.30	16.36
山东黄金集团财务公司	17.70	17.70	—	7.05	4.95	2.10

济南市各县级区域经济金融主要统计指标

名称	人口（万人）	面积（平方公里）	地区生产总值（亿元）	地区生产总值增速（%）	本外币存款余额（亿元）	储蓄存款（亿元）	本外币贷款余额（亿元）
章丘市	101.9	1855	755.2	12	430.39	284.96	276.08
平阴县	37.16	827	191.49	16.60	129.27	80.19	66.75

续表

名称	人口（万人）	面积（平方公里）	地区生产总值（亿元）	地区生产总值增速（%）	本外币存款余额（亿元）	储蓄存款（亿元）	本外币贷款余额（亿元）
济阳县	56.08	1098.8	231.2	13.10	119.59	82.68	60.20
商河县	62.85	1162.9	143.69	12.12	107.16	73.52	59.18

济南市（含县级）小额贷款公司机构、业务概览

单位名称	行长（或其他称谓的第一负责人）	员工总数（个）	本外币贷款余额（亿元）	人民币短期贷款（亿元）	人民币中长期贷款（亿元）
长清北辰小额贷款公司	金延辰	9	1.2	1.2	—
天桥鑫海小额贷款公司	万春玲	20	3.1	3.1	—
历城鲁商小额贷款公司	王小勇	21	1.66	1.66	—
高新华企小额贷款公司	王春河	17	0.88	0.88	—
市中汇金小额贷款公司	张继东	8	0.81	0.81	—
章丘恒通小额贷款公司	郭晓明	4	0.94	0.94	—
历下汇鑫小额贷款公司	雷宪军	13	1.65	1.65	—
高新东方小额贷款公司	刘建民	13	1.48	1.48	—
槐荫大友小额贷款公司	白云龙	10	0.47	0.47	—
高新天业小额贷款公司	胡兰训	8	1.14	1.14	—
历下区舜融小额贷款股份有限公司	王大强	11	1.25	1.25	—
历下区鲁信小额贷款股份有限公司	苏文强	10	2.98	2.58	—
平阴县金鼎小额贷款有限责任公司	陈云杰	12	0.5	0.5	—
市中区汉华小额贷款有限公司	韩生佩	12	1.12	1.12	—
市中区鲁银小额贷款有限责任公司	刘相学	10	0.92	0.92	—
槐荫区信合小额贷款股份有限公司	张立全	21	1.02	1.02	—
高新区融鑫小额贷款股份有限公司	崔小红	10	1.62	1.62	—
历城区融懿小额贷款股份有限公司	姚秋芬	14	1	0.98	—
中区海融小额贷款股份有限公司	袭建兵	20	1.07	1.07	—
历城区钢城小额贷款股份有限公司	万宪刚	11	1.65	1.65	—
历城区华信小额贷款股份有限公司	尚兴军	16	1.33	1.33	—

拓宽。

【证券市场】　2013年，济南地区营业部总资产62.83亿元，净资产18.94亿元，管理客户资产1281.73亿元，总交易额在山东辖区（不包含青岛市）占比为30.56%，全年实现营业收入7.82亿元，利润总额2.55亿元。2013年初，山东路桥、山东地矿两家公司成功借壳在深交所上市。8月，济南市与深圳证券交易所共建的山东省企业上市路演中心建成并投入使用，今后山东、河南两省在深交所上市公司的路演均在该中心进行。

【精神文明建设】　2013年，济南市金融系统扎实推进文明单位创建工作。人行营管部继续保持了系统“分行级文明单位"和"山东省文明单位"荣誉称号。金融系统开展了丰富多彩的文化活动,文明单位创建扎实有效。光大银行、广发银行济南分行分别举行了职工运动会,中信银行济南分行在关爱沂蒙革命功臣捐赠仪式上向山东老龄事业发展基金会捐款 50 万元,青岛银行济南分行、省农联社济南办发起向雅安地震灾区捐款活动,北京银行济南分行向商河县房家村小学捐赠课桌椅、书籍等,汇丰银行济南分行联合幸福家园老年公寓在济南共同启动了"2013 汇丰中华慈善敬老计划"活动等等。金融系统文化建设异彩纷呈,进一步巩固和强化了凝心聚力、和谐发展的良好局面。

【大事记】 1 月 12 日 山东重工集团财务有限公司在济南正式挂牌。

1 月 18 日 广发银行济南分行在省内首推的 24 小时智能银行开始运行。

3 月 15 日 人行营管部组织全市 16 家银行机构在山东财经学院举行金融消费者权益保护宣传活动。

3 月 20 日 在 2012"影响济南"年度经济人物颁奖典礼上,人民财险济南分公司党委书记、总经理胡伟,北京银行济南分行行长王淑梅分别荣膺年度实业精英和年度创新人物。

4 月 中信银行济南分行创新推出了老龄金融服务体系,荣获省级"敬老文明号"称号。

4 月 1 日 人行营管部与政府相关部门、驻济银行机构和相关企业,在龙奥大厦举办济南市 2013 年银企合作推进会暨签约仪式。

4 月 11 日 人行营管部组织召开 2013 年一季度济南市银行行长联席会议。

5 月 31 日 齐鲁银行山东首家金融便利店启动运营。

9 月 3 日 人行营管部获得中国金融教育发展基金会"2013 年金融教育先进集体"荣誉称号。

9 月 4 日 中信银行与济南市政府签订战略合作协议。

9 月 14 日 渣打银行济南分行联合泉城义工舜网工作站在大明湖举办了主题为爱泉护泉的员工志愿者活动。

9 月 19 日 中行济南分行在网银渠道上线了水费代收费项目,成为济南市首家实现电子渠道水、电、暖、电话费、燃气、有线电视费六大公共事业代收费全覆盖的商业银行。

9 月 26 日 由恒丰银行轮值承办的 2013 年全国股份制商业银行联系会议在济南召开。

10 月 1 日 工行山东省分行营业部联合济南住房公积金中心研发的公积金归集业务管理信息系统正式投产运行。

10 月 8 日 第二代支付系统在济南市成功实现切换上线运行。

10 月 12 日 人行营管部组织召开全市金融支持现代农业加快发展工作推进会。

10 月 21 日 东亚银行济南分行举行开业庆典,成为东亚中国第 26 家分行。

11 月 2 日 人行营管部在济南大学举办全市银行机构反洗钱业务知识竞赛。

11 月 5 日 北京银行济南分行与齐鲁股权托管交易中心签订战略合作协议,并发行省内首支股权类集合融资产品京彩集合股权贷。

11 月 21 日 ~24 日 人行营管部举办济南市金融机构征信业务人员备案登记考试暨征信业务竞赛。

12 月 6 日 由中国银行业协会主办的"第五届全国杰出财富管理师评选活动"颁奖,济南市齐鲁银行郭大朝、郭方成,建行山东省分行济南私人银行马平、渤海银行济南分行隋杰升、华夏银行济南分行李润梅荣获大赛奖项,并被授予"全国杰出财富管理师"称号。

(唐鲁生)

章丘市

【经济金融概况】 2013 年,章丘市经济加快转型升级,健康平稳运行,发展效益提高;金融运行平稳,对地方经济发展的支持力度加大。

【金融发展与改革】 2013 年,人行章丘市支行根据"两综合、两管理"的要求和人行营管部制定的《济南市新设银行机构金融管理与服务操作规程(试行)》文件精神,对光大银行、北京银行等分支机构的设立实施了开业管理,对其征信、统计、利率和重大事项报备等业务组织了资格审查和业务准入对接。积极推进农信社银行化改革,根据当地政府的改革安排和扶持政策,成功拍卖转让 5.2 亿元不良债权。

【金融服务与监管】 2013 年,章丘金融部门以"服务三农、服务民生"为主题,积极创新,不断优化金融服务,大力加强农村支付环境建设,切实实现了基层金融的"小而有为"。

一、人行疏通货币政策传导机制,正确引导资金流向。一是,先后召开 4 次金融联席会,1 次信贷工作座谈会、2 次银企对接会,强化"窗口指导";二是推动出台《章丘市政府关于加快金融业发展的意见》,提出了支持金融业发展的 12 项工作措施和 3 项保障措施;三是加强涉农信贷政策导向评估和金融机构综合评价;四是搭建对接平台,加强银企战略合作,4 家银行与地方财政、3 家企业签订了战略合作协议,授信总额达 20.6 亿元;五是制定并积极推进《章丘市金融支持农业现代化发展试点工作实施方案》,组织召开了涉农金融机构座谈会,引导其创新"金农贷"等信贷产品 5 项,累放贷款 2.8 亿元。

二、推进农村支付环境建设,优化金融服务。截至年末,辖

章丘市主要经济指标

经济指标	2012	2013	2013年同比增幅（%）	经济指标	2012	2013	2013年同比增幅（%）
土地面积（平方公里）	1855	1855	0	地方财政支出（亿元）	50.5	51.0	0.99
人口（万人）	101.8	101.9	0.1	全社会固定资产投资（亿元）	290.9	355.3	22.1
城镇人口（万人）	--	--	--	进出口总值（万美元）	48549	93776	93.2
乡村人口（万人）	--	--	--	出口总值（万美元）	40906	75000	83.3
地区生产总值（亿元）	678.7	755.2	12	实际利用外资（万美元）	16108	20100	24.7
第一产业（亿元）	68.4	77.2	4.2	社会消费品零售总额（亿元）	240.9	275.4	14.7
第二产业（亿元）	409.2	454.7	14.3	居民消费价格指数（%）	--	--	--
第三产业（亿元）	201.2	223.4	10.1	人均地区生产总值（元）	66677	74161	11.2
财政总收入（亿元）	61.1	60.46	-1	城镇居民可支配收入（元）	23130	25628	10.8
地方财政收入（亿元）	35.9	40.89	13.9	农民人均现金收入（元）	13587	15294	12.6
财政总支出（亿元）	--	--	--				

章丘市主要金融指标

金融指标（亿元）	2012	2013	2013年同比增幅（%）	金融指标（亿元）	2012	2013	2013年同比增幅（%）
本外币存款余额	369.35	430.39	16.52	财险收入	0.69	0.83	20.2
人民币存款余额	368.01	428.76	16.5	寿险收入	3.58	3.54	-1
单位存款	106.46	128.97	21.14	财险赔款	0.26	0.49	88.5
储蓄存款	249.35	284.96	14.2	寿险给付	2.06	3.21	55.8
本外币贷款余额	231.27	276.08	19.3	当年结益	0.4	0.2	-50
人民币贷款余额	231.26	276.03	19.3	证券市场交易总额	68.38	88.19	28.97
短期贷款	115.54	126.67	9.6	投资者保证金余额	0.47	0.44	-6.3
中长期贷款	84.36	115.90	37.39	证券账户开户数	19650	20388	38.6
票据融资	31.36	33.25	6.3	证券交易佣金收入	0.12	0.15	25
当年结益	5.92	5.51	-6.9	净利润	0.07	0.11	57.1
不良贷款余额	7.30	2.11	-71				

章丘市主要金融机构概况

单位名称	行长（或其他称谓的第一负责人）	副行长（或其他称谓的同级领导）	员工总数	辖内营业网点数
人行章丘支行	赵延东	吕　萍　李山才　宋广敏	31	1
银监会章丘办事处	马印忠	王振斌　张新玲	4	1
农发行章丘支行	任　方	张光华　于珠兴	28	1
工行章丘支行	刘孝忠	庞会伟　刘　伟 冯爱军　王　莲	144	7

续表

单位名称	行长(或其他称谓的第一负责人)	副行长(或其他称谓的同级领导)	员工总数	辖内营业网点数
农行章丘支行	杨位彦	肖　峰　范连涛 王锦苗　宋　卉	236	15
中行章丘支行	陈士平	李文菊　李殿勇	69	4
建行章丘支行	王绍鹏	李枝玖　韩建波 张学松　窦　超	121	7
齐鲁银行章丘支行	王静波	韩志刚	25	1
交行章丘支行	曹靖江		13	1
华夏银行章丘支行	马惊涛	靳云彤　陈华峰	20	1
威海银行章丘支行	肖模红	娄　璐	20	1
民生银行章丘支行	董　强	吴　澎　刘　跃	20	1
莱商银行章丘支行	李志强	苗祖燕　李国防	16	1
青岛银行章丘支行	王　敏	田　明	25	1
光大银行章丘支行	刘春霞	钟　杰		
北京银行章丘支行	王志飞	焦时勇	20	1
章丘市农信联社	马秀东	任成常　苏广军　李忠臣 李　哲　张　玲	693	67
邮储银章丘支行	开鸿新	马庆承　齐旭青	109	4
章丘市齐鲁村镇银行	杨长春	王　芳　程　峰	29	1
章丘市恒通小额贷款公司	郭晓明	王　伟	20	10

章丘市主要金融机构业务概况

单位：亿元

单位名称	本外币存款余额	人民币单位存款	人民币储蓄存款	本外币贷款余额	人民币短期贷款	人民币中长期贷款
农发行章丘支行	2.35	2.35	--	9.64	1.80	3.38
工行章丘支行	57.55	57.15	31.57	55.41	13.58	41.03
农行章丘支行	75.89	75.84	57.16	35.86	23.46	11.42
中行章丘支行	18.78	17.93	9.28	14.43	6.76	7.64
建行章丘支行	50.89	50.59	29.19	29.33	4.94	24.39
交行章丘支行	13.06	13.05	1.79	3.65	3.04	0.4
华夏银行章丘支行	5.18	5.18	2.64	3.57	1.38	2.19
民生银行章丘支行	5.17	5.17	1.02	15.64	1.51	14.13
齐鲁银行章丘支行	11.12	11.11	4.08	10.17	6.22	3.94
威海银行章丘支行	5.23	5.23	2.35	3.60	2.94	0.67
章丘齐鲁村镇银行	5.04	5.04	2.09	3.38	3.20	0.18

续表

单位名称	本外币存款余额	人民币单位存款	人民币储蓄存款	本外币贷款余额	人民币短期贷款	人民币中长期贷款
邮储银行章丘支行	3.66	3.66	32.25	4.97	1.58	3.38
莱商银行章丘支行	2.21	2.21	0.31	1.91	1.89	0.02
青岛银行章丘支行	5.86	5.86	1.11	4.75	4.73	0.02
光大银行章丘支行	2.87	2.87	0.53	0.04	0.03	0.01
北京银行章丘支行	0.83	0.83	0.2	0	0	0
章丘市农信联社	121.95	121.95	111.4	79.7	49.64	3.12
恒通小额贷款公司	—	—	—	0.94	0.94	—

内 ATM 机布放量 272 台，同比增长 22.5%；普通 POS 布放量 2519 台，同比增长 27.6%；电话 POS 布放 6883 台，同比增长 7.3%；借记卡发卡量共计 1739527 张，同比增长 21%。农民金融自助服务终端年内安装达 89 台，同比增长了 12.6%。累计发放贷款卡 2881 张，年内累计办理个人信用报告查询 6749 份，机构信用代码发放总量 1840 个。

（宫　涛）

平阴县

【经济金融概况】　2013 年，平阴县继续实施“三年突破计划”，金融支持实体经济发展能力增强。县建行开办了“中小企业助保金贷款”，全年入池企业 17 家，已对 9 家发放贷款 1935 万元。新设立了齐鲁证券平阴营业部，累计开立资金账户 492 个、交易额 9992 万元。全县金融业完成增加值 5.04 亿元，同比增长 17.21%，实现税收 4258 万元，同比增长 20.74%。

【金融发展与改革】　2013 年，平阴县银行业积极落实稳健货币政策，继续深化改革，不断提高对县域经济支持能力。

一、货币政策得到较好落实。人行平阴县支行一是出台了《关于认真落实稳健货币政策支持实体经济健康发展的指导意见》、《金融支持现代农业加快发展工作实施方案》；二是年内召开全县金融工作联席会议 5 次、银企项目对接会 3 次；三是推动出台《司法金融联席会议制度》；四是继续利用金融机构信贷投向备案制度，提高涉农贷款、中小企业贷款等监测分析水平。

平阴县主要经济指标

经济指标	2012	2013	2013 年同比增幅（%）	经济指标	2012	2013	2013 年同比增幅（%）
土地面积（平方公里）	827	827	0	地方财政支出（亿元）	17.56	17.90	1.94
人口（万人）	37.09	37.16	0.19	全社会固定资产投资（亿元）	128.60	161.53	25.61
城镇人口（万人）	10.41	10.10	-2.98	进出口总值（万美元）	46952	57740	22.98
乡村人口（万人）	26.68	27.06	1.42	出口总值（万美元）	45681	54941	20.27
地区生产总值（亿元）	164.24	191.49	16.60	实际利用外资（万美元）	443	1500	238.60
第一产业（亿元）	25.91	29.27	12.97	社会消费品零售总额（亿元）	65.16	73.99	13.55
第二产业（亿元）	90.74	108.60	19.68	居民消费价格指数（%）	—	—	—
第三产业（亿元）	47.59	53.62	12.67	人均地区生产总值（元）	44278	51531	16.38
财政总收入（亿元）	21.92	26.14	19.25	城镇居民可支配收入（元）	17023	19000	11.61
地方财政收入（亿元）	12.96	19.26	48.61	农民人均现金收入（元）	9632	10836	12.50
财政总支出（亿元）	24.65	26.53	7.63				

平阴县主要金融指标

金融指标（亿元）	2012	2013	2013 年同比增幅（%）	金融指标（亿元）	2012	2013	2013 年同比增幅（%）
本外币存款余额	110.48	129.27	17.01	财险收入	0.73	0.76	4.11
人民币存款余额	109.67	128.89	17.53	寿险收入	2.36	2.75	16.53
单位存款	35.16	39.37	11.97	财险赔款	0.25	0.32	28.00
储蓄存款	68.84	80.19	16.49	寿险给付	0.08	0.09	12.50
本外币贷款余额	57.65	66.75	15.78	当年结益	0.13	0.23	76.92
人民币贷款余额	57.58	66.75	15.93	证券市场交易总额	—	1.00	—
短期贷款	29.01	33.06	13.96	投资者保证金余额	—	—	—
中长期贷款	14.84	23.22	56.47	证券账户开户数	—	0.05	—
票据融资	13.72	10.47	-23.69	证券交易佣金收入	—	—	—
当年结益	1.07	1.34	25.23	净利润	—	—	—
不良贷款余额	1.35	1.25	-7.41				

平阴县主要金融机构概况

单位名称	行长（或其他称谓的第一负责人）	副行长（或其他称谓的同级领导）	员工总数	辖内营业网点数
人行平阴支行	杜恒华	李明强 生士海	28	1
银监会平阴办事处	伊 勇		1	1
农发行平阴支行	王爱平	董 峰 常 江	22	1
工行平阴支行	郝 军	王勇泰 刘 媛 韩先平	87	3
农行平阴支行	术洪涛	李卫东 王君国	108	7
中行平阴支行	毛传涛	毕恒元 师仲民	43	2
建行平阴支行	张宏文	张建军 陈玉琴 谷吉雷	50	2
齐鲁银行平阴支行	史新红	宋 青	16	1
平阴县农信联社	刘绍旺	周 力 展召峰 张明新 李水清	294	18
邮储银行平阴支行	郭志柱	解培军	78	13
平阴金鼎小额贷款公司	陈云杰	王 平 尹会力	12	1

平阴县主要金融机构业务概况

单位：亿元

单位名称	本外币存款余额	人民币单位存款	人民币储蓄存款	本外币贷款余额	人民币短期贷款	人民币中长期贷款
农发行平阴支行	0.86	0.86	—	1.03	0.73	0.30
工行平阴支行	17.35	7.62	9.45	3.22	1.69	1.53
农行平阴支行	24.04	8.92	14.98	20.52	5.79	11.00

续表

单位名称	本外币存款余额	人民币单位存款	人民币储蓄存款	本外币贷款余额	人民币短期贷款	人民币中长期贷款
中行平阴支行	12.57	5.31	6.73	8.10	3.95	2.85
建行平阴支行	10.53	5.27	5.19	4.58	1.03	3.55
齐鲁银行平阴支行	8.55	4.98	3.51	5.26	4.06	1.20
平阴农信联社	33.83	3.94	29.88	22.84	15.18	2.24
邮储银行平阴支行	12.53	2.16	10.37	1.19	0.64	0.55
平阴金鼎小额贷款公司	--	--	--	0.50	0.50	--

二、县域金融改革继续深化。一是县农发行支持新农村建设取得成效，12 月对平阴县城市改造投资有限公司展洼社区发放了“非经营性农民集中住房”贷款 3000 万元；二是县农行“三农事业部”改革稳步推进，年内正式启用了 2 个乡镇惠农服务站，另有 2 个准备启用，同时存贷比大幅提高；三是县农信社改革成效明显，年末资本充足率为 9.05%，较年初提高 0.89 个百分点，年内核销不良贷款 2418 万元，年末不良贷款率为 3.20%，较年初下降 1.43 个百分点；四是政策性农业保险顺利开展，年内县人保财产公司自主开发商业性玫瑰险、政策性苹果险，年末已开办政策性农业保险品种 7 个，实现政策性保费收入 500 万元，理赔支出 212 万元，同比分别增长 3.31% 和 124.47%。

【金融服务与监管】 2013 年，人行平阴县支行着力打造“小而有为”支行，全面提升履职能力，被县委县政府授予“2013 年度先进单位”。

一、“两综合、两管理”水平不断提高。对 14 家金融机构开展了综合评价，4–8 月对 6 家金融机构开展了综合执法检查。按照统一要求，调整规范了金融稳定重大事项报告内容。

二、金融服务水平显著提升。一是征信管理部门组织 101 名征信业务人员开展了备案登记考试，新发贷款卡 49 张，年审贷款卡 235 张，督促 22 家企业开展信用评级，对外提供信用查询报告 9176 次，同比增长 92.33%；二是提升外汇服务水平，对 18 家外商投资企业进行年检，办理出口收汇 7708 笔、金额 54941 万美元，进口付汇 551 笔、金额 2799 万美元；三是继续加强农村支付环境建设，截至年末办理个人结算账户 140.48 万个、网银 12.53 万个、ATM 机 89 台、POS 机 3151 台、借记卡 65.80 万张、农民自助服务终端 103 台，同比分别增长 13.74%、34.59%、17.11%、9.14%、36.77%和 58.46%；四是农村信用体系建设扎实推进，年末评出农村青年信用示范户 820 户，其中当年新增 300 户，总授信额度 14520 万元，年累计贷款 14324 万元，贷款余额为 11673 万元；五是加强与县涉农职能部门的配合，评定中小企业信用示范企业 20 家、农民合作社示范社 30 家。

（李 平）

济阳县

【经济金融概况】 2013 年，人行济阳县支行充分发挥“窗口指导”作用，引导辖区银行机构严格执行稳健的货币政策，加大金融产品和服务方式创新，支持经济发展方式转变和经济结构调整，积极探索建立辖区金融稳定协调机制，努力改善辖区金融生态环境，保持辖区金融平稳运行和经济又好又快发展，促进生产、投资、消费、出口、税收等主要经济指标继续向好的方向发展。

【金融发展与改革】 2013 年，人行济阳县支行深化特色支行建设。一是为把济北中小企业信用体系试验区培植成支持中小企业发展的省级样板区，制定了《关于推进济北中小企业信用体系试验区深层次发展的实施方案》，申报了小微企业信用体系省级试验区；二是深入开展家庭农场、种养大户、农民专业合作社、农业龙头企业等新型农村经营主体发展状况以及金融支持情况调研，制定了《金融支持现代农业加快发展实施方案》。

【金融服务与监管】 2013 年，人行济阳县支行：

一、强化“窗口指导”和金融服务工作。一是及时传导货币政策，加大流动性监测，合理把握信贷投放增量和节奏；二是引导金融机构积极开展担保方式和信贷产品创新，辖区先后开办了动产抵押、钢结构抵押、原材料存货抵押、中小企业联盟、善融贷、速贷通、保贷通、助保贷等多项中小企业信贷产品；三是切实支持现代农业加快发展，济阳农村商业银行等金融机构不断加大涉农贷款的支持力度，切实调整信贷结构，优先安排资金支持特色农业、高效农业，运用信贷杠杆引导农民

济阳县主要经济指标

经济指标	2012	2013	2013年同比增幅（%）	经济指标	2012	2013	2013年同比增幅（%）
土地面积（平方公里）	1098.8	1098.8	0	公共财政预算支出（亿元）	18.99	22.66	19.31
人口（万人）	55.67	56.08	0.73	固定资产投资（亿元）	138.75	172.32	22.60
城镇人口（万人）	10.27	10.28	0.10	进出口总值（万美元）	18253	22178	21.50
乡村人口（万人）	45.4	45.79	0.86	出口总值（万美元）	11376	13056	17.10
地区生产总值（亿元）	199.32	231.2	13.10	实际利用外资（万美元）	6324	6730	8.00
第一产业（亿元）	43.64	49.18	4.10	社会消费品零售总额（亿元）	78.4	89.77	14.06
第二产业（亿元）	102.11	119.85	15.40	居民消费价格指数（%）	—	—	—
第三产业（亿元）	53.57	62.17	13.90	人均地区生产总值（元）	37889	—	—
地域财政收入（亿元）	19.78	22.83	15.41	城镇居民可支配收入（元）	18894	—	—
公共财政预算收入（亿元）	10.02	14.70	17.38	农民人均纯收入（元）	10749	12122	12.77
财政总支出（亿元）	—	—	—				

济阳县主要金融指标

金融指标（亿元）	2012	2013	2013年同比增幅（%）	金融指标（亿元）	2012	2013	2013年同比增幅（%）
本外币存款余额	95.33	119.59	25.45	财险收入	0.39	0.42	7.69
人民币存款余额	95.21	119.35	25.35	寿险收入	2.68	3.02	12.69
单位存款	21.14	31.08	47.02	财险赔款	0.24	0.26	8.33
储蓄存款	70.50	82.68	17.28	寿险给付	0.89	1.02	14.61
本外币贷款余额	44.44	60.20	35.46	当年结益	0.07	0.09	28.59
人民币贷款余额	44.24	60.01	35.65	证券市场交易总额	—	—	—
短期贷款	30.16	36.48	20.95	投资者保证金余额	—	—	—
中长期贷款	10.40	20.96	101.54	证券账户开户数	—	—	—
票据融资	3.68	2.57	-30.16	证券交易佣金收入	—	—	—
当年结益	0.96	1.50	56.25	净利润	—	—	—
不良贷款余额	1.59	0.86	-45.91				

济阳县主要金融机构概况

单位名称	行长（或其他称谓的第一负责人）	副行长（或其他称谓的同级领导）	员工总数	辖内营业网点数
人行济阳支行	牛传东	赵宪昌 车春玲	23	1
银监会济阳办事处	王修功		3	1
农发行济阳支行	马玉强	李传涛	20	1
工行济阳支行	贾象波	刘 晶	15	1

续表

单位名称	行长（或其他称谓的第一负责人）	副行长（或其他称谓的同级领导）	员工总数	辖内营业网点数
农行济阳支行	李曰兵	李付胜　刘　超　王　磊	132	9
中行济阳支行	卢士玉	施　祎　刘　波	31	1
建行济阳支行	李旬阳	刘永勤　孙善森　叶国致	44	2
齐鲁银行济阳支行	林寿升	朱光峰	14	1
济阳农商行	王兆星	徐庆三　娄以奎　于　强　王建民　王尔设	406	28
邮储银行济阳支行	王雁昌	葛庆国　韩桂云	89	3

济阳县主要金融机构业务概况

单位：亿元

单位名称	本外币存款余额	人民币单位存款	人民币储蓄存款	本外币贷款余额	人民币短期贷款	人民币中长期贷款
农发行济阳支行	1.29	1.29	0	5.13	3.06	2.07
工行济阳支行	1.34	0.37	0.97	0.56	0.56	0
农行济阳支行	29.96	6.38	22.08	10.25	6.25	3.86
中行济阳支行	8.71	4.30	4.07	4.51	1.36	3.15
建行济阳支行	9.90	4.56	5.32	8.19	0.09	7.90
齐鲁银行济阳支行	5.37	2.89	2.48	2.20	1.86	0.03
济阳农商行	43.93	4.71	39.23	27.76	22.49	2.84
邮储银行济阳支行	12.06	2.86	9.20	2.15	1.36	0.08
日照银行济阳支行	3.09	2.79	0.03	0	0	0

大力发展绿色、生态农业，提高支农服务质量和效率。

二、加强金融管理工作。一是突出整合内部资源，形成监管合力，促使“两管理、两综合、一保护”工作实现新突破；二是完成了2家金融机构开业资料的审查、人员技能考核、现场验收、约见高管谈话以及批准开业等工作；三是完成了辖区8家金融机构2012年度综合评价工作；四是对辖区9家银行机构进行了现场执法检查；五是借助“3·15”做好金融消费权益知识宣传活动和日常金融消费者咨询和投诉受理工作。

（任平亮）

商河县

【经济金融概况】　2013年，商河县经济金融协调健康发展。一是农业生产稳步发展，建设了济南现代农业科技示范园、乡村绿洲等4个现代农业园区，打造了商南彩椒、白桥大蒜、玉皇庙黑皮冬瓜等8个市级现代农业特色品牌基地；二是工业经济快速发展，年销售收入过亿元企业39家，形成了新能源、玻璃制品、电子机械、纺织服装、农副食品五大主导产业，同时外贸进出口发展迅猛；三是金融运行总体平稳，存款快速增长，储蓄存款增幅较大；贷款投量持续加大，增势略有回落。

【金融改革与发展】　2013年，商河县金融机构在改革中不断发展，截至年末，该县金融系统从业人员1200人，其中拥有正式编制人员671人。金融机构中，宏观调控和金融监管机构有2家；政策性金融机构1家；商业性金融机构有5家；引进的工行县支行正在试营业之中。

【金融服务与监管】　2013年，人行商河县支行努力提高金融监管能力和服务水平，强化金融企业内部管理，保障了金融稳定和资金安全。一是开展农村信用体系试验区建设，优化金

商河县主要经济指标

经济指标	2012	2013	2013年同比增幅（%）	经济指标	2012	2013	2013年同比增幅（%）
土地面积（平方公里）	1162.9	1162.9	0	地方财政支出（亿元）	17.45	21.20	21.50
人口（万人）	62.85	62.85	0	全社会固定资产投资（亿元）	57.98	75.01	29.37
城镇人口（万人）	10.35	10.35	0	进出口总值（万美元）	9280	12416	33.80
乡村人口（万人）	52.50	52.50	0	出口总值（万美元）	6075	8785	44.61
地区生产总值（亿元）	128.16	143.69	12.12	实际利用外资（万美元）	1584	2740	73.00
第一产业（亿元）	38.45	43.36	12.77	社会消费品零售总额（亿元）	55.01	63.00	14.52
第二产业（亿元）	50.43	54.33	7.73	居民消费价格指数（%）	6.2	6.2	0
第三产业（亿元）	39.27	46.00	17.14	人均地区生产总值（元）	20391	22862	12.12
财政总收入（亿元）	8.99	13.61	51.39	城镇居民可支配收入（元）	16497	18734	13.56
地方财政收入（亿元）	5.30	6.70	26.42	农民人均现金收入（元）	9457	10639	12.50
财政总支出（亿元）	22.01	32.32	46.84				

商河县主要金融指标

金融指标（亿元）	2012	2013	2013年同比增幅（%）	金融指标（亿元）	2012	2013	2013年同比增幅（%）
本外币存款余额	90.28	107.16	18.70	财险收入	0.46	0.44	-4.34
人民币存款余额	90.20	107.10	18.74	寿险收入	1.68	1.63	-2.98
单位存款	24.32	28.05	15.34	财险赔款	0.20	0.43	115
储蓄存款	61.65	73.52	19.25	寿险给付	0.76	1.15	51.32
本外币贷款余额	52.10	59.18	13.59	当年结益	0.24	-0.04	-116.67
人民币贷款余额	52.10	59.18	13.59	证券市场交易总额	—	—	—
短期贷款	29.41	30.00	2.01	投资者保证金余额	—	—	—
中长期贷款	18.28	24.38	33.37	证券账户开户数	—	—	—
票据融资	4.41	4.80	8.84	证券交易佣金收入	—	—	—
当年结益	2.64	4.21	59.47	净利润	—	—	—
不良贷款余额	2.08	0.96	-53.85				

商河县主要金融机构概况

单位名称	行长（或其他称谓的第一负责人）	副行长（或其他称谓的同级领导）	员工人数	辖内营业网点数
人行商河支行	吴广焕	张　利　孙加奎	18	1
银监会商河办事处	曲学友	李桂华	2	1
农发行商河支行	宋志勇	卞胜强　邸光锋	23	1
农行商河支行	徐之涛	姜光福　孙　健　昝云勇	122	9
建行商河支行	李　辉	孙培江　李传福	42	2

续表

单位名称	行长（或其他称谓的第一负责人）	副行长（或其他称谓的同级领导）	员工人数	辖内营业网点数
齐鲁银行商河支行	王云清	袁萍萍	14	1
商河农信联社	肖建华	王银之　李广峰　杨家花	388	30
邮储银行商河支行	王义强	王玉银	76	22

商河县主要金融机构业务概况

单位：亿元

单位名称	本外币存款余额	人民币单位存款	人民币储蓄存款	本外币贷款余额	人民币短期贷款	人民币中长期贷款
农发行商河支行	0.39	0.39	0	1.80	1.50	0
农行商河支行	34.12	12.68	20.51	15.10	7.70	7.22
建行商河支行	5.41	2.95	2.44	13.52	0.45	13.08
齐鲁银行商河支行	3.95	1.99	1.96	2.05	1.63	0.42
商河农信联社	38.04	5.90	32.13	25.84	18.20	3.32
邮储银行商河支行	19.33	4.53	14.80	1.10	0.81	0.30

融生态环境，推动县政府印发了《关于打造金融安全区 促进金融业又好又快发展的实施意见》，开展了“诚信教育第一课”、“征信知识进校园”等活动；二是完善金融分业监管体制机制，加强协调配合；三是强化金融监管手段，防范化解金融风险，先后组织了对农信社、农行、建行的现场检查；四是加强对跨区短期资本流动特别是投机资本的有效监控，加大了反洗钱工作力度；五是强化服务意识，发挥经理国库职能，强化预算收支管理，做好国库资金理财工作，实现税款及时入库，保障县域经济和农村各项事业的稳健发展；六是加大农村支付环境建设，全县金融机构年末共发放银行卡 64 万张，布放 POS 机 714 部，ATM 机 72 台，安装转账电话 4386 部，网银 68928 户，手机银行 64889 户，电话银行 121623 户。

（任志勇）

淄博市

【经济金融概况】　2013 年，淄博市经济运行稳中有进，质量效益稳步提升。

一、农业生产基本稳定，现代农业提速发展。截至年末，全市建成市级都市农业示范园区 110 家，新增 10 家；市级农业标准化生产基地 118 家，新认定 86 家；市级以上农业产业化龙头企业 142 家，新增 10 家；市级农民专业合作社 134 家，新认定 33 家。

二、工业经济稳中有进，效益水平稳步提高，企业扭亏成效明显，转调创新步伐加快。年末，全市省级以上工程技术研究中心和企业技术中心 221 家，同比增加 10 家；高新技术企业 243 家；全年高新技术产业产值同比增长 12.2%，占规模以上工业总产值的比重达 29.6%，比年初提高 1.3 个百分点；六大战略性新兴产业实现主营业务收入 3276.9 亿元，同比增长 11.7%，增速快于规模以上工业主营业务收入 4.4 个百分点；利税、利润分别增长 9.4%和 7.6%，超出全市平均水平 7.3 个和 7.1 个百分点。

三、固定资产投资较快增长，项目建设成效显著。2013 年累计新开工项目 2363 个，同比增加 72 个。亿元以上投资项目 384 个，增加 101 个；完成固定资产投资 2078.5 亿元，同比增长 20%。投资结构进一步优化。全年全市技改投资 1389.6 亿元，增长 29%；技改投资占全部投资额的 66.9%，同比提高 4.7 个百分点。战略性新兴产业投资 293.6 亿元，增长 48.5%；装备制造业投资 288.7 亿，增长 37.2%，两项投资增速分别快于全部投资 28.5 和 17.2 个百分点。民间投资活跃，全年完成投资 1860.3 亿元，同比增长 19.6%，民间投资占全部投资的比重达 89.5%。

淄博市经济主要统计指标

指标 \ 年度	2009	2010	2011	2012	2013	2013年同比增幅（%）
土地面积（平方公里）	5965	5965	5965	5965	5965	0
人口（万人）	421.41	422.36	423.83	423.7	459.26（常住人口）	--
非农业人口（万人）	181.74	182.24	226.28	197.47	--	--
地区生产总值（亿元）	2473.1	2866.75	3280.23	3557.2	3801.2	9.5
第一产业（亿元）	87.86	105.3	116.75	123.8	137.8	3.3
第二产业（亿元）	1554.28	1766.57	1975.38	2101.2	2171.3	10.3
工业（亿元）	1425.80	1612.07	1793.43	1897.6	1950.8	10.5
建筑业（亿元）	128.48	154.50	181.95	203.6	220.6	7.8
第三产业（亿元）	830.96	994.88	1188.10	1332.3	1492.1	8.7
人均地区生产总值（元）	54846	63464	77395	77876	82889	9.1
地区生产总值构成（%）	100	100	100	100	100	0
第一产业（%）	3.55	3.7	3.56	3.48	3.63	4.31
第二产业（%）	62.85	61.6	60.22	59.07	57.12	-3.3
第三产业（%）	33.60	34.7	36.22	37.45	39.25	4.81
财政总收入（亿元）	289.09	371.70	441.75	458.98	482.16	5.05
地方财政收入（亿元）	128.77	162.4	203.59	236.28	273.07	7.1
财政总支出（亿元）	--	--	--	--	--	--
地方财政支出（亿元）	161.96	201.88	253.19	290.88	324.2	11.4
全社会固定资产投资（亿元）	--	--	--	--	--	--
规模以上固定资产投资（亿元）	1009.6	1290.92	1499.22	1743.33	2078.46	19.22
房地产开发（亿元）	140.61	166.99	197.19	155.66	200.37	28.72
进出口总值（亿美元）	48.35	67.2	90.55	95.28	90.08	-5.6
出口总值（亿美元）	30.63	40.3	53.27	53.21	52.50	-1.33
实际利用外资（亿美元）	5.24	5.86	7.10	7.92	8.78	10.86
社会消费品零售总额（亿元）	868.78	1005.68	1186.25	1363.64	1547.1	13.45
居民消费价格指数（%）	99.4	102.7	104.5	102.3	101.7	1.7
城市居民人均可支配收入（元）	19284	21784	24955	29803	31515	11.8
农民人均现金收入（元）	8013	9195	10878	12378	13932	12.6

注：1、划“--”的指标为统计局已停用的指标和年报数据未核实仍不能提供的指标。

2、人口数2012年（含）之前是户籍人口数，2013年市公安局不再提供户籍人口数，只有常住人口统计数，且2013年不再提供非农人口数。

淄博市工农业主要统计指标

农业主要统计指标（万吨）				规模以上工业企业主要统计指标（亿元）			
项目 \ 年度	2012 年	2013 年	增幅（%）	项目 \ 年度	2012 年	2013 年	增幅（%）
粮食	177.9	158.7	-10.79	工业增加值	--	--	11.3
夏粮	77.7	77.8	0.13	国有工业	--	--	-2.92
秋粮	100.2	80.9	19.26	集体工业	--	--	12.61
棉花	0.8	0.4	-48.1	股份制工业	--	--	-0.45
油料	2.5	2.3	-6.6	股份合作制工业	--	--	12.84
水果	110.3	115.9	5.08	外商及港澳台投资工业	--	--	12.46
蔬菜	221.5	230.8	4.20	轻工业	--	--	7.98
肉类	18.5	18.3	-1.08	重工业	--	--	11.93
禽蛋	7.2	7	-2.78	销售收入	10164.5	11125.4	7.3
奶类	12.6	12.1	-3.97	利税	1270.83	1311.02	2.1
水产品	2.58	2.69	4.10	利润	774.85	785.5	0.5
森林覆盖率（%）	36.5	37	1.37	经济效益综合指数（%）	360.7	351.15	12.5

注：1、划“--”的指标为市统计局已停用的指标和年报数据未核实仍不能提供的指标。

淄博市主要金融机构概况

单位名称	行长（或其他称谓的第一负责人）	副行长（或其他称谓的同级领导）	员工总数	辖内营业网点数
人行淄博中支	张光森	宋洪礼 徐 宁 刘 洁 张维健 王 剑（工会主席）	373	7
银监会淄博监管分局	陈保君	郭传刚 房爱国 宋海澎 杨鲁燕	64	5
农发行淄博分行	张志强	李 钢 杨庆岭 李建民	185	8
工行淄博分行	王世明	王国友（资深营销经理） 王立亭 石志国 工云龙（高级经理） 肖芳俊 段 军（纪委书记） 燕淑风（高级营销经理） 李 炬 王光生 强 弢（高级经理） 翟晶德（高级业务运营经理）	1714	88
农行淄博分行	马志军	张连海 范建强 徐兴岭	1895	115
中行淄博分行	张 军	朱国庆 王 军 张 铭 田俊征（纪委书记）	1049	43
建行淄博分行	闫天兵	邵 磊 张兆鹏 孟祥晶 张海峰 隋守江（风险主管） 寇宏图（高级经理）	1464	69
交行淄博分行	桑 剑	鲁林法 丁绍波	509	21
中信银行淄博分行	张 诚	赵 波	227	8

续表

单位名称	行长（或其他第一称谓负责人）	副行长（或其他称谓同级领导）	员工总数	辖内营业网点数
齐商银行	杲传勇（董事长） 赵晓东（行长）	韩兴柱（监事长） 鞠 杰（副行长） 王 强（副行长） 丁树博（副行长） 王 涛（副行长） 郑文杰（纪委书记） 曹爱萍（工会主席） 张东升（总经济师） 孙高荣（党委委员）	2343	86
省农信社淄博办事处	赵雪银	李本领 丁 涛 张洪玲 钟金铭	4357	391
邮储银行淄博分行	王金虎	焦方正 马洪生	802	149（其中自营34）
浦发银行淄博支行	刘 强	吴 卫 张晓黎	114	4
招行淄博分行	娄文杰	杨卫国 刘 钧 王 浩	211	6
兴业银行淄博支行	李滨南	李怀兵 孙立宁 陆 强（行长助理）	100	2
光大银行淄博分行	牛希军	郭冬青 荆 飞 翟洪涛	99	3
东营银行淄博分行	崔永明	张行辉 卜祥永 孙立俊	44	1
青岛银行淄博分行	杨国文	张粤鲁 巩向忠	49	1
人保淄博分公司	赵德亭		404	58
太平洋财险淄博中心支公司	胡勤海		143	10
平安财险淄博中心支公司	庄乾元		85	8
大地财险淄博中心支公司	耿庆伟		55	9
中华联合财险淄博中心支公司	李居然		96	16
阳光财险淄博中心支公司	王 锋		68	9
人寿保险淄博分公司	杨建敏		292	33
太平洋人寿淄博中心支公司	蒋 鹏		129	13
平安人寿淄博中心支公司	王 孟		151	13
泰康人寿淄博中心支公司	唐 静		65	8
新华人寿淄博中心支公司	李 涛		93	6
人民人寿淄博中心支公司	冯延辉		64	7
齐鲁证券淄博分公司	张 诚		217	9

淄博市金融业务统计指标

指标（亿元） \ 年度		2009	2010	2011	2012	2013	2013年同比	
							增加额	增幅（%）
银行类	本外币存款余额	2163.68	2489.42	2744.88	3191.43	3484.62	292.13	9.15
	人民币存款余额	2145.22	2470.56	2725.44	3164.90	3455.29	289.34	9.14
	单位存款	618.92	691.25	1221.64	1376.75	1399.60	22.86	1.66

续表

指标（亿元） \ 年度		2009	2010	2011	2012	2013	2013年同比	
							增加额	增幅（%）
银行类	储蓄存款	1184.98	1311.19	1437.07	1690.22	1884.20	192.93	11.41
	定期储蓄存款	801.61	856.15	--	--	--	--	--
	活期储蓄存款	383.36	455.04	--	--	--	--	--
	本外币贷款余额	1446.48	1745.35	1927.00	2162.57	2379.46	210.96	9.76
	人民币贷款余额	1395.29	1686.13	1872.31	2109.76	2329.41	213.75	10.13
	短期贷款	758.73	918.24	1120.72	1366.87	1504.32	131.55	9.62
	中长期贷款	492.00	650.58	680.84	644.40	743.74	99.34	15.42
	票据融资	142.89	116.49	70.32	96.64	75.44	-21.20	-21.94
	当年结益	35.04	45.2	--	54.98	50.62	-4.36	-7.93
	不良贷款余额	71.80	40.97	32.23	30.73	52.57	20.83	67.78
	不良贷款占比%	5.01	2.43	1.67	1.47	2.21	0.75	51.02
	现金收入	4051.76	4775.97	--	--	--	--	--
	现金支出	4047.86	4807.27	--	--	--	--	--
	现金投放（+）回笼（-）	-3.91	31.3	--	--	--	--	--
保险类	保险公司保费收入	48.32	63.33	60.35	64.84	75.51	10.67	16.5
	财险收入	14.18	19.93	22.11	24.13	27.54	3.41	14.1
	寿险收入	34.14	43.4	38.24	40.71	47.97	7.26	17.8
	保险公司赔款和给付支出	13.94	10.17	11.40	13.64	15.54	1.9	13.9
	财险赔款	7.96	7.73	9.05	10.90	12.64	1.74	16.0
	寿险给付	5.98	2.44	2.34	2.74	2.89	0.15	5.4
	当年结益	--	--	--	--	--	--	--
证券类	证券市场成交总额	5010.69	4223.56	2867.62	1847.73	2809.15	961.42	49.36
	投资者保证金余额	46.9	85.04	21.39	19.84	17.56	-2.28	-11.49
	证券账户开户数（万户）	87.13	95.46	91.51	93.17	94.78	1.61	1.73
	佣金收入	--	--	--	--	--	--	--
	净利润	--	--	--	--	--	--	--
	期货市场成交总额	--	--	--	--	--	--	--
	期货客户保证金余额	--	--	--	--	--	--	--
	期货账户开户数	--	--	--	--	--	--	--
	期货手续费收入	--	--	--	--	--	--	--
	利润总额	--	--	--	--	--	--	--

注：1、保险类划“--”部分的说明：由于市级寿险公司要经省公司核定才能核算当年结益情况，截至报送日仍无法核定全市保险行业当年结益。

2、证券类划“--”部分的说明：证券类统计数据取自淄博市政府金融证券工作办公室，数据真实性由其负责。

淄博市金融机构统计指标

指标（个）		2009	2010	2011	2012	2013	2013 年同比增幅（%）
银行类	法人机构	9	9	10	10	10	0
	省级分行	0	0	0	0	0	0
	二级分行	13	14	15	15	17	13.33
	县区支行	229	239	203	463	477	3.02
	分理处、营业所	703	550	483	488	482	-1.23
	储蓄所	39	150	266	--	--	--
	从业人员总数	13757	13535	14330	13998	14617	4.42
保险类	保险机构	156	168	176	204	230	12.75
	财险机构	96	96	92	111	113	1.8
	省级分公司	0	0	0	0	0	0
	地市分公司	17	17	19	22	24	9.1
	县区支公司	79	79	73	89	89	0
	寿险机构	60	72	84	93	117	25.8
	省级分公司	0	0	0	0	0	0
	地市分公司	19	20	22	23	27	17.4
	县区支公司	41	52	62	70	90	28.6
	从业人员总数	23916	--	--	--	--	--
	财险人员	9962	--	--	--	--	--
	寿险人员	13954	--	--	--	--	--
证券类	证券机构	4	4	7	8	9	12.5
	证券公司	4	4	7	8	9	12.5
	证券营业部	14	14	17	18	20	12.5
	证券服务部	2	0	0	0	0	0
	从业人员总数	--	--	--	--	--	--
	投资者开户	600902	709328	915100	931700	714200	-23.34
	境内上市股票支数	13	17	20	23	23	0
	境外上市股票支数	4	4	4	5	5	0
	辖区上市公司总数	15	19	22	26	26	0

注：1、本表中 2009 统计的机构数量包括邮政局代理的 59 个网点，但人员统计中不包括邮政局人员。

2、划“--”部分的数据说明：证券类统计数据取自淄博市政府金融证券工作办公室。保险类数据取自淄博市保险行业协会，划“--”部分为上述两家管理机构未提供的数据。

淄博市主要金融机构业务概况

单位：亿元

单位名称	本外币存款余额	人民币单位存款	人民币储蓄存款	本外币贷款余额	人民币短期贷款	人民币中长期贷款
农发行淄博分行	11.21	10.14	0	44.69	18.29	26.4
工行淄博分行	511.94	215.20	292.22	349.25	189.10	153.90
农行淄博分行	519.94	168.19	349.39	345.06	207.41	134.75
中行淄博分行	301.83	143.32	142.24	239.59	103.71	115.64
建行淄博分行	384.57	151.93	226.28	249.25	91.60	138.19
交行淄博分行	175.2	175.00	64.4	130.9	99.1	26.00
中信银行淄博分行	88.92	59.05	27.50	74.37	59.74	7.95
齐商银行	513.49	309.15	161.55	331.02	263.15	24.28
农信社淄博办事处	649.5	144.93	503.43	471.15	386.63	75.21
邮储银行淄博分行	162.29	22.94	139.35	27.63	10.45	15.64
浦发银行淄博分行	72.88	66.97	5.83	67.81	48.24	8.04
招行淄博分行	53.00	38.48	14.14	54.42	47.65	3.73
兴业银行淄博支行	81.80	67.15	14.3	44.14	28.65	15.43
光大银行淄博分行	40.14	40.08	5.45	23.16	17.14	2.52
东营银行淄博分行	6.31	5.34	0.97	2.06	2.06	0.0047
青岛银行淄博分行	12.39	10.60	1.79	9.24	9.23	0.0085

淄博市各县级区域经济金融主要统计指标

名称	人口（万人）	面积（平方公里）	地区生产总值（亿元）	地区生产总值增速（%）	本外币存款余额（亿元）	储蓄存款（亿元）	本外币贷款余额（亿元）
淄川区	64.8	960.27	545.7	9.06	399.03	284.80	163.1
博山区	46.3	682	332.52	7.0	239.58	173.29	129.02
临淄区	61.22	664	784.5	9.07	654.76	337.00	468.57
桓台县	49.71	508.97	466.43	11.79	314.71	149.21	336.83
高青县	36.61	831	168.6	9.3	106.58	64.44	103.44
沂源县	56.28	1635.6	227.36	9.30	153.64	100.23	105.96

淄博市（含县级）小额贷款公司机构、业务概览

单位名称	行长（或其他称谓的第一负责人）	员工总数（个）	本外币贷款余额（亿元）	人民币短期贷款（亿元）	人民币中长期贷款（亿元）
张店汇通小额贷款有限公司	刘吉民	103	5.85	5.85	0
周村区中租小额贷款有限公司	李永晶	10	1.17	1.17	0

续表

单位名称	行长（或其他称谓的第一负责人）	员工总数（个）	本外币贷款余额（亿元）	人民币短期贷款（亿元）	人民币中长期贷款（亿元）
张店区邦民小额贷款有限公司	李　安	9	1.19	1.19	0
高新区永丰小额贷款有限公司	刘宗光	7	1.00	1.00	0
周村区宏信小额贷款有限公司	周祖俊	16	1.61	1.61	0
高新区瑞丰小额贷款有限公司	彭希辉	11	1.24	1.24	0
淄川区新兴小额贷款有限公司	魏心东	11	1.81	1.81	0
淄川区东兴小额贷款有限公司	秦延忠	20	1.13	1.13	0
淄川区银河小额贷款有限公司	张希和	10	1.08	1.08	0
博山区德信小额贷款有限公司	房利军	11	1.19	1.19	0
临淄区汇达小额贷款有限公司	刘绪英	15	1.86	1.86	0
临淄区广汇小额贷款有限公司	潘金海	13	1.44	1.44	0
高青县民福小额贷款有限公司	张必壮	22	1.60	1.53	0.07
沂源县华联小额贷款有限公司	于树广	10	0.80	0.80	0
桓台县汇鑫小额贷款有限公司	巩树涛	10	0.41	0.41	0
桓台县齐泰小额贷款有限公司	田承海	11	1.08	1.08	0

四、消费市场稳定增长，热点商品销售活跃。21个大类消费品中有19大类的零售额同比增长。其中，生活必需品供需稳定。粮油、食品、饮料、烟酒类增长12.5%，日用品类增长8%。升级类产品旺销。金银珠宝类增长24.9%，家具类增长26.4%，汽车类增长20%。

五、外贸形势略有好转，利用外资较快增长。从出口产品看，纺织品、医药、轻工产品出口分别增长5.8%、4.0%、2.4%，化工产品、机电产品、服装出口分别下降11.8%、11.5%、2.7%。从出口市场看，对日本、美国的出口额分别下降8.4%和5.6%，对欧盟、韩国的出口额分别下降4.6%和0.2%。实际利用外资较快增长，全市新批外商投资企业21家，实际利用外资8.8亿美元，增长10.9%。

六、财政收入结构改善，金融运行平稳良好。税收占公共财政预算收入的比重达到73.5%，同比提高4.9个百分点。

七、就业形势总体稳定，居民收入持续增加。2013年实现城镇新增就业人口13.84万人，实现农村劳动力转移就业10.25万人，城镇登记失业率2.72%。

八、居民消费价格温和上涨，工业品价格下降。肉禽及其制品和鲜菜价格上涨幅度较大成为影响CPI上涨的主要因素。其中肉禽及其制品累计上涨5.6%，影响价格总指数上涨0.33%，鲜菜价格累计上涨10.6%，影响价格总指数上涨0.3%。

【货币政策实施】　2013年，人行淄博市中支积极落实稳健的货币政策，大力推动金融创新，切实维护金融稳定，促进辖区经济金融和谐发展。

一、积极发挥调研支撑作用。党委成员带头深入企业、银行、区县调研，制定全年货币信贷工作意见，及时向上级行、市委市政府汇报金融运行情况，提出政策建议。全年召开金融座谈会、运行分析会及政策通报会等10余次，3次在市政府经济形势分析会上作金融运行情况报告。承办济南分行区域品牌调研座谈会，累计撰写调研报告60余篇，向市委市政府报送《专报件》、《呈阅件》20余期，其中总分行领导、省政府领导和市委市政府领导批示10多篇；上报分行专报信息近150期，被总行采用16篇、分行采用90篇；在《金融时报》刊发稿件30余篇；在淄博日报、淄博晚报等媒体刊发稿件50篇，编发《淄博金融报》11期，刊发稿件500余篇。

二、落实金融支农"一把手"工程，加大对现代农业发展支持力度。一是组织召开金融支持现代农业发展工作会议，出台深化金融支农"十百千万工程"意见，印发了实施方案，被市政府全文转发；二是搭建多层次的政银企农服务合作平台，对龙头企业、扶贫项目提供资金支持意向15.6亿元；三是积极争取中央银行政策资金支持，继续对县域、涉农金融机构实行较低的存款准备金率，全年发放再贷款、再贴现22.83亿元；四是形成了"政策激励引导到位、薄弱环节重点突破、区域特色创新全面推进、服务平台建设多元化"的局面，实现了涉农贷款"两个不低于"的目标，得到郭树清省长、分行杨子强行长、市政府主要领导的批示肯定，中支党委书记、行长张光森两次参加分行党委中心组学习，并做典型发言。

三、打造金融创新与服务的升级版，多渠道满足实体经济融资需求。一是完善信贷政策评估激励机制，深入推进信贷业务竞赛活动；二是创新政银企合作机制，继续发挥银企合作信息网络平台作用，召开政银企项目对接会6次，达成签约授信金额232.94亿元；三是拓展贷款抵质押范围，继续推进生物资产、林权抵押贷款业务、发放贷款1.33亿元，《人民日报》作了专题报道；四是联合有关部门出台股权质押融资管理办法，业务量突破8亿元；五是积极推动企业直接融资，通过短期融资券、私募债、资产收益权理财等为企业提供资金98.58亿元，将"政府增信＋有限担保责任"模式的融资增信工程扩展到临淄、淄川、沂源三个区县，财政累计出资风险补偿金1.8亿元，发放融资增信企业贷款2亿元，带动小微企业贷款实现了"两个不低于"的目标，融资增信工程入选全国金融支持小微企业特别报道典型案例，被《金融时报》头版予以刊发，分行肖龙沧副行长作了批示。

【金融稳定】 2013年，创新金融维稳工作，优化金融生态环境。一是创新建立重点企业、代偿企业风险监测制度，支持企业通过债务重整等多种形式稳定生产经营，避免"担保圈"风险继续扩散蔓延，相关做法在全省推广；二是推动市委市政府开展整顿金融秩序专项行动，组织"优化金融生态环境 支持实体经济发展"主题宣传，坚持不良贷款清收、信贷投放"两手抓"。

【外汇管理】 2013年，国家外汇管理局淄博市中心支局一是深入开展贸易外汇、服务贸易等各项外汇管理改革，完善国际收支统计申报，主动下放业务审核权限，简化业务操作程序，加强外汇资金流入管理，5月份以来涉外收支顺差月均0.62亿美元，较1-4月月均下降47.9%，取得明显成效；二是依法对辖内银行执行外汇管理规定情况进行考核，强化外汇非现场监测和现场检查；三是加快转变外汇管理理念和方式，探索建立针对重点企业的服务和管理模式，为100余家重点涉外企业进行政策宣讲，开展"一企一策"式服务；四是加大跨境人民币业务宣传推广力度。全年跨境人民币实现收付额181.44亿元、同比增长60%。中心支局被市委市政府表彰为"全市招商引资优秀服务单位"。

【金融监管】 2013年，人行淄博市中支继续扎实做好"两综合、两管理"，金融消费权益保护工作取得新成效。一是将日常考评与年度考核相结合，组织对市级银行机构进行综合评价，召开了全市银行机构年度综合评价通报会，并向考评为"A"级单位的上级行进行反馈，顺利完成对8家单位开业申报检查验收；二是组织外汇管理、征信管理、反洗钱等9个专业开展对商业银行执法检查；三是继续强化金融消费维权热心、细心、耐心为内容的"三心"服务理念，积极发挥淄博市金融消费者权益处置联络网络作用，累计受理并妥善处理金融消费者权益投诉8件，沂源县支行作为分行试点，成立全省第二家县级金融协会。

【保险业务】 2013年，淄博市保费规模列全省第7位。一是机构数目有所增加，全年有安华农险、信达财险、信诚人寿、工银安盛人寿、华泰人寿、昆仑健康保险6家公司进驻；二是服务社会能力逐步增强，全市保险业为广大居民、企事业单位提供了12272.5亿元的风险保障，全年缴纳地方税收4.88亿元，保险深度1.99%，保险密度1756元。

【证券市场】 2013年，淄博市沪、深两市证券交易开户总数为947900户，证券交易金额为12819.83亿元，证券托管市值为402.84亿元，保证金余额为22.63亿元。企业上市和再融资工作取得新突破。全市有4家企业(新华医疗、龙泉股份、齐峰股份、三维工程)实现再融资，融资合计17.82亿元。其中，新华医疗实现三次定向增发，融资额共计7.43亿元；龙泉管道成功进行定向增发，融资额4.91亿元；齐峰新材通过短期融资券及限制性股权授予融资5.33亿元；三维工程通过首期股票期权激励计划融资0.15亿元。

【精神文明建设】 2013年，淄博市金融系统全面加强班子队伍建设，提高干部职工的思想道德素质、业务工作能力和服务水平，取得了良好效果。

一、人行淄博市中支坚持思想建设和作风建设两个重点。开展行长讲座、道德讲堂、青年主题沙龙及金融政策培训宣讲等多形式活动，相关经验被人行济南分行《党建通讯》采用推广。组织召开了2013年文明单位创建动员会，以开展"文明窗口"创建活动和"三服务一争创"活动为契机，扎实推进文明单位创建工作，顺利通过市文明办对该行省级文明单位的复审验收。积极开展向社会公开承诺践诺活动。在市纪委组织的全市政风行风评议中，该行在68家参评单位中列第一名。被淄博市政府表彰为"全市金融工作先进单位"，连续5年该行领导班子被市委考核为"目标管理考核优秀领导班子"，党委书记、行长张光森被表彰为"优秀领导干部"。

二、工行淄博分行一是积极开展文明创建和权典推优活动，扎实推进企业文化建设。在淄博市政2012年度小型企业金融服务总结表彰暨淄博·2013年·小型企业金融服务推进年启动大会上，被评为"小型企业金融服务先进单位"；二是通过组织开展"让你感动的人和事"征文；举办道德讲堂、组织事迹报告会等方式，深入推动"学雷锋 树新风"活动，开展社区便民服务和宣传金融知识志愿服务；开展了"助残圆梦行动助盲爱心书包"、帮扶特困儿童就学等活动。

三、农行淄博分行将文明创建工作纳入全行综合考评。以"六个一"活动为载体，弘扬优秀传统文化。成立"金穗情"学雷锋志愿服务队，开展了植树、"送亲情 送温暖——志愿者走进老年公寓"、走进市场及社区等义务活动；推动青年文明号、青年岗位能手争创活动的深入开展；组织了"读书强素质 实践圆梦想"青年读书活动和青年读书心得报告会，"关爱留守儿童"、"争做环保志愿者"等志愿服务活动。

四、交行淄博分行认真开展"我的交行，我负责"责任文化建设主题活动并探索长效机制建设；认真开展各项金融知识普及和公益服务活动;持续开展关爱员工的“如家”活动。

五、齐商银行组织开展了消费者权益保护、晨会展示比赛、前台服务模拟演练等活动,以点带面,推动了全行文明规范服务工作的提升，该行营业部被中国银行业协会评为中国银行业文明规范服务千家示范单位。。

六、浦发银行淄博分行继续做好社会公益事业,积极参与“慈心一日捐”活动;向希望小学捐赠图书千余册;到临淄区诸台镇养老院打扫卫生并捐赠款物 5000 余元；走访 16 户困难户,赠送户均 500 元的物品;赴社区献爱心,开设反假币、理财讲座。年内获得淄博市总工会颁发的“振兴淄博劳动奖章”等多项荣誉。

七、省农信社淄博办事处被省文明委授予省级文明单位,被省国资委授予省管企业文明单位荣誉称号,全市农信系统 9 个单位(含办事处)全部是市级以上(其中 8 个是省级)文明单位,这在全省农信系统中是唯一的。

八、邮储银行淄博市分行被淄博市高新区管委会授予“2013 年度三十强服务业企业”，连续三年被淄博市公安局授予“集体三等功”。辖内市分行、高青县支行、桓台县支行 3 家单位获“市级文明单位”称号,博山区支行获市级“青年文明号”称号,桓台县支行获“振兴淄博劳动奖状”。

【大事记】　1 月 7 日　中行淄博分行项目化管理系统和个人营销积分系统试运行。

1 月 10 日　招行淄博分行营业部被人行济南分行评为银行机构“山东省现金服务示范网点”。

1 月 18 日　山东省农村信用社新一代信贷管理系统在淄博市农信系统成功试点切换上线,省联社党委书记、理事长宋文瑄一行莅临指导。

1 月 24 日　建行山东省分行与淄博市政府签订全面战略合作协议,建行淄博市分行发放首笔支持城镇化建设贷款。

1 月 29 日　人行淄博市中支与市财政局、民宗局联合召开全市民品生产企业贷款额度核定会议，确定 2013 年额度 8.3 亿元。

1 月 30 日　赵雪银任山东省农信联社淄博办事处党委书记、主任。

2 月 1 日　光大银行淄博分行被授予 2012 年度中国光大银行先进集体。

2 月 4 日　中行淄博分行 5 亿元短期融资券项目成功获得交易商协会批复,这是该行第一笔债券承销业务。

2 月 10 日　人行淄博市中支确定 2012 年度银行机构综合评价结果,农行、中信银行淄博市分行,齐商银行获“A 级机构”称号。

3 月 13 日　淄博市市委常委、市政府刘晓副市长组织召开银行机构座谈会,通报兰雁集团改制情况,协商银行转贷事宜。

3 月 18 日　光大银行淄博临淄支行开业。

3 月 23 日　邮储银行淄博分行公司结算集中处理系统正式上线运行。

3 月 25 日　淄博市政协陈家金主席率政协委员到人行淄博市中支调研指导。

3 月 27 日　人行淄博市中支和市总工会联合组织召开全市金融系统信贷双先表彰大会,授予农行桓台县支行、建行张店支行、交行博山支行、浦发银行临淄支行、高青县农信联社“振兴淄博劳动奖状”。

3 月 28 日　淄博市政府组织召开宏远石化、德元制革等企业债务重组协调会,着手解决担保圈风险问题。

刘强任浦发银行淄博分行党委书记、行长。

4 月 1 日　淄博市银行机构组织开展“个人外汇管理政策学习月”活动。

4 月 8 日　在工行建设“最安全银行”活动中,临淄支行被工总行表彰为“安全管理星级支行”。

4 月 10 日　招行淄博分行营业部成功堵截一起变造银行承兑汇票事件。

4 月 18 日　邮储银行淄博分行公司客户营销管理系统正式上线运行。

4 月 19 日　淄博市征信管理工作座谈会在齐商银行召开。

5 月 3 日　中国中小商业企业协会会长孔庆泰一行到齐商银行考察调研小微企业金融服务情况。

5 月 7 日　招行淄博分行被总行授予“先进集体”荣誉称号。

5 月 8 日　淄博市民间融资登记服务中心开业。

5 月 11 日　马志军任农行淄博分行党委书记、行长。

5 月 15 日　山东省支付清算系统运行维护座谈会在齐商银行召开。

5 月 18 日　人行淄博市中支组织 2013 年度银行机构网络和信息系统应急演练。

5 月 22 日　淄博市委常委、市政府刘晓副市长主持召开经济金融形势分析会。

5 月 24 日　人行淄博市中支、市农工委联合制定《深化金融支农“十百千万”工程,促进现代农业升级发展指导意见》,将该项工作列为各银行“一把手”工程。

6 月 5 日　齐商银行与市邮储银行成功开发理财资金托管项目。

6 月 14 日　人行淄博市中支、淄博市教育局联合组织驻淄高校和银行机构《征信业管理条例》知识电视竞赛活动,市中行、淄博职业学院代表队分获银行组、高校组一等奖。

6 月 19 日　东营银行淄博分行隆重开业。

6 月 27 日　农行淄博分行召开纪念建党 92 周年暨“一先两优”表彰大会。

6 月 30 日　人行淄博市中支、国税、地税等部门联合完成国、地税国家金库信息处理系统切换。

7 月 3 日　建行淄博分行首个旗舰式离行自助银行在淄川区东大小商品城建成运行。

7 月 10 日　淄博市金融工作座谈会在齐盛宾馆召开。市政府徐景颜市长出席会议并讲话，市发改委、经信委、财政局、中小企业局、金融办、人行、淄博银监分局及辖区15家银行机构主要负责人参会。

7月19日　青岛银行淄博分行试营业。

7月23日　淄博市金融支持农业龙头企业暨2013年扶贫开发工作座谈会召开，市委周连华副书记、市政府李灿玉副市长到会并讲话，会议达成意向资金13.6亿元。

7月25日　光大银行副行长单建保率总行巡视组来淄博分行调研指导工作。

7月26日　招行淄川支行开业。

7月30日　淄博市徐景颜市长、周连华副书记、李灿玉副市长分别就全市金融机构支持农业龙头企业、扶贫开发和太河水库水源地生态保护区生态经济项目作出重要批示。

8月1日　东营银行党委书记、董事长石子强一行到东营银行淄博分行调研。

8月6日　农行淄博分行首台自助开卡机落户农行博山支行营业部。

8月8日　人行济南分行在淄博召开银行间市场对中小银行经营管理影响分析座谈会，该课题由人行淄博市中支承担并获得人总行业务竞赛团体一等奖。

8月9日　淄博市人大第一副主任王顶岐带领调研组到市人行就金融专项评议情况进行现场指导。

8月23日　由淄博市委组织部、市总工会、团委、人社局和人行淄博市中支五部门共同组织的“淄博市银行机构青年职业技能竞赛”在张店农商行举行。

8月26日　农行淄博分行在山东理工大学西校学生宿舍区设立全市首个离行式银亭。

8月29日　由省农信社联合社和省科学技术协会联合主办、省联社信贷管理部和山东科技报社承办的2013“服务三农圆梦行动”在高青县农商行举行。

8月30日　人行淄博市中支、淄川区政府联合实施融资增信工程，设立风险补偿基金5000万元。

9月3日　淄博市委、市政府在淄川区人民会堂召开全市整顿金融秩序，优化金融生态环境专项行动动员会议。

9月4日　国际金融公司、山东省财政厅与齐商银行商谈中国节能减排融资(CHUEE)项目。

9月11日　人行淄博市中支联合临淄区、淄川区政府实施的融资增信工程入选全国金融支持小微企业典型案例，并在《金融时报》头版刊发。

9月21日　建行淄博分行与淄博市住房公积金中心联合开发住房公积金短信服务系统上线运行。

9月23日　淄博市政府副秘书长卜克海主持召开全市重大项目银企对接会，全市14家银行与34家项目企业达成签约授信金额39.98亿元。

9月26日　齐商银行济宁分行开业。

9月29日　山东省2013金融机构与民营企业对接洽谈会在淄博召开。

10月11日　山东省金融学会秘书长扩大会议在淄博召开，全省银、证、保监督管理委员会及各省级银行、保险、证券、资产管理公司等机构参加会议。

工行淄博分行成功向境外开立首笔保税区开证业务。

“2013全市科学发展现场观摩点评会”走进东营银行淄博分行，市委书记、市人大常委会主任周清利，市委副书记、市长徐景颜等五大班子领导及市直机关、各区县领导80余人进行现场观摩点评。

10月17日　齐商银行组织举办小微企业金融峰会。

10月24日　人行淄博市中支召开金融IC卡推进会。

10月27日　人行淄博市中支《金融支持现代农业加快发展推动全市十万农户脱贫奔康实施方案》被市政府全文印发。

10月28日　淄博市“金融顾问团”第一次会议暨形势分析座谈会在邮储银行淄博市分行召开。

10月30日　王金虎任邮储银行淄博市分行党委书记、行长。

11月5日　山东省政府在淄博市召开加快齐鲁股权交易中心发展座谈会，省委常委、常务副省长孙伟出席会议并讲话。

11月8日　人行淄博市中、淄川区政府召开政银企对接会，市政府邵珠东副市长到会讲话。

11月12日　淄博市政府徐景颜市长对做好淄博市金融产业规划等几个问题做出批示。

11月14日　人行淄博市中支、沂源县政府联合实施现代农业融资增信工程，设立专项基金5000万元。

11月22日　人行淄博市中支作为主汇报行参加人行济南分行金融突发事件应急演练。

11月23日　人行调查统计司副司长安荔对淄博市监测企业金融顾问工作做出批示，拟在全国推广。

11月30日　建行淄博分行获评淄博市第十届消费者满意单位。

12月1日　沂源“农户贷款增信工程”做法被郭树清省长批示。

12月11日　光大银行桓台支行开业。

12月15日　山东省城商行首家公司律师事务部在齐商银行正式挂牌。

12月19日　工行淄博分行与齐商银行举行全面业务合作签约仪式。

12月25日　省农信社联合社淄博办事处与工行淄博分行举行全面业务合作签约仪式。

12月30日　济宁银行淄博分行试营业。

（冯　波）

淄川区

【经济金融概况】 2013 年，淄川区金融业务持续发展，各项金融指标逐步提高。

【金融发展与改革】 2013 年，淄川区银行着力增强政策的针对性、灵活性和前瞻性，创新工作思路，提高服务水平，全

淄川区主要经济指标

经济指标	2012	2013	2013 年同比增幅（%）	经济指标	2012	2013	2013 年同比增幅（%）
土地面积（平方公里）	960.27	960.27	0	地方财政支出（亿元）	26.53	29.15	9.88
人口（万人）	64.6	64.8	0.3	全社会固定资产投资（亿元）	240.95	280.6	20.1
城镇人口（万人）	25.8	25.9	0.38	进出口总值（万美元）	113481	115980	2.2
乡村人口（万人）	38.8	38.9	0.26	出口总值（万美元）	92396	96354	4.3
地区生产总值（亿元）	517.72	545.7	9.06	实际利用外资（万美元）	4190.22	4592.51	9.6
第一产业（亿元）	8.63	9.6	3.2	社会消费品零售总额（亿元）	189.02	212.6	12.4
第二产业（亿元）	315.50	324	10.1	居民消费价格指数（%）	102.3	101.5	-0.8
第三产业（亿元）	193.6	212.5	7.4	人均地区生产总值（元）	80019	842125	5.24
财政总收入（亿元）	44.15	48.83	10.6	城镇居民可支配收入（元）	27523	31056	12.8
地方财政收入（亿元）	21.06	23.98	8	农民人均现金收入（元）	12713	14283	12.4
财政总支出（亿元）	26.53	29.15	9.88				

淄川区主要金融指标

金融指标（亿元）	2012	2013	2013 年同比增幅（%）	金融指标（亿元）	2012	2013	2013 年同比增幅（%）
本外币存款余额	387.77	399.03	2.9	财险收入	—	—	—
人民币存款余额	385.2	395.96	2.79	寿险收入	—	—	—
单位存款	120.85	105.18	-12.97	财险赔款	—	—	—
储蓄存款	258.76	284.8	10.06	寿险给付	—	—	—
本外币贷款余额	138.66	163.1	17.63	当年结益	—	—	—
人民币贷款余额	133.45	163.1	22.22	证券市场交易总额	—	—	—
短期贷款	92.12	102.96	11.76	投资者保证金余额	—	—	—
中长期贷款	36.01	55.31	53.57	证券账户开户数	—	—	—
票据融资	5.3	4.82	-9.06	证券交易佣金收入	—	—	—
当年结益	4.76	5.41	13.66	净利润	—	—	—
不良贷款余额	7.2	4.6	-36.11				

淄川区主要金融机构概况

单位名称	行长（或其他称谓的第一负责人）	副行长（或其他称谓的同级领导）	员工总数	辖内营业网点数
人行淄川支行	宋继水	陈玉胜 韩克路 史评菊	35	1

续表

单位名称	行长（或其他称谓的第一负责人）	副行长（或其他称谓的同级领导）	员工总数	辖内营业网点数
农发行淄川区支行	刘玉栋	李瑞东　张成刚	21	1
工行淄川支行	李长青	谭　军　李　强　许　萍　杨长义	184	12
农行淄川支行	郑建春	陈　锋　胡国忠　薛君玉	225	18
中行淄川支行	张梅芳	张　磊　冯艳霖	116	7
建行淄川支行	范尊勇	陈德泉　周长征　王志东	110	7
交行淄川支行	赵　剑	刘　青　杨文昌	56	3
中信银行淄川支行	陈　澄	齐俊秀	18	1
齐商银行淄川支行	王洪刚	袁　峰　李炳峰　郭建新	138	6
淄川区农村信用联社	于光辉　崔军昌	马　雷　高　超　许　斌　孙宁通	677	62
邮储银行淄川支行	安洪波	齐昌华　秦爱玲	79	5
招行淄川支行	巩遵来	刘　磊	17	1

淄川区主要金融机构业务概况

单位：亿元

单位名称	本外币存款余额	人民币单位存款	人民币储蓄存款	本外币贷款余额	人民币短期贷款	人民币中长期贷款
农发行淄川区支行	0.32	0.32	0	4.08	1.08	3
工行淄川支行	61.65	21.34	39.29	20.3	6.09	14.2
农行淄川支行	66.18	5.59	60.11	8.65	8.65	3.31
中行淄川支行	39.43	11.29	26.99	8.81	3.4	5.33
建行淄川支行	40.07	12.34	25.2	14.57	6.83	7.73
交行淄川支行	17.62	8.27	7.32	14.61	4.14	10.47
中信银行淄川支行	10.98	6.58	2.71	8.69	8.54	0.15
齐商银行淄川支行	30.67	15.44	15.18	10.33	7.76	2.58
淄川区农村信用联社	100.6	16.25	84.17	70.79	60.54	5.72
邮储银行淄川支行	26.72	4.28	22.44	1.79	0.78	1.01
招行淄川支行	1.82	0.84	0.98	0.49	0.49	0

注：上述表格中所有未填写部分为无相关归口管理部门统计或相关统计部门未统计指标。

区存贷款持续增长，经济金融形势处于较为平稳的发展状态。

【金融服务与监管】　2013 年，人行淄川区支行一是加大"窗口指导"力度，制定了《关于做好 2013 年货币信贷工作 促进全区实体经济持续健康发展的意见》；二是深入开展金融个性化服务活动，综合运用各种金融资源，在信贷、结算、外汇、信息咨询等方面完善对地方经济和社会民生的支持方式；三是协调组织了淄川区第二届银企合作促进会活动，签约金额 92.96 亿元，涉及中小企业 200 家，综合授信过亿元的企业 14 家；四是深入基层开展调查研究和帮扶工作，选择农信社基层网点，开展了对农户金融需求以及新型农村合作组织、农业龙头企业生产经营状况实地问卷和调查，详细了解基层乡镇的金融服务现状并撰写了报告；五是积极开展实施小微企业融资增信工程，由地方财政拨出专款 5000 万元作为风险补偿金支持小微型企业融资增信；六是及时、准确、完整地上报金融统计简报及其他各类报表和分析；七是继续坚持做好淄川地区景气企业、民间借贷、房地产企业、上市公司、跨境人民币贸易结算、外向型企业调查和监测以及利率、汇率等基点监测工作；八是加强企业和个人信用信息数据库的管理和应用工作；九是实行金融稳定监测员制度；十是加强国库和支付结算管理工作。

（赵进波　王厚宝）

临淄区

【经济金融概况】　2013年，临淄区银行机构继续加大对实体经济、涉农产业和小微企业的信贷投入，实现信贷资金的稳步、有序投放，防止大起大落，切实防范和化解区域金融风险，确保经济金融协调发展。

【金融发展与改革】　2013年，人行临淄区支行一是制定全年货币信贷工作意见，将政策落实到位；二是制定金融支持现

临淄区主要经济指标

经济指标	2012	2013	2013年同比增幅（%）	经济指标	2012	2013	2013年同比增幅（%）
土地面积（平方公里）	664	664	0	地方财政支出（亿元）	40.12	46.8	16.7
人口（万人）	61.14	61.22	0.13	全社会固定资产投资（亿元）	321	352.5	21.2
城镇人口（万人）	31.47	31.49	0.06	进出口总值（万美元）	207347	222984	-0.5
乡村人口（万人）	29.67	29.73	0.2	出口总值（万美元）	77075	76638	-4.3
地区生产总值（亿元）	750.2	784.5	9.07	实际利用外资（万美元）	4428	3950	10.79
第一产业（亿元）	30.01	33.8	3.6	社会消费品零售总额（亿元）	171.6	195.4	13.8
第二产业（亿元）	518.05	527.2	9.5	居民消费价格指数（%）	102.1	102.2	0.10
第三产业（亿元）	202.14	223.5	8.56	人均地区生产总值（元）	122704	128144	4.43
财政总收入（亿元）	40.01	49.4	23.47	城镇居民可支配收入（元）	29454	33482	13.7
地方财政收入（亿元）	40.01	49.4	8.04	农民人均现金收入（元）	14021	15753	12.35
财政总支出（亿元）	40.12	47.31	17.92				

临淄区主要金融指标

金融指标（亿元）	2012	2013	2013年同比增幅（%）	金融指标（亿元）	2012	2013	2013年同比增幅（%）
本外币存款余额	609.64	654.76	7.4	财险收入	—	—	—
人民币存款余额	605.35	647.45	6.95	寿险收入	—	—	—
单位存款	285.9	286.87	0.34	财险赔款	—	—	—
储蓄存款	299.25	337	12.61	寿险给付	—	—	—
本外币贷款余额	394.21	468.57	18.86	当年结益	—	—	—
人民币贷款余额	376.48	452.35	20.15	证券市场交易总额	—	—	—
短期贷款	307.65	375.18	21.95	投资者保证金余额	—	—	—
中长期贷款	57.94	77.53	33.81	证券账户开户数	—	—	—
票据融资	10.89	15.83	45.36	证券交易佣金收入	—	—	—
当年结益	10.27	10.34	0.68	净利润	—	—	—
不良贷款余额	1.33	1.34	0.75				

临淄区主要金融机构负责人

单位名称	行长（或其他称谓的第一负责人）	副行长（或其他称谓的同级领导）	员工总数	辖内营业网点数
人行临淄支行	王利明	张　光　路其永　刘希冰	35	1
银监会临淄办事处	刘永涛	苏建新	2	1
农发行临淄支行	翟永国	巩　伟　丁爱丽	18	1
工行临淄支行	赵有锋	李俊庆　何正刚　徐先文	203	13
农行临淄支行	徐其栋	李全德　高建军 徐振兴　张　勇	235	18
中行临淄支行	王　锐	解　博　田树国	119	7
建行临淄支行	丁敬军	尚仁刚　王立军　刘华文	214	14
交行临淄支行	杨　毅	刘　群　郭爱玉	49	2
中信银行临淄支行	韩　凌	于艳英	18	1
光大银行临淄支行	贾宝忠	王国安　张莉莉	16	1
招行临淄支行	徐学元	王　蔚	17	1
浦发银行临淄支行	王光华	于洪港	20	1
兴业银行临淄支行	张洪亮	周国锋	14	1
齐商银行临淄支行	荆　铭	杲　兵	108	5
齐商银行齐都支行	谭　勇	周　飞　孙连胜	95	5
临淄农村商业银行	张春生	毕方利	683	56
邮储银行临淄支行	鹿　云	张永青	85	21

临淄区主要金融机构业务概况

单位：亿元

单位名称	本外币存款余额	人民币单位存款	人民币储蓄存款	本外币贷款余额	人民币短期贷款	人民币中长期贷款
农发行临淄支行	0.24	0.24	0	0.97	0.97	0
工行临淄支行	99.08	47.71	49.54	82.97	57.72	22.65
农行临淄支行	132.03	64.50	67.53	92.75	68.95	17.67
中行临淄支行	53.3521	33.8392	16.4229	43.8643	26.7833	13.9045
建行临淄支行	81.49	24.38	57.10	32.94	22.67	10.27
交行临淄支行	27.9	17.1	10.8	25.9	25.9	0
中信银行临淄支行	12.70	12.68	4.01	13.26	9.50	0
光大银行临淄支行	6.88	6.31	0.57	3.43	3.43	0
招行临淄支行	14.08	14.05	2.60	19.92	10.94	0
浦发银行临淄支行	18.04	15.95	2.09	15.04	5.20	2.11
兴业银行临淄支行	2.18	0.11	2.07	0.13	0.13	0
齐商银行临淄支行	26.56	13.97	8.46	21.46	17.93	2.41
齐商银行齐都支行	23.46	14.85	8.61	20.57	19.90	0.67

续表

单位名称	本外币存款余额	人民币单位存款	人民币储蓄存款	本外币贷款余额	人民币短期贷款	人民币中长期贷款
临淄农村商业银行	134.05	36.89	96.85	96.06	91.84	2.92
邮储银行临淄支行	19.83	1.44	19.83	2.86	1.19	1.67

代农业发展指导意见,加强组织领导;三是创推小微企业“融资增信”工程,成立小微企业融资增信贷款管理领导小组,制定了《临淄区小微企业融资增信工程风险补偿金管理办法(试行)》,破解小微型企业融资难题。

【金融服务与监管】 2013年,临淄区一是制定《金融机构综合考核评价办法》,搭建政银企合作平台,凤凰镇银企洽谈会签约金额达55.98亿元,创历史最高水平;二是制定了《企业风险监测管理办法》,确定了重点监测企业名单,对名单内企业的经营、融资等情况进行预警监测;三是推动区政府印发《关于进一步深化政银企合作 优化金融生态环境的意见》;四是继续加强人民币管理,开展现金服务示范网点创建活动;五是组织“反假货币宣传月”活动和《征信管理条例》宣传活动。

（李加伟）

博山区

【经济金融概况】 2013年,博山区紧紧围绕建设活力博山、魅力山城的目标。一是出台推进项目建设、扩大招商引资的一揽子政策措施,启动建设高端机电装备制造产业园区,工业经济呈现稳中回升的发展态势,淄博市泵类高新技术产业和高效节能电机及传动设备产业技术创新联盟落户博山;二是新增有机农业转化认证面积3万亩、富硒农产品种植面积1万亩,建成10个富硒农产品种植示范基地,国家优质高效富硒农产品关键技术研究与示范项目落户博山;三是成功举办中国琉璃文化艺术节等系列活动,博山区被批准为山东省优秀知识产权试点区;四是农村土地承包经营权确权登记颁证两轮试点基本完成,建成2个国家级生态镇、4个省级生态镇,新增省级旅游强镇1个,被列为山东省美丽乡村建设试点区。

【金融发展与改革】 2013年,人行博山区支行一是制定了《关于做好2013年货币信贷工作,促进全区经济金融持续健康发展的意见》;二是与博山区总工会联合开展了“扩大融资

博山区主要经济指标

经济指标	2012	2013	2013年同比增幅(%)	经济指标	2012	2013	2013年同比增幅(%)
土地面积(平方公里)	682	682	0	地方财政支出(亿元)	18.13	20.63	13.77
人口(万人)	45.9	46.3	0.87	全社会固定资产投资(亿元)	214.40	243.17	18.10
城镇人口(万人)	23.68	25.5	7.69	进出口总值(万美元)	54803	53398	-6.3
乡村人口(万人)	22.22	20.8	-6.39	出口总值(万美元)	43815	43127	6.4
地区生产总值(亿元)	328.45	332.52	7.0	实际利用外资(万美元)	4413	4340	-1.65
第一产业(亿元)	9.78	10.92	3.8	社会消费品零售总额(亿元)	163.99	185.23	12.9
第二产业(亿元)	191.80	188.82	7.6	居民消费价格指数(%)	103	103.5	0.49
第三产业(亿元)	126.88	132.78	6.3	人均地区生产总值(元)	67167.69	71818.57	6.92
财政总收入(亿元)	30.29	32.77	8.12	城镇居民可支配收入(元)	25834.19	28933.58	12
地方财政收入(亿元)	16.42	17.75	8.05	农民人均现金收入(元)	11859.4	13199.51	11.30
财政总支出(亿元)	26.17	27.73	5.96				

博山区主要金融指标

金融指标（亿元）	2012	2013	2013年同比增幅（%）	金融指标（亿元）	2012	2013	2013年同比增幅（%）
本外币存款余额	211.71	239.58	13.16	财险收入	—	—	—
人民币存款余额	210.48	237.39	12.78	寿险收入	—	—	—
单位存款	50.12	56.8	13.32	财险赔款	—	—	—
储蓄存款	157.57	173.29	9.98	寿险给付	—	—	—
本外币贷款余额	122.33	129.02	5.47	当年结益	—	—	—
人民币贷款余额	121.54	129.01	6.14	证券市场交易总额	—	—	—
短期贷款	77.94	86.04	10.39	投资者保证金余额	—	—	—
中长期贷款	40.38	40.47	0.22	证券账户开户数	—	—	—
票据融资	3.1	2.50	-19.35	证券交易佣金收入	—	—	—
当年结益	—	—	—	净利润	—	—	—
不良贷款余额	2.86	2.14	-25.1				

博山区主要金融机构概况

单位名称	行长（或其他称谓的第一负责人）	副行长（或其他称谓的同级领导）	员工总数	辖内营业网点数
人行博山支行	邵承伟	张学问 赵玉文	29	1
银监会博山办事处	黄立恩		2	1
农发行博山支行	王有星	王 刚	22	1
工行博山支行	苗纪宏	石 岩 翟乃林 张家鹏 孙启德	152	11
农行博山支行	王向阳	张 焱 施春雷 王中亮	142	9
中行博山支行	张雪峰	苏立华 逯 永	78	4
建行博山支行	王 明	王俊祥 胡 波 熊 伟	82	5
交行博山支行	赵红丽	曹 霞 常会东	40	2
齐商银行博山支行	孙红涛	刘 红 李 锋	108	6
博山区农信联社	范京卫	宋新伟 李 杰 马海波 张艳芳	450	48
邮储银行博山支行	穆洪强	张弘君 韩 刚	78	11

博山区主要金融机构业务概况

单位：亿元

单位名称	本外币存款余额	人民币单位存款	人民币储蓄存款	本外币贷款余额	人民币短期贷款	人民币中长期贷款
农发行博山支行	0.24	0.24	0	1.09	1.09	0
工行博山支行	48.63	13.5	33.95	18.02	8.68	9.33
农行博山支行	32.62	7.54	24.86	20.93	14.76	6.17
中行博山支行	19.9	6.06	11.97	11.76	6.75	4.89
建行博山支行	18.65	5.04	12.76	12.62	4.77	7.85

续表

单位名称	本外币存款余额	人民币单位存款	人民币储蓄存款	本外币贷款余额	人民币短期贷款	人民币中长期贷款
交行博山支行	13.13	6.47	4.86	9.14	6.96	2.18
齐商银行博山支行	23.26	8.61	11.61	8.43	8.17	0.27
博山农信联社	63.48	7.62	55.83	45.87	34.41	9.07
邮储银行博山支行	19.14	1.70	17.44	1.11	0.42	0.69

规模、服务实体经济”劳动竞赛活动；三是制定了《关于开展金融支持整建制有机农业区建设促进现代农业发展的指导意见》；并组织举办了金融支持整建制有机农业发展的经验交流会及三期镇域银企座谈会；四是积极拓展表外融资业务作为信贷投放的替代方式，全年为地区经济发展提供新增信用总量52.6亿元。

【金融服务与监管】 2013年，博山区一是新增两家二级支行金融机构，并验收开业；二是落实金融风险监测预警、组织协调和应急处置机制，加强对辖区金融稳定监测工作，重点加大对金融稳定重大事项报告制度执行力度和地方法人金融机构的风险监测；三是加强征信管理，组织开展了《征信业管理条例》专项宣传活动，制定了《金融机构征信管理考核暂行办法》；四是率先在淄博市试点开展银行卡助农取款服务点“新票直通车”活动；五是创新建立对涉外企业“一对一”服务制度，坚持主体监管理念，实行差别化管理。

（刘承海）

桓台县

【经济金融概况】 2013年，桓台县扎实开展“项目建设突破年”活动，经济综合实力显著增强。一是全年126个投资过千万元重点项目年完成投资89亿元，其中高新技术产业项目21个、战略性新兴产业项目11个；二是产业结构更趋优化，高新技术产业产值占工业总产值比重达24.8%，连续6次获评全国科技进步先进县；三是科技创新能力增强，新认定山东省著名商标2件，入选国家知识产权强县工程试点县，承担科技计划33项，其中国家级3项；四是粮食实现稳产高产，小麦、玉米平均单产506公斤、564公斤，小麦单产连续三年居全省首位，农业产业化经营持续推进，建成高标准农田7.7万亩、特色蔬菜基地2.52万亩、苗木基地6000亩；五是金融生态环境继续优

桓台县主要经济指标

经济指标	2012	2013	2013年同比增幅（%）	经济指标	2012	2013	2013年同比增幅（%）
土地面积（平方公里）	508.97	508.97	0	地方财政支出（亿元）	44.44	48.91	10.06
人口（万人）	49.86	49.71	-0.31	全社会固定资产投资（亿元）	257.04	295.81	15.08
城镇人口（万人）	9.36	13.94	48.93	进出口总值（万美元）	169602	150623	-11.19
乡村人口（万人）	40.50	35.77	-11.68	出口总值（万美元）	95501	92744	-2.89
地区生产总值（亿元）	417.24	466.43	11.79	实际利用外资（万美元）	9810	6310	-35.68
第一产业（亿元）	17.59	19.44	10.52	社会消费品零售总额（亿元）	127.19	144.69	13.75
第二产业（亿元）	270.12	293.52	8.66	居民消费价格指数（%）	105.73	102.3	-3.24
第三产业（亿元）	129.53	153.47	18.48	人均地区生产总值（元）	83682	93830	12.13
财政总收入（亿元）	58.08	57.67	-0.71	城镇居民可支配收入（元）	27310	31395	14.96
地方财政收入（亿元）	25.03	26.38	5.39	农民人均现金收入（元）	13602	15251	12.12
财政总支出（亿元）	59.27	57.38	-3.19				

桓台县主要金融指标

金融指标（亿元）	2012	2013	2013年同比增幅（%）	金融指标（亿元）	2012	2013	2013年同比增幅（%）
本外币存款余额	292.30	314.71	7.67	财险收入	—	—	—
人民币存款余额	288.93	310.74	7.55	寿险收入	—	—	—
单位存款	142.74	152.90	7.12	财险赔款	—	—	—
储蓄存款	139.69	149.21	6.82	寿险给付	—	—	—
本外币贷款余额	297.95	336.83	13.05	当年结益	—	—	—
人民币贷款余额	293.03	332.01	13.30	证券市场交易总额	—	—	—
短期贷款	229.99	250.15	8.77	投资者保证金余额	—	—	—
中长期贷款	61.15	80.60	31.81	证券账户开户数	—	—	—
票据融资	1.56	1.26	-19.24	证券交易佣金收入	—	—	—
当年结益	9.37	9.81	4.70	净利润	—	—	—
不良贷款余额	2.62	2.17	-17.18				

桓台县主要金融机构概况

单位名称	行长（或其他称谓的第一负责人）	副行长（或其他称谓的同级领导）	员工总数	辖内营业网点数
人行桓台支行	高庆旗	董雷 毕祯忠 吴宏镇	37	1
银监会桓台办事处	黄向政		1	1
农发行桓台支行	刘志玉	王贞军 吕海燕	18	1
工行桓台支行	郑东	李立柱 崔守东 王希民 张波 陈宁 崔凌 李青	104	6
农行桓台支行	宗新	于克峰 胡敬臣 牟其国 牛强	174	17
中行桓台支行	丁伟	曹晶 付晓斌 李群	54	2
建行桓台支行	林楠	常承波 王振勇 王成 巩俊霞	85	4
交行桓台支行	柴广	王新海 张丽艳	22	1
中信银行桓台支行	巩向军	于克君	15	1
招行桓台支行	王学光	王安军	17	1
浦发银行桓台支行	孙传兵	辛敏	19	1
光大银行桓台支行	邱增强	魏伟	19	1
齐商银行桓台支行	寇海英	曹源 张娣	57	3
桓台农信联社	宋文 唐光发	刘磊 李嘉耘 张丽 刘勇 尚延辰	602	63
邮储银行桓台支行	耿庆涛	荆丽丽	77	4

桓台县主要金融机构业务概况

单位：亿元

单位名称	本外币存款余额	人民币单位存款	人民币储蓄存款	本外币贷款余额	人民币短期贷款	人民币中长期贷款
农发行桓台支行	0.44	0.44	0	7.16	5.24	1.92
工行桓台支行	41.63	28.80	11.68	66.81	48.06	17.13
农行桓台支行	62.40	20.44	37.99	60.75	46.96	13.77
中行桓台支行	26.30	21.55	4.16	39.52	22.08	16.17
建行桓台支行	32.44	18.14	11.53	38.13	18.85	17.83
交行桓台支行	10.51	8.65	1.08	12.77	10.87	1.89
中信银行桓台支行	4.83	1.79	2.67	11.46	9.97	1.20
招行桓台支行	10.06	8.21	1.78	11.26	10.63	0.06
浦发银行桓台支行	7.08	6.22	0.86	7.16	6.84	0.33
光大银行桓台支行	6.02	5.54	0.07	--	--	--
齐商银行桓台支行	14.54	10.03	4.28	17.19	15.03	1.31
桓台农信联社	80.63	20.33	59.95	59.93	54.32	05.61
邮储银行桓台支行	15.92	2.76	13.16	4.69	1.30	3.38

化，金融保障更加有力，全市第一支股权权益类基金 -- 齐鲁股权投资基金在桓台成立，全县在资本市场上市、挂牌企业达13家。

【金融发展与改革】 2013年，桓台县一是金融业以货币信贷会商为载体，加强了对重点企业、重点项目、涉农等领域的信贷投入，全县骨干及创新型企业新增贷款71.04%，涉农贷款增长18.17%；二是大力推动融资产品创新，通过海外代付、信托理财产品等方式新增融资39.23亿元；三是通过助保贷"资金池"、齐动力、青年创业小额贷、沃德小企业服务、智慧供应链金融平台等，为小微企业发放贷款17.7亿元；四是县政府成立互助基金管理办公室，为26家企业进行资本运作提供服务，助赛特新材料公司在深交所发行私募债2000万元；五是继续实施"优企增信计划"，加快中小企业信用信息数据库建设，进一步完善金融生态镇考核。

【金融服务与监管】 2013年，桓台县金融机构不断加大支付环境建设力度，提高资金运转效率。支付系统覆盖率达89.36%，建立银行卡助农取款服务点437个，村均金融基础设施布放量7.84部(POS机、ATM机)。建行桓台支行获总行"信用卡营销示范网点"、省分行"青年文明号"称号，农行桓台县支行获人行济南分行"改善农村支付服务环境先进集体"称号，桓台县农信合作联社获省联社"农信银支付清算系统银行汇票业务优胜奖"。

人行桓台县支行搭建外汇服务"三个平台"，提供投资项目先行介入、外汇融资支持、业务绿色通道三项特色服务，促进了全县进出口业务健康发展。

(李光亮　王红梅)

高青县

【经济金融概况】 2013年，高青县加快推进由农业县向工业县的重大转变，综合实力明显增强。金融总体运行平稳。一是银行资产负债结构发生实质性变化，正由存差行向贷差行转变，截至年末，全县金融机构本外币存贷比为97.05%，新增存贷比为322.94%，贷款增幅列全市第一；二是金融产品创新步伐加快，农行开展生物资产质押业务，发放黑牛抵押贷款8600万元，《人民日报》专题进行报道；建行为山东扳倒井集团成功发行3.5亿元3年期非公开定向债务，成为淄博市首单为民营企业发行的无担保、无外部评级、非公开定向债务融资工具；三是经济下行风险加大，部分企业出现担保链风险，影响了金融机构信贷投放积极性，银行不良贷款反弹加快，截至年末，金融机构不良贷款率7.9 %，同比提高5.95个百分点。

【金融发展与改革】 2013年，人行高青县支行牢牢把握"稳中求进"总基调，认真贯彻落实稳健的货币政策，引导金融机构积极调整信贷结构，促进了全县实体经济的发展。一是制定

高青县主要经济指标

经济指标	2012	2013	2013年同比增幅（%）	经济指标	2012	2013	2013年同比增幅（%）
土地面积（平方公里）	831	831	0	地方财政支出（亿元）	16.40	18.2	11.1
人口（万人）	36.58	36.61	0	全社会固定资产投资（亿元）	86.11	103.5	20.9
城镇人口（万人）	8.52	8.45	0	进出口总值（万美元）	29245	21863	-27.2
乡村人口（万人）	28.06	28.16	2.8	出口总值（万美元）	16441	13245	-19.5
地区生产总值（亿元）	149.34	168.6	9.3	实际利用外资（万美元）	—	—	—
第一产业（亿元）	21.09	23.3	2.8	社会消费品零售总额（亿元）	34.94	39.58	13.3
第二产业（亿元）	78.00	86.3	13	居民消费价格指数（%）	102.7	101.7	-1
第三产业（亿元）	50.26	58.9	5.9	人均地区生产总值（元）	40804	46090	12.96
财政总收入（亿元）	—	—	—	城镇居民可支配收入（元）	19786	22694	14.7
地方财政收入（亿元）	8.9	10.5	17.9	农民人均现金收入（元）	8807	10013	13.7
财政总支出（亿元）	—	—	—				

高青县主要金融指标

金融指标（亿元）	2012	2013	2013年同比增幅（%）	金融指标（亿元）	2012	2013	2013年同比增幅（%）
本外币存款余额	97.94	106.58	8.82	财险收入	—	—	—
人民币存款余额	97.75	106.46	8.91	寿险收入	—	—	—
单位存款	37.90	39.07	3.09	财险赔款	—	—	—
储蓄存款	55.75	64.44	15.59	寿险给付	—	—	—
本外币贷款余额	75.53	103.44	36.95	当年结益	—	—	—
人民币贷款余额	72.98	101.33	38.85	证券市场交易总额	—	—	—
短期贷款	50.86	72.12	41.80	投资者保证金余额	—	—	—
中长期贷款	21.36	27.01	26.45	证券账户开户数	—	—	—
票据融资	0.77	0.09	-88.31	证券交易佣金收入	—	—	—
当年结益	2.89	-1.57	-154.33	净利润	—	—	—
不良贷款余额	1.17	8.17	598.29				

高青县主要金融机构概况

单位名称	行长（或其他称谓的第一负责人）	副行长（或其他称谓的同级领导）	员工总数	辖内营业网点数
人行高青支行	王振平	孙洪彬　樊守彬　董有明	28	1
银监会高青办事处	胡允东		1	1
农发行高青支行	魏星太	耿在文	18	1
工行高青支行	王延峰	石海滔　于修漳　谷维文	38	2
农行高青支行	朱庆合	陈会清　曹玉波　宋振文	78	5

续表

单位名称	行长（或其他称谓的第一负责人）	副行长（或其他称谓的同级领导）	员工总数	辖内营业网点数
中行高青支行	李　辉	胡福强	14	1
建行高青支行	李爱民	韩　杰　聂　静	47	2
齐商银行高青支行	仇　涛	刘保华	60	2
高青农商行	李岩松（董事长） 孙希荣（行长）	翟恒修　王玉华　张　勇	331	25
邮储银行高青支行	万瑞海	杨志国	65	11

高青县主要金融机构业务概况

单位：亿元

单位名称	本外币存款余额	人民币单位存款	人民币储蓄存款	本外币贷款余额	人民币短期贷款	人民币中长期贷款
农发行高青支行	0.21	0.21	0	1.25	1.25	0
工行高青支行	12.75	9.52	3.0	15.05	7.17	7.88
农行高青支行	19.45	6.71	12.62	30.48	22.27	5.63
中行高青支行	1.10	0.81	0.27	0.73	0.73	0
建行高青支行	11.92	7.18	4.57	18.38	6.82	10.44
齐商银行高青支行	9.27	7.14	2.09	9.13	8.38	0.16
高青农商行	36.61	5.35	31.25	26.31	24.86	1.46
邮储银行高青支行	12.78	2.14	10.64	4.76	0.65	1.44

印发了《关于做好 2013 年货币信贷工作 服务全县实体经济持续健康发展的意见》；二是与团县委、农工办联合印发了《关于实施金融支持百户农村青年创业富民"金惠农"工程 促进现代农业升级发展的意见》；三是积极搭建银企对接平台，促进实体经济健康发展，成功组织举办了 2013'山东高青黄河三角洲重点项目推介暨政银企合作促进会，签约金额 108.8 亿元，资金到位 77.47 亿元，到位率达到 72%；四是做好金融稳定工作，努力守住不发生系统性和区域性金融风险的底线，突出对法人机构监测考核，落实差别调控政策，协助县委县府努力化解企业担保链风险，化解不良贷款 7.8 亿元，有效保护了银行债权，维护了辖区金融稳定。

【金融服务与监管】 2013 年，人行高青县支行创新金融服务手段，社会形象明显提升。一是加强农村支付服务环境建设；二是组织召开了高青县"现金服务示范网点"创建工作推进会；三是完善外汇管理功能；四是以"两综合、两管理"为总抓手，强化对金融机构监督管理，实现了金融稳定。

（刘恒营　李春光）

沂源县

【经济金融概况】 2013 年，沂源县坚持民生为先、生态文明和城乡统筹的内涵发展理念，全县经济社会持续健康协调发展，人民生活水平和经济社会综合实力进一步提高。

【金融发展与改革】 2013 年，人行沂源县支行结合辖区实际深入贯彻落实货币政策。一是制定了《关于进一步加大金融支持全县农村改革 增创农业农村发展新优势的意见》和《深化农村信用环境建设 助推金融支农惠农工作的意见》，建立了《大额贷款利率监测制度》和《重点项目贷款跟踪监测制度》；二是与沂源县政府联合下发《关于设立现代农业发展融资增信专项基金　支持现代农业发展的实施意见》，推动沂源县政府设立现代农业发展融资增信专项基金；三是引导县农信社积极探索开展"农户贷款增信工程"，以农业产业化龙头企业为依托，探索农村产业的链条合作增信模式，该经验做法分别被郭树清省长和杨子强行长批示，市中支在沂源召开了农户贷款增信工程座谈会上做了充分肯定；四是引导推动创新融资方式，非上市、非公众股权质押反担保模式，发行企业私募

沂源县主要经济指标

经济指标	2012	2013	2013年同比增幅（%）	经济指标	2012	2013	2013年同比增幅（%）
土地面积（平方公里）	1635.6	1635.6	0	地方财政支出（亿元）	24.04	24.46	8.37
人口（万人）	56.52	56.28	-0.42	全社会固定资产投资（亿元）	94.97	142.30	22.27
城镇人口（万人）	13.19	13.05	-0.30	进出口总值（万美元）	27719	30343	9.1
乡村人口（万人）	43.33	43.23	-0.23	出口总值（万美元）	22019	24453	10.6
地区生产总值（亿元）	208.84	227.36	9.30	实际利用外资（万美元）	—	—	—
第一产业（亿元）	24.89	28.17	3.80	社会消费品零售总额（亿元）	93.75	106.76	13.90
第二产业（亿元）	101.64	107.13	12.13	居民消费价格指数（%）	103.2	102.7	-0.48
第三产业（亿元）	82.31	92.05	6.93	人均地区生产总值（元）	36950	40398	9.33
财政总收入（亿元）	22.11	26.04	-1.62	城镇居民可支配收入（元）	24229	29454	13.57
地方财政收入（亿元）	14.13	16.23	8.02	农民人均现金收入（元）	10950	13750	27.97
财政总支出（亿元）	—	—	—				

沂源县主要金融指标

金融指标（亿元）	2012	2013	2013年同比增幅（%）	金融指标（亿元）	2012	2013	2013年同比增幅（%）
本外币存款余额	137.44	153.64	11.78	财险收入	—	—	—
人民币存款余额	137.04	152.86	11.54	寿险收入	—	—	—
单位存款	48.27	50.97	5.60	财险赔款	—	—	—
储蓄存款	87.51	100.23	14.54	寿险给付	—	—	—
本外币贷款余额	96.31	105.96	10.02	当年结益	—	—	—
人民币贷款余额	96.01	105.78	10.17	证券市场交易总额	—	—	—
短期贷款	66.06	72.51	9.77	投资者保证金余额	—	—	—
中长期贷款	27.30	32.19	17.78	证券账户开户数	—	—	—
票据融资	2.65	1.08	-59.17	证券交易佣金收入	—	—	—
当年结益	—	—	—	净利润	—	—	—
不良贷款余额	—	—	—				

沂源县主要金融机构概况

单位名称	行长（或其他称谓的第一负责人）	副行长（或其他称谓的同级领导）	员工总数	辖内营业网点数
人行沂源支行	胡振兵	张佩珠 张培祥	33	1
农发行沂源支行	李三卫	唐加梅 高海峰	17	1
工行沂源支行	王恒利	宋以国 唐玉成 赵国伟 秦海云 黄立军	64	4
农行沂源支行	张福强	隗 涛 张福虎 武光竹	101	6
中行沂源支行	李爱军	张会红 钱 进	34	1

续表

单位名称	行长（或其他称谓的第一负责人）	副行长（或其他称谓的同级领导）	员工总数	辖内营业网点数
建行沂源支行	张继刚	许在晓　唐文风　徐　明	74	3
淄博商行沂源支行	刘向东	葛　兵　蒲　晶	53	2
邮储银行沂源支行	王克禄	张正新　韩　军	70	3
沂源农信社	牛文辉	朱利民　荆　春　刘东义 杨建军　葛勤成　杜　娟	430	37
沂源博商村镇银行	马兆峰	房师成　常　玲　王成伟	56	3
沂源华联小额贷款公司	齐银山　于守广		8	1

沂源县主要金融机构业务概况

单位：亿元

单位名称	本外币存款余额	人民币单位存款	人民币储蓄存款	本外币贷款余额	人民币短期贷款	人民币中长期贷款
农发行沂源支行	0.23	0.22	--	1.90	0.68	0.19
工行沂源支行	20.12	9.97	9.99	13.57	6.97	6.41
农行沂源支行	21.34	6.41	14.45	16.54	8.54	8.00
中行沂源支行	7.85	3.01	3.64	8.05	4.57	3.48
建行沂源支行	18.21	9.01	8.90	15.93	7.57	8.35
齐商银行沂源支行	10.53	8.87	1.60	7.65	7.63	0.001
沂源农信联社	50.10	9.70	40.39	38.42	34.02	4.40
邮储银行沂源支行	20.50	2.73	17.77	1.40	0.44	0.96
沂源博商村镇银行	4.54	1.04	3.50	2.49	2.10	0.39

债券帮助企业融资等都取得实质性突破，为小微企业直接融资做了积极的探索。

【金融服务与监管】　一是充分发挥《要情快报》和《专报件》的作用，引导全辖把握信贷节奏，调整信贷结构，支持经济平稳较快发展；二是做好新型农村金融机构的服务，开展差额存款准备金制度的动态调控工作，同时为农信社投放再贷款2.5亿元，开展博商村镇银行新设网点的业务评估和服务工作；三是深入推进农村支付环境建设，实现本地农村支付区域的“全覆盖”；四是加强外汇监管，促进法规制度落实；五是扎实推进基层偏远地区的人民币反假工作。

（丁　峰　蔡成霞）

泰安市

【经济金融概况】　2013年，泰安市加大改革创新力度，全市主要经济指标保持稳中有进态势，“转、调、创”工作取得明显成效，经济运行质量进一步提升，民生状况进一步改善，生态环境进一步优化，城乡发展更加协调，各项社会事业全面进步。

【货币政策实施】　2013年，人行泰安市中支强化政策引导，积极助推实体经济发展。一是出台《认真贯彻稳健货币政策改进金融服务和外汇管理支持全市经济持续健康发展的意见》等指导意见，督促金融机构把贯彻稳健货币政策的着力点放在盘活总量、用好增量和优化信贷结构上，召开“泰安市金融支持实体经济推进政银企合作会议”，加大对重点项目建设和产业改造升级、企业自主创新和战略新兴产业、中小企业和民营经济、绿色低碳经济等重点领域和薄弱环节的信贷支持力

泰安市经济主要统计指标

指标＼年度	2009	2010	2011	2012	2013	2013年同比增幅（%）
土地面积（平方公里）	7762	7762	7762	7762	7762	—
人口（万人）	555.8	557.1	559.5	558.9	556.8	1.0
城镇人口（万人）	—	276.8	283.5	290.6	299.4	3.0
乡村人口（万人）	—	273.0	267.9	262.3	257.4	-1.9
地区生产总值（亿元）	1715.7	2051.7	2304.3	2547	2790.7	10.6
第一产业（亿元）	170.3	195.3	215	233.1	260.1	3.7
第二产业（亿元）	936.4	1099.5	1202.8	1290.5	1367.8	11.1
工业（亿元）	807.1	950	1037.3	1110.9	1173.8	11.6
建筑业（亿元）	—	—	—	—	—	—
第三产业（亿元）	609.0	756.9	886.5	1023.4	1162.8	11.3
人均地区生产总值（元）	31375	36901	41850	46130	50296	10.1
地区生产总值构成（%）	100	100	100	100	100	—
第一产业（%）	9.9	9.5	9.3	9.1	9.3	0.2
第二产业（%）	54.6	53.6	52.2	50.7	49	-1.7
第三产业（%）	35.5	36.9	38.5	40.2	41.7	1.5
财政总收入（亿元）	150.71	—	—	—	—	—
地方财政收入（亿元）	91.4	116.9	138.1	158.9	168.2	0.2
财政总支出（亿元）	—	—	—	—	—	—
地方财政支出（亿元）	134.5	175.6	208.4	242.7	259.1	6.8
全社会固定资产投资（亿元）	1031.9	1270.5	1473.7	1774.5	1981.8	20.5
规模以上固定资产投资（亿元）	1031.9	1270.5	1473.7	1774.5	1981.8	20.5
房地产开发（亿元）	52.2	75.1	86.1	108.9	126.2	15.9
进出口总值（亿美元）	10.8	15.9	18.2	21.7	24.8	15.2
出口总值（亿美元）	7.05	9.3	11.9	12.2	13.7	11.8
实际利用外资（亿美元）	12.78	13.1	13.3	1.7	3.51	106.8
社会消费品零售总额（亿元）	556.3	687.4	806.7	928.3	1053.8	13.5
居民消费价格指数（%）	101.8	103.6	104.3	101.9	103.1	3.1
城市居民人均可支配收入（元）	17672	19953	22687	25659	28201	9.9
农民人均现金收入（元）	6600	7592	8974	10194	11547	13.3

注：自2012年起实际利用外资数取消，此处为外商直接投资数。

泰安市工农业主要统计指标

农业主要统计指标（万吨）				规模以上工业企业主要统计指标（亿元）			
项目 \ 年度	2012年	2013年	增幅（%）	项目 \ 年度	2012年	2013年	增幅（%）
粮食	303.9	281.3	--	工业增加值	1224.7	--	12.5
夏粮	--	131.3	--	国有工业	--	--	17.9
秋粮	--	150.0	--	集体工业	--	--	18.6
棉花	0.8	0.9	3.1	股份制工业	--	--	11.6
油料	23.2	23.3	0.5	股份合作制工业	--	--	15.3
水果	50.7	52.9	4.4	外商及港澳台投资工业	--	--	7.5
蔬菜	775.5	790.3	1.9	轻工业	--	--	12.6
肉类	44.7	45.4	1.6	重工业	--	--	12.4
禽蛋	19.8	19.9	0.3	销售收入	5524.6	6343.5	14.7
奶类	55.1	56.3	2.1	利税	670.5	719.9	6.5
水产品	8.7	9.1	5.4	利润	418.5	448.5	6.3
森林覆盖率（%）	38.5	38.9	0.3	经济效益综合指数（%）	339.1	340.0	9.0

泰安市主要金融机构概况

单位名称	行长（或其他称谓的第一负责人）	副行长（或其他称谓的同级领导）	员工总数	辖内营业网点数
人行泰安中支	关志勇	庞建敏 刘慧英 孙世超 蒋建军 李 瑞 王 伟 高露蒙	174	1
银监会泰安监管分局	王希娟	刘 健 魏吉锋 张 琳	59	1
农发行泰安分行	王 烽	巩克深 王 君 李元华	173	6
工行泰安分行	宋鲁田	周成芳 卞 涛 李新武 李德华 刘洪波 陶 静	998	54
农行泰安分行	孟宪军	王明军 单伟强 王会堂 刘文国	1350	75
中行泰安分行	孙成刚	张文华 刘 钧 冯德厚 王 华	687	29
建行泰安分行	张岱山	张丌锦 李其祥 李 涛 李 军 孙 良	1166	45
交行泰安分行	王 克	任宪富 乔立华 赵晓军	247	10
兴业银行泰安分行	闫 明	牛淑明 邱海涛	104	2
泰安商行	展 鹏	石占银 张海涛 史建国 李志辉 李成山 赵传迎 杨方步	783	29

续表

单位名称	行长（或其他称谓的第一负责人）	副行长（或其他称谓的同级领导）	员工总数	辖内营业网点数
农信社泰安办事处	陈运成	焦学杰 郑允幸	3613	253
邮储银行泰安分行	金卫东	谢 强 张兆辉 徐华锋	618	140
人保财险泰安分公司	赵玉强	杜庆凯 张立群 王 梅 王长文	2472	18
中国人寿泰安分公司	刘新乐	冯金国 余 巍 段崇申 张 博	3243	8
海通证券泰安营业部	高 敏	项 颖 王琳琳	15	1
齐鲁证券泰安营业部	于 波		201	9

泰安市金融业务统计指标

	年度 指标（亿元）	2009	2010	2011	2012	2013	2013年同比	
							增加额	增幅（%）
银行类	本外币存款余额	1221.67	1405.87	1571.71	1947.98	2278.37	330.39	16.96
	人民币存款余额	1213.17	1399.53	1563.56	1934.23	2261.29	327.06	16.91
	*单位存款	--	522.26	533.15	680.41	790.24	109.83	16.14
	储蓄存款	722.51	824.31	967.18	1185.88	1375.11	189.23	15.96
	本外币贷款余额	775.67	920.23	1055.25	1240.07	1426.31	186.24	15.02
	人民币贷款余额	769.58	917.6	1043.11	1219.64	1416.40	196.76	16.13
	短期贷款	410.6	470.51	550.82	647.00	688.49	41.49	6.41
	中长期贷款	302.54	390.4	439.5	485.02	661.13	176.11	36.31
	票据融资	56.22	56.4	52.4	87.36	66.37	-20.99	-24.03
	当年结益	12.9	20.04	22.22	23.00	28.46	5.46	23.74
	不良贷款余额	56.46	43.63	41.34	38.68	27.47	-11.2	-28.96
	不良贷款占比%	7.28	4.74	3.92	3.12	1.93	-1.19	-38.14
保险类	保险公司保费收入	36.15	46.62	48.67	51.60	57.51	5.91	11.45
	财险收入	7.81	10.32	11.2	12.13	14.42	2.29	18.88
	寿险收入	28.34	36.3	37.47	39.47	43.09	3.62	9.17
	保险公司赔款和给付支出	9.11	9.64	12.2	11.54	11.33	-0.21	-1.82
	财险赔款	3.76	4.67	5.45	5.87	6.78	0.91	15.50
	寿险给付	5.35	4.97	6.75	5.67	4.55	-1.12	-19.75
	当年结益	--	--	--	--	—	—	—
证券类	证券市场成交总额	1255.8	1075.3	757.8	546.89	818.08	271.19	49.59
	投资者保证金余额	12.61	11.09	6.71	6.49	5.64	-0.85	-13.10

续表

指标（亿元）		2009	2010	2011	2012	2013	2013年同比增加额	2013年同比增幅（%）
证券类	证券账户开户数	61462	58600	60845	59823	61450	1627	2.72
	佣金收入	2.97	2.33	1.45	1.02	1.42	0.39	37.23
	净利润	2.25	1.4	0.82	0.51	0.75	0.24	47.06
	期货市场成交总额	—	—	—	—	—	—	—
	期货客户保证金余额	—	—	—	—	—	—	—
	期货账户开户数	—	—	—	—	—	—	—
	期货手续费收入	—	—	—	—	—	—	—
	利润总额	—	—	—	—	—	—	—

注：“*”该项指标2010年前为“企业存款”，其数字亦是如此。

泰安市金融机构统计指标

指标（个）		2009	2010	2011	2012	2013	2013年同比增幅（%）
银行类	法人机构	7	7	8	11	11	—
	省级分行	0	0	0	0	0	—
	二级分行	6	7	8	11	12	9.1
	县区支行	83	86	87	91	93	2.2
	分理处、营业所	106	112	113	121	125	3.31
	储蓄所	577	553	435	413	403	-2.42
	从业人员总数	9938	9144	9368	9399	9822	4.5
保险类	保险机构	—	—	—	—	—	—
	财险机构	—	—	—	—	—	—
	省级分公司	0	0	0	0	0	—
	地市分公司	6	7	13	12	12	—
	县区支公司	32	106	155	98	98	—
	寿险机构	—	—	—	—	—	—
	省级分公司	0	0	0	0	0	—
	地市分公司	16	16	20	20	20	—
	县区支公司	25	35	57	75	75	—
	从业人员总数	10307	19791	20126	19765	20516	3.8
	财险人员	2325	3525	3619	3447	4039	17.17
	寿险人员	7982	16266	16507	16318	16477	0.97
证券类	证券机构	—	—	—	—	—	—
	证券公司	0	0	0	0	0	—

指标（个） \ 年度		2009	2010	2011	2012	2013	2013年同比增幅（%）
证券类	证券营业部	7	7	7	8	8	--
	证券服务部	1	1	1	1	1	--
	从业人员总数	160	172	183	213	218	2.35
	投资者开户	61462	58600	60845	59823	61450	2.72
	境内上市股票支数	5	5	3	3	3	--
	境外上市股票支数	2	2	2	2	2	--
	辖区上市公司总数	7	8	5	5	5	--

泰安市主要金融机构业务概况

单位：亿元

单位名称	本外币存款余额	人民币单位存款	人民币储蓄存款	本外币贷款余额	人民币短期贷款	人民币中长期贷款
农发行泰安分行	15.05	15.05	--	71.72	20.78	50.04
工行泰安分行	272.10	105.64	148.08	202.04	58.50	136.87
农行泰安分行	355.55	131.91	203.91	225.14	71.53	152.01
中行泰安分行	212.77	117.69	80.36	169.22	59.53	103.61
建行泰安分行	256.79	125.78	121.62	173.22	52.83	113.47
交行泰安分行	80.66	60.97	17.14	47.02	29.34	17.35
兴业银行泰安分行	59.54	49.94	9.36	23.49	20.09	3.14
泰安商行	232.26	101.71	121.57	126.58	105.02	10.59
邮储银行泰安分行	183.16	18.64	164.02	13.96	5.43	7.67
莱商银行泰安分行	9.85	7.89	1.94	5.93	5.64	0.05
三和小额贷款公司	--	--	--	2.67	2.67	--
泰通小额贷款公司	--	--	--	1.47	1.47	--
信合小额贷款公司	--	--	--	0.95	0.95	--
农信社泰安办事处	547.43	46.40	500.33	356.13	248.67	66.12

泰安市各县级区域经济金融主要统计指标

名称	人口（万人）	面积（平方公里）	地区生产总值（亿元）	地区生产总值增速（%）	本外币存款余额（亿元）	储蓄存款（亿元）	本外币贷款余额（亿元）
泰山区	--	337	--	--	--	--	--
岱岳区	--	1750	--	--	--	--	--
高新区	--	107	--	--	--	--	--
新泰市	138.67	1933	765	6.8	465.75	297.19	289.45

续表

名称	人口（万人）	面积（平方公里）	地区生产总值（亿元）	地区生产总值增速（%）	本外币存款余额（亿元）	储蓄存款（亿元）	本外币贷款余额（亿元）
肥城市	95.45	1277.3	674.46	11.4	358.21	234.51	242.29
宁阳县	76.45	1125	316.87	12.61	157.94	118.19	95.03
东平县	79.88	1340	310.83	14.99	172.06	125.39	110.34

度，促成各金融机构与262家企业达成协议贷款211.6亿元；二是成立金融支持现代农业发展工作领导小组，召开金融支持现代农业暨实体经济发展示范区建设现场会，创建“诚信通”农民信用联盟、水产专业市场商户信用联盟，推进农村土地承包经营权抵押贷款、林权抵押贷款、蔬菜存管担保贷款等业务发展；三是推进金融支持实体经济发展示范区（肥城市）建设，推动区域集优票据试点工作，积极促成三方合作框架协议。

【金融稳定】 建立泰安市防范地方金融风险监测联席会议制度，排查各类金融风险隐患，开展稳健性现场评估，做好银行机构流动性压力测试。一是持续跟踪大型商业银行分支机构改革进展情况，加强对上市公司偿债、运营、盈利等能力及变化趋势的监测分析，密切关注绩差公司的信用风险及上市公司所属行业的政策性风险；二是加强银行间债券市场、法人金融机构黄金市场业务管理，密切监测辖内票据融资发展变化情况；三是完善金融风险防控工作机制，加强银行业和融资性非金融机构风险监测及预警。

【金融服务】 一是深化农村支付环境建设，实现行政村助农取款服务点全覆盖，设立银行卡助农取款服务点5616个，累计布放普通POS机2688台、电话POS机9666台、农金通792台，人均持卡量达1.7张；二是大力推动电子汇票发展，全市累计签发电子汇票1.34万笔，金额76.67亿元，占票据签发金额的57.5%；三是加强金融基础设施建设，资金当日抵用率达到97%以上；四是继续扩大国库直接收付范围，新增“小型农田水利重点县建设工作人员人工费补助”等3个项目，共办理各类直接支付业务102万笔、1.5亿元；五是成功开办工会经费的代收业务；六是不断拓展非税收入直缴入库业务，办理直缴入库5万余笔，金额1.11亿元；七是协助税务部门上线“金税三期”，推行“国库与财政电子信息传输系统”，顺利实现全市交通运输和特定服务行业纳税户“营改增”转换；八是宣传金融IC卡业务，推动泰安“市民一卡通”业务开展；九是加强现金管理服务，建立商业银行小票供应统计监测制度，做好券别调剂，确保现金合理供应；十是制定泰安市冠字号码采集查询工作实施规划，2013年泰安全部取款机、50%的存取款一体机实现冠字号码自动采集和查询；十一是积极推进现金全额清分，开展“残损币回收攻坚年”活动、反假宣传月活动，以及金融机构现金服务示范网点创建活动。

【金融监管】 2013年，泰安银监分局以风险管控为中心，服务实体经济为导向，推动银行改革转型为重点，精细化、严肃性、文化建设为主线，强化监管能力和班子队伍建设，各项工作取得积极成效。

一、坚持风险管控为中心。坚持从“实”从“细”入手，认真做好重点风险监管工作。一是严格资产质量真实性监管，持续跟踪监测信贷资产质量变化情况，督导有关银行机构累计将超过6亿元非应计贷款调入不良，同时坚决遏制信用风险反弹；二是高度关注重点领域、重点行业风险管控，着力加强大额授信风险监管，建立了大型客户债权人联席会议制度，部署银行对授信1亿元以上企业逐户风险排查，对全辖授信前30大户开展重点摸排，逐户建立监测台账；三是持续保持案防高压态势，出台“银行业案件防控工作实施意见”，建立并坚持了辖区“案防安保季度联席会议”制度，当年全辖银行成功堵截12起外部侵害事件，连续4年实现安全稳定运行；四是着力增强表外业务风险监管能力，督促各法人机构严格执行理财信息登记制度，建立了信托、理财等结构化融资业务的数据监测和报告机制，对大型银行理财业务、兴业银行同业代付业务、泰安商行票据业务进行了督导检查，针对代理保险投诉高发问题，分别开展了两轮“拉网式”暗访检查，对存在驻点销售、误导销售问题的4家网点实施了行政处罚和责任追究。

二、提升现场检查、非现场监管、市场准入效能。现场检查方面，加强检查前准备和检查后的追究、整改落实。制定下发《关于进一步加强行政许可的意见》，规范行政许可流程，适当下放权限，推出高管任职谈话备忘录制度。

三、完善运行机制。制订实施了《关于进一步强化履职效能的意见》，进一步完善工作流程，明确了“定性明责，流程融合，强化支撑，做实独局”的履职定位，构建“融入当地，融入流程，融入团队”和“强化监管职能，强化属地责任，强化统一管理，强化职责支撑”的履职模式，明确监管办对县域银行业监管负有限属地责任，赋予部分市场准入等监管权限。

四、加强监管传导机制建设。构建了“县域银行业主任负责人座谈会”、“大型银行季度合规发展联席会议”、“农村合作金融机构主要负责人座谈会”和“监事会季度履职报告制度”、“银、邮、监管三方季度会谈制度”、“泰安商行三长定期约见谈话制度”等平台，进一步加强了与银行机构的沟通互信，推动了监管意见的贯彻落实。

【外汇管理】 2013年，外管局泰安市中心支局以“五个转变”为指导，扎实推进外汇管理改革，积极创新外汇管理与服务措施，努力提升科学履职成效，较好完成了各项工作任务。

一、创新载体，优化措施，全面提升外汇政策服务水平。一是深化货物贸易和直接投资改革，全力推进服务贸易管理改革，进一步简化审批环节；二是落实重点企业联系制度，开展“外汇政策巡回辅导进企业”活动，分别帮助山东岱银集团解决境外投资设备买方信贷担保问题，指导益海嘉里油脂公司顺利实施外债融资计划，解决石横特钢有限公司300万美元大额退汇入账手续，辅导光大油脂、石横特钢完成短贷指标申请工作等；三是针对重点外资项目开展先行介入服务，与地方商务部门建立对接机制，提前介入9家重点外资项目开展外汇政策服务，解决企业实际困难18项；四是积极为地方涉外经济发展建言献策，共向市政府领导报送外汇管理工作专报件5期；五是组织举办外汇政策暨跨境人民币业务培训会，确保外汇管理政策有效贯彻落实。

二、健全机制，创新方法，增强外汇管理履职成效。一是针对货物贸易外汇管理改革后的监管难点，积极探索有效的管理方法，建立完善了“递进式核查法”，确保了逐户排查和分类管理无差错；二是强化监控核查，确保外汇统计监测信息质量，协助省局开展对莱商银行济南分行、华夏银行济南分行的国际收支现场核查工作；三是切实提高外汇年检质效，与商务、工商等年检部门组成联合培训小组，对县市区所有参检企业、会计师事务所等单位实行拉网式培训，扫除政策业务盲区，与商务局联合推出“QQ群”政务网络通讯平台，用于集中接收和解答年检相关咨询，与商务、工商等部门协同年检，定期交换年检信息，针对发现的异常问题开展集中分析。

三、加大检查力度，打击违法行为，维护外汇市场秩序。全年共开展专项检查7个，立案查处外汇违法案件6起，依法对4家企业、2家银行分支机构的违法行为做出行政处罚，收缴罚没款67万元，案件结案率100%。

四、强化调研支撑力，努力提升调研层次和水平。一是认真落实调研信息例会制度，定期组织调研和业务骨干召开分析会，通过集中讨论确定调研重点方向和题目并将调研任务落实到人；二是积极支持上级调研工作，承担并完成《货物贸易外汇监管有效性研究》、《警惕境内非居民离岸账户成为跨境投机套利平台》、《新形势下放开个人境外投资外汇管理的可行性分析与制度构建》、《银行贸易融资产品发展和变动及对跨境资金流动影响问题研究》等省局重点课题，承担并完成总局重点课题《构建重点主体管理与服务框架设计》；三是通过开展“旭日计划”等活动，加大对青年员工调研能力的培养，全年编发上报信息85期，其中被省局采用53期，被总局采用24期。

五、创新执法机制，推进外部协调机制建设。一是开展了两期外商投资资本金结汇异常线索现场排查，分别对辖内4家外商投资企业的5笔资本金结汇异常线索进行了核查，排查异常交易金额1568.7万美元；二是按照省局统一部署，对交行泰安分行和工行泰安分行外汇业务合规性开展了专项检查，查处违规金额48.7万美元，督促银行健全了外汇业务内控制度；三是与市国税局联合，对辖内4家外汇银行开展了服务贸易对外支付专项检查，对存在问题的2家银行做出了限期整改处理，该做法受到总局管理检查司王允贵司长的肯定。

【金融改革】 2013年，各类金融改革稳步推进，地方性新型金融机构发展速度加快。

一、加快农合机构银行化改革步伐。将农信社银行化改革工作纳入对县（市、区）政府的考核，并借宁阳农商行揭牌之际，召开“全市农信社银行化改革推进会”，全面启动农信社的银行化改革工作。与县市区政府逐家沟通对接，争取优惠扶持政策，新泰、宁阳、东平等县（市）政府分别以土地置换不良7800万元、6000万元和8600万元；新泰、肥城市政府拟用土地房产等优质资产再分别置换不良资产5亿和6.61亿元；东平县政府制定《关于推进农村合作银行银行化改革工作的实施意见》。督促其利用市场化处置、股东溢价收购等多种方式，累计消化处置不良贷款达12.8亿元。

二、继续推动城商行稳健提升。制定了“资本充足率达标、资产真实反映、严肃内部管理”三项监管重点，增资扩股6亿元方案已提报省局批复；目前原来置换的3.45亿元不良资产全部纳入账内核算，拓清了不良贷款底数。

三、大力推动地方金融机构发展。一是加快发展小额贷款公司，2013年新增6家，新增数量居全省第3位，总数达15家，注册资金18.06亿元，率先在全省设立2家小额贷款公司分支机构；二是加快壮大融资性担保公司，到12月末为中小企业担保在保余额47.5亿元，同比增加11.5亿元，新增1家3亿元以上的融资性担保公司，市基金担保公司取得债券担保资格；三是加快发展民间资本管理公司，新申报数量居全省第一，目前已审核批准设立15家民间资本管理公司和1家民间资本借贷服务中心；四是莱商行泰安分行于5月份正式开业。推进中非发展基金与岱岳区科诺合作，中非发展基金将注入2400万美元、国开行将给予1.5亿美元贷款；中非发展基金与东平瑞星合作，通过南非普罗夫特公司，在南非建立贸易和生产基地，

【保险业务】 2013年，泰安市各保险公司深入开展“自律、维权、服务、交流”，着力提升服务质量和水平，较好地完成了全年各项工作任务。

一、行业主体不断增加。

二、业务规模持续健康发展。

三、服务地方经济社会发展的能力明显增强。一是经济补偿功能不断增强，“社会稳定器”的作用明显；二是上缴税金不断增加，2013年各公司上缴税款1.33亿元，产险公司代收代缴车船税1.38亿元，两项上缴税收合计2.71亿元；三是积极开展小麦、玉米等政策性农业保险工作，全年农业险保费收入5285.54万元，同比增长48.02%，全年赔付4018.27万元。

【证券市场】 2013 年，泰安市证券经营机构与地方政府积极合作，在推动泰安企业上市等工作上取得了明显成绩。一是实施“百家企业上市梯次培育计划”，在培育的 100 家企业中，筛选后备资源 58 家，其中当年启动上市程序的 15 家，目前，高新区力博科技、肥城一滕新材料上报国家证监会，分别排在中小板 49 位、创业板 52 位，等待过会审核，新泰新煤机械、东平东顺纸业已进入山东证监局辅导；二是大力培育股权挂牌企业，目前，成诚物联网等 9 家企业启动“新三板”挂牌程序，同创股份等 10 家企业已在齐鲁、上海等股权交易中心挂牌，居全省第 6 位。

【精神文明建设】 2013 年，人行泰安市中支被市文明委授予“全市十大文明行业”称号。中支机关被山东省文明委授予“省级文明单位”称号。泰安银监分局荣获 2012-2013 年度山东银监局“文明单位”荣誉称号和“泰安市金融发展突出贡献奖”。工行泰安市分行获得“泰安市文明诚信金融单位”称号，农行被山东省总工会授予“山东省模范职工之家”，中行继续保持“省级文明单位”，中行肥城支行也成功争创“省级文明单位”，建行积极参加文明志愿服务工作，组织优秀团员、优秀青年工作者和青年岗位能手到包村单位宁阳堽城坝村开展植树绿化活动。

【大事记】 5 月 21 日 人行济南分行和泰安市政府联合召开 2013 年泰安市金融支持实体经济推进政银企合作会议。

6 月 14 日 宁阳县成立山东省首家金融支持大学生创业就业基地。

10 月 29 日 举办泰安市 2013 年金融 IC 卡宣传月活动启动仪式。

12 月 27 日 泰安市成立地方金融监督管理局。

12 月 30 日 山东宁阳农村商业银行股份有限公司挂牌成立。

（贾泰峰）

新泰市

【经济金融概况】 2013 年，新泰市坚持以“三提三创”为动力(工作提标、发展提速、干部提能，创新强市、创业富民、创先超越)，大力实施“1463”工程，经济社会持续健康发展。固定资产投资、城乡居民收入较快增长，粮食生产实现 11 年连增，在全国中小城市综合实力百强县中居第 41 位。

金融部门积极调整优化信贷结构，加大金融创新力度，强化银企合作，各项存、贷款高速增长，保险事业稳定发展，金融生态环境不断优化，服务水平不断提高，金融运行呈现良好的发展势头。

【金融发展与改革】 2013 年，人行新泰市支行制定下发了《关于认真贯彻落实稳健货币政策，支持全市经济持续健康发展的实施意见》等文件，加强政策宣传，强化窗口指导。一是金融机构加强产品创新，推广商标专用权质押、股权质押、双力圆、个人自助申请箱等信贷产品和模式；二是拓展电子商业汇

新泰市主要经济指标

经济指标	2012	2013	2013 年同比增幅（%）	经济指标	2012	2013	2013 年同比增幅（%）
土地面积（平方公里）	1933	1933	--	地方财政支出（亿元）	55.9	54.38	-2.7
人口（万人）	140.30	138.67	-1.16	全社会固定资产投资（亿元）	408.7	433.2	19.8
城镇人口（万人）	70.67	72.67	2.83	进出口总值（万美元）	28747	30866	7.4
乡村人口（万人）	61.71	60.52	-1.93	出口总值（万美元）	11347	15201	34.0
地区生产总值（亿元）	751.1	765.0	6.8	实际利用外资（万美元）	--	--	--
第一产业（亿元）	52.0	55.8	0.1	社会消费品零售总额（亿元）	207.1	234.7	13.3
第二产业（亿元）	423.8	417.1	7.7	居民消费价格指数（%）	--	--	--
第三产业（亿元）	275.3	292.1	6.5	人均地区生产总值（元）	56803	57610	1.42
财政总收入（亿元）	--	--	--	城镇居民可支配收入（元）	25321	28056	10.8
地方财政收入（亿元）	38.4	36.1	-9.2	农民人均现金收入（元）	11391	12885	13.1
财政总支出（亿元）	--	--	--				

新泰市主要金融指标

金融指标（亿元）	2012	2013	2013年同比增幅（%）	金融指标（亿元）	2012	2013	2013年同比增幅（%）
本外币存款余额	384.85	465.75	21.02	财险收入	2.32	2.60	12.07
人民币存款余额	383.16	464.18	21.15	寿险收入	7.14	7.56	5.88
单位存款	119.28	155.26	30.16	财险赔款	—	—	—
储蓄存款	255.65	297.19	16.25	寿险给付	—	—	—
本外币贷款余额	249.46	289.45	16.03	当年结益	—	—	—
人民币贷款余额	240.93	287.90	19.50	证券市场交易总额	57.52	101.12	75.80
短期贷款	100.99	94.55	-6.38	投资者保证金余额	0.93	0.82	-11.83
中长期贷款	123.51	182.44	47.71	证券账户开户数	31959	33048	3.41
票据融资	16.44	10.75	-34.61	证券交易佣金收入	0.14	0.20	42.86
当年结益	5.62	7.11	26.51	净利润	—	—	—
不良贷款余额	8.30	6.05	-27.11				

新泰市主要金融机构概况

单位名称	行长（或其他称谓的第一负责人）	副行长（或其他称谓的同级领导）	员工总数	辖内营业网点数
人行新泰支行	吴　勇	刘灿升　李长征	29	1
银监会新泰办事处	孙兆木	李　红	3	1
农发行新泰支行	王　峰	李　云　刘宝爱	24	1
工行新泰支行	杨　帆	林贞全　郭　政　秦成利 刘　克　董　超	100	6
工行泰安新汶支行	白　伟	徐庆梓　张振中 柏向民　席　儒	66	5
农行新泰支行	刘君尧	李志宏　李建新　张庆伟 张钦勇　纪衍超　马　宇	222	16
中行新泰支行	曹　峰	迟利群　张玉德　张　勇	84	5
建行新泰支行	陆继生	蓝　军　刘　强 毕华栋　朱华东	95	5
建行新汶支行	刘广孝	张广建　韩尚祯 曲　燕　李宾图	109	7
交行新泰支行	于　峰	刘传香　高　原　李　洁	15	1
泰安商行新泰支行	高　虎	李建军	19	1
莱商银行新泰支行	付伟宏	李召胜	18	1
新泰农信社	李　斌	徐西军　候　涛　佟兆庆 张凌峰　王敏庆	760	47
邮储银行新泰支行	张钦良	刘建立	96	36

新泰市主要金融机构业务概况

单位：亿元

单位名称	本外币存款余额	人民币单位存款	人民币储蓄存款	本外币贷款余额	人民币短期贷款	人民币中长期贷款
农发行新泰支行	4.14	4.14	0	18.36	1.22	17.14
工行新泰支行	80.37	35.73	42.60	54.71	19.25	33.81
农行新泰支行	96.29	44.75	49.54	70.01	6.38	62.98
中行新泰支行	38.04	20.02	16.17	29.23	4.17	23.84
建行新泰支行	74.24	28.48	39.43	34.15	5.83	28.23
交行新泰支行	3.88	3.08	0.69	3.44	2.43	1.01
泰安商行新泰支行	8.84	4.63	4.22	4.60	4.49	0.02
莱商银行新泰支行	5.07	3.90	1.15	2.82	2.72	0.05
新泰农信社	107.44	5.57	101.85	70.33	47.59	14.02
邮储银行新泰支行	46.50	4.97	41.54	1.80	0.47	1.33

票业务，发挥新矿集团示范作用，推动电票业务的经验做法被人行济南分行命名为“新汶模式”；三是积极推进农信社和农行三农实业部改革，设立了1家小额贷款公司。

【金融服务与监管】 2013年，人行新泰市支行监管与服务并重，强化“两管理两综合一保护”工作，开展各种执法检查，对金融机构进行综合评价，规范了金融机构业务发展。一是加强监测分析，开展法人金融机构稳健性评估，强化金融稳定重大事项报告制度；二是推动农村支付环境向纵深发展，加大非现金支付机具布放，做到全市916个行政村全覆盖；三是发挥“民意通”网络平台作用；四是是加强征信管理，认真做好贷款卡发放、年审、信用信息查询等工作，积极推进信用体系建设，积极组织开展《征信管理条例》专题宣传；五是加强调查研究，发挥调研支撑作用。

(刘　磊　李桂兰)

肥城市

【经济金融概况】 2013年，肥城市经济平稳健康发展，金融机构认真贯彻货币政策，按照“总量适度、审慎灵活、定向支持”的要求，多渠道增加信用供给，金融运行良好。

【金融发展与改革】 2013年，人行肥城支行加强“窗口指

肥城市主要经济指标

经济指标	2012	2013	2013年同比增幅（%）	经济指标	2012	2013	2013年同比增幅（%）
土地面积（平方公里）	1277.3	1277.3	0	地方财政支出（亿元）	44.19	42.25	-4.39
人口（万人）	98.4	95.45	-2.99	全社会固定资产投资（亿元）	387	413.02	19.9
城镇人口（万人）	50.2	51.54	2.67	进出口总值（万美元）	50278	50954	1.34
乡村人口（万人）	48.2	43.91	-8.90	出口总值（万美元）	24883	32026	30.5
地区生产总值（亿元）	618.82	674.46	11.4	实际利用外资（万美元）	3024	6092	101.5
第一产业（亿元）	43.76	49.34	4.3	社会消费品零售总额（亿元）	184.4	209.2	13.44
第二产业（亿元）	348.1	367.5	12.7	居民消费价格指数（%）	--	--	--
第三产业（亿元）	226.96	257.62	10.6	人均地区生产总值（元）	65105	70500	11.4

续表

经济指标	2012	2013	2013年同比增幅（%）	经济指标	2012	2013	2013年同比增幅（%）
财政总收入（亿元）	51.60	50.26	-2.60	城镇居民可支配收入（元）	25884	28606	10.5
地方财政收入（亿元）	31.87	31.93	0.19	农民人均现金收入（元）	11421	12916	13.09
财政总支出（亿元）	55.53	56.05	0.94				

肥城市主要金融指标

金融指标（亿元）	2012	2013	2013年同比增幅（%）	金融指标（亿元）	2012	2013	2013年同比增幅（%）
本外币存款余额	316.84	358.21	13.06	财险收入	0.50	0.51	2.00
人民币存款余额	314.50	356.90	13.48	寿险收入	2.06	2.63	27.67
单位存款	91.28	97.95	7.31	财险赔款	0.18	0.28	55.56
储蓄存款	202.38	234.51	15.88	寿险给付	0.94	1.52	61.70
本外币贷款余额	213.78	242.29	13.34	当年结益	0.07	0.09	28.57
人民币贷款余额	212.02	240.93	13.64	证券市场交易总额	45.58	72.79	59.70
短期贷款	113.43	95.56	-15.75	投资者保证金余额	0.5	0.38	-24.00
中长期贷款	87.82	135.29	54.05	证券账户开户数	1697	2114	24.57
票据融资	10.77	10.08	-6.41	证券交易佣金收入	0.1	0.14	40.00
当年结益	4.71	5.21	10.62	净利润	0.06	0.10	66.67
不良贷款余额	8.92	2.59	-70.96				

肥城市主要金融机构概况

单位名称	行长（或其他称谓的第一负责人）	副行长（或其他称谓的同级领导）	员工总数	辖内营业网点数
人行肥城支行	张继轩	冷　静　牛兰季	29	1
银监会肥城办事处	刘同新	赵来春	3	1
农发行肥城支行	李正国	郭雪峰	24	1
工行肥城支行	陈福五	祝云岗　汪顺成　曲少平 李守军　尹　凯　夏东升 张永刚　李秀华	142	11
农行肥城支行	李立东	徐宝瑾　赵　彬　孙建华	189	15
中行肥城支行	孙克祥	王　健　董红霞　张德强	68	4
建行肥城支行	刘　峰	张　燕　孙国庆 房建荣　王延峰　李光营	127	6
交行肥城支行	田力男	李鸣宇　赵咏莉　赵宝萍	12	1
兴业肥城支行	王东升	康吉恩	21	1

续表

单位名称	行长（或其他称谓的第一负责人）	副行长（或其他称谓的同级领导）	员工总数	辖内营业网点数
泰安商行肥城支行	玄建涛		20	1
肥城农信联社	赵平东	李传颖 侯国振 王延防 赵庆功 胡家迎 张淑斌	607	42
邮储银行肥城支行	赵祥东	王 兵	186	3
肥城民丰村镇银行	徐小强	张永峰 李代洋 张 辉	39	2
肥城鑫旺小额贷款公司	王炳生	孟祥利 纪 鑫	18	2

肥城市主要金融机构业务概况

单位：亿元

单位名称	本外币存款余额	人民币单位存款	人民币储蓄存款	本外币贷款余额	人民币短期贷款	人民币中长期贷款
农发行肥城支行	1.40	1.40	--	9.56	3.71	5.05
工行肥城支行	48.21	18.41	28.34	44.70	12.71	30.63
农行肥城支行	56.14	15.97	36.05	45.93	13.10	32.82
中行肥城支行	30.09	17.48	11.05	30.66	5.93	24.36
建行肥城支行	44.80	27.59	16.76	33.00	9.47	23.53
交行肥城支行	2.16	1.63	0.38	9.17	3.37	5.81
兴业肥城支行	2.33	0.86	1.47	--	--	--
泰安商行肥城支行	5.51	3.11	2.40	5.09	5.09	--
肥城农信联社	107.92	5.98	101.87	57.72	37.75	11.54
邮储银行肥城支行	36.27	2.39	33.88	2.09	0.63	1.46
肥城民丰村镇银行	5.46	3.14	2.31	4.38	3.81	0.09
肥城鑫旺小额贷款公司	--	--	--	1.13	1.13	--

导”，制定信贷指导意见，优化信贷结构，推进金融支持实体经济发展示范区和现代农业。各金融机构稳步推进金融改革。一是开展了中小企业及农村两个信用体系试验区的建设工作，推动泰安市金融支持现代农业暨实体经济发展现场会在肥城召开；二是积极推进产品和服务创新，推进农村产权融资工作，推出了蔬菜存管担保、个人林权抵押、公证抵押、商标专用权质押等贷款业务；三是银行间市场直接融资实现新突破，通过发行公司债券筹措资金6亿元，1家公司上市申请通过证监会受理，1家公司在齐鲁股权托管交易中心挂牌；四是农信社和村镇银行经营机制和法人治理结构进一步完善，农行继续推进“三农”金融事业部制改革；五是兴业银行肥城支行成立。

【金融服务与监管】 2013年，人行肥城支行和银监会肥城办事处进一步强化金融监管和服务，防范和化解金融风险。一是加强对存款准备金、利率、账户、国库、统计等业务的监督管理，开展了执法检查；二是打造农村支付环境建设示范县，人行肥城支行被总行授予“改善农村支付环境先进集体”；三是开展了“银企交流到一线，携手合作谋发展”活动，搭建了多种政、银、企合作平台；四是全面开展了“两管理、两综合、一保护”工作，完成2家机构的开业验收工作。

(张圣猛　王　成)

宁阳县

【经济金融概况】 2013年，宁阳县通过目标管理体系的制定和落实，促进了经济持续、健康发展。一是工业产效高位运行，全县规模以上工业企业实现主营业务收入1050亿元、利润103.6亿元、利税154.4亿元，分别增长25.6%、27.8.6%、27.2%；二是投资规模大、带动能力强、综合效益好的项目陆续开工建设，消费需求稳定增长，出口业务大幅增长；三是地方财力平稳增长。

宁阳县金融机构执行稳健的货币政策，适度把握信贷投放的节奏和力度，全县金融机构各项贷款增量、增幅均创历史新高，信贷结构不断优化。一是存款平稳增长；二是贷款大幅增加，信贷结构不断优化，重点支持了县域骨干企业、小微企业及特色产业资金需求；三是金融运行质量进一步提升，实现不良资产余额、占比“双降”。

宁阳县主要经济指标

经济指标	2012	2013	2013年同比增幅（%）	经济指标	2012	2013	2013年同比增幅（%）
土地面积（平方公里）	1125	1125	0	地方财政支出（亿元）	22.99	26.033	13.24
人口（万人）	75.92	76.45	0.70	全社会固定资产投资（亿元）	238.47	252.3056	5.80
城镇人口（万人）	27.06	28.23	4.32	进出口总值（万美元）	7169	11600	61.81
乡村人口（万人）	48.86	48.22	-1.31	出口总值（万美元）	6702	10589	58.00
地区生产总值（亿元）	281.38	316.87	12.61	实际利用外资（万美元）	4163	2557	-38.58
第一产业（亿元）	44.84	50.67	13.00	社会消费品零售总额（亿元）	105.9	120.23	13.53
第二产业（亿元）	131.20	142.80	8.84	居民消费价格指数（%）	101.9	101.8	-0.10
第三产业（亿元）	105.33	123.40	17.16	人均地区生产总值（元）	34403	41448	20.48
财政总收入（亿元）	17.68	18.44	4.30	城镇居民可支配收入（元）	21091	23306	10.51
地方财政收入（亿元）	9.04	10.95	21.10	农民人均现金收入（元）	9496	10752	13.23
财政总支出（亿元）	35.25	40.66	15.35				

宁阳县主要金融指标

金融指标（亿元）	2012	2013	2013年同比增幅（%）	金融指标（亿元）	2012	2013	2013年同比增幅（%）
本外币存款余额	139.0984	157.9440	13.55	财险收入	0.2705	0.4642	71.61
人民币存款余额	138.7673	157.2379	13.31	寿险收入	1.3779	1.1854	-13.97
单位存款	31.0068	37.4624	20.82	财险赔款	0.1490	0.2704	81.47
储蓄存款	106.8789	118.1870	10.58	寿险给付	0.6533	1.0823	65.67
本外币贷款余额	76.7020	95.0315	23.90	当年结益	0	0	0
人民币贷款余额	76.7020	95.0315	23.90	证券市场交易总额	0	0	0
短期贷款	44.7628	56.7219	26.72	投资者保证金余额	0	0	0
中长期贷款	22.6284	29.5360	30.53	证券账户开户数	0	0	0
票据融资	9.3093	8.7721	-5.77	证券交易佣金收入	0	0	0
当年结益	1.9232	2.5806	34.18	净利润	0	0	0
不良贷款余额	1.4120	1.3454	-4.72				

宁阳县主要金融机构概况

单位名称	行长（或其他称谓的第一负责人）	副行长（或其他称谓的同级领导）	员工总数	辖内营业网点数
人行宁阳支行	张文玖	何传信　陈树立　程令顺	24	--
银监会宁阳办事处	董艳秋		3	--
农发行宁阳支行	申　波	张　辉　张　伟	21	1
工行宁阳支行	姜秀华	李建军　任海涛 郗金玉　赵　兵	69	5
农行宁阳支行	李宗旺	周长传　薛均广　曹海林	137	8
中行宁阳支行	周　鲁	刘　超　来　峰	52	3
建行宁阳支行	李德健	平　伟	49	2
泰安商行宁阳支行	赵　敏		10	1
宁阳农商行	李延玲	王学军　刘玉岳　刘　锋 王聘国　刘　岑	477	34
邮储银行宁阳支行	徐文强	马燕民　肖继军	155	20
宁阳沪农商村镇银行	李庆斌		35	1

宁阳县主要金融机构业务概况

单位：亿元

单位名称	本外币存款余额	人民币单位存款	人民币储蓄存款	本外币贷款余额	人民币短期贷款	人民币中长期贷款
农发行宁阳支行	0.7495	0.7495	0	6.3519	1.3719	4.9800
工行宁阳支行	14.2819	4.2488	9.8307	12.0281	3.9550	8.0717
农行宁阳支行	25.1687	7.8790	16.8052	11.8265	8.5288	3.2978
中行宁阳支行	16.4210	8.6598	7.4389	8.7427	7.2523	1.4903
建行宁阳支行	6.8423	3.7674	3.0554	6.3948	2.5159	3.8790
泰安商行宁阳支行	4.3717	3.2723	1.0994	1.6654	1.6626	0.0028
宁阳农商行	62.1675	5.3581	56.5837	44.1282	28.2124	7.1437
邮储银行宁阳支行	23.7850	1.3225	22.4625	1.0503	0.3965	0.6538
宁阳沪农商村镇银行	3.8222	2.3287	1.4935	2.8436	2.8266	0.0170

【金融发展与改革】　人行宁阳县支行积极发挥“窗口指导”作用，加快金融产品和服务创新。一是发挥好金融机构联席会议作用，分析、通报县域金融运行情况及宏观政策信息，引导各金融机构创新服务方式，增加金融产品；二是做好对农行“三农金融事业部”的经营监测；三是加强对农信社专项央行票据兑付后续监测考核工作，促使该社资本充足率、信贷资产质量、盈利能力大幅提高。

【金融服务与监管】　2013年，人行宁阳县支行督导各金融机构防范化解风险，优化增量、盘活存量，创新信贷产品、提升服务水平，服务经济发展。一是加大对账户、结算、金融统计、反洗钱等业务的监督管理；二是对农村支付环境建设情况进行监督检查，制定完善措施；三是开展金融知识系列宣传活动，开展了金融消费者权益保护、支付结算、征信等宣传活动，优化了金融生态环境；四是引导金融机构加大对大学生创业就业群体的支持；五是引导涉农银行业机构做好支持现代农业工作，创新推出蔬菜制种信用共同体贷款、农村住宅公证抵押贷款、林权抵押贷款、小企业简式快速贷款等贷款品种。

（谢 涛 刘亚平）

东平县

【经济金融概况】 2013年，东平县经济、社会各项事业保持了良好发展势头，招商引资取得新进展，生态环境进一步改善，综合实力迈上新台阶。各金融机构实施稳健的货币政策，不断创新金融服务产品，增强自身风险防控能力。

【金融发展与改革】 2013年，人行东平县支行通过召开银企合作联谊会、全力打造良好的社会信用环境，指导督促各金融机构加大对地方经济的信贷支持。一是强化货币政策传导，组织召开金融支持现代农业推进会，编印了《金融支持现代农

东平县主要经济指标

经济指标	2012	2013	2013年同比增幅（%）	经济指标	2012	2013	2013年同比增幅（%）
土地面积（平方公里）	1340	1340	0	地方财政支出（亿元）	20.51	27.87	35.88
人口（万人）	79.42	79.88	0.58	全社会固定资产投资（亿元）	170.9	209.2	22.41
城镇人口（万人）	9.47	9.55	0.84	进出口总值（万美元）	33182	56965	71.67
乡村人口（万人）	69.95	70.33	0.54	出口总值（万美元）	1379	1697	23.06
地区生产总值（亿元）	270.3	310.83	14.99	实际利用外资（万美元）	165	489	196.36
第一产业（亿元）	35	39.13	11.8	社会消费品零售总额（亿元）	89.6	103.1	15.07
第二产业（亿元）	133.7	149.9	12.12	居民消费价格指数（%）	--	--	--
第三产业（亿元）	101.6	121.8	19.88	人均地区生产总值（元）	36139	38912	7.67
财政总收入（亿元）	18.44	17.99	-2.44	城镇居民可支配收入（元）	17855	20509	14.86
地方财政收入（亿元）	7.6	10.03	31.97	农民人均现金收入（元）	8304	9446	13.75
财政总支出（亿元）	32.03	44.34	38.43				

东平县主要金融指标

金融指标（亿元）	2012	2013	2013年同比增幅（%）	金融指标（亿元）	2012	2013	2013年同比增幅（%）
本外币存款余额	139.98	172.06	22.92	财险收入	--	--	--
人民币存款余额	139.89	170.46	21.85	寿险收入	--	--	--
单位存款	30.64	37.44	22.19	财险赔款	--	--	--
储蓄存款	106.29	125.39	17.97	寿险给付	--	--	--
本外币贷款余额	91.07	110.34	21.16	当年结益	--	--	--
人民币贷款余额	90.82	108.68	19.67	证券市场交易总额	9.04	13.69	51.44
短期贷款	43.61	53.13	21.83	投资者保证金余额	0.04	0.039	-2.5
中长期贷款	38.26	47.45	24.02	证券账户开户数	1123	595	-47.02
票据融资	8.94	8.1	-9.4	证券交易佣金收入	0.01	0.01	0
当年结益	5.93	6.95	17.2	净利润	-0.009	-0.006	-33.33
不良贷款余额	5.18	3.60	-30.5				

东平县主要金融机构概况

单位名称	行长（或其他称谓的第一负责人）	副行长（或其他称谓的同级领导）	员工总数	辖内营业网点数
人行东平支行	张　伟	谷　平　展东文　徐艳霜	24	1
银监会东平办事处	陈曰颖		3	1
农发行东平支行	张　波	刘广涵　孙素美	21	
工行东平支行	娄岱光	刘在民　赵静波　刘建民	50	3
农行东平支行	亚　军	宁　东　张传勤　赵　峰	120	7
中行东平支行	解洪涛	高　翔　陈　军	26	1
建行东平支行	王光敏	韩庆华　路　明	40	1
泰安商行东平支行	郭新勇		8	1
山东东平农合行	田汝会	吴国栋　张义玉　王　钰　汪　振　郭德成	495	32
邮储银行东平支行	赵友林	李　杨　杨祥桥	72	23
东平沪农商村镇银行	魏　超	郑　群	24	1

东平县主要金融机构业务概况

单位：亿元

单位名称	本外币存款余额	人民币单位存款	人民币储蓄存款	本外币贷款余额	人民币短期贷款	人民币中长期贷款
农发行东平支行	1.26	1.26	0	4.25	1.59	2.56
工行东平支行	16.08	6.48	7.87	19.99	4.60	13.73
农行东平支行	25.14	8.87	15.19	10.46	6.13	4.33
中行东平支行	8.46	5.47	2.89	12.67	2.25	10.42
建行东平支行	9.13	6.47	2.64	9.79	3.05	6.74
泰安商行东平支行	2.95	1.99	0.96	2.28	1.39	0.89
东平农合行	74.32	3.87	70.25	47.69	31.44	8.25
邮储银行东平支行	25.16	1.37	23.79	0.67	0.18	0.49
东平沪农商村镇银行	3.46	1.66	1.80	2.53	2.53	0.046

业服务手册》，制定了《关于进一步加大金融支持力度推进农民合作社发展的意见》、《关于金融支持土地股份合作社发展的意见》；二是积极拓展国库服务领域，认真做好人民币管理工作，成功推进全市第一家乡镇国库集中支付系统上线运行，将门票收入纳入直缴入库范围，开展反假人民币集中宣传月活动，7家银行网点被济南分行评选为现金示范点，成功举办反洗钱业务培训班，全县26家金融机构全部参加。

【金融服务与监管】　2013年，人行东平县支行与金融监管部门采取切实措施强化金融服务与监管。一是贯彻落实组织各金融机构学习《征信业管理条例》及相关规章制度，规范开展征信业务；二是召开了金融管理、金融消费者权益保护、征信管理等工作座谈会，组织金融机构学习相关制度规定，对金融机构的残损币兑换、假币收缴、反假知识宣传、金融统计、征信、金融消费者权益保护等业务进行了监督检查；三是组织召开了2013年全县货币政策暨金融管理工作会议，首次将证券公司、保险公司纳入其中，在金融机构中引起了强烈反响和良好的示范效应。

（李娅群　张　青）

莱芜市

【经济金融概况】　2013 年，莱芜市围绕“转方式调结构”做文章，全年经济运行总体平稳，结构优化稳中有进，发展质量稳步提升，民生保障不断完善。

【货币政策实施】　2013 年，人行莱芜中支继续贯彻稳健货币政策，支持实体经济发展。一方面，增强政策实效。制定信贷指导意见 2 份，利用政策通报会、综合评价等方式，传导贯彻货币信贷政策。另一方面，在转、调、控上下功夫，以大项目、三农和小微企业为重点，引导金融机构优化信贷结构，支持实体经济发展。一是建立金融支持大项目建设调度机制，累计向银行机构筛选推荐重点项目 349 个，达成贷款意向 72 个，贷款总额 8.31 亿元；二是联合财政、农业和保险部门出台《关于金融支持现代农业加快发展的指导意见》，协调开展莱城区青春创业大讲堂、“共青团牵手金融机构”产品服务推介会等活动，引导涉农金融机构延伸服务链条，推出涉农金融创新产品 11 项，金融支农创新能力显著增强；三是积极支持小微企业发展，推动政府设立过桥资金，为符合条件的小微企业提供暂时性资金支持，推动莱商银行发行小微企业金融债 20 亿元，指导各金融机构开展小微企业服务创新，如指导莱商银行开展信用贷款业务，有关经验得到分行领导的批示，《金融时报》分别以《小微企业发展不再等“贷”》、《助力中小微企业发展的“加减法”》等为题报道了相关做法。

【金融稳定】　2013 年，人行莱芜中支加强监测分析，全力维护金融稳定。一是加强地方法人机构风险管理，先后两次为莱商银行提供 6 亿元短期头寸再贷款支持，为其办理再贴现 9000 万元，积极推动莱商银行、农信社和农行莱芜分行签署三方信贷合作框架协议；二是继续实行金融机构不良贷款通报制度，积极建议和推动市政府实施土地置换农信社不良资产工作，一次性化解信用社不良贷款 8 亿元；三是完善金融风险信息共享制度和金融机构重大事项报告制度，对“钢贸圈”、“担保圈”风险实施重点监测，对高风险法人机构实施贴身监测，继续完善金融风险提示制度，积极参与辖内重点企业贷款风险处置工作。

【金融服务】　2013 年，人行莱芜中支坚持改善民生，深化工作创新，提升金融服务水平。

一、加强基础金融服务。一是不断优化支付清算服务，积极推广电子商业汇票业务，推动现代结算工具、机具在农村地区的推广和使用，银行卡助农取款服务点较年初增长 140.19%，全市村均拥有金融基础设施较年初增长 11.37%，继续保持金融基础设施行政村 100%全覆盖；二是不断提高国库管理服务水平，成功实现全市工会经费直缴入库，开通“国库惠民补贴直通车”，办理直接支付业务 13.5 万笔，资金 2069 万元，协调国税、银行、银联等部门在全省率先开通 TIPS 环境下银联 POS 机刷卡缴税业务。

二、提升民生领域金融服务。一是提升现金服务水平，组织“换新钱、过新年”、反假货币宣传等活动，深化现金服务示范网点建设，推荐 2 家金融机构为现金示范网点，建立小面额现金兑换主办网点制度，加强现金流动监测，开展明察暗访，规范现金服务行为，《金融时报》以《为老百姓办实事》为题报道了该行的经验做法；二是深化信用体系建设，宣传贯彻《征信业管理条例》，积极推动小额贷款公司及融资性担保公司接入征信系统，简化贷款卡年审流程，推进中小企业信用体系和农村信用环境建设。

【金融监管】　2013 年，人行莱芜中支继续推动“两管理、两综合”管理，强化监管效果。一是组织开展了对辖内 33 家金融机构 2012 年度工作综合评价，确定“A 级”机构 10 家，“B 级”机构 23 家；二是认真组织金融机构开业管理工作，批准莱商银行牛泉支行加入人行管理与服务系统，严格审核交行莱芜分行、莱芜中成村镇银行开业申请事项；三是开展执法检查，制定全年执法检查工作计划，先后组织对农信社综合执法检查 1 次，对邮储银行、农行、莱商银行等进行专项检查 13 次。

【外汇管理】　2013 年，外管局莱芜市中心支局以支持涉外经济发展为目标，以加强内控管理为抓手，以强化监测分析为手段，支持全市外向经济发展。

一、创新外汇服务方式，扎实推进贸易投资便利化。

（一）制定支持涉外经济发展措施，助推全市涉外经济发展。外管局莱芜中支制定了 8 项具体措施，得到了地方政府有关领导的充分肯定和涉外经济主体欢迎。

（二）加大对银企支持力度，用足用活各项外汇管理政策。对银行外汇业务开展窗口指导，为莱商银行核定外债指标 1000 万美元，为其办理海外代付、信用证等融资业务；积极协调省分局开通绿色通道，帮助泰山阳光解决境外投资债权转让汇款问题；积极向总分局反映转股收汇外资外汇登记问题。

（三）积极探索外汇主体监管工作方式，开展“一企一策”式外汇服务。一是研究制定了《重点企业联系制度实施办法》，选取全市 22 家业务规模较大企业作为重点联系企业，召开联席会，现场签署确认书；二是建立银行执行外汇管理规定情况考核登记簿和银行报送信息考核登记簿，初步形成对银行的主体监管框架；三是积极开展对重点企业的监管和服务工作。

二、加大外汇监管力度，规范市场秩序。一是坚持对国际

莱芜市经济主要统计指标

指标＼年度	2009	2010	2011	2012	2013	2013年同比增幅（%）
土地面积（平方公里）	2246.03	2246	2246	2246	2246	0
人口（万人）	126.38	126.69	126.95	126.3	133.27	1.46
城镇人口（万人）	50.41	58.22	58.15	64.65	73.54	3.36
乡村人口（万人）	75.97	68.47	68.8	61.65	59.73	-0.78
地区生产总值（亿元）	471.3	546.33	611.88	631.41	653.48	10.1
第一产业（亿元）	30.36	38.61	41.18	44.2	49.34	3.1
第二产业（亿元）	292.41	330.18	370.4	365.2	366.19	11.8
工业（亿元）	268.08	302.71	340.12	332.5	331.06	12.2
建筑业（亿元）	24.33	27.47	30.28	32.7	35.13	6.9
第三产业（亿元）	148.54	177.54	200.3	222.01	237.95	8.3
人均地区生产总值（元）	36907	42367	46983	48212	49390	9.0
地区生产总值构成（%）	100	100	100	100	100	100
第一产业（%）	6.4	7.1	6.7	7	7.6	0.6
第二产业（%）	62.1	60.4	60.5	57.8	56	-1.8
第三产业（%）	31.5	32.5	32.8	35.2	36.4	1.2
财政总收入（亿元）	64.11	71.01	78.36	84.76	85.56	0.94
地方财政收入（亿元）	32.7	35.32	39.23	42.02	46.76	1.72
财政总支出（亿元）	—	—	—	—	—	—
地方财政支出（亿元）	44.61	51.94	59.23	66.73	75.81	13.61
全社会固定资产投资（亿元）	—	—	—	—	—	—
规模以上固定资产投资（亿元）	260.55	321.36	350.1	441.06	472.63	19.5
房地产开发（亿元）	16.39	18.34	28.83	35.24	36.71	4.2
进出口总值（亿美元）	15.74	26.5	35.81	21.3	25.04	17.9
出口总值（亿美元）	5.91	10.33	11.41	7.4	7.51	2.3
实际利用外资（亿美元）	0.89	0.98	1	1.2	1.2	1.1
社会消费品零售总额（亿元）	160.6	182.06	198.39	228.05	257.75	13.02
居民消费价格指数（%）	101.1	104.39	104.2	101.3	101.9	1.9
城市居民人均可支配收入（元）	18943	20988	23509	26589	29179	9.7
农民人均现金收入（元）	7317	8311	9626	10887	12161	11.7

莱芜市工农业主要统计指标

农业主要统计指标（万吨）				规模以上工业企业主要统计指标（亿元）			
项目＼年度	2012年	2013年	增幅（%）	项目＼年度	2012年	2013年	增幅（%）
粮食	30.14	28.24	-6.9	工业增加值	311.57	329.45	12.54

续表

农业主要统计指标（万吨）				规模以上工业企业主要统计指标（亿元）			
项目＼年度	2012 年	2013 年	增幅（%）	项目＼年度	2012 年	2013 年	增幅（%）
夏粮	8.35	8.24	-4.8	国有工业	24	28.36	5.9
秋粮	21.79	20.00	-7.7	集体工业	0.24	--	--
棉花	0.13	0.14	4.4	股份制工业	279.7	290.63	11
油料	1.72	1.72	持平	股份合作制工业	0	0	0
水果	9.27	10.48	13.1	外商及港澳台投资工业	1.9	2.95	-15.9
蔬菜	98.99	97.99	-1.0	轻工业	25.5	30.25	14.16
肉类	6.55	6.58	0.5	重工业	286.1	299.19	11.73
禽蛋	3.09	3.04	-1.5	销售收入	1603.46	1840.42	14.56
奶类	0.21	0.2	-3.4	利税	34.22	63.94	90.01
水产品	0.35	0.35	2.14	利润	6.6	34.86	412.52
森林覆盖率（%）	33.9	35.1	3.54	经济效益综合指数（%）	255.97	290.06	38.46

莱芜市主要金融机构概况

单位名称	行长（或其他称谓的第一负责人）	副行长（或其他称谓的同级领导）	员工总数	辖内营业网点数
人行莱芜中支	崔玉林	李念国　李玉祥　庄举伦 刘登振　张　森　王秀芸	98	1
银监会莱芜监管分局	薛建波	赵建民　孟兆杰	23	1
农发行莱芜分行	张为民	王世军　康荫斌	39	1
工行莱芜分行	许在敏	亓立刚　亓建国　刘振民　亓登明 谭慧鹰　王文力　宋　芸	431	21
农行莱芜分行	吴照军	徐希民　刘学德　王秀斌	361	19
中行莱芜分行	高建芳	张立刚　纪兆峰 郑桂峰　刘新宇	317	14
建行莱芜分行	赵安臣	刘　庆　边永彪　刘庆富 张爱忠　张玉林　牟玉鹏	295	12
交行莱芜分行	郭玉华	焦　红　李朴实　王子敬	36	1
莱商银行	李敏实（董事长） 谭乐清（行长）	赵怀方　尚海燕　李学斌 崔　军　苏全利　杨宏峰 段　霞　于　泓	626	25
农信社莱芜办事处	崔建强	陈志刚　王其学　韩广胜	965	87
邮储银行莱芜分行	吕　军	谢印利　王　健	296	10
莱芜珠江村镇银行	劳崇光	刘桂宾　田书东	56	2
人保财险莱芜分公司	刘传峰	魏念云	145	17

续表

单位名称	行长（或其他称谓的第一负责人）	副行长（或其他称谓的同级领导）	员工总数	辖内营业网点数
人寿保险莱芜分公司	张期亮	张延彪	1200	24
太平洋财险莱芜中心支公司	黄诗江	赵 亮	52	3
太平洋人寿保险莱芜中心支公司	徐永波	唐 景	290	4
天安保险莱芜中心支公司	杨志亭	初冰梅	70	4
平安财险莱芜中心支公司	陈长沙	孙兆新	48	2
齐鲁证券莱芜市分公司	马 军		47	2
中信万通证券莱芜花园北路证券营业部	郑家文		25	1

莱芜市金融业务统计指标

指标（亿元） \ 年度		2009	2010	2011	2012	2013	2013年同比 增加额	2013年同比 增幅（%）
银行类	本外币存款余额	564.67	587.37	606.85	725.4	760.97	35.57	4.90
	人民币存款余额	562.44	585.78	604.97	719.24	751.75	32.51	4.52
	*单位存款	153.29	124.28	261.88	321.98	296.98	-25	-7.76
	储蓄存款	261.95	300.03	324.06	379	417.86	38.86	10.25
	本外币贷款余额	408.31	489.74	531.6	567.52	604.27	36.75	6.48
	人民币贷款余额	389.97	464.7	490.05	548.07	573.78	25.71	4.69
	短期贷款	292.73	285.28	358.65	413.16	429.19	16.03	3.88
	中长期贷款	96.39	151.14	149.15	117.01	116.75	-0.26	-0.22
	票据融资	36.92	27.92	22.24	35.64	26.88	-8.76	-24.58
	当年结益	9.24	11.95	12.94	11.43	6.58	-4.85	-42.43
	不良贷款余额	19.15	23.85	27.33	30.25	27.26	-2.99	-9.88
	不良贷款占比%	4.3	5.13	5.58	5.33	4.51	-0.82	-15.38
保险类	保险公司保费收入	10.8	13.2	13	13.5	16.62	3.12	23.11
	财险收入	3	3.7	3.95	4.13	4.56	0.43	10.41
	寿险收入	7.8	9.5	9.03	9.34	12.06	2.72	29.12
	保险公司赔款和给付支出	2.5	2.7	2.7	3.09	4.26	1.17	37.86
	财险赔款	1.3	1.4	1.6	1.71	2	0.29	16.96
	寿险给付	1.2	1.3	1.1	1.38	2.26	0.88	63.77
	当年结益	0.21	0.42	0.51	0.76	0.78	0.02	2.63
证券类	证券市场成交总额	580	445	280	191	320.57	129.57	67.84
	投资者保证金余额	4.9	4.2	2.3	2.2	1.99	-0.21	-9.55

续表

指标（亿元） \ 年度		2009	2010	2011	2012	2013	2013年同比	
							增加额	增幅（%）
证券类	证券账户开户数	98298	104949	109192	112846	138979	26133	23.16
	佣金收入	1.17	0.91	0.48	0.32	0.534	0.214	66.88
	净利润	0.56	0.5	0.25	0.13	0.3	0.17	130.77
	期货市场成交总额	—	—	—	—	—	—	—
	期货客户保证金余额	—	—	—	—	—	—	—
	期货账户开户数	—	—	—	—	—	—	—
	期货手续费收入	—	—	—	—	—	—	—
	利润总额	—	—	—	—	—	—	—

注：“*”该项指标2010年前为“企业存款”，其数字亦是如此。

莱芜市金融机构统计指标

指标（个） \ 年度		2009	2010	2011	2012	2013	2013年同比增幅（%）
银行类	法人机构	2	2	3	3	3	0
	省级分行	0	0	0	0	0	0
	二级分行	35	34	32	32	33	3.13
	县区支行	60	66	78	104	77	-25.96
	分理处、营业所	138	136	131	115	70	-39.13
	储蓄所	41	41	41	41	41	0
	从业人员总数	2869	3141	3376	3590	3425	-4.60
保险类	保险机构	18	20	21	22	22	0
	财险机构	10	10	11	11	11	0
	省级分公司	—	—	—	—	—	—
	地市分公司	10	10	11	11	11	0
	县区支公司	13	13	14	14	14	0
	寿险机构	8	10	11	11	11	0
	省级分公司	—	—	—	—	—	—
	地市分公司	8	10	11	11	11	0
	县区支公司	9	9	10	10	12	20
	从业人员总数	10200	11073	13785	16078	19803	23.17
	财险人员	494	510	543	657	678	3.20
	寿险人员	9706	10563	13242	15421	19125	24.02
证券类	证券机构	3	3	3	3	4	33.33
	证券公司	1	1	1	1	1	0
	证券营业部	2	2	2	2	3	50
	证券服务部	—	—	—	—	—	—

续表

指标（个）		2009	2010	2011	2012	2013	2013 年同比增幅（%）
证券类	从业人员总数	44	45	47	49	78	59.18
	投资者开户	75614	80730	83383	85919	93194	8.47
	境内上市股票支数	—	—	—	—	—	—
	境外上市股票支数	—	—	—	—	—	—
	辖区上市公司总数	—	—	—	—	—	—

莱芜市主要金融机构业务概况

单位：亿元

单位名称	本外币存款余额	人民币单位存款	人民币储蓄存款	本外币贷款余额	人民币短期贷款	人民币中长期贷款
农发行莱芜分行	0.8	0.8	0	10.44	1.83	8.25
工行莱芜分行	126.63	55.38	62.32	105.51	63.8	27.5
农行莱芜分行	64.18	29.08	33.55	81.09	58.07	22.68
中行莱芜分行	94.93	57.24	33.9	120.3	88.97	18.49
建行莱芜分行	65.63	29.49	33.44	46.86	18.32	24.9
交行莱芜分行	0.61	0.51	0.08	0	0	0
莱商银行	159.16	93.5	53.12	119.5	95.77	3.89
农信社莱芜办事处	163.74	20.5	142.87	108.76	95.69	6.73
邮储银行莱芜分行	64.74	8.12	56.61	8.9	3.94	4.22
莱芜珠江村镇银行	4.34	2.36	1.98	2.9	2.79	0.1

莱芜市（含县级）小额贷款公司机构、业务概览

单位名称	行长（或其他称谓的第一负责人）	员工总数（个）	本外币贷款余额（亿元）	人民币短期贷款（亿元）	人民币中长期贷款（亿元）
莱芜汇锋小额贷款公司	耿茂东	6	0.99	0.99	0
莱芜固德小额贷款公司	郭云松	15	1.1	1.08	0.02
莱芜顺诚小额贷款公司	赵守华	15	0.98	0.98	0
莱芜泰禾小额贷款公司	杨国发	14	0.52	0.46	0.06
莱芜鲁中小额贷款公司	苏全伟	8	0.94	0.94	—

收支申报数据日常非现场核查，及时核对修改数据信息，2013 年省分局的三次核查通报中，莱芜辖区数据一直保持零差错；二是开展了对辖内七家财产保险公司外汇业务检查；三是开展异常外汇资金流入检查，对辖内名嘉百货等 5 家企业资本金结汇真实合规性进行了现场检查，有效规范了外商投资企业资金结汇使用；四是认真开展外汇年检工作，外商投资企业和境外投资企业的年检率均达到 100%；五是加大对外汇违规行为的处罚力度，年内共收缴罚没款 9.45 万元。

三、规范金融机构市场准入，增强金融支持涉外经济发展能力。一是进一步修订了外汇业务市场准入管理流程，明确了

申请、审核、审批各步骤工作要求；二是组织2次银行结售汇市场准入知识测试；三是对3家银行开办人民币对外币期权业务进行了备案审查，扩大了相关机构经营外汇业务范围；四是对1家新开办业务保险公司、3家继续经营外汇业务保险公司市场准入申请进行严格审核，并报省分局批准。

四、跨境人民币业务取得快速发展。全年实现人民币结算58.54亿元，同比增长58.6%，占辖区国际收支的比例为31.12%。全辖共有53家企业开展了跨境人民币结算业务，占全市进出口企业的30.8%。

【保险业务】 2013年，莱芜市保险业圆满完成各项工作任务。一是保险业务保持较快发展，保险深度2.56%，保险密度1278.63元/人；二是服务新农村建设取得新成效，政策性农业保险逐渐扩展到了全市各个农村，业务运作更加规范。

【证券业务】 2013年，莱芜市证券健康稳定向好发展。

【精神文明建设】 2013年，莱芜市金融机构不断改进和加强思想政治工作，以业务发展为中心，狠抓内部管理和团队建设，职工的业务能力和服务水平不断提升。

一、人行莱芜中支继续保持“全国模范职工之家”荣誉称号，连续6年荣获“省级文明机关”称号。一是抓学习增进思想统一，组织开展金融系统学习十八大精神宣讲、金融系统“道德讲堂”，组织编印了《人行莱芜市中支二十年》宣传册；二是抓活动增进团结，深化特色央行文化建设，举办各类文体活动。

二、莱芜银监分局组织青年员工座谈、发出青年倡议书、“促监管政策进基层行”宣讲、法律法规“月月考”、“五个一”公文质量评比活动等，加强了青年员工培养。分局被评为山东金融系统学习型组织标兵单位。

三、农行莱芜分行将创建文明单位作为实施经营战略转型和促进业务发展的重要举措，在省文明委下发的《关于命名表彰2013年度省级文明乡镇、文明单位、文明社区的决定》中被评为省级文明单位。

四、建行莱芜分行以“巾帼建功”活动为载体，发挥女员工自身优势，着力打造特色服务品牌。目前全行有省级“女职工文明示范岗”6个，市(地)级“女职工文明示范岗”9个，省级巾帼建功“标兵”2个 、“先进个人”6个。

五、莱芜农信社以加大评优树先力度为纽带，充分发挥典型模范带头作用，先后被莱芜市妇女“双学双比”“巾帼建功”竞赛活动领导小组评为城乡妇女岗位建功先进集体，被市妇联评为“春蕾计划”爱心集体，1家信用社被省财贸金融工会评为“女职工建功立业标兵岗”。

六、莱商银行积极参与义务献血、志愿者活动，为芦山地震捐款100万元，出资200万元冠名山东莱商女排，捐资200万元成立“慈母基金”，近五年为公益事业捐款捐物超过1500万元。

【大事记】 2月6日 莱芜市农村信用联社第二届理事会第十二次会议召开，选举崔建强为市联社理事长，聘任陈志刚为市联社副主任(主持工作)。

莱商银行济宁分行开业。

2月7日 在莱芜市2012年度政风行风评议工作中，中国银行莱芜分行位列“综合排名第四、金融同业第一”。

2月18日 人行莱芜市中支被莱芜市委、市政府授予“2012年度工作实绩考核先进单位”、“银行业金融发展贡献奖”荣誉称号；莱芜中支党委书记、行长崔玉林被授予“优秀领导干部”荣誉称号。

3月11日 人行莱芜市中支联合市工商局、市保险行业协会等部门，组织开展“3.15消费者权益保护”集中宣传活动。

3月12日 人行莱芜市中支组织召开“2013年货币信贷政策通报会暨金融管理与服务座谈会”。

3月19日 山东银监局王忠坦副局长到莱芜银监分局调研。

4月10日 莱商银行发起的天津武清村镇银行开业。

4月16日 省联社理事长、党委书记宋文瑄，副理事长、党委副书记、主任张建民等到莱芜调研，会见莱芜市委书记刘士合，市委副书记、市长王磊，副市长张作平等市委、市政府领导。

4月23日 山东银监局解晓非副局长到莱芜调研。

4月25日 莱芜市保险行业协会召开第四届会员大会，山东保监局办公室主任赵文和，山东省保险行业协会秘书长刘铭奎，莱芜市政府副秘书长、金融办主任岳宜峰出席会议。

5月 莱商银行荣获“山东省履行社会责任示范企业”称号。

5月2日 康荫斌任中国农业发展银行莱芜市分行副行长。(鲁农发银任[2013]39号)

5月6日 莱商银行泰安分行正式开业。

5月10日 工行莱芜分行荣获省级内部治安保卫先进集体并记集体二等功一次。

6月18日 莱芜珠江村镇银行召开“第一届董事会第五次会议”、“第一届监事会第三次会议”和“2012年度股东大会”。同意选举钟仁隽担任风险总监及刘桂宾担任副行长职务的议案。

6月20日 山东银监局银行业案件防控经验交流会暨案件防控和安全保卫业务培训在莱芜召开。

6月24日 建行山东省分行张维国副行长到莱芜分行进行工作调研。

6月29~30日 人行济南分行清算中心主办、莱芜中支承办的2013年“支付清算杯”羽毛球比赛在莱芜市综合体育馆成功举行。

7月8日 莱芜市保险行业协会组织各保险机构在市政府广场开展了第一个“全国保险公众宣传日”宣传活动。莱芜市副市长丁习文，市政府副秘书长、金融办主任岳宜峰等参加活动。

8月6日 建行山东省分行任命张爱忠为莱芜分行副行

长(建鲁任[2013]58号)。

8月14日 中行山东省分行王仁堂副行长莅临莱芜分行开展群众路线教育实践工作调研。

8月15日 人行济南分行党委委员、纪委书记刘振海到莱芜中支征求基层行对分行党委、班子成员及分行机关在作风方面存在的突出问题的意见和建议。

8月28日 人行莱芜市中支以"文明金融 大爱莱芜"为主题成功举办了全市金融系统"道德讲堂"专场活动。

9月11日 山东省农信联社和省科协联合开展的2013"服务三农圆梦行动"走进莱芜启动仪式在莱芜举行。

9月13日 莱商银行荣获"2012年度最佳公司治理城市商业银行"奖项。

10月11日 莱芜市副市长岳隆杰一行莅临莱芜珠江村镇银调研。

10月15日 人行莱芜中支团委与莱城区团委联合举办了莱城区青春创业大讲堂活动启动仪式暨"共青团牵手金融机构"产品服务推介会。

11月7日 莱芜市保险行业协会与莱芜市公安局召开莱芜保险业反保险欺诈工作站成立大会。

11月12日 莱芜市政府与齐鲁证券签署全面战略合作协议。

11月14日 工行山东省分行姚伟新巡视员,工行莱芜分行许在敏行长、亓登明副行长出席莱钢集团供应链融资合作备忘录签字仪式。

11月15日 莱商银行发起并主办"中小企业发展论坛第六次会议"。

11月18日 建行山东省分行王晓永副行长到莱芜分行进行工作调研。

11月26日 市联社、农行莱芜分行、莱商银行签署三方信贷业务合作协议,莱芜市副市长丁习文、副秘书长魏忠东、人行莱芜中支副行长李玉祥、莱芜银监分局副局长孟兆杰出席签约仪式。

12月9日 人行济南分行党委副书记、副行长于华民带领分行考核组到莱芜中支开展年度考核工作。

12月12日 人行莱芜中支组织召开了金融支持现代农业加快发展推进会暨《莱芜金融》创刊座谈会。

12月17日 农行莱芜分行在莱芜市会展中心成功举办网点营销服务技能大赛。

12月18日 中行山东省分行张维克副行长在莱芜分行高建芳行长的陪同下拜访了莱芜钢铁集团股份有限公司田克宁董事长。

齐鲁证券公司莱芜市分公司成立。

莱商银行临沂分行开业。

12月20日 交行莱芜分行开业。

12月29日 莱商银行聊城分行开业。

12月31日 莱芜市委副书记、市长王磊,副市长丁习文、岳隆杰等一行代表莱芜市委、市政府到银行机构走访慰问,人行莱芜市中支党委书记、行长崔玉林陪同走访。

(张勤清 吕 华)

第十部分

区域性金融运行报告
——鲁东地区

青 岛 市

【经济金融概况】 2013 年，青岛市认真执行中央宏观调控政策，经济发展呈现稳中有进的良好态势，金融业成为经济发展支柱产业。全年新引进德意志银行等金融机构 15 家，总数达到 193 家。全年全市实现金融业增加值 468.10 亿元，同比增长 16.10%，高于全市 GDP 增幅 6.10 个百分点，增速在全市各行业中排名第一。全市本外币存款规模、贷款规模、金融业增加值等主要金融指标首次跃居全省第一。

【货币政策实施】 2013 年，全市银行业金融机构认真贯彻落实稳健的货币政策，着力调整和优化信贷结构，促进全市经济平稳健康发展。

一、保持金融对经济发展的持续推动力。制定了《关于做好 2013 年金融服务工作 促进全市经济持续健康发展的意见》，加强信贷政策引导效果，创新银企对接方式，引导金融机构盘活存量，用好增量，促进全市经济持续发展。截至年末，全市银行业融资总量 1.63 万亿元，新增 2681.40 亿元，同比多增 554.30 亿元。

二、加强重点领域金融支持。一是引导银行优化信贷结构，推动市政府建立了公共资金存放与融资投向挂钩的制度；二是举办了蓝色、高端、新兴产业“银企对接周”活动，组织银企达成协议 775 亿元；三是实施“一县一策”差异化引导，以助推北部崛起和创新小微企业金融服务为主题，在莱西市、即墨市组织专场对接活动，政银企达成合作协议 362 亿元，市委副书记王伟给予肯定批示，人行济南分行肖龙沧副行长批示全省转发。

三、银企融资对接平台成效明显。在全国率先借助征信渠道面向小微企业建立“银企融资对接平台”，帮助 548 家企业融资 121.80 亿元，推动小微企业贷款增速高于各项贷款 16 个百分点，总行刘士余副行长做出批示，市政府进行了推广，牛俊宪常务副市长给予高度评价。

四、直接债务融资快速发展。一是全市银行间市场直接债务融资额达 143.70 亿元，是上年的 2.10 倍；二是恒丰银行青岛分行成功发行中小企业集合票据 1.20 亿元，实现该市中小企业集合票据发行零的突破；三是开行为城投集团承销 20 亿元定向工具，在直接债务融资创新工具发行上取得新进展。

【金融稳定】 2013 年，人行青岛市中支把金融风险监测分析、重大事项报告、金融稳健性现场评估作为严守不发生区域性风险底线的三个关键环节，在深化及时性、主动性和有效性上下功夫。一是金融风险监测实现广覆盖，将银行、证券、保险、小贷、担保等五类机构纳入监测范围，涵盖不良贷款、交叉性金融业务、同业业务、融资平台、房地产等重点领域；二是强化重大事项报告制度，加强监督检查，银行报送重大事项报告 3500 多份，相关做法被济南分行转发；三是组织了对青岛银行、农商银行、陆家嘴信托的现场评估，督促其提高经营管理水平和风险管控能力；四是建立了金融稳定协作联席会议制度，济南分行在全省转发推广；五是配合市政府妥善化解企业集团不良贷款，防止了钢贸等行业贷款风险扩散。

【金融服务】 2013 年，青岛市金融服务水平进一步提高，推动惠民生、降成本，提效率。一是完善小额担保贷款政策，会同相关部门将个人小额担保贷款额度由 5 万元提高到 15 万元，贷款额度全省最高；二是在全国率先实现跨境人民币业务供需在线对接，开发了“跨境融”系统，试运行 3 个月成交 93 亿元，累计为企业节约财务成本 40 多亿元；三是搭建普惠支农框架，深化农村支付环境建设，累计布放金融机具 3.50 万台，建立“金融便民服务平台”，布放机具 1620 台，农民足不出村享受“一站式”金融服务，银行卡加载小额贷款功能试点为 3 万农户办理贷款 70 亿元，节省利息费用 1.50 亿元；四是国家级金融 IC 卡多应用试点顺利推进，在多应用规范方面填补 3 项国内空白，南村蔬菜市场、世园会“一卡通用”，完成 3.7 万台 POS 终端、近 2000 台 ATM 系统非接改造，全市发卡量达 233 万张；五是对 170 亿元国库资金实施现金管理操作，实现利息收入 2.77 亿元，国库直接支付 7.50 万笔，通过信息共享协助市地税局查实补缴税款 4437 万元。

【金融监管】 2013 年，人行青岛市中支一是开展“金融消费权益保护宣传月”和“金融知识普及月”活动，举办了金融消费权益保护主题晚会和金融知识进军营活动，金融知识宣传工作在总行专业会上作了经验介绍；二是“两管理、两综合”工作稳步推进，制定的新设机构管理办法被济南分行转发推广，完成 30 家新设银行机构开业验收，对 120 余家银证保金融机构进行了综合评价，组织了 2 次综合执法检查；三是创立了“五步”风险评估工作法，探索“以客户为中心”的反洗钱检查新模式，得到总行反洗钱局肯定。

【外汇管理】 2013 年，外管局青岛市分局深化外汇管理改革，支持外向型经济持续健康发展。一是深化货物和服务贸易外汇管理改革，改进特殊监管区域外汇管理；二是引导银行基于真实交易背景发展贸易融资，全市贸易融资业务量达 671.40 亿美元，累计为企业增加收益 75 亿元；三是大力支持企业“走出去”，帮助海尔集团获批 12 亿美元对外担保余额指标，顺利完成跨国电器项目收购，节约担保费用 2.20 亿元，支持海尔集团财务公司成为全国第二家获准经营远期结售汇业务资格的非银行金融机构，每年可节约财务成本 5000 万元人民币，“五到位”对外担保管理模式被省局发文推广；四是制定

青岛市经济主要统计指标

指标 \ 年度	2009	2010	2011	2012	2013	2013年同比增幅（%）
土地面积（平方公里）	10654	10654	10654	11175	11282	0.96
人口（万人）	762.92	763.64	766.36	769.56	896.40	1.10
城镇人口（万人）	275.47	275.50	277.09	363.90	481.40	1.80
乡村人口（万人）	487.45	488.14	489.27	405.66	415.00	2.30
地区生产总值（亿元）	4890.33	5666.19	6615.60	7302.11	8006.60	10
第一产业（亿元）	230.25	276.99	306.38	324.41	352.40	2.10
第二产业（亿元）	2449.80	2758.62	3150.72	3402.23	3641.40	10.20
工业（亿元）	2338.13	2714.57	3081.04	2942.39	3248.40	10.40
建筑业（亿元）	245.71	304.43	356.16	360.92	393	8.30
第三产业（亿元）	2210.28	2630.58	3158.50	3575.47	4012.80	10.50
人均地区生产总值（元）	64100.17	74199.75	86324.96	82680	89797	8.61
地区生产总值构成（%）	100	100	100	100	100	--
第一产业（%）	4.70	4.90	4.60	4.40	4.40	0
第二产业（%）	50.10	48.70	47.60	46.60	45.50	-1.10
第三产业（%）	45.20	46.40	47.80	49.00	50.10	1.10
财政总收入（亿元）	1463.63	1990.54	2407.76	2449.69	2672.50	9.20
地方财政收入（亿元）	376.99	452.61	566	670.18	788.70	17.70
财政总支出（亿元）	--	--	--	--	--	--
地方财政支出（亿元）	433.58	532.39	658.70	765.98	1014.20	32.40
全社会固定资产投资（亿元）	--	3022.50	3502.50	4153.90	5027.90	21.10
规模以上固定资产投资（亿元）	2458.90	--	--	--	--	--
房地产开发（亿元）	459.50	602.40	782.70	930.10	1048.50	12.70
进出口总值（亿美元）	448.51	570.60	712.63	732.08	779.10	6.50
出口总值（亿美元）	272.99	339.16	400.56	408.20	419.90	2.90
实际利用外资（亿美元）	18.64	28.43	36.34	46	55.22	20.04
社会消费品零售总额（亿元）	1743.99	1902.74	2232.88	2564.50	2904.30	13.30
居民消费价格指数（%）	100.50	102.20	105.00	102.70	102.50	-0.20
城市居民人均可支配收入（元）	22368	24998	28567	32145	35227	9.60
农民人均现金收入（元）	9249	10550	12370	13990	15731	12.40

注：1、“规模以上固定资产投资”自2010年起改为“全社会固定资产投资”统计指标；“财政总支出”青岛市统计局不对外部提供。

2、青岛市统计局只统计市区（含原胶南市）人口和四市（县级）人口，故城镇人口和乡村人口分别对应“市区（含原胶南市）人口”和“四市（县级）人口”。

青岛市工农业主要统计指标

农业主要统计指标（万吨）				规模以上工业企业主要统计指标（亿元）			
项目 \ 年度	2012年	2013年	增幅（%）	项目 \ 年度	2012年	2013年	增幅（%）
粮食	369.96	322.40	-12.86	工业增加值	3438.44	3826.98	11.30
夏粮	—	—	—	国有工业	196.15	214	9.10
秋粮	—	—	—	集体工业	141.37	158.90	12.40
棉花	0.43	0.34	-20.93	股份制工业	1657.32	1874.43	13.10
油料	45.90	44.39	-3.29	股份合作制工业	—	—	—
水果	79.87	74.95	-6.16	外商及港澳台投资工业	1099.35	1207.09	9.80
蔬菜	534.65	575.42	7.63	轻工业	1439.36	1586.17	10.20
肉类	61.37	61.50	0.30	重工业	2011.95	2257.41	12.20
禽蛋	19.12	19	-0.50	销售收入	13751.98	15283	10.20
奶类	37.64	37.10	-1.30	利税	1255.28	1488	17.30
水产品	112.44	110.50	-1.80	利润	670.73	826.40	21.50
森林覆盖率（%）	38.60	39.40	0.80	经济效益综合指数(%)	309.71	488.01	57.57

注：自2012年起青岛市统计局不对外部提供“夏粮”和“秋粮”指标。

青岛市主要金融机构概况

单位名称	行长（或其他称谓的第一负责人）	副行长（或其他称谓的同级领导）	员工总数	辖内营业网点数
人行青岛市中心支行	辛树人	吕　峰　朱传友　顾延善　王延伟 邹蜀宁　管发进　裴云燕　王丽艳	467	6
银监会青岛监管局	陈育林	王永存　罗　中　徐　强 韩　冰　李继明	134	6
开行青岛市分行	郭　蕾	刘　新　金　哲　马鲁海　张艳国	117	1
农发行青岛市分行	吴辉家	张玉华　董祚涛　高玉国	199	6
进出口银行山东省分行	王伟明	李　明　陈在维　刘景欣	59	1
工行青岛分行	付　捷	李　波　程　青　时　辉 薛德贵　乔　霞　毛　波	3623	124
农行青岛分行	张晓男	于　东　兰卫东　毕吉宝 孙文秀　范久顺	4315	190
中行山东省分行	何兴祥	张维克　陈　斌　隋春玲　王锡峰 李海钧　王仁堂　葛春尧　郝连才	4146	96
建行青岛分行	冯　涛	刘远方　王士清　郭中华　刘从正 杨洲德　陈庆辉　于敬一	3496	120
交行青岛分行	李智斌	徐建民　杨　勇　刘鹏涛 王纪铭　常　青	1369	51
中信青岛分行	杨　威	迟存国　陈文德　邢丽青 黄树彬　张强军　黄千文	1638	47
光大青岛分行	张　博	颜庆迪　范华廷　孙昌勇　叶长春	547	15
华夏青岛分行	刘　辉	吕　东　赵　劼　于丰星 崔　巍　顾新静　韩　波	707	20

续表

单位名称	行长（或其他称谓的第一负责人）	副行长（或其他称谓的同级领导）	员工总数	辖内营业网点数
平安青岛分行	陈昊序	谷　辉	667	13
招行青岛分行	王纪全	杨　虹　陈旭红　战长春　姚　红　綦　琨　王　智	1502	18
浦发青岛分行	孙轶卿	王京杰　刘建波　王　静	583	17
兴业青岛分行	沈　健	步延进　廖卫华	418	11
民生青岛分行	杨新军	李　贤	977	21
恒丰青岛分行	于　玲	于国强　张　渤　贾淑萍　陈志国	331	9
河北银行青岛分行	管鸿禧		96	4
青岛银行	郭少泉	王　麟　邹君秋　陈　青　王　瑜　杨峰江　杨长德　肖　群　姜福鑫	2237	60
日照银行青岛分行	王晓艺	黄玉萍	147	6
潍坊银行青岛分行	王远军	张　涛　张天轶　冷本光　陈　勇　耿相伟	182	7
齐鲁银行青岛分行	张　华	韩　松	71	4
威海商行青岛分行	张海瑛	王绍训　李晓峰	169	4
邮储银行青岛分行	银青志	王平顺　江守湖　王　平　孙　皓	1185	263
青岛农商行	刘仲生	刘宗波	5000	335
汇丰银行青岛分行	张　芳	孙翠霞　姜　鲁	125	5
山口银行青岛分行	清水雅彦	渡边正彦　夏　铮	28	1
南商银行青岛分行	李向前	马　勇　马　强　陶　伟	107	4
韩亚银行青岛分行	文昶元	金炯奎	91	3
企业银行青岛分行	梁锺必	河龙泽	28	3
新韩银行青岛分行	郑浩喆	李垣硕	33	1
渣打银行青岛分行	陈国华	高　祥	121	5
东亚银行青岛分行	周　范	孙善功　隋　青　李作伦　冯　蕾　李子辉	113	3
瑞穗银行青岛分行	广濑俊	山口真一	56	1
华侨银行青岛分行	邹仁杰		22	1
德意志青岛分行	曹丹青		15	1
三菱东京青岛分行	高桥伸彦	钱天舒	64	1
海尔财务公司	李占国	赵晓燕　温淑惠　张　莉　赵丽丽	105	1
海信财务公司	黄金萍	王曙光	28	1
青啤财务公司	徐振声	孙　燮　张德志	31	1
中石化财务公司	张建江	官　琳　吕固江　赵　博	31	1
银联青岛分公司	赵玉东	吴　坚	29	1

青岛市金融业务统计指标

指标（亿元）＼年度		2009	2010	2011	2012	2013	2013年同比 增加额	2013年同比 增幅（%）
银行类	本外币存款余额	6504.54	7895.52	8901.27	9818.33	11418.26	1551.45	15.72
	人民币存款余额	6301.98	7659.21	8638.50	9434.89	10969.56	1486.75	15.68
	*单位存款	2100.12	2727.20	4918.94	5097.90	6036.72	904.85	17.63
	储蓄存款	2527.87	2912.33	3198.51	3757.60	4140.59	385.98	10.28
	本外币贷款余额	5268.58	6365.19	7495.25	8632.84	9642.36	988.25	11.42
	人民币贷款余额	4873.53	5886.23	6947.75	7946.55	8860.74	893.04	11.21
	短期贷款	1826.97	2158.03	2687.14	3288.64	3635.67	325.87	9.85
	中长期贷款	2568.09	3510.97	4005.11	4266.34	4881.87	615.53	14.43
	票据融资	404.63	201.21	250.22	378.29	331.55	-46.57	-12.32
	当年结益	—	—	—	—	—	—	—
	不良贷款余额	100.07	82.07	75.08	89.06	96.73	7.67	8.61
	不良贷款占比%	1.92	1.29	1.00	1.03	1.00	-0.03	-0.03
保险类	保险公司保费收入	115.37	153.85	145.73	160.30	179.00	18.70	11.67
	财险收入	35.34	50.50	55.95	64.90	75.10	10.20	15.72
	寿险收入	80.03	103.40	77.69	81.50	88.20	22.40	8.22
	保险公司赔款和给付支出	34.26	38.83	46.38	51.50	62.70	11.20	21.75
	财险赔款	19.22	25.40	28.76	33.10	39.70	6.60	19.94
	寿险给付	11.41	9.30	11.75	14.30	18	3.70	25.87
	当年结益	—	—	—	—	—	—	—
证券类	证券市场成交总额	12299.10	12364.50	11133.47	10187.94	16224.96	6037.02	73.70
	投资者保证金余额	153.21	135.70	66.58	60.74	52.65	-8.09	-13.32
	证券账户开户数（万户）	97.07	105.60	113.20	123.96	128.97	5.01	4.04
	佣金收入	15.10	12.19	8.08	5.86	8.50	2.64	53.40
	净利润	9.15	6.61	2.66	1.23	3.25	2.02	166.40
	期货市场成交总额	17677.51	40200	36588.51	43440.41	71358.50	27918.09	64.27
	期货客户保证金余额	19.04	35.51	32.20	38.81	44.24	5.43	13.99
	期货账户开户数（户）	16086	24902	30665	36469	40531	4062	11.14
	期货手续费收入（万元）	9864.50	15684.62	17357.40	16700	22182.55	5482.55	32.83
	利润总额（万元）	3455.20	4888.08	3981.18	4295.84	5090.44	794.60	18.50

注：1. “*单位存款”该项指标2010年前为“企业存款”，其数字亦是如此。银行类“当年结益”指标2009年已取消。
2. 保险类“当年结益”青岛保监局无此统计；保费收入指标、赔款和给付支出指标2011年起统计口径发生调整。

青岛市金融机构统计指标

指标（个）	年度	2009	2010	2011	2012	2013	2013年同比增幅（%）
银行类	法人机构	10	19	25	37	37	0
	省级分行	38	41	41	34	36	5.88
	二级分行	1	1	1	1	1	0
	县区支行	639	662	730	729	852	16.87
	分理处、营业所	358	375	292	334	433	29.64
	储蓄所	155	130	171	108	132	22.22
	从业人员总数	27222	28669	28348	33503	33674	0.51
保险类	保险机构	398	548	221	586	588	0.34
	财险机构	254	250	123	270	288	6.67
	省级分公司	19	21	28	30	32	6.67
	地市分公司	3	4	2	2	2	0
	县区支公司	78	87	93	238	254	6.72
	寿险机构	144	298	98	316	300	-5.06
	省级分公司	16	22	20	29	29	0
	地市分公司	1	3	1	1	1	0
	县区支公司	55	60	77	287	270	-5.92
	从业人员总数	33871	35000	33566	32273	33637	4.23
	财险人员	6389	6000	6539	7474	8513	13.90
	寿险人员	27482	29000	27027	24799	25124	1.31
证券类	证券机构	47	55	59	63	68	7.94
	证券公司	1	1	1	1	1	0
	证券营业部	46	54	58	62	67	8.06
	证券服务部	0	0	0	0	0	—
	从业人员总数	—	—	—	—	—	—
	投资者开户（万户）	151.10	155.90	169.54	182.30	186.20	3.40
	境内上市股票支数	11	14	19	20	19	-5.00
	境外上市股票支数	1	1	1	1	1	0
	辖区上市公司总数	11	14	19	20	19	-5.00

注：1. “省级分行”含一级分行。
2. “从业人员总数”青岛证监局无此统计。

青岛市主要金融机构业务概况

单位：亿元

单位名称	本外币存款余额	人民币单位存款	人民币储蓄存款	本外币贷款余额	人民币短期贷款	人民币中长期贷款
开行青岛市分行	97.23	97.23	0	866.99	55.42	751.96
农发行青岛市分行	8.72	8.70	0	110.86	31.42	79.26

续表 1

单位名称	本外币存款余额	人民币单位存款	人民币储蓄存款	本外币贷款余额	人民币短期贷款	人民币中长期贷款
进出口银行山东省分行	10.18	8.65	0	487.14	74.45	291.60
工行青岛分行	1047.85	449.23	534.96	1097.99	284.42	677.16
农行青岛分行	1260.39	510.44	697.11	892.83	416.95	398.49
中行山东省分行	984.06	373.35	422.15	710.62	246.42	360.26
建行青岛分行	947.59	475.69	421.55	858.00	228.67	581.73
交行青岛分行	840.50	551.49	210.72	550.69	236.22	263.59
中信青岛分行	458.40	287.12	81.78	356.89	219.02	101.39
光大青岛分行	258.36	163.02	53.30	243.18	132.22	80.62
华夏青岛分行	326.98	218.94	92.77	236.32	130.91	84.68
平安青岛分行	206.98	177.57	23.05	133.07	86.30	33.49
招行青岛分行	379.23	228.12	132.91	362.19	204.56	127.67
浦发青岛分行	230.83	147.01	35.11	159.92	54.45	78.68
兴业青岛分行	235.75	145.46	32.65	121.17	59.79	51.44
民生青岛分行	289.96	187.74	53.16	175.38	131.88	41.74
恒丰青岛分行	216.56	147.88	19.21	111.90	74.21	27.59
青岛银行	803.57	490.85	280.19	417.14	204.51	191.09
青岛农商行	1059.62	351.12	696.96	746.76	335.93	401.01
邮储银行青岛市分行	310.82	23.33	287.20	78.45	22.00	50.20
日照银行青岛分行	69.86	57.38	5.14	50.80	41.52	2.74
河北银行青岛分行	40.90	37.49	3.39	32.25	19.44	9.69
潍坊银行青岛分行	74.16	56.69	8.17	33.97	31.53	1.20
齐鲁银行青岛分行	62.88	54.78	5.58	29.23	20.79	5.60
威海商行青岛分行	68.27	63.62	4.22	44.14	40.75	2.35
苏州张家港农村商业银行	12.53	10.29	2.12	9.50	8.19	1.31
汇丰银行青岛分行	38.10	20.76	6.10	44.43	14.91	4.27
山口银行青岛分行	1.46	0.47	0.03	8.12	4.37	0.99
南商银行青岛分行	55.24	46.27	2.54	62.89	49.12	7.05
韩亚银行青岛分行	41.54	28.06	3.68	40.61	4.62	3.23
企业银行青岛分行	14.57	9.31	1.56	12.22	1.27	1.86
新韩银行青岛分行	20.35	13.63	2.35	31.91	1.99	1.18
渣打银行青岛分行	13.27	5.92	2.18	25.17	3.66	14.87
东亚银行青岛分行	30.53	17.80	2.04	28.12	5.27	15.79
瑞穗银行青岛分行	14.59	7.47	0	13.60	4.77	1.26
三菱东京青岛分行	4.38	2.65	0	14.24	3.31	0.30
华侨银行青岛分行	9.86	9.56	0	9.57	3.00	0
韩国釜山银行青岛分行	0.14	0	0	2.38	0	0

续表2

单位名称	本外币存款余额	人民币单位存款	人民币储蓄存款	本外币贷款余额	人民币短期贷款	人民币中长期贷款
德意志银行青岛分行	0.12	0.12	0	0.83	0.83	0
海尔财务公司	483.43	400.92	0	346.06	72.63	128.85
中石化财务公司	6.25	6.25	0	35.66	32.91	2.75
海信财务公司	52.13	52.13	0	14.89	10.09	0
青啤财务公司	75.69	75.69	0	4.36	3.89	0.47

青岛市各县级区域经济金融主要统计指标

名称	人口（万人）	面积（平方公里）	地区生产总值（亿元）	地区生产总值增速（%）	本外币存款余额（亿元）	储蓄存款（亿元）	本外币贷款余额（亿元）
平度市	138.07	3176	790	12	428.63	316.36	220.32
即墨市	118.73	1780	878.16	13.10	631.04	373.72	504.44
莱西市	73.76	1522	594.91	11.90	266.54	196.69	173.33
开发区	67	478	1537.37	11.90	727.52	273.14	672.26
黄岛区	--	1608	586.74	10.10	458.34	243.89	336.85
胶州市	86.37	1210	836.73	10.93	483	273	415

注：1.2012年11月20日，山东省政府按照国务院批复下发《关于调整青岛市部分行政区划的通知》（鲁政字[2012]254号），撤销青岛市黄岛区、县级胶南市，设立新的青岛市黄岛区，以原青岛市黄岛区、县级胶南市的行政区划为新的黄岛区的行政区划。截至2013年底，因黄岛区和胶南市经济金融数据无法合并反映，因此相关指标还是分区反映。本年鉴中以“黄岛区（原胶南市）”代表原胶南市，“开发区”代表原黄岛区。

2.黄岛区按照四部委要求从2014年1月1日起由省级公安部门统一对外提供“人口数”，故2013年黄岛区人口数无法获取数据。

青岛市（含县级）小额贷款公司机构、业务概览

单位名称	行长（或其他称谓的第一负责人）	员工总数（个）	本外币贷款余额（亿元）	人民币短期贷款（亿元）	人民币中长期贷款（亿元）
市南中元汆焜小额贷款公司	陈 剑	30	0.23	0.23	0
市北利群小额贷款公司	曹建军	7	1.13	1.13	0
市北海鼎小额贷款公司	唐爱朋	9	0.33	0.33	0
四方盛和小额贷款公司	管蕴霞	6	0.99	0.99	0
四方银丰融金小额贷款公司	周相山	31	1.03	1.03	0
邦信小额贷款公司	吴少杰	15	2.42	2.42	0
李沧元丰小额贷款公司	王春雷	8	2.41	2.41	0
城阳海都小额贷款公司	赵正俊	8	1.24	1.24	0
城阳中德汇都小额贷款公司	郑松竹	14	1.39	1.39	0
城阳区鑫泰小额贷款公司	马立滢	20	1.28	1.28	0
平度市天祥小额贷款公司	于汉信	12	0.91	0.91	0
平度市诚信小额贷款公司	耿 健	11	0.53	0.53	0

续表

单位名称	行长（或其他称谓的第一负责人）	员工总数（个）	本外币贷款余额（亿元）	人民币短期贷款（亿元）	人民币中长期贷款（亿元）
平度市金翔小额贷款公司	郑克堂	12	1.02	1.02	0
即墨市诚和小额贷款公司	杨为东	10	1.82	1.82	0
即墨市吉诚小额贷款公司	黄建勇	11	0.57	0.57	0
即墨市卓瑞小额贷款公司	金继华	16	1.94	1.94	0
莱西市宏远小额贷款公司	谭曙光	8	1.04	1.04	0
黄岛区民泽小额贷款公司	薛德峰	7	1.61	1.61	0
保税港区汇银小额贷款公司	李宗勤	8	1.10	1.10	0
开发区恒信城市发展小额贷款公司	邱德新	14	2.52	2.52	0
开发区千帆港小额贷款股份公司	赵清强	7	1.59	1.59	0
胶南市天一小额贷款公司	商伟华	8	0.71	0.71	0
海丰小额贷款有限公司	徐宗殿	8	0.54	0.54	0
永信小额贷款有限公司	刘　萍	7	1.15	1.15	0
德银小额贷款有限公司	纪学军	12	1.10	1.10	0
和生小额贷款有限公司	武孝红	9	1.09	1.09	0
丰盛小额贷款有限公司	张正海	10	0.90	0.90	0

了《关于支持涉外经济平稳较快发展的指导意见》，并举办“金融支持对外贸易发展推进会”，推动银企达成合作协议 80 亿美元；五是创新监管监测方法，提出的非现场监测“五五工作法”和“3A 评估法”，制定的《海关特殊监管区域货物贸易外汇管理风险防范操作指引》得到总局肯定。

【金融改革】　2013 年，人行青岛市中支及外管局青岛市分局积极推动改革创新，区域金融改革实现新突破。一是完成地方法人金融机构合格审慎评估初评，建立存贷款利率定价监测制度；二是制定的保税港区大宗商品交易市场外汇管理改革试点方案得到总局批复；三是在全国率先实现韩元柜台挂牌交易，6 家银行累计办理韩元现汇兑换业务 1.64 亿元，中韩货币互换项下韩元融资跨境结算工作方案取得总行原则性认可，有望在全国率先开展首笔业务；四是推动财富管理金融改革，配合市政府制定了改革申报方案；五是积极与总行、总局进行政策沟通，提出的自贸区金融改革政策需求得到市政府采纳。

【保险业务】　2013 年，青岛市保险业发展呈现了“稳中有进、进中向好”的良好态势。青岛保费规模在 15 个副省级城市中列第 9 位，在 5 个计划单列市中列第 3 位。财产险市场呈现车险业务高速发展，非车险业务平稳增长的态势；人身险市场分红险、普通寿险增长平稳，健康险、意外险保持快速发展。

【证券市场】　2013 年，青岛市共有证券公司 1 家、证券营业部 67 家（当年新成立 5 家）、期货营业部 32 家（当年新成立 2 家）、证券投资咨询机构 2 家、基金管理公司 2 家，上市公司 20 家（其中中小板上市公司 5 家、创业板 4 家）。证券期货经营机构营业状况明显好转。

【精神文明建设】　2013 年，青岛市金融机构深入开展党的群众路线教育实践活动，精神文明建设迈上新台阶。一是通过道德讲堂、评选好人好事、征文演讲、文艺汇演等多种形式，不断丰富文化品牌内涵；二是开展“我为大家讲一课”、“主办分析”、“青年论坛”、“青年沙龙”等活动，大力倡导建立“学习型”组织；三是围绕“学习雷锋精神 志愿者在行动”广泛开展关爱新市民子女、向新市民之家和贫困学生捐助以及“金融知识进社区、进乡村、进学校、进军营”的金融知识宣传活动，受到广泛赞誉。

【大事记】　1 月 5 日　人行青岛市中支在莱西市召开了政策发布会暨政银企合作签约仪式，3 家银行与莱西市政府签订了总额 100 亿元的战略合作协议，10 家银行与百家企业达成了合作协议 95 亿元。

1 月 16 日　青岛市首支中小企业集合票据成功发行，注册金额 1.20 亿元，主承销商为恒丰银行。

2 月 18 日　中信银行总行聘任杨威为中信青岛分行行长（信银人字〔2013〕101 号）。

4 月 27 日　人总行金融消费权益保护局孙天琦副局长到胶南市支行调研，人行济南分行工会王珏琰主任、青岛市中支时东副行长陪同。

5 月 29 日　人总行研究局易诚副局长来青就青岛财富管理金融改革试点进行调研。青岛市政府张军副秘书长、青岛市中支辛树人行长、顾延善副行长以及市金融办、银监局、证监局和保监局相关人员参加了调研。

6 月 18 日　青岛市金融学会召开 2013 年年会暨青岛金融论坛。金融学会会长、人行青岛市中支辛树人行长做学会工作报告，学会全体理事及会员单位代表近 300 人参加了会议。本次金融论坛被列为青岛市社科联十大重点学术活动之一。

6 月 25 日　外汇总局邓先宏副局长一行赴青岛保税港区调研。山东省分局于华民副局长、青岛市分局辛树人局长、朱传友副局长陪同调研。

7 月 30 日　青岛市政府举办"银企对接服务周启动仪式暨银企对接服务平台发布会"。青岛市牛俊宪副市长、市人大常委会吴淑玲副主任、刘明君副市长出席活动。人行青岛市中支行长辛树人在会上讲话，市有关部门、金融机构以及部分企业代表共 300 余人参加活动。

8 月 6 日　青岛城乡社区建设融资担保有限公司开业，该公司是青岛市首家具有再担保功能的担保公司，是全省规模最大的融资性担保公司。

8 月 22 日　人行青岛市中支会同青岛市金融办和电政办在青岛市电子政务信息平台推出了基于互联网的青岛市跨境人民币业务综合服务系统(简称"跨境融")工作平台并成功上线试运行。

8 月 30 日　韩国企划财政部、韩国央行和人行青岛市中支召开韩元跨境结算青岛座谈会。7 家银行、30 家企业共计 50 多人参加了座谈会。

10 月 23 日　人行青岛市中支联合青岛市商务局举办"金融支持对外贸易发展推进会"，全市 20 家金融机构与 20 家重点企业签订了总额近 19 亿美元的综合授信协议。

11 月 27 日　住建部王宁副部长率有人行总行征信管理局侯春晓参加的国家信用体系建设督导组到青岛督导社会信用体系建设情况，省发改委阮建弘副主任、人行济南分行刘克俭副行长等陪同。

11 月 30 日　青岛市跨境人民币实际收付结算额突破 1000 亿元大关，占同期国际收支比重超过 13%，业务额列山东省第 1 位，列 5 个计划单列市第 2 位，人民币已成为青岛市对外贸易和投资第二大结算货币。

12 月 26 日　青岛蓝海股权交易中心有限公司创立大会在青岛召开。

12 月 30 日　人行青岛市中支召开标准化存贷款综合抽样统计试点工作表彰会议。人总行调统司王毅副司长和青岛市中支辛树人行长分别讲话，辖内 51 家金融机构共计 120 余人参加了会议。

平度市

【经济金融概况】　2013 年，平度市经济金融总体呈现稳中快进、稳中向好的发展势头。新型工业化加快推进，高端服务业繁荣发展，现代农业改革与试点成效初显，财政收入快速增长，综合实力大幅提升。金融服务持续优化，各项存款稳定增长，贷款增量增速双创新高，对县域经济的贡献率进一步提高，经济金融形成了良性互动发展的新格局。

【金融发展与改革】　2013 年，平度市村镇银行等新型金融

平度市主要经济指标

经济指标	2012	2013	2013 年同比增幅（%）	经济指标	2012	2013	2013 年同比增幅（%）
土地面积（平方公里）	3176	3176	0	地方财政支出（亿元）	53.88	53.67	-0.39
人口（万人）	137.78	138.07	0.21	全社会固定资产投资（亿元）	427.90	519.40	21.38
城镇人口（万人）	44.70	61.10	36.69	进出口总值（万美元）	182338	194000	6.40
乡村人口（万人）	93.08	76.97	-17.31	出口总值（万美元）	133642	139500	4.38
地区生产总值（亿元）	704.47	790	12.14	实际利用外资（万美元）	36200	42500	17.40
第一产业（亿元）	89.05	97.24	9.20	社会消费品零售总额（亿元）	242.55	275.00	13.38
第二产业（亿元）	353.45	388.8	10.00	居民消费价格指数（%）	102.70	--	--
第三产业（亿元）	261.97	304.07	16.07	人均地区生产总值（元）	51130	58500	14.41
财政总收入（亿元）	59.63	72.48	21.55	城镇居民可支配收入（元）	25420	27864	9.61
地方财政收入（亿元）	36.40	45.20	24.18	农民人均现金收入（元）	13593	15269	12.33
财政总支出（亿元）	56.15	77.97	38.86				

平度市主要金融指标

金融指标（亿元）	2012	2013	2013年同比增幅（%）	金融指标（亿元）	2012	2013	2013年同比增幅（%）
本外币存款余额	366.96	428.63	16.80	财险收入	—	—	—
人民币存款余额	364.55	425.56	16.74	寿险收入	—	—	—
单位存款	72.15	96.20	33.33	财险赔款	—	—	—
储蓄存款	279.49	316.36	13.19	寿险给付	—	—	—
本外币贷款余额	174.52	220.32	26.24	当年结益	—	—	—
人民币贷款余额	173.82	219.70	26.40	证券市场交易总额	—	—	—
短期贷款	101.16	117.19	15.85	投资者保证金余额	—	—	—
中长期贷款	70.25	100.80	43.49	证券账户开户数	—	—	—
票据融资	3.02	2.08	-31.13	证券交易佣金收入	—	—	—
当年结益	—	—	—	净利润	—	—	—
不良贷款余额	4.36	2.25	-48.39				

注：1、关于保险、证券的金融指标青岛市保监局、证监局没有相关县级区域统计。
2、当年结益指标已取消，下同。

平度市主要金融机构概况

单位名称	行长（或其他称谓的第一负责人）	副行长（或其他称谓的同级领导）	员工总数	辖内营业网点数
人行平度市支行	陈付仁	滕振瑞 张文森 王世彧	29	1
银监会平度市办事处	张贤智		2	1
农发行平度市支行	王民生	范明娟	22	1
工行平度支行	韩伟民	李增强 王光松 高洪华	102	5
农行平度支行	逄焕波	姜伟 张功伟	340	22
中行平度支行	武英江	邢林 栾庆	134	5
建行平度支行	林玉忠	孙德军 李勇	111	7
交行平度支行	刘春书	毕德宝 唐保胜	23	1
民生平度支行	杨行楷	王顺	20	1
华夏平度支行	李正斌	蒋永涛 吴永贵	33	1
邮储银行平度市支行	刘智玉	马海磊	118	6
青岛银行平度支行	王红征	袁丽梅 张日晖	34	2
青岛农商行平度支行	牟黎明	朱光青 高国明 薛冰	633	53
潍坊银行平度支行	孙华	丁成 孔维富	17	1
平度惠民村镇银行	王培旭	张超 翟拓	53	4

平度市主要金融机构业务概况

单位：亿元

单位名称	本外币存款余额	人民币单位存款	人民币储蓄存款	本外币贷款余额	人民币短期贷款	人民币中长期贷款
农发行平度市支行	0.33	0.33	0	6.90	3.65	3.25

续表

单位名称	本外币存款余额	人民币单位存款	人民币储蓄存款	本外币贷款余额	人民币短期贷款	人民币中长期贷款
工行平度支行	21.49	8.02	13.37	25.68	9.55	16.14
农行平度支行	91.16	15.55	73.07	29.80	11.55	17.17
中行平度支行	35.51	10.71	23.25	20.39	7.00	11.96
建行平度支行	30.20	11.5	18.10	30.12	11.52	18.50
交行平度支行	9.15	5.79	3.07	7.40	0.99	6.33
民生平度支行	5.47	1.22	1.69	7.87	7.82	0
华夏平度支行	5.99	2.46	3.38	1.97	1.83	0.14
邮储银行平度市支行	68.31	2.81	65.50	4.77	3.33	1.44
青岛银行平度支行	15.02	15.02	6.44	8.60	2.48	6.02
青岛农商行平度支行	123.34	20.16	103.13	69.31	50.74	18.46
潍坊银行平度支行	5.30	3.99	1.29	4.30	3.91	0.39
平度惠民村镇银行	6.13	2.96	3.17	3.22	2.20	1.02

组织快速发展，国有银行在深化改革中重现活力，经营规模不断扩大，资产质量大幅改善，股份制银行加快布设网点，县域金融组织体系不断完善，全市金融业步入了有序竞争、较快发展的新阶段。

【金融服务与监管】 2013年，平度市一是加强部门合作，推动政府出台配套政策，合力助推经济金融发展；二是开通运行银企对接服务平台，为各方深化合作搭建了桥梁；三是适时启动农村信用体系实验区建设，持续推动改善农村支付环境，ATM及POS机布放量位列青岛各市区第一；四是建立实施金融支持地方经济考评办法；五是认真做好金融机构开业验收及管理工作，适时开展综合评价与季度考评，确保了辖区金融规范稳定运行。

即墨市

【经济金融概况】 2013年，即墨市经济平稳较快发展的势头进一步巩固，农业生产稳步推进，工业生产高开稳走，固定资产投资稳定增长，城乡消费市场繁荣稳定，对外贸易形势继续向好，财政收入增幅稳步提升。金融运行稳健，存贷款稳定增长，城乡居民收入持续增长。

【金融发展与改革】 2013年，即墨市一是推进小额贷款公

即墨市主要经济指标

经济指标	2012	2013	2013年同比增幅（%）	经济指标	2012	2013	2013年同比增幅（%）
土地面积（平方公里）	1780	1780	0	地方财政支出（亿元）	61.42	78.16	27.25
人口（万人）	113.40	118.73	4.70	全社会固定资产投资（亿元）	515.35	644.80	22.20
城镇人口（万人）	50.16	59.41	18.44	进出口总值（万美元）	476259	489135	8.60
乡村人口（万人）	63.24	59.32	-6.20	出口总值（万美元）	379100	396355	7.20
地区生产总值（亿元）	787.97	878.16	13.10	实际利用外资（万美元）	52900	70960	34.10
第一产业（亿元）	56.80	61.84	2.30	社会消费品零售总额（亿元）	264.34	301.36	14.40
第二产业（亿元）	417.65	454.25	11.80	居民消费价格指数（%）	--	--	--
第三产业（亿元）	313.52	362.07	17.00	人均地区生产总值（元）	69486	73963	6.44

续表

经济指标	2012	2013	2013年同比增幅（%）	经济指标	2012	2013	2013年同比增幅（%）
财政总收入（亿元）	109.10	113.90	4.30	城镇居民可支配收入（元）	28609	31358	9.60
地方财政收入（亿元）	50.60	64.30	27.08	农民人均现金收入（元）	13923	15682	12.60
财政总支出（亿元）	86.80	101.63	17.09				

即墨市主要金融指标

金融指标（亿元）	2012	2013	2013年同比增幅（%）	金融指标（亿元）	2012	2013	2013年同比增幅（%）
本外币存款余额	512.02	631.04	23.25	财险收入	—	—	—
人民币存款余额	505.45	622.97	23.25	寿险收入	—	—	—
单位存款	178.83	236.98	32.52	财险赔款	—	—	—
储蓄存款	321.56	372	15.69	寿险给付	—	—	—
本外币贷款余额	396.35	504.44	27.27	当年结益	—	—	—
人民币贷款余额	393.74	501.86	27.46	证券市场交易总额	—	—	—
短期贷款	214.00	262.43	22.63	投资者保证金余额	—	—	—
中长期贷款	174.31	235.58	35.15	证券账户开户数	—	—	—
票据融资	5.43	3.85	-29.10	证券交易佣金收入	—	—	—
当年结益	—	—	—	净利润	—	—	—
不良贷款余额	2.43	3.25	33.74				

即墨市主要金融机构概况

单位名称	行长（或其他称谓的第一负责人）	副行长（或其他称谓的同级领导）	员工总数	辖内营业网点数
人行即墨市支行	曹展鹏	马德梅 宋光波 冯 刚	35	1
银监会即墨市办事处	周建青		3	1
农发行即墨市支行	王飞剑	刘竹清 迟锡哲	28	1
工行即墨支行	孙 伟	张建青 崔杰甫 杨 羊	142	7
农行即墨支行	张风臣	谢炳坚 王 波 张昌良	346	22
中行即墨支行	董军峰	郝 萍 陈 力	181	8
建行即墨支行	施 勇	潘占宗 蓝 敏	142	8
青岛银行即墨支行	黄 云	杜 燕	36	2
农商行即墨支行	姜秀娟	王平刚 丁 伟 陈玉云 王君红	663	55
邮储银行即墨市支行	于 彬	韩晓明	121	40
交行即墨支行	侯倩旭	肖志明 修宗海	27	1
华夏即墨支行	孙保雷	项 军 夏钦东	35	2
招行即墨支行	郭志强	黄绪红 戴锡凯	25	1
浦发即墨支行	李泽鹏	盛同强	18	1
民生即墨支行	贾先举		51	2

续表

单位名称	行长（或其他称谓的第一负责人）	副行长（或其他称谓的同级领导）	员工总数	辖内营业网点数
光大即墨支行	李　波	韩　涛	24	1
兴业即墨支行	张启宁	邢　豪	27	1
青岛即墨北农商村镇银行	邹文学	王永和　江　娟	56	2
张家港农商行青岛即墨支行	汪志鸿	黄敏杰　黄巧玲	42	1
中信即墨支行	姜海波		25	1
平安银行即墨支行	傅培涛	周海亭	23	1
齐鲁银行即墨支行	董玉飞	刘成顺	15	1
潍坊银行即墨支行	孙　涛	秦　英　杨海泽	17	1

即墨市主要金融机构业务概况

单位：亿元

单位名称	本外币存款余额	人民币单位存款	人民币储蓄存款	本外币贷款余额	人民币短期贷款	人民币中长期贷款
农发行即墨市支行	1.82	1.82	0.00	24.06	1.57	22.49
工行即墨支行	38.38	38.04	19.86	55.40	11.60	43.59
农行即墨支行	92.36	89.14	63.55	77.35	46.39	30.40
中行即墨支行	77.54	75.08	43.20	39.46	18.09	17.23
建行即墨支行	41.36	41.13	23.10	39.96	9.63	30.33
交行即墨支行	16.72	15.61	3.96	12.66	5.48	6.32
华夏即墨支行	16.25	16.23	9.76	18.60	12.42	6.15
招行即墨支行	11.58	11.32	3.88	27.97	16.03	11.91
浦发即墨支行	8.57	8.56	0.60	13.46	6.76	6.54
青岛银行即墨支行	18.76	18.76	7.21	18.84	10.83	8.01
日照银行即墨支行	4.93	4.93	0.61	4.24	4.23	0.01
齐鲁银行即墨支行	0.82	0.82	0.33	0.29	0.29	0.00
潍坊银行即墨支行	1.08	1.08	0.48	0.54	0.53	0.01
民生即墨支行	14.38	14.36	5.90	17.79	15.66	2.13
农商行即墨支行	171.24	170.96	119.27	120.41	76.85	43.42
京都村镇银行	3.25	3.25	0.83	2.63	2.03	0.28
邮储银行即墨支行	65.11	65.10	58.46	4.95	2.26	2.69
张家港农商行青岛即墨支行	12.53	12.45	2.12	9.50	8.19	1.31
光大即墨支行	5.44	5.44	1.43	4.61	3.87	0.74
兴业即墨支行	9.07	9.07	3.20	1.89	1.89	0.00
中信即墨支行	8.85	8.84	2.66	4.07	2.22	1.86
平安银行即墨支行	7.43	7.43	1.60	5.76	5.60	0.16

司试点，已正式获批设立1家；二是启动民间资本管理公司试点工作，年内成立2家资本管理公司；三是新引进设立日照、潍坊、齐鲁3家城商行。截至年末，全市共有25家银行机构、34家保险机构、3家证券公司，6家担保公司，4家小额贷款公司，金融机构数量位居青岛县市第一，已建立较为完善的多元化、广覆盖的金融组织体系。

【金融服务与监管】　2013年，即墨市一是成功举办金融支持中小微企业加快发展政策发布会暨政银企签约仪式，23家银行机构与467家中小微企业达成融资协议和意向172.40亿元；二是不断创新服务小微企业模式，积极引导银行机构开展无抵押信用贷款，引导民生银行推广“信用贷”产品；三是开展了对2家银行机构的综合检查工作，对218家重点监测企业进行非现场监测230次，对外汇资金流入较大或异常的21家重点监测企业进行了约谈，并发放了《风险提示函》，维护了外汇市场的健康发展秩序。

莱西市

【经济金融概况】　2013年，莱西市不断推进新型工业化进程，坚持转型升级，产业结构得到改善，经济质量和效益显著提高，地方平稳健康发展。全市金融机构继续优化信贷结构，加大对重点项目、小微企业及三农领域的信贷支持，金融对经济的扶持力度进一步加大。

【金融发展与改革】　2013年，莱西市各金融机构认真落实稳健货币政策，着力优化信贷结构，金融体系不断完善，规模

莱西市主要经济指标

经济指标	2012	2013	2013年同比增幅（%）	经济指标	2012	2013	2013年同比增幅（%）
土地面积（平方公里）	1522	1522	0	地方财政支出（亿元）	31.59	40.51	28.20
人口（万人）	73.54	73.76	0.30	全社会固定资产投资（亿元）	372	448.36	20.80
城镇人口（万人）	32.86	33.07	0.64	进出口总值（万美元）	261454	284493	9.30
乡村人口（万人）	40.68	40.69	0.02	出口总值（万美元）	200191	228074	13.94
地区生产总值（亿元）	529.88	594.91	11.90	实际利用外资（万美元）	19491	42118	37.64
第一产业（亿元）	52.50	58.09	2.30	社会消费品零售总额（亿元）	182.20	211	15.81
第二产业（亿元）	259.43	284.46	11.30	居民消费价格指数（%）	—	—	—
第三产业（亿元）	217.95	252.36	14.80	人均地区生产总值（元）	72053	80655	11.94
财政总收入（亿元）	34.86	41.94	20.20	城镇居民可支配收入（元）	27594	30247	9.61
地方财政收入（亿元）	29.50	35.54	20.30	农民人均现金收入（元）	13623	15302	12.33
财政总支出（亿元）	42.14	58.21	38.10				

莱西市主要金融指标

金融指标（亿元）	2012	2013	2013年同比增幅（%）	金融指标（亿元）	2012	2013	2013年同比增幅（%）
本外币存款余额	227.03	266.54	17.40	财险收入	—	—	—
人民币存款余额	224.25	263.89	17.68	寿险收入	—	—	—
单位存款	51.76	65.25	26.06	财险赔款	—	—	—
储蓄存款	170.10	196.69	15.63	寿险给付	—	—	—
本外币贷款余额	136.26	173.33	27.21	当年结益	—	—	—
人民币贷款余额	134.63	172.58	28.19	证券市场交易总额	—	—	—
短期贷款	82.16	100.70	22.57	投资者保证金余额	—	—	—
中长期贷款	50.66	72.08	42.28	证券账户开户数	—	—	—

续表

金融指标（亿元）	2012	2013	2013年同比增幅（%）	金融指标（亿元）	2012	2013	2013年同比增幅（%）
票据融资	1.80	0.54	-70.00	证券交易佣金收入	—	—	—
当年结益	—	—	—	净利润	—	—	—
不良贷款余额	0.47	0.85	80.85				

莱西市主要金融机构概况

单位名称	行长（或其他称谓的第一负责人）	副行长（或其他称谓的同级领导）	员工总数	辖内营业网点数
人行莱西市支行	马昌武	张忠民　宋延边　孙雪梅	30	1
银监会莱西市办事处	耿以明		3	1
农发行莱西市支行	魏学敏	党志松　徐永涛	23	1
工行莱西支行	孙　建	李英杰　王维民	99	4
农行莱西支行	丁召明	王振峰　李忠东 王欣兆　杨骥东	250	15
中行莱西支行	姜柏卿	张　力　崔俊伟	125	5
建行莱西支行	孙伟波	于建波　陈建新　赵利锋	88	3
交行莱西支行	刘正伟	王怀波　仉典鹏	21	1
华夏银行莱西市支行	葛　鑫	高云翔　张显平	20	1
民生银行莱西市支行	姜永志	杨新明　邵培科	21	1
河北银行莱西市支行	鞠　昆	马　杰	17	1
青岛银行莱西市支行	于胜功	陆春霞　郭广爱	26	1
齐鲁银行莱西市支行	姜　杰	张旭峰	12	1
潍坊银行莱西市支行	徐　鹏	张　鹏	15	1
青岛农商行莱西市支行	衣林龙	李慎峰　梁玉礼　王敬涛	507	40
邮储银行莱西市支行	张琳辉	赵军胜	84	28
青岛莱西元泰村银行	李赛春	蔡世宁　孙文耀	57	3

莱西市主要金融机构业务概况

单位：亿元

单位名称	本外币存款余额	人民币单位存款	人民币储蓄存款	本外币贷款余额	人民币短期贷款	人民币中长期贷款
农发行莱西市支行	1.30	1.30	0	8.34	6.91	1.25
工行莱西支行	19.46	7.50	11.96	17.73	3.84	13.89
农行莱西支行	67.21	12.41	53.62	33.78	17.39	16.37
中行莱西支行	32.70	10.25	22.38	21.39	12.27	9.10
建行莱西支行	8.90	4.45	4.43	17.85	8.65	9.19
交行莱西市支行	5.95	4.33	1.22	7.48	7.36	0.12
华夏莱西市支行	4.97	2.40	2.48	3.11	2.79	0.32
民生莱西市支行	2.90	0.95	1.43	0.51	0.51	0

续表

单位名称	本外币存款余额	人民币单位存款	人民币储蓄存款	本外币贷款余额	人民币短期贷款	人民币中长期贷款
青岛银行莱西支行	11.25	5.35	5.87	10.74	3.40	7.34
河北银行莱西支行	0.73	0.53	0.20	0.02	0.02	0
齐鲁银行莱西支行	0.65	0.51	0.14	0	0	0
潍坊银行莱西支行	0.88	0.43	0.45	0.44	0.43	0.01
青岛农商行莱西市支行	76.34	13.31	63.02	43.76	30.37	13.13
邮储银行莱西市支行	24.81	0.97	23.83	1.79	1.06	0.73
莱西元泰村镇银行	6.22	0.57	5.65	6.39	5.69	0.63

持续壮大,金融服务和管理水平得到进一步提升。民生、河北、齐鲁、潍坊银行落户莱西,辖区商业性银行机构达15家,全市商业性金融机构网点达110个,从业人员1365人。

【金融服务与监管】 2013年,人行莱西市支行着力实现县域经济与金融的和谐发展。一是举办了"金融支持莱西政策发布会暨银企融资签约活动",银企达成合作协议近90亿元;二是引导各银行机构创新"花生通宝"、"奶牛养殖贷"等支农金融产品,满足当地特色农业信贷需求;三是引导银行机构研究个性化的融资方案,建立新型城镇化金融服务模式;四是完成了对5家新设银行机构开业验收与考核,对3家银行开展了综合执法检查。

开发区

【经济金融概况】 2013年,开发区经济运行继续保持良好的发展势头,工业生产稳定增长,海洋工程、汽车等重点行业增速显著。金融运行总体良好,各项存款总量持续增加,信贷投放力度明显加大,信贷结构进一步优化。

【金融发展与改革】 2013年,人行青岛开发区支行一是制定出台了《2013年青岛开发区货币信贷指导意见》,鼓励辖区银行机构加大信贷投放;二是新增设支行级银行机构2家,黄岛区瑞丰小额贷款股份有限公司成立,为区域经济的发展注入新的活力。

【金融服务与监管】 2013年,人行青岛开发区支行一是加大窗口指导力度,深入开展"金融服务企业行"活动,并举办金融稳定重大事项报告制度培训会;二是努力做好中小企业信

开发区主要经济指标

经济指标	2012	2013	2013年同比增幅(%)	经济指标	2012	2013	2013年同比增幅(%)
土地面积(平方公里)	274.10	478	74.40	地方财政支出(亿元)	116.08	106.65	-8.12
人口(万人)	54.80	67	22.26	全社会固定资产投资(亿元)	543.70	700.48	28.84
城镇人口(万人)	54.80	67	22.26	进出口总值(亿美元)	95.99	95.05	-0.98
乡村人口(万人)	0	0	0	出口总值(亿美元)	45.44	48.85	7.50
地区生产总值(亿元)	1174.60	1537.37	11.90	实际利用外资(亿美元)	8.54	9.53	11.59
第一产业(亿元)	4.56	11.74	157.46	社会消费品零售总额(亿元)	140.70	180.39	28.21
第二产业(亿元)	857.88	1000.46	16.62	居民消费价格指数(%)	—	—	—
第三产业(亿元)	502.57	525.17	4.50	人均地区生产总值(元)	430738	229458	-46.73
财政总收入(亿元)	1057.15	1064.25	0.67	城镇居民可支配收入(元)	35354	38751	9.61
地方财政收入(亿元)	132.27	141.18	6.74	农民人均现金收入(元)	15800	17282	9.38
财政总支出(亿元)	116.08	106.65	-8.12				

开发区主要金融指标

金融指标（亿元）	2012	2013	2013 年同比增幅（%）	金融指标（亿元）	2012	2013	2013 年同比增幅（%）
本外币存款余额	609.00	727.52	19.46	财险收入	—	—	—
人民币存款余额	565.83	680.28	20.23	寿险收入	—	—	—
单位存款	307.68	385.46	25.28	财险赔款	—	—	—
储蓄存款	239.21	271.86	13.65	寿险给付	—	—	—
本外币贷款余额	615.50	672.26	9.22	当年结益	—	—	—
人民币贷款余额	555.31	607.93	9.48	证券市场交易总额	—	—	—
短期贷款	240.97	274.37	13.86	投资者保证金余额	—	—	—
中长期贷款	309.05	326.20	5.55	证券账户开户数	—	—	—
票据融资	5.24	2.37	-54.77	证券交易佣金收入	—	—	—
当年结益	—	—	—	净利润	—	—	—
不良贷款余额	0.97	1.45	49.48				

开发区主要金融机构概况

单位名称	行长（或其他称谓的第一负责人）	副行长（或其他称谓的同级领导）	员工总数	辖内营业网点数
人民银行黄岛支行	蒋国庆	于兵	40	1
银监会开发区办事处	张森虎		2	1
工行开发区支行	陈兵	夏建同　王青　龚晓洁	152	7
农行开发区支行	张勇	张茂森　张玉忠　刘鹏飞	192	12
中行开发区支行	董军峰	赵俊方　夏岩岚	121	4
建行开发区支行	吴文忠	黄金莲　管华　张黎明	167	7
交行开发区支行	徐芝清	王承森　薛君	63	4
中信开发区支行	任海	王新明	40	1
光大开发区支行	杨绍刚	陆海宁　邢斌	22	1
华夏开发区支行	张杨	李明传	23	1
平安开发区支行	王立华	程晓华	35	1
招商开发区支行	孙东光	于鹏　于静	36	1
浦发开发区支行	姜双	孙刚　朱颖伟	27	1
兴业开发区支行	张伟	刘勇	21	1
民生开发区支行	李磊	孙建国　任佰平	39	1
恒丰开发区支行	曲世志	缪丹	25	1
青岛银行开发区支行	李金增	王爱洪　薛瑛	85	5
日照银行开发区支行	江红	尚江峰	18	1
潍坊银行开发区支行	单树涛	杨兵	19	1
青岛农商行黄岛支行	孟庆杰	宋景华　薛坤强	359	19
邮储银行开发区支行	韩晓明	张泽村　刘岩	31	14

续表

单位名称	行长（或其他称谓的第一负责人）	副行长（或其他称谓的同级领导）	员工总数	辖内营业网点数
威海商行开发区支行	王　莉	王绍训　李晓峰	15	1
齐鲁银行开发区支行	陈　波	孙长兵	14	1
汇丰银行开发区支行	李　越		4	1
韩亚银行开发区支行	刘新国		23	1
企业银行开发区支行	刘国忠		11	1
南洋银行开发区支行	姚　立		15	1

开发区主要金融机构业务概况

单位：亿元

单位名称	本外币存款余额	人民币单位存款	人民币储蓄存款	本外币贷款余额	人民币短期贷款	人民币中长期贷款
工行开发区支行	56.29	24.23	28.83	113.77	42.88	65.67
农行开发区支行	88.31	39.53	45.78	86.49	39.82	37.92
中行开发区支行	53.27	23.82	22.64	43.25	12.01	20.48
建行开发区支行	77.44	37.88	26.20	101.08	21.92	67.75
交行开发区支行	74.48	50.38	13.03	56.06	18.60	28.71
中信开发区支行	30.03	18.98	5.81	23.08	18.45	2.52
光大开发区支行	8.09	3.75	3.10	8.67	2.07	4.57
华夏开发区支行	35.42	24.75	9.31	11.47	4.77	6.28
平安开发区支行	9.54	7.63	1.64	5.65	2.84	2.65
招商开发区支行	34.17	21.47	12.25	28.80	19.25	6.63
浦发开发区支行	26.46	22.90	1.72	26.60	8.61	14.25
兴业开发区支行	17.05	12.45	3.35	10.82	3.34	5.30
民生开发区支行	25.16	12.69	7.97	29.94	25.72	4.22
恒丰开发区支行	9.28	6.31	2.82	7.71	6.41	0.38
青岛银行开发区支行	44.45	25.39	19.04	18.48	9.75	8.73
邮储银行开发区支行	16.94	2.16	14.77	7.78	0.68	7.10
青岛农商行黄岛支行	85.63	33.99	50.73	82.60	28.80	47.74
日照银行开发区支行	3.26	2.12	0.73	1	0.48	0.01
威海商行开发区支行	4.60	3.92	0.68	2.57	2.52	0.05
齐鲁银行开发区支行	6.17	5.32	0.63	1.54	1.36	0
潍坊银行开发区支行	6.67	5.77	0.85	4.91	4.10	0.22
韩亚银行开发区支行	8.62	7.12	0.79	8.47	0.91	0
企业银行开发区支行	0.11	0	0.11	0	0	0
汇丰银行开发区支行	8.01	6.59	0	10.27	5.66	0
南洋银行开发区支行	6.23	5.06	0.31	9.09	6.50	0.02

用体系建设工作，搜集国税、工商等企业信息 19925 条，依托征信窗口搭建银企对接平台，促使银企成功对接 160 家，融资金额 19.70 亿元；三是对 2 家银行进行综合执法检查，对新开业支行进行开业验收，规范了金融机构的业务开展。

黄岛区

【经济金融概况】 2013 年，黄岛区经济继续保持健康快速发展。经济综合实力显著增强，财政总收入高速增长；对外开发实现新突破，外贸出口稳步提高；各项改革不断向纵深推进，工业、农业与第三产业均取得了健康发展；人民生活水平大幅度提高，居民收入实现增长较快。

【金融发展与改革】 2013 年，黄岛区银行机构一是进一步优化信贷机构，支持实体经济发展，地方性法人机构涉农及支持小微企业贷款增速实现“两个不低于”的目标；二是积极搭建“银企融资对接平台”，有效解决企业“贷款难”与银行“难贷

黄岛区主要经济指标

经济指标	2012	2013	2013 年同比增幅（%）	经济指标	2012	2013	2013 年同比增幅（%）
土地面积（平方公里）	1822	1608	-11.75	地方财政支出（亿元）	57.45	74.60	29.85
人口（万人）	84.33	--	--	全社会固定资产投资（亿元）	507	522.20	3.00
城镇人口（万人）	39.54	--	--	进出口总值（万美元）	370995	385040	3.79
乡村人口（万人）	44.79	--	--	出口总值（万美元）	272065	277398	1.96
地区生产总值（亿元）	725.71	586.74	-19.15	实际利用外资（万美元）	42000	51763	23.25
第一产业（亿元）	52.31	48.92	-6.48	社会消费品零售总额（亿元）	193.32	181.69	-6.02
第二产业（亿元）	422.65	325.27	-23.04	居民消费价格指数（%）	--	--	--
第三产业（亿元）	250.75	212.55	-15.23	人均地区生产总值（元）	83280	--	--
财政总收入（亿元）	85.52	132.90	55.40	城镇居民可支配收入（元）	27600	--	--
地方财政收入（亿元）	51.05	50.80	-0.49	农民人均现金收入（元）	13879	--	--
财政总支出（亿元）	94.59	156.60	65.56		--	--	--

注：黄岛区按照四部委要求从 2014 年 1 月 1 日起由省级公安部门统一对外提供“人口数”，故 2013 年黄岛区人口数、城镇人口、乡镇人口无法获取数据。

黄岛区主要金融指标

金融指标（亿元）	2012	2013	2013 年同比增幅（%）	金融指标（亿元）	2012	2013	2013 年同比增幅（%）
本外币存款余额	366.68	458.34	25	财险收入	--	--	--
人民币存款余额	361.56	454.27	25.65	寿险收入	--	--	--
单位存款	141.59	185.27	30.85	财险赔款	--	--	--
储蓄存款	210.48	243.08	15.49	寿险给付	--	--	--
本外币贷款余额	268.84	336.85	25.30	当年结益	--	--	--
人民币贷款余额	262.85	334.77	27.37	证券市场交易总额	--	--	--
短期贷款	87.86	116.22	32.28	投资者保证金余额	--	--	--
中长期贷款	168.62	217.26	28.85	证券账户开户数	--	--	--
票据融资	6.32	1.27	-79.91	证券交易佣金收入	--	--	--
当年结益	--	--	--	净利润	--	--	--
不良贷款余额	3.86	3.02	-21.77				

黄岛区主要金融机构概况

单位名称	行长（或其他称谓的第一负责人）	副行长（或其他称谓的同级领导）	员工总数	辖内营业网点数
人行胶南市支行	王德利	闫金美　毕恩忠　王秀云	30	1
银监会胶南市办事处	秦　伟		2	0
农发行胶南市支行	徐桂军	赵崇江　王芳华	22	1
工行胶南支行	王　波	范立胜　郑向东　张　波　刘润东	132	6
农行胶南支行	万　磊	狄同晓　安玉伟　兰振华　刘方明	283	17
中行胶南支行	薛　涛	李　丽　王安英　王伟东　杨伟东	147	5
建行胶南支行	徐建军	丁明伟　孟　刚	124	8
交行胶南市支行	吴　欣	马海洋　宋建文	21	1
华夏银行胶南市支行	鲍　伟	刘兰翠　柴方智	38	1
民生银行胶南市支行	薛　胜	董　辉	18	1
光大银行胶南市支行	王寿海	崔永军	20	1
浦发银行胶南市支行	韩松刚	邰　伟	15	1
兴业银行胶南市支行	薛敬波	陈　澄　周盛玲	25	1
威海银行胶南市支行	于向锋	刘世波	17	1
青岛银行胶南市支行	薛福勤	邰振华　况　军　郝常明　秦　莉	86	3
青岛农商行胶南市支行	张才栋	娄晓文　陈积鹏　曲志琴　张明宝	472	38
邮储银行胶南市支行	匡秀艳	陈焕伟　薛　艳	81	3
青岛胶南海汇村镇银行	孟红升（董事长） 李　军（行长）	张文树　柴方强	99	5

黄岛区主要金融机构业务概况

单位：亿元

单位名称	本外币存款余额	人民币单位存款	人民币储蓄存款	本外币贷款余额	人民币短期贷款	人民币中长期贷款
农发行胶南市支行	2.44	2.44	0	12.40	3.86	8.54
工行胶南支行	34.39	14.28	19.74	61.29	19.49	41.74
农行胶南支行	97.81	32.83	63.07	67.11	16.69	49.55
中行胶南支行	43.87	20.05	22.24	30.39	13.99	14.69
建行胶南支行	39.46	18.97	20.20	39.58	11.60	27.83
交行胶南支行	13.76	11.31	1.76	8.43	5.69	2.65
华夏银行胶南市支行	8.95	4.81	3.92	11.22	5.88	5.12
民生银行胶南市支行	6.69	3.51	1.65	5.28	4.60	0.68
光大银行胶南市支行	3.63	2.10	1.06	2.15	1.91	0.23
浦发银行胶南市支行	2.92	2.78	0.14	1.65	1.53	0.09
兴业银行胶南市支行	3.23	2.32	0.91	1.67	1.64	0.03
威海银行胶南市支行	7.91	7.64	0.27	5.19	3.70	1.49
青岛银行胶南市支行	44.89	33.40	11.47	22.88	5.38	17.31

续表

单位名称	本外币存款余额	人民币单位存款	人民币储蓄存款	本外币贷款余额	人民币短期贷款	人民币中长期贷款
青岛农商行胶南市支行	85.59	21.63	63.63	54.81	12.91	41.85
邮储银行胶南市支行	32.58	2.73	29.85	5.63	0.28	5.35
青岛胶南海汇村镇银行	7.73	4.45	3.18	7.18	7.08	0.09

款"的矛盾；三是年内新成立 2 家银行支行，截至年末，全区共有银行业机构 16 家、证券公司 2 家、保险公司 23 家、担保公司 2 家、小额贷款公司 1 家、典当行 2 家。

【金融服务与监管】 2013 年，黄岛区各银行业机构服务质量不断提高。一是积极推动外汇改革，改进外汇服务，促进贸易投资便利化；二是城乡金融支付环境不断改善，全区共布放 ATM 295 台、POS 机 4937 台、农民自助终端 300 台、助农取款 POS 机 556 台，分别较年初增长 14.30%、23.30%、15.80%、20%；三是继续推进农村信用示范村、示范户建设；四是联合开展了征信进军营、进社区、进学校等宣传活动，社会信用体系的影响力进一步增强。

胶州市

【经济金融概况】 2013 年，胶州市围绕国家级经济技术开发区、胶东国际机场建设的两大引擎，着力打造高端制造业、现代物流商贸业、现代农业和旅游度假区等重点项目，全市形成了海陆统筹、高新产业云集，物流商贸规模发展的良好格局。金融生态持续改善，金融产品持续更新，信贷结构进一步优化。

【金融发展与改革】 2013 年，胶州市全力推进金融改革创新，支持重点区域开发建设和实体经济跨越提升，为全市经济转型和"两区"建设提供了有力支持。全市银行机构达到 22

胶州市主要经济指标

经济指标	2012	2013	2013 年同比增幅（%）	经济指标	2012	2013	2013 年同比增幅（%）
土地面积（平方公里）	1210	1210	0	地方财政支出（亿元）	51.32	46.07	-10.22
人口（万人）	85.24	86.37	1.32	全社会固定资产投资（亿元）	525.80	659.53	25.43
城镇人口（万人）	39.11	43.56	11.37	进出口总值（万美元）	583240	604798	3.69
乡村人口（万人）	41.83	42.81	2.34	出口总值（万美元）	437523	443635	1.39
地区生产总值（亿元）	754.28	836.73	10.93	实际利用外资（万美元）	53001	68136	28.55
第一产业（亿元）	47.68	51.25	7.48	社会消费品零售总额（亿元）	226.20	245.06	8.33
第二产业（亿元）	418.85	455.70	8.79	居民消费价格指数（%）	—	—	—
第三产业（亿元）	287.75	329.78	14.61	人均地区生产总值（元）	93190	96877	3.95
财政总收入（亿元）	83.15	102.70	23.51	城镇居民可支配收入（元）	29292	31334	6.97
地方财政收入（亿元）	45.06	56.64	25.69	农民人均现金收入（元）	14290	15690	9.79
财政总支出（亿元）	75.04	99.40	32.46				

胶州市主要金融指标

金融指标（亿元）	2012	2013	2013 年同比增幅（%）	金融指标（亿元）	2012	2013	2013 年同比增幅（%）
本外币存款余额	420.26	483.31	15.00	财险收入	—	—	—
人民币存款余额	424.21	474.97	11.96	寿险收入	—	—	—

续表

金融指标（亿元）	2012	2013	2013年同比增幅（%）	金融指标（亿元）	2012	2013	2013年同比增幅（%）
单位存款	148.02	182.91	23.57	财险赔款	—	—	—
储蓄存款	247.81	273.32	10.29	寿险给付	—	—	—
本外币贷款余额	330.31	414.90	25.61	当年结益	—	—	—
人民币贷款余额	324.86	403.98	24.35	证券市场交易总额	—	—	—
短期贷款	151.91	190.56	25.44	投资者保证金余额	—	—	—
中长期贷款	171.53	212.99	24.17	证券账户开户数	—	—	—
票据融资	1.29	0.11	-91.47	证券交易佣金收入	—	—	—
当年结益	—	—	—	净利润	—	—	—
不良贷款余额	3.04	8.74	187.5				

胶州市主要金融机构概况

单位名称	行长（或其他称谓的第一负责人）	副行长（或其他称谓的同级领导）	员工总数	辖内营业网点数
人行胶州市支行	董旭洲	安　青　王美玲	28	1
银监会胶州市办事处	王国峰	刘西学	1	1
农发行胶州市支行	姜绍华	孟兆朋	18	1
工行胶州支行	李棣华	王新波　王宝春	118	6
农行胶州支行	张拥辉	刘静波　张文生	270	17
中行胶州支行	范成进	耿　烨	158	5
建行胶州支行	陈焕炎	杨德强　高　炜	144	5
交行胶州支行	侯倩旭	匡　明	24	1
光大胶州支行	王寿海	孙慧欣　徐莉莉	22	1
华夏胶州支行	孙文德	沙跃伟	20	1
招商胶州支行	刘风华	贾德梓	20	1
青岛银行胶州支行	牛建祥	贾秀芹　周　航	26	1
浦发胶州市支行	陆　强	董文浩　迟新生	15	1
兴业胶州市支行	张照凌	雷秀芹	25	1
潍坊银行胶州支行	李昌海	张　峰	18	1
中信胶州支行	王福来	姜　良	15	1
平安银行胶州支行	郑军海	毕纪善	17	1
民生胶州支行	张　晶	王登晓	24	2
青岛农商行胶州市支行	范云钊	姜成刚　李鹏斌	491	32
邮储银行胶州市支行	孙　毅	王正生　杜翠荣	107	32
青岛胶州中成农商村镇银行	华　沙	易　强	40	2

胶州市主要金融机构业务概况

单位：亿元

单位名称	本外币存款余额	人民币单位存款	人民币储蓄存款	本外币贷款余额	人民币短期贷款	人民币中长期贷款
农发行胶州市支行	1.60	1.60	0	41.91	1.78	40.13
工行胶州支行	36.08	35.87	23.59	42.50	11.67	30.76
农行胶州支行	78.12	77.35	54.48	43.40	28.09	14.54
中行胶州支行	56.82	53.54	27.36	41.66	22.74	16.39
建行胶州支行	42.60	42.14	22.66	48.34	18.08	30.75
交行胶州支行	9.82	5.41	3.66	17.77	8.98	8.79
光大胶州支行	10.81	8.26	1.57	14.59	13.06	1.53
华夏胶州支行	8.90	4.12	4.67	9.59	7.67	1.92
招商胶州支行	9.38	6.39	2.91	12.46	9.57	2.89
青岛银行胶州支行	17.69	11.29	6.33	14.71	9.42	5.28
浦发胶州市支行	2.12	1.65	0.46	3.76	2.78	0.98
兴业胶州市支行	9.11	5.18	1.85	8.75	6.75	0
潍坊银行胶州市支行	4.35	3.16	1.18	5.35	5.21	0.13
中信胶州市支行	7.13	4.75	1.86	7.47	3.67	3.82
平安银行胶州市支行	6.43	4.75	1.11	4.59	4.45	0.15
民生胶州市支行	5.46	1.05	1.51	5.19	5.19	0
青岛农商行胶州市支行	106.79	106.74	74.04	85.63	31.61	53.82
邮储银行胶州市支行	44.81	44.78	42.08	2.20	1.42	0.78
胶州中成农商村镇银行	2.23	2.23	1.08	3.83	3.55	0.28

家，融资环境持续优化，信贷投向和结构更加合理，金融服务环境进一步改善，推动了地方经济的持续、快速、健康发展。

【金融服务与监管】 2013年，人行胶州市支行一是引导银行信贷投向现代装备制造业、农业和现代服务业等主要实体经济领域，争创全国级小微企业信用体系试验区，并率先在青岛各区市中成立了“青岛中小企业融资服务平台胶州平台”；二是建立金融稳定重大事项报告制度，监测新增大额不良贷款情况；三是加强对金融机构的业务考核和对新设银行业机构的验收管理，严把机构准入关；四是积极开展会计结算、反洗钱、账户管理等专项监督检查，保证辖区金融稳定运行。

（牟晓丽）

烟 台 市

【经济金融概况】 2013年，烟台市牢牢把握科学发展主题和加快转变经济发展方式主线，统筹稳增长、调结构、促改革、保民生，全市经济稳中有进。全市生产总值保持10%以上的增速，特别是第三产业比重进一步上升；工业增加值增速全年保持多增，企业效益同比好转；固定资产投资同比下降，其中房地产投资增势较好，同比多增；对外贸易波动中小幅上升，进出口总额同比略增；社会消费品零售总额同比回落。

2013年，全市金融机构贯彻实施稳健的货币政策，合理扩大信贷规模，人民币贷款同比多增60.00亿元，特别是人民币中长期贷款较以往年度出现了大幅增长的情况，同比多增135.41亿元。贷款投向更加合理，其中，小微企业贷款显著增加，增速较人民币各项贷款增速高10.87个百分点。金融资产质量不断提高，不良贷款率及贷款额均实现“双降”。

烟台市经济主要统计指标

指标＼年度	2009	2010	2011	2012	2013	2013年同比增幅（%）
土地面积（平方公里）	13746.47	13746.47	13746.47	13746.47	13746.47	0
人口（万人）	652.00	651.14	651.76	650.29	--	--
城镇人口（万人）	270.09	263.45	267.1	325.85	--	--
乡村人口（万人）	381.91	387.69	384.66	324.44	--	--
地区生产总值（亿元）	3701.79	4358.46	4906.83	5281.38	5613.87	10.2
第一产业（亿元）	285.90	334.49	361.43	377.31	420.99	3.9
第二产业（亿元）	2227.32	2566.49	2830.88	2985.09	3075.12	10.8
工业（亿元）	2017.60	2319.02	2543.44	2694.25	2757.80	11.0
建筑业（亿元）	209.72	247.47	287.44	290.84	317.32	8.6
第三产业（亿元）	1188.58	1457.48	1714.52	1918.98	2117.76	10.4
人均地区生产总值（元）	52683	62254	70339	75672	80358	10.1
地区生产总值构成（%）	100	100	100	100	100	--
第一产业（%）	7.72	7.67	7.37	7.2	7.5	0.3
第二产业（%）	60.17	58.89	57.69	56.5	54.8	-1.7
第三产业（%）	32.11	33.44	34.94	36.3	37.7	1.4
财政总收入（亿元）	--	--	--	--	--	--
地方财政收入（亿元）	189.12	237. 80	303.19	357.36	437.23	12.6
财政总支出（亿元）	--	--	--	--	--	--
地方财政支出（亿元）	248.03	323. 86	407.53	476.87	541.74	13.6
全社会固定资产投资（亿元）	2222.17	2705.86	2883.80	3043.92	3538.19	20.1
规模以上固定资产投资（亿元）	2222.17	2705.86	2883.80	3043.92	3538.19	20.1
房地产开发（亿元）	271.20	383.12	568.97	573.52	578.40	6.9
进出口总值（亿美元）	342.94	437.81	453.49	478.02	493.13	3.2
出口总值（亿美元）	198.34	254.80	266.95	283.59	294.75	3.9
实际利用外资（亿美元）	10.85	11.53	13.39	14.10	16.06	13.9
社会消费品零售总额（亿元）	1219.96	1378.35	1616.49	1859.82	2110.65	13.5
居民消费价格指数（%）	99.20	102.3	104.2	101.8	101.8	1.8
城市居民人均可支配收入（元）	21125	23288	26542	30045	32956	9.7
农民人均现金收入（元）	7810	9916	10217	12017	14170	17.9

注：因统计局城镇人口与乡村人口统计口径发生变化，因此近两年数据不可比。

烟台市工农业主要统计指标

农业主要统计指标（万吨）				规模以上工业企业主要统计指标（亿元）			
项目＼年度	2012年	2013年	增幅（%）	项目＼年度	2012年	2013年	增幅（%）
粮食	269.69	261.53	-3.0	工业增加值	--	--	11.5
夏粮	98.96	101.02	2.1	国有工业	--	--	-1.5

续表

农业主要统计指标（万吨）				规模以上工业企业主要统计指标（亿元）			
项目 \ 年度	2012 年	2013 年	增幅（%）	项目 \ 年度	2012 年	2013 年	增幅（%）
秋粮	170.73	160.51	6.0	集体工业	--	--	11.9
棉花	--	--	--	股份制工业	--	--	14.5
油料	46.26	45.39	-1.9	股份合作制工业	--	--	--
水果	506.42	508.83	0.5	外商及港澳台投资工业	--	--	9.2
蔬菜	195.67	201.10	2.8	轻工业	--	--	8.4
肉类	49.4	49.24	-0.3	重工业	--	--	12.7
禽蛋	25.6	24.36	-4.9	销售收入	12627.04	14064.30	12.6
奶类	21.5	20.73	-3.5	利税	1274.38	1409.73	11.7
水产品	185.40	188.83	1.9	利润	971.15	1064.47	12.5
森林覆盖率（%）	42.5	43.1	0.6	经济效益综合指数（%）	--	--	--

烟台市主要金融机构概况

单位名称	行长（或其他称谓的第一负责人）	副行长（或其他称谓的同级领导）	员工总数	辖内营业网点数
人行烟台市中心支行	吴明理	宋建平 张春晓 徐忠波 王卫东 官志诚 官云美 夏红旗 林学龙	493	10
银监会烟台监管分局	李明强	于 海 宋孚军 苏明军 张衍武	85	1
保监会烟台监管分局	许彦峰	李大平 田世波	17	1
农发行烟台市分行	薛迎余	曲天军 于忠保 任小燕	229	9
工行烟台分行	陈国立	唐德元 官毓昌 王存东 宋建军 柳峻林 付 忠 杨 明 姜克才 于忠全 李 敏 张立涛 刘进胜	1866	84
农行烟台分行	刘聪盛	李锋刚 许永增 于 强 刘玉壮 孙树东 冯华胜	2854	158
中行烟台分行	李进生	曹亚军 宋春光 邵 军 刁玉波	1701	58
建行烟台分行	陈海东	孙鲁泉 路宏梅 王腾江 王曙光 杨德庆 王丕学 张宏伟	1681	69
交行烟台分行	祝 威	薛 峰 牟典华 杨 涛	471	19
中信烟台分行	黄树彬	苏 展 蔡伟波 雷建林 王 慧 冷庆辉	225	7
招行烟台分行	张 洪	李向党 韩少伟 侯云辉	268	8
华夏烟台分行	鲍军民	王裕文 巩卫中 潘 涛 李艳霞	274	9
兴业烟台分行	曾 勇	李伟杰	185	5
民生烟台支行	徐 强	侯 健 吴语田	111	2
浦发银行烟台分行	任志昱	刘进杰 薛泉君 赵凌云	85	3

续表

单位名称	行长（或其他称谓的第一负责人）	副行长（或其他称谓的同级领导）	员工总数	辖内营业网点数
渤海银行烟台分行	高丽萍	张树国　毛铎霖	51	1
恒丰银行烟台分行	秦雪梅	刘永东　来荷华　于　宙　李　军	1200	65
烟台银行	叶文君	孙　涛　左　华	1402	73
烟台农商行	姜国平	李鹏波　王英成　佘黎平　王凤军　杨严为　张　涛　赵庆光	1628	112
威海市商行烟台分行	肖辉杰	于　波　赵德彬　张凯成	99	1
农信社烟台市办事处	纪中慷	刘韶伟　申大田	6331	461
邮储银行烟台市分行	许凤亮	王　辉　车宗洪　杨永强	1050	282
福山珠江村镇银行	陈志刚	宋绥亮	55	1

烟台市金融业务统计指标

指标（亿元） \ 年度		2009	2010	2011	2012	2013	2013年同比	
							增加额	增幅（%）
银行类	本外币存款余额	3401.76	4081.18	4467.85	5286.02	6020.53	734.51	13.90
	人民币存款余额	3342.26	4021.24	4397.14	5054.35	5750.54	696.19	13.77
	*单位存款	955.49	1109.77	1861.83	2048.56	2341.41	292.85	14.30
	储蓄存款	1851.19	2110.29	2365.95	2767.33	3078.69	311.36	11.25
	本外币贷款余额	2236.40	2644.45	3070.96	3560.15	3942.99	382.84	10.75
	人民币贷款余额	2105.14	2511.91	2963.41	3327.52	3760.70	433.18	13.02
	短期贷款	999.22	1238.54	1539.48	1775.28	1998.40	223.12	12.57
	中长期贷款	857.77	1082.87	1221.12	1283.00	1482.09	199.09	15.52
	票据融资	247.31	189.90	201.05	267.43	278.69	11.26	4.21
	当年结益	39.42	53.35	75.26	86.96	95.02	8.06	9.27
	不良贷款余额	90.02	75.97	59.92	59.81	40.37	19.44	32.5
	不良贷款占比%	4.02	2.87	1.95	1.68	1.02	-0.67	-39.88
保险类	保险公司保费收入	73.88	96.31	98.44	108.14	121.39	13.25	12.3
	财险收入	18.89	27.07	31.44	36.18	41.39	5.21	17.2
	寿险收入	54.99	69.24	66.99	71.96	79.99	8.03	9.9
	保险公司赔款和给付支出	22.41	19.57	25.13	32.58	44.18	11.6	35.6
	财险赔款	11.22	12.4	15.12	18.14	20.98	2.84	18.3
	寿险给付	11.20	7.17	10.01	14.44	23.20	8.76	56.3
	当年结益	-0.54	1.19	1.84	3.40	—	—	—
证券类	证券市场成交总额	5010.43	4781.89	3562.75	2399.11	6084.48	3685.37	153.61
	投资者保证金余额	—	—	—	—	—	—	—
	证券账户开户数	467275	535863	597058	593416	617833	24417	4.11

续表

指标（亿元）		2009	2010	2011	2012	2013	2013年同比增加额	2013年同比增幅（%）
证券类	佣金收入	—	—	—	—	—	—	—
	净利润	—	—	—	—	—	—	—
	期货市场成交总额	—	7089.66	6662.18	8511.62	4985.28	-3526.34	-41.43
	期货客户保证金余额	—	—	—	—	—	—	—
	期货账户开户数	—	—	—	—	—	—	—
	期货手续费收入	—	—	—	—	—	—	—
	利润总额	—	—	—	—	—	—	—

注："*"该项指标2010年前为"企业存款"，其数字亦是如此。

烟台市金融机构统计指标

指标（个）		2009	2010	2011	2012	2013	2013年同比增幅（%）
银行类	法人机构	15	14	14	15	12	-20.00
	省级分行	4	1	2	3	4	66.67
	二级分行	12	13	16	16	16	0.00
	县区支行	298	213	293	296	308	4.05
	分理处、营业所	751	905	841	801	963	20.22
	储蓄所	27	155	160	176	165	-6.25
	从业人员总数	19063	19137	20065	20432	22238	8.84
保险类	保险机构	49	53	56	61	63	3.28
	财险机构	22	23	25	28	28	0.00
	省级分公司	0	0	0	0	0	—
	地市分公司	1	23	25	28	28	0.00
	县区支公司	92	202	189	171	155	-9.36
	寿险机构	27	30	31	33	35	6.06
	省级分公司	0	0	0	0	0	—
	地市分公司	1	30	31	33	35	6.06
	县区支公司	88	279	263	286	152	-46.85
	从业人员总数	28521	28313	29185	32415	31430	-3.04
	财险人员	6284	5784	5673	6703	4659	-30.49
	寿险人员	20018	22529	23512	25712	26771	4.12
证券类	证券机构	—	—	—	—	—	—
	证券公司	—	—	—	—	—	—

续表

指标（个）	年度	2009	2010	2011	2012	2013	2013年同比增幅（%）
证券类	证券营业部	—	—	—	—	—	—
	证券服务部	—	—	—	—	—	—
	从业人员总数	—	—	—	—	—	—
	投资者开户	467275	535863	597058	593416	617833	4.11
	境内上市股票支数	14	21	25	27	28	3.70
	境外上市股票支数	6	6	6	6	4	-2
	辖区上市公司总数	19	26	30	32	32	0

烟台市主要金融机构业务概况

单位：亿元

单位名称	本外币存款余额	人民币单位存款	人民币储蓄存款	本外币贷款余额	人民币短期贷款	人民币中长期贷款
农发行烟台市分行	22.75	22.68	0	114.22	33.57	78.68
工行烟台分行	513.83	246.95	222.93	441.93	145.17	254.64
农行烟台市分行	836.45	256.42	471.59	447.40	200.33	222.13
中行烟台分行	571.89	234.67	233.58	333.13	149.40	152.27
建行烟台分行	588.23	303.25	237.79	440.40	156.02	262.63
交行烟台分行	153.16	101.67	33.47	115.04	77.19	30.58
中信烟台分行	108.71	67.15	16.16	68.51	43.40	4.33
招商烟台分行	108.20	65.77	36.09	81.88	47.47	26.75
华夏烟台分行	127.89	85.46	27.90	116.84	68.43	24.72
兴业烟台分行	144.45	108.70	21.06	63.59	30.01	31.90
民生烟台支行	37.31	26.89	9.67	32.2	26.52	5.68
浦发银行烟台分行	65.71	42.96	1.53	35.96	27.11	6.76
渤海银行烟台分行	30.05	17.52	0.90	7.49	1.25	6.23
恒丰银行烟台分行	670.61	226.79	403.35	422.11	175.51	134.25
烟台银行	366.32	157.57	207.91	254.81	163.09	90.54
烟台农村商业银行	261.35	69.04	191.45	192.38	174.23	7.4
威海市商行烟台分行	25.79	22.91	2.85	10.27	8.60	1.13
农信社烟台市办事处	1021.81	159.59	860.93	714.35	530.11	53.68
邮储银行烟台市分行	298.63	45.31	252.97	45.13	15.81	27.85
福山珠江村镇银行	6.11	4.27	1.84	3.99	3.98	0.01

烟台市各县级区域经济金融主要统计指标

名称	人口（万人）	面积（平方公里）	地区生产总值（亿元）	地区生产总值增速（%）	本外币存款余额（亿元）	储蓄存款（亿元）	本外币贷款余额（亿元）
牟平区	45.60	1381.70	274.22	11.70	311.54	195.49	196.56
蓬莱市	44.98	1128.6	457.55	10.50	326.42	201.44	244.05
龙口市	63.54	901.05	935.24	11.01	706.58	379.44	535.88
招远市	56.69	1432.32	604.80	12.00	422.46	244.13	253.70
莱州市	85.42	1878	642.66	12.00	535.87	374.78	271.45
莱阳市	86.50	1732	303.17	9.70	285.38	210.75	155.69
栖霞市	62.08	2016	221.08	9.70	177.59	145.00	97.65
海阳市	66.97	1887	302.60	9.09	272.64	183.08	199.93
长岛县	4.3	56	64.64	5.2	33.8	23.6	12.25

烟台市（含县级）小额贷款公司机构、业务概览

单位名称	行长（或其他称谓的第一负责人）	员工总数（个）	本外币贷款余额（亿元）	人民币短期贷款（亿元）	人民币中长期贷款（亿元）
烟台芝罘区富泉小额贷款有限公司	苏　芳	8	1.30	1 .3	0
烟台市芝罘区庄禾小额贷款有限公司	孙崇信	9	1.10	1.1	0
烟台市莱山区万光小额贷款有限公司	牟捍卫	10	0.61	0.61	0
烟台开发区金桥银通小额贷款有限公司	管庆波	9	0.68	0.68	0
龙口市南山小额贷款股份有限公司	王国林	20	0.85	0.84	0.01
招远市金都小额贷款有限责任公司	崔程剑	10	0.55	0.55	0
莱州市岩沣小额贷款有限公司	战守清	12	1.00	1.00	0
蓬莱市鑫源小额贷款有限公司	穆范敏	10	0.2	0.2	0
海阳市联谊达小额贷款有限公司	刘德旭	11	0.75	0.75	0
龙口市博商小额贷款股份有限公司	于建中	9	1.61	1.61	0
莱州市诚源小额贷款有限公司	吴晓军	10	1.5	1.5	0
蓬莱市德丰小额贷款有限公司	王　轰	8	0.8	0.8	0
莱州市华峰小额贷款有限公司	王旭山	10	0.96	0.96	0
烟台市牟平区安德利小额贷款有限责任公司	王　安	5	1.49	1.49	0

【货币政策实施】　2013年，人行烟台中支按照“稳增长、调结构、防风险”的指导思路，加强窗口指导，多形式引导金融机构加强对重点项目、中小企业、“三农”等重点领域和薄弱环节的信贷支持。

一、加强窗口指导的针对性和有效性。通过召开货币信贷政策通报会、法人机构窗口指导会、开展信贷政策导向效果评估等多种形式，引导金融机构继续把贯彻稳健货币政策的着力点放在优化信贷结构、用好增量、盘活存量上，加强对重点领域和薄弱环节的金融支持。

二、加强重点领域信贷投放。一是认真贯彻“蓝黄”两区重大战略决策，着力引导金融机构增加对重点区域领域的信贷投入；二是举办“2013烟台’转方式、调结构，助推蓝色经济发

展”银企推介会，对接企业项目 994 个，19 家驻烟银行机构与企业初步达成意向贷款金额 902.15 亿元。

三、落实差别准备金动态调整工作。一是根据人行济南分行法人机构信贷调控工作要求，认真开展测算分析，统筹做好增量的安排调剂；二是开展约见谈话和现场调研，严格督促信贷调控任务的贯彻落实；三是建立了法人金融机构信贷月度运行报送机制，加强非现场监测。

四、用足用好货币政策工具，增强信贷工作实际效果。一是切实加强支农再贷款管理；二是继续把支持金融机构扩大涉农和中小微企业信贷投放和促进商业承兑汇票业务发展作为再贴现工具的运用目标；三是加强利率政策执行情况的监督管理和政策宣传，先后 5 次深入民品贷款企业和承贷银行进行调研，确保了民品优惠利率贷款贴息工作规范扎实。

五、认真开展信贷政策评估。一是加强信贷政策执行情况监测，连续开展对金融机构执行信贷政策情况评估；二是重点组织开展了中小企业、涉农专项信贷政策导向评估工作。

【金融稳定】 2013 年，人行烟台中支以促稳定、防风险为目标，以风险监测和现场评估为抓手，保证了辖内经济金融稳定运行。

一、切实履行金融市场监管职责。一是加强非现场监测，督促市场成员规范交易；二是拓展非金融企业直接融资渠道，推动企业在银行间债券市场发行企业债超 200 亿元；三是加强对黄金市场的监测分析，密切关注黄金价格下行带来的风险。

二、大力开展证券期货合作监管。一是组织召开了推进证券期货监管合作试点工作启动会议；二是建立了烟台市证券期货业金融稳定重大事项报告制度和风险监测制度。

三、持续强化对金融机构重大事项报告的监督管理。一是持续开展现场检查；二是继续加强对各银行机构重大事项报告工作责任人的备案管理，组织开展了对各银行机构具体经办人员和新调整人员的知识考试；三是以不良贷款重大事项报告为基础，开展全辖新发生不良贷款调查分析。

四、扎实开展网络舆情风险防控工作。一是组成由中支分管副行长和 12 个职能科室负责人组成的金融机构网络舆情突发事件应急领导小组，并选定 24 名业务骨干组成网络舆情监测队伍；二是制定了《网络舆情监测分析工作实施细则》，重点关注 8 个主流网站及天涯社区等知名论坛。

五、加强反洗钱工作。全年共对辖区 111 家金融机构建立了反洗钱监管档案，开展现场督导 4 次，发布风险提示 4 次，对 8 家违规主体进行了处罚。

【金融服务】 2013 年，烟台市各金融部门不断改善方式，金融服务水平不断提高。

一、大力改善小微企业融资服务。一是联合中小企业局出台了《2013 年全市中小企业融资服务工作指导意见》，积极推动银保合作，努力扩大信贷规模；二是继续推广以商业承兑汇票为媒介的“链式融资”模式，有效解决了部分中小企业的融资难题。

二、加强三农和民生领域的金融服务。一是加强对涉农金融机构的信贷指导，不断完善农村金融产品和服务方式创新专项监测报告制度，探索加强对新型农业生产经营组织的金融支持；二是联合政府部门召开了下岗失业人员小额担保贷款联席会议，推进该项业务快速发展。

三、支付环境建设成效明显。人行烟台中支提前完成了济南分行下达的农村支付环境建设各项指标任务，被评为人行总行级改善农村支付环境先进集体。

四、强力推进消费者权益保护工作。一是建立健全了金融消费者权益保护内部协调、投诉处理和自评估机制；二是组织开展了“金融消费权益保护宣传月”和“金融知识普及月”活动。全年受理解决金融消费者投诉 33 件，满意率为 100%。

五、大力推进国库信息化建设。一是顺利完成了 TIPS 转换和“金税三期”上线运行工作；二是积极加强国库业务创新，在全省率先开发运行横向联网海关税款监测系统，有关做法 2 次被《金融时报》报道。

六、大力推进金融 IC 卡在公共服务领域中的推广应用。加强与市民卡中心、社保、商业银行等部门的合作，扩大发卡规模和数量。

【金融监管】 2013 年，人行烟台中支和银监局烟台监管分局引导银行机构积极贯彻国家宏观调控政策和监管要求，加快结构调整，推进改革创新，强化风险管控。一是政府融资平台、房地产、理财、表外业务等重点领域风险得到有效防控，流动性、信息科技、声誉等风险得到了有效化解；二是深入推进“两管理、两综合”工作，完成了对 2 家新设机构的开业验收、4 家机构的综合执法检查；三是认真做好对辖区内银行间债券市场和金融衍生产品市场运行的监督管理；四是不断完善黄金市场管理。

【外汇管理】 2013 年，外汇局烟台市中心支局在服务促发展和管理促规范方面取得新突破。一是深入推进货物贸易外汇主体管理；二是创新实施“四排除三协查”工作方法，切实提升货物贸易监管非现场核查效能；三是综合利用外汇年检数据，探索开展资本项目外汇管理业务非现场核查工作；四是引导恒丰银行、烟台银行、烟台万华等辖内法人金融机构和中资企业申请 2013 年短期外债指标；五是进一步完善外汇管理“提前介入”工作机制；六是建立了外汇政策业务交流会议制度，全年开展了 4 期“银行外汇业务会讲”活动，并牵头举办了全市涉外政策高级研讨班和贸易融资银企推介会。

【金融改革】 2013 年，烟台市金融业管理部门持续深化改革，银行发展活力和动力不断增强。一是烟台银行综合改革取得重要进展，大股东南山集团已入驻，定向增发资金已全部到位，领导班子重新优化，经营持续稳定增长；二是农信社银行化改革一直走在全省前列，长岛联社改制已获批筹建；三是新型农村金融机构发展快速，目前已成立了 7 家村镇银行，规模、质量、效益等各项指标位居全省前列，莱阳、牟平两家村镇银行也获批筹建。

【保险业务】 2013 年，烟台市保险业机构积极应对复杂的市场形势，强化依法合规理念，保险市场保持了平稳健康发展的良好态势。一是行业实现健康平稳发展，保费收入规模继续居于全省（不含青岛）第二位，质量效益持续提升；二是全市安全生产、火灾公众、医疗等责任保险险种积极发展，全行业累计承担风险责任 17088.82 亿元；三是与国计民生相关的特色险种发展迅速。农险业务实现突破性进展，全年承保面积 133.05 万亩，累计为 35.13 万农户提供 6.04 亿元的风险保障；积极开发了葡萄、蔬菜大棚等险种，新增 6 个县市区作为政策性农险地区；新农合大病保险运行一年来成效初显，截至年底，共有 19274 人，36598 人次获得政策补偿 5960 万元，提升实际报销比例 14.86 个百分点。

【精神文明建设】 2013 年，烟台市金融机构坚持“两个文明”一起抓，全市金融系统精神文明程度进一步提高。

一、人行烟台中支一是以干部队伍建设为抓手推动精神文明建设；二是开展了道德影片观影、“感恩父母”、“激情岁月的点滴记忆”主题征文等活动；三是组织开展了春节联欢、女职工演讲比赛、登山比赛等活动。

二、烟台银监局一是通过征文比赛、撰写读书笔记等形式，引导干部员工加强政治理论学习，开展各类培训近 20 次；二是开展了“绿色环保 我在行动”、“青春汇绿 美丽烟台”等主题活动；三是开展建局 10 周年宣传图片展、“监管文化建设主题年”和“文明单位”创建等活动。

三、烟台保监分局以学习贯彻党的群众路线教育实践活动和十八大精神为契机一是认真落实每月、每周学习和干部授课制度；二是组织干部职工参观杨子荣纪念馆和雷神庙战斗遗址，提高政治素质；三是强化纪检监察作用，建立党风廉政建设长效机制。

四、烟台市各金融机构一是开展各种形式的反复倡廉教育，加强员工的党性修养；二是开展劳动服务竞赛、素质拓展训练等，锻炼员工的团队意识和创新意识；三是积极开展各类形式的爱心捐助活动。

【大事记】 1 月 6 日 陈国立任工行烟台分行党委书记，主持全面工作（工银鲁党委任免〔2013〕1 号）。

1 月 18 日 烟台市农村商业银行开业。

2 月 20 日 中行烟台分行为烟台市台海集团有限公司叙做省内首笔非融资性授信额度担保业务 2400 万欧元。

3 月 12 日 民生银行烟台支行经山东银监局批准正式升格为二级分行。

3 月 16 日 兴业银行烟台龙口支行正式开业。

3 月 27 日 交通银行烟台龙口支行正式开业。

农发行总行副行长姚瑞坤到烟台开发区支行考察调研。

4 月 23 日 渤海银行济南分行任命高丽萍为渤海银行烟台分行行长（渤银鲁任〔2013〕18 号）。

4 月 25 日 光大总行聘任唐健为光大烟台分行副行长（主持工作）（光银任〔2013〕48 号文）。

4 月 27 日 中行烟台分行成功投放省内首笔个人外汇贷款业务，金额 5000 美元。

6 月 25 日～27 日 山东保监局孙建宁局长一行到烟台分局视察工作，并对烟威保险市场进行了调研。

7 月 10 日 民生银行青岛分行聘任徐强担任民生烟台分行行长（民银青任〔2013〕36 号）。

7 月 12 日 民生银行莱州支行正式开业。

7 月 26 日 山东银监局陈育林局长到烟台调研。

招远建信村镇银行开业。

7 月 30 日 交行山东省分行党委书记、行长王锋到烟台调研并进行高端走访。

9 月 13 日 银监会政策法规部主任黄毅到烟台调研并召开存单纠纷案件专题调研会。

9 月 17 日 中信银行烟台蓬莱支行开业。

10 月 11 日 山东银监局党委免去王建春的烟台分局党委委员、副局长职务（鲁银监党任〔2013〕12 号、鲁银监任〔2013〕24 号）。

10 月 18 日 栖霞中银富登村镇银行开业。

10 月 30 日 许凤亮任邮储银行烟台分行行长，陈光灵不再担任该行行长（鲁邮银行任〔2013〕21 号）。

10 月 31 日 全市农信社（农村商业银行）各项存款余额突破 1000 亿元大关，成为烟台市首家存款规模过千亿的金融机构。

12 月 25 日 交行山东省分行任命祝威为交行烟台分行行长（交银鲁任〔2013〕73 号）。

12 月 26 日 山东银监局党委任命李明强为烟台分局党委书记、局长，免去毕继繁的烟台分局党委书记、局长职务（鲁银监党任〔2013〕13 号、鲁银监任〔2013〕26 号）。

（李信见 姜 全）

牟平区

【经济金融概况】 2013 年，牟平区坚持先进制造业和现代服务业双轮驱动发展战略，强化重点项目推进，大力发展实体经济，积极构建现代产业体系，全区经济发展总体平稳。

各银行机构认真落实稳健的货币政策，加强金融创新，进一步优化信贷结构，加大对实体经济的信贷支持力度，各项存贷款稳步增长，确保了全区经济金融的平稳健康发展。

牟平区主要经济指标

经济指标	2012	2013	2013年同比增幅（%）	经济指标	2012	2013	2013年同比增幅（%）
土地面积（平方公里）	1381.70	1381.70	0	地方财政支出（亿元）	23.93	25.62	7.30
人口（万人）	45.54	45.60	0.13	全社会固定资产投资（亿元）	276.82	312.47	21.00
城镇人口（万人）	23.88	--	--	进出口总值（万美元）	131437	143364	-0.80
乡村人口（万人）	21.65	--	--	出口总值（万美元）	70733	64759	-1.90
地区生产总值（亿元）	247.86	274.22	11.70	实际利用外资（万美元）	8710	11337	30.20
第一产业（亿元）	31.23	35.67	5.60	社会消费品零售总额（亿元）	106.85	121.48	13.70
第二产业（亿元）	126.80	135.31	12.00	居民消费价格指数（%）	101.80	101.8	0
第三产业（亿元）	89.84	103.24	13.30	人均地区生产总值（元）	55968	60133	7.44
财政总收入（亿元）	24.83	25.37	5.60	城镇居民可支配收入（元）	28218	31604	12.00
地方财政收入（亿元）	19.32	23.40	13.10	农民人均现金收入（元）	13532	15302	13.10
财政总支出（亿元）	23.93	25.62	7.30				

牟平区主要金融指标

金融指标（亿元）	2012	2013	2013年同比增幅（%）	金融指标（亿元）	2012	2013	2013年同比增幅（%）
本外币存款余额	297.55	311.54	4.70	财险收入	1.53	1.85	20.92
人民币存款余额	294.70	308.78	4.78	寿险收入	2.45	2.89	17.96
单位存款	105.81	100.62	-4.91	财险赔款	0.80	1.07	33.75
储蓄存款	174.81	195.49	11.83	寿险给付	1.20	1.60	33.33
本外币贷款余额	178.26	196.56	10.27	当年结益	0.42	0.53	26.19
人民币贷款余额	164.92	187.24	13.54	证券市场交易总额	83.00	124.40	49.88
短期贷款	107.46	118.74	10.50	投资者保证金余额	0.96	1.03	7.29
中长期贷款	57.46	68.50	19.22	证券账户开户数	25009	25853	3.37
票据融资	0	0	0	证券交易佣金收入	0.12	0.16	33.33
当年结益	5.49	6.04	9.96	净利润	0.04	0.07	75.00
不良贷款余额	0.63	0.77	22.45				

牟平区主要金融机构概况

单位名称	行长（或其他称谓的第一负责人）	副行长（或其他称谓的同级领导）	员工总数	辖内营业网点数
人行牟平区支行	郑　军	林正星　孙覃春　张建波	34	1
农发行牟平区支行	陆　伟	蓝红梅　杨　勇	17	1
工行牟平支行	曲宏云	刘永江　慕志鸣　曲培悌	72	4
农行牟平支行	曲延涛	宋文明　王永华　丁晓军	157	9
中行牟平支行	毕晓鹏	曲向阳　董　武	54	2

续表

单位名称	行长（或其他称谓的第一负责人）	副行长（或其他称谓的同级领导）	员工总数	辖内营业网点数
建行牟平支行	刘 勇	徐绍花 吕英志	83	4
交行牟平支行	姜克周		24	1
烟台银行牟平支行	郭峰涛	曲长林 刘 军	87	7
恒丰银行牟平支行	于百志	赵 涛	91	7
中信银行牟平支行	张振义	曲炜炜	11	1
烟台农商行牟平区支行	余黎平	张学刚 张世忠	369	26
邮储银行牟平区支行	杨作建	郭积信	67	3

牟平区主要金融机构业务概况

单位：亿元

单位名称	本外币存款余额	人民币单位存款	人民币储蓄存款	本外币贷款余额	人民币短期贷款	人民币中长期贷款
农发行牟平区支行	0.35	0.35	0	2.96	0.88	2.08
工行牟平支行	30.22	19.08	10.69	24.90	6.81	18.00
农行牟平支行	41.86	11.46	29.28	26.80	8.74	16.97
中行牟平支行	18.54	7.27	9.72	13.62	5.01	6.87
建行牟平支行	29.39	13.78	14.80	25.54	10.08	15.46
交行牟平支行	11.57	7.74	3.35	18.21	12.57	1.49
烟台银行牟平支行	30.96	8.10	22.86	16.70	13.90	2.80
恒丰银行牟平支行	41.56	15.20	26.31	15.74	12.69	3.05
中信银行牟平支行	9.53	6.63	1.80	7.39	5.10	0.04
烟台农商行牟平区支行	63.87	6.24	57.63	42.86	42.30	0.56
邮储银行牟平区支行	23.81	4.76	19.05	1.83	0.66	1.17

【金融发展与改革】 2013年，牟平区金融发展与改革成效显著。一是各金融机构盈利能力大幅提升，同比提高9.96%；二是社会融资总量持续增加，年末，社会融资总量达300多亿元；三是农村金融生态环境进一步改善，实现了全区行政村金融基础设施和银行卡助农取款服务100%全覆盖、100%的县域以下各类银行机构参与农村支付环境建设的“双百目标”；四是金融改革进一步深化，牟平区农信社由地方法人机构改制为股份制商行，成立了烟台市牟平区安德利小额贷款有限责任公司，胶东村镇银行已完成筹建。

【金融服务与监管】 2013年，人行牟平区支行认真履行央行职责，坚持服务与管理并重，保障了辖区金融业的平稳健康发展。一是把握贷款投放的节奏和力度，确保全区信贷在结构优化的基础上保持适度合理增长，满足实体经济发展需求；二是进一步提高银行结算、国库集中支付、征信管理及外汇管理服务水平和监管力度；三是深入开展中小企业信用体系实验区创建工作，全区金融生态环境得到进一步改善；四是加大对下岗失业人员的信贷投放力度；五是加强金融风险防范与化解工作，确保辖区金融秩序的稳定。

（郑　军　陈玉东）

蓬莱市

【经济金融概况】 2013年，蓬莱市全力打造旅游度假区、经济开发区、农业高新区、船舶工业园、艾山自然保护区、西海岸文化新区和潮水空港经济区七大蓝色经济核心板块，推动了地方经济平稳较快发展。

全市银行机构继续贯彻稳健的货币政策和各项宏观调控政策，不断调整优化信贷结构，努力改善金融服务。针对工商企业经营压力增加、资金紧张等突出问题，克服信贷资金来源紧张、不良贷款反弹等困难，积极筹措资金，增加信贷投放，实现了银行业自身健康发展和区域金融平稳运行的总体目标。

【金融发展与改革】 2013年，蓬莱市金融改革与发展效果明显。一是蓬莱市农信社改革稳步推进，信贷资产质量得到大幅提高；二是不断拓展农村金融服务领域，水平空前提高；三

蓬莱市主要经济指标

经济指标	2012	2013	2013年同比增幅（%）	经济指标	2012	2013	2013年同比增幅（%）
土地面积（平方公里）	1128.6	1128.6	0	地方财政支出（亿元）	30.40	33.09	9.70
人口（万人）	44.94	44.98	0.01	全社会固定资产投资（亿元）	258.51	302.46	21.00
城镇人口（万人）	17.78	18.03	1.41	进出口总值（万美元）	122593	144174	17.70
乡村人口（万人）	27.16	26.95	-0.77	出口总值（万美元）	79241	106844	30.30
地区生产总值（亿元）	425.45	457.55	10.50	实际利用外资（万美元）	10400	13783	32.50
第一产业（亿元）	25.06	28.22	5.10	社会消费品零售总额（亿元）	102.14	115.93	13.50
第二产业（亿元）	239.05	249.40	11.40	居民消费价格指数（%）	101.6	102.4	0.80
第三产业（亿元）	161.34	179.93	9.90	人均地区生产总值（元）	94604	104537	10.50
财政总收入（亿元）	48.80	54.76	12.21	城镇居民可支配收入（元）	30393	33676	10.80
地方财政收入（亿元）	23.61	25.54	2.20	农民人均现金收入（元）	14519	16350	12.60
财政总支出（亿元）	45.11	52.97	17.42				

蓬莱市主要金融指标

金融指标（亿元）	2012	2013	2013年同比增幅（%）	金融指标（亿元）	2012	2013	2013年同比增幅（%）
本外币存款余额	295.54	326.42	10.45	财险收入	1.45	1.85	27.58
人民币存款余额	293.96	324.36	10.34	寿险收入	3.95	4.42	11.90
单位存款	91.69	101.01	10.16	财险赔款	1.13	1.42	25.66
储蓄存款	184.70	201.44	9.06	寿险给付	1.58	1.76	11.39
本外币贷款余额	214.60	244.05	13.72	当年结益	1.35	1.50	11.11
人民币贷款余额	212.53	243.41	14.53	证券市场交易总额	76.54	105.29	37.56
短期贷款	120.41	137.86	14.49	投资者保证金余额	0.68	0.68	0
中长期贷款	86.11	96.57	12.15	证券账户开户数	21719	23249	7.04
票据融资	5.83	8.96	53.69	证券交易佣金收入	0.15	0.17	14.92
当年结益	5.54	5.70	0.11	净利润	0.06	0.09	64.31
不良贷款余额	9.25	2.99	-67.68				

蓬莱市主要金融机构概况

单位名称	行长（或其他称谓的第一负责人）	副行长（或其他称谓的同级领导）	员工总数	辖内营业网点数
人行蓬莱市支行	陈勇军	王振通　杨　芸　王晓方	34	1
银监会蓬莱市办事处	李淑梅		3	1
农发行蓬莱市支行	王　倩	张　颖　梁　艳	17	1
工行蓬莱支行	臧红阳	孟祥君　王福永　王　平 陈　韬　李绍波	122	6
农行蓬莱支行	秦德军	张仁领　杨　清　王晓云　张　诚	205	14
中行蓬莱支行	刘　军	冯永贺　温松志	57	2
建行蓬莱支行	王茂盛	丁建庆　王秀丽	72	3
恒丰蓬莱支行	葛　元	顾建军	66	7
蓬莱市农信联社	孙益平	宋　海　杨绪新　闫韶明 刘　伟　黄靖鹏	563	45
邮储银行蓬莱市支行	房永霞	刘　娜	72	23
华夏蓬莱支行	张启栋	戴　辉　王彦芳	23	1
光大蓬莱支行	丁维平	张　雷　卢亚明	20	1
蓬莱民生村镇银行	王立奎	白兆杰　高建为	50	3
烟台银行蓬莱支行	纪　丽	王建伟	17	1
交行蓬莱支行	姜　蕾	隋　元　吴爱国	18	1
兴业蓬莱支行	王　涛		18	1
中信蓬莱支行	林　华	许文杰	22	1

蓬莱市主要金融机构业务概况

单位：亿元

单位名称	本外币存款余额	人民币单位存款	人民币储蓄存款	本外币贷款余额	人民币短期贷款	人民币中长期贷款
农发行蓬莱市支行	1.01	1.01	0	4.39	4.39	3.50
工行蓬莱支行	28.24	17.25	10.01	35.40	34.85	23.26
农行蓬莱支行	54.09	17.26	33.41	33.23	33.23	13.58
中行蓬莱支行	15.26	6.32	7.65	7.88	7.79	4.42
建行蓬莱支行	22.04	9.54	11.10	18.56	18.56	9.17
恒丰蓬莱支行	48.78	13.18	35.57	37.35	37.35	25.21
蓬莱市农信联社	76.20	8.02	68.18	54.83	54.83	7.65
邮储银行蓬莱市支行	19.14	1.61	17.52	1.28	1.28	0.67
烟台银行蓬莱支行	5.85	2.78	3.07	9.62	9.62	4.66
华夏蓬莱支行	7.66	4.32	3.33	7.77	7.77	0.56
光大蓬莱支行	5.44	2.44	0.83	11.71	11.71	2.68

续表

单位名称	本外币存款余额	人民币单位存款	人民币储蓄存款	本外币贷款余额	人民币短期贷款	人民币中长期贷款
蓬莱民生村镇银行	10.55	1.99	8.46	8.31	8.31	0.03
交行蓬莱支行	4.49	4.49	0.46	5.51	5.51	0.05
兴业蓬莱支行	10.83	9.41	1.42	3.24	3.24	1.12
中信蓬莱支行	2.56	2.10	0.43	4.97	4.97	0

是蓬莱民生村镇银行在乡镇设立第二家支行，中信银行在蓬莱市设立支行，蓬莱德丰小额贷款公司顺利挂牌，进一步拓宽了中小企业融资渠道。

【金融服务与监管】 2013年，人行蓬莱市支行坚持服务与监管并重，保障了辖区银行业安全高效运行。一是通过制定指导意见、组织行长联席会、对涉农信贷政策导向效果进行评估、按季对金融机构执行信贷政策情况考核等形式，推动货币政策的落实；二是通过市场主体座谈会、银企洽谈会等形式推动银企合作，全年推介项目87个，签约资金77亿元；三是推动金融机构开办了海域、土地等使用权抵押贷款、海产品质押贷款等创新业务；四是通过有效运行外汇业务管理、大小额支付、征信管理等系统，为银行、企业和个人提供优质服务；五是全面开展农村信用体系试验区建设，严格信用镇信用村信用户评定质量；六是开展风险预警提示，并通过约见谈话、非现场监管、现场检查等方式促进银行机构强化内部管理，维护金融秩序和稳定。

（李凤文　陶传学）

龙口市

【经济金融概况】 2013年，龙口市围绕“半岛蓝色经济区”和“高端技术集聚区”两大国家级战略规划，取得了以工业经济扩张为主导的快速发展，初步建立起以高新技术产业为先导、先进制造业为支柱、现代服务业为支撑、高效农业为基础的现代化产业布局。

龙口市各金融机构继续贯彻稳健的货币政策和国家各项宏观调控措施，积极应对物价上涨和经济回暖缓慢等外部压力，各项指标快速增长，资金配置效率提升，金融运行平稳有效，较好地实现了“调结构、促增长、保稳定”的目标。

【金融发展与改革】 2013年，龙口市金融机构突出结构优化和效率提升，盘活存量，用好增量，积极满足实体经济和薄弱环节发展的资金需求。一是银行产业自身规模取得长足进

龙口市主要经济指标

经济指标	2012	2013	2013年同比增幅（%）	经济指标	2012	2013	2013年同比增幅（%）
土地面积（平方公里）	901.05	901.05	0	地方财政支出（亿元）	63.20	71.60	13.20
人口（万人）	63.54	63.54	0	全社会固定资产投资（亿元）	403.11	471.62	20.59
城镇人口（万人）	14.42	14.44	0.14	进出口总值（万美元）	303619	323050	8.80
乡村人口（万人）	49.12	49.10	-0.04	出口总值（万美元）	161900	168000	0.51
地区生产总值（亿元）	845.04	935.24	11.01	实际利用外资（万美元）	10951	15000	34.83
第一产业（亿元）	29.20	33.71	5.00	社会消费品零售总额（亿元）	242.92	279.21	13.54
第二产业（亿元）	524.82	566.32	10.39	居民消费价格指数（%）	101.80	101.10	-0.69
第三产业（亿元）	291.02	335.21	12.90	人均地区生产总值（元）	133042	141808	6.59
财政总收入（亿元）	156.68	156.43	-0.10	城镇居民可支配收入（元）	31610	35321	11.70
地方财政收入（亿元）	58.57	71.58	14.37	农民人均现金收入（元）	15201	17075	12.30
财政总支出（亿元）	63.20	71.60	13.20				

龙口市主要金融指标

金融指标（亿元）	2012	2013	2013年同比增幅（%）	金融指标（亿元）	2012	2013	2013年同比增幅（%）
本外币存款余额	622.63	706.58	13.48	财险收入	3.37	3.52	4.45
人民币存款余额	610.70	699.25	14.50	寿险收入	5.06	6.47	27.86
单位存款	256.36	289.33	12.86	财险赔款	2.86	2.53	-11.54
储蓄存款	337.81	379.44	12.32	寿险给付	1.02	2.07	102.94
本外币贷款余额	446.24	535.88	20.09	当年结益	1.51	1.48	-1.99
人民币贷款余额	437.95	529.07	20.81	证券市场交易总额	126.89	187.26	47.57
短期贷款	246.67	291.90	19.20	投资者保证金余额	1.88	1.50	-20.21
中长期贷款	164.67	217.90	30.90	证券账户开户数	43823	45766	4.43
票据融资	26.60	19.28	-27.55	证券交易佣金收入	0.21	0.27	28.57
当年结益	10.31	11.52	11.78	净利润	0.05	0.12	140.00
不良贷款余额	1.99	1.58	-20.64				

龙口市主要金融机构概况

单位名称	行长（或其他称谓的第一负责人）	副行长（或其他称谓的同级领导）	员工总数	辖内营业网点数
人行龙口支行	郝立君	赵福臻 官佩君 王政 曲乐友	30	1
银监会龙口市办事处	孙建民		3	1
农发行龙口市支行	于昌美	隋丽 柳华顺	18	1
工行龙口支行	刘进胜	史春健 姚克庆 张杰 周波 范崇静	156	10
农行龙口支行	张华	迟波 王红新 陈雷 路伟 程刚	302	20
中行龙口支行	林秀武	遇奇志 曲显涛 刘剑波	132	6
建行龙口支行	刘忠涛	王彦一 王庆健 裴晓燕	151	9
交行龙口支行	王宗立	孙照日 郭强	21	1
中信银行龙口支行	林向进	刘栋 孙乐毅	22	1
华夏银行龙口支行	于强	连云峰 傅琨	28	1
招行龙口支行	刘君海	栾成学 陈从春	29	1
兴业银行龙口支行	黑大磊	曹伟 徐培龙	22	1
浦发银行龙口支行	战福泰	田晓成	14	1
光大银行龙口支行	孙建波	刘远东	15	1
烟台银行龙口支行	张斌	贾振飞	23	1
恒丰银行龙口支行	王亚妮	王伟 成峦	83	5
邮储银行龙口支行	孙伟涛	孙永红 秦泓	73	4

续表

单位名称	行长（或其他称谓的第一负责人）	副行长（或其他称谓的同级领导）	员工总数	辖内营业网点数
山东龙口农商行	王海滨	于瑞章 姜青松 王旭田 初志远 辛 文 王翠玉	793	62
龙口国开南山村镇银行	耿 俊	郑延绚 于 超	57	1
南山集团财务公司	隋 政	曲丽华 郭 芸	32	1

龙口市主要金融机构业务概况

单位：亿元

单位名称	本外币存款余额	人民币单位存款	人民币储蓄存款	本外币贷款余额	人民币短期贷款	人民币中长期贷款
农发行龙口市支行	1.45	1.45	0	6.46	2.36	2.30
工行龙口支行	72.97	40.56	31.11	62.56	16.93	44.48
农行龙口支行	107.83	27.68	61.49	69.82	37.59	29.27
中行龙口支行	38.37	12.28	24.17	43.70	28.88	14.83
建行龙口支行	84.99	44.35	36.69	82.63	30.63	51.05
交行龙口支行	2.31	1.49	0.77	6.05	5.55	0.50
中信银行龙口支行	13.67	10.63	1.55	11.55	9.17	0.40
光大银行龙口支行	5.46	4.27	0.36	6.76	6.73	0.02
华夏银行龙口支行	9.81	6.71	3.05	7.24	6.37	0.87
招商银行龙口支行	10.57	6.11	3.88	7.88	4.26	3.50
兴业银行龙口支行	12.12	9.66	2.46	5.21	4.83	0.37
浦发银行龙口支行	6.05	5.82	0.23	10.62	9.27	1.35
恒丰银行龙口支行	54.80	17.75	36.99	37.27	13.84	23.42
烟台银行龙口支行	11.83	4.91	6.92	12.30	8.15	4.15
山东龙口农商行	181.03	34.59	146.22	114.72	87.59	16.89
邮储银行龙口支行	21.79	2.14	19.65	1.36	0.11	1.25
龙口国开南山村镇银行	9.54	5.63	3.90	8.01	7.53	0.48
南山集团财务公司	53.45	53.30	0	41.74	12.11	22.76

步，截至年末，银行机构（含南山集团财务公司）账面资产类总计1090.5亿元，同比增加198.4亿元，增长22.2%，实现利息收入28.5亿元，增加3.1亿元，增长12.2%，实现盈利14.3亿元，增加1.7亿元，增长13.8%；二是继交行、中信、兴业银行设立后，光大、浦发银行也入驻龙口市，成为支持经济发展的新生力量；三是山东龙口农村商业银行作为主发起行在龙口市外设立了6家村镇银行，并积极筹备在蓬莱市设立分支机构。

【金融服务与监管】 2013年，人行龙口市支行针对新设机构不断增加、存贷款指标连续大幅增长的现实情况，认真履行职能，提升金融管理和服务质量。一是突出务实化导向，增加有效信贷投放，全年新增实体经济贷款91.8亿元；二是推动金融创新，全年办理融资型理财产品35亿元，银行承兑汇票余额40.5亿元，信用证余额7.0亿美元，开办仓单、动产应收账款质押等新型贷款9.6亿元；三是通过“再贴现”、“再贷款”，累计引入支农和小微企业扶持资金15.3亿元，通过“差别准备金动态调整”工具，支持区域经济发展，全年票据融资同比少增20.9亿元，但投向实体经济贷款同比多增41.0亿元。

（肖 翼 胡志广）

招远市

【经济金融概况】 2013年，招远市牢牢把握“创先创新创优”工作主基调，攻坚克难，奋发作为，经济金融实现平稳较快发展，在全国县域经济基本竞争力和中小城市科学发展百强榜中列第37位、39位，综合实力进入全省县域前10位。

全市金融机构紧密结合辖内实际，合理增加信贷投放，着力优化信贷结构，大力推动金融创新，全市信贷运行总体平稳。年末，黄金租赁业务达17505公斤，折合人民币金额41.63亿元，不完全统计，全市社会融资总量500.4亿元，较年初增加68.4亿元。

【金融发展与改革】 2013年，招远市一是建信村镇银行筹建完毕并于10月份正式营业，浦发银行也在积极谋划筹建中；二是全市担保机构已达7家，同比增加1家，担保资本持续注入和增加，各家担保资本均过亿元；三是地方金融管理办公室正式挂牌。

【金融服务与监管】 2013年，人行招远市支行认真履行职责，强化监管理念，确保了辖区金融的健康稳健运行。一是加

招远市主要经济指标

经济指标	2012	2013	2013年同比增幅（%）	经济指标	2012	2013	2013年同比增幅（%）
土地面积（平方公里）	1432.32	1432.32	0	地方财政支出（亿元）	34.69	38.92	12.2
人口（万人）	56.75	56.69	-0.1	全社会固定资产投资（亿元）	258.90	302.64	21.0
城镇人口（万人）	25.47	25.47	0.0	进出口总值（万美元）	202213	238253	9.8
乡村人口（万人）	31.28	31.22	-0.2	出口总值（万美元）	127397	137693	2.0
地区生产总值（亿元）	551.12	604.80	12.0	实际利用外资（万美元）	11362	14994	32.0
第一产业（亿元）	31.48	36.38	5.3	社会消费品零售总额（亿元）	116.60	132.80	13.9
第二产业（亿元）	319.16	33.81	11.9	居民消费价格指数（%）	103.00	101.70	-1.3
第三产业（亿元）	200.48	230.36	13.2	人均地区生产总值（元）	96871	106627	12.3
财政总收入（亿元）	80.21	85.29	10.3	城镇居民可支配收入（元）	29331	32739	11.6
地方财政收入（亿元）	33.81	41.51	15.2	农民人均现金收入（元）	13222	15049	13.8
财政总支出（亿元）	41.01	45.76	11.6				

招远市主要金融指标

金融指标（亿元）	2012	2013	2013年同比增幅（%）	金融指标（亿元）	2012	2013	2013年同比增幅（%）
本外币存款余额	373.95	422.46	12.97	财险收入	0.54	0.61	12.96
人民币存款余额	370.02	414.56	12.04	寿险收入	2.57	2.90	12.84
单位存款	145.32	160.87	10.70	财险赔款	0.33	0.37	12.12
储蓄存款	217.83	242.99	11.55	寿险给付	1.81	2.60	43.65
本外币贷款余额	236.68	253.70	7.19	当年结益	0.81	0.43	-46.91
人民币贷款余额	219.47	246.07	12.12	证券市场交易总额	92.71	169.81	83.16
短期贷款	163.46	180.22	10.25	投资者保证金余额	0.90	1.26	40.00
中长期贷款	34.78	41.41	19.06	证券账户开户数	26666	27886	4.58
票据融资	21.23	24.44	15.12	证券交易佣金收入	0.12	0.18	50.00
当年结益	5.30	5.41	2.08	净利润	0.06	0.10	66.67
不良贷款余额	4.71	2.72	-42.25				

招远市主要金融机构概况

单位名称	行长（或其他称谓的第一负责人）	副行长（或其他称谓的同级领导）	员工总数	辖内营业网点数
人行招远市支行	杨　强	赵广兴　林旭东　栾茂庆	29	1
银监会招远市办事处	孙建民		3	
农发行招远市支行	李　涛	栾云涛　刘俊峰	21	1
工行招远支行	滕　鲲	李桂寿　题兴华　冯少丽	114	6
农行招远支行	李元忠	王旭东　于　浩　王　波	186	15
中行招远支行	王茂顺	杨　健　闫振杰　徐学臻	121	6
建行招远支行	门成松	王文杰　陈　波　陈　凯　方同义　温洪福　王学珍	97	5
交行招远支行	田亚堃	栾义法　谢传睿　刘丽慧	16	1
烟台银行招远市支行	赵彦平	王青松　孙秀峰	25	1
招远市农信联社	张绍伟	马旭东　李维纲　臧松茂　高　军　门恩章	414	36
邮储银行招远支行	张群波	王　林	58	26
恒丰银行招远支行	刘　静	柳金英　邢爱敏	91	10
光大银行招远支行	隋俊超	张清艳	19	1
招远建信村镇银行	隋岳峰	王　勋　孙明盛　丁建功	21	1

招远市主要金融机构业务概况

单位：亿元

单位名称	本外币存款余额	人民币单位存款	人民币储蓄存款	本外币贷款余额	人民币短期贷款	人民币中长期贷款
农发行招远市支行	2.32	2.32	0	6.10	0.35	5.75
工行招远支行	51.82	34.10	16.74	38.00	27.93	7.73
农行招远支行	66.20	18.60	44.97	14.55	12.12	1.94
中行招远支行	46.29	17.32	26.66	24.42	20.35	3.53
建行招远支行	51.69	29.38	18.43	35.77	19.57	11.96
交行招远支行	9.90	7.87	1.12	13.64	12.66	0.98
烟台银行招远市支行	11.50	6.50	5.00	14.93	13.72	1.21
招远市农信联社	80.73	18.39	62.29	60.07	32.02	3.74
恒丰银行招远支行	58.62	19.10	39.01	25.55	24.47	1.08
光大银行招远支行	9.38	4.11	2.34	19.12	15.95	3.04
邮储银行招远市支行	29.01	2.92	26.09	0.62	0.17	0.45

大窗口指导，先后出台了《关于认真贯彻落实稳健货币政策推进全市经济平稳健康发展的意见》和《关于进一步改进外汇管理、支持涉外经济平稳较快发展的指导意见》；二是成功举办了2013年“调结构、促发展”银企合作推进会，签约项目62个，签约资金83.3亿元，资金到位率达97%；三是助农取款业务得到全面发展，银行卡助农取款服务点覆盖率达100%；四

是非现金支付工具数量增长迅速，全市银行卡发卡量达140.49万张，较年初增加12.93万张；五是举行跨境人民币结算试点、外汇业务、“一卡通”金融创新支付工具等培训宣传活动，培训相关人员1000多人次；六是先后组织开展了农信社专项票据改革、征信、贷款卡、统计、外汇、国库、账户、存款准备金等业务的监督检查，规范了业务操作，维护了金融秩序，确保了金融稳定。

（于瑞亮　范淑敏）

莱州市

【经济金融概况】　2013年，莱州市金融机构紧紧抓住“黄河三角洲高效生态经济区”、“山东半岛蓝色经济区”、“胶东半岛高端产业聚集区”开发战略机遇，着重从“三农”、中小企业、重点建设项目、外向型经济、节能减排和自主创新、服务业和消费信贷、区域经济协调发展、推进和谐社会建设8个方面加大信贷投放，切实满足全市各种经济主体发展的合理资金需求，为地方经济社会健康发展提供了强有力的金融支持。

【金融发展与改革】　2013年，莱州市金融机构在改革、创新中稳健运行，整体实力明显增加。一是农村金融改革步伐加快，农行“三农金融事业部”改革试点扎实推进，逐步建立起金融支持农业龙头企业带动农村居民增收的经营模式；二是各金融机构积极开办海域权使用、林权、农村集体土地流转等抵押贷款特色业务；三是莱州农商行加大产品创新力度，开办了

莱州市主要经济指标

经济指标	2012	2013	2013年同比增幅（%）	经济指标	2012	2013	2013年同比增幅（%）
土地面积（平方公里）	1878	1878	0	地方财政支出（亿元）	45.47	51.77	13.9
人口（万人）	85.58	85.42	-0.19	全社会固定资产投资（亿元）	282.85	330.97	21.0
城镇人口（万人）	17.28	17.22	-0.35	进出口总值（万美元）	188852	189440	18.9
乡村人口（万人）	68.3	68.20	-0.10	出口总值（万美元）	112109	115343	2.1
地区生产总值（亿元）	578.74	642.66	12.0	实际利用外资（万美元）	12367	17051	37.9
第一产业（亿元）	58.60	65.93	5.3	社会消费品零售总额（亿元）	212.53	241.22	13.5
第二产业（亿元）	323.70	349.47	11.9	居民消费价格指数（%）	102.9	102.7	-0.3
第三产业（亿元）	196.43	227.26	14.0	人均地区生产总值（元）	67537	75235	11.4
财政总收入（亿元）	106.29	110.56	4.02	城镇居民可支配收入（元）	29486	33013	12.0
地方财政收入（亿元）	36	34.68	48.9	农民人均现金收入（元）	13713	16205	12.6
财政总支出（亿元）	45.47	51.77	13.9				

莱州市主要金融指标

金融指标（亿元）	2012	2013	2013年同比增幅（%）	金融指标（亿元）	2012	2013	2013年同比增幅（%）
本外币存款余额	482.39	535.87	11.9	财险收入	3.02	2.0	-33.77
人民币存款余额	479.84	532.56	10.99	寿险收入	6.34	2.95	-53.47
单位存款	132.06	141.09	6.84	财险赔款	1.27	1.20	-5.52
储蓄存款	338.89	373.86	10.32	寿险给付	1.94	1.24	-36.08
本外币贷款余额	217.42	271.45	24.85	当年结益	0.04	0.05	25.00
人民币贷款余额	215.85	269.07	24.66	证券市场交易总额	66.23	150.35	127.01
短期贷款	117.84	166.62	41.4	投资者保证金余额	1.03	0.65	-36.89
中长期贷款	72.49	74.44	2.69	证券账户开户数	1870	22846	1121.7

续表

金融指标（亿元）	2012	2013	2013年同比增幅（%）	金融指标（亿元）	2012	2013	2013年同比增幅（%）
票据融资	25.51	27.80	8.98	证券交易佣金收入	—	—	—
当年结益	8.37	9.03	7.89	净利润	—	—	—
不良贷款余额	1.74	2.69	54.6				

莱州市主要金融机构概况

单位名称	行长（或其他称谓的第一负责人）	副行长（或其他称谓的同级领导）	员工总数	辖内营业网点数
人行莱州市支行	杨占法	张建成　张建波　王清军	34	1
银监会莱州市办事处	陈忠毅		3	1
农发行莱州市支行	王家川	赵先伟　孙治娟	21	1
工行莱州支行	卢金盛	郑叶琪　胡庆芳　李明军　王奎效	131	8
农行莱州支行	聂永茂	潘　峰　李培竹　曲新平　杨　珅　房　燕	204	21
中行莱州支行	王　涛	董　武　龚新中	132	6
建行莱州支行	吕宝宁	侯旭祥　李俊伟	113	7
恒丰银行莱州支行	孙积存	提云霞　郭　军	61	5
莱州农商行	初晓光	邱国耀　刘国荣　段常洲　刘曙光　朱世杰	721	94
邮储银行莱州市支行	万鹏涛	李春苹　王会涛	56	37
招行莱州支行	吕永军	姜庆国　李旭升	22	1
交行莱州支行	孙文波	王翠兰　龚大杰　李　刚	16	1
光大莱州支行	盖华勇	臧晓伟　周永盛	18	1
烟台银行莱州支行	张光斗	黎学东　韩东升	22	1
莱州珠江村镇银行	王君波	马建军	42	1
民生银行莱州支行	赵健珉		15	1

莱州市主要金融机构业务概况

单位：亿元

单位名称	本外币存款余额	人民币单位存款	人民币储蓄存款	本外币贷款余额	人民币短期贷款	人民币中长期贷款
农发行莱州市支行	2.10	2.10	0	3.88	2.28	1.60
工行莱州支行	41.95	12.94	28.0	18.78	5.51	11.20
农行莱州支行	96.92	20.94	71.73	33.88	9.35	24.38
中行莱州支行	45.14	19.25	23.84	11.09	6.61	4.36
建行莱州支行	34.38	14.76	18.87	27.35	11.13	16.0

续表

单位名称	本外币存款余额	人民币单位存款	人民币储蓄存款	本外币贷款余额	人民币短期贷款	人民币中长期贷款
恒丰银行莱州支行	36.11	19.24	16.78	16.64	14.24	2.40
莱州农商行	182.90	14.97	167.79	120.72	87.84	5.10
邮储银行莱州支行	43.58	5.01	38.56	2.97	1.06	1.91
烟台银行莱州支行	11.61	9.69	1.91	14.00	9.07	4.93
招商莱州支行	12.02	9.56	2.27	6.35	6.12	0.20
交行莱州支行	5.54	4.40	0.84	2.94	2.83	0.11
光大莱州支行	5.00	3.34	0.57	5.09	3.08	2.02
莱州珠江村镇银行	3.74	2.24	1.50	3.05	2.81	0.24
民生莱州支行	3.90	2.65	1.19	4.70	4.70	0

"海域使用权质押贷款"业务，有效满足了海洋企业的融资需求。

【金融服务与监管】 2013年，人行莱州市支行一是不断改善农村支付结算环境，引导银行机构继续加大对ATM、POS机具的布放力度，截至年末，共设有银行卡助农取款服务点990个，覆盖行政村990个；二是优化信贷结构，重点解决中小企业流动资金不足的困难，截至年末，中小企业贷款余额128.2亿元，同比多增33.5亿元；三是对辖内各金融机构的金融稳定、外汇、账户、统计、征信、存款准备金、反洗钱、人民币流通管理等业务进行了现场检查40余次，现场走访保险、证券公司20余次，有效维护了辖区金融稳定。

（栾德顺　雒晓君）

莱阳市

【经济金融概况】 2013年，莱阳市金融机构认真贯彻稳健的货币政策，合理增加信贷投入，经济社会发展稳中加快。主要表现在：工业转型步伐不断加快，服务业发展层次稳步提升，现代农业综合效益持续增长，区域经济布局进一步优化，城乡一体化进程明显加快。

莱阳市主要经济指标

经济指标	2012	2013	2013年同比增幅（%）	经济指标	2012	2013	2013年同比增幅（%）
土地面积（平方公里）	1732	1732	0	地方财政支出（亿元）	17.23	25.33	40.20
人口（万人）	86.80	86.50	-0.35	全社会固定资产投资（亿元）	102.56	122.49	21.00
城镇人口（万人）	29.24	29.30	0.21	进出口总值（万美元）	87729	94826	-3.10
乡村人口（万人）	57.56	57.20	-0.63	出口总值（万美元）	76071	86094	1.30
地区生产总值（亿元）	281.52	303.17	9.70	实际利用外资（万美元）	6814	7273	39.20
第一产业（亿元）	37.02	40.97	1.10	社会消费品零售总额（亿元）	169.19	220.83	13.50
第二产业（亿元）	149.61	155.77	11.7	居民消费价格指数（%）	104.20	101.10	-0.50
第三产业（亿元）	94.89	106.43	10.10	人均地区生产总值（元）	38399	35049	-8.72
财政总收入（亿元）	16.98	19.69	15.90	城镇居民可支配收入（元）	19629	25139	13.30
地方财政收入（亿元）	7.74	11.06	24.60	农民人均现金收入（元）	9848	12218	12.60
财政总支出（亿元）	18.07	25.33	40.20				

莱阳市主要金融指标

金融指标（亿元）	2012	2013	2013年同比增幅（%）	金融指标（亿元）	2012	2013	2013年同比增幅（%）
本外币存款余额	257.74	285.38	10.72	财险收入	1.97	1.98	0.51
人民币存款余额	256.35	283.47	10.58	寿险收入	4.54	4.60	1.32
单位存款	61.54	67.22	9.23	财险赔款	0.24	0.24	0.00
储蓄存款	192.38	210.75	9.55	寿险给付	1.70	1.68	-1.18
本外币贷款余额	148.80	155.69	4.63	当年结益	1.53	1.56	1.96
人民币贷款余额	148.07	155.55	5.05	证券市场交易总额	130.01	130.20	0.15
短期贷款	102.62	102.15	-0.46	投资者保证金余额	0.80	0.82	2.50
中长期贷款	32.38	33.57	3.68	证券账户开户数	23600	23610	0.04
票据融资	13.07	19.82	51.64	证券交易佣金收入	0.20	0.22	10.00
当年结益	3.00	3.15	0.50	净利润	0.1	0.13	30.00
不良贷款余额	9.08	1.76	-80.62				

莱阳市主要金融机构概况

单位名称	行长（或其他称谓的第一负责人）	副行长（或其他称谓的同级领导）	员工总数	辖内营业网点数
人行莱阳市支行	贾通志	尹培尧 孙培宽 杨本花	28	1
银监会莱阳市办事处	封慧盈	宋振玺	4	1
农发行莱阳市支行	刘永盛	梁旭东 于 琪	20	1
工行莱阳支行	门新军	谭 琨 宋协辉 祝晓丹 衣龙波	97	6
农行莱阳支行	王辉波	张红光 遇炳起 战可为 杨天超	180	14
中行莱阳支行	崔爱华	李 明 张海东	61	2
建行莱阳支行	李田涛	林 军 董 强	84	4
交行莱阳支行	王建科	刘运生 徐建凤 刘 妍	29	1
恒丰银行莱阳支行	王小强	郝向明 李 静	71	6
莱阳市农信联社	孙克文	张玉璞 闫福敏 王京国 范 涛 张 鹏	484	38
邮储银行莱阳市支行	秦晓东	孙艳萍	37	4

莱阳市主要金融机构业务概况

单位：亿元

单位名称	本外币存款余额	人民币单位存款	人民币储蓄存款	本外币贷款余额	人民币短期贷款	人民币中长期贷款
农发行莱阳市支行	2.11	2.11	0	15.86	10.58	5.28
工行莱阳支行	27.52	8.84	18.15	14.18	8.19	5.84
农行莱阳支行	54.89	11.32	41.28	17.09	13.78	3.18

续表

单位名称	本外币存款余额	人民币单位存款	人民币储蓄存款	本外币贷款余额	人民币短期贷款	人民币中长期贷款
中行莱阳支行	19.17	6.39	11.51	10.76	7.68	3.08
建行莱阳支行	19.72	7.18	12.16	20.96	14.76	6.20
交行莱阳支行	12.63	7.21	4.14	5.31	4.33	0.97
恒丰莱阳支行	35.38	18.01	17.34	15.75	12.11	3.63
莱阳市农信联社	74.58	3.46	71.12	53.18	29.96	3.55
邮储银行莱阳市支行	37.77	2.70	35.06	2.60	0.77	1.82

【金融发展与改革】 2013年，莱阳市金融发展与改革取得明显成效。一是新增银行机构网点1处，组建担保公司1家，民生银行、胶东村镇银行处于筹建阶段；二是金融机构积极强化内部管理，严格实行金融稳定重大事项报告制度；三是加快对农信社不良资产置换，推进其银行化改革进程；四是人行莱阳支行对金融机构涉农信贷政策导向效果以及农行三农事业部改革试点情况开展评估，引导其加大涉农信贷投入。

【金融服务与监管】 2013年，人行莱阳支行正确把握稳健货币政策的内涵，积极引导辖区金融机构适度增加信贷投放，优化信贷结构。一是加大对当地四大特色园区重点项目、重点企业的信贷支持；二是与市金融办联合举办政银企合作推介会，促成金融机构与48家企业达成合作意向，签约资金22.6亿元，到位率100%；三是深入推进农村青年信用示范户创建工作，在烟台辖区率先开展中小企业和农村信用体系建设；四是积极指导组建银行、担保公司等金融机构，完善金融服务体系。

（任常松　刁国平）

栖霞市

【经济金融概况】 2013年，栖霞市经济社会发展稳中快进、质效双增。一是突出生态经济，产业升级步伐加快；二是产业发展提质增效，骨干企业贡献提高；三是城乡一体发展迈出新步伐，53个重点城建项目推进顺利，完成投入37亿元；四是倾力改善民生，全年投入民生资金13.2亿元，占财政支出的67.3%，创历史新高；五是金融机构存贷款总量持续增加，不良贷款占比同比大幅下降54.09%，实现了经济金融的良性互动、协调发展。

栖霞市主要经济指标

经济指标	2012	2013	2013年同比增幅（%）	经济指标	2012	2013	2013年同比增幅（%）
土地面积（平方公里）	2016	2016	0	地方财政支出（亿元）	16.61	19.63	18.18
人口（万人）	62.16	62.08	-0.13	全社会固定资产投资（亿元）	95.03	114.31	22.8
城镇人口（万人）	18.69	18.66	-0.16	进出口总值（万美元）	37021	42068	19.9
乡村人口（万人）	43.47	43.42	-0.12	出口总值（万美元）	30857	35921	23.9
地区生产总值（亿元）	201.29	221.08	9.7	实际利用外资（万美元）	2080	2192	5.38
第一产业（亿元）	41.03	44.51	-4.2	社会消费品零售总额（亿元）	94.4	107.43	13.80
第二产业（亿元）	91.61	98.11	13.6	居民消费价格指数（%）	103.6	104.0	0.4
第三产业（亿元）	68.65	78.46	12.3	人均地区生产总值（元）	32383	35610	9.97
财政总收入（亿元）	18.95	22.10	16.62	城镇居民可支配收入（元）	21209	24169	13.96
地方财政收入（亿元）	6.32	7.94	25.63	农民人均现金收入（元）	10742	12090	12.55
财政总支出（亿元）	18.65	22.68	21.61				

栖霞市主要金融指标

金融指标（亿元）	2012	2013	2013年同比增幅（%）	金融指标（亿元）	2012	2013	2013年同比增幅（%）
本外币存款余额	166.46	177.59	6.69	财险收入	1.73	1.97	13.87
人民币存款余额	165.24	176.71	6.94	寿险收入	3.16	3.38	6.96
单位存款	30.89	31.10	0.68	财险赔款	1.04	1.21	16.35
储蓄存款	133.04	144.64	8.72	寿险给付	0.86	0.75	-12.79
本外币贷款余额	93.99	97.65	3.89	当年结益	1.12	1.26	12.50
人民币贷款余额	93.99	97.65	3.89	证券市场交易总额	49.73	126.12	153.61
短期贷款	58.39	56.04	-4.02	投资者保证金余额	0.36	0.29	-19.44
中长期贷款	25.90	28.19	8.84	证券账户开户数	839	1982	136.23
票据融资	9.71	13.42	38.21	证券交易佣金收入	0.01	0.01	0.0
当年结益	1.80	2.01	11.67	净利润	-0.01	-0.02	-34.25
不良贷款余额	4.03	1.85	-54.09				

栖霞市主要金融机构概况

单位名称	行长（或其他称谓的第一负责人）	副行长（或其他称谓的同级领导）	员工总数	辖内营业网点数
人行栖霞市支行	李建章	张立群 李沙强 蔡明庆	29	1
银监会栖霞市办事处	官立萍		2	1
农发行栖霞市支行	范 军	蒋少玲	16	1
工行栖霞支行	吴志刚	柳冬松 崔海霞 林 立	75	4
农行栖霞支行	王 宏	杜传强 姜筱博 于俊玲	143	7
中行栖霞支行	刘永军	吕广东 高荣华	41	1
建行栖霞支行	徐克旭	刘棋学	46	2
恒丰银行栖霞支行	李 娜	孙亚玲	28	1
栖霞市农信联社	徐 杰	温向东 宋秀君 孟令冰 王宝刚 薛 逊	446	31
邮储银行栖霞市支行	李 彬		65	2
栖霞中银富登村镇银行	刘瑞起	于华春 崔振忠	32	1

栖霞市主要金融机构业务概况

单位：亿元

单位名称	本外币存款余额	人民币单位存款	人民币储蓄存款	本外币贷款余额	人民币短期贷款	人民币中长期贷款
农发行栖霞市支行	0.83	0.83	—	3.96	0.71	3.25
工行栖霞支行	12.44	3.55	8.69	15.84	5.56	10.28
农行栖霞支行	24.67	6.30	1.77	6.77	2.83	3.41

续表

单位名称	本外币存款余额	人民币单位存款	人民币储蓄存款	本外币贷款余额	人民币短期贷款	人民币中长期贷款
中行栖霞支行	12.87	6.35	5.95	6.50	3.80	2.70
建行栖霞支行	11.95	5.33	6.42	5.33	2.23	3.10
恒丰银行栖霞支行	8.30	1.11	7.18	3.21	0.61	2.60
栖霞市农信联社	71.98	3.22	68.76	53.27	39.05	1.34
邮储银行栖霞市支行	33.70	4.36	29.34	2.44	1.21	1.23
栖霞中银富登村镇银行	0.61	0.05	0.56	0.32	0.04	0.28

【金融发展与改革】 2013年，栖霞市金融发展与改革继续稳步推进。一是人行栖霞支行制定货币信贷指导意见，召开金融联席会、银企座谈会等，推出中小企业助保金贷款业务，引导金融机构加大对实体经济的支持力度；二是深化农村支付环境建设，推动建立银行卡助农取款服务点879个，占全部行政村的87%；三是栖霞市政府印发了《农村征信数据库建设工作实施方案》，在全省率先将3.3万农户和210户农民专业合作社信用信息纳入农村征信数据库；四是深化农信社银行化改革、加强专项票据后续考核；五是继续加强对农行栖霞三农事业部达标考核；六是栖霞中银富登村镇银行正式设立，拓展了农村金融服务领域。

【金融服务与监管】 2013年，人行栖霞市支行积极加强和改善金融服务，不断提高金融管理水平。一是开展了以联保体、龙头企业担保、保险、政府、农村信用体系建设等"五项贷款增信工程"为主要形式的农村金融产品和服务创新，加大对现代农业的金融支持力度；二是深入开展"两管理、两综合、一保护"工作，开展了对商业银行综合评价，完成了对恒丰银行栖霞支行综合执法检查和村镇银行的开业管理，收到银行机构重大事项报告33件，受理解决金融消费者投诉5件；三是着力扩大机构信用代码应用范围，将其应用于贷款卡发放核准、年审、信用报告查询和银行账户开户许可等领域；四是开展了"送戏下乡"的信用体系建设和征信宣传进农村活动；五是加强法人银行机构差别调控和流动性管理，督促防范流动性风险，支持实体经济发展。

（迟克幸　牟战森）

海阳市

【经济金融概况】 2013年，海阳市经济继续保持了平稳健康发展的良好态势，全市金融机构按照"总量适度、审慎灵活、定向支持"的要求，优化信贷结构，引导金融机构加大对实体经济、现代农业、山东半岛蓝色经济区重点项目建设的金融支持力度，促进全市经济健康稳定发展。

【金融发展与改革】 2013年，人行海阳市支行充分发挥"窗口指导"作用，大力推进金融发展和改革。一是充分发挥行长季度联席会议的作用，引导各金融机构创新服务方式，支持地方经济发展；二是推动农信社银行化改革进程，积极协调争取

海阳市主要经济指标

经济指标	2012	2013	2013年同比增幅（%）	经济指标	2012	2013	2013年同比增幅（%）
土地面积（平方公里）	1887	1887	0	地方财政支出（亿元）	26.4	27.68	3.52
人口（万人）	65.99	66.97	1.49	全社会固定资产投资（亿元）	268.1	303.7	13.28
城镇人口（万人）	7.36	8.37	13.73	进出口总值（万美元）	87099	104710	20.22
乡村人口（万人）	58.63	58.6	-0.06	出口总值（万美元）	59783	79936	33.71
地区生产总值（亿元）	277.4	302.6	9.09	实际利用外资（万美元）	6512	7021	7.82
第一产业（亿元）	51.18	57.2	11.77	社会消费品零售总额（亿元）	115.15	130.7	13.51
第二产业（亿元）	127.08	133	4.66	居民消费价格指数（%）	102.2	102.2	0

续表

经济指标	2012	2013	2013年同比增幅（%）	经济指标	2012	2013	2013年同比增幅（%）
第三产业（亿元）	99.14	112.4	13.38	人均地区生产总值（元）	42037	45184	7.49
财政总收入（亿元）	35.92	47.9	33.36	城镇居民可支配收入（元）	27891	31363	12.45
地方财政收入（亿元）	17.5	22.1	26.29	农民人均现金收入（元）	12733	14300	12.31
财政总支出（亿元）	36.79	48.5	31.83				

海阳市主要金融指标

金融指标（亿元）	2012	2013	2013年同比增幅（%）	金融指标（亿元）	2012	2013	2013年同比增幅（%）
本外币存款余额	238.65	272.64	14.24	财险收入	0.51	0.60	17.65
人民币存款余额	236.96	269.65	13.80	寿险收入	1.35	1.70	25.93
单位存款	59.74	72.44	21.26	财险赔款	0.28	0.34	21.43
储蓄存款	164.16	183.08	11.53	寿险给付	0.76	1.16	52.64
本外币贷款余额	176.71	199.93	13.14	当年结益	—	—	—
人民币贷款余额	144.23	170.39	18.14	证券市场交易总额	23.61	36.8	55.87
短期贷款	48.64	53.97	10.96	投资者保证金余额	0.16	0.16	0.0
中长期贷款	82.13	128.64	56.63	证券账户开户数	984	803	-18.40
票据融资	13.41	17.28	28.86	证券交易佣金收入	0.03	0.05	66.67
当年结益	6.9	4.47	-35.22	净利润	-0.004	0.0073	282.50
不良贷款余额	7.47	4.09	-45.25				

海阳市主要金融机构概况

单位名称	行长（或其他称谓的第一负责人）	副行长（或其他称谓的同级领导）	员工总数	辖内营业网点数
人行海阳市支行	孙伟力	徐 杰 陈玉刚 于永斌	28	1
银监会海阳市办事处	张海霞		2	1
农发行海阳市支行	王吉卫	包树梁 于少勇	19	1
工行海阳支行	王晓华	由永秋 丛德忠 王钟伟	80	4
农行海阳支行	王学军	董丰国 李世波 杨克锋	172	10
中行海阳支行	戚卫旻	柳耀正 成绍杰 梁永杰	63	2
建行海阳支行	王彦一	官庆凯 赵秀莉	65	3
恒丰银行海阳市支行	于小华		65	2
烟台银行海阳支行	包 益	于 荣	20	1
海阳市农信联社	王彤辉	高志铭	417	31
邮储银行海阳市支行	鲁振华	薛元强	74	25
海阳珠江村镇银行	于 平	宋国荣 马义涛 李慧玲	47	1

海阳市主要金融机构业务概况

单位：亿元

单位名称	本外币存款余额	人民币单位存款	人民币储蓄存款	本外币贷款余额	人民币短期贷款	人民币中长期贷款
农发行海阳市支行	2.87	2.87	0	16.16	0.64	15.52
工行海阳支行	19.07	7.15	10.37	42.61	2.34	25.94
农行海阳支行	43.06	10.50	27.29	32.59	4.04	21.07
中行海阳支行	21.68	9.30	10.68	24.75	4.83	12.15
建行海阳支行	25.46	14.16	10.68	8.15	1.31	6.84
恒丰银行海阳市支行	33.34	9.00	24.31	10.86	2.05	8.81
烟台银行海阳市支行	7.64	4.08	3.56	5.48	2.77	2.71
海阳市农信联社	78.29	4.51	73.78	55.05	32.27	5.50
邮储银行海阳市支行	27.60	7.17	20.43	1.26	0.98	0.29
海阳珠江村镇银行	2.69	1.23	1.46	3.02	2.59	0.43

地方政府政策支持，成功置换不良贷款6.05亿元；三是金融服务体系进一步完善，金融服务覆盖面逐步扩大，工行海阳支行新设经营性支行1家，海阳珠江村镇银行增设1个支行网点。

【金融服务与监管】 2013年，人行海阳市支行不断加强对全市金融机构的管理和服务，促进金融业稳健运行。一是制定印发了《关于认真贯彻稳健货币政策改进金融服务和外汇管理支持全市经济持续健康发展的意见》，引导金融机构优化信贷结构，切实支持实体经济发展；二是为村镇银行发放支农再贷款2000万元，支持当地"三农"经济发展；三是加大对辖内法人金融机构的监测力度；四是借助"元宵灯会"、"3.15国际消费者权益日"、"送金融知识进乡村"等重大活动节点，开展了征信知识宣传、支付结算服务、反假货币、金融消费者权益保护等宣传活动，优化了金融生态环境。

（于优红　于福生）

长岛县

【经济金融概况】 2013年，长岛县经济稳中有进，各项指标稳步增长。各金融机构坚持稳中求进，强化制度落实，深化安全管理，帮扶支持现代农业发展，推进"送金融知识进村社企校"活动并支持涉外经济发展，切实满足了全县经济发展的需要。

【金融发展与改革】 2013年，人行长岛县支行发挥海岛区位优势，积极促进全县金融机构、信用体系的不断优化。一是12月27日农信社商业化改革申请获批，使其走在了烟台地区农商化转型的前列；二是利用社会信用体系建设联席制度，促成长岛县政府办公室发布了《关于印发长岛县渔村信用体系建设工作实施方案的通知》，力争到2014年底，建成全县统一、功能完善并与渔村特色产业链条相适应的渔村信用体系。

【金融服务与监管】 2013年，人行长岛县支行不断推进农村支付环境建设，优化"三农"金融服务，保护金融消费者权

长岛县主要经济指标

经济指标	2012	2013	2013年同比增幅（%）	经济指标	2012	2013	2013年同比增幅（%）
土地面积（平方公里）	56	56	0	地方财政支出（亿元）	5.43	7.57	39.41
人口（万人）	4.3	4.3	0	全社会固定资产投资（亿元）	4.45	5.21	20.0
城镇人口（万人）	1.6	1.6	0	进出口总值（万美元）	4012	4460	11.5

续表

经济指标	2012	2013	2013年同比增幅（%）	经济指标	2012	2013	2013年同比增幅（%）
乡村人口（万人）	2.7	2.7	0	出口总值（万美元）	3394	3905	11.6
地区生产总值（亿元）	61.56	64.64	5.2	实际利用外资（万美元）	411	420	2.2
第一产业（亿元）	36.5	37.34	2.7	社会消费品零售总额（亿元）	13.3	15.25	12.8
第二产业（亿元）	5.4	5.73	9.8	居民消费价格指数（%）	101.8	101.8	0.0
第三产业（亿元）	19.68	21.57	8.2	人均地区生产总值（元）	143493	150317	4.7
财政总收入（亿元）	6.29	7.89	25.4	城镇居民可支配收入（元）	—	—	—
地方财政收入（亿元）	0.81	1.05	12.0	农民人均现金收入（元）	15048	16588	10.2
财政总支出（亿元）	5.43	7.57	39.41				

长岛县主要金融指标

金融指标（亿元）	2012	2013	2013年同比增幅（%）	金融指标（亿元）	2012	2013	2013年同比增幅（%）
本外币存款余额	29.01	33.8	16.5	财险收入	0.08	0.1	25.0
人民币存款余额	28.91	33.69	16.5	寿险收入	0.6	0.5	-16.6
单位存款	6.55	9.46	44.4	财险赔款	0.04	0.04	0.0
储蓄存款	21.3	23.6	7.9	寿险给付	0.05	0.05	0.0
本外币贷款余额	11.36	12.25	7.8	当年结益	0.01	0.01	0.0
人民币贷款余额	11.36	12.25	7.8	证券市场交易总额	—	—	—
短期贷款	7.85	9.5	21.0	投资者保证金余额	—	—	—
中长期贷款	3.21	2.4	-26.24	证券账户开户数	—	—	—
票据融资	0.3	0.3	0.0	证券交易佣金收入	—	—	—
当年结益	0.25	0.34	36.0	净利润	—	—	—
不良贷款余额	0.37	0.23	-37.9				

长岛县主要金融机构概况

单位名称	行长（或其他称谓的第一负责人）	副行长（或其他称谓的同级领导）	员工总数	辖内营业网点数
人行长岛县支行	王　政	张双庆　徐　萍　宋　军	20	1
银监会长岛县办事处	邢攸江		2	1
工行长岛支行	李　刚		12	1
农行长岛支行	马瑞恩	高　群	30	1
建行长岛支行	王善威		17	1
恒丰银行长岛支行	欧学贤	高英卫	14	1
长岛县农信联社	谭冯翊	吕　辉	117	12
邮储银行长岛县支行	邹曙光	王运海	26	9

长岛县主要金融机构业务概况

单位：亿元

单位名称	本外币存款余额	人民币单位存款	人民币储蓄存款	本外币贷款余额	人民币短期贷款	人民币中长期贷款
农行长岛支行	6.66	2.99	3.61	0.95	0.57	0.38
建行长岛支行	2.74	1.1	1.56	0.20	0.15	0.05
恒丰银行长岛支行	3.22	1.14	2.07	0.66	0.23	0.43
长岛县农信联社	14.74	3.39	11.35	10.13	8.47	1.35
邮储银行长岛县支行	5.95	0.84	5.1	0.32	0.08	0.23

益。一是积极引导各金融机构进行银行卡助农服务建设，并在年底前实现了银行卡助农取款行政村全覆盖的目标；二是通过“窗口指导”加大县域银行业金融机构重点支持“三农”行业的力度，给与农信社1.5亿元支农再贷款支持；三是组织开展了“金融消费者权益保护”的宣传活动，获得良好效果。

（吴　强　王伟龙）

威海市

【经济金融概况】　2013年，威海市继续坚持以科学发展为主题，始终把握稳中求进的工作总基调，着力稳增长、调结构、促改革，经济运行稳中有进；金融机构通过优化资产结构、拓展信贷市场，运行质量稳步提高，经济社会发展的稳定性和协调性进一步增强。

一、存款稳步增长，同比增速减缓。全市金融机构本外币各项存款增速同比提高1.56个百分点，全年增势较为平稳。从结构看，单位存款增势较快，同比多增34.19亿元；储蓄存款同比下降19.79亿元，呈交叉运行态势。

二、贷款投放迅猛增加，贷款结构优化。信贷资源向重点项目和小微企业、涉农企业大幅倾斜，短期贷款继续增加，中长期贷款增长扭转下降态势；地方性金融机构贷款增速减缓，国有银行贷款迅猛增加。

【货币政策实施】　2013年，人行威海市中支继续加大货币信贷政策的窗口指导力度，落实稳健的货币政策，促进了地方经济平稳健康发展。

一、继续深化银企合作。一是配合地方政府召开3次银企对接会，累计签约企业132户，签约金额262.8亿元，贷款使用率达83%；二是联合发改委摸底全市百项和50个蓝色经济区重点项目资金需求情况，向金融机构推介引导，合同金额116.27亿元，实际贷款余额78.41亿元，到位率达67.6%。

二、灵活运用差别信贷调控。多次召开法人金融机构座谈会，引导其优化信贷结构，全市8家法人金融机构共压缩票据融资规模18.8亿元，新增贷款89.4亿元。

三、完善再贷款管理。一是制定《再贷款操作指导意见》，引导金融机构强化涉农和小微企业融资服务，降低其融资成本；二是累计为金融机构提供再贷款27.04亿元，为企业节约财务支出1000余万元。

【金融稳定】　2013年，威海市金融监管部门采取各种措施，调整产业结构，确保金融稳定运行。一是加强地方金融风险排查，分层次、分阶段细化排查方案，发现各类问题和风险点40余项；二是将全辖8家法人银行机构和县支行全部纳入金融机构突发事件应急预案演练，提高突发事件的处置能力；三是落实重大事项报告制度，对15家金融机构制度执行情况现场检查，对存在问题的8家银行机构负责人约见谈话和通报。

【金融服务】　2013年，威海市金融监管部门不断提升金融服务水平，指导金融机构为企业和公众提供有效服务。

一、畅通现金流通渠道。做到新票下乡、旧票回行、零票进店、假票遁形，强化银行机构对外误付假币专项治理和虚拟发行库建设，切实改进县域和农村地区现金服务，改善农村现金流通环境。

二、坚持品牌带动效应。一是鼓励银行机构设立小微企业专营机构，推广威海市商行科技型小微企业金融服务经验；二是促成威海市商行与德国储蓄银行签约微贷合作项目，为小微企业提供专业化、差异化、全方位的金融产品和服务。

【金融监管】　2013年，威海市金融监管部门继续立足辖区实际，切实提高政策引导水平和风险管控能力。一是联合市政府出台《威海市民间融资服务公司试点工作管理办法》，初步解决了民间融资公司市场准入门槛模糊、风险防范过松等问题；二是按照“因时制宜、多管齐下、一户一策、分类处置”的原

威海市经济主要统计指标

指标＼年度	2009	2010	2011	2012	2013	2013年同比增幅（%）
土地面积（平方公里）	5698	5698	5698	5698	5698	—
人口（万人）	252.97	253.61	253.84	253.57	280.56	10.64
*城镇人口（万人）	122.90	129.96	130.07	130.25	169.21	29.91
*乡村人口（万人）	130.07	123.65	123.77	123.32	111.35	-9.71
地区生产总值（亿元）	1969.36	1944.9	2110.95	2337.86	2549.69	10.8
第一产业（亿元）	136.34	153.94	171.18	180.11	203.47	4.3
第二产业（亿元）	1192.71	1087.03	1139.36	1249.3	1312.93	10.5
工业（亿元）	1156.05	982.13	1022.72	1077.89	1127.45	11.7
建筑业（亿元）	36.66	104.9	116.64	126.5	138.51	8.9
第三产业（亿元）	640.31	703.73	800.41	908.45	1033.29	12.5
人均地区生产总值（元）	70047	76778	83199	92198	90879	-1.43
地区生产总值构成（%）	100	100	100	100	100	—
第一产业（%）	6.92	7.92	8.11	7.7	8.0	3.9
第二产业（%）	60.57	55.9	53.97	53.44	51.5	-3.63
第三产业（%）	32.51	36.19	37.92	38.86	40.5	4.22
财政总收入（亿元）	217.44	358.28	435.72	421.48	479.98	13.9
地方财政收入（亿元）	102.52	118.27	136.44	158.4	195.22	13.4
财政总支出（亿元）	—	—	—	—	—	—
地方财政支出（亿元）	136.91	167.93	200.59	244.31	263.99	8.0
全社会固定资产投资（亿元）	—	—	—	—	—	—
规模以上固定资产投资（亿元）	1165.54	1168.17	1341.6	1595.45	1923.71	20.5
房地产开发（亿元）	209.51	269.8	352.26	366.19	411.81	12.5
进出口总值（亿美元）	106.13	139.16	169.21	171.19	171.50	0.2
出口总值（亿美元）	68.18	89.23	107.46	106.62	107.02	0.5
实际利用外资（亿美元）	5.50	5.55	7.27	8	9.2	15.0
社会消费品零售总额（亿元）	576	683.99	802.79	923.07	1047.29	13.5
居民消费价格指数（%）	101.07	102.72	104.6	101.79	102.7	1.5
城市居民人均可支配收入（元）	20117	22235	25290	28630	31442	9.8
农民人均现金收入（元）	9226	10517	12334	13962	15582	11.6

注："城镇人口"指标2012年为"非农业人口"，"乡村人口"指标2012年为"农业人口"，其数字亦是如此。

威海市工农业主要统计指标

农业主要统计指标（万吨）				规模以上工业企业主要统计指标（亿元）			
项目＼年度	2012年	2013年	增幅（%）	项目＼年度	2012年	2013年	增幅（%）
粮食	104.21	101.78	-2.33	工业增加值	1077.89	1127.45	11.7
夏粮	43.57	44.68	0.3	国有工业	25.33	22.35	2.7

续表

农业主要统计指标（万吨）				规模以上工业企业主要统计指标（亿元）			
项目 \ 年度	2012年	2013年	增幅（%）	项目 \ 年度	2012年	2013年	增幅（%）
秋粮	60.64	57.1	-3	集体工业	61.82	59.93	17.1
棉花	--	--	--	股份制工业	456.79	501.46	12.2
油料	24.57	24.72	-3.4	股份合作制工业	6.72	9.98	7.8
水果	88.06	93.96	6.7	外商及港澳台投资工业	364.44	339.13	10.1
蔬菜	91.88	94.95	0.1	轻工业	513.94	568.66	12.33
肉类	16.57	18.47	11.4	重工业	563.96	558.79	11.07
禽蛋	14.96	14.27	-4.6	销售收入	5542.63	6232.59	11.7
奶类	19.13	17.48	-8.7	利税	453.64	519.68	13.7
水产品	229.34	237.91	3.7	利润	278.65	322.09	14.5
森林覆盖率（%）	40.7	41	0.74	经济效益综合指数（%）	253.66	260.68	13.8

威海市主要金融机构概况

单位名称	行长（或其他称谓的第一负责人）	副行长（或其他称谓的同级领导）	员工总数	辖内营业网点数
人行威海市中心支行	葛志强	曲吉光 吴志家 李少伟 董国胜	245	4
威海银监分局	于明文	刘玉洋 杨鸿祥 连秀丽 王卫东	50	4
农发行威海分行	刘志远	徐文君 陈建 杨源清	116	4
工行威海分行	姜宁	杨振广 隋志勇 常乃海 唐学政 邱义闻 张明军 王庆毅	844	45
农行威海分行	耿曙明	陈鹏 杨志宇 吴鸿琦 朱永平 王君兰	1137	67
中行威海分行	王骏	王军法 孔令军 于飞 谢书波	793	28
建行威海分行	吕元理	王进 刘辉 隋学海	852	37
交行威海分行	姜孔瑞	苏先锋 毕崇华 向颉	326	13
中信银行威海分行	于珂	崔毅敏 于春燕 王涛 林波	303	9
招行威海分行	王智华	王吉鹏 张宜伟 钟震宙 李斌	146	6
浦发银行威海分行	胡永军	韩晓健 孙洪波 刘彦辉	56	1
民生银行威海分行	汤正鹏	董红伟 姚明波	71	1
兴业银行威海分行	朱友琪	邓冲 吴金宝	60	1
威海市商行	赛志毅	刘河 邓卫 张仁钊 刘昌杰 毕秋波 姜学明 邢志强 李海清	1245	38
友利银行威海分行	金龙柱	李庸建	20	1
农信社威海市办事处	丁新强	肖军辉 吕增兵 王兆新	2413	191

续表

单位名称	行长（或其他称谓的第一负责人）	副行长（或其他称谓的同级领导）	员工总数	辖内营业网点数
邮储银行威海市分行	李　忠（主持工作）	宋京成　史靖宇	512	110
山东荣成汇丰村镇银行	肖　健	闫凤芹　史永杰	61	2
乳山市天骄村镇银行	王　飞	孙志强　袁晨光	55	3
山东文登建信村镇银行	胡光明	于波涛	23	1
中国人寿保险公司威海市分公司	李洪涛	于艳丽　谷庆雨　马常清	3950	5
泰康人寿保险公司威海中心支公司	王世军	田述峰　李爱秀　金玉纯	620	8
平安人寿保险公司威海中心支公司	王　刚	薛　梅	895	4
平安养老保险公司威海中心支公司	王笑怡		12	1
太平人寿保险公司威海中心支公司	蔡志贤	于立新	350	4
新华人寿保险公司威海中心支公司	李世新	孙大庆	1380	6
太平洋人寿保险公司威海中心支公司	毕建华	陈锡强　宋　进　姜荣建	475	6
长城人寿保险公司威海中心支公司	杨春光		195	5
民生人寿保险公司威海中心支公司	王　浩	刘喜茹	371	4
农银人寿保险公司威海中心支公司	李广正		25	4
人民人寿保险公司威海中心支公司	宋艳岩	林芳洲	435	6
人民健康保险公司威海中心支公司	梁艳君		22	1
华夏人寿保险公司威海中心支公司	杨威红		160	4
恒安标准保险公司威海中心支公司	郑寿智		54	1
信诚人寿保险公司威海中心支公司	于作文		44	1
阳光人寿保险公司威海中心支公司	耿成龙	宋海娇	75	1
生命人寿保险公司威海中心支公司	王　巨	王胜超	480	4
中宏人寿保险公司威海中心支公司	吴浩英		171	1
华泰人寿保险公司威海中心支公司	牛元斌		95	1
国华人寿保险公司威海中心支公司	高长林	闫　伟	37	1
建信人寿保险公司威海中心支公司	田广合		32	1
中国人民财产保险公司威海市分公司	顾恩谭	孙　丽　崔焕海　许志军　付勇波	587	10
华泰财产保险公司威海中心支公司	徐宏伟	李　洋	27	1
太平财产保险公司威海中心支公司	邹明华	王永进	84	5
太平洋财产保险公司威海中心支公司	曲　斌	邹　伟　江志满　李大寨	135	8
平安财产保险公司威海中心支公司	霍　明	陈　强　张　波	79	5
大地财产保险公司威海中心支公司	王　健	王军波　李长青	87	6
永安财产保险公司威海中心支公司	白延庆	韩　波	95	6
中华联合财产保险公司威海中心支公司	姜　峰	陈建华　初海涛　程　伟	202	8

续表

单位名称	行长（或其他称谓的第一负责人）	副行长（或其他称谓的同级领导）	员工总数	辖内营业网点数
安邦财产保险公司威海中心支公司	刘丽霞		57	5
天安保险公司威海中心支公司	胡晓明	丛　萍	64	7
华安财产保险公司威海中心支公司	孙政涛	宫晓燕	38	3
阳光财产保险公司威海中心支公司	张润洁	李　斐	121	5
都邦财产保险公司威海中心支公司	闫智美	陈万里	31	7
安华农业保险公司威海中心支公司	王　伟		26	2
永诚财产保险公司威海中心支公司	于海涌	鲍永君	31	1
渤海财产保险公司威海中心支公司	孙政行		26	2
长安责任保险公司威海中心支公司	于云腾		43	3
中国人寿财产保险公司威海中心支公司	冯前程	胡　涛	52	3
天平汽车保险公司威海中心支公司	王　健		21	1
泰山财产保险公司威海中心支公司	车明强		30	2
浙商财产保险公司威海中心支公司	丛　杰		32	1
紫金财产保险公司威海中心支公司	张明良		35	1
海通证券公司威海高山街营业部	孙晓东	杨竹芬　汤　琼	23	1
齐鲁证券公司威海分公司	段少波		94	6
中投证券公司威海证券营业部	于海强	王陆睿　魏　兵	29	1
中信万通证券公司威海证券营业部	杨景东		26	1
中信万通证券公司荣成证券营业部	张　丽		25	1

威海市金融业务统计指标

	年度 指标（亿元）	2009	2010	2011	2012	2013	2013年同比	
							增加额	增幅（%）
银行类	本外币存款余额	1415.27	1636.59	1810.19	2060.63	2379.25	317.47	15.41
	人民币存款余额	1380.8	1603.3	1778.1	1982.16	2317.66	334.37	16.86
	*单位存款	432.5	541.87	658.1	713.71	870.29	156.59	21.94
	储蓄存款	826.38	949.17	1054.95	1205.74	1336.69	129.82	12.67
	本外币贷款余额	983.98	1150.14	1259.09	1376.1	1564.98	184.42	13.40
	人民币贷款余额	953.05	1121.73	1226.65	1329.76	1512.13	177.91	13.38
	短期贷款	405.92	423.1	479.45	566.19	720.91	150.27	26.54
	中长期贷款	464.67	640.52	688.59	674.46	719.37	44.91	6.66
	票据融资	82.25	57.94	57.58	87.23	71.16	-16.08	-18.43
	当年结益	15.32	22.95	29.51	20	34.07	14.07	70.35
	不良贷款余额	36.27	27.27	20.58	28.9	25.57	-3.33	-11.52
	不良贷款占比%	3.69	2.37	1.63	2.1	1.63	-0.47	-22.38

续表

指标（亿元）＼年度		2009	2010	2011	2012	2013	2013年同比 增加额	2013年同比 增幅（%）
保险类	保险公司保费收入	34.73	41.62	48.58	50.29	56.64	6.35	12.63
	财险收入	10.28	12.48	14.22	15.95	19.1	3.15	19.7
	寿险收入	24.57	29.14	34.36	34.34	37.54	3.2	9.32
	保险公司赔款和给付支出	12.49	10.92	12.67	14.91	20	5.09	34.14
	财险赔款	6.28	6.89	7.46	9.11	10.41	1.3	14.27
	寿险给付	6.21	4.03	5.21	5.8	9.59	3.79	65.34
	当年结益	0.67	1.01	1.21	0.78	1.07	0.29	37.18
证券类	证券市场成交总额	1341.48	1433.92	1173.01	825.19	1167.73	342.54	41.51
	投资者保证金余额	20.25	18.87	9.36	7.64	6.60	-1.04	-13.61
	证券账户开户数	167900	182800	194105	201533	207838	6305	31.29
	佣金收入	4.61	4.32	2.45	1.25	2.38	1.13	90.4
	净利润	1.87	1.91	0.55	0.36	0.73	0.37	102.78
	期货市场成交总额	—	—	—	—	—	—	—
	期货客户保证金余额	—	0.5	0.3	0.1	0.1	—	—
	期货账户开户数	—	—	—	—	—	—	—
	期货手续费收入	—	0.02	0.01	0.01	0.01	—	—
	利润总额	—	—	—	—	—	—	—

注："*"该指标2010年前为"企业存款"，其数字也是如此。

威海市金融机构统计指标

指标（个）＼年度		2009	2010	2011	2012	2013	2013年同比增幅（%）
银行类	法人机构	5	6	7	7	8	14.29
	省级分行	—	—	—	—	—	—
	二级分行	9	9	9	11	13	8.33
	县区支行	128	135	137	161	183	13.66
	分理处、营业所	255	250	251	286	289	1.05
	储蓄所	125	124	126	82	81	-1.22
	从业人员总数	7725	7831	7818	8504	9495	11.65
保险类	保险机构	135	140	144	147	161	9.52
	财险机构	92	94	88	89	92	3.37
	省级分公司	—	—	—	—	—	—
	地市分公司	17	18	18	22	22	—
	县区支公司	75	76	70	67	70	4.48
	寿险机构	43	46	56	58	69	18.97
	省级分公司	—	—	—	—	—	—

续表

指标（个） \ 年度		2009	2010	2011	2012	2013	2013年同比增幅（%）
保险类	地市分公司	12	14	16	21	21	—
	县区支公司	31	32	40	37	48	29.73
	从业人员总数	11756	12027	12282	12051	11787	-2.24
	财险人员	2841	2945	3011	1817	1903	4.73
	寿险人员	8915	9082	9271	10234	9878	-3.48
证券类	证券机构	7	8	9	10	—	—
	证券公司	—	—	—	—	—	—
	证券营业部	7	8	9	10	—	—
	证券服务部	—	—	—	—	—	—
	从业人员总数	277	304	335	195	197	1.03
	投资者开户	167900	183400	194050	201533	207838	31.29
	境内上市股票支数	6	6	8	8	8	—
	境外上市股票支数	4	4	5	5	5	—
	辖区上市公司总数	10	10	13	13	13	—

威海市主要金融机构业务概况

单位：亿元

单位名称	本外币存款余额	人民币单位存款	人民币储蓄存款	本外币贷款余额	人民币短期贷款	人民币中长期贷款
农发行威海市分行	10.63	10.62	—	39.44	1.63	23.09
工行威海分行	233.87	112.5	102.48	182.97	58.38	114.05
农行威海分行	251.29	86.64	154.74	193.24	101.03	77.54
中行威海分行	222.96	95.23	97.74	168.38	60.37	94.11
建行威海分行	215.02	101.05	104.4	150.27	50.03	95.48
交行威海分行	131.78	78.24	35.96	63.75	49.23	13.16
中信银行威海分行	90.59	48.11	27.45	71.19	45.02	21.97
招行威海分行	50.57	35.73	11.29	51.53	34.45	14.65
浦发银行威海分行	25.87	14.9	2.78	26.99	15.36	10.42
民生银行威海分行	28.38	23.52	2.66	24.54	16.89	7.65
兴业银行威海分行	23.35	20.92	2.42	12.11	12.07	0.05
威海市商行	336.95	133.85	201.46	186.05	95.78	77.43
邮储银行威海市分行	172	15.75	156.22	30.39	12.98	15.65
农信社威海市办事处	226.31	18.87	207.31	139.14	41.42	64.58
威海农商行	277.76	53.84	222.72	200.69	96.14	87.23
青岛银行威海分行	15.09	13.11	1.65	15.49	9.12	1.53
友利银行威海分行	2.64	1.66	0.18	1.68	0.05	—
威海市村镇银行	10.98	5.73	5.24	7.11	6.34	0.78

威海市各县级区域经济金融主要统计指标

名称	人口（万人）	面积（平方公里）	地区生产总值（亿元）	地区生产总值增速（%）	本外币存款余额（亿元）	储蓄存款（亿元）	本外币贷款余额（亿元）
荣成市	66.88	1665	878.59	9.81	525.75	339.98	356.27
文登市	64.28	1645	615.98	9.67	358.61	266.64	234.52
乳山市	56.37	1668	399.76	8.25	271.55	193.37	179.24

威海市（含县级）小额贷款公司机构、业务概览

单位名称	行长（或其他称谓的第一负责人）	员工总数（个）	本外币贷款余额（亿元）	人民币短期贷款（亿元）	人民币中长期贷款（亿元）
威海市环翠区银通小额贷款公司	李明建	11	1.41	1.41	—
威海市高区金泰小额贷款公司	赵　青	6	1.49	1.45	0.04
威海市经区兴企小额贷款公司	徐祥海	7	1.12	1.12	—
威海市环翠区威高银泰小额贷款公司	刘卫东	5	1.57	1.5	0.07
威海市环翠区信悦小额贷款公司	朱俊纶	51	1.32	1.32	—
荣成市好当家小额贷款公司	张南桦	7	1.66	1.66	—
荣成市赤山小额贷款公司	王华杰	7	1.82	1.43	0.39
荣成市汇金小额贷款公司	李长青	4	0.68	0.68	—
荣成市成山小额贷款公司	张可兆	8	1.69	1.69	—
威海市高区金猴小额贷款公司	孙中强	6	1.17	1.17	—
威海市高区融亿通小额贷款公司	侯振钢	6	1.38	1.38	—
威海市经区银企小额贷款公司	姜利国	6	0.96	0.96	—
威海市金海小额贷款公司	张伟贤	5	1.02	1.02	—
威海市环翠区威海卫小额贷款公司	张天海	6	1.12	1.12	—
乳山市益兴小额贷款公司	王春深	8	1	1	—
威海市环翠区宏源小额贷款公司	张艳红	6	1.35	1.35	—
文登市创元小额贷款公司	王忠胜	5	0.72	0.72	—
荣成市润昌小额贷款公司	田文科	6	1.06	1.06	—
荣成市华东小额贷款公司	尹远华	5	1.06	1.06	—
威海市环翠区信元小额贷款公司	连业军	8	0.97	0.97	—

则，详细制定不良贷款处置预案，全市金融机构不良贷款率为1.63%，同比下降0.47个百分点；三是组织开展“银行业文明规范服务示范窗口”评选和银行从业人员消费者权益保护知识竞赛等活动，引导各金融机构建立文明服务规范化、消费者权益保护工作常态化等机制，构建健康和谐的金融消费环境。

【外汇管理】 2013年，外管局威海市中心支局扎实推进外汇管理重点领域改革，促进了辖区经济平稳较快发展。全年全市实现涉外收支总量168.73亿美元，同比增长4.75%。其中，收入104.93亿美元，增长0.07%；对外支出63.8亿美元，增长12.24%，实现顺差41.13亿美元，下降13.21%。结售汇总量102.7亿美元，增长0.49%。其中，结汇77.02亿美元，增长

3.74%；售汇 25.68 亿美元，下降 8.25%，结售汇顺差 51.34 亿美元，增长 10.99%。

一、加强异常企业现场检查。共检查辖内 11 家企业的大额资本金结汇、外债结汇、资产变现账户结汇情况，涉及可疑资金 1.77 亿美元，查处涉嫌非法结汇违规企业 3 家，收缴罚没款 172.47 万元。

二、加强重点企业监测。一是累计对重点监测企业进行非现场监测分析并形成记录 4812 家次，对 32 家重点监测企业实施了现场核查；二是确定并发布 B、C 类企业 5 家并对其贸易外汇收支实施重点监管，注销名录 4 家。

三、积极推进主体监管试点工作。将原来分散在不同部门间的金融机构外汇业务合并管理，实现了“一个窗口”、“一站式”服务，提高了服务效率。

四、开展外商直接投资外汇年检工作。全市参检外资企业 1371 家，年检率 97.23%，代申报率 100%；应参检境外投资企业 79 家，通过外汇网上年检 74 家，参检率 93.67%。

【金融改革】 2013 年，人行威海市中支一是成立了金融管理工作办公室，将货币信贷、调查统计等 9 项对外事务统一纳入管理；二是组织涉农金融机构创新“保单＋仓储＋联保”贷款模式和创设“小微农金超市”，为流通性现代农业提供融资支持。

银监局威海分局一是积极推动指导各涉农金融机构开办渔船抵押、仓单质押、冷风库联保体等新型贷款品种，缓解小微企业融资担保难题；二是推动威海市商行与共青团威海市委等单位联合推出青年创业贷款业务；三是与威海市高区科技局、创业中心等单位共同研发了“科助通”贷款等创业扶持产品，丰富了小微企业金融服务内涵。

【保险业务】 2013 年，威海市保险业继续保持较快增长。其中，财产险保费收入增长较快，人身险保费收入增长趋缓，各项赔款和给付支出增长迅猛。

【证券市场】 2013 年，威海市证券业务总体呈现复苏趋势，具体表现在业务量大幅上升，全年累计实现业务交易量同比增长 41.51%，净利润增长 102.78%；客户保证金余额同比减少 13.61%。全市共有上市公司 11 家，总市值 147.89 亿元，下降 10%。

【精神文明建设】 2013 年，威海市各金融机构继续全面推进精神文明建设，取得明显成效。

人行威海市中支一是组织开展“学公文保密知识 创一流工作业绩”、支付结算、现金管理等业务竞赛活动；二是举办乒乓球、羽毛球比赛，还开展了 2 次环保低碳健步走、4 次登山健身以及健康广场舞、太极缠丝功、青春健美操训练等活动；三是开展“平凡岗位的一天”宣传展示及“携手慈善 共建和谐”慈心一日捐、“我们在一起 冬天不会冷”自愿捐助衣物活动。

银监局威海分局组织扶贫济困、捐资助学、开设道德讲堂以及“监管文化主题年”等活动，组织开展球类比赛、登山摄影等文体活动，办理公务员补充医疗保险，解决职工后顾之忧。

工行威海市分行一是开展扶贫济困送温暖和“爱心一日捐”公益活动；二是组织了业务技术比赛、职工运动会、文艺晚会活动等，丰富了员工文化生活。

农行威海市分行设立“道德讲堂”并定期开展活动，联合长城爱心大本营开展助学、助残以及环保公益活动，通过“幸福家园”工程建设开展丰富多彩的文体活动。

中行威海分行持续推进“快乐中行”企业文化建设，开展春节仲秋送温暖、感恩父母献爱心、登山踏青月、沙滩运动会、羽毛球团体赛、“中国梦·劳动美”职工诗词大赛等活动。

建行威海分行一是扎实推进“服务质量提升年”活动，全年举办各类培训 68 期共 5800 人次；二是组织开展“案例警示教育读书季”等主题教育活动；三是累计发放困难员工补助以及慰问金 18 万元；四是辖属文登支行荣获山东省“模范职工之家”称号。

邮储银行威海市分行积极推进职工小家建设，被威海市总工会授予“威海市模范职工之家”。

交行威海分行一是开展“比贡献、争做巾帼营销能手”竞赛、“创新发展，实干兴行”演讲等活动；二是组织员工春游、环山徒步走、海边徒步走、“好声音卡拉 Ok 比赛”、乒乓球和羽毛球比赛等互动；三是开展“关心员工送温暖”活动，解决员工后顾之忧。

招行威海分行营造浓厚企业文化氛围，组织晨会演讲活动，并建立文化墙、制作楼道和办公区域企业文化刊板、展示栏，并组织开展员工真人 CS 对抗赛、野外拓展技能训练等活动。

浦发银行威海分行成立了学雷锋志愿服务队，建立了道德讲堂，制定并实施了活动方案。

威海市商行举办了“威海市首届青年创新创业大赛”、“3.15 消费者权益日”、“持杖健步走”等活动，组织开展了以“在学习中工作，在工作中学习，在学习工作中快乐成长”为主题的第四届学习节活动和以“心存感恩，快乐成长”为主题的第三届感恩节活动。

青岛银行威海分行一是积极投身公益事业，先后向威海市慈善总会捐赠 20 万元、向雅安灾区捐款 1.27 万元；二是开展“工会建家”活动，举办首届沙滩趣味运动会、“青春激荡，梦想飞扬”主题演讲比赛等文体活动。

威海市农信社、农商行一是不断加强企业文化建设，组织开展爱心捐款、送知识下乡等活动；二是对困难职工走访慰问，解决其生活困难；三是开展青年员工演讲比赛、业务技能比赛、文艺汇演等活动，丰富企业文化内涵。

友利银行威海分行通过每日营业前的“客户服务培训”工作，提高员工服务意识和规范，并举办“金融知识宣传”活动，组织各级领导带头厉行勤俭节约、文明工作。

【大事记】 1 月 4 日 刘彦辉任浦发银行威海分行副行长（浦银青发〔2013〕131 号）。

1月23日　浦发银行成立20周年员工表彰大会在上海举行，浦发银行威海分行行长胡永军荣获金鹰奖。

2月5日　人行威海市中支举办先进表彰暨迎新春联欢会，对9个先进集体、36名考核优秀的干部职工进行表彰。

2月27日　威海市商行德州分行开业。

2月27日　威海市商行与建行山东省分行签订战略合作协议。

3月13日　人行威海市中支举办一届二次职工代表大会，辖区50名职工代表、32名列席代表参加了大会。

4月19日　丁新强任农信社威海市办事处主任（鲁农信联〔2013〕191号）。

4月25日　金龙柱（KIM,YONGJU）任友利银行（中国）有限公司威海分行行长（银监复〔2013〕209号）。

5月7日　梁华杰任青岛银行威海分行行长，于忠强、张永胜任副行长（青岛银发〔2013〕199号）。

5月15日　人行威海市中支联合市公安局、工商局、国税局、地税局、知识产权局、银监局等多家单位，在人民广场开展以打击和防范经济犯罪为主题的集中宣传活动。

5月26日　威海市商行与德国储蓄银行正式签署微贷国际合作项目。

5月29日　友利银行（中国）有限公司威海分行正式成立。

6月7日　人行威海市中支组织开展地震灾害突发事件应急演练，中支机关130余人参加，市政府应急办、地震局以及红十字会等相关领导和专家到场指导。

6月23日～24日　中行总行监事会办公室王学强主任到工行威海分行调研网点转型工作。

7月12日　青岛银行威海分行正式成立。

7月16日　毕崇华、项颉任交行威海分行行长助理（交银鲁任〔2013〕42号）。

7月23日　人行威海市中支举办威海市金融学会第三次会员代表大会，省金融学会彭江波秘书长和市政府、金融办、银监局、民政局有关领导及23家会员单位的85位会员代表出席会议。

7月24日　威海市委书记孙述涛，市委常委王学文，副市长徐连新及发改委、经信委、中小企业局、金融办主要负责人一行到人行威海市中支调研指导工作。

7月30日　邮储银行山东省分行行长马洪宁到威海分行开展调研。

7月30日　王庆毅任工行威海分行党委委员、副行长（工银鲁党委任免〔2013〕30号）。

8月1日　交行山东省分行行长王锋一行到威海分行调研，期间拜会了威海市市长张惠、副市长徐连新及市金融办、人行、银监局的领导。

8月5日　魏锡波任工行威海分行党委委员、副行长（工银鲁党委任免〔2013〕69号）。

9月11日　人行威海市中支召开了全市警银合作联席会议，人行、公安局、银监局、各市级金融机构负责人40余人参加了会议。

9月17日　威海市商行临沂分行开业。

10月10日　张宜伟、李滨分别担任招行威海分行副行长、行长助理（招银青发〔2013〕184号）。

10月11日　人行威海市中支与共青团威海市委在荣成市联合召开银团助农活动座谈会，人行、涉农金融机构、团市委、各市区共青团的负责人、金融挂职干部20余人参加了会议。

10月21日　兴业银行股份有限公司威海分行正式成立。

10月30日　李忠任邮储银行威海市分行副行长（主持工作）（鲁邮银行任〔2013〕25号）。

11月12日　工行山东省分行副行长徐光林来威海分行调研，并拜会了威海市政府副市长樊来法。

11月27日　人总行党委委员、行长助理金琦一行4人来到人行威海市中支就货币金银工作开展调研座谈，济南分行党委委员、副行长李建文，分行货币金银处处长吕峰、威海市中支行长葛志强，纪委书记董国胜陪同座谈。

12月10日　人行威海市中支举办威海市金融消费权益保护协会第一届会员大会暨成立大会，选举产生了协会第一届理事会成员，威海市法院、金融办、仲裁委、消费者协会等市直部门负责人到会祝贺。

12月16日　吕增兵、王兆新任农信社威海市办事处副主任（鲁农信联〔2013〕70号）。

12月17日～18日　人行济南分行党委委员、分行营业管理部党委书记、主任陈好孟一行到人行威海市中支开展2013年度考核工作。

12月26日　威海市商行济宁分行开业。

（邵明志　吕迎社）

荣成市

【经济金融概况】　2013年，荣成市广泛开展“诚信建设创新年”活动，深入推进城乡一体化发展和半岛蓝色经济“两个先行区”建设，经济社会保持了良好发展态势。金融部门认真贯彻稳健货币政策，深化金融改革，改进服务方式，金融运行质量呈大幅提高态势，全市经济金融呈现和谐共赢的良好局面。

【金融发展与改革】　2013年，荣成市金融部门一是把信贷资金更多投向涉蓝重点企业、“三农”和中小企业；二是依托石岛港口岸，开展个人本外币兑换特许业务试点，满足国内外客商外币兑换需求。

荣成市主要经济指标

经济指标	2012	2013	2013年同比增幅（%）	经济指标	2012	2013	2013年同比增幅（%）
土地面积（平方公里）	1665	1665	0	地方财政支出（亿元）	74.4	78.48	5.48
人口（万人）	66.98	66.88	-0.15	全社会固定资产投资（亿元）	434.2	550.96	26.89
*城镇人口（万人）	22.93	22.67	-1.13	进出口总值（万美元）	358000	278545	-22.19
*乡村人口（万人）	44.05	44.21	0.36	出口总值（万美元）	261000	207423	-20.53
地区生产总值（亿元）	800.1	878.59	9.81	实际利用外资（万美元）	8934.5	10995	23.06
第一产业（亿元）	70.2	78.23	11.44	社会消费品零售总额（亿元）	229.4	260.32	13.48
第二产业（亿元）	420.1	444.30	5.76	居民消费价格指数（%）	—	—	—
第三产业（亿元）	309.8	356.06	14.93	人均地区生产总值（元）	119361	131363	10.06
财政总收入（亿元）	100.1	111.95	11.84	城镇居民可支配收入（元）	24459	30754	25.74
地方财政收入（亿元）	42.7	52.24	22.34	农民人均现金收入（元）	—	—	—
财政总支出（亿元）	109.7	116.92	6.5				

荣成市主要金融指标

金融指标（亿元）	2012	2013	2013年同比增幅（%）	金融指标（亿元）	2012	2013	2013年同比增幅（%）
本外币存款余额	475.47	525.75	10.57	财险收入	3.5	2.83	-19.14
人民币存款余额	470.16	519.74	10.55	寿险收入	8.2	6.99	-14.76
单位存款	152.69	163	6.75	财险赔款	2.1	1.55	-26.19
储蓄存款	305.26	339.98	11.37	寿险给付	0.9	2.26	151.11
本外币贷款余额	319.80	356.27	11.4	当年结益	—	—	—
人民币贷款余额	315.32	351.50	11.47	证券市场交易总额	90.02	220.73	145.20
短期贷款	174.98	218.43	24.83	投资者保证金余额	1.11	0.67	-39.64
中长期贷款	128.9	125.87	-2.35	证券账户开户数	24534	26823	9.33
票据融资	11.4	7.19	-36.95	证券交易佣金收入	0.30	0.18	-40.00
当年结益	—	—	—	净利润	0.02	0.1	400
不良贷款余额	2.35	2.17	-7.66				

荣成市主要金融机构概况

单位名称	行长（或其他称谓的第一负责人）	副行长（或其他称谓的同级领导）	员工人数	辖内营业网点数
人行荣成市支行	张明波	张福信　杨　斌　周军威	27	1
银监会荣成办事处		丛明滋	3	1
农发行荣成支行	赵学坤	王传胜　邹积华	23	1
工行荣成支行	宁树章	孙白冰　于晓玲　王文明	89	6
工行石岛支行	房　泽	宋洪杰　郑　勇　宋海涛	52	3

续表

单位名称	行长（或其他称谓的第一负责人）	副行长（或其他称谓的同级领导）	员工人数	辖内营业网点数
农行荣成支行	宋学峰	王连强　刘彦霖　李立勇　洪志强	167	8
农行石岛支行	张明光	袁敬永　张春林	89	6
中行荣成支行	李若祥	梁华双	58	3
中行石岛支行	原建海	于小伟　曲　明　姜　杰	50	1
建行荣成支行	吴明凯	葛建文	90	5
建行石岛支行	王继康	赵光辉　刘晓峰	40	2
交行荣成支行	孙永建	孙小喆	25	1
招行荣成支行	岳红娟	王　林	21	1
中信荣成支行		鞠学军	32	1
中信石岛支行	张军辉		21	1
威海商行荣成支行	李　明　王增荣　曹爱民	王　娜　吕鸿毅　王玉成	68	3
威海商行石岛支行	张　伟	沈　阳	20	1
荣成农商行	卢均平	李　岩	785	71
邮储银行荣成市支行	李巧玉	王小霞	102	6
山东荣成汇丰村镇银行	肖　健	闫凤芹　史永杰	61	2

荣成市主要金融机构业务概况

单位：亿元

单位名称	本外币存款余额	人民币单位存款	人民币储蓄存款	本外币贷款余额	人民币短期贷款	人民币中长期贷款
农发行荣成市支行	3.71	3.71	—	11.48	4.45	7.03
工行荣成支行	36.33	22.99	13.31	19.94	11.63	8.08
工行石岛支行	12.64	6.67	5.88	23.2	12.78	9.64
农行荣成支行	40.05	11.03	28.64	23.05	18.20	4.78
农行石岛支行	22.66	3.17	19.13	13.44	8.54	4.87
中行荣成支行	24.14	13.79	10.35	13.25	6.93	6.18
中行石岛支行	19	9	9	19	14	5
建行荣成支行	30.39	18.2	11.63	15.84	11.42	3.73
建行石岛支行	8.7	3.4	5.2	18	4.8	10.9
交行荣成支行	12.08	9.27	1.65	10.29	9.59	0.68
中信荣成支行	13.7	8.15	4.26	13.20	10.32	2.79
中信石岛支行	8.8	4.41	4.35	13.75	9.30	4.29
招行荣成支行	4.83	3.40	1.40	5.5	5.24	0.04
荣成城商行	29	11	18	13.8	10	3.8

续表

单位名称	本外币存款余额	人民币单位存款	人民币储蓄存款	本外币贷款余额	人民币短期贷款	人民币中长期贷款
石岛城商行	11.5	2.4	9.1	7	5.8	1.2
荣成农商行	177.53	29.18	148.21	129.90	73.01	49.88
邮储银行荣成市支行	56.34	4.21	52.12	5.48	3.06	2.42
荣成汇丰村镇银行	3.4	2.4	1	2.4	2.4	0

【金融服务与监管】 2013年，荣成市金融监管部门一是深化农村支付环境建设，全市800多个村实现了金融服务机具全覆盖，350个社区服务中心均配备了农民自助服务终端；二是组织对6家金融机构进行综合执法检查，对7家银行机构开展人民币业务检查，对5家金融机构开展了重大事项报告制度执行情况专项检查，对1家村镇银行信贷风险进行专题评估。

（张　勇　车　红）

文登市

【经济金融概况】 2013年，文登市继续打造蓝色经济区和城市新区，扩展经济开发区三大空间，大力推进新型工业化、社会主义新农村、和谐文登三个建设，全市经济实现了平稳较快发展。

金融运行继续保持平稳的发展态势，各项存款持续增长，储蓄稳定增长，保险业发展态势平稳，证券市场交易下降趋势

文登市主要经济指标

经济指标	2012	2013	2013年同比增幅（%）	经济指标	2012	2013	2013年同比增幅（%）
土地面积（平方公里）	1645	1645	0	地方财政支出（亿元）	44.56	47.56	6.73
人口（万人）	64.31	64.28	-0.05	全社会固定资产投资（亿元）	349.77	442.33	25.5
*城镇人口（万人）	17.63	25.42	38.51	进出口总值（万美元）	111610	140200	25.6
*乡村人口（万人）	45.41	38.86	-14.43	出口总值（万美元）	74783	97400	30.2
地区生产总值（亿元）	561.65	615.98	9.67	实际利用外资（万美元）	11072	11499	28.6
第一产业（亿元）	48.14	55.66	15.62	社会消费品零售总额（亿元）	222.91	248.07	13.32
第二产业（亿元）	295.17	309.74	4.9	居民消费价格指数（%）	103.6	102.8	2.8
第三产业（亿元）	218.34	250.58	14.77	人均地区生产总值（元）	87335	105903	21.26
财政总收入（亿元）	77.73	85.57	10.1	城镇居民可支配收入（元）	21023	23162	10.17
地方财政收入（亿元）	31.17	38.84	15.2	农民人均现金收入（元）	14559	16310	12.03
财政总支出（亿元）	—	—	—				

文登市主要金融指标

金融指标（亿元）	2012	2013	2013年同比增幅（%）	金融指标（亿元）	2012	2013	2013年同比增幅（%）
本外币存款余额	318.43	358.61	12.62	财险收入	2.20	2.45	11.2
人民币存款余额	315.55	354.27	12.27	寿险收入	6.26	6.97	11.4
单位存款	68.42	81.7	19.41	财险赔款	1.14	1.29	12.8

续表

金融指标（亿元）	2012	2013	2013年同比增幅（%）	金融指标（亿元）	2012	2013	2013年同比增幅（%）
储蓄存款	243.31	266.64	9.59	寿险给付	1.24	2.13	30.52
本外币贷款余额	198.08	234.52	18.41	当年结益	0.12	0.17	41.67
人民币贷款余额	197.11	233.29	18.36	证券市场交易总额	55.11	84.7	53.69
短期贷款	70.95	91.66	29.19	投资者保证金余额	10.19	11.26	10.5
中长期贷款	108.12	122.53	13.33	证券账户开户数	22141	22769	2.8
票据融资	18.04	19.09	5.82	证券交易佣金收入	0.11	0.15	36.36
当年结益	4.1	20.24	20.24	净利润	0.03	0.1	233.33
不良贷款余额	2.4	1.79	-25.42				

文登市主要金融机构概况

单位名称	行长（或其他称谓的第一负责人）	副行长（或其他称谓的同级领导）	员工人数	辖内营业网点数
人行文登市支行	姜　春	王　军　宋吉刚　赛明霞	28	1
银监会文登市办事处	王进生		3	1
农发行文登市支行	曲厚礼	王虎强　傅　蓉	24	1
工行文登支行	宋震旦	秦之开　丛东明　董　剑	102	6
农行文登支行	王　光	曲思强　于春霞　李　彬	230	18
中行文登支行	沙海涛	戴　青　崔忠健	85	4
建行文登支行	李炳坤	袁　明　王凤英	107	5
中信文登支行	刁世波	李　玲　丰向东	26	1
交行文登支行	于　杰	崔喜祝　苏　晓	21	1
招行文登支行	张晓芳	张耀中	22	1
威海商行文登支行	王　文	王树军　田　亚　邓　晓	52	3
文登市农信联社	王志勇	李松旦　丛培刚　韩晓松	651	39
邮储银行文登市支行	于　杰	毕崇强　崔红光	88	4
文登建信村镇银行	胡光明	于波涛	23	1

文登市主要金融机构业务概况

单位：亿元

单位名称	本外币存款余额	人民币单位存款	人民币储蓄存款	本外币贷款余额	人民币短期贷款	人民币中长期贷款
农发行文登市支行	3.46	3.46	—	17.45	8.05	9.40
工行文登支行	28.10	11.56	15.88	27.58	5.56	22.02
农行文登支行	59.65	19.57	38.92	34.62	11.79	21.42
中行文登支行	24.50	8.45	15.97	13.52	5.31	8.21

续表

单位名称	本外币存款余额	人民币单位存款	人民币储蓄存款	本外币贷款余额	人民币短期贷款	人民币中长期贷款
建行文登支行	25.82	8.52	17.04	16.50	4.32	12.18
中信文登支行	8.59	4.34	3.49	10.57	5.08	5.49
交行文登支行	7.05	4.50	1.67	7.10	6.70	0.40
招行文登支行	5.04	3.49	1.55	6.69	4.65	2.04
威海商行文登支行	37.32	9.67	27.60	17.26	10.21	6.95
文登市农信联社	111.76	6.64	105.07	74.98	26.53	30.87
邮储银行文登市支行	42.61	2.14	40.47	6.42	2.91	3.51
文登建信村镇银行	2.68	1.37	1.31	1.83	1.79	0.04

明显。

【金融发展与改革】 2013 年，文登市金融部门发展与改革成效显著。一是人行文登市支行继续发挥窗口指导作用，引导金融机构强化内控建设，防范金融风险能力不断提高；二是优化营业网布局，成立了山东文登建信村镇银行，设立了 1 家异地机构支行。

【金融服务与监管】 2013 年，人行文登市支行引导各金融机构根据国家货币政策和产业政策导向的新变化，克服国家信贷逐渐收紧的因素影响，不断调整优化信贷结构，切实加大支持力度，推动文登经济平稳较快发展

（梁海涛 杨建萍）

乳山市

【经济金融概况】 2013 年，乳山市经济继续保持平衡增长，经济总量不断扩大，运行质量不断优化。全市金融机构认真贯彻执行稳健的货币政策，货币信贷增长继续向常态水平回归，资产质量和经营效益稳中有降。

【金融发展与改革】 2013 年，人行乳山市支行坚持稳中求进总基调，在确保安全稳定的前提下，全面提升履职能力和水平，积极搭建银企合作平台，继续开展金融产品推介等银企对

乳山市主要经济指标

经济指标	2012	2013	2013 年同比增幅（%）	经济指标	2012	2013	2013 年同比增幅（%）
土地面积（平方公里）	1668	1668	0	地方财政支出（亿元）	29.66	32.93	11.02
人口（万人）	56.72	56.37	-0.6	全社会固定资产投资（亿元）	298.96	376.73	26.01
城镇人口（万人）	16.05	16.25	1.2	进出口总值（万美元）	58164	63503	9.17
乡村人口（万人）	40.67	40.47	-0.4	出口总值（万美元）	49880	55365	10.99
地区生产总值（亿元）	369.29	399.76	8.25	实际利用外资（万美元）	6801	9005	32.41
第一产业（亿元）	31.21	35.52	13.8	社会消费品零售总额（亿元）	151.04	171.12	13.29
第二产业（亿元）	201.20	211.87	5.3	居民消费价格指数（%）	--	--	--
第三产业（亿元）	136.89	152.37	11.3	人均地区生产总值（元）	65107	70698	9
财政总收入（亿元）	41.45	65.51	58.04	城镇居民可支配收入（元）	28491	28491	0
地方财政收入（亿元）	20	24.48	22.4	农民人均现金收入（元）	12052	13378	11
财政总支出（亿元）	--	--	--				

乳山市主要金融指标

金融指标（亿元）	2012	2013	2013年同比增幅（%）	金融指标（亿元）	2012	2013	2013年同比增幅（%）
本外币存款余额	241.73	271.55	12.34	财险收入	1.16	1.35	16
人民币存款余额	240.24	269.80	12.30	寿险收入	4.16	4.39	6
单位存款	62.45	76.42	22.37	财险赔款	0.7	0.75	7
储蓄存款	178.04	193.37	8.61	寿险给付	0.1	1.35	1250
本外币贷款余额	175.41	179.24	2.18	当年结益	--	--	--
人民币贷款余额	167.20	170.63	2.05	证券市场交易总额	48	83	73
短期贷款	29.72	23.59	-20.63	投资者保证金余额	0.36	0.35	-3
中长期贷款	121.87	131.48	7.88	证券账户开户数	0.08	0.12	50
票据融资	15.56	15.56	0	证券交易佣金收入	0.09	0.13	44
当年结益	-6.05	2.73	--	净利润	0.02	0.07	250
不良贷款余额	4.80	14.27	197.29				

乳山市主要金融机构概况

单位名称	行长（或其他称谓的第一负责人）	副行长（或其他称谓的同级领导）	员工人数	辖内营业网点数
人行乳山市支行	高　伟	官云山　姜福芝	24	1
银监会乳山市办事处	于爱彦		2	1
农发行乳山市支行	姜庶先	王钧禄	23	1
工行乳山支行	宋　宁	王国强　宋海涛	73	5
农行乳山支行	陶海华	金青林　樊庆森　王树涛	120	9
中行乳山支行	于志强	孙海军	56	3
建行乳山支行	徐　辉	曹绍玮　袁　明　王修波	86	4
威海商行乳山市支行	孙京柱	宫本军	43	2
乳山市农信联社	于　洋	郑　利　刑汝永　陈　凯　丁建平　仇风华	493	33
招行乳山支行	段爱军	史国兴	14	1
邮储银行乳山市支行	刘　利		79	21
乳山市天骄村镇银行	王　飞	孙志强　袁晨光	55	3

乳山市主要金融机构业务概况

单位：亿元

单位名称	本外币存款余额	企业存款	储蓄存款	本外币贷款余额	短期贷款	中长期贷款
农发行乳山市支行	2.97	2.97	—	6.78	0.72	5.23
工行乳山支行	26.13	12.42	12.80	21.92	2.87	19.04

续表

单位名称	本外币存款余额	企业存款	储蓄存款	本外币贷款余额	短期贷款	中长期贷款
农行乳山支行	23.20	6.85	15.86	30.35	3.59	18.45
中行乳山支行	15.50	4.99	10.50	10.82	1.37	9.42
建行乳山支行	23.24	12.10	10.90	27.24	1.42	25.82
招行乳山支行	5.07	3.86	1.20	5.99	2.92	3.07
威海商行乳山市支行	31.23	16.04	15.19	5.85	3.10	2.74
乳山市农信联社	114.55	12.23	102.24	64.16	14.89	33.71
邮储银行乳山市支行	23.97	2.34	21.63	3.26	0.90	2.36
乳山市天骄村镇银行	4.80	1.92	2.88	2.85	2.11	0.74

接活动，各项工作呈整体推进的良好局面。

【金融服务与监管】 2013年，人行乳山市支行一是在全省率先探索建立了县域金融稳定协调机制、金融重大及突发事件信息管理协作机制；二是加大金融支持现代农业发展，扎实推进农村信用体系试验区建设；三是切实把稳增长放在更加重要的位置，保持了信贷和社会融资规模的平稳适度增长。

（宋 宁 孔瑞华）

潍坊市

【经济金融概况】 2013年，潍坊市金融系统加大对实体经济支持力度，为推动全市创新发展、转型发展、科学发展提供了强有力金融支撑。金融运行主要呈现以下特点：

一、社会融资规模增速放缓，银行融资占比提高。全市社会融资规模余额804.1亿元，同比减少207亿元。其中，银行融资余额697.6亿元，同比减少124.9亿元，占比86.8%；直接融资余额70.9亿元，同比减少73亿元，占比8.8%。

二、贷款余额突破4000亿元，增速明显回落，成为继青岛、济南之后第3个贷款余额突破4000亿元的地级市。

三、信贷结构合理调整，支持实体经济力度加大。一是中长期贷款增加165.2亿元，是上年的1.8倍；二是票据融资减少38.9亿元，同比多减54.6亿元；三是大力支持三农、小微企业、服务业和制造业，新增贷款分别达380.1亿元、187.4亿元、70.3亿元和238.6亿元，较年初分别增长16.6%、28.4%、8.1%和18.9%。

四、各项存款突破5000亿，增速明显回落，成为继济南、青岛、烟台之后第四个存款突破5000亿元的地级市。

五、经营效益良好，金融对地方经济的贡献度加大。全市金融机构缴纳地税收入32.9亿元，缴纳国税收入14.4亿元，对地方财政收入的贡献率为9.36%，同比提高0.56个百分点，在服务业中仅次于房地产业居第2位。

【货币政策实施】 2013年，人行潍坊中支牢牢把握金融服务实体经济要求，加强窗口指导、推进金融创新、搭建银企对接平台，着力优化信贷资源配置，为全市经济转调创营造了良好的金融环境。

一、努力营造货币政策落实的良好环境。一是通过金融形势专题汇报、经济金融会议发言、货币政策宣讲等形式，积极争取地方党委政府主动适应社会融资结构变化大趋势；二是科学运用差别准备金、合意贷款调整和信贷政策导向评估等手段，引导金融机构加大对转调创支持力度；三是建议并协助召开全市第5次金融工作会议，出台加快金融创新发展的33条意见。

二、创新开展蔬菜订单融资业务。指导金融机构制定了农产品订单融资业务管理办法，在全国率先开展"涉农及中小企业贷款保证保险"试点，为蔬菜订单融资业务提供支持。山东省郭树清省长、人行总行刘士余副行长、潘功胜副行长、潍坊市市委杜昌文书记做出批示，新华社、经济日报、金融时报3家中央级媒体进行了专题报道。

三、创新金融支持现代农业发展方式。一是制定《潍坊市金融支持现代农业工作试点方案》，搭建与农业、林业、妇联、团委等部门的沟通协作平台，累计发放支农再贷款9.8亿元，重点支持花卉、奶牛、苗木等现代高效农业发展；二是办理2.3亿元再贴现引导开展商业票据业务，支持以福田雷沃为龙头的农业机械行业发展；三是引导金融机构围绕支持现代农业发展，创新信贷产品和服务方式。

潍坊市经济主要统计指标

指标＼年度	2009	2010	2011	2012	2013	2013年同比增幅（%）
土地面积（平方公里）	16005	16005	16005	16005	16005	0
人口（万人）	867.85	873.8	877.61	878.87	922.5	5.0
城镇人口（万人）	418.82	—	—	—	—	—
乡村人口（万人）	449.03	—	—	—	—	—
地区生产总值（亿元）	2727.77	3090.92	3541.85	4012.43	4420.7	10.6
第一产业（亿元）	301.96	330.51	359.28	390.52	433.1	3.3
第二产业（亿元）	1564.67	1720.29	1961.40	2166.17	2297.4	11.5
工业（亿元）	1419.08	1545.56	1760.97	1952.43	2063.24	11.7
建筑业（亿元）	145.59	174.7	200.43	213.74	—	—
第三产业（亿元）	861.15	1040.13	1221.17	1455.74	1690.2	11.4
人均地区生产总值（元）	30568	34250	40358	45654	47943	10.2
地区生产总值构成（%）	100	100	100	100	100	—
第一产业（%）	11.07	10.69	10.14	9.73	9.8	0.07
第二产业（%）	57.36	55.66	55.38	53.99	51.97	-2.02
第三产业（%）	31.57	33.65	34.48	36.28	38.23	1.95
财政总收入（亿元）	—	—	—	—	—	—
地方财政收入（亿元）	157.95	202.43	253.92	306.12	383.92	15.6
财政总支出（亿元）	—	—	—	—	—	—
地方财政支出（亿元）	227.7	291	358.26	425.6	493.96	16.1
全社会固定资产投资（亿元）	1890.50	2331.02	2603.17	3012.9	3429.9	19.5
规模以上固定资产投资（亿元）	1858.77	2304.2	2603.17	—	—	—
房地产开发（亿元）	266.50	367.63	405.87	468.81	602.1	28.4
进出口总值（亿美元）	80.80	117.51	140.93	149.76	161.6	7.9
出口总值（亿美元）	62.00	86.96	103.68	109.71	116.0	5.8
实际利用外资（亿美元）	6.78	7.21	7.22	7.68	8.1	5.5
社会消费品零售总额（亿元）	988.49	1151.12	1349.82	1551.6	1758.8	13.4
居民消费价格指数（%）	100.50	102.60	104.40	101.7	101.6	-0.1
城市居民人均可支配收入（元）	17267.30	19675.1	22508.2	25817.5	28386	9.95
农民人均现金收入（元）	7694.55	8871.6	10408.9	11796.9	13273	12.51

注：地方财政收入为公共财政预算收入数据；地方财政支出项为公共财政预算支出数据。

潍坊市工农业主要统计指标

农业主要统计指标（万吨）				规模以上工业企业主要统计指标（亿元）			
项目＼年度	2012年	2013年	增幅（%）	项目＼年度	2012年	2013年	增幅（%）
粮食	552.0	475.3	-13.89	工业增加值	1847.13	2063.24	11.7
夏粮	254.3	224.6	-11.68	国有工业	—	—	17.8

续表

农业主要统计指标（万吨）				规模以上工业企业主要统计指标（亿元）			
项目＼年度	2012年	2013年	增幅（%）	项目＼年度	2012年	2013年	增幅（%）
秋粮	297.6	250.7	-15.76	集体工业	—	—	4.9
棉花	4.9	3.9	-21.8	股份制工业	—	—	13.0
油料	24.4	24.7	1.2	股份合作制工业	—	—	31.9
水果	89.5	91.5	2.2	外商及港澳台投资工业	—	—	10
蔬菜	1153.0	1165.6	1.1	轻工业	—	—	10.6
肉类	142.4	142.8	0.3	重工业	—	—	14.6
禽蛋	26.2	26	-1.0	销售收入	10684.4	11974.2	13.5
奶类	31.1	27.1	-12.8	利税	837.4	969.6	22.4
水产品	53.0	57.9	9.2	利润	545.5	662.1	23.3
森林覆盖率（%）	35.2	35.5	0.3	经济效益综合指数（%）	—	—	—

注：表格中空缺的地方是因为缺乏相关统计数据所致，特此说明。

潍坊市主要金融机构负责人

单位名称	行长（或其他称谓的第一负责人）	副行长（或其他称谓的同级领导）	员工总数	辖内营业网点数
人行潍坊市中心支行	刘福毅	李万友 孙广明 陈光升 徐广平 王新军	186	9
银监会潍坊监管分局	刘世明	张志荣 刘文正 刘 勇 璩新民	65	9
农发行潍坊市分行	韩玉忠	杜 军 庄红梅 隋全亮	285	11
工行潍坊分行	孙长庚	冯 洁 高华江 刘明江 杨宗海 吴 江 鞠立坤 韩志忠 李绪国 伦九亮	1874	96
农行潍坊市分行	闵令民	田树江 贾建生 贺祥君 董月民 黄砚章 王永明 常 戈	2829	175
中行潍坊分行	汪 雷	焉长海 宋若钦 冯传亮 付廷泉	1154	49
建行潍坊分行	陈 鹏	王佳军 辛立国 刘志勇	1585	69
交行潍坊分行	刘安奎	陈允建 齐文江 韩 永 丛 杰	509	19
潍坊银行	史跃峰	闫红兵 陈瑞源 王宗华 温英杰 仪修喜 朱毅达 李建卫 黄建军 徐振文 王新光 周世国	1659	65
招行潍坊分行	蔡其根	董绍东 王少波	202	5
兴业银行潍坊分行	吴永林	高 军 马曙平	180	5
浦发银行潍坊分行	朱金禄	刘兆建 刘 炜 宋立华	136	4
华夏银行潍坊支行	杨晓丽	于伟民 孙绍军 李兆亮	55	2
中信银行潍坊分行	于 珂	江世津 袁 菲	132	4
民生银行潍坊分行	马 涛	刘洪涛 杨林东 井 昌	197	6
恒丰银行潍坊分行	孟 凯	毛文东 于乃里	45	1
农信社潍坊市办事处	王祖玉	马春成 邹 维 赵宝修 王永坤 闫洪江	7311	589

续表

单位名称	行长（或其他称谓的第一负责人）	副行长（或其他称谓的同级领导）	员工总数	辖内营业网点数
邮储银行潍坊市分行	张立海	张俊兰　薛　梅　王凤华　梁伟业	1243	71
齐商银行潍坊分行	贾如玉	王　文　李　涛	100	2
寿光张农商村镇银行	周兴江	王月民	26	3
青州中银富登村镇银行	于建波	吴　光　史云龙	57	2
高密惠民村镇银行	郑晓军	李　萍　王国栋	69	4
诸城建信村镇银行	鹿桂波	肖艳国	23	1
临朐聚丰村镇银行	马瑞卿	张明杰　丁万刚　郭　志　薛　丽	45	1

潍坊市金融业务统计指标

指标（亿元） \ 年度		2009	2010	2011	2012	2013	2013年同比 增加额	2013年同比 增幅（%）
银行类	本外币存款余额	2768.22	3307.7	3748.88	4437.81	5059.77	620.54	13.98
	人民币存款余额	2738.96	3281.25	3706.93	4367.27	4973.91	605.23	13.86
	*单位存款	619.10	746.94	1540.10	1802.55	2099.66	235.77	13.08
	储蓄存款	1605.11	1843.79	2081.80	2450.37	2802.48	342.01	13.96
	本外币贷款余额	2074.45	2570.84	3001.53	3531.88	4005.76	461.51	13.07
	人民币贷款余额	2042.63	2514.81	2932.69	3398.51	3832.70	421.85	12.41
	短期贷款	1086.94	1350.12	1654.51	2016.35	2492.88	332.53	16.49
	中长期贷款	789.99	1078.88	1181.44	1269.19	1435.58	165.23	13.02
	票据融资	165.36	85.65	96.62	112.3	73.41	-38.88	-34.62
	当年结益	53.21	67.4	97.8	111.5	131.3	19.8	17.76
	不良贷款余额	41.55	32.46	21.28	30.69	35.56	4.87	15.87
	不良贷款占比%	2.00	1.26	0.71	0.87	0.89	0.02	2.30
保险类	保险公司保费收入	64.92	86.45	89.70	94.7	111.06	16.36	17.2
	财险收入	19.57	27.54	31.70	37.3	42.79	5.49	14.8
	寿险收入	45.36	58.91	58.0	57.5	68.27	10.77	18.8
	保险公司赔款和给付支出	12.36	14.98	23.6	27.4	37.37	9.97	36.39
	财险赔款	10.54	12.84	15.6	18.5	23.17	4.67	25.24
	寿险给付	1.82	2.14	8.0	8.9	14.20	5.3	59.4
	当年结益	—	—	—	—	—	—	—
证券类	证券市场成交总额	1829.55	1418	1392	1043	1368	325	31.16
	投资者保证金余额	22.41	17.1	16.8	17.4	—	—	—
	证券账户开户数	29.46	31.55	33.24	38.36	40.30	1.94	5.06
	佣金收入	4.38	3.36	2.13	1.81	2.73	0.92	50.83
	净利润	—	—	—	—	—	—	—

续表

指标（亿元）		2009	2010	2011	2012	2013	2013年同比增加额	2013年同比增幅（%）
证券类	期货市场成交总额	—	—	—	—	—	—	—
	期货客户保证金余额	—	—	—	—	—	—	—
	期货账户开户数	—	—	—	—	—	—	—
	期货手续费收入	—	—	—	—	—	—	—
	利润总额	—	—	—	—	—	—	—

注：证券类数据为调度数据，准确性较低。

潍坊市金融机构统计指标

指标（个）		2009	2010	2011	2012	2013	2013年同比增幅（%）
银行类	法人机构	15	15	18	18	19	5.6
	省级分行	0	0	0	0	0	0
	二级分行	12	12	15	15	21	40.0
	县区支行	132	145	150	195	214	9.7
	分理处、营业所	965	962	1014	1135	1254	10.5
	储蓄所	11	11	9	5	4	-20.0
	从业人员总数	19006	19628	18423	19023	20173	6.0
保险类	保险机构	263	271	293	316	344	8.86
	财险机构	127	131	142	156	168	7.69
	省级分公司	0	0	0	0	0	0
	地市分公司	21	23	26	28	28	0
	县区支公司	106	108	116	128	140	9.38
	寿险机构	136	140	151	160	176	10.00
	省级分公司	0	0	0	0	0	0
	地市分公司	22	23	26	30	32	6.67
	县区支公司	115	117	125	130	144	10.77
	从业人员总数	28974	30599	30823	32870	38000	15.61
	财险人员	7136	7540	7645	8283	11060	33.53
	寿险人员	21838	23058	23178	24587	26940	9.57
证券类	证券机构	16	21	21	23	25	8.7
	证券公司	1	3	3	5	6	20.0
	证券营业部	11	15	15	15	16	6.7
	证券服务部	4	3	3	3	3	0
	从业人员总数	176	283	287	508	472	-7.1
	投资者开户	297889	315670	325752	383584	403048	5.1
	境内上市股票支数	12	15	18	20	20	0
	境外上市股票支数	13	18	19	19	19	0
	辖区上市公司总数	21	29	33	35	35	0

潍坊市主要金融机构业务概况

单位：亿元

单位名称	本外币存款余额	人民币单位存款	人民币储蓄存款	本外币贷款余额	人民币短期贷款	人民币中长期贷款
农发行潍坊市分行	25.89	25.82	0	153.73	46.11	105.65
工行潍坊分行	533.22	242.82	244.12	601.46	213.72	349.12
农行潍坊市分行	736.13	241.70	455.63	521.84	332.65	181.71
中行潍坊分行	387.72	205.89	155.16	360.60	165.66	123.83
建行潍坊分行	497.27	215.84	249.35	440.40	108.23	295.73
交行潍坊分行	226.79	149.21	55.18	173.77	102.01	68.00
华夏银行潍坊支行	27.85	23.53	4.04	21.93	11.14	5.30
招商银行潍坊分行	65.60	46.82	17.27	70.02	46.02	17.54
浦发银行潍坊分行	73.22	61.85	5.79	61.59	45.28	11.74
兴业银行潍坊分行	158.12	122.73	18.92	101.47	73.21	25.74
民生银行潍坊分行	71.09	57.81	10.64	54.62	43.97	10.41
中信银行潍坊分行	80.58	71.36	6.70	60.29	39.50	11.74
光大银行潍坊分行	0.04	0.00	0.02	0	0	0
恒丰银行潍坊分行	13.55	12.13	1.42	5.20	4.76	0
潍坊银行	462.96	263.22	196.62	320.17	274.01	28.94
农信社潍坊市办事处	1357.82	227.77	1122.99	957.11	759.91	155.10
邮储银行潍坊市分行	253.41	24.72	228.61	62.93	23.22	38.66
齐商银行潍坊分行	18.00	13.22	4.67	10.91	9.12	0.09
日照银行潍坊分行	5.20	4.54	0.67	3.01	3.00	0.01
东营银行潍坊分行	0.01	0	0.00	0	0	0
寿光张农商村镇银行	8.41	3.49	4.91	7.38	6.85	0.53
青州中银富登村镇银行	3.00	0.81	2.16	3.92	0.47	3.45
高密惠民村镇银行	6.05	3.48	2.56	3.21	3.20	0.01
诸城建信村镇银行	2.33	1.06	1.26	2.41	2.37	0.02
临朐聚丰村镇银行	4.02	1.60	2.42	3.92	3.86	0.06

潍坊市各县级区域经济金融主要统计指标

名称	人口（万人）	面积（平方公里）	地区生产总值（亿元）	地区生产总值增速（%）	本外币存款余额（亿元）	储蓄存款（亿元）	本外币贷款余额（亿元）
潍城区	42.3	289	208.6	11.3	—	—	—
奎文区	45.0	88	200.9	40.3	—	—	—
坊子区	31.8	312	116.1	11.3	—	—	—
寒亭区	30.6	869	170.3	10.5	—	—	—
青州市	95.4	1569	504.3	11.1	531.1	348.4	397.9
诸城市	109.1	2169	642.7	9.7	465.8	280.0	401.8

续表

名称	人口（万人）	面积（平方公里）	地区生产总值（亿元）	地区生产总值增速（%）	本外币存款余额（亿元）	储蓄存款（亿元）	本外币贷款余额（亿元）
寿光市	105.0	2072	701.3	13.5	639.6	352.2	588.5
安丘市	95.0	1710	247.9	12.1	259.8	194.4	203.4
高密市	87.9	1526.6	501.4	12.5	297.4	202.5	260.2
昌邑市	58.3	1582	326.5	10.5	304.0	210.5	205.3
临朐县	88.2	1833	205.5	13.3	244.7	186.4	178.8
昌乐县	61.8	1101	238.5	10.5	225.4	140.2	192.5

注：表格中空缺的地方是因为市辖区缺乏相关统计数据所致，特此说明。

潍坊市（含县级）小额贷款公司机构、业务概览

单位名称	行长（或其他称谓的第一负责人）	员工总数（个）	本外币贷款余额（亿元）	人民币短期贷款（亿元）	人民币中长期贷款（亿元）
青州中晨小额贷款公司	刘作新	10	1.09	1.09	0
青州市博发小额贷款公司	纪凤瑞	10	2.27	2.27	0
青州市民丰小额贷款公司	王海鹏	11	1.67	1.45	0.22
青州市锦业小额贷款公司	张庆法	8	1.73	1.73	0
瑞信小额贷款公司	张立苹	11	0.94	0.94	0
恒生小额贷款公司	蒋　红	12	1.08	1.08	0
得利斯小额贷款公司	于印田	6	1.05	1.05	0
义和小额贷款公司	廉　礼	15	1.26	1.26	0
寿光市华天通小额贷款公司	孙爱华	9	1.52	1.52	0
寿光市汇鑫小额贷款公司	李凤华	11	1.12	1.12	0
寿光市嘉信小额贷款公司	张子标	10	1.14	1.14	0
寿光市金海小额贷款公司	王金栋	14	0.65	0.65	0
寿光市金浩小额贷款公司	刘爱武	15	1.94	1.94	0
寿光市懋隆小额贷款公司	国焕然	6	1.31	1.31	0
寿光市宗鑫小额贷款公司	李宗章	14	2.77	2.77	0
寿光市鑫润小额贷款公司	吕兴三	12	1.27	1.27	0
安丘市通源小额贷款公司	薛德山	14	1.32	1.32	0
安丘市奥信小额贷款公司	董绪林	13	1.73	1.73	0
安丘市恒安小额贷款公司	赵立群	12	1.09	1.09	0
高密交运小额贷款公司	李存忠	12	1.87	1.87	0
高密豪迈小额贷款公司	徐　勇	8	1.18	1.18	0
高密聚源通小额贷款公司	单联香	11	1.38	1.38	0
高密汇元小额贷款公司	李洪峰	7	1.29	1.29	0
高密金孚隆小额贷款公司	徐显俊	7	1.07	1.07	0

续表

单位名称	行长（或其他称谓的第一负责人）	员工总数（个）	本外币贷款余额（亿元）	人民币短期贷款（亿元）	人民币中长期贷款（亿元）
昌邑市汇德小额贷款公司	高百明	22	1.09	1.09	0
临朐县恒丰小额贷款公司	窦立永	16	3.39	3.39	0
临朐县弘信小额贷款公司	冯利军	14	1.59	1.59	0
昌乐县裕丰小额贷款公司	葛玉芳	10	0	1.11	0
昌乐县汇银小额贷款公司	朱爱启	10	0	0.98	0

四、拓宽实体经济融资渠道。一是深入开展“创新金融服务方式，支持实体经济发展”主题活动，大力推广续贷零等待提速企业融资，有效缓解了企业临时性周转困难；二是联合市金融办等4个经济主管部门和寿光等3个县市政府召开了6次银企对接会，促成授信意向500余亿元；三是指导14家企业通过银行间债券市场低成本融入资金94.55亿元，其中区域集优融资额和融资期数均居全国第1位。

【金融稳定】 2013年，人行潍坊中支积极采取措施防范金融风险，维护区域金融稳定。一是作为山东省两家试点地市之一，积极开展证券期货监管合作试点；二是积极配合地方党委政府妥善处置部分县市非法融资事件，有关做法得到人行济南分行肖龙沧副行长批示；三是稳步推进金融消费权益保护工作，制定了金融消费者申诉处理、群体性投诉事件应急、内部协调等制度办法，开通了金融消费投诉热线电话，先后妥善处理投诉11起。

【金融服务】 2013年，潍坊市金融机构不断优化服务：

一、巩固提升农村支付服务品牌。一是做好金融基础设施使用效率提升、金融服务网点安全和银行卡助农取款服务点标准化建设三项工作；二是深入推进以农村支付环境建设为重点的“诸城农村社区金融服务站”模式，人行总行给予充分肯定。

二、积极拓宽金融服务领域。一是大力推进计划供应与市场调剂相结合的现金供应模式，积极探索发行库物流化管理模式，《金融时报》予以报道；二是制定滨海区金融机构账户管理重点服务和小微企业开立账户辅导制度，企业账户开立时间平均缩短1.3个工作日。

三、大力普及金融公共知识。一是联合团市委开展了以“宣传农村金融知识，支持农村经济发展”为主题的潍坊市挂职金融干部农村金融知识集中宣传活动；二是开展了《征信业管理条例》、支付结算、反假币、反洗钱等7项集中宣传活动；三是做好《中小学生金融知识普及丛书》出版宣传工作，人行总行办公厅予以肯定。

【金融监管】 2013年，人行潍坊中支正确处理监管与服务的关系，积极履行监督管理职能。一是进一步完善新设金融机构开业管理流程，做好18家金融机构开业管理服务；二是组织开展对兴业银行潍坊分行的综合执法检查，完成15家金融机构的个人金融信息保护、稳健性评估、反洗钱、支付结算、人民币收付、国库等专项检查；三是认真做好反洗钱动态监测和风险预警，畅通与公安、海关、检察院等部门的沟通机制，协助公安部门调查洗钱上游犯罪案件3起，启动反洗钱调查2次。

【外汇管理】 2013年，外管局潍坊市中心支局做到服务与管理并重、寓管理于服务之中，切实改进优化外汇管理和服务方式。

一、认真落实外汇改革精神。发挥外汇主体监管改革的政策优势，深入推进业务流程再造，制定了支持涉外经济发展12条措施和重点监测企业联系制度，为涉外企业发展提供便利化服务。

二、继续实施重点服务制度。一是确定滨海区为重点服务区域，设立外汇业务绿色通道，并选取保税区为落实外汇政策改革示范区，大力推进各项外汇政策在保税区先行先试，积极配合做好保税区验收工作；二是选取外汇收支规模较大的50家企业进行重点服务，通过开展上门宣讲、知识竞赛和发放宣传材料等活动，加强对货物贸易和资本项目改革的宣传。

三、强化外汇监督检查。一是严格执行《关于加强银行外汇业务管理的意见》，强化银行落实外汇政策法规情况的管理和考核；二是加强保险公司经营外汇业务培训，批准5家保险公司经营外汇业务；三是认真做好地方法人金融机构外汇服务和监管工作，全年组织各项检查（调查）10项，涉及银行及企业67家，立案查处5起，收缴罚没款554万元。

四、加快推进跨境人民币结算。一是实施企业跨境人民币投资提前介入制度，深入10余家重点企业进行现场走访，有效发挥示范带动作用；二是组织开展了“政策宣传月”活动，对全辖8个县（市）开展政策轮训，累计培训银行、企业人员1500余人次；三是率先在全省制定跨境人民币业务信息申报差错确认反馈制度，得到人行济南分行肯定。

【保险业务】 2013年，潍坊市保险业健康发展，驻潍市级保险机构由上年的58家增加到60家，县市区保险机构由258

家增加到284家,全市保费收入首次突破100亿元。

【证券市场】 2013年,潍坊市共发行各类债券19只,融资111.1亿元,其中,发行地方企业债融资16.8亿元,公司债融资9.0亿元,短期融资券和中期票据融资48.5亿元,区域集优票据9.1亿元,非公开定向债务融资工具15亿元,6家企业成功发行12.7亿元中小企业私募债。场外股权交易取得新进展,5家企业在齐鲁股权交易中心挂牌,1家企业在天津股权交易所挂牌,5家企业在深圳浅海股权交易中心挂牌。

【精神文明建设】 2013年,潍坊市金融部门进一步加强精神文明建设。一是人行潍坊中支以文明单位创建为抓手,开展庆祝建党92周年和央行文化建设系列活动;二是农发行潍坊市分行组织开展了"健康杯"太极拳演示比赛活动、"素质杯"青年业务知识竞赛、消费者权益保护知识竞赛、"智慧杯"象棋比赛等特色活动;三是中行潍坊分行以"和谐中行"为目标,全面加强精神文明建设,有2家营业部获总行级"巾帼文明示范岗",并组织开展了"发挥先模示范作用,争当服务创新标兵"宣传周系列活动;四是交行潍坊分行先后开展了业务技能、演讲、"三八"女员工才艺展示等比赛;五是潍坊银行组织开展了员工心理健康讲座、潍坊银行之夜全国著名京剧表演艺术家京剧演唱会、金鼎之约中国画节、青年创业大赛等活动,出版发行刊物《五月红景天》,并积极组织学雷锋志愿服务活动;六是农信社潍坊市办事处成立了资助贫困学生活动组织委员会,实施"爱心助学行动",资助贫困学生190余名,捐款60万元支持青年创业就业;七是兴业潍坊分行坚持营造"风正、气顺、人和、业兴"的企业文化氛围,以家园文化建设提升员工归属感;八是日照银行潍坊分行向高新区教育局捐赠30万元教师发展基金助力教育发展;九是齐商银行潍坊分行先后开展了员工才艺展示比赛、冬季运动会、五四青年节员工联谊会等系列活动。

【大事记】 3月7日 人行潍坊中支组织召开"2013年全市货币政策暨金融管理政策通报会"。

3月21日 山东省银监局与中行山东省分行监管联动工作座谈会在潍坊召开。

4月17日 齐商银行潍坊分行开业。

4月18日 全国人大常委会委员、农业与农村委员会主任委员陈建国到潍坊调研农村金融改革发展情况。

4月26日 人行潍坊中支与青州市政府联合举办"金融支持文化旅游产业青州现场会"。

4月27日 潍坊市金融机构反洗钱工作会议召开。

5月20日 农发行山东省分行任命韩玉忠为潍坊市分行行长(鲁农发银任〔2013〕49号文件)。

5月24日 人行潍坊中支、共青团潍坊市委与潍坊银行联合召开金融助力农村青年创业"金种子"工作现场推进会。

5月29日 人行济南分行党委中心组集中学习会议在寿光召开。

6月7日 潍坊银行与中国艺术产业研究院联合举办"艺术品质押融资研究课题启动仪式"。

6月20日 人行济南分行和山东证监局在潍坊召开"证券期货监管合作试点工作(潍坊)启动会议"。

6月26日 中国银行2013年押品管理业务座谈会在潍坊召开。

7月1日 民生银行济南分行行长陈焕德到潍坊青州调研。

7月25日 山东省委副书记、省长郭树清到潍坊调研农村金融支付体系及金融信贷支持"三农"发展情况。

7月26日 山东银监局局长陈育林到潍坊银行调研。

8月21日 人行济南分行副行长肖龙沧到潍坊中支调研。

8月30日 潍坊市货币政策与外汇管理工作通报会在人行潍坊中支召开。

9月10日 山东省国际贸易促进会副会长连佳军到潍坊调研金融支持小微企业情况。

10月17日 人行济南分行、山东省政府金融工作办公室联合主办的"全省银行间直接债务融资工作推进培训班"在潍坊开班。

10月23日 山东省金融学会"金融理论研究与实践基地"座谈会在潍坊市坊子区召开。

10月24日 兴业银行济南分行任命吴永林为潍坊分行行长(兴银鲁党委〔2013〕10号)。

10月31日 省联社理事长、党委书记宋文瑄到潍坊安丘农商行调研。

11月1日 中国银监会副主席郭利根、团中央书记处书记徐晓到潍坊银行调研。

12月10日 潍坊市召开第五次全市金融工作会议,市委书记杜昌文出席,市委副书记、市长刘曙光讲话。

12月11日 光大银行济南分行聘任韩桂志为潍坊分行行长(济光银通〔2013〕14号)。

12月13日 日照银行潍坊分行开业。

12月20日 光大银行潍坊分行开业

12月26日 东营银行潍坊分行开业

12月29日 潍坊银行聊城分行开业。

(庆建奎 梁 婧)

青州市

【经济金融概况】 2013年，青州市经济金融运行呈现稳中有进、稳中向好的发展态势。在全国县域经济基本竞争力百强县的位次上升为第70位，存贷款增量分居潍坊各县(市)第一和第二位。

【金融发展与改革】 2013年，青州市金融发展与改革取得新进展，全市已初步形成银行、证券、保险、担保服务等各类金融机构健全，组织体系完善，相互协调补充的现代金融体系。一是兴业银行潍坊青州支行开业运营，全市银行业金融机构总数达13家，营业网点增至155家，从业人员达1714人；二是小额贷款公司4家，贷款余额6.2亿元，6家融资性担保机构累计担保302笔，担保贷款总额3.3亿元；三是全市保险公司数量达38家，较年初新增2家，全年2家证券营业部累计开户2.8万户。

【金融服务与监管】 2013年，人行青州市支行扎实履行基层央行核心职责，较好地促进了区域经济金融持续、协调、稳健发展。一是组织举办"潍坊金融支持文化旅游产业青州现场

青州市主要经济指标

经济指标	2012	2013	2013年同比增幅（%）	经济指标	2012	2013	2013年同比增幅（%）
土地面积（平方公里）	1561	1561	0	公共财政预算支出（亿元）	26.90	40.52	50.6
人口（万人）	95.38	95.38	0	全社会固定资产投资（亿元）	312.60	359.00	19.9
城镇人口（万人）	--	--	--	进出口总值（万美元）	42166	47745	13.2
乡村人口（万人）	--	--	--	出口总值（万美元）	35023	39340	12.3
地区生产总值（亿元）	449.10	504.27	11.1	实际利用外资（万美元）	4109	4717	14.8
第一产业（亿元）	42.0	47.45	3.5	社会消费品零售总额（亿元）	140.70	161.10	16.0
第二产业（亿元）	238.90	257.62	11.4	居民消费价格指数（%）	102.5	103.3	--
第三产业（亿元）	168.20	199.20	12.6	人均地区生产总值（元）	48919	52869	8.1
财政总收入（亿元）	60.60	71.22	17.5	城镇居民可支配收入（元）	25817	--	--
公共财政预算收入（亿元）	27.10	34.30	18.1	农民人均现金收入（元）	11797	--	--
财政总支出（亿元）	32.20	71.18	121.1				

青州市主要金融指标

金融指标（亿元）	2012	2013	2013年同比增幅（%）	金融指标（亿元）	2012	2013	2013年同比增幅（%）
本外币存款余额	449.44	531.11	18.2	财险收入	3.06	3.61	18.0
人民币存款余额	440.97	521.78	18.3	寿险收入	5.25	5.74	9.3
单位存款	123.80	154.04	24.4	财险赔款	1.08	1.22	13.0
储蓄存款	301.21	348.36	15.7	寿险给付	0.78	1.26	61.5
本外币贷款余额	331.38	397.90	20.1	当年结益	--	--	--
人民币贷款余额	297.37	372.33	25.2	证券市场交易总额	91.33	105.60	15.6
短期贷款	196.40	236.53	20.4	投资者保证金余额	0.67	0.55	-17.9
中长期贷款	96.80	133.94	38.4	证券账户开户数	1700	1075	-36.8
票据融资	3.17	1.82	-42.6	证券交易佣金收入	0.12	0.18	50.0
当年结益	12.60	15.84	25.7	净利润	0.09	0.09	0
不良贷款余额	1.59	1.75	10.1				

青州市主要金融机构概况

单位名称	行长（或其他称谓的第一负责人）	副行长（或其他称谓的同级领导）	员工总数	辖内营业网点数
人行青州市支行	杨金河	高永玲 李英海 刘 敏	35	1
银监会青州办事处	张洪波		1	1
农发行青州市支行	葛金忠	张连斌 张成国	1	24
工行青州支行	肖剑峰	刘 军 刘 健 刘庆国 李乐国 王 茁	141	10
农行青州支行	李少波	吴振坤 冯在瑞 史洪春 刘 波 赵 峰	281	23
中行青州支行	刘宝新	王若军 李臣伟	75	3
建行青州支行	黄 杰	王玉惠 刘松之 陈德朋 吴瑞雨 麻爱军	116	8
交行青州支行	齐洪波	郎 钢 朱 峰 李盛男	22	1
民生青州支行	李继龙	陈 亮	19	1
兴业青州支行	刘 冰	秦晓建	38	1
齐商银行青州支行	路红军	秦广军 耿佃超	41	1
潍坊银行青州客服中心	崔家祥	高永梅 谭绪东 殷奉坤	25	1
潍坊银行青州支行	张丽红		14	1
潍坊银行金鼎支行	辛万鹏		12	1
青州农商行	褚玉国	李全富 李新江 刘敬军 赵建军 王学生 贾兴德	756	74
邮储银行青州支行	尹兆禄	郭江波 范夕涛	95	28
青州中银富登村镇银行	于建波	吴 光 史云龙	57	2

青州市主要金融机构业务概况

单位：亿元

单位名称	本外币存款余额	人民币单位存款	人民币储蓄存款	本外币贷款余额	人民币短期贷款	人民币中长期贷款
农发行青州市支行	0.55	0.55	0	13.79	8.38	5.41
工行青州支行	46.89	18.62	27.20	47.61	18.65	28.75
农行青州支行	112.66	32.80	71.36	65.85	42.24	22.31
中行青州支行	38.42	23.09	14.27	42.18	22.00	7.88
建行青州支行	56.19	18.95	27.78	46.62	9.16	26.70
交行青州支行	5.20	2.57	2.04	8.62	6.41	2.21
民生青州支行	4.10	2.40	1.55	4.56	4.28	0.28
兴业青州支行	10.17	8.33	1.84	3.50	3.50	--
齐商银行青州支行	11.85	9.37	2.40	7.56	6.70	0.06
潍坊银行青州支行	22.92	14.16	8.61	18.66	16.46	1.96
青州农商行	180.96	21.19	159.57	131.18	96.14	33.21
邮储银行青州支行	30.78	1.18	29.60	3.84	2.13	1.71
青州中银富登村镇银行	3.00	0.84	2.16	3.92	0.47	3.45

会”，被国务院命名为“国家历史文化名城”；二是向青州农商行、村镇银行分别投放支农再贷款3亿元和0.32亿元，引导金融机构推出“花卉摊位抵押贷款”等多项金融创新产品，助推青州市被中国花卉协会授予“中国花木产业示范基地”称号；三是出台《关于金融支持城镇化建设的指导意见》，并组织召开政银企对接会，搭建城镇化建设融资平台。

（刘序刚　王　波）

诸城市

【经济金融概况】　2013年，诸城市认真执行国家宏观调控政策，积极应对经济运行中出现的各种矛盾和问题，转方式、调结构、惠民生、促和谐，推动经济朝着科学发展的轨道发展。

【金融发展与改革】　2013年，诸城市金融发展与改革取得新进展。一是每季度召开一次金融形势分析行长联席会议，引导银行业优化信贷结构，加大信贷投放，定期以《呈阅件》形式向市委市政府汇报金融运行情况；二是组织辖内银行业对有资金需求的企业进行银企对接，辖内10家银行和55家企业共达成贷款意向5.67亿元。

诸城市主要经济指标

经济指标	2012	2013	2013年同比增幅（%）	经济指标	2012	2013	2013年同比增幅（%）
土地面积（平方公里）	2168.6	2168.6	0	地方财政支出（亿元）	55.3	61	10.4
人口（万人）	108.8	109.1	0.28	全社会固定资产投资（亿元）	356.6	402.42	12.85
城镇人口（万人）	54	55.22	2.26	进出口总值（万美元）	163560	179906	9.99
乡村人口（万人）	54.8	53.88	-1.68	出口总值（万美元）	126743	142932	12.77
地区生产总值（亿元）	586.1	642.72	9.66	实际利用外资（万美元）	8309	9024	8.61
第一产业（亿元）	52.6	57.31	8.95	社会消费品零售总额（亿元）	167.9	183.83	9.49
第二产业（亿元）	344.4	367.07	6.58	居民消费价格指数（%）	100.9	101.7	0.79
第三产业（亿元）	184.6	218.34	18.28	人均地区生产总值（元）	53869	58911	9.36
财政总收入（亿元）	69.6	70.00	0.57	城镇居民可支配收入（元）	21368	23788	11.33
地方财政收入（亿元）	47.3	57.09	20.70	农民人均现金收入（元）	12804	14408	12.53
财政总支出（亿元）	55.3	61.05	10.40				

诸城市主要金融指标

金融指标（亿元）	2012	2013	2013年同比增幅（%）	金融指标（亿元）	2012	2013	2013年同比增幅（%）
本外币存款余额	399.00	465.83	16.75	财险收入	2.86	2.93	2.45
人民币存款余额	392.72	456.75	16.30	寿险收入	4.84	4.92	1.65
单位存款	135.76	167.86	23.64	财险赔款	1.19	1.2	0.84
储蓄存款	250.59	279.97	11.72	寿险给付	0.17	0.19	11.8
本外币贷款余额	346.23	401.77	16.04	当年结益	0.2	0.2	0
人民币贷款余额	338.61	395.27	16.73	证券市场交易总额	52.72	58.41	10.79
短期贷款	217.62	261.76	20.28	投资者保证金余额	0.41	0.49	19.51
中长期贷款	113.58	128.49	13.13	证券账户开户数	—	—	—
票据融资	7.38	4.91	-33.47	证券交易佣金收入	0.09	0.09	0
当年结益	10.02	13.32	32.93	净利润	0.053	0.042	-20.75
不良贷款余额	2.46	2.85	15.85				

诸城市主要金融机构概况

单位名称	行长（或其他称谓的第一负责人）	副行长（或其他称谓的同级领导）	员工总数	辖内营业网点数
人行诸城市支行	陈关庆	张振望 王泽民 于彦昌	30	1
银监会诸城市办事处	郑凤楼	李砚学	2	1
农发行诸城支行	许永明	刁建华 董 赛	22	1
工行诸城支行	李伟民	王海军 赵景平 屈凤垒 邵世勇 徐志杰 李 明 殷卫东	129	9
农行诸城支行	张俊生	刘中华 谢文峰 王利民 杨炳义	182	20
中行诸城支行	侯日君	邵桂珠 王可强	74	4
建行诸城支行	都汝平	王 群 王晓男 郭智勇 王 臣 王淑斌	103	6
潍坊银行诸城支行	王方和	张海建 朱文华	53	3
诸城农商行	王学伟	孙 军 王季智 杨炳法 张维平 于云智 宿鹏群	696	53
邮储银行诸城市支行	东庆凯	辛卫国	104	24
诸城建信村镇银行	鹿桂波	肖艳国	23	1
交行诸城支行	黄建光	刘荣荣 姜 锐	20	1
兴业诸城支行	王占涛	宋立庆	20	1
招商诸城支行	朱振华	孙风清	20	1
浦发诸城支行	刘 飞	王 林	12	1

诸城市主要金融机构业务概况

单位：亿元

单位名称	本外币存款余额	人民币单位存款	人民币储蓄存款	本外币贷款余额	人民币短期贷款	人民币中长期贷款
农发行诸城市支行	2.85	2.85	—	17.99	7.42	10.57
工行诸城支行	50.30	25.91	23.11	63.25	24.84	38.41
农行诸城支行	102.42	36.56	58.74	80.20	55.80	24.40
中行诸城支行	33.03	13.44	16.53	29.15	17.00	7.63
建行诸城支行	39.79	15.27	19.95	43.57	12.88	29.55
潍坊银行诸城支行	21.61	14.67	6.54	19.23	18.54	0.69
诸城农商行	147.16	21.56	125.30	101.98	84.74	12.57
邮储银行诸城市支行	23.26	1.81	21.45	6.16	1.94	4.22
交行诸城支行	12.71	10.29	2.21	16.57	15.43	0.56
招商诸城支行	7.30	5.00	2.29	9.50	9.02	0.44
兴业诸城支行	13.73	11.67	2.06	6.32	6.32	0
诸城市建信村镇银行	2.33	1.06	1.26	2.41	2.37	0.02
浦发诸城支行	8.32	7.78	0.54	5.46	5.46	0

【金融服务与监管】 2013年，人行诸城市支行一是推动诸城市政府出台农村住房、大棚、林权、农村土地承包经营权4个抵押贷款暂行办法，拓展农村担保抵押品范围；二是支持农商银行创新推出农村土地反担保贷款，全年共为39户农户发

放土地反担保贷款1500万元；三是持续开展金融服务进社区工作，引导涉农银行将涉农补贴由现金发放向银行卡发放转变，共发放银行卡30多万张。截至年末，全市208个农村社区平均安装转账电话17.6部、POS机2.1部，小额现金存取工具3.9台。支行被推荐为全省改善农村支付环境先进单位。

（周文平　肖　玲）

寿光市

【经济金融概况】　2013年，寿光市各项存款余额较年初增加87.9亿元，增幅在潍坊各县市排名第6，增量排名第1；各项贷款余额较年初增加76.3亿元，增量居潍坊各县市第1位，增量占全市的16.5%。

【金融发展与改革】　2013年，寿光市以金融创新为重点，在金融服务方式上实现新突破。一是创新"信用评级＋订单＋保险"的订单融资模式，累计发放订单融资11.6亿元，分行党委中心组在寿光召开专题学习会议，分行杨子强行长给予充分肯定，山东省省长郭树清、人总行副行长刘士余、潘功胜等领

寿光市主要经济指标

经济指标	2012	2013	2013年同比增幅（%）	经济指标	2012	2013	2013年同比增幅（%）
土地面积（平方公里）	2072	2072	0	地方财政支出（亿元）	120.20	143.8	19.63
人口（万人）	105	105	0	全社会固定资产投资（亿元）	360.7	406.5	12.70
城镇人口（万人）	50.23	50.23	0	进出口总值（万美元）	220000	264000	20
乡村人口（万人）	54.77	54.77	0	出口总值（万美元）	165000	189000	14.55
地区生产总值（亿元）	618.1	701.3	13.46	实际利用外资（万美元）	19000	19000	0
第一产业（亿元）	78.5	86.4	10.06	社会消费品零售总额（亿元）	175.0	204.3	16.74
第二产业（亿元）	312.7	341.3	9.15	居民消费价格指数（%）	—	—	—
第三产业（亿元）	226.9	273.6	20.58	人均地区生产总值（元）	58857	66790	13.48
财政总收入（亿元）	82.8	97	17.15	城镇居民可支配收入（元）	29260	31901	9.03
地方财政收入（亿元）	55.0	70.6	28.36	农民人均现金收入（元）	12805	13101	2.31
财政总支出（亿元）	120.20	143.8	19.63				

寿光市主要金融指标

金融指标（亿元）	2012	2013	2013年同比增幅（%）	金融指标（亿元）	2012	2013	2013年同比增幅（%）
本外币存款余额	567.05	639.60	12.79	财险收入	3.04	5.12	68.42
人民币存款余额	559.62	618.32	10.49	寿险收入	3.76	6.63	76.33
单位存款	228.67	251.32	9.91	财险赔款	2.01	2.88	43.28
储蓄存款	325.96	352.24	8.06	寿险给付	0.23	0.39	69.57
本外币贷款余额	520.12	588.49	13.15	当年结益	6.80	7.51	10.44
人民币贷款余额	481.60	532.27	10.52	证券市场交易总额	49.65	30.28	-39.01
短期贷款	385.50	376.99	22.08	投资者保证金余额	0.49	0.26	-46.94
中长期贷款	132.98	153.72	15.60	证券账户开户数	13000	13640	4.92
票据融资	1.54	0.70	-54.55	证券交易佣金收入	0.10	0.09	-10
当年结益	21.46	21.45	-0.05	净利润	0.05	0.06	20
不良贷款余额	2.77	3.11	12.27				

寿光市主要金融机构概况

单位名称	行长（或其他称谓的第一负责人）	副行长（或其他称谓的同级领导）	员工总数	辖内营业网点数
人行寿光市支行	姜 森	翟 波 孙瑞民 张 杰	33	1
银监会寿光市办事处	李 竟		1	1
农发行寿光市支行	苗乃敏	孙建华 张小帅	22	1
工行寿光支行	张鲁生	徐庆方 王翠兰 张坤鹏	152	13
农行寿光支行	王会堂	桂卫东 韩亿民 张子之	280	25
中行寿光支行	郑福信	赵治学	71	5
建行寿光支行	牟全义	王登祥 王宏杰 翟素莲	118	7
潍坊银行寿光支行	李宏光	贾晓云 张 利 董升显	44	3
寿光农商行	颜廷军	赵 磊 郎咸鹏 赵庆国 韩奎成 王晓剑 胡素霞	904	87
邮储银行寿光市支行	张 磊	孙玉成 蒋仲元	101	3
张农商村镇银行	周兴江	王月民	26	3
交行寿光支行	王洪涛	宋晓东 张旭东	23	1
招商寿光支行	张海波	李 超	20	1
兴业寿光支行	郭 强	崔清涛	29	1
民生寿光支行	杨林东	张 明	28	1
浦发寿光支行	秦潍东	张海光	15	1

寿光市主要金融机构业务概况

单位：亿元

单位名称	本外币存款余额	人民币单位存款	人民币储蓄存款	本外币贷款余额	人民币短期贷款	人民币中长期贷款
农发行寿光市支行	1.79	1.79	0	10.69	5.57	5.12
工行寿光支行	73.46	28.30	29.86	111.45	36.87	58.15
农行寿光支行	121.89	39.39	72.12	96.85	77.08	19.15
中行寿光支行	47.66	32.89	11.17	64.56	30.35	6.08
建行寿光支行	44.94	24.99	18.13	50.45	12.84	27.35
潍坊银行寿光支行	28.00	22.79	4.97	28.93	26.87	1.86
寿光农商行	205.82	38.38	165.31	153.89	128.22	24.30
邮储银行寿光市支行	35.28	1.28	34.00	3.80	1.18	2.62
张农商村镇银行	8.41	3.49	4.91	7.38	6.85	0.53
交行寿光支行	29.02	24.59	4.15	28.30	21.73	6.56
招商寿光支行	12.98	9.23	3.39	12.66	10.54	1.76
兴业寿光支行	18.38	15.87	2.37	14.29	13.66	0.22
民生寿光支行	8.08	6.33	1.75	5.23	5.23	0
浦发寿光支行	2.11	2.00	0.11	0	0	0

导做出批示，新华社、《经济日报》、《金融时报》3家中央级媒体进行了专题报道，订单融资项目被潍坊市委市政府评为金融创新一等奖；二是承办了金融助力农村青年创业“金种子”项目推进会，人行济南分行领导对寿光经验做法给予充分肯定。

【金融服务与监管】 2013年，寿光市金融部门一是继续加大金融服务力度。对工行稻田支行、浦发寿光支行等6家银行机构进行开业前考核验收；二是对辖内金融机构进行了1次综合评定，并将评定结果予以通报；三是上报重大事项15次，维护了辖区金融稳定。

监管部门认真履行监管职责，加强内控制度建设，以提高风险管理和防范能力为重点，实施依法、有效监管，维护了良好的金融秩序，促进了银行业的稳健发展。

（王向明 王晓燕）

安丘市

【经济金融概况】 2013年，安丘市经济转型迈上新台阶，城乡建设呈现新面貌，民生改善取得新成效。全市银行业围绕强化工业、提升农业、繁荣服务业及突破城建的产业发展目标，不断加大信贷投放力度，为全市经济的平稳运行提供了强有力的资金保证。

【金融发展与改革】 2013年，人行安丘支行一是配合市政府制定了《加快土地出让进程 深化土地使用权抵押贷款业务的实施方案》，联合司法局等部门研究制定了《公证抵押贷款暂行办法》，引导潍坊银行、农商行等创新开办了家庭农场贷款、农机具抵押、大棚抵押、小贷保、农业产业链等信贷产品；二是指导农商行简化贷款流程，实行“续贷零等待”；三是推动中行开办大棚租赁分期付款业务，进一步拓宽了农民专业合作社、农业龙头企业的融资渠道。

【金融服务与监管】 人行安丘市支行一是印发了《关于改

安丘市主要经济指标

经济指标	2012	2013	2013年同比增幅（%）	经济指标	2012	2013	2013年同比增幅（%）
土地面积（平方公里）	1712	1712	0	地方财政支出（亿元）	24.77	28.77	16.1
人口（万人）	94.95	95.01	0.1	全社会固定资产投资（亿元）	165.07	190.71	15.5
城镇人口（万人）	13.57	13.60	0.2	进出口总值（万美元）	74213	81546	10.0
乡村人口（万人）	81.38	81.41	0.03	出口总值（万美元）	62522	72472	15.9
地区生产总值（亿元）	221.19	247.94	12.1	实际利用外资（万美元）	962	2349	144.2
第一产业（亿元）	41.01	45.9	11.9	社会消费品零售总额（亿元）	105.3	120.9	14.8
第二产业（亿元）	105.27	112.98	7.3	居民消费价格指数（%）	—	—	—
第三产业（亿元）	74.91	89.06	18.9	人均地区生产总值（元）	23295	26096	12.0
财政总收入（亿元）	18.93	22.7	19.9	城镇居民可支配收入（元）	19589	23567	20.3
地方财政收入（亿元）	10.01	13.76	37.5	农民人均现金收入（元）	10773	12131	12.6
财政总支出（亿元）	24.77	28.77	16.1				

安丘市主要金融指标

金融指标（亿元）	2012	2013	2013年同比增幅（%）	金融指标（亿元）	2012	2013	2013年同比增幅（%）
本外币存款余额	230.96	259.80	17.5	财险收入	1.41	1.65	17.1
人民币存款余额	229.69	257.14	12.0	寿险收入	3.86	4.12	6.6
单位存款	53.78	61.09	13.6	财险赔款	0.79	0.82	3.7
储蓄存款	174.04	194.35	11.7	寿险给付	0.53	0.94	77.4
本外币贷款余额	167.15	203.37	25.5	当年结益	—	—	—

续表

金融指标（亿元）	2012	2013	2013年同比增幅（%）	金融指标（亿元）	2012	2013	2013年同比增幅（%）
人民币贷款余额	165.39	201.46	21.8	证券市场交易总额	21.9	28.5	30.1
短期贷款	103.59	124.99	20.7	投资者保证金余额	—	—	—
中长期贷款	58.27	72.51	24.4	证券账户开户数	12723	13274	4.3
票据融资	3.53	5.86	66.0	证券交易佣金收入	0.04	0.05	25.0
当年结益	5.34	7.56	41.6	净利润	—	—	—
不良贷款余额	2.55	2.36	-7.5				

安丘市主要金融机构概况

单位名称	行长（或其他称谓的第一负责人）	副行长（或其他称谓的同级领导）	员工总数	辖内营业网点数
人行安丘市支行	王永青	潘海平 张子程 孙远征 孙荣利	31	1
银监会安丘市办事处	魏中敏	刘金欣	3	1
农发行安丘市支行	杨新国	王凤山 祝 秀	22	1
工行安丘支行	张敬一	常见京 周云波 张淑琴 张善平	100	5
农行安丘支行	张文刚	刘运华 李方平	223	12
中行安丘支行	刘永成	孙洪祥 王建勋	64	4
建行安丘支行	江佃伟	李 军 李忠波	85	4
潍坊银行安丘市支行	李增海	崔向荣 姜 剑	40	2
安丘市农商行	岳俊强	刘际中 闫永政 林 强 尹兆法 衣光强 郭德杰	646	54
邮储银行安丘市支行	魏中华	鞠小阳	81	5
民生安丘支行	张瑞波	卢 新	12	1
中信安丘支行	李清涛	马玉舜	12	1

安丘市主要金融机构业务概况

单位：亿元

单位名称	本外币存款余额	人民币单位存款	人民币储蓄存款	本外币贷款余额	人民币短期贷款	人民币中长期贷款
农发行安丘市支行	1.93	1.93	0	8.77	2.39	6.38
工行安丘支行	25.88	10.02	15.04	30.99	11.51	19.37
农行安丘支行	43.76	11.74	31.77	28.07	20.70	7.07
中行安丘支行	20.52	7.18	12.65	12.35	6.32	5.17
建行安丘支行	25.00	7.47	15.92	24.72	8.32	15.58
潍坊银行安丘市支行	9.90	6.03	3.84	10.67	9.81	0.86
安丘市农商行	104.97	9.95	94.92	77.88	56.33	15.87
邮储银行安丘市支行	21.44	2.28	19.16	3.46	1.26	2.19
民生安丘支行	2.97	2.97	0.73	2.26	2.26	0
中信安丘支行	0.04	0.04	0.04	4.20	4.20	0

进金融服务加强金融管理的通知》,建立了金融业务差错确认反馈制度；二是组织开展农商行支农再贷款及法定存款准备金缴存等4次执法检查；三是对全市银行业进行了2013年度综合评价；四是完成了对中信银行安丘支行和潍坊银行景芝支行筹建开业及业务系统准入的考核验收工作。

（王全林　王炳春）

高密市

【经济金融概况】　2013年，高密市充分发挥政策引导、市场拉动和要素保障作用，经济社会呈现稳中有进、稳中向好的良好势头。

金融部门继续落实稳健货币政策，盘活存量，优化增量，支持经济结构调整和转型升级，为经济持续稳健发展提供了有力支撑。

【金融发展与改革】　2013年，人行高密市支行积极发挥“窗口”职能，引导金融部门不断调整优化信贷结构，进一步加大对实体经济尤其是小微企业和“三农”的信贷投入。一是通过创新信贷模式，推动信用联盟建设，共组建各类信用联盟1124家；二是发放支农再贷款5.5亿元，引导金融机构加大对农业

高密市主要经济指标

经济指标	2012	2013	2013年同比增幅（%）	经济指标	2012	2013	2013年同比增幅（%）
土地面积（平方公里）	1526.63	1526.63	0	地方财政支出（亿元）	36.02	41.89	16.30
人口（万人）	87.63	87.87	0.27	全社会固定资产投资（亿元）	298.13	337.31	13.14
城镇人口（万人）	29.56	--	--	进出口总值（万美元）	180072	182735	1.48
乡村人口（万人）	58.07	--	--	出口总值（万美元）	138036	138940	0.65
地区生产总值（亿元）	445.82	501.36	12.46	实际利用外资（万美元）	19171	20198	5.36
第一产业（亿元）	45.18	50.51	11.80	社会消费品零售总额（亿元）	125.09	139.45	11.48
第二产业（亿元）	261.28	284.02	8.70	居民消费价格指数（%）	107.24	--	--
第三产业（亿元）	139.36	166.83	19.71	人均地区生产总值（元）	50876	57057	12.15
财政总收入（亿元）	40.92	48.44	18.37	城镇居民可支配收入（元）	20532	--	--
地方财政收入（亿元）	28.17	36.33	28.97	农民人均现金收入（元）	11774	13136	11.57
财政总支出（亿元）	36.02	41.89	16.30				

高密市主要金融指标

金融指标（亿元）	2012	2013	2013年同比增幅（%）	金融指标（亿元）	2012	2013	2013年同比增幅（%）
本外币存款余额	242.93	297.41	18.32	财险收入	2.79	3.35	20.07
人民币存款余额	239.82	294.52	22.81	寿险收入	4.13	4.39	6.30
单位存款	69.01	89.72	30.01	财险赔款	1.05	1.49	41.90
储蓄存款	173.44	202.51	16.76	寿险给付	0.19	0.31	63.16
本外币贷款余额	214.03	260.20	21.57	当年结益	5.68	5.94	4.58
人民币贷款余额	209.29	251.82	20.32	证券市场交易总额	47.61	54.64	14.77
短期贷款	138.30	170.03	22.94	投资者保证金余额	0.46	--	--
中长期贷款	65.55	78.24	19.36	证券账户开户数	--	--	--
票据融资	10.17	3.49	-65.68	证券交易佣金收入	0.08	--	--
当年结益	7.25	9.65	33.10	净利润	0.03	--	--
不良贷款余额	1.19	1.17	-1.68				

高密市主要金融机构概况

单位名称	行长（或其他称谓的第一负责人）	副行长（或其他称谓的同级领导）	员工总数	辖内营业网点数
人行高密市支行	胡家顺	井光祥　李卫东　于建军	32	1
银监会高密市办事处	张亦兵		1	1
农发行高密市支行	李　峰	宗延波　李　妍	25	1
工行高密支行	王成华	王建波　郝万青　付　伟　王正大　潘爱琴	121	8
农行高密支行	李　刚	王　岩　夏连之　单连良	180	17
中行高密支行	鹿治理	刘继君	65	3
建行高密支行	高镇滨	马克霞　宿爱丽　郑有兵	84	4
潍坊银行高密支行	姜言辉	于　江	47	2
山东高密农商行	朱相中	韩泓冰　李伟波　郭丽清　单既春	647	53
邮储银行高密市支行	岳　华	赵明勇　徐　民	88	36
高密惠民村镇银行	郑晓军	李　萍　王国栋	69	4
交行高密支行	郭金鹏	黄智泉　刘建华　马丽新	15	1
兴业银行高密支行	王　鹏	刘旭烨	17	1

高密市主要金融机构业务概况

单位：亿元

单位名称	本外币存款余额	人民币单位存款	人民币储蓄存款	本外币贷款余额	人民币短期贷款	人民币中长期贷款
农发行高密市支行	2.83	2.83	0	16.07	10.27	4.80
工行高密支行	27.86	9.92	15.94	41.26	15.96	21.41
农行高密支行	44.81	7.71	36.41	31.66	19.99	11.67
中行高密支行	22.26	10.57	10.64	20.98	10.77	8.35
建行高密支行	25.06	10.78	13.56	25.28	7.40	15.51
潍坊银行高密支行	20.03	14.29	5.62	20.63	20.28	0.31
山东高密农商行	111.02	16.29	94.41	83.76	72.13	8.89
邮储银行高密市支行	23.37	3.63	19.75	5.90	2.25	3.66
高密惠民村镇银行	6.05	3.48	2.56	3.21	3.20	0.01
交行高密支行	4.61	2.83	1.71	8.85	5.43	3.42
兴业银行高密支行	9.32	7.40	1.93	2.59	2.37	0.22

产业龙头企业、家庭农场、农业合作社等现代农业的支持力度。

金融业蓬勃发展，兴业银行高密支行成立，2家小额贷款公司设立，金融体系进一步健全。

【金融服务与监管】　2013年，高密市农村支付服务设施不断健全，普惠金融服务体系更加完善，被授予“中国金融生态示范市”。一是通过农村支付服务设施发放新农保、新农合、财政补贴2.1亿元；二是创新反假货币工作机制，形成“人行推动、社会联动、四面撒网、疏而不漏”的新格局；三是强化“一对一”上门辅导等服务措施，加强外汇监管与服务，支持了外向型经济的发展；四是成立全省首家新型金融组织协会，进一步优化金融生态环境。

（郭宗才　王金堂）

昌邑市

【经济金融概况】 2013年，昌邑市以提高经济增长质量和效益为中心，坚持稳中求进，着力扩内需、调结构、促增长、惠民生，经济总量持续壮大，滨海建设步伐进一步加快。

辖内金融机构认真贯彻执行国家各项宏观调控政策，不断调整信贷结构，区域金融资源配置与经济社会发展需要日趋协调，全市经济金融保持了平稳增长势头。

昌邑市主要经济指标

经济指标	2012	2013	2013年同比增幅（%）	经济指标	2012	2013	2013年同比增幅（%）
土地面积（平方公里）	1582	1582	0	地方财政支出（亿元）	25.15	28.3	12.5
人口（万人）	58.25	58.27	0.03	全社会固定资产投资（亿元）	213.54	237.07	19.7
城镇人口（万人）	8.39	8.38	-0.12	进出口总值（万美元）	55780	60586	8.6
乡村人口（万人）	49.86	49.89	0.06	出口总值（万美元）	43836	51350	17.1
地区生产总值（亿元）	297.95	326.50	10.5	实际利用外资（万美元）	6629	6177	-6.82
第一产业（亿元）	31.29	34.97	3.4	社会消费品零售总额（亿元）	110	124.4	15.7
第二产业（亿元）	175.78	185.38	11.3	居民消费价格指数（%）	104.3	105.2	0.86
第三产业（亿元）	90.88	106.14	11.3	人均地区生产总值（元）	51150	56025	9.53
财政总收入（亿元）	32.07	39.18	22	城镇居民可支配收入（元）	14564	15773	8.3
地方财政收入（亿元）	18.66	23.39	18.2	农民人均现金收入（元）	11860	13331	12.6
财政总支出（亿元）	25.15	28.3	12.5				

昌邑市主要金融指标

金融指标（亿元）	2012	2013	2013年同比增幅（%）	金融指标（亿元）	2012	2013	2013年同比增幅（%）
本外币存款余额	269.82	304	12.67	财险收入	1.72	1.70	-1.16
人民币存款余额	267.80	303	13.15	寿险收入	4.07	4.20	3.19
单位存款	68.53	87.2	27.29	财险赔款	0.81	0.91	12.34
储蓄存款	196.86	210.5	6.91	寿险给付	0.12	0.25	108.33
本外币贷款余额	176.19	205.3	16.19	当年结益	—	—	—
人民币贷款余额	169.66	202.5	19.32	证券市场交易总额	—	—	—
短期贷款	115.23	138.5	20.22	投资者保证金余额	—	—	—
中长期贷款	42.62	56.8	33.33	证券账户开户数	—	—	—
票据融资	11.81	7.1	-39.83	证券交易佣金收入	—	—	—
当年结益	5.13	5.9	15.68	净利润	—	—	—
不良贷款余额	1.79	1.3	-27.78				

昌邑市主要金融机构概况

单位名称	行长（或其他称谓的第一负责人）	副行长（或其他称谓的同级领导）	员工总数	辖内营业网点数
人行昌邑市支行	郭　海	魏同亮　郝建芳	35	1
银监会昌邑办事处	牟俊国		3	1
农发行昌邑市支行	李　飞	乔俊富　官秀芬	27	1

续表

单位名称	行长（或其他称谓的第一负责人）	副行长（或其他称谓的同级领导）	员工总数	辖内营业网点数
工行昌邑支行	孙善伟	赵卫升　佘洪武	75	6
农行昌邑支行	李洪波	王焕杰	234	17
中行昌邑支行	胡金宝	杨建波	66	4
建行昌邑支行	齐群华	邵明霖	75	4
潍坊银行昌邑支行	傅希宝	李晓辉　于　江　孙爱霞	47	2
昌邑农商行	张有彪	徐伟民　杨旭光 孙山明　黄官杰	596	53
邮储银行昌邑市支行	夏增欣	于秀芝　刘炳煜	98	3
民生银行昌邑支行	汤　鹏	王志红	19	1

昌邑市主要金融机构业务概况

单位：亿元

单位名称	本外币存款余额	人民币单位存款	人民币储蓄存款	本外币贷款余额	人民币短期贷款	人民币中长期贷款
农发行昌邑市支行	3.8	3.2	0	12.6	1.9	10.7
工行昌邑支行	30.3	15.7	14.1	24.3	16.6	6.4
农行昌邑支行	53.4	15.4	37.4	26.6	20.7	5.9
中行昌邑支行	20.2	10.3	9.1	19.8	7.2	12
建行昌邑支行	27.1	14.1	12.7	20.8	10.1	9.7
昌邑农商行	112.7	12.7	98.7	79.8	63	9.7
潍坊银行昌邑支行	17.3	11.4	5.7	16.6	16.2	0.4
邮储银行昌邑市支行	35.7	3.7	32.1	3.5	1.4	2.1
民生银行昌邑支行	1.3	0.7	0.6	1.2	1.2	0

【金融发展与改革】　2013年，人行昌邑市支行积极推进银企沟通交流和对接协作，不断调整信贷结构，稳步扩大信贷投放，为全市经济社会转型升级提供了良好的信贷环境。一是继续加大信贷支农力度，累计向农信社发放支农再贷款2.01亿元；二是积极搭建中小企业融资平台，引导金融机构不断优化信贷结构和投向；三是继续加大对重点骨干企业、民营经济、高科技产业和个人消费的支持力度，不断加强对货币信贷市场的运行监测分析；四是继续深化金融生态环境建设，加强对农信社改革试点后续监测考核工作。

【金融服务与监管】　2013年，昌邑市积极深化和推进“两管理、两综合”工作的深入开展，做到金融管理和服务的有机结合。人行昌邑市支行和金融监管部门依法行政，进一步加强和深化金融监管，防范和化解金融风险，维护辖区金融稳定。

（徐振三　孙亚梅）

临朐县

【经济金融概况】　2013年，临朐县经济运行平稳，产业结构进一步优化。

【金融发展与改革】　2013年，临朐县积极引进金融机构，促进信贷投放快速增长，支持地方经济又好又快发展。先后成（设）立山东临朐聚丰村镇银行股份有限公司、中国民生银行潍坊临朐支行等2家银行金融机构。

【金融服务与监管】　2013年，人行临朐县支行引导金融机构认真贯彻执行稳健的货币政策，优化信贷资源配置。一是认

临朐县主要经济指标

经济指标	2012	2013	2013年同比增幅（%）	经济指标	2012	2013	2013年同比增幅（%）
土地面积（平方公里）	1831	1831	0	地方财政支出（亿元）	14.40	18.01	25.07
人口（万人）	87.76	88.2	0.50	全社会固定资产投资（亿元）	178.66	207.50	16.14
城镇人口（万人）	10.7	—	—	进出口总值（万美元）	30463	32948	8.16
乡村人口（万人）	77.1	—	—	出口总值（万美元）	23457	24820	5.81
地区生产总值（亿元）	181.40	205.55	13.31	实际利用外资（万美元）	3302	3498	5.94
第一产业（亿元）	29.60	32.66	10.33	社会消费品零售总额（亿元）	94.1	103.2	9.67
第二产业（亿元）	86.73	94.56	9.03	居民消费价格指数（%）	101.7	101.6	0.10
第三产业（亿元）	65.08	78.33	20.36	人均地区生产总值（元）	20683	23362	12.95
财政总收入（亿元）	14.11	17.59	24.66	城镇居民可支配收入（元）	18503	20815	12.50
地方财政收入（亿元）	7.15	10.39	45.31	农民人均现金收入（元）	10512	11835	12.59
财政总支出（亿元）	20.60	23.71	15.10				

临朐县主要金融指标

金融指标（亿元）	2012	2013	2013年同比增幅（%）	金融指标（亿元）	2012	2013	2013年同比增幅（%）
本外币存款余额	204.29	244.66	19.67	财险收入	1.36	1.90	39.71
人民币存款余额	203.68	243.72	19.66	寿险收入	3.89	3.86	-0.77
单位存款	39.76	53.53	34.63	财险赔款	0.53	0.68	28.30
储蓄存款	160.93	186.43	15.84	寿险给付	0.14	0.30	114.29
本外币贷款余额	144.73	178.81	23.55	当年结益	—	—	—
人民币贷款余额	144.24	178.55	23.79	证券市场交易总额	5.23	12.71	143.02
短期贷款	103.82	126.58	21.92	投资者保证金余额	0	0	—
中长期贷款	34.28	49.34	43.94	证券账户开户数	1534	2591	68.90
票据融资	6.63	2.89	-56.42	证券交易佣金收入	0.01	0.02	100
当年结益	4.52	6.43	42.26	净利润	—	—	—
不良贷款余额	1.63	1.50	-7.98				

临朐县主要金融机构概况

单位名称	行长（或其他称谓的第一负责人）	副行长（或其他称谓的同级领导）	员工总数	辖内营业网点数
人行临朐县支行	刘福龙	郭晗军 宗先克 何同文	35	1
银监会临朐县办事处	郭顺亮	王涛	2	1
农发行临朐县支行	李政	杨玲	19	1
工行临朐支行	王玉国	官克强 李向东 苑海波	60	3
农行临朐支行	江文胜	官延庆 谢宝川 冯淑忠	168	11
中行临朐支行	谭炳毅	潘维亭	57	3
建行临朐支行	孙欣伟	冯恩生 韩中华 吴瑞雨 赵福江	80	4

续表

单位名称	行长（或其他称谓的第一负责人）	副行长（或其他称谓的同级领导）	员工总数	辖内营业网点数
民生银行临朐支行	王德鹏	王松森	34	1
潍坊银行临朐支行	刘玉欣	赵传伟　王　策　于海涛	43	2
临朐农商行	郭生业	刘树伟　王洪涛　陈当亭　赵玉友　张会荣	625	54
邮储银行临朐县支行	郭伟政	刘成志　季津富	82	3
临朐聚丰村镇银行	马瑞卿　张明杰	丁万刚　郭　志　薛　丽	45	1

临朐县主要金融机构业务概况

单位：亿元

单位名称	本外币存款余额	人民币单位存款	人民币储蓄存款	本外币贷款余额	人民币短期贷款	人民币中长期贷款
农发行临朐县支行	1.65	1.65	0	6.12	0.95	5.18
工行临朐支行	15.50	7.14	8.05	20.09	7.74	12.36
农行临朐支行	34.78	9.19	25.32	19.25	10.62	8.61
中行临朐支行	19.00	6.51	12.04	10.74	6.45	4.29
建行临朐支行	20.91	7.97	12.28	21.76	7.77	13.99
民生银行临朐支行	1.20	0.53	0.50	1.37	1.37	0
潍坊银行临朐支行	13.20	9.08	4.09	14.44	13.42	1.03
临朐农商行	111.28	8.23	103.04	76.47	71.91	1.67
邮储银行临朐县支行	21.99	1.44	20.55	4.64	2.48	2.16
临朐聚丰村镇银行	4.02	1.60	2.42	3.92	3.86	0.06

真开展对辖内法人金融机构的信贷调控，按月对农商行和村镇银行信贷投放进行调控，严格控制新增贷款及票据融资规模；二是完成对临朐农商行、农行三农事业部的“三考核一评估”工作；三是做好对农商行存款准备金政策管理，实现农商行存款准备金率的分段提高。

（周陆军）

昌乐县

【经济金融概况】　2013年，昌乐县继续坚持“工业立县、工业强县”战略不动摇，大力实施大企业、大项目、大产业、大园区带动战略，加快转变发展方式，全面加强生态建设，全力提升民生保障水平，社会持续和谐稳定，群众生产生活环境明显改善。

【金融发展与改革】　2013年，人行昌乐县支行不断深化农

昌乐县主要经济指标

经济指标	2012	2013	2013年同比增幅（%）	经济指标	2012	2013	2013年同比增幅（%）
土地面积（平方公里）	1101	1101	0	地方财政支出（亿元）	21.78	23.34	7.2
人口（万人）	61.53	61.80	0.5	全社会固定资产投资（亿元）	178.32	208.61	19.1
城镇人口（万人）	—	—	—	进出口总值（万美元）	168200	184501	9.7
乡村人口（万人）	—	—	—	出口总值（万美元）	136900	125949	-8.0

续表

经济指标	2012	2013	2013年同比增幅（%）	经济指标	2012	2013	2013年同比增幅（%）
地区生产总值（亿元）	214.59	238.50	10.8	实际利用外资（万美元）	4050	4634	14.4
第一产业（亿元）	30.32	34.33	3.5	社会消费品零售总额（亿元）	88.19	94.60	16.5
第二产业（亿元）	108.82	115.22	11.4	居民消费价格指数（%）	—	—	—
第三产业（亿元）	75.45	88.93	12.8	人均地区生产总值（元）	34876	38590	10.65
财政总收入（亿元）	24.87	24.87	29.66	城镇居民可支配收入（元）	—	—	—
地方财政收入（亿元）	15.30	15.30	18.02	农民人均现金收入（元）	15797	17618	11.5
财政总支出（亿元）	21.78	21.78	23.34				

昌乐县主要金融指标

金融指标（亿元）	2012	2013	2013年同比增幅（%）	金融指标（亿元）	2012	2013	2013年同比增幅（%）
本外币存款余额	186.44	225.40	20.90	财险收入	0.99	1.43	44.44
人民币存款余额	180.27	219.65	21.8	寿险收入	2.24	2.32	3.57
单位存款	59.88	73.47	22.7	财险赔款	0.41	0.61	48.78
储蓄存款	117.16	140.16	19.6	寿险给付	0.09	0.12	33.3
本外币贷款余额	163.09	192.53	18.1	当年结益	—	—	—
人民币贷款余额	160.69	188.61	16.4	证券市场交易总额	15.35	33.43	118
短期贷款	94.20	109.40	14.4	投资者保证金余额	0.32	0.12	-65.2
中长期贷款	60.22	73.31	21.7	证券账户开户数（万户）	0.27	0.41	51.07
票据融资	6.26	5.90	-5.8	证券交易佣金收入	0.02	0.04	100
当年结益	4.65	5.41	16.5	净利润	-0.01	0.005	-150
不良贷款余额	3.04	3.02	-0.65				

昌乐县主要金融机构负责人

单位名称	行长（或其他称谓的第一负责人）	副行长（或其他称谓的同级领导）	员工总数	辖内营业网点数
人行昌乐县支行	范存敬	桂　强　徐启军　张志德　鞠剑波	33	1
农发行昌乐县支行	党永胜	张现仪　于　旭	28	1
工行昌乐支行	孙秋平	刘海峰　韩　伟　张启风　郭　强	70	4
农行昌乐支行	袁荣春	任　江　王占伟　徐美芹　林　磊	139	9
中行昌乐支行	秦维堂	钱　昌　董法政	57	3
建行昌乐支行	辛令奎	刘　民　辛作庆	57	2
潍坊银行昌乐客服中心	王　伟	徐卫东　韩　瑛　杨晓红	37	2
昌乐县农商行	赵连东	张华喜　李海燕　刘光富 吕永祥　邢国华　王树军	480	35
邮储银行昌乐县支行	韩海波	赵长城	29	4
中信银行昌乐支行	藤莉莉		18	1
交行昌乐支行	李　虹	侯　政　孟天真	17	1

昌乐县主要金融机构业务概况

单位：亿元

单位名称	本外币存款余额	人民币单位存款	人民币储蓄存款	本外币贷款余额	人民币短期贷款	人民币中长期贷款
农发行昌乐县支行	0.49	0.49	0	7.10	1.68	5.42
工行昌乐支行	28.38	12.98	10.36	32.18	12.68	18.85
农行昌乐支行	33.28	12.91	19.83	19.99	10.32	9.44
中行昌乐支行	18.86	8.09	9.58	14.27	8.28	3.73
建行昌乐支行	17.87	10.57	6.28	31.80	8.24	22.80
潍坊银行昌乐支行	13.59	1.60	12.00	2.55	0.98	1.57
昌乐县农商行	89.40	12.12	77.12	63.15	47.11	10.24
邮储银行昌乐县支行	14.03	10.41	3.47	13.11	12.79	0.22
中信银行昌乐支行	3.80	2.76	0.83	6.82	5.78	1.04
交行昌乐支行	2.27	1.54	0.70	1.56	1.55	0.01

村金融服务体系建设，优化金融生态环境，实现了辖区农村金融服务全覆盖，提升了农村支付服务质量。新增设了中信银行、交通银行两家分支机构。

【金融服务与监管】 2013年，人行昌乐县支行加强对全县金融机构的管理和服务，力促全金融业健康稳健运行。一是对辖区新开业迁址的2家金融机构进行了考核验收工作，对农信社改制商业银行进行全面考核检查验收，先后组织开展统计、征信、外汇、支付结算等执法检查12次；二是坚持“一企一策”服务方式，深入调研，有力地促进了外向型经济的发展；三是继续加大对法人金融机构的监测力度，推动其业务健康稳健运行。

（李永昌　高国文）

日照市

【经济金融概况】 2013年，日照市抢抓“蓝、红、金”国家战略机遇，坚持稳中求进、好中求快工作基调，经济社会实现持续健康发展，经济总量跃上新台阶，经济发展方式不断转变，蓝色经济取得新成效。全市实现蓝色经济增加值685.37亿元，增长13.5%，占全市GDP的比重45.7%，同比提高1.6个百分点。市场主体规模持续扩大。年末全市实有市场主体总量13.70万户，注册资本(金)1617.06亿元，分别增长9.6%、27.9%。日照市金融系统在服务实体经济的同时，金融产业化水平显著提升，对地方财政的贡献度不断提高。金融业实现增加值72.58亿元，增长15.3%；在全市生产总值、第三产业增加值中占比达4.84%和12.42%。金融机构累计上缴税金16亿元，同比增长15.11%。全年新增银行、保险、证券、期货、小额贷款公司等金融机构16家。

【货币政策实施】 2013年，人行日照市中支强化货币信贷政策传导，加大实体经济支持力度。一是制定印发了金融支持全市经济转方式调结构、做大做强产业链金融等多项调控指导意见；二是定期召开金融形势通报会，灵活运用差别存款准备金动态调整政策，拓宽信贷政策传导渠道；三是推进区县合作直通，联合开发区开展了金融服务示范区共建活动，联合莒县举办了2013’金融支持实体经济银企对接暨金融产品展览会，启动了金融支持省级现代农业示范区建设试点，联合五莲县开展了金融创新示范县建设，联合东港区推动科技金融加快发展；四是联合市人社局、财政局开展“创业助推金融行”活动，发放小额创业担保贷款1.33亿元，扶持带动6324人就业，此做法在全省会议上交流，并在《金融时报》报道；五是支持企业实现直接融资70亿元；六是开展“中小企业金融产品创新奖”评选活动；七是引进全省规模最大的63亿元境外人民币借款，实现人民币资本项目业务新突破；八是金融支持现代农业发展成效显著，在全省率先研究制定了《金融支持新型农业经营主体发展壮大的意见》，并联合市农业局、财政局、保险业协会制定实施了《金融支持现代农业加快发展实施方案》。

【金融稳定】 2013年，人行日照市中支全面加强金融管理

日照市经济主要统计指标

指标 \ 年度	2009	2010	2011	2012	2013	2013年同比增幅（%）
土地面积（平方公里）	5310	5348	5348	5348	5348	—
人口（万人）	285.76	287.92	289.03	288.1	290.13	0.7
城镇人口（万人）	100.76	101.57	103.04	103.22	104.10	0.85
乡村人口（万人）	—	—	—	—	—	—
地区生产总值（亿元）	864.66	1025.08	1214.07	1352.57	1500.16	10.6
第一产业（亿元）	87.33	100.26	112.08	117.64	131.45	3.5
第二产业（亿元）	471.85	561.55	660.66	724.06	784.33	10.7
工业（亿元）	463.85	494.95	582.54	575.1	646.93	11.9
建筑业（亿元）	58.14	66.6	78.12	80.1	86.62	8.1
第三产业（亿元）	305.48	363.27	441.33	510.87	584.38	12.1
人均地区生产总值（元）	31451	36870	43191	47851	52778	10
地区生产总值构成（%）	100	100	100	100	100	—
第一产业（%）	10.10	9.8	9.2	8.7	8.7	—
第二产业（%）	54.6	54.8	54.4	53.5	52.3	—
第三产业（%）	35.3	35.4	36.4	37.8	39	—
财政总收入（亿元）	244.91	349.87	510.15	701.6	834.07	12.7
地方财政收入（亿元）	43.48	55.61	68.5	78.86	100.09	15.5
财政总支出（亿元）	—	—	—	—	—	—
地方财政支出（亿元）	72.85	94.83	124.35	138.02	158.24	14.6
全社会固定资产投资（亿元）	631.86	775.36	880.69	922.38	1069.05	20
规模以上固定资产投资（亿元）	506.89	621.3	665.24	678.56	—	—
房地产开发（亿元）	61.14	63.33	62.9	65.99	72.04	9.2
进出口总值（亿美元）	85.70	133.14	207.57	252.5	330.39	30.6
出口总值（亿美元）	16.27	22.11	39.07	38.85	38.8	0.1
实际到账外资（亿美元）	3.64	3.49	3.8	4.21	5.30	25.8
社会消费品零售总额（亿元）	252.87	311.63	365.44	420.1	476.2	13.4
居民消费价格指数（%）	99.8	102.9	104.5	102.4	102.1	-0.3
城市居民人均可支配收入（元）	15795	17558	20098	22817	25090	10
农民人均现金收入（元）	6548	7504	8756	10026	11304	12.8

日照市工农业主要统计指标

农业主要统计指标（万吨）				规模以上工业企业主要统计指标（亿元）			
项目 \ 年度	2012年	2013年	增幅（%）	项目 \ 年度	2012年	2013年	增幅（%）
粮食	113.17	102.02	-9.9	工业增加值	575.1	646.93	11.9
夏粮	50.91	47.42	-6.86	国有工业	23.1	23.6	2.3
秋粮	62.97	54.60	13.29	集体工业	2.54	2.03	-20.5

续表

农业主要统计指标（万吨）				规模以上工业企业主要统计指标（亿元）			
项目＼年度	2012年	2013年	增幅（%）	项目＼年度	2012年	2013年	增幅（%）
棉花	0.2	0.2	14.1	股份制工业	415.03	473.96	14.2
油料	24.09	24.62	2.2	股份合作制工业	—	—	—
水果	21.02	23.78	13.1	外商及港澳台投资工业	117.89	126.26	7.1
蔬菜	90.71	112.19	23.7	轻工业	217.87	234.99	10.6
肉类	20.89	21.61	1.3	重工业	357.23	411.94	12.7
禽蛋	12.12	12.2	0.6	主营业务收入	2365.95	2617.97	12.1
奶类	1.72	2.18	26.4	利税	111.05	121.07	11.4
水产品	54.92	56.61	3.1	利润	65.39	75.63	18.0
森林覆盖率（%）	38.3	39.2	0.9	经济效益综合指数（%）	—	—	—

日照市主要金融机构概况

单位名称	行长（或其他称谓的第一负责人）	副行长（或其他称谓的同级领导）	员工总数	辖内营业网点数
人行日照市中心支行	赵　杰（副行长，主持工作）	尹峰世　苏　涛　刘茂伟　孙元学	176	3
银监会日照监管分局		罗玉民　秦　军　于家富	35	1
农发行日照市分行	田　青	李绪光　孙海平　王宗桂	94	3
工行日照分行	贾　萍	高月日　娄　波　周　华　于　涛　刘　森　巴　超　张祥菊　王淑敏	549	20
农行日照分行	王刚胤	戴国文　张庆伟　孔令军　刘　江	1056	35
中行日照分行	徐浴泉	谢其善　史　华　杨永春　徐立军　商玉平	610	20
建行日照分行	刘　军	陈志诚　赵　晋　王建国　汪　忠	645	22
交行日照分行	王　洁	焦自钦　吕　峰	40	1
招行日照分行	王　智	安佰刚　兰冰心　陈　强　唐筱飞	131	3
华夏银行日照分行	华　卓	臧家胜　王海云　王大伟	59	1
浦发银行日照分行	焦　东	丁福昌　惠文峰	44	1
兴业银行日照支行	马　浩	张　弘　孙正洪　路奎友	116	1
日照银行	费洪军（党委书记）　王　森（董事长）　闫　明（行长）	焦自竺　黄　玲　王永健　袁玲玲　宋　文　杨宝峰	1340	43
农信社日照市办事处	胡予宁（副主任主持工作）	马德勤　张　立　李宗丰	1999	135
邮储银行日照市分行	张建明	郑　森　种　钢	368	77
日照沪农商村镇银行	黄耀俊	纪洪成	34	1
日照九银村镇银行	杨　华	王均峰　左煜鑫	68	4
莒县金谷村镇银行	邹方军	张治国　孙世涛	68	5

续表

单位名称	行长（或其他称谓的第一负责人）	副行长（或其他称谓的同级领导）	员工总数	辖内营业网点数
五莲中银富登村镇银行	朱云涛	郑祥明 何 峰	33	1
人保财险日照市分公司	郭和平	申志军 张 涛 方克旭	—	—
人寿保险日照分公司	沈洪斌	张大海 何召理 王 林	—	—
太平洋财险日照中心支公司	葛庆民	李 霞 魏 兵	—	—
太平洋人寿日照中心支公司	任永军	王海霞 陈伟国 徐志刚	—	—
平安财险日照中心支公司	李晓光	孔 杰 李 涛	—	—
平安人寿日照中心支公司	黄体昌	郑 军 费红霞	—	—
泰康人寿日照中心支公司	贾慧芳	焦自鹏 张 河	—	—
天安保险日照中心支公司	李 玲	尹德峰 栾 波	—	—
大地财险日照中心支公司	曹向东	陈利军	—	—
安邦财险日照中心支公司	匡胜利	李志民	—	—
太平人寿保险日照中心支公司	李 青	孔 娜	—	—
中华联合财险日照中心支公司	孙运磊	张宗战 刘汉青	—	—
阳光财险日照中心支公司	耿维刚	王志伦	—	—
都邦财险日照中心支公司	白宗光	申 剑	—	—
人民人寿保险日照中心支公司	孙桂利	岳振明 王 芳	—	—
人寿财险日照中心支公司	王玉森	刘 伟	—	—
中信万通证券日照营业部	赵世军		34	1
齐鲁证券公司日照市分公司	万 强		65	5

日照市金融业务统计指标

指标（亿元）＼年度		2009	2010	2011	2012	2013	2013年同比	
							增加额	增幅（%）
银行类	本外币存款余额	819.47	1003.16	1161.07	1469.14	1780.07	310.13	21.1
	人民币存款余额	811.98	993.14	1147.65	1442.48	1737.54	294.26	20.39
	*单位存款	188.90	220.71	530.00	697.02	865.74	168.72	24.21
	储蓄存款	389.44	455.84	548.99	658.65	758.05	98.61	14.97
	本外币贷款余额	830.24	960.79	1107.14	1303.68	1489.45	180.02	13.75
	人民币贷款余额	726.74	832.71	986.85	1113.89	1271.91	152.28	13.6
	短期贷款	385.29	468.23	581.28	709.48	839.48	124.26	17.37
	中长期贷款	272.61	332.61	360.70	353.01	387.07	34.06	9.65
	票据融资	68.50	31.60	44.62	51.12	45.03	-6.09	-11.91
	本年利润	19.34	25.84	36.71	46.86	56.04	9.18	16.38
	不良贷款余额	27.05	19.92	14.16	10.18	10.21	-0.04	-0.4
	不良贷款占比%	3.26	2.07	1.28	0.78	0.69	-0.09	—

续表

指标（亿元）	年度	2009	2010	2011	2012	2013	2013年同比	
							增加额	增幅（%）
保险类	保险公司保费收入	19.35	23.62	24.47	27.11	33.35	6.24	23.0
	财险收入	8.08	9.6	10.88	12.58	15.12	2.54	20.2
	寿险收入	11.28	14.02	13.59	14.53	18.23	3.7	25.5
	保险公司赔款和给付支出	4.59	6.03	8.75	9.05	11.22	2.17	24.0
	财险赔款	4.11	4.60	8.18	6.48	6.92	0.44	6.8
	寿险给付	0.48	0.46	0.57	2.57	4.3	1.73	67.3
	当年结益	—	—	—	—	—	—	—
证券类	证券市场成交总额	639.82	822.77	427.48	331.2	488.46	157.26	47.48
	投资者保证金余额	4.07	3.92	2.66	2.59	2.0	-0.59	-22.78
	证券账户开户数	64753	77271	80104	88846	141287	52441	59
	佣金收入	1.13	0.83	0.49	0.42	0.63	0.21	50
	净利润	—	0.47	0.24	0.28	0.32	0.04	14.3
	期货市场成交总额	—	135.98	172.28	412.97	1987.7	1574.7	381.3
	期货客户保证金余额	—	0.02	0.06	0.14	0.22	0.08	57.1
	期货账户开户数	—	150	209	358	457	99	27.65
	期货手续费收入	—	0.001	0.002	0.07	0.03	-0.04	-57.1
	利润总额	—	—	—	—	—	—	—

注："*"该项指标2010年前为"企业存款"，其数字亦是如此。

日照市金融机构统计指标

指标（个）	年度	2009	2010	2011	2012	2013	2013年同比增幅（%）
银行类	法人机构	5	6	7	8	9	12.5
	省级分行	—	—	—	—	—	—
	二级分行	7	7	7	9	11	22.2
	县区支行	64	87	92	110	114	3.64
	分理处、营业所	196	248	239	233	238	2.1
	储蓄所	—	—	—	—	—	—
	从业人员总数	5095	5721	6182	6337	6833	7.83
保险类	保险机构	22	22	23	26	30	15.38
	财险机构	14	14	144	16	19	18.75
	省级分公司	—	—	—	—	—	—
	地市分公司	14	14	14	16	19	18.75
	县区支公司	—	47	49	52	53	1.92
	寿险机构	—	—	—	—	—	—

续表

指标（个）	年度	2009	2010	2011	2012	2013	2013年同比增幅（%）
保险类	省级分公司	—	—	—	—	—	—
	地市分公司	8	8	9	10	11	10
	县区支公司	—	30	30	30	31	3.33
	从业人员总数	—	—	—	—	—	—
	财险人员	—	—	—	—	—	—
	寿险人员	—	—	—	—	—	—
证券类	证券机构	5	5	5	5	6	20
	证券公司	—	—	—	—	—	—
	证券营业部	5	5	5	5	6	20
	证券服务部	—	—	—	—	—	—
	从业人员总数	55	105	126	109	112	2.75
	投资者开户	64753	77271	80104	94091	101614	8
	境内上市股票支数	1	1	1	1	1	—
	境外上市股票支数	—	—	—	—	2	—
	辖区上市公司总数	1	1	1	1	3	200

日照市主要金融机构业务概况

单位：亿元

单位名称	本外币存款余额	人民币单位存款	人民币储蓄存款	本外币贷款余额	人民币短期贷款	人民币中长期贷款
农发行日照市分行	11.49	11.49	—	93.22	55.04	26.47
工行日照分行	167.68	90.05	59.00	260.78	96.09	118.25
农行日照分行	189.31	106.05	74.91	148.07	88.08	44.70
中行日照分行	202.07	128.40	65.22	241.74	84.62	69.35
建行日照分行	184.48	108.98	64.68	159.06	51.98	72.69
日照银行	369.52	256.60	101.92	221.59	177.05	17.52
农信社日照市办事处	335.53	39.50	295.86	229.69	207.22	17.58
邮储银行日照市分行	82.90	10.96	71.94	21.81	8.02	10.14
村镇银行	23.71	16.13	7.55	13.06	12.09	0.97

日照市各县级区域经济金融主要统计指标

名称	人口（万人）	面积（平方公里）	地区生产总值（亿元）	地区生产总值增速（%）	本外币存款余额（亿元）	储蓄存款（亿元）	本外币贷款余额（亿元）
市辖区	130.31	2030	1047.52	10.3	1295.77	466.47	1185.44
莒县	108.32	1821	272.13	12	311.08	112.78	192.94
五莲县	51.5	1497	180.41	11.35	173.23	183.24	111.06

日照市（含县级）小额贷款公司机构、业务概览

单位名称	行长（或其他称谓的第一负责人）	员工总数（个）	本外币贷款余额（亿元）	人民币短期贷款（亿元）	人民币中长期贷款（亿元）
日照东港德胜小额贷款有限公司	杨 勇	8	1.57	1.57	--
莒县晨曦小额贷款有限公司	邵明鹏	9	2.31	2.29	0.01
日照市岚山区永铸小额贷款有限公司	徐加确	12	1.70	1.70	--
莒县易发小额贷款有限公司	武玉杰	7	3.43	3.43	--
日照高新区东汇小额贷款有限公司	别程远	26	7.28	7.28	--
日照市东港区宝瑞小额贷款有限公司	汪 洋	10	1.08	1.08	--
莒县中海小额贷款有限公司	刘文国	17	1.65	1.65	--
五莲县银通小额贷款有限公司	郑承岩	6	1.07	1.07	--
日照市岚山区正昊小额贷款有限公司	郑淑胜	13	1.71	1.68	0.03
日照经济开发区健业小额贷款有限公司	王洪林	12	0.96	0.96	--
日照市东港区洁鑫小额贷款有限公司	林成彬	30	1.05	1.05	--

和风险监测，确保全市金融体系安全稳健运行。一是成立了金融管理综合办公室，组织开展执法检查17次，发现整改问题133个；二是编制2万余字的金融机构综合管理工作指引，在全国率先编写完成14万字的金融稳定评估手册；三是组织开展了金融消费者权益保护宣传月活动；四是在全省率先出台了《农信社改革重大事项报告管理办法》，辖区2家“三农金融事业部”全部考核达标；五是推动市政府组织开展了金融风险全面排查和打击非法集资专项行动。

【金融服务】 2013年，日照市各金融部门一是创新开展“信用五莲”建设试点工作，得到李同道市长批示肯定，《经济导报》以“五莲谋建信用体系实验区”为题进行宣传报道；二是加快电子商业汇票业务和非现金支付工具推广，人行日照中支被济南分行表彰为农村支付环境建设先进单位；三是推行信用卡恶意透支案件“集中移送＋集中处理”模式，辖区套现商户同比下降90%以上；四是大力推进流通中人民币净化工程，开展“换新钱过新年原封新券下乡”等活动；五是农发行日照分行支持新农村和城镇化建设，重点支持了日照市城市建设投资有限公司秦楼街道农民集中住房和日照国际海洋城投资有限公司涛雒镇农村土地综合整治及安置区建设项目，发放中长期贷款13亿元；六是工行日照分行大力推广网上银行、手机银行等服务渠道，全年新增各类自助设施36台，网上银行交易额近8000亿元，手机银行交易额70余亿元，柜面排队客户较年初下降24.68%。

【金融监管】 2013年，日照市金融监管部门围绕半岛蓝色经济区建设，积极扩大融资投放，改善金融服务，满足各类企业的需求。一是积极争取信贷规模，确保资金向港口建设、临港工业、先进制造业、高新技术产业倾斜；二是对符合国家产业政策的节能减排、技术创新和循环经济项目，优先安排融资计划，促进产业结构的调整优化；三是研发推出了融货达、商贷宝、货易贷、钢贷通宝、药商通达等23项金融产品，探索开展了采矿权质押、景区门票收费权质押、海域使用权质押等金融创新产品，不断扩大抵（质）押物范围。

【外汇管理】 2013年，外汇局日照市中心支局转变外汇管理方式，为涉外经济发展注入新活力。一是推进外汇管理重点领域改革，促进贸易投资便利化；二是加强与地方涉外管理部门的协作配合，并多次召开外汇政策通报会；三是强化外汇业务监管，与市地税局签订了《合作备忘录》，拟定了金融机构外汇业务集中会诊方案，外汇年检数据质量居全省第3位，四是提升外汇服务水平，助推涉外企业发展。

【金融改革】 2013年，日照市各金融部门各项改革稳步推进。

一、加大金融财政支撑力度。一是华夏、浦发银行日照分行开业运营，日照银行在临沂、潍坊设立分行；二是新引进保险、期货、证券机构6家，新增小额贷款公司6家，全市信用总量和贷款余额分别增加690亿元和190亿元；三是加大对小微企业扶持力度，设立了中小企业公共服务中心，拿出2.5亿元财政间歇资金作为信用保证金，撬动银行向中小微企业发放“财政增信优惠贷”9.7亿元。

二、积极推动投资主体多元化。一是日照常春藤股权投资基金成为日照市首支、全省最大的私募股权基金，组建了青苹果置业、兴城置业、东城置业等混合所有制企业；二是大力推进企业上市、挂牌和发债融资，实现直接融资55亿元；三是新

增场外市场挂牌托管企业25家,其中农业龙头企业10家;四是五莲农商行挂牌成立,莒县农商行获银监会批准。

【精神文明建设】 2013年,日照市各金融机构切实加强精神文明建设。

人行日照市中支一是组织开展了央行青年志愿者活动,全辖115名干部职工自愿注册;二是获全省"支付清算"杯羽毛球比赛团体第3名;三是组织开展了庆"三八"、庆"五一"、"绿色徒步行、环保新生活"等一系列文体活动,并成立9个业余兴趣小组,进一步丰富了干部职工的文化生活。中支工会被市总工会授予"全市工会工作先进单位"。

农发行日照分行经营绩效考核已连续3年列全省系统第一位,市分行获得山东省国际结算业务一等奖、存款工作三等奖、同业存款奖和市分行业务平台奖,被日照市总工会表彰为工会工作先进单位。

工行日照分行全面推进企业文化体系建设。获"全国金融五一劳动奖状"、工行总行"精神文明建设先进单位"、省级"文明单位"、日照市"行风建设先进单位"等荣誉。农行日照分行联合大众网日照站连续2年开展"共植爱心树,相伴共成长"为主题的大型植树活动,并与市文明委、日照电视台联手举办了"惠民社区行"大型广场公益宣传等活动。

中行日照分行积极践行企业社会责任,荣获山东省财贸金融系统"工人先锋号"荣誉称号,辖内岚山支行荣获全国金融系统"工人先锋号"荣誉称号,开发区营业部、分行营业部被授予总行级"巾帼文明岗"。

日照银行积极建设社区银行。一是启动金融服务进社区,全年入驻社区31个;二是联合社区开展200余场次金融宣传、慈善公益、文艺演出和电影消夏等活动;三是在日照独家开办9处延时服务的"社区金融便利店",率先配置27台移动服务终端,首家开设智能化社区金融超市,组建首支社区金融志愿者服务队,延伸了服务触角,拉动了储蓄增长。

农信社日照市办事处组织全体干部员工向四川雅安地震灾区捐款38.98万元。日照九银村镇银行巨峰支行与巨峰镇宣传办、团委联合举办了以"青春扬帆、九银相伴"为主题的巨峰镇乡村青年文化巡演暨九银青年创业信贷项目推介晚会。

日照保险业联合市消协、物价局、公安局等部门开展"3·15保险知识进万家"大型户外宣传活动,人保财险、泰康人寿获得了日照市"消费维权诚信机制建设先进单位"。

【大事记】 1月21日 在农行山东省分行2013年年初工作会议上,日照分行荣获"2012年度综合绩效考评进步奖"。

3月7日 建行日照分行召开全市领导干部会议,宣布山东省分行决定:刘军任建行日照分行行长、党委书记。

3月20日 由市文明办、东港区政府、市民政局、日照日报社和日照银行共同举办的"创文明城市 建和谐社区"日照银行金融服务进社区活动启动仪式在日照街道高新社区举行。

4月8日 临沂银监分局批复同意日照银行临沂分行开业(银监临准【2013】38号。

4月12日 日照市"贷动青春青年创业小额贷款"工作会议在会展中心召开。团市委、市人力资源和社会保障局、市财政局、市银监分局、省联社日照办事处和市邮蓄银行相关负责人出席了会议。

4月27日 日照市召开"庆祝五一国际劳动节暨五一劳动奖状(章)表彰大会"。会上,市总工会向全市14家先进企事业单位,55名先进个人颁发了五一劳动奖状(章),中行日照分行行长徐浴泉被授予"日照市五一劳动奖章"。

4月28日 日照市保险行业协会召开第六次会员代表大会。会议由第五届理事会副会长沈洪斌主持,山东保监局赵文和主任、山东省保险行业协会蔡卫东副秘书长、市民间组织管理局丁明利副局长、市金融办保险与担保科王学峰科长出席会议,各会员公司总经理及协会秘书处全体工作人员参加了会议。

5月7日 经交行山东省分行党委研究决定,王洁任日照分行党委副书记(主持工作);免去张海峰日照分行党委书记职务(交银鲁任【2013】30号)。

5月10日 山东银监局以"鲁银监准【2013】127号"文,批复同意华夏银行日照分行开业。

5月14日 建行山东省党委书记、行长薛峰到日照调研。市委副书记、市长李同道、副市长刘兆亮会见了薛峰一行。调研期间,薛峰先后与日照港股份有限公司董事长杜传志、日照兴业集团有限公司董事长丁杰、日照阿掖山集团有限公司董事长苏同山就进一步加强业务合作进行洽谈。

6月26日 邮储银行日照市分行副行长、工会主席郑森被山东省总工会授予"优秀工会工作者"荣誉称号。

6月28日 王森为日照银行董事长,闫鸣为日照银行行长,杨宝峰为日照银行副行长(试用期一年),免去费洪军日照银行董事长职务(日政任【2013】4号)。

7月9日 人行日照市中支组织召开了全市2013年上半年金融形势分析会。中支党委书记、行长刘艳武主持会议,市政府副秘书长、金融办主任孙运锋、五莲县副县长薛向民、中支党委委员、副行长刘茂伟和中支相关科室、县支行及全市各金融机构的主要负责人共50余人参加了会议。

7月16日 人行日照市中支在日照五莲县召开"信用五莲"建设启动大会。人行济南分行党委委员、纪委书记刘振海、日照市副市长马先侠、日照中支党委书记、行长刘艳武、济南分行征信管理处主要负责人出席会议。市县两级政府相关部门、金融机构、县域部门企事业单位、行政村负责人共560余人参加会议并接受培训。

8月7日 人行济南分行党委书记、行长杨子强一行到日照中支宣布领导班子调整决定。刘艳武不再担任日照中支党委书记、行长和外汇局日照市中心支局局长;赵杰任日照中支党委副书记、副行长(主持中心支行全面工作)。

8月19日 招行日照分行举行济南路支行揭牌仪式,这是日照分行设立的第二家支行。

8月22日 上海农商银行村管部山东分部管国建主任在

张晋学副主任、刘文忠风险主管及相关人员的陪同下莅临日照沪农商村镇银行检查指导工作。

8月29日　浦发银行济南分行聘任：焦东为浦发银行日照分行行长，丁福昌、惠文峰为浦发银行日照分行副行长(浦银济发[2013]190号)。

9月12日　工行日照分行为岚桥集团下属的岚桥港口石化有限公司发放3亿元的股权融资业务，此为该行办理的首笔股权融资业务。

9月26日　"华夏银行与日照市政府合作签约仪式暨日照分行开业新闻发布会"在兴业财富广场举行，市委副书记、市长李同道，副市长刘兆亮，华夏银行总行党委委员、工会主席李国鹏，华夏银行青岛分行行长刘辉等出席了新闻发布会。

10月16日　浦发银行日照分行正式对外开业。

10月30日　省农信社党委书记、理事长宋文瑄一行到日照办事处调研指导工作。

11月13日　刘兆亮副市长在日照市金融办孙运锋主任、人行日照市中支赵杰行长、市银监分局汲长虹局长等陪同下到农信社日照办事处调研工作。

11月22日　人行日照市中支联合东港区政府召开了金融支持高新区科技型企业发展座谈会。日照市中支、东港区政府、日照高新区管委、辖区各银行业金融机构相关负责人及部分科技型小微企业代表共20余人参加了会议。

12月3日~4日　农发行山东省分行行长杨杰在日照市调研并到国际海洋城视察贷款项目建设情况，先后与市委书记、市人大常委会主任杨军，市委副书记、国际海洋城工委书记孟庆斌座谈新农村建设工作。

12月14日　台湾中国信托金融控股公司副董事长薛香川一行来日照银行考察交流，日照市副市长刘兆亮会见来访客人。

12月20日　邮储银行日照市分行被山东省精神文明建设委员会评为"省级文明单位"。

12月24日　日照沪农商村镇银行申报的2012年度财政补贴162万元成功获批，这是该行成立以来获得的第4次财政补贴。

12月30日　工行日照分行被总行授予第八届"精神文明建设工作先进单位"荣誉称号。

(厉平福　丁　文)

莒　县

【经济金融概况】　2013年，莒县存、贷款等重要金融指标继续保持快速增长的势头，折射出全县经济健康快速发展的态势。在单位存款与储蓄存款增长共同拉动下，存款大幅增加；短期、中长期贷款高速增长。

【金融发展与改革】　2013年，人行莒县支行通过制定《金融帮扶惠企惠民工程实施方案》、修改完善了考核奖励办法，将"金融帮扶惠企惠民工程"作为县政府考核内容，每季度对工作进展情况进行调度，引导金融机构加大对"三农"和中小企业等实体经济信贷投放，取得显著成效。

【金融服务与监管】　2013年，人行莒县支行一是通过修改完善《辖内银行机构非现场考核办法》、制定实施《金融机构营

莒县主要经济指标

经济指标	2012	2013	2013年同比增幅（%）	经济指标	2012	2013	2013年同比增幅（%）
土地面积（平方公里）	1821	1821	0	地方财政支出（亿元）	26.38	26.38	13.22
人口（万人）	107.82	108.32	0.46	全社会固定资产投资（亿元）	139.54	169.5	26.1
城镇人口（万人）	11.74	11.19	-4.68	进出口总值（万美元）	454908	622995	36.9
乡村人口（万人）	96.08	97.13	1.09	出口总值（万美元）	28942	31824	10
地区生产总值（亿元）	240.88	272.13	12	实际利用外资（万美元）	4664	9215	112
第一产业（亿元）	37.54	41.37	2.9	社会消费品零售总额（亿元）	104.38	118.51	13.54
第二产业（亿元）	119.06	128.52	10.3	居民消费价格指数（%）	--	--	--
第三产业（亿元）	84.28	102.24	18.9	人均地区生产总值（元）	22372	25180	11.58
财政总收入（亿元）	27.1	30.36	12.02	城镇居民可支配收入（元）	18814	21243	12.9
地方财政收入（亿元）	7.01	9.28	21.7	农民人均纯收入（元）	9561	10809	13.1
财政总支出（亿元）	26.38	29.86	13.22				

注：莒县无经济指标"农民人均现金收入"，改为"农民人均纯收入"。

莒县主要金融指标

金融指标（亿元）	2012	2013	2013年同比增幅（%）	金融指标（亿元）	2012	2013	2013年同比增幅（%）
本外币存款余额	257.58	311.08	20.77	财险收入	—	—	—
人民币存款余额	254.04	301.17	18.55	寿险收入	—	—	—
单位存款	92.53	114.33	23.56	财险赔款	—	—	—
储蓄存款	158.08	181.90	15.07	寿险给付	—	—	—
本外币贷款余额	151.24	192.94	27.57	当年结益	—	—	—
人民币贷款余额	133.95	164.11	22.52	证券市场交易总额	20.05	32.70	63.09
短期贷款	110.13	129.59	17.67	投资者保证金余额	0.18	0.16	-11.11
中长期贷款	22.17	33.76	52.28	证券账户开户数	1089	917	-15.79
票据融资	1.58	0.69	-56.33	证券交易佣金收入	0.04	0.05	25.00
当年结益	4.35	6.27	44.14	净利润	0.01	0.01	0.00
不良贷款余额	0.92	0.90	-2.17				

莒县主要金融机构概况

单位名称	行长（或其他称谓的第一负责人）	副行长（或其他称谓的同级领导）	员工总数	辖内营业网点数
人行莒县支行	孙东明	杜家强　庞尊臣	21	1
农发行莒县支行	李学民	何茂远　刘相周	20	1
工行莒县支行	丁风海	张廷钊　陈淑俊　王希利　王晓明	57	3
农行莒县支行	李　光	战仁国　刘汉钦　郑德志　陆　洋	150	8
中行莒县支行	王昀柏	张元真　宋嘉海　董　磊	60	3
建行莒县支行	朱风华	韩秀星　段福祯	51	2
日照银行莒县支行	马继军	张亮三　牟　峰	54	3
莒县农信联社	单连涛	牛学强　陈为国　魏宗京　刘振华　张　勇	655	40
邮储银行莒县支行	郭淑梅	徐伟燕	181	25
莒县金谷村镇银行	邹方军	张治国　孙世涛	68	5

莒县主要金融机构业务概况

单位：亿元

单位名称	本外币存款余额	人民币单位存款	人民币储蓄存款	本外币贷款余额	人民币短期贷款	人民币中长期贷款
农发行莒县支行	4.36	4.36	—	2.93	2.71	0.22
工行莒县支行	28.35	15.25	9.65	31.33	11.36	14.40
农行莒县支行	29.52	12.65	16.49	13.98	7.80	1.73
中行莒县支行	33.57	21.18	10.62	36.29	15.23	4.51
建行莒县支行	23.53	12.30	6.40	12.15	5.10	5.44
日照银行莒县支行	34.84	26.64	8.08	19.98	18.56	—
莒县农信联社	112.50	11.20	101.21	70.40	63.55	6.84
邮储银行莒县支行	31.45	4.07	27.38	1.40	0.83	0.57
莒县金谷村镇银行	8.74	6.67	2.07	4.48	4.44	0.04

业网点服务质量考核评价办法》等方式，加强对辖内金融机构货币信贷、金融统计、征信、人民币结算账户、国库经收处和反洗钱等业务的非现场监管；二是组织金融机构加强基础设施，不断提高工作效率与服务质量；三是组织各涉农金融机构扩大金融网点与自助服务设施在农村的覆盖面，加快金融服务资源向农村地区配置步伐。

（黄甫昌　刘印杰）

五莲县

【经济金融概况】　2013 年，五莲县经济进入转型调整期，改革创新成为引导经济转型的首要任务。各金融机构积极开展银企联动，为企业信贷融资谋求新途径，在保证经济平稳运行的状态下，各类融资取得了长足发展。

【金融发展与改革】　2013 年，人行五莲县支行一是出台了《做大做强金融业的意见》，被县政府领导批示；二是开展“信用五莲”工程建设，引导金融机构积极创新，为中小企业提供

五莲县主要经济指标

经济指标	2012	2013	2013 年同比增幅（%）	经济指标	2012	2013	2013 年同比增幅（%）
土地面积（平方公里）	1497	1497	--	地方财政支出（亿元）	16.55	19.89	20.18
人口（万人）	51.5	51.5	--	全社会固定资产投资（亿元）	86.93	102.77	18.22
城镇人口（万人）	17.9	17.3	-3.35	进出口总值（万美元）	23200	47700	105.6
乡村人口（万人）	33.6	34.2	1.79	出口总值（万美元）	19200	22400	16.67
地区生产总值（亿元）	162.02	180.41	11.35	实际利用外资（万美元）	--	329	--
第一产业（亿元）	17.13	19.32	12.78	社会消费品零售总额（亿元）	52.69	59.7	13.30
第二产业（亿元）	101.04	111.44	10.29	居民消费价格指数（%）	--	--	--
第三产业（亿元）	43.85	49.65	13.23	人均地区生产总值（元）	31499	36815	16.88
财政总收入（亿元）	12.99	11.95	-8.01	城镇居民可支配收入（元）	--	--	--
地方财政收入（亿元）	5.59	7.85	40.43	农民人均现金收入（元）	9575	10829	13.10
财政总支出（亿元）	20.12	35	73.96				

五莲县主要金融指标

金融指标（亿元）	2012	2013	2013 年同比增幅（%）	金融指标（亿元）	2012	2013	2013 年同比增幅（%）
本外币存款余额	142.76	173.23	21.34	财险收入	0.46	0.51	10.87
人民币存款余额	142.50	172.98	21.39	寿险收入	0.80	0.78	-2.5
单位存款	35.83	47.03	31.26	财险赔款	0.32	0.29	-9.38
储蓄存款	99.74	112.66	12.95	寿险给付	0.23	0.35	52.17
本外币贷款余额	82.11	111.06	35.26	当年结益	--	--	--
人民币贷款余额	82.11	111.06	35.26	证券市场交易总额	--	--	--
短期贷款	61.83	84.52	36.70	投资者保证金余额	--	--	--
中长期贷款	13.82	21.07	52.46	证券账户开户数	--	--	--
票据融资	6.46	5.47	-15.33	证券交易佣金收入	--	--	--
当年结益	--	--	--	净利润	--	--	--
不良贷款余额	1.51	1.70	12.58				

五莲县主要金融机构概况

单位名称	行长（或其他称谓的第一负责人）	副行长（或其他称谓的同级领导）	员工总数	辖内营业网点数
人行五莲县支行	司斌涛	高 飞 张 华	32	1
农发行五莲县支行	翟玉金	郑俊生 高月笑	20	1
工行五莲支行	秦 勇	王富青 程明军 管锡钢 管成龙	53	3
农行五莲支行	齐 东	崔亚林 齐 峰	106	5
中行五莲支行	李善民	王宗生 段博文	51	3
建行五莲支行	孙明波	周 磊 李公湖	43	2
日照银行五莲县支行	娄元新	宋作峰	48	3
五莲县农商行	陈修善	刘峰生 鲁 中 李世祥 陈 坤	475	27
邮储银行五莲县支行	王新慧	吉少民	64	2
五莲中银富登村镇银行	朱云涛	郑祥明 何 峰	33	1

五莲县主要金融机构业务概况

单位：亿元

单位名称	本外币存款余额	人民币单位存款	人民币储蓄存款	本外币贷款余额	人民币短期贷款	人民币中长期贷款
农发行五莲县支行	1.26	1.26	0	4.03	2.22	1.28
工行五莲支行	12.98	2.22	10.50	8.69	4.55	4.11
农行五莲支行	17.16	5.42	11.64	19.93	18.05	1.88
中行五莲支行	16.73	8.56	7.84	6.59	5.78	0.81
建行五莲支行	11.81	6.93	4.84	10.59	3.85	6.74
日照银行五莲县支行	16.50	11.98	4.43	12.65	11.90	0.75
五莲县农商行	65.89	7.78	58.09	46.44	37.33	4.23
邮储银行五莲县支行	16.96	2.43	14.53	1.21	0.85	0.36
五莲中银富登村镇银行	1.23	0.44	0.79	0.94	0.01	0.93

融资新渠道；三是积极对上争取信贷规模和授信额度，在保证全县重点行业和关键领域信贷需求的基础上，满足小微企业的发展需求。

【金融服务与监管】 2013年，“信用五莲”试点工作取得显著成效。完成“五项工程”、“两大平台”建设及全县8万余农户的信息采集和整理工作，建成了征信服务中心；已累计发放农业产业链融资贷款15亿元，对6个试点村投放贷款640.5万元，对14家试点企业投放贷款6365万元。

（刘善国）

第十一部分

区域性金融运行报告
——鲁北地区

东营市

【经济金融概况】 2013年，东营市各金融机构牢牢把握"稳中求进"的内涵，紧紧围绕"黄蓝"国家战略实施和"一个龙头、三个增长极"战略发展布局，支持东营市经济转方式调结构，全年金融运行呈现稳健发展态势。

【货币政策实施】 2013年，人行东营中支认真贯彻落实稳健货币政策，不断强化"窗口指导"，引导辖内金融机构信贷投放合理适度增长，支持地方经济快速发展。

一、疏通货币政策传导机制，确保货币政策贯彻落实。一是通过召开专业工作会议，传达总分行专业工作会议精神，研究部署2013年业务工作，确定了全年货币信贷工作思路，形成了辖区货币信贷工作指引；二是出台了《关于认真贯彻稳健货币政策 改进金融服务和外汇管理 支持全市经济持续健康发展的意见》和《关于努力扩大市场直接融资规模 支持实体经济发展的意见》，引导全市金融机构扩大贷款增量，盘活贷款存量，进一步优化信贷结构，加大对地方实体经济发展的支持力度。

二、有效贯彻货币信贷政策，积极支持地方经济发展。一是强化政、银、企、担(保)等多方合作，引导辖内金融机构加大对企业的支持，举办了首届网络政银企合作，签约项目贷款77个，签约资金266.35亿元，流动资金贷款271个，签约金额151.32亿元；二是加强存款准备金管理，定期对辖内法人金融机构执行存款准备金率制度的情况进行检查，强化日常监测；完成了辖内农业银行改革试点县级"三农金融事业部"执行差别化存款准备金率政策考核工作；三是通过对支农再贷款进行合理调剂，督促和引导辖内农商行进一步扩大对农户贷款的辐射面，加大对"三农"的支持力度；四是强化利率管理与监测，通过建立利率市场周报制度，完善利率监测和分析制度，促进利率政策的有效实施。

三、强化政策引导，推动金融对"民生"领域的信贷支持。一是制定了《关于深化农村金融改革创新 大力支持"三农"发展的指导意见》，在全辖开展了金融支持现代农业加快发展工作，推动东营市政府印发了《金融支持现代农业加快发展工作方案》，并召开了东营市金融支持现代农业加快发展暨广饶创新试点工作现场会；二是在全辖开展了中小企业信贷政策导向效果评估和东营市小企业融资服务年活动，在全市范围内开展了"明日之星"企业信贷培育工程，帮助小微企业提高在金融机构的信用级别。

【金融稳定】 2013年，人行东营中支不断加大风险监测力度，建立和完善了全市金融稳定协调机制，全市金融风险防控能力显著增强。一是修订了《金融机构突发事件应急演练方案》，组织全辖金融机构开展了突发事件应急演练，做到早预警、早报告、早处置；二是制定了《金融稳定重大事项报告管理办法》，组织开展了辖内银行机构分管行长、牵头部门负责人和报告责任人员金融稳定重大事项培训；三是承办了人行济南分行在广饶举办的"县域金融风险管理"座谈会，组织辖内银行业金融机构开展了防范与打击非法集资月活动，完成了对东营莱商村镇银行稳健性现场评估工作。

【金融服务】 2013年，人行东营中支金融服务创新亮点工作突出，被市委、市政府评为"金融服务工作先进单位"。一是开展了金融知识进"村校企社"活动，增强社会公众对金融的认知度；二是组织开展了"残损人民币回收攻坚年"活动和农村反假币义务宣传员网络建设，做好互联网个人信用信息服务平台验证试用工作；三是顺利上线运行ACS和二代支付系统，加强同城清算管理，积极推广电子商业汇票业务，加强农村支付环境建设；四是建立了全市跨境人民币业务重点企业联系制度，加强推介、宣传和监督检查；五是完成了国家金库东营农业高新技术开发区支库的申报和参数设置，以及"金税三期"上线和TIPS系统地税部分的正式上线，做好非税收入直缴入库和国库直接支付工作；六是做好支农再贷款、教育助学贷款、失业人员小额担保贷款等的发放。

【金融监管】 2013年，人行东营中支和银监会东营监管分局严格依法监管，确保辖区金融业安全稳健运行。

一、人行东营中支不断强化监管，对外履职的力度进一步加大。一是向全市银行业金融机构负责人下发了《关于进一步改善金融服务工作的函》，提示工作风险点；二是分别开展了对河口中成村镇银行等9家银行业金融机构及其新设分支机构的开业管理工作，对全市金融机构执行人民银行政策和外汇管理规定情况的综合评价工作，以及对金融消费者权益保护、金融统计、支付结算、反洗钱、外汇管理等10余项监督检查；三是对地方性法人机构改革试点情况、金融机构执行差别化存款准备金率政策等重点领域开展了调查和考核。

二、银监会东营监管分局针对监管资源较为紧张的局面，围绕非现场、现场和市场准入三大监管手段，进行创新和探索。一是制定了《非现场联动监管制度》，按季研究分析影响辖区银行业运行的主要问题和风险点，并协同各监管科室联动采取处置措施；二是制定了《现场检查集成管理制度》，从立项内容选择、人员配置、检查方式方法以及问题处理方面均作了创新；三是制定了《辖内股份制银行机构准入评估办法》，有效提升了市场准入监管的系统性、规范性和导向性。

【外汇管理】 2013年，外管局东营市中心支局着力提高外汇管理的有效性，密切监测跨境资金异常流动，以贸易投资便利化为重点，深化重点领域改革，创新外汇服务措施，努力支持

东营市经济主要统计指标

指标 \ 年度	2009	2010	2011	2012	2013	2013年同比增幅（%）
土地面积（平方公里）	7923.3	7923.3	7923.3	7923.3	7923.3	--
人口（万人）	184.6	184.9	186.0	185.45	208.49	--
城镇人口（万人）	79.3	80.9	81.0	80.38	--	--
乡村人口（万人）	105.3	104.0	104.9	105.07	112.6	7.2
地区生产总值（亿元）	2076.6	2359.6	2676.4	3000.66	3250.2	11.2
第一产业（亿元）	74.7	87.4	99.2	104.34	117.19	3.5
第二产业（亿元）	1541.3	1712.2	1914.8	2126.02	2258.42	11.8
工业（亿元）	1456.3	1612.0	1801.1	2007.59	2130.65	12.1
建筑业（亿元）	85.0	100.2	113.7	118.43	127.77	7.3
第三产业（亿元）	460.5	560.4	662.4	770.3	874.59	10.3
人均地区生产总值（元）	103246	127638	130811	145395	155892	7.2
地区生产总值构成（%）	100.0	100.0	100.0	100	100	--
第一产业（%）	3.6	3.7	3.7	3.48	3.61	0.1
第二产业（%）	74.2	72.6	71.6	70.85	69.49	-1.3
第三产业（%）	22.2	23.8	24.8	25.67	26.91	1.2
财政总收入（亿元）	299.4	395.6	500.0	571.29	561.76	-1.7
地方财政收入（亿元）	80.9	104.9	135.3	158.71	183.79	15.8
财政总支出（亿元）	105.2	142.1	179.8	208.4	232.25	11.4
地方财政支出（亿元）	105.2	142.1	179.8	208.4	232.25	11.4
全社会固定资产投资（亿元）	1095.6	1349.0	1574.4	1963	2332.13	20.8
规模以上固定资产投资（亿元）	988.6	1185.1	1324.0	--	--	---
房地产开发（亿元）	84.6	100.3	122.9	147.75	175.76	19
进出口总值（亿美元）	39.6	79.6	102.2	123.7	131.48	7.2
出口总值（亿美元）	17.6	27.6	43.6	49.83	58.03	16.5
实际利用外资（亿美元）	1.7	2.1	1.4	1.6	--	--
社会消费品零售总额（亿元）	303.3	382.4	448.9	516.08	585.56	13.5
居民消费价格指数（%）	99.0	102.3	104.4	102.4	102	-0.4
城市居民人均可支配收入（元）	21313	23795	27343	30952	33983	9.8
农民人均现金收入（元）	7327	8427	10025	11489	13000	13.2

注：1.上表中人口指标2009-2012年采用的指标为户籍人口，2013年采用的是常住人口。
2.表格中空缺的地方是因为东营市缺乏相关统计数据所至，特此说明。

东营市工农业主要统计指标

农业主要统计指标（万吨）				规模以上工业企业主要统计指标（亿元）			
项目 \ 年度	2012年	2013年	增幅（%）	项目 \ 年度	2012年	2013年	增幅（%）
粮食	75.91	72.31	-6.6	工业增加值	--	--	12.7

续表

农业主要统计指标（万吨）				规模以上工业企业主要统计指标（亿元）			
项目＼年度	2012 年	2013 年	增幅（%）	项目＼年度	2012 年	2013 年	增幅（%）
夏粮	34.41	34.10	-3.1	国有工业	--	--	20.3
秋粮	41.50	38.21	-9.5	集体工业	--	--	-0.1
棉花	12.86	9.54	-25.8	股份制工业	--	--	10.7
油料	0.32	0.27	-15.8	股份合作制工业	--	--	112.4
水果	11.44	13.01	13.8	外商及港澳台投资工业	--	--	23.4
蔬菜	146.94	145.91	-0.7	轻工业	--	--	-0.7
肉类	26.84	27.55	2.6	重工业	--	--	13.4
禽蛋	12.84	13.10	2.0	销售收入	10292.8	11793.12	14.1
奶类	18.78	18.71	-0.4	利税	1898.3	1937.17	2.1
水产品	50.00	52.09	4.2	利润	1177.6	1236.61	4.8
森林覆盖率（%）	--	--	--	经济效益综合指数（%）	--	--	--

注：表格中空缺的地方是因为东营市缺乏相关统计数据所至，特此说明。

东营市主要金融机构概况

单位名称	行长（或其他称谓的第一负责人）	副行长（或其他称谓的同级领导）	员工总数	辖内营业网点数
人行东营市中心支行	徐小林	李　刚　岳　弘　李永清　梁久科　段作强	239	4
银监会东营监管分局	于树明	王百春　张洪恩　杜明洁　宋维哲	59	1
农发行东营市分行	时祝华	段宗臣　陈　军　隋全亮	136	4
工行东营分行	刘爱峰	王英利　杨仕华　张金清　任德富　王胄岩　牛明贤　王玉片　李　坱	1039	58
农行东营分行	刘剑波	李宗海　韩怀德　张俊国　王东风　董月民　刘明鹤	1107	59
中行东营分行	孟　斐	朱　兵　武明国　王青华　李　恒	668	26
建行东营分行	王广升	田　青　赵学刚　李华东　高　筠　张建平　孙　炜　李发新　贾玉萍	1011	47
交行东营分行	苏兴越	史晓杰	59	2
东营银行	石子强	袁学军　高树松　王希凯　王乃军　付光远　张爱民　李德星	922	40
邮储银行东营市分行	许同博	宋道峰　刘彦军	488	81
东营市农村合作机构	高传星	张德兵　高　平　魏　民　戴国建	1987	171
恒丰东营分行	任显芬	张启新　晁前程　郭　虎	91	2
华夏东营分行	刘国辉	杨　坤　刘　光　李龙吉　刘　峰	96	2
中信东营分行	毕新宇	韩学斌　康立博　黄　涛　徐　明	137	4
招行东营分行	郑　玲	张广信　牟德华	88	3
民生东营分行	尚永兴	张晓东　印振学　王树青	116	4

续表

单位名称	行长（或其他称谓的第一负责人）	副行长（或其他称谓的同级领导）	员工总数	辖内营业网点数
浦发东营分行	李华堂	边盛强　贾国良　刘功业	79	2
青岛银行东营分行	王鹏华	刘元华　冯勋斌	79	2
光大东营分行	杨　林	吕景峰　王守奇	48	1
齐商银行东营分行	李　庆	王建平　陈永顺　孙　刚	79	1
东营莱商村镇银行	李敏实	李翠芳　刘汉忠　范水波	176	11
人民财险东营市分公司	李亚力			
平安财险东营中心支公司	李昆明			
太平洋财险东营中心支公司	赵寿青			
天安财险东营中心支公司	李　锋			
大地财险东营中心支公司	刘修顺			
永安财险东营中心支公司	崔玉东			
中华联合东营中心支公司	王本文			
阳光财险东营中心支公司	杨庆华			
安邦财险东营中心支公司	张艳霞			
渤海财险东营中心支公司	冯文庆			
都邦财险东营中心支公司	杨宝文			
永诚财险东营中心支公司	孙玉伟			
民安财险东营中心支公司	李剑嵩			
国寿财险东营中心支公司	陈忠明			
浙商财险东营中心支公司	于秀莉			
天平汽车东营中心支公司	赵志波			
中国人寿东营分公司	许金荣			
平安人寿东营中心支公司	温玉明			
太平洋人寿东营中心支公司	李　涛			
泰康人险东营中心支公司	李志强			
新华人寿东营中心支公司	任国斌			
太平人寿东营中心支公司	傅春华			
合众人寿东营中心支公司	汤学锋			
嘉禾人寿东营中心支公司	臧秀红			
人民人寿东营中心支公司	姚丽丽			
阳光人寿东营中心支公司	赵鸣龙			
国华人寿东营中心支公司	李振合			

续表

单位名称	行长（或其他称谓的第一负责人）	副行长（或其他称谓的同级领导）	员工总数	辖内营业网点数
华泰人寿东营营销服务部	鲍　凯			
生命人寿东营中心支公司	王　军			
齐鲁证券东营济南路证券营业部	董典波			
广发证券东营济南路证券营业部	徐超平			
中信万通证券东营营业部	高长青			

东营市金融业务统计指标

指标（亿元）＼年度		2009	2010	2011	2012	2013	2013年同比	
							增加额	增幅（%）
银行类	本外币存款余额	1312.1	1580.2	1927.7	2394.0	2848.0	454.0	19.0
	人民币存款余额	1301.0	1567.1	1904.0	2348.9	2789.3	440.4	18.7
	*单位存款	356.1	420.1	1048.4	1368.3	1632.8	264.5	19.3
	储蓄存款	640.2	703.1	789.9	946.6	1051.3	104.7	11.1
	本外币贷款余额	934.3	1189.5	1439.6	1806.0	2161.3	355.3	19.7
	人民币贷款余额	899.9	1148.1	1390.9	1748.4	2089.6	341.2	19.5
	短期贷款	601.3	763.0	950.2	1318.7	1497.9	179.2	13.6
	中长期贷款	299.3	364.8	399.9	448.4	558.9	110.5	24.6
	票据融资	29.2	20.3	40.4	37.9	32.4	-5.5	-14.5
	当年结益	--	--	--	--	--	--	--
	不良贷款余额	20.3	9.2	12.0	11.6	10.9	-0.7	-6.3
	不良贷款占比%	2.2	1.0	0.9	0.6	0.5	-0.1	-21.9
保险类	保险公司保费收入	42	42.9	41.7	42.53	52.1	9.6	22.5
	财险收入	10.8	13.8	15.6	18.19	21.16	3.0	16.3
	寿险收入	31.3	29.1	26.1	24.34	30.94	6.6	27.1
	保险公司赔款和给付支出	6.1	7	11.8	10.96	13.1	2.1	19.5
	财险赔款	5.2	5.9	6.7	9.48	11.67	2.2	23.1
	寿险给付	0.9	1.1	1.49	1.48	1.43	-0.1	-3.4
	当年结益	--	--	--	--	--	--	--
证券类	证券市场成交总额	1600	1857	1036	774	--	--	--
	投资者保证金余额	8.5	9.1	8.9	9	--	--	--
	证券账户开户数	200000	201800	254000	265100	--	--	--
	佣金收入	1	1.1	1	1.1	--	--	--
	净利润	0.4	0.5	1.3	0.37	--	--	--
	期货市场成交总额	--	--	--	1809	--	--	--

续表

指标（亿元）	年度	2009	2010	2011	2012	2013	2013年同比	
							增加额	增幅（%）
证券类	期货客户保证金余额	--	--	--	0.52	--	--	--
	期货账户开户数	--	--	--	349	--	--	--
	期货手续费收入	--	--	--	1108	--	--	--
	利润总额	--	--	--	0.02	--	--	--

注：“*”该项指标2010年前为“企业存款”，其数字亦是如此。

东营市金融机构统计指标

指标（个）	年度	2009	2010	2011	2012	2013	2013年同比增幅（%）
银行类	法人机构	6	7	9	9	9	0
	省级分行	0	0	0	0	0	--
	二级分行	6	10	14	16	17	6.3
	县区支行	82	82	85	97	101	4.1
	分理处、营业所	361	431	442	445	447	0.4
	储蓄所	11	11	11	11	11	0
	从业人员总数	5273	6192	6697	7053	7976	13.1
保险类	保险机构	23	23	29	29	29	0
	财险机构	13	13	16	16	16	0
	省级分公司	0	0	0	0	0	--
	地市分公司	13	13	16	16	16	0
	县区支公司	0	0	0	0	0	--
	寿险机构	10	10	13	13	13	0
	省级分公司	0	0	0	0	0	--
	地市分公司	10	10	13	13	13	0
	县区支公司	0	0	0	0	0	--
	从业人员总数	11056	11759	8757	8988	9128	1.6
	财险人员	3349	3456	1394	1452	1503	3.5
	寿险人员	7707	8303	7363	7536	7625	1.2
证券类	证券机构	3	3	3	10	10	0
	证券公司	0	0	0	0	0	--
	证券营业部	3	3	3	10	10	0
	证券服务部	0	0	0	0	0	--
	从业人员总数	300	356	400	337	--	--
	投资者开户	200000	201800	254000	265100	--	--
	境内上市股票支数	2	3	3	4	4	0
	境外上市股票支数	3	3	3	3	1	-66.7
	辖区上市公司总数	5	6	6	7	5	-28.6

东营市主要金融机构业务概况

单位：亿元

单位名称	本外币存款余额	人民币单位存款	人民币储蓄存款	本外币贷款余额	人民币短期贷款	人民币中长期贷款
农发行东营市分行	17.09	17.00	0	52.39	20.96	29.22
工行东营分行	475.59	245.12	203.36	364.27	185.07	155.96
农行东营分行	380.34	231.13	135.22	342.87	248.11	86.14
中行东营分行	273.14	161.12	94.84	236.91	134.35	88.72
建行东营分行	386.58	222.01	149.37	266.50	139.07	104.88
交行东营分行	27.67	23.66	36.67	33.92	32.42	1.02
东营银行	278.57	171.93	105.32	176.68	136.16	22.04
邮储银行东营市分行	109.55	28.65	80.89	29.78	8.05	21.12
东营市农村合作机构	337.51	123.46	213.35	246.51	236.74	7.50
恒丰东营分行	77.91	56.17	11.45	42.34	33.50	5.04
华夏东营分行	64.00	56.60	6.72	47.52	46.03	1.49
中信东营分行	94.22	78.32	5.89	80.10	65.78	9.46
招行东营分行	46.97	36.67	7.08	39.44	26.75	12.11
民生东营分行	23.69	16.27	6.02	34.30	33.55	0.75
浦发东营分行	91.59	78.11	5.13	71.84	59.33	10.76
青岛银行东营分行	37.86	27.08	10.72	35.87	33.69	1.20
光大东营分行	16.46	14.27	1.94	26.59	25.16	1.42
齐商银行东营分行	11.76	10.60	1.10	5.81	5.78	0.02
东营莱商村镇银行	34.73	28.02	6.70	23.66	23.32	0.10

东营市各县级区域经济金融主要统计指标

<table>
<tr><th>名称</th><th>人口（万人）</th><th>面积（平方公里）</th><th>地区生产总值（亿元）</th><th>地区生产总值增速（%）</th><th>本外币存款余额（亿元）</th><th>储蓄存款（亿元）</th><th>本外币贷款余额（亿元）</th></tr>
<tr><td>东营区</td><td>62.04</td><td>1155.62</td><td>363.36</td><td>14.4</td><td rowspan="2">1965.57</td><td rowspan="2">736.7</td><td rowspan="2">1173.6</td></tr>
<tr><td>河口区</td><td>21.51</td><td>2138.79</td><td>219.91</td><td>14.1</td></tr>
<tr><td>垦利县</td><td>21.96</td><td>2204.07</td><td>345.90</td><td>14.1</td><td>271.08</td><td>110.44</td><td>275.45</td></tr>
<tr><td>利津县</td><td>29.88</td><td>1289.91</td><td>221.46</td><td>12</td><td>92.97</td><td>48.42</td><td>91.74</td></tr>
<tr><td>广饶县</td><td>50.06</td><td>1137.87</td><td>686.25</td><td>14.9</td><td>518.39</td><td>161.73</td><td>620.52</td></tr>
</table>

东营市（含县级）小额贷款公司机构业务概览

单位名称	行长（或其他称谓的第一负责人）	员工总数（个）	本外币贷款余额（亿元）	人民币短期贷款（亿元）	人民币中长期贷款（亿元）
广饶县瑞丰小额贷款公司	门瑞营	10	3.11	3.11	--
广饶县金桥小额贷款公司	刘锋杰	16	4.58	4.58	--

续表

单位名称	行长（或其他称谓的第一负责人）	员工总数（个）	本外币贷款余额（亿元）	人民币短期贷款（亿元）	人民币中长期贷款（亿元）
广饶县鲁商小额贷款公司	王跃庆	18	5.48	5.48	--
广饶县丰泰小额贷款公司	徐国光	13	3.67	3.67	--
广饶县乐安小额贷款公司	张树杰	15	3.46	3.46	--
广饶县金丰源小额贷款公司	李圣法	13	4.65	4.65	--
东营恒通小额贷款公司	戴征宇	10	2.28	2.28	--
东营区城发小额贷款公司	王海舰	13	3.13	3.13	--
利津县金坤小额贷款公司	韩俊来	15	1.59	1.59	--
利津县利华益恒信小额贷款公司	高兴霞	11	2.64	2.64	--
垦利县明珠小额贷款公司	许林民	9	1.64	1.64	--
垦利县万得福小额贷款公司	刘季善	9	2.70	2.70	--

涉外经济平稳较快发展。

一、密切关注跨境资金流动，切实防范化解外汇风险。该局完成了对辖内邮储银行、招商银行、中行、农行等机构的外汇业务合规性检查，全年共立案5起，结案率100%。

二、积极推进服务贸易外汇管理制度改革。成立了“服务贸易外汇管理改革领导小组”，加强宣传指导，强化与海关、税务部门的沟通，确保新政策落实到位。

三、夯实基础，重点推进，国际收支专业水平明显提升。一是着力提升工作质效，非现场核查工作实现常态化；二是构建外汇收支统计数据库，夯实监测分析数据基础；三是延伸贸易信贷调查权限，切实提高贸易信贷数据质量和工作效率。

四、提高外汇服务水平，支持涉外经济发展。一是积极开展“一企一策”式外汇服务，在全市确定33家重点联系企业，落实重点企业联系制度，有针对性地量身定制外汇服务措施，解决企业在规避汇率风险、经营资金紧张等方面的实际困难；二是针对辖内“转口贸易收支顺差较大”、“进口少付汇”这两项净流入特点进行了相关政策解读，对企业贸易外汇收支业务进行进一步规范；三是在全市范围内广泛开展外汇政策宣传，举行了“3·15”金融消费者权益保护集中宣传活动，通过现场设立咨询台、受理消费者投诉、发放宣传资料等形式对外汇知识进行了普及宣讲。

【金融改革】 2013年，东营市金融主管部门着力深化银行业改革，完善现代金融体系，稳步推进辖区金融改革与创新。

一、分类施策，推动发展。一是积极推动东营银行深层次改革和战略转型，督促其制定了《董事会对经营层履职评价办法》和《监事会对董事、监事和高级管理人员履职评价办法》，增强各治理主体履职主动性；二是以深化“三大工程”为抓手，重点推动农村中小金融机构“阳光信贷”工程建设，切实增强支农服务水平；三是对大型银行建立了绩效考核动态评估制度，督促其取消时点性规模考评指标，增加小微企业和风险合规类指标占比；四是引导各股份制银行转变经营管理模式、优化资产负债比例结构，走特色化、差异化道路；督促邮储银行开展“内控合规年”活动，提升员工业务素质和合规意识，稳妥推进二类支行改革。

二、完善体系，优化布局。在积极推进辖内已有银行分支机构的改制或增设工作的基础上，兴业银行东营分行、东营融和村镇银行获准筹建，河口中成村镇银行已获准开业、利津舜丰村镇银行筹建前准备工作进入实质阶段。

【保险业务】 2013年，东营市保险市场继续保持良好的发展态势。

【精神文明建设】 2013年，东营市金融系统全面推进精神文明建设，促进各项工作顺利开展。

人行东营中支举办了“与健康同行”职工运动会，组织了东营市银行系统第二届业务技能竞赛等文体活动，参加了金融总工会组织的“金融人、金融事”DV大赛及总行“激情岁月的点滴记忆”征文活动，举办了“践行核心价值观 传递青春正能量”2013年青年论坛，开展了“中国梦 青春梦”主题月活动等。

银监会东营监管局多层次开展员工培训，因地制宜开展宣传教育和群众娱乐活动，增强干部员工的归属感和认同感。工行东营分行深入践行“以客户为中心”的服务理念，在全辖开展了“提升现金服务水平专项行动”。交行东营分行建设了食堂和文体活动室，做好“如家工程”。青岛银行东营分行荣获东营市“精神文明单位”、2012—2013年度“消费者满意单位”荣誉称号。华夏银行东营分行荣获市级“文明单位”、“当地服务最满意银行”等称号。农行东营分行被省文明委命名表彰为省级“文明单位”,继续保持全市金融系统唯一一家“文明行业”称号,被市委市政府评为“全市金融服务工作先进单位”。建行东营分行获得国家二类城市语言文字工作评估先进集体荣誉称号。邮储银行东营市分行组织开展了“三八”节演讲比赛、金融知识宣传路演、纪念建党92周年系列活动,被评为全市工会工作先进单位、省级文明单位。中信银行东营分行举办了“拥有爱、感受爱”爱心慈善活动,发动全行员工资助特困儿童24名。

【大事记】 1月6日 建行山东省分行行长薛峰、副行长王晓永一行到东营调研。

1月29日 高传星任山东省农信联社东营办事处党委副书记(主持工作)。(鲁农信联党〔2013〕6号)

2月16日 人行东营中支举办“践行核心价值观,传递青春正能量”青年讲坛。

2月 人行东营中支与东营市金融办联合举办了首届网络政银企合作洽谈会。

3月25日 中信济南分行行长侯训义莅临东营分行调研。

4月11日 人行东营中支在广饶县承办人行济南分行“县域金融风险管理”座谈会。

4月12日 苏兴越任交行东营分行副行长(主持工作)。(交银鲁任〔2013〕18号)

5月8日 外管局东营市中心支局成功举办了外债登记管理办法培训会。

光大总行行长郭友莅临东营调研,东营市市委书记、市人大常委会主任姜杰,市委副书记、市长申长友接见。

高传星任山东省农信联社东营办事处副主任(主持工作)。(鲁农信联〔2013〕87号)

5月20日~24日 人行东营中支完成对东营莱商村镇银行稳健性现场评估工作。

6月17日 华夏银行东营东城支行正式对外营业。

6月20日 东营市委常委、副市长田青云到交行东营分行调研指导工作。

史晓杰任交行东营分行副行长。(交银鲁任〔2013〕37号)

6月26日 交行山东省分行副行长叶宁到东营进行高端客户营销。

6月28日 人行济南分行国库处批复同意设立“国家金库东营农业高新技术开发区支库”,由东营市中心支行经理。

7月26日 郭虎任恒丰银行东营分行副行长。(恒银济发〔2013〕113号)

8月2日 人行东营中支副行长关志勇调往人行泰安中支工作。

8月5日 ACS(中央集中核算系统)在东营顺利上线试运行。

8月13日 省联社主任张建民到党的群众路线教育实践活动联系点广饶农商行调研指导工作。

8月31日 垦利乐安村镇银行股份有限公司银座支行开业。

9月23日 人行济南分行党委副书记、副行长于华民一行莅临东营开展涉外企业调研活动。

9月24日 人行东营中支联合东营市总工会、市人社局成功举办东营市银行系统青年职工业务技能竞赛。

10月8日 二代支付系统在东营顺利上线。

刘剑波任中共农行东营市分行委员会委员、书记。(农银鲁党任〔2013〕34号)

10月21日 招行东营广饶支行开业。

10月30日 许同博任邮储银行东营市分行委员会书记、行长。(鲁邮银党任〔2013〕10号、鲁邮银行任〔2013〕18号)

11月18日 按照人总行支付结算司命令,ACS信息管理子系统在人行东营中支上线试点运行。

11月21日 工行山东省分行行长沈如军到东营进行调研。

11月29日 王广升任建行东营分行党委书记、行长。(建鲁任〔2013〕91号、建鲁党任〔2013〕33号)

12月4日 刘剑波任农行东营分行行长。(农银鲁任〔2013〕79号)

12月27日 高平任农信社东营办事处党委委员。(鲁农信联党〔2013〕38号)

(刘春华 石文华 任小强)

广饶县

【经济金融概况】 2013年,广饶县经济金融继续保持向好发展态势,工业生产保持较高速度,经济效益稳中有升,综合实力不断增强。各金融机构大力支持支柱产业发展,信贷结构不断优化,信贷投放稳步增长,金融运行质量明显提高。

【金融发展与改革】 2013年,人行广饶县支行认真贯彻落实稳健的货币政策,加强窗口指导,以金融生态环境建设为主线,有效促进政、银、企之间的合作,确保了支柱行业、重点项目和工程的资金需求,实现三者共赢,促进了地方经济发展。

【金融服务与监管】 2013年,人行广饶县支行进一步强化金融服务与监管,维护辖区金融稳定,为全县经济发展提供了良好的金融服务。一是加强对影响县域经济金融热点、难点问题的调研分析,为决策提供信息和依据;二是通过强化对监管人员的业绩和行为考核,提高监管能力和水平;三是加强货币政策传导,引导金融部门加大支农和中小企业信贷投放,优化信贷结构;四是先后组织人民币流通管理、外汇、金融统计、国库业务、反洗钱等业务监督检查,有效规范了区域金融的运行

广饶县主要经济指标

经济指标	2012	2013	2013年同比增幅（%）	经济指标	2012	2013	2013年同比增幅（%）
土地面积（平方公里）	1138	1138	0	地方财政支出（亿元）	37.76	44.25	17.2
人口（万人）	50.06	50.06	0	全社会固定资产投资（亿元）	411.13	500.51	21.9
城镇人口（万人）	6.55	6.34	-3.21	进出口总值（万美元）	545778	580081	6.3
乡村人口（万人）	43.51	43.72	0.48	出口总值（万美元）	319036	376895	18.1
地区生产总值（亿元）	607.31	686.25	14.9	实际利用外资（万美元）	3645.2	4000	10.0
第一产业（亿元）	36.82	42.27	3.5	社会消费品零售总额（亿元）	120.73	137.09	13.6
第二产业（亿元）	429.01	475.19	16.8	居民消费价格指数（%）	109.4	111.59	2.0
第三产业（亿元）	141.48	168.79	11.1	人均地区生产总值（元）	121317	136420	14.3
财政总收入（亿元）	58.93	72.97	23.8	城镇居民可支配收入（元）	27504	30216	9.9
地方财政收入（亿元）	48.49	59.33	22.36	农民人均现金收入（元）	12055	13659	13.3
财政总支出（亿元）	59.31	70.04	18.1				

广饶县主要金融指标

金融指标（亿元）	2012	2013	2013年同比增幅（%）	金融指标（亿元）	2012	2013	2013年同比增幅（%）
本外币存款余额	412.24	518.39	25.75	财险收入	2.7	3.26	20.74
人民币存款余额	389.60	499.57	28.23	寿险收入	2.56	2.72	6.25
单位存款	242.13	326.37	34.79	财险赔款	0.82	0.71	-13.41
储蓄存款	142.82	161.44	13.04	寿险给付	0.28	0.52	85.71
本外币贷款余额	538.88	620.52	15.15	当年结益	—	—	—
人民币贷款余额	518.33	597.78	15.33	证券市场交易总额	—	—	—
短期贷款	413.75	491.24	18.73	投资者保证金余额	—	—	—
中长期贷款	103.60	105.90	2.22	证券账户开户数	—	—	—
票据融资	0.98	0.65	-33.67	证券交易佣金收入	—	—	—
当年结益	23.61	27.22	15.29	净利润	—	—	—
不良贷款余额	0.88	0.70	-20.45				

广饶县主要金融机构概况

单位名称	行长（或其他称谓的第一负责人）	副行长（或其他称谓的同级领导）	员工总数	辖内营业网点数
人行广饶县支行	王永强	刘延忠　蒋吉昌　谭　斌	35	1
银监会广饶县办事处	隋　勇		1	1
农发行广饶县支行	李好贞	李思兴　刘　宁	25	1
工行广饶支行	段其明	郭洪明　邱　峰　徐同文　赵永强　吕玉玲	100	6
农行广饶支行	巩稚峰	陈　超　陈　琪　任文亭　钟迎宾	212	12

续表

单位名称	行长（或其他称谓的第一负责人）	副行长（或其他称谓的同级领导）	员工总数	辖内营业网点数
中行广饶支行	李明光	刘金鑫　于海生	68	3
建行广饶支行	王晓华	杜敏萍　张　勇 郑成泉　王建峰	102	4
东营银行广饶支行	田晓东	丁文娟　王　飞	30	2
广饶县农商行	高传星	赵树华　刘建云　戴国建 刘玉明　生国江　孙鹏飞	562	70
邮储银行广饶县支行	陈树立	韩　晓	74	3
中信广饶支行	赵新生	宋　伟	21	1
民生广饶支行	毛怀东	万冬冬	21	1
招行广饶支行	魏建明	宁长永	16	1
浦发广饶支行	刘洪柱	崔向明	20	1
广饶县梁邹村镇银行	张　立	高　峰　成玉环	29	2

广饶县主要金融机构业务概况

单位：亿元

单位名称	本外币存款余额	人民币单位存款	人民币储蓄存款	本外币贷款余额	人民币短期贷款	人民币中长期贷款
农发行广饶县支行	4.14	3.33	—	16.87	6.32	10.42
工行广饶支行	66.03	48.10	13.61	125.98	84.25	37.83
农行广饶支行	117.69	85.51	27.50	149.24	125.64	16.56
中行广饶支行	53.07	40.86	6.14	68.31	53.43	13.00
建行广饶支行	67.88	54.60	8.27	102.55	71.06	21.68
东营银行广饶支行	23.31	20.97	2.33	22.99	21.59	0.91
广饶县农商行	140.50	50.78	89.22	102.16	100.54	1.50
邮储银行广饶县支行	13.68	3.10	10.58	3.87	1.26	2.61
中信广饶支行	15.50	11.21	0.71	15.03	13.65	1.37
民生广饶支行	4.32	3.28	0.87	9.34	9.34	0
招行广饶支行	2.68	2.23	0.45	1.99	1.97	0.02
浦发广饶支行	0.88	0.74	0.14	0	0	0
广饶县梁邹村镇银行	3.29	1.67	1.61	2.19	2.19	0

秩序；五是加大征信宣传力度，保障金融健康运行。

（张子东　宋振红）

垦利县

【经济金融概况】 2013年，人行垦利县支行引导辖区金融机构优化金融服务，调整信贷结构，创新金融产品，围绕当地经济建设实际，加大信贷支持力度。

【金融发展与改革】 2013年，人行垦利县支行一是加强对地方法人金融机构和商业银行流动性状况监测，促进宏观调控政策顺利实施和金融机构稳健经营；二是加强对农信社专项央行票据兑付的后续考核监测管理，巩固和提高改革成果；三是

垦利县主要经济指标

经济指标	2012	2013	2013年同比增幅（%）	经济指标	2012	2013	2013年同比增幅（%）
土地面积（平方公里）	2204	2204	0	地方财政支出（亿元）	22.28	24.6	10.3
人口（万人）	22.09	22.12	0.14	全社会固定资产投资（亿元）	254.5	305.4	21.6
城镇人口（万人）	4.38	4.4	4.57	进出口总值（万美元）	46000	56419	22.65
乡村人口（万人）	17.71	17.72	0.06	出口总值（万美元）	33000	42052	27.43
地区生产总值（亿元）	301.21	345.9	14.1	实际利用外资（万美元）	1624	1800	10.84
第一产业（亿元）	16.6	17.8	2.5	社会消费品零售总额（亿元）	40.8	46.3	13.48
第二产业（亿元）	192.0	216.5	16.3	居民消费价格指数（%）	102.9	--	--
第三产业（亿元）	92.6	111.6	10.3	人均地区生产总值（元）	136356	128674	-5.63
财政总收入（亿元）	41.56	38.1	-8.33	城镇居民可支配收入（元）	28070	30821	9.8
地方财政收入（亿元）	14.57	18.1	24.23	农民人均现金收入（元）	11411	12921	13.23
财政总支出（亿元）	41.05	46.6	13.52				

垦利县主要金融指标

金融指标（亿元）	2012	2013	2013年同比增幅（%）	金融指标（亿元）	2012	2013	2013年同比增幅（%）
本外币存款余额	215.94	271.1	25.54	财险收入	1.85	2.35	27.02
人民币存款余额	212.7	264.8	24.49	寿险收入	1.77	1.87	5.65
单位存款	113.03	150.86	33.47	财险赔款	0.81	0.85	4.94
储蓄存款	98.53	110.03	11.67	寿险给付	0.28	0.39	39.29
本外币贷款余额	220.04	275.45	25.18	当年结益	2.53	2.91	15.02
人民币贷款余额	219.68	268.31	22.14	证券市场交易总额	4.09	16.91	313.45
短期贷款	153.97	190.54	23.75	投资者保证金余额	7.46	--	--
中长期贷款	62.86	75.41	19.97	证券账户开户数	1441	2894	100.83
票据融资	2.76	2.33	-15.58	证券交易佣金收入	0.005	0.01	88.68
当年结益	10.57	12.22	15.61	净利润	-0.014	-0.01	-28.57
不良贷款余额	1.51	1.53	1.32				

垦利县主要金融机构概况

单位名称	行长（或其他称谓的第一负责人）	副行长（或其他称谓的同级领导）	员工总数	辖内营业网点数
人行垦利县支行	张晋平	陈　田　王志明	38	1

续表

单位名称	行长（或其他称谓的第一负责人）	副行长（或其他称谓的同级领导）	员工总数	辖内营业网点数
银监会垦利县办事处	任金涛		1	1
农发行垦利县支行	王学良	窦景宏　李　鹏	24	1
工行垦利支行	李　琰	宋金玲　邓晓云	109	6
农行垦利支行	李万刚	周思军　晚　勇	185	10
中行垦利支行	张汉生	张广森　刘　冰	64	3
建行垦利支行	毕玉军	王雪飞　周　森	64	3
东营银行垦利县支行	牟光辉	乔　静　韩念升	23	2
农商行垦利县支行	徐树彬	单爱凤　李英军	395	28
邮储银行垦利县支行	李晓明	石小琴	135	8
乐安村镇银行垦利县支行	孙鹏飞	孙怀华　李根峰	40	3

垦利县主要金融机构业务概况

单位：亿元

单位名称	本外币存款余额	人民币单位存款	人民币储蓄存款	本外币贷款余额	人民币短期贷款	人民币中长期贷款
农发行垦利县支行	2.64	2.64	--	6.19	2.41	3.78
工行垦利支行	51.53	26.35	21.96	59.62	35.38	21.12
农行垦利支行	47.31	23.43	23.15	46.38	33.27	13.11
中行垦利支行	37.41	24.72	10.15	49.06	30.04	15.57
建行垦利支行	29.80	23.23	5.32	36.90	20.06	16.19
东营银行垦利县支行	13.03	10.20	2.82	10.10	9.46	0.64
农商行垦利县支行	50.43	14.80	35.58	38.63	36.22	0.47
邮储银行垦利县支行	12.09	4.41	7.68	3.84	0.97	2.9
乐安村镇银行垦利县支行	3.00	1.97	0.96	1.84	1.84	--

开展对农行“三农金融事业部”考核检查评估工作，促进其真正构建起“三级督导、一级经营”管理体制和“六个单独”运行机制；四是积极引进股份制银行落户垦利县，扩大辖区金融机构队伍，增大信贷和其他金融服务支持，民生和中信银行分别在垦利设立机构，辖区银行机构达到12家。

【金融服务与监管】　2013年，人行垦利县支行一是充分发挥货币政策工具的引导作用，全年发放支农再贷款1.7亿元；二是认真做好贷款卡发放和年审工作，继续深入推行挂牌服务和客户满意度监督工作；三是依法履行人民币管理工作，充分利用西宋桃花节、葡萄采摘节等活动，开展反假货币宣传、征信管理知识宣传咨询和支付结算服务活动；四是组织金融稳定应急预案演练，提高处置突发事件的能力，推进辖区金融业健康发展。

（李祥勇）

利津县

【经济金融概况】 2013 年，利津县深入实施“工业强县、农业固县、民营活县、生态立县”四大战略，积极推进跨越发展，提高民生保障水平，保持了经济社会平稳较快增长。全县金融业平稳运行，各项存贷款大幅增长，信贷结构进一步优化，服务质量明显提升，银行业资产质量不断提高，盈利能力持续增强。

【金融发展与改革】 2013 年，利津县各金融机构改革稳步推进。农行利津县支行三农金融事业部涉农贷款指标均达到人行的考核标准和要求；利津农商行不断完善法人治理结构，转换经营机制，坚定“三农”服务方向，改进服务方式，完善服务功能，有力地支持了农村经济发展；邮储银行利津支行的业务范围进一步拓宽，加大了邮储资金支农力度，提高了农村金融服

利津县主要经济指标

经济指标	2012	2013	2013 年同比增幅（%）	经济指标	2012	2013	2013 年同比增幅（%）
土地面积（平方公里）	1665.6	1665.6	0	地方财政支出（亿元）	18.28	20.19	10.45
人口（万人）	29.88	28.81	-3.58	全社会固定资产投资（亿元）	148.4	172.18	16.02
城镇人口（万人）	3.81	--	--	进出口总值（万美元）	37700	36804	-2.38
乡村人口（万人）	26.08	--	--	出口总值（万美元）	8500	11188	31.62
地区生产总值（亿元）	201.3	221.46	10.01	实际利用外资（万美元）	1000	1150	15
第一产业（亿元）	25.2	25.94	2.94	社会消费品零售总额（亿元）	24.5	27.69	13.02
第二产业（亿元）	111.6	122.39	9.67	居民消费价格指数（%）	102.4	103.7	1.27
第三产业（亿元）	64.5	73.13	13.38	人均地区生产总值（元）	67263	76871	14.28
财政总收入（亿元）	24	32.5	35.42	城镇居民可支配收入（元）	24387	26728	9.6
地方财政收入（亿元）	7.46	10.13	35.79	农民人均现金收入（元）	10483	11831	12.86
财政总支出（亿元）	26.96	28.78	6.75				

注：城镇人口、乡村人口两项指标无法获取数据

利津县主要金融指标

金融指标（亿元）	2012	2013	2013 年同比增幅（%）	金融指标（亿元）	2012	2013	2013 年同比增幅（%）
本外币存款余额	84.46	92.97	10.08	财险收入	0.43	0.49	13.95
人民币存款余额	83.27	91.99	10.47	寿险收入	0.56	0.58	3.57
单位存款	37.60	42.40	12.77	财险赔款	0.34	0.34	0
储蓄存款	45.27	48.42	6.96	寿险给付	0.16	0.34	112.50
本外币贷款余额	76.33	91.74	20.19	当年结益	--	--	--
人民币贷款余额	75.17	91.44	21.64	证券市场交易总额	--	--	--
短期贷款	53.30	60.91	14.28	投资者保证金余额	--	--	--
中长期贷款	21.67	29.64	36.78	证券账户开户数	--	--	--
票据融资	0	0.68	--	证券交易佣金收入	--	--	--
当年结益	2.62	2.93	11.83	净利润	--	--	--
不良贷款余额	1.06	0.94	-11.32				

利津县主要金融机构概况

单位名称	行长（或其他称谓的第一负责人）	副行长（或其他称谓的同级领导）	员工总数	辖内营业网点数
人行利津县支行	王学亮	李士春 张爱民	27	1
银监会利津县办事处	解　明		1	1
农发行利津县支行	杜　勇	李冠忠	21	1
农行利津支行	郭　伟	王志强　冯永波　孟宪来	85	3
建行利津支行	任向阳	陈龙武　张伊滨　刘合理　任　强	48	2
东营银行利津支行	袁　刚	卜令鑫　贾　方	23	1
利津农村商业银行	徐奇祥	朱美村　黄花厂　李卫东　张玉东	260	21
邮储银行利津县支行	韩兴火	袁树樱　郭玉华	73	4

利津县主要金融机构业务概况

单位：亿元

单位名称	本外币存款余额	人民币单位存款	人民币储蓄存款	本外币贷款余额	人民币短期贷款	人民币中长期贷款
农发行利津县支行	2.82	2.82	--	8.77	5.25	2.84
农行利津支行	19.04	10.27	8.76	22.18	15.14	7.04
建行利津支行	17.60	10.74	5.80	26.43	9.64	16.48
东营银行利津支行	9.95	6.94	3.01	8.49	6.80	1.68
利津农村商业银行	31.01	8.64	22.30	22.83	22.60	0.02
邮储银行利津县支行	11.56	3.00	8.56	3.05	1.47	1.58

务的覆盖面和满足度；工行利津支行于年初正式成立，标志着银行业改革又取得了一项重要成果。

【金融服务与监管】 2013年，人行利津县支行充分发挥“窗口指导”作用，改进金融服务，创新监管方式，为全县经济发展提供了良好的金融服务。一是制定了《关于深化农村金融改革创新 大力支持利津县“三农”发展的指导意见》；二是积极承办“利津县金融招商洽谈会”和“陈庄政银企合作座谈会”，加强银企合作；三是不断创新监管方式，认真做好对金融机构的现场检查、考核、综合评价、评估等工作；四是切实加强再贷款、民品贴息贷款等各项资金的管理，指导地方法人机构和企业用足用好各项优惠政策，最大限度地支持其发展壮大；五是做好《征信业管理条例》宣传工作，提高全社会信用意识；六是组织贯彻实施金融统计制度，协调、管理全县金融统计工作，为领导决策提供可靠信息与数据；七是不断提升外汇业务管理水平，为出口企业提供便利化服务；八是认真做好国库集中支付工作。

（辛玉梅　高建刚）

滨州市

【经济金融概况】 2013年，滨州市经济发展健康平稳，金融运行主要呈现以下几个特点：一是贷款持续稳定增加，表外与直接融资规模增长加快，全市直接融资新增155.4亿元，占当年新增贷款的82%；二是各项存款稳定增长，增速有所减缓，同

滨州市经济主要统计指标

指标 \ 年度	2009	2010	2011	2012	2013	2013年同比增幅（%）
土地面积（平方公里）	9453	9453	9453	9453	9453	—
人口（万人）	377.5	377.92	380.68	380.9	381.64	0.19
城镇人口（万人）	105.26	120.47	139.83	143.5	144.94	1
乡村人口（万人）	272.24	257.45	240.85	237.4	236.7	-1
地区生产总值（亿元）	1350.9	1551.52	1817.58	1987.73	2155.73	9.8
第一产业（亿元）	135.93	155.48	178.07	189.51	211.02	3.7
第二产业（亿元）	788.7	847.31	972.29	1045.61	1106.1	11.5
工业（亿元）	720.61	767.26	877.08	948.62	1001.56	11.9
建筑业（亿元）	68.09	80.05	95.21	96.99	104.54	7.2
第三产业（亿元）	426.27	548.73	667.22	752.61	838.61	8.6
人均地区生产总值（元）	36568	41054.19	48326	52591	56770	9.3
地区生产总值构成（%）	100	100	100	100	100	—
第一产业（%）	10.06	10.02	9.8	9.54	9.79	0.3
第二产业（%）	58.38	54.61	53.49	52.6	51.31	-1.3
第三产业（%）	31.56	35.37	36.71	37.86	38.9	1
财政总收入（亿元）	151	198.29	242.91	266.25	311.43	
地方财政收入（亿元）	80.17	103.99	130.76	150.46	170.09	6.05
财政总支出（亿元）	—	—	—	—	—	—
地方财政支出（亿元）	124.72	161.62	201.17	226.56	251.71	11.08
全社会固定资产投资（亿元）	—	—	—	—	—	—
规模以上固定资产投资（亿元）	723.41	886.12	1010.69	1262.73	1517.1758	19.6
房地产开发（亿元）	69.83	96.55	106.28	135.26	127.09	-6
进出口总值（亿美元）	33.67	50.92	66.93	62.86	83.25	32.43
出口总值（亿美元）	17.66	25.51	28.47	28.29	35.45	25.29
实际利用外资（亿美元）	1.69	3.1	10.43	5.41	3.04	-43.8
社会消费品零售总额（亿元）	360.28	431.16	505.75	581.46	658.0427	13.2
居民消费价格指数（%）	99.2	102.5	103.9	102.1	100.7	0.6
城市居民人均可支配收入（元）	17500	19686	22540	25810	28363	9.9
农民人均现金收入（元）	6245	7194	8743	10047	11358	13.1

滨州市工农业主要统计指标

农业主要统计指标（万吨）				规模以上工业企业主要统计指标（亿元）			
项目 \ 年度	2012年	2013年	增幅（%）	项目 \ 年度	2012年	2013年	增幅（%）
粮食	295.02	266.05	-9.82	工业增加值	948.62	1106.1	12.58

续表

农业主要统计指标（万吨）				规模以上工业企业主要统计指标（亿元）			
项目 \ 年度	2012 年	2013 年	增幅（%）	项目 \ 年度	2012 年	2013 年	增幅（%）
夏粮	150.01	136.5	-9	国有工业	--	--	3.1
秋粮	145.01	129.55	-10.66	集体工业	--	--	-19.28
棉花	11.15	9.7	-12.9	股份制工业	--	--	16.09
油料	1.29	0.93	-28.2	股份合作制工业	--	--	0
水果	108.63	86.1	-20.7	外商及港澳台投资工业	--	--	-17.84
蔬菜	179.97	189.46	5.3	轻工业	--	--	11.79
肉类	47.13	47.4	0.5	重工业	--	--	13.29
禽蛋	24.61	23.9	-3	销售收入	5994.41	7104.09	15.6
奶类	13.3	11.3	-15.1	利税	423.23	455.68	5.5
水产品	41.17	43.02	4.5	利润	273.85	288.23	3
森林覆盖率（%）	30.1	30.8	0.7	经济效益综合指数（%）	329.07	299.2	7.07

注：工业增加值分项指标 2011 年起只公布增速，不公布绝对值

滨州市主要金融机构概况

单位名称	行长（或其他称谓的第一负责人）	副行长（或其他称谓的同级领导）	员工总数	辖内营业网点数
人行滨州市中心支行	韩　伟	李秀杰　李　虹　贾克玲　王晓黎　李庶泳　张中志　栾金泉	309	7
银监会滨州监管分局	刘兆胜	侯庆华　胡宏坚　刘寿章　孟庆信	50	1
农发行滨州市分行	陈鲁宁	刘志波　张炳俊　耿大伟　李晓东	187	6
工行滨州分行	王　莹（副行长、主持工作）	张建新　姚春洪　李　战　朱前锋　艾神虹	835	41
农行滨州分行	王炳学	陈　东　何宝林　郝　政　孙学雷　丁　捷	1237	68
中行滨州分行	钟学德	方志强　刘　东　王晓楠　柳世良	506	70
建行滨州分行	焦　兵	孔凡忠　徐元兴　封汇泉　高立江	861	34
交行滨州分行	王士功	米　军　徐进杰	47	1
招行滨州分行	王大鹏	魏东国　李东方	61	2
兴业滨州分行	陈连合	刘广东	75	2
恒丰滨州分行	杨　文	王文博　贾青冰　祁　明	38	1
齐商银行滨州分行	张　波	林学强	208	8
东营银行滨州分行	石钦勇	耿小军　朱玉平　赵　凯	134	7
农信社滨州市办事处	杨奎胜	杨忠诚　李　臣　高　平	2789	215
邮储银行滨州市分行	赵　林	许欣山　张　萍　孙　浩	616	141
德州银行	李金涛	张海波　王福刚	73	1

续表

单位名称	行长（或其他称谓的第一负责人）	副行长（或其他称谓的同级领导）	员工总数	辖内营业网点数
邹平浦发村镇银行	耿光新	倪明军　薛莲花　刘向来　刘　柳	54	3
邹平青隆村镇银行	鞠　斌	陈　工　朱建航	64	1
博兴新华村镇银行	吕　泽	汪久云	36	1

滨州市金融业务统计指标

	指标（亿元）　年度	2009	2010	2011	2012	2013	2013年同比	
							增加额	增幅（%）
银行类	本外币存款余额	921.55	1065.83	1309.69	1697.66	1926.84	229.18	13.5
	人民币存款余额	918.27	1061.01	1300.81	1683.78	1900.83	217.05	12.89
	*单位存款	242.15	279.34	693.31	941.16	1020.69	79.53	8.45
	储蓄存款	444.54	508.31	586.45	709.22	833.51	124.29	17.52
	本外币贷款余额	889.54	1068.47	1256.49	1495.13	1691.99	188.46	12.53
	人民币贷款余额	846.99	1020.38	1211.55	1453.14	1646.81	185.27	12.68
	短期贷款	563.96	587.57	834.97	1053.49	1180.67	118.78	11.19
	中长期贷款	270.08	328.26	363.44	379.3	429.94	50.65	13.35
	票据融资	12.93	4.53	13.11	20.11	36.16	16.06	79.85
	当年结益	25.79	36.06	42.01	47.63	50.75	3.12	6.55
	不良贷款余额	40.29	24.9	14.33	14.3	15.3	1	6.99
	不良贷款占比%	4.53	2.33	1.14	0.96	0.9	-0.06	-6.25
保险类	保险公司保费收入	27.14	33.72	37.59	44.40	50.94	6.54	14.73
	财险收入	9.23	11.66	14.02	16.55	19.5	2.95	17.82
	寿险收入	17.91	22.06	23.57	27.86	31.44	3.58	12.85
	保险公司赔款和给付支出	8.49	8.13	10.29	11.64	17.05	5.41	46.48
	财险赔款	4.58	6.07	6.94	8.85	12.29	3.44	38.87
	寿险给付	3.91	2.07	3.35	2.79	4.76	1.97	70.61
	当年结益	—	—	—	—	—	—	—
证券类	证券市场成交总额	1495.16	751.57	427.37	348.84	497.38	148.54	42.58
	投资者保证金余额	7.06	—	—	—	—	—	—
	证券账户开户数	106526	64100	99700	141260	143034	1774	1.26
	佣金收入	1.64	—	—	—	—	—	—
	净利润	1.08	—	—	—	—	—	—
	期货市场成交总额	—	—	—	—	—	—	—
	期货客户保证金余额	—	—	—	—	—	—	—

续表

指标（亿元） \ 年度		2009	2010	2011	2012	2013	2013年同比	
							增加额	增幅（%）
证券类	期货账户开户数	—	—	—	—	—	—	—
	期货手续费收入	—	—	—	—	—	—	—
	利润总额	—	—	—	—	—	—	—

注：1、“*”该项指标2010年前为“企业存款”，其数字亦是如此。
2、保险类“当年结益”指标因部分保险公司数据未核实不能对外提供，无法汇总统计。
3、证券类2010年后“投资者保证金余额”、“佣金收入”、“净利润”三指标因证券公司未提供，无法汇总统计。
4、滨州无期货市场。

滨州市金融机构统计指标

指标（个） \ 年度		2009	2010	2011	2012	2013	2013年同比增幅（%）
银行类	法人机构	7	8	9	9	10	11.11
	省级分行	—	—	—	—	—	—
	二级分行	7	9	11	13	19	46.15
	县区支行	158	167	73	87	88	1.15
	分理处、营业所	265	275	280	286	300	4.90
	储蓄所	17	0	29	15	10	-33.33
	从业人员总数	6383	6310	6566	6821	7669	12.43
保险类	保险机构	60	75	88	93	102	9.68
	财险机构	38	40	44	46	50	8.70
	省级分公司	—	—	—	—	—	—
	地市分公司	14	15	17	18	20	11.11
	县区支公司	24	25	27	28	30	7.14
	寿险机构	22	35	44	47	52	10.64
	省级分公司	—	—	—	—	—	—
	地市分公司	9	10	11	12	15	25.00
	县区支公司	13	25	33	35	37	5.71
	从业人员总数	12800	13500	13700	13716	13750	0.25
	财险人员	1395	1595	1695	1699	1716	1.00
	寿险人员	11405	11905	12005	12017	12034	0.14
证券类	证券机构	5	5	5	7	8	14.29
	证券公司	—	—	—	—	—	—
	证券营业部	5	5	5	7	8	14.29
	证券服务部	—	—	—	—	—	—
	从业人员总数	43	85	85	127	129	1.57
	投资者开户	106526	93369	99700	141260	143034	1.26

续表

指标（个） \ 年度		2009	2010	2011	2012	2013	2013年同比增幅（%）
证券类	境内上市股票支数	3	6	6	8	8	0
	境外上市股票支数	5	5	8	7	7	0
	辖区上市公司总数	8	11	14	15	15	0

滨州市主要金融机构业务概况

单位：亿元

单位名称	本外币存款余额	人民币单位存款	人民币储蓄存款	本外币贷款余额	人民币短期贷款	人民币中长期贷款
农发行滨州市分行	20.630	20.45	0	103.96	47.75	51.34
工行滨州分行	331.90	196.98	127.09	378.44	212.39	150.92
农行滨州分行	372.43	197.64	161.56	323.23	216.54	79.16
中行滨州分行	151.78	104.78	42.31	171.423	106.71	52.46
建行滨州分行	265.09	158.16	98.81	195.21	123.74	62.55
农信社滨州市办事处	415.65	133.38	280.89	316.59	298.21	18.35
邮储银行滨州市分行	115.64	18.61	97.03	18.13	7.41	9.92
村镇银行	22.14	15.33	6.68	20.19	20.16	0.034

注：股份制商业银行、城市商业银行、村镇银行为滨州市辖内同类机构合计

滨州市各县级区域经济金融主要统计指标

名称	人口（万人）	面积（平方公里）	地区生产总值（亿元）	地区生产总值增速（%）	本外币存款余额（亿元）	储蓄存款（亿元）	本外币贷款余额（亿元）
滨州市	380.59	9453	2155.73	9.8	1926.84	835.77	1691.99
市辖区	51.08	1041	339.23	9.2	599.33	244.08	470.88
惠民县	61.03	1363	164.62	9.2	123.45	79.20	87.36
阳信县	43.33	799	126.34	3.8	84.64	52.62	65.57
无棣县	39.75	1984	225.57	6.1	119.98	72.04	124.51
沾化县	35.69	2116	162.04	9.0	85.11	48.36	73.56
博兴县	49.53	900	283.16	10.5	371.74	154.98	320.95
邹平县	79.07	1250	751.13	8.0	542.59	184.50	549.17

注：人口为抽样测算数据；因无金融数据，故未单列滨州开发区、高新区、北海开发区的人口、面积与 GDP 数据，“滨州市”一行将其包括在内。

滨州市（含县级）小额贷款公司机构、业务概况

单位名称	行长（或其他称谓的第一负责人）	员工总数（个）	本外币贷款余额（亿元）	人民币短期贷款（亿元）	人民币中长期贷款（亿元）
滨州市滨城区银泰小额贷款公司	张大春	10	1.11	1.11	0

续表

单位名称	行长（或其他称谓的第一负责人）	员工总数（个）	本外币贷款余额（亿元）	人民币短期贷款（亿元）	人民币中长期贷款（亿元）
滨州市滨城区天成小额贷款公司	王雪征	7	1.85	1.85	0
滨州经济开发区盟威小额贷款公司	袁　栋	9	1.19	1.19	0
滨州高新区中喜小额贷款公司	吴建华	18	1.57	1.57	0
滨州北海新区正德小额贷款公司	姚家鹏	8	1.03	1.03	0
惠民县鑫诚小额贷款公司	赵文鑫	6	1.49	1.49	0
惠民县翔盛小额贷款公司	于红红	9	0.69	0.69	0
惠民县瑞诚小额贷款公司	闫立萍	8	0.99	0.99	0
阳信县惠农小额贷款公司	段建国	10	1.20	1.20	0
阳信县鹏程小额贷款公司	丁振颜	10	1.77	1.77	0
阳信县汇通小额贷款公司	高文德	8	1.03	1.03	0
无棣县汇泰小额贷款公司	张荣强	8	1.37	1.37	0
无棣县海城小额贷款公司	刘宝伟	8	0.98	0.98	0
沾化县隆德小额贷款公司	李　鹏	11	1.12	1.12	0
博兴县永丰小额贷款公司	于荣玲	13	1.26	1.26	0
博兴县三丰小额贷款公司	王炳骄	16	1.45	1.45	0
博兴县汇诚小额贷款公司	贾小兵	18	1.71	1.71	0
博兴县华信小额贷款公司	孙　伟	12	0.89	0.89	0
博兴县元亨小额贷款公司	穆兆鹏	12	1.75	1.75	0
博兴县融汇小额贷款公司	朱惠民	10	1.14	1.14	0
博兴县惠丰小额贷款公司	蔺新亮	10	0.82	0.82	0
邹平县梁邹小额贷款公司	刘继涛	9	1.17	1.17	0
邹平县惠泽小额贷款公司	马用会	9	1.34	1.34	0
邹平县正鑫小额贷款公司	于丽华	12	1.60	1.60	0
邹平县长城小额贷款公司	董　玲	9	1.47	1.47	0
邹平县天瑞小额贷款公司	陈庆义	9	1.48	1.48	0
邹平县联鑫小额贷款公司	赵月梅	6	1.27	1.27	0
邹平县鼎通小额贷款公司	王　宏	8	1.71	1.71	0

比回落 16.05 个百分点，少增 158.07 亿元，其中，单位存款少增 161.2 亿元，个人存款多增 11.5 亿元；三是贷款期限结构趋向合理，短期贷款余额较年初新增 124.5 亿元，占全部新增贷款的 66.06%，新增占比同比下降了 23 个百分点，中长期贷款较年初增加 48.1 亿元，占全部新增贷款的 25.5%，同比提高了 17.9 个百分点。除融资平台贷款等债务增加拉高中长期贷款比重外，企业转型投资有所增加。

【货币政策实施】　2013 年，人行滨州市中支牢牢把握“稳增长、调结构、促改革、防风险”的平衡点，引导金融机构盘活存量、优化增量、创新作为，积极支持工业转型升级和现代农业发展。一是下发了《关于认真贯彻货币政策　改进金融服务　外汇管理支持滨州经济持续健康发展的意见》和《金融支持现代农业加快发展的指导意见》,联合有关部门出台了《专利权质押贷款管理暂行办法》;二是实施金融支农"一把手"工程,推出了贸易信用保险融资、肉牛活体抵押贷款、小额贷款保证保险、第三方监管授信等融资担保创新模式;三是协助市政府举办了第12届诚信滨州银企合作促进会、工业转调创项目推进会,合计签约1931.2亿元,编制了《金融助推小微企业成长名录》,实现了资本与实业的联姻。

【金融监管】 2013年,针对融资担保链可能出现的风险隐患,银监会滨州监管分局制定了应急预案和组织演练,重点安排督促了全辖银行业风险自查,防止银行信贷资金成为民间融资来源、防止银行职员成为民间融资的"掮客",风险防范的前瞻性进一步增强。同时,加强对小额贷款公司管理,密切监督其利率状况和资金流向。

【外汇管理】 2013年,外管局滨州市中心支局积极促进贸易投融资便利化,99%的企业享受到政策便利,拓宽企业境外融资渠道,全年境外融资132亿美元。一是自主开展了"国际收支申报质量月暨诚信兴商宣传月"活动,制定的《外汇业务网络信息平台服务管理办法》被山东省分局转发推广;二是指导外汇局邹平县支局与国税局签订了监管合作备忘录,在全省县域涉外经济协作监管中先行先试。

【金融改革】 2013年,人行滨州市中支一是召开了全市农村支付环境建设表彰大会,组织17家银行机构接入支付系统、50家银行机构接入电子商业汇票系统,全市金融基础设施现代化改革进一步推进;二是继续关注农村中小金融机构改革,完善其法人治理结构和风险内控督查机制;三是调查利率市场化改革过程中的市场反映,引导金融业完善自我定价机制。

【精神文明建设】 2013年,人行滨州市中支积极创建文明单位和学习型组织,召开了系统职代会,开办了道德讲堂,组织了"学雷锋、树新风"、"追寻革命足迹、传承革命精神"、"青春央行 我的中国梦"、"大爱滨州 爱我央行"、"中国梦·青年友——为青年员工办实事"、迎国庆趣味运动会等主题实践和文体活动。

【大事记】 1月11日 农行滨州分行主承销的山东魏桥创业集团有限公司第一期10亿元非公开定向债务融资工具在银行间债券市场成功发行。

1月15日 滨州农行成功发放全市首笔个人商业物业抵押贷款。

1月23日 农行滨州分行联席主承销的山东宏桥新型材料有限公司2013年度第一期15亿元中期票据在银行间债券市场成功发行。

1月29日 杨忠诚任农信社滨州办事处党委副书记(鲁农信联党〔2013〕6号)。

1月30日 东营商行博兴支行成功为山东渤海油脂工业有限公司办理两笔境内同业代付业务,合计金额3919万美元。

2月2日 杨奎胜任农信社滨州办事处党委副书记主持工作(鲁农信联党〔2013〕14号、鲁农信联〔2013〕28号)。

2月26日 孙浩任邮储滨州市分行副行长(鲁邮银行任〔2013〕8号)。

5月7日 封汇泉任建行滨州分行副行长兼纪委书记。

6月27日 邹平农商行在临沂市费县发起设立的费县梁周邹村镇银行股份有限公司挂牌开业。

9月9日 山东博兴农村商业银行股份有限公司挂牌开业。

9月24日 人行济南分行和滨州市政府联合举办滨州市第12届诚信滨州银企合作促进会,签约金额1931.2亿元。

10月8日 耿大伟任农发行滨州市分行副行长。

10月24日 钟学德任农行滨州分行行长,接任原孟斐行长职务。

10月30日 赵林任邮储滨州市分行副行长(主持工作)、党委副书记(鲁邮银行任〔2013〕24号)。

11月9日 恒丰银行滨州分行办公场所搬迁。

11月11日 工行滨州分行迁址至渤海十八路568号。

12月27日 王莹任工行滨州分行党委副书记,主持工作,苗帅不再兼任党委书记、行长职务。

(郑方敏)

惠民县

【经济金融概况】 2013年,惠民县金融系统不断优化信贷结构,积极支持纺织服装、化纤绳网、木材加工、农副产品深加工四大传统主导产业的转型升级,支持装备制造、新能源新材料、生物医药三大新兴产业的快速发展,增加对家庭农场、农业产业化龙头企业、农业合作社等新型农业经营主体的信贷投放,推动地方经济金融稳康运行。

【金融发展与改革】 2013年,人行惠民县支行全面提升基层央行履职能力和水平,一是制定了《关于认真贯彻货币信贷政策,改进金融服务和外汇管理支持惠民经济持续健康发展的意见》,全年累计发放支农再贷款2.2亿元,有效缓解了农民及涉农企业贷款难的问题;二是积极搭建银政企合作平台,助力实体经济快速发展;三是大力开拓业务创新,引导工行惠民支行与人保财险公司惠民县支公司深化合作,首创信保融资业务;四是积极推动县外金融机构进驻辖内开展信贷业务及落户,目前,已有恒丰、民生、青岛、东营、浦发等十几家金融机构在该县开展信贷业务,舜丰村镇银行正在筹建中。

惠民县主要经济指标

经济指标	2012	2013	2013年同比增幅（%）	经济指标	2012	2013	2013年同比增幅（%）
土地面积（平方公里）	1357	1357	0	地方财政支出（亿元）	14.39	15.43	7.23
人口（万人）	64.07	63.9	-0.27	全社会固定资产投资（亿元）	112.98	140.11	24.01
城镇人口（万人）	8.71	13.23	51.89	进出口总值（万美元）	6614	8667	31.04
乡村人口（万人）	55.36	50.67	-8.47	出口总值（万美元）	3891	6001	54.23
地区生产总值（亿元）	150.43	164.62	9.43	实际利用外资（万美元）	578	10	-98.27
第一产业（亿元）	28.39	31.95	12.54	社会消费品零售总额（亿元）	71.86	81.33	13.18
第二产业（亿元）	61.84	66.14	6.95	居民消费价格指数（%）	--	--	--
第三产业（亿元）	60.20	66.54	10.53	人均地区生产总值（元）	23438	25763	9.92
财政总收入（亿元）	10.55	11.31	7.20	城镇居民可支配收入（元）	21880	24550	12.2
地方财政收入（亿元）	6.02	7.11	18.11	农民人均现金收入（元）	9007	10184	13.07
财政总支出（亿元）	20.08	23.13	15.19				

惠民县主要金融指标

金融指标（亿元）	2012	2013	2013年同比增幅（%）	金融指标（亿元）	2012	2013	2013年同比增幅（%）
本外币存款余额	104.84	123.45	17.75	财险收入	1.18	1.35	14.41
人民币存款余额	104.81	123.42	17.76	寿险收入	3.00	3.03	10.00
单位存款	35.51	43.24	21.77	财险赔款	--	--	--
储蓄存款	68.14	79.17	16.19	寿险给付	--	--	--
本外币贷款余额	79.07	87.36	10.48	当年结益	--	--	--
人民币贷款余额	79.07	87.36	10.48	证券市场交易总额	--	1.84	--
短期贷款	60.50	66.60	10.08	投资者保证金余额	--	0.01	--
中长期贷款	18.47	20.76	12.40	证券账户开户数	--	2005	--
票据融资	0.1		-100	证券交易佣金收入	--	0.003	--
当年结益	2.45	2.61	6.53	净利润	--	-0.009	--
不良贷款余额	2.79	1.69	-39.43				

惠民县主要金融机构概况

单位名称	行长（或其他称谓的第一负责人）	副行长（或其他称谓的同级领导）	员工总数	辖内营业网点数
人行惠民县支行	姜　伟	王　静　郭其高　肖伟明	26	1
银监会惠民县办事处	王　晋		1	1
农发行惠民县支行	韩士义	赵新国	19	1
工行惠民支行	刘新忠	蒋　岭　李　斌　毛建华	46	3

续表

单位名称	行长（或其他称谓的第一负责人）	副行长（或其他称谓的同级领导）	员工总数	辖内营业网点数
农行惠民支行	张尊义	商公德　田加双　郭卫东	110	7
建行惠民支行	杜希波	刘有伟　宋　伟　商学军	48	2
惠民县农信联社	张海涛	李景龙　张卫东 刘国栋　张玉江	335	27
邮储银行惠民县支行	徐　克	赵　泉　王　芹	64	3
齐商银行惠民县支行	李新耀	单　伟	24	1

惠民县主要金融机构业务概况

单位：亿元

单位名称	本外币存款余额	人民币单位存款	人民币储蓄存款	本外币贷款余额	人民币短期贷款	人民币中长期贷款
农发行惠民县支行	0.88	0.88	--	4.74	2.73	2.01
工行惠民支行	17.26	7.44	9.62	17.18	9.43	7.74
农行惠民支行	26.16	10.17	15.93	16.77	12.20	4.57
建行惠民支行	12.00	6.26	5.63	7.12	3.74	3.38
齐商银行惠民县支行	3.73	3.15	0.58	3.14	3.13	0.01
惠民县农信联社	47.99	13.38	34.53	36.87	34.44	2.43
邮储银行惠民县支行	14.84	1.96	12.88	1.54	0.93	0.61

【金融服务与监管】　2013年，人行惠民县支行一是在全县率先试行人民币横向调剂业务，提高了企业结算效率；二是不断深化农村支付环境建设，重点指导惠民县农信社开展银行卡助农取款业务；三是开展多种宣传活动，强化金融消费者风险和责任意识，推动金融消费者权益保护巡回进现场；四是加强对重点企业的外汇服务，推动县域外向型经济的健康发展。

（张馥芳　耿　航）

阳信县

【经济金融概况】　2013年，阳信县经济平稳运行，结构进一步优化。

【金融发展与改革】　2013年，人行阳信县支行一是加强对中央银行专项票据兑付后续监测考核，推动农信社改革发展；二是对农行“三农金融事业部”贯彻执行差别化存款准备金率政

阳信县主要经济指标

经济指标	2012	2013	2013年同比增幅（%）	经济指标	2012	2013	2013年同比增幅（%）
土地面积（平方公里）	793	793	0	地方财政支出（亿元）	14.6	17.37	18.97
人口（万人）	45.23	45.40	0.38	全社会固定资产投资（亿元）	110.92	120.09	8.27
城镇人口（万人）	4.99	16.05	221.64	进出口总值（万美元）	33882.46	30791.23	-9.12

续表

经济指标	2012	2013	2013年同比增幅（%）	经济指标	2012	2013	2013年同比增幅（%）
乡村人口（万人）	40.24	29.35	-27.06	出口总值（万美元）	24266.34	21672.56	-10.69
地区生产总值（亿元）	120.15	126.34	5.15	实际利用外资（万美元）	264	217.00	-17.80
第一产业（亿元）	20.57	22.75	10.60	社会消费品零售总额（亿元）	45.64	51.54	12.93
第二产业（亿元）	50.63	51.26	1.24	居民消费价格指数（%）	—	—	—
第三产业（亿元）	48.96	52.33	6.88	人均地区生产总值（元）	27910	29225	4.71
财政总收入（亿元）	9.23	9.21	-0.22	城镇居民可支配收入（元）	—	—	—
地方财政收入（亿元）	5.08	5.90	16.15	农民人均现金收入（元）	8345	9532	14.22
财政总支出（亿元）							

阳信县主要金融指标

金融指标（亿元）	2012	2013	2013年同比增幅（%）	金融指标（亿元）	2012	2013	2013年同比增幅（%）
本外币存款余额	80.35	84.64	5.34	财险收入	0.97	1	3.09
人民币存款余额	80.00	84.34	5.43	寿险收入	2.04	2.27	11.27
单位存款	33.35	29.82	-10.58	财险赔款	—	—	—
储蓄存款	45.36	52.53	15.81	寿险给付	—	—	—
本外币贷款余额	61.34	65.57	6.90	当年结益	—	—	—
人民币贷款余额	61.04	65.57	7.42	证券市场交易总额	—	—	—
短期贷款	47.26	48.53	2.69	投资者保证金余额	—	—	—
中长期贷款	12.97	15.66	20.74	证券账户开户数	—	—	—
票据融资	0.80	1.37	71.25	证券交易佣金收入	—	—	—
当年结益	1.69	1.92	13.61	净利润	—	—	—
不良贷款余额	1.4	1.32	-5.71				

阳信县主要金融机构概况

单位名称	行长（或其他称谓的第一负责人）	副行长（或其他称谓的同级领导）	员工总数	辖内营业网点数
人行阳信县支行	张雷	陈少波 韩福友	18	1
银监会阳信县办事处	马修忠		1	1
农发行阳信支行	邢建国	温向东 李爱梅	19	1
工行阳信支行	曲双	赵军 郭安山	15	1
农行阳信支行	赵国旗	马风再 史建新	84	5
中行阳信支行	王勇	马泳 吴明亮	42	3

续表

单位名称	行长（或其他称谓的第一负责人）	副行长（或其他称谓的同级领导）	员工总数	辖内营业网点数
建行阳信支行	张晓亮	张寿军　王同堂　王书敏　赵延凯	26	1
阳信县农信联社	孟祥亮	刘永新　张　波　张昭永　常承琳	245	19
邮储银行阳信县支行	王　涛 （副行长、主持工作）	商建华　程庆防	115	16

阳信县主要金融机构业务概况

单位：亿元

单位名称	本外币存款余额	人民币单位存款	人民币储蓄存款	本外币贷款余额	人民币短期贷款	人民币中长期贷款
农发行阳信县支行	0.40	0.40	--	2.40	1.90	0.50
工行阳信支行	2.92	1.58	1.24	6.06	4.16	1.90
农行阳信支行	15.67	5.91	9.74	12.07	8.80	1.89
中行阳信支行	14.43	7.58	6.25	10.28	7.57	2.71
建行阳信支行	10.03	6.85	3.13	9.70	4.53	5.17
阳信县农信联社	30.19	30.19	23.12	24.10	21.00	3.09
邮储银行阳信县支行	9.85	0.72	9.14	0.97	0.57	0.39

策，推进其改革试点工作；三是深入开展涉农信贷政策导向效果评估，强化差别存款准备金、再贷款等货币政策的调控引导作用，推动阳信县政府转发了《肉牛活体抵押贷款管理办法(试行)》，出台了《家庭农场认定标准》。

【金融服务与监管】　2013年，人行阳信县支行深入推进“农捷通”工程，农村支付环境建设工作取得实际效果，被人行济南分行、滨州市政府命名表彰为“农村支付环境建设先进单位”。一是深化开展金融消费者权益保护试点工作，增强居民的维权意识；二是探索建立招商引资“先行介入机制”，丰富人民币跨境结算产品，促进了贸易投资便利化；三是积极开展“银行业金融机构县级现金服务示范网点创建活动”，营造了规范、有序的现金流通环境。

（沈国星　段曰新）

无棣县

【经济金融概况】　2013年，无棣县金融部门认真贯彻实施稳健货币政策，夯实基础工作，加大有效信贷投入，调整优化信贷结构，努力实现经济金融良性互动发展。

【金融发展与改革】　2013年，人行无棣县支行通过季度行长联席会、制定《货币信贷工作指导意见》、进行货币政策宣讲等，及时向当地政府和金融机构传递宏观调控意图。一是引导各金融机构开展了第三方监管信用贷款、海域抵押权等五项创

无棣县主要经济指标

经济指标	2012	2013	2013年同比增幅（%）	经济指标	2012	2013	2013年同比增幅（%）
土地面积（平方公里）	1357	1357	0	地方财政支出（亿元）	22.93	22.90	-0.1
人口（万人）	42.76	43.14	0.8	全社会固定资产投资（亿元）	118.59	148.1	24.88

续表

经济指标	2012	2013	2013年同比增幅（%）	经济指标	2012	2013	2013年同比增幅（%）
城镇人口（万人）	8.03	8.26	2.86	进出口总值（万美元）	12439	8129	-34.65
乡村人口（万人）	34.73	34.88	0.4	出口总值（万美元）	4240	4181	-1.39
地区生产总值（亿元）	211.73	225.57	6.54	实际利用外资（万美元）	350	0	--
第一产业（亿元）	31.89	33.90	6.30	社会消费品零售总额（亿元）	57.29	64.95	13.37
第二产业（亿元）	113.66	117.13	3.05	居民消费价格指数（%）	100	100	0
第三产业（亿元）	66.19	74.54	12.62	人均地区生产总值（元）	49515.9	56875	14.86
财政总收入（亿元）	22.66	17.3	-23.65	城镇居民可支配收入（元）	36332	38580	6.19
地方财政收入（亿元）	10.43	12.5	19.84	农民人均现金收入（元）	10003	11457	14.54
财政总支出（亿元）	22.93	22.90	-0.1				

无棣县主要金融指标

金融指标（亿元）	2012	2013	2013年同比增幅（%）	金融指标（亿元）	2012	2013	2013年同比增幅（%）
本外币存款余额	111.05	119.98	8.04	财险收入	1.46	1.80	23.29
人民币存款余额	110.8	119.89	8.20	寿险收入	2.75	2.80	1.82
单位存款	47.43	46.35	-2.28	财险赔款	0.68	0.82	20.59
储蓄存款	62.59	71.95	14.95	寿险给付	0.23	0.35	52.17
本外币贷款余额	113.55	124.51	9.65	当年结益	--	--	--
人民币贷款余额	113.53	124.51	9.67	证券市场交易总额	--	--	--
短期贷款	70.1	72.90	3.40	投资者保证金余额	--	--	--
中长期贷款	42.78	51.51	20.11	证券账户开户数	--	--	--
票据融资	0.65	0.10	-84.62	证券交易佣金收入	--	--	--
当年结益	4.21	3.64	-13.54	净利润	--	--	--
不良贷款余额	1.6	2.51	0.61				

无棣县主要金融机构概况

单位名称	行长（或其他称谓的第一负责人）	副行长（或其他称谓的同级领导）	员工总数	辖内营业网点数
人行无棣县支行	刘洪欣	吴文德　张　伟　丁　晖	22	1
银监会无棣县办事处	付启平		1	
农发行无棣县支行	张瑞冬	张桂苹　吕墩岗	21	1
工行无棣支行	张可冰	曹宗智　李　红 吴文波　张文东	61	3
农行无棣支行	梁仁强	沈卫东　石　磊　陈洪华	91	7
中行无棣支行	李建峰	付存民　张　琳	46	3

续表

单位名称	行长（或其他称谓的第一负责人）	副行长（或其他称谓的同级领导）	员工总数	辖内营业网点数
建行无棣支行	吴国强	孙龙波	49	3
东营银行无棣支行	孔　磊	王军华	13	1
无棣县农信联社	刘长平	刘　伟　霍振洪 王　凌　吴洪生	247	22
邮储银行无棣县支行	孙　涛	齐鹏义	69	17
齐商银行无棣支行	丛容普	高　辉	27	1

无棣县主要金融机构业务概况

单位：亿元

单位名称	本外币存款余额	人民币单位存款	人民币储蓄存款	本外币贷款余额	人民币短期贷款	人民币中长期贷款
农发行无棣县支行	0.28	0.28	--	4.63	0.94	3.69
工行无棣支行	15.36	6.65	8.36	31.35	12.50	18.85
农行无棣支行	26.46	11.57	14.87	21.66	11.79	9.76
中行无棣支行	1038	5.30	4.97	18.48	8.35	10.13
建行无棣支行	17.28	9.88	6.94	16.31	8.27	8.04
东营银行无棣支行	3.14	2.70	0.43	4	4	0
无棣县农信联社	33.60	9.03	24.49	26.81	26.16	0.64
邮储银行无棣县支行	12.82	0.94	11.89	1.30	0.90	0.40

新产品，信贷投放达 8000 多万元，金融创新服务于地区经济发展的能力进一步增强；二是农村支付环境建设取得明显成效，全年办理 23 项直接支付创新项目，为 593 个行政村免费安装 760 台电话 POS 机，实现了金融基础设施全覆盖。

【金融服务与监管】　2013 年，人行无棣县支行一是制定下发了《金融机构综合评价暂行办法》，有针对性地对农村合作银行开展了重点调查，对农行“三农事业部”改革开展了检查评估；二是继续深化金融支持大学生村官创业富民和农村青年信用示范户两项试点活动，大力推进农村支付环境建设；三是积极举办各类培训班，指导和帮助企业有效规避汇率风险。

（徐元芳）

沾化县

【经济金融概况】　2013 年，沾化县经济总体增长较快，呈现出“工业农业齐头并进，商业服务业明显跨越，存款贷款同步大增”的良好态势。县政府和有关部门不断加大招商引资力度，以油盐化工、金属材料两大千亿级产业集群为重点，推进经济发展。

【金融发展与改革】　2013 年，人行沾化县支行认真贯彻货币政策，促进地方经济发展。一是组织辖区金融机构参加了 2013 年度银企洽谈会，签约金额 83 亿元，为银企双方架起了合作桥梁；二是引导金融部门继续增加“三农”的贷款投入，全年累计投放三农贷款 42 亿元，推动了全县冬枣、棉花、农产品加工等农业产业化龙头企业的发展壮大。

【金融服务与监管】　2013 年，外管局沾化支局通过加大监管与服务力度，积极配合省、市局进行货物贸易改革试点工作，为企业提供便利化服务，有效支持了地方经济跨越式发展。人

沾化县主要经济指标

经济指标	2012	2013	2013年同比增幅（%）	经济指标	2012	2013	2013年同比增幅（%）
土地面积（平方公里）	2117	2117	0	地方财政支出（亿元）	17.01	19.83	16.58
人口（万人）	39.06	39.03	-0.08	全社会固定资产投资（亿元）	119.81	131.62	9.86
城镇人口（万人）	11.70	11.67	-0.26	进出口总值（万美元）	17131	15052	-12.14
乡村人口（万人）	27.36	35.25	28.84	出口总值（万美元）	1218	1248	2.46
地区生产总值（亿元）	147.05	162.04	10.19	实际利用外资（万美元）	558	4127	639.61
第一产业（亿元）	32.35	36.32	12.27	社会消费品零售总额（亿元）	55.54	62.85	13.16
第二产业（亿元）	56.97	60.54	6.27	居民消费价格指数（%）	—	—	—
第三产业（亿元）	57.73	65.18	12.90	人均地区生产总值（元）	41475.35	45504	9.71
财政总收入（亿元）	22.56	22.43	-0.58	城镇居民可支配收入（元）	11350	12390	9.16
地方财政收入（亿元）	8.42	18.11	115.08	农民人均现金收入（元）	10101	11534	14.19
财政总支出（亿元）	21.86	23.28	6.50				

沾化县主要金融指标

金融指标（亿元）	2012	2013	2013年同比增幅（%）	金融指标（亿元）	2012	2013	2013年同比增幅（%）
本外币存款余额	75.49	85.11	12.74	财险收入	0.33	0.40	21.21
人民币存款余额	75.46	85.06	12.72	寿险收入	0.57	0.59	3.51
单位存款	32.40	35.61	9.91	财险赔款	0.20	0.21	5
储蓄存款	41.88	48.36	15.47	寿险给付	0.26	0.06	-76.92
本外币贷款余额	68.91	73.56	6.75	当年结益	0.03	0.08	166.67
人民币贷款余额	67.99	72.40	6.49	证券市场交易总额	—	—	—
短期贷款	46.62	50.00	7.25	投资者保证金余额	—	—	—
中长期贷款	19.91	23.55	18.28	证券账户开户数	—	—	—
票据融资	1.46	0	-100	证券交易佣金收入	—	—	—
当年结益	1.89	1.53	-19.05	净利润	—	—	—
不良贷款余额	2.10	1.72	-18.10				

沾化县主要金融机构概况

单位名称	行长（或其他称谓的第一负责人）	副行长（或其他称谓的同级领导）	员工总数	辖内营业网点数
人行沾化县支行	赵　粟	石立伟　陈振迎	24	0
银监会沾化县办事处	徐明利		1	0
农发行沾化县支行	杨景春	李跃磊	16	1
工行沾化支行	门宝国	张　涛　赵淑香　李桂贞	42	2

续表

单位名称	行长（或其他称谓的第一负责人）	副行长（或其他称谓的同级领导）	员工总数	辖内营业网点数
农行沾化支行	杨玉禄	牟秀中　张宗华	68	4
中行沾化支行	王胜利	李海军　王新建	23	1
建行沾化支行	马洪山	尹晓林　王向梅 王建滨　李秀芬	40	2
东营银行沾化支行	张　鹏	闫希峰　马　燕	15	1
沾化县农信联社	任汉真	庞建中　王今蜂　刘　霞 王俊杰　郭天新	249	18
邮储银行沾化县支行	齐鹏鸣	何世军　牟洪波	69	16

沾化县主要金融机构业务概况

单位：亿元

单位名称	本外币存款余额	人民币单位存款	人民币储蓄存款	本外币贷款余额	人民币短期贷款	人民币中长期贷款
农发行沾化县支行	1.09	1.09	—	2.81	0.81	2.00
工行沾化支行	19.13	12.89	5.95	22.53	10.92	10.65
农行沾化支行	13.03	6.48	6.47	11.44	7.66	3.77
中行沾化支行	5.57	2.92	2.31	7.42	5.25	4.94
建行沾化支行	9.71	4.85	4.56	7.69	5.36	2.12
东营银行沾化支行	0.06	0.01	0.05	0	0	0
沾化县农信联社	24.95	4.77	20.16	20.58	18.42	2.16
邮储银行沾化县支行	11.39	2.56	8.83	1.10	0.42	0.68

行沾化县支行与银监会沾化县办事处、县金融办等协调配合，建立了金融监管协调和监管信息共享机制，并提前做好风险分析与评价，进一步加强和规范了金融统计、外汇、账户管理、贷款卡管理等业务。

（李云增　尹　青）

博兴县

【经济金融概况】　2013年，博兴县经济金融呈现出企稳向好的趋势。工业生产平稳运行，固定资产投资较快增长，外贸进出口稳定增长，金融市场持续活跃，存贷款余额较快增长。

【金融发展与改革】　2013年，人行博兴县支行密切关注辖区金融改革动向。一是组织开展了对农行“三农事业部”改革评估检查；二是累计向农商行博兴县支行发放支农再贷款4.5亿元、再贴现2亿元，有效缓解了农村资金短缺的局面；三是为京博、香驰两家企业协调办理商业承兑再贴现3.6亿元；帮助京博控股发行15亿元非公开定向债务融资工具，上半年已募集资金5亿元。

【金融服务与监管】　2013年，人行博兴县支行稳步推进金融支持现代农业发展工作。一是向县委、县政府提报了《金融支持现代农业发展建议》，协调其成立支持现代农业发展领导小组；二是扶持家庭农场，协调农商行于6月份发放贷款80万元

博兴县主要经济指标

经济指标	2012	2013	2013年同比增幅（%）	经济指标	2012	2013	2013年同比增幅（%）
土地面积（平方公里）	900	900	0	地方财政支出（亿元）	19.95	28.7	43.86
人口（万人）	51.3	51.4	0.2	全社会固定资产投资（亿元）	164.97	197.96	20.01
城镇人口（万人）	13.5	15	11.11	进出口总值（万美元）	181251	199731	10.19
乡村人口（万人）	37.7	36.4	-3.45	出口总值（万美元）	69975	87039	24.39
地区生产总值（亿元）	259.38	283.16	9.17	实际利用外资（万美元）	4442	3533	-20.46
第一产业（亿元）	20.17	22.89	5.63	社会消费品零售总额（亿元）	62.15	63.16	1.63
第二产业（亿元）	140.72	150.51	6.96	居民消费价格指数（%）	102.3	104.2	1.86
第三产业（亿元）	98.49	109.77	11.45	人均地区生产总值（元）	51567	55089	6.83
财政总收入（亿元）	35.47	36.26	2.23	城镇居民可支配收入（元）	24103	26995	11.99
地方财政收入（亿元）	20.89	23.46	12.3	农民人均现金收入（元）	8522	9203	8.02
财政总支出（亿元）	27.5	37.91	37.85				

博兴县主要金融指标

金融指标（亿元）	2012	2013	2013年同比增幅（%）	金融指标（亿元）	2012	2013	2013年同比增幅（%）
本外币存款余额	305.16	371.74	21.82	财险收入	2.72	3.13	15.07
人民币存款余额	299.78	359.19	19.81	寿险收入	3.86	4.4	13.99
单位存款	165.61	200.35	20.98	财险赔款	1.02	1.12	9.8
储蓄存款	129.4	154.83	19.65	寿险给付	0.41	0.95	131.71
本外币贷款余额	253.51	320.95	26.6	当年结益	1.01	1.16	14.85
人民币贷款余额	233.24	293.01	25.63	证券市场交易总额	--	--	--
短期贷款	173.02	214.78	24.14	投资者保证金余额	--	--	--
中长期贷款	57.19	65.25	14.09	证券账户开户数	--	--	--
票据融资	3.03	12.97	328.05	证券交易佣金收入	--	--	--
当年结益	9.12	11.37	24.67	净利润	--	--	--
不良贷款余额	1.49	1.17	-21.48				

博兴县主要金融机构概况

单位名称	行长（或其他称谓的第一负责人）	副行长（或其他称谓的同级领导）	员工总数	辖内营业网点数
人行博兴县支行	李钦柱	孙建平　王孔宝　马玉莲	28	1
银监会博兴县办事处	周　琦		3	1
农发行博兴县支行	王力军	于西恩　李文强	21	1
工行博兴支行	李永青	崔新村　白长波　黄树清	78	5
农行博兴支行	郭志伟	贾希光　孙　燕　牛恩利	165	10

续表

单位名称	行长（或其他称谓的第一负责人）	副行长（或其他称谓的同级领导）	员工总数	辖内营业网点数
中行博兴支行	钟绵祥	姜海泉 刘国梁	61	3
建行博兴支行	赵文成	尹金波 郑鲁北 许岩明	76	5
齐商银行博兴支行	李辰明	尉海伟	39	2
东营银行博兴支行	王 涛	王兆山	34	1
博兴农商行	吴加军	陈宝政 郭永胜 马久峰 孙兴波	356	34
邮储银行博兴县支行	吴佃新	陈震耀	63	3
新华村镇银行	吕 泽	汪久云	36	1

博兴县主要金融机构业务概况

单位：亿元

单位名称	本外币存款余额	人民币单位存款	人民币储蓄存款	本外币贷款余额	人民币短期贷款	人民币中长期贷款
农发行博兴县支行	2.85	2.85	--	10.94	3.79	6.65
工行博兴支行	68.05	44.88	19.77	84.28	54.02	25.19
农行博兴支行	89.15	48.82	34.86	75.76	41.09	12.67
中行博兴支行	29.68	22.8	6.03	28.48	16.5	7.83
建行博兴支行	48.11	30.11	13.7	40.27	24.63	7.97
东营银行博兴支行	12.11	10.2	1.88	7.52	6.96	0.56
齐商银行博兴支行	13.46	10.93	2.53	9.81	8.25	0.03
博兴县农村商业银行	83.08	22.57	60.37	59.78	57.74	2.04
博兴新华村镇银行	1.22	0.75	0.46	0.98	0.94	0.03
邮储银行博兴县支行	22.16	6.44	15.73	3.14	0.85	2.28

用于购买农用机械；三是发放首笔300万元银保合作贷款支持国丰农业公司，实现了该县也是滨州市银保合作贷款支持现代农业的突破；四是开展了统计执法检查，规范商业银行统计行为；五是对农村商业银行改革进展情况跟踪监测，组织支农再贷款检查，有重点地对人民币收付业务以及反假工作进行了现场执法检查；六是对齐商银行滨州博兴支行兴福二级支行开业情况进行考核验收，为农村商业银行、新华村镇银行等金融机构部分支行加入大小额支付系统进行审核。

（张建波）

邹平县

【经济金融概况】 2013年，邹平县经济继续保持平稳较快发展，存贷款余额均创历史新高。

【金融发展与改革】 2013年，邹平县金融发展较快。招商银行、兴业银行在该县设立支行。

【金融服务与监管】 2013年，人行邹平县支行发挥窗口指导作用，认真贯彻执行稳健的货币政策，保证了经济平稳发展。通过召开行长联席会、金融形势分析会，约见金融机构负责人

邹平县主要经济指标

经济指标	2012	2013	2013年同比增幅（%）	经济指标	2012	2013	2013年同比增幅（%）
土地面积（平方公里）	1250	1250	0	地方财政支出（亿元）	52.96	58.61	10.70
人口（万人）	72.7	79.07	8.76	全社会固定资产投资（亿元）	217.8	198.99	-8.64
城镇人口（万人）	42.8	44.1	3.04	进出口总值（万美元）	290233	463895	59.80
乡村人口（万人）	65	62.3	-4.15	出口总值（万美元）	100907	137791	36.60
地区生产总值（亿元）	694.92	751.13	8.00	实际利用外资（万美元）	30085	20436	-32.10
第一产业（亿元）	33.68	38.15	4.10	社会消费品零售总额（亿元）	121	135.95	12.80
第二产业（亿元）	440.5	473.92	9.50	居民消费价格指数（%）	102.1	100.7	—
第三产业（亿元）	220.7	239.06	5.30	人均地区生产总值（元）	88508	95213	7.58
财政总收入（亿元）	95.17	93.19	-2.10	城镇居民可支配收入（元）	25027	27850	11.30
地方财政收入（亿元）	51.33	55.83	2.00	农民人均现金收入（元）	10896	12923	10.50
财政总支出（亿元）	52.96	58.61	10.70				

邹平县主要金融指标

金融指标（亿元）	2012	2013	2013年同比增幅（%）	金融指标（亿元）	2012	2013	2013年同比增幅（%）
本外币存款余额	493.15	542.59	10.03	财险收入	3.22	3.65	13.35
人民币存款余额	490.41	539.17	9.94	寿险收入	6.43	6.36	-1.09
单位存款	330.01	346.82	5.09	财险赔款	—	—	—
储蓄存款	155.89	184.36	18.26	寿险给付	—	—	—
本外币贷款余额	498.2	549.17	10.23	当年结益	—	—	—
人民币贷款余额	486.96	545.21	11.96	证券市场交易总额	—	—	—
短期贷款	407.04	439	7.85	投资者保证金余额	—	—	—
中长期贷款	76.22	93.84	23.12	证券账户开户数	2528	2756	9.02
票据融资	3.7	12.37	234.32	证券交易佣金收入	0.12	0.19	65.22
当年结益	20.05	21.45	6.98	净利润	—	—	—
不良贷款余额	0.86	1.06	23.26				

邹平县主要金融机构概况

单位名称	行长（或其他称谓的第一负责人）	副行长（或其他称谓的同级领导）	员工总数	辖内营业网点数
人行邹平县支行	徐书亮	张道红　吕洪军　高建刚	33	1
银监会邹平办事处	张立平	马修忠	2	1
农发行邹平县支行	耿大伟	孙永涛　王　栋　齐向京	31	1
工行邹平支行	高克忠	柴树元　张方永　潘伟群	119	8

续表

单位名称	行长（或其他称谓的第一负责人）	副行长（或其他称谓的同级领导）	员工总数	辖内营业网点数
农行邹平县支行	孙学雷	杨国生 明 新 张 伟 李洪平	227	17
中行邹平支行	赵书会	赵建国 曹 泉	60	3
建行邹平支行	赵延军	李志勇 崔鹏程 张 跃 徐承熙 李 进	107	5
邹平农商银行	常兆贤	吴新民 郝树海 王洪兴 尹玉宵 李汉碌 韩胜祥	489	44
邮储银行邹平县支行	郑伟华	罗 凯 刘 科	173	24
齐商银行邹平支行	王 贵	李 琮 张丽辉	55	2
邹平浦发村镇银行	耿光新	倪明军 薛莲花 刘向来 刘 柳	54	3
东营银行邹平支行	朱玉平	高 冰 王庆芳	29	2
招行邹平支行	杨永秋	李 薇	13	1
兴业邹平支行	王 磊	李敬东	15	1
青隆村镇银行	鞠 斌	陈 工 朱建航	64	1

邹平县主要金融机构业务概况

单位：亿元

单位名称	本外币存款余额	人民币单位存款	人民币储蓄存款	本外币贷款余额	人民币短期贷款	人民币中长期贷款
农发行邹平县支行	12.66	12.66	0	58.18	32.03	22.24
工行邹平支行	89.78	70.21	17.20	125.84	89.73	28.81
农行邹平支行	130.67	78.96	48.19	129.95	108.18	18.73
中行邹平支行	39.88	30.24	9.36	39.35	26.42	12.70
建行邹平支行	68.74	53.36	14.38	61.79	53.74	7.92
邹平农商银行	118.30	53.37	63.93	88.65	87.65	0.97
邮储银行邹平县支行	22.28	3.34	18.93	2.87	0.41	2.46
齐商银行邹平支行	19.76	15.98	3.23	13.93	12.23	0.02
邹平浦发村镇银行	17.26	12.95	4.18	14.51	14.51	0
东营商行邹平支行	15.93	13.71	2.19	9.29	9.29	0
青隆村镇银行	3.66	1.63	2.04	4.71	4.71	0
招行邹平支行	0.77	0.37	0.40	0.10	0.10	0
兴业邹平支行	0.36	0.04	0.32	0	0	0

谈话、发布《货币信贷工作指引》等方式，及时向当地政府和金融机构传递宏观调控意图。银监会邹平县办事处加大银行业操作风险预警提示，确保了辖区金融健康稳健运行。

（毕洪亮）

德州市

【经济金融概况】 2013年，德州市紧紧围绕“实现跨越发展，建设幸福德州”的奋斗目标，积极作为、科学务实，经济社会实现了稳定增长，为“十二五”规划目标的顺利推进奠定了坚实基础。

金融机构按照“有扶有控”的信贷原则，进一步加大了与产业政策的配合力度。一是各项存款快速增长，企业存款大量增加；二是信用总量大幅增加，银行贷款快速增长，中长期贷款增速加快，支撑了个人住房、城市基础设施建设需要，中小微企业、涉农贷款快速增长，贷款投向持续优化；三是不良贷款、不良率双下降，经营效益有所提高。

【货币政策实施】 2013年，人行德州市中支突出业务重点，创新工作方式，强化监测分析和调研，确保了稳健货币政策和“有扶有控”信贷政策的贯彻落实。

一、综合运用货币政策工具，引导银行机构优化信贷结构。一是加强再贷款、再贴现管理，引导金融机构支持社会、经济中重点领域和薄弱环节；二是严格落实总分行差别调控政策，按日对辖内法人金融机构存贷款增长情况进行调度，确保信贷投放进度保持月度、季度间的均衡，投向上加大对涉农、小微企业信贷支持，更好地服务实体经济发展；三是做好民贸民品贷款贴息工作，引导金融机构加大对民品企业支持力度。

二、强力推进金融支持现代农业发展。一是出台了《关于加大金融支持力度 促进县域经济健康持续发展的指导意见》，引导金融机构针对新型农村经营主体需求特点加大金融产品和服务方式创新力度；二是制定了《金融支持现代农业发展工作方案》，明确时间安排和各金融机构任务，确保县域金融机构100%参与到该项工作中来；三是推动乐陵县政府设立了农村土地承包经营权流转中心；四是推动金融产品创新，全市农信社积极开展农业产业园区贷款业务，农发行山东分行与德州市政府签署战略合作协议，将德州市列为全国唯一新农村建设合作试点；五是力推“以险养险”模式，保障保险公司开展农业保险的积极性和可持续性；六是指导德城区农信社设立了全省首家农民专业合作社专营服务机构。

三、继续推动直接融资快速发展，拓宽企业融资渠道。积极向政府和企业宣传金融市场融资工具，帮助企业拓宽融资渠道，短期融资券、中小企业私募债、区域集优债发行工作取得明显进展。

四、强化调研和信息的支撑作用，为领导科学决策提供支持。就金融支持春耕备播、旅游业发展、家庭农场等深入有关部门和企业进行调研60余次，为上级行提供了大量有价值的参考信息，其中，《城镇化建设可持续性问题研究—基于德州市“两区同建”的实证分析》被人行济南分行杨子强行长批示。

【金融稳定】 2013年，人行德州市中支以牢牢守住不发生系统性、区域性金融风险的底线为目标，积极构建大稳定工作格局，各项工作取得新进展。

一、继续强化机制建设。一是制定了《关于建立金融稳定协调机制 共同防范区域性金融风险的实施意见》，探索建立了企业、银证保、金融属性主体三项《风险监测预警制度》，市政府印发市县两级执行；二是通过宣讲培训、加大检查频率，不断提高金融机构对重大事项报告制度的重视程度和执行力度；三是成功与德州银行开展了突发事件联合应急演练。

二、努力实现金融风险监测全覆盖。一是实施对法人机构贴身监测，法人外机构和高风险企业重点关注的监测制度，力求第一时间识别、报告辖内金融风险隐患和事件；二是向信贷风险较严重的夏津、宁津、陵县等派出调查组，根据风险现状和特点成因，提出“一企一策”、“一企多策”、分类处置和在发展中化解风险的建议；三是做好总行重点关注企业的风险监测，对陵县黎明纺织、华茂生物两家企业建立档案，实施动态监测。

三、现场评估与非现场评估相结合，拓展维护区域金融稳定新手段。一是实施了德州银行信息管理系统稳健性现场评估，按规定做了现场反馈，并跟进督促其限期整改；二是探索开展区域风险评估工作，并形成《评估报告》；三是开展了农信社表外资产业务专项评估，促进该业务的规范化管理。

【金融服务】 2013年，人行德州市中支全面提升服务水平，切实提高服务效率，金融管理和服务赢得各界好评。一是ACS系统、二代支付系统顺利上线运行，全市行政村助农取款点覆盖率达到82%；二是在全省率先建立人民币跨境结算电子服务平台，人民币跨境收付信息管理制度被印发全省执行，全市人民币跨境结算业务量同比增长48.3%；三是加强金融知识宣传普及，创建了货币反假知识微信公众平台，设立了外汇管理政策发布QQ群，在部分政府门户网站开辟了金融知识宣传专栏；四是切实加强科技服务和各项业务系统维护，促进相关金融业务安全运行；五是加强人民币管理工作，建立了金融机构现金横向调剂监测、小面额现金备付等制度，乐陵市现金调剂中心运作顺利，在全省率先实现了发行库安全区封闭式管理。

德州市经济主要统计指标

指标 \ 年度	2009	2010	2011	2012	2013	2013年同比增幅（%）
土地面积（平方公里）	10356	10356	10356	10356	10356	--
人口（万人）	569.00	570.18	575.98	577.52	567.11	-1.80
城镇人口（万人）	166.59	168.31	174.68	177.14	270.74	52.84
乡村人口（万人）	402.41	401.87	401.3	400.38	296.37	-25.98
地区生产总值（亿元）	1545.35	1657.82	1950.71	2230.56	2460.59	11.2
第一产业（亿元）	191.00	210.51	229.57	244.39	273.54	3.8
第二产业（亿元）	844.09	899.55	1059.8	1208.65	1301.67	12.6
工业（亿元）	835.98	1023.18	1001.35	1285.36	1468.25	14.3
建筑业（亿元）	86.95	104.76	135.00	196.1	251.7	28.3
第三产业（亿元）	510.26	547.76	661.4	777.52	885.38	11.2
人均地区生产总值（元）	27159	29075	33868	38623	43542	12.74
地区生产总值构成（%）	100	100	100	100	100	--
第一产业（%）	12.4	12.7	11.8	10.9	11.1	0.2
第二产业（%）	54.6	54.3	54.3	54.2	52.9	1.3
第三产业（%）	33.0	33.0	33.9	34.9	36.0	1.1
财政总收入（亿元）	106.7	132.64	167.25	203.24	236.66	16.4
地方财政收入（亿元）	55.3	72.91	95.06	120.2	150.02	15.7
财政总支出（亿元）	114.81	154.91	191.28	242.1	267.3	10.4
地方财政支出（亿元）	114.81	154.91	191.28	242.1	267.3	10.4
全社会固定资产投资（亿元）	926.92	1140.59	1271.3	1542.93	1686.6	20.9
规模以上固定资产投资（亿元）	853.61	1050.41	1153.66	1401.62	1574.23	20.7
房地产开发（亿元）	73.31	90.19	117.64	141.31	195.8	38.6
进出口总值（亿美元）	14.36	19.46	26.86	27.2	35.38	30.2
出口总值（亿美元）	9.55	13.36	17.47	18.7	20.26	8.5
实际利用外资（亿美元）	1.39	1.30	1.90	2.11	2.15	1.8
社会消费品零售总额（亿元）	567.01	645.6	737.50	872.3	990.5	13.6
居民消费价格指数（%）	99.7	103.1	105.2	101.5	101.9	0.4
城市居民人均可支配收入（元）	15706	17410	19771	22440	24812	10.6
农民人均现金收入（元）	6138	7028	8350	9602	10876	13.3

注：2013年起，人口数据改为"常住人口、城镇人口、农村人口"口径，因此变动较大。

德州市工农业主要统计指标

农业主要统计指标（万吨）				规模以上工业企业主要统计指标（亿元）			
项目 \ 年度	2012年	2013年	增幅（%）	项目 \ 年度	2012年	2013年	增幅（%）
粮食	797.95	834.7	4.6	工业增加值	1285.36	1468.25	14.3

续表

农业主要统计指标（万吨）				规模以上工业企业主要统计指标（亿元）			
项目＼年度	2012年	2013年	增幅（%）	项目＼年度	2012年	2013年	增幅（%）
夏粮	366.55	397.0	8.3	国有工业	81.54	60.91	6.1
秋粮	431.4	437.7	1.5	集体工业	0.09	1.87	-9.6
棉花	13.5	10.4	-22.9	股份制工业	734.66	844.9	16.0
油料	2.05	1.87	-9.1	股份合作制工业	0.93	7.83	33.3
水果	40.17	39.27	1.24	外商及港澳台投资工业	64.82	44.56	21.2
蔬菜	491.31	556.9	13.4	轻工业	587.84	694.34	13.5
肉类	68.87	71.41	3.7	重工业	697.52	773.91	15.0
禽蛋	43.27	43.15	-0.3	销售收入	6447.62	7679.63	17.0
奶类	19.34	18.61	-3.8	利税	726.79	878.84	18.5
水产品	9.0	9.89	9.6	利润	404.71	494.41	19.3
森林覆盖率（%）	31.5	31.5	0	经济效益综合指数（%）	--	--	--

德州市主要金融机构概况

单位名称	行长（或其他称谓的第一负责人）	副行长（或其他称谓的同级领导）	员工总数	辖内营业网点数
人行德州市中心支行	董　昕	马兴国　徐靖元　高文博　杨德阔	460	11
银监会德州监管分局	田邦升	马天奎　王国恩　毕爱玲　王雪双	90	5
农发行德州市分行	许　静	刘　玮　杨富格　陈瑞吉	271	10
工行德州分行	赵忠江	陶能虹　姜　凯　于向东　马士军　滕云静　孙　刚	1081	49
农行德州分行	李新民	王文平　张海山　董建俊	1434	68
中行德州分行	吴　琳	郭兴盛　孙　涛　李爱东　苏世普	574	21
建行德州分行	马世平	苏玉生　肖长智　杨江水　王清杰　周荣田　刘振毅	1056	46
交行德州分行	倪　杨	李保军　侯键东　孙丽君	47	1
德州银行	孙玉芝	常　青　杜成金　李书华　尹德恩　郑亚林　吴玉华　张正忠　周成亮　侯玉荣　薛　梅　王　东　李金涛　徐圣颖　蔡　敏	960	41
农信社德州市办事处	辛士勇	宋修宝　邓兆卫	4480	331
邮储银行德州市分行	马金钢	房振平　周振忠　楚华彬	999	248
恒丰银行德州分行	孙惠良	魏　玲　常　勇　张　宁	64	1
浙商银行德州分行	兰志良	张　栋　杨宪宇	48	1

续表

单位名称	行长（或其他称谓的第一负责人）	副行长（或其他称谓的同级领导）	员工总数	辖内营业网点数
威海商行德州分行	于建刚	王　邕　姬　刚　李　颖	93	1
临邑中银富登村镇银行	刘永军	李尚东	44	2
人保财险德州市分公司	陈庆春	张宪仁　王现琪　王　冰	523	38
人寿保险德州分公司	刘玉民	姚本建　张　美　刘文栋	365	12
民生人寿保险德州中心支公司	张　罡	王　勇	41	8
大地财险德州中心支公司	马圣强	张金勇　张振巧	132	13
永安财险德州中心支公司	张瑞国	徐红国	118	3
平安人寿保险德州中心支公司	邹军龙	赵　茜	59	6
人民健康保险山东分公司德州营销服务部	魏艳丽	刘同林	200	1
人保寿险德州中心支公司	于建中	纪　宁　刘顺卿	1100	10
太平人寿保险德州中心支公司	赵洪顺		34	1
太平洋财险德州中心支公司	孙春龙	信卫东　王登峰 吴　静　曹志国	145	11
太平洋人寿保险德州中心支公司	王皋鹏	宋俊杰　张爱新 张　霞　齐　卫	173	31
阳光人寿保险德州中心支公司	朱维娜	史桂华　李　杰	53	10
泰康人寿保险德州中心支公司	谢泉志	肖　华	65	15
阳光财险德州中心支公司	王　伟	鲍　伟	100	10
中华联合财险德州中心支公司	王伯超	陶铁军	144	12
新华人寿保险德州中心支公司	钟经胜	孙　健	220	35
安邦财险德州中心支公司	王光炜		36	3
平安财险德州中心支公司	赵　辉	卢建波	110	8
天安财险德州中心支公司	张治国		104	8
人寿财险德州市中心支公司	侯　波	于冬春	163	6
生命人寿保险德州中心支公司	范增旺	王　维	44	7
渤海财险德州中心支公司	夏志红		23	1
华泰人寿保险山东分公司德州营销服务部	姜　杰		178	4
天平汽车保险德州中心支公司	齐　璨		21	4
长城人寿保险德州支公司	谢风亭			
天安人寿德州中心支公司	马春国	黄景辉	33	3
华安财险德州中心支公司	齐国林		14	1

续表

单位名称	行长（或其他称谓的第一负责人）	副行长（或其他称谓的同级领导）	员工总数	辖内营业网点数
华夏人寿德州中支	杨海波		45	5
英大泰和人寿保险德州中心支公司	高　伟		20	3
齐鲁证券德州分公司	王　政		47	4
中信万通证券德州湖滨中大道证券营业部	王起超	夏　磊　耿元雷	40	1
鲁证期货德州营业部	张　程		21	1

德州市金融业务统计指标

指标（亿元） \ 年度		2009	2010	2011	2012	2013	2013年同比	
							增加额	增幅（%）
银行类	本外币存款余额	1093.92	1293.76	1426.33	1646.85	1933.43	286.58	17.40
	人民币存款余额	1088.41	1286.91	1420.02	1636.49	1924.22	287.73	17.58
	*单位存款	206.69	248.66	442.90	484.72	576.94	92.22	19.03
	储蓄存款	707.83	807.18	918.44	1107.54	1266.44	158.9	14.35
	本外币贷款余额	776.32	918.09	1003.14	1119.35	1300.33	180.98	16.17
	人民币贷款余额	773.20	909.84	995.17	1112.30	1295.00	182.7	16.43
	短期贷款	502.37	578.58	619.72	716.41	784.25	67.84	9.47
	中长期贷款	247.74	317.33	354.78	362.52	472.83	110.31	30.43
	票据融资	22.36	13.11	19.90	31.71	36.59	4.88	15.39
	当年结益	15.81	18.73	26.48	27.43	32.49	5.06	18.45
	不良贷款余额	97.38	86.37	70.73	60.44	45.58	-14.86	-24.59
	不良贷款占比%	12.54	9.44	7.05	5.40	3.76	-1.89	-35.00
保险类	保险公司保费收入	35.83	46.8	48.6	52.03	58.9	6.87	13.20
	财险收入	7.62	10.9	12.5	14.83	17.4	2.57	17.33
	寿险收入	28.21	35.9	36.1	37.20	41.5	4.3	11.56
	保险公司赔款和给付支出	7.37	7.35	9.93	15.06	19.03	3.97	26.36
	财险赔款	3.82	4.43	5.29	9.66	10.0	0.34	3.52
	寿险给付	3.55	2.92	4.64	5.40	9.03	3.63	67.22
	当年结益	0.79	0.09	0.27	2.14	0.60	-1.54	-71.79
证券类	证券市场成交总额	305.45	688.26	436.57	326.28	403.88	77.60	23.78
	投资者保证金余额	3.20	6.37	5.62	7.10	2.76	-4.34	-61.13
	证券账户开户数	83695	112823	122689	130700	120703	-17003	-13.01
	佣金收入	1.10	0.97	0.64	0.37	0.61	0.25	67.03
	净利润	0.77	0.42	0.30	-0.03	-0.04	-0.01	-35.7
	期货市场成交总额	—	660.03	1329.43	2558.33	4232.78	1674.45	65.45

续表

指标（亿元）		2009	2010	2011	2012	2013	2013年同比 增加额	2013年同比 增幅（%）
证券类	期货客户保证金余额	—	0.23	0.30	0.38	0.62	0.24	62.28
	期货账户开户数	—	863	537	400	266	-134	-33.50
	期货手续费收入	—	0.03	0.05	0.04	0.05	0.002	3.94
	利润总额	—	0.01	0.02	0.02	0.02	0.001	3.64

注："*"该项指标2010年前为"企业存款"，其数字亦是如此。

德州市金融机构统计指标

指标（个）		2009	2010	2011	2012	2013	2013年同比增幅（%）
银行类	法人机构	12	12	13	13	13	0
	省级分行	—	—	—	—	—	—
	二级分行	6	6	6	6	10	66.67
	县区支行	267	149	156	158	175	10.76
	分理处、营业所	199	441	443	652	642	-1.53
	储蓄所	450	205	203	12	7	-71.43
	从业人员总数	9963	10414	10472	10673	11007	3.13
保险类	保险机构	22	22	25	32	35	9.38
	财险机构	11	11	12	15	16	6.67
	省级分公司	—	—	—	—	—	—
	地市分公司	11	11	12	15	16	6.67
	县区支公司	68	74	77	91	97	6.59
	寿险机构	11	11	13	17	19	11.76
	省级分公司	—	—	—	—	—	—
	地市分公司	11	11	13	17	19	11.76
	县区支公司	50	54	69	93	105	12.90
	从业人员总数	12446	15280	15845	16133	15089	-6.47
	财险人员	1082	2303	2432	2511	1682	-33.01
	寿险人员	11364	12977	13413	13622	13407	-1.58
证券类	证券机构	3	3	3	5	6	20.0
	证券公司	—	—	—	—	1	100.0
	证券营业部	3	3	3	5	5	0
	证券服务部	—	—	—	—	—	—
	从业人员总数	40	91	127	103	97	5.83
	投资者开户	101693	112823	122689	91133	82090	-9.92

续表

指标（个）	年度	2009	2010	2011	2012	2013	2013年同比增幅（%）
证券类	境内上市股票支数	3	3	4	5	5	0
	境外上市股票支数	1	1	1	0	0	0
	辖区上市公司总数	4	4	5	5	5	0

德州市主要金融机构业务概况

单位：亿元

单位名称	本外币存款余额	人民币单位存款	人民币储蓄存款	本外币贷款余额	人民币短期贷款	人民币中长期贷款
农发行德州市分行	10.73	10.69	--	92.65	46.64	45.22
工行德州分行	261.32	109.51	142.51	267.38	132.05	126.65
农行德州市分行	198.74	61.87	133.28	138.97	86.32	52.19
中行德州分行	127.73	58.22	63.37	94.59	47.64	43.99
建行德州分行	248.67	89.70	154.57	147.88	54.85	92.59
交行德州分行	12.00	9.43	1.60	3.09	3.09	0
恒丰德州分行	15.44	13.79	1.65	7.22	3.27	2.39
浙商德州分行	10.72	10.13	0.59	7.00	6.50	0.50
德州银行	222.01	122.74	98.98	152.92	104.34	20.74
农信社德州市办事处	502.73	55.41	446.43	344.65	281.27	63.38
邮储银行德州市分行	244.63	24.06	220.57	29.92	13.64	15.75
威海商行德州分行	12.20	10.25	1.90	12.47	4.53	7.92
中银富登村镇银行	2.12	1.13	0.98	1.57	0.07	1.50

德州市各县级区域经济金融主要统计指标

名称	人口（万人）	面积（平方公里）	地区生产总值（亿元）	地区生产总值增速（%）	本外币存款余额（亿元）	储蓄存款（亿元）	本外币贷款余额（亿元）
德城区	69.92	539	542.84	11.50	681.70	352.37	483.79
乐陵市	66.30	1172	213.64	12.50	136.19	101.77	97.89
禹城市	50.58	990	233.54	12.60	132.61	87.80	127.42
陵　县	57.54	1213	225.63	11.80	125.50	95.62	71.97
宁津县	45.71	833	185.79	11.40	136.82	111.43	61.15
庆云县	30.09	502	135.89	11.30	75.81	50.27	50.78
临邑县	52.27	1016	234.75	11.50	145.80	104.34	106.16
齐河县	60.85	1411	408.00	12.30	158.84	108.62	108.40

续表

名称	人口（万人）	面积（平方公里）	地区生产总值（亿元）	地区生产总值增速（%）	本外币存款余额（亿元）	储蓄存款（亿元）	本外币贷款余额（亿元）
平原县	44.96	1047	186.16	10.90	119.41	92.46	58.54
夏津县	50.93	872	173.82	11.10	111.06	83.29	60.48
武城县	37.96	751	171.68	12.00	109.69	82.25	73.74

德州市（含县级）小额贷款公司机构、业务概览

单位名称	行长（或其他称谓的第一负责人）	员工总数（个）	本外币贷款余额（亿元）	人民币短期贷款（亿元）	人民币中长期贷款（亿元）
德城区长河小额贷款公司	朱昌和	11	1.57	1.57	0
德城区金光小额贷款公司	苏芳志	10	1.94	1.94	0
乐陵市鑫众小额贷款公司	李玉才	5	1.00	1.00	0
禹城市大禹小额贷款公司	安桂军	9	0.33	0.33	0
陵县谷神小额贷款公司	李登龙	11	0.63	0.63	0
宁津县融德小额贷款公司	柴来云	7	0.36	0.36	0
临邑县和信小额贷款公司	张　鹏	12	0.49	0.49	0
齐河县汇金小额贷款公司	徐曰田	15	1.15	1.15	0
平原县恒信小额贷款公司	张墩江	9	0.69	0.69	0
夏津县城镇小额贷款公司	邹爱民	12	1.60	1.60	0
武城县古北春小额贷款公司	周晓峰	12	2.76	2.76	0

【金融监管】　2013年，人行德州市中支和银监会德州监管分局依法加强金融监管，切实维护金融稳定，促进了辖内银行机构的规范经营和稳健发展。

人行德州市中支认真履行监管职能，扎实开展“两管理、两综合”工作。组织开展了金融统计、征信管理、支付结算、票据业务、反洗钱等专项检查、新设金融机构的开业管理检查和金融消费者权益保护工作，对部分金融机构进行了约见谈话和风险提示，较好地促进了有关业务的规范安全运行。

银监会德州监管分局以推进精细化管理基础年为主线，结合辖区实际，突破重点、攻克难点、创新亮点，监管质效稳步提升。担保圈风险化解稳步推进；高风险社化解效果明显；信用风险管控成效突出；案件防控实现零发案目标；农合机构改革深入推进。

【外汇管理】　2013年，外管局德州市中心支局以夯实基础促管理，以深化改革促服务，着力提高外汇履职能力，有效助推了全市涉外经济平稳较快发展。

一、创新宣传形式，畅通政策传导渠道。一是依托重点联系企业制度和互联网两个载体加强宣传，实现了与涉外企业的即时通迅，促进其依法合规经营；二是加大对服务贸易外汇管理政策的宣讲，组织全市100多家企业进行了业务培训，组织各外汇指定银行和部分重点涉外企业开展了货物贸易信贷专项核查通报暨业务培训会，取得了良好效果。

二、围绕关键领域，深化改革上水平。一是构建了部门联合监管机制，先后与德州市国税局、地税局、海关签订了《合作备忘录》，切实发挥监管合力；二是对192家企业的贸易信贷业务进行了非现场监测、核查，有效规范了信贷管理；三是对全市187家外商投资企业和13家境外投资企业进行了年检，参检率和通过率均达到95%以上。

三、依托外汇指定银行积极开展防流入工作。一是要求各行进一步加强对进出口企业贸易背景审核，严防异常资金流动，对异常账户严密监管，对结售汇业务环节严格把关，同时严格对进出口企业货物贸易外汇收支的分类管理；二是组织指导外管局齐河、临邑支局认真开展《风险提示函》下发、流入重点

企业核查等工作；三是完成了对2家流入重点企业的核查，要求企业尽量缩短进口与付汇时间差，保证企业货物流与资金流的基本一致。

【金融改革】 2013年，人行德州市中支一是加强创新业务协调，推动市政府出台了《城乡小额贷款保证保险试点工作实施意见》，并以德州银行、人保财险德州分公司为试点单位，启动该项业务；二是配合市政府制定了《关于加快农村合作金融机构改革的实施意见》，明确了“全面启动、整体推进、单体突破、有序改革”步骤和“一年重点突破，两年数量过半，三年基本完成”的总体目标，力争用3年多的时间，将全市农合机构全部改制为农村商业银行。禹城、齐河农村商业银行均已正式开业。

【精神文明建设】 2013年，德州市各金融机构开展形式多样的精神文明创建活动，取得了良好成果。人行德州市中支顺利通过省级文明单位复查验收，荣获省、市级以上团体荣誉13项、个人荣誉28项。建行德州分行被山东省社科联、山东省总工会、共青团山东省委等9部门评为德耀齐鲁道德示范基地荣誉称号；德州银行获评全国“最具成长性城商行”、跻身全国资产300亿元以下城商行竞争力排名前8名，荣获“全国模范职工之家”、“全国企业文化百佳单位”、喜揽山东省富民兴鲁劳动奖章。

【大事记】 4月9日 人行济南分行党委委员、副行长肖龙沧率领调研组一行4人深入临邑县，就落实中央1号文件精神情况进行调研指导，并对德州市首家家庭农场——临邑县德平富民家庭农场实地调研。

5月18日~19日 德州市政府成功举办“中国·德州第三届资本交易大会”。

6月21日 山东省第一家农民专业合作社专营服务机构在德城区黄河涯信用社正式挂牌成立。

8月13日 农发行山东省分行与德州市政府在德州市就农村土地整治、新型社区建设及旧村改造等签署战略合作协议。

8月27日 浙商银行德州分行开业典礼暨慈善捐赠仪式成功举办。

11月21日 山东省首家非试点县域金融协会——夏津县金融协会成立暨第一届会员代表大会成功召开。

12月6日 德州市第一家农村商业银行——禹城农村商业银行获得山东省银监局开业批复。

12月10日 人行总行党委委员、副行长刘士余一行到德州市调研农业规模经营发展及金融支持工作。

12月12日 2013年度德州市金融业双十佳颁奖典礼举行，全市共有224家银行业金融机构和108家保险业机构参与评选，活动通过现场投票、网络投票的形式，最终评选出德州市金融业双十佳获奖单位40个。

12月14日 齐河农村商业银行举行开业揭牌仪式。

12月24日 经德州市机构编制委员会批准，德州市地方金融监督管理局挂牌。

12月26日 德州银行首家异地分行——滨州分行完成筹建，开业试运行。

（李文强 王 静）

乐陵市

【经济金融概况】 2013年，乐陵市经济社会发展呈现出速度持续加快、质量持续提升、后劲持续增强、城乡持续融合、民生持续改善的良好态势。新增纳税过5000万元企业3家，金麒麟集团纳税突破亿元。

【金融发展与改革】 2013年，乐陵市金融机构认真贯彻落实稳健的货币政策，加强与地方政府的沟通与协作，全力打造

乐陵市主要经济指标

经济指标	2012	2013	2013年同比增幅（%）	经济指标	2012	2013	2013年同比增幅（%）
土地面积（平方公里）	1172	1172	0	地方财政支出（亿元）	27.98	21.55	-22.98
人口（万人）	69.94	66.3	-5.20	全社会固定资产投资（亿元）	121	146.78	21.31
城镇人口（万人）	18.68	27.55	47.49	进出口总值（万美元）	20008	33212	65.99
乡村人口（万人）	51.26	38.74	-24.42	出口总值（万美元）	15786	18738	18.70
地区生产总值（亿元）	186.9	213.64	14.34	实际利用外资（万美元）	8990.9	5807	-35.41
第一产业（亿元）	27.22	30.67	12.67	社会消费品零售总额（亿元）	76.71	87.8	14.46
第二产业（亿元）	99.46	111.67	12.27	居民消费价格指数（%）	106.7	101.9	-4.50
第三产业（亿元）	60.17	71.3	18.50	人均地区生产总值（元）	26716	32223	20.61

续表

经济指标	2012	2013	2013年同比增幅（%）	经济指标	2012	2013	2013年同比增幅（%）
财政总收入（亿元）	28.78	37.57	30.54	城镇居民可支配收入（元）	22412	24812	10.71
地方财政收入（亿元）	4.90	8.60	75.51	农民人均现金收入（元）	9564	10876	13.72
财政总支出（亿元）	27.98	36.03	28.77				

乐陵市主要金融指标

金融指标（亿元）	2012	2013	2013年同比增幅（%）	金融指标（亿元）	2012	2013	2013年同比增幅（%）
本外币存款余额	118.74	136.19	14.51	财险收入	0.83	1.20	44.67
人民币存款余额	118.48	135.92	14.72	寿险收入	3.03	4.26	40.46
单位存款	28.79	33.84	17.54	财险赔款	0.67	1.04	55.95
储蓄存款	88.23	101.77	15.13	寿险给付	1.04	1.58	51.56
本外币贷款余额	84.77	97.89	15.48	当年结益	—	—	—
人民币贷款余额	84.77	97.89	15.48	证券市场交易总额	—	—	—
短期贷款	60.00	70.63	17.72	投资者保证金余额	—	—	—
中长期贷款	24.77	27.25	10.01	证券账户开户数	—	—	—
票据融资	0	0	0	证券交易佣金收入	—	—	—
当年结益	1.64	2.56	56.10	净利润	—	—	—
不良贷款余额	2.09	2.76	32.06				

乐陵市主要金融机构概况

单位名称	行长（或其他称谓的第一负责人）	副行长（或其他称谓的同级领导）	员工总数	辖内营业网点数
人行乐陵市支行	李振明	孟宪尧　刘长勇　卞东华	28	1
银监会乐陵市办事处	辛俊胜		5	1
农发行乐陵市支行	张　静	王俊忠　潘德章	18	1
工行乐陵支行	高秀军	李建胜　董　寒　杨小玲	49	3
农行乐陵支行	郭延超	杨　新　郭爱民　王　刚	102	6
中行乐陵支行	杨玉梅	靳邦斌　金　涛	28	1
建行乐陵支行	魏志军	商国珍　朱建介	36	2
德州银行乐陵支行	李　烨	蒋万祥	28	2
乐陵市农信联社	杨希军	李培刚　刘德涛 杨　萍　陈宝宁	426	35
邮储银行乐陵市支行	王　新	王海军　郭宝玉　赵明斌	132	26

乐陵市主要金融机构业务概况

单位：亿元

单位名称	本外币存款余额	人民币单位存款	人民币储蓄存款	本外币贷款余额	人民币短期贷款	人民币中长期贷款
农发行乐陵市支行	0.42	0.42	0	5.75	3.50	2.25

续表

单位名称	本外币存款余额	人民币单位存款	人民币储蓄存款	本外币贷款余额	人民币短期贷款	人民币中长期贷款
工行乐陵支行	16.55	7.00	9.43	12.77	6.22	6.55
农行乐陵支行	22.24	6.53	15.69	19.51	13.91	5.60
中行乐陵支行	6.87	2.37	4.37	6.91	5.20	1.71
建行乐陵支行	14.17	5.92	8.20	9.35	5.42	3.93
德州银行乐陵支行	7.56	4.85	2.71	8.16	6.60	1.56
乐陵市农信联社	45.71	3.83	41.88	34.15	29.29	4.87
邮储银行乐陵市支行	22.22	2.92	19.30	1.28	0.50	0.79

中小企业信用体系建设示范区，金融生态环境持续优化。人行乐陵支行起草了《关于进一步推进中小企业信用体系试验区建设的实施方案》，着力解决中小企业融资难点，提升金融促进经济发展的实效，该做法得到济南分行肖龙沧副行长批示。

【金融服务与监管】 2013 年，人行乐陵支行一是出台了金融支持现代农业发展的《工作方案》和《千分制考核方案》，开展了金融助推现代农业发展暨中小企业项目和金融支持现代农业发展乡镇行暨金融进产业园区两项推介工作；二是对农信社和农行“三农金融事业部”实施低存款准备金率政策，增加涉农信贷资金 1.5 亿元，并为农信社争取支农再贷款 1 亿元，提升其资金实力。

（孟宪尧 赵 斌）

禹城市

【经济金融概况】 2013 年，人行禹城市支行借助作为全省 8 个金融创新试点县之一的优势，积极推进县域金融创新，认真落实人行德州市中支与禹城市政府签订的战略合作协议，工作取得较大进展，贷款余额和直接融资额在德州辖区内名列首位。

【金融发展与改革】 2013 年，人行禹城支行充分发挥窗口指导作用，大力推进金融发展和改革。一是召开了专题动员会，明确了各单位创新的方向、目标，工、农、中、建四大银行分别在系统内率先办理了“两区同建”贷款 6.7 亿元、定单质押贷款

禹城市主要经济指标

经济指标	2012	2013	2013 年同比增幅（%）	经济指标	2012	2013	2013 年同比增幅（%）
土地面积（平方公里）	990	990	0	地方财政支出（亿元）	20.76	23.06	11.09
人口（万人）	52.09	50.58	-2.89	全社会固定资产投资（亿元）	126.82	151.54	26.0
城镇人口（万人）	9.38	23.22	147.5	进出口总值（万美元）	19993	22965	24.9
乡村人口（万人）	42.71	27.36	-35.94	出口总值（万美元）	17543	19387	13.2
地区生产总值（亿元）	206.29	233.54	12.6	实际利用外资（万美元）	2010	2299.6	14.4
第一产业（亿元）	28.1	31.35	3.5	社会消费品零售总额（亿元）	75.8	86.5	14.1
第二产业（亿元）	109.14	121.79	13.8	居民消费价格指数（%）	101.5	101.9	0.4
第三产业（亿元）	69.05	80.4	14.9	人均地区生产总值（元）	39374	44357	12.5
财政总收入（亿元）	16.66	20.31	21.92	城镇居民可支配收入（元）	22440	24812	10.6
地方财政收入（亿元）	10.03	14.51	20.66	农民人均现金收入（元）	9601	10903	13.4
财政总支出（亿元）	20.76	23.06	11.09				

禹城市主要金融指标

金融指标（亿元）	2012	2013	2013年同比增幅（%）	金融指标（亿元）	2012	2013	2013年同比增幅（%）
本外币存款余额	119.85	132.61	10.65	财险收入	0.83	0.90	7.40
人民币存款余额	119.49	132.61	10.76	寿险收入	2.01	1.80	-10.67
单位存款	41.86	43.30	3.44	财险赔款	0.52	0.51	-2.82
储蓄存款	75.79	87.80	15.74	寿险给付	0.08	0.13	62.91
本外币贷款余额	112.82	127.42	12.94	当年结益	—	—	—
人民币贷款余额	112.79	127.39	12.94	证券市场交易总额	1.03	6.65	545.21
短期贷款	78.11	81.08	3.80	投资者保证金余额	—	—	—
中长期贷款	34.49	46.32	34.27	证券账户开户数	1529	3062	100.26
票据融资	0.09	0	-100.0	证券交易佣金收入	0.002	0.007	225
当年结益	2.67	3.68	37.63	净利润	—	—	—
不良贷款余额	2.79	2.28	-18.37				

禹城市主要金融机构概况

单位名称	行长（或其他称谓的第一负责人）	副行长（或其他称谓的同级领导）	员工总数	辖内营业网点数
人行禹城市支行	何　意	贺明田	29	1
银监会禹城市办事处	刘洪涛		4	1
农发行禹城市支行	张　方	周传勇　高　娟	27	1
工行禹城支行	张　勇	李文立　张迎晓　王　鹏	57	3
农行禹城支行	魏文召	张凤顺　范　斌　董仁魁	101	5
中行禹城支行	邵秀玲	张　军　秦玉刚	38	2
建行禹城支行	王振顺	彭元新　秦晓娟	47	2
德州银行禹城支行	魏　敏	李文东　曹明磊	27	2
禹城市农信联社	赵德九	王吉合　王英明 王惠超　张　媛	454	38
邮储银行禹城市县支行	李　峰	侯庆勇　李　坤	65	21

禹城市主要金融机构业务概况

单位：亿元

单位名称	本外币存款余额	人民币单位存款	人民币储蓄存款	本外币贷款余额	人民币短期贷款	人民币中长期贷款
农发行禹城市支行	0.86	0.86	0	9.68	6.82	2.86
工行禹城支行	18.44	11.66	6.57	31.07	15.31	15.77
农行禹城支行	13.34	5.95	7.32	15.56	12.93	2.63
中行禹城支行	10.41	4.70	5.39	7.59	4.66	2.91
建行禹城支行	13.52	8.23	5.08	18.33	5.15	13.17

续表

单位名称	本外币存款余额	人民币单位存款	人民币储蓄存款	本外币贷款余额	人民币短期贷款	人民币中长期贷款
德州银行禹城支行	7.85	4.88	2.97	5.72	5.21	0.51
禹城市农信联社	50.20	6.17	43.76	37.79	30.55	7.24
邮储银行禹城市支行	17.48	0.84	16.63	1.67	0.44	1.23

0.41 亿元、电子商业汇票质押贷款 0.3 亿元；二是鼓励金融机构积极创新金融产品，探索各种形式的抵押贷款，鼓励表外业务创新，中行、建行分别开展了融票宝和助保贷业务；三是重点支持大地财险公司与农行开展“银保通”业务，普及农业保险，扩展业务覆盖范围；四是大力推进民品贴息贷款开办工作，抓住山东禹王实业有限公司和山东绿健生物技术有限公司两个企业产品被列入国家民族宗教委员会民族产品名单的有利时机，组织召开了两次金融机构联席会，办理贴息贷款 5 亿元，全年贴息 1051 万元，节省了企业财务成本，助推了企业发展；五是做好农信社改制服务工作，德州市第一家农村商业银行在禹城市成立。

【金融服务与监管】 2013 年，人行禹城支行一是开展业务大讲堂活动，邀请人行德州中支科室领导及业务骨干进行专题讲座、培训，并把活动扩大到相关银行、保险、企业等，为银行业务创新拓展了空间；二是提高窗口服务水平，选派 4 位员工轮流在政务大厅值班，做到热情、合规办理业务，赢得了客户、政府领导的认可。

（段立华　范雪芹）

陵　县

【经济金融概况】 2013 年，陵县加快实施“全面融入德州市区、发展同城经济”战略，金融机构各项存贷款保持较快增长，贷款投向重点突出，信贷结构优化，有力支持了全县经济健康发展。

【金融发展与改革】 2013 年，人行陵县支行从构建系统性、区域性金融风险监测预警机制入手，积极探索维护金融稳定的新路子、新方法和新途径，进一步完善了政府主导型企业风险防范机制，有效解决了日常监测中获取企业经营财务信息不全面、不准确、不及时等问题。按照德州市政府不良贷款处置措施，针对辖区的信贷风险状况，加大力度，全年化解不良贷款 16.34 亿元。

【金融服务与监管】 2013 年，人行陵县支行完善各项规章

陵县主要经济指标

经济指标	2012	2013	2013 年同比增幅（%）	经济指标	2012	2013	2013 年同比增幅（%）
土地面积（平方公里）	1213	1213	0	地方财政支出（亿元）	14.82	13.48	-9.04
人口（万人）	57.7	57.54	2.78	全社会固定资产投资（亿元）	121.4	141.62	22.9
城镇人口（万人）	13.1	22.48	7.16	进出口总值（万美元）	19397	22199	14.4
乡村人口（万人）	44.6	35.06	-21.39	出口总值（万美元）	12659	14674	15.9
地区生产总值（亿元）	195.6	225.6	11.8	实际利用外资（万美元）	1683	1550	-7.9
第一产业（亿元）	27.61	30.95	4.0	社会消费品零售总额（亿元）	63.66	72.0	13.1
第二产业（亿元）	96.57	110.6	13.1	居民消费价格指数（%）	101.5	101.9	0.4
第三产业（亿元）	71.46	84.06	13.2	人均地区生产总值（元）	33692	39298	16.64
财政总收入（亿元）	10.8	12.18	12.7	城镇居民可支配收入（元）	22440	24812	10.6
地方财政收入（亿元）	6.76	9.22	14.7	农民人均现金收入（元）	9589	10846	13.1
财政总支出（亿元）	17.6	19.38	9.5				

陵县主要金融指标

金融指标（亿元）	2012	2013	2013年同比增幅（%）	金融指标（亿元）	2012	2013	2013年同比增幅（%）
本外币存款余额	109.79	125.50	14.24	财险收入	1.78	1.93	8.43
人民币存款余额	109.79	125.42	14.24	寿险收入	1.57	1.62	3.18
单位存款	24.8	26.95	8.67	财险赔款	0.89	0.91	2.25
储蓄存款	80.97	95.56	18.02	寿险给付	0.73	0.63	-13.7
本外币贷款余额	72.35	71.97	0.53	当年结益	0.95	1.23	29.47
人民币贷款余额	72.35	71.97	-0.53	证券市场交易总额	——	——	——
短期贷款	50.74	49.10	-3.23	投资者保证金余额	——	——	——
中长期贷款	20.14	22.09	9.68	证券账户开户数	——	——	——
票据融资	0.74	0	-100	证券交易佣金收入	——	——	——
当年结益	1.62	1.05	-35.18	净利润	——	——	——
不良贷款余额	10.5	8.72	-16.95				

陵县主要金融机构概况

单位名称	行长（或其他称谓第一负责人）	副行长（或其他称谓的同级领导）	员工总数	辖内营业网点数
人行陵县支行	邢庆圣	张志远 王胜先 黄居龙	28	1
农发行陵县支行	张志刚	张成双	23	1
工行陵县支行	李德忠	许成磊 宋拥军 杨树盛	42	2
农行陵县支行	张广春	刘秀艳 郭维斌 谯立东	63	4
中行陵县支行	王成武	董拥军 贾 林	28	1
建行陵县支行	陶志昆	吴健蕾 吕万新	40	2
德州银行陵县支行	潘春芳	孙 林	18	1
陵县农信联社	王立国	王成军 扬卫红 谈洪泉 王志光	400	30
邮储银行陵县支行	李玉花	高洪彦	59	2

陵县主要金融机构业务概况

单位：亿元

单位名称	本外币存款余额	人民币单位存款	人民币储蓄存款	本外币贷款余额	人民币短期贷款	人民币中长期贷款
农发行陵县支行	1.24	1.11	0	4.48	2.78	0.97
工行陵县支行	16.48	8.75	7.52	17.28	9.10	8.18
农行陵县支行	9.26	3.19	6.01	6.40	5.69	0.66
中行陵县支行	6.97	2.58	4.39	5.89	3.32	2.57
建行陵县支行	11.06	3.11	7.22	4.96	2.81	2.15
德州银行陵县支行	6.71	4.56	2.15	6.59	5.90	0.69

续表

单位名称	本外币存款余额	人民币单位存款	人民币储蓄存款	本外币贷款余额	人民币短期贷款	人民币中长期贷款
陵县农信联社	48.54	2.23	46.31	25.51	18.94	6.58
邮储银行陵县支行	23.38	1.41	21.97	0.86	0.56	0.30

制度，加强账户管理、反洗钱、现金及外汇管理等工作，切实履行再贴现、再贷款、金融统计及银行信贷登记咨询系统等各项职能，取得了明显成效。

（刘成章）

宁津县

【经济金融概况】 2013 年，宁津县紧紧围绕“经济强县、文化名县、幸福宁津”奋斗目标，以提高经济增长的质量和效益为中心，经济结构实现新优化，民生改善取得新成效，金融运行平稳，经济、金融实现良性互动。

【金融发展与改革】 2013 年，人行宁津支行一是引导各金融机构不断优化信贷结构，加大对实体经济支持力度，重点支持涉农及小微企业的信贷投放；二是配合政府推进“金融生态环境优化年”活动，各金融机构积极采取措施支持县委、县政府提出的“诚信宁津”建设；三是充分利用已开通的“德州银企对接服务网”平台进行贷款需求、招商和项目及产业信息的发布，从而进一步明晰了信贷支持导向，以此为契机召开了 1 次银企对接现场会议和 3 次金融运行分析会，为政银合作搭建了活动平台。

【金融服务与监管】 2013 年，宁津县监管部门立足辖区实际，切实提高政策引导水平和风险管控能力。一是加强对涉外主体的宣传和培训，提高其业务水平，建立 QQ 群，搭建外管局

宁津县主要经济指标

经济指标	2012	2013	2013 年同比增幅（%）	经济指标	2012	2013	2013 年同比增幅（%）
土地面积（平方公里）	833	833	0	地方财政支出（亿元）	14.58	15.09	3.5
人口（万人）	46.71	45.71	-2.14	全社会固定资产投资（亿元）	134	138.48	3.34
城镇人口（万人）	6.13	17.96	192.98	进出口总值（万美元）	7731	10046	29.94
乡村人口（万人）	40.58	27.76	-31.59	出口总值（万美元）	7074	9138	29.2
地区生产总值（亿元）	165.43	185.79	12.31	实际利用外资（万美元）	1550	1433.5	-7.5
第一产业（亿元）	21.13	23.68	12.07	社会消费品零售总额（亿元）	68.95	78.2	13.41
第二产业（亿元）	91.16	102.43	12.36	居民消费价格指数（%）	101.5	101.9	0.40
第三产业（亿元）	53.14	59.68	12.31	人均地区生产总值（元）	35064	40772	16.28
财政总收入（亿元）	7.24	8.12	12.2	城镇居民可支配收入（元）	21069	23703	12.5
地方财政收入（亿元）	4.5	6.36	41.33	农民人均现金收入（元）	9668	10915	12.9
财政总支出（亿元）	14.58	15.09	3.5				

宁津县主要金融指标

金融指标（亿元）	2012	2013	2013 年同比增幅（%）	金融指标（亿元）	2012	2013	2013 年同比增幅（%）
本外币存款余额	122.49	136.82	11.69	财险收入	0.6	0.7	16.67
人民币存款余额	122.43	136.77	11.71	寿险收入	1.44	1.21	-15.97

续表

金融指标（亿元）	2012	2013	2013年同比增幅（%）	金融指标（亿元）	2012	2013	2013年同比增幅（%）
单位存款	19.85	23.44	18.08	财险赔款	0.42	0.55	30.95
储蓄存款	100.57	111.40	10.77	寿险给付	0.45	0.3	-33.3
本外币贷款余额	56.74	61.15	7.77	当年结益	0.26	0.29	11.53
人民币贷款余额	56.74	61.15	7.77	证券市场交易总额	--	--	--
短期贷款	39.82	35.75	-10.22	投资者保证金余额	--	--	--
中长期贷款	16.79	25.31	50.74	证券账户开户数	--	--	--
票据融资	0	0	0	证券交易佣金收入	--	--	--
当年结益	0.74	1.17	58.1	净利润	--	--	--
不良贷款余额	9.74	6.65	-31.72				

宁津县主要金融机构概况

单位名称	行长（或其他称谓的第一负责人）	副行长（或其他称谓的同级领导）	员工总数	辖内营业网点数
人行宁津县支行	曹国江	郭德生　王长德 张晶华　陈志红	35	1
农发行宁津县支行	张其英	王克智	18	1
工行宁津支行	杜雪亭	蔡建国　武海涛　梁金林	48	3
农行宁津支行	刘海燕	张长明　侯成群　宋秀梅	120	8
建行宁津支行	王向东	吕秀峰　贾　敏 王新河　霍瑞军	48	3
德州银行宁津支行	王建勋	王　建	26	2
宁津县农信联社	李文军	于　华　杨海涛　王淑华	413	31
邮储银行宁津县支行	从立刚	王伟峰　王守江	70	26

宁津县主要金融机构业务概况

单位：亿元

单位名称	本外币存款余额	人民币单位存款	人民币储蓄存款	本外币贷款余额	人民币短期贷款	人民币中长期贷款
农发行宁津县支行	0.01	0.01	--	3.65	1.09	2.50
工行宁津支行	13.53	3.92	9.44	6.37	3.9	2.47
农行宁津支行	24.12	5.34	18.7	4.07	3.49	0.84
建行宁津支行	17.51	5.98	11.43	6.10	1.51	4.59
德州银行宁津支行	8.12	4.29	3.83	5.77	4.13	1.64
宁津县农信联社	50.11	2.66	47.32	33.42	20.6	12.82
邮储银行宁津县支行	21.92	1.23	20.69	1.48	1.02	0.46

与企业之间的交流平台；二是严格按照操作流程，加强非现场监测和现场核查，提高外汇管理水平；三是建立网格化征信宣

传模式，提升公众的信用意识；四是修订了金融机构突发事件应急等预案制度，提高了突发事件处置能力；五是召开了两次全县银行和保险机构会议，规范重大事项和“两综合、两管理”工作流程和操作细则，建立健全了金融机构重大事项报告机制。

（李红梅　张文勇）

庆云县

【经济金融概况】　2013 年，庆云县以加快发展方式转变为主线，坚持外延扩张与内涵提升并举，推动产业结构优化升级和改革开放纵向深入。新材料、装备制造、农产品加工、电子信息等优势产业持续扩张，纳税过千万元企业达到 4 家；新型农业经营组织健康发展，新增土地流转 3 万亩；文化旅游“六个一”工程深入开展，成功通过省旅游强县复核验收；与天津临港经济区和 27 家高校院所建立了合作关系；辖内金融机构存、贷款余额持续增加，小微企业和涉农贷款占比显著提高。

【金融发展与改革】　2013 年，人行庆云县支行按照“稳中求进”的原则，积极推动县域经济平稳较快发展。一是统筹运用支农再贷款和民品贴息等政策工具，协助举办了“金融支持现代农业加快发展(庆云)座谈会”，出台了《关于金融支持现代农业发展工作的实施方案》，不断加大对“三农”领域的信贷支持力度；二是扎实推进农信社改革和农行“三农金融事业部”改革，完善治理结构，理顺管理体制；三是在云乐安村镇银行筹建时，行庆云县支行优化审批流程，提高效率，为村镇银行顺利开业提供优质服务。

庆云县主要经济指标

经济指标	2012	2013	2013 年同比增幅（%）	经济指标	2012	2013	2013 年同比增幅（%）
土地面积（平方公里）	502	502	0	地方财政支出（亿元）	11.61	13.06	12.49
人口（万人）	31.61	30.09	-4.81	全社会固定资产投资（亿元）	72.97	87.25	19.57
城镇人口（万人）	6.09	11.79	93.6	进出口总值（万美元）	5090	4639	-8.86
乡村人口（万人）	25.52	18.3	-28.3	出口总值（万美元）	5001	4574	-8.54
地区生产总值（亿元）	120.3	135.9	13.00	实际利用外资（万美元）	376.8	44.7	-88.14
第一产业（亿元）	9.88	11.06	11.94	社会消费品零售总额（亿元）	49.93	56.3	12.76
第二产业（亿元）	58.74	66.50	13.21	居民消费价格指数（%）	101.5	101.9	0.40
第三产业（亿元）	51.64	58.33	12.96	人均地区生产总值（元）	38048	45351	19.19
财政总收入（亿元）	6.14	6.86	11.73	城镇居民可支配收入（元）	13000	15730	21.0
地方财政收入（亿元）	3.71	4.66	25.61	农民人均现金收入（元）	9480	10682	12.68
财政总支出（亿元）	11.61	13.06	12.49				

庆云县主要金融指标

金融指标（亿元）	2012	2013	2013 年同比增幅（%）	金融指标（亿元）	2012	2013	2013 年同比增幅（%）
本外币存款余额	65.7	75.81	15.39	财险收入	0.99	1.19	19.8
人民币存款余额	65.7	75.80	15.38	寿险收入	1.91	2.32	21.6
单位存款	20.84	24.39	17.03	财险赔款	0.62	0.75	20.4
储蓄存款	43.12	50.27	16.58	寿险给付	0.52	0.63	20.8
本外币贷款余额	43.44	50.77	16.87	当年结益	—	—	—
人民币贷款余额	43.44	50.77	16.87	证券市场交易总额	—	—	—
短期贷款	29.58	34.07	15.18	投资者保证金余额	—	—	—

续表

金融指标（亿元）	2012	2013	2013 年同比增幅（%）	金融指标（亿元）	2012	2013	2013 年同比增幅（%）
中长期贷款	13.74	16.30	18.63	证券账户开户数	--	--	--
票据融资	0.12	0.41	241.7	证券交易佣金收入	--	--	--
当年结益	0.21	0.34	16.90	净利润	--	--	--
不良贷款余额	0.31	0.36	16.1				

庆云县主要金融机构概况

单位名称	行长（或其他称谓的第一负责人）	副行长（或其他称谓的同级领导）	员工总数	辖内营业网点数
人行庆云县支行	杨金昌	胡成军　魏殿峰　赵关岭	18	1
银监会庆云县办事处	辛俊胜	张芳春	5	1
农发行庆云县支行	胡志和	刘华峰　吴　涛	16	1
工行庆云支行	范吉民	张国伟　赵金强	30	2
农行庆云支行	孙吉华	刘绪生　高勇奇	55	3
建行庆云支行	邵立民	郭宝辉　张新成	26	1
德州银行庆云支行	王金峰	刘洪成	16	1
庆云县农信联社	方化臣	刘　兰　冯奎祥　董合泉 张　霖　王长东	302	16
邮储银行庆云县支行	王保国	张思明	69	7

庆云县主要金融机构业务概况

单位：亿元

单位名称	本外币存款余额	人民币单位存款	人民币储蓄存款	本外币贷款余额	人民币短期贷款	人民币中长期贷款
农发行庆云县支行	0.57	0.57	0	4.83	3.75	1.08
工行庆云支行	12.44	5.41	6.89	9.61	3.57	6.04
农行庆云支行	8.24	2.88	5.28	8.75	5.91	2.84
建行庆云支行	10.96	5.03	5.83	8.25	3.32	4.93
德州银行庆云支行	4.32	2.90	1.42	2.23	1.81	0.01
庆云县农信联社	20.91	5.68	15.22	15.88	15.03	0.84
邮储银行庆云县支行	17.54	1.92	15.62	1.23	0.68	0.55

【金融服务与监管】　2013 年，人行庆云县支行扎实推进“两管理、两综合、一保护”工作。一是组织开展了金融统计、征信管理等专项检查，对查出的问题及时通报，以检查促规范、防风险；二是开展金融消费权益保护征信主题宣传周活动，帮助金融消费者关注和了解自身信用记录，有效维护自身信用权益；三是推动辖内金融机构对清分机、ATM 取款机和 CDM 存取款机等金融机具改造升级，新增“冠字号码打印”功能；四是大力推进农村支付环境建设，截至年末，农村地区布放 ATM 机 63 台、普通 POS 机 731 台、电话 POS 机 2494 台，农民金融自助服务终端 17 台，有效提高了农村金融资源配置效率；五是开通虚拟发行库系统，促进基层央行有效行使人民币流通管理职能，做好现金供应和监测分析工作。

（顾忠锐）

临邑县

【经济金融概况】 2013年，临邑县经济呈现出“提速提质、重点突破、亮点纷呈”良好态势。出口创汇、争取上级资金、民生支出、新增存款、贷款等11项指标继续保持德州市第一，进出口总额、高新技术和技改投资、社会满意度测评等3项指标首夺德州市第一。连续七年荣获全国粮食生产先进县，成为全省现代农业示范区，在德州市率先建立家庭农场，连续三年荣获全国生猪调出大县，成功入选第五批小型农业水利重点县，成为德州市唯一的省高标准农田水利建设示范县。

【金融发展与改革】 2013年，人行临邑支行一是积极给予农信社、村镇银行支农再贷款资金支持，年末余额3.70亿元，净增0.90亿元，余额、增量均列德州市第一位，两家法人机构“支农、支小”主体地位得到巩固；二是深化农信社改后续考核监测工作，坚持按季考核，通过加强“事中、事后”的风险监测，存量风险逐步化解，新增风险有效防控，资产质量明显改善，信贷支农功能不断强化。中银富登村镇银行同城支行——临盘支行成立，辖区银行机构体系逐步健全、信贷服务日趋完善。

临邑县主要经济指标

经济指标	2012	2013	2013年同比增幅(%)	经济指标	2012	2013	2013年同比增幅(%)
土地面积（平方公里）	1016	1016	0	地方财政支出（亿元）	17.88	18.57	3.86
人口（万人）	54.12	52.27	-3.42	全社会固定资产投资（亿元）	129.94	155.47	19.65
城镇人口（万人）	19.32	23.54	21.84	进出口总值（万美元）	36843	78414	112.83
乡村人口（万人）	34.80	28.73	-17.44	出口总值（万美元）	34066	37263	9.38
地区生产总值（亿元）	206.9	234.8	11.50	实际利用外资（万美元）	1234.2	2047.1	65.86
第一产业（亿元）	26.69	30.02	10.49	社会消费品零售总额（亿元）	78.32	88.88	13.48
第二产业（亿元）	110.01	123.74	10.48	居民消费价格指数（%）	103.8	102.7	-1.06
第三产业（亿元）	70.15	80.99	13.46	人均地区生产总值（元）	38221	45076	17.94
财政总收入（亿元）	14.22	20.38	43.32	城镇居民可支配收入（元）	22000	25311	15.05
地方财政收入（亿元）	8.08	10.75	33.04	农民人均现金收入（元）	9661	10921	13.04
财政总支出（亿元）	20.42	22.35	9.45				

临邑县主要金融指标

金融指标（亿元）	2012	2013	2013年同比增幅(%)	金融指标（亿元）	2012	2013	2013年同比增幅(%)
本外币存款余额	121.58	145.80	19.92	财险收入	0.45	0.62	37.78
人民币存款余额	121.29	144.95	19.51	寿险收入	1.92	2.45	27.60
单位存款	31.60	39.42	24.75	财险赔款	0.33	0.51	54.55
储蓄存款	88.35	104.23	17.97	寿险给付	1.26	2.07	64.29
本外币贷款余额	82.04	106.16	29.40	当年结益	0.11	0.18	63.64
人民币贷款余额	82.04	105.65	28.78	证券市场交易总额	0.01	0.02	40.71
短期贷款	56.37	70.36	24.82	投资者保证金余额	—	—	—
中长期贷款	25.60	35.20	37.50	证券账户开户数	107	152	42.06
票据融资	0.03	0.05	66.67	证券交易佣金收入	0.0001	0.0002	100
当年结益	2.53	3.42	35.18	净利润	-0.004	-0.003	-43.18
不良贷款余额	2.29	1.19	-48.03				

临邑县主要金融机构概况

单位名称	行长（或其他称谓的第一负责人）	副行长（或其他称谓的同级领导）	员工总数	辖内营业网点数
人行临邑县支行	杨如冰	许树海　邢增彩　张兆河	28	1
农发行临邑县支行	李宝华	张以楼　黄学英	22	1
工行临邑支行	夏春秋	韩起强　杜　彬　马国栋	71	5
农行临邑支行	孟德胜	马传胜　卞建强　李广超	80	5
中行临邑支行	夏爱华	王成武　唐　宇	36	2
建行临邑支行	李胜国	孙吉贵　孙国庆　张新奎　崔秀荣	53	4
德州银行临邑支行	韩　磊	肖金利　叶　欣	26	2
临邑县农信联社	杨晓亮	陈艳峰　邓秀荣　黄家信　张　娟	371	29
邮储银行临邑县支行	刘修春	张金桥	70	26
临邑中银富登村镇银行	刘永军	李尚东	44	2

临邑县主要金融机构业务概况

单位：亿元

单位名称	本外币存款余额	人民币单位存款	人民币储蓄存款	本外币贷款余额	人民币短期贷款	人民币中长期贷款
农发行临邑县支行	0.84	0.84	--	6.07	2.57	3.50
工行临邑支行	28.12	8.60	18.78	31.80	19.11	12.17
农行临邑支行	12.98	4.43	8.51	6.66	4.48	2.09
中行临邑支行	9.85	3.88	5.67	6.36	4.12	2.24
建行临邑支行	18.90	5.57	13.24	12.45	6.98	5.46
德州银行临邑支行	8.91	6.09	2.82	5.40	4.27	1.13
临邑县农信联社	41.13	7.05	33.93	33.99	27.79	6.19
邮储银行临邑县支行	22.14	1.84	20.30	1.88	0.96	0.92
临邑中银富登村镇银行	2.12	1.13	0.98	1.57	0.08	1.50

【金融服务与监管】　2013年，人行临邑县支行强化金融监督管理职能，先后对邮储银行、农发行、农行、中行4家机构开展了征信业务、金融统计、重大事项报告执行情况检查和通报，以检查促规范、防风险。

（杨如冰　邢有武）

齐河县

【经济金融概况】　2013年，齐河县保增长、保民生、保稳定，在德州市率先实现县域经济“三年倍增两年完成”，跨入全省县市30强，先后获得全国科技进步、全国生态文明先进县等20多项省级以上荣誉称号。银行机构积极支持重点项目、支柱产业和现代农业发展，扎实做好金融稳定和创新发展，信贷结构持续优化，全县金融保持平稳健康运行，有效满足了实体经济需求。

齐河县主要经济指标

经济指标	2012	2013	2013年同比增幅（%）	经济指标	2012	2013	2013年同比增幅（%）
土地面积（平方公里）	1411	1411	0	地方财政支出（亿元）	25.81	29.61	15.07
人口（万人）	62.80	60.85	-3.11	全社会固定资产投资（亿元）	138.93	158.92	40.00
城镇人口（万人）	16.23	28.81	77.51	进出口总值（万美元）	80000	74612	6.60
乡村人口（万人）	46.57	32.04	-31.20	出口总值（万美元）	18700	17806	-1.30
地区生产总值（亿元）	318.0	408.0	12.30	实际利用外资（万美元）	3000	759.5	-73.50
第一产业（亿元）	27.00	41.21	10.89	社会消费品零售总额（亿元）	80.21	92.81	13.60
第二产业（亿元）	172.0	216.2	13.40	居民消费价格指数（%）	101.5	101.9	0.40
第三产业（亿元）	119.0	150.6	15.60	人均地区生产总值（元）	50637	67193	32.7
财政总收入（亿元）	25.64	30.93	20.63	城镇居民可支配收入（元）	23800	28090	18.03
地方财政收入（亿元）	14.37	22.39	27.36	农民人均现金收入（元）	9669	11410	18.01
财政总支出（亿元）	25.81	29.61	15.07				

齐河县主要金融指标

金融指标（亿元）	2012	2013	2013年同比增幅（%）	金融指标（亿元）	2012	2013	2013年同比增幅（%）
本外币存款余额	137.56	158.84	15.46	财险收入	1.14	1.05	-7.89
人民币存款余额	137.30	158.61	15.53	寿险收入	1.64	1.73	5.49
单位存款	43.02	49.43	14.90	财险赔款	0.60	0.58	-3.33
储蓄存款	92.75	108.54	17.02	寿险给付	0.28	0.56	100.0
本外币贷款余额	92.38	108.40	17.34	当年结益	--	--	--
人民币贷款余额	92.38	108.40	17.34	证券市场交易总额	--	--	--
短期贷款	64.16	72.98	13.75	投资者保证金余额	--	--	--
中长期贷款	28.07	35.41	26.18	证券账户开户数	--	--	--
票据融资	0.15	0	-100	证券交易佣金收入	--	--	--
当年结益	2.93	3.46	18.22	净利润	--	-	--
不良贷款余额	0.99	0.95	-4.30				

齐河县主要金融机构概况

单位名称	行长（或其他称谓的第一负责人）	副行长（或其他称谓的同级领导）	员工总数	辖内营业网点数
人行齐河县支行	张若丰	刘万清　范士俊　司英民	34	1
银监会齐河县办事处	张其勇		2	1
农发行齐河县支行	张建国	马传松　黄　齐	20	1
工行齐河支行	方玉林	张　伟　任勇鹏　赵德胜	61	4
农行齐河支行	杨晓立	黄卫东　王凤东　曹　轶	119	5
中行齐河支行	段　勇	王爱武　孙　辉	36	2

续表

单位名称	行长（或其他称谓的第一负责人）	副行长（或其他称谓的同级领导）	员工总数	辖内营业网点数
建行齐河支行	杜厚森	孙培军　吴　磊 曹清宁　宋　萍	47	3
德州银行齐河支行	张春玲	徐光峰	20	1
德州银行齐河南龙支行	郝志广		10	1
齐河县农商行	房士荣	孙秀斌　吴玉凤 王东新　孙金路	468	34
邮储银行齐河县支行	丁建华	李文军	75	26

齐河县主要金融机构业务概况

单位：亿元

单位名称	本外币存款余额	人民币单位存款	人民币储蓄存款	本外币贷款余额	人民币短期贷款	人民币中长期贷款
农发行齐河县支行	1.22	1.22	--	4.57	1.72	2.85
工行齐河支行	21.16	21.13	8.85	23.34	11.89	11.45
农行齐河支行	18.11	18.11	8.38	15.51	12.13	3.38
中行齐河支行	13.25	13.06	6.63	8.46	3.45	5.01
建行齐河支行	9.59	9.58	5.97	9.76	5.87	3.89
德州银行齐河支行	11.53	11.53	2.44	6.34	6.25	0.09
齐河县农商行	56.78	56.78	51.59	37.57	30.45	7.12
邮储银行齐河县支行	27.01	27.01	24.69	2.86	1.24	1.62

【金融发展与改革】　2013年，人行齐河县支行一是把贯彻稳健货币政策的着力点放在优化信贷结构上，加大对经济转型升级的支持力度，印发了《重大事项报告管理制度》，确保辖区金融稳定；二是加强法人机构风险监测，扎实推进农信社改革、利率市场化改革，强化农信社改革后续监测考核，农村合作银行改制为山东齐河农村商业银行，法人治理结构进一步完善；三是印发了《金融支持现代农业发展实施方案》，把农村信用体系建设作为推动支持现代农业加快发展的载体，大力推进农村金融产品创新，满足新型农村生产经营主体融资需求，农村金融服务水平提高。

【金融服务与监管】　2013年，齐河县金融机构强化内部控制，不断提高金融风险防范能力，增强服务意识，网上银行、电子银行、手机银行等业务快速发展，网银开户数达12.4万户，银行卡发卡量达87.8万张。人行齐河县支行组织了对辖内金融机构征信管理、金融统计、金融稳定的执法检查，进一步促进了金融业务的规范发展。

（焦玉英）

平原县

【经济金融概况】　2013年，平原县以转方式调结构为主线，以“财政增长、群众增收”为目标，以实施“1515”工程为总抓手，科学务实，攻坚克难，全县经济呈现出总体平稳、稳中有进的良好态势。

【金融发展与改革】　2013年，平原县各金融机构紧紧围绕全县经济工作重点，加强对重点产业、小微型企业和现代农业的金融支持。

【金融服务与监管】　2013年，人行平原县支行组织辖内各主要涉农金融机构做好支付环境建设工作，率先在德州市实现了农村支付环境建设“双百”目标，提高了农村金融服务质量。先后完成了对辖内邮储银行、农发行、农行金融统计与征信管

平原县主要经济指标

经济指标	2012	2013	2013年同比增幅（%）	经济指标	2012	2013	2013年同比增幅（%）
土地面积（平方公里）	1047	1047	0	地方财政支出（亿元）	14.78	15.35	3.8
人口（万人）	46.74	44.96	-3.81	全社会固定资产投资（亿元）	114.28	140.27	22.6
城镇人口（万人）	13.04	19.09	46.4	进出口总值（万美元）	8230	9497	15.4
乡村人口（万人）	33.69	25.87	-23.21	出口总值（万美元）	6911	7199	4.2
地区生产总值（亿元）	166.05	186.16	10.9	实际利用外资（万美元）	85	302.8	256.2
第一产业（亿元）	23.61	26.47	10.4	社会消费品零售总额（亿元）	62.77	70.81	12.8
第二产业（亿元）	88.45	98.34	14.6	居民消费价格指数（%）	101.5	101.9	0.4
第三产业（亿元）	53.99	61.35	7.6	人均地区生产总值（元）	35526	41526	16.89
财政总收入（亿元）	15.2	9.45	-37.83	城镇居民可支配收入（元）	19370	22107	14.1
地方财政收入（亿元）	4.41	6.32	10.6	农民人均现金收入（元）	9601	10839	12.9
财政总支出（亿元）	14.78	15.35	3.8				

平原县主要金融指标

金融指标（亿元）	2012	2013	2013年同比增幅（%）	金融指标（亿元）	2012	2013	2013年同比增幅（%）
本外币存款余额	104.07	119.41	14.74	财险收入	0.59	0.62	5.08
人民币存款余额	104.00	119.32	14.73	寿险收入	1.66	1.73	4.22
单位存款	19.15	25.17	31.44	财险赔款	0.70	0.89	27.14
储蓄存款	83.52	92.41	10.64	寿险给付	0.22	0.36	63.64
本外币贷款余额	53.22	58.54	10.0	当年结益	-0.09	0.07	177.78
人民币贷款余额	53.22	58.54	10.0	证券市场交易总额	--	--	--
短期贷款	37.76	39.17	3.73	投资者保证金余额	--	--	--
中长期贷款	13.89	18.96	36.50	证券账户开户数	--	--	--
票据融资	1.21	0	-100	证券交易佣金收入		--	--
当年结益	0.61	1.16	90.16	净利润	--	--	--
不良贷款余额	13.66	9.98	-26.94				

平原县主要金融机构概况

单位名称	行长（或其他称谓的第一负责人）	副行长（或其他称谓的同级领导）	员工总数	辖内营业网点数
人行平原县支行	倪 峰	唐吉贵 吕洪昌 栗宝海	23	1
农发行平原县支行	许欣忠	金传谱 王长军	21	1
工行平原支行	董勇强	王树志 卢希利	38	2
农行平原支行	王洪涛	刘恩龙 王笃强 张 健	96	6
中行平原支行	米丰虎	王 东 李春雷	37	2
建行平原支行	倪福田	纪学新 云 毅 孟庆东	38	2

续表

单位名称	行长（或其他称谓的第一负责人）	副行长（或其他称谓的同级领导）	员工总数	辖内营业网点数
德州银行平原支行	张文兰	张秀霞	19	1
平原县农信联社	陈　海　李国勇	赵云延　刘希顺　李方泉	376	25
邮储银行平原县支行	李长营	尚立新 王桂荣	71	4

平原县主要金融机构业务概况

单位：亿元

单位名称	本外币存款余额	人民币单位存款	人民币储蓄存款	本外币贷款余额	人民币短期贷款	人民币中长期贷款
农发行平原县支行	1.02	1.02	--	5.7	5	0.7
工行平原支行	13.05	6.81	6.10	9.41	5.89	3.51
农行平原支行	14.56	3.17	11.36	7.85	4.87	2.97
中行平原支行	9.31	3.54	5.68	5.20	2.3	2.55
建行平原支行	8.43	3.21	5.16	5.78	0.99	4.80
德州银行平原支行	4.07	2.54	1.53	2.16	2.04	0.06
平原县农信联社	43.62	1.63	41.92	20.99	17.36	3.63
邮储银行平原县支行	23.91	3.25	20.66	1.44	0.71	0.74

理情况的执法检查、对县农信社差别存款准备金政策执行情况的检查，以及对中行、邮储银行平原支行重大事项报告情况的检查，提高了服务质量，提升了基层央行的形象。

（张洪来　梁桂华）

夏津县

【经济金融概况】　2013年，夏津县积极抓项目、促转调，抓创新、提质量，县域经济提质增效，经济结构明显优化。

【金融发展与改革】　2013年，人行夏津县支行督促辖区金融机构相继创新开办了以小麦、棉纱、植物油、纸等大宗物品为质押物的质押贷款、专门针对小微企业的“善融贷”贷款以及专

夏津县主要经济指标

经济指标	2012	2013	2013年同比增幅（%）	经济指标	2012	2013	2013年同比增幅（%）
土地面积（平方公里）	872	872	0	地方财政支出（亿元）	15.85	17.39	9.72
人口（万人）	52.24	50.93	-2.51	全社会固定资产投资（亿元）	75.61	95.14	25.83
城镇人口（万人）	5.52	21.91	296.92	进出口总值（万美元）	3362	6200	84.41
乡村人口（万人）	46.72	29.02	37.89	出口总值（万美元）	1137	1161	2.11
地区生产总值（亿元）	151.6	173.8	11.2	实际利用外资（万美元）	878.4	1204.6	37.14
第一产业（亿元）	20.09	22.32	11.1	社会消费品零售总额（亿元）	58.80	66.44	12.99
第二产业（亿元）	82.86	94.7	9.53	居民消费价格指数（%）	101.5	101.9	0.40
第三产业（亿元）	48.64	56.8	17.60	人均地区生产总值（元）	29017	34248	18.03

续表

经济指标	2012	2013	2013年同比增幅（%）	经济指标	2012	2013	2013年同比增幅（%）
财政总收入（亿元）	7.95	9.12	14.72	城镇居民可支配收入（元）	22440	24812	10.6
地方财政收入（亿元）	5.15	6.52	26.6	农民人均现金收入（元）	9456	10704	13.20
财政总支出（亿元）	15.85	17.39	9.72				

夏津县主要金融指标

金融指标（亿元）	2012	2013	2013年同比增幅（%）	金融指标（亿元）	2012	2013	2013年同比增幅（%）
本外币存款余额	94.21	111.06	17.89	财险收入	0.41	0.99	141.46
人民币存款余额	94.14	110.98	17.89	寿险收入	0.88	1.15	30.68
单位存款	17.95	22.73	26.63	财险赔款	0.34	0.46	35.29
储蓄存款	72.61	83.23	14.63	寿险给付	0.04	0.09	125.00
本外币贷款余额	57.78	60.48	4.67	当年结益	0.03	0.05	66.67
人民币贷款余额	57.63	60.45	4.89	证券市场交易总额	—	—	—
短期贷款	41.05	42.37	3.22	投资者保证金余额	—	—	—
中长期贷款	16.22	17.86	10.11	证券账户开户数	—	—	—
票据融资	0.35	0.22	-37.14	证券交易佣金收入	—	—	—
当年结益	2.61	2.91	11.49	净利润	—	—	—
不良贷款余额	7.02	4.63	-34.05				

夏津县主要金融机构概况

单位名称	行长（或其他称谓的第一负责人）	副行长（或其他称谓的同级领导）	员工总数	辖内营业网点数
人行夏津县支行	宋明军	张国德　刘美青 艾庆国　高洪波	27	1
农发行夏津县支行	刘　健	赵维安　王海鹏	19	1
工行夏津支行	刘洪起	徐　斌　刘先锐 高继勇　冉桂英 刘忠波	33	2
农行夏津支行	李　珺	孙连耕　孙　博	90	4
中行夏津支行	王德贵	孙全峰　王　雷	26	1
建行夏津支行	张桂芹	张长朝　崔秀丽	30	1
德州银行夏津支行	杨立富	赵　歆	20	1
夏津县农信联社	苑化芳	郑传涛　闫俊青 秦加军　魏玉升	412	31
邮储银行夏津县支行	孙　涛	李姗姗　曲子旺	68	17

夏津县主要金融机构业务概况

单位：亿元

单位名称	本外币存款余额	人民币单位存款	人民币储蓄存款	本外币贷款余额	人民币短期贷款	人民币中长期贷款
农发行夏津县支行	0.86	0.86	—	4.08	1.68	2.40
工行夏津支行	7.92	3.22	4.56	12.64	5.06	7.58
农行夏津支行	12.08	1.42	10.63	5.94	4.59	1.13
中行夏津支行	8.80	3.34	5.15	3.66	2.07	1.59
建行夏津支行	10.21	5.59	4.55	2.94	1.33	1.61
德州银行夏津支行	6.61	4.54	2.07	5.13	5.06	0.07
夏津县农信联社	40.66	2.46	38.08	24.58	21.65	2.92
邮储银行夏津县支行	19.47	1.29	18.18	1.52	0.96	0.55

门针对农民专业合作社的合作社贷款、合作社+农户贷款等多种新型信贷品种，有力的支持了全县经济的发展。第一家村镇银行——夏津胶东村镇银行经德州银监分局批准筹建，辖区银行机构体系逐步健全。

【金融服务与监管】 2013年，人行夏津县支行以建设特色支行为总抓手，夯实基础保安全，稳中求进创佳绩，在全市综合考评中连续3年荣获第1名，县支行党支部蝉联“先进基层党组织”荣誉称号，连续4年被人行德州中支评为A级行、信息工作“先进单位”。一是成功召开夏津县金融协会成立暨第一届会员代表大会，建成山东省首家非试点县域金融协会（德州市首家）；二是在德州市筹建首家县级钱币学会，其经验做法被德州中支转发全辖借鉴参考；三是对辖区金融机构开展了统计、征信、人民币、支付结算等多项检查活动，规范了金融机构的经营行为。

（冉祥武　王　言）

武城县

【经济金融概况】 2013年，武城县紧紧围绕“工业强县、民营兴县、民生安县、生态靓县”的总体要求，积极作为，团结实干，全县呈现出经济发展提速增效、社会事业全面进步、群众生活显著改善的良好局面。粮食生产实现“十一连增”，完成了21个村庄2467户土地承包经营权确权登记颁证工作，开创了全市土地流转经营权质押贷款先河，新奥宇公司成功挂牌，实现挂牌企业“零”的突破。

【金融发展与改革】 2013年，人行武城县支行一是制定了《金融支持地方经济发展指导意见》及《对金融机构的综合评价办法》；二是搭建数据库平台，畅通银企信息交流，建立了规模以上企业数据库，为实现银企合作提供了基础数据，与县企业

武城县主要经济指标

经济指标	2012	2013	2013年同比增幅（%）	经济指标	2012	2013	2013年同比增幅（%）
土地面积（平方公里）	751	751	0	地方财政支出（亿元）	13.7	15.26	11.39
人口（万人）	39.19	37.96	-0.31	全社会固定资产投资（亿元）	116.05	141.67	22.08
城镇人口（万人）	17.65	18.79	0.65	进出口总值（万美元）	2856	2803	-1.86
乡村人口（万人）	21.54	19.17	-11.0	出口总值（万美元）	2658	2717	2.22
地区生产总值（亿元）	151.2	171.7	12.0	实际利用外资（万美元）	160	489	205.62
第一产业（亿元）	17.89	20.05	11.51	社会消费品零售总额（亿元）	54.57	62.45	14.44
第二产业（亿元）	84.7	96.31	12.05	居民消费价格指数（%）	101.3	101.2	-0.10
第三产业（亿元）	48.56	55.32	13.92	人均地区生产总值（元）	38159	45313	18.52

续表

经济指标	2012	2013	2013年同比增幅（%）	经济指标	2012	2013	2013年同比增幅（%）
财政总收入（亿元）	7.10	9.55	34.50	城镇居民可支配收入（元）	18581	20160	8.50
地方财政收入（亿元）	4.81	7.05	46.56	农民人均现金收入（元）	9602	10905	13.57
财政总支出（亿元）	15.24	19.08	25.20				

武城县主要金融指标

金融指标（亿元）	2012	2013	2013年同比增幅（%）	金融指标（亿元）	2012	2013	2013年同比增幅（%）
本外币存款余额	97.59	109.69	12.40	财险收入	0.59	0.82	38.98
人民币存款余额	97.59	109.69	12.40	寿险收入	1.46	1.43	-2.05
单位存款	22.82	23.35	2.32	财险赔款	0.43	0.45	4.65
储蓄存款	72.51	82.25	13.43	寿险给付	0.3	0.05	-25.00
本外币贷款余额	62.34	73.74	18.29	当年结益	0.37	0.36	-2.70
人民币贷款余额	62.34	73.74	18.29	证券市场交易总额	—	—	—
短期贷款	47.36	51.42	8.57	投资者保证金余额	—	—	—
中长期贷款	14.97	22.32	49.10	证券账户开户数	—	—	—
票据融资	0	0	0	证券交易佣金收入	—	—	—
当年结益	1.71	1.74	1.75	净利润	—	—	—
不良贷款余额	2.41	0.96	-60.17				

武城县主要金融机构概况

单位名称	行长（或其他称谓的第一负责人）	副行长（或其他称谓的同级领导）	员工总数	辖内营业网点数
人行武城县支行	张如宝	林红霞　徐芳庭	28	1
农发行武城县支行	陶晓军	周庆华　邵京京	21	1
工行武城支行	代圣华	田宝国　刁其海	36	2
农行武城支行	张宏健	李书军　张继强　孙晓军	81	5
中行武城支行	张若信	高　勇　孙玉宾　李　军	28	1
建行武城支行	刘义波	赵春利　梁　军　潘家灵	43	2
武城县商行	张传涛	孙志强	26	2
武城县农信联社	李有山	苑先一　邵　范 刘　勇　郭经胜	367	23
邮储银行武城县支行	史　辉	陈光锋	69	4

武城县主要金融机构业务概况

单位：亿元

单位名称	本外币存款余额	人民币单位存款	人民币储蓄存款	本外币贷款余额	人民币短期贷款	人民币中长期贷款
农发行武城县支行	0.94	0.94	—	5.80	3.73	2.07

续表

单位名称	本外币存款余额	人民币单位存款	人民币储蓄存款	本外币贷款余额	人民币短期贷款	人民币中长期贷款
工行武城支行	13.04	5.54	7.40	15.19	7.96	7.23
农行武城支行	13.17	1.78	10.37	5.58	2.92	2.66
中行武城支行	7.27	3.55	3.57	5.23	2.99	2.24
建行武城支行	11.77	3.65	8.06	9.28	4.89	4.39
武城县商行	5.55	3.43	2.12	4.14	3.84	0.30
武城县农信联社	35.11	3.17	31.94	26.54	24.04	2.47
邮储银行武城县支行	20.04	1.29	18.74	2.00	1.06	0.94

联合会、企业家协会建立了协调机制；三是引导协调金融机构放宽特色农产品加工企业贷款担保条件，增加贷款额度，合理确定贷款期限；四是督促涉农机构加快信贷产品创新，围绕本县产业特色，积极支持产业发展。金融机构累计发放支持现代农业发展信贷资金11.5亿元，其中，种养殖户贷款2.6亿元，棉花加工贷款5.8亿元，其他涉农企业贷款3.1亿元。

【金融服务与监管】 2013年，人行武城县支行积极推进农村金融支付环境建设，全县所有行政村金融基础设施实现100%全覆盖、县以下营业网点全部接入了大小额支付系统，全年实现布放ATM机73台、普通POS机435台、电话POS机2009台。一是认真贯彻民族产品贴息政策，为民族用品生产企业申请办理优惠利率利差补贴428万元；二是强力推进"两综合、两管理"工作，促进银行业合规经营，助力金融稳定健康发展；三是制定下发了《金融机构管理综合考核办法》，实行月统计、季通报；四是对全辖金融机构进行了综合执法检查。

（张东霞）

聊　城　市

【经济金融概况】 2013年，聊城市紧紧围绕"东融西借、跨越赶超，建设冀鲁豫三省交界科学发展先行区"奋斗目标，全市经济保持平稳较快发展。产业结构稳步推进，三次产业比例由上年的12.0:55.3:32.7调整为12.1:53.2:34.7；就业、再就业工作扎实推进，全年城镇新增就业7.23万人、新增农村劳动力转移就业8.28万人。

【货币政策实施】 2013年，人行聊城市中支认真贯彻落实稳健的货币政策，着力优化信贷结构，提高资源配置效率，各项存贷款保持较快增长，金融运行健康平稳。先后出台了《关于认真贯彻稳健货币政策 改进金融服务和外汇管理 支持全市经济持续健康发展的意见》、《关于金融支持全市经济跨越赶超的意见》、《金融产品和服务方式创新评选办法》等办法，开展了县域金融机构涉农信贷政策导向效果评估，提升信贷政策实施效果，组织承办了"聊城市金融合作洽谈会"，在全省率先召开"金融支持现代农业加快发展推进会"。突出对民生领域的信贷支持，引导金融机构创新小额担保贷款管理模式，有效提高了"三农"金融服务水平。

【金融稳定】 2013年，人行聊城市中支着力增强风险预警和防控能力，维护金融稳定，保障金融安全。一是以推进"网络节点"为总抓手，加大对地方法人金融机构、担保公司和小额贷款公司等融资中介机构以及交叉性金融工具的监测力度；二是制定了《关于建立金融司法合作机制、进一步优化区域金融生态环境的意见》，加强金融与司法的沟通协作；三是建立了银行机构风险管理联席会议制度，会同金融办等部门对非法集资活动进行深度排查，对相关法律法规进行宣传；四是建立了金融稳定内部协作制度，进一步扩大金融风险信息采集面，实现金融风险信息的有效沟通和共享；五是进一步规范了金融稳定重大事项报告制度。

【金融服务】 2013年，人行聊城市中支以谋发展、惠民生为根本，不断提升金融服务水平。一是先后组织开展了"金融知识普及月"、"送金融知识进村社企校"等活动40余次，普及金融知识；二是大力推广金融IC卡，开通"新票直通车"业务，建立了零币定投"绿色通道"；三是协同主办银行对拟建外商投资企业开展了"送外汇政策进企业"活动，提高了项目落地效率；四是开展了"第二届小微企业金融服务宣传月活动"，优化小微企

聊城市经济主要统计指标

指标 \ 年度	2009	2010	2011	2012	2013	2013年同比增幅（%）
土地面积（平方公里）	8715	8715	8715	8715	8715	0
人口（万人）	590.89	597.53	604.22	589.33	591.13	0.31
城镇人口（万人）	236.36	239.01	241.69	236.32	248.57	5.18
乡村人口（万人）	354.53	358.52	362.53	353.01	342.56	-2.96
地区生产总值（亿元）	1375.92	1606.51	1905.13	2145.65	2365.87	10.0
第一产业（亿元）	198.63	221.64	243.37	257.80	287.15	3.5
第二产业（亿元）	808.46	935.70	1085.99	1187.98	1258.15	11.1
工业（亿元）	752.22	854.03	997.97	1089.70	1149.55	11.2
建筑业（亿元）	68.08	70.06	88.02	98.28	108.6	10.0
第三产业（亿元）	368.84	449.17	575.83	699.87	820.57	10.3
人均地区生产总值（元）	24613	26886	32724	36554	40083	9.4
地区生产总值构成（%）	100	100	100	100	100	--
第一产业（%）	14.4	13.8	12.8	12.0	12.1	0.83
第二产业（%）	58.8	58.2	57.0	55.4	53.2	-3.97
第三产业（%）	26.8	28.0	30.2	32.6	34.7	6.44
财政总收入（亿元）	132.78	143.22	--	--	--	--
地方财政收入（亿元）	55.38	70.50	96.56	104.49	135.55	19.9
财政总支出（亿元）	--	--	--	--	--	--
地方财政支出（亿元）	107.26	144.6	173.47	217.00	258.25	15.0
全社会固定资产投资（亿元）	700.04	887.68	1033.39	1260.74	1511.09	20.5
规模以上固定资产投资（亿元）	700.04	887.68	1041.11	1260.74	1511.09	20.5
房地产开发（亿元）	32.44	56.45	90.89	108.75	146.12	34.4
进出口总值（亿美元）	22.21	36.32	56.54	55.92	61.89	10.6
出口总值（亿美元）	8.37	12.89	18.75	18.49	20.03	8.3
实际利用外资（亿美元）	0.91	1.01	0.80	1.15	1.63	41.5
社会消费品零售总额（亿元）	472.35	536.77	630.00	724.34	820.82	13.4
居民消费价格指数（%）	100.20	103.1	104.8	101.7	102.0	0.23
城市居民人均可支配收入（元）	15957	17889	20649	23685	26087	10.1
农民人均现金收入（元）	5539	6377	7735	8872	10083	13.6

聊城市工农业主要统计指标

农业主要统计指标（万吨）				规模以上工业企业主要统计指标（亿元）			
项目 \ 年度	2012年	2013年	增幅（%）	项目 \ 年度	2012年	2013年	增幅（%）
粮食	548.95	466.06	-9:7	工业增加值	1670.38	1867.8	12.3

续表

农业主要统计指标（万吨）				规模以上工业企业主要统计指标（亿元）			
项目 \ 年度	2012年	2013年	增幅（%）	项目 \ 年度	2012年	2013年	增幅（%）
夏粮	282.52	242.2	-3.4	国有工业	54.76	55.05	4.9
秋粮	266.45	223.86	-15.6	集体工业	8.36	5.43	16.8
棉花	5.65	4.76	-15.7	股份制工业	1248.70	1313.30	13.8
油料	12.54	11.74	-6.4	股份合作制工业	3.47	5.14	0.2
水果	55.44	57.14	3.1	外商及港澳台投资工业	45.44	41.68	1.8
蔬菜	861.78	1017.68	2.8	轻工业	530.92	604.12	10.2
肉类	53.20	53.78	1.1	重工业	1139.09	1263.68	13.3
禽蛋	31.05	30.46	-1.9	销售收入	6677.00	7924.19	16.4
奶类	9.03	8.67	-3.99	利税	650.28	787.88	18.7
水产品	560.86	7.52	3.4	利润	440.76	542.45	18.2
森林覆盖率（%）	32.43	34.6	2.16	经济效益综合指数（%）	427.03	444.38	24.5

聊城市主要金融机构概况

单位名称	行长（或其他称谓的第一负责人）	副行长（或其他称谓的同级领导）	员工总数	辖内营业网点数
人行聊城市中心支行	刘贤军	姚 冬 王武声 崔长夫 李振林 彭凤祥	345	8
银监会聊城监管分局	郭虎英	邱玉祥 杨 磊 郝志华	58	7
农发行聊城市分行	徐敬喜	郭 莹 王士韬 张 健	218	8
工行聊城分行	杨 峰	皮桂亭 贾广祥 狄建明 叶晓升 谢林明 李建印 王英强	855	47
农行聊城分行	付 晓	司 峰 王建文 罗秉环	1587	58
中行聊城分行	纪 忠	李 晨 汪文泰 邵新宇 纪利兵	617	24
建行聊城分行	荣卫民	王怀阁 魏相军 王秀芬 王乃峰 艾胜利 朱 青 乔丽娟 董广英 任 健	903	42
交行聊城分行	李相伟	张新丽 董经庆	50	1
邮储银行聊城市分行	石敬民	任之国 胡建民 王建华 秦 君	1087	193
农信社聊城市办事处	丁建民	魏凤阳 张念才	3571	231
浦发聊城分行	房志波	苑广新	45	1
华夏聊城分行	薛丙珠	郭佳隽 岳帮鲁 颜 文 杨玉民	198	6
恒丰聊城分行	王永伟	陶东升 李志春	69	1
齐鲁银行聊城分行	张克非	潘清亮 李 强	143	7
聊城沪农商村镇银行	张 亮	梁友华 李 辉	14	1
人民财险聊城市分公司	孙传鲲	王 伟 刘立中 张德柱	860	28

续表

单位名称	行长（或其他称谓的第一负责人）	副行长（或其他称谓的同级领导）	员工总数	辖内营业网点数
太平洋财险聊城中心支公司	靳　刚	张　霞　焦宪忠　吴思杰	214	8
天安保险聊城中心支公司	杜际平	刘　勇	203	7
平安财险聊城中心支公司	高瑞华	薄乃强	96	9
中华联合财险聊城中心支公司	侯朝红	郑中霞　孙广彦	512	13
阳光财险聊城中心支公司	周生锋	任建海　任建国	329	8
永安财险聊城中心支公司	布占峰	赵　峰　张　冰	396	9
大地财险聊城中心支公司	季树山	窦　斌　邵长伟	227	8
安邦财险聊城中心支公司	赵炳永		33	7
永诚财险聊城中心支公司	张建新		78	1
民安保险（中国）聊城中心支公司	李广森	高文英	58	4
渤海财险聊城中心支公司	王春鹏	刁亮然	32	1
长安责任保险聊城中心支公司	石福海	石保兵	62	5
人寿财险聊城市中心支公司	管瑞岩	吴法太　王法建	212	5
天平汽车保险聊城中心支公司	王　峰	苏　军	27	3
英大泰和财险聊城中心支公司	李　洁		44	2
浙商财险聊城中心支公司	宋　光		38	2
泰山保险聊城中心支公司	郑安局		27	2
华安财险聊城中心支公司	关大新		15	1
华泰财险聊城中心支公司	高学智		30	1
太平财险聊城中心支公司	彭振国			1
紫金财险聊城中心支公司	干树森	杨宝林　韩　兵		1
人寿保险聊城分公司	刘　宁	常向东　张　猛　贾德浩	2227	67
太平洋人寿保险聊城中心支公司	武书存	郑玉亭　郭红霞　刘长鹏	3201	26
泰康人寿保险聊城中心支公司	赵育科	魏恩山	1460	26
新华人寿保险聊城中心支公司	陈传宝	张耀东　王　青　李钦敬	2000	8
人民人寿保险聊城中心支公司	齐雪林		1182	8
生命人寿保险聊城中心支公司	刘立海	姚桂峰　杜同林　牛兆军	683	5
平安人寿保险聊城中心支公司	渠述磊	丁应祈　李鹏飞	814	6
合众人寿保险聊城中心支公司	白太军		272	4
太平人寿保险有限聊城中心支公司	蔡守高	杨　泊	196	3
民生人寿保险聊城中心支公司	李　刚		379	6
信泰人寿保险聊城中心支公司	臧明霞	王运文	138	4
长城人寿保险聊城中心支公司	刘　刚		158	2
人民健康保险聊城中心支公司	葛懋忠	孙　飙	125	1

续表

单位名称	行长（或其他称谓的第一负责人）	副行长（或其他称谓的同级领导）	员工总数	辖内营业网点数
阳光人寿保险聊城中心支公司	赵　宏		103	3
华泰人寿保险聊城中心支公司	孔祥健		90	2
华夏人寿保险聊城中心支公司	卜庆炜		140	3
信诚人寿保险山东省分公司聊城营销服务部	张福明		130	1
国华人寿保险聊城中心支公司	孙来奎		9	1
幸福人寿保险聊城中心支公司	孙　立		163	1
天安人寿保险聊城中心支公司	张连滨	孙天航		1
齐鲁证券聊城分公司	张大伟		55	4
中信万通证券聊城东昌东路证券营业部	宋继伟		44	1

聊城市金融业务统计指标

指标（亿元） \ 年度		2009	2010	2011	2012	2013	2013 年同比	
							增加额	增幅（%）
银行类	本外币存款余额	1076.68	1236.85	1366.62	1687.69	1945.83	258.14	15.29
	人民币存款余额	1074.29	1232.43	1358.10	1673.72	1930.94	257.22	15.37
	*单位存款	201.32	216.71	464.99	602.46	684.11	81.65	13.55
	储蓄存款	668.83	753.37	844.14	1018.54	1185.41	166.87	16.38
	本外币贷款余额	796.36	963.92	1110.66	1289.20	1432.46	143.26	11.11
	人民币贷款余额	771.04	919.65	1047.11	1244.21	1414.58	170.37	13.69
	短期贷款	543.78	632.08	720.60	890.82	1001.56	110.74	12.43
	中长期贷款	212.51	284.54	309.29	318.07	392.72	74.65	23.47
	票据融资	14.75	11.11	17.19	35.31	20.15	-15.16	-42.93
	当年结益	19.70	46.73	--	--	--	--	--
	不良贷款余额	56.10	34.50	21.73	20.49	36.72	16.23	79.21
	不良贷款占比%	7.05	3.6	1.96	20.5	2.56	-17.94	-87.51
保险类	保险公司保费收入	29.9	37.94	41.1	46.69	49.64	3.97	8.68
	财险收入	8.00	12.16	13.8	16.43	19.29	2.85	17.33
	寿险收入	21.90	25.78	27.3	30.26	30.35	1.12	3.81
	保险公司赔款和给付支出	7.65	7.45	8.72	11.05	16.75	6.02	56.14
	财险赔款	3.54	4.58	6.11	8.12	11.41	3.58	45.81
	寿险给付	4.11	2.87	2.61	2.93	5.33	2.43	84.01
	当年结益	--	--	--	-0.12	-3.06	-2.89	-24.08
证券类	证券市场成交总额	849.78	694.43	691.27	589.73	561.12	-28.61	-4.74
	投资者保证金余额	5.24	7.24	4.07	3.82	3.69	-0.13	-3.4

续表

指标（亿元）＼年度		2009	2010	2011	2012	2013	2013年同比	
							增加额	增幅（%）
证券类	证券账户开户数	145800	154722	158517	165111	121922	-43189	-26.16
	佣金收入	1.47	0.93	0.94	0.66	0.61	-0.05	-7.58
	净利润	0.84	0.57	0.54	0.33	0.31	-0.02	-6.06
	期货市场成交总额	—	—	—	—	—	—	—
	期货客户保证金余额	—	—	—	—	—	—	—
	期货账户开户数	—	—	—	—	—	—	—
	期货手续费收入	—	—	—	—	—	—	—
	利润总额	0.84	0.57	—	0.02	—	—	—

注：“*”该项指标2010年前为“企业存款”，其数字亦是如此。

聊城市金融机构统计指标

指标（个）＼年度		2009	2010	2011	2012	2013	2013年同比增幅（%）
银行类	法人机构	8	8	8	12	12	0
	省级分行	—	—	—	—	—	—
	二级分行	9	9	11	12	13	30
	县区支行	75	78	83	94	106	12.77
	分理处、营业所	325	390	403	401	380	-5.24
	储蓄所	19	19	15	14	27	92.86
	从业人员总数	8790	7490	8010	10172	10567	3.88
保险类	保险机构	25	28	33	38	42	10.53
	财险机构	13	14	15	19	22	15.79
	省级分公司	—	—	—	—	—	—
	地市分公司	13	14	15	19	22	15.79
	县区支公司	57	65	70	76	83	9.21
	寿险机构	12	14	18	19	20	5.26
	省级分公司	—	—	—	—	—	—
	地市分公司	12	14	18	19	20	5.26
	县区支公司	40	58	66	66	68	3.03
	从业人员总数	16639	15958	16124	16840	16963	0.73
	财险人员	2846	3073	2803	3421	3493	2.10
	寿险人员	13793	12885	13332	13419	13470	0.38
证券类	证券机构	2	2	2	2	2	0
	证券公司	2	2	2	2	2	0
	证券营业部	3	3	5	5	5	0

续表

指标（个）\年度		2009	2010	2011	2012	2013	2013年同比增幅（%）
证券类	证券服务部	—	—	—	—	—	—
	从业人员总数	60	72	153	141	99	-29.79
	投资者开户	145800	154722	158517	165111	121922	-26.16
	境内上市股票支数	3	4	4	4	4	0
	境外上市股票支数	0	0	0	0	0	0
	辖区上市公司总数	3	4	4	4	4	0

聊城市主要金融机构业务概况

单位：亿元

单位名称	本外币存款余额	人民币单位存款	人民币储蓄存款	本外币贷款余额	人民币短期贷款	人民币中长期贷款
农发行聊城市分行	9.79	9.78	0	53.65	41.16	12.49
工行聊城分行	245.19	112.65	118.96	324.99	181.29	138.89
农行聊城分行	192.87	72.79	118.04	178.38	108.03	66.73
中行聊城分行	158.49	83.67	67.54	132.01	71.87	56.79
建行聊城分行	225.56	108.85	105.94	145.42	62.65	70.36
农信社聊城市办事处	551.87	49.02	502.61	376.09	352.91	13.83
邮储银行聊城市分行	233.15	28.58	204.58	26.19	15.62	9.82
交行聊城分行	30.18	24.84	3.54	13.75	12.63	0.72
浦发聊城分行	52.09	48.93	3.05	42.57	34.83	6.41
华夏聊城分行	105.87	69.23	35.11	66.56	59.75	6.79
恒丰聊城分行	31.88	26.89	4.76	19.59	14.33	4.11
齐鲁银行聊城分行	55.78	42.25	13.19	43.48	36.81	5.68
聊城沪农商村镇银行	4.17	1.98	2.19	2.57	2.57	0

聊城市各县级区域经济金融主要统计指标

名称	人口（万人）	面积（平方公里）	地区生产总值（亿元）	地区生产总值增速（%）	本外币存款余额（亿元）	储蓄存款（亿元）	本外币贷款余额（亿元）
东昌府区	113.65	1443	380.94	10.2	779.8	373.53	563.7
临清市	76.3	950	335.8	9.8	202.67	156.43	140.72
冠县	80.53	1161.29	228.85	10.1	149.90	100.06	111.22
莘县	101.48	1416	264.78	15.76	158.73	131.89	81.59
阳谷县	79.51	1065	261.3	19.77	233.92	150.18	152.74
东阿县	39	729	165	11.56	116.42	79.54	89.15

续表

名称	人口（万人）	面积（平方公里）	地区生产总值（亿元）	地区生产总值增速（%）	本外币存款余额（亿元）	储蓄存款（亿元）	本外币贷款余额（亿元）
茌平县	55.03	1003	380	14.53	170.46	113.61	171.16
高唐县	49.18	949	328.08	16	134.19	82.95	121.91

聊城市（含县级）小额贷款公司机构业务概览

单位名称	行长（或其他称谓的第一负责人）	员工总数（个）	本外币贷款余额（亿元）	人民币短期贷款（亿元）	人民币中长期贷款（亿元）
聊城市东昌府区天元小额贷款公司	齐元臣	22	2.13	2.13	0
聊城经济开发区昌润小额贷款公司	李继峰	14	2.23	2.23	0
聊城市东昌府区鲁西小额贷款公司	张金成	14	1.88	1.88	0
聊城市东昌府区百诺鑫合小额贷款公司	高庆宝	9	1.04	1.04	0
聊城市东昌府区鼎诚小额贷款公司	吕乃涛	11	0.91	0.91	0
临清市鸿基小额贷款公司	姜振林	13	1.3	1.3	0
冠县亚星小额贷款公司	孙建忠	13	1.17	1.17	0
莘县恒通小额贷款公司	郭海军	12	1.02	1.02	0
阳谷县鲁信小额贷款公司	张福申	10	0.20	0.20	0
东阿县永丰小额贷款公司	张树江	14	0.55	0.55	0
东阿县中夏小额贷款公司	黄元芝	13	0.56	0.56	0
茌平县嘉丰小额贷款公司	杨立峰	8	0.54	0.54	0
茌平县鑫路通小额贷款公司	邵连路	12	0.51	0.51	0
高唐县和信小额贷款公司	闫　普	13	0.98	0.98	0

业金融服务监管对接机制。

全市银行机构立足实际抓创新，服务能力不断增强。工行聊城分行创新融资业务品种，成功办理交易资金托管业务100万元，实现了零的突破，在全省范围内率先成功办理了商业预付卡资金存管业务。建行聊城分行成功为鲁西化工集团股份有限公司发行资产收益权理财产品1亿元，实现了投行业务的首笔突破。

【金融监管】　2013年，人行聊城市中支深入推进“两管理、两综合”工作。一是先后组织开展了金融机构综合评价工作，对评价结果不理想的金融机构开展了综合执法检查，实现了综合评价与综合执法的协同联动；二是组织对重点监管的3家机构进行综合执法检查，对开业满1年的两家金融机构进行跟踪检查；三是对华夏银行聊城支行升格分行开业验收，指导县（市）支行完成8家新设银行机构和分支机构升格的开业验收；四是加强对莱商银行、潍坊银行、招商银行3家新设银行业金融机构的筹建指导；五是对聊城沪农商村镇银行和国华人寿聊城市中心支公司组织开展了洗钱和涉恐融资风险评估工作，对全部金融机构进行分业考核评估，依托评估结果实行分类差别监管；六是开展了金融机构的信息验证工作检查，向618家金融机构发放代码证，进一步强化了对金融机构信息系统的管理。

银监会聊城监管分局坚持紧密盯防，严守底线，重点风险防控效果明显。一是密切监测，严控系统区域性金融风险；二是积极督导强化信用风险防范，切实落实“总量控制、分类管理、区别对待、逐步化解”的平台贷款风险管控政策，不断提升房地产信贷风险动态监测和预警水平；三是充分识别，创新监管，严控表外关联性风险。

【外汇管理】　2013年，外管局聊城市中心支局深化重点领域外汇管理改革，着力提高其有效性。一是大力促进贸易投资便利化；二是建立了银汇企沟通平台，坚持涉外招商引资项目“先行介入机制”，为企业提供政策辅导和“一对一”全程跟踪服务，支持全市重点涉外企业发展；三是做好资本项下的简政放权工作，为辖内中资企业跨境投融资提供政策支持；四是参与“3·15”在行动涉外业务知识宣传活动，通过外汇知识进社区、进乡镇、进企业等多种形式，进一步普及了外汇知识。

【金融改革】 2013年，人行聊城市中支密切监测已改制上市的工行、中行、建行三家大型国有商业银行分支机构，关注其信贷风险与资产质量状况，及时反映改革进展成效和问题。

银监会聊城监管分局优化准入导向，引导辖区银行业不断调整优化机构网点布局，提升金融服务覆盖面和服务效率。一是积极做好辖外机构进驻工作，招行、潍坊银行、莱商银行聊城分行均已获批准开业，辖区银行体系进一步完善；二是确保银行化改革质效，推动达到组建标准的联社进行农商行改制工作，东昌府区、高唐县和莘县农联社已全面启动银行化改革程序，其中东昌府区农联社已获银监会批复筹建并正式开业更名为聊城农村商业银行股份有限公司；高唐、莘县农村商业银行筹建申请顺利提交银监会审查，其中莘县已获银监会批复筹建。

【保险业务】 2013年，聊城市保险协会组织保险公司签订完善各类自律公约，持续推动行业自律，逐步规范市场经营秩序。一是不断加强保险代理人资格证书管理，全年共接受1.77万人次报名保险代理从业资格考试；二是认真做好信访投诉处理工作，处理率达100%。

【证券市场】 2013年，齐鲁证券出台了《关于规范机构业务工作的办法》，理顺了业务开发流程及在开发过程中遇到的问题，与聊城市政府签署了战略合作协议。此外，分别在莘县、临清、冠县、东阿、茌平、高唐举办新三板及债券知识推介会，取得了良好成效。

【精神文明建设】 2013年，聊城市金融机构以创先争优为载体，进一步推动党建工作和干部队伍建设，精神文明建设取得新成效。

人行聊城市中支连续3年被山东省纪委认定为“省级廉政文化建设示范点”，其临清市支行被命名为“临清市反腐倡廉教育基地”，被济南分行党委组织部确定为党建工作联系点。银监会聊城银监分局被授予银监会系统“支农金融服务突出贡献集体”、2012—2013年度山东银监局“文明单位”荣誉称号。工行聊城分行荣获2013年度省级文明单位，被省政府、省总工会授予“福民兴鲁”劳动奖章。建行聊城分行被建总行确认为第一届总行级“企业文化建设示范单位”和“全行企业文化建设示范单位”，并获得“中国银行业文明规范服务千佳示范单位”，连续12年荣获省级文明单位殊荣。齐鲁银行聊城分行营业室被中国银行业协会授予“中国银行业文明规范服务千佳示范网点”荣誉称号。浦发银行聊城分行被总行授予2012—2013年度“先进党组织”荣誉称号。

【大事记】 2月4日 建行山东省分行风险总监王杰到聊城宣布新任领导班子，荣卫民任建行聊城分行党委书记、行长。(建鲁任〔2013〕34号)

工行山东省分行副行长李明到聊城宣布新任领导班子，杨峰任工行聊城分行党委书记、行长。(工银鲁党委任免〔2013〕6号)

2月5日 人行聊城市中支对华夏银行茌平支行进行开业验收考试。

3月11日~15日 人行聊城市中支对农行、齐鲁银行和交行3家商业银行分支机构开展国债专项检查。

3月12日 齐鲁银行总行副行长徐业东、国际业务部总经理李德高、小企业银行部总经理滕玉强等一行赴齐鲁银行聊城分行对分行员工进行了国际业务培训和相关业务指导。

3月18日~20日 人行聊城市中支完成对邮储银行外汇业务的现场检查。

3月20日 建行山东省分行副行长李文达、集团客户部总经理刘莹、机构业务部高级客户经理刘华英到建行聊城分行进行调研。

4月8日 人行聊城市中支开展对山东阳谷电缆集团有限公司等4家企业的资本金结汇等业务检查。

4月22日 人行聊城市中支组织完成了吴金忠行长与刘贤军行长工作交接，并由分行派员监交完成了枪支弹药等物品的交接工作。

5月25日 齐鲁银行聊城分行向聊城莘县俎店乡许村小学捐赠了有2000册图书的爱心图书室。

5月28日 银监会聊城银监分局组织开展突出“三大亮点”推进“监管文化建设主题年”活动。

6月16日~17日 建行山东省分行行长助理宋佐军在省分行住房金融与个人信贷部总经理郭华、私人银行部总经理林静的陪同下，到聊城分行进行工作调研。

6月25日~28日 人行聊城市中支对聊城沪农商村镇银行开展支付结算、反洗钱专业检查。

7月25日 浦发银行聊城分行房居超调任济南分行公司银行业务管理部副总经理，不再担任聊城分行副行长职务。(浦银济发〔2013〕166号)

7月30日 人行聊城市中支联合聊城市财政局、民宗局召开民品贴息企业联席会议。

7月31日 齐鲁银行聊城分行李强被聘任为该行行长助理(齐鲁银任〔2013〕5号)

中央银行会计核算数据集中系统在聊城辖区正式上线试运行。

工行聊城分行行长杨峰陪同山东省分行私人银行中心专家张卫民到东阿阿胶股份有限公司进行业务营销和工作调研。

10月15日~11月15日 人行聊城市中支组织对全市18家保险公司开展外汇业务执法专项检查。

10月27日 齐鲁银行总行纪委书记李迎春、监察室主任刘汉方一行赴齐鲁银行聊城分行进行案件防控警示教育宣讲。

11月1日 浦发银行聊城分行被浦发总行评为“A类二级分行”，名列第19位。（浦银发〔2013〕591号）

11月8日 工行聊城分行行长杨峰、副行长李建印陪同山东省分行副行长徐光林与核心客户山东泉林纸业有限公司现场签署《供应链融资合作备忘录》。

11月15日 人行聊城市中支核准齐鲁银行聊城分行跨境贸易人民币结算业务资格，标志着该行已具备正式开办跨境贸易人民币结算业务的各项条件。

11月27日 工行聊城分行行长杨峰到山东时风（集团）有限责任公司营销供应链融资业务，并与企业签订合作备忘录。

12月6日 银监会聊城银监分局组织召开聊城市银行业“送金融知识下乡”专题宣传片落地播放启动会议暨聊城市银行业团委负责人联席会议。

12月14日 工行聊城分行行长杨峰陪同山东省分行副行长李明出席山东西部经济隆起带（聊城）金融发展研讨会暨金企对接会，与鲁西化工签订合作协议。

银监会聊城银监分局组织开展农村合作金融机构从业人员法律法规测试。

12月18日 齐鲁银行聊城莘县支行开业庆典暨重点客户授信签约仪式在莘县金水温泉酒店隆重举行。

12月19日 建行聊城分行与聊城市检察院签署了《关于加强建行系统预防职务犯罪工作的实施意见》。

12月28日 聊城农村商业银行股份有限公司正式开业。

12月29日 莱商银行、潍坊银行、招商银行聊城分行正式开业。

（王银光 徐立巍）

临清市

【经济金融概况】 2013年，临清市以“东融西借、跨越赶超”为奋斗目标，坚持稳中求进总基调，实现了经济金融运行稳健发展。

【金融发展与改革】 2013年，临清市金融系统认真贯彻落实稳健货币政策，金融运行总体平稳。全辖银行机构9家，营业网点65个，网点数较年初增加2个，布局更加合理。各金融机构信贷结构进一步优化，各项存款持续增长。因中冶银河资产重组，金融风险防控压力增大，银行不良贷款反弹，盈利能力下降。

【金融服务与监管】 2013年，人行临清支行通过金融运行分析会、行长联席会、银企座谈会等方式，加强政银企三方沟通合作，提高货币政策传导效率。一是制订了《关于加强金融创新

临清市主要经济指标

经济指标	2012	2013	2013年同比增幅（%）	经济指标	2012	2013	2013年同比增幅（%）
土地面积（平方公里）	960	950	-1.04	地方财政支出（亿元）	23.13	23.84	3.07
人口（万人）	75.80	73.47	-0.31	全社会固定资产投资（亿元）	175.07	207.93	20.1
城镇人口（万人）	29.33	31.64	7.88	进出口总值（万美元）	49637	47916	-3.47
乡村人口（万人）	46.47	41.83	-3.89	出口总值（万美元）	33833	38496	13.78
地区生产总值（亿元）	285.26	335.8	9.8	实际利用外资（万美元）	321	17	-94.70
第一产业（亿元）	20.05	22.34	3.5	社会消费品零售总额（亿元）	111.51	127.8	13.2
第二产业（亿元）	177.28	203.4	10.1	居民消费价格指数（%）	102.3	103.4	1.08
第三产业（亿元）	87.93	110.06	10.6	人均地区生产总值（元）	37633	44200	9.8
财政总收入（亿元）	18.51	21	13.43	城镇居民可支配收入（元）	20072	22130	10.25
地方财政收入（亿元）	10.64	13.50	18.09	农民人均现金收入（元）	8757	9946	13.6
财政总支出（亿元）	19.69	23.84	21.06				

临清市主要金融指标

金融指标（亿元）	2012	2013	2013年同比增幅（%）	金融指标（亿元）	2012	2013	2013年同比增幅（%）
本外币存款余额	184.23	202.67	10	财险收入	1.26	1.28	1.59

续表

金融指标（亿元）	2012	2013	2013年同比增幅（%）	金融指标（亿元）	2012	2013	2013年同比增幅（%）
人民币存款余额	183.40	200.95	9.57	寿险收入	2.99	2.96	1.00
单位存款	40.71	41.51	1.69	财险赔款	0.25	0.26	4
储蓄存款	139.82	156.43	11.88	寿险给付	0.26	0.18	-30.77
本外币贷款余额	142.04	140.72	-0.93	当年结益	—	—	—
人民币贷款余额	134.58	135.51	0.69	证券市场交易总额	5.6	1537	180
短期贷款	101.66	116.26	14.36	投资者保证金余额	0.03	0.018	-40
中长期贷款	30.29	23.85	-21.26	证券账户开户数	1000	1800	80
票据融资	2.62	0.61	-76.72	证券交易佣金收入	0.09	0.02	1767
当年结益	3.51	-2.33	-166.38	净利润	-1.42	0.01	27
不良贷款余额	1.32	13.44	918.18				

临清市主要金融机构概况

单位名称	行长（或其他称谓的第一负责人）	副行长（或其他称谓的同级领导）	员工总数	辖内营业网点数
人行临清市支行	苏子顺	李琰玲　张　超	20	1
银监会临清市办事处	张利民	刘广忠	2	1
农发行临清市支行	赵　明	吕红军　陶　华	18	1
工行临清支行	韩庆光	夏志平　高振荣　程文玺	97	7
农行临清支行	孟宪林	许广利　甄兰峰　王承庸	175	7
中行临清支行	胡海英	刘书元　谭　华	61	4
建行临清支行	孙建胜	李克良　王国红　彭艳春	79	6
齐鲁银行临清市支行	于明静	孙广新	17	1
临清市农信联社	王怀瑞	刘合刚　孙志强　季文岗	449	31
邮储银行临清市支行	赵朝华	李　敏　崔永春	83	5
临清市村镇银行	李　华	李　滨　马道华	40	1

临清市主要金融机构业务概况

单位：亿元

单位名称	本外币存款余额	人民币单位存款	人民币储蓄存款	本外币贷款余额	人民币短期贷款	人民币中长期贷款
农发行临清市支行	1.10	1.10	—	6.35	6.35	—
工行临清支行	24.50	7.44	15.82	25.57	18.41	5.36
农行临清支行	22.12	4.32	17.51	10.49	6.19	4.30
中行临清支行	15.84	5.62	9.46	14.61	10.09	4.53
建行临清支行	21.66	6.95	14.06	23.06	12.03	7

续表

单位名称	本外币存款余额	人民币单位存款	人民币储蓄存款	本外币贷款余额	人民币短期贷款	人民币中长期贷款
齐鲁银行临清支行	8.37	5.54	2.75	6.71	6.28	0.42
临清市农信联社	70.73	3.35	67.38	48.45	47.20	1.26
邮储银行临清市支行	28.43	2.26	26.17	1.74	9.94	0.75
临清市沪农商村镇银行	6.51	3.35	3.16	3.74	3.72	0.02

支持现代农业加快发展的意见》，组织召开了金融合作暨产品服务创新、金融支持企业二次创业、中小企业信用实验区建设等三个推进会，组建了金融消费者权益保护组织；二是运用“两管理、两综合”等手段，引导金融机构积极开展控货质押贷款、信用共同体贷款、专业合作社贷款等金融产品，优化金融服务；三是对44家企业纳入信用培植和帮扶计划，提供“一企一策”，促进涉外经济的健康发展；四是大力改善农村支付环境，促进城乡支付服务一体化发展，全市4个办事处16个乡镇600个行政村实现了农村支付环境建设无缝连接；五是编发了《金融服务指南》，开展了金融知识普及宣传活动；六是开展了防范打击非法集资宣传月活动，配合市政府做好银行债权的维权协调工作，维护了辖内金融稳定大局。

（狄保荣　刘瑞智）

冠　县

【经济金融概况】　2013年，冠县经济稳步增长，转轨提速，实现新突破。一是综合实力明显提高，主要经济指标增幅均高于全市平均水平；二是发展后劲显著增强，实施了重点项目“双百工程”；三是转调力度明显加大，产业结构更加优化；四是开放步伐加快，坚持东融西借并举，发展空间有力拓展；五是城乡面貌大有改观，城镇化建设、新型农村社区进展迅速；六是发展环境优化、社会事业明显进步，文化教育、医疗卫生事业扎实推进。

【金融发展与改革】　2013年，人行冠县支行一是制定了《货

冠县主要经济指标

经济指标	2012	2013	2013年同比增幅（%）	经济指标	2012	2013	2013年同比增幅（%）
土地面积（平方公里）	1161.29	1161.29	0	地方财政支出（亿元）	21.37	24.11	12.82
人口（万人）	80.00	78.08	-2.4	全社会固定资产投资（亿元）	126	151.3	20.5
城镇人口（万人）	18.00	18.21	1.17	进出口总值（万美元）	19535	27514	40.84
乡村人口（万人）	62.00	62.32	0.52	出口总值（万美元）	17503	25305	44.58
地区生产总值（亿元）	201.19	228.85	10.1	实际利用外资（万美元）	—	—	—
第一产业（亿元）	36.01	40.11	3.6	社会消费品零售总额（亿元）	71.09	80.22	13.4
第二产业（亿元）	107.17	118.5	12.2	居民消费价格指数（%）	101.7	102.7	0.98
第三产业（亿元）	58.01	70.24	10.1	人均地区生产总值（元）	22559	29310	29.92
财政总收入（亿元）	21.42	24.36	13.73	城镇居民可支配收入（元）	20438	22584	10.5
地方财政收入（亿元）	5.42	7.52	38.75	农民人均现金收入（元）	8783	9994.91	13.8
财政总支出（亿元）	21.68	25.03	15.45				

冠县主要金融指标

金融指标（亿元）	2012	2013	2013年同比增幅（%）	金融指标（亿元）	2012	2013	2013年同比增幅（%）
本外币存款余额	131.33	149.90	14.14	财险收入	1.22	1.33	9.01

续表

金融指标（亿元）	2012	2013	2013年同比增幅（%）	金融指标（亿元）	2012	2013	2013年同比增幅（%）
人民币存款余额	131.30	149.77	14.07	寿险收入	1.99	2.35	18.09
单位存款	41.80	46.05	10.17	财险赔款	—	—	—
储蓄存款	86.98	100.06	15.04	寿险给付	—	—	—
本外币贷款余额	95.39	111.22	16.60	当年结益	—	—	—
人民币贷款余额	95.39	111.22	16.60	证券市场交易总额	—	—	—
短期贷款	83.30	95.10	14.17	投资者保证金余额	—	—	—
中长期贷款	12.08	16.11	33.36	证券账户开户数	—	—	—
票据融资	0	0	0	证券交易佣金收入	—	—	—
当年结益	—	—	—	净利润	—	—	—
不良贷款余额	1.04	1.63	56.73				

冠县主要金融机构概况

单位名称	行长（或其他称谓的第一负责人）	副行长（或其他称谓的同级领导）	员工总数	辖内营业网点数
人行冠县支行	孙 峰	李金良 李朝杰	24	1
银监会冠县办事处	班晓晨		1	1
农发行冠县支行	马春青	周东民 丁华业	18	1
工行冠县支行	王建宁	刘为新 王志勇 于书龙 江冠三 郝伟然	48	2
农行冠县支行	牛玉栋	孙庆峰 门建伟 赵新国	119	4
中行冠县支行	王文峰	张立军 沙宗朝	28	1
建行冠县支行	李朝信	高建新 董卫东 郭风雷 么传悦	40	2
冠县润昌农商行	陶绪国	冯贺钦 魏保胜 吕 强	448	23
邮储银行冠县支行	翟继亮	张红光	104	4

冠县主要金融机构业务概况

单位：亿元

单位名称	本外币存款余额	人民币单位存款	人民币储蓄存款	本外币贷款余额	人民币短期贷款	人民币中长期贷款
农发行冠县支行	1.90	1.90	0	5.26	5.26	0
工行冠县支行	19.77	11.88	7.32	23.35	18.55	4.80
农行冠县支行	15.55	7.03	8.52	15.16	10.86	4.30
中行冠县支行	9.33	6.18	3.06	8.30	6.83	1.47
建行冠县支行	10.29	6.91	3.38	13.23	9.02	4.21
冠县润昌农商行	59.37	5.76	53.59	44.07	43.92	0.15
邮储银行冠县支行	30.45	6.32	24.14	1.85	0.67	1.18

币信贷管理工作指导意见》，适时指导金融机构贯彻落实稳健货币政策；二是加大对中小微企业信贷支持力度，着力优化信贷结构，推出“助保贷”、“商会贷”等契合中小企业特点的贷款方式；三是大力支持现代农业发展，不断拓宽现代农业融资渠道。

【金融服务与监管】 2013 年，人行冠县支行积极开展金融服务与监管工作，确保辖区金融安全稳健运行。一是积极引导县域金融支持现代农业加快发展；二是加强金融统计管理，启动针对特定对象的综合执法检查操作方法系列指引，提高征信系统服务工作水平；三是加大中小进出口企业的政策宣讲和业务对接活动，服务外向型经济发展；四是加强金融监管工作力度，对农行、中行、邮储银行、建行冠县支行分别开展了综合执法、个人金融信息保护情况、金融稳定重大事项报备、后续执法等项检查。

（冯晓彩）

莘 县

【经济金融概况】 2013 年，莘县经济金融运行平稳，项目建设成效显著，工业经济增势强劲，现代农业增产增效，城乡建设日新月异，财税金融运行平稳。

【金融发展与改革】 2013 年，人行莘县支行一是印发了《金融支持跨越发展的意见》，引导银行机构将信贷资金更多地投向实体经济、“三农”和小微企业；二是举办了银企合作洽谈会、金融产品推介会、中小企业财务培训班、与您共成长银企对接会和建行新产品介绍会，搭建银企合作平台；三是推进金融产品创新试点，制订了《加大金融创新力度 支持莘县现代农业加快发展的工作意见》和《莘县农村金融产品创新示范县建设工作实施方案》；四是坚持每月向县主要领导报送《呈阅件》，每季度报送《金融运行情况分析报告》，当好政府参谋助手，被莘县政府授予“支持经济发展先进单位”。

【金融服务与监管】 2013 年，人行莘县支行一是优化信用

莘县主要经济指标

经济指标	2012	2013	2013 年同比增幅（%）	经济指标	2012	2013	2013 年同比增幅（%）
土地面积（平方公里）	1416	1416	0	地方财政支出（亿元）	5	7.9	58
人口（万人）	100.66	97.89	-2.75	全社会固定资产投资（亿元）	128.31	155.4	21.11
城镇人口（万人）	8.44	8.6	1.9	进出口总值（万美元）	8284	8149	-1.63
乡村人口（万人）	92.22	89.29	-3.18	出口总值（万美元）	5098	4897	-3.94
地区生产总值（亿元）	228.74	264.78	15.76	实际利用外资（万美元）	307	350	14.04
第一产业（亿元）	40.33	44.83	11.16	社会消费品零售总额（亿元）	89.46	102.2	14.24
第二产业（亿元）	115.91	131.29	13.27	居民消费价格指数（%）	101.7	102.1	0.39
第三产业（亿元）	72.5	88.66	22.29	人均地区生产总值（元）	22425	26091	16.34
财政总收入（亿元）	24.34	29.68	21.94	城镇居民可支配收入（元）	18954	21099	11.32
地方财政收入（亿元）	5	7.9	58	农民人均现金收入（元）	8840	10055	13.74
财政总支出（亿元）	24.34	29.68	21.94				

莘县主要金融指标

金融指标（亿元）	2012	2013	2013 年同比增幅（%）	金融指标（亿元）	2012	2013	2013 年同比增幅（%）
本外币存款余额	137.44	158.73	15.49	财险收入	1.06	1.29	21.70
人民币存款余额	137.4	158.63	15.45	寿险收入	2.4	3.19	32.92
单位存款	22	25.49	15.86	财险赔款	—	—	—
储蓄存款	114.02	131.89	15.67	寿险给付	—	—	—

续表

金融指标（亿元）	2012	2013	2013年同比增幅（%）	金融指标（亿元）	2012	2013	2013年同比增幅（%）
本外币贷款余额	73.64	81.59	10.80	当年结益	—	—	—
人民币贷款余额	73.49	81.36	10.71	证券市场交易总额	—	—	—
短期贷款	62.24	64.93	4.32	投资者保证金余额	—	—	—
中长期贷款	8.96	13.35	49.00	证券账户开户数	—	—	—
票据融资	2.3	3.31	43.91	证券交易佣金收入	—	—	—
当年结益	1.75	2.36	34.86	净利润	1.75	2.36	34.86
不良贷款余额	3.63	2.48	-31.68				

莘县主要金融机构概况

单位名称	行长（或其他称谓的第一负责人）	副行长（或其他称谓的同级领导）	员工总数	辖内营业网点数
人行莘县支行	宋金超	王文胜 谢玉臣	26	
银监会莘县办事处	赵宪福		1	
农发行莘县支行	李洪利	袁文利 王跃鹏	23	1
工行莘县支行	张道静	史 勇	40	3
农行莘县支行	杜朝宏	林丽珍 闫少军 李锦山	138	5
建行莘县支行	王广远	山建忠 高 璞	49	3
莘县农信联社	安信民	燕东杰 张恩彩 王瑞停	486	29
邮储银行莘县支行	袁文强	娄现国	27	4
齐鲁银行莘县支行	杨 杰	霍 光	14	1

莘县主要金融机构业务概况

单位：亿元

单位名称	本外币存款余额	人民币单位存款	人民币储蓄存款	本外币贷款余额	人民币短期贷款	人民币中长期贷款
农发行莘县支行	0.74	0.74		2.73	2.73	—
工行莘县支行	13.82	6.06	7.53	9.34	5.59	3.51
农行莘县支行	15.03	4.06	10.96	6.85	2.53	4.32
建行莘县支行	11.87	5.48	6.21	5.82	3.04	2.78
莘县农信联社	79.99	4.77	75.22	54.49	48.69	2.49
邮储银行莘县支行	35.53	3.82	31.71	2.36	2.12	0.25
齐鲁银行莘县支行	0.71	0.47	0.25	—	—	—

环境，开展了“金融知识润水城——莘县行”宣传活动，借助国际瓜菜节、3.15消费者活动日、农信社“三信工程”评定、农村青年示范户建设为载体，持续开展农村信用体系试验区建设活动，被授予“全县农村信用建设工作先进单位”，被推荐为省级农村信用环境建设实验区；二是推进农村支付环境建设，实现全县行政村金融基础设施100%全覆盖、100%的县域以下各类银行机构参与农村支付环境建设的“双百目标”；三是开展“两综合、两管理、一保护”，认真落实金融机构重大事项报告制度，

扎实推进依法行政；四是以制度性监测为重点，推进金融改革发展，将莘县恒通小额贷款公司纳入统计系统监测管理，加强了法人金融机构流动性监测、利率监测和风险评估。

（张晓慧）

阳谷县

【经济金融概况】 2013年，阳谷县金融运行健康平稳，质量明显提高，信贷结构逐步优化，银企继续呈和谐共赢发展态势。

【金融发展与改革】 2013年，人行阳谷县支行引导金融机构加大创新力度，全县金融业走上良性循环的轨道。一是定期组织召开金融机构行长座谈会、形势分析会、参加银企对接会，引导金融机构加大对五大主导产业重点项目、"三农"、中小企业、战略性新兴产业和服务业等实体经济的支持力度，满足其合理的资金需求；二是大力推进直接融资，加大债券融资力度，指导阳谷祥光铜业有限公司发行短期融资券5亿元，帮助祥光铜业、五岳钎钢等企业开具电子银行承兑汇票8笔，金额7.42亿元；三是推动利用人民币跨境贸易结算，规避人民币汇率风险，融资和结算情况有了大幅提高；四是搭建银企对接平台，在银企座谈会上，金融机构与绿灯行等企业签订融资协议1.06亿元；五是结合涉农企业实际需求，加大对现代农业产品创新的支持力度。

阳谷县主要经济指标

经济指标	2012	2013	2013年同比增幅（%）	经济指标	2012	2013	2013年同比增幅（%）
土地面积（平方公里）	1065	1065	0	地方财政支出（亿元）	22.66	25.56	12.80
人口（万人）	79.48	78.69	-0.99	全社会固定资产投资（亿元）	131.48	158.89	20.85
城镇人口（万人）	17.38	17.36	-0.12	进出口总值（万美元）	304887	285100	-6.49
乡村人口（万人）	62.1	61.33	-1.24	出口总值（万美元）	28286	30700	8.53
地区生产总值（亿元）	218.16	261.3	10.2	实际利用外资（万美元）	9485	9651	1.75
第一产业（亿元）	34.55	38.52	3.6	社会消费品零售总额（亿元）	118.65	116.40	-1.90
第二产业（亿元）	127.52	150.27	11.8	居民消费价格指数（%）	102.5	103	0.5
第三产业（亿元）	56.09	72.51	10.5	人均地区生产总值（元）	27448	32863	19.73
财政总收入（亿元）	23.32	28.69	23.03	城镇居民可支配收入（元）	19640	21702	10.50
地方财政收入（亿元）	6.07	10.06	65.73	农民人均现金收入（元）	8722	9908	13.60
财政总支出（亿元）	23.32	28.69	23.03				

阳谷县主要金融指标

金融指标（亿元）	2012	2013	2013年同比增幅（%）	金融指标（亿元）	2012	2013	2013年同比增幅（%）
本外币存款余额	222.32	233.92	5.22	财险收入	1.05	1.17	11.43
人民币存款余额	214	227.5	6.31	寿险收入	3.54	2.84	-19.77
单位存款	79.01	73.61	-6.83	财险赔款	0.2	0.2	0
储蓄存款	130.29	150.12	15.22	寿险给付	0.04	0.04	0
本外币贷款余额	168.21	152.74	-9.20	当年结益	--	--	--
人民币贷款余额	145.95	147.35	0.96	证券市场交易总额	0.28	5.49	1860.71
短期贷款	114.66	118.98	3.77	投资者保证金余额	0.03	0.01	-66.67
中长期贷款	24.49	24.45	-0.16	证券账户开户数	1773	1884	6.26

续表

金融指标（亿元）	2012	2013	2013年同比增幅（%）	金融指标（亿元）	2012	2013	2013年同比增幅（%）
票据融资	6.79	3.93	-42.12	证券交易佣金收入	0.0046	0.01	117.39
当年结益	4.62	4.13	-10.61	净利润	-0.0095	-0.007	26.32
不良贷款余额	1.72	2.12	23.26				

阳谷县主要金融机构概况

单位名称	行长（或其他称谓的第一负责人）	副行长（或其他称谓的同级领导）	员工总数	辖内营业网点数
人行阳谷县支行	张华生	刘潮洋 孟庆祝 张军国	27	1
银监会阳谷县办事处	陈 勇		4	1
农发行阳谷县支行	张建利	肖 民 孟凡强	21	1
工行阳谷支行	辛同福	张东洲 于 勇 唐永刚	40	3
农行阳谷支行	段海臣	张忠磊 李明华 张克杰	151	6
中行阳谷支行	丛 凯	刘 盛 马士峰 常明健	51	3
建行阳谷支行	任 建	刘学辉 王恩华 赵清军	69	4
齐鲁银行阳谷县支行	金 萍		15	1
阳谷县农信联社	吴士合	杨茂合 徐长林 姜 军	412	30
邮储银行阳谷县支行	郑 磊	杨 涛	92	24
阳谷村镇银行	吴光清	林金波	25	1

阳谷县主要金融机构业务概况

单位：亿元

单位名称	本外币存款余额	人民币单位存款	人民币储蓄存款	本外币贷款余额	人民币短期贷款	人民币中长期贷款
农发行阳谷县支行	1.83	1.82	--	9.28	6.10	3.18
工行阳谷支行	18.50	11.39	5.91	31.75	25.47	6.28
农行阳谷支行	20.58	8.99	11.52	20.11	11.96	4.89
中行阳谷支行	25.49	17.94	7.47	12.84	9.76	3.07
建行阳谷支行	36.58	19.16	11.73	15.48	8.25	5.09
齐鲁银行阳谷县支行	8.03	6.55	1.48	3.99	3.61	0.38
阳谷县农信联社	85.50	5.21	80.27	56.25	51.35	0.98
邮储银行阳谷县支行	32.58	2.14	30.44	1.59	1.02	0.57
阳谷村镇银行	1.72	0.41	1.31	1.46	1.45	0.01

【金融服务与监管】 2013年，人行阳谷县支行认真履行央行服务职能，进一步完善金融稳定工作机制，为地方经济发展提供了良好的金融运行环境。一是积极开展对地方法人金融机构的风险监测和对农行阳谷县支行“三农金融事业部”的考核；二是加大对金融机构的综合评价和综合执法检查，加强对重点企业的监测和风险评估，及时防范和化解风险隐患；三是继续依托“金融知识润水城”活动，相继组织辖区金融机构开展了金融消费权益保护宣传月、“清凉消夏·青年团员志愿者送金融知

识进社区”、“金融知识进校园暨图书捐赠”等活动；四是继续加大农村支付环境建设工作力度，增加农村支付服务设备布放数量，优化设备布局，提高使用效率。

（李　玲）

东阿县

【经济金融概况】　2013 年，东阿县经济快速发展，社会和谐稳定，民生全面改善，形象日益提升。一是国家级黄河森林公园、阿胶养生文化苑业态提升工程扎实推进，洛神湖生态湿地公园被批准为国家级湿地公园；二是加快土地确权登记颁证工作，积极推动土地流转，流转土地面积 3 万亩；三是济聊一级公路、青兰高速东阿段、聊泰铁路、省道 324、329 升级改造等重大交通工程进展顺利。

【金融发展与改革】　2013 年，人行东阿县支行合理运用再贷款、再贴现等各种流动性管理工具组合，保持货币信贷总量和社会融资规模平稳适度增长。一是组织银企对接、“金科惠农”和中小企业培植等活动，推动金融机构加大产品和服务方式创新力度，提升金融服务实体经济的能力；二是继续完善民生金融，努力支持就业、扶贫、助学等民生工程，继续严格执行

东阿县主要经济指标

经济指标	2012	2013	2013 年同比增幅（%）	经济指标	2012	2013	2013 年同比增幅（%）
土地面积（平方公里）	729	729	0	地方财政支出（亿元）	13.02	17.13	31.57
人口（万人）	36	39	8.33	全社会固定资产投资（亿元）	76.64	95	23.95
城镇人口（万人）	12	11	-8.3	进出口总值（万美元）	5727	8500	48
乡村人口（万人）	27	28	3.7	出口总值（万美元）	5161	7000	35
地区生产总值（亿元）	147.89	165.08	10.2	实际利用外资（万美元）	60	1033	1621
第一产业（亿元）	15.91	13.37	-15.96	社会消费品零售总额（亿元）	49.77	57.7	15.93
第二产业（亿元）	82.94	94.38	13.79	居民消费价格指数（%）	102.5	103	0.48
第三产业（亿元）	49.04	57.25	16.74	人均地区生产总值（元）	37290	42307	13.45
财政总收入（亿元）	13.70	18.52	35.18	城镇居民可支配收入（元）	16978	19355	14
地方财政收入（亿元）	5.02	9.82	95.62	农民人均现金收入（元）	8850	10177	14
财政总支出（亿元）	16.75	20.86	24.53				

东阿县主要金融指标

金融指标（亿元）	2012	2013	2013 年同比增幅（%）	金融指标（亿元）	2012	2013	2013 年同比增幅（%）
本外币存款余额	114.22	116.41	1.91	财险收入	1.31	1.38	5.34
人民币存款余额	114.18	116.33	1.88	寿险收入	1.64	1.99	21.34
单位存款	44.14	34.85	-21.03	财险赔款	0.54	0.57	5.55
储蓄存款	68.63	79.51	15.85	寿险给付	0.37	0.41	10.81
本外币贷款余额	67.38	89.15	32.31	当年结益	—	—	—
人民币贷款余额	67.38	89.14	32.29	证券市场交易总额	—	—	—
短期贷款	48.81	58.72	20.30	投资者保证金余额	—	—	—
中长期贷款	16.98	30.42	79.15	证券账户开户数	—	—	—
票据融资	1.58	0	0	证券交易佣金收入	—	—	—

续表

金融指标（亿元）	2012	2013	2013年同比增幅（%）	金融指标（亿元）	2012	2013	2013年同比增幅（%）
当年结益	1.73	2.22	28.32	净利润	—	—	—
不良贷款余额	1.45	1.47	1.37				

东阿县主要金融机构概况

单位名称	行长（或其他称谓的第一负责人）	副行长（或其他称谓的同级领导）	员工总数	辖内营业网点数
人行东阿县支行	刘树华	李庆军　张　勤　姜立新	25	1
银监会东阿县办事处	冯学成		2	1
农发行东阿县支行	储爱梅	郑金梅　张迎颖	16	1
工行东阿支行	王洪庆	陶淑兰　魏其根　刘　勇	45	3
农行东阿支行	任保江	司国强　张　戈	106	4
中行东阿支行	薛瑞强	安吉虎　孙　峥	27	1
建行东阿支行	王　刚	贾东岭	47	3
东阿县农信联社	张兆起	王金伦　王　囡	339	23
邮储银行东阿县支行	贾红军	薄立新　陈浩洋	91	18

东阿县主要金融机构业务概况

单位：亿元

单位名称	本外币存款余额	人民币单位存款	人民币储蓄存款	本外币贷款余额	人民币短期贷款	人民币中长期贷款
农发行东阿县支行	0.14	0.14	0	2.22	2.22	0
工行东阿支行	15.78	9.62	5.78	22.64	10.46	12.18
农行东阿支行	14.31	6.69	7.61	7.93	5.43	2.51
中行东阿支行	7.60	4.59	2.97	12.18	3.56	8.63
建行东阿支行	12.34	4.90	7.24	8.99	3.33	5.67
东阿县农信联社	46.79	6.07	40.73	34.17	33.29	0.88
邮储银行东阿县支行	18.01	2.82	15.19	0.98	0.42	0.55

各项差别化的住房信贷政策；三是联合地方政府、国有商行组成调查组，对县域经济金融特色和小微企业发展情况进行详细调研，召开了政银企座谈会，为发展前景好、自身担保能力不足的创新成长型企业组建“助保金池”，有效解决其担保难问题。

【金融服务与监管】　2013年，人行东阿县支行一是以《征信业管理条例》实施为契机，开展了形式多样的征信知识宣传活动；二是以提高流通中人民币整洁度为重点，进一步加大人民币原封新券投放力度，继续扩大国库直接支付业务；三是组织金融风险防控“效能提升年”活动，密切关注和防范地方法人金融机构风险、不良贷款反弹状况、重点企业经营风险、银行表外业务风险以及非法金融活动对区域金融稳定的影响，开展风险排查，加强金融机构稳健性现场评估和银行风险业务专项评估；四是强化风险的处置和应对措施，对于风险苗头，及时报告上级行，并根据职责分工提请地方政府和监管部门采取化解措施，严防风险蔓延。

（黄　鹏）

茌平县

【经济金融概况】 2013年，茌平县按照"科学发展建设幸福新茌平，奋力赶超跨入全国五十强"的奋斗目标，加压奋进，各项工作取得新成绩。一是综合实力实现新跨越，百强县建设跃居第81位；二是转型升级迈出新步伐，"转调创"工作取得新成效，农业产业基础更加牢固，工业经济结构不断优化，服务业发展提档升级；三是城乡面貌得到新改观，组织了新一轮城市和乡镇总体规划修编，金牛湖景区、滨河新城等重点工程加快建设；四是生态环境得到新提升，治污减排工作全面推进。

茌平县主要经济指标

经济指标	2012	2013	2013年同比增幅（%）	经济指标	2012	2013	2013年同比增幅（%）
土地面积（平方公里）	1003	1003	0	地方财政支出（亿元）	27.2	31.3	15.1
人口（万人）	54.7	53.09	-0.02	全社会固定资产投资（亿元）	221.4	290	30.98
城镇人口（万人）	9.3	10.13	8.92	进出口总值（万美元）	60231	81849	35.89
乡村人口（万人）	45.4	44.87	-1.17	出口总值（万美元）	15338	11862	-22.66
地区生产总值（亿元）	331.8	389.9	10.3	实际利用外资（万美元）	140	4987	3462.14
第一产业（亿元）	39.7	41.8	5.29	社会消费品零售总额（亿元）	80	90	17
第二产业（亿元）	228.3	262.2	14.85	居民消费价格指数（%）	3.6	2.6	-27.78
第三产业（亿元）	63.8	76	19.12	人均地区生产总值（元）	63000	69053	9.61
财政总收入（亿元）	30.9	38	22.98	城镇居民可支配收入（元）	23676	27227	15
地方财政收入（亿元）	18.81	24	27.59	农民人均现金收入（元）	9259	10740	16
财政总支出（亿元）	38.07	43.86	15.2				

茌平县主要金融指标

金融指标（亿元）	2012	2013	2013年同比增幅（%）	金融指标（亿元）	2012	2013	2013年同比增幅（%）
本外币存款余额	146.59	170.46	16.28	财险收入	1.56	1.84	17.94
人民币存款余额	146.28	170.25	16.38	寿险收入	2.05	2.53	23.41
单位存款	54.7	56.2	2.7	财险赔款	0.37	0.38	2.7
储蓄存款	90.61	113.05	24.76	寿险给付	0.4	0.41	2.5
本外币贷款余额	159.07	171.16	7.6	当年结益	0.96	0.97	1.04
人民币贷款余额	158.84	169.72	6.84	证券市场交易总额	—	—	—
短期贷款	120.39	129.46	7.53	投资者保证金余额	—	—	—
中长期贷款	36.95	38.06	3.0	证券账户开户数	—	—	—
票据融资	48.97	35.66	-27.1	证券交易佣金收入	—	—	—
当年结益	4.85	5.02	3.51	净利润	—	—	—
不良贷款余额	1.86	1.59	-14.52				

茌平县主要金融机构概况

单位名称	行长（或其他称谓的第一负责人）	副行长（或其他称谓的同级领导）	员工总数	辖内营业网点数
人行茌平县支行	金庆友	曹连方　张树峰	23	1

续表

单位名称	行长（或其他称谓的第一负责人）	副行长（或其他称谓的同级领导）	员工总数	辖内营业网点数
银监会茌平县办事处	王　霞		1	1
农发行茌平县支行	张　兰	董廷军	23	1
工行茌平支行	桑　博	王士贵　盛　勇	56	4
农行茌平支行	肖　栋	侯庆谨　高　华	159	5
中行茌平支行	司胜利	王　懿　刘新路	45	2
建行茌平支行	郑中军	姚福刚　李长城	41	2
齐鲁银行聊城茌平支行	赵　昕	孔繁新	16	1
茌平县农信联社	郝　彬	冯俊湖　贺怀龙　陶兆红	418	29
邮储银行茌平县支行	张　慧	姜肇良	84	5
茌平沪农商村镇银行	张玉修	庞合汉	14	1

茌平县主要金融机构业务概况

单位：亿元

单位名称	本外币存款余额	人民币单位存款	人民币储蓄存款	本外币贷款余额	人民币短期贷款	人民币中长期贷款
农发行茌平县支行	1.43	1.43	0	7.57	2.39	5.18
工行茌平支行	30.17	30.03	13.28	52.83	40.86	10.55
农行茌平支行	23.9	23.9	13.45	37.14	24.31	12.75
中行茌平支行	16.09	16.03	6.25	19.10	16.28	2.27
建行茌平支行	9.06	9.06	3.53	11.58	6.98	4.6
齐鲁银行聊城茌平支行	6.05	6.05	1.83	4.31	3.89	0.41
茌平县农信联社	57.6	57.6	53.74	35	32.11	0.78
邮储银行茌平县支行	20.01	20.01	18.42	1.46	0.73	0.73
茌平沪农商村镇银行	2.58	2.58	1.7	1.76	1.68	0.01

【金融发展与改革】　2013年，人行茌平县支行引导辖外金融机构继续对茌平企业加大信贷投放力度，推动当地经济稳步发展。引入华夏银行分支机构并试营业；企业上市融资实现突破，6家企业成功实现股权挂牌。

【金融服务与监管】　2013年，人行茌平县支行扎实推进金融产品和服务方式创新，着力改善和提升金融服务水平，有效防范金融风险。一是注重做好差别存款准备金动态调整管理工作，确保宏观调控目标的完成；二是推动金融支持现代农业加快发展，加大对"三农"和小微企业的资金支持；三是加强对经济实体和金融机构的动态监测，防范突发的金融风险。

（迟曙涛）

高唐县

【经济金融概况】　2013年，高唐县经济保持又好又快发展势头，农业生产稳步推进，商贸流通市场日趋活跃，城乡居民收入持续增加，呈现出跨越赶超的良好局面。

【金融发展与改革】　2013年，高唐县金融机构继续立足服务于实体经济和"三农"发展需要，不断加大金融支持力度，信

高唐县主要经济指标

经济指标	2012	2013	2013年同比增幅（%）	经济指标	2012	2013	2013年同比增幅（%）
土地面积（平方公里）	949	949	0	地方财政支出（亿元）	22.06	22.4	2
人口（万人）	49.26	48.33	-1.89	全社会固定资产投资（亿元）	179.14	212.97	19
城镇人口（万人）	16.8	17.64	5	进出口总值（万美元）	41334	43307	5
乡村人口（万人）	32.46	31.54	-3	出口总值（万美元）	23147	22537	-3
地区生产总值（亿元）	284.01	328.08	9.5	实际利用外资（万美元）	448	442	-1
第一产业（亿元）	29.92	33.31	11	社会消费品零售总额（亿元）	76.52	88.21	15
第二产业（亿元）	194.70	220.2	13	居民消费价格指数（%）	101.7	102.5	0.79
第三产业（亿元）	59.39	74.57	26	人均地区生产总值（元）	57655	66710	15.7
财政总收入（亿元）	19.70	24.17	22.69	城镇居民可支配收入（元）	21023	23245	11
地方财政收入（亿元）	9.12	11.23	23	农民人均现金收入（元）	9082	10294	13
财政总支出（亿元）	21.97	35.12	59.85				

高唐县主要金融指标

金融指标（亿元）	2012	2013	2013年同比增幅（%）	金融指标（亿元）	2012	2013	2013年同比增幅（%）
本外币存款余额	112.46	134.19	19	财险收入	1.23	1.27	3.25
人民币存款余额	111.1	132.12	19	寿险收入	1.43	2.13	48.9
单位存款	43.99	50.21	14	财险赔款	0.14	0.15	7.14
储蓄存款	67.80	82.95	22	寿险给付	0.33	0.25	-24.24
本外币贷款余额	111.25	121.91	10	当年结益	0.28	0.31	10.71
人民币贷款余额	111.08	121.47	9	证券市场交易总额	—	—	—
短期贷款	88.58	95.62	8	投资者保证金余额	—	—	—
中长期贷款	20.52	26.28	28	证券账户开户数	—	—	—
票据融资	22.46	18.29	-18.57	证券交易佣金收入	—	—	—
当年结益	3.98	3.65	-8.29	净利润	—	—	—
不良贷款余额	1.55	1.65	6.45				

高唐县主要金融机构概况

单位名称	行长（或其他称谓的第一负责人）	副行长（或其他称谓的同级领导）	员工总数	辖内营业网点数
人行高唐县支行	李庆广	闫玉真　乔索明　王柱银	22	1
银监会高唐县办事处	李永忠		3	1
农发行高唐县支行	徐保锐	王　鹏　杨武晓	20	1
工行高唐支行	冯保勇	池德东　张玉华　陶东明　文中国　孟庆阳	41	4
农行高唐支行	李金昌	董风录　付以银　周生军	123	5

续表

单位名称	行长（或其他称谓的第一负责人）	副行长（或其他称谓的同级领导）	员工总数	辖内营业网点数
中行高唐支行	孔繁磊	徐常宏　杨　红	42	2
建行高唐支行	荆桂红	李如诗　贾　兵 于　涛　崔玉荣	63	4
高唐县农信联社	高月河	牛为勇　陈先民　梁庆合	384	25
邮储银行高唐县支行	王泽民	刘春芬　韩庆玲	103	4

高唐县主要金融机构业务概况

单位：亿元

单位名称	本外币存款余额	人民币单位存款	人民币储蓄存款	本外币贷款余额	人民币短期贷款	人民币中长期贷款
农发行高唐县支行	1.38	1.38	--	5.38	5.25	0.13
工行高唐支行	17.56	6.58	9.21	30.74	18.94	11.75
农行高唐支行	20.47	11.28	8.99	26.68	24.83	1.84
中行高唐支行	10.62	5.67	4.67	7.38	4.15	3.22
建行高唐支行	19.49	11.12	8.02	15.61	8.18	7.04
高唐县农信联社	42.18	4.54	37.63	29.27	28.17	1.09
邮储银行高唐县支行	13.99	2.40	11.58	1.51	0.67	0.83

贷投向和结构调整更趋于合理。

【金融服务与监管】 2013年，人行高唐支行加强信贷总量引导，强化监督检查，促进了辖区经济金融的较快发展。一是组织了5次银企合作推进会；二是为企业提供“一企一策”式服务，指导企业合规经营，规避风险；三是对辖内8家申报现金服务示范网点的机构进行检查验收，评选出5家机构为县级现金服务示范网点；四是开展了消费者权益保护、征信、人民币管理、外汇等业务的宣传，维护了金融业健康发展。

（张文瑞）

第十二部分

区域性金融运行报告
——鲁南地区

济宁市

【经济金融概况】 2013年,济宁市以打造“鲁西科学发展高地”为统领,综合实施一系列创新性政策措施,全市经济金融发展稳中有进。一是工业经济持续向好,GDP增速居全省第4位,同比上升5个位次,第三产业增幅首次赶超第二产业;二是粮食生产实现“十连增”,农民人均纯收入总量居全省第11位,同比上升1个位次;三是农村居民的消费潜力进一步释放,农民人均生活消费性支出增速快于城市居民人均消费性支出;四是各项存款平稳增长,单位存款、个人存款当年新增额同比有所减少;五是信贷结构进一步优化,战略新兴产业和高科技产业的信贷需求得到优先满足,支持小微企业、涉农等领域的金融创新产品得到大力推广。

【货币政策实施】 2013年,人行济宁市中支以优化金融资源配置、提升金融服务为着力点,紧密结合辖区实际,科学贯彻落实稳健货币政策。

一、强化窗口指导力度,突出政策调控导向。一是制订出台《金融支持现代农业加快发展的指导意见》等文件,引导金融机构加大对实体经济重点环节和薄弱领域的信贷支持力度;二是推动市政府与人行济南分行签订《金融支持济宁市资源型城市转型、创新发展文化产业战略合作协议》,充分发挥金融促进经济结构调整和转型升级的推动作用;三是认真落实货币信贷政策导向效果评估制度,严格实施差别准备金动态调整、法人金融机构贷款区间管理措施,促进货币信贷合理均衡增长。

二、增强金融创新驱动力,提升服务实体经济能力。一是推动市政府启动微山湖水域滩涂养殖权质押信贷试点工作;二是推动市政府出台《开展城乡小额贷款保证保险试点实施方案》,并率先在全省启动试点工作,实现小额贷款“无抵押、无担保”;三是创新推广农村金融产品和服务方式,重点推进“三大模式”(信用联盟、林权抵押、农村土地承包经营权抵押)贷款倍增计划、“两大创新”(农村产权抵押、知识产权质押)计划,积极探索“五权”(土地公证、水域滩涂养殖、蔬菜大棚、大型农机具、大型活体牲畜)抵押贷款,满足了现代农业发展多元化的金融服务需求。

三、切实加强金融市场管理,拓宽中小企业直接融资渠道。全市第1期“区域集优”中小企业集合票据11月成功注册发行,惠及3家企业,募集资金2.41亿元,济宁市成为全省第4个成功发行“区域集优”中小企业集合票据的地市。

四、大力实施“金融普惠工程”,加大对民生领域的信贷投入。一是制定了《关于创建民生金融创新发展示范区的意见》;二是组织开展了济宁市十佳金融创新成果评奖活动、扶持济宁银行小微金融服务、助推大学生“村官”创业等多项工作。

【金融稳定】 2013年,人行济宁市中支进一步完善制度建设,强化金融风险防范措施,切实维护区域金融稳定。一是率先在全省建立融资性担保机构风险信息共享机制,定期调度担保机构运营情况和潜在风险,按季召开风险联席会议,累计发布共享信息9次,涉及担保机构违约代偿、违规经营等重大风险信息3次;二是推动市政府对全市1410家民间融资机构进行清理整顿,主动与工商、公安等部门加强协调合作,向地方政府提出合理化建议27条,被采纳18条,协助查办案件5件;三是构建县域民间融资机构监管长效机制,推动县级政府牵头组织成立金融监管中心,推动金乡县政府制定实施《民间融资监督管理暂行办法》和《投资担保机构重大事项报告制度》,实行民间融资机构运行监测与重点联系制度,开展全天候、常态化监管;四是组织召开全市金融机构突发事件应急演练会议,率先在全省通过视频会议系统、现场连线的方式开展了实战演练、临时抽检、随机问答相结合的突发事件应急演练模式。

【金融服务】 2013年,人行济宁市中支不断创新金融服务模式,全面提升服务质量。一是印发《济宁市农村支付环境建设2013“优质服务年”工作实施方案》,组织开展了为期4个月的农村支付结算知识宣传活动;二是组织邮储银行济宁市分行制定《手机支付业务试点工作实施方案》,稳步实施手机支付在农村地区的试点推广;三是率先在全国完成中央银行会计核算数据集中系统(ACS)上线运行试点,经验做法被总行转发至各省市参照执行;四是制定了《济宁市银行业金融机构现金运行管理考核办法》、《2013年反假货币工作指导意见》,开展“残损币回收攻坚年”活动,实施人民币流通“通达”工程;五是配合财税部门顺利完成“营改增”试点、“金税三期”上线和省以下财政体制改革工作,深入开展电子缴税业务宣传,扩大TIPS系统覆盖面;六是制定了《金融机构征信工作服务效能管理暂行办法》;七是深入开展小微企业信用体系试验区建设,在邹城试点推行“镇园合一”创建模式;八是深化“孔孟之乡金融行”大型宣传活动,积极开展反假货币、反洗钱十年、金融消费权益保护、《征信业管理条例》、国债、支付系统、跨境人民币业务等系列宣传;九是积极参与地方政风行风管理建设,定期更新市政府政务公开信息网站的相关数据和信息,开展综合服务大厅“服务之星”评选,提高服务质量和效率。

【金融监管】 2013年,银监会济宁监管分局以“防风险、守底线、严内控、促转型”为重点,扎实有效地开展监管工作,银行业安全稳健运行,改革与发展稳步推进。

一、严守风险底线,保障银行机构安全稳健运行。一是针对辖内煤炭、焦化、船舶等重点行业持续低迷、信贷风险暴露的情况,引导银行机构尝试开展打包处置、资产转让等方式加快不良贷款化解效率;二是加强理财、代付和各类跨业业务合作监

济宁市经济主要统计指标

指标 \ 年度	2009	2010	2011	2012	2013	2013年同比增幅（%）
土地面积（平方公里）	10685	10685	10685	10685	10685	0
人口（万人）	831.31	843.03	812.86	815.81	820.58	0.58
城镇人口（万人）	--	266.14	357.74	376.33	396.59	5.38
乡村人口（万人）	--	576.89	455.12	439.48	423.99	-3.52
地区生产总值（亿元）	2279.19	2542.81	2896.69	3189.37	3501.54	11.0
第一产业（亿元）	270.41	320.41	351.14	371.97	418.93	4.3
第二产业（亿元）	1264.81	1356.47	1535.93	1673.50	1789.75	11.6
工业（亿元）	1167.12	1237.23	1395.57	1514.3	1613.82	11.8
建筑业（亿元）	97.69	119.24	140.36	159.21	175.93	10.50
第三产业（亿元）	743.97	865.93	1009.62	1143.90	1292.86	12.1
人均地区生产总值（元）	28492	31500	35729	39156	42796	10.5
地区生产总值构成（%）	100	100	100	100	100	--
第一产业（%）	11.9	12.6	12.1	11.7	12.0	2.56
第二产业（%）	55.5	53.3	53.0	52.5	51.1	-2.67
第三产业（%）	32.6	34.1	34.9	35.9	36.9	2.79
财政总收入（亿元）	482.17	526.11	605.11	667.17	859.77	28.87
地方财政收入（亿元）	134.66	169.25	207.10	245.60	302.24	13.3
财政总支出（亿元）	332.35	515.98	593.93	665.70	864.59	29.88
地方财政支出（亿元）	198.42	251.87	300.47	362.60	428.43	18.2
全社会固定资产投资（亿元）	1100.6	1436.2	1526	1854	2256	21.7
规模以上固定资产投资（亿元）	1085.6	1410.2	1391.7	1809.7	2188.31	23.0
房地产开发（亿元）	82.4	134.6	182.2	219.1	275.4	25.7
进出口总值（亿美元）	28.86	44.66	57.45	51.15	52.30	2.2
出口总值（亿美元）	16.03	21.66	30.70	31.98	33.34	4.3
实际利用外资（亿美元）	4.16	4.58	7.33	7.70	8.30	7.8
社会消费品零售总额（亿元）	867.4	963.49	1130.03	1300.11	1475.92	13.5
居民消费价格指数（%）	100.4	102.9	104.9	102.1	101.5	-0.59
城市居民人均可支配收入（元）	16978	16992	19215	25454	27956	9.83
农民人均现金收入（元）	6470	7450	8712	10002	11348	13.5

济宁市工农业主要统计指标

农业主要统计指标（万吨）				规模以上工业企业主要统计指标（亿元）			
项目 \ 年度	2012年	2013年	增幅（%）	项目 \ 年度	2012年	2013年	增幅（%）
粮食	569.13	578.6	1.7	工业增加值	--	--	12.51
夏粮	255.28	266.4	4.4	国有工业	--	--	9.62
秋粮	313.86	312.2	-0.5	集体工业	--	--	14.81

续表

农业主要统计指标（万吨）				规模以上工业企业主要统计指标（亿元）			
项目＼年度	2012 年	2013 年	增幅（%）	项目＼年度	2012 年	2013 年	增幅（%）
棉花	11.96	11.2	-6.3	股份制工业	--	--	12.21
油料	17.35	17.4	0.1	股份合作制工业	--	--	43.39
水果	27.53	28.0	1.9	外商及港澳台投资工业	--	--	20.49
蔬菜	652.81	658.5	0.9	轻工业	--	--	19.8
肉类	83.39	83.5	0.1	重工业	--	--	10.30
禽蛋	60.17	59.9	-0.5	销售收入	4884.7	5500.4	12.6
奶类	14.12	13.6	-3.5	利税	501.2	560.1	8.3
水产品	39.12	40.6	3.8	利润	304.1	343.6	8.1
森林覆盖率（%）	28	28.84	3	经济效益综合指数（%）	262.1	241.9	-14.9

济宁市主要金融机构概况

单位名称	行长（或其他称谓的第一负责人）	副行长（或其他称谓的同级领导）	员工总数	辖内营业网点数
人行济宁市中心支行	郑现中	林　飞　杨家杰　孙义昌　颜道盛　孙　斌　邢宝星	468	11
银监会济宁监管分局	陈大章	朱　杰　张以良　盛作安　侯加胜	75	11
农发行济宁市分行	龙志强	董　旭　崔玉堂　王学义	256	11
工行济宁分行	刘　磊	王卫星　黄际丰　李沧海　庄　敏　张　弛　朱　筠　任军英　张延文　段仰建	1491	84
农行济宁分行	孙培国	孙士乐　王　华　王晓鹏　李宽利　柳永光	2215	121
中行济宁分行	陈　涛	周　源　陈宗权　孔令国　姜兆华	892	36
建行济宁分行	姜永东	李　炜　李　波　张建房　邵泽忠　邵振辉	1719	63
交行济宁分行	夏向军	朱广雷　王海东	321	12
中信济宁分行	王中兴	钟银成　李文利　宋　杨	178	7
招行济宁分行	郭　骁	张秀霞　周恒京	184	5
浦发济宁分行	夏晓晖	孔令孜　吴　健　何庆雪	83	3
兴业济宁分行	李俊云	邵　军　李景辉	162	3
民生济宁分行	王　军	杨　靖　徐文浩　杨艺军	87	1
广发济宁分行	刘玉娟	李　冰　刘　澎　张　拓	48	1
恒丰济宁分行	彭松涛	王保宪	89	2
莱商济宁分行	任绪翠	崔孝国　闵祥符	60	1
齐商济宁分行	郑海赢	张　涛　杨清源	37	1
威海商行济宁分行	李传月	郑　涛　许占忠　孔　亮	92	1

续表

单位名称	行长（或其他称谓的第一负责人）	副行长（或其他称谓的同级领导）	员工总数	辖内营业网点数
济宁银行	李　敏（董事长） 李维水（监事长） 李印喜（行　长）	陈振勇　梁汝亮 张衍珍　焦春华　官　振	1103	39
农信社济宁市办事处	王广明	徐广礼　程　斌	5711	350
邮储银行济宁市分行	张　文	李长立　王向文　邓连伟	1133	229
兖矿集团财务公司	张胜东	孟宪强　李　东 王以春　李井良　南宫鸣祝	33	1
济宁儒商村镇银行	田云玲	吴玉宝	86	3
济宁高新村镇银行	郑绪宝	费立权　宋文宁　陈祥秘	28	1
人保财险济宁市分公司	李普廷	王建华	2498	15
中国人寿济宁分公司	田亚平	由　勇	5483	12
太平洋财险济宁中心支公司	游春迁	伊宪水	707	12
太平洋人寿济宁中心支公司	陈　凯	刘金梅	3399	12
平安财险济宁中心支公司	李庆廷	胡丹丹	331	11
平安人寿济宁中心支公司	李　菲	蔡　磊	4873	12
泰康人寿济宁中心支公司	闫　燕	甄　娟	2945	12
新华人寿济宁中心支公司	夏兆宽	赵　伟	2243	9
民生人寿济宁中心支公司	陈冬梅	孟　将	807	10
人保寿险济宁中心支公司	胡庆海	林　雯	3357	11
齐鲁证券有限公司济宁分公司	崔建忠		152	8
中信万通证券公司济宁营业部	张　璞		44	1
国泰君安证券公司济宁营业部	刘　程		14	1

济宁市金融业务统计指标

	指标（亿元）＼年度	2009	2010	2011	2012	2013	2013年同比 增加额	2013年同比 增幅（%）
银行类	本外币存款余额	1913.80	2278.05	2634.90	3191.75	3561.07	369.32	11.57
	人民币存款余额	1895.60	2256.31	2612.46	3146.15	3511.55	365.40	11.61
	*单位存款	--	944.49	1099.29	1338.36	1460.95	122.59	9.16
	储蓄存款	1073.00	1275.10	1456.77	1730.65	1950.32	219.67	12.69
	本外币贷款余额	1157.53	1385.83	1646.49	1986.71	2276.51	289.80	14.59
	人民币贷款余额	1128.71	1366.43	1613.59	1923.88	2191.98	268.10	13.94
	短期贷款	586.63	710.24	899.94	1152.25	1292.16	139.91	12.14
	中长期贷款	461.99	584.75	629.82	645.07	804.61	159.54	24.73
	票据融资	79.83	71.33	83.72	126.41	94.52	-31.89	-25.23
	当年结益	28.49	40.93	52.38	62.59	65.00	2.41	3.85
	不良贷款余额	85.70	62.37	60.16	55.51	39.95	-15.56	-28.03
	不良贷款占比%	7.40	4.50	3.65	2.79	1.75	-1.04	-37.28

续表

指标（亿元）		2009	2010	2011	2012	2013	2013年同比增加额	2013年同比增幅（%）
保险类	保险公司保费收入	53.72	73.02	77.55	81.59	101.64	20.05	24.57
	财险收入	12.63	19.86	21.84	24.88	30.74	5.86	23.55
	寿险收入	41.09	53.16	55.70	56.71	70.90	14.19	25.02
	保险公司赔款和给付支出	14.04	15.40	17.74	20.94	30.58	9.64	46.04
	财险赔款	6.87	8.10	9.42	11.52	15.55	4.03	34.98
	寿险给付	7.17	7.30	8.32	9.42	15.03	5.61	59.55
	当年结益	--	--	--	--	--	--	--
证券类	证券市场成交总额	2049.59	1682.55	966.33	731.68	1071.99	340.31	46.51
	投资者保证金余额	17.61	15.53	8.56	7.97	6.57	-1.40	-17.57
	证券账户开户数(万户)	30.69	31.59	33.94	34.68	35.38	0.70	2.02
	佣金收入	3.53	2.61	1.68	1.21	1.74	0.53	43.80
	净利润	2.32	1.74	0.89	0.53	0.97	0.44	83.02
	期货市场成交总额	476.64	1202.61	1514.62	3723.72	4459.61	735.89	19.76
	期货客户保证金余额	0.26	0.57	0.78	0.71	0.52	-0.19	-26.76
	期货账户开户数	1385	2699	3793	3821	4075	254	6.65
	期货手续费收入	0.04	0.08	0.08	0.09	0.08	-0.01	-11.11
	利润总额	0.01	0.03	0.02	0.02	0.02	0	0

注："*"该项指标2010年前为"企业存款"，其数字亦是如此。

济宁市金融机构统计指标

指标（个）		2009	2010	2011	2012	2013	2013年同比增幅（%）
银行类	法人机构	13	13	14	19	20	5.26
	省级分行	--	--	--	--	1	--
	二级分行	8	12	12	13	21	61.54
	县区支行	156	180	165	182	211	15.93
	分理处、营业所	751	520	552	550	651	18.36
	储蓄所	235	234	207	207	16	-92.27
	从业人员总数	13295	14127	13920	14679	16128	9.87
保险类	保险机构	38	38	43	51	52	1.96
	财险机构	18	18	20	24	24	0
	省级分公司	--	--	--	--	--	--
	地市分公司	18	18	20	24	24	0
	县区支公司	107	115	113	117	101	-13.68
	寿险机构	20	20	23	27	28	3.70
	省级分公司	--	--	--	--	--	--
	地市分公司	20	20	23	27	28	3.70

续表

指标（个） \ 年度		2009	2010	2011	2012	2013	2013年同比增幅（%）
保险类	县区支公司	107	104	118	122	126	3.28
	从业人员总数	30214	30579	34074	30554	34937	14.34
	财险人员	7250	5042	5706	6237	6517	4.48
	寿险人员	22964	25555	28368	24317	28420	16.87
证券类	证券机构	7	8	8	9	11	22.22
	证券公司	--	--	--	--	--	--
	证券营业部	7	8	8	9	11	22.22
	证券服务部	--	--	--	--	--	--
	从业人员总数	139	176	262	254	223	-12.20
	投资者开户（万户）	27.34	29.50	30.81	31.82	32.60	2.45
	境内上市股票支数	5	5	5	5	5	0
	境外上市股票支数	--	--	--	--	--	--
	辖区上市公司总数	5	5	5	5	5	0

济宁市主要金融机构业务概况

单位：亿元

单位名称	本外币存款余额	人民币单位存款	人民币储蓄存款	本外币贷款余额	人民币短期贷款	人民币中长期贷款
农发行济宁市分行	10.46	10.45	0	75.86	28.25	43.26
工行济宁分行	508.31	193.06	287.89	371.57	160.87	188.98
农行济宁分行	547.71	204.13	326.34	316.66	176.52	133.15
中行济宁分行	323.19	160.22	137.89	244.82	91.89	117.25
建行济宁分行	432.80	214.69	207.13	256.42	65.54	152.60
交行济宁分行	105.04	68.03	31.12	87.39	68.31	16.44
中信济宁分行	71.46	54.80	12.23	60.31	42.46	14.03
招行济宁分行	32.46	25.91	6.44	27.97	22.23	3.76
浦发济宁分行	61.05	53.88	6.97	56.84	34.29	18.10
兴业济宁分行	78.34	61.91	15.87	47.19	35.54	11.13
民生济宁分行	27.45	21.94	3.98	13.59	10.87	1.50
恒丰济宁分行	46.40	33.15	8.11	26.49	21.29	3.77
广发济宁分行	6.36	5.27	0.80	1.93	1.85	0.07
莱商济宁分行	10.11	8.51	1.59	9.01	8.21	0
齐商济宁分行	4.56	4.11	0.45	1.89	1.23	0.04
威海商行济宁分行	8.14	7.07	1.12	1.91	1.94	0
济宁银行	257.10	150.39	104.37	179.88	145.20	17.95

续表

单位名称	本外币存款余额	人民币单位存款	人民币储蓄存款	本外币贷款余额	人民币短期贷款	人民币中长期贷款
农信社济宁市办事处	594.88	47.74	543.50	378.36	298.48	43.05
邮储银行济宁市分行	275.46	51.26	224.03	42.88	16.42	24.58
兖矿集团财务公司	53.22	53.22	0	34.13	24.94	8.86
济宁市高新村镇银行	3.96	3.52	0.44	2.04	2.02	0.01
济宁市儒商村镇银行	4.51	2.66	1.85	3.54	3.36	0.17

济宁市各县级区域经济金融主要统计指标

名称	人口（万人）	面积（平方公里）	地区生产总值（亿元）	地区生产总值增速（%）	本外币存款余额（亿元）	储蓄存款（亿元）	本外币贷款余额（亿元）
市中区	59.96	359.57	237.95	12.2	--	--	--
任城区	53.75	524.40	284.45	11.3	--	--	--
兖州市	54.16	650.19	554.93	11.7	343.75	209.04	228.14
曲阜市	64.58	814.75	331.66	12.5	214.45	135.76	106.13
邹城市	113.37	1616.56	731.58	11.9	595.34	276.24	470.88
泗水县	54.23	1118.11	135.42	13.0	112.04	82.11	61.97
微山县	64.12	1737.57	337.16	12.0	168.63	103.78	79.21
鱼台县	44.31	653.07	135.51	12.0	87.22	63.73	41.47
金乡县	63.41	887.67	158.53	12.7	148.86	114.08	91.95
嘉祥县	82.49	975.16	219.79	11.1	186.44	147.26	89.17
汶上县	69.37	889.11	216.52	12.3	162.66	124.98	89.54
梁山县	73.96	960.81	216.61	11.5	178.08	138.85	75.71

济宁市（含县级）小额贷款公司机构、业务概览

单位名称	行长（或其他称谓的第一负责人）	员工总数（个）	本外币贷款余额（亿元）	人民币短期贷款（亿元）	人民币中长期贷款（亿元）
济宁市财信金科小额贷款公司	夏传强　刘雪峰	13	2.10	2.10	0
济宁市市中区世通小额贷款公司	谢小君	16	0.42	0.42	0
济宁市市中区新德蓝小额贷款公司	张延民	18	0.54	0.54	0
济宁市市中区鲁商小额贷款公司	王　嘉	19	0.52	0.52	0
济宁市任城区融通小额贷款公司	徐国柱	25	1.05	1.05	0
济宁市任城区信利小额贷款公司	陈瑞涛	16	0.52	0.52	0
济宁市任城区金宇小额贷款公司	李本华	9	1.22	1.22	0
济宁市任城区融鑫小额贷款公司	孙茂恩	17	0	0	0
济宁高新区英特力小额贷款公司	张　恒	66	1.03	1.03	0

续表

单位名称	行长（或其他称谓的第一负责人）	员工总数（个）	本外币贷款余额（亿元）	人民币短期贷款（亿元）	人民币中长期贷款（亿元）
济宁高新区奥森小额贷款公司	郗　斌	8	1.20	1.20	0
兖州市圣德小额贷款公司	李洪信	13	0.83	0.83	0
兖州市大丰小额贷款公司	徐祥谦	11	1.13	1.13	0
曲阜市金鲁城小额贷款公司	孙建成	8	0.83	0.83	0
曲阜市东宏小额贷款公司	倪立营	9	1.81	1.81	0
邹城市乾元小额贷款公司	杜　杰	11	0.40	0.40	0
泗水县利丰小额贷款公司	孔宪奎	7	0.62	0.62	0
微山县汇丰小额贷款公司	张善涛	14	1.03	1.03	0
鱼台县鲁通小额贷款公司	朱清泉	11	1.35	1.35	0
金乡县鑫诺小额贷款公司	孟凡荣	14	1.17	1.17	0
嘉祥县辰祥小额贷款公司	官　振	15	0.60	0.60	0
梁山县东岳小额贷款公司	岳增才	10	0.30	0.30	0

管，督促银行机构落实银信合作双线报告制度，严控表外业务关联风险；三是制定《2013年全市银行机构信息科技工作的意见》，组织辖内23家银行机构签订《信息科技风险防控责任书》；四是与银行机构签订案防工作承诺书，按季召开内控合规与案件防控工作联席会议，督导银行机构加大风险排查力度，防控操作风险。

二、加强监管引领，做好金融消费者权益保护工作。一是建立消费者权益保护工作联席会议、信访投诉、舆论监督、考核问责等工作机制；二是督导各银行机构完善内部考核机制和投诉管理办法，强化第一责任意识，以"诚"、"实"、"早"、"导"原则指导投诉处置。

三、秉承求真务实精神，提升监管工作效率。一是与农合机构高管人员签订任前、任期目标、年度风险责任目标等承诺书，用指标量化高管履职尽责程度；二是将农合机构内部审计工作纳入监管体系，定期召开联审联席会议；三是创新指令性检查方式，督导银行机构依据现场检查方案、组织形式和工作流程等要求，深入开展自查。

【外汇管理】　2013年，外管局济宁市中心支局深入推动重点领域改革，突出特色服务，提升外汇管理工作效能。

一、积极落实外汇管理重点领域改革措施。一是制定实施《货物贸易外汇管理监测核查制度》，对重大业务事项实行集体审议；二是探索实施非现场监测方式方法，精准确定异常交易行为和交易主体；三是圆满完成直接投资、外债等新政及资本项目信息系统的推广上线，推动涉外主体贸易投资便利化。

二、开展工作创新，提升外汇年检质效。开发年检数据"一键核对"工具，实现了企业年检数据全方位一次性准确核对，快速锁定错误信息，被国家外汇总局资本司在全国推荐使用。

三、坚持管理与服务并重，优化外汇服务环境。一是制定了《银行外汇业务合规性审查工作指引》，将外汇政策执行嵌入银行内部业务流程，经验做法在全省进行交流；二是全面推进国际收支网上申报，成功实现全辖1419家企业网上申报100%覆盖，经验做法被《金融时报》和《齐鲁晚报》报道；三是构建外汇管理服务实体经济交流平台，为有业务需求的企业提供先期评估、政策辅导和跟踪服务，对重点优势企业实施"一企一策"特色服务。

【金融改革】　2013年，济宁市强化金融体系建设，加大金融服务创新，金融改革步伐稳步推进。

一、金融组织体系进一步丰富。全年共有1家全国性股份制商行、3家城商行在济宁设立分行，新增村镇银行2家。

二、建行济宁分行成功办理全省首笔股权投资类理财产品、首笔出口协议融资换币业务和济宁市首单人民币外汇期权业务，率先在济宁市实现无线wifi服务渠道全面铺设。

三、交行济宁分行一是围绕网点建设"做大做综合、做小做特色"的宗旨，提高综合性网点的辐射面和竞争力，加大撤并低产低效网点力度；二是大力提升电子渠道服务体验，增加自助网点数量；三是稳步推进社区银行的选址和建设。

四、招行济宁分行一是举办拟上市企业的资金运营培训班，大力支持企业上市；二是引入创业投资基金和私募股权投资基金的战略合作，推出投贷联动产品，以"股权+债权"的方式帮助中小企业丰富融资渠道。

五、农信社银行化改革工作取得新突破，邹城市农信联社成功改制为农村商业银行。

【保险业务】 2013年，济宁市保险业坚持“稳重求进、进中求好”的总基调，推动各项业务平稳健康发展。一是市场体系进一步完善，保险补偿功能有效发挥；二是服务领域创新拓宽，参与社会民生成效显著。全市有11家产寿险公司与政府职能部门合作，直接参与开展社会管理、服务民生的保险业务，涉及政策性农业保险、安全生产责任险等26个险种，实现保费收入3.05亿元。

【证券市场】 2013年，济宁市证券市场保持平稳发展态势，证券市场成交总额同比放大，证券公司佣金收入和净利润同比上升，机构建设稳步推进。

【精神文明建设】 2013年，济宁市金融系统不断提升精神文明创建水平。一是人行济宁市中支组织开展“转作风·提效能·创佳绩”主题教育、“学雷锋·树新风”、“文化理念大家谈”等活动，完成了一体化文化展厅、文化长廊设计建设工作，被地方党委政府授予“济宁市五一劳动奖状”、“爱心助学行动贡献奖”等荣誉称号；二是中行济宁分行被中国金融工会授予“全国金融模范职工之家”荣誉称号，建行济宁分行组织“最美基层员工”颁奖及事迹报告会，倡导“快乐工作、健康生活”的理念；三是招行济宁分行设立专项扶贫基金，组织员工与云南武定、永仁等地开展“结对子”一对一寒窗助学工程，中信济宁分行荣获山东省“敬老文明号”称号；四是农信社济宁办事处制定下发《企业文化建设实施方案》，编制《企业文化墙导视手册》，率先在全省农信社系统形成了企业文化建设体系。

【大事记】 2月6日 莱商银行济宁分行正式开业。

3月26日 刘磊任工行济宁分行行长（工银鲁党委任免〔2013〕14号）。

4月16日 人行济南分行与济宁市政府联合召开济宁市政银企合作暨重点项目推介会。

济宁银行儒商e付通手机银行举行揭牌仪式暨新闻发布会。

4月18日 曲阜中银富登村镇银行正式开业。

5月31日 建行总行新闻宣传工作座谈会在济宁圣都国际会议中心召开。

6月16日 齐鲁晚报、济宁市中小企业局主办的“中国（济宁）中小企业服务模式创新高层论坛”在济宁市运河宾馆召开。

7月23日 济宁银行菏泽分行开业。

8月7日 人行济宁市中支组织召开济宁市银行业金融机构提升现金服务水平专项行动动员会议。

9月26日 齐商银行济宁分行正式开业。

10月18日 济宁银行枣庄分行开业。

10月22日 济宁市政府组织举办微山湖水域滩涂养殖权抵（质）押信贷试点工作启动仪式。

交行济宁分行与邹城市政府签订推动县域经济发展战略合作协议书。

11月13日 人行济宁市中支郑现中行长就金融消费权益保护工作接受山东广播电视台新闻中心经济采访部采访。

12月18日 广发银行济宁分行正式开业。

12月26日 威海银行济宁分行正式开业。

12月30日 全市首家农村商业银行邹城农商银行挂牌开业。

汶上中银富登村镇银行正式开业。

（郭晓娟 田 艳）

兖州市

【经济金融概况】 2013年，兖州市坚持稳中求进的总基调，抢抓发展机遇，经济运行实现稳中有进的良好态势。全市金融系统提升服务水平，扩大信贷总量和覆盖面，实现了经济与金融的良性互动。

【金融发展与改革】 2013年，兖州市各金融机构为破解中小微企业融资难问题，积极创新信贷产品，推出适合小微企业融资特点的“煤贷通宝”、“网贷通”、“简式快速贷款”、“助保金贷款”、“小微信贷工厂”等特色金融产品20多项。

人行兖州市支行积极推动金融发展与改革。一是印发

兖州市主要经济指标

经济指标	2012	2013	2013年同比增幅（%）	经济指标	2012	2013	2013年同比增幅（%）
土地面积（平方公里）	650.19	650.19	0	地方财政支出（亿元）	35.51	40.13	13.0
人口（万人）	53.97	54.16	0.35	全社会固定资产投资（亿元）	178.05	215.62	23.9
城镇人口（万人）	31.99	33.21	3.81	进出口总值（万美元）	192405	188819	-1.9
乡村人口（万人）	21.98	20.95	-4.69	出口总值（万美元）	78843	79041	0.3

续表

经济指标	2012	2013	2013年同比增幅（%）	经济指标	2012	2013	2013年同比增幅（%）
地区生产总值（亿元）	506.19	554.93	11.7	实际利用外资（万美元）	16350	16061	-1.8
第一产业（亿元）	39.50	44.48	4.8	社会消费品零售总额（亿元）	148.01	164.44	11.1
第二产业（亿元）	299.17	323.09	13.4	居民消费价格指数（%）	101.1	102.7	1.58
第三产业（亿元）	167.52	187.36	10.3	人均地区生产总值（元）	93922	102641	9.28
财政总收入（亿元）	61.44	68.69	11.8	城镇居民可支配收入（元）	24103	27189	12.8
地方财政收入（亿元）	30.08	37.88	13.6	农民人均现金收入（元）	11620	13218	13.8
财政总支出（亿元）	62.34	69.14	10.91				

兖州市主要金融指标

金融指标（亿元）	2012	2013	2013年同比增幅（%）	金融指标（亿元）	2012	2013	2013年同比增幅（%）
本外币存款余额	284.86	343.75	20.67	财险收入	1.56	1.93	23.72
人民币存款余额	278.59	333.02	19.54	寿险收入	5.06	6.32	24.90
单位存款	88.77	119.44	34.55	财险赔款	0.57	0.75	31.58
储蓄存款	187.01	209.04	11.78	寿险给付	0.98	1.74	77.55
本外币贷款余额	215.52	228.14	5.86	当年结益	--	--	--
人民币贷款余额	201.62	218.13	8.19	证券市场交易总额	34.77	36.87	6.04
短期贷款	116.78	134.44	15.12	投资者保证金余额	0.27	0.17	-37.04
中长期贷款	74.73	77.09	3.16	证券账户开户数	10984	11942	8.72
票据融资	10.11	6.60	-34.72	证券交易佣金收入	0.05	0.06	20
当年结益	6.79	6.83	0.59	净利润	0.02	0.03	50
不良贷款余额	4.53	3.44	-24.06				

兖州市主要金融机构概况

单位名称	行长（或其他称谓的第一负责人）	副行长（或其他称谓的同级领导）	员工总数	辖内营业网点数
人行兖州市支行	张 俊	侯圣民 陈玉玲 杨晓霞	32	1
银监会兖州市办事处	张 波		1	1
农发行兖州市支行	万鲁峰	赵自力 贾 宇	25	1
工行兖州支行	陈志刚	刘 萍 吴 萧 李树伟	141	10
农行兖州支行	董 涛	李大春 杨则杰 颜 河	178	11
中行兖州支行	蒋 涛	王 洁 郭 鹏	94	5
建行兖州支行	赵振强	周志广 王剑秋	115	8
济宁银行兖州支行	何瑞东	郭 建	46	2

续表

单位名称	行长（或其他称谓的第一负责人）	副行长（或其他称谓的同级领导）	员工总数	辖内营业网点数
兖州农信联社	井长峰	徐崇飞　刘　广　付亚平　曲小东	402	35
邮储银行兖州市支行	迟新辉	宋起龙　刘　涛	79	19
交行兖州支行	裴云锋	赵　杰　周脉良	19	1
兴业兖州支行	李国丽	刘　军	21	1
招行兖州支行	戴　园	吕　剑	17	1
浦发兖州支行	李　琦	崔国栋	15	1
中信兖州支行	张　霞	李建富	13	1

兖州市主要金融机构业务概况

单位：亿元

单位名称	本外币存款余额	人民币单位存款	人民币储蓄存款	本外币贷款余额	人民币短期贷款	人民币中长期贷款
农发行兖州市支行	0.97	0.97	0	11.66	4.76	6.55
工行兖州支行	59.72	22.38	35.48	51.81	29.65	20.76
农行兖州支行	47.17	16.83	28.54	38.30	26.16	7.46
中行兖州支行	49.23	12.54	31.02	32.95	13.65	17.38
建行兖州支行	45.84	15.39	26.75	23.60	5.74	14.16
济宁银行兖州支行	24.95	12.49	12.46	12.68	9.07	1.93
兖州农信联社	54.61	5.64	48.82	35.11	29.10	4.18
邮储银行兖州市支行	24.54	4.49	20.04	1.49	0.41	1.08
交通兖州支行	12.26	9.18	2.43	10.99	6.44	3.50
兴业兖州支行	8.83	6.97	1.85	5.53	5.51	0.02
招行兖州支行	3.66	2.57	1.08	3.99	3.92	0.07
浦发兖州支行	9.79	9.49	0.30	0.04	0.04	0
中信兖州支行	0.81	0.49	0.24	0	0	0

《关于金融支持现代农业加快发展的指导意见》；二是引导涉农银行积极开办林权抵押贷款，推动市政府加快林权确权和颁证，建立林权登记管理和抵押贷款管理机制；三是引导农信社创建中小企业、肉鸭养殖户、商户、农户等四大信用联盟，积极与市农业局沟通，推动农信联社成立首家种粮大户信用合作联盟；四是筹建成立金融协会，探索金融消费权益保护工作的新方式；五是启动农信社改制工作，浦发、中信银行在当地先后挂牌营业。

【金融服务与监管】　2013年，人行兖州市支行坚持服务与管理并重，推动经济金融平稳健康发展。一是推进社会信用体系建设，出台《关于在全市开展“金融诚信年”创建活动的实施方案》；二是加强农村支付环境建设，全辖银行卡发卡量达109.80万张，布放ATM机117台，配备POS机12329台，农民自助服务终端100台；三是利用市政府网站开展《征信业管理条例》、跨境人民币业务、人民币反假等金融知识宣传，收到良好效果；四是加大外汇检查力度，对银行机构办理外汇业务情况进行专项检查；五是对银行机构2012年的工作进行综合评价，对两家新设银行业金融机构实施开业管理。

曲阜市

【经济金融概况】 2013 年，曲阜市按照“实干兴市”的总要求，全市经济呈现工业经济增量提质，投资增幅较大，财税金融运行平稳，居民收入稳定增加等特点。

全市金融系统认真贯彻落实稳健货币政策，将优化信贷结构与促进经济结构调整紧密结合，金融服务和管理水平明显提升。

【金融发展与改革】 2013 年，人行曲阜市支行积极推进金融发展与改革。一是承办政府重要座谈会 3 次、银企对接洽谈会 6 次，推进政银企三方合作；二是着力推动金融组织体系发展，中银富登村镇银行、招商银行、济宁银行等二级支行在曲阜挂牌营业；三是曲阜市金融消费者权益保护协会成立，各项工作顺利展开；四是组织完成对金融机构管理服务系统上线试运行工作。

【金融服务与监管】 2013 年，人行曲阜市支行强化“窗口

曲阜市主要经济指标

经济指标	2012	2013	2013 年同比增幅（%）	经济指标	2012	2013	2013 年同比增幅（%）
土地面积（平方公里）	814.75	814.75	0	地方财政支出（亿元）	25.47	32.44	27.4
人口（万人）	64.43	64.58	0.23	全社会固定资产投资（亿元）	143.05	174.57	24.5
城镇人口（万人）	32.99	34.59	4.85	进出口总值（万美元）	11444	13633	19.1
乡村人口（万人）	31.44	29.99	-4.61	出口总值（万美元）	9830	12935	31.6
地区生产总值（亿元）	298.44	331.66	12.5	实际利用外资（万美元）	7210	9017	25.1
第一产业（亿元）	27.88	31.57	4.8	社会消费品零售总额（亿元）	122.35	139.11	13.7
第二产业（亿元）	117.91	126.92	15.2	居民消费价格指数（%）	102.1	101.5	-0.59
第三产业（亿元）	152.65	173.17	11.7	人均地区生产总值（元）	46363	51476	11.03
财政总收入（亿元）	47.49	78.75	65.82	城镇居民可支配收入（元）	18004	20365	13.1
地方财政收入（亿元）	16.24	20.11	16.3	农民人均现金收入（元）	9861	11268	14.3
财政总支出（亿元）	47.80	77.09	61.28				

曲阜市主要金融指标

金融指标（亿元）	2012	2013	2013 年同比增幅（%）	金融指标（亿元）	2012	2013	2013 年同比增幅（%）
本外币存款余额	192.92	214.45	11.16	财险收入	1.18	1.39	17.80
人民币存款余额	192.51	214.13	11.23	寿险收入	3.72	3.83	2.96
单位存款	72.46	74.27	2.50	财险赔款	0.42	0.66	57.14
储蓄存款	118.91	135.76	14.17	寿险给付	0.98	1.26	28.57
本外币贷款余额	90.43	106.13	17.36	当年结益	--	--	--
人民币贷款余额	90.43	106.13	17.36	证券市场交易总额	34.20	42.98	25.67
短期贷款	43.90	53.47	21.80	投资者保证金余额	0.31	0.30	-3.23
中长期贷款	37.08	44.46	19.90	证券账户开户数	25643	26613	3.78
票据融资	9.45	8.2	-13.23	证券交易佣金收入	0.06	0.09	50.00
当年结益	2.99	3.28	9.70	净利润	0.02	0.04	100.00
不良贷款余额	2.59	1.80	-30.50				

曲阜市主要金融机构概况

单位名称	行长（或其他称谓的第一负责人）	副行长（或其他称谓的同级领导）	员工总数	辖内营业网点数
人行曲阜市支行	王兖宁	王德玉　潘教贞　赵宏伟	31	1
银监会曲阜市办事处	吴夏红		3	1
农发行曲阜市支行	胡　冰	颜　军	18	1
工行曲阜支行	孟　彬	卢德仁　王　凯	91	5
农行曲阜支行	高中军	胡彦亮　何　磊　张允伟	169	12
中行曲阜支行	王瑞昌	于洪生　牛　培	82	4
建行曲阜支行	王　强	丁养鹏　王建国	104	6
招行曲阜支行	朱　艳	扈立群	26	1
济宁银行曲阜支行	曾凡成	王培岩	32	2
曲阜市农信联社	赵　鲁	亓志勇　孔凡娣　杨　莅　孟　彬	424	30
邮储银行曲阜市支行	任国庆	来　波　王云良	135	17
曲阜中银富登村镇银行	柴红树	孔　纹　赵雪峰	37	1

曲阜市主要金融机构业务概况

单位：亿元

单位名称	本外币存款余额	人民币单位存款	人民币储蓄存款	本外币贷款余额	人民币短期贷款	人民币中长期贷款
农发行曲阜市支行	0.41	0.41	0	4.59	1.69	1.75
工行曲阜支行	32.50	16.00	15.94	13.41	4.37	9.04
农行曲阜支行	40.76	14.25	26.10	13.94	7.60	6.34
中行曲阜支行	26.29	12.59	12.81	13.93	5.14	8.74
建行曲阜支行	29.23	13.40	15.68	17.83	6.64	11.20
招行曲阜支行	1.13	0.57	0.56	0.62	0.02	0.60
济宁银行曲阜支行	13.92	9.02	4.90	10.39	8.42	0.27
曲阜市农信联社	50.94	4.19	46.64	28.34	19.29	3.74
邮储银行曲阜市支行	15.65	3.10	12.55	2.02	0.29	1.73
曲阜中银富登村镇银行	1.31	0.73	0.58	1.06	0.01	1.05

指导”作用，努力提升金融服务水平，进一步强化金融管理。一是全面开展农村支付服务环境建设工作，实现行政村金融基础设施全覆盖；二是积极开展“征信知识进校园”、“金融消费者权益宣传月”、“反假人民币宣传周”、“金融知识普及推广月”等活动；三是定期组织召开全市金融工作座谈会，通报经济金融运行情况，制定防范系统性风险工作措施；四是强化外汇管理工作，拓展服务手段，促进涉外经济健康发展；五是加强征信、反洗钱、账户和现金等工作的力度。

邹城市

【经济金融概况】 2013年，邹城市主要经济指标增速加快，经济运行呈现稳中有进的态势。本外币各项存、贷款余额大幅增加，信贷结构持续优化，金融对经济的支持力度不断增强。

【金融发展与改革】 2013年，人行邹城市支行稳步推进金融发展与改革。一是组织召开全市金融工作会议，济宁各市级金融机构与市政府签订战略合作协议168亿元；二是联合市农业局对全市60个农业产业化龙头企业的信贷项目需求进行考察；三是制定《信用园区建设工作方案》，全市首家信用园区挂牌；四是制定了《金融支持城镇化建设指导意见》、《活体畜禽抵押贷款管理办法》等文件；五是引导银行机构推出适合中小企业融资特点的“助保金贷款”、“供应链融资”等特色金融创新产品30余项；六是推动农信社成功改制为农村商业银行。

邹城市主要经济指标

经济指标	2012	2013	2013年同比增幅（%）	经济指标	2012	2013	2013年同比增幅（%）
土地面积（平方公里）	1616.56	1616.56	0	地方财政支出（亿元）	48.61	56.80	16.8
人口（万人）	112.81	113.37	0.50	全社会固定资产投资（亿元）	255.74	309.19	23.7
城镇人口（万人）	55.27	58.17	5.25	进出口总值（万美元）	18171	12871	-29.2
乡村人口（万人）	57.54	55.20	-4.07	出口总值（万美元）	7012	9049	29.1
地区生产总值（亿元）	671.32	731.58	11.9	实际利用外资（万美元）	12806	13212	3.2
第一产业（亿元）	43.48	48.33	3.8	社会消费品零售总额（亿元）	183.19	208.65	13.9
第二产业（亿元）	403.30	424.02	12.0	居民消费价格指数（%）	--	--	--
第三产业（亿元）	224.54	259.23	13.2	人均地区生产总值（元）	59593	64690	8.55
财政总收入（亿元）	59.35	79.04	33.18	城镇居民可支配收入（元）	24580	27605	12.3
地方财政收入（亿元）	41.48	55.33	16.0	农民人均现金收入（元）	11094	12576	13.4
财政总支出（亿元）	57.80	75.18	30.07				

邹城市主要金融指标

金融指标（亿元）	2012	2013	2013年同比增幅（%）	金融指标（亿元）	2012	2013	2013年同比增幅（%）
本外币存款余额	552.94	595.34	7.67	财险收入	2.70	3.04	12.59
人民币存款余额	534.92	573.56	7.22	寿险收入	5.14	6.30	22.57
单位存款	276.27	284.46	2.96	财险赔款	0.91	1.33	46.15
储蓄存款	252.17	276.24	9.55	寿险给付	0.85	1.44	69.41
本外币贷款余额	385.52	470.88	22.14	当年结益	--	--	--
人民币贷款余额	366.21	419.26	14.49	证券市场交易总额	109.65	171.36	56.28
短期贷款	198.20	205.84	3.85	投资者保证金余额	52.21	1.15	-97.80
中长期贷款	151.64	202.61	33.61	证券账户开户数	36239	39130	7.98
票据融资	16.37	10.81	-33.96	证券交易佣金收入	0.17	0.58	241.18
当年结益	13.01	13.29	-2.15	净利润	0.06	0.18	200
不良贷款余额	4.40	4.32	-1.82				

邹城市主要金融机构概况

单位名称	行长（或其他称谓的第一负责人）	副行长（或其他称谓的同级领导）	员工总数	辖内营业网点数
人行邹城市支行	韩厚晶	杜　平　张采强　步俊青	28	1
银监会邹城市办事处	刘传富		1	1
农发行邹城市支行	李立学	尹建民	18	1
工行邹城支行	段仰建	赵道峰　吕毅波　赵　勇　杨传忠	211	16
农行邹城支行	刘　炜	张友平　李龙海　乔德田　乔　红	196	14
中行邹城支行	田　文	张德军　张　忠　党繁桐	99	5
建行邹城支行	李庆国	刘文荣　付尚军	83	6
建行兖州矿区支行	李广志	董　晶　张立艳	96	7
建行邹城电力支行	杨建军		25	1
济宁银行邹城支行	范旭升	陈　晨　孙宪峰	44	3
邹城市农商行	高远志	宋甲新　刘永清　袁守波　赵　鹏	589	36
邮储银行邹城市支行	范建国	王　伟　韦　明	80	28
兖矿集团财务公司	张胜东	孟宪强　李　东　王以春　李井良　南官鸣祝	34	1
中信邹城支行	刘云忠	陈福玉　刘　鸣	17	1
交行邹城支行	刘启明	吕　林　孙　博　胡桂华	19	1
兴业邹城支行	张金山	侯亚东	22	1
招行邹城支行	王吉魁	石林杰　马玉民	17	1
邹城建信村镇银行	马仁明	庄　林　徐　峰　康　伟	19	1

邹城市主要金融机构业务概况

单位：亿元

单位名称	本外币存款余额	人民币单位存款	人民币储蓄存款	本外币贷款余额	人民币短期贷款	人民币中长期贷款
农发行邹城市支行	0.52	0.52	0	1.67	0.94	0.73
工行邹城支行	134.52	51.15	71.51	107.94	42.83	55.01
农行邹城支行	52.21	21.39	29.79	70.84	24.36	46.47
中行邹城支行	82.68	54.15	18.78	66.14	9.26	37.25
建行邹城支行	33.86	15.99	16.83	18.60	2.20	16.23
建行兖州矿区支行	54.15	30.18	23.63	45.71	11.89	10.89
建行邹城电力支行	6.52	1.93	4.58	4.68	0.39	4.29
济宁银行邹城支行	16.22	8.84	7.38	10.08	9.18	0.81
邹城市农商行	83.69	10.32	72.88	56.28	39.77	7.97
邮储银行邹城市支行	30.37	7.12	23.24	2.46	0.70	1.75
兖矿集团财务公司	53.22	53.22	0	34.13	24.94	8.86

续表

单位名称	本外币存款余额	人民币单位存款	人民币储蓄存款	本外币贷款余额	人民币短期贷款	人民币中长期贷款
中信邹城支行	6.52	4.91	1.23	9.55	7.27	2.28
交行邹城支行	10.81	8.84	1.26	23.99	17.04	6.34
兴业邹城支行	13.76	10.24	3.48	13.68	10.16	3.52
招行邹城支行	5.73	4.53	1.19	3.83	3.77	0.05
邹城建信村镇银行	1.57	1.11	0.46	1.30	1.13	0.16

【金融服务与监管】 2013年，人行邹城市支行进一步强化金融服务与管理职能，金融服务质量和水平明显提高。一是开展服务型国库建设，国库与财政对账系统在济宁辖内率先上线；二是以“货币流通净化工程”为抓手，举办“农村自助终端管理员人民币反假知识培训班”，率先在济宁辖区办理第一笔现金横向调剂业务；三是组织承办济宁市跨境人民币业务银企对接服务签约活动，跨境人民币业务总量居济宁首位；四是先后两次组织由市商务局、辖区各结算银行及进出口企业参加的“3·15”金融消费者权益保护宣传活动；五是制定印发《外管局邹城市支局关于先行介入外商投资项目支持涉外经济发展的意见》，组织辖内40余家进出口企业参与“外汇税收政策及国际业务宣讲会”；六是完成建行峄山路支行、济宁银行邹城钢山支行、邮储银行邹城矿区支行的开业管理；七是成立邹城市金融协会，加强金融消费者权益的保护工作。

泗水县

【经济金融概况】 2013年，泗水县紧紧围绕“跨越发展、进位赶超”的主题，开拓创新、攻坚克难，经济呈现出增长加快、结构优化的良好态势。金融运行态势良好，各项存款稳步增长，信贷投放力度加大。

【金融发展与改革】 2013年，泗水县金融机构认真落实国家各项宏观调控政策，创新服务理念、优化信贷结构，推动经济金融和谐发展。一是农行推出水产养殖“滩涂使用权”抵押贷款，成功发放济宁市农行系统首笔公司类“滩涂使用权”抵

泗水县主要经济指标

经济指标	2012	2013	2013年同比增幅（%）	经济指标	2012	2013	2013年同比增幅（%）
土地面积（平方公里）	1118.11	1118.11	0	地方财政支出（亿元）	16.63	21.34	28.3
人口（万人）	53.91	54.23	0.59	全社会固定资产投资（亿元）	79.88	96.90	24.1
城镇人口（万人）	18.78	19.98	6.39	进出口总值（万美元）	16893	20403	20.8
乡村人口（万人）	35.13	34.25	-2.50	出口总值（万美元）	9581	10015	4.5
地区生产总值（亿元）	119.20	135.42	13.0	实际利用外资（万美元）	1913	2810	46.9
第一产业（亿元）	29.98	33.76	3.9	社会消费品零售总额（亿元）	58.49	66.80	14.2
第二产业（亿元）	53.60	58.05	14.1	居民消费价格指数（%）	--	--	--
第三产业（亿元）	35.62	43.61	18.8	人均地区生产总值（元）	22127	25045	13.19
财政总收入（亿元）	25.18	29.13	15.69	城镇居民可支配收入（元）	16113	18276	13.4
地方财政收入（亿元）	5.04	6.85	25.4	农民人均现金收入（元）	7582	8701	14.8
财政总支出（亿元）	25.18	29.05	15.37				

泗水县主要金融指标

金融指标（亿元）	2012	2013	2013年同比增幅（%）	金融指标（亿元）	2012	2013	2013年同比增幅（%）
本外币存款余额	93.66	112.04	19.62	财险收入	0.57	0.73	28.07
人民币存款余额	92.54	108.99	17.78	寿险收入	1.99	2.29	15.07
单位存款	20.49	26.30	28.35	财险赔款	0.31	0.24	-22.58
储蓄存款	71.69	82.11	14.53	寿险给付	0.34	0.45	32.35
本外币贷款余额	53.08	61.97	16.75	当年结益	—	—	—
人民币贷款余额	52.24	61.55	17.82	证券市场交易总额	—	—	—
短期贷款	31.35	36.03	14.93	投资者保证金余额	—	—	—
中长期贷款	18.74	23.68	26.36	证券账户开户数	—	—	—
票据融资	2.15	1.84	-14.41	证券交易佣金收入	—	—	—
当年结益	1.52	1.73	13.82	净利润	—	—	—
不良贷款余额	1.19	0.89	-25.21				

泗水县主要金融机构概况

单位名称	行长（或其他称谓的第一负责人）	副行长（或其他称谓的同级领导）	员工总数	辖内营业网点数
人行泗水县支行	王金生	王 敏 辛建彬	25	
银监会泗水县办事处	朱道工	绪素平	2	1
农发行泗水县支行	孔令河	何 峰 杨 丽	16	1
工行泗水支行	张 超	胡明澈 周 操	32	2
农行泗水支行	周 斌	胡 波 程 震 张大伟	122	7
中行泗水支行	王常忠	冯宜军	26	1
建行泗水支行	王 伟	石礼佩	37	1
济宁银行泗水支行	张现彬	赵性振	17	1
泗水县农信联社	范德勇	李巧云 苏 强 颜世川 周卫海 王 豹	318	21
邮储银行泗水县支行	沙 磊	王先明	35	18

泗水县主要金融机构业务概况

单位：亿元

单位名称	本外币存款余额	人民币单位存款	人民币储蓄存款	本外币贷款余额	人民币短期贷款	人民币中长期贷款
农发行泗水县支行	0.50	0.50	0	2.08	1.28	0.8
工行泗水支行	13.06	6.55	6.40	15.98	5.37	10.52
农行泗水支行	22.92	4.55	18.23	7.46	3.47	3.68
中行泗水支行	12.05	4.10	5.84	5.73	3.22	2.30
建行泗水支行	8.98	4.16	3.85	8.58	4.54	4.03

续表

单位名称	本外币存款余额	人民币单位存款	人民币储蓄存款	本外币贷款余额	人民币短期贷款	人民币中长期贷款
济宁银行泗水支行	3.62	1.81	1.81	2.47	2.29	0.05
泗水县农信联社	32.32	1.84	30.34	18.68	15.00	2.17
邮储银行泗水县支行	18.42	2.78	15.64	0.97	0.84	0.13

押贷款110万元；二是农信社推出集体土地（房产）抵押贷款，为金融机构与农户之间搭建资金融通桥梁；三是各金融机构在防范风险的基础上，积极推广企业股权、应收账款、专利权、仓单、动产、钢结构资产、票据融资等质押抵押贷款业务；四是人行泗水县支行配合县政府先后与3家县外金融机构进行洽谈和对接，中小企业全年吸收县外金融机构贷款6亿元。

【金融服务与监管】 2013年，人行泗水县支行认真履行服务和管理职能。一是修订《金融支持中小微企业发展考核评价办法》，为中小微企业融资营造良好环境；二是指导各金融机构采取“一行（社）一策”，邀请上级行领导、信贷部门负责人到当地企业现场办公或通过会议形式开展银企对接，召开各种形式银企对接（合作）会8次，金融机构与120余家企业达成贷款意向7.5亿元，实际到位资金5.2亿元；三是开展对农信社2012年度和2013年的风险监测与评估，及时进行风险提示；四是对金融机构上半年金融稳定重大事项报告管理办法执行情况进行专项检查。

微山县

【经济金融概况】 2013年，微山县围绕建设“经济强县、旅游名县、滨湖新城”的奋斗目标，加快转变经济发展方式，经济呈现出工业生产持续向好，农业生产快速发展，现代服务业发展提速的良好势头。微山湖湿地荣膺“中国十大魅力湿地”，微山湖水利风景区获批国家级水利风景区。

该县各金融机构认真贯彻执行稳健货币政策，着力优化信贷结构，加快金融产品创新，全面提升服务水平，助推经济社会较快发展。

【金融发展与改革】 2013年，人行微山县支行加大“窗口指导”力度，全面推进各项改革。一是制定《金融促进全县经济科学跨越发展指导意见》；二是在全省率先出台《微山湖水域滩涂养殖权抵押贷款管理办法》，创新抵押贷款模式；三是组织召开“政银企合作恳谈会”和“金融支持重点建设项目推

微山县主要经济指标

经济指标	2012	2013	2013年同比增幅（%）	经济指标	2012	2013	2013年同比增幅（%）
土地面积（平方公里）	1737.57	1737.57	0	地方财政支出（亿元）	27.72	33.25	20.0
人口（万人）	63.78	64.12	0.53	全社会固定资产投资（亿元）	142.55	172.45	23.8
城镇人口（万人）	26.90	28.39	5.54	进出口总值（万美元）	6815	9056	32.9
乡村人口（万人）	36.88	35.73	-3.12	出口总值（万美元）	5669	7728	36.3
地区生产总值（亿元）	304.6	337.16	12.0	实际利用外资（万美元）	2200	3212	46.0
第一产业（亿元）	33.44	36.91	4.1	社会消费品零售总额（亿元）	81.31	92.04	13.2
第二产业（亿元）	152.47	165.26	12.1	居民消费价格指数（%）	102.5	103.4	0.88
第三产业（亿元）	118.69	134.99	13.9	人均地区生产总值（元）	47792	52722	10.32
财政总收入（亿元）	31.41	40.26	28.18	城镇居民可支配收入（元）	24537	27591	12.5
地方财政收入（亿元）	20.51	25.26	14.0	农民人均现金收入（元）	10297	11724	13.9
财政总支出（亿元）	31.76	37.72	18.77				

微山县主要金融指标

金融指标（亿元）	2012	2013	2013 年同比增幅（%）	金融指标（亿元）	2012	2013	2013 年同比增幅（%）
本外币存款余额	161.14	168.63	4.65	财险收入	1.08	1.26	16.67
人民币存款余额	160.84	168.56	4.80	寿险收入	3.21	4.52	40.81
单位存款	68.73	59.20	-13.87	财险赔款	0.29	0.59	103.45
储蓄存款	89.83	103.78	15.53	寿险给付	0.35	0.78	122.86
本外币贷款余额	80.17	79.21	-1.20	当年结益	--	--	--
人民币贷款余额	80.17	79.21	-1.20	证券市场交易总额	--	--	--
短期贷款	63.80	62.78	-1.60	投资者保证金余额	--	--	--
中长期贷款	12.00	13.32	11	证券账户开户数	--	--	--
票据融资	4.34	3.11	-28.34	证券交易佣金收入	--	--	--
当年结益	3.59	2.88	-19.78	净利润	--	--	--
不良贷款余额	3.59	3.06	-14.76				

微山县主要金融机构概况

单位名称	行长（或其他称谓的第一负责人）	副行长（或其他称谓的同级领导）	员工总数	辖内营业网点数
人行微山县支行	卢 飚	孙海波 蔡 靖 刘同征	26	1
银监会微山县办事处	李体提		1	1
农发行微山县支行	李成德	冯露斌	15	1
工行微山支行	尤 杰	张海生 孙雨飞 张 震	45	4
农行微山支行	陈 国	高新德 吴 炜 刘卫东	138	8
中行微山支行	赵海涛	马厚永 刘杨鹏	56	3
建行微山支行	王昭华	刘菁儒 刘 彪	59	3
济宁银行微山支行	卢 宾	冯 刚 石义军	30	2
微山县农信联社	王钦勋 褚衍成	岳 奎 刘 然	436	35
邮储银行微山县支行	杨冠东	马申平 王守忠	77	3

微山县主要金融机构业务概况

单位：亿元

单位名称	本外币存款余额	人民币单位存款	人民币储蓄存款	本外币贷款余额	人民币短期贷款	人民币中长期贷款
农发行微山县支行	0.57	0.57	0	2.39	1.52	0.87
工行微山支行	18.81	9.01	9.15	5.96	4.92	1.04
农行微山支行	33.98	12.97	20.50	13.86	11.76	2.11
中行微山支行	11.76	5.61	5.91	4.08	1.47	2.47

续表

单位名称	本外币存款余额	人民币单位存款	人民币储蓄存款	本外币贷款余额	人民币短期贷款	人民币中长期贷款
建行微山支行	17.46	8.57	8.56	6.84	4.18	2.66
济宁银行微山支行	13.22	8.34	4.88	10.57	6.83	0.76
微山县农信联社	46.06	8.50	37.22	33.49	31.82	1.67
邮储银行微山县支行	23.13	5.57	17.56	2.02	0.28	1.74

进会”，对辖内120多个重点建设项目情况进行详细介绍和推介；四是更新和完善政银企网络对接信息平台，实现银企资金供求信息全覆盖；五是加快推动金融组织体系建设。济宁银行欢城支行、浦发银行微山支行开业，微山湖银融担保公司、永安保险落地。

【金融服务与监管】 2013年，人行微山县支行不断强化金融服务与管理。一是进一步完善农村支付环境，金融机构在各乡镇配备ATM机71台、POS机4080台，辖区金融基础设施覆盖率达72.55%；二是制定《支持涉外经济又快又好发展的指导意见》，建立“外汇服务联络员”等制度；三是密切关注农信社贷款投放节奏，严控票据业务增长，对2012年农信社新增存款一定比例用于当地贷款考核不达标问题，约见主要负责人谈话，跟踪督导后续工作；四是针对煤贸企业贷款风险问题，推动政府成立融资性担保公司；五是按季对辖内金融机构进行综合评价，对排名后两位的金融机构进行现场综合业务执法大检查；六是举办外汇业务知识及跨境人民币业务银企对接签约仪式。

鱼台县

【经济金融概况】 2013年，鱼台县围绕全面振兴“落实年、突破年”的总要求，凝心聚力、攻坚克难，经济保持平稳较快发展态势。

金融运行态势良好，银行信贷投放平稳增长，结构明显优化，促进了地方经济的稳健发展。

【金融发展与改革】 2013年，人行鱼台县支行认真贯彻稳健货币政策，积极推动金融创新，深化金融改革。一是联合县金融办、发改局、经信局成功承办“政银企合作暨重点项目推

鱼台县主要经济指标

经济指标	2012	2013	2013年同比增幅（%）	经济指标	2012	2013	2013年同比增幅（%）
土地面积（平方公里）	653.07	653.07	0	地方财政支出（亿元）	14.16	17.59	24.2
人口（万人）	44.07	44.31	0.54	全社会固定资产投资（亿元）	81.96	98.72	23.3
城镇人口（万人）	13.50	14.04	4.0	进出口总值（万美元）	3202	3595	12.3
乡村人口（万人）	30.57	30.27	-0.98	出口总值（万美元）	3110	3584	15.2
地区生产总值（亿元）	119.27	135.51	12.0	实际利用外资（万美元）	2015	2506	24.4
第一产业（亿元）	28.65	31.09	4.2	社会消费品零售总额（亿元）	58.78	67.07	14.1
第二产业（亿元）	52.04	59.16	13.2	居民消费价格指数（%）	106.3	101.5	-4.52
第三产业（亿元）	38.58	45.26	15.9	人均地区生产总值（元）	27088	30665	13.21
财政总收入（亿元）	16.27	22.54	38.54	城镇居民可支配收入（元）	17966	20248	12.7
地方财政收入（亿元）	6.58	8.21	17.0	农民人均现金收入（元）	9426	10727	13.8
财政总支出（亿元）	16.12	22.26	38.09				

鱼台县主要金融指标

金融指标（亿元）	2012	2013	2013年同比增幅（%）	金融指标（亿元）	2012	2013	2013年同比增幅（%）
本外币存款余额	79.48	87.22	9.74	财险收入	0.77	0.99	28.57
人民币存款余额	79.45	87.20	9.75	寿险收入	2.87	3.25	13.24
单位存款	19.47	21.77	11.81	财险赔款	0.40	0.49	22.5
储蓄存款	58.61	63.73	8.74	寿险给付	0.54	0.68	25.93
本外币贷款余额	34.63	41.47	19.75	当年结益	--	--	--
人民币贷款余额	34.63	41.47	19.75	证券市场交易总额	--	--	--
短期贷款	25.27	29.03	14.88	投资者保证金余额	--	--	--
中长期贷款	6.97	10.58	51.79	证券账户开户数	--	--	--
票据融资	2.39	1.86	-22.18	证券交易佣金收入	--	--	--
当年结益	1.03	1.10	6.80	净利润	--	--	--
不良贷款余额	1.46	1.56	6.85				

鱼台县主要金融机构概况

单位名称	行长（或其他称谓的第一负责人）	副行长（或其他称谓的同级领导）	员工总数	辖内营业网点数
人行鱼台县支行	崔　健	高奎昌　静圣民　穆怀玲　胡培根	29	1
银监会鱼台县办事处	王儒刚		1	1
农发行鱼台县支行	李春生	岳修忠　周强胜	23	1
工行鱼台支行	于向阳	吴金营	19	1
农行鱼台支行	王洪波	任建国　李超林	84	6
中行鱼台支行	吴玉生	姜　涛　张　亮	28	1
建行鱼台支行	徐卫东	翟庆华　陈顺利　张会旭　王兴峰	34	1
济宁银行鱼台支行	杨　冰	屈耀敏	24	1
鱼台县农信联社	王成峰	李本志　许文胜　张明路　杨新庆　刘　中	363	24
邮储银行鱼台县支行	孔祥前	张冬梅	66	3

鱼台县主要金融机构业务概况

单位：亿元

单位名称	本外币存款余额	人民币单位存款	人民币储蓄存款	本外币贷款余额	人民币短期贷款	人民币中长期贷款
农发行鱼台县支行	0.07	0.07	0	1.93	0.98	0.95
工行鱼台支行	5.89	2.66	3.12	4.38	2.34	2.03
农行鱼台支行	16.57	5.92	10.64	4.18	2.63	0.82
中行鱼台支行	7.74	3.27	4.45	5.72	1.95	2.98
建行鱼台支行	7.05	3.87	3.16	2.11	1.04	1.07
济宁银行鱼台支行	3.56	1.93	1.63	3.17	3.07	0.06
鱼台县农信联社	26.27	1.35	24.43	18.11	16.54	1.27
邮储银行鱼台县支行	18.99	2.69	16.29	1.86	0.47	1.39

介会”，推介项目46个，贷款需求38亿元，签订授信意向11.97亿元，年末实现企业授信12.6亿元，累计发放贷款8.9亿元；二是推出农村土地承包经营权抵押、大米加工户联保贷款等新型贷款和担保模式，缓解农民贷款难题；三是大力推进直补资金担保贷款、林权质押贷款等金融创新项目，建立金融支持现代农业资料库；四是加大再贷款支农力度，为农信社争取支农再贷款1.35亿元。

【金融服务与监管】 2013年，人行鱼台县支行不断提升金融服务与管理水平。一是推动支付结算环境建设，年末全县大小额支付系统覆盖率为65%，布放农民金融自助服务终端63台，建立银行卡助农取款服务点86个；二是开展现金服务示范网点建设、零币定点投放、过新年换新钱、残损币回收攻坚年等活动，缓解零币投放及回收矛盾；三是通过实施货物贸易、服务贸易和资本项目等改革，简化外向型企业业务操作及审批流程；四是结合“3·15”消费者权益保护日、“6·14”信用记录关爱日等开展送金融知识进村社企校活动，向全社会普及人民币反假、征信、金融消费者权益保护、国债等知识；五是对辖内8家金融机构2012年的工作进行综合评价，对评价为A级的金融机构颁发奖牌。

金乡县

【经济金融概况】 2013年，金乡县紧紧围绕“建设鲁西南经济强县、冲刺全市发展第一方阵、挺进全省县域经济六十强”的目标，进一步转变思想观念，强化工作措施，经济呈现出良好发展态势。

金融部门以优服务、重投入、兴实体为主线，优化调整信贷结构，创新改善金融服务，有效支持辖区实体经济转型升级与可持续发展。

金乡县主要经济指标

经济指标	2012	2013	2013年同比增幅（%）	经济指标	2012	2013	2013年同比增幅（%）
土地面积（平方公里）	887.67	887.67	0	地方财政支出（亿元）	18.61	22.67	22.1
人口（万人）	63.02	63.41	0.62	全社会固定资产投资（亿元）	86.62	105.63	24.4
城镇人口（万人）	23.89	25.38	6.24	进出口总值（万美元）	31634	37492	18.5
乡村人口（万人）	39.13	38.03	-2.81	出口总值（万美元）	31523	37362	18.5
地区生产总值（亿元）	137.80	158.53	12.7	实际利用外资（万美元）	950	2002	110.7
第一产业（亿元）	41.19	46.88	4.3	社会消费品零售总额（亿元）	66.42	75.58	13.8
第二产业（亿元）	44.31	49.71	15.3	居民消费价格指数（%）	116.2	101.5	-12.65
第三产业（亿元）	52.30	61.94	16.8	人均地区生产总值（元）	21876	25078	14.64
财政总收入（亿元）	32.20	58.96	83.11	城镇居民可支配收入（元）	18979	21184	11.6
地方财政收入（亿元）	7.01	10.01	31.8	农民人均现金收入（元）	10786	12136	12.5
财政总支出（亿元）	32.29	58.91	82.44				

金乡县主要金融指标

金融指标（亿元）	2012	2013	2013年同比增幅（%）	金融指标（亿元）	2012	2013	2013年同比增幅（%）
本外币存款余额	140.33	148.86	6.08	财险收入	1.21	1.48	22.31
人民币存款余额	140.16	148.63	6.04	寿险收入	4.80	6.40	33.33
单位存款	29.72	32.39	8.98	财险赔款	0.46	0.57	23.91
储蓄存款	109.51	114.08	4.17	寿险给付	0.57	1.03	80.70

续表

金融指标（亿元）	2012	2013	2013年同比增幅（%）	金融指标（亿元）	2012	2013	2013年同比增幅（%）
本外币贷款余额	79.96	91.95	14.99	当年结益	--	--	--
人民币贷款余额	79.96	91.84	14.86	证券市场交易总额	--	--	--
短期贷款	44.70	52.13	16.62	投资者保证金余额	--	--	--
中长期贷款	29.12	34.06	16.96	证券账户开户数	--	--	--
票据融资	6.14	5.65	-7.98	证券交易佣金收入	--	--	--
当年结益	3.07	3.12	1.63	净利润	--	--	--
不良贷款余额	2.81	2.17	-22.78				

金乡县主要金融机构概况

单位名称	行长（或其他称谓的第一负责人）	副行长（或其他称谓的同级领导）	员工总数	辖内营业网点数
人行金乡县支行	邢殿法	陈　磊　周超文	27	1
银监会金乡县办事处	赵玉庆		1	1
农发行金乡县支行	胡爱国	李伟秀	20	1
工行金乡支行	王庆辉	苑修广　胡新雷　周崇会	46	4
农行金乡支行	范学坤	李卫东　赵现军　李全明	126	7
中行金乡支行	许让波	缪　坤　陶　然	22	1
建行金乡支行	徐敬东	聂　磊　王　艳　韩进才　周　峰	67	2
济宁银行金乡支行	权志辉	商敬国	23	1
金乡县农信联社	聂　磊	程　光　魏　涛　胡建峰　黄海迁　李　静	327	33
邮储银行金乡县支行	李　莉	梁延峰　石金鼎	62	19

金乡县主要金融机构业务概况

单位：亿元

单位名称	本外币存款余额	人民币单位存款	人民币储蓄存款	本外币贷款余额	人民币短期贷款	人民币中长期贷款
农发行金乡县支行	0.82	0.82	0	3.02	2.10	0.92
工行金乡支行	16.39	4.75	11.33	11.80	2.32	9.48
农行金乡支行	23.81	7.47	15.50	9.04	5.52	3.32
中行金乡支行	8.88	5.04	3.67	8.71	3.42	5.29
建行金乡支行	11.53	4.51	6.97	13.24	2.95	10.18
济宁银行金乡支行	6.55	3.41	3.14	6.16	5.51	0.10
金乡县农信联社	51.68	2.51	48.76	37.10	28.89	3.30
邮储银行金乡县支行	28.59	3.89	24.71	2.90	1.42	1.48

【金融发展与改革】 2013年，人行金乡县支行充分发挥“窗口指导”职能，积极稳妥推进金融改革。一是制订印发《金融部门走企业访项目解难题促赶超活动实施方案》，引导金融机构转变营销方式，加大对实体经济的信贷投放；二是与县发改局、中小企业局、经信局、农业局等签订《产业融资项目战略合作协议》，建立新兴产业、小微企业和现代农业三大项目对接平台；三是积极参与县政府《关于开展“现代农业提升年”活动的实施方案》起草修订工作，提请县政府设立现代农业奖补资金用于对金融机构发放涉农贷款进行奖励，建立现代农业项目库；四是指导涉农金融机构推出冷库抵押、大蒜保险信贷、大棚抵押贷款等新型融资模式。年内，辖区新设证券公司营销部1处、融资性担保公司1家。

【金融服务与监管】 2013年，人行金乡县支行以优化融资环境为契机，进一步强化金融服务和监管职能。一是联合县经信局、中小企业局等举办“壮小扶微，信贷助推”公益性融资培训、惠企政策现场咨询日等活动，着力改善小微企业融资困境；二是以全民创业基础数据库为依托，联合县财政局、人社局、农信社、邮储银行等，开展政策性小额担保贷款进园区、进社区、进村居活动，新增创业贷款2099万元，财政贴息73.6万元，扶持554人成功创业，带动就业1804人；三是深化农村支付环境建设，全县641个行政村全部建立农村支付结算服务点，实现金融自助设备和银行卡助农取款服务“村村通、全覆盖”；四是开展反假宣传月活动，完成对工行、农联社及邮储银行等3家金融机构的人民币收付及反假货币业务的检查；五是举办济宁市跨境人民币业务银企结对服务（金乡）签约仪式，积极推进跨境人民币结算业务的开展。

嘉祥县

【经济金融概况】 2013年，嘉祥县坚持稳中求进、稳中提质，不断以结构调整、深化改革促进经济的平稳增长。各金融部门以优化信贷结构为着力点，坚持“区别对待、有扶有控”的原则，充分发挥金融支持地方经济发展的作用。

【金融发展与改革】 2013年，人行嘉祥县支行以支持地方经济为重点，强化稳健货币政策执行力。一是制定颁发了《关于加强和改进银行业服务工作的指导意见》、《关于金融支持

嘉祥县主要经济指标

经济指标	2012	2013	2013年同比增幅（%）	经济指标	2012	2013	2013年同比增幅（%）
土地面积（平方公里）	975.16	975.16	0	地方财政支出（亿元）	20.26	24.01	18.5
人口（万人）	82.13	82.49	0.44	全社会固定资产投资（亿元）	123.12	148.09	23.1
城镇人口（万人）	21.39	24.10	12.67	进出口总值（万美元）	16369	14669	-10.4
乡村人口（万人）	60.74	58.39	-3.87	出口总值（万美元）	10521	10948	4.1
地区生产总值（亿元）	199.53	219.79	11.1	实际利用外资（万美元）	2070	2252	8.8
第一产业（亿元）	27.25	30.76	4.0	社会消费品零售总额（亿元）	70.55	80.14	13.6
第二产业（亿元）	107.44	113.84	11.3	居民消费价格指数（%）	--	--	--
第三产业（亿元）	64.84	75.19	13.7	人均地区生产总值（元）	24302	25125	3.39
财政总收入（亿元）	29.34	49.85	69.90	城镇居民可支配收入（元）	18604	20910	12.4
地方财政收入（亿元）	10.02	12.43	14.0	农民人均现金收入（元）	9472	10655	12.5
财政总支出（亿元）	30.30	50.06	65.21				

嘉祥县主要金融指标

金融指标（亿元）	2012	2013	2013年同比增幅（%）	金融指标（亿元）	2012	2013	2013年同比增幅（%）
本外币存款余额	163.77	186.44	13.84	财险收入	1.09	1.49	36.70
人民币存款余额	163.28	186.27	14.08	寿险收入	4.07	5.79	42.26

续表

金融指标（亿元）	2012	2013	2013年同比增幅（%）	金融指标（亿元）	2012	2013	2013年同比增幅（%）
单位存款	33.10	37.11	12.11	财险赔款	0.45	0.58	28.89
储蓄存款	128.84	147.26	14.30	寿险给付	0.77	1.09	41.56
本外币贷款余额	76.20	89.17	17.02	当年结益	—	—	—
人民币贷款余额	76.20	89.17	17.02	证券市场交易总额	—	—	—
短期贷款	45.45	52.90	16.39	投资者保证金余额	—	—	—
中长期贷款	22.31	30.29	35.77	证券账户开户数	—	—	—
票据融资	8.44	5.98	-29.15	证券交易佣金收入	—	—	—
当年结益	2.09	2.53	21.05	净利润	—	—	—
不良贷款余额	7.29	4.70	-35.53				

嘉祥县主要金融机构概况

单位名称	行长（或其他称谓的第一负责人）	副行长（或其他称谓的同级领导）	员工总数	辖内营业网点数
人行嘉祥县支行	张同伟	马生勇　蔡文建　袁庆林	32	1
银监会嘉祥县办事处	陈新成	李继环	2	1
农发行嘉祥县支行	宋传蔼	杨炳运　王立祥	21	1
工行嘉祥支行	柳　靖	李海滨　常九坤	30	2
农行嘉祥支行	王乃玺	张红光　张传涛　杜明华	127	8
中行嘉祥支行	王志慧	孔卫东　孙建国	24	1
建行嘉祥支行	袁中立	闫兴东　高昭军　田良臣　朱保华	68	3
济宁银行嘉祥支行	刘志刚	周　珂	20	1
嘉祥县农信联社	陆　伟	胡爱东　党万辉　任国强　秦绍亮　孙尚宇	511	29
邮储银行嘉祥县支行	张梁民	周　强　于志华	82	21
嘉祥中银富登村镇银行	宋斌亭	魏利中	43	2

嘉祥县主要金融机构业务概况

单位：亿元

单位名称	本外币存款余额	人民币单位存款	人民币储蓄存款	本外币贷款余额	人民币短期贷款	人民币中长期贷款
农发行嘉祥县支行	0.14	0.14	0	2.21	2.01	0.20
工行嘉祥支行	9.91	2.62	7.11	5.50	2.02	3.48
农行嘉祥支行	33.67	8.09	26.13	12.29	5.94	6.33
中行嘉祥支行	8.62	3.83	4.47	5.56	1.48	3.87
建行嘉祥支行	26.61	10.14	16.15	14.58	3.99	10.59
济宁银行嘉祥支行	8.34	5.21	3.13	7.15	5.04	1.72

续表

单位名称	本外币存款余额	人民币单位存款	人民币储蓄存款	本外币贷款余额	人民币短期贷款	人民币中长期贷款
嘉祥县农信联社	66.35	2.20	63.64	38.50	31.29	1.85
邮储银行嘉祥县支行	28.62	3.43	3	2.19	1.01	1.18
嘉祥中银富登村镇银行	1.98	0.85	1.14	1.19	0.12	1.06

全民创业的实施意见》和《关于金融支持民营经济跨越发展的指导意见》等6个文件；二是积极联合县政府召开"政银企合作暨重点项目推介会"，举办小额担保贷款、妇女创业贷款发放仪式，承办济宁市农村青年创业小额贷款工作现场推进会；三是引导银行业机构进一步扩大应收账款、专利权质押、发票融资和土地流转等信贷产品的使用范围；四是全面推广"三大(中小企业、农户、商户)信用联盟"、"小企业简式快速信贷"、"速贷通"、"信贷直通车"、"小微信贷工厂" 等融资新模式；五是大力推动金融支持现代农业创新工作，先后4次组织召开政府涉农部门、涉农企业、金融部门支持现代农业座谈会，建立金融支持现代农业资料库。

【金融服务与监管】 2013年，人行嘉祥县支行发挥基层央行的职能作用，不断强化金融服务与监管。一是在全县15个乡镇驻地、695个行政村分别设立农村国债惠民服务站点，率先在济宁市实现国债收款单全部兑付；二是扎实推动手机支付入乡入村，实现手机支付在农村地区行政村的全覆盖；三是创新实施《外商投资企业外汇年检数据质量控制"一键核对"办法》，配套开发"自动化"核对工具——年检小精灵，变"逐家逐项人工核对"为"一键操作批量核对"，被国家外汇总局资本司在全国推荐使用；四是组织开展"换新钱过新年"、"反假宣传月"等活动，创新实施《小面额残缺污损人民币定期清收办法》，全年回收10元以下小面额残损币3180万元，同比增长40.7%；五是实施银行机构开业管理、重大事项报告、综合评价、综合执法检查和金融消费者权益保护"五位一体"的金融管理模式。全年开展金融机构综合评价工作1次，专项执法检查3次，约见金融机构负责人谈话3次，对1家金融机构违规行为进行了行政处罚。

汶上县

【经济金融概况】 2013年，汶上县大力实施"产业兴县"发展战略，经济社会实现平稳发展。金融机构各项存款快速增长，贷款加速投放，存贷款增量、增幅均创历史最高水平，金融运行呈现良好态势。

【金融发展与改革】 2013年，人行汶上县支行认真贯彻落

汶上县主要经济指标

经济指标	2012	2013	2013年同比增幅（%）	经济指标	2012	2013	2013年同比增幅（%）
土地面积（平方公里）	889.11	889.11	0	地方财政支出（亿元）	19.26	24.96	29.6
人口（万人）	68.98	69.37	0.57	全社会固定资产投资（亿元）	124.27	150.13	23.6
城镇人口（万人）	24.02	25.98	8.16	进出口总值（万美元）	9891	10601	7.2
乡村人口（万人）	44.96	43.39	-3.49	出口总值（万美元）	7850	8052	2.6
地区生产总值（亿元）	193.45	216.52	12.3	实际利用外资（万美元）	2586	2817	8.9
第一产业（亿元）	32.42	37.77	5.3	社会消费品零售总额（亿元）	72.8	82.85	13.8
第二产业（亿元）	102.67	111.07	12.7	居民消费价格指数（%）	102.1	101.5	-0.59
第三产业（亿元）	58.36	67.68	15.6	人均地区生产总值（元）	28057	31300	11.56
财政总收入（亿元）	36.53	48.15	31.81	城镇居民可支配收入（元）	19199	21435	11.6

续表

经济指标	2012	2013	2013年同比增幅（%）	经济指标	2012	2013	2013年同比增幅（%）
地方财政收入（亿元）	9.0	11.26	14.7	农民人均现金收入（元）	10078	11426	13.4
财政总支出（亿元）	36.61	45.85	25.24				

汶上县主要金融指标

金融指标（亿元）	2012	2013	2013年同比增幅（%）	金融指标（亿元）	2012	2013	2013年同比增幅（%）
本外币存款余额	140.80	162.66	15.53	财险收入	1.11	1.28	15.32
人民币存款余额	140.74	162.57	15.51	寿险收入	3.33	3.46	3.90
单位存款	32.94	32.32	-1.88	财险赔款	0.51	0.65	27.45
储蓄存款	106.28	124.98	17.59	寿险给付	0.62	0.95	53.23
本外币贷款余额	73.92	89.54	21.13	当年结益	—	—	—
人民币贷款余额	73.89	89.51	21.14	证券市场交易总额	—	—	—
短期贷款	39.82	44.06	10.65	投资者保证金余额	—	—	—
中长期贷款	26.69	38.95	45.93	证券账户开户数	—	—	—
票据融资	7.38	6.50	-11.92	证券交易佣金收入	—	—	—
当年结益	2.63	2.67	1.52	净利润	—	—	—
不良贷款余额	2.68	1.74	-35.07				

汶上县主要金融机构概况

单位名称	行长（或其他称谓的第一负责人）	副行长（或其他称谓的同级领导）	员工总数	辖内营业网点数
人行汶上县支行	孔令柱	马广成　徐宝祥　王瑞菊	28	1
农发行汶上县支行	马习广	胡兆海　姚　宾	18	1
工行汶上支行	王则志	孙新建　李继顺　赵瑞峰	39	3
农行汶上支行	吴　松	开瑞彬　赵恩华　孙建国	137	9
中行汶上支行	张艳梅	吴　镝　赵长伟	22	1
建行汶上支行	冀建国	高恩锋　孙德全	32	1
济宁银行汶上支行	李继民	贾冉冉	21	1
汶上县农信联社	王玉峰	顾　涛　刘　华　刘　广　崔伦旺　刘　谦	342	24
邮储银行汶上县支行	张洪龙	刘朝辉　龙海涛	63	3

汶上县主要金融机构业务概况

单位：亿元

单位名称	本外币存款余额	人民币单位存款	人民币储蓄存款	本外币贷款余额	人民币短期贷款	人民币中长期贷款
农发行汶上县支行	0.29	0.29	0	1.72	0.88	0

续表

单位名称	本外币存款余额	人民币单位存款	人民币储蓄存款	本外币贷款余额	人民币短期贷款	人民币中长期贷款
工行汶上支行	12.28	5.47	6.62	18.13	4.78	13.35
农行汶上支行	34.45	7.11	26.1	11.69	5.94	5.58
中行汶上支行	10.76	6.08	4.47	11.42	2.72	8.56
建行汶上支行	7.32	3.26	4.05	3.94	0.34	3.6
济宁银行汶上支行	7.77	3.46	4.31	5.61	5.07	0.15
汶上县农信联社	64.17	2.29	61.48	35.26	23.32	6.96
邮储银行汶上县支行	22.3	4.35	17.95	1.77	1.02	0.75

实稳健货币政策，引导货币信贷平稳适度增长，较好发挥了金融对经济的支撑作用。一是制定金融支持经济发展、金融支持“三农”又好又快发展、扩大小型微型企业融资等指导性文件；二是组织召开政银企对接大会，金融机构与8家企业签订贷款意向8.38亿元；三是推动开展金融支持工业经济“十百千”工程（即力促县内8家银行，每家分别紧密联系10家规模以上企业、培育100家中小企业、支持1000个创业主体），努力营造优质高效的企业融资环境；四是指导金融机构大力推广“速贷通”、“网贷通”等高效快捷金融产品，最大限度满足企业资金需求。

【金融服务与监管】 2013年，人行汶上县支行认真履行基层央行职责，加大金融服务与管理力度，进一步优化金融生态环境。一是引导金融机构加强对金融法律法规、支付结算知识、反假币知识及各类金融产品的宣传和培训；二是加强银行结算账户管理，完善联网核查机制；三是积极落实货物贸易和资本项下外汇管理改革措施，提升贸易投资便利化。四是对辖区金融机构的征信管理、金融统计、反洗钱、存款准备金管理、银行间拆借等工作进行监督检查。

梁山县

【经济金融概况】 2013年，梁山县围绕“工业强县、文化名城、生态和谐家园”的总目标，着力推进经济发展方式转变和经济结构调整，国民经济和各项社会事业保持平稳健康发展态势。

金融运行健康平稳，社会融资规模增长较快，信贷投放

梁山县主要经济指标

经济指标	2012	2013	2013年同比增幅（%）	经济指标	2012	2013	2013年同比增幅（%）
土地面积（平方公里）	960.81	960.81	0	地方财政支出（亿元）	17.83	22.48	26.0
人口（万人）	73.62	73.96	0.46	全社会固定资产投资（亿元）	122.29	148.09	23.1
城镇人口（万人）	24.38	26.09	7.01	进出口总值（万美元）	2473	2820	14.0
乡村人口（万人）	49.24	47.87	-2.78	出口总值（万美元）	2332	2706	16.0
地区生产总值（亿元）	193.51	216.61	11.5	实际利用外资（万美元）	2009	2013	0.2
第一产业（亿元）	37.71	42.96	5.1	社会消费品零售总额（亿元）	63.25	71.72	13.4
第二产业（亿元）	101.60	111.47	12.8	居民消费价格指数（%）	102.1	101.5	-0.59
第三产业（亿元）	54.20	62.18	13.6	人均地区生产总值（元）	26299	29355	11.62
财政总收入（亿元）	25.37	30.05	18.45	城镇居民可支配收入（元）	18128	20466	12.9
地方财政收入（亿元）	6.51	8.54	21.5	农民人均现金收入（元）	9244	10554	14.2
财政总支出（亿元）	25.95	29.79	14.80				

梁山县主要金融指标

金融指标（亿元）	2012	2013	2013年同比增幅（%）	金融指标（亿元）	2012	2013	2013年同比增幅（%）
本外币存款余额	151.61	178.08	17.46	财险收入	1.54	2.05	33.12
人民币存款余额	151.37	177.93	17.55	寿险收入	3.62	5.47	51.10
单位存款	30.69	36.75	19.74	财险赔款	0.59	0.77	30.51
储蓄存款	119.96	138.85	15.75	寿险给付	0.72	0.96	33.33
本外币贷款余额	61.33	75.71	23.45	当年结益	—	—	—
人民币贷款余额	61.33	75.71	23.45	证券市场交易总额	—	—	—
短期贷款	37.95	46.33	22.08	投资者保证金余额	—	—	—
中长期贷款	18.70	25.57	36.74	证券账户开户数	—	—	—
票据融资	4.68	3.81	-18.59	证券交易佣金收入	—	—	—
当年结益	2.49	2.43	2.41	净利润	—	—	—
不良贷款余额	3.94	2.16	-45.18				

梁山县主要金融机构概况

单位名称	行长（或其他称谓的第一负责人）	副行长（或其他称谓的同级领导）	员工总数	辖内营业网点数
人行梁山县支行	张明进	颜景轩 王建民 黄淑娟	34	
银监会梁山县办事处	苑士民		1	
农发行梁山县支行	程文君	孙逢廉 冯敬学	19	1
工行梁山支行	王 斌	裴洪涛 刘仰峰 李晓红 闫恪爱	75	6
农行梁山支行	孔凡群	刘性波 王 东 张继斌	115	9
中行梁山支行	展建鲁	赵永银 宋恩璋	23	1
建行梁山支行	周新科	李同新 刘玉鲁	53	2
济宁银行梁山支行	杨凤言	杜艳立 宋 亮	31	2
梁山县农信联社	张志同	徐 智 刘国前 刘坤华 王庆良 楚 昊	326	27
邮储银行梁山县支行	李鲁强	郭鲁闽	85	24
梁山民丰村镇银行	唐建军	王 立 闫克银	18	1

梁山县主要金融机构业务概况

单位：亿元

单位名称	本外币存款余额	人民币单位存款	人民币储蓄存款	本外币贷款余额	人民币短期贷款	人民币中长期贷款
农发行梁山县支行	0.18	0.18	0	1.90	0.98	0.90
工行梁山支行	34.69	9.69	24.47	12.47	6.53	5.94
农行梁山支行	35.07	4.86	29.54	10.13	3.52	6.61
中行梁山支行	7.79	3.05	4.46	4.85	1.79	3.06

续表

单位名称	本外币存款余额	人民币单位存款	人民币储蓄存款	本外币贷款余额	人民币短期贷款	人民币中长期贷款
建行梁山支行	10.52	4.03	6.46	5.14	0.70	4.44
济宁银行梁山支行	9.59	5.74	3.85	7.29	5.27	1.31
梁山县农信联社	50.34	2.56	47.55	29.97	24.45	2.45
邮储银行梁山县支行	26.02	4.54	21.48	1.91	1.05	0.86
梁山民丰村镇银行	3.15	2.10	1.05	2.04	2.04	0

重点突出，金融对地方经济科学发展、跨越发展的保障能力明显提升。

【金融发展与改革】 2013 年，人行梁山县支行认真贯彻执行国家稳健的货币政策，信贷资金对经济发展的扶持力度进一步提升。一是按季组织召开货币政策通报会、法人金融机构信贷管理工作会议；二是制定《加快金融创新 支持中小微型企业发展指导意见》、《商标专用权质押融资管理办法》和《金融支持现代化家庭农场发展指导意见》等办法；三是组织召开 6 次金融联席工作会议、3 次县政府和市级金融机构战略合作协议暨银企对接会，达成贷款意向 25 亿元；四是完成对梁山民丰村镇银行的产权结构、法人治理、内部管理和经营稳健状况的全面评估和指导，全年向该行发放再贷款 0.4 亿元；五是推动金融机构围绕新型农业经营主体的融资需求，开发创新“活体奶牛抵押、粮贷通宝、专利权质押、小额担保贷款”四大信贷产品；六是组建成立山东省首家金融协会。

【金融服务与监管】 2013 年，人行梁山县支行以管理促服务，金融服务环境进一步优化。一是继续开展对农信社专项票据兑付的后续监测，确保其资本充足率和资产质量的提高；二是制定优质服务年建设实施方案，组织 5 次支付结算业务知识宣传活动；三是制定《反假货币工作指导意见》，建立以假币“零容忍”为总体要求，“打、防、宣、教、管”五位一体的工作机制；四是创新制定并实施《外汇指定银行国际收支申报员备案管理制度》；五是积极与金融监管部门进行沟通协调、共享信息，完善金融稳定工作机制。

（郭晓娟　田　艳）

临沂市

【经济金融概况】 2013 年，临沂市突出产业强市，强化产业支撑，推动改革创新，完善金融服务体系，着力推进科学跨越发展，圆满完成年度目标任务。一是把构建现代产业体系作为经济工作总抓手，科学谋划、全力实施“10+6”产业推进计划、“1531”骨干企业培植计划和“1332”国际商贸名城建设计划，开启了产业转型发展新征程；二是把新型城镇化作为发展的最大潜力，着力构建中心城区、县城、小城镇和农村新型社区“四级联动”的现代城镇体系，城镇化率达 53.2%；三是把破解瓶颈制约作为科学跨越发展的突破口，扎实推动重点领域和关键环节的改革创新；四是新引进股份制商业银行 5 家，新兴金融业态注册资本过百亿元，存贷比达到 68.2%，社会融资规模增长 34.7%。

【货币政策实施】 2013 年，人行临沂市中支准确把握稳健货币政策内涵，在支持经济发展中努力求创新求突破。

一、加强货币政策宣传和窗口指导。一是高度重视监测分析和调研，以《呈报件》等方式积极向市委、市政府报告工作情况、经济金融形势监测分析和政策建议，9 次被市委书记张少军、市长陈先运等主要领导批示肯定；二是制定出台《认真贯彻稳健货币政策、改进金融服务和外汇管理支持全市经济持续健康发展的意见》等文件，引导金融机构科学把握信贷投放结构和进度，加大对实体经济的支持力度。

二、抓住落实信贷政策的切入点。一是联合财政、农委和金融办制定的《金融支持现代农业加快发展的意见》被市政府全文转发，制定的两年攻坚计划行动方案获市委书记张少军批示；二是先后以“林权抵押”和“金融支持现代农业创新发展”为主题，到郯城、沂水县开展党委中心组理论学习；三是配合市政府研究出台《农村“三权”抵质押融资管理暂行办法》等 10 余份指导性文件，积极破解关键制约因素，优化金融支农政策环境。

三、深入推进政银企合作，促进金融生态环境优化。一是召

临沂市经济主要统计指标

指标 \ 年度	2009	2010	2011	2012	2013	2013年同比增幅（%）
土地面积（平方公里）	17184.1	17184.1	17184.1	17184.1	17184.1	0
人口（万人）	1041.5	1072.6	1080.95	1083.8	1015.9	--
城镇人口（万人）	499.92	514.848	518.86	--	--	--
乡村人口（万人）	541.58	557.752	562.09	--	--	--
地区生产总值（亿元）	2110.18	2400	2770.45	3012.81	3336.8	11.04
第一产业（亿元）	250.46	264	279.01	291.34	324.3	3.2
第二产业（亿元）	1063.41	1206.3	1382.05	1463.45	1583.9	12.2
工业（亿元）	899.3	929.7	1146.1	1202.7	1297.3	12.8
建筑业（亿元）	164.12	285.3	236.0	260.8	286.7	9.3
第三产业（亿元）	796.31	929.7	1109.39	1258.02	1428.6	11.3
人均地区生产总值（元）	21400	24622	27503	29808	32902	10.4
地区生产总值构成（%）	100	100	100	100	100	--
第一产业（%）	11.9	11	10.1	9.7	9.7	0
第二产业（%）	50.4	50.3	49.9	48.5	47.5	-1.0
第三产业（%）	37.7	38.7	40	41.8	42.8	1.0
财政总收入（亿元）	--	--	271.3	--	--	--
地方财政收入（亿元）	91.5	115.5	141.3	170.1	216.10	16.6
财政总支出（亿元）	--	--	--	--	--	--
地方财政支出（亿元）	187.34	236.5	284.9	349	405.49	16.2
全社会固定资产投资（亿元）	--	--	--	--	--	--
规模以上固定资产投资（亿元）	1150.5	1408.3	1417.9	2016.7	2431.6	20.8
房地产开发（亿元）	146.4	158.2	190.7	233.5	300.5	28.7
进出口总值（亿美元）	34.2	47.7	68.39	78.6	94.1	19.1
出口总值（亿美元）	21.9	28.3	36.24	39	46.4	19.0
实际利用外资（亿美元）	3.05	3.27	2.69	2.4	3.09	31.2
社会消费品零售总额（亿元）	974.2	1157.2	1366.1	1571.9	1781.0	13.4
居民消费价格指数（%）	98.6	102.4	103.8	101.3	101.6	1.6
城市居民人均可支配收入（元）	18781	18644	21440	24452	27511	12.5
农民人均现金收入（元）	5882.5	6761	8018	9149	10389	13.6

注：1. “人口”指标前期为户籍人口数，2013年度该指标统计局未统计，此处为常住人口数。

2. “工业”、“第三产业”两项指标，2013年度统计局口径有变化，已将前两期数据按新口径修改。

临沂市工农业主要统计指标

农业主要统计指标（万吨）				规模以上工业企业主要统计指标（亿元）			
项目 \ 年度	2012年	2013年	增幅（%）	项目 \ 年度	2012年	2013年	增幅（%）
粮食	--	--	--	工业增加值	1550.0	1801.6	16.6
夏粮	--	--	--	国有工业	86.0	112.8	9.3
秋粮	--	--	--	集体工业	5.0	5.3	10.1

续表

农业主要统计指标（万吨）				规模以上工业企业主要统计指标（亿元）			
项目＼年度	2012 年	2013 年	增幅（%）	项目＼年度	2012 年	2013 年	增幅（%）
棉花	1.3	1.2	-6.8	股份制工业	1070.8	1224.9	17.1
油料	84.5	85.2	0.7	股份合作制工业	5.2	5.7	5.8
水果	195	201.8	3.3	外商及港澳台投资工业	197.2	186.8	--
蔬菜	627.7	643.4	2.5	轻工业	589.9	687.8	18.0
肉类	75.88	76.82	1.2	重工业	960.1	1113.8	15.9
禽蛋	29.77	28.96	-2.7	销售收入	7289.4	8618.3	15.2
奶类	10.88	10.5	-3.4	利税	621	732.4	15.3
水产品	13.83	14.83	7.2	利润	416.6	481.1	12.3
森林覆盖率（%）	--	33.8	--	经济效益综合指数（%）	--	--	--

注：原稿中所提供的外商及港澳台投资工业增幅为 14.8%，因该指标统计局计算口径与本表不同，故不采用，特此指出。

临沂市主要金融机构概况

单位名称	行长（或其他称谓的第一负责人）	副行长（或其他称谓的同级领导）	员工总数	辖内营业网点数
人行临沂市中心支行	吴金忠	祖洪涛 牛庆国 许 波 郭元华 王均涛 赵洪波 薛昭顺 惠广城 阚 磊	392	10
银监会临沂监管分局	田邦升	公冶颂 陈振业 蒋卫红 刘智波	80	10
农发行临沂市分行	陈彦亮	徐振云 鲁守堂 庞肇国	207	10
工行临沂分行	孙光辉	刘树伟 吴建勇 叶清涛	1218	60
农行临沂分行	宋红光	王有强（2013 年 7 月离职） 潘兆华 安 勇 高 峰	2257	134
中行临沂分行	王志江	葛庆亮 李成忠 杨 明 杨在志 吴 浩 吕兰涛	1010	37
建行临沂分行	刘月余	邢业久 邢成华 韩文广 郭 胜 田福兴 袁雪峰	1426	52
交通银行临沂分行	冯景伦	刘金柱 李海源	61	2
邮储银行临沂市分行	张贵华	赵验昌 郑志梅	1151	269
民生银行临沂支行	夏京利	秦 剑 杨玉君 赵海燕	200	9
浦发银行临沂分行	丁剑波	姜 健 宋兖成 钱翊君	102	4
招商银行临沂分行	于泽增	杨汉文 王广宇	78	2
兴业银行临沂分行	谭 林	王成军 王治国	93	2
华夏银行临沂分行	尼云山	杨德国 魏晓敏	77	1
中信银行临沂分行	张文清	刘 刚 宋保华	54	1
日照银行临沂分行	许传国	张秋生 陈正凯	52	1

续表

单位名称	行长（或其他称谓的第一负责人）	副行长（或其他称谓的同级领导）	员工总数	辖内营业网点数
威海商行临沂分行	姜忠洲	刘元磊	80	1
莱商银行临沂分行	赵　强	刘清华　贾守强	54	2
临商银行	钱　进	庄　依（监事长） 王君泰（党委副书记、副行长） 臧文勇　徐　毅　徐　建　韩　伟 刘建军　葛　磊　王庆仔　卢立富	1999	73
农信社临沂市办事处	孔祥波	李玉林　庄　涛　毛克付　贾建华	7962	533
临沂兰山农村合作银行	侯家明	马瑞卿　诸葛凤沂　鞠佃军　赵永正 张乃飞　丁万刚　邵景东	1144	88
临沂河东农村合作银行	荣庆东	陈纪峰　张效英　宋广厦	527	43
临沂罗庄农信联社	朱瑞芹	刘桂华	539	41
河东齐商村镇银行	葛　涛	耿　嵩	66	4
人保财险临沂分公司	李连亮		2926	73
中国人寿临沂分公司	李瑞华		9044	199
平安产险临沂中心支公司	王　磊		150	11
平安人寿临沂中心支公司	马　健		3983	17
太平洋产险临沂中心支公司	周彦斌		232	13
太平洋寿险临沂中心支公司	张明亮		2145	20
泰康人寿临沂中心支公司	张振斌		2621	36
大地财险临沂中心支公司	董　健		526	18
中华联合财险临沂中心支公司	江　山		314	25
新华人寿临沂中心支公司	王好光		1436	7
国泰君安沂蒙路营业部	李　建		39	1
齐鲁证券通达路营业部	张学林		99	6
中信万通金雀山路营业部	宋春辉		46	1

临沂市金融业务统计指标

指标（亿元）＼年度		2009	2010	2011	2012	2013	2013年同比	
							增加额	增幅（%）
银行类	本外币存款余额	1768.12	2123.39	2507.1	3043.48	3710.77	666.00	21.93
	人民币存款余额	1762.34	2115.09	2497.83	3029.17	3685.57	655.10	21.67
	*单位存款	292.48	365.29	804.07	994.62	1287.40	292.78	29.44
	储蓄存款	1178.11	1390.16	1628.35	1941.66	2250.30	307.34	15.83
	本外币贷款余额	1303.17	1559.7	1833.63	2150.16	2531.13	372.07	17.72

续表

	指标（亿元）＼年度	2009	2010	2011	2012	2013	2013年同比	
							增加额	增幅（%）
银行类	人民币贷款余额	1287.42	1538.21	1796.60	2109.83	2475.64	356.92	17.34
	短期贷款	825.82	961.16	1127.11	1314.38	1520.69	197.43	15.02
	中长期贷款	402.30	510.28	583.29	646.04	817.09	171.04	26.48
	票据融资	57.95	65.87	85.73	148.86	137.48	-11.38	-7.64
	当年结益	5.03	7.19	9.56	11.82	--	--	--
	不良贷款余额	100.89	70.37	62.82	65.41	46.13	-19.28	-29.48
	不良贷款占比%	7.74	4.51	3.42	3.04	1.82	-1.22	-40.13
保险类	保险公司保费收入	55.25	76.3	79.63	92.6	102.97	10.37	11.20
	财险收入	16.75	23.87	27.72	32.24	40.23	7.99	24.75
	寿险收入	38.5	52.43	51.91	60.38	67.22	6.84	11.33
	保险公司赔款和给付支出	16.89	15.28	18.27	24.70	33.82	9.12	36.92
	财险赔款	8.15	10.11	11.83	15.78	19.31	3.53	22.33
	寿险给付	8.74	5.17	6.44	8.92	14.51	5.59	62.67
	当年结益	--	--	--	--	--	--	--
证券类	证券市场成交总额	1628.51	1536.2	1106.37	815.63	1091.75	276.12	33.85
	投资者保证金余额	13.16	17.84	33.8	5.11	6.2	1.09	21.33
	证券账户开户数	92265	70710	229131	247461	272526	25065	10.13
	佣金收入	2.80	2.11	1.5	1.1	1.44	0.34	30.9
	净利润	1.83	1.49	0.95	0.37	0.81	0.44	118.92
	期货市场成交总额	--	1910.67	2100.32	3001.74	5432.84	2431.1	80.99
	期货客户保证金余额	--	0.33	0.63	2.03	2.46	0.43	21.18
	期货账户开户数	--	2260	4029	802	6908	2077	42.99
	期货手续费收入	--	0.12	0.14	0.12	0.19	0.07	58.33
	利润总额	--	0.03	0.05	0.05	0.0028	-0.0472	-94.4

注：“*”该项指标2010年前为“企业存款”，其数字亦是如此。

临沂市金融机构统计指标

	指标（个）＼年度	2009	2010	2011	2012	2013	2013年同比增幅（%）
银行类	法人机构	13	14	17	19	20	5.26
	省级分行	1	1	1	1	1	--
	二级分行	9	9	11	13	18	38.46
	县区支行	191	171	183	201	213	5.97
	分理处、营业所	354	816	960	961	977	1.66

续表

指标（个）		2009	2010	2011	2012	2013	2013年同比增幅（%）
银行类	储蓄所	637	150	26	30	--	--
	从业人员总数	14582	16365	17249	17735	15411	--
保险类	保险机构	270	305	490	518	607	17.18
	财险机构	125	143	214	232	237	2.16
	省级分公司	--	--	--	--	--	--
	地市分公司	17	19	21	26	26	0
	县区支公司	108	124	193	206	211	2.43
	寿险机构	145	162	276	286	370	29.37
	省级分公司	--	--	--	--	--	--
	地市分公司	20	23	26	28	29	3.57
	县区支公司	125	139	250	258	341	32.17
	从业人员总数	38700	41200	43100	44200	35867	--
	财险人员	8560	9100	7100	7600	5966	--
	寿险人员	30140	32100	36000	36600	29901	--
证券类	证券机构	6	6	9	12	16	33.33
	证券公司	0	0	0	0	1	--
	证券营业部	3	6	9	12	15	25
	证券服务部	3	0	0	0	0	0
	从业人员总数	70	143	295	312	283	-9.29
	投资者开户	62265	70710	229131	247461	272526	10.13
	境内上市股票支数	4	5	6	4	4	0
	境外上市股票支数	18	19	19	20	17	-15
	辖区上市公司总数	22	24	25	24	24	0

注：银行类、保险类从业人员总数指标口径有变化。

临沂市主要金融机构业务概况

单位：亿元

单位名称	本外币存款余额	人民币单位存款	人民币储蓄存款	本外币贷款余额	人民币短期贷款	人民币中长期贷款
农发行临沂市分行	11.94	11.88	--	78.77	29.15	49.23
工行临沂分行	324.39	129.46	172.73	340.19	133.12	196.29
农行临沂分行	542.37	158.74	373.11	331.36	166.57	159.26
中行临沂分行	207.17	98.20	93.36	180.66	74.50	94.10
建行临沂分行	297.44	144.23	143.66	215.12	73.03	140.14
交行临沂分行	30.79	26.05	2.92	33.56	28.49	2.09

续表

单位名称	本外币存款余额	人民币单位存款	人民币储蓄存款	本外币贷款余额	人民币短期贷款	人民币中长期贷款
邮储银行临沂市分行	259.47	35.51	223.96	41.24	18.02	22.34
民生临沂支行	108.60	64.37	39.98	94.13	80.83	12.49
浦发临沂分行	84.38	76.26	5.82	70.64	44.88	15.41
招行临沂分行	22.98	18.04	4.89	29.92	20.98	5.58
兴业临沂分行	68.97	59.81	9.11	45.31	32.58	3.70
华夏临沂分行	41.57	37.01	4.52	23.82	20.60	2.20
中信临沂分行	23.71	21.30	1.92	27.67	13.84	1.88
日照银行临沂分行	21.80	19.23	2.39	9.01	7.19	1.16
威海商行临沂分行	14.37	13.51	0.83	2.58	2.58	0
莱商银行临沂分行	12.72	11.81	0.70	3.67	2.39	0
临商银行	399.09	233.05	160.02	239.05	194.39	26.63
农信社临沂市办事处	1125.02	120.96	1003.10	750.71	567.01	81.70
临沂兰山农村合作银行	192.89	50.67	141.48	138.01	107.51	19.51
临沂河东农村合作银行	79.07	8.00	71.07	51.63	35.59	5.05
临沂罗庄农信联社	75.42	12.12	63.27	56.08	40.77	12.19
河东齐商村镇银行	3.60	2.07	1.52	3.23	3.06	0.17

临沂市各县级区域经济金融主要统计指标

名称	人口（万人）	面积（平方公里）	地区生产总值（亿元）	地区生产总值增速（%）	本外币存款余额（亿元）	储蓄存款（亿元）	本外币贷款余额（亿元）
兰山区	--	--	704.3	11.5	--	--	--
罗庄区	--	--	330.5	12.5	--	--	--
河东区	--	--	166.9	12.3	--	--	--
开发区	--	--	125.8	14.2	--	--	--
高新区	--	--	49.9	14.6	--	--	--
临港区	--	--	35.1	13.5	--	--	--
沂南县	91.26	1719	193.2	12.8	191.58	151.08	96.31
郯城县	94.34	1195	242.1	12.5	162.11	133.30	89.08
沂水县	114.16	2434.8	310.9	12.7	296.02	216.37	204.12
苍山县	117.3	1724	271.6	11.5	199.86	148.80	114.60
费　县	83.4	1660.1	224.1	11.8	190.93	140.40	104.53
平邑县	102.7	1024.7	236.4	12.3	185.21	130.76	104.54
莒南县	82.49	1388	233.6	11.2	223.31	174.96	123.84
蒙阴县	55.33	1601.6	165.7	11.6	130.15	97.28	71.26
临沭县	63.46	1010	187.9	12.3	179.15	106.19	128.37

临沂市（含县级）小额贷款公司机构、业务概览

单位名称	行长（或其他称谓的第一负责人）	员工总数（个）	本外币贷款余额（亿元）	人民币短期贷款（亿元）	人民币中长期贷款（亿元）
临沂市罗庄区江泉小额贷款公司	王文涛	9	1.09	1.09	0
临沂市兰山区金升小额贷款公司	阚积伟	14	2.21	2.19	0.02
临沂河东奥蒙小额贷款公司	徐同如	23	2.18	2.18	0
临沂市兰山区翔宇小额贷款公司	李　明	35	3.39	3.07	0.32
临沂市河东区信生小额贷款公司	刘庆春	12	2.27	2.27	0
临沂市罗庄区阳光小额贷款公司	刘春阳	23	2.33	2.25	0.08
临沂市经济区经开小额贷款公司	王安平	20	1.24	1.24	0
临沂市兰山区新港小额贷款公司	何正英	20	1.62	1.62	0
临沂市罗庄区宇光小额贷款公司	刘　波	12	0.85	0.85	0
临沂市高新技术产业开发区远通小额贷款公司	王爱丽	8	1.52	1.52	0
临沂市兰山区银凤小额贷款公司	赵春田	10	0.98	0.98	0
沂南东方小额贷款公司	梁守庆	10	1.29	1.29	0
沂南建龙小额贷款公司	苏明贞	10	1.08	1.08	0
郯城奥德小额贷款公司	林　波	10	1.24	1.24	0
沂水盛荣小额贷款公司	杨献丽	12	1.15	1.15	0
沂水福裕达小额贷款公司	刘学武	7	1.21	1.21	0
苍山荣庆小额贷款公司	吴克强	17	1.18	1.18	0
苍山惠方小额贷款公司	陆桂春	9	1.86	1.86	0
苍山兰陵小额贷款公司	宋庆法	7	1.72	1.72	0
费县金源小额贷款公司	郁万强	10	1.18	1.18	0
费县坤源小额贷款公司	郭胜利	6	1.03	1.03	0
平邑冠鲁小额贷款公司	钟玉成	15	1.09	1.09	0
平邑融信小额贷款公司	杨艳明	12	1.14	1.14	0
莒南民丰小额贷款公司	李学纯	15	2.41	2.41	0
莒南鑫海小额贷款公司	何中余	7	0.96	0.96	0
蒙阴翰邦小额贷款公司	张少森	13	1.03	1.03	0
临沭常林小额贷款公司	李　俊	10	1.50	1.50	0

开“大项目好项目”和新型工业“十百千”工程资金对接会，联合11个县区政府逐一举办政银企合作洽谈会，协调银行与1450家企业签订资金协议482亿元；二是配合市政府完善出台《金融生态环境建设量化考核办法》和《全市金融机构贷款增量奖励办法》；三是临沂市小微企业信用体系试验区建设成效显著，被人行济南分行以此为题专报省委、省政府，并推荐申报国家级试验区；四是平邑县申报省级农村信用体系试验区；五是临沭县改善金融生态环境的经验做法先后被人行济南分行行长杨子强、山东省省长郭树清和副省长孙伟批示肯定。

【金融稳定】　2013年，人行临沂市中支牢牢守住不发生区域性系统性金融风险的底线，加大维护金融稳定的力度。

一、加强金融风险监测。一是持续关注地方政府融资平台、房地产和产能过剩行业等信贷资金投向变化，并注重对其信用风险的监测；二是做好交叉性金融风险监测，建立了《临沂市金融机构表外业务监测分析制度》；三是专报信息《贷款利率放开

后县域小微企业民间借贷降温》被人行济南分行领导批示，总行《送阅信息》予以刊发；四是创新金融稳定工作机制，与市公安局签署《银警联动维护金融稳定合作框架协议》；五是推动临商银行开展山东省唯一的银行机构反洗钱综合改革试点，成功上线运行反洗钱自定义监测标准系统，《金融时报》予以报道。

二、加强“两管理·两综合·一保护”工作。一是对10家新开业银行分支机构进行考核验收；二是组织对支付结算、个人金融信息保护等9项业务进行专项执法检查；三是开展8项外汇专项检查，收缴罚款62.4万元；四是组织对全市金融机构开展综合评价，对21家“A级”单位授牌表彰；五是作为全省首批试点，成立临沂市金融消费权益保护协会，畅通了金融消费者投诉处置渠道；六是联合地方新闻媒体连续两年开展市民最满意金融机构评选活动，形成业务管理、舆论监督和公众评价的全方位监督模式，赢得社会各界的好评。

【金融服务】 2013年，人行临沂市中支推进金融服务创新，促进了社会民生改善。

一、推进农村支付环境建设，优化支付结算服务环境。一是在全省率先实现银行卡助农取款服务和农村地区手机支付业务行政村全覆盖；二是农村地区非现金支付工具进一步普及，农村地区转账电话、农民金融自助服务终端布放量分别达4.24万部、2498台，布放量居全省前列；三是先后召开4次金融机构联席会议，安排、部署、调度金融IC卡的发行、宣传及应用推广工作。

二、加强人民币管理，优化人民币流通环境。一是高效完成发行基金投放回笼；二是在全省率先推广“新票直通车”模式，提高辖区县域现金流通环境；三是广泛开展反假宣传培训。

三、加强国库管理，提升服务水平。一是加强基础工作管理，继续保持国库核算无差错；二是促进规范管理，国库监管机制更加健全；三是积极推进业务创新，国库直接支付范围大幅拓宽。

四、完善征信监督管理与服务机制，积极推动全市社会信用体系建设。一是小微企业及农村信用体系试验区建设取得积极进展；二是积极探索农村征信数据服务平台建设试点工作；三是加大征信知识的宣传力度，积极组织各县支行、各家金融机构开展征信知识宣传月、征信知识进两会等活动。

【金融监管】 2013年，临沂银监局一是以临商银行“经营管理提升年”活动为抓手，全面提升该行风险管理能力；二是以“贷款管理提升年”活动为抓手，全面提升农合机构经营管理水平；三是以“内控和资产质量管理年”活动为抓手，全面提升邮储银行内控水平；四是以“案件防控长效机制建设年”活动为抓手，严控案件风险；五是以“青年监管干部金融法规宣讲团”为抓手，着力提升基层网点的合规水平；六是以协理员工作为抓手，严密防控协理业务风险；七是以舆情监测引导为抓手，切实防控声誉风险。

【外汇管理】 2013年，外汇局临沂市中心支局大力推进外汇管理改革和服务创新，促进地方涉外经济健康发展。

一、深入推进外汇重点领域改革。一是全方位分层次对企业进行货物贸易、直接投资政策的延伸培训；二是优化服务手段，支持临沂商城国际化建设；三是将外汇工作重心纳入市政府的规划管理，促进对外贸易与投资便利化。

二、提高国际收支统计数据质量。一是组织对7家银行开展了统计数据的现场核查，对问题较多的4家银行进行了约见谈话；二是强化跨境资金监测，防范跨境资金异常流入风险。

三、加大检查力度。全年共开展总省局部署及自主开展专项检查8项，检查银行5家、保险公司26家、企业13家，查处银行2家、企业4家，收缴罚款62.4万元。

【金融改革】 2013年，临沂市金融机构以改革为动力，以创新为抓手，努力提升可持续发展能力。一是积极引进日照银行、威海银行和莱商银行入驻临沂，沂水农联社改制为沂水农村商业银行股份有限公司；二是人行临沂市中支推动投融资业务创新，开辟低成本海外融资渠道，办理了全省首笔人民币NRA账户质押融资业务和全省首笔人民币企业境外放款业务；三是工行临沂分行与临沂电力实业公司签订资金池协议，成功入池17个成员账户，当月归集资金2亿余元，是全市第一笔资金池业务。

【保险业务】 2013年，临沂市保险业服务网络日趋完善，业务发展质量明显提高，社会“稳定器”作用充分发挥，服务地方经济建设的能力不断增强。

【证券市场】 2013年，临沂市证券、期货公司营业部网点数量稳步上升，证券营业部新增3家，总数达12家，在全省位居第6位；期货营业部新增1家，总数达5家，在全省位居第3位。年内，受宏观经济增速下滑、证券市场长期低迷影响，全市证券业务下滑，期货业务平稳增长。

【精神文明建设】 2013年，临沂市各金融机构不断创新工作思路，深入扎实开展富有特色的精神文明建设活动，取得较好成果。

一、人行临沂市中支文明单位创建工作取得新成效。该行结合辖区实际，分别制定印发2013年《辖区文明单位创建指导》和《中支机关文明单位创建方案》，顺利通过人行济南分行文明单位督导检查、市文明委申报省级文明单位检查和市级文明单位复查，得到各级检查组的一致好评。

二、工行临沂分行深入开展一系列精神文明建设活动。一是先后参加社会公益性事业活动23次；二是组织团员青年和共产党员开展各种便民服务活动67次，被总行授予“五四”红旗团委称号；三是慰问困难职工、老党员和高端客户近179人次。

三、农行临沂分行被授予全国“模范职工之家”、“全国金融系统思想政治工作先进单位”称号，连年保持全国农行和省级“文明单位”称号。辖属全部支行实现市级“文明单位”全覆盖，省级“文明单位”达11个，居全省系统第1位。

四、华夏银行临沂分行被华夏银行济南分行评为2012年度先进经营单位。（华银济办发〔2013〕64号）

【大事记】 2月20日 工行临沂分行为59个网点配备了平板手机、开通WIFI互联网，用于演示手机银行产品。

3月9日 刘月余任建行临沂分行党委书记、行长。

3月15日 人行临沂市中支组织金融机构开展“3·15”金融消费者权益保护宣传活动。

3月11日 农行临沂分行启动“阳光1+1”亲情关爱行动，全行员工踊跃参与，累计捐款25万元，对全市100名贫困母亲进行帮扶救助，受到社会好评。

4月18日 日照银行临沂分行正式开业。

4月19日 人行济南分行党委副书记、副行长于华民一行莅临临沂市中支宣布领导干部调整决定：任命吴金忠为人行临沂市中支党委书记、行长、外汇管理局临沂市中心支局局长；任命祖洪涛为临沂市中支调研员，免去其党委书记、行长、外管局临沂市中心支局局长职务；任命薛昭顺为人行临沂市中支党委委员、副行长；林飞到人行济宁市中支任职，免去其临沂市中支党委副书记、副行长职务。

5月22日 省联社理事长宋文瑄、办公室主任孙清华、财务会计部部长马立军、监察保卫部部长李金安等一行在农信社临沂办事处主任孔祥波的陪同下，到平邑联社、费县农商行调研指导工作。

6月25日～26日 齐鲁钱币博物馆组织人员在临沂组织召开“北海银行史料研究座谈会”，并到平邑、沂水县就北海银行遗存及相关史料保护情况进行实地专题调研考察。

8月29日 全省农发行国际业务基础管理现场会在临沂市分行召开。

8月31日 人行临沂市中支联合齐鲁晚报·鲁南商报启动“金融知识普及月活动”暨“2013年临沂市民最满意金融机构评选”活动。

9月4日 邮储银行临沂市分行根据省分行统一部署，进行内设机构改革。

9月17日 威海市商业银行股份有限公司临沂分行正式开业。

9月26日 人行临沂市中支组织各银行业金融机构召开货币金银重点工作推进会，就进一步推进全额清分和冠字号码查询工作提出要求。

10月25日 齐鲁钱币博物馆、山东省钱币学会在临沂市举办北海银行成立75周年纪念大会暨学术研讨会。人总行巡视员马林、中国钱币学会秘书长李明、中国钱币学会秘书处李立处长、中国红色金融委员会秘书长李仲援、人行济南分行副行长李建文、临沂市常务副市长左沛廷等有关领导出席了会议。

11月3日 临商银行新的核心业务系统成功上线。

12月18日 莱商银行临沂分行正式开业。

12月30日 民生临沂分行报送的《物流行业规划与营销策划方案》获得总行“小微金融项目规划与营销策划大赛”唯一金奖。

（吕大军 陈若琳 时 婧）

郯城县

【经济金融概况】 2013年，郯城县坚持把经济快速平稳增长作为首要任务，继续扶持培育家庭农场、农民专业合作社，引导农民集约化生产，经济实现快速增长。

【金融发展与改革】 2013年，人行郯城县支行采取多项措

郯城县主要经济指标

经济指标	2012	2013	2013年同比增幅（%）	经济指标	2012	2013	2013年同比增幅（%）
土地面积（平方公里）	1195	1195	--	地方财政支出（亿元）	21.74	26.82	23.37
人口（万人）	94.11	94.50	0.41	全社会固定资产投资（亿元）	109.2	138.6	26.92
城镇人口（万人）	23.3	23.2	-0.43	进出口总值（万美元）	11226	17503	55.91
乡村人口（万人）	70.81	71.3	0.69	出口总值（万美元）	8937	14019	56.86
地区生产总值（亿元）	214.84	242.10	12.69	实际利用外资（万美元）	166	581	250.00
第一产业（亿元）	23.52	25.40	7.99	社会消费品零售总额（亿元）	88.80	103.10	16.10
第二产业（亿元）	100.74	111.60	10.78	居民消费价格指数（%）	101.3	101.6	1.60
第三产业（亿元）	90.58	105.10	16.03	人均地区生产总值（元）	22828	28540	25.02
财政总收入（亿元）	22.73	28.33	24.64	城镇居民可支配收入（元）	21096	23796	12.80

续表

经济指标	2012	2013	2013年同比增幅（%）	经济指标	2012	2013	2013年同比增幅（%）
地方财政收入（亿元）	6.39	9.01	41.00	农民人均现金收入（元）	9069	10298	13.55
财政总支出（亿元）	21.75	26.83	23.36				

郯城县主要金融指标

金融指标（亿元）	2012	2013	2013年同比增幅（%）	金融指标（亿元）	2012	2013	2013年同比增幅（%）
本外币存款余额	139.91	162.11	15.87	财险收入	1.14	1.41	23.68
人民币存款余额	139.81	161.79	15.72	寿险收入	3.20	3.39	5.94
单位存款	20.73	26.97	30.10	财险赔款	0.65	0.62	-4.62
储蓄存款	117.84	133.20	13.03	寿险给付	0.52	0.73	40.38
本外币贷款余额	80.33	89.08	10.89	当年结益	--	--	--
人民币贷款余额	80.22	88.78	10.67	证券市场交易总额	--	--	--
短期贷款	52.87	57.00	7.81	投资者保证金余额	--	--	--
中长期贷款	25.12	27.22	8.36	证券账户开户数	--	--	--
票据融资	2.24	4.56	103.57	证券交易佣金收入	--	--	--
当年结益	1.79	2.41	34.64	净利润	--	--	--
不良贷款余额	3.17	1.42	-55.21				

郯城县主要金融机构概况

单位名称	行长（或其他称谓的第一负责人）	副行长（或其他称谓的同级领导）	员工总数	辖内营业网点数
人行郯城县支行	梅　景	朱文宝　鲁丽华　张晓超	20	1
银监会郯城县办事处	董建平	孙国华	2	1
农发行郯城县支行	王龙河	祝林峰　王欣刚	18	1
工行郯城支行	韩建华	尹吉亮　尹绪云	55	3
农行郯城支行	杜志新	肖建波　孙　炎　吴海滨	117	11
中行郯城支行	曹乾勇	郭　亮　舒　勇	31	2
建行郯城支行	郭居玮	高维虎　葛兆宇	31	2
临商银行郯城支行	孙艳梅	朱庆华　翟慎光	24	1
郯城县农信联社	刘　春	孙宝华　王　毅　刘国强　尤三生　管其宝	571	44
邮储银行郯城县支行	姚恒祥	刘远江　王　琨	3	25

郯城县主要金融机构业务概况

单位：亿元

单位名称	本外币存款余额	人民币单位存款	人民币储蓄存款	本外币贷款余额	人民币短期贷款	人民币中长期贷款
农发行郯城县支行	0.89	0.89	--	3.26	0.22	3.04

续表

单位名称	本外币存款余额	人民币单位存款	人民币储蓄存款	本外币贷款余额	人民币短期贷款	人民币中长期贷款
工行郯城支行	13.93	3.16	10.49	12.82	3.48	9.03
农行郯城支行	33.23	5.68	27.34	10.50	5.32	5.18
中行郯城支行	5.93	2.59	3.08	4.66	1.66	3.00
建行郯城支行	9.01	3.60	5.41	3.00	0.37	2.63
临商银行郯城支行	6.02	5.11	0.91	5.14	4.22	0.92
郯城县农信联社	69.55	3.58	65.96	47.42	40.23	2.63
邮储银行郯城县支行	22.89	2.36	20.53	2.29	1.50	0.78

施推进金融发展和改革。一是分别召开李庄家电产业园、经济开发区政银企座谈会，承办人行临沂市中支与县政府举办的“临沂市加快县域经济发展政银企合作(郯城)推进会”，银企达成资金意向 42.36 亿元，同比增加 17.33 亿元；二是民间融资机构增长较快，6 家民间融资机构相继挂牌成立；三是与金融办合作互动，推动临沂乔氏新型建材股份有限公司在齐鲁股权托管交易中心成功挂牌，融资 3200 万元；四是引进齐鲁证券、山东亿盛担保公司郯城营业部落户并正式营业，汉源村镇银行(邳州农商行发起)筹备工作有序进行。

【金融服务与监管】 2013 年，人行郯城县支行积极加强和改善金融服务，金融机构管理水平不断提高。一是开展“赢在沂蒙——金融支持青年创业”、“打击金融违法犯罪、净化金融发展环境”和“金融知识普及月”等专项宣传活动 9 次，在全市率先设立社区金融知识宣传站，构建了金融宣传的长效机制；二是优化农村结算服务环境，开展“新票直通车”和“现金规范服务示范点”创建等活动，实现行政村助农取款机具和手机银行业务“全覆盖”；三是配合财税部门开展“营改增”宣传和试点，拓宽国库直接支付业务，将企业军转干部生活困难补助资金纳入国库直接支付；四是建立货物贸易辅导期企业重点联系工作制度，对新列入货物贸易外汇收支企业名录的 21 家企业定期上门走访，指导企业认真做好贸易信贷、辅导期和差额业务报告工作。

(赵　军　张鑫熠)

苍山县

【经济金融概况】 2013 年，人行苍山县支行积极贯彻货币政策，维护辖区金融稳定，各项工作取得了新的成绩。截至年末，存款余额和增量分别位居全市 9 县第 3 位和第 7 位，贷款余额和增量分别位居第 4 位和第 3 位；银行业机构余额存贷比 59.40%，新增存贷比 82.95%，分别位居第 3 位和第 2

苍山县主要经济指标

经济指标	2012	2013	2013 年同比增幅（%）	经济指标	2012	2013	2013 年同比增幅（%）
土地面积（平方公里）	1724	1724	0	地方财政支出（亿元）	17.46	22.11	26.63
人口（万人）	130	117.3	-9.77	全社会固定资产投资（亿元）	117	145.4	24.27
城镇人口（万人）	15	15.3	2.00	进出口总值（万美元）	6582	12000	82.32
乡村人口（万人）	115	102	-11.30	出口总值（万美元）	5423	11000	102.84
地区生产总值（亿元）	241.76	271.56	12.33	实际利用外资（万美元）	1002	5031	402.10
第一产业（亿元）	45.36	49.2	8.47	社会消费品零售总额（亿元）	136.3	172.2	26.34
第二产业（亿元）	88.25	97.5	10.48	居民消费价格指数（%）	101.3	101.6	1.60
第三产业（亿元）	108.15	124.86	15.45	人均地区生产总值（元）	20316	23151	13.95
财政总收入（亿元）	30.12	43.44	44.22	城镇居民可支配收入（元）	23712	26827	13.14
地方财政收入（亿元）	8.07	11.31	40.15	农民人均现金收入（元）	9607	10323	7.45
财政总支出（亿元）	30.88	44.16	43.01				

苍山县主要金融指标

金融指标（亿元）	2012	2013	2013 年同比增幅（%）	金融指标（亿元）	2012	2013	2013 年同比增幅（%）
本外币存款余额	172.13	199.86	16.11	财险收入	1.94	2.15	10.70
人民币存款余额	172.08	199.74	16.07	寿险收入	3.25	3.84	18.22
单位存款	35.49	44.82	26.29	财险赔款	0.95	1.09	14.74
储蓄存款	130.48	149.12	14.29	寿险给付	0.48	0.78	62.5
本外币贷款余额	94.38	114.6	21.42	当年结益	--	--	--
人民币贷款余额	94.38	114.6	21.42	证券市场交易总额	--	--	--
短期贷款	62.97	76.88	22.09	投资者保证金余额	--	--	--
中长期贷款	20.59	29.65	44.00	证券账户开户数	--	--	--
票据融资	10.82	8.07	-25.42	证券交易佣金收入	--	--	--
当年结益	1.63	2.46	50.92	净利润	--	--	--
不良贷款余额	5.75	3.74	-34.96				

苍山县主要金融机构概况

单位名称	行长（或其他称谓的第一负责人）	副行长（或其他称谓的同级领导）	员工总数	辖内营业网点数
人行苍山县支行	姜良庆	刘　铮　王秀礼	21	1
银监会苍山县办事处	李　丽		1	1
农发行苍山县支行	米发荣	刘维达　冯锡朋	24	1
工行苍山支行	李　伟	赵健民　刘庆宝　陈学梅	41	2
农行苍山支行	陈月国	凌　晨　吴志华	113	8
中行苍山支行	王　岩	吴清剑　唐乐彬	34	2
建行苍山支行	颜廷坤	王洪伟　李玉梅	50	2
临商银行苍山支行	赵雪峰	陈振国	34	2
苍山县农信联社	王庆成(理事长) 宋广辉(主任)	张振勇　张吉全　杜爱虎 憧卫国　吕　健　张守山	576	48
邮储银行苍山县支行	薛金坤	郝成伟　李海磊　窦立波	79	3
苍山村镇银行	侯象林	袁　泉　蔡文伟	34	2

苍山县主要金融机构业务概况

单位：亿元

单位名称	本外币存款余额	人民币单位存款	人民币储蓄存款	本外币贷款余额	人民币短期贷款	人民币中长期贷款
农发行苍山县支行	0.49	0.49	--	6.15	3.7	2.45
工行苍山支行	12.91	12.88	7.65	8.77	4.09	4.68
农行苍山支行	31.19	31.18	21.42	8.21	5.32	2.89
中行苍山支行	8.26	8.17	3.56	6.36	2.25	3.93

续表

单位名称	本外币存款余额	人民币单位存款	人民币储蓄存款	本外币贷款余额	人民币短期贷款	人民币中长期贷款
建行苍山支行	11.37	11.37	4.81	11.34	5.25	6.09
临商银行苍山支行	7.30	6.25	1.05	5.40	4.75	0.65
苍山县农信联社	85.09	7.39	77.70	61.66	45.68	8.08
邮储银行苍山县支行	34.23	3.46	30.77	3.21	2.34	0.87
苍山村镇银行	3.50	1.34	2.16	3.51	3.5	0.01

位。

【金融发展与改革】 2013年，人行苍山县支行强化宏观调控措施，指导金融机构优化贷款结构，加大对“三农”和实体经济的支持力度。一是引导金融机构重点支持苍山县蔬菜产业和物流业发展；二是积极推动政银企合作，促成银企签约54.92亿元，到位资金47.27亿元；三是组织召开蒜薹购销工作调度会议，投放蒜薹购销贷款5.49亿元，同比增加4500万元；四是农村支付环境建设取得明显成效，共有48个基层金融机构加入现代化支付系统，布放农民自助服务终端262台，开通网上银行18.45万个；五是临商银行苍山支行在兰陵镇设立古镇支行，苍山村镇银行在向城、卞庄和磨山等镇设立支行，县金融办新批民间融资服务公司7家。

【金融服务与监管】 2013年，人行苍山县支行稳步推进农村和中小企业信用体系建设。截至年末，全县共评定信用乡镇2个、信用村30个、信用户6.76万户；涉农金融机构向信用户授信37.44亿元，新增8.76亿元；组建中小企业、个体工商户和农户等信用联盟125个，新增83个；发放贷款卡94个、机构信用代码613个，查询企业信用报告49份。

一、积极向地方党委、政府建言献策。一是以“呈报件”方式向县委、县政府报送《上半年金融运行情况》报告，其中提出的成立金融稳定联合工作组对非法金融活动进行清理的建议，得到县委领导的高度重视；二是开展金融秩序专项清理整顿活动，关停非法金融组织65家。

二、努力实现风险监测县域全覆盖。一是推动县政府修订完善《金融稳定联席会议制度》，将民政、农业、扶贫、供销等部门列为联席会议成员单位，建立成员单位按月交换信息，按季召开联席会议的工作机制；二是整合支行内部各项风险监测信息，实现了监测主体由稳定部门单一监测向各部门协同监测的转变，建立了金融稳定内部协作沟通制度；三是将金融产品创新、表外融资业务、信贷资产质量和新型农村金融组织纳入风险监测范围，建立了监测月报制度；四是建立健全重大事项报告质询、通报和责任制度，累计向小贷、民间融资服务公司等机构发出风险提示4次，银行机构上报重大事项8项。

三、增强金融风险处置能力。人行苍山县支行组织开展了“金融机构突出事件应急演练”，县金融办、苍山村镇银行、农联社等地方性法人机构参加演练，辖区其他银行机构现场观摩演练。通过演练，检验了金融机构突发事件应急预案的有效性和操作性，促进了金融业的稳健运行。

（马志申）

莒南县

【经济金融概况】 2013年，莒南县以提高经济发展质量和效益为中心，大力推进主导产业集聚化、传统产业新型化、新兴产业规模化、科技创新体系化，突出推进农业产业化，培育现代农业发展新优势，工业生产、固定资产投资、外贸发展、财政收入及金融形势持续保持平稳的增长态势。

莒南县主要经济指标

经济指标	2012	2013	2013年同比增幅（%）	经济指标	2012	2013	2013年同比增幅（%）
土地面积（平方公里）	1388	1388	0	地方财政支出（亿元）	15.87	27.57	73.72
人口（万人）	82.24	82.49	0.3	全社会固定资产投资（亿元）	111.4	129.20	15.98
城镇人口（万人）	28.71	27.56	-4.01	进出口总值（万美元）	70423	82615	17.31
乡村人口（万人）	53.53	54.91	2.58	出口总值（万美元）	43336	51274	18.32

续表

经济指标	2012	2013	2013年同比增幅（%）	经济指标	2012	2013	2013年同比增幅（%）
地区生产总值（亿元）	204.26	233.56	14.34	实际利用外资（万美元）	2305	3195	38.61
第一产业（亿元）	28.11	30.83	9.68	社会消费品零售总额（亿元）	99.62	105.22	5.62
第二产业（亿元）	83.62	96.46	13.6	居民消费价格指数（%）	101.3	101.6	1.60
第三产业（亿元）	92.53	106.27	14.58	人均地区生产总值（元）	27963	31564	12.88
财政总收入（亿元）	13.97	16.84	20.54	城镇居民可支配收入（元）	19680	22356	13.60
地方财政收入（亿元）	8.1	11.47	41.60	农民人均现金收入（元）	9029	10284	13.90
财政总支出（亿元）	22.37	27.57	23.25				

莒南县主要金融指标

金融指标（亿元）	2012	2013	2013年同比增幅（%）	金融指标（亿元）	2012	2013	2013年同比增幅（%）
本外币存款余额	189.57	223.31	17.80	财险收入	1.33	1.61	21.05
人民币存款余额	189.01	222.89	17.92	寿险收入	3.74	3.64	-2.67
单位存款	39.29	43.95	11.86	财险赔款	0.67	0.81	21.24
储蓄存款	148.29	174.85	17.91	寿险给付	0.55	0.71	29.09
本外币贷款余额	106.49	123.84	16.29	当年结益	--	--	--
人民币贷款余额	106.08	123.50	16.42	证券市场交易总额	--	--	--
短期贷款	72.73	77.88	7.08	投资者保证金余额	--	--	--
中长期贷款	22.26	30.35	36.34	证券账户开户数	--	--	--
票据融资	11.08	15.28	37.91	证券交易佣金收入	--	--	--
当年结益	2.77	2.88	3.97	净利润	--	--	--
不良贷款余额	5.00	3.12	-37.60				

莒南县主要金融机构概况

单位名称	行长（或其他称谓的第一负责人）	副行长（或其他称谓的同级领导）	员工总数	辖内营业网点数
人行莒南县支行	孙　雷	李　健　滕金伦　孙清华	22	1
银监会莒南县办事处	许长端	程守川　王世江	3	1
农发行莒南县支行	宋　营	王其禄　魏茂树	20	1
工行莒南支行	张春常	魏茂军　王晓红　成方武	47	3
农行莒南支行	杜金国	邱　华　魏本东　赵进山	140	10
中行莒南支行	赵　健	徐兴劭　薄福涛	36	2
建行莒南支行	王　磊	杨文胜　李乃刚	45	2
临商银行莒南支行	刘成文	徐学超	27	1
莒南县农信联社	毛晓辉　刘洪军	贾敬峰　刘海涛　李品颂　孔爱芹　戴明华	586	46

续表

单位名称	行长（或其他称谓的第一负责人）	副行长（或其他称谓的同级领导）	员工总数	辖内营业网点数
邮储银行莒南县支行	王佃莉	刘涛 孙立华 郇明丽	85	25
莒南村镇银行	薛希智	王家亮	23	1

莒南县主要金融机构业务概况

单位：亿元

单位名称	本外币存款余额	人民币单位存款	人民币储蓄存款	本外币贷款余额	人民币短期贷款	人民币中长期贷款
农发行莒南县支行	0.82	0.82	--	10.64	1.33	9.31
工行莒南支行	11.57	4.71	6.27	8.69	4.27	4.43
农行莒南支行	30.30	6.56	23.63	11.85	6.88	4.97
中行莒南支行	9.17	4.13	4.89	2.74	1.56	1.17
建行莒南支行	14.57	7.46	6.77	9.58	6.29	2.95
临商银行莒南支行	7.28	4.89	2.39	4.61	4.60	0.0024
莒南县农信联社	118.69	7.81	110.88	72.45	50.37	6.80
邮储银行莒南县支行	25.78	6.84	18.94	1.66	0.94	0.72
莒南村镇银行	1.81	0.73	1.08	1.63	1.63	0

【金融发展与改革】 2013年，莒南县农行“三农事业部”改革、农信社商业化改革有序推进，鑫海小额贷款有限公司成立。各金融机构一是不断创新“助保金”贷款、“公司+基地+农户”贷款、“1+N”牵手信用联盟贷款、土地经营权律师见证贷款等多种金融服务产品，支持农业产业升级换代；二是广泛开展金融知识进社区、进农村和进企业活动，农村小额支付转账结算“村村通”工程实现全覆盖。截至年末，全县新增金融机构网点2处，银行业金融机构表内外新增融资40亿元。

【金融服务与监管】 2013年，人行莒南县支行发挥引导作用，一是制定了金融机构货币信贷和金融支持现代农业发展两个《指导意见》，通过金融工作联席会议、绩效考核等制度措施，强化金融机构对实体经济的激励扶持机制；二是召开各类形式的银企推介会3次，对接资金30.87亿元，资金到位率105.55%；三是加大对新生金融机构的政策支持力度，向山东莒南村镇银行发放支农再贷款4000万元；四是严格监督地方法人机构执行差别存款准备金制度，开展金融机构信贷政策导向效果、三农事业部和金融稳定运行评估；五是组织对金融机构金融统计、征信管理、支付结算、金融稳定重大事项报告等执行法规政策的检查。

银监会莒南县办事处发挥银行业监管职能，加大银行业操作风险预警提示与监管，确保辖区银行业安全稳健运行。

（陈常耐）

沂水县

【经济金融概况】 2013年，沂水县全面推进“富民、壮镇、强县”战略，呈现出经济金融协调发展的新局面。现代农业发展迅速，精品农业园区达到30个；工业经济持续壮大，规模以上工业企业产值突破千亿元；服务业蓬勃发展，实现旅游收入72亿元；城乡建设统筹发展，全年投资42亿元，实施重点工程86项。

金融机构人民币存贷款余额、新增额四项指标均居全市9县第1位，分别占全市总量的7.98%、8.14%、7.62%和12.03%；全县信用总量达到291亿元，新增66亿元，实现历史性突破。

【金融发展与改革】 2013年，沂水县被人行济南分行确定为金融支持现代农业加快发展试点县。人行沂水县支行认真

沂水县主要经济指标

经济指标	2012	2013	2013年同比增幅（%）	经济指标	2012	2013	2013年同比增幅（%）
土地面积（平方公里）	2434.80	2434.80	0	地方财政支出（亿元）	30.08	36.49	21.31
人口（万人）	113.86	114.16	0.26	全社会固定资产投资（亿元）	145.30	195.30	34.41
城镇人口（万人）	32.13	23.47	-26.95	进出口总值（万美元）	48189	73356	52.23
乡村人口（万人）	81.73	90.69	10.96	出口总值（万美元）	30200	33206	9.95
地区生产总值（亿元）	275.11	310.89	13.01	实际利用外资（万美元）	2544	1662	-34.67
第一产业（亿元）	30.36	32.80	8.04	社会消费品零售总额（亿元）	130.20	147.50	13.29
第二产业（亿元）	132.20	145.95	10.40	居民消费价格指数（%）	101.30	101.60	0.30
第三产业（亿元）	112.55	132.14	17.41	人均地区生产总值（元）	27362	30817	12.63
财政总收入（亿元）	22.72	27.54	21.21	城镇居民可支配收入（元）	22986	25650	11.59
地方财政收入（亿元）	13.72	18.00	31.20	农民人均现金收入（元）	9030	10249	13.50
财政总支出（亿元）	30.08	36.49	21.31				

沂水县主要金融指标

金融指标（亿元）	2012	2013	2013年同比增幅（%）	金融指标（亿元）	2012	2013	2013年同比增幅（%）
本外币存款余额	244.59	296.02	21.03	财险收入	1.45	1.82	25.52
人民币存款余额	244.12	294.04	20.45	寿险收入	4.09	4.53	10.76
单位存款	57.12	72.94	27.70	财险赔款	0.77	0.73	-5.19
储蓄存款	182.79	217.68	19.09	寿险给付	0.66	1.13	71.21
本外币贷款余额	158.94	204.12	28.43	当年结益	--	--	--
人民币贷款余额	158.58	201.51	27.07	证券市场交易总额	--	--	--
短期贷款	92.28	120.16	30.21	投资者保证金余额	--	--	--
中长期贷款	41.89	55.72	33.02	证券账户开户数	--	--	--
票据融资	24.41	25.63	5.00	证券交易佣金收入	--	--	--
当年结益	2.69	3.65	35.69	净利润	--	--	--
不良贷款余额	2.38	1.97	-17.23				

沂水县主要金融机构概况

单位名称	行长（或其他称谓的第一负责人）	副行长（或其他称谓的同级领导）	员工总数	辖内营业网点数
人行沂水县支行	顾洪真	岳 嵩 梁训臻 程学万 韦钦红	22	1
银监会沂水县办事处	李少华		2	1
农发行沂水县支行	李加祥	张文杰 黄庆明	16	1
工行沂水支行	徐东文	陈维福 李清堂 冯 泽 宋金聚 张雁兵	60	4
农行沂水支行	牟 胜	宋曙光 张立军 徐瑞强	138	14
中行沂水支行	王高玉	刘召强 张 涛	48	3
建行沂水支行	张英斌	刘 琼 孔令江 邹庆余 张铁志	52	3
临商银行沂水支行	张文坤	白金旗	31	2

续表

单位名称	行长（或其他称谓的第一负责人）	副行长（或其他称谓的同级领导）	员工总数	辖内营业网点数
浦发沂水支行	丁振宁	赵建华	12	1
沂水县农信联社	戚建刚（理事长） 赵德友（主　任） 付守顺（监事长）	马吉伟　王献伟　郝连友	622	49
邮储银行沂水县支行	陆　梅	李俊录　郑仕兴	76	27
沂水中银富登村镇银行	李世明	刘建毅　贾　雷	51	3

沂水县主要金融机构业务概况

单位：亿元

单位名称	本外币存款余额	人民币单位存款	人民币储蓄存款	本外币贷款余额	人民币短期贷款	人民币中长期贷款
农发行沂水县支行	0.71	0.71	--	3.72	1.76	1.96
工行沂水支行	18.21	7.70	10.41	20.64	8.83	9.20
农行沂水支行	57.96	16.16	40.67	26.81	7.65	18.18
中行沂水支行	20.29	8.19	9.90	16.45	3.39	7.59
建行沂水支行	13.29	7.77	5.52	14.83	6.67	8.15
临商银行沂水支行	15.19	12.84	2.35	8.68	7.07	1.61
浦发沂水支行	8.58	6.31	2.27	21.95	20.93	1.02
沂水县农信联社	128.62	9.56	119.06	87.05	62.87	5.01
邮储银行沂水县支行	28.22	2.60	25.62	1.09	0.78	0.31
沂水中银富登村镇银行	2.98	1.11	1.87	2.90	0.21	2.69

落实国家惠民政策，支持产业集群、中小企业和现代农业发展，促进全县经济繁荣发展。一是主动对接能源化工、机械电子、矿产加工和高端食品四大主导产业，支持现代农业、商贸物流和旅游等优势产业，以政银企合作推进会为契机，对接企业222户、意向贷款88.8亿元；二是加强与中小企业局协作，对有融资需求的小微企业进行筛选，推荐给金融机构；三是选择100户企业成立“中小企业信用联盟”，筹集联盟风险基金2000万元（其中县政府出资1000万元），以临商银行沂水支行为主导，按10倍放大投放贷款；四是组织金融机构创新金融产品与服务14种，支持农业规模化、标准化发展；五是组织金融机构到七里堡子村现场办公，实施小额担保贷款整村推进，累计发放1.19万元；六是农信社银行化改革推进顺利，山东沂水农村商业银行股份有限公司正式挂牌成立。

【金融服务与监管】　2013年，人行沂水县支行加强监测分析，改进金融服务，金融发展环境持续优化，被济南分行命名为“改善农村支付服务环境先进集体”。一是完善金融稳定分析监测机制，推动工业企业运行预警机制运行，金融机构年末不良贷款占比同比下降0.47个百分点；二是加强农业金融基础设施的优化升级，加快助农取款服务点建设，提高非现金支付工具的使用率；三是加强金融消费权益保护工作，接受并及时处理群众投诉2起，为群众挽回损失3500元。

（刘建欣）

蒙阴县

【经济金融概况】　2013年，蒙阴县人民生活水平稳步提高，县域品牌形象明显提升。金融部门认真贯彻落实稳健的货币信贷政策，完善金融服务，有力支持了地方经济持续健康发展。

【金融发展与改革】　2013年，蒙阴县金融发展与改革取得较大进展。一是农信社加大改革力度，银行化改革稳步推进；

蒙阴县主要经济指标

经济指标	2012	2013	2013年同比增幅（%）	经济指标	2012	2013	2013年同比增幅（%）
土地面积（平方公里）	1601.6	1601.60	0	地方财政支出（亿元）	16.51	19.65	19.02
人口（万人）	55.09	55.33	0.44	全社会固定资产投资（亿元）	89.78	95.62	6.50
城镇人口（万人）	11.15	11.26	0.99	进出口总值（万美元）	4950	8370	69.09
乡村人口（万人）	43.94	44.07	0.3	出口总值（万美元）	4210	7754	84.18
地区生产总值（亿元）	147.58	165.66	12.25	实际利用外资（万美元）	303	245	-19.14
第一产业（亿元）	25.4	27.44	8.03	社会消费品零售总额（亿元）	70.2	88.42	25.95
第二产业（亿元）	59.8	66.17	10.65	居民消费价格指数（%）	101.3	101.6	1.60
第三产业（亿元）	62.38	72.05	15.50	人均地区生产总值（元）	26785	29936	11.76
财政总收入（亿元）	10.69	12.20	14.13	城镇居民可支配收入（元）	19433	22056	13.50
地方财政收入（亿元）	5.42	7.50	38.38	农民人均现金收入（元）	9099	10378	14.06
财政总支出（亿元）	16.51	19.65	19.02				

蒙阴县主要金融指标

金融指标（亿元）	2012	2013	2013年同比增幅（%）	金融指标（亿元）	2012	2013	2013年同比增幅（%）
本外币存款余额	105.15	130.15	23.78	财险收入	1.67	2.16	29.34
人民币存款余额	104.99	129.76	23.59	寿险收入	2.89	2.99	3.46
单位存款	17.44	22.86	31.08	财险赔款	0.86	0.98	13.95
储蓄存款	82.06	96.96	18.16	寿险给付	0.42	0.70	66.7
本外币贷款余额	61.04	71.26	16.74	当年结益	--	--	--
人民币贷款余额	61.04	71.22	16.68	证券市场交易总额	--	--	--
短期贷款	42.29	46.13	9.08	投资者保证金余额	--	--	--
中长期贷款	16.68	21.19	27.04	证券账户开户数	--	--	--
票据融资	2.07	3.89	87.92	证券交易佣金收入	--	--	--
当年结益	1.03	1.22	18.45	净利润	--	--	--
不良贷款余额	2.24	1.54	-31.25				

蒙阴县主要金融机构概况

单位名称	行长（或其他称谓的第一负责人）	副行长（或其他称谓的同级领导）	员工总数	辖内营业网点数
人行蒙阴县支行	佟　健	侯长明　公为强　张传文	24	1
银监会蒙阴县办事处	石运涛		1	1
农发行蒙阴县支行	邢　波	沈蒙恬　孙勇力	14	1
工行蒙阴支行	赵士玺	王开儒　王再俊　张　军	32	1
农行蒙阴支行	刘继明	王恩殿　公维顺　沈庆福	95	5
中行蒙阴支行	路咏念	丁前锋　王久利	25	1
建行蒙阴支行	雷建成	侯进忠　张德坤	49	2

续表

单位名称	行长（或其他称谓的第一负责人）	副行长（或其他称谓的同级领导）	员工总数	辖内营业网点数
临商银行蒙阴支行	高　伟	王存高	29	1
蒙阴县农信联社	徐长青（理事长） 曾昭银（主　任）	邹善海　张家顺　高连红　高长安	599	28
邮储银行蒙阴县支行	王家勤	张霄龙　王永庆	62	3

蒙阴县主要金融机构业务概况

单位：亿元

单位名称	本外币存款余额	人民币单位存款	人民币储蓄存款	本外币贷款余额	人民币短期贷款	人民币中长期贷款
农发行蒙阴县支行	0.14	0.14	--	2.04	0.28	1.76
工行蒙阴支行	7.04	3.36	3.57	5.26	2.34	2.92
农行蒙阴支行	16.89	4.23	12.55	12.42	4.32	8.10
中行蒙阴支行	4.93	1.74	2.78	2.11	0.88	1.23
建行蒙阴支行	11.97	4.55	7.23	3.63	1.89	1.70
临商银行蒙阴支行	5.51	4.97	0.53	2.18	2.11	0.07
蒙阴县农信联社	60.24	1.88	58.36	42.85	33.72	5.24
邮储银行蒙阴县支行	13.95	1.99	11.96	0.76	0.60	0.16

二是县政府召开了全县金融创新座谈会，积极搭建产权交易信贷承接平台，催生银行信贷创新效率和能力；三是盛和纺织和超越新型建材公司在天津股权交易所成功挂牌，企业上市实现“零突破”。

【金融服务与监管】　2013年，人行蒙阴县支行强化履职能力建设，完善金融服务，先后被上级行和地方政府授予服务地方科学发展、支持经济发展、全县金融统计等十余项先进单位荣誉称号。一是积极推动银企合作，信贷结构进一步优化；二是引导金融机构加大对现代农业的信贷支持，不断增加对农民专业合作社等新型农村经营主体的信贷投放；三是积极开展征信、人民币管理等金融知识宣传活动，满足城乡居民金融知识需求；四是加强金融管理，组织开展了对金融机构统计、征信、账户、国库外汇等业务的监督检查。

（赵红英）

平邑县

【经济金融概况】　2013年，平邑县着力推进科学跨越发展，经济社会呈现出蓬勃发展的良好局面。截至年末，全县公共财政预算收入首次突破10亿元大关，在全省县区排名中上升4个位次，全面完成“三年倍增”计划。

【金融发展与改革】　2013年，平邑县金融部门进一步深化金融改革，经济金融和谐健康发展。

一、扎实推进农信社银行化改革。一是推动县政府成立农信社银行化改革领导小组，县纪委、公安、法院及各乡镇分别

平邑县主要经济指标

经济指标	2012	2013	2013年同比增幅（%）	经济指标	2012	2013	2013年同比增幅（%）
土地面积（平方公里）	1024.7	1024.7	0	地方财政支出（亿元）	30.82	28.58	-7.27
人口（万人）	102.4	102.7	0.29	全社会固定资产投资（亿元）	107.7	132.8	23.31

续表

经济指标	2012	2013	2013年同比增幅（%）	经济指标	2012	2013	2013年同比增幅（%）
城镇人口（万人）	10.33	10.35	0.19	进出口总值（万美元）	15365	16000	4.13
乡村人口（万人）	92.07	92.35	0.30	出口总值（万美元）	14762	15400	4.32
地区生产总值（亿元）	209.66	236.43	12.77	实际利用外资（万美元）	250	145	-42.00
第一产业（亿元）	31.35	33.78	7.57	社会消费品零售总额（亿元）	111.1	125.4	12.87
第二产业（亿元）	92.96	103.16	10.97	居民消费价格指数（%）	103.2	102.1	-1.07
第三产业（亿元）	85.35	99.49	16.57	人均地区生产总值（元）	20475	23021	12.43
财政总收入（亿元）	28.18	30.2	7.17	城镇居民可支配收入（元）	18800	21600	14.89
地方财政收入（亿元）	7.26	10.34	42.42	农民人均现金收入（元）	9047	10278	13.61
财政总支出（亿元）	47.63	30.8	-35.33				

平邑县主要金融指标

金融指标（亿元）	2012	2013	2013年同比增幅（%）	金融指标（亿元）	2012	2013	2013年同比增幅（%）
本外币存款余额	155.09	185.21	19.42	财险收入	1.26	1.60	26.98
人民币存款余额	155.01	185.11	19.42	寿险收入	3.18	3.39	6.6
单位存款	41.83	49.67	18.74	财险赔款	0.48	0.70	45.83
储蓄存款	111.97	130.69	16.72	寿险给付	0.53	0.85	60.38
本外币贷款余额	94.27	104.54	10.89	当年结益	--	--	--
人民币贷款余额	94.27	104.54	10.89	证券市场交易总额	--	--	--
短期贷款	60.46	68.42	13.17	投资者保证金余额	--	--	--
中长期贷款	24.14	29.96	24.11	证券账户开户数	--	--	--
票据融资	9.66	6.16	-36.23	证券交易佣金收入	--	--	--
当年结益	1.79	2.02	12.86	净利润	--	--	--
不良贷款余额	5.13	2.63	-48.26				

平邑县主要金融机构概况

单位名称	行长（或其他称谓的第一负责人）	副行长（或其他称谓的同级领导）	员工总数	辖内营业网点数
人行平邑县支行	季德振	徐士亮　蒋晓华	36	1
银监会平邑县办事处	艾丽武		1	1
农发行平邑县支行	孙安源	刘　华	19	1
工行平邑支行	刘冬凯	付立果	44	3
农行平邑支行	杨本营	李冠元	128	7
中行平邑支行	武玉国	李井山	24	1
建行平邑支行	赵志瑞	刘建新	51	2
临商银行平邑支行	张天翼	陈文广	29	1
莱商银行平邑支行	常　峰	魏贷石	18	1

续表

单位名称	行长（或其他称谓的第一负责人）	副行长（或其他称谓的同级领导）	员工总数	辖内营业网点数
平邑县农信联社	徐启阶	王运斌	567	36
邮储银行平邑县支行	王富安	徐　丽	78	25

平邑县主要金融机构业务概况

单位：亿元

单位名称	本外币存款余额	人民币单位存款	人民币储蓄存款	本外币贷款余额	人民币短期贷款	人民币中长期贷款
农发行平邑县支行	0.65	0.65	--	2.09	1.49	0.60
工行平邑支行	11.45	4.65	6.64	8.15	2.69	5.46
农行平邑支行	30.83	10.03	20.72	12.26	5.98	6.27
中行平邑支行	7.21	3.95	3.11	5.94	1.45	4.49
建行平邑支行	12.07	7.91	3.92	10.02	3.51	6.51
临商银行平邑支行	8.85	7.53	1.32	5.58	4.48	1.10
莱商银行平邑支行	4.60	4.02	0.36	3.49	2.21	0
平邑县农信联社	83.72	7.84	75.88	3.2	45.15	4.68
邮储银行平邑县支行	21.85	3.1	18.75	2.3	1.45	0.85

成立工作组，对公职人员不良贷款和涉诉贷款等进行集中清收；二是组织召开全县农信社银行化改革公职人员不良贷款清收工作会议，加大清收力度，不良贷款压降取得明显成效。

二、农村信用体系建设稳步推进。一是成立了以人行、妇联、团委、文明办及涉农金融机构主要负责人为成员的领导小组，将“信用平邑”建设纳入全县“美丽乡村”建设的组成部分；二是县政府下发了《关于建设“信用平邑”的实施意见》，平邑县作为全市唯一一个“农村信用体系建设省级试验区”典型被人行临沂市中支推荐上报人行济南分行。

【金融服务与监管】　2013年，人行平邑县支行适时引导信贷资金投向，进一步加大金融对实体经济的信贷支持力度。

一、深入推进政银企合作。一是组织召开全县政银企合作对接会，9家金融机构与112家企业达成贷款合作意向45亿元；二是组织召开了由人行、财政、人社及涉农金融机构参加的联席会议，对做好小额担保贷款发放工作进行研究部署。截至年末，农信社累计发放小额担保贷款1.03亿元，居全市首位，市委书记张少军做出批示，要求总结推广其先进经验。

二、规范金融机构经营行为。一是开展了对太平洋财险平邑支公司的反洗钱检查；二是对邮储银行平邑县支行、县农信联社金融稳定重大事项进行了专项检查；三是配合人行临沂市中支开展了对建行、邮储银行的金融统计执法检查；四是参加了人行临沂市中支组织的征信检查组，对临商银行《征信管理条例》执行情况进行现场检查。

三、加强综合行政执法。一是与检察院建立反洗钱合作机制，制定了《反贪污贿赂反洗钱合作机制管理办法》；二是与公安部门建立联合执法机制，制定了《关于县公安局与人行建立联合执法机制的工作意见》；三是与税务部门建立信息共享机制，有力地促进了全县经济金融和谐健康发展。

（吴善顺）

费　县

【经济金融概况】　2013年，费县坚持以科学发展观为指导，引导金融机构加大对重点项目、招商引资企业、“三农”、小微企业、现代服务业、新兴产业的信贷支持，金融生态环境进一步优化。

【金融发展与改革】　2013年，费县贯彻稳健的货币政策，引导金融机构加大信贷投放，促进地方经济增长。一是制订出台金融支持现代农业发展和大项目好项目建设的两个《指导意见》，并以县政府文件印发；二是创新推出流转土地抵押和农村住房抵押等贷款业务；三是采用“3+2”、“N +1”模式，面向优质客户扩大额度，给予利率优惠，累计向20名客户发放扩容贷款4000万元；四是推出收费权质押、木材加工行业设备抵

费县主要经济指标

经济指标	2012	2013	2013年同比增幅（%）	经济指标	2012	2013	2013年同比增幅（%）
土地面积（平方公里）	1660.11	1660.11	0	地方财政支出（亿元）	22.36	27.86	24.60
人口（万人）	83	83.4	0.48	全社会固定资产投资（亿元）	104.2	126.6	21.50
城镇人口（万人）	14.3	13.06	-8.67	进出口总值（万美元）	24478	26644	8.8
乡村人口（万人）	68.7	70.34	2.39	出口总值（万美元）	23562	25466	8.1
地区生产总值（亿元）	200.16	224.1	11.8	实际利用外资（万美元）	1045	685	-34.40
第一产业（亿元）	28.1	30.3	3.2	社会消费品零售总额（亿元）	75.85	92.10	13.30
第二产业（亿元）	97.55	107.7	11.9	居民消费价格指数（%）	103.4	102.5	-0.87
第三产业（亿元）	74.51	86.1	14.5	人均地区生产总值（元）	26213	29248	11.58
财政总收入（亿元）	24.7	30.5	25.3	城镇居民可支配收入（元）	17402	20010	15
地方财政收入（亿元）	8.41	12	28.8	农民人均现金收入（元）	9028.21	10228	14
财政总支出（亿元）	26.37	27.86	5.65				

费县主要金融指标

金融指标（亿元）	2012	2013	2013年同比增幅（%）	金融指标（亿元）	2012	2013	2013年同比增幅（%）
本外币存款余额	157.92	190.93	20.90	财险收入	1.09	1.34	22.94
人民币存款余额	157.61	190.44	20.83	寿险收入	4.08	4.19	2.70
单位存款	28.53	40.35	41.43	财险赔款	0.56	0.62	10.71
储蓄存款	122.02	140	14.74	寿险给付	0.52	0.88	69.23
本外币贷款余额	87.25	104.53	19.81	当年结益	--	--	--
人民币贷款余额	87.10	104.52	19.96	证券市场交易总额	--	--	--
短期贷款	60.67	74.11	22.15	投资者保证金余额	--	--	--
中长期贷款	25.29	23.78	-5.97	证券账户开户数	--	--	--
票据融资	1.14	6.63	481.58	证券交易佣金收入	--	--	--
当年结益	2.70	2.53	-6.30	净利润	--	--	--
不良贷款余额	2.67	1.03	-61.42				

费县主要金融机构概况

单位名称	行长（或其他称谓的第一负责人）	副行长（或其他称谓的同级领导）	员工总数	辖内营业网点数
人行费县支行	郭增强	邱善银　刘英峰	16	1
银监会费县办事处	李涌涛		1	1
农发行费县支行	段遵义	贺可义　季相波	18	1
工行费县支行	孙元贵	任继奎　孙兴东　李　琪	51	3
农行费县支行	李向群	孙呈才　颜　波	101	8
中行费县支行	张　群	王金升　时建新	44	3
建行费县支行	闵祥福	韩夫宏　王冬莹	47	2

续表

单位名称	行长（或其他称谓的第一负责人）	副行长（或其他称谓的同级领导）	员工总数	辖内营业网点数
临商银行费县支行	孔凡强	刘长军 孙宗刚	31	1
费县农商行	孙成文 马 刚	赵京才 刘存保 王 平 程洪德 马宗涛 王桂玲 刘广明	518	38
邮储银行费县支行	张传红	苑春田 丁详利	73	3
民生费县支行	闫 峰	徐善东	5	1
费县梁邹村镇银行	王献彬	王汉卿 李 瑞	25	1

费县主要金融机构业务概况

单位：亿元

单位名称	本外币存款余额	人民币单位存款	人民币储蓄存款	本外币贷款余额	人民币短期贷款	人民币中长期贷款
农发行费县支行	1.40	1.40	--	5.23	1.59	3.64
工行费县支行	11.77	5.00	6.38	12.37	6.47	5.90
农行费县支行	25.97	9.00	16.87	14.73	8.66	6.07
中行费县支行	9.78	2.51	6.79	4.23	2.64	0.66
建行费县支行	8.12	3.45	4.57	2.71	1.59	1.12
临商银行费县支行	8.32	6.38	1.94	4.99	4.01	0.98
费县农商行	82.43	5.41	77.02	52.38	44.39	2.27
邮储银行费县县支行	28.90	3.08	25.82	2.73	1.81	0.92
民生费县支行	4.05	3.54	0.51	5.01	2.80	2.22
费县梁邹村镇银行	0.69	0.60	0.09	0.15	0.15	0

押和“助保金”贷款等新业务，极大地缓解了小微企业抵押担保难题；五是组织召开政银企合作推进会，签约金额 30.7 亿元，涉及 131 户企业；六是牵头成立“金融服务‘大项目好项目建设年’活动工作小组”，开通“金融支持绿色通道”，为其增加贷款投放 9.43 亿元。

【金融服务与监管】 2013 年，人行费县支行不断优化金融服务，切实惠及民生，加大金融监管力度，确保辖区金融稳定。

一、加强管理，改善农村支付结算环境。一是积极做好日常支付结算工作，维护正常的支付结算秩序；二是指导农商行推广使用手机银行业务，在全省率先实现农村地区手机支付业务行政村全覆盖，使农户在家门口就能享受便利的金融服务。

二、拓展范围，提高国库服务水平。一是强化内控制度管理，规范业务流程，确保国库核算安全；二是积极开展业务创新，成功实现测土配方施肥补贴、灵活就业人员补贴资金的国库直接支付。

三、加大监管力度，推进“两管理、两综合”。一是以开业管理规范经营行为，完成了对费县梁邹村镇银行、民生银行费县支行的筹建和开业申报资料的审核工作；二是对 8 家金融机构开展综合评价，并将评价结果在辖区进行了通报。

（张 萌）

沂南县

【经济金融概况】 2013 年，沂南县金融机构围绕全县经济发展实际，不断改进金融服务，新增贷款主要投向了农业、中小企业和消费信贷等政策重点支持领域，信贷结构进一步优化，经济金融协调健康发展。

沂南县主要经济指标

经济指标	2012	2013	2013年同比增幅（%）	经济指标	2012	2013	2013年同比增幅（%）
土地面积（平方公里）	1719	1719	0	地方财政支出（亿元）	23.31	28.21	21.02
人口（万人）	91.12	91.26	0.15	全社会固定资产投资（亿元）	120	141.5	21.30
城镇人口（万人）	9.21	9.32	1.19	进出口总值（万美元）	17812	21077	14.90
乡村人口（万人）	81.91	81.94	0.04	出口总值（万美元）	15055	16959	12.60
地区生产总值（亿元）	169.66	193.20	12.80	实际利用外资（万美元）	855	751	-12.20
第一产业（亿元）	30.04	32.3	3.20	社会消费品零售总额（亿元）	78.60	92.10	13.70
第二产业（亿元）	73.22	84.1	16	居民消费价格指数（%）	101.3	101.60	1.60
第三产业（亿元）	66.40	76.8	13.5	人均地区生产总值（元）	21200	23900	12.74
财政总收入（亿元）	23.61	28.34	20.03	城镇居民可支配收入（元）	18090	20550	13.60
地方财政收入（亿元）	8	11.5	32.30	农民人均现金收入（元）	9027	10275	13.83
财政总支出（亿元）	23.31	28.21	21.02				

沂南县主要金融指标

金融指标（亿元）	2012	2013	2013年同比增幅（%）	金融指标（亿元）	2012	2013	2013年同比增幅（%）
本外币存款余额	160.61	191.58	19.28	财险收入	1.08	1.39	28.70
人民币存款余额	160.08	191.24	19.47	寿险收入	4.13	4.58	10.89
单位存款	30.26	36.51	20.65	财险赔款	0.46	0.68	47.83
储蓄存款	127.73	150.90	18.14	寿险给付	0.84	1.01	20.24
本外币贷款余额	79.83	96.31	20.64	当年结益	--	--	--
人民币贷款余额	79.83	96.31	20.64	证券市场交易总额	--	--	--
短期贷款	45.73	54.71	19.64	投资者保证金余额	--	--	--
中长期贷款	24.68	31.17	26.30	证券账户开户数	--	--	--
票据融资	9.42	10.43	10.72	证券交易佣金收入	--	--	--
当年结益	1.72	2.31	34.30	净利润	--	--	--
不良贷款余额	4.05	2.67	-34.07				

沂南县主要金融机构概况

单位名称	行长（或其他称谓的第一负责人）	副行长（或其他称谓的同级领导）	员工总数	辖内营业网点数
人行沂南县支行	苏友庆	王德海　谢录云	19	1
银监会沂南县办事处	陈公国	刘西权　张振国	3	1
农发行沂南县支行	石增军	于祥恩　高录峰	12	1
工行沂南支行	季从金	刘敬启　王明亮　刘　巍	43	2
农行沂南支行	孟庆华	刘明京　赵华祥　苗正茂	87	7
中行沂南支行	董风光	魏玉宏　高更强	37	2
建行沂南支行	徐桂冰	丁　健　董文元	46	2

续表

单位名称	行长（或其他称谓的第一负责人）	副行长（或其他称谓的同级领导）	员工总数	辖内营业网点数
临商银行沂南支行	刘文娟	王秀广	30	1
沂南县农信联社	殷学远	陈效中　张　峰　冯　晓 曹光伟　翟纪伟　林存亮	528	39
邮储银行沂南县支行	阚利华	范玉文　王桂云	72	27

沂南县主要金融机构业务概况

单位：亿元

单位名称	本外币存款余额	人民币单位存款	人民币储蓄存款	本外币贷款余额	人民币短期贷款	人民币中长期贷款
农发行沂南县支行	0.80	0.80	--	2.77	0.61	2.17
工行沂南支行	15.99	7.91	7.79	10.07	6.10	3.98
农行沂南支行	30.89	8.71	21.88	16.38	5.52	10.86
中行沂南支行	9.76	3.81	5.47	5.95	1.06	4.89
建行沂南支行	10.63	5.98	4.54	6.05	3.39	2.65
临商银行沂南支行	5.83	4.49	1.34	3.99	2.28	1.70
沂南县农信联社	87.87	2.06	85.81	50.19	35.31	4.45
邮储银行沂南县支行	26.82	2.74	24.08	0.91	0.44	0.47

【金融发展与改革】　2013年，人行沂南县支行采取多种措施，督促金融机构贯彻落实好稳健货币政策和金融宏观调控措施，努力提高货币政策的前瞻性和有效性。一是制定出台《金融支持全县经济社会科学跨越发展指导意见》，将产业集群、重点项目、中小企业创新和现代农业等领域作为金融支持重点，引导金融机构加大对实体经济的信贷投放力度；二是召开“金融支持县域经济跨越发展政银企合作洽谈会”，制定《银企洽谈到位资金考核办法》，对签约资金实际发放额和到位率按月考核通报；三是完善金融生态环境建设长效机制，积极开展信用村和信用户评选活动；四是督促农信社完善法人治理结构，通过现金清收、贷款核销等方式化解不良贷款3.29亿元；五是引导涉农银行机构积极参与农村“三权”改革，发放农村土地流转权、林权质押贷款0.28亿元。

【金融服务与监管】　2013年，人行沂南县支行寓监管于服务之中，认真做好结算、国库、外汇、贷款卡等工作，为地方经济发展提供保障。一是积极推动农村支付环境建设，布放电话POS机5002台、ATM机94台、农民自助服务终端273台；二是加强对金融机构存款准备金、结算账户和反洗钱等业务的监督管理，维护了良好的金融秩序；三是完成银行业金融机构综合评价“A”级2个、“B”级6个，保险类金融机构综合评价“B”级2个。

（郭永刚）

临沭县

【经济金融概况】　2013年，临沭县经济呈现“发展提速、质量提高、实力提升”的主趋势，三次产业协调发展，工业经济实现新突破，社会综合实力和居民生活水平明显提高。各金融机构不断改善信贷结构，金融运行质量明显提高。

一、本外币存款平稳增长，同比增加35.58亿元。一是人

临沭县主要经济指标

经济指标	2012	2013	2013年同比增幅（%）	经济指标	2012	2013	2013年同比增幅（%）
土地面积（平方公里）	1010	1010	0	地方财政支出（亿元）	18.76	21.63	15.30

续表

经济指标	2012	2013	2013年同比增幅（%）	经济指标	2012	2013	2013年同比增幅（%）
人口（万人）	63.5	63.46	-0.1	全社会固定资产投资（亿元）	114.8	135.13	17.71
城镇人口（万人）	22.3	22.45	0.7	进出口总值（万美元）	38768	44317	14.31
乡村人口（万人）	41.2	41.01	-0.5	出口总值（万美元）	22189	29826	34.4
地区生产总值（亿元）	167.26	187.88	12.3	实际利用外资（万美元）	2549	5021	96.97
第一产业（亿元）	16.98	18.37	8.18	社会消费品零售总额（亿元）	74.6	88.4	18.50
第二产业（亿元）	86.22	94.68	9.81	居民消费价格指数（%）	101.3	101.6	1.60
第三产业（亿元）	64.06	74.83	16.81	人均地区生产总值（元）	28003	31490	12.45
财政总收入（亿元）	19.10	23.73	24.24	城镇居民可支配收入（元）	20600	23484	14.00
地方财政收入（亿元）	7.23	10.57	46.2	农民人均现金收入（元）	9031	10263	13.6
财政总支出（亿元）	19.10	23.73	24.24				

临沭县主要金融指标

金融指标（亿元）	2012	2013	2013年同比增幅（%）	金融指标（亿元）	2012	2013	2013年同比增幅（%）
本外币存款余额	143.58	179.15	24.7	财险收入	1.05	1.24	18.1
人民币存款余额	142.71	178.24	24.90	寿险收入	3.10	3.67	18.39
单位存款	47.77	62.17	30.14	财险赔款	0.51	0.58	13.19
储蓄存款	91.44	106.10	16.03	寿险给付	0.37	0.68	83.8
本外币贷款余额	100.61	128.37	27.59	当年结益	—	—	—
人民币贷款余额	100.16	128.37	28.16	证券市场交易总额	—	—	—
短期贷款	57.05	75.18	31.78	投资者保证金余额	—	—	—
中长期贷款	38.36	44.91	17.08	证券账户开户数	—	—	—
票据融资	4.69	8.23	75.48	证券交易佣金收入	—	—	—
当年结益	1.92	2.21	15.10	净利润	—	—	—
不良贷款余额	4.53	1.62	-64.20				

临沭县主要金融机构概况

单位名称	行长（或其他称谓的第一负责人）	副行长（或其他称谓的同级领导）	员工总数	辖内营业网点数
人行临沭县支行	陈仕庆	石民邦　王裕山	21	1
银监会临沭县办事处	凌再领		1	1
农发行临沭县支行	王建翔	杨国强　黄　勇	25	1
工行临沭支行	刘岩涛	田　勇　吴　伟 张玉芹　张海燕	45	2
农行临沭支行	韩廷华	王义光　唐　明　付信海	104	7
中行临沭支行	朱学军	张宝玉	37	2
建行临沭支行	殷洪峰	刘　斌　熊桂兵　朱利军	49	2

续表

单位名称	行长（或其他称谓的第一负责人）	副行长（或其他称谓的同级领导）	员工总数	辖内营业网点数
民生临沭支行	朱敬东	朱雷庆	9	1
临商银行临沭支行	阚　岷	王通江	33	1
临沭县农信联社	莫沂海	李永森　解忠良　王运秀　张敬刚　王恩波	454	33
邮储银行临沭县支行	朱朝彬	田　雨　史佃林	78	22
临沭民丰村镇银行	管　伟	李方杰　王山峰	20	1

临沭县主要金融机构业务概况

单位：亿元

单位名称	本外币存款余额	人民币单位存款	人民币储蓄存款	本外币贷款余额	人民币短期贷款	人民币中长期贷款
农发行临沭县支行	1.47	1.47	--	4.79	3.91	0.88
工行临沭支行	14.99	9.91	4.63	21.90	8.54	13.36
农行临沭支行	23.5	10.76	11.43	21.63	12.62	5.80
中行临沭支行	15.86	8.38	7.04	12.07	4.53	7.54
建行临沭支行	16.04	9.28	6.54	14.17	3.69	10.47
民生临沭支行	7.87	6.53	1.34	6.01	5.41	0.6
临商银行临沭支行	8.29	6.88	1.41	8.24	8.24	0
临沭县农信联社	61.43	4.64	56.79	36.3	25.42	5.81
邮储银行临沭县支行	18.59	2.19	16.40	0.98	0.53	0.45
临沭民丰村镇银行	2.71	2.15	0.56	2.29	2.29	0

民币储蓄存款同比增长基本持平；二是县域肥料、机械、食品、柳编企业经营效益良好，闲置资金增多，促使单位存款保持平稳增长。

二、本外币贷款稳定增长，同比增加27.6亿元。其中，人民币短期贷款增加17.97亿元，中长期贷款增加6.55亿元，票据融资增加3.54亿元。全年农信社整体收购和核销不良贷款2.84亿元，主要是短期个人贷款。

【金融发展与改革】　2013年，临沭县金融机构不断加大对经济发展和信贷结构调整的投入，努力优化区域金融生态环境。6月，民生银行临沭支行正式挂牌营业。

【金融服务与监管】　2013年，人行临沭县支行认真履行央行职责，加强货币信贷政策传导，力促全县经济持续快速发展。一是通过组织召开金融工作会议、贯彻货币信贷政策通报会、信贷工作调度会和政银企洽谈会，引导金融机构把信贷资金投向实体经济；二是监测金融机构利率定价和执行情况，积极推动辖区利率市场化进程；三是加强金融生态环境建设，确保金融稳定运行；四是认真履行监管职能，进一步完善反洗钱内部管理制度，健全金融机构反洗钱工作体系；五是积极开展《征信业管理条例》知识宣传活动，做好日常个人信用报告查询及征信管理工作；六是加强监督服务职能，组织开展金融机构统计执法、反洗钱和征信业务检查。

（陈丽芳）

枣庄市

【经济金融概况】 2013 年，枣庄市坚定不移地实施城市转型战略，坚持“项目兴市、工业强市、生态立市”不动摇，产业结构进一步优化，经济增长的协调性不断增强。

一、高新技术产业保持较快增长。全年实现高新技术产业总产值 603.39 亿元，增长 15.3%，占规模以上工业总产值比重 17.4%，同比提高 1.93 个百分点。

二、节能降耗工作成效明显。万元 GDP 能耗降低率超额完成年度和进度目标任务，累计淘汰落后水泥生产线 26 条、产能 260 万吨。

三、城市化进程提速转型。截至年末，城市化率达 50.43%，比上年提高 1.03 个百分点。

四、各区（市）加快转型升级。滕州县域经济发展处于领先位置，经济总量和财政收入均列西部隆起带县（市）第 1 位。

【货币政策实施】 2013 年，人行枣庄市中支引导各金融机构深入理解把握稳健货币政策要求，大力调整优化信贷结构，有效解决信贷资金供求结构性矛盾，各项贷款保持平稳适度增长，较好地满足了区域经济增长的资金需求。

一、探索创新金融支持工业转型振兴信贷模式和途径。一是认真贯彻市政府《关于推进工业转型振兴的实施意见》，继续推进“双百优企业培植”工作，帮扶重点企业 200 家；二是联合市经信委、中小企业局在全市选拔确定了 30 家大型企业、40 家中型企业、60 家小型企业和 70 家科技型企业，采取综合措施予以重点扶持。

二、金融支持现代农业加快发展实现新突破。该中支组织召开了“全市金融支持国家农村改革试验区建设和现代农业发展工作会议”，促进银农对接项目 265 个、对接金额 44.79 亿元，在建立金融支持现代农业可持续发展机制、创新涉农信贷产品、深化政银保支农合作、扩大金融支农规模上实现了新突破。

三、多渠道破解经济薄弱环节融资瓶颈。一是通过搭建“一体孵化、政策扶持、素质提升、全程服务”四大平台，为大学生创业者开通绿色便捷通道，带动就业 7000 余人；二是联合团委和知名企业家，探索创新金融支持青年创业“金摇篮”工程，引导金融机构发放创业贷款 3267 万元，培育“创业之星”437 名，带动创业 8000 余人；三是创新信贷产品和金融服务方式，全市银行业机构累计发放残疾人创业就业贷款 1.25 亿元，支持和辐射带动 3000 多位残疾人就业。

四、积极推进信贷产品创新。一是创新推出了不动产抵押登记和知识产权抵押贷款模式；二是积极拓展助保金贷款产品，由政府部门投入部分资金作为助保金池铺底资金，形成了资金的规模效应和杠杆放大效应，全年发放“助保金”贷款 127 笔，金额 4.84 亿元。

【金融稳定】 2013 年，人行枣庄市中支继续深化金融稳定协调机制建设，不断改进金融风险监测预警方式，实现了全市经济金融持续稳定健康发展的总体目标。

一、建立健全内部金融稳定协作沟通工作制度。一是研究制定《金融稳定工作协作沟通工作制度》，成立行内金融稳定工作机制领导小组；二是通过召开风险分析会议，充分交流共享各专业部门在日常业务管理、非现场监测、现场检查和日常调研中发现的风险苗头，形成维护金融稳定工作合力。

二、加强和改进金融风险监测。一是深入研究高风险法人银行机构的风险特点，按照“一机构一策略”的原则实行贴身监测，强化区域金融风险防范；二是将小额贷款公司、融资性担保公司、典当行和地方各类交易场所纳入监测体系，实施全面监测；三是加强对地方政府融资平台、房地产和产能过剩行业等信用风险的监测。

三、进一步落实金融稳定重大事项报告制度。一是督促各类金融机构主动收集和报告金融风险信息和突发事件，研究制定了《枣庄市农信社改革重大事项报告管理办法》，结合农信社改革试点专项中央银行票据兑付后续监测考核相关要求，将农信社产权制度改革的全过程纳入区域金融风险监测和管理范围。全年共接收银行机构重大事项报告 162 件。

四、增强社会公众非法集资风险防范意识。一是认真贯彻人行济南分行《关于开展防范和打击非法集资宣传月活动的通知》的精神，安排部署银行机构通过网点、短信平台和设立资讯平台等多种方式进行宣传，在全社会形成“远离非法集资、拒绝高利诱惑”的浓厚氛围；二是对全市非法集资活动现状及引发的重大不稳定因素进行深入分析，研究制定工作意见和措施。

五、扎实推进金融机构改革与发展。重点关注各行内部控制与风险管理、绩效考核方式、盈利模式、金融政策执行、财务状况及经营可持续性等方面的情况，及时反映其改革进展情况和突出问题。

【金融服务】 2013 年，人行枣庄市中支大力深化金融服务，着力提高服务水平，赢得社会各界的广泛好评。

一、巩固和深化农村支付环境建设。截至年末，全市银行卡助农取款服务点达到 1700 多个，乡镇覆盖率 100%。在总、分行开展的表彰活动中，枣庄辖区获得总行级先进个人 1 名，分行级先进集体 4 个、先进个人 5 名。

二、社会信用体系建设取得新进展。一是协助市政府组织召开了全市农村信用体系试验区建设动员暨台儿庄区“道庄模式”推广会议；二是以高新区、滕州市经济开发区“信用园区”创建为突破口，示范带动中小企业信用体系试验区建设，枣庄中小企业信用体系建设被分行推荐作为人总行联系点；三是深化农村青年信用示范户创建，大力培育大学生创业孵化基地，创

枣庄市经济主要统计指标

指标＼年度	2009	2010	2011	2012	2013	2013 年同比增幅（%）
土地面积（平方公里）	4563.22	4563.22	4563.22	4563.22	4563.22	0
人口（万人）	386.79	391.04	394.2	394.83	395.95	0.02
城镇人口（万人）	132.56	135.97	136.87	137.01	199.68	--
乡村人口（万人）	254.23	255.07	257.31	257.82	196.27	--
地区生产总值（亿元）	1201.28	1362.04	1561.68	1702.92	1830.63	10.1
第一产业（亿元）	103.81	117.56	126.4	133.00	149.81	3.3
第二产业（亿元）	744.40	818.37	920.32	991.33	1037.55	11.4
工业（亿元）	671.95	824.76	--	--	942.96	11.5
建筑业（亿元）	61.85	69.03	--	--	--	--
第三产业（亿元）	353.07	426.11	514.96	578.59	643.27	9.0
人均地区生产总值（元）	32842	34831	41746	43130	46228	7.20
地区生产总值构成（%）	100	100	100	100	100	--
第一产业（%）	8.6	8.6	8.1	7.81	8.18	4.73
第二产业（%）	62.0	60.1	58.9	58.21	56.68	-2.66
第三产业（%）	29.4	31.3	33	33.98	35.14	3.41
财政总收入（亿元）	114.3	137.41	174.2	184.4	--	--
地方财政收入（亿元）	60.8	76.71	100.12	116.37	130.72	6.4
财政总支出（亿元）	110.70	136.19	--	--	--	--
地方财政支出（亿元）	101.04	128.91	160.34	175.99	207.80	18.07
全社会固定资产投资（亿元）	629.84	787.31	823.77	1044.62	1238.21	20.5
规模以上固定资产投资（亿元）	579.80	720.18	--	--	--	--
房地产开发（亿元）	68.1	78.0	136.8	--	--	--
进出口总值（亿美元）	5.95	9.11	10.68	11.32	12.51	10.7
出口总值（亿美元）	4.89	7.46	8.45	9.4	9.47	0.8
实际利用外资（亿美元）	2.16	2.39	1.2	1.42	1.59	11.3
社会消费品零售总额（亿元）	353.80	409.89	480.6	552.4	627	13.5
居民消费价格指数（%）	100.1	102.8	104.8	101.9	101.8	1.8
城市居民人均可支配收入（元）	15651	17630	20193	22960	25238	9.9
农民人均现金收入（元）	6255	7103	8397	9606	10878	13.2

注：原稿中所提供的城镇人口、乡村人口 2013 年同比增幅为 45.74%、23.87%，虽经核实无误，但为慎重起见，编辑部不予采用，特此指出。

枣庄市工农业主要统计指标

农业主要统计指标（万吨）				规模以上工业企业主要统计指标（亿元）			
项目＼年度	2012 年	2013 年	增幅（%）	项目＼年度	2012 年	2013 年	增幅（%）
粮食	198.87	171.20	-5.5	工业增加值	--	--	12.2
夏粮	98.59	85.27	-1.6	国有工业	--	--	-0.4
秋粮	100.28	85.94	-9.2	集体工业	--	--	33.4

续表

农业主要统计指标（万吨）				规模以上工业企业主要统计指标（亿元）			
项目＼年度	2012 年	2013 年	增幅（%）	项目＼年度	2012 年	2013 年	增幅（%）
棉花	0.54	0.49	-8.4	股份制工业	--	--	12.6
油料	9.30	9.56	2.8	股份合作制工业	--	--	--
水果	24.56	25.2	2.6	外商及港澳台投资工业	--	--	11.5
蔬菜	441.47	452.8	2.6	轻工业	--	--	11.5
肉类	26.55	26.2	-1.2	重工业	--	--	12.4
禽蛋	11.49	11.2	-2.4	销售收入	3207.11	3587.09	11.2
奶类	4.71	4.73	0.3	利税	330.25	367.18	6.9
水产品	8.85	9.29	4.7	利润	187.8	191.44	1.6
森林覆盖率（%）	31.5	34.1	8.25	经济效益综合指数（%）	265.97	261.76	4.73

枣庄市主要金融机构概况

单位名称	行长（或其他称谓的第一负责人）	副行长（或其他称谓的同级领导）	员工总数	辖内营业网点数
人行枣庄市中心支行	陈宜民	罗亮森　张善杰　朱传辰　孙秋生　吴　静	175	4
银监会枣庄监管分局	孙茂林	周保舰　倪　辉　王　芳	53	1
农发行枣庄市分行	李大庆	侯海峰	154	6
工行枣庄分行	盖　伟	胡吉平　陈维东　张东海　梁化新	802	39
农行枣庄分行	臧汝舜	曹明钊　张炳臣　张　民　张清民	925	55
中行枣庄分行	葛勤生	李亚军　王卫东　杨利民　金　冬	533	22
建行枣庄分行	张夫顺	张全刚　刘向群　王清堂　崔广磊　张守义　刘　涛	888	35
交行枣庄分行	周　青	蒋保成　张新磊	43	1
枣庄银行	吕士伟	樊印华　许太景　刘　永　崔　健　张德安　朱玉军	562	18
济宁银行枣庄分行	赵建洪	张　营　胡勤习	67	3
农信社枣庄市办事处	卜昭路	杨春河　蒲祖华　蒋继宝	2590	180
邮储银行枣庄市分行	王运访	李　兵　仇洪建	506	105
滕州建信村镇银行	王力强	马　骏　陈洪涛　张金国	23	1
中国人民人寿保险枣庄市分公司	王　辉		628	6
中国人寿保险枣庄市分公司	曹雪臣	刘书宏	2470	6
泰康人寿保险枣庄中心支公司	李　彦		2989	6

续表

单位名称	行长（或其他称谓的第一负责人）	副行长（或其他称谓的同级领导）	员工总数	辖内营业网点数
太平洋人寿保险枣庄中心支公司	王　崇	于生涛	1842	6
新华人寿保险股枣庄中心支公司	陈　朋		928	5
安华农业保险枣庄中心支公司	韩建国		86	1
中国人民财产保险枣庄市分公司	翟永兴	白鹏飞	753	6
中国大地财产保险枣庄中心支公司	刘　涛		206	4
阳光人寿保险枣庄中心支公司	孙彦东		761	5
阳光财产保险枣庄中心支公司	代广珍		259	6
太平人寿保险枣庄中心支公司	潘延亭		738	5
华泰人寿保险枣庄中心支公司	张化强		155	2
中华联合财产保险枣庄中心支公司	陈克广		292	7
中国太平洋财产保险枣庄中心支公司	赵新祥	张东旭	345	6
天安人寿保险枣庄中心支公司	王　勇	王　辉	729	3
中国国寿财产保险枣庄中心支公司	刘　勇		267	6
中国平安财产保险枣庄中心支公司	华洪星		122	5
天安保险枣庄中心支公司	赵汉卫		208	6
中国平安人寿保险枣庄中心支公司	王　勇		729	4
合众人寿保险山东分公司枣庄营销服务部	白太军		274	3
百年人寿保险枣庄中心支公司	尤荣涛		73	1
华夏人寿保险枣庄中心支公司	孙彦国		196	1
民生人寿保险枣庄中心支公司	周广英		671	6
信泰人寿保险枣庄中心支公司	孙彦标		158	2
永安财产保险枣庄中心支公司	程海云		154	1
安邦财产保险枣庄中心支公司	杜厚民		72	6
天平汽车保险枣庄中心支公司	吴成东		46	1
生命人寿保险枣庄中心支公司	孙会杳		1058	4
恒安标准人寿保险枣庄中心支公司	青玉梅		43	1
华安财产保险枣庄中心支公司	丁春景		17	1
泰山财产保险枣庄中心支公司	曹　玲		22	1
齐鲁证券公司枣庄市分公司	陈志伟		66	5

续表

单位名称	行长（或其他称谓的第一负责人）	副行长（或其他称谓的同级领导）	员工总数	辖内营业网点数
中信万通证券公司枣庄文化中路营业部	邵从波	刘　涛　阎寅贵	34	1

枣庄市金融业务统计指标

指标（亿元）＼年度		2009	2010	2011	2012	2013	2013年同比	
							增加额	增幅（%）
银行类	本外币存款余额	810.75	894.42	974.24	1146.72	1249.85	102.88	8.97
	人民币存款余额	807.70	892.22	972.06	1142.36	1245.68	103.06	9.02
	*单位存款	210.38	206.39	216.28	431.44	429.90	-1.54	-0.36
	储蓄存款	442.59	511.39	570.87	693.48	779.81	86.06	12.41
	本外币贷款余额	586.84	729.69	814.97	916.49	975.08	53.70	5.83
	人民币贷款余额	585.83	727.71	813.41	914.85	971.06	51.34	5.61
	短期贷款	254.09	306.69	346.41	407.63	438.81	26.31	6.45
	中长期贷款	310.26	402.52	440.3	461.42	481.12	19.71	4.27
	票据融资	21.48	18.31	26.69	45.48	50.36	4.88	10.73
	当年结益	13.46	16.47	22.58	22.47	19.91	-2.56	-11.39
	不良贷款余额	24.62	20.34	16.89	18.39	25.78	7.39	40.18
	不良贷款占比%	4.2	2.79	2.07	2.01	2.64	0.64	31.84
保险类	保险公司保费收入	21.72	29.24	30.45	32.58	43.51	10.93	33.66
	财险收入	5.37	7.55	8.23	9.06	9.94	0.88	9.8
	寿险收入	16.35	21.69	22.22	23.52	33.57	10.05	42.7
	保险公司赔款和给付支出	4.96	5.26	6.07	6.47	8.96	2.49	43
	财险赔款	2.69	3.16	3.65	3.99	4.65	0.66	22.9
	寿险给付	2.26	1.71	1.99	2.48	4.31	1.83	73.5
	当年结益	--	--	--	--	--	--	--
证券类	证券市场成交总额	387.51	639.71	659	381	533.9	152.9	40.13
	投资者保证金余额	6.79	6.32	6.01	3.21	2.89	-0.32	-0.99
	证券账户开户数	176674	194043	209539	223248	250850	27602	12.36
	佣金收入	0.97	1.3	1.14	0.58	0.93	0.35	60.34
	净利润	0.57	0.72	0.64	0.33	0.46	0.13	39.39
	期货市场成交总额	--	--	--	--	--	--	--
	期货客户保证金余额	--	--	--	--	--	--	--
	期货账户开户数	--	--	--	--	--	--	--
	期货手续费收入	--	--	--	--	--	--	--
	利润总额	--	--	--	--	--	--	--

注："*"该项指标2010年前为"企业存款"，其数字亦是如此。

枣庄市金融机构统计指标

指标（个）	年度	2009	2010	2011	2012	2013	2013年同比增幅（%）
银行类	法人机构	7	7	7	8	8	--
	省级分行	--	--	--	--	--	--
	二级分行	6	7	7	8	8	--
	县区支行	71	150	153	146	149	2.05
	分理处、营业所	297	290	297	303	467	5.41
	储蓄所	8	5	--	--	--	--
	从业人员总数	5774	6235	6541	6871	7075	2.96
保险类	保险机构	19	21	22	29	31	6.89
	财险机构	10	11	11	12	14	16.66
	省级分公司	--	--	--	--	--	--
	地市分公司	10	11	11	12	14	16.66
	县区支公司	--	--	--	--	--	--
	寿险机构	9	10	11	17	17	--
	省级分公司	-	--	--	--	--	--
	地市分公司	9	10	11	17	17	--
	县区支公司	--	--	--	--	--	--
	从业人员总数	11340	12893	15826	14713	17361	18
	财险人员	1622	2189	2193	2454	2849	16.10
	寿险人员	9718	10704	13633	12259	14512	18.38
证券类	证券机构	--	--	--	--	--	--
	证券公司	1	1	2	2	2	0
	证券营业部	4	4	5	5	5	0
	证券服务部	--	--	--	--	--	--
	从业人员总数	38	41	52	66	96	45.45
	投资者开户	91565	108797	116513	128593	140252	9.07
	境内上市股票支数	--	--	--	--	--	--
	境外上市股票支数	--	--	--	--	--	--
	辖区上市公司总数	--	--	--	--	--	--

枣庄市主要金融机构业务概况

单位：亿元

单位名称	本外币存款余额	人民币单位存款	人民币储蓄存款	本外币贷款余额	人民币短期贷款	人民币中长期贷款
农发行枣庄市分行	5.08	5.08		43.08	14.16	28.88
工行枣庄分行	215.58	84.04	117.67	210.58	59.98	146.10
农行枣庄分行	180.71	41.29	133.13	149.38	63.78	81.75
中行枣庄分行	117.91	63.92	50.68	107.17	42.54	60.08

续表

单位名称	本外币存款余额	人民币单位存款	人民币储蓄存款	本外币贷款余额	人民币短期贷款	人民币中长期贷款
建行枣庄分行	218.57	94.67	120.96	156.69	26.70	122.90
交行枣庄分行	13.83	11.39	1.12	5.01	4.51	0.5
枣庄银行	112.03	74.33	37.56	72.21	56.20	1.81
济宁银行枣庄分行	9.71	6.07	3.65	9.61	7.65	0.78
农信社枣庄市办事处	275.49	38.51	235.55	200.11	154.57	27.36
邮储银行枣庄市分行	88.17	9.09	79.08	19.92	7.65	10.84
滕州建信村镇银行	1.92	1.52	0.40	1.31	1.07	0.11

枣庄市各县级区域经济金融主要统计指标

名称	人口（万人）	面积（平方公里）	地区生产总值（亿元）	地区生产总值增速（%）	本外币存款余额（亿元）	储蓄存款（亿元）	本外币贷款余额（亿元）
滕州市	169.29	1494.24	902.64	10.4	420.44	299.04	402.91
薛城区	42.88	422.71	260.05	10.6	270.99	137.22	135.89
峄城区	39.59	635.01	147.57	10.1	67.38	43.61	66.42
台儿庄区	31.40	533.30	146.50	7.9	64.48	44.76	51.73
山亭区	51.08	1018.93	114.20	10.2	65.07	48.30	37.92
高新区	8.06	85.11	68.31	21.1	19.77	12.13	10.62
市中区	53.65	373.92	191.38	9.8	328.69	194.74	266.76

枣庄市（含县级）小额贷款公司机构、业务概览

单位名称	行长（或其他称谓的第一负责人）	员工总数（个）	本外币贷款余额（亿元）	人民币短期贷款（亿元）	人民币中长期贷款（亿元）
枣庄市市中区恒升小额贷款公司	尤寿印	12	0.89	0.89	0
枣庄市市中区万科小额贷款公司	李文龙	12	1.60	1.60	0
枣庄市滕州丰盈小额贷款公司	侯贺民	18	0.86	0.86	0
枣庄市滕州恒润县小额贷款公司	钟卫桦	12	0.82	0.82	0
枣庄市滕州银盈小额贷款公司	徐　彬	17	1.42	1.42	0
枣庄市薛城区万方小额贷款公司	孙成果	11	0.71	0.71	0

新推出"金摇篮"青年创业贷款。

三、加强外汇管理和跨境人民币结算，提升涉外企业服务质量。一是简化业务程序和审批手续，积极引导银行创新外汇服务，提高外汇管理服务实体经济的能力；二是深入推进跨境人民币结算工作，加大政策宣传和业务调研力度，落实"一行一策、一企一策"的工作方法。

四、国库服务和人民币流通管理水平不断提升。一是制定《国库集中支付代理银行资格认定管理暂行办法》，实现了山亭区国库集中支付系统的上线运行和峄城区国库集中支付系统的上线筹备；二是启动全市银行机构"人民币流通净化工程"，与各金融机构签订了承诺书；三是组织召开人民币流通管理暨助农取款"新票直通车"现场推进会，在滕州试点推行助农取款点"1231 新票直通车"现金服务模式，将助农取款点打造成为"新币投放站、旧币回收站、券别调剂站、反假宣传站"，农村地

区人民币流通环境明显改善。

五、深入开展普惠式金融宣传。一是稳步推进"送金融知识进村社企校"活动，联合枣庄市义工联盟宣传金融知识，组织开展了金融知识普及月、涉外企业外汇政策培训、"反假货币宣传月"、送国债知识进农村等宣传活动；二是配合省社科联、金融学会开展"趋势与判断：当前经济金融热点问题解析"讲座，与薛城区临城街道办事处联合开展金融知识进社区"惠民通"工程，搭建了由金融服务站、报纸、网络、热线电话和电视台组成的立体宣传网，探索形成了金融知识宣传应用的长效机制，受惠居民达10.3万人，直接参与居民4.6万人。

【金融监管】 2013年，人行枣庄市中支积极强化金融管理，努力打造管理服务型基层央行。一是制定印发《新设银行业金融机构管理操作规程》，组织枣庄银行新城支行等6家银行分支机构开业管理考试；二是召开全市金融系统"两管理、两综合、一保护"工作会议，通报表彰综合评价A级金融机构，对综合评价为C级的金融机构，采取了集中约见谈话、开展综合执法检查等约束措施；三是制定试行了《银行业金融机构金融消费权益保护工作监督评价办法》和《金融机构金融消费权益保护工作评估办法》；四是人行滕州支行推动成立了涵盖银、证、保和小贷公司在内的滕州金融协会，专职负责金融消费权益保护工作；五是组织开展全市金融系统"两管理、两综合、一保护"知识竞赛，提高金融机构高管和从业人员对该项工作的认识。

【外汇管理】 2013年，外管局枣庄市中心支局坚持稳中求进，全面落实重点领域改革政策，强化跨境资金流动监测分析，严厉打击外汇违规行为，外汇管理服务实体经济发展、保障经济金融稳定能力不断提升。该局连续第8年被市委、市政府授予"促进开放先进单位"，外汇管理科连续第9年被人行济南分行授予"青年文明号"荣誉称号。

一、全面落实外汇管理改革政策。一是结合辖区的外贸特点，合理确定监管方向和重点，扩大非现场监测成效；二是认真落实服务贸易外汇管理政策，定期对外汇指定银行进行调度督导，现场查看各银行服务贸易外汇业务内控制度和业务操作规程执行情况，强化调度督导。

二、密切防范跨境资金流入风险。一是认真学习贯彻"控流入"政策，综合运用多种管理手段，加大监测分析和核查力度；二是组织召开全市外汇指定银行加强外汇资金流入管理工作会议，要求银行认真履行"代位监管"职责，严控异常资金流入；三是与市国税局、地税局签订合作备忘录，实现政策、监管和统计等信息的共享，形成了防范异常资金违规流入的监管合力。

三、积极传导外汇政策，支持涉外经济平稳健康发展。一是结合枣庄实际，参与制定印发了《关于认真贯彻稳健货币政策改进金融服务和外汇管理支持全市经济持续健康发展的意见》，加大对涉外企业的支持力度；二是实行外管干部帮包企业负责制，当好企业的顾问和参谋，实现外汇管理服务涉外实体经济发展"零距离"。年内，帮助2家重点联系企业规避汇率损失达300万元。

四、加强外汇业务管理检查，提升依法行政水平。一是全面、客观地对辖区外汇指定银行执行外汇管理政策导向效果进行评估，并辅之以鼓励和限制措施对其实行阶梯式管理；二是紧密结合经济金融形势变化，有针对性的开展专项检查工作，以检查促管理，维护外汇市场秩序，先后对邮储银行、建行、中行等金融机构外汇业务开展了合规性检查。

【金融改革】 2013年，枣庄市金融机构继续深化改革，为业务发展、助推地方经济转型提供了新的动力。一是省联社枣庄办事处积极推进枣庄农商银行筹备工作，进入实质性阶段；二是济宁银行枣庄分行正式营业，全市多元竞争、错位发展的金融组织体系进一步完善；三是不断改善中小企业信贷服务，中行对中小企业、中型客户等实体经济的信贷支持进一步加强，并简化了流程，提高了审批效率，较好满足了中小企业的日常流动资金需求；四是枣庄银行强化信贷产品创新，加大对先进制造业、战略性新兴产业、小微企业和"三农"产业等领域的信贷支持，被评为2013年度最具创新力中小银行。

【精神文明建设】 2013年，枣庄市金融系统始终坚持把精神文明建设摆在重要位置，积极加强和改进金融服务，受到社会各界广泛好评。

一、人行枣庄市中支被评为"山东省厂务公开民主管理先进单位"，并在总行工会座谈会、分行工会电视电话会议和枣庄市民主管理工作现场会上作了经验介绍；李耀峰获得"枣庄市见义勇为"模范荣誉称号，杨青被推荐为总行感动央行人物候选人。

二、工行枣庄分行在山东省财贸金融工会工作会议上作民主管理工作典型发言，并荣获山东省总工会"第十六届职工职业道德建设先进单位"。

三、枣庄银行被市总工会授予"枣庄市五一劳动奖状"，并荣获"枣庄市劳动关系和谐企业"和"省级文明单位"称号；办公室被市总工会授予"工人先锋号"；董事长吕士伟、副行长张德安被市政府授予"枣庄市劳动模范"荣誉称号。

【大事记】 1月7日 人行枣庄中支顺利完成省级文明单位复查验收。

1月29日 人行枣庄市中心支行召开2013年工作会议暨外汇管理工作会议。

3月3日~4日 人行枣庄市中支与共青团枣庄市委联合开展金融知识宣传活动。

3月15日 人行枣庄市中支联合枣庄市消费者协会开展"3·15"金融消费者权益保护集中宣传活动。

3月23日 枣庄召开全市纵深推进工业转型振兴工作会议，人行枣庄市中支分别荣获市委、市政府"工业转型振兴集体二等功"、"重点项目工作优质服务奖"和"全市银行业金融机构支持地方经济发展特殊贡献奖"。

3月28日 人行济南分行党委委员、纪委书记刘振海出席枣庄市农村信用体系试验区建设动员会议暨台儿庄区"道庄模式”推广会议。

4月27日 人行济南分行反腐倡廉工作督导会议在人行枣庄市中支召开，分行纪委副书记孙柏长、济宁等5家中支纪委书记参加会议。

5月23日 枣庄市委书记、市人大常委会主任陈伟到恒泰合行调研指导支农助企工作。

5月24日 “枣庄银行杯”珍爱信用记录、享受幸福人生征信知识有奖问答活动圆满结束。

5月28日 人行济南分行党委成员、副行长肖龙沧到人行枣庄市中支调研督导工作，组织召开金融支持农村土地使用产权制度改革工作座谈会。

6月21日 枣庄银行举行幸福卡首发仪式暨枣庄银行更名新闻发布会。

7月24日 枣庄市召开金融支持国家农村改革试验区建设和现代农业发展工作会议，市长张术平、人行济南分行副行长肖龙沧出席并讲话。

8月15日 枣庄市政府组织召开全市金融服务中小微企业经验交流会，副市长霍高原出席会议并讲话。

8月29日 由山东省社会科学界联合会、山东省金融学会主办，枣庄市金融学会承办的山东省社科专家进基层活动在枣庄成功举办。

8月30日 人总行工会常务副主任张汉平在人行济南分行党委委员、工会主任王珏琰陪同下，莅临人行枣庄市中支开展调研活动。

9月6日 人行枣庄市中支会同市农机局联合召开全市农业机械设备抵押贷款授信签约仪式，副市长秦元祥出席会议并讲话。

10月20日 济宁银行枣庄分行正式对外营业。

11月12日 枣庄市文明办考核组对人行枣庄市中支“省级文明单位”的创建落实情况开展复查验收工作。

11月18日 枣庄市市长张术平主持召开市政府常务会议，研究部署枣庄农商银行筹建等工作。

11月19日 枣庄市政府组织召开枣庄农商银行（筹建）征集发起人工作会议，副市长王新宁出席会议。

11月27日 枣庄市人大常委会副主任陈兆同带领农业与农村委员会调研组对农行枣庄分行金融支农工作进行了调研。

12月16日~17日 人行济南分行党委副书记、副行长于华民带领考核组到人行枣庄市中支进行年度考核，并莅临枣庄银行调研指导。

12月20日 山东省首张集就诊、结算、健康档案、电子病历、金融等多种功能于一身的“中国银行——居民健康卡”在枣庄发出。国家卫计委信息中心副主任胡建平等出席发卡仪式。

12月31日 枣庄银行在省地方金融绩效评价中被评为优秀(A)和2013年度最具创新力中小银行。

（谢 颖 邢衍栋）

滕州市

【经济金融概况】 2013年，滕州市紧紧围绕“转调创”中心工作，深入推进“提质增效年”活动，经济运行呈现稳中有升、稳中向好、稳中提质的良好发展态势。特别是工业运行质量明显提升，大企业集团培育成效显著。其中，盛隆化工(含微山铜泰、物流)实现主营业务收入101亿元，突破百亿大关，成为该市首家百亿级企业。目前，该市已经形成了机械制造、

滕州市主要经济指标

经济指标	2012	2013	2013年同比增幅（%）	经济指标	2012	2013	2013年同比增幅（%）
土地面积（平方公里）	1496	1496	0	地方财政支出（亿元）	65.82	72.17	9.65
人口（万人）	169.07	169.30	0.14	全社会固定资产投资（亿元）	373.69	457.12	22.33
城镇人口（万人）	52.8	52.82	0.04	进出口总值（万美元）	40754	46708	14.61
乡村人口（万人）	116.27	116.48	0.18	出口总值（万美元）	34158	33719	-1.29
地区生产总值（亿元）	830.85	902.64	8.64	实际利用外资（万美元）	5627.3	5560	-1.20
第一产业（亿元）	65.14	71.87	10.33	社会消费品零售总额（亿元）	248.91	282.91	13.66
第二产业（亿元）	453.45	481.51	6.19	居民消费价格指数（%）	101.9	101.8	-0.10
第三产业（亿元）	312.26	349.26	11.85	人均地区生产总值（元）	49142	54237	-1.2
财政总收入（亿元）	112.29	121	7.76	城镇居民可支配收入（元）	22960	25238	9.92
地方财政收入（亿元）	54.37	61.01	12.21	农民人均现金收入（元）	10633	12053	13.35
财政总支出（亿元）	65.82	72.17	9.65				

滕州市主要金融指标

金融指标（亿元）	2012	2013	2013年同比增幅（%）	金融指标（亿元）	2012	2013	2013年同比增幅（%）
本外币存款余额	391.72	420.44	7.33	财险收入	2.3	2.56	11.30
人民币存款余额	390.92	419.32	7.26	寿险收入	8.5	10.13	19.18
单位存款	128.24	113.48	-11.51	财险赔款	0.8	1.01	26.25
储蓄存款	260.76	299.04	14.68	寿险给付	0.8	0.45	43.75
本外币贷款余额	408.10	402.91	-1.27	当年结益	--	--	--
人民币贷款余额	407.40	401.72	-1.39	证券市场交易总额	84.0	--	--
短期贷款	173.83	174.27	0.25	投资者保证金余额	0.77	--	--
中长期贷款	224.28	218.80	-2.44	证券账户开户数	2140	--	--
票据融资	9.04	7.89	-12.72	证券交易佣金收入	0.17	--	--
当年结益	14.24	16.75	17.63	净利润	0.08	--	--
不良贷款余额	5.32	14.3	168.80				

滕州市主要金融机构概况

单位名称	行长（或其他称谓的第一负责人）	副行长（或其他称谓的同级领导）	员工总数	辖内营业网点数
人行滕州市支行	刘玉栋	裴永强 邱邵环 韩 伟	56	1
银监会滕州办事处	栾彦君		2	1
农发行滕州支行	韩 鹏	姜传胜	25	1
工行滕州支行	张守贺	蒋 志 董业沛 郭长春 陈岩平 赵连江 周玉升	193	14
农行滕州支行	肖 波	付洪标 王延栋 张学广 王克建 李 洪	350	24
中行滕州支行	宋 毅	赵英杰 潘奉芹 魏艳芳	111	5
建行滕州支行	邢鸿雁	闫 华 渠 云 马 杰 倪寺春	165	11
枣庄银行滕州支行	王德珂	兰秀锦	72	4
滕州市农商行	金 强	刘志强 李继堂 姜 洪 刘广峰 陈 涛 刘思宏	865	65
邮储银行滕州市支行	杨 佳	刘 政	106	5
滕州建信村镇银行	王力强	马 骏 陈洪涛 张金国	21	1
济宁银行滕州支行	彭 涛	宋 程	43	2

滕州市主要金融机构业务概况

单位：亿元

单位名称	本外币存款余额	人民币单位存款	人民币储蓄存款	本外币贷款余额	人民币短期贷款	人民币中长期贷款
农发行滕州市支行	1.79	1.79	--	7.22	1.69	5.53
工行滕州支行	64.47	64.33	39.72	88.93	28.53	60.22
农行滕州支行	88.30	87.68	69.11	84.41	34.90	47.47
中行滕州支行	32.93	32.61	14.74	38.44	11.92	26.42
建行滕州支行	51.76	51.72	32.52	67.82	7.58	60.23
滕州市农商行	121.86	121.86	104.97	86.33	67.64	13.62

续表

单位名称	本外币存款余额	人民币单位存款	人民币储蓄存款	本外币贷款余额	人民币短期贷款	人民币中长期贷款
济宁银行滕州支行	9.23	9.23	3.36	8.78	7.13	0.75
枣庄银行滕州支行	17.42	17.42	6.20	13.48	12.45	0.5
邮储银行滕州市支行	30.48	30.48	28.02	5.29	1.35	3.93
滕州建信村镇银行	1.92	1.92	0.40	1.31	1.07	0.11

煤化工、玻璃深加工、生物医药、食品加工、家居装饰、汽车配套、不锈钢制品等产业集群，经济产业结构进一步优化。

【金融发展与改革】 2013年，滕州市金融机构积极创新，重点支持中小微企业发展。一是创新开展土地使用权封闭贷款业务；二是探索开办农村房屋抵押贷款业务，已办理96笔、3311万元，涉及17个乡镇；三是率先开办“涉农贷款保证保险”业务。同时，人行滕州市支行制定了《金融支持全域城镇化建设的实施意见》，推荐企业30家，加大信贷扶持力度。

【金融服务与监管】 2013年，人行滕州市支行加强金融服务与监管，各项工作成效显著。

一、创新管理机制。一是深化完善以《金融管理标准化建设工作指引》和金融管理职责、流程操作、行政处罚和效能评价为内容的“1+4”金融管理标准化模式；二是召开全市金融机构金融管理和综合评价工作会议，开展综合及专项执法检查9项；三是滕州市金融协会于11月19日正式揭牌成立。

二、扎实推动市级预算单位账户清理工作。人行滕州市支行研究制定《清理规范市级预算单位银行账户工作实施方案》，共清理撤销各类账户333个，归集资金约2.3亿元。

三、积极发挥金融“一站式”服务大厅作用。一是完成滕州实验小学教师误餐补贴3.82万元国库直接支付；二是制定《滕州市关于推进信用体系建设的实施方案》，以机床工业园和级索、姜屯两乡镇为试点，全面推进信用体系建设；三是国库券催兑工作取得显著成效，一次性兑付国债收款单115笔、金额7.77万元；四是创新建立助农取款“新票直通车”模式，首创人民币流通管理巡查机制。

（时圣伟　王福洪）

薛城区

【经济金融概况】 2013年，薛城区信贷投放较快增长。

一、企业经营性贷款增势明显，单位短期普通贷款当年新增8.95亿元，占全区短期贷款增量的97.18%，有效的满足了企业流动性资金需求。

二、单位固定资产贷款同比多增6.60亿元，重点支持了

薛城区主要经济指标

经济指标	2012	2013	2013年同比增幅（%）	经济指标	2012	2013	2013年同比增幅（%）
土地面积（平方公里）	403.76	403.76	0	地方财政支出（亿元）	15.21	17.63	15.9
人口（万人）	43.92	43.3	--	全社会固定资产投资（亿元）	150.73	179	20.5
城镇人口（万人）	18.52	16.7	--	进出口总值（万美元）	8030	5903	-26.5
乡村人口（万人）	25.4	26.6	--	出口总值（万美元）	5817	4533	-22.1
地区生产总值（亿元）	246.52	260.05	10.6	实际利用外资（万美元）	2537	2012	-20.7
第一产业（亿元）	11.69	13.59	3.1	社会消费品零售总额（亿元）	64.67	73.4	13.6
第二产业（亿元）	195.58	186.82	10.8	居民消费价格指数（%）	101.9	101.8	1.8
第三产业（亿元）	39.25	59.64	11.9	人均地区生产总值（元）	56129	60058	7.0
财政总收入（亿元）	33.60	49.45	47.17	城镇居民可支配收入（元）	22960	25359	11
地方财政收入（亿元）	10.67	12.45	10.1	农民人均现金收入（元）	9587	10861	13.3
财政总支出（亿元）	33.60	49.45	47.17				

注：由于区划及企业归属调整较大，同比增幅均由薛城区统计局提供。

薛城区主要金融指标

金融指标（亿元）	2012	2013	2013年同比增幅（%）	金融指标（亿元）	2012	2013	2013年同比增幅（%）
本外币存款余额	226.05	271.59	20.15	财险收入	0.8	1.00	0.25
人民币存款余额	225.88	271.10	20.02	寿险收入	4.2	4.6	9.52
单位存款	96.21	112.87	17.32	财险赔款	0.3	0.38	26.67
储蓄存款	127.27	134.08	5.35	寿险给付	0.4	0.26	-0.35
本外币贷款余额	107.70	135.89	26.18	当年结益	--	--	--
人民币贷款余额	107.70	135.89	26.18	证券市场交易总额	70.60	96.03	36.02
短期贷款	52.39	58.09	10.88	投资者保证金余额	0.60	0.48	-20.00
中长期贷款	46.11	54.48	18.15	证券账户开户数	5459	2179	-60.08
票据融资	9.19	7.47	-18.72	证券交易佣金收入	0.09	0.14	55.56
当年结益	4.27	4.74	11.01	净利润	0.04	0.08	100.00
不良贷款余额	2.63	3.40	29.28				

薛城区主要金融机构概况

单位名称	行长（或其他称谓的第一负责人）	副行长（或其他称谓的同级领导）	员工总数	辖内营业网点数
人行薛城区支行	马亚东	朱运喜 李 健 侯贺磊	52	1
银监会薛城区办事处	甄久民		2	1
农发行薛城区支行	李振华	张裕明 沈 静	18	1
工行薛城支行	吕金宝	李海峰 孟 文 陈凤阳	89	5
农行薛城支行	刘天源	俞学朋 张 涛 李雪彬	103	8
中行薛城支行	岳 辉	于 强 刘秀梅	62	3
建行薛城支行	祝汉甲	赵云辉	43	2
建行枣滕矿区支行	刘 磊	李永涛 张东昌 周 巍	76	5
枣庄银行薛城支行	钟 永	何 晶	27	2
枣庄恒泰农村合作银行	王 伟	王光峰 孙法超 王 震 王 辉	395	29
邮储银行薛城区支行	孟庆国	刘 伟	57	14

薛城区主要金融机构业务概况

单位：亿元

单位名称	本外币存款余额	人民币单位存款	人民币储蓄存款	本外币贷款余额	人民币短期贷款	人民币中长期贷款
农发行薛城区支行	0.57	0.57	0	4.21	0.96	3.25
工行薛城支行	39.37	16.28	21.86	28.75	7.49	21.26
农行薛城支行	20.76	2.72	17.72	13.96	6.45	7.29
中行薛城支行	14.50	5.84	8.44	10.09	2.82	6.93
建行薛城支行	17.70	6.06	11.56	6.36	1.82	4.53
建行枣滕矿区支行	30.08	11.19	18.15	7.71	2.06	5.64

续表

单位名称	本外币存款余额	人民币单位存款	人民币储蓄存款	本外币贷款余额	人民币短期贷款	人民币中长期贷款
枣庄银行薛城支行	33.69	29.28	4.41	9.89	9.61	0.05
枣庄恒泰农村合作银行	45.22	8.00	36.29	32.79	20.72	5.40
邮储银行薛城区支行	9.15	0.60	8.55	2.20	0.73	1.48

远通纸业、东大锅炉、鸿阳热力、万洲浙商等重点项目和企业的资金需求。

三、社会融资呈现较快增长态势。年末，全区金融机构委托贷款、银行承兑汇票和外域金融机构对区属重点企业的信贷流入，分别增加了17.65亿元、14.68亿元和6.38亿元。

【金融发展与改革】 2013年，人行薛城区支行加强政策指导，创新信贷产品，推动现代农业发展，助推新型城镇化建设；制定了《关于金融支持全区新型城镇化建设指导意见》、《关于金融支持陶庄镇省级示范镇建设的实施方案》，确定重点支持项目25个。金融机构在全省率先开办了大型农机具抵押贷款第一单，同时促进产业转型升级，培植了以新能源、新材料、新医药、新机械制造为核心的“四新”高新技术产业集群。万方小贷贷款公司正式成立。

【金融服务与监管】 2013年，人行薛城区支行强化金融监督管理，着力提升国库服务水平。一是对2012年综合评价A级的4家金融机构进行了表彰，对1家C级机构开展了综合执法检查；二是联合国税局创新推出“征信+信贷+税收”中小企业信用实验区建设模式；三是组织开展人民币业务专项治理、经营流通人民币企业执法检查和反假币宣传月活动，配合公安部门成功破获贩卖、使用假人民币团伙案件一起，收缴假币44.17万元；四是开展了送金融知识进社区“惠民通工程”、“送金融知识下乡”、“征信业管理条例宣传”、“金融消费者权益保护宣传”等一系列宣传活动。

（连吉发　刘存龙）

台儿庄区

【经济金融概况】 2013年，台儿庄区金融机构紧紧围绕上级行的部署，充分发挥金融对经济社会发展的支撑作用，各项金融指标取得较好成绩。

一、贷款总量明显提高，贷款增幅高出全市15.93个百分点，位居全市第一。

二、新增存贷比明显提高，达到145.59%，高出全市93.39个百分点，位居全市前列。

台儿庄区主要经济指标

经济指标	2012	2013	2013年同比增幅（%）	经济指标	2012	2013	2013年同比增幅（%）
土地面积（平方公里）	538.5	538.5	0	地方财政支出（亿元）	11.89	13.38	12.6
人口（万人）	31.37	31.4	0.10	全社会固定资产投资（亿元）	84.47	95.84	18.9
城镇人口（万人）	7.59	7.61	0.26	进出口总值（万美元）	6377	7173	12.5
乡村人口（万人）	23.78	23.8	0.08	出口总值（万美元）	5699	6988	22.6
地区生产总值（亿元）	138.86	146.50	7.9	实际利用外资（万美元）	1020.87	2003	241.2
第一产业（亿元）	14.45	16.2	2.9	社会消费品零售总额（亿元）	45.76	51.76	13.1
第二产业（亿元）	82.32	82.69	4.8	居民消费价格指数（%）	104.8	105	0.19
第三产业（亿元）	42.10	47.61	16.7	人均地区生产总值（元）	44881	49957	6.5
财政总收入（亿元）	13.47	15.6	15.81	城镇居民可支配收入（元）	20193	24940	9.0
地方财政收入（亿元）	6.20	7.07	5.3	农民人均现金收入（元）	7167	9148	13
财政总支出（亿元）	13.47	15.6	15.81				

台儿庄区主要金融指标

金融指标（亿元）	2012	2013	2013年同比增幅（%）	金融指标（亿元）	2012	2013	2013年同比增幅（%）
本外币存款余额	58.13	64.48	10.92	财险收入	0.31	0.39	28.0
人民币存款余额	58.09	64.42	10.90	寿险收入	1.98	2.30	16.8
单位存款	17.71	18.46	4.12	财险赔款	0.14	0.14	3.33
储蓄存款	39.63	44.79	13.02	寿险给付	0.13	0.12	-7.69
本外币贷款余额	42.49	51.73	21.76	当年结益	--	--	--
人民币贷款余额	42.49	51.73	21.76	证券市场交易总额	--	--	--
短期贷款	24.79	27.29	10.08	投资者保证金余额	--	--	--
中长期贷款	16.51	22.27	34.89	证券账户开户数	--	--	--
票据融资	1.18	2.17	83.90	证券交易佣金收入	--	--	--
当年结益	1.54	2.79	83.62	净利润	--	--	--
不良贷款余额	1.34	0.78	-41.79				

台儿庄区主要金融机构概况

单位名称	行长（或其他称谓的第一负责人）	副行长（或其他称谓的同级领导）	员工总数	辖内营业网点数
人行台儿庄区支行	张北南	提文涛 吴长亚 吴敬普 张裕金 李金涛	46	1
农发行台儿庄区支行	黄新勇	王亦翔 高文敏	18	1
工行台儿庄支行	洪方平	提文海 高 杰	24	1
农行台儿庄支行	王 伟	王景国 宋树厚	52	1
中行台儿庄支行	姜立民	王福军 孔祥灿	21	1
建行台儿庄支行	郭挺军	孙晋忠 孙中策	31	1
枣庄银行台儿庄支行	金美玲	施晓燕	19	1
台儿庄区农商行	张佰奎	王保军 秦 峰 袁成民 马洪波	264	14
邮储银行台儿庄区支行	韩 勇	马加路	57	12

台儿庄区主要金融机构业务概况

单位：亿元

单位名称	本外币存款余额	人民币单位存款	人民币储蓄存款	本外币贷款余额	人民币短期贷款	人民币中长期贷款
农发行台儿庄区支行	0.90	0.90	0	7.74	2.65	5.09
工行台儿庄支行	8.77	4.53	3.79	9.92	2.10	7.82
农行台儿庄支行	5.30	1.43	3.86	2.52	1.61	0.91
中行台儿庄支行	6.63	3.68	2.87	7.01	3.87	2.98
建行台儿庄支行	9.55	4.10	5.31	4.89	1.04	3.85
枣庄银行台儿庄支行	1.58	0.36	0.59	1.81	1.47	0
台儿庄区农商行	21.65	1.92	19.71	16.32	14.12	0.53
邮储银行台儿庄区支行	9.56	0.12	8.66	1.53	0.44	1.10

【金融发展与改革】 2013年，人行台儿庄区支行科学灵活贯彻货币信贷政策，立足“传统农业转变现代农业”，以深入推进农村金融产品和服务方式创新为抓手，不断加大金融支持现代农业发展力度。

一、制定出台了《银行业金融机构支持地方经济发展考核奖励办法》、《金融机构支持现代农业发展考核奖励办法》等指导性文件。

二、对古建筑恢复、古运河保护采取土地和门票收入抵质押方式，对星级旅游餐饮业采取与担保公司联姻的方式，对旅游观光游船、龙舟、特色旅游纪念品等予以信贷支持。

三、携手YBC台儿庄工作站，创新“金融＋Y B C＋古城创业”新模式，发放首批“无担保、无抵押、免利息”的“两无一免”帮扶资金11笔，吸引全国各地的青年来运河古城创业就业。

四、着力支持新型农村经营主体。向上级行争取1亿元支农再贷款，帮助农业龙头企业扩大生产经营规模；涉农金融机构为24家农民合作社（家庭农场）提供贷款支持3043万元，新发展土地合作社27家，新增土地产权抵押贷款1363万元。

五、创办非涉农金融机构支持现代农业新模式。全区非涉农金融机构发放支持现代农业贷款12笔，金额5990万元。

【金融服务与监管】 2013年，人行台儿庄区支行不断创新金融服务。

一、引导银行业机构签订同业公约，探索建立个人征信异议信息跨行查询查复机制，解决“T+30”造成的个人征信数据更新不及时问题，金融服务水平进一步提升。

二、深入推进农村信用试验区建设。4月7日，积极承办了全市农村信用体系建设动员会及台儿庄区“道庄模式”推广大会，“道庄模式”在全市范围内推广。

三、联合区司法局、法院、公证处、农商行等部门，积极探索推行“贷款＋公证”模式，办理贷款协议公证378笔、贷款金额5647万元，无一笔逾期，初步形成银司联防的良好农村信用环境。

（李金涛　田文杰）

菏泽市

【经济金融概况】 2013年，菏泽市深入落实科学发展观，大力实施“双轮驱动”战略，全面加快“转调创”步伐，切实保障和改善民生，较好地完成了经济社会发展目标任务。

一、经济平稳较快增长。一是着力培育能源化工、生物医药、机电设备制造、农副产品加工、商贸物流“五大主导产业”，实现主营业务收入4945亿元，增长19%；二是民营经济加快发展，新注册私营企业4523家、个体工商户26327户，分别增长21.7%和11.6%。

二、质量效益稳步提升。一是加快推进现代农业发展，粮食产量实现“十连增”；二是牡丹产业化走在全国前列，种植面积达46万亩；三是规模以上企业新增202家，入库税金过亿元的企业达10家，主营业务收入过50亿元的达到7家。

三、城镇建设扎实推进。一是县城总体规划和30个重点镇总体规划全部完成，8个项目获省优秀城市规划设计奖；二是突出抓好中心城市建设，启动实施城建工程186项，完成政府性投资10.2亿元；三是新增省级示范镇11个，建成农村新型社区270个。

四、转方式取得积极进展。一是深入实施创新驱动，完成全社会研发投入21亿元；二是深入推进节能降耗，淘汰高耗能落后设备1200台(套)，累计节能32万吨标准煤；三是坚持节约集约用地，挖潜盘活存量土地1.2万亩，新增耕地5.1万亩。

五、信贷结构进一步优化。各金融机构积极盘活存量，从“两高一剩”等行业中腾出信贷规模用于资金需求更迫切的小微企业、涉农、民生消费等领域，小微企业贷款增速创新高，涉农贷款增速高于全市平均水平。

【货币政策实施】 2013年，人行菏泽市中支积极贯彻落实稳健货币政策，健全货币信贷政策传导机制，助推地方经济平稳较快发展。

一、畅通货币信贷政策传导渠道，金融支持科学发展高地成效显著。一是继续贯彻《关于进一步支持菏泽加快科学发展的意见》和人行济南分行《关于金融支持菏泽打造科学发展高地的意见》文件精神，明确信贷投放重点及目标；二是定期召开各类政策传导会议20余次，制作《信贷调控意见书》纠正政策偏离情况，在加大信贷投放、引导信贷资金投向、促进经济转方式调结构等方面取得良好成效。

二、涉农信贷投放成效显著。一是组织召开“菏泽市金融支持现代农业加快发展推进会暨新型农业生产经营主体银企对接会”，每县区选取一个示范乡镇，围绕示范乡镇做到“一乡一亮点”、“一镇一特色”，发挥示范辐射带动作用；二是指导金融机构深挖农村抵质押资源，带动各银行机构制定创新制度13项，金额9.1亿元；三是构建“银政农”联动机制，每年安排1000万元市级财政专项资金用于市级以上重点农业产业化龙头企业的贷款贴息、奖补，初步奠定了政府、银行共谋农业产业发展的良好局面。

三、合理使用货币政策工具，提高宏观调控效果。一是加强存款准备金管理，督促引导农信社及农行逐步加大涉农贷款投放，提高金融支农服务水平；二是引导金融机构加大对“三农”

菏泽市经济主要统计指标

指标 \ 年度	2009	2010	2011	2012	2013	2013年同比增幅（%）
土地面积（平方公里）	12239	12239	12239	12239	12239	0
人口（万人）	939.44	958.8	966.5	957.27	957.46	0.03
城镇人口（万人）	184.06	187.7	205.51	206.9	222.86	7.71
乡村人口（万人）	755.38	771.1	760.99	750.37	734.6	-2.1
地区生产总值（亿元）	953.64	1145.01	1475.68	1787.36	2050.01	12
第一产业（亿元）	205.19	220.18	228.04	241.01	255	3
第二产业（亿元）	496.2	591.89	793.09	974.22	1113.51	13.8
工业（亿元）	416.18	494.47	683.90	858.05	984.27	14.2
建筑业（亿元）	80.02	95.41	109.19	116.17	129.24	10.7
第三产业（亿元）	252.24	332.94	454.55	572.13	681.5	12.5
人均地区生产总值（元）	10151	11942	15268	18671	21411	14.68
地区生产总值构成（%）	100	100	100	100	100	--
第一产业（%）	21.5	19.2	15.5	13.5	12.44	-7.85
第二产业（%）	52	51.7	53.7	54.5	54.32	-0.33
第三产业（%）	26.5	29.1	30.8	32	33.24	3.88
财政总收入（亿元）	101.91	144.3	194.56	214.5	224.96	4.9
地方财政收入（亿元）	60.57	84.69	111.59	140.3	159.3	6.3
财政总支出（亿元）	--	--	--	--	--	--
地方财政支出（亿元）	141.03	186.96	231.38	281.49	321.76	14.8
全社会固定资产投资（亿元）	475.41	582.9	552.29	687.11	810.77	23.1
规模以上固定资产投资（亿元）	475.41	582.9	552.29	687.11	810.77	23.1
房地产开发（亿元）	62.09	106.23	148.53	176.31	206.18	16.9
进出口总值（亿美元）	12.58	17.6	27.32	31.78	29.67	-4.9
出口总值（亿美元）	8.71	12	14.41	15.3	17.5	14.5
实际利用外资（亿美元）	0.85	1.1	0.80	1.65	2.18	32.2
社会消费品零售总额（亿元）	567.7	656.57	775.2	894.19	1016.27	13.7
居民消费价格指数（%）	99.5	102.5	104.1	101.7	101.8	0.1
城市居民人均可支配收入（元）	12737	14419	16658	19140	21236	11
农民人均现金收入（元）	5047	5655	7119	8187	9309	13.7

注：表格中空缺的地方是因为缺乏相关统计数据所致，特此说明。

菏泽市工农业主要统计指标

农业主要统计指标（万吨）				规模以上工业企业主要统计指标（亿元）			
项目 \ 年度	2012年	2013年	增幅（%）	项目 \ 年度	2012年	2013年	增幅（%）
粮食	638.45	673.17	5.4	工业增加值	--	--	17.8
夏粮	377.25	388.74	3	国有工业	--	--	9.44
秋粮	261.19	284.43	8.9	集体工业	--	--	34.3

续表

农业主要统计指标（万吨）				规模以上工业企业主要统计指标（亿元）			
项目＼年度	2012年	2013年	增幅（%）	项目＼年度	2012年	2013年	增幅（%）
棉花	19.01	17.82	-6.3	股份制工业	--	--	21.06
油料	24.13	25.79	6.9	股份合作制工业	--	--	-0.87
水果	59.16	58.56	-1	外商及港澳台投资工业	--	--	18.13
蔬菜	950.01	974.17	2.5	轻工业	--	--	11.18
肉类	63.06	65.96	4.6	重工业	--	--	22.79
禽蛋	40.4	39.33	-2.6	销售收入	4424.82	5413.65	18.1
奶类	6.75	6.49	-3.9	利税	600.6	729.98	17.8
水产品	11.82	12.17	3	利润	371.11	450.85	17.7
森林覆盖率（%）	33.6	33.6	0	经济效益综合指数（%）	351.16	397.32	22.31

菏泽市主要金融机构概况

单位名称	行长（或其他称谓的第一负责人）	副行长（或其他称谓的同级领导）	员工总数	辖内营业网点数
人行菏泽市中心支行	陈　刚	周登宪　石建民　郑　丽　孟宪东　孟宪彦　武富民　李忠民	404	9
银监会菏泽监管分局	党明娜	朱凤德　孔凡申　杨爱军　王思钦	59	1
农发行菏泽市分行	单民生	杨其斌　刘源炎　李从阁	231	9
工行菏泽分行	冯建军	黄腾坤　刘虎臣　冯万杰　王艳峰　周林建　王艳丽　王忠轩　赵　斌	919	50
农行菏泽分行	王有强	郭永常　陈晓明　谭登禄　段中锋	1441	76
中行菏泽分行	李　波	闫　健　刘　仪	571	24
建行菏泽分行	白彤文	王怀阁　朱坤礼　韩卫东　陈俊德　刘明振　王　斌　房秀霞　张益民　周在军	933	36
交行菏泽分行	商敬文	李　丽　许慧媛	51	1
莱商银行菏泽分行	段　伟	常永峰　刘凤华	180	9
济宁银行菏泽分行	王文丰	李继臣	52	1
农信社菏泽市办事处	张效节	时　伟　曾庆红　崔玉光　衣兰林	6272	368
邮储银行菏泽市分行	李　强	刘筱琏　陈海东　桑　辉	940	187
中国人民保险公司菏泽市分公司	王保清	陈美华　宋红亚	439	16
齐鲁证券公司菏泽分公司	邵德玉	冯德锋　闫桂玲　杨胜利	32	3
中信万通证券公司菏泽营业部	朱　鑫		19	1

菏泽市金融业务统计指标

指标（亿元）＼年度		2009	2010	2011	2012	2013	2013年同比 增加额	2013年同比 增幅（%）
银行类	本外币存款余额	899.98	1092.56	1326.4	1607.77	1918.86	311.09	19.35
	人民币存款余额	898.31	1089.77	1323.32	1602.95	1908.69	305.74	19.07
	*单位存款	136.11	133.12	316.67	353.57	439.64	86.07	24.34

续表

指标（亿元） \ 年度		2009	2010	2011	2012	2013	2013年同比 增加额	2013年同比 增幅（%）
银行类	储蓄存款	645.42	804.7	983.71	1218.47	1427.23	208.76	17.13
	本外币贷款余额	662.72	803.47	877.13	1062.34	1230.75	168.41	15.85
	人民币贷款余额	657.5	797.66	872.03	1047.96	1220.54	172.58	16.47
	短期贷款	429.51	494.42	509.22	597.61	692.88	95.27	15.94
	中长期贷款	215.51	285.99	334.2	371.93	478.10	106.17	28.55
	票据融资	12.46	17.25	28.6	78.42	49.55	-28.87	-36.81
	当年结益	11.46	14.71	20.69	27.7	26.5	-1.20	-4.33
	不良贷款余额	108.86	69.38	44.17	39.29	28.63	-10.66	-27.13
	不良贷款占比%	16.43	8.63	5.04	3.7	2.33	-1.37	-37.03
保险类	保险公司保费收入	26.48	37.52	42.41	47.46	60.89	13.43	28.30
	财险收入	5.46	7.9	9.56	11.56	13.19	1.63	14.10
	寿险收入	21.02	29.62	32.85	35.9	47.7	11.80	32.87
	保险公司赔款和给付支出	6.21	7.7	8.67	10.03	15.93	5.90	58.82
	财险赔款	2.63	3.42	4.63	5.6	6.82	1.22	21.79
	寿险给付	3.59	4.28	4.05	4.43	9.11	4.68	105.64
	当年结益	-0.82	0.54	0.6	1.01	0.76	-0.25	-24.75
证券类	证券市场成交总额	286.36	271.40	227.8	175.69	246.30	70.61	40.19
	投资者保证金余额	2.57	2.07	1.51	1.68	1.32	-0.36	-21.43
	证券账户开户数	37166	42460	54044	57051	61255	4204	7.37
	佣金收入	0.67	0.47	0.34	0.24	0.37	0.13	54.17
	净利润	0.4	0.25	0.14	0.08	0.16	0.08	100.00
	期货市场成交总额	--	--	--	--	--	--	--
	期货客户保证金余额	--	--	--	--	--	--	--
	期货账户开户数	--	--	--	--	--	--	--
	期货手续费收入	--	--	--	--	--	--	--
	利润总额	--	--	--	--	--	--	--

注：“*”该项指标2010年前为“企业存款”，其数字亦是如此。

菏泽市金融机构统计指标

指标（个） \ 年度		2009	2010	2011	2012	2013	2013年同比 增幅（%）
银行类	法人机构	9	9	11	12	14	16.67
	省级分行	--	--	--	--	--	--
	二级分行	8	8	8	8	10	25.00
	县区支行	55	62	168	153	164	7.19
	分理处、营业所	368	368	430	442	431	-2.49
	储蓄所	101	187	121	134	137	2.24
	从业人员总数	11226	12009	12342	12233	12558	2.66

续表

指标（个）		2009	2010	2011	2012	2013	2013 年同比增幅（%）
保险类	保险机构	115	121	150	159	173	8.81
	财险机构	69	71	84	89	89	0
	省级分公司	--	--	--	--	--	--
	地市分公司	10	11	12	13	17	30.77
	县区支公司	59	60	72	76	72	-5.26
	寿险机构	46	50	66	70	84	20.00
	省级分公司	--	--	--	--	--	--
	地市分公司	9	9	11	14	15	7.14
	县区支公司	37	41	55	56	69	23.21
	从业人员总数	14209	15819	19994	20387	23206	13.83
	财险人员	2294	2763	3071	3416	3298	-3.45
	寿险人员	11915	13056	16923	16971	19908	17.31
证券类	证券机构	1	1	3	4	4	0
	证券公司	--	--	--	1	1	0
	证券营业部	1	1	3	3	3	0
	证券服务部	--	--	--	--	--	--
	从业人员总数	19	42	80	62	51	-17.74
	投资者开户	37166	42460	54044	57051	61255	7.37
	境内上市股票支数	--	--	--	--	--	--
	境外上市股票支数	3	3	3	3	3	0
	辖区上市公司总数	3	3	3	3	3	0

菏泽市主要金融机构业务概况

单位：亿元

单位名称	本外币存款余额	人民币单位存款	人民币储蓄存款	本外币贷款余额	人民币短期贷款	人民币中长期贷款
农发行菏泽市分行	7.72	7.72	--	58.18	48.38	6.92
工行菏泽分行	239.64	88.86	143.06	229.10	95.41	129.87
农行菏泽分行	225.04	55.20	165.65	130.23	63.86	66.29
中行菏泽分行	127.11	57.13	68.21	114.30	61.04	47.44
建行菏泽分行	229.56	108.07	119.73	184.75	73.28	101.94
交行菏泽分行	16.72	15.36	0.52	4.22	3.38	0
莱商银行菏泽分行	43.38	31.11	12.12	25.71	25.67	0.02
济宁银行菏泽分行	3.52	2.62	0.90	3.24	2.95	0.01
农信社菏泽办事处	690.90	56.95	632.84	454.52	312.86	115.37
邮储银行菏泽市分行	303.63	21.60	282.03	20.03	13.08	6.95

菏泽市各县级区域经济金融主要统计指标

名称	人口（万人）	面积（平方公里）	地区生产总值（亿元）	地区生产总值增速（%）	本外币存款余额（亿元）	储蓄存款（亿元）	本外币贷款余额（亿元）
曹　县	159.45	1974	254.45	18.94	208.61	176.45	113.70
单　县	120.84	1670	236.9	13.4	177.29	154.07	117.81
成武县	70.63	988	146.35	19.58	111.44	91.49	71.00
巨野县	102.24	1303	216.51	22.97	188.19	149.26	113.52
郓城县	122.65	1643	267.87	17.11	233.74	197.56	139.31
鄄城县	86.2	1041	141.2	16.39	145.27	122.83	72.27
定陶县	67.14	846	116.27	14.33	109.67	88.61	59.02
东明县	80.26	1370	221.01	18.74	159.92	110.34	159.57

菏泽市（含县级）小额贷款公司机构、业务概览

单位名称	行长（或其他称谓的第一负责人）	员工总数（个）	本外币贷款余额（亿元）	人民币短期贷款（亿元）	人民币中长期贷款（亿元）
菏泽市牡丹区民泰小额贷款公司	谭方峰	7	0.56	0.56	0
单县四君子小额贷款公司	李新民	5	0.61	0.61	0
郓城县水浒小额贷款公司	郑从军	12	1.19	1.19	0
定陶县融源小额贷款公司	刘宪进	5	0.50	0.50	0
东明县汇通小额贷款公司	郑文戈	9	0.58	0.58	0
菏泽开发区惠和小额贷款公司	丁万起	13	2.61	2.61	0
巨野县金山小额贷款公司	刘法来	5	1.53	1.53	0
菏泽市牡丹区恒顺小额贷款公司	时维刚	6	1.59	1.59	0
成武县伯乐小额贷款公司	陈同会	7	0.61	0.61	0
鄄城县汇兴小额贷款公司	刘东杰	11	0.40	0.40	0
郓城县华灵汇商小额贷款公司	陈　灵	7	0.50	0.50	0

和中小企业的信贷投入，全年累计发放再贴现 13 笔、金额 0.93 亿元，累计办理支农再贷款 6 笔、金额 2.0 亿元；三是加强利率管理和定价指导，强化动态监测和管理。

【金融稳定】　2013 年，人行菏泽市中支进一步完善机制，关注新情况，研究新问题，运用新手段，探索新机制，切实提升风险监测水平，维护辖区金融稳定。

一、完善常规监测范围，加强对系统性金融风险的监测。一是按季召开分析例会，加强对银行、证券和保险业的风险监测分析；二是加强跨市场交叉性金融风险防范，深入开展交叉性金融工具风险监测；三是按月对法人金融机构和小额贷款公司经营情况进行监测；四是对理财产品进行专题分析，重点关注存在的问题、不确定性及风险点；五是加强对辖内金融创新及其风险的分析研究，在推动金融机构改进服务、提高效率的同时，促进业务稳步发展。

二、签订责任书，明确金融机构维稳职责。该中支与辖内 8 家市级银行机构、3 家村镇银行一把手签订《防范金融风险、维护金融稳定责任书》，明确其在维护金融稳定工作中的责任，完善了金融稳定工作协调机制和风险处置机制。

三、制定出台《菏泽市金融稳定网络舆情监测预警工作管理办法》，建立了金融稳定网络舆情监测、报告、预警和处置工作机制，有效防范和化解金融风险，切实维护辖区金融稳定。

【金融服务】　2013 年，人行菏泽市中支积极创新，不断提高金融服务水平。一是顺利实现中央银行会计核算数据集中系统（ACS）上线运行，积极推进“金税三期”、“营改增”等财政体制改革；二是科学调拨发行基金32次、125亿元，强化现金服务示范网点管理，提升现金服务水平；三是积极推进农村地区手机支付业务，试点工作进展顺利；四是跨境人民币业务不断扩大，金额突破100亿元；五是中小企业和农村信用体系建设深入推进，累计培植A级信用中小企业1271家，评定信用农户79.7万户；六是加强金融知识宣传，开展IC卡应用、《征信业管理条例》、金融知识进村社企校活动等40多次，受众10万余人。

【金融监管】 2013年，人行菏泽市中支与菏泽银监分局加强统筹协调，不断加大金融监管力度，维护了辖内金融稳定。

一、人行菏泽中支着力加强改进金融监督管理。一是强化现场监管，组织1项综合执法检查、11项专项执法检查，内容涵盖12个专业；二是对36家银行、证券、保险公司进行综合评价，召开金融管理情况通报会，指出存在的问题，提出管理要求；三是细化金融机构开业管理，先后对1家市分行、2家村镇银行、3家支行进行筹建与开业审核；四是制定《支付清算业务柜面监督实施办法》，按季召开支付清算联席会议；五是通过检查、培训等形式督促金融机构严格履行反洗钱义务，有效构筑起反洗钱金融防线。

二、菏泽银监分局重点领域的风险防控持续强化。一是有效应对信用风险，指导各行社真实反映资产质量，及时有效处置不良贷款；二是严格防范操作风险，对辖区各行社案件防控“五项制度”执行情况纳入日常监管；三是密切关注流动性风险，监测法人机构流动性变化，及时采取应对措施；四是有效防控信息科技风险，组织开展信息科技风险巡查；五是切实加强村镇银行管理，与3家村镇银行座谈，督促其落实支农支小措施，促进长期稳健发展；六是加强现场检查力度，全年检查机构18个，检查金额68亿元，发现违规金额17亿元，责令处理责任人23人。

【外汇管理】 2013年，外管局菏泽市中心支局着力完善外汇政策传导机制，切实加强监管和服务。一是积极构建多层次外汇政策传导渠道，累计深入企业调研28次，组织外汇政策业务宣讲12次；二是开通外汇服务直通车，突出抓好重点企业联系工作，制定“一企一策”的个性化服务方案；三是深化资本项目管理、服务贸易管理改革，提高外汇管理政策透明度，优化涉外企业营商环境；四是前移国际收支非现场核查重心，充分发挥县支局和银行自主核查作用，提升国际收支统计数据质量和银行管理成效；五是外汇管理服务支持涉外经济发展扎实有效，得到菏泽市常务副市长批示肯定，有关做法被外管局山东省分局印发全省借鉴学习。

【金融改革】 2013年，菏泽市金融改革稳步推进，取得了良好效果。

一、农信社银行化改革取得实质性进展。12月28日，菏泽市首家获准开业的农村商业银行——郓城农村商业银行正式挂牌开业，标志着菏泽市农村金融改革进入了一个新阶段。

二、建行菏泽分行内部改革稳步实施。一是优化分行职能定位，合并3人以下的小部室，建立以业绩为导向的绩效考评机制；二是以精细化管理为手段，以PDCA循环管理为方法，确定信贷管理、柜面交易流程管理、网点运行管理等6个重点领域，实施管理效能改进工程。

三、邮储银行菏泽市分行进一步完善组织管理体系，分行机关由原有的12个部门，调整为现在的11个一级部门，5个二级部门。

【保险业务】 2013年，菏泽保险业积极转变发展方式，不断强化服务意识，努力提高服务水平，为全市经济改革和发展提供了良好的保障。

一、市场体系不断完善。全市新增保险公司5家，随着保险经营主体的不断增多，保险服务遍布城乡，市场活力不断增强。

二、重点领域稳步推进，服务社会能力明显增强。一是全市政策性农业保险（种植业）共收取保险费6688.67万元，已给付保险赔款4589.91万元；二是大力发展社会治安保险，承保10万余户，承担风险10亿元；三是开办的新农合大病医疗保险，人均赔偿金额居全省第一位，为全市人民提供了较好的医疗保险保障；四是银铃安康保险为全市32.9万老年人提供了意外伤害保险保障，全市老年人惠及率超过30%。

【证券市场】 2013年，齐鲁证券菏泽分公司坚持以树立齐鲁品牌、扩大公司影响为宗旨，以提高服务质量、加强业务宣传为中心，奉行“诚实、规范、守信、共赢”的经营理念，业务得到较快发展。

【精神文明建设】 2013年，菏泽市各金融机构着力加强社会主义核心价值体系建设，深化文明单位创建，为科学高效履职提供了有力的保障。

一、学习宣传十八大精神，突出实效性。人行菏泽中支开展了“寄语十八大”、“我心中的十八大”征文、党的十八大报告及新党章相关知识测试等活动。菏泽银监分局邀请市委讲师团做专题辅导讲座，并组织测试。

二、加强思想政治工作，坚持导向性。人行菏泽中支开展“传承红色精神，弘扬优良作风”、“树立‘三观’意识、做合格央行员工”等主题实践活动。菏泽银监分局出台了加强廉洁自律的“九条禁令”，充实廉政题库，组织专项测试，推进廉政文化和监管效能双提升。

三、丰富文体活动，凸显时代性。人行菏泽中支积极开展“道德讲堂”建设，以“讲职业道德，树行业新风”为主题，在窗口部门开展了“四查四看”活动。菏泽银监分局组织开展“十年历程——监管文化建设主题年”系列活动，提高员工的归属感和自豪感。

四、扎实开展帮扶和“送温暖”活动。人行菏泽中支开展了以“携手慈善、奉献爱心”为主题的“慈心一日捐”活动，共捐款1.8万元。建行菏泽分行组织开展“学雷锋、树新风”志愿献血活动，成立了“学雷锋志愿服务队”，积极向菏泽一中学生发放成长计划助学金。邮储银行菏泽市分行结对帮扶困难家庭42户，自发捐助现金2万余元。省联社菏泽办事处扎实开展“第一书记”帮包工作，资助留守儿童文化教育活动，社会形象明显提升。

【大事记】 1月7日 邮储银行菏泽市分行成立小企业授信业务责任认定委员会。

1月22日 建行菏泽分行为菏泽交通集团有限公司发行1亿元资产收益权理财产品，是该行第一单资产收益权理财产品。

1月28日 建行菏泽分行私人银行开业，是全市首家私人银行。

省联社菏泽办事处及该办党委书记、主任张效节分别荣获全国总工会、文化部、中国文联、中国作协授予的全国文艺工作者深入职工创作实践活动“优秀组织单位”和“优秀个人”的荣誉称号。

3月12日 建行菏泽分行成功办理国内信用证2.36亿元，填补了开立大额国内信用证的空白。

4月17日 农行菏泽分行成功发放首笔林权抵押贷款1000万元。

5月13日 人行菏泽市中支对辖区莱商银行系统开展综合执法检查。

6月5日 人行菏泽市中支举行“央行志愿者”活动启动仪式。

6月20日 王文丰任济宁银行菏泽分行行长（银济发〔2013〕134号），李继臣任副行长（银济发〔2013〕135号）。

6月24日 “莱商银行杯”曹州书画百家精品展在菏泽市曹州书画院顺利开幕。

6月27日 省联社党委书记、理事长宋文瑄到菏泽调研指导工作。

7月16日 王有强任农行菏泽分行党委副书记、副行长（主持工作）（农银鲁任〔2013〕45号）。

7月18日 由人行菏泽市中支、曹县政府主办的菏泽市金融支持现代农业加快发展推进会暨新型农业生产经营主体银企对接会议在曹县召开。人行济南分行党委委员、副行长肖龙沧出席会议并讲话，菏泽市副市长王桂松等出席会议。

7月18日 李强任中共邮储银行菏泽市分行委员会委员、书记（鲁邮银党任〔2013〕5号）。

莱商银行菏泽东明支行开业。

7月23日 济宁银行菏泽分行开业。

9月1日 菏泽银监分局启动“金融知识进万家”宣传服务月活动。

9月7日 齐鲁证券菏泽分公司与菏泽中华路证券营业部迁至菏泽市人民路1679号，后者变更为菏泽人民路证券营业部。

9月22日 李强任邮储银行菏泽市分行行长（鲁邮银行任〔2013〕17号）。

10月14日 人行菏泽市中支召开第一届职工代表大会第一次会议。

10月28日 菏泽银监分局被山东银监局授予2012—2013年度“文明单位”荣誉称号。

11月1日 邮储银行菏泽市分行、曹县支行被人行济南分行评为“改善农村支付服务环境先进单位”。

11月8日 邮储银行菏泽市分行开办票据贴现业务。

11月11日 刘仪任中行菏泽分行副行长（鲁中银任〔2013〕95号）。

巨野中银富登村镇银行开业。

11月14日 菏泽市首家“农村信用体系试验区建设示范镇”授牌仪式在单县谢集镇举行。

11月19日 人行菏泽市中支组织召开菏泽市金融工作调度会，各银行机构负责人参加了会议。菏泽市市委常委、常务副市长段伯汉出席会议并讲话。

11月21日 东明中银富登村镇银行开业。

11月21日、27日 交行菏泽分行与中粮艾地盟粮油工业有限公司办理两笔定制类对公理财产品业务。

12月12日 刘凤华任莱商银行菏泽分行副行长（莱商银发〔2013〕276号）。

12月28日 菏泽市第一家农村商业银行——郓城农村商业银行股份有限公司正式挂牌开业。

12月31日 中信万通证券有限责任公司菏泽中华路证券营业部完成迁址，并变更为菏泽中山路证券营业部。

（王志华 许加宏）

曹 县

【经济金融概况】 2013年，曹县坚持走工业化、农业现代化和农村城市化的路子，经济快速稳健增长。金融运行良好，存款持续稳定增长，严格把握信贷投放的方向、力度和节奏，稳中有升。社会资金供求矛盾得到有效缓解，金融机构慎贷、惜贷现象得到改观。

【金融发展与改革】 2013年，曹县金融发展与改革稳步推进。一是人行曹县支行按照“小而有为”的要求切实履行职责，指导银行机构贯彻执行货币政策，有效防范金融风险；二是国有商行普遍实行了一级法人，多级授权的信贷管理制度，成立审贷委员会，审贷分离，将信贷风险降到最低；三是村镇银行运行平稳，支农效果和政策效应逐步显现。

【金融服务与监管】 2013年，曹县金融机构不断提高服务水平，支持地方经济稳健发展。一是金融机构相继建立业务创新机制，推出网上银行、银保通、农民工银行卡等业务，银行电子化、网络化建设成绩显著，实现了同城结算和存款的通存通

曹县主要经济指标

经济指标	2012	2013	2013年同比增幅（%）	经济指标	2012	2013	2013年同比增幅（%）
土地面积（平方公里）	1974	1974	0	地方财政支出（亿元）	36.17	43.34	19.82
人口（万人）	158.58	159.45	0.55	全社会固定资产投资（亿元）	81.95	98.09	19.69
城镇人口（万人）	30.4	35	15.13	进出口总值（万美元）	44199	52011	17.67
乡村人口（万人）	128.18	124.45	-2.91	出口总值（万美元）	42535	51211	20.4
地区生产总值（亿元）	213.93	254.45	18.94	实际利用外资（万美元）	3040	4643	52.73
第一产业（亿元）	33.29	35.26	5.92	社会消费品零售总额（亿元）	139.79	159.02	13.76
第二产业（亿元）	118.40	140.74	18.87	居民消费价格指数（%）	101.7	102.3	0.6
第三产业（亿元）	62.24	78.45	26.04	人均地区生产总值（元）	15636	18506	18.36
财政总收入（亿元）	26.83	23.18	-13.60	城镇居民可支配收入（元）	19163	17324	-9.60
地方财政收入（亿元）	15.36	18.30	19.14	农民人均现金收入（元）	8072	9180	13.72
财政总支出（亿元）	49.60	46.59	-6.07				

曹县主要金融指标

金融指标（亿元）	2012	2013	2013年同比增幅（%）	金融指标（亿元）	2012	2013	2013年同比增幅（%）
本外币存款余额	171.01	208.61	21.99	财险收入	0.69	0.85	23.19
人民币存款余额	170.85	208.38	21.97	寿险收入	3.65	5.52	51.23
单位存款	22.23	26.47	19.07	财险赔款	0.45	0.51	13.33
储蓄存款	144.99	176.45	21.70	寿险给付	1.11	1.17	5.41
本外币贷款余额	96.15	113.70	18.25	当年结益	2.02	2.03	0.50
人民币贷款余额	96.15	113.67	18.22	证券市场交易总额	—	—	—
短期贷款	63.84	66.45	4.09	投资者保证金余额	—	—	—
中长期贷款	26.25	45	71.43	证券账户开户数	—	—	—
票据融资	6.06	2.22	-63.37	证券交易佣金收入	—	—	—
当年结益	2.20	2.84	29.09	净利润	—	—	—
不良贷款余额	3.96	3.72	-6.06				

曹县主要金融机构概况

单位名称	行长（或其他称谓的第一负责人）	副行长（或其他称谓的同级领导）	员工总数	辖内营业网点数
人行曹县支行	田本昌	李 岳 陈 雷 刘尊民	33	1
银监会曹县办事处	黄启友		1	
农发行曹县支行	张洪军	谢 军 周永军	23	1
工行曹县支行	朱 宏	粟 明 吕传序 赵振宇	65	5
农行曹县支行	李瑞振	张 雷 曹海良	150	8

续表

单位名称	行长（或其他称谓的第一负责人）	副行长（或其他称谓的同级领导）	员工总数	辖内营业网点数
中行曹县支行	朱国政	李　燕　张东坡	43	3
建行曹县支行	姚　峰	李宏伟　秦中玉	51	2
莱商银行曹县支行	霍中岭	孙富国	19	1
曹县农信联社	贾复锋	翟忠庆　姜建伦　姜晓红 陈　超　刘鸿鹏　陈　磊	576	40
邮储银行曹县支行	魏中杰	李新泰	87	4
曹县中银富登村镇银行	张　伟	王琦光	43	2

曹县主要金融机构业务概况

单位：亿元

单位名称	本外币存款余额	人民币单位存款	人民币储蓄存款	本外币贷款余额	人民币短期贷款	人民币中长期贷款
农发行曹县支行	0.85	0.85	0	20.09	18.99	1.10
工行曹县支行	18.61	4.00	14.34	10.91	4.27	6.62
农行曹县支行	31.08	4.91	26.12	7.21	3.89	3.32
中行曹县支行	11.30	2.26	8.71	3.82	2.59	1.23
建行曹县支行	12.42	4.30	7.75	15.78	5.36	10.42
莱商银行曹县支行	2.69	1.61	1.08	1.55	1.54	0
曹县农信联社	77.95	5.58	72.22	50.26	27.92	20.12
邮储银行曹县支行	46.79	1.99	44.80	2.22	1.78	0.44
曹县中银富登村镇银行	2.42	0.97	1.45	1.87	0.12	1.75

兑；二是人行曹县支行认真执行各项货币政策，加强账户管理及反洗钱、人民币及现金管理、国库业务集中支付、外汇管理等工作，切实履行再贴现、再贷款、金融统计及征信管理等职能，成效明显。

单　县

【经济金融概况】　2013 年，单县积极调整农业种植结构，不断加大招商引资力度，经济持续稳定增长。银行机构认真执行稳健的货币政策，紧紧围绕支持现代农业、中小企业、“三农”等重点领域和薄弱环节，加大信贷投放力度，为保增长、扩内需、调结构提供了有力支撑，实现了经济与金融的良性互动。

单县主要经济指标

经济指标	2012	2013	2013 年同比增幅（%）	经济指标	2012	2013	2013 年同比增幅（%）
土地面积（平方公里）	1670	1670	0	地方财政支出（亿元）	31.8	29.85	-6.13
人口（万人）	120.94	120.84	-0.1	全社会固定资产投资（亿元）	68.7	72.6	21.1
非农业人口（万人）	23.45	23.59	0.6	进出口总值（万美元）	28333	56486	188.3
农业人口（万人）	97.49	97.25	-0.25	出口总值（万美元）	10029	12818	27.83

续表

经济指标	2012	2013	2013年同比增幅（%）	经济指标	2012	2013	2013年同比增幅（%）
地区生产总值（亿元）	208.9	236.9	13.4	实际利用外资（万美元）	21	0	-100
第一产业（亿元）	34.3	36.3	5.8	社会消费品零售总额（亿元）	110.9	126	13.7
第二产业（亿元）	108.6	122.2	12.5	居民消费价格指数（%）	--	--	--
第三产业（亿元）	66	78.4	18.8	人均地区生产总值（元）	19617	22233	13.3
财政总收入（亿元）	21.8	39.91	83.07	城镇居民可支配收入（元）	16808	18637	10.88
地方财政收入（亿元）	14.4	16.2	12.50	农民人均现金收入（元）	8158	9277	13.7
财政总支出（亿元）	42.1	39.88	-5.27				

单县主要金融指标

金融指标（亿元）	2012	2013	2013年同比增幅（%）	金融指标（亿元）	2012	2013	2013年同比增幅（%）
本外币存款余额	148.32	177.29	19.53	财险收入	0.67	0.74	10.45
人民币存款余额	148.28	177.06	19.41	寿险收入	2.42	3.73	54.13
单位存款	17.57	22.55	28.34	财险赔款	0.31	0.46	48.39
储蓄存款	130.31	154.07	18.23	寿险给付	0.98	1.23	25.51
本外币贷款余额	99.92	117.81	17.90	当年结益	--	--	--
人民币贷款余额	99.92	117.42	17.51	证券市场交易总额	--	--	--
短期贷款	59.82	58.57	-2.09	投资者保证金余额	--	--	--
中长期贷款	35.12	58.85	67.57	证券账户开户数	--	--	--
票据融资	4.98	0.01	-99.80	证券交易佣金收入	--	--	--
当年结益	2.07	2.56	23.67	净利润	--	--	--
不良贷款余额	1.59	2.95	85.53				

单县主要金融机构概况

单位名称	行长（或其他称谓的第一负责人）	副行长（或其他称谓的同级领导）	员工总数	辖内营业网点数
人行单县支行	李节平	杨月启　石永强　解庆涛	32	1
银监会单县办事处	陈中建		1	
农发行单县支行	王　云	李延忠　楚　翔	22	1
工行单县支行	冷　冰	孔祥明　陈玉亮　王洪锋　刘　军	65	5
农行单县支行	吕宗椿	谢道军	159	8
建行单县支行	袁朝晖	张衍波　桑圣峰　史孝俭　袁　健	55	3
莱商银行单县支行	姜继军	吴　超	17	1
单县农信联社	时培行	时启亭　刘克民　闫　娟 朱宪宏　冯　勇　王　欣 祝晓峰　秦　磊　蔡孝彬	581	46
邮储银行单县支行	王建西	谢启亚	78	4
单县中银富登村镇银行	杜清华	闫　强　崔索君	33	1

单县主要金融机构业务概况

单位：亿元

单位名称	本外币存款余额	人民币单位存款	人民币储蓄存款	本外币贷款余额	人民币短期贷款	人民币中长期贷款
农发行单县支行	0.28	0.28	0	5.33	3.31	2.02
工行单县支行	21.37	6.14	15.19	19.32	5.36	13.58
农行单县支行	26.00	4.27	21.55	17.59	4.28	13.31
建行单县支行	13.28	3.57	9.70	19.09	4.11	14.98
莱商银行单县支行	3.02	1.32	1.70	1.41	1.39	0.01
单县农信联社	72.98	3.21	69.77	52.20	39.32	12.88
邮储银行单县支行	38.56	3.16	35.40	1.93	1.22	0.70
单县中银富登村镇银行	1.38	0.61	0.77	1.56	0.18	1.38

【金融发展与改革】 2013年，单县银行机构积极创新信贷产品，拓展“贷款＋保险”模式，推出了动产质押贷款、第三方协议贷款、农民专业合作社贷款和农村土地承包经营权流转抵押贷款等业务。人行单县支行密切关注辖内金融机构改革情况，加强对农信社和农行“三农事业部”的改革动态监测。

【金融服务与监管】 2013年，人行单县支行一是积极提供支付清算、统计、征信等方面的金融服务，单县银行卡助农支付取款在全国领先；二是密切关注金融机构经营情况，对账户、现金、国库、反洗钱等进行严格监管，寓监管于服务之中，营造了良好的金融环境。

成武县

【经济金融概况】 2013年，成武县经济建设着力转方式、调结构，推进战略转型，经济保持了回升向好、快速发展的良好态势。

各金融机构认真贯彻稳健的货币政策，科学安排全年贷款总量和投入节奏，不断加大对重点企业、重点项目及“三农”的信贷支持力度，成效明显。

成武县主要经济指标

经济指标	2012	2013	2013年同比增幅（%）	经济指标	2012	2013	2013年同比增幅（%）
土地面积（平方公里）	988	988	0	地方财政支出（亿元）	12	21.39	78.25
人口（万人）	68.73	70.63	2.76	全社会固定资产投资（亿元）	49.85	55.42	11.17
城镇人口（万人）	11.66	16.76	43.74	进出口总值（万美元）	7230	8253	14.15
乡村人口（万人）	57.07	53.87	-5.61	出口总值（万美元）	6541	8019	22.60
地区生产总值（亿元）	122.39	146.35	19.58	实际利用外资（万美元）	265	421	58.87
第一产业（亿元）	21.30	22.52	5.73	社会消费品零售总额（亿元）	62.85	71.37	13.56
第二产业（亿元）	67.40	81.38	20.74	居民消费价格指数（%）	--	--	--
第三产业（亿元）	33.69	42.45	26.00	人均地区生产总值（元）	19772	20721	4.80
财政总收入（亿元）	18.9	23.35	23.54	城镇居民可支配收入（元）	15747	17441	10.76
地方财政收入（亿元）	7.37	8.54	15.88	农民人均现金收入（元）	8252	9381	13.68
财政总支出（亿元）	19.10	24.12	26.28				

成武县主要金融指标

金融指标（亿元）	2012	2013	2013 年同比增幅（%）	金融指标（亿元）	2012	2013	2013 年同比增幅（%）
本外币存款余额	95.37	111.44	16.85	财险收入	0.52	0.59	13.46
人民币存款余额	95.33	111.39	16.85	寿险收入	2.11	3.59	70.14
单位存款	17.2	19.38	12.67	财险赔款	0.31	0.44	41.94
储蓄存款	77.50	91.49	18.05	寿险给付	0.06	0.08	66.67
本外币贷款余额	59.24	71.00	19.85	当年结益	—	—	—
人民币贷款余额	59.24	71.00	19.85	证券市场交易总额	—	—	—
短期贷款	46.40	51.90	11.85	投资者保证金余额	—	—	—
中长期贷款	11.93	18.78	57.42	证券账户开户数	—	—	—
票据融资	0.9	0.32	-64.44	证券交易佣金收入	—	—	—
当年结益	1.53	1.83	19.61	净利润	—	—	—
不良贷款余额	2.44	2.04	-16.39				

成武县主要金融机构概况

单位名称	行长（或其他称谓的第一负责人）	副行长（或其他称谓的同级领导）	员工总数	辖内营业网点数
人行成武县支行	潘　伟	朱瑞密　张明芳	28	1
银监会成武县办事处	张　春		1	
农发行成武县支行	王东方	杨　飚　张传周　刘子玉　徐　辉	22	1
工行成武支行	谢　磊	邵金岭　谢建新　张广磊　李以学	45	2
农行成武支行	王云升	柴　彪　张冠涛	93	3
中行成武支行	杨金刚	李静敏　张　东	32	2
建行成武支行	王　璇	宋志强　刘继成　宋振洪　翟玉霞	44	2
成武县农信联社	刘　艳	谢　彬　赵圣锋　马　寅　苗国兴　梁　涛	421	29
邮储银行成武县支行	康思雷	李东军　邵素花	62	13

成武县主要金融机构业务概况

单位：亿元

单位名称	本外币存款余额	人民币单位存款	人民币储蓄存款	本外币贷款余额	人民币短期贷款	人民币中长期贷款
农发行成武县支行	0.98	0.98	0	4.43	4.13	0
工行成武支行	13.36	5.57	7.52	13.27	7.92	5.35
农行成武支行	8.11	1.80	6.31	6.69	4.86	1.80
中行成武支行	8.10	3.12	4.98	3.99	2.89	1.10
建行成武支行	11.24	4.65	6.56	7.63	4.21	3.42
成武县农信联社	48.19	1.42	46.71	33.72	27.07	6.64
邮储银行成武县支行	21.25	1.84	19.41	1.28	0.82	0.46

【金融发展与改革】 2013 年，成武县金融机构加大改革力度，融资规模持续扩大；成武伯乐小额贷款公司正式成立。

【金融服务与监管】 2013 年，人行成武县支行积极开展金融服务与监管工作，确保区域金融业的安全稳健运行。一是通过定期召开金融工作座谈会等，及时向地方政府和金融机构传达国家宏观调控政策信息，有 10 期呈报件被县委、县政府主要领导批示；二是在全县开展了金融知识宣讲辅导、信贷服务企业行、残币兑换乡村行、金融进基层赶大集、农村支付结算服务、助力家庭农场发展等一系列活动，银行机构开展送信贷资金进企业活动 30 批次，签约企业 66 家，授信金额 21 亿元，发放贷款 14 亿元；三是严格金融监管，对现金管理、法定存款准备金管理、民品贴息贷款管理及征信业务等方面进行了重点检查监督，确保金融秩序稳健运行。

巨野县

【经济金融概况】 2013 年，巨野县经济运行总体良好，财政实力进一步增强，城乡面貌进一步改善，人民生活水平进一步提高。一是工业生产保持较快增长，投资项目规模加大，重点项目建设进展顺利；二是地方财政收入保持较快增长，居民消费价格同比涨幅放缓；三是金融总体运行平稳，信贷投放稳步增长，金融生态环境进一步改善。

【金融发展与改革】 2013 年，巨野县金融改革进一步深化，金融事业快速发展。人行巨野县支行一是起草了金融支持城

巨野县主要经济指标

经济指标	2012	2013	2013 年同比增幅（%）	经济指标	2012	2013	2013 年同比增幅（%）
土地面积（平方公里）	1303	1303	0	地方财政支出（亿元）	29.79	33.11	11.14
人口（万人）	101.37	102.24	0.86	全社会固定资产投资（亿元）	82.06	75.71	-7.74
城镇人口（万人）	24.75	25.70	3.84	进出口总值（万美元）	32209	34539	7.23
乡村人口（万人）	76.62	76.54	-0.10	出口总值（万美元）	29129	29821	2.38
地区生产总值（亿元）	176.07	216.51	22.97	实际利用外资（万美元）	610	1300	113.11
第一产业（亿元）	25.40	26.89	5.87	社会消费品零售总额（亿元）	89.27	101.59	13.80
第二产业（亿元）	99.32	120.81	21.49	居民消费价格指数（%）	101.3	103.10	1.78
第三产业（亿元）	51.32	68.80	34.06	人均地区生产总值（元）	17986	21177	17.74
财政总收入（亿元）	39.32	48.94	24.47	城镇居民可支配收入（元）	16828	18683	11.02
地方财政收入（亿元）	16.10	20.96	30.19	农民人均现金收入（元）	8292	9429	13.71
财政总支出（亿元）	36.82	50.51	37.18				

巨野县主要金融指标

金融指标（亿元）	2012	2013	2013 年同比增幅（%）	金融指标（亿元）	2012	2013	2013 年同比增幅（%）
本外币存款余额	160.07	188.19	17.57	财险收入	1.80	1.83	1.67
人民币存款余额	159.86	188.03	17.62	寿险收入	1.88	5.36	185.11
单位存款	29.22	37.48	28.27	财险赔款	0.42	0.84	100
储蓄存款	129.38	149.26	15.37	寿险给付	0.39	1.13	189.74
本外币贷款余额	111.14	113.52	2.14	当年结益	--	--	--
人民币贷款余额	111.14	113.52	2.14	证券市场交易总额	--	--	--
短期贷款	67.15	71.80	6.92	投资者保证金余额	--	--	--
中长期贷款	38.16	37.69	-1.23	证券账户开户数	--	--	--

续表

金融指标（亿元）	2012	2013	2013年同比增幅（%）	金融指标（亿元）	2012	2013	2013年同比增幅（%）
票据融资	5.83	3.83	-34.31	证券交易佣金收入	--	--	--
当年结益	3.12	6.21	99.04	净利润	--	--	--
不良贷款余额	3.04	3.44	13.16				

巨野县主要金融机构概况

单位名称	行长（或其他称谓的第一负责人）	副行长（或其他称谓的同级领导）	员工总数	辖内营业网点数
人行巨野县支行	李守谦	田朝霞　丁世友　于　涛	25	1
银监会巨野县办事处	朱　艳		1	
农发行巨野县支行	郭茂海	沈建民　达仲旭 吕爱华　李　莉　孟庆刚	22	1
工行巨野支行	田建军	丛涛滋　李　强	57	4
农行巨野支行	王晋中	刘俊彦　李建峰　刘建平	110	5
建行巨野支行	陶可飞	闫和强　庄道通　段兴峰　周士宝	66	4
莱商银行巨野支行	单士旗	魏丕国	17	1
巨野县农信联社	周克强	刁　辉　吴清稳　兰铁林 徐建民　樊庆涛　王志光　赵　森	668	39
邮储银行巨野县支行	刘天舒	张宗凯	82	4

巨野县主要金融机构业务概况

单位：亿元

单位名称	本外币存款余额	人民币单位存款	人民币储蓄存款	本外币贷款余额	人民币短期贷款	人民币中长期贷款
农发行巨野县支行	1.93	1.93	--	4.63	2.96	1.36
工行巨野支行	19.97	7.70	12.06	21.58	10.10	11.48
农行巨野支行	20.04	5.42	14.42	10.21	5.06	5.13
建行巨野支行	23.54	9.66	13.73	19.47	9.37	10.10
莱商银行巨野支行	3.17	2.31	0.86	1.59	1.59	0
巨野县农信联社	85.14	7.20	77.88	53.58	41.99	8.08
邮储银行巨野县支行	32.86	2.85	30.01	2.18	0.91	1.27

镇化建设等多项指导意见，加强对县域重点领域的金融支持；二是推动县政府组织召开银企对接会，组织金融部门负责人深入企业开展信贷服务企业行活动，按季召开金融机构联席会议；三是全力推进金融支持现代农业发展。

【金融服务与监管】　2013年，人行巨野县支行积极履行基层央行职责。一是重点开展了农村支付环境建设强力推进年活动；二是积极开展金融知识进村社企校行、征信知识宣传月和金融消费者保护宣传周等活动；三是对金融机构开展了金融消费者权益及个人信息保护、外汇业务、重大事项、征信业务、支农再贷款和存款准备金等检查；四是对银行和保险机构开展金融服务综合评价。

郓城县

【经济金融概况】 2013年，郓城县经济实力大幅提升，生态环境建设成效显著，城镇化建设扎实推进，民生保障进一步加强。各金融机构积极搭建银企对接平台，稳定增加涉农信贷投放，促进了县域经济健康发展。

【金融发展与改革】 2013年，人行郓城县支行一是及时传导货币政策，引导社会融资合理增长；二是推动政府出台《金

郓城县主要经济指标

经济指标	2012	2013	2013年同比增幅（%）	经济指标	2012	2013	2013年同比增幅（%）
土地面积（平方公里）	1643	1643	0	地方财政支出（亿元）	30.13	37.41	24.16
人口（万人）	121.78	122.65	0.71	全社会固定资产投资（亿元）	77.08	95.23	23.55
城镇人口（万人）	12.40	18.13	46.21	进出口总值（万美元）	13676	16104	17.75
乡村人口（万人）	109.38	104.43	-4.53	出口总值（万美元）	9755	12717	30.36
地区生产总值（亿元）	228.74	267.87	17.11	实际利用外资（万美元）	210.00	290.00	38.10
第一产业（亿元）	32.91	34.84	5.86	社会消费品零售总额（亿元）	108.39	123.4	13.85
第二产业（亿元）	127.99	149.38	16.71	居民消费价格指数（%）	101.70	102.40	0.69
第三产业（亿元）	67.84	83.65	23.30	人均地区生产总值（元）	21750	25418	45.64
财政总收入（亿元）	29.23	25.73	-11.97	城镇居民可支配收入（元）	17453	19398	11.14
地方财政收入（亿元）	17.23	21.34	23.85	农民人均现金收入（元）	8326	9468	13.72
财政总支出（亿元）	30.13	41.40	37.40				

郓城县主要金融指标

金融指标（亿元）	2012	2013	2013年同比增幅（%）	金融指标（亿元）	2012	2013	2013年同比增幅（%）
本外币存款余额	202.13	233.74	15.64	财险收入	0.99	1.12	13.13
人民币存款余额	202.02	233.53	15.60	寿险收入	3.83	4.95	29.24
单位存款	30.46	34.59	13.56	财险赔款	0.35	0.56	60.00
储蓄存款	170.34	197.56	15.98	寿险给付	0.79	0.92	16.46
本外币贷款余额	133.87	139.31	4.06	当年结益	—	—	—
人民币贷款余额	133.87	139.31	4.06	证券市场交易总额	—	0.01	—
短期贷款	80.27	85.79	6.88	投资者保证金余额	—	0	—
中长期贷款	47.91	52.41	9.39	证券账户开户数	—	24	—
票据融资	5.69	1.11	-80.49	证券交易佣金收入	—	0	—
当年结益	3.85	4.45	15.58	净利润	—	0	—
不良贷款余额	3.04	2.48	-18.42				

郓城县主要金融机构概况

单位名称	行长（或其他称谓的第一负责人）	副行长（或其他称谓的同级领导）	员工总数	辖内营业网点数
人行郓城县支行	陈桂莲	巨保银　王秀美　李永生	30	1
银监会郓城县办事处	张亚伟		1	

续表

单位名称	行长（或其他称谓的第一负责人）	副行长（或其他称谓的同级领导）	员工总数	辖内营业网点数
农发行郓城县支行	郭留宪	刁慕轩 达仲旭	24	1
工行郓城支行	王敬福	庞元华 朱文坛 路玉忠 马玉鲁 胡晓舟	80	6
农行郓城支行	张洪敏	邵 炎 周晓红 陈 斌 陈雪东	139	11
中行郓城支行	张卫宏	李 明 鲍教忠	38	2
建行郓城支行	孟祥涛	郑 国 吴志伟	61	3
莱商银行郓城支行	陈福山	曹 凯	20	1
郓城农商行	崔荣国	黄福斌 李 山 李传良 韩修良 刘尊涛	723	41
邮储银行郓城县支行	林 彬	赵 军	76	4

郓城县主要金融机构业务概况

单位：亿元

单位名称	本外币存款余额	人民币单位存款	人民币储蓄存款	本外币贷款余额	人民币短期贷款	人民币中长期贷款
农发行郓城县支行	0.29	0.29	0	2.56	2.56	0
工行郓城支行	24.70	7.44	16.91	20.46	6.32	14.14
农行郓城支行	41.71	6.60	34.98	13.57	6.36	7.19
中行郓城支行	6.25	1.30	4.84	8.03	2.90	5.13
建行郓城支行	13.43	4.62	8.63	19.15	8.16	11.00
莱商银行郓城支行	10.07	8.00	2.01	7.51	7.51	0
郓城县农信联社	104.02	4.39	99.55	66.43	52.09	14.35
邮储银行郓城县支行	32.61	1.95	30.66	1.57	0.96	0.61

融支持现代农业发展意见》，召开了金融支持现代农业加快发展推进会、金融形势分析会和农合组织调研工作座谈会，现场解决金融支持农业现代化发展中的实际问题。

【金融服务与监管】 2013 年，郓城县金融机构积极推动服务和工作创新。一是坚持“政府主导、银行牵头、多方参与、合作共赢”的原则，推动中小企业信用体系试验区建设；二是开展征信知识宣传活动，办理个人信用信息查询 1419 人次；三是积极开展农村支付环境建设，实现金融基础设施行政村 100%全覆盖。

鄄城县

【经济金融概况】 2013 年，鄄城县按照“工业立县、商贸兴县、旅游强县、生态靓县”四大发展战略，加快培植重点企业，经济快速健康发展。金融业保持稳健发展态势，存、贷款增速分别居菏泽市第 1 位、第 5 位，再创历史新高；银行不良贷款率持续下降。

【金融发展与改革】 2013 年，人行鄄城县支行深入贯彻落实稳健的货币政策，进一步优化银企合作，支持实体经济又好又快发展，被县委、人行菏泽市中支评为“银行信贷服务企业

鄄城县主要经济指标

经济指标	2012	2013	2013年同比增幅（%）	经济指标	2012	2013	2013年同比增幅（%）
土地面积（平方公里）	1041	1041	0	地方财政支出（亿元）	20.81	24.88	19.56
人口（万人）	86.17	86.2	0.03	全社会固定资产投资（亿元）	44.89	57.59	28.91
城镇人口（万人）	13.62	13.63	0.07	进出口总值（万美元）	20045	22265	11.08
乡村人口（万人）	72.55	72.57	0.02	出口总值（万美元）	18778	21185	12.82
地区生产总值（亿元）	121.32	141.2	16.39	实际利用外资（万美元）	290	100	-65.52
第一产业（亿元）	22.39	23.7	5.85	社会消费品零售总额（亿元）	73.75	83.7	13.49
第二产业（亿元）	60.52	70.96	17.25	居民消费价格指数（%）	101.6	101.8	0.19
第三产业（亿元）	30.41	46.54	53.42	人均地区生产总值（元）	16718	19289	15.38
财政总收入（亿元）	6.22	7.34	18.01	城镇居民可支配收入（元）	15099	18021	19.35
地方财政收入（亿元）	6.22	7.34	18.01	农民人均现金收入（元）	7946	9033	13.68
财政总支出（亿元）	20.81	24.88	19.56				

鄄城县主要金融指标

金融指标（亿元）	2012	2013	2013年同比增幅（%）	金融指标（亿元）	2012	2013	2013年同比增幅（%）
本外币存款余额	118.57	145.27	22.52	财险收入	0.34	0.37	8.82
人民币存款余额	118.51	145.19	22.51	寿险收入	1.84	4.26	131.52
单位存款	14.59	19.88	36.26	财险赔款	0.13	0.19	46.15
储蓄存款	101.02	122.83	21.59	寿险给付	0.07	0.10	42.86
本外币贷款余额	61.72	72.27	17.09	当年结益	--	--	--
人民币贷款余额	61.72	72.27	17.09	证券市场交易总额	--	--	--
短期贷款	32.77	37.29	13.79	投资者保证金余额	--	--	--
中长期贷款	19.00	28.25	48.68	证券账户开户数	--	--	--
票据融资	9.94	6.73	-32.29	证券交易佣金收入	--	--	--
当年结益	3.13	4.88	55.91	净利润	--	--	--
不良贷款余额	2.88	2.56	-11.11				

鄄城县主要金融机构概况

单位名称	行长（或其他称谓的第一负责人）	副行长（或其他称谓的同级领导）	员工总数	辖内营业网点数
人行鄄城县支行	仇高皓	李敬斌　王汉桥	31	1
银监会鄄城县办事处	裴晓平		1	
农发行鄄城县支行	郭世玉	张克颖　李艳民	19	1
工行鄄城支行	郝素芳	杨　军　葛红霞　杨士萍	35	2
农行鄄城支行	彭　辉	程　林　孙明超	74	3
中行鄄城支行	丁天生	魏羲萌　苏传琴	34	2

续表

单位名称	行长（或其他称谓的第一负责人）	副行长（或其他称谓的同级领导）	员工总数	辖内营业网点数
建行鄄城支行	周　丰	李海山　张剑波	36	1
鄄城县农信联社	杜万国	居春林　范红英　王赐广	519	32
邮储银行鄄城县支行	申剑飞	姜广田　郝立群	65	16
鄄城包商村镇银行	高旭东	贾相同　王利军	25	1
莱商银行鄄城支行	黄　涛	宋洪波	18	1

鄄城县主要金融机构业务概况

单位：亿元

单位名称	本外币存款余额	人民币单位存款	人民币储蓄存款	本外币贷款余额	人民币短期贷款	人民币中长期贷款
农发行鄄城县支行	0.12	0.12	0	2.00	2.00	0
工行鄄城支行	10.07	1.86	8.12	6.37	1.77	4.60
农行鄄城支行	10.42	2.14	8.27	9.07	0.63	8.44
中行鄄城支行	9.72	2.63	6.92	2.04	1.72	0.32
建行鄄城支行	7.57	2.34	5.16	5.53	1.63	3.90
鄄城县农信联社	72.88	6.06	66.60	42.67	25.38	10.56
邮储银行鄄城县支行	28.61	2.23	26.38	1.27	0.85	0.42
鄄城包商村镇银行	2.39	1.54	0.85	2.22	2.21	0.01
莱商银行鄄城支行	1.55	0.96	0.59	1.09	1.09	0

行活动先进集体”、“支持地方经济发展先进单位”和“为企业办实事先进单位”。所报《呈阅件》分别得到市委书记、县委主要领导和人行菏泽中支领导批示。一是组织召开银企对接洽谈会4次，共为285家企业签约9.39亿元，资金到位率90%以上；二是引导金融机构加大对现代农业的信贷支持力度，创新涉农信贷支农产品，发放商汇贷、钢结构资产抵押、应收账款质押贷款7310万元，新设2家金融机构累计发放涉农贷款2.5亿元。

【金融服务与监管】　2013年，人行鄄城县支行继续加强管理和指导，组织金融机构开展征信、反假、外汇等宣传活动4次，组织金融稳定、征信、兑残、反假等现场检查2次。通过共同努力，金融机构服务水平和经营能力明显增强，对中小企业信贷扶持力度大幅提高。

年内，人行、农行、建行、包商银行及农信社被县委、县政府评为“支持地方经济发展先进单位”。

定陶县

【经济金融概况】　2013年，定陶县大力推进工业化、城镇化和农业现代化，着力发展服务业，不断改善民生，经济实现持续健康发展。各金融机构紧紧围绕全县经济发展战略，搭建银企合作平台，助推县域经济快速发展。

【金融发展与改革】　2013年，定陶县金融机构不断创新服务理念，深入开展信贷服务企业行活动，召开银企对接会、金融形势分析会，进一步加大对县域中小企业、“三农”等薄弱环节的信贷投入，优化信贷结构，加大对地方经济的支持力度，实现了经济金融良性发展。农行“三农事业部”和农信社改革取得明显成效。

【金融服务与监管】　2013年，人行定陶县支行进一步加大金融监管与服务力度，积极防范和化解金融风险，确保辖内金融稳定。一是制定下发了《稳健货币政策下信贷工作指导意见》、《金融支持现代农业发展意见》，积极引导信贷投放，贷款增幅列菏泽市第3位；二是制定《打造定陶金融生态实施意

定陶县主要经济指标

经济指标	2012	2013	2013年同比增幅（%）	经济指标	2012	2013	2013年同比增幅（%）
土地面积（平方公里）	846	846	0	地方财政支出（亿元）	17.44	19.00	8.94
人口（万人）	67.94	67.14	-1.18	全社会固定资产投资（亿元）	50	56.26	12.52
城镇人口（万人）	12.38	12.43	0.40	进出口总值（万美元）	3550	4013	13.04
乡村人口（万人）	55.56	54.71	-1.53	出口总值（万美元）	2835	3528	24.44
地区生产总值（亿元）	101.7	116.27	14.33	实际利用外资（万美元）	268	400	49.25
第一产业（亿元）	21.19	22.42	5.80	社会消费品零售总额（亿元）	57.3	64.95	13.35
第二产业（亿元）	51.99	59.84	15.10	居民消费价格指数（%）	105.6	103.7	-1.90
第三产业（亿元）	28.52	34.01	19.25	人均地区生产总值（元）	17916	17318	-3.34
财政总收入（亿元）	10.34	16.24	57.06	城镇居民可支配收入（元）	14700	16103	9.54
地方财政收入（亿元）	6.11	6.64	8.67	农民人均现金收入（元）	8300	9263	11.60
财政总支出（亿元）	21.66	29.34	35.46				

定陶县主要金融指标

金融指标（亿元）	2012	2013	2013年同比增幅（%）	金融指标（亿元）	2012	2013	2013年同比增幅（%）
本外币存款余额	92.86	109.67	18.10	财险收入	0.37	0.45	80.00
人民币存款余额	92.82	109.60	18.08	寿险收入	1.69	2.93	45.77
单位存款	16.35	20.00	22.32	财险赔款	0.16	0.20	53.85
储蓄存款	75.08	88.61	18.02	寿险给付	0.07	0.11	22.22
本外币贷款余额	49.31	59.02	19.69	当年结益	1.83	3.07	50.49
人民币贷款余额	49.31	59.02	19.69	证券市场交易总额	--	--	--
短期贷款	33.35	39.00	16.94	投资者保证金余额	--	--	--
中长期贷款	10.42	16.60	59.31	证券账户开户数	--	--	--
票据融资	5.54	3.42	-38.27	证券交易佣金收入	--	--	--
当年结益	0.96	1.09	13.54	净利润	--	--	--
不良贷款余额	2.24	0.95	-57.59				

定陶县主要金融机构概况

单位名称	行长（或其他称谓的第一负责人）	副行长（或其他称谓的同级领导）	员工总数	辖内营业网点数
人行定陶县支行	李国庆	孙京昌　孟海鹏　李成华	31	1
银监会定陶县办事处	周元月		1	
农发行定陶县支行	孙洁民	李怀军　高增民	22	1
工行定陶支行	桑　勇	牛殿军　崔开展　孔艳丽　张相春	28	2
农行定陶支行	徐宪强	贾景光　任中顺	92	4
中行定陶支行	宋红军	车　军　祝兴华	21	1
建行定陶支行	刘相印	吴祥正	26	1

续表

单位名称	行长（或其他称谓的第一负责人）	副行长（或其他称谓的同级领导）	员工总数	辖内营业网点数
定陶县农信联社	刘贺磊	秦绍群 陈慧敏 王 彬 孟海建 牛月英	445	30
邮储银行定陶县支行	丛可印	张永胜	66	3

定陶县主要金融机构业务概况

单位：亿元

单位名称	本外币存款余额	人民币单位存款	人民币储蓄存款	本外币贷款余额	人民币短期贷款	人民币中长期贷款
农发行定陶县支行	1.35	1.35	0	5.71	5.71	0
工行定陶支行	7.58	2.40	4.99	7.94	3.65	4.29
农行定陶支行	13.99	3.82	10.17	8.43	5.44	2.99
中行定陶支行	7.25	2.88	4.11	2.18	1.54	0.64
建行定陶支行	6.53	2.78	3.67	5.37	3.18	2.19
定陶县农信联社	43.43	4.43	38.99	28.46	18.94	6.10
邮储银行定陶县支行	29.03	2.34	26.68	0.94	0.54	0.40

见》，开展了系列信用体系建设活动；三是对农信社开展金融稳定重大事项报告、货币政策执行情况现场检查，对农发行、农行和建行开展民品优惠利率政策执行情况现场检查，对7家金融机构开展涉农信贷政策执行情况效果评估，确保其稳健经营。

东明县

【经济金融概况】 2013年，东明县狠抓大项目建设、工业运行、城市建设、“三农”、改善民生、维护稳定等工作，经济社会平稳较快健康发展。金融机构不断加大对经济的支持力度，信贷资金继续向县域重点行业和优势行业集中，各项贷款迅猛增长。一是单位短期贷款持续大幅增长，主要支持石

东明县主要经济指标

经济指标	2012	2013	2013年同比增幅（%）	经济指标	2012	2013	2013年同比增幅（%）
土地面积（平方公里）	1370	1370	0	地方财政支出（亿元）	25.08	27.23	8.57
人口（万人）	80.65	80.26	-0.48	全社会固定资产投资（亿元）	84.00	97.51	16.08
城镇人口（万人）	11.1	11.72	5.59	进出口总值（万美元）	125819	48394	-61.54
乡村人口（万人）	68.9	68.54	-0.52	出口总值（万美元）	11862	13068	10.17
地区生产总值（亿元）	186.13	221.01	18.74	实际利用外资（万美元）	458	520	13.54
第一产业（亿元）	21.56	22.84	5.94	社会消费品零售总额（亿元）	72.47	82.33	13.61
第二产业（亿元）	123.02	145.30	18.11	居民消费价格指数（%）	104.21	103.58	-0.63
第三产业（亿元）	41.54	52.87	27.25	人均地区生产总值（元）	18613	22553	21.17
财政总收入（亿元）	23.87	27.09	13.49	城镇居民可支配收入（元）	17040	18914	10.99
地方财政收入（亿元）	13.29	21.55	62.15	农民人均现金收入（元）	8137	9251	13.69
财政总支出（亿元）	25.08	27.23	8.57				

东明县主要金融指标

金融指标（亿元）	2012	2013	2013年同比增幅（%）	金融指标（亿元）	2012	2013	2013年同比增幅（%）
本外币存款余额	134.72	159.92	18.71	财险收入	0.54	0.55	1.85
人民币存款余额	132.37	159.92	20.81	寿险收入	0.95	1.07	12.63
单位存款	39.89	47.83	19.90	财险赔款	0.18	0.29	61.11
储蓄存款	93.50	110.34	18.01	寿险给付	0.33	0.74	124.24
本外币贷款余额	120.30	159.57	32.64	当年结益	0.05	0.04	-20
人民币贷款余额	120.30	159.57	32.64	证券市场交易总额	7.08	11.42	61.30
短期贷款	87.42	115.31	31.90	投资者保证金余额	0.08	0.07	-12.5
中长期贷款	32.32	44.26	36.94	证券账户开户数	728	3385	364.97
票据融资	0.56	0	-100	证券交易佣金收入	0.01	0.01	0
当年结益	5.28	6.30	19.32	净利润	-0.01	-0.03	-200
不良贷款余额	2.20	1.48	-32.73				

东明县主要金融机构概况

单位名称	行长（或其他称谓的第一负责人）	副行长（或其他称谓的同级领导）	员工总数	辖内营业网点数
人行东明县支行	赵　敏	冯志强　尘永魁	26	1
银监会东明县办事处	王　娟		3	
农发行东明县支行	张宏伟	周　军　李　坦	22	1
工行东明支行	宋红毅	王耀峰　赵升民	66	4
农行东明支行	王　军	符长宏　王志华　耿宗云	105	4
中行东明支行	曹国民	李培明　宋丽娟	32	3
建行东明支行	夏晓剑	孟祥勤　李　珠	47	3
莱商银行东明支行	鹿新保	柴景楠	16	1
东明县农信联社	赵　欣	杨慧生　刘　灿　刘翠敏	565	32
邮储银行东明县支行	申剑飞	郑　杰	44	22
东明中银富登村镇银行	孙文杰	房德强　程红波	29	1

东明县主要金融机构业务概况

单位：亿元

单位名称	本外币存款余额	人民币单位存款	人民币储蓄存款	本外币贷款余额	人民币短期贷款	人民币中长期贷款
农发行东明县支行	0.67	0.67	0	4.65	2.56	2.09
工行东明支行	26.72	12.75	13.63	48.03	37.02	11.01
农行东明支行	14.11	6.77	7.34	23.85	18.30	5.55
中行东明支行	14.09	9.08	4.39	22.07	11.66	10.41
建行东明支行	19.58	9.68	9.80	24.44	14.49	9.95
莱商银行东明支行	1.72	1.52	0.20	0.96	0.96	0

续表

单位名称	本外币存款余额	人民币单位存款	人民币储蓄存款	本外币贷款余额	人民币短期贷款	人民币中长期贷款
东明县农信联社	47.83	3.90	43.92	34.06	29.77	4.29
邮储银行东明县支行	33.92	3.34	30.58	1.28	0.54	0.74
东明中银富登村镇银行	0.59	0.12	0.47	0.23	0	0.23

油加工和化工等行业；二是农信社支持农业生产力度有所加强，农业贷款稳步增长。

【金融发展与改革】 2013年，东明县金融机构结合经济发展目标和产业结构调整要求，认真贯彻落实国家各项宏观调控政策，金融支持经济发展的核心作用日益突出。人行东明县支行推动县委、县政府出台了《关于进一步加强金融生态环境建设的意见》，农信社法人治理结构进一步完善。

【金融服务与监管】 2013年，人行东明县支行按照“监测、分析、引导”的思路，加强监管、改善服务，促进金融业稳定发展。一是加强与地方政府、银监办等部门的沟通协调，建立金融稳定联席会议制度，制定金融机构突发事件应急预案；二是认真做好人民币反假工作，累计收缴假币1581张，涉及金额14.60万元；三是不断提高大额和可疑资金交易监测分析能力，提高反洗钱工作质量；四是加强账户、支付清算管理和监督，维护支付结算秩序；五是加强企业信贷信息管理；六是加强国库业务管理，保证库款支拨和收入退库的合理合法。

（王志华　许加宏）

第十三部分

金融统计资料

一、综合信贷业务情况

山东省金融机构（含外资）人民币信贷收支表

单位：亿元

项目名称 \ 栏目	2013年	比年初增减数	项目名称 \ 栏目	2013年	比年初增减数
各项存款	62077.88	7722.42	各项贷款	44761.26	4613.35
1.单位存款	29001.37	3373.65	1.短期贷款	23531.34	2459.72
（1）活期存款	11623.98	757.06	（1）个人贷款及透支	4184.24	248.85
（2）定期存款	7335.05	558.45	（2）单位普通贷款及透支	17132.82	2086.59
（3）保证金存款	6487.85	1485.62	2.中长期贷款	19123.85	2429.42
2.个人存款	30614.34	3953.10	（1）个人贷款	7039.78	1367.05
储蓄存款	29796.08	3442.49	（2）单位普通贷款	10603.01	870.98
3.财政性存款	1226.84	53.96			
各项准备	1134.23	159.14	3.票据融资	1859.11	-246.40
资金来源总计	61058.83	7977.43	资金运用总计	61058.83	7977.43

注：1、本表机构包括中国人民银行、国家开发银行及政策性银行、国有商业银行、其他商业银行、城市商业银行、农村商业银行、城市信用社、农村合作银行、农村信用社、财务公司、信托投资公司、租赁公司、邮政储蓄银行、外资金融机构、村镇银行和汽车金融公司。

2、表中“金融债券”项目反映中国人民银行和政策性银行发行的被非并表金融机构（证券公司、保险公司、基金管理公司、资产管理公司）持有的金融债券总额。

3、表中“同业往来”项目反映并表机构与非并表金融机构（证券公司、保险公司、基金管理公司、资产管理公司）之间的资金往来。

山东省金融机构（不含外资）人民币信贷收支表

单位：亿元

项目名称 \ 栏目	2013年	比年初增减数	项目名称 \ 栏目	2013年	比年初增减数
各项存款	61849.63	7676.52	各项贷款	44480.03	4532.68
1.单位存款	28812.05	3328.01	1.短期贷款	23399.31	2429.83
（1）活期存款	11593.42	757.92	（1）个人贷款及透支	4182.49	247.79
（2）定期存款	7285.98	553.45	（2）单位普通贷款及透支	17007.47	2061.20
（3）保证金存款	6426.62	1459.70	2.中长期贷款	19056.46	2411.67
2.个人存款	30578.65	3952.68	（1）个人贷款	7031.36	1363.90
储蓄存款	29772.22	3446.42	（2）单位普通贷款	10549.21	859.06
3.财政性存款	1226.84	53.96			
各项准备	1131.92	158.17	3.票据融资	1777.42	-279.39
资金来源总计	60782.69	7877.34	资金运用总计	60782.69	7877.34

注：1、本表机构包括中国人民银行、国家开发银行及政策性银行、国有商业银行、其他商业银行、城市商业银行、农村商业银行、城市信用社、农村合作银行、农村信用社、财务公司、信托投资公司、租赁公司、邮政储蓄银行、外资金融机构、村镇银行和汽车金融公司。

2、表中“金融债券”项目反映中国人民银行和政策性银行发行的被非并表金融机构（证券公司、保险公司、基金管理公司、资产管理公司）持有的金融债券总额。

3、表中“同业往来”项目反映并表机构与非并表金融机构（证券公司、保险公司、基金管理公司、资产管理公司）之间的资金往来。

山东省政策性银行人民币信贷收支表

单位：亿元

栏目 项目名称	2013 年	比年初增减数	栏目 项目名称	2013 年	比年初增减数
各项存款	382.08	-19.08	各项贷款	4075.09	310.37
1. 单位存款	366.97	1.02	1. 短期贷款	778.64	-1.62
（1）活期存款	188.93	-24.45	（1）个人贷款及透支		
（2）定期存款	70.27	20.21	（2）单位普通贷款及透支	718.92	-24.17
（3）保证金存款	45.06	-17.67	2. 中长期贷款	3066.81	366.15
2. 个人存款			（1）个人贷款	30.82	5.02
储蓄存款			（2）单位普通贷款	2234.36	193.67
代理财政性存款	43.47	8.63			
各项准备	83.19	10.31	3. 票据融资	31.65	-12.61
资金来源总计	4113.64	298.00	资金运用总计	4113.64	298.00

山东省股份制商业银行人民币信贷收支表

单位：亿元

栏目 项目名称	2013 年	比年初增减数	栏目 项目名称	2013 年	比年初增减数
各项存款	11928.15	1817.95	各项贷款	7872.38	742.43
1. 单位存款	8539.20	1158.44	1. 短期贷款	5190.66	629.53
（1）活期存款	2466.92	277.36	（1）个人贷款及透支	562.13	151.41
（2）定期存款	1920.79	243.99	（2）单位普通贷款及透支	4309.23	423.36
（3）保证金存款	3066.71	564.19	2. 中长期贷款	2369.45	90.36
2. 个人存款	2860.62	543.98	（1）个人贷款	846.62	111.13
储蓄存款	2504.49	371.20	（2）单位普通贷款	1362.76	-34.94
代理财政性存款	10.63	7.31			
各项准备	143.72	22.81	3. 票据融资	293.69	18.20
资金来源总计	11137.93	1354.16	资金运用总计	11137.93	1354.16

山东省城市商业银行人民币信贷收支表

单位：亿元

栏目 项目名称	2013 年	比年初增减数	栏目 项目名称	2013 年	比年初增减数
各项存款	6313.58	1166.98	各项贷款	3993.61	601.34
1. 单位存款	3971.77	670.62	1. 短期贷款	2885.82	495.79
（1）活期存款	1589.81	186.21	（1）个人贷款及透支	245.23	45.89
（2）定期存款	850.41	99.09	（2）单位普通贷款及透支	2593.65	474.50
（3）保证金存款	1237.32	296.03	2. 中长期贷款	724.44	177.93
2. 个人存款	2193.07	466.32	（1）个人贷款	250.96	43.85
储蓄存款	2180.16	461.20	（2）单位普通贷款	458.39	128.91
代理财政性存款	24.92	9.94			
各项准备	147.14	32.30	3. 票据融资	379.91	-72.60
资金来源总计	8647.94	1697.11	资金运用总计	8647.94	1697.11

山东省农村合作机构人民币信贷收支表

单位：亿元

栏目 项目名称	2013年	比年初增减数	栏目 项目名称	2013年	比年初增减数
各项存款	10904.15	1578.38	各项贷款	7508.89	837.81
1.单位存款	1878.83	338.31	1.短期贷款	5515.70	495.80
（1）活期存款	1263.31	216.46	（1）个人贷款及透支	2467.06	-27.96
（2）定期存款	325.39	49.20	（2）单位普通贷款及透支	2970.69	521.20
（3）保证金存款	229.86	49.91	2.中长期贷款	1445.82	383.63
2.个人存款	9015.35	1239.17	（1）个人贷款	555.55	134.57
储蓄存款	8991.61	1225.67	（2）单位普通贷款	732.10	257.35
代理财政性存款	5.76	1.56			
各项准备	368.78	35.08	3.票据融资	545.73	-40.99
资金来源总计	12917.92	1994.60	资金运用总计	12917.92	1994.60

山东省农村商业银行人民币信贷收支表

单位：亿元

栏目 项目名称	2013年	比年初增减数	栏目 项目名称	2013年	比年初增减数
各项存款	4755.71	1365.11	各项贷款	3344.02	906.04
1.单位存款	1086.32	315.83	1.短期贷款	2442.52	704.43
（1）活期存款	688.24	209.12	（1）个人贷款及透支	906.10	188.81
（2）定期存款	205.50	43.98	（2）单位普通贷款及透支	1515.97	513.63
（3）保证金存款	137.96	37.30	2.中长期贷款	778.79	200.13
2.个人存款	3665.10	1047.73	（1）个人贷款	292.00	70.53
储蓄存款	3650.35	1036.33	（2）单位普通贷款	435.21	156.33
代理财政性存款	0.99	-0.22			
各项准备	158.59	29.73	3.票据融资	121.18	1.10
资金来源总计	5514.83	1534.86	资金运用总计	5514.83	1534.86

山东省农村合作银行人民币信贷收支表

单位：亿元

栏目 项目名称	2013年	比年初增减数	栏目 项目名称	2013年	比年初增减数
各项存款	819.43	-2.23	各项贷款	582.00	-22.74
1.单位存款	249.33	23.09	1.短期贷款	396.96	-38.23
（1）活期存款	165.29	19.45	（1）个人贷款及透支	154.36	-35.04
（2）定期存款	52.08	2.97	（2）单位普通贷款及透支	230.27	0.09
（3）保证金存款	28.65	0.30	2.中长期贷款	140.96	21.01
2.个人存款	566.52	25.13	（1）个人贷款	35.97	2.86
储蓄存款	563.82	-26.40	（2）单位普通贷款	100.30	20.71
代理财政性存款	0.67	0.40			
各项准备	35.01	-4.25	3.票据融资	44.08	-5.43
资金来源总计	975.23	-7.18	资金运用总计	975.23	-7.18

山东省农村信用社人民币信贷收支表

单位：亿元

项目名称	2013年	比年初增减数	项目名称	2013年	比年初增减数
各项存款	5329.01	215.50	各项贷款	3582.87	-45.50
1.单位存款	543.19	-0.61	1.短期贷款	2676.23	-170.41
（1）活期存款	409.78	-12.12	（1）个人贷款及透支	1406.59	-181.73
（2）定期存款	67.82	2.26	（2）单位普通贷款及透支	1224.45	7.48
（3）保证金存款	63.25	12.32	2.中长期贷款	526.07	162.48
2.个人存款	4783.73	216.57	（1）个人贷款	227.58	61.18
储蓄存款	4777.44	215.74	（2）单位普通贷款	196.60	80.31
代理财政性存款	4.10	1.39			
各项准备	175.18	9.60	3.票据融资	380.48	-36.66
资金来源总计	6427.87	466.91	资金运用总计	6427.87	466.91

山东省村镇银行人民币信贷收支表

单位：亿元

项目名称	2013年	比年初增减数	项目名称	2013年	比年初增减数
各项存款	291.18	119.26	各项贷款	220.93	87.94
1.单位存款	168.19	58.57	1.短期贷款	197.83	80.23
（1）活期存款	100.15	34.87	（1）个人贷款及透支	67.34	35.56
（2）定期存款	33.09	8.90	（2）单位普通贷款及透支	130.40	44.58
（3）保证金存款	27.23	10.91	2.中长期贷款	21.67	11.73
2.个人存款	122.56	60.49	（1）个人贷款	11.06	5.83
储蓄存款	122.47	60.69	（2）单位普通贷款	10.51	5.90
代理财政性存款	3.45	0.70			
各项准备	5.52	2.99	3.票据融资	1.42	-4.02
资金来源总计	392.87	155.72	资金运用总计	392.87	155.72

山东省信托投资公司人民币信贷收支表

单位：亿元

项目名称	2013年	比年初增减数	项目名称	2013年	比年初增减数
各项存款			各项贷款		-2.60
1.单位存款			1.短期贷款		
（1）活期存款			（1）个人贷款及透支		
（2）定期存款			（2）单位普通贷款及透支		
（3）保证金存款			2.中长期贷款		
2.个人存款			（1）个人贷款		
储蓄存款			（2）单位普通贷款		
代理财政性存款					
各项准备	0.90	-0.53	3.票据融资		-2.60
资金来源总计	59.19	19.94	资金运用总计	59.19	19.94

山东省财务公司人民币信贷收支表

单位：亿元

项目名称	2013年	比年初增减数	项目名称	2013年	比年初增减数
各项存款	922.25	31.36	各项贷款	508.19	49.10
1.单位存款	922.25	31.36	1.短期贷款	212.42	-7.25
（1）活期存款	467.49	-189.32	（1）个人贷款及透支	0.27	0.17
（2）定期存款	212.47	113.11	（2）单位普通贷款及透支	211.15	-8.43
（3）保证金存款	126.18	63.01	2.中长期贷款	197.49	34.92
2.个人存款			（1）个人贷款	17.32	0.14
储蓄存款			（2）单位普通贷款	180.16	34.78
代理财政性存款					
各项准备	12.44	0.74	3.票据融资	88.21	17.13
资金来源总计	1134.31	316.18	资金运用总计	1134.31	316.18

山东省外资银行人民币信贷收支表

单位：亿元

项目名称	2013年	比年初增减数	项目名称	2013年	比年初增减数
各项存款	228.25	45.90	各项贷款	281.23	80.67
1.单位存款	189.32	45.64	1.短期贷款	132.04	29.89
（1）活期存款	30.56	-0.86	（1）个人贷款及透支	1.75	1.06
（2）定期存款	49.07	5.00	（2）单位普通贷款及透支	125.35	25.38
（3）保证金存款	61.22	25.92	2.中长期贷款	67.39	17.75
2.个人存款	35.69	0.42	（1）个人贷款	8.42	3.15
储蓄存款	23.86	-3.94	（2）单位普通贷款	53.80	11.93
代理财政性存款					
各项准备	2.32	0.97	3.票据融资	81.69	32.99
资金来源总计	448.35	145.10	资金运用总计	448.35	145.10

山东省1993-2013年人民币人均储蓄存款

单位：万元

年度 \ 项目名称	城乡储蓄		人均储蓄余额（元）
	年末余额	比年初增加额	
1993年	8841510	1625326	1030.48
1994年	11182415	2340696	1297.26
1995年	16003992	4820864	1849.52
1996年	21971982	5953088	2525.22
1997年	28177108	6127582	3221.35
1998年	32657331	4106722	3706.85
1999年	37353766	4705196	4210.30
2000年	41098425	3695061	4606.41
2001年	44667153	3568728	4964.67

续表

年度＼项目名称	城乡储蓄		人均储蓄余额（元）
	年末余额	比年初增加额	
2002年	50637936	5977509	5600.90
2003年	58057165	7464182	6392.55
2004年	67683453	9601347	7417.37
2005年	77214610	9510874	8411.18
2006年	90351351	13136739	9769.64
2007年	103580272	13236721	11127.00
2008年	114381079	10800146	12211.11
2009年	143821895	29440935	15272.21
2010年	196482092	25654535	20747.84
2011年	221732725	25455312	23147.79
2012年	263433050	41700326	27200.47
2013年	297960833	34424859	30612.24

山东省各县（市）2013年人民币储蓄存款余额排序

单位：万元

序　号	地　区	储蓄存款余额	序　号	地　区	储蓄存款余额
1	黄岛区	514.93	20	沂水县	216.14
2	龙口市	379.44	21	莱阳市	210.75
3	莱州市	373.86	22	昌邑市	210.49
4	即墨市	372.00	23	兖州市	209.04
5	寿光市	352.24	24	高密市	202.51
6	青州市	348.36	25	蓬莱市	201.44
7	荣成市	339.98	26	郓城县	197.56
8	临淄区	335.94	27	莱西市	195.57
9	平度市	315.46	28	牟平区	195.49
10	滕州市	299.04	29	安丘市	194.09
11	新泰市	297.19	30	乳山市	191.90
12	章丘市	284.97	31	临朐县	185.89
13	淄川区	284.40	32	邹平县	184.36
14	诸城市	279.97	33	海阳市	182.56
15	邹城市	276.24	34	莒　县	181.90
16	胶州市	272.20	35	曹　县	176.45
17	文登市	266.64	36	莒南县	174.85
18	招远市	242.99	37	博山区	173.29
19	肥城市	234.51	38	广饶县	161.44

续表

序　号	地　区	储蓄存款余额	序　号	地　区	储蓄存款余额
39	临清市	156.32	69	临邑县	104.24
40	博兴县	154.83	70	微山县	103.78
41	单　县	153.55	71	乐陵市	101.58
42	沂南县	150.90	72	沂源县	100.23
43	阳谷县	149.86	73	冠　县	99.87
44	巨野县	149.23	74	蒙阴县	96.96
45	桓台县	149.21	75	陵　县	95.57
46	兰陵县	148.70	76	平原县	92.41
47	嘉祥县	147.26	77	成武县	91.49
48	栖霞市	144.64	78	定陶县	88.61
49	昌乐县	140.16	79	禹城市	87.72
50	费　县	140.00	80	夏津县	83.23
51	梁山县	138.85	81	高唐县	82.89
52	曲阜市	135.76	82	济阳县	82.68
53	薛城区	133.94	83	武城县	82.21
54	郯城县	133.19	84	泗水县	82.11
55	莘　县	131.89	85	平阴县	80.11
56	平邑县	130.69	86	东阿县	79.52
57	东平县	125.39	87	惠民县	79.17
58	汶上县	124.98	88	商河县	73.52
59	鄄城县	122.83	89	无棣县	71.95
60	宁阳县	118.19	90	高青县	64.44
61	金乡县	114.08	91	鱼台县	63.73
62	茌平县	113.06	92	阳信县	52.53
63	五莲县	112.66	93	庆云县	50.27
64	宁津县	111.40	94	利津县	48.42
65	东明县	110.27	95	沾化县	48.33
66	垦利县	110.04	96	台儿庄区	44.76
67	齐河县	108.54	97	长岛县	23.61
68	临沭县	106.10			

山东省金融机构（含外资）外汇信贷收支表

单位：亿美元

栏目 项目名称	2013年	比年初增减数	栏目 项目名称	2013年	比年初增减数
各项存款	209.94	37.22	各项贷款	523.35	65.36
1. 单位存款	176.22	31.17	（一）境内贷款	305.03	27.04
（1）活期存款	81.68	7.33	1. 短期贷款	241.83	15.48
（2）定期存款	54.76	10.74	（1）个人贷款及透支	0.11	0.04
（3）保证金存款	37.21	12.35	（2）单位普通贷款及透支	56.70	10.16
2. 个人存款	29.05	4.03	2. 中长期贷款	61.40	11.38
储蓄存款	28.09	4.07	（1）个人贷款	0.01	0.01
3. 财政性存款	-0.24	0.02	（2）单位普通贷款	28.38	3.15
各项准备	11.33	2.23	（二）境外贷款	218.33	38.32
资金来源总计	1062.38	455.50	资金运用总计	1062.38	455.50

山东省金融机构（不含外资）外汇信贷收支表

单位：亿美元

栏目 项目名称	2013年	比年初增减数	栏目 项目名称	2013年	比年初增减数
各项存款	200.74	36.65	各项贷款	508.60	63.10
1. 单位存款	167.98	30.73	（一）境内贷款	291.47	25.65
（1）活期存款	76.85	7.56	1. 短期贷款	231.96	14.44
（2）定期存款	51.41	10.07	（1）个人贷款及透支	0.11	0.04
（3）保证金存款	37.17	12.37	（2）单位普通贷款及透支	49.18	9.79
2. 个人存款	28.09	3.88	2. 中长期贷款	57.73	11.03
储蓄存款	27.14	3.91	（1）个人贷款	0.01	0.01
3. 财政性存款	-0.24	0.02	（2）单位普通贷款	24.93	2.46
各项准备	11.17	2.17	（二）境外贷款	217.14	37.45
资金来源总计	1027.24	433.27	资金运用总计	1027.24	433.27

山东省政策性银行外汇信贷收支表

单位：亿美元

栏目 项目名称	2013年	比年初增减数	栏目 项目名称	2013年	比年初增减数
各项存款	4.68	-1.28	各项贷款	244.29	40.55
1. 单位存款	4.45	-1.50	（一）境内贷款	40.60	8.14
（1）活期存款	4.43	-1.53	1. 短期贷款	9.55	1.26
（2）定期存款			（1）个人贷款及透支		
（3）保证金存款	0.02	0.02	（2）单位普通贷款及透支	3.68	-0.63
2. 个人存款			2. 中长期贷款	31.05	6.88
储蓄存款			（1）个人贷款		
代理财政性存款			（2）单位普通贷款	12.75	1.31
各项准备	7.92	1.84	（二）境外贷款	203.69	32.41
资金来源总计	245.16	40.38	资金运用总计	245.16	40.38

山东省股份制商业银行外汇信贷收支表

单位：亿美元

项目名称 \ 栏目	2013年	比年初增减数	项目名称 \ 栏目	2013年	比年初增减数
各项存款	46.02	-0.68	各项贷款	64.76	1.02
1.单位存款	39.40	-2.45	（一）境内贷款	64.76	1.02
（1）活期存款	13.97	-0.62	1.短期贷款	60.98	-0.18
（2）定期存款	16.33	-2.69	（1）个人贷款及透支	0.00	
（3）保证金存款	8.33	0.26	（2）单位普通贷款及透支	13.36	-1.32
2.个人存款	4.24	0.32	2.中长期贷款	3.69	1.16
储蓄存款	3.36	0.39	（1）个人贷款		
代理财政性存款	0.00	0.00	（2）单位普通贷款	3.46	1.38
各项准备	0.95	0.25	（二）境外贷款		
资金来源总计	94.78	18.84	资金运用总计	94.78	18.84

山东省城市商业银行外汇信贷收支表

单位：亿美元

项目名称 \ 栏目	2013年	比年初增减数	项目名称 \ 栏目	2013年	比年初增减数
各项存款	5.83	2.23	各项贷款	14.19	5.48
1.单位存款	5.65	2.20	（一）境内贷款	14.19	5.48
（1）活期存款	3.52	1.68	1.短期贷款	14.18	5.48
（2）定期存款	0.69	-0.27	（1）个人贷款及透支		
（3）保证金存款	1.45	0.79	（2）单位普通贷款及透支	4.86	3.26
2.个人存款	0.12	0.02	2.中长期贷款		
储蓄存款	0.11	0.02	（1）个人贷款		
代理财政性存款			（2）单位普通贷款		
各项准备	0.15	0.02	（二）境外贷款		
资金来源总计	89.19	21.92	资金运用总计	89.19	21.92

山东省农村合作机构外汇信贷收支表

单位：亿美元

项目名称 \ 栏目	2013年	比年初增减数	项目名称 \ 栏目	2013年	比年初增减数
各项存款	0.91	0.30	各项贷款	3.04	1.86
1.单位存款	0.87	0.32	（一）境内贷款	3.04	1.86
（1）活期存款	0.68	0.24	1.短期贷款	3.01	1.84
（2）定期存款	0.02	0.00	（1）个人贷款及透支		
（3）保证金存款	0.17	0.08	（2）单位普通贷款及透支	0.34	0.13
2.个人存款	0.03	0.00	2.中长期贷款	0.02	0.02
储蓄存款	0.03	0.00	（1）个人贷款		
代理财政性存款			（2）单位普通贷款	0.02	0.02
各项准备		0.00	（二）境外贷款		
资金来源总计	5.30	2.59	资金运用总计	5.30	2.59

山东省农村商业银行外汇信贷收支表

单位：亿美元

栏目 项目名称	2013年	比年初增减数	栏目 项目名称	2013年	比年初增减数
各项存款	0.87	0.36	各项贷款	2.95	1.92
1.单位存款	0.83	0.38	（一）境内贷款	2.95	1.92
（1）活期存款	0.65	0.28	1.短期贷款	2.93	1.90
（2）定期存款	0.02	0.02	（1）个人贷款及透支		
（3）保证金存款	0.16	0.08	（2）单位普通贷款及透支	0.34	0.13
2.个人存款	0.03	0.00	2.中长期贷款	0.02	0.02
储蓄存款	0.03	0.00	（1）个人贷款		
代理财政性存款			（2）单位普通贷款	0.02	0.02
各项准备		0.00	（二）境外贷款		
资金来源总计	4.79	2.64	资金运用总计	4.79	2.64

山东省农村合作银行外汇信贷收支表

单位：亿美元

栏目 项目名称	2013年	比年初增减数	栏目 项目名称	2013年	比年初增减数
各项存款	0.04	0.00	各项贷款	0.08	0.01
1.单位存款	0.04	0.00	（一）境内贷款	0.08	0.01
（1）活期存款	0.03	0.00	1.短期贷款	0.08	0.01
（2）定期存款			（1）个人贷款及透支		
（3）保证金存款	0.01	0.00	（2）单位普通贷款及透支		
2.个人存款	0.00	0.00	2.中长期贷款		
储蓄存款	0.00	0.00	（1）个人贷款		
代理财政性存款			（2）单位普通贷款		
各项准备			（二）境外贷款		
资金来源总计	0.51	0.13	资金运用总计	0.51	0.13

山东省农村信用社外汇信贷收支表

单位：亿美元

栏目 项目名称	2013年	比年初增减数	栏目 项目名称	2013年	比年初增减数
各项存款		-0.06	各项贷款		-0.07
1.单位存款		-0.06	（一）境内贷款		-0.07
（1）活期存款		-0.04	1.短期贷款		-0.07
（2）定期存款		-0.02	（1）个人贷款及透支		
（3）保证金存款		0.00	（2）单位普通贷款及透支		
2.个人存款		0.00	2.中长期贷款		
储蓄存款		0.00	（1）个人贷款		
代理财政性存款			（2）单位普通贷款		
各项准备			（二）境外贷款		
资金来源总计		-0.18	资金运用总计		-0.18

山东省信托投资公司外汇信贷收支表

单位：亿美元

栏目 项目名称	2013年	比年初增减数	栏目 项目名称	2013年	比年初增减数
各项存款			各项贷款		
1. 单位存款			（一）境内贷款		
（1）活期存款			1. 短期贷款		
（2）定期存款			（1）个人贷款及透支		
（3）保证金存款			（2）单位普通贷款及透支		
2. 个人存款			2. 中长期贷款		
储蓄存款			（1）个人贷款		
代理财政性存款			（2）单位普通贷款		
各项准备			（二）境外贷款		
资金来源总计	0.01		资金运用总计	0.01	

山东省中资财务公司外汇信贷收支表

单位：亿美元

栏目 项目名称	2013年	比年初增减数	栏目 项目名称	2013年	比年初增减数
各项存款	13.56	7.74	各项贷款	14.20	7.65
1. 单位存款	13.56	7.74	（一）境内贷款	4.53	2.50
（1）活期存款	13.21	7.60	1. 短期贷款	3.85	1.95
（2）定期存款	0.04	-0.17	（1）个人贷款及透支		
（3）保证金存款	0.31	0.31	（2）单位普通贷款及透支	3.85	1.95
2. 个人存款			2. 中长期贷款	0.68	0.55
储蓄存款			（1）个人贷款		
代理财政性存款			（2）单位普通贷款	0.68	0.55
各项准备	0.14	0.08	（二）境外贷款	9.67	5.15
资金来源总计	17.18	9.15	资金运用总计	17.18	9.15

山东省外资银行外汇信贷收支表

单位：亿美元

栏目 项目名称	2013年	比年初增减数	栏目 项目名称	2013年	比年初增减数
各项存款	9.21	0.57	各项贷款	14.75	2.25
1. 单位存款	8.24	0.44	（一）境内贷款	13.56	1.39
（1）活期存款	4.83	-0.23	1. 短期贷款	9.87	1.04
（2）定期存款	3.35	0.68	（1）个人贷款及透支		
（3）保证金存款	0.04	-0.02	（2）单位普通贷款及透支	7.53	0.37
2. 个人存款	0.95	0.15	2. 中长期贷款	3.67	0.35
储蓄存款	0.95	0.16	（1）个人贷款		
代理财政性存款			（2）单位普通贷款	3.45	0.69
各项准备	0.16	0.05	（二）境外贷款	1.19	0.86
资金来源总计	37.60	19.28	资金运用总计	37.60	19.28

二、分机构本、外币存贷款情况

山东省人民银行人民币信贷收支表

单位：亿元

项目名称	2013年	比年初增减数	项目名称	2013年	比年初增减数
一、财政存款	1007.67	8.55	一、金融机构贷款	192.41	16.87
其中：中央财政存款			1.中资大型银行贷款	1.41	-6.73
地方财政存款	1007.67	8.55	2.中资中小型银行贷款	110.33	40.79
二、金融机构存款	4511.60	622.16	3.城市信用社贷款		
1.中资大型银行存款	95.03	-6.19	4.农村信用社贷款	52.58	-8.20
2.中资中小型银行存款	3383.34	602.31	5.财务公司贷款	17.63	2.40
3.城市信用社存款			6.外资金融机构贷款		
4.农村信用社存款	913.97	-3.53	7.其他金融机构贷款	10.46	-11.38
5.财务公司存款	113.39	31.01	其中：资产管理公司贷款		
6.外资金融机构存款	5.61	-1.45	二、专项贷款		
7.其他金融机构存款	0.26	0.02	三、金银占款		
三、金融机构特种存款			四、外汇占款		
四、邮政储蓄转存款			五、有价证券及投资		
五、商业银行划来财政性存款	140.79	34.10	六、买入返售证券		
六、卖出回购证券			七、存放金融机构		
七、中央银行债券					
八、国家资本					
九、其他	-5467.66	-647.94			
资金来源总计	192.41	16.87	资金运用总计	192.41	16.87

山东省国家开发银行人民币信贷收支表

单位：亿元

项目名称	2013年	比年初增减数	项目名称	2013年	比年初增减数
各项存款	162.69	10.90	各项贷款	2450.48	231.26
1.单位存款	147.69	30.90	1.短期贷款	166.12	23.70
(1) 活期存款	67.83	-2.33	(1) 个人贷款及透支		
(2) 定期存款	17.98	9.46	(2) 单位普通贷款及透支	165.64	23.22
(3)保证金存款	0.80	0.26	2.中长期贷款	2085.43	247.87
2.个人存款			(1) 个人贷款	30.82	5.02
储蓄存款			(2) 单位普通贷款	1455.67	91.84
代理财政性存款			3.票据融资	2.56	1.23
各项准备	79.43	10.41			
资金来源总计	2466.64	227.19	资金运用总计	2466.64	227.19

山东省中国农业发展银行人民币信贷收支表

单位：亿元

项目名称 \ 栏目	2013年	比年初增减数	项目名称 \ 栏目	2013年	比年初增减数
各项存款	210.74	-28.59	各项贷款	1257.73	24.12
1. 单位存款	210.63	-28.49	1. 短期贷款	538.07	-46.53
(1) 活期存款	119.07	-21.49	(1) 个人贷款及透支		
(2) 定期存款	52.29	10.75	(2) 单位普通贷款及透支	537.97	-46.11
(3) 保证金存款	37.64	-17.18	2. 中长期贷款	689.77	84.44
2. 个人存款			(1) 个人贷款		
储蓄存款			(2) 单位普通贷款	686.77	84.44
代理财政性存款	43.47	8.63	3. 票据融资	29.09	-13.85
各项准备					
资金来源总计	1278.04	17.46	资金运用总计	1278.04	17.46

山东省中国进出口银行人民币信贷收支表

单位：亿元

项目名称 \ 栏目	2013年	比年初增减数	项目名称 \ 栏目	2013年	比年初增减数
各项存款	8.65	-1.38	各项贷款	366.89	54.99
1. 单位存款	8.65	-1.38	1. 短期贷款	74.45	21.20
(1) 活期存款	2.03	-0.63	(1) 个人贷款及透支		
(2) 定期存款			(2) 单位普通贷款及透支	15.30	-1.29
(3) 保证金存款	6.62	-0.75	2. 中长期贷款	291.60	33.85
2. 个人存款			(1) 个人贷款		
储蓄存款			(2) 单位普通贷款	91.92	17.39
代理财政性存款			3. 票据融资		
各项准备	3.76	-0.10			
资金来源总计	368.97	53.35	资金运用总计	368.97	53.35

山东省中国工商银行人民币信贷收支表

单位：亿元

项目名称 \ 栏目	2013年	比年初增减数	项目名称 \ 栏目	2013年	比年初增减数
各项存款	7193.52	653.99	各项贷款	6351.89	510.48
1. 单位存款	3412.81	207.52	1. 短期贷款	2416.21	188.94
(1) 活期存款	1522.60	57.33	(1) 个人贷款及透支	28.40	-34.27
(2) 定期存款	1144.32	29.25	(2) 单位普通贷款及透支	1576.45	274.21
(3) 保证金存款	379.51	35.50	2. 中长期贷款	3756.76	364.59
2. 个人存款	3760.24	445.01	(1) 个人贷款	1627.77	330.34
储蓄存款	3510.50	199.03	(2) 单位普通贷款	2024.02	60.40
代理财政性存款	35.28	8.42	3. 票据融资	174.13	-43.41
各项准备	133.12	13.10			
资金来源总计	8043.70	1884.18	资金运用总计	8043.70	1884.18

山东省中国农业银行人民币信贷收支表

单位：亿元

栏目 项目名称	2013年	比年初 增减数	栏目 项目名称	2013年	比年初 增减数
各项存款	7994.45	665.17	各项贷款	5297.37	493.62
1.单位存款	3246.62	187.31	1.短期贷款	2747.08	85.08
(1) 活期存款	1348.23	-0.53	(1) 个人贷款及透支	378.36	14.98
(2) 定期存款	915.01	-145.57	(2) 单位普通贷款及透支	2130.83	23.93
(3)保证金存款	320.15	196.04	2.中长期贷款	2456.65	395.02
2.个人存款	4566.49	418.44	(1) 个人贷款	1084.33	267.27
储蓄存款	4480.87	359.52	(2) 单位普通贷款	1255.09	108.21
代理财政性存款	24.71	8.75	3.票据融资	89.06	10.81
各项准备	141.63	25.19			
资金来源总计	7009.15	1382.56	资金运用总计	7009.15	1382.56

山东省中国银行人民币信贷收支表

单位：亿元

栏目 项目名称	2013年	比年初 增减数	栏目 项目名称	2013年	比年初 增减数
各项存款	4815.67	411.10	各项贷款	3621.48	280.01
1.单位存款	2599.80	208.61	1.短期贷款	1705.05	269.81
(1) 活期存款	947.58	22.96	(1) 个人贷款及透支	278.45	77.92
(2) 定期存款	827.88	62.13	(2) 单位普通贷款及透支	1029.42	103.91
(3)保证金存款	561.79	128.60	2.中长期贷款	1850.14	63.74
2.个人存款	2016.04	184.26	(1) 个人贷款	930.62	72.40
储蓄存款	2015.36	184.03	(2) 单位普通贷款	802.96	-24.04
代理财政性存款	12.31	9.35	3.票据融资	62.68	-53.52
各项准备	76.98	10.94			
资金来源总计	5062.43	1404.56	资金运用总计	5062.43	1404.56

山东省中国建设银行人民币信贷收支表

单位：亿元

栏目 项目名称	2013年	比年初 增减数	栏目 项目名称	2013年	比年初 增减数
各项存款	6424.36	813.25	各项贷款	4351.13	468.16
1.单位存款	3275.61	432.86	1.短期贷款	1484.30	171.86
(1) 活期存款	1383.80	160.39	(1) 个人贷款及透支	12.74	-2.02
(2) 定期存款	875.05	55.45	(2) 单位普通贷款及透支	1213.66	192.57
(3)保证金存款	429.89	132.39	2.中长期贷款	2784.55	357.12
2.个人存款	3118.51	379.81	(1) 个人贷款	1329.21	236.60
储蓄存款	3041.00	369.89	(2) 单位普通贷款	1454.85	120.70
代理财政性存款	7.63	-3.64	3.票据融资	80.15	-61.67
各项准备	0.70	-0.09			
资金来源总计	4670.27	562.14	资金运用总计	4670.27	562.14

山东省交通银行人民币信贷收支表

单位：亿元

栏目 项目名称	2013 年	比年初 增减数	栏目 项目名称	2013 年	比年初 增减数
各项存款	2262.40	303.77	各项贷款	1407.45	150.84
1. 单位存款	1586.69	230.26	1. 短期贷款	849.95	125.22
(1) 活期存款	452.43	16.98	(1) 个人贷款及透支	15.63	1.95
(2) 定期存款	442.61	28.82	(2) 单位普通贷款及透支	733.63	92.43
(3) 保证金存款	373.85	96.04	2. 中长期贷款	522.82	15.24
2. 个人存款	612.84	86.81	(1) 个人贷款	156.06	50.59
储蓄存款	507.03	31.47	(2) 单位普通贷款	320.29	-35.60
代理财政性存款	0.38	0.22	3. 票据融资	33.87	10.07
各项准备	18.74	4.44			
资金来源总计	1581.75	123.91	资金运用总计	1581.75	123.91

山东省中国邮政储蓄银行人民币信贷收支表

单位：亿元

栏目 项目名称	2013 年	比年初 增减数	栏目 项目名称	2013 年	比年初 增减数
各项存款	3357.93	250.59	各项贷款	679.08	154.03
1. 单位存款	429.99	33.39	1. 短期贷款	265.59	21.67
(1) 活期存款	314.60	16.64	(1) 个人贷款及透支	142.52	-13.89
(2) 定期存款	111.30	17.69	(2) 单位普通贷款及透支	123.07	35.56
(3) 保证金存款	2.90	0.81	2. 中长期贷款	382.70	166.47
2. 个人存款	2925.77	215.20	(1) 个人贷款	347.09	156.75
储蓄存款	2925.77	215.20	(2) 单位普通贷款	34.00	8.12
代理财政性存款	0.00	0.00	3. 票据融资	30.79	-34.11
各项准备	17.79	5.35			
资金来源总计	865.55	55.74	资金运用总计	865.55	55.74

山东省恒丰银行人民币信贷收支表

单位：亿元

栏目 项目名称	2013 年	比年初 增减数	栏目 项目名称	2013 年	比年初 增减数
各项存款	1227.98	129.63	各项贷款	692.00	63.55
1. 单位存款	603.25	-14.50	1. 短期贷款	376.54	41.96
(1) 活期存款	222.17	42.80	(1) 个人贷款及透支	15.59	8.03
(2) 定期存款	164.23	-36.73	(2) 单位普通贷款及透支	353.66	33.86
(3) 保证金存款	190.10	36.82	2. 中长期贷款	191.17	16.06
2. 个人存款	467.87	94.92	(1) 个人贷款	25.84	9.82
储蓄存款	467.87	94.92	(2) 单位普通贷款	146.07	0.87
代理财政性存款	0.01	-0.08	3. 票据融资	123.83	5.55
各项准备	10.05	1.65			
资金来源总计	1251.76	252.55	资金运用总计	1251.76	252.55

山东省中国光大银行人民币信贷收支表

单位：亿元

项目名称	2013年	比年初增减数	项目名称	2013年	比年初增减数
各项存款	651.48	87.62	各项贷款	524.01	47.32
1.单位存款	476.23	42.16	1.短期贷款	347.16	60.51
(1) 活期存款	86.82	-16.30	(1) 个人贷款及透支	18.59	10.74
(2) 定期存款	53.82	15.57	(2) 单位普通贷款及透支	251.65	38.87
(3) 保证金存款	283.68	53.67	2.中长期贷款	169.87	-11.71
2.个人存款	173.79	45.21	(1) 个人贷款	105.49	-5.13
储蓄存款	98.46	6.01	(2) 单位普通贷款	61.26	-8.58
代理财政性存款	0.65	-0.15	3.票据融资	6.35	-1.64
各项准备	12.05	-0.10			
资金来源总计	897.61	47.69	资金运用总计	897.61	47.69

山东省中信银行人民币信贷收支表

单位：亿元

项目名称	2013年	比年初增减数	项目名称	2013年	比年初增减数
各项存款	1371.80	204.25	各项贷款	939.60	115.08
1.单位存款	982.44	113.44	1.短期贷款	649.39	64.44
(1) 活期存款	303.71	60.86	(1) 个人贷款及透支	16.39	5.21
(2) 定期存款	208.77	44.17	(2) 单位普通贷款及透支	606.36	72.43
(3) 保证金存款	364.48	16.46	2.中长期贷款	263.93	43.78
2.个人存款	333.79	90.83	(1) 个人贷款	119.59	39.96
储蓄存款	241.23	35.32	(2) 单位普通贷款	117.70	-0.28
代理财政性存款	0.56	-0.47	3.票据融资	23.60	5.56
各项准备	13.62	0.93			
资金来源总计	1111.35	255.47	资金运用总计	1111.35	255.47

山东省华夏银行人民币信贷收支表

单位：亿元

项目名称	2013年	比年初增减数	项目名称	2013年	比年初增减数
各项存款	884.93	148.19	各项贷款	638.62	31.21
1.单位存款	669.59	105.89	1.短期贷款	438.85	12.04
(1) 活期存款	207.17	27.15	(1) 个人贷款及透支	15.67	1.23
(2) 定期存款	127.67	56.78	(2) 单位普通贷款及透支	418.57	21.12
(3) 保证金存款	241.52	11.67	2.中长期贷款	186.68	12.08
2.个人存款	213.70	42.57	(1) 个人贷款	53.12	11.02
储蓄存款	210.39	39.33	(2) 单位普通贷款	128.35	2.00
代理财政性存款	0.03	-0.34	3.票据融资	11.88	7.05
各项准备	14.47	1.10			
资金来源总计	912.32	242.29	资金运用总计	912.32	242.29

山东省平安银行人民币信贷收支表

单位：亿元

项目名称	2013年	比年初增减数	项目名称	2013年	比年初增减数
各项存款	482.52	49.06	各项贷款	302.80	-0.97
1.单位存款	400.65	43.40	1.短期贷款	231.56	-20.45
(1) 活期存款	41.92	-30.06	(1) 个人贷款及透支	40.44	27.39
(2) 定期存款	145.96	37.00	(2) 单位普通贷款及透支	186.64	-47.88
(3) 保证金存款	188.93	39.24	2.中长期贷款	63.15	18.36
2.个人存款	60.49	9.17	(1) 个人贷款	38.96	1.85
储蓄存款	55.93	5.45	(2) 单位普通贷款	24.19	16.75
代理财政性存款	0.21	0.21	3.票据融资	5.35	0.64
各项准备	5.11	0.37			
资金来源总计	442.55	-98.95	资金运用总计	442.55	-98.95

山东省招商银行人民币信贷收支表

单位：亿元

项目名称	2013年	比年初增减数	项目名称	2013年	比年初增减数
各项存款	1203.85	149.21	各项贷款	1082.12	125.25
1.单位存款	822.94	117.70	1.短期贷款	701.59	155.43
(1) 活期存款	281.54	29.76	(1) 个人贷款及透支	119.30	60.21
(2) 定期存款	137.03	34.25	(2) 单位普通贷款及透支	548.31	84.84
(3) 保证金存款	314.37	75.41	2.中长期贷款	335.49	-26.18
2.个人存款	376.09	30.96	(1) 个人贷款	182.02	-35.40
储蓄存款	376.09	30.97	(2) 单位普通贷款	134.72	-0.74
代理财政性存款	2.40	1.75	3.票据融资	44.79	-3.41
各项准备	23.89	4.21			
资金来源总计	1143.49	152.00	资金运用总计	1143.49	152.00

山东省上海浦东发展银行人民币信贷收支表

单位：亿元

项目名称	2013年	比年初增减数	项目名称	2013年	比年初增减数
各项存款	1089.58	196.64	各项贷款	775.38	88.37
1.单位存款	848.10	140.42	1.短期贷款	502.59	36.95
(1) 活期存款	221.89	40.89	(1) 个人贷款及透支	18.76	3.25
(2) 定期存款	219.30	10.16	(2) 单位普通贷款及透支	424.96	3.85
(3) 保证金存款	314.39	73.85	2.中长期贷款	240.82	57.69
2.个人存款	143.12	11.98	(1) 个人贷款	87.39	27.04
储蓄存款	128.12	11.57	(2) 单位普通贷款	134.95	27.35
代理财政性存款	5.09	4.89	3.票据融资	30.07	-6.36
各项准备	16.64	4.64			
资金来源总计	1148.02	251.13	资金运用总计	1148.02	251.13

山东省兴业银行人民币信贷收支表

单位：亿元

栏目 项目名称	2013年	比年初增减数	栏目 项目名称	2013年	比年初增减数
各项存款	1307.92	290.10	各项贷款	621.29	66.30
1.单位存款	1030.82	218.02	1.短期贷款	399.33	97.64
(1) 活期存款	394.79	108.47	(1) 个人贷款及透支	32.16	-1.71
(2) 定期存款	243.62	31.33	(2) 单位普通贷款及透支	364.62	102.00
(3) 保证金存款	238.81	48.31	2.中长期贷款	215.81	-32.50
2.个人存款	215.38	72.79	(1) 个人贷款	54.81	12.51
储蓄存款	215.13	72.80	(2) 单位普通贷款	160.06	-44.81
代理财政性存款	1.10	1.10	3.票据融资	0.24	-1.93
各项准备	13.19	4.99			
资金来源总计	1321.32	135.19	资金运用总计	1321.32	135.19

山东省中国民生银行人民币信贷收支表

单位：亿元

栏目 项目名称	2013年	比年初增减数	栏目 项目名称	2013年	比年初增减数
各项存款	1025.96	135.86	各项贷款	646.36	12.39
1.单位存款	766.60	85.54	1.短期贷款	488.38	18.15
(1) 活期存款	190.25	-10.17	(1) 个人贷款及透支	260.54	32.33
(2) 定期存款	131.78	15.65	(2) 单位普通贷款及透支	227.84	-14.19
(3) 保证金存款	360.93	50.03	2.中长期贷款	150.07	-8.35
2.个人存款	237.91	50.26	(1) 个人贷款	18.05	-3.68
储蓄存款	184.27	36.52	(2) 单位普通贷款	110.81	0.47
代理财政性存款	0.18	0.17	3.票据融资	5.94	3.10
各项准备	15.89	0.49			
资金来源总计	886.95	20.42	资金运用总计	886.95	20.42

山东省渤海银行人民币信贷收支表

单位：亿元

栏目 项目名称	2013年	比年初增减数	栏目 项目名称	2013年	比年初增减数
各项存款	140.13	30.41	各项贷款	93.57	10.30
1.单位存款	113.97	15.48	1.短期贷款	65.10	5.91
(1) 活期存款	24.29	2.89	(1) 个人贷款及透支	4.71	2.14
(2) 定期存款	21.88	4.80	(2) 单位普通贷款及透支	60.39	3.77
(3) 保证金存款	55.01	10.86	2.中长期贷款	20.69	2.84
2.个人存款	15.10	3.93	(1) 个人贷款	2.28	0.44
储蓄存款	10.96	3.51	(2) 单位普通贷款	18.41	6.69
代理财政性存款	0.00	0.00	3.票据融资	7.77	1.55
各项准备					
资金来源总计	203.55	-72.39	资金运用总计	203.55	-72.39

山东省浙商银行人民币信贷收支表

单位：亿元

栏目 / 项目名称	2013年	比年初增减数	栏目 / 项目名称	2013年	比年初增减数
各项存款	130.14	23.83	各项贷款	74.57	12.26
1. 单位存款	124.98	23.10	1. 短期贷款	69.35	12.80
(1) 活期存款	31.64	9.04	(1) 个人贷款及透支	4.11	0.46
(2) 定期存款	17.07	2.50	(2) 单位普通贷款及透支	62.68	11.22
(3) 保证金存款	51.30	9.40	2. 中长期贷款	5.22	-0.53
2. 个人存款	2.22	0.80	(1) 个人贷款	0.74	0.01
储蓄存款	2.22	0.80	(2) 单位普通贷款	4.48	-0.55
代理财政性存款			3. 票据融资		
各项准备					
资金来源总计	145.89	8.38	资金运用总计	145.89	8.38

山东省广发银行人民币信贷收支表

单位：亿元

栏目 / 项目名称	2013年	比年初增减数	栏目 / 项目名称	2013年	比年初增减数
各项存款	149.44	69.38	各项贷款	74.59	20.52
1. 单位存款	112.95	37.54	1. 短期贷款	70.86	18.94
(1) 活期存款	8.30	-4.96	(1) 个人贷款及透支	0.25	0.19
(2) 定期存款	7.06	-0.31	(2) 单位普通贷款及透支	69.91	21.04
(3) 保证金存款	89.35	42.42	2. 中长期贷款	3.73	3.57
2. 个人存款	8.33	3.75	(1) 个人贷款	2.26	2.10
储蓄存款	6.81	2.54	(2) 单位普通贷款	1.47	1.47
代理财政性存款			3. 票据融资		-1.99
各项准备	0.09	0.09			
资金来源总计	91.38	36.48	资金运用总计	91.38	36.48

山东省国家开发银行外汇信贷收支表

单位：亿美元

栏目 / 项目名称	2013年	比年初增减数	栏目 / 项目名称	2013年	比年初增减数
各项存款	4.30	-1.08	各项贷款	222.53	34.12
1. 单位存款	4.30	-1.08	(一) 境内贷款	18.84	1.71
(1) 活期存款	4.30	-1.08	1. 短期贷款	2.45	0.12
(2) 定期存款			(1) 个人贷款及透支		
(3) 保证金存款			(2) 单位普通贷款及透支	2.20	-0.04
2. 个人存款			2. 中长期贷款	16.39	1.60
储蓄存款			(1) 个人贷款		
			(2) 单位普通贷款	6.36	-0.40
各项准备	7.78	1.80	(二) 境外贷款	203.69	32.41
资金来源总计	223.34	33.94	资金运用总计	223.34	33.94

山东省中国农业发展银行外汇信贷收支表

单位：亿美元

项目名称	2013 年	比年初增减数	项目名称	2013 年	比年初增减数
各项存款	0.13	-0.06	各项贷款	2.04	1.20
1. 单位存款	0.12	-0.06	（一）境内贷款	2.04	1.20
(1) 活期存款	0.10	-0.08	1. 短期贷款	2.04	1.20
(2) 定期存款			（1）个人贷款及透支		
（3）保证金存款			（2）单位普通贷款及透支	0.97	0.14
2. 个人存款			2. 中长期贷款		
储蓄存款			（1）个人贷款		
			（2）单位普通贷款		
各项准备			（二）境外贷款		
资金来源总计	2.04	1.20	资金运用总计	2.04	1.20

山东省中国进出口银行外汇信贷收支表

单位：亿美元

项目名称	2013 年	比年初增减数	项目名称	2013 年	比年初增减数
各项存款	0.25	-0.15	各项贷款	19.72	5.23
1. 单位存款	0.04	-0.36	（一）境内贷款	19.72	5.23
(1) 活期存款	0.03	-0.37	1. 短期贷款	5.06	-0.05
(2) 定期存款			（1）个人贷款及透支		
（3）保证金存款	0.01	0.01	（2）单位普通贷款及透支	0.51	-0.73
2. 个人存款			2. 中长期贷款	14.66	5.28
储蓄存款			（1）个人贷款		
			（2）单位普通贷款	6.39	1.72
各项准备	0.14	0.04	（二）境外贷款		
资金来源总计	19.78	5.24	资金运用总计	19.78	5.24

山东省中国工商银行外汇信贷收支表

单位：亿美元

项目名称	2013 年	比年初增减数	项目名称	2013 年	比年初增减数
各项存款	27.18	3.60	各项贷款	44.24	9.03
1. 单位存款	20.97	3.00	（一）境内贷款	44.24	9.03
(1) 活期存款	8.19	1.07	1. 短期贷款	39.90	9.15
(2) 定期存款	10.60	3.18	（1）个人贷款及透支		
（3）保证金存款	2.19	-1.25	（2）单位普通贷款及透支	7.40	3.69
2. 个人存款	6.20	0.65	2. 中长期贷款	4.35	-0.04
储蓄存款	6.19	0.65	（1）个人贷款		
			（2）单位普通贷款		
各项准备	0.72	0.07	（二）境外贷款		
资金来源总计	256.04	219.03	资金运用总计	256.04	219.03

山东省中国农业银行外汇信贷收支表

单位：亿美元

栏目 项目名称	2013年	比年初增减数	栏目 项目名称	2013年	比年初增减数
各项存款	19.51	2.75	各项贷款	24.16	-3.03
1.单位存款	18.76	2.80	（一）境内贷款	24.16	-3.03
(1) 活期存款	7.40	-0.92	1.短期贷款	21.08	-2.99
(2) 定期存款	6.69	0.46	（1）个人贷款及透支	0.02	0.01
（3）保证金存款	4.65	3.66	（2）单位普通贷款及透支	0.83	0.00
2.个人存款	0.74	0.00	2.中长期贷款	1.59	-0.14
储蓄存款	0.74	0.00	（1）个人贷款		
			（2）单位普通贷款	0.02	0.00
各项准备	0.06	0.00	（二）境外贷款		
资金来源总计	232.31	127.12	资金运用总计	232.31	127.12

山东省中国银行外汇信贷收支表

单位：亿美元

栏目 项目名称	2013年	比年初增减数	栏目 项目名称	2013年	比年初增减数
各项存款	54.15	12.43	各项贷款	65.27	7.21
1.单位存款	36.97	9.63	（一）境内贷款	61.49	7.31
(1) 活期存款	18.34	-1.68	1.短期贷款	52.38	8.27
(2) 定期存款	13.72	9.38	（1）个人贷款及透支	0.09	0.04
（3）保证金存款	3.15	1.41	（2）单位普通贷款及透支	8.72	2.98
2.个人存款	15.60	2.75	2.中长期贷款	9.03	-0.97
储蓄存款	15.57	2.74	（1）个人贷款	0.01	0.01
			（2）单位普通贷款	3.00	-2.55
各项准备	1.23	-0.08	（二）境外贷款	3.77	-0.10
资金来源总计	71.75	-4.99	资金运用总计	71.75	-4.99

山东省中国建设银行外汇信贷收支表

单位：亿美元

栏目 项目名称	2013年	比年初增减数	栏目 项目名称	2013年	比年初增减数
各项存款	29.00	9.46	各项贷款	34.35	-6.77
1.单位存款	27.28	8.95	（一）境内贷款	34.35	-6.77
(1) 活期存款	7.06	1.67	1.短期贷款	26.93	-10.44
(2) 定期存款	3.33	0.17	（1）个人贷款及透支		
（3）保证金存款	16.89	7.10	（2）单位普通贷款及透支	6.05	-0.36
2.个人存款	1.13	0.13	2.中长期贷款	7.31	3.57
储蓄存款	1.10	0.11	（1）个人贷款		
			（2）单位普通贷款	3.14	1.68
各项准备	0.00		（二）境外贷款		
资金来源总计	35.08	-7.12	资金运用总计	35.08	-7.12

山东省交通银行外汇信贷收支表

单位：亿美元

项目名称	2013年	比年初增减数	项目名称	2013年	比年初增减数
各项存款	7.11	0.05	各项贷款	9.33	-0.91
1.单位存款	5.83	-0.01	（一）境内贷款	9.33	-0.91
(1) 活期存款	2.43	0.45	1.短期贷款	9.19	-0.94
(2) 定期存款	1.28	-0.15	（1）个人贷款及透支	0.00	
（3）保证金存款	2.11	-0.19	（2）单位普通贷款及透支	3.05	0.96
2.个人存款	1.13	0.02	2.中长期贷款	0.09	-0.02
储蓄存款	0.74	0.07	（1）个人贷款		
			（2）单位普通贷款	0.08	-0.02
各项准备	0.15	0.11	（二）境外贷款		
资金来源总计	19.13	0.39	资金运用总计	19.13	0.39

山东省中国邮政储蓄银行外汇信贷收支表

单位：亿美元

项目名称	2013年	比年初增减数	项目名称	2013年	比年初增减数
各项存款	0.10	0.06	各项贷款	0.10	0.10
1.单位存款	0.05	0.05	（一）境内贷款	0.10	0.10
(1) 活期存款	0.05	0.05	1.短期贷款	0.10	0.10
(2) 定期存款			（1）个人贷款及透支		
（3）保证金存款			（2）单位普通贷款及透支	0.10	0.10
2.个人存款	0.05	0.01	2.中长期贷款		
储蓄存款	0.05	0.01	（1）个人贷款		
			（2）单位普通贷款		
各项准备	0.00	0.00	（二）境外贷款		
资金来源总计	0.10	0.10	资金运用总计	0.10	0.10

山东省恒丰银行外汇信贷收支表

单位：亿美元

项目名称	2013年	比年初增减数	项目名称	2013年	比年初增减数
各项存款	1.88	1.02	各项贷款	1.76	-0.34
1.单位存款	0.88	0.14	（一）境内贷款	1.76	-0.34
(1) 活期存款	0.52	-0.05	1.短期贷款	1.66	-0.36
(2) 定期存款	0.05	0.04	（1）个人贷款及透支		
（3）保证金存款	0.31	0.15	（2）单位普通贷款及透支	0.51	-0.35
2.个人存款	0.15	0.04	2.中长期贷款	0.08	
储蓄存款	0.15	0.04	（1）个人贷款		
			（2）单位普通贷款	0.08	
各项准备	0.03	0.01	（二）境外贷款		
资金来源总计	2.54	0.36	资金运用总计	2.54	0.36

山东省中国光大银行外汇信贷收支表

单位：亿美元

项目名称 \ 栏目	2013年	比年初增减数	项目名称 \ 栏目	2013年	比年初增减数
各项存款	4.58	1.22	各项贷款	7.54	1.63
1.单位存款	3.94	1.27	（一）境内贷款	7.54	1.63
(1) 活期存款	0.65	-0.36	1.短期贷款	6.97	1.90
(2) 定期存款	2.94	1.32	（1）个人贷款及透支		
（3）保证金存款	0.20	0.16	（2）单位普通贷款及透支	0.76	-0.47
2.个人存款	0.64	-0.05	2.中长期贷款	0.57	-0.27
储蓄存款	0.25	-0.01	（1）个人贷款		
			（2）单位普通贷款	0.54	-0.11
各项准备	0.19	0.07	（二）境外贷款		
资金来源总计	7.71	1.69	资金运用总计	7.71	1.69

山东省中信银行外汇信贷收支表

单位：亿美元

项目名称 \ 栏目	2013年	比年初增减数	项目名称 \ 栏目	2013年	比年初增减数
各项存款	9.69	5.77	各项贷款	14.64	5.50
1.单位存款	8.59	5.31	（一）境内贷款	14.64	5.50
(1) 活期存款	4.04	2.18	1.短期贷款	14.64	5.50
(2) 定期存款	1.40	0.44	（1）个人贷款及透支		
（3）保证金存款	3.15	2.73	（2）单位普通贷款及透支	2.61	1.48
2.个人存款	0.40	0.07	2.中长期贷款		
储蓄存款	0.30	0.03	（1）个人贷款		
			（2）单位普通贷款		
各项准备	0.17	0.07	（二）境外贷款		
资金来源总计	15.35	5.81	资金运用总计	15.35	5.81

山东省华夏银行外汇信贷收支表

单位：亿美元

项目名称 \ 栏目	2013年	比年初增减数	项目名称 \ 栏目	2013年	比年初增减数
各项存款	4.77	-1.70	各项贷款	8.55	1.10
1.单位存款	4.50	-1.74	（一）境内贷款	8.55	1.10
(1) 活期存款	0.86	-1.45	1.短期贷款	8.00	0.67
(2) 定期存款	2.58	1.85	（1）个人贷款及透支		
（3）保证金存款	0.45	-2.75	（2）单位普通贷款及透支	1.11	0.07
2.个人存款	0.07	0.00	2.中长期贷款	0.55	0.43
储蓄存款	0.07	0.00	（1）个人贷款		
			（2）单位普通贷款	0.40	0.39
各项准备	0.10	0.03	（二）境外贷款		
资金来源总计	21.16	13.65	资金运用总计	21.16	13.65

山东省平安银行外汇信贷收支表

单位：亿美元

栏目 项目名称	2013年	比年初增减数	栏目 项目名称	2013年	比年初增减数
各项存款	1.30	-0.14	各项贷款	2.04	1.08
1.单位存款	1.10	-0.20	（一）境内贷款	2.04	1.08
(1) 活期存款	0.10	-1.07	1.短期贷款	2.04	1.09
(2) 定期存款	0.83	0.83	（1）个人贷款及透支		
（3）保证金存款	0.17	0.05	（2）单位普通贷款及透支	0.76	0.75
2.个人存款	0.08	0.02	2.中长期贷款		
储蓄存款	0.08	0.02	（1）个人贷款		
			（2）单位普通贷款		
各项准备	0.05	0.01	（二）境外贷款		
资金来源总计	2.12	-0.98	资金运用总计	2.12	-0.98

山东省招商银行外汇信贷收支表

单位：亿美元

栏目 项目名称	2013年	比年初增减数	栏目 项目名称	2013年	比年初增减数
各项存款	5.30	-1.22	各项贷款	7.63	-1.68
1.单位存款	3.47	-1.55	（一）境内贷款	7.63	-1.68
(1) 活期存款	2.48	-0.48	1.短期贷款	5.54	-2.58
(2) 定期存款	0.57	-1.33	（1）个人贷款及透支		
（3）保证金存款	0.42	0.26	（2）单位普通贷款及透支	0.74	-1.01
2.个人存款	1.50	0.20	2.中长期贷款	2.17	0.89
储蓄存款	1.50	0.20	（1）个人贷款		
			（2）单位普通贷款	2.12	0.89
各项准备	0.16	-0.03	（二）境外贷款		
资金来源总计	8.11	-1.57	资金运用总计	8.11	-1.57

山东省上海浦东发展银行外汇信贷收支表

单位：亿美元

栏目 项目名称	2013年	比年初增减数	栏目 项目名称	2013年	比年初增减数
各项存款	2.78	-0.81	各项贷款	6.72	0.91
1.单位存款	2.63	-0.82	（一）境内贷款	6.72	0.91
(1) 活期存款	0.70	-0.69	1.短期贷款	6.59	0.81
(2) 定期存款	0.88	-0.13	（1）个人贷款及透支		
（3）保证金存款	1.05	-0.01	（2）单位普通贷款及透支	2.00	-0.83
2.个人存款	0.13	0.02	2.中长期贷款	0.13	0.13
储蓄存款	0.13	0.02	（1）个人贷款		
			（2）单位普通贷款	0.13	0.13
各项准备			（二）境外贷款		
资金来源总计	11.62	5.67	资金运用总计	11.62	5.67

山东省兴业银行外汇信贷收支表

单位：亿美元

项目名称 \ 栏目	2013年	比年初增减数	项目名称 \ 栏目	2013年	比年初增减数
各项存款	7.72	-4.04	各项贷款	5.27	-6.95
1.单位存款	7.67	-4.05	（一）境内贷款	5.27	-6.95
(1) 活期存款	1.86	1.15	1.短期贷款	5.27	-6.85
(2) 定期存款	5.50	-4.94	（1）个人贷款及透支		
（3）保证金存款	0.31	-0.26	（2）单位普通贷款及透支	0.69	-2.53
2.个人存款	0.05	0.01	2.中长期贷款		-0.10
储蓄存款	0.05	0.01	（1）个人贷款		
			（2）单位普通贷款		
各项准备	0.10	-0.03	（二）境外贷款		
资金来源总计	5.37	-6.97	资金运用总计	5.37	-6.97

山东省中国民生银行外汇信贷收支表

单位：亿美元

项目名称 \ 栏目	2013年	比年初增减数	项目名称 \ 栏目	2013年	比年初增减数
各项存款	0.43	-0.57	各项贷款		
1.单位存款	0.34	-0.55	（一）境内贷款		
(1) 活期存款	0.17	-0.20	1.短期贷款		
(2) 定期存款	0.11	-0.37	（1）个人贷款及透支		
（3）保证金存款	0.06	0.02	（2）单位普通贷款及透支		
2.个人存款	0.08	0.01	2.中长期贷款		
储蓄存款	0.08	0.01	（1）个人贷款		
			（2）单位普通贷款		
各项准备			（二）境外贷款		
资金来源总计	0.36	0.09	资金运用总计	0.36	0.09

山东省渤海银行外汇信贷收支表

单位：亿美元

项目名称 \ 栏目	2013年	比年初增减数	项目名称 \ 栏目	2013年	比年初增减数
各项存款	0.16	-0.27	各项贷款	0.35	0.17
1.单位存款	0.16	-0.27	（一）境内贷款	0.35	0.17
(1) 活期存款	0.05	0.03	1.短期贷款	0.25	0.06
(2) 定期存款	0.11	-0.30	（1）个人贷款及透支		
（3）保证金存款			（2）单位普通贷款及透支	0.25	0.06
2.个人存款	0.00	0.00	2.中长期贷款	0.10	0.10
储蓄存款	0.00	0.00	（1）个人贷款		
			（2）单位普通贷款	0.10	0.10
各项准备			（二）境外贷款		
资金来源总计	0.37	0.17	资金运用总计	0.37	0.17

山东省浙商银行外汇信贷收支表

单位：亿美元

栏目 项目名称	2013年	比年初增减数	栏目 项目名称	2013年	比年初增减数
各项存款	0.10	-0.12	各项贷款	0.38	0.31
1.单位存款	0.10	-0.12	（一）境内贷款	0.38	0.31
(1) 活期存款	0.03	-0.19	1.短期贷款	0.38	0.31
(2) 定期存款	0.07	0.07	(1) 个人贷款及透支		
(3) 保证金存款			(2)单位普通贷款及透支	0.32	0.32
2.个人存款			2.中长期贷款		
储蓄存款			(1) 个人贷款		
			(2) 单位普通贷款		
各项准备			（二）境外贷款		
资金来源总计	0.39	0.32	资金运用总计	0.39	0.32

山东省广发银行外汇信贷收支表

单位：亿美元

栏目 项目名称	2013年	比年初增减数	栏目 项目名称	2013年	比年初增减数
各项存款	0.17	0.14	各项贷款	0.55	0.21
1.单位存款	0.17	0.13	（一）境内贷款	0.55	0.21
(1) 活期存款	0.07	0.07	1.短期贷款	0.55	0.21
(2) 定期存款		-0.04	(1) 个人贷款及透支		
(3) 保证金存款	0.10	0.10	(2)单位普通贷款及透支	0.55	0.21
2.个人存款	0.00	0.00	2.中长期贷款		
储蓄存款	0.00	0.00	(1) 个人贷款		
			(2) 单位普通贷款		
各项准备			（二）境外贷款		
资金来源总计	0.56	0.22	资金运用总计	0.56	0.22

三、分机构经营成果情况

山东省全金融机构（含外资）本外币损益表

单位：亿元

行列名称	本年	比上年同期增减	比上年同期增减%	行列名称	本年	比上年同期增减	比上年同期增减%
一、营业收入	2641.51	266.56	11.22	1.业务及管理费	847.27	86.88	11.43
1.利息净收入	2225.08	179.80	8.79	2.营业税金及附加	185.21	15.41	9.08
利息收入	6180.11	567.87	10.12	3.资产减值损失	304.16	-2.12	-0.69
利息支出	3955.03	388.07	10.88	三、营业利润	1286.03	159.08	14.12
2.手续费及佣金净收入	324.57	57.94	21.73	四、利润总额	1291.08	162.28	14.38
二、营业支出	1355.48	107.48	8.61	五、净利润	1098.81	137.77	14.34

山东省政策性银行本外币损益表

单位：亿元

行列名称	本年	比上年同期增减	比上年同期增减%	行列名称	本年	比上年同期增减	比上年同期增减%
一、营业收入	138.24	2.83	2.09	1.业务及管理费	10.30	0.78	8.16
1.利息净收入	131.52	1.77	1.36	2.营业税金及附加	17.29	1.10	6.81
利息收入	328.71	19.17	6.19	3.资产减值损失	22.73	-15.33	-40.28
利息支出	197.18	17.41	9.68	三、营业利润	87.39	16.24	22.82
2.手续费及佣金净收入	6.74	1.29	23.70	四、利润总额	87.29	16.21	22.80
二、营业支出	50.85	-13.41	-20.87	五、净利润	87.29	16.21	22.80

山东省国家开发银行本外币损益表

单位：亿元

行列名称	本年	比上年同期增减	比上年同期增减%	行列名称	本年	比上年同期增减	比上年同期增减%
一、营业收入	92.82	5.24	5.98	1.业务及管理费	2.53	0.10	4.10
1.利息净收入	88.09	4.46	5.34	2.营业税金及附加	11.71	0.75	6.89
利息收入	216.41	9.69	4.69	3.资产减值损失	21.54	-15.42	-41.71
利息支出	128.32	5.23	4.25	三、营业利润	57.05	19.80	53.18
2.手续费及佣金净收入	5.09	1.17	29.90	四、利润总额	57.05	19.77	53.03
二、营业支出	35.78	-14.56	-28.93	五、净利润	57.05	19.77	53.03

山东省中国农业发展银行本外币损益表

单位：亿元

行列名称	本年	比上年同期增减	比上年同期增减%	行列名称	本年	比上年同期增减	比上年同期增减%
一、营业收入	37.22	-2.74	-6.86	1.业务及管理费	7.44	0.61	9.01
1.利息净收入	36.81	-2.69	-6.81	2.营业税金及附加	4.28	0.19	4.56
利息收入	90.27	7.09	8.52	3.资产减值损失			
利息支出	53.46	9.78	22.38	三、营业利润	24.98	-3.58	-12.53
2.手续费及佣金净收入	0.24	-0.05	-16.13	四、利润总额	24.88	-3.58	-12.57
二、营业支出	12.24	0.84	7.36	五、净利润	24.88	-3.58	-12.57

山东省中国进出口银行本外币损益表

单位：亿元

行列名称	本年	比上年同期增减	比上年同期增减%	行列名称	本年	比上年同期增减	比上年同期增减%
一、营业收入	8.20	0.33	4.13	1.业务及管理费	0.34	0.06	22.82
1.利息净收入	6.63	-0.01	-0.09	2.营业税金及附加	1.31	0.16	14.15
利息收入	22.03	2.39	12.20	3.资产减值损失	1.19	0.08	7.66
利息支出	15.40	2.40	18.47	三、营业利润	5.37	0.02	0.29
2.手续费及佣金净收入	1.41	0.17	13.34	四、利润总额	5.37	0.02	0.29
二、营业支出	2.84	0.31	12.26	五、净利润	5.37	0.02	0.29

山东省国有商业银行本外币损益表

单位：亿元

行列名称	本年	比上年同期增减	比上年同期增减%	行列名称	本年	比上年同期增减	比上年同期增减%
一、营业收入	1110.76	131.71	13.45	1.业务及管理费	317.32	28.08	9.71
1.利息净收入	861.96	94.59	12.33	2.营业税金及附加	82.16	5.25	6.82
利息收入	2981.31	239.75	8.74	3.资产减值损失	80.17	19.54	32.23
利息支出	2119.36	145.16	7.35	三、营业利润	617.41	73.18	13.45
2.手续费及佣金净收入	232.23	32.66	16.36	四、利润总额	617.54	72.54	13.31
二、营业支出	493.36	58.53	13.46	五、净利润	533.86	61.35	12.98

山东省中国工商银行本外币损益表

单位：亿元

行列名称	本年	比上年同期增减	比上年同期增减%	行列名称	本年	比上年同期增减	比上年同期增减%
一、营业收入	335.20	20.83	6.63	1.业务及管理费	79.58	4.74	6.34
1.利息净收入	256.54	13.08	5.37	2.营业税金及附加	26.83	0.83	3.17
利息收入	1687.58	108.70	6.88	3.资产减值损失	22.04	10.37	88.82
利息支出	1431.04	95.61	7.16	三、营业利润	205.77	5.69	2.85
2.手续费及佣金净收入	76.87	7.17	10.29	四、利润总额	205.40	5.18	2.59
二、营业支出	129.43	15.14	13.24	五、净利润	152.99	3.02	2.02

山东省中国农业银行本外币损益表

单位：亿元

行列名称	本年	比上年同期增减	比上年同期增减%	行列名称	本年	比上年同期增减	比上年同期增减%
一、营业收入	312.79	23.78	8.23	1.业务及管理费	99.11	6.97	7.56
1.利息净收入	262.60	20.43	8.43	2.营业税金及附加	21.27	1.86	9.56
利息收入	700.24	63.65	10.00	3.资产减值损失	35.27	0.82	2.39
利息支出	437.64	43.22	10.96	三、营业利润	156.09	13.44	9.42
2.手续费及佣金净收入	49.84	4.43	9.75	四、利润总额	155.94	12.88	9.01
二、营业支出	156.70	10.34	7.07	五、净利润	155.94	12.88	9.01

山东省中国银行本外币损益表

单位：亿元

行列名称	本年	比上年同期增减	比上年同期增减%	行列名称	本年	比上年同期增减	比上年同期增减%
一、营业收入	209.63	45.48	27.70	1.业务及管理费	61.19	4.38	7.71
1.利息净收入	150.61	25.94	20.80	2.营业税金及附加	15.78	1.18	8.07
利息收入	269.83	28.58	11.85	3.资产减值损失	8.31	7.46	880.79
利息支出	119.22	2.64	2.27	三、营业利润	120.05	29.97	33.27
2.手续费及佣金净收入	48.98	15.00	44.14	四、利润总额	120.02	30.06	33.41
二、营业支出	89.58	15.50	20.93	五、净利润	88.76	21.04	31.06

山东省中国建设银行本外币损益表

单位：亿元

行列名称	本年	比上年同期增减	比上年同期增减%	行列名称	本年	比上年同期增减	比上年同期增减%
一、营业收入	253.14	41.62	19.68	1.业务及管理费	77.44	11.99	18.32
1.利息净收入	192.21	35.15	22.38	2.营业税金及附加	18.29	1.39	8.21
利息收入	323.66	38.82	13.63	3.资产减值损失	14.54	0.88	6.48
利息支出	131.45	3.68	2.88	三、营业利润	135.49	24.08	21.61
2.手续费及佣金净收入	56.54	6.06	12.00	四、利润总额	136.17	24.41	21.84
二、营业支出	117.65	17.55	17.53	五、净利润	136.16	24.41	21.84

山东省股份制商业银行本外币损益表

单位：亿元

行列名称	本年	比上年同期增减	比上年同期增减%	行列名称	本年	比上年同期增减	比上年同期增减%
一、营业收入	437.07	44.82	11.43	1.业务及管理费	139.80	19.63	16.34
1.利息净收入	343.71	6.35	1.88	2.营业税金及附加	35.39	2.03	6.08
利息收入	1138.95	151.45	15.34	3.资产减值损失	29.80	7.52	33.76
利息支出	795.25	145.10	22.32	三、营业利润	228.80	14.16	6.60
2.手续费及佣金净收入	54.32	17.62	48.00	四、利润总额	229.94	14.28	6.62
二、营业支出	208.27	30.66	17.26	五、净利润	211.25	13.46	6.81

山东省交通银行本外币损益表

单位：亿元

行列名称	本年	比上年同期增减	比上年同期增减%	行列名称	本年	比上年同期增减	比上年同期增减%
一、营业收入	66.47	10.56	18.89	1.业务及管理费	22.63	3.58	18.78
1.利息净收入	48.75	2.39	5.15	2.营业税金及附加	5.79	0.81	16.36
利息收入	105.68	12.02	12.84	3.资产减值损失			
利息支出	56.92	9.64	20.38	三、营业利润	35.65	4.33	13.84
2.手续费及佣金净收入	14.68	5.91	67.42	四、利润总额	35.81	4.51	14.42
二、营业支出	30.81	6.22	25.31	五、净利润	35.81	4.51	14.42

山东省中国邮政储蓄银行本外币损益表

单位：亿元

行列名称	本年	比上年同期增减	比上年同期增减%	行列名称	本年	比上年同期增减	比上年同期增减%
一、营业收入	77.49	7.75	11.12	1.业务及管理费	57.36	8.26	16.83
1.利息净收入	74.65	7.83	11.71	2.营业税金及附加	2.80	0.31	12.59
利息收入	182.65	-56.82	-23.73	3.资产减值损失	7.59	3.91	106.21
利息支出	108.00	-64.65	-37.44	三、营业利润	9.70	-4.73	-32.77
2.手续费及佣金净收入	2.69	-0.11	-3.79	四、利润总额	9.96	-4.80	-32.55
二、营业支出	67.79	12.48	22.57	五、净利润	9.14	-3.13	-25.53

山东省恒丰银行本外币损益表

单位：亿元

行列名称	本年	比上年同期增减	比上年同期增减%	行列名称	本年	比上年同期增减	比上年同期增减%
一、营业收入	44.09	2.26	5.41	1.业务及管理费	13.94	1.44	11.48
1.利息净收入	17.67	-17.97	-50.42	2.营业税金及附加	3.06	0.24	8.57
利息收入	127.11	30.85	32.05	3.资产减值损失	1.22	1.71	-349.77
利息支出	109.44	48.82	80.54	三、营业利润	25.06	-1.15	-4.40
2.手续费及佣金净收入	2.08	0.65	45.43	四、利润总额	24.96	-1.34	-5.10
二、营业支出	19.03	3.42	21.89	五、净利润	24.96	-1.34	-5.10

山东省中国光大银行本外币损益表

单位：亿元

行列名称	本年	比上年同期增减	比上年同期增减%	行列名称	本年	比上年同期增减	比上年同期增减%
一、营业收入	25.25	-0.71	-2.74	1.业务及管理费	7.78	0.87	12.54
1.利息净收入	21.43	0.34	1.63	2.营业税金及附加	2.51	0.32	14.53
利息收入	62.20	12.64	25.50	3.资产减值损失	0.35	-1.05	-74.84
利息支出	40.77	12.29	43.17	三、营业利润	14.58	-0.87	-5.62
2.手续费及佣金净收入	3.53	1.26	55.42	四、利润总额	14.61	-0.81	-5.28
二、营业支出	10.68	0.16	1.49	五、净利润	12.90	-0.92	-6.67

山东省中信银行本外币损益表

单位：亿元

行列名称	本年	比上年同期增减	比上年同期增减%	行列名称	本年	比上年同期增减	比上年同期增减%
一、营业收入	48.10	1.89	4.09	1.业务及管理费	16.37	2.11	14.82
1.利息净收入	40.16	0.30	0.75	2.营业税金及附加	4.60	0.03	0.74
利息收入	200.12	16.72	9.12	3.资产减值损失	2.45	1.32	115.78
利息支出	159.96	16.42	11.44	三、营业利润	24.67	-1.57	-5.99
2.手续费及佣金净收入	6.68	1.40	26.59	四、利润总额	25.21	-1.56	-5.83
二、营业支出	23.43	3.46	17.35	五、净利润	18.84	-1.20	-5.99

山东省华夏银行本外币损益表

单位：亿元

行列名称	本年	比上年同期增减	比上年同期增减%	行列名称	本年	比上年同期增减	比上年同期增减%
一、营业收入	34.11	3.42	11.15	1.业务及管理费	11.91	1.17	10.86
1.利息净收入	30.32	2.53	9.10	2.营业税金及附加	2.71	0.15	5.90
利息收入	54.22	6.11	12.71	3.资产减值损失	1.81	1.26	229.65
利息支出	23.90	3.59	17.65	三、营业利润	17.68	0.84	4.98
2.手续费及佣金净收入	3.26	0.82	33.73	四、利润总额	17.68	0.81	4.79
二、营业支出	16.44	2.58	18.66	五、净利润	16.20	0.71	4.60

山东省平安银行本外币损益表

单位：亿元

行列名称	本年	比上年同期增减	比上年同期增减%	行列名称	本年	比上年同期增减	比上年同期增减%
一、营业收入	19.79	6.16	45.26	1.业务及管理费	6.46	1.68	35.04
1.利息净收入	17.71	5.53	45.47	2.营业税金及附加	1.53	0.04	2.95
利息收入	67.53	38.54	132.96	3.资产减值损失	1.33	0.19	16.81
利息支出	49.82	33.00	196.27	三、营业利润	10.45	4.25	68.72
2.手续费及佣金净收入	1.70	0.42	32.81	四、利润总额	10.45	4.26	68.72
二、营业支出	9.34	1.91	25.71	五、净利润	10.45	4.26	68.72

山东省招商银行本外币损益表

单位：亿元

行列名称	本年	比上年同期增减	比上年同期增减%	行列名称	本年	比上年同期增减	比上年同期增减%
一、营业收入	59.76	4.98	9.09	1.业务及管理费	17.61	0.80	4.74
1.利息净收入	51.36	3.77	7.92	2.营业税金及附加	4.43	0.36	8.87
利息收入	122.36	-21.06	-14.68	3.资产减值损失	4.29	0.67	18.49
利息支出	71.00	-24.83	-25.91	三、营业利润	33.43	3.15	10.42
2.手续费及佣金净收入	5.25	1.91	56.96	四、利润总额	33.53	3.15	10.38
二、营业支出	26.33	1.83	7.46	五、净利润	25.14	2.41	10.58

山东省上海浦东发展银行本外币损益表

单位：亿元

行列名称	本年	比上年同期增减	比上年同期增减%	行列名称	本年	比上年同期增减	比上年同期增减%
一、营业收入	41.99	9.23	28.18	1.业务及管理费	10.17	1.28	14.39
1.利息净收入	34.34	6.09	21.58	2.营业税金及附加	3.58	0.24	7.31
利息收入	155.72	27.62	21.56	3.资产减值损失	6.21	2.91	88.55
利息支出	121.39	21.52	21.55	三、营业利润	21.82	4.63	26.91
2.手续费及佣金净收入	6.52	2.71	70.90	四、利润总额	22.03	4.70	27.14
二、营业支出	20.17	4.60	29.59	五、净利润	22.03	4.70	27.14

山东省兴业银行本外币损益表

单位：亿元

行列名称	本年	比上年同期增减	比上年同期增减%	行列名称	本年	比上年同期增减	比上年同期增减%
一、营业收入	47.18	5.19	12.36	1.业务及管理费	13.15	2.08	18.74
1.利息净收入	38.72	1.84	4.99	2.营业税金及附加	3.03	0.39	15.01
利息收入	124.44	25.07	25.22	3.资产减值损失	5.44	2.84	108.87
利息支出	85.72	23.23	37.17	三、营业利润	25.22	-0.17	-0.66
2.手续费及佣金净收入	5.36	0.97	22.20	四、利润总额	25.36	-0.17	-0.66
二、营业支出	21.96	5.36	32.27	五、净利润	25.36	-0.17	-0.66

山东省中国民生银行本外币损益表

单位：亿元

行列名称	本年	比上年同期增减	比上年同期增减%	行列名称	本年	比上年同期增减	比上年同期增减%
一、营业收入	37.57	-2.39	-5.98	1.业务及管理费	15.73	3.70	30.78
1.利息净收入	32.92	-1.36	-3.96	2.营业税金及附加	3.16	-0.82	-20.55
利息收入	76.64	-13.79	-15.25	3.资产减值损失	5.43	-3.40	-38.45
利息支出	43.72	-12.44	-22.15	三、营业利润	13.81	-1.29	-8.57
2.手续费及佣金净收入	3.05	0.23	8.09	四、利润总额	13.84	-1.22	-8.12
二、营业支出	23.75	-1.09	-4.40	五、净利润	13.84	-1.22	-8.12

山东省渤海银行本外币损益表

单位：亿元

行列名称	本年	比上年同期增减	比上年同期增减%	行列名称	本年	比上年同期增减	比上年同期增减%
一、营业收入	4.40	0.61	16.06	1.业务及管理费	1.53	0.05	3.68
1.利息净收入	3.44	0.27	8.52	2.营业税金及附加	0.43	-0.04	-7.80
利息收入	23.59	6.98	42.05	3.资产减值损失			
利息支出	20.15	6.71	49.97	三、营业利润	2.44	0.64	35.83
2.手续费及佣金净收入	0.98	0.38	62.73	四、利润总额	2.44	0.64	35.91
二、营业支出	1.96	-0.03	-1.69	五、净利润	2.01	0.59	41.41

山东省浙商银行本外币损益表

单位：亿元

行列名称	本年	比上年同期增减	比上年同期增减%	行列名称	本年	比上年同期增减	比上年同期增减%
一、营业收入	5.29	1.26	31.29	1.业务及管理费	1.35	0.26	23.85
1.利息净收入	4.34	0.69	18.94	2.营业税金及附加	0.29	0.07	30.62
利息收入	9.83	2.67	37.33	3.资产减值损失	1.17	0.97	510.19
利息支出	5.50	1.98	56.41	三、营业利润	2.47	-0.05	-1.84
2.手续费及佣金净收入	0.75	0.57	329.00	四、利润总额	2.47	-0.07	-2.74
二、营业支出	2.82	1.31	86.31	五、净利润	2.16	-0.24	-9.91

山东省广发银行本外币损益表

单位：亿元

行列名称	本年	比上年同期增减	比上年同期增减%	行列名称	本年	比上年同期增减	比上年同期增减%
一、营业收入	3.08	2.35	319.62	1.业务及管理费	1.16	0.63	117.79
1.利息净收入	2.56	1.92	302.12	2.营业税金及附加	0.28	0.21	303.87
利息收入	9.52	7.07	289.71	3.资产减值损失	0.09	0.09	
利息支出	6.96	5.15	285.34	三、营业利润	1.55	1.42	1089.08
2.手续费及佣金净收入	0.49	0.39	395.13	四、利润总额	1.54	1.37	811.16
二、营业支出	1.54	0.93	154.12	五、净利润	1.54	1.37	811.16

山东省城市商业银行本外币损益表

单位：亿元

行列名称	本年	比上年同期增减	比上年同期增减%	行列名称	本年	比上年同期增减	比上年同期增减%
一、营业收入	111.01	17.55	18.77	1.业务及管理费	38.98	5.12	15.11
1.利息净收入	91.15	13.01	16.66	2.营业税金及附加	8.21	1.11	15.64
利息收入	287.82	53.91	23.04	3.资产减值损失	15.48	-3.11	-16.75
利息支出	196.67	40.89	26.25	三、营业利润	48.22	14.38	42.51
2.手续费及佣金净收入	5.82	1.81	45.05	四、利润总额	47.39	13.57	40.11
二、营业支出	62.79	3.16	5.31	五、净利润	37.25	10.51	39.28

山东省农村商业银行本外币损益表

单位：亿元

行列名称	本年	比上年同期增减	比上年同期增减%	行列名称	本年	比上年同期增减	比上年同期增减%
一、营业收入	240.64	50.88	26.81	1.业务及管理费	92.59	18.09	24.28
1.利息净收入	238.06	51.23	27.42	2.营业税金及附加	11.41	3.63	46.56
利息收入	364.25	91.82	33.71	3.资产减值损失	32.80	0.73	2.28
利息支出	126.19	40.59	47.42	三、营业利润	103.81	28.41	37.68
2.手续费及佣金净收入	0.84	-0.57	-40.50	四、利润总额	104.99	30.18	40.34
二、营业支出	136.82	22.46	19.64	五、净利润	76.10	21.60	39.63

山东省农村合作银行本外币损益表

单位：亿元

行列名称	本年	比上年同期增减	比上年同期增减%	行列名称	本年	比上年同期增减	比上年同期增减%
一、营业收入	42.98	-5.41	-11.18	1.业务及管理费	17.08	-1.42	-7.70
1.利息净收入	42.89	-5.14	-10.70	2.营业税金及附加	2.53	0.18	7.76
利息收入	62.16	-3.88	-5.88	3.资产减值损失	11.52	-3.64	-24.03
利息支出	19.26	1.26	6.97	三、营业利润	11.85	-0.53	-4.25
2.手续费及佣金净收入	-0.01	-0.27	-102.31	四、利润总额	11.96	-0.46	-3.66
二、营业支出	31.13	-4.89	-13.56	五、净利润	8.35	0.51	6.49

山东省村镇银行本外币损益表

单位：亿元

行列名称	本年	比上年同期增减	比上年同期增减%	行列名称	本年	比上年同期增减	比上年同期增减%
一、营业收入	16.26	7.49	85.30	1.业务及管理费	7.22	2.41	50.01
1.利息净收入	16.21	7.50	86.13	2.营业税金及附加	0.71	0.35	99.39
利息收入	23.22	11.20	93.26	3.资产减值损失	3.06	1.55	102.43
利息支出	7.01	3.70	112.06	三、营业利润	5.13	3.15	158.71
2.手续费及佣金净收入	0.04	0.00	-3.31	四、利润总额	7.29	4.29	143.21
二、营业支出	11.13	4.34	63.88	五、净利润	5.63	3.51	165.02

山东省农村信用合作社本外币损益表

单位：亿元

行列名称	本年	比上年同期增减	比上年同期增减%	行列名称	本年	比上年同期增减	比上年同期增减%
一、营业收入	251.48	-14.92	-5.60	1.业务及管理费	107.29	-4.45	-3.98
1.利息净收入	251.66	-12.48	-4.72	2.营业税金及附加	9.63	-0.59	-5.75
利息收入	418.51	2.23	0.54	3.资产减值损失	80.01	-7.83	-8.92
利息支出	166.85	14.70	9.66	三、营业利润	54.52	-2.06	-3.64
2.手续费及佣金净收入	-3.41	-1.21	55.27	四、利润总额	55.68	-0.11	-0.21
二、营业支出	196.97	-12.86	-6.13	五、净利润	38.17	-0.04	-0.11

山东省信托投资公司本外币损益表

单位：亿元

行列名称	本年	比上年同期增减	比上年同期增减%	行列名称	本年	比上年同期增减	比上年同期增减%
一、营业收入	17.25	3.38	24.38	1.业务及管理费	3.18	1.10	52.96
1.利息净收入	0.32	0.15	83.51	2.营业税金及附加	0.88	0.31	54.84
利息收入	0.32	0.15	83.51	3.资产减值损失	-0.02	-0.09	-136.90
利息支出				三、营业利润	12.89	2.03	18.68
2.手续费及佣金净收入	14.52	4.83	49.79	四、利润总额	12.87	1.99	18.27
二、营业支出	4.36	1.35	44.95	五、净利润	9.87	1.57	18.90

山东省中资财务公司本外币损益表

单位：亿元

行列名称	本年	比上年同期增减	比上年同期增减%	行列名称	本年	比上年同期增减	比上年同期增减%
一、营业收入	38.88	3.46	9.77	1.业务及管理费	2.01	0.30	17.35
1.利息净收入	36.78	4.42	13.67	2.营业税金及附加	2.10	-0.01	-0.37
利息收入	50.83	6.31	14.17	3.资产减值损失	1.21	-4.04	-76.97
利息支出	14.05	1.89	15.51	三、营业利润	33.57	7.21	27.36
2.手续费及佣金净收入	0.87	-0.53	-37.87	四、利润总额	33.68	7.26	27.48
二、营业支出	5.32	-3.75	-41.36	五、净利润	25.34	5.64	28.62

四、其他金融统计资料

山东省全金融机构（含外资）中间业务收入表

单位：万元

项目名称 \ 栏目	本外币 当年累计	人民币 当年累计	外币 当年累计
中间业务收入合计	3592371	3433278	159093
（一）结算性中间业务收入	1141504	1059762	81742
1.国际结算收入	376643	296380	80262
单位	373604	294299	79304
个人	3039	2081	958
2.国内结算收入	764861	763382	1480
单位	356801	355645	1156
个人	408061	407737	323
（二）担保性中间业务收入	504223	484226	19998
1.银行承兑汇票收入	117399	117399	
2.保函业务收入	53331	49887	3445
融资性保函	40316	37526	2789
非融资性保函	13016	12360	655
3.承诺费收入	65949	64691	1258
4.保理费收入	148925	137275	11651
5.其他担保性中间业务收入	118619	114975	3644
（三）管理性中间业务收入	935167	914945	20221
1.代收代付收入	41673	40993	681
2.资产托管及企业年金业务收入	155272	155272	0
3.理财业务收入	319439	318486	953
4.代客资金业务收入	101295	92950	8345
代客外汇买卖	85237	78572	6665
代客衍生工具交易	1724	3487	-1763
其他代客资金业务	14334	10891	3443
5.银团贷款收入	53252	45522	7730
6.委托贷款收入	43785	41867	1917
7.其他管理性中间业务收入	220451	219856	595
代销基金	32391	32385	6
代理保险	86207	86207	
代销债券	14610	14610	0
代理贵金属	39391	39378	12
其他	47852	47275	577
（四）投资银行业务收入	518333	517121	1212
1.财务顾问收入	355078	354475	602
2.债券承销收入	42833	42833	
3.其他投资银行业务收入	120422	119813	610
（五）其他中间业务收入	493144	457224	35920
其中：保管箱业务收入	1688	1688	
附：银行卡业务收入	516420	515201	1219
电子银行业务收入	199462	199068	394

山东省全金融机构（不含外资）中间业务收入表

单位：万元

项目名称 \ 栏目	本外币 当年累计	人民币 当年累计	外币 当年累计
中间业务收入合计	3570176	3426200	143977
（一）结算性中间业务收入	1132973	1058118	74855
1、国际结算收入	369270	295486	73784
单位	366315	293412	72903
个人	2955	2074	882
2、国内结算收入	763703	762632	1071
单位	355958	355203	755
个人	407745	407429	316
（二）担保性中间业务收入	500762	481667	19095
1、银行承兑汇票收入	115349	115349	
2、保函业务收入	52812	49633	3179
融资性保函	40004	37391	2613
非融资性保函	12809	12242	566
3、承诺费收入	65924	64666	1258
4、保理费收入	148645	137266	11379
5、其他担保性中间业务收入	118031	114752	3279
（三）管理性中间业务收入	927704	912765	14939
1、代收代付收入	41162	40948	214
2、资产托管及企业年金业务收入	155272	155272	0
3、理财业务收入	318284	318284	0
4、代客资金业务收入	97648	92950	4698
代客外汇买卖	82092	78572	3520
代客衍生工具交易	1222	3487	-2265
其他代客资金业务	14334	10891	3443
5、银团贷款收入	51833	44104	7729
6、委托贷款收入	43671	41764	1908
7、其他管理性中间业务收入	219835	219444	390
代销基金	32379	32379	
代理保险	85931	85931	
代销债券	14610	14610	0
代理贵金属	39391	39378	12
其他	47524	47146	378
（四）投资银行业务收入	517751	516546	1205
1、财务顾问收入	354495	353900	596
2、债券承销收入	42833	42833	
3、其他投资银行业务收入	120422	119813	610
（五）其他中间业务收入	490986	457105	33882
其中：保管箱业务收入	1687	1687	
附：银行卡业务收入	516078	514862	1216
电子银行业务收入	199019	199019	0

山东省金融机构人员、机构情况表

（2013年末）　　　　单位：家、人

行别		法人机构数	省级机构数	二级分行机构数	支行机构数	支行以下分支机构数	机构数合计	正式人员数合计
		1	2	3	4	5	6	7
国有独资商业银行	工商银行山东省分行		1	16	573	396	986	21084
	工商银行青岛市分行		1	0	82	41	124	3623
	农业银行山东省分行		1	16	162	1236	1415	23886
	农业银行青岛市分行		1	1	58	130	190	4010
	中国银行山东省分行		1	16	604	0	621	17505
	建设银行山东省分行		1	16	442	348	807	19822
	建设银行青岛市分行		1	0	65	54	120	3496
	交通银行山东省分行		1	15	115	0	131	3636
	交通银行青岛市分行		1	0	50	0	51	1372
	合计（全省）		9	80	2151	2205	4445	98434
股份制商业银行	中信银行青岛分行		1	3	43	0	47	1520
	中信银行济南分行		1	4	38	0	43	1399
	光大银行青岛分行		1	0	18	0	19	664
	光大银行济南分行		1	2	18		21	655
	光大银行烟台分行		1	0	10	0	11	368
	华夏银行济南分行		1	4	28	0	33	1143
	华夏银行青岛分行		1	1	18	0	20	1005
	广东发展银行济南分行		1	1	1	0	3	263
	招商银行济南分行		1	6	31	0	38	1482
	招商银行青岛分行		1	4	33	0	38	1502
	浦东发展银行济南分行		1	7	25		33	997
	浦东发展银行青岛分行		1	2	14	0	17	557
	平安银行济南分行		1		12		13	622
	平安银行青岛分行		1	0	13	0	14	667
	兴业银行济南分行		1	8	13	14	36	1535
	兴业银行青岛分行		1	0	10	0	11	673
	民生银行济南分行		1	4	34	0	39	1704
	民生银行青岛分行		1	2	19	0	22	1032
	恒丰银行（烟台）	1	1	0	35	29	65	1200
	恒丰银行青岛分行		1	0	8	0	9	235
	恒丰银行济南分行		1	6	10	0	17	479
	渤海银行济南分行		1	1	4	0	6	258
	浙商银行济南分行		1	1	1	0	3	189
	合计（全省）	1	23	56	436	43	558	20149

续表1

类别	行别	法人机构数	省级机构数	二级分行机构数	支行机构数	支行以下分支机构数	机构数合计	正式人员数合计
		1	2	3	4	5	6	7
政策性银行	农发行山东省分行		1	16	102	0	119	3131
	农发行青岛市分行		0	1	5	0	6	212
	进出口银行青岛分行		1	0	0	0	1	74
	开发行山东省分行		1				1	204
	开发行青岛市分行		1	0	0	0	1	142
	合计（全省）	0	4	17	107	0	128	3763
城市商业银行	齐鲁银行	1		2	75		77	2219
	齐鲁银行青岛分行			1	3	0	4	113
	青岛商行	1	0	5	55	0	60	2401
	齐商银行	1	0	5	77	0	82	2175
	烟台银行	1		1	72		73	1402
	潍坊银行	1	0	2	56	0	58	1485
	潍坊银行青岛分行			1	6	0	7	187
	临商银行	1		1	66		67	1662
	威海商行	1	0	6	44	0	50	1810
	威海商行青岛分行			1	5	0	6	169
	日照银行	1	0	4	33	0	37	1146
	日照银行青岛分行			1	4	0	5	173
	莱商银行	1		7	40		47	1245
	东营商行	1	0	5	35	0	40	863
	德州商行	1	0	2	39	0	41	960
	济宁商行	1	0	5	34	0	39	1103
	泰安商行	1		1	28		29	924
	枣庄商行	1		1	17		18	460
	天津银行济南分行			1	4	0	5	208
	北京银行济南分行			1	5	0	6	364
	河北银行青岛分行			1	3	0	4	146
	合计（全省）	14	0	54	701	0	755	21215
农村金融机构	农村信用社	79	1	2	76	2694	2773	39175
	农村商业银行	34	0	0	183	1829	2012	26667
	农村合作银行	8			8	359	367	4929
	村镇银行	67	0	0	0	116	116	2579
	资金互助社	2	0	0	0	2	2	8
	合计（全省）	190	1	2	267	5000	5270	73358
其他金融机构	山东省国际信托投资公司	1	1	0	0	0	1	167
	陆家嘴国际信托	1	1	0	0	0	1	154
	重汽财务	1	1				1	97
	山钢财务	1	1				1	37
	鲁商财务	1	1				1	38

续表 2

行别		法人机构数	省级机构数	二级分行机构数	支行机构数	支行以下分支机构数	机构数合计	正式人员数合计
		1	2	3	4	5	6	7
其他金融机构	重工财务	1	1				1	43
	电力财务		1				1	15
	山东黄金	1	1				1	25
	南山财务	1	1	0	0	0	1	31
	兖矿财务	1	1				1	34
	海尔财务	1	1	0	0	0	1	107
	海信财务	1	1	0	0	0	1	28
	中石化财务公司山东分公司		1	0	0	0	1	30
	青啤财务	1	1	0	0	0	1	31
	华融资产管理公司		1				1	52
	长城资产管理公司		1				1	77
	东方资产管理公司		1	0	0	0	1	48
	信达资产管理公司		1	0	0	0	1	46
	中国邮政储蓄银行山东省分行		1	16	1214	1513	2744	7571
	中国邮政储蓄银行青岛分行		1	0	107	155	263	1185
	合计（全省）	12	20	16	1321	1668	3025	9816
外资银行	汇丰银行济南分行		1	0	0	0	1	34
	汇丰银行青岛分行		1	0	4	0	5	127
	南洋商业银行青岛分行		1	0	3	0	4	104
	日本山口银行青岛分行		1	0	0	0	1	28
	韩亚银行青岛分行		1	0	3	0	4	104
	韩亚银行烟台分行		1	0	1	0	2	45
	企业银行青岛分行		1	0	2	0	3	67
	企业银行烟台分行		1	0	1	0	2	36
	友利银行威海分行		1				1	20
	新韩银行青岛分行		1	0	1	0	2	63
	渣打银行济南分行		1	0	0	0	1	31
	渣打银行青岛分行		1	0	4	0	5	114
	东亚银行济南分行		1	0	0	0	1	26
	东亚银行青岛分行		1	0	2	0	3	133
	瑞穗实业银行青岛分行		1	0	0	0	1	56
	华侨银行青岛代表处		1	0	0	0	1	22
	三菱东京日联银行青岛分行		1	0	0	0	1	64
	釜山银行青岛代表处		1	0	0	0	1	16
	德意志银行青岛分行		1	0	0	0	1	16
	合计（全省）	0	19	0	21	0	40	1106
山东省合计		217	76	225	5004	8916	14221	227841

注：本表数据来源于山东省银监局。

山东省（含青岛）上市公司情况表

项　目		本期
上市公司数		153（家）
其中：A股		151（家）
B股		6（家）
A、B股均发行		4（家）
境内、外均上市		7（家）
ST公司数		6（家）
其中：*ST公司数		5（家）
拟上市公司数		79（家）
退市公司数		0（家）
总股本		1050.26（亿股）
流通股本	A股	840.96（亿股）
	B股	14.86（亿股）
境内上市公司境外股		53.28（亿股）
总市值（境内）		9795.85（亿元）
流通市值（境内）		8258.42（亿元）

山东省（含青岛）上市公司融资情况表

单位：家、亿元

项　目	本期		本年累计	
	家数	筹集资金	家数	筹集资金
A股				
首发				
配股				
增发	1	6.00	9	51.37
合计	1	6.00	9	51.37
B股				
首发				
配股				
增发				
合计				
公司债	1	20	4	31
可转债				
境外股				
首发				
再融资				
合计				

山东省（含青岛）上市公司注册地地区分布表

单位：家

地 区	行次	家数
济南	1	24
青岛	2	19
淄博	3	21
枣庄	4	0
东营	5	4
烟台	6	27
潍坊	7	19
济宁	8	6
泰安	9	5
威海	10	7
日照	11	1
滨州	12	7
德州	13	5
聊城	14	4
临沂	15	4
菏泽	16	0
莱芜	17	0
合计	18	153

山东省（含青岛）证券、期货中介机构情况统计表

单位：亿元

项 目	证券公司	证券营业部	期货经纪公司
公司数（家）	2		3
所属营业部（家）	239	311	37
注册资本	60.12		9.5
总资产	431.02	280.91	53.44
净资产	146.28	126.21	13.71
净资本	92.12		10.36
净利润（本期）	2.33	4.46	0.26
净利润（本年）	11.36	19.34	0.9
主承销（家）	22		
承销金额	192		
交易金额（本年）	36169.05	45258.56	99677.97
投资者资金户开户数（万户）	314.17	655.78	10.24
投资者股东户开户数（万户）	574.06	1022.16	
资产管理受托金额			
客户保证金余额	149.72	193.34	35.19

人寿保险公司主要业务指标月报表（含青岛）

单位：亿元

项　目	本年累计	去年同期	同比增长%
一、保费收入	817.93	735.85	11.16
1.寿险小计	716.69	653.94	9.60
2.意外伤害险小计	21.38	19.58	9.24
3.健康险小计	79.86	62.33	28.12
二、赔付支出	196.24	126.68	54.91
1、赔款支出合计	23.20	16.98	36.60
（1）意外伤害险	5.53	5.39	2.51
（2）一年期以内健康险	17.68	11.59	52.46
2、死伤医疗给付合计	21.23	17.61	20.56
（1）寿险	12.57	11.14	12.78
（2）一年期以上健康险	8.67	6.47	33.97
3、满期给付合计	122.99	63.73	92.97
（1）寿险	122.78	63.52	93.29
（2）一年期以上健康险	0.21	0.21	-2.14
4、年金给付合计	28.82	28.35	1.64
三、退保金	116.67	67.35	73.23
（1）寿险	114.70	65.79	74.35
（2）一年期以上健康险	1.97	1.56	26.10

财产保险公司主要业务指标月报表（含青岛）

单位：万件、亿元

项　目	本年累计	去年同期	同比增长%
一、签单数量	2525.88	2152.90	17.32
二、签单保费合计	462.22	392.11	17.88
三、保费收入合计	462.49	392.19	17.93
四、已决赔款合计	236.08	192.91	22.38
五、赔款支出合计	245.42	197.88	24.03

注：1.签单数量为签单件数减注销保单件数后的净保单件数，按保单起保日开始统计。

2.签单保费为保单保费加批增保费减批减保费后的净额，业务上按保单起保日开始计算。

3.已决赔款按照业务上已核赔结案的赔款金额，包括业务已决财务未付和业务已决财务已付赔款金额。

第十四部分

辖内金融机构概览

中国人民银行济南分行

行领导

党委书记、行长:杨子强
党委副书记、副行长(正厅级):于华民
巡 视 员:李亚新
党委委员、副行长:李建文 刘克俭 肖龙沧 王均坦
党委委员、纪委书记:刘振海
党委委员(兼分行营业管理部党委书记、主任):陈好孟
党委委员、工会主任:王珏琰
助理巡视员:张胜林
地 址:济南市经七路382号
邮 编:250021
电 话:(0531)86167788

办公室(党委办公室)

主 任:刘 明
副主任:温 跃(记者站站长) 何继军
调研员:张金柱
助理调研员:杨德政

法律事务处(金融消费权益保护处)

处 长:王宝刚
调研员:刘云昭
副处长:张立先

货币信贷管理处

处 长:谢 伟
副处长:向 珂 杨金栋 邵 宇
助理调研员:王俊豪

跨境办

副主任(正处长级):王富全
副处长:邢庆伟
助理调研员:鲁炳荣

金融稳定处

处 长:苑治亭
调研员:霍成义
副处长:郑宇明

调查统计处

处 长:刁云涛
调研员:宋文胜
副处长:郭忠军 代金奎

会计财务处

处 长:钟 玮
调研员:杜树星
副处长:孙 丹

支付结算处

处 长:卜又春
副处长:高阳宗
助理调研员:朱 林 李 剑

科技处

处 长:郑录军
调研员:马 征
副处长:魏汝浩

货币金银处

处 长:吕 峰
副处长:姜雪涛
副处级监销员:刘祥银 张学东
助理调研员:刘 冰
副处级监销员:李少杰

国库处

处 长:韩媛媛
副处长:王军波
助理调研员:王向东

内审处

处 长:宋 伟
副处长:陈震宇
助理调研员:李勇奇 接贵锋

人事处

处 长:刘 健
副处长:郭艳玲 李国栋

金融研究处

处 长:彭江波
副处长:张立光
助理调研员:李 菡

征信管理处
处　长:刘洪来
副处长:郭　强
助理调研员:崔健伊　张　鲁

反洗钱处
主要负责人(正处长级):孙华荣
调研员:刘大勇
副处长:王宝运
助理调研员:景　智

外汇综合处
处　长:李云山
助理调研员:徐迎军

国际收支处
处　长:毕德富
副处长:李　伟　莫　琳

经常项目管理处
处　长:李建力
副处长:高兆新　张　涛
助理调研员:崔秋华

资本项目管理处
处　长:于正红
副处长:岳宝生
助理调研员:杜敏勇

外汇检查处
处　长:张树强
副处长:康介生　杨远军
助理调研员:宋立全　李尚义

事后监督中心
处　长:李新华
调研员:胡延河

保卫处
处　长:崔金平
副处长:田恒柱
调研员:包鲁波　李焕春
助理调研员:李鲁建

离退休干部处
处　长:吴宝明
调研员:黄　鲁
副处长:崔　波
助理调研员:石志红

党委宣传部
部　长:王　萍
调研员:战庆欣

团委
书　记:华志远

纪委(监察室)
副书记(主任):孙柏长

纪检监察一处
处　长:路德国
正处级纪检监察员:王晓莉
副处级纪检监察员:杜晓伟　王秀杰

纪检监察二处
处　长:聂建恒
副处长:刘　兵
正处级纪检监察员:张　萍
副处级纪检监察员:瞿秉钧

巡视办公室、巡视二组
副主任(正处长级):邢继军

巡视一组
副组长(副处长级):刘少顺

巡视三组
组　长(正处长级):李　英

机关党委办公室
主　任:李　科
调研员:闫瑞霞
助理调研员:刘　峰

工会办公室、工会女职工委员会
主　任:成彩虹

工会办公室
副处长:赵向东

调研员:席荣健

清算中心

主　任:肖承发
副主任:檀吉波

后勤服务中心

主　任:周少明
副主任:赵　涛
调研员:杨　军　禹元章
助理调研员:查玉兰　傅少平　刘　玲

济南培训中心

主　任(正处长级):王文涛

日照培训中心

副主任:王世来

齐鲁钱币博物馆

馆　长(正处长级):贺传芬

山东省支付清算协会

专职副会长(兼秘书长):丁延生

中国银行业监督管理委员会山东监管局

领导干部及职能部门一览表

局长			副局长（或其他称谓的同级领导）		
陈育林			解晓非（正局级）　刘悦芹　王忠坦　张孟军 艾建华　葛　彬　宁　敏		
地　址	山东省济南市经二路146号		邮　编	250001	
职能部门	正职	副职	职能部门	正职	副职
办公室（党委办公室）	孙世重	朱　贺　贺创业 耿冬冬　张　红 尹　程	非银行金融机构监管处	吴　源	王　升　范　琳 王兆民
银行业金融机构安全保卫工作办公室	张　懿	初铭鹏	统计信息处	赵　滨	刘兰设　吕苏越 苏　刚　鲍宁宁
政策法规处	王洪玉	赵培显　王林东	信息科技监管处	曲效利	孙　颖　房世晖
国有银行监管一处	秦立生	刘长霞　王广新 常　青	财务会计处	冯子福	刘　新　刘群伟
国有银行监管二处	于　雷	徐志国　张清林 王军阳　王　霞	人事处（党委组织部）	邢安锋	于兆林　孙钦波
股份制银行监管处	刘兆胜	刘　青　赵　恺 成　文	监察室（纪委办公室）	王　威	张立庆　尚玉琨
恒丰银行监管处	郭俊杰	贾守乔	党委巡视工作办公室	王　薇	许存民　单洪芬 类淑志
农村中小金融机构监管一处	柳　林	隋治河　朱　锋 赵　峰　阎向阳	党委宣传部（机关党委）	康晓冬	刘　洁　唐　晓

续表

职能部门	正职	副职	职能部门	正职	副职
农村中小金融机构监管二处	王安水	曹京芝 王素玲 吴国胜	工会工作委员会	田 钢	
城市商业银行监管处	高旺东	陈向东 秦鸿鸣 王 静 王会锋 陶文军 李 慧	后勤服务中心	刘忠民	王泰辉 李铁柱
政策性银行和邮政储蓄银行监管处	张 强	吕 彦 王 涛 焦新利			

机构概况一览表

年度	内设职能部门数量	下设分支机构			员工总人数	备注
		总数	地市分局数	县区监管办事处		
2009年	17	107	15	92	1101	
2010年	17	107	15	92	1106	
2011年	18	107	15	92	1095	
2012年	18	107	15	92	1130	
2013年	18	107	15	92	1085	

中国银行业监督管理委员会青岛监管局

领导干部及职能部门一览表

局长			副局级领导		
熊 涛			王永存 罗中纪 徐 强 韩 冰 李继明		
地 址	青岛市市南区香港西路69号			邮 编	266071
职能部门	正职	副职	职能部门	正职	副职
办公室	丰朝晖	曹玉华 杨为官 杨芳副	法人机构现场检查处	徐建业	田 华 张大卫 车志高
政策法规处	崔建伟	李书海 史 峰	统计信息处	刘淑芳	冯业伟 田祥新
国有银行监管处	沙爱红	徐英杰 曹建华 宋 崑 于广智	财务会计处		孙 辉
股份制银行监管处	李 雁	李锦霞 郭维蓬 王日秋	人事处	傅朝晖	杨江英
外资银行监管处	熊 薪	刘卫东	宣传部	孙仕荃	张学峰 董志红
政策性银行和邮政储蓄银行监管处	管 杰	郭 庆 杨惠敏	监察室	任 静	戴恩峰
法人机构非现场监管处	宋学明	王立中 管 颖	后勤服务中心		王新娟 亓建青

机构概况一览表

年度	内设职能部门数量	下设分支机构		员工总人数		备注
		总数	县区机构数		正式职工人数	
2009 年	14			133	119	
2010 年	14			145	129	
2011 年	14			160	132	
2012 年	14			153	136	
2013 年	14			150	134	

先进集体及个人一览表

授奖单位	奖项名称	获奖集体
中国银监会	2013 年中国银监会系统文明单位	青岛银监局机关
中共青岛市委 青岛市政府	2013 年青岛市文明单位标兵	青岛银监局
青岛市档案局	2013 年度机关档案工作检查优秀单位	青岛银监局
授奖单位	奖项名称	获奖个人
中国金融工会	“全国金融五一劳动奖章”	崔建伟
中国银监会	中国银监会系统五四青年奖章	冯业伟
	2013 年度银监会系统监管标兵	金 珂 韩祥永

中国证券监督管理委员会山东监管局

领导干部及职能部门一览表

局长			副局长（局长助理）		
冯鹤年			陈 飞 赵洪军		
地 址	济南市经七路 86 号证券大厦 13 楼			邮 编	250001
职能部门	正职	副职	职能部门	正职	副职
办公室	张兆兵	宋彦辉	上市公司监管一处	舒 萍	杨志华 王俊霞 刘 蔚
上市公司监管二处	刘振平	李振涛	机构监管处	孙永文	胡文利 贾 蕊 吴 强
期货监管处	田建功	殷 茵	稽查一处	亓 兵	程茂军 袁兆霞
稽查二处	郑新胜		新业务监管处	邵珠东（淄博市政府挂职）	姚旭东（主持工作） 王德强
会计监管处	王殿祥	杨冬芳	党务办公室	霍 丹	

中国保险监督管理委员会山东监管局

领导干部及职能部门一览表

局长			副局长		
孙建宁			曹光中 鲁 青 姚 飞		
地 址	山东省济南市经十路13777号五栋			邮 编	250014
职能部门	正 职	副 职	职能部门	正 职	副 职
办公室	赵文和	袁春燕	法制处	冯秋勇	董 静
财产保险监管处	毕 磊	蒋 河	人身保险监管处	滕焕钦	张咏梅 李东升
保险中介监管处	陈丽萍	董 蓉 刘光尧	统计研究处		张强春 李连桂 陈福锋
稽查处	付国才	刘 胜	人事教育处	张友道	
监察处		魏 健	烟台保监分局	许彦峰	李大平 田世波

机构概况一览表

年度	内设职能部门数量	下设分支机构		员工总人数		备注
		总数	地市分局数		正式职工人数	
2009年	7			72	64	
2010年	7	1	1	92	78	
2011年	8	1	1	101	86	
2012年	9	1	1	104	91	
2013年	9	1	1	109	97	

中国保险监督管理委员会青岛监管局

领导干部及职能部门一览表

局长			副局长		
巩庆军			吉立群		
地 址	青岛市东海西路28号龙翔广场1号楼1、3-5层			邮 编	266071
职能部门	正职	副职	职能部门	正职	副职
办公室	刘福山	王 芹	统计研究处	于 晖	夏克清
财产保险监管处	林 洁	丛 旭	人事教育处		徐永青
人身保险监管处	郭子兴	张华虎	法制处	姜 旭	
保险中介监管处		徐文刚 付 玲			

机构概况一览表

年度	内设职能部门数量	下设分支机构		员工总人数	正式职工人数	备注
		总数	县区机构数			
2009年	7			39	34	
2010年	7			49	42	
2011年	7			49	42	
2012年	7			49	42	
2013年	7			46	42	

国家开发银行山东省分行

领导干部及职能部门一览表

行长（或其他称谓的第一负责人）			副行长（或其他称谓的同级领导）		
于泽水			于丕涛　朱雪松　谭　杰　王宏伟		
地　址	济南市马鞍山路2-1号山东大厦9-12层		邮　编	250002	
职能部门	正职	副职	职能部门	正职	副职
办公室（党委办公室）	韩锡本	于鸿飞　初　毅	客户一处	刘万新	王金田
规划发展处	郝德勇	蒙乐艳　王延南　刘文涛　牛美瑜	客户二处	李国颂	黄　娜　李建国　于学明
市场与投资处	麻建生	许　巍　宋致霖	客户三处（富民业务处）	徐文强	周乐平　阚忠胜
经营管理处	于　晶	张永昌　李　卉	客户四处	吕晓东	刘爱卿　潘群峰
法律事务办公室	姜征宇		客户五处	王庆顺	张思忠　郑晓东
国际合作业务处	沈　涛	许静怡　左照芳　许静怡	财会处（营运处）	王肖军	张耀华　蒋益南
风险管理处	赵世伟	谷　海　于福余	人事处（党委组织部）		张　岱　张新海
评审处	杨立申	李长江　米　岩　马银凤　钟　杰	纪检监察办公室	宫中华	吕新奇
贷委会办公室	郭振南	崔　艳	信息科技处	麻建生（兼）	
			行政事务处	刘　冬	林艳萍　孙霖然

机构概况一览表

年度	内设职能部门数量	下设分支机构					员工总人数	正式职工人数	备注
		总数	地市分行数	县区分行数	分理处、营业所数	储蓄所数			
2009 年	16	0	0	0	0	0	161	161	
2010 年	16	0	0	0	0	0	163	163	
2011 年	16	0	0	0	0	0	177	177	
2012 年	18	0	0	0	0	0	182	182	
2013 年	19	0	0	0	0	0	204	204	

中国农业发展银行山东省分行

领导干部及职能部门一览表

行长（或其他称谓的第一负责人）			副行长（或其他称谓的同级领导）		
杨 杰			柳翠茹 尤志军 石寿江 刘书香		
地 址	济南市经十路 20908 号			邮 编	250002
职能部门	正职	副职	职能部门	正职	副职
办公室	张洋利	段玉华 邵正红	财务会计处	江胜世	张波海 张欣颖
资金计划处	刘贞建	张朝霞 邵玉娟	内部审计处	王志敏	吴 东
客户一处	苏 静	李本勇 亓向军	信息科技处	宋 毅	刁海涛 孟奎章
客户二处	李元林	高冬青 李广军	人力资源处	司明辉	董 瑛
客户三处	杨林虎	李 琛	监察处	吴德轩	辛俊峰
国际业务处	李 波	李长红	机关党委、工会团委工作处	祝曙光	杨吉良 张 华
信贷管理部	王传韬	张成凤 黄德友			
风险管理处		徐文君 孙建波	总务处	高建刚	王景泉
法律合规处	王 华	常宏建			

机构概况一览表

年度	内设职能部门数量	下设分支机构					员工总人数	正式职工人数	备注
		总数	地市分行数	县区支行数	分理处、营业所数	储蓄所数			
2009 年	14	124	17	107				3320	
2010 年	15	124	17	107				3409	
2011 年	15	124	17	107				3440	
2012 年	16	124	17	107				3432	
2013 年	16	124	17	107				3430	

先进集体及个人一览表

授奖单位	奖项名称	获奖集体
中国金融工会	全国金融五一劳动奖状	农发行泰安市分行
授奖单位	**奖项名称**	**获奖个人**
中国农业发展银行总行	金融五一劳动奖章	许　静
中国金融教育发展基金会	中国金融教育先进工作者	司明辉

中国进出口银行山东省分行

领导干部及职能部门一览表

行长	副行长				
王伟明	李　明　陈在维　刘景欣				
地　址	山东省青岛市市南区汇泉路 17 号东海国际大厦 501 室			**邮　编**	266071
职能部门	**正职**	**副职**	**职能部门**	**正职**	**副职**
办公室	王宇辉	邹志伟　徐　波	风险处	纪尚斌	古东伦
公司业务一处	王建新	彭　雷	评审处	贾　葳	
公司业务二处		曹英丽	营业部	尹兆丽	
公司业务三处		盖　鑫	中间业务处		刘秀春　刘玉娣

机构概况一览表

年度	内设职能部门数量	下设分支机构					员工总人数	
		总数	地市分行数	县区支行数	分理处、营业所数	储蓄所数		正式职工人数
2009 年	7	0	0	0	0	0	58	46
2010 年	7	0	0	0	0	0	56	45
2011 年	7	0	0	0	0	0	57	45
2012 年	8	0	0	0	0	0	63	51
2013 年	8	0	0	0	0	0	74	59

先进集体及个人一览表

授奖单位	奖项名称	获奖个人
中国进出口银行	优秀行员	王宇辉　贾　葳　盖　鑫　田　江　黄晓丽　曹　倩　李　婧
	法律事务岗先进个人	王剑弢
全国普法办	“六五”普法中期先进个人	

中国工商银行股份有限公司山东省分行

领导干部及职能部门一览表

行长（或其他称谓的同级领导）			副行长（或其他称谓的同级领导）		
沈如军			夏侯静波　李　明　王跃民　崔中玉 徐光林　赵树厂　姚伟新　邱　春		
地　址	济南市经四路310号		邮　编	250001	
职能部门	正职	副职	职能部门	正　职	副职
办公室（党委办公室）	张　杰	马庆东　杨钦宽	人力资源部（党委组织部）	张冠军	许　蕾
机构业务部	国建苏		法律事务部	阎小明	
养老金业务部	王天伟（主持工作）	杨　健	资产负债管理部	李立民	史观明　李　琳
公司业务部	亓立强	王晓刚　葛效瑾　鞠　雷	财务会计部	吴继彤	马旺明
个人金融业务部	常德生	王晓东　梁尔政　丛德有	管理信息部	张嘉宏	胥茂森　李新贞
教育部（党委宣传部）	杨夕华	范少青	监察室（纪委）	周民志	
小企业金融业务部	滕海波	闵祥龙	信息科技部	王　建	宫伟国
国际业务部	房立法	尉　维	运行管理部	姜文瑞	王冬梅　翁志华
结算与现金管理部	张　蓉（主持工作）	王战力　崔　军	工　会	郭明三	史建春
银行卡业务部	吕爱琴	康金忠　范家骏	离退人员管理部	王建明	孟凡柱
电子银行部	韩春霞		投资银行部	王培力	汪　冰
授信审批部	邵理瑞	赵葆华　卞宝江 孔德宽　王延慈	保卫部	宋传军	杨志伟
信贷管理部	范炜东	祝广成　王学俭　董　勇	金融培训学校	周　栋（党委书记） 刘梅生（校长）	杨恩国
风险管理部	傅　欣	窦东风　乔宏宇	创新管理部	陈雁心	
内控合规部	韩继勇		私人银行中心	张卫民	孙运宽　梁永礼　张晓萌

机构概况一览表

年度	内设职能部门数量	下设分支机构					员工总人数	
		总数	地市分行数	县区支行数	分理处、营业所数	储蓄所数		正式职工人数
2009年	28	872	16	369	320	166	19783	16265
2010年	28	871	16	389	305	160	20250	16428
2011年	28	899	16	428	301	153	20480	17846
2012年	28	980	16	529	298	136	20711	18454
2013年	28	986	16	573	283	113	21084	20141

先进集体及个人一览表

授奖单位	奖项名称	获奖集体
中国金融工会	全国金融五一劳动奖状	工行日照分行

续表

授奖单位	奖项名称	获奖集体
中华总工会	全国模范职工之家	工行滨州邹平支行
山东省总工会	山东省“工人先锋号”	工行潍坊寿光支行营业室
授奖单位	**奖项名称**	**获奖个人**
中国金融工会	全国金融系统“五一劳动奖章”	尚振英
山东省政府	山东省劳动模范	刘爱峰　房　蕾　翟远福

中国工商银行股份有限公司青岛市分行

领导干部及职能部门一览表

行长（或其他称谓的第一负责人）			副行长（或其他称谓的同级领导）		
侯本旗			李　波　程　青　时　辉　薛德贵　乔　霞　毛　波		
地　址	山东省青岛市山东路25号			邮　编	266071
职能部门	正职	副职	职能部门	正职	副职
个人金融业务部	孙　青	许建霞　张　强	人力资源部	赵晓滨	陈卫刚　王晓丹　周婷婷
公司业务部		史　晨　王小嫣　张少文　于　鹏　田　雨	内控合规部	宫　波	姚　鸿　张　鹏　孙　震
机构业务部	陈振川	刘　洁　丁　维	风险管理部	洪忆民	倪宇东　魏　敏
结算与现金管理部		李　崑　吴梅清	信息科技部		林　浩　单若牛　俞雪松　张　猛
国际业务部		王　莉	法律事务部	王迎春	佟　青
电子银行部		何　杰　王晓舟	小企业金融业务部		李　崑　刘作涛　李　刚
银行卡业务部		王　芸　陈汉启　冯宇伟	住房金融业务部	李　欣	李振华
授信审批部	苏　强	郭　斌　杨笑平　庞　军	创新管理办公室	赵宏伟	
信贷管理部	洪忆民	王　毅	企业文化部	马云波	张曰聪
监察室	马汝文	李志林	服务与流程改善办公室	刘　彤	左光辉
办公室		栾经光　张卫华	网点建设办公室	陈卫刚	
管理信息部	刘　坚	曾庆刚	保卫部	姜蓬勃	
财务会计部	张　磊	尚　琨　哈　彦	离退休人员管理服务中心	杨卫东	
运行管理部	解　芳	游　焱　解维实　崔风青	金融培训学校	李维国	王晓丹
工会办公室	张　玮	王　媛	资金营运中心	尚　琨	

机构概况一览表

年度	内设职能部门数量	下设分支机构					员工		备注
		总数	地市分行数	县区支行数	分理处、营业所数	储蓄所数	总人数	正式职工人数	
2010年	25	111	1	52	25	33	3289	2742	
2011年	25	115	1	59	24	31	3387	2811	
2012年	25	122	1	68	24	29	3477	3164	
2013年	25	124	1	76	21	26	3623	3416	

中国农业银行股份有限公司山东省分行

领导干部及职能部门一览表

行长（或其他称谓的第一负责人）			副行长（或其他称谓的同级领导）		
陈　军			胡晓毅　杨国月　王增辉　娄　群 王延磊　李国峰　郑祖刚　马　林		
地　址	山东济南市经七路168号			邮　编	250001
职能部门	正职	副职	职能部门	正职	副职
农村产业金融部	于贻胜	周宇宏　冯洪敏 李晓霞	内控合规部	肖士杰	崔传宝　高海霞　张　勇
农户金融部	李兖平	艾明斌	法律事务部	王　刚	
三农信贷管理部	王新华	李联盟	资产负债管理部	刘纯泉	
公司业务部	马景明	曹明钊　王殿臣 王海笑　宗　力	财务会计部	王延东	安　平
机构业务部	季光辉	房玉安　张现春 潘　勐	运营管理部	孙成军	郑洪生　田　芳
国际业务部	段　莹	姚荣国	信息技术管理部	宋传杰	吕渤海
金融市场与投资银行部	李长波	王海笑	现金管理部	刘洪顺	韩光财
大客户部	孙建军	李　杰	办公室		宋秀峰　刘　军　赵崇民 梁　健　石言波
个人金融部	白　明	王绪祥　王　克	人力资源部	刘序林	王　超　董洪秋
私人银行部	刘玉琳	赵洪亮	监察部	刘东升	水保泽　谢玉红
信用卡中心	李佃福	王冬梅	安全保卫部	张永庆	姚风东
电子银行部	王彦林	李全成　马年喜	工会委员会办公室	郑家圣	
风险管理部	杨晓生	李成国	总务部	李宏伟	
信贷管理部	陈贵江	方高鸣　朱青莲	培训学校	段义金	陈忠斌
特殊资产经营部	唐爱东	刘　健			

机构概况一览表

年度	内设职能部门数量	下设分支机构					员工总人数	正式职工人数	备注
		总数	地市分行数	县区支行数	分理处、营业所数	储蓄所数			
2009 年	26	1438	16	310	1029	83	27076	23069	
2010 年	27	1422	16	314	1019	73	27140	22830	
2011 年	27	1413	16	350	982	65	26918	22561	
2012 年	27	1413	16	413	929	55	26804	22808	
2013 年	27	1414	16	523	847	27	27404	23886	

先进集体及个人一览表

授奖单位	奖项名称	获奖集体
中华全国总工会	模范职工之家	农行临沂分行、聊城分行
中国金融工会	全国金融系统优秀工会组织	农行山东省分行工会
中国人民银行总行	改善农村支付服务环境先进集体	农行山东省分行
中国银行业协会	中国银行业文明规范服务千佳示范单位	农行青州支行营业室
中国团工委、中国银行业协会	送金融知识下乡宣传服务站	农行临清烟店支行、兖州新驿分理处
授奖单位	**奖项名称**	**获奖个人**
中华全国总工会女职工委员会	《女职工劳动保护特别规定》知识竞赛活动优秀个人奖	田丽露
中国金融工会	全国金融五一劳动奖章	刘聪盛
	全国金融系统“创新金融服务，支持经济发展”建功立业竞赛活动	梁仁强
	全国金融系统第二届职工运动会 4X100 米第一名	韩　兵
中国金融工会委员会、金融作家协会	“再创辉煌”征文大赛优秀奖	刘吉民
全国金融工会全国委员会、全国金融体育协会全国理事会	100 米第一名、4*100 米团体第一名、400 米第六名	张庆龙
中央金融团工委	“全国金融青年服务明星”、“全国金融青年岗位能手”	孙秀君
中国银行业协会	2013 年度中国银行业文明规范服务“明星大堂经理”	徐　莉
中央电视台	2012 年度 CCTV 三农人物”	干会堂
《福布斯》中文版总编辑	2013 年福布斯·富国中国优选理财师全国 50 强	王艳晖
山东省政府	山东省劳动模范	闵令民

中国农业银行股份有限公司青岛市分行

领导干部及职能部门一览表

行长（或其他称谓的第一负责人）			副行长（或其他称谓的同级领导）		
张晓男			于　东　兰卫东　毕吉宝　孙文秀　范久顺		
地　址	青岛市市南区山东路 19 号			邮　编	266071
职能部门	正职	副职	职能部门	正职	副职
综合管理部	尹兆宏	刘光群　丁建华	信贷管理部	王晓静	张进泽
财务会计部	钱　宾	毛　晖　金　昕　范晓青	资产处置部	黄　卫	王洪波
风险管理部	赵　明	仲昭刚	信用卡中心	殷慧剑	韩　旭
内控合规部	崔云鹤	闫志波　陆　宁	国际业务部	陈贵希	陆立波　张海昌
现金管理部	秦作强		电子银行部		孙文艳　程谋广
运营管理部	王　军	林君祥　王桂强	信息技术管理部	李　莉	张　琳　毛德仑
公司业务部		董宏霞　刘元才	人力资源部	周江平	吴　凯
机构业务部	姜瑞梅	刘春雷　赵　晋	工会办公室	邵　淳	杨文丽
个人金融部	唐明志	肖珍凤　李　春	监察部	张爱国	江华东
住房金融与个人信贷部	张拥辉	李　怡	安全保卫部	王　岳	李　洪
三农金融部	于洪庆	范之安	培训学校	徐　慧	徐友鹤
房地产信贷部	张大满	杜相国			

机构概况一览表

年度	内设职能部门数量	总数	地市分行数	县区支行数	分理处营业所数	储蓄所数	员工总人数	正式员工人数	备注
2009 年	23	190		26	134	30	4172	3411	9
2010 年	23	190		36	125	29	4114	3409	19
2011 年	23	190		38	125	27	4156	3420	21
2012 年	23	190		52	124	14	4198	3539	35
2013 年	23	190	1	60	116	14	4315	3892	

说明：1. 备注栏数字为二级支行数量，包含在县区支行数中；机构总数中不包括分行。
2. 员工人数含内退员工。

先进集体及个人一览表

授奖单位	奖项名称	获奖集体
中国农业银行总行	2013 年度“金钥匙春天行动”零售业务营销示范分行	农行青岛市分行
授奖单位	**奖项名称**	**获奖个人**
中国金融工会	2013 年度全国金融五一劳动奖章	侯登平

中国银行股份有限公司山东省分行

领导干部及职能部门一览表

行长（或其他称谓的第一负责人）			副行长（或其他称谓的同级领导）		
何兴祥			张维克　陈　斌　王锡峰 李海钧　王仁堂　葛春尧 郝连才　隋春玲		
地　址	青岛市香港中路59号		邮　编	266071	
职能部门	正职	副职	职能部门	正职	副职
办公室	张绍国	刘学海	人力资源部	陈　杰	范延明　王国庆
财务管理部	王建光	丁明忠　孙　巍 张心泓	风险管理部	李元作	慕永仕　林　涛 任伟杰
公司业务部	孙　政	孙少军　邹　伟 孙其乐　赵国涛	个人金融部	张晓明	刘振贤　徐国华 祝　杰
金融机构部	张利刚	姜振东	银行卡部	孙照联	隋亚莉
授信执行部	窦德尹	于开强　孙　筠	国际结算部	孙志伟	张　颖　盛　开 孙晓宁
资金业务部	周　宏	许建国	中小企业部	徐　林	潘洪峰
运营控制部	王云河	孙庆洲　郑悦超	收付清算部	刘耕新	黄桂梅　孙春玲
国内结算与现金管理	赵宏春	景席见	青岛地区管理部	王明照	于高华　孙　军 陈　凯
电子银行部	张　麟	张剑华	营业部	高　智	逄　静　于芳华 朱其超
私人银行部	张　猛	关　丽	信息科技部	杨　斌	张　明　王奎兴
稽核部	杨朝霞	翟玉林　王洪军 邓德旭	监察部		李良勇
法律与合规部	宋志枫	刘海斌	保卫部	路忠义	周　波　辛　明
党务工作部	苗景波		工会	刘　晓	
总务部	曹淑清	戴鲁华　王文琼	行政事业机构部	陈大来	
财富业务部	窦鲁生	王海刚　张海青	个人信贷部	魏友太	卜庆凯

机构概况一览表

年度	内设职能部门数量	下设分支机构					员工总人数		备注
		总数	地市分行数	县区支行数	分理处、营业所数	储蓄所数		正式职工人数	
2009年	26	592	16	388	188	0	16780	13493	机构数量不含省行本部
2010年	27	592	16	508	68	0	17909	14130	
2011年	27	593	16	562	15	0	18969	15233	
2012年	30	605	16	589	0	0	19205	15759	
2013年	30	620	16	604	0	0	19168	16188	

先进集体及个人一览表

授奖单位	奖项名称	获奖集体
中国金融工会全国委员会	全国金融五一劳动奖状	中行山东省分行国际结算部
中国金融教育发展基金会	2013年度金融教育培训先进集体	中行山东省分行
国家外汇管理局	2012年度国际收支统计之星先进单位	
山东省政府	2012年度全省民主评议政风行风金融类（银行、保险行业）第一名	
山东省内审协会	2013年度山东省内审机构先进单位	中行山东省分行稽核部
山东省残疾人福利基金会	2012-2013年度爱心助残之星	中行山东省分行
银联山东分公司	2013年度山东银联卡受理市场建设贡献奖	
	2013年度山东银联IC卡推广贡献奖	
中国银行总行	文明单位	中行东营广饶支行、中行青岛开发区支行、中行烟台开发区支行、中行淄博桓台支行、中行济南天桥支行
	2011-2012年度青年文明号	中行东营广饶支行、中行临沂分行营业部、中行德州分行营业部、中行淄博桓台支行、中行日照分行营业部、中行菏泽分行营业部、中行枣庄分行营业部、中行莱芜钢城支行营业部、中行聊城茌平支行、中行威海荣成支行营业部、中行滨州分行公司业务部、中行烟台分行营业部、中行济宁兖州支行营业部、中行青岛即墨支行营业部、中行山东省分行资金业务部汇率风险产品团队、中行山东省分行运营控制部客服中心、中行山东省分行营业部对私业务团队、中行东营东城支行、中行济南分行营业部、中行济南分行公司业务部
	2012年度五四红旗团组织	中行潍坊寿光支行团支部、中行济南槐荫支行团支部
	2012年度中银优秀集体奖	中行山东省分行风险管理部
	2012年度国际结算先进单位	中行山东省分行国际结算部
	收付清算系统建设先进集体	中行山东省分行
	“跑赢CPI”理财规划设计评比大赛卓越奖	中行山东省分行
	手机银行推广活动优秀组织奖	中行山东省分行电子银行部
	2013年企业网银对账推广活动发展进步奖	中行山东省分行电子银行部企业网银团队
	2012年度优秀网点	中行济南高新支行、中行临沂罗庄支行、中行邹城矿山支行、中行日照开发区支行、中行威海环翠支行、中行东营黄河路支行
授奖单位	**奖项名称**	**获奖个人**
中央金融团工委	2012年度全国金融优秀共青团干部	李国红
中国银行业协会	客服明星	姜奎琳

续表

授奖单位	奖项名称	获奖个人
中国人才研究会金融人才专业委员会	第二届人才基金二等奖	朱雨顺　纪　蕾　章进超
山东省统计局	2013 年度部门统计工作先进个人	张晓青
山东省金融学会	2013 年度重点研究课题一等奖	孙志伟　张　颖　肖　乾　刘　倩
中国银联山东分公司	ATM 跨行转账工作先进个人	赵　妮　于春艳
中国银行总行	2011-2012 年度青年岗位能手	付仁燕　林飞飞
	2012 年度青年五四奖章	姜立民
	2012 年度优秀共青团员	刘好昌　李　飞
	2012 年度优秀共青团干部	吕　帅　姜　涛
	2012 年度优秀网点负责人	迟利群　李建峰　宋成荣 朱国强　柳耀正
	2012 年度公司金融优秀产品经理	贾　真
	2012 年度公司金融优秀业务经理	王　琳　周　洁
	2013 年手机银行我推广活动先进个人奖	李　云　郭章辉

中国建设银行股份有限公司山东省分行

领导干部及职能部门一览表

行长（或其他称谓的第一负责人）			副行长（或其他称谓的同级领导）		
薛　峰			李文达　王晓永　张维国　刘振奇　路　民　李建平 朱治昌　郝子建　宋佐军		
地　址	济南市泺源大街 178 号			邮　编	250012
职能部门	正职	副职	职能部门	正职	副职
办公室	滕赶远	徐秀华	私人银行部	林　静	石尚哲
人力资源部	范传东	刘治学	住房金融与个人信贷部	郭　华	李海文　李　明
计划财务部	冯汝臣	李清华　管春阳 白淑玲　孙学民	小企业业务部	马天军	姬红艳
资金结算部	赵寿凤	魏　民　孙清波	信用卡中心	孙　飙	刘绍涛
风险管理与内控委员会	杨德峰		信息技术管理部	王宪明	谭　明　石　磊
风险管理部	冯元照	李海建　刘海军 工洪波　傅　薇	信息中心	段作民	干连军　王超军
内控合规部	尹承业	赵锡动　于同会 王永兰	营运管理部	刘敦运	田福涛　姜作义 郑立华
授信审批部	周荣江	刘佳友　陆爱民 孙淑丽　宗继科	电子银行部	李薇华	栾英伟　杨文革
公司业务部	刘春龙	王广福　赵　亮	纪检监察部	朱继震	闫新华　秦绪芬
集团客户部	吴洪臣	李　庆　林　林	安全保卫部	张学岗	任　军

续表

职能部门	正职	副职	职能部门	正职	副职
机构业务部		孙永荣　李丰安	离退休人员管理部	肖邦强	戴智忠
投资银行部	曾庆敏	吴广庆　李骁军	造价咨询中心	范玉庆	朱春生　赵　红
国际业务部	刘　莹	高兰冰　姚立军	培训中心	窦永密	马振军
养老金业务部	王玉成	刘　刚	工会/公共关系与企业文化部	王心红　李翠兰 靳晓海	康跃栋
个人金融部	李　波	李长车　袁松江			

机构概况一览表

年度	内设职能部门数量	下设分支机构					员工总人数		备注
		总数	地市分行数	县区支行数	分理处、营业所数	储蓄所数		正式职工人数	
2009年	29	772	15	341	378	36	20652	16585	
2010年	29	771	15	370	352	32	20650	16482	
2011年	32	771	15	373	349	32	20770	16316	
2012年	32	786	16	407	331	31	20866	16102	
2013年	27	807	16	442	329	20	21227	15901	

先进集体及个人一览表

<table>
<tr><th>授奖单位</th><th>奖项名称</th><th>获奖集体</th></tr>
<tr><td>山东省支付清算协会</td><td>支付清算杯“团体优秀奖”</td><td rowspan="13">建行山东省分行</td></tr>
<tr><td rowspan="12">中国建设银行总行</td><td>2012年度对公结算业务先进集体</td></tr>
<tr><td>2012年住房金融与个人信贷业务营销活动房贷业务优胜奖</td></tr>
<tr><td>2012年住房金融与个人信贷业务营销活动房改金融市场巩固奖</td></tr>
<tr><td>2012年住房金融与个人信贷业务营销活动综合贡献奖</td></tr>
<tr><td>2013年“增客户、促应用、提能力”电子银行专项营销活动营销创新奖</td></tr>
<tr><td>2013年财富管理与私人银行业务“抓客户 优质量 增收益 求发展”旺季营销活动最佳营销奖</td></tr>
<tr><td>2013年建行-建信人寿“财富保”旺季营销活动龙耀标兵金奖</td></tr>
<tr><td>2013年建行-建信人寿“财富保”旺季营销活动龙耀超越组织奖</td></tr>
<tr><td>2013年建行-建信人寿“财富保”旺季营销活动龙耀全面覆盖奖</td></tr>
<tr><td>2013年重点私人银行专营机构营销竞赛综合业绩最佳私人银行一等奖</td></tr>
<tr><td>2013年住房金融与个人信贷业务旺季营销房e通业务创新奖</td></tr>
</table>

续表

授奖单位	奖项名称	获奖集体
中国建设银行总行	2013年住房金融与个人信贷业务旺季营销房改金融优胜奖	建行山东省分行
	2013年住房金融与个人信贷业务旺季营销借贷通业务创新奖	
	2013年住房金融与个人信贷业务旺季营销收益贡献奖	
	贵金属业务标兵奖	
	金融市场业务突出贡献奖	
	外汇业务特别贡献奖最佳贸易融资奖	
	外汇业务综合业绩奖一等奖	
	“忠于所托、为民养老，以创新谋发展”养老金业务竞赛业务拓展先锋奖	建行临沂分行
	“树标杆 抓重点 促转型”养老金专项营销活动优秀团队	建行山东省分行养老金业务团队
	“进位赶超 再创佳绩”营销竞赛活动优秀团队奖	建行临沂市中医医院营销团队 山东中泰煤业营销团队
	2012年度对公结算业务先进集体	建行日照市中支行、山东省分行滨州分行会计部、潍坊分行、烟台分行公司业务部、淄博分行会计部
	2012年度对公业务先进集体	建行山东省分行公司业务部
	2012年房金业务营销百佳机构	建行山东省分行营业部 建行烟台、潍坊、临沂、聊城分行
	2013年“增客户、促应用、提能力”电子银行专项营销活动先进集体奖	建行滨州分行邹平东城分理处、德州分行电子银行中心、东营分行电子银行中心、临沂分行苍山支行营业室、临沂分行工业大道分理处、山东省分行营业部历城支行、山东省分行营业部章丘眼明泉支行、威海分行文登支行、潍坊分行安丘支行营业室、潍坊分行青年路支行、烟台分行开发支行、淄博分行大都会支行
	2013年财富管理与私人银行业务“抓客户 优质量 增收益 求发展”旺季营销活动最佳私人银行	建行济南私人银行
	2013年度对公结算业务先进集体	建行山东省分行东营分行会计部
	2013年房金业务营销百佳机构	建行山东省分行营业部 建行烟台、潍坊、日照、菏泽分行
	2013年建行-建信人寿“财富保”旺季营销活动龙耀龙耀卓越金奖	建行德州私人银行、东营私人银行、滨州私人银行
	2013年建行-建信人寿“财富保”旺季营销活动龙耀先锋奖	建行泰安私人银行
	2013年重点私人银行专营机构营销竞赛季度最佳私人银行一等奖	建行烟台私人银行
	国际业务百强支行	建行潍坊、日照、烟台、东营、济宁、淄博、滨州、威海、菏泽分行
	纪检监察工作先进集体	建行山东省德州分行纪检监察部 泰安分行纪检监察部
	信访维稳工作先进单位	建行山东省分行纪检监察部
	重大节点和敏感时期来访处置先进单位	建行枣庄分行

续表

授奖单位	奖项名称	获奖个人
山东省支付清算协会	支付清算杯“优秀个人奖”	建行山东省分行　李红彦
中国建设银行总行	“忠于所托、为民养老,以创新谋发展”养老金业务竞赛优秀组织推进者	建行山东省分行　薛　峰
	2012 年度跨境人民币业务先进个人	建行枣庄分行张　宁、东营分行贾翠玉、烟台分行丛培燕、潍坊分行时德云、济宁分行徐敬东、威海分行秦　文、日照分行牟云秀、莱芜分行张　斌、德州分行周慧娟、聊城分行李　超、滨州分行胡朋朋、山东省分行冯晓华　高丽娟　林　政
	2012 年外汇业务模范员工	建行济宁分行陈　祥、济南历城支行赵　静、山东省分行徐世婷　李　超
	2012 年外汇业务服务明星	建行东营分行贾翠玉、日照分行王立国、泰安分行王　辉、威海分行蒋文洲、山东省分行隋建林
	金融市场业务先进个人（外汇资金）	建行山东省分行　封长志
	金融市场业务先进个人（贵金属）	建行淄博分行张店支行　孟　利
	房金业务营销标兵	建行济宁分行房金部邱新华、东营分行房金部王建强、菏泽分行营业部张良朋、日照分行五莲支行孙向东、德州分行房金部朱鑫伟、泰安分行青年路支行马仁伟、枣庄分行滕州个贷中心常海燕、滨州分行博兴个贷中心刘永华
	房金服务能手	建行济宁分行曲阜支行王　强、滨州分行无棣支行孙龙波、德州分行房金部张恩全、临沂分行房金部郭　巍、东营分行胜利支行客户服务部朱卫东、威海分行环翠支行孙学军、泰安分行肥城支行个贷中心李正祥、枣庄分行滕州个贷中心常海燕、聊城分行房金部王慧明、建行淄博分行西城支行徐　蕾
	百佳委派营业主管	建行淄博分行张文戈、烟台分行方同义、潍坊分行刘晓红、威海分行韩海霞
	2012 年度对公结算业务个人营销标兵	建行潍坊分行会计部赵志坚、潍坊分行安丘支行贺爱华、东营分行会计部张桂波、东营分行广饶支行周亚东、淄博分行营业部刘　剑、淄博分行临淄支行亓汝娜、聊城分行茌平支行赵孝涛、日照分行会计部彭凤英、滨州分行会计部张　卫、济南历城支行孟　宝、山东省分行公司业务部张祎、山东省分行资金结算部邵　伟
	2012 年总行产品创新与流程优化项目一等奖	建行山东省分行资金结算部　邵　伟
	2012 年度对公业务先进个人	建行泰安分行　陈　义
	2013 年财富管理与私人银行业务“抓客户 优质量 增收益 求发展”旺季营销活动最佳客户经理	贾存刚　张红波　常媛媛
	2013 年重点私人银行专营机构营销竞赛最佳私人银行客户经理	徐媛媛　贾存刚 孙　莉　张红波　申　琳
	“进位赶超 再创佳绩”营销活动先进个人	建行枣庄分行　丁　慧

续表

授奖单位	奖项名称	获奖个人
中国建设银行总行	纪检监察工作先进个人	建行山东省分行张　波　刘建喜　李　杰　李永涛　宗宝玉　董　波
	信访维稳工作先进个人	建行山东省分行陈　彬　康海峰　陈洪天　毕建玲
	群体访进京劝返接回先进个人	建行山东省分行　于海涛
	2013 年"增客户、促应用、提能力"电子银行专项营销活动先进个人奖	建行日照分行电子银行中心陈元龙、聊城分行电子银行中心刘希焕、泰安分行山东农业大学支行营业室张　荣、菏泽分行电子银行中心曹莉萍、淄博分行高新支行客户服务部孙　伟、莱芜分行高新支行任玉敏、临沂分行电子银行中心陈江伟、山东省行营业部电子银行中心王永红、济宁分行电子银行中心金　涛、枣庄分行薛城支行永东分理处赵　倩、山东省分行电子银行部刘　洋、山东省分行电子银行部毕　烨

中国建设银行股份有限公司青岛市分行

领导干部及职能部门一览表

行长（或其他称谓的第一负责人）			副行长（或其他称谓的同级领导）		
冯　涛			刘远方　王士清　郭中华　刘从正　杨洲德　陈庆辉　于敬一		
地　址	山东省青岛市深圳路 222 号		邮　编	266061	
职能部门	正职	副职	职能部门	正职	副职
办公室(党委办公室)	孙　岩	李成东	住房金融业务部	李　兵	李艳琴
人力资源部（党委组织部）	邓丰庆	赵　霞	信用卡中心	肖钢元	张伟毅
财务会计部	王中浩	陈玉芳　刘民强	电子银行部		马文涛
资金结算业务部	高　昱	夏岩红	资产保全部	纪玉进	杨清阁
风险管理部	周兆华	曲振刚　刘永斌	信息技术管理部		李万军　徐超栋
信贷审批部		刘素菁　许　涛　张作华	营运管理部	隋士叁	肖　蘅　郭显平　纪淑芹　初顺起　于乃仁
总审计室	孙海燕	赵　峥	内控合规部	高玉杉	郭玉祥　刘承义
公司业务部	许乐余	张红雨　兰永新　刘　华	纪检监察部	徐　宁	毛元菊
机构业务部	衣华为	李　鹏	安全保卫部	郭　扬	万升昌
小企业业务部	刘建青	尹　颖	公共关系与企业文化部	张　波	李　航　梁　兵

续表

职能部门	正职	副职	职能部门	正职	副职
投资银行业务部	张清江		总务部	高　新	杨书荣
国际业务部	缪如林	蔡永健　徐文娟 张瑞清	离退休人员 管理部		丁元荣　曹延明
票据贴现中心	单正鑫	王可伟	工会工作委员会	杨宝晨	李少光　冯永清
造价咨询中心	李日江	孙先国	营业部	袁　刚	张青松　王兴华 孙秉飞
个人金融部	管恩新	胡剑波　杨彩翎 吴　静			

机构概况一览表

年度	内设职能部门数量	下设分支机构					员工总人数		备注
		总数	地市分行数	县区支行数	分理处、营业所数	储蓄所数		正式职工人数	
2009 年	26	108	1	43	26	38	3175	2666	
2010 年	27	108	1	44	25	38	3255	2912	
2011 年	33	108	1	44	25	38	3340	3123	
2012 年	29	116	1	61	24	30	3460	3271	
2013 年	24	120	1	75	24	20	3496	3496	

先进集体及个人一览表

授奖单位	奖项名称	获奖集体
共青团中央	全国青年文明号	建行青岛市南三支行、贵州路支行、高科技工业园支行、海尔路支行和市北支行房贷部
山东省文明办	山东省文明单位	青岛高科园支行、四方支行、市南三支行
人行济南分行	省级现金服务先进集体	高科园支行
中国建设银行总行	青年文明号	青岛市分行营业部、胶南支行珠海中路分理处、李沧支行国际业务部、市南支行营业部专柜、分行信用卡中心
山东省住房和城乡建设厅	信用等级 A	青岛市分行造价咨询中心
中国建设银行总行	外汇资金业务标兵奖	青岛市分行
	2013 年财富管理与私人银行业务“抓客户 优质量 增收益 求发展”旺季营销活动“最佳私人银行	青岛市分行私人银行
	外汇业务百强行	保税区支行、四方区支行

续表

授奖单位	奖项名称	获奖集体
中国建设银行总行	2013 年“金蛇庆丰年 银保喜迎春”代理人身保险业务开门红销售竞赛网点贡献奖	城阳支行营业部、市北支行合肥路储蓄所、高科园支行营业部
	2013 年“扬帆夏日，收获金秋”代理人身保险业务营销活动卓越出单网点	城阳支行营业部
	个人客户拓展活动“晋级先锋团队”	市北支行营业部、即墨支行鹤山路分理处、福州南路支行营业部、中山路支行营业部、高科技工业园支行
	个人客户拓展活动“激活领先团队”	高科技工业园支行营业部、开发区长江中路第二分理处、李沧支行营业部、城阳支行营业部
	个人客户拓展活动“县域客户拓展示范团队”	胶南支行营业部营销团队、平度支行营业部营销团队
	个人客户拓展活动“县域客户拓展示范网点”	胶南支行营业部营销团队、平度支行营业部营销团队
授奖单位	**奖项名称**	**获奖个人**
全国金融工会	金融五一劳动奖章	毛元菊
中国银行业协会	“明星大堂经理”及“微笑之星”	臧素萍
中国建设银行总行	资产保全业务“百佳工作者”	牛晓明　徐　建
	信访维稳工作先进个人	萧　岚
	纪检监察工作先进个人	萧　岚
	优秀通讯员	陈　磊　边晓璇　栾廷杰
	优秀专职贷款审批人	张作华
	优秀风险经理	孙　彤　刘清永
	房 e 通先进个人	朱光辉
	2013 年财富管理与私人银行业务“抓客户 优质量 增收益 求发展”旺季营销活动“最佳客户经理	蒋建伟　孙江涛
	2013 年“金蛇庆丰年 银保喜迎春”代理人身保险业务开门红销售竞赛个人贡献奖	周咏梅
	2013 年度全行实物贵金属业务优秀个人之“百佳员工”	焦学良
	2013 年度全行实物贵金属业务优秀个人之“营销能手”	王妍婷　马　红　高　丽　周慧颖　孙作鹏
	个人客户拓展活动“晋级先锋”	赵文娟　王修斌　李伯幸　王　慧　管仁富　黄晓璐　王迎春　李　娟　高嘉阳　穆晓晓　高　飞　王春燕　宋清和
	个人客户拓展活动“激活能手”	綦　娟　赵国治　班　宁　赵　洁　邴伟青　王妍婷　王明燕　孙作鹏　管昱锟　王吉林　孙松光　于　超
	2013 年债务融资业务旺季营销活动优秀个人	钱晓村

续表

授奖单位	奖项名称	获奖个人
中国建设银行总行	国内保理业务营销活动先进个人	郭荣君
	商户营销百佳能手	陈禄一
	信用卡审批业务能手	邹　鑫
	信用卡业务竞赛活动获审批业务能手奖	王　莅
	信用卡大额不良账户催收竞赛获个人优胜奖	王　莅　陈　红 宋建萍　王　斌
	“信用卡分期总动员”营销活动获营销活动业务能手奖	高　湲
	优秀共青团干部	许文娣　李晓琳
	优秀共青团员	孙　帅　徐登亮
	信用卡业务竞赛活动获分期营销能手奖	纪　赠
	信用卡业务竞赛活动获审批业务能手奖	江　漫
	外汇业务服务明星	刘　熠　刘　萍　姚舜巧
	外汇业务模范员工	王　同　苏　虹　郑　彤
	金融市场业务先进个人	张　嫱　车立新
	“2013 年中国金融青年论坛”征文三等奖	柳红玉
	“2013 年中国金融青年论坛”征文优秀奖	钱声勇　王　婧　祝彩丽 李倩雯

交通银行股份有限公司山东省分行

领导干部及职能部门一览表

行长（或其他称谓的第一负责人）			副行长（或其他称谓的同级领导）		
王　锋			董　莹　叶　宁　王　磊　赵秀军　詹　敏		
地　址	济南市共青团路 98 号			邮　编	250012
职能部门	正职	副职	职能部门	正职	副职
办公室		王永刚	授信管理部		张　炜
人力资源部		丛　林　孟晓龙	零售信贷审批部		张　炜
资产负债部		王红晓　刘　伟	风险管理部	刘　宏	孙泽京　陈维福
预算财务部		王红晓	审计部	任传勇	
公司机构业务部		车成吉　徐功福	法律合规部	赵纪庆	李锡军
金融机构及市场部			信息技术管理部		苏小龙　王卓如
资产托管部		陈少磊	电子银行部		张贻陆
国际业务部		张立华　张守红	监察室		王赤梅　傅　强
离岸金融部	刘　勇		保卫部		楚增明

续表

职能部门	正职	副职	职能部门	正职	副职
资产保全部	祝传芳		工会办	郭　挺	韩会雷
个人金融业务部		商敬文　田　晖	行政部	夏学军	部　静
零售信贷管理部		姜鲁荣　许建强	培训中心	孙卓臣	吴连柏
投资银行部	王卫刚	李晓鹏	营运管理部	梁发强	朱　君
业务处理中心	刘　卫				

机构概况一览表

年度	内设职能部门数量	下设分支机构					员工总人数		备注
		总数	地市分行数	县区支行数	分理处、营业所数	储蓄所数		正式职工人数	
2009 年	21	151	7	141	3	0	3220	3003	
2010 年	22	138	8	130	0	0	3239	3027	
2011 年	22	132	12	120	0	0	3394	3192	
2012 年	23	135	15	120	0	0	3620	3484	
2013 年	27	131	16	115	0	0	3667	3636	

先进集体及个人一览表

授奖单位	奖项名称	获奖集体
中共交通银行委员会	2011-2013 年度交通银行文明单位	交行潍坊寿光支行
交通银行总行	2013 年服务提升工作优胜集体二等奖	交行山东省分行
中国银行业协会	文明规范百佳示范单位	交行济南营管部营业部
交通银行总行个金部	优秀网点	
授奖单位	**奖项名称**	**获奖个人**
中国银行业协会	明星大堂经理	孙　苗　杨　倩
交通银行总行个金部	优秀柜员	张瑞雪　徐美荣　宫大鹏
	优秀大堂经理	孙　苗　段荣荣　杨　倩

交通银行股份有限公司青岛分行

领导干部及职能部门一览表

行长（或其他称谓的第一负责人）		副行长（或其他称谓的同级领导）	
李智斌		徐建民　杨　勇　刘鹏涛　王纪铭　常　青	
地　址	青岛市市南区中山路 6 号	邮　编	266001

续表

职能部门	正职	副职	职能部门	正职	副职
办公室	荣忠声	王春雷	授信管理部	闫　萍	姜文凯
人力资源部	崔海平		风险监控部	赵振杰	王向华
资产负债部	邱法义		审计部	史　宏	
预算财务部	于茂兴	盖红军	法律合规部		赵　杰
公司业务部	赵习丹	赵　民　杜　勇	信息技术部	许楷峰	彭振勇
国际业务部	王君秀	高　冬	电子银行部	张晓华	
资产保全部	黄　健	刘德安	监察室	高国斌	
个金业务部	刘剑平	高　军	工会办公室	陈　琳	牟　宏
零售信贷部	于海龙	徐　丽	保卫部	杨鲁克	
营运管理部	孙爱梅	鞠向海	总务部	贺茂印	
业务处理中心	杨晓晖	王　荣	投行部	张　萍	孙响波
业务拓展部	廖世东				

机构概况一览表

年度	内设职能部门数量	下设分支机构					员工总人数		备注
		总数	地市分行数	县区支行数	分理处、营业所数	储蓄所数		正式职工人数	
2009 年	20	59	1	58	0	0	1236	980	
2010 年	20	59	1	58	0	0	1254	1089	
2011 年	20	59	1	58	0	0	1304	1178	
2012 年	21	55	1	54	0	0	1339	1218	
2013 年	23	52	1	51	0	0	1369	1274	

先进集体及个人一览表

授奖单位	奖项名称	获奖集体
中国银行业协会	中国银行业 2013 年度文明规范服务百佳示范单位	交行青岛分行营业部
人行济南分行	“支付清算杯”业务知识竞赛“团体优秀奖”	
	改善农村支付服务环境先进集体	
交通银行总行	零售信贷专项劳动竞赛消费信贷增幅年度冠军	交行青岛分行零贷部
	青年文明号	交行青岛分行市南三支行
	“走进交行，感受温馨”优秀网点	交行青岛分行营业部开发区支行
	信息工作先进单位	交行青岛分行办公室
	会计营运工作示范行	交行青岛分行香港中路支行
	工会工作竞赛优胜单位	交行青岛分行工会办

续表

授奖单位	奖项名称	获奖集体
交通银行总行	信息技术先进单位业务促进奖	交行青岛分行技管部
授奖单位	**奖项名称**	**获奖个人**
中国金融工会	2012-2013 年全国金融系统思想政治工作先进个人	徐芝清
山东省社保局	省直管企业养老保险工作目标管理先进个人	原　泉　黄丹青
人行济南分行	机构信用代码推广应用工作先进个人	王　丽
	首届“支付清算杯”业务知识竞赛“优秀选手奖”	胡宏伟
交通银行总行	优秀青年	高　冬
	青年岗位能手	胡宏伟
	优秀教育培训工作者	郭　剑
	工会工作竞赛考核先进个人——优秀工会干部	陈　琳
	优秀纪检监察干部	高国斌
	单证之星技能比赛获“单证之星”技能竞赛特等奖	宿亚龙
	“个金 STYLE—财富管理达人秀”青岛赛区优胜奖第一名	单文杰
	单证之星技能比赛获“单证之星”技能竞赛特等奖一等奖	刘　会
	行务信息组织优秀奖	王春雷
	优秀行务信息员	李庆童
	第五届“交银杯”劳动竞赛“十佳国际业务明星”	王春成
	纪检监察业务能手	陈　娟
	“走进交行感受温馨”优秀大堂经理	吴　玥　赵　红　宋　玥
	“走进交行感受温馨”优秀柜员	苏新华　张　一　李　静
	个金 STYLE 财富管理大赛“财富管理达人”奖	孙　莹　李海燕

中国邮政储蓄银行山东省分行

领导干部及职能部门一览表

行　长		副行长			
马洪宁		常　江　赵　峰　韩　勇			
地　址	济南市黑虎泉西路 181 号		邮　编	250011	
职能部门	正　职	副　职	职能部门	正　职	副　职
个人金融部	阎　玮	苗常青　王婷婷	法律与合规部	路　滔	范　滨　张书欣

续表

职能部门	正　职	副　职	职能部门	正　职	副　职
三农金融部	郭　莹	鲁成军	信息科技部	刘　杰	唐在勇　李　娟
消费信贷部	郭　莹（兼）	鲁成军（兼）	办公室	冯克军	赵玉兰　王　戈
电子银行部	阎　玮（兼）	王婷婷（兼）	计划财务部	顾春旺	高　鹭　李建新
公司业务部	刘　欣	吴　斌	人力资源部	吕　昆	孙　成
小企业金融部	陈高峰	赵晓军	审计部	陈　玫	
金融市场部	刘　欣（兼）	高晓莉	纪检监察部 党群工作部	李慧梅（兼）	
风险管理部	陶　杰		安全保卫部	周爱国	
授信管理部	宋鲁光	周艳艳	工　会	常　江（兼）	李慧梅
会计与营运部	丁秋珍	邵　梅			

机构概况一览表

年度	内设职能部门数量	下设分支机构					员工总人数		备注
		总数	地市分行数	一级支行数	二级支行数	邮政代理网点数		正式职工人数	
2009 年	12	2561	16	107	1207	1231	9809	4670	
2010 年	12	2544	16	108	1205	1215	9985	5122	
2011 年	14	2626	16	108	1190	1312	10620	5920	
2012 年	17	2698	16	108	1110	1464	11611	6617	
2013 年	19	2740	16	109	1226	1514	13179	7571	

先进集体一览表

授奖单位	奖项名称	获奖集体
全国总工会	全国五一巾帼标兵岗	邮储银行高密市支行营业部
山东省文明委	省级文明单位	邮储银行山东省分行、济南市分行、烟台市分行、德州市分行、滨州市分行、东营市分行、泰安市分行、枣庄市分行、菏泽市分行、潍坊市分行、莱芜市分行、临沂市分行、日照市分行、枣庄峄城区分行、武城县分行、沂水县支行、莒南县支行、陵县支行、夏津县支行

中国邮政储蓄银行青岛分行

领导干部及职能部门一览表

行　长	副行长
银青志	江守湖　王　平　孙　皓

续表

地　址	青岛市延安三路222号			邮　编	266071
职能部门	正职	副职	职能部门	正职	副职
办公室	王晓明	徐　毅　王远友　胡　磊	小企业金融部		黄　健（主持工作）
纪检监察部/党群工作部	王晓明	焉永君	风险管理部	石振华	
工会	李东华		审计部		马　漩（主持工作）
人力资源部		纪　岩（主持工作）	法律与合规部		扈文洁（主持工作）
计划财务部	荆云叶		会计与营运部	赵廷华	
个人业务部		于洪亮（主持工作）	金融市场部	丁晓礼	
公司业务部	房铁群		信息科技部		常德强（主持工作）
授信管理部		王　筠（主持工作）	安全保卫部		邸建庭（主持工作）
零售信贷部		许东昕（主持工作）			

机构概况一览表

年度	内设职能部门数量	下设分支机构					员工总人数		备注
		总数	地市分行数	县区支行数	分理处、营业所数	储蓄所数		正式职工数	
2009年	11	248		8	108	132	893	552	
2010年	11	248		8	108	132	901	563	
2011年	11	250		8	108	134	1010	625	
2012年	14	255		8	99	148	1116	681	
2013年	17	262		8	99	155	1185	845	

先进集体及个人一览表

授奖单位	奖项名称	获奖集体
中国邮政集团公司	全国邮政用户满意企业	平度市支行
中国邮政储蓄银行	2013年案件防控优秀单位	青岛分行
青岛银监局	2013年度送金融知识下乡宣传活动优秀集体	青岛分行
中共山东省委省直机关工作委员会	山省直机关先进基层党组织	即墨市支行
授奖单位	**奖项名称**	**获奖个人**
共青团山东省委 中国人民银行济南分行	2012年选派金融机构年轻干部到县级团委挂职工作优秀挂职干部	张　越
山东省保险事业局	山东省职工养老保险工作先进个人	蒋一飞
中国银行业协会	明星大堂经理——魅力之星	贾莉莉
中国邮政储蓄银行	2012年度财务报表工作先进个人	鲍　磊
中国邮政储蓄银行	9.21工程优秀工作者	高　景　张　娜　薛培玲
中国邮政集团公司	中间业务平台项目优秀组织者	刘大鹏
青岛银监局	2013年度送金融知识下乡宣传活动先进个人	洪　亮　于水中
青岛银监局	2013年度关爱新市民子女活动先进个人	宋琳杰

中国光大银行股份有限公司济南分行

领导干部及职能部门一览表

行长			副行长		
王 欣			陈贵明 黄炳华 林 燕 张建华 姜立惠		
地 址	济南市经七路 85 号			邮 编	250001
职能部门	正职	副职	职能部门	正职	副职
办公室	刘庆一	马建军	人力资源部	王 楠	
计划财务部	林 雁		运营管理部	任广涛	蒋丽琴
信息科技部	陈文锋		法律合规部	朱广峰	
风险管理部	王金凤	钟 林	公司业务管理部	黄晓飞	李晓麓
贸易金融部	房 磊	郑 璇	零售业务部	高 翔	
资产保全部	王吉祥	鞠保河	同业票据部	阚全军	

机构概况一览表

年度	内设职能部门数量	下设分支机构					员工总人数		备注
		总数	地市分行数	县区支行数	分理处营业所数	储蓄所数		正式职工人数	
2009 年	16	12		12			391	391	
2010 年	13	13		13			394	394	
2011 年	13	14	1	13			468	468	
2012 年	16	14	1	13			489	489	
2013 年	16	18	2	3			655	655	

先进集体及个人一览表

授奖单位	奖项名称	获奖集体
人行济南分行营业管理部	金融统计工作先进集体	光大济南分行
济南市统计局	济南市统计工作先进单位	光大济南分行
光大银行总行	先进集体	光大济南分行舜耕支行 光大济南分行黑虎泉支行
光大银行总行	法律审查优秀分行	光大济南分行
授奖单位	奖项名称	获奖个人
人行济南分行营业管理部	金融统计工作先进个人	高中滨
济南市统计局	济南市统计工作先进个人	高中滨
光大银行总行	先进个人	官方军 房 磊 曾大伟
光大银行总行	十佳授信审批人	衣奎树

中国光大银行股份有限公司青岛分行

领导干部及职能部门一览表

行长（或其他称谓的第一负责人）			副行长（或其他称谓的同级领导）		
张　博			颜庆迪　范华廷　孙昌勇　叶长春		
地　址	青岛市香港西路 67 号		邮　编	266071	
职能部门	正职	副职	职能部门	正职	副职
办公室	王　璧	隋军生	风险管理部	王绪宝	高　巍　陈立刚　黄成娜
人力资源部	李淑娟		运营管理部	王彩云	焦建国　车海涛
计划财务部	王　军	孙丽萍	贸易金融部	徐　烨	段成立　张　鑫
监察保卫部	傅相锋	张培良	信息科技部	郭焕华	徐江平
法律合规部	祁晓东	许方深　任建华	同业票据部	傅伟堂	张建立　梁　艳
零售业务部	陈相美	王　岩	资产保全部	傅相锋	崔　斌
公司业务管理部	傅伟堂	赵　峻　刘晓峰	小微金融部	郭焕华	邹　涛　由　军
电子银行部	郝丽红		工会办公室	赵功谦	胡炳新　董　强　吴青慧
信用卡中心	杨建东	唐军山			

机构概况一览表

年度	内设职能部门数量	下设机构					员工总人数	正式职工人数	备注
		总数	地市分行数	县区分行数	分理处、营业所数	储蓄所数			
2010 年	14	16	0	16	0	0	444	444	
2011 年	15	17	0	17	0	0	593	557	
2012 年	16	19	1	18	0	0	648	605	
2013 年	16	20	1	19	0	0	752	671	

先进集体及个人一览表

授奖单位	奖项名称	获奖集体
光大银行总行	2013 年度中国光大银行先进集体	光大青岛城阳支行 光大青岛分行贸易金融部
授奖单位	奖项名称	获奖个人
光大银行总行	2013 年度中国光大银行先进个人	杨　林　刘海峰　郭焕华
	2013 年度中国光大银行十佳支行行长	于　健
	2013 年度中国光大银行十佳服务标兵	吴　爽
中国光大集团	青年岗位能手	侯　毅

中国光大银行股份有限公司烟台分行

机构概况一览表

年度	内设职能部门数量	下设分支机构					员工总人数		备注
		总数	地市分行数	县区支行数	分理处、营业所数	储蓄所数		正式职工人数	
2009年	9	6	0	6	0	0	257	251	
2010年	10	7	0	7	0	0	273	267	
2011年	10	7	0	7	0	0	304	298	
2012年	10	8	0	8	0	0	356	350	
2013年	12	9	0	9	0	0	391	368	

先进集体及个人一览表

授奖单位	奖项名称	获奖集体
光大银行总行	先进集体	光大烟台分行零售业务部
授奖单位	奖项名称	获奖个人
光大银行总行	先进个人	郝进兰

中信银行股份有限公司济南分行

领导干部及职能部门一览表

行长（或其他称谓的第一负责人）			副行长（或其他称谓的同级领导）		
侯训义			刘国栋　柳永生　张少华　张海鹰　季向霞		
地　址	山东省济南市泺源大街150号			邮　编	250011
职能部门	正职	副职	职能部门	正职	副职
公司银行部	王　通	陈丽云	零售银行部	梁东晨	王　焱
国际业务部	王丽丽	叶　青	机构业务部	董国红	周振波
风险管理部	郑　宓	赵　忻	信贷管理部	王建刚	李士羿
计划财务部	丛建华	王　朔	会计管理部	孙式香	刘为民
法律保全部	李曙光		人力资源部	刘同礼	张　岷
信息技术部	江　涛	杨　峰	办公室	刘海新	李　宇
合规部	莫涌滨	张乐海	金融同业部	于　生	顾　菲
投资银行部	石　嘉				

机构概况一览表

年度	内设职能部门数量	下设分支机构					员工总人数		备注
		总数	地市分行数	县区支行数	分理处、营业所数	储蓄所数		正式职工人数	
2009 年	14	23	3	20			658	658	
2010 年	15	24	4	20			719	719	
2011 年	16	26	4	22			880	880	
2012 年	17	29	5	24			1008	1008	
2013 年	15	38	5	33			1339	1251	

先进集体一览表

授奖单位	奖项名称	获奖集体
中国银行业协会	2012 年度中国银行业文明规范服务千佳示范单位	中信银行济南分行
山东省银行业协会	2012 年度山东银行业文明规范服务示范单位	
外管局山东省分局	外汇管理考核中连续第三年被评定为 A 级	
山东省财政厅	年度全省政府非税收入代理收缴特别进步银行	

中信银行股份有限公司青岛分行

领导干部及职能部门一览表

行长（或其他称谓的第一负责人）			副行长（或其他称谓的同级领导）		
杨　威			迟存国　陈文德　邢丽青　黄树彬　张强军　黄千文		
地　址	青岛市香港中路 22 号			邮　编	266071
职能部门	正职	副职	职能部门	正职	副职
办公室		周　骏　陈相忠	计划财务部	陈秋实	杨　芳　赵文相
会计部	徐水红	姚长菊	风险管理部	刘洪波	徐　翔
信贷管理部		肖振威　郑　军	法律保全部	赵　钧	
合规部	王仲义	张　利	公司银行部	张佑晶	
国际业务部	张佑晶（兼）	刘瑞敏	零售银行部部	王秀川	慈丽芳
小企业金融部	刘　斌		金融同业部	朱　峰	
网络银行部		杜文娟	信息技术部	王美平	
党群监察部	张国成		消费金融部	李旭宁	

机构概况一览表

年度	内设职能部门数量	下设分支机构					员工总人数		备注
		总数	地市分行数	县区支行数	分理处、营业所数	储蓄所数		正式职工人数	
2009 年	16	29	3	26			1070	850	
2010 年	17	31	4	27			1180	926	

续表

年度	内设职能部门数量	下设分支机构					员工总人数		备注
		总数	地市分行数	县区支行数	分理处、营业所数	储蓄所数		正式职工人数	
2011年	18	33	4	29			1285	1060	
2012年	18	37	4	33			1445	1260	
2013年	19	47	4	43			1649	1638	

华夏银行股份有限公司济南分行

领导干部及职能部门一览表

行长（或其他称谓的第一负责人）			副行长（或其他称谓的同级领导）		
孙彤军			李　燕　王秀荣　陈立京　张沛儒　张　虹		
地　址	济南市市中区纬二路138号			邮　编	250001
职能部门	正职	副职	职能部门	正职	副职
办公室	孙思亮（兼）	方桂良　路　燕	人力资源部	张　军	
计划财务部	姜显璞	徐鲁东　孙　靖　姜　艳	合规部	王　新	
公司业务	乔立海	张　静　高　专	会计部	孟繁胜	于义武　文爱民　张廷生
个人业务部	于　静	韩春燕　陈　颖	信息技术部	孙思亮	
国际业务部	王　毅	冯启涛	济南地区信用风险管理部授信审批中心	秦　颖	
中小企业信贷部济南分部	李　新	徐　磊　李　洁	济南地区信用风险管理部授信管理中心	张　静	
机构业务部		惠　泉	济南地区信用风险管理部资产保全中心	李　磊	陈建军　孔令忠
金融市场部	张　勇	韩海燕	监察室	贾永生	
保卫部	贾永生（兼）	张　雷			

机构概况一览表

年度	内设职能部门数量	下设分支机构					员工总人数		备注
		总数	地市分行数	县区支行数	分理处、营业所数	储蓄所数		正式职工人数	
2009年	17	15					864	736	
2010年	18	16					1465	968	

续表

年度	内设职能部门数量	下设分支机构					员工总人数	正式职工人数	备注
		总数	地市分行数	县区支行数	分理处、营业所数	储蓄所数			
2011 年	14	17					1516	999	
2012 年	16	17					1520	1087	
2013 年	17	18					1485	1140	

先进集体及个人一览表

授奖单位	奖项名称	获奖集体
中国银行业协会	中国银行业文明规范服务千佳示范单位	华夏济南纬二路支行 华夏聊城东昌支行
华夏银行总行	“感动服务 情满华夏”服务竞赛特色管理奖	华夏济南分行
山东省财政厅	全省政府非税收入代理收缴特别进步银行	
华夏银行总行	会计专业党员责任区创建活动先进支行营业柜台	华夏聊城分行营业部
授奖单位	**奖项名称**	**获奖个人**
山东省银行业协会	山东省银行业文明规范服务优秀柜员	梁　爽　李勇君
	山东省银行业文明规范服务明星大堂经理	于晓庆　李　晴
银联山东分公司	银行卡发展先进个人	窦玉帅　连加俊 韩春燕　杨　易
华夏银行总行	“感动服务 情满华夏”服务竞赛优秀管理标兵	于　鹏
人行济南分行 山东省支付清算协会	“支付清算杯”业务知识竞赛优秀个人选手	张晓彤
人行济南分行	山东省银行业文明规范服务优秀柜员	李勇君
	山东省“承诺十八项、献礼十八大”活动先进个人	黄玉兰

华夏银行股份有限公司青岛分行

领导干部及职能部门一览表

行长（或其他称谓的第一负责人）			副行长（或其他称谓的同级领导）		
刘　辉			吕　东　赵　劼　于丰星　崔　巍　顾新静　韩　波		
地　址	青岛市市南区东海西路 5 号甲			邮　编	266071
职能部门	正职	副职	职能部门	正职	副职
办公室	赵　霖	曲文豪	合规部	张衍真	

续表

职能部门	正职	副职	职能部门	正职	副职
人力资源部	周忠凯		监察室	孙代鹏	
计划财务部	牟润玲	石玉进	信息技术部	李延刚	
公司业务部	张卫华	杨建明	授信管理中心	袁　新	
个人业务部	刘海萍	王东亮　韩　煜	授信审查中心	栾卫东	
国际业务部	于连海	曹福鹏	资产保全中心	冯　哲	
供应链金融中心	王　鹏		金融市场部	王立莉	徐　滨
党委办公室	解令科		中小企业信贷部青岛分部	侯华南	
会计部	闫金斌	张　涓　王培花	保卫部	赵　霖	戚积玮

机构概况一览表

年度	内设职能部门数量	下设分支机构					员工总人数	正式员工人数	备注
		总数	地市分行数	县域支行数	分理处、营业所数	储蓄所数			
2009年	15	13	0	2	0	0	437	413	
2010年	18	14	0	3	0	0	469	469	
2011年	18	15	0	4	0	0	525	525	
2012年	18	19	0	6	0	0	645	645	
2013年	18	20	1	6	0	0	707	707	

先进集体及个人一览表

授奖单位	奖项名称	获奖集体
青岛银监局	青岛银行业小微企业金融服务先进单位	华夏青岛分行
	青岛银行业“关心新市民子女志愿服务行动”先进集体	
	青岛市银行业金融机构“送金融知识下乡”活动先进集体	
华夏银行总行	华夏银行“合格职工之家”	城阳支行
	电子银行客户使用提升贡献奖	华夏青岛分行
	个人业务重点项目突出贡献二等奖	
	“新财富　行未来”最佳理财分行	
	“新财富　行未来”最佳天天理财分行	
	POS收单业务营销推广先进分行	
	银证第三方存管业务营销优秀分行	
	分行服务管理工作综合评价优秀分行	
	公司电子银行业务十佳分行	
	电子银行客户使用提升贡献奖	

续表

授奖单位	奖项名称	获奖集体
华夏银行总行	小企业业务先进单位	华夏青岛分行
	华夏银行级青年文明号	福州南路支行
	电子银行三十佳营销先进支行	经济技术开发区支行
	“合格职工之家”	经济开发区支行　莱西支行 辽宁路支行　香港路支行
	“新财富　行未来”最佳理财支行	分行营业部　高新区支行　开发区支行
授奖单位	**奖项名称**	**获奖个人**
中国银行业协会	中国银行业文明规范服务“明星大堂经理”	周玉忻　荀亚田
人行济南分行	改善农村支付服务环境先进个人	张训洲
青岛银监局	青岛银行业“关心新市民子女志愿服务行动”先进个人	李　惠　王　萃
	青岛市银行业金融机构“送金融知识下乡”活动先进个人	曲文豪　韩佩葭
华夏银行总行	小企业授信审批先进个人	马健兴　张传宝
	“新财富　行未来”最佳理财经理	李海燕　王琳琳　徐文娇
	青年能手	张翊宸　李　丽　李　慧 张　雪　吕　备　徐召飞 亢　桂　刘晓冬　王　坤
	建功立业劳动竞赛“展业标兵”	朱　萍　李红涛　陈鹏飞 张晓今　吕　备
	电子银行 50 佳客户经理	赵同晓　姜兆蓉　舒　展
	“公司电子银行实战能手奖”	邹洪光　丁　欣
	“个人电子银行实战能手奖”	王红民　章贞帅　邢　华　潘宏卫

平安银行股份有限公司济南分行

领导干部及职能部门一览表

行长（或其他称谓的第一负责人）			副行长（或其他称谓的同级领导）		
刘志刚			张汉忠　陈振华　康　建　叶逢海 林　杰　李春节　徐　丽		
地　址	济南市经十路 13777 号			邮　编	250014
职能部门	**正职**	**副职**	**职能部门**	**正职**	**副职**
办公室		崔建伟	零售营销及产品管理部	陶再君	
人力资源部		陈　栋	财富管理部		袁　杰
法律合规部	毕韵玲		小微金融业务部		徐　杰
稽核部	任　波		零售信贷管理部		尹德农
对公信贷审批部		林永梅	财务企划部	叶逢海（兼）	

续表

职能部门	正职	副职	职能部门	正职	副职
对公信贷管理部	吴　振		运营管理部	李　鑫	
对公营销及产品管理部	冯建勋		集中作业部	周楠楠	
贸易融资部/国际业务部	冯建勋		科技运营部	张晓前	
投资银行部/对公综拓部		张　瀛	金融同业部	陈文盛	

机构概况一览表

年度	内设职能部门数量	下设分支机构					员工总人数		备注
		总数	地市分行数	县区支行数	分理处、营业所数	储蓄所数		正式职工人数	
2009 年	12	8	0	0	8	0	346	304	
2010 年	15	8	0	0	8	0	353	308	
2011 年	16	9	0	0	9	0	403	333	
2012 年	19	10	0	0	10	0	502	397	
2013 年	18	14	1	0	13	0	624	493	

先进集体及个人一览表

授奖单位	奖项名称	获奖集体
中国银联	2013 年度银联高端卡推广贡献奖	平安银行济南分行
山东省财贸工会委员会	2012 年度工会财务工作先进单位	
人行济南分行	山东省银行业金融机构征信业务知识竞赛团体三等奖	
授奖单位	**奖项名称**	**获奖个人**
人行济南分行	全省银行业金融机构征信业务知识竞赛二、三等奖	骆秀清　谢仕委
人行济南分行	山东省机构信用代码推广应用工作先进个人	王剑峰
山东省财贸金融系统	“优秀工会工作者”称号	王振华
银联山东分公司	2012 年度银行卡发展先进个人	黄　卿　马晓燕　哈志涛　杨恩军
平安银行总行	集团行政管理达标先进个人	赵　山

平安银行股份有限公司青岛分行

领导干部及职能部门一览表

行长	副行长
陈昊序（副行长，主持工作）	谷　辉　刘家亮　刘文华 纪小倩　迟珊珊

续表

地　址	青岛市香港中路6号世贸中心A座裙楼			邮　编	266071
职能部门	正职	副职	职能部门	正职	副职
办公室	逄　雷		人力资源部	卢玉君	
法律合规部		杨少华	科技运营部	杨兆进	
运营管理部		丁兆荣	财务企划部	王宗良	
金融同业部	高　静		对公营销及产品管理部	王业方	
对公信贷审批部		朱远波　胡绪雷	对公信贷管理部	舒　立	
贸易融资部 国际业务部	刘乃爱	李骁力	资产保全部		王乐飞
对公综拓部 投资银行部	王　珺		财富管理部		马　燕
零售信贷管理部	乔秀龙		小微金融业务部	翟小平	
集中作业部		刘　垚	零售营销及产品管理部	孙　梅	
零售综拓部		唐进全			

机构概况一览表

年度	内设职能部门数量	下设分支机构					员工总人数		备注
		总数	地市分行数	县区支行数	分理处、营业所数	储蓄所数		正式职工人数	
2009年	17	8	8				362	324	
2010年	19	8	8				404	355	
2011年	19	9	9				416	368	
2012年	19	11	11				533	488	
2013年	19	13	13				667	627	

先进集体及个人一览表

授奖单位	奖项名称	获奖集体
中央金融团工委/中国银行业协会	全国送金融知识下乡宣传服务站	平安银行青岛城阳支行
青岛银监局	送金融知识下乡先进集体	平安银行青岛分行
平安银行总行纪委	2012年度-2013年度先进基层纪委	平安银行青岛分行纪委
平安银行总行党委	2012年度-2013年度先进基层党组织	平安银行青岛福州南路支行党支部
授奖单位	**奖项名称**	**获奖个人**
山东省公安厅	2012年度内部治安保卫个人二等功	逄　雷
平安银行总行	2013年金牌客户经理	胡振强　安志昌　蒋庆田

招商银行股份有限公司济南分行

机构概况一览表

单位名称	行长（或其他称谓的第一负责人）	副行长（或其他称谓的同级领导）	员工总数	辖内营业网点数
招商银行股份有限公司济南分行	周伟林	季　萍　齐君承　孟　丽　吕成玉　胡文有　张　洪　文　磊	1482	38

招商银行股份有限公司青岛分行

领导干部及职能部门一览表

行长（或其他称谓的第一负责人）			副行长（或其他称谓的同级领导）		
王纪全			杨　虹　陈旭红　战长春　姚　红　綦　琨　王　智		
地　址	青岛市香港中路36号			邮　编	266071
职能部门	正职	副职	职能部门	正职	副职
办公室	白江华	田国强	人力资源部	王　娟	
计划财务部	高明月	张晓黎	信用风险管理部	李　俊	王　青
授信审批部	王　新	赵培胜	运营管理部	蔡小莉	陶　静
公司银行部	刘　波	宫　缇	零售银行部	闫啸东	赵秀文
小企业金融部	王大为	侯志革	国际业务部	叶向东	王颖焱　张爱华
审计部	陈玉强		法律与合规部	孔　燕	

机构概况一览表

年度	内设职能部门数量	下设分支机构					员工总人数		备注
		总数	地市分行数	县区支行数	分理处、营业所数	储蓄所数		正式职工人数	
2009年							892	892	
2010年							1026	1026	
2011年							1161	1161	
2012年	22	21	4	17	0	0	1295	1295	
2013年	25	22	4	18	0	0	1502	1502	

先进集体及个人一览表

授奖单位	奖项名称	获奖集体
招商银行总行	第九届企业文化节优秀组织奖	招行青岛分行办公室
	2013年全行计划财务工作管理创新特别贡献奖、计划财务管理标兵单位	招行青岛分行计划财务部

续表

授奖单位	奖项名称	获奖集体
中国银行业协会	2013 年度中国银行业文明规范服务百佳示范单位	招行威海分行营业部
山东省公安厅	山东省公安厅集体二等功	招行青岛分行监察保卫部
授奖单位	奖项名称	获奖个人
人行济南分行	山东省机构信用代码推广应用工作先进个人	丁晓露
中国银行业协会	2013 年度中国银行业文明规范服务“明星大堂经理	龚　硕　袁秀明

兴业银行股份有限公司济南分行

领导干部及职能部门一览表

行长（或其他称谓的第一负责人）			副行长（或其他称谓的同级领导）		
张　霆			平　宁　林家炎　魏　军　郝　超		
地　址	济南市经七路 86 号			邮　编	250001
职能部门	正职	副职	职能部门	正职	副职
办公室	毕勇奇	张学甫　王相林	业务管理部	逄　钢	
人事监察部	耿　伟		营销管理部	李红兵	
计划财务部	苏　虎		贸易金融部	崔少春	
风险管理部	袁　静	徐恒超	机构业务部	穆晓达	沈　潇
信用审查部	黄汝焱		投资银行部	于　清	刘　飞
法律与合规部	李　萍		小企业部	瞿孝民	
会计结算部	李新惠		现金管理部	彭海博	
信息科技部	王存峰		零售事业部	何兆路	
同业业务部	李晓华		金融市场部	马历博	陈安琦

机构概况一览表

年度	内设职能部门数量	下设分支机构					员工总人数		备注
		总数	地市分行数	县区支行数	分理处、营业所数	储蓄所数		正式职工人数	
2009 年	9	12	3				950	560	
2010 年	9	15	5				1199	698	
2011 年	16	20	6	2			1532	1004	
2012 年	17	25	8	5			1576	1318	
2013 年	18	36	9	12			1798	1535	

先进集体及个人一览表

授奖单位	奖项名称	获奖集体
人行济南分行	2013 年山东省提升现金服务水平专项行动先进集体	兴业银行济南分行营业部
兴业银行总行	2013 年度机构业务优秀分行	兴业银行济南分行
人行济南分行	2013 年山东省提升现金服务水平专项行动先进集体	兴业银行潍坊分行
授奖单位	奖项名称	获奖个人
中国银行业协会	2013 年度“文明规范服务明星大堂经理”	许　丹

兴业银行股份有限公司青岛分行

领导干部及职能部门一览表

<table>
<tr><td colspan="3">行长（或其他称谓的第一负责人）</td><td colspan="3">副行长（或其他称谓的同级领导）</td></tr>
<tr><td colspan="3">沈　健</td><td colspan="3">步延进　廖卫华</td></tr>
<tr><td>地　址</td><td colspan="3">青岛市市南区山东路7号甲</td><td>邮　编</td><td>266071</td></tr>
<tr><td>职能部门</td><td>正职</td><td>副职</td><td>职能部门</td><td>正职</td><td>副职</td></tr>
<tr><td>办公室</td><td>魏　国</td><td></td><td>企业金融营销管理部</td><td></td><td>李顺民</td></tr>
<tr><td>人事监察部</td><td></td><td>张　杨</td><td>企业金融业务管理部</td><td></td><td>李　宽</td></tr>
<tr><td>计划财务部</td><td>陈德如</td><td></td><td>企业金融贸易金融部</td><td>李　猛</td><td></td></tr>
<tr><td>风险管理部</td><td></td><td>殷　俊</td><td>企业金融投资银行部</td><td></td><td>温宏亮</td></tr>
<tr><td>信用审查部</td><td></td><td>杜旭东</td><td>企业金融小企业部</td><td>林相发</td><td></td></tr>
<tr><td>法律与合规部</td><td></td><td>常　辉</td><td>企业金融现金管理部</td><td>莫　衍</td><td></td></tr>
<tr><td>金融市场部</td><td>周　琪</td><td></td><td>会计结算部</td><td>李艳玲</td><td></td></tr>
<tr><td>零售事业部</td><td></td><td>李鸿涛</td><td>信息科技部</td><td>李财官</td><td></td></tr>
</table>

注：副职人员为副总经理或总经理助理主持工作。

机构概况一览表

<table>
<tr><td rowspan="2">年度</td><td rowspan="2">内设职能部门数量</td><td colspan="5">下设分支机构</td><td rowspan="2">员工总人数</td><td rowspan="2">正式职工人数</td><td rowspan="2">备注</td></tr>
<tr><td>总数</td><td>地市分行数</td><td>县区支行数</td><td>分理处、营业所数</td><td>储蓄所数</td></tr>
<tr><td>2009年</td><td>8</td><td>4</td><td>1</td><td>3</td><td>0</td><td>0</td><td>298</td><td>170</td><td></td></tr>
<tr><td>2010年</td><td>8</td><td>7</td><td>1</td><td>5</td><td>0</td><td>0</td><td>388</td><td>253</td><td></td></tr>
<tr><td>2011年</td><td>13</td><td>8</td><td>1</td><td>6</td><td>0</td><td>0</td><td>500</td><td>328</td><td></td></tr>
<tr><td>2012年</td><td>13</td><td>10</td><td>1</td><td>8</td><td>0</td><td>0</td><td>620</td><td>385</td><td></td></tr>
<tr><td>2013年</td><td>16</td><td>11</td><td>1</td><td>9</td><td>0</td><td>0</td><td>619</td><td>418</td><td></td></tr>
</table>

先进集体一览表

<table>
<tr><td>授奖单位</td><td>奖项名称</td><td>获奖集体</td></tr>
<tr><td>青岛市南区工会</td><td>优秀基层工会</td><td>兴业银行青岛分行工会</td></tr>
<tr><td>青岛市银行业协会</td><td>2013年青岛市银行业职工运动会精神文明奖</td><td rowspan="2">兴业银行青岛分行</td></tr>
<tr><td>人行青岛中支、共青团青岛市委</td><td>2013年“青春牵手.同心共筑中国梦”大型文艺汇演一等奖</td></tr>
</table>

中国民生银行股份有限公司济南分行

领导干部及职能部门一览表

行长（或其他称谓的第一负责人）			副行长（或其他称谓的同级领导）		
陈焕德			李　伟　孙　兴　彭曙光　韩咏军　蔡丹平		
地　址	济南市泺源大街229号		邮　编	250012	
职能部门	正职	副职	职能部门	正职	副职
办公室	朱　郁	霍　岩	零售银行授信评审部	张志强	刘　然
人力资源部	李加岭		零售资产管理部	金　虹	
计划财务部	李　冉	张　芹　于美艳	资产保全部	秦　峰	陈功志
公司银行部	史　昱	刘长江	法律合规部	刘　霞	王宁宁
授信评审部	鲍　健	史兆伟　张兆强	运营管理部	李秀荣	
资产监控部	张志勇	王华栋	渠道与服务部	王明静	
金融市场部	李光金	孙云锦	电子银行部	陈航德	
票据业务部	安丰福		安全保卫部	纪　斌	席晋平
机构金融部	谢渭源	于　刚	机构管理部	胡雪华	
私人银行部	郑　敏	姜　岳　徐　强	纪检监察室	张桂英	彭爱琴
小微规划与营销策划部	吕　堂	张　冉　刘恩骅 李　新	科技开发部	郭志阳	
小区规划与营销策划部	杨梦莎				

机构概况一览表

年度	内设职能部门数量	下设分支机构					员工总人数	正式职工人数	备注
		总数	地市分行数	县区支行数	分理处、营业所数	储蓄所数			
2009年	19	11	1	10	0	0	593	593	
2010年	20	13	2	11	0	0	733	733	
2011年	22	16	3	13	0	0	853	853	
2012年	24	26	4	22	0	0	1341	1104	
2013年	23	34	4	29	0	0	1636	1401	

先进集体一览表

授奖单位	奖项名称	获奖集体
人行济南分行	全省银行业金融机构征信业务知识竞赛二等奖 《征信业管理条例》专题培训股份制银行第三名	资产监控部
中国银联山东分公司	山东银行卡消费市场二季度奖、四季度奖、年度奖，ATM跨行转账先进单位	渠道服务部
山东省支付清算协会	2013年山东省银行业金融机构首届“支付清算杯”业务知识竞赛一等奖	运营管理部
山东省财政厅	2012年度“全省政府非税收入代理收缴服务创新银行”称号	民生济南分行
山东省公安厅	“集体三等功”	安全保卫部
第十届中国艺术节组织委员会	“筹办组织工作先进集体”	民生济南分行千佛山支行

渤海银行股份有限公司济南分行

领导干部及职能部门一览表

行长（或其他称谓的第一负责人）			副行长（或其他称谓的同级领导）		
金富祯			宋　奇　孙开贤　王铁华		
地　址	济南市历下区青年东路18号			邮　编	250011
职能部门	正职	副职	职能部门	正职	副职
产品与市场开发部	徐庆吉	梁新华　顾利国	业务营运部	孙国华	
贸易金融部	吴　迪	包　赢	财务部	廖朝阳	
金融市场部	郝　娴	李志军　于　鑫	风险管理部	季惠芳	
中小企业部	闫江涛		信贷监控部	张福玉	
公司业务一部	孙晓旭	张　民	内控合规部	赵福强	
公司业务二部	李　峰		信息科技部		裴　娜（主持工作）
个人金融部	王　冬	孙　欣　吴文锴	人力资源部	王　冬	
个人贷款部	晋江伟		综合管理部（保卫部）	韩纪宏	李琥珀　孙青江

机构概况一览表

年度	内设职能部门数量	下设分支机构					员工		备注
		总数	地市分行数	县区支行数	分理处、营业所数	储蓄所数	总人数	正式职工人数	
2009年	18	1					137	111	
2010年	22	1					171	141	
2011年	21	3	1	2			254	204	
2012年	17	3	1	2			264	228	
2013年	20	4	1	3			288	258	

先进集体及个人一览表

授奖单位	奖项名称	获奖集体
渤海银行总行	安全保卫工作先进单位	渤海济南分行
	防控安全保卫案（事）件及安全事故先进单位	渤海济南分行　渤海烟台分行
人行济南分行	山东省金融机构征信知识竞赛团体三等奖	渤海济南分行
	《山东金融年鉴》优秀稿件一等奖	
授奖单位	**奖项名称**	**获奖个人**
中国银行业协会	全国杰出财富管理师	隋杰升
人行济南分行	山东省金融机构征信知识竞赛个人一等奖	张　波
渤海银行总行	总行级先进员工	于立宏　白　冰

续表

授奖单位	奖项名称	获奖个人
渤海银行总行	零售“十佳理财客户经理”	戴凤国
	营运人才库“优秀柜员”	李国强
	渤海银行网页设计大赛专业组设计创意奖	孙秀河　李　瑾

天津银行股份有限公司济南分行

领导干部及职能部门一览表

行长（或其他称谓的第一负责人）			副行长（或其他称谓的同级领导）		
姚志坚			潘　玲　栾德志　申凤玲 刘亚军　张维东		
地　址	济南市市中区泺源大街 229 号			邮　编	250012
职能部门	正职	副职	职能部门	正职	副职
综合管理部	程晓琴		大客户部	张万良	
风险管理部	高华明		营业部	王全普	
运营管理部	宋剑峰		市场营销一部	周秉欣	
计划财务部	张慧侠		市场营销二部	杨　勇	
公司业务部	王　芳		市场营销三部	尚晓明	
个人业务部	孟　宁		市场营销四部	郝　楠	
小微业务部	王志红		市场营销五部	郭燕敏	
同业市场部	张慧侠		市场营销七部	张华泽	
合规内审部	程晓琴		市场营销八部	杨　波	
安全保卫部	李　浩		市场营销九部	侯海升	

机构概况一览表

年度	内设职能部门数量	下设分支机构					员工		备注
		总数	地市分行数	县区支行数	分理处、营业所数	储蓄所数	总人数	正式职工人数	
2010 年	12	1					96	88	
2011 年	14	1			1		120	108	
2012 年	17	3		2	1		173	154	
2013 年	20	5		4	1		246	208	

浙商银行股份有限公司济南分行

领导干部及职能部门一览表

<table>
<tr><td colspan="3">行长(或其他称谓的第一负责人)</td><td colspan="3">副行长(或其他称谓的同级领导)</td></tr>
<tr><td colspan="3">傅荣生</td><td colspan="3">陆为民　吴宝国　姜　兵</td></tr>
<tr><td>地　址</td><td colspan="3">济南市历下区黑虎泉西路 185 号</td><td>邮　编</td><td>250011</td></tr>
<tr><td>职能部门</td><td>正职</td><td>副职</td><td>职能部门</td><td>正职</td><td>副职</td></tr>
<tr><td>办公室</td><td></td><td>武建锐</td><td>业务发展二部</td><td>李　炘</td><td></td></tr>
<tr><td>业务管理部</td><td></td><td>王耀红</td><td>业务发展三部</td><td>邵力军</td><td></td></tr>
<tr><td>授信评审部</td><td>李华宝</td><td></td><td>信贷业务一部</td><td>李庆才</td><td></td></tr>
<tr><td>风险管理部</td><td></td><td>王振华</td><td>信贷业务二部</td><td></td><td>刘　峰</td></tr>
<tr><td>计划财务部</td><td>刘　浩</td><td></td><td>信贷业务三部</td><td>陈　慧</td><td></td></tr>
<tr><td>会计科技部</td><td>于建平</td><td></td><td>市场拓展一部</td><td>鹿悦军</td><td></td></tr>
<tr><td>营业部</td><td></td><td>吕晓宁</td><td>市场拓展二部</td><td>王晓东</td><td></td></tr>
<tr><td>金融同业部</td><td>李　辉</td><td></td><td>历下支行</td><td>高　强</td><td>姜亚枫</td></tr>
<tr><td>业务发展一部</td><td></td><td>田　启</td><td></td><td></td><td></td></tr>
</table>

机构概况一览表

<table>
<tr><td rowspan="2">年度</td><td rowspan="2">内设职能部门数量</td><td colspan="5">下设分支机构</td><td rowspan="2">员工总人数</td><td rowspan="2">正式职工人数</td></tr>
<tr><td>总数</td><td>地市分行数</td><td>县区支行数</td><td>分理处、营业所数</td><td>储蓄所数</td></tr>
<tr><td>2010 年</td><td>15</td><td></td><td></td><td></td><td></td><td></td><td>115</td><td>96</td></tr>
<tr><td>2011 年</td><td>18</td><td></td><td></td><td></td><td></td><td></td><td>156</td><td>128</td></tr>
<tr><td>2012 年</td><td>18</td><td>1</td><td>0</td><td>1</td><td>0</td><td>0</td><td>201</td><td>174</td></tr>
<tr><td>2013 年</td><td>18</td><td>2</td><td>1</td><td>1</td><td>0</td><td>0</td><td>224</td><td>189</td></tr>
</table>

先进集体及个人一览表

<table>
<tr><td>授奖单位</td><td>奖项名称</td><td>获奖集体</td></tr>
<tr><td>浙商银行总行</td><td>优秀团队</td><td>浙商济南分行营业部</td></tr>
<tr><td>授奖单位</td><td>奖项名称</td><td>获奖个人</td></tr>
<tr><td rowspan="4">浙商银行总行</td><td>明星客户经理</td><td>赵逸逸</td></tr>
<tr><td>优秀员工</td><td>王耀红</td></tr>
<tr><td>优秀共产党员</td><td>李　杰</td></tr>
<tr><td>优秀党务工作者</td><td>于建平</td></tr>
</table>

北京银行股份有限公司济南分行

领导干部及职能部门一览表

行长（或其他称谓的第一负责人）			副行长（或其他称谓的同级领导）		
王淑梅			李国庆		
地　址	济南市市中区经十路21356号		邮　编	250002	
职能部门	正职	副职	职能部门	正职	副职
办公室	魏　震	张胜利	公司银行部	王树民	
零售银行部		郭建军　李大同	国际业务部		林　华
运营部	徐朝霞	毛翎羽	中小与小微企业部		
计划财务部		兰圣刚	信用审批部		张乐泉
法律合规部		张乐泉	贷后管理部		
同业与票据部	徐朝霞		人力资源部		马瑞萍

机构概况一览表

年度	内设职能部门数量	下设分支机构					员工总人数	正式职工人数	备注
		总数	地市分行数	县区支行数行数	分理处、营业所数	储蓄所数			
2010年	7	1	0	--	--	--	60	60	
2011年	7	2	1	1	0	0	116	116	
2012年	12	4	1	3	0	0	219	219	
2013年	12	6	1	5	0	0	274	274	

先进集体及个人一览表

授奖单位	奖项名称	获奖集体
北京银行总行	2013年度一等奖——指标完成奖 2013年公司业务一等奖——综合贡献奖	北京银行济南分行
北京银行总行	2013年青年文明号	北京银行济南分行营业部
授奖单位	奖项名称	获奖个人
山东省公安厅	山东省单位内部治安保卫先进个人，并记二等功	李国庆
北京银行总行	文明规范服务优秀标兵	吕学文
中国银行业协会	明星大堂经理	吴　梅

广发银行股份有限公司济南分行

领导干部及职能部门一览表

行长（或其他称谓的第一负责人）			副行长（或其他称谓的同级领导）		
庞新锋			杜经涛　许铁民　顾　蓉　范广文		
地　址	济南市经四路 15 号广发银行大厦			邮　编	250001
职能部门	正职	副职	职能部门	正职	副职
办公室	郝文刚		环球交易服务部		马　克　刘明霞
人力资源部	来新华		个人银行部		吴存贵　蔡　芳
计划财务部	李国全		信用卡部		宋艳红
信贷管理部	陈　新	张　永　张　鲁	营业部	苏维荣	张　静
运营科技部	李丽华	赵洪涛	公司银行部	李耕深	

机构概况一览表

年度	内设职能部门数量	下设分支机构					员工总人数		备注
		总数	地市分行数	县区支行数	分理处、营业所数	储蓄所数		正式职工人数	
2012 年	8	0					164	149	
2013 年	10	4	1	3	0	0	263	238	

先进集体及个人一览表

授奖单位	奖项名称	获奖集体
广发银行	2013 年度最具成长性分行	广发济南分行
中共济南市委、济南市政府	文明单位	
大众报业集团	2013 山东十大服务品牌	
	最受消费者信赖金融品牌	
	诚信 3·15 文明规范服务优秀金融品牌	
人行济南分行营业管理部	2013 年度驻济银行业金融机构金融统计先进集体	
人行济南分行	山东省银行业金融机构征信业务知识竞赛团体三等奖	
济南市招商引资促进委员会	2012 年度济南市先进市外投资企业	
山东省总工会	工人先锋号	广发济南分行 环球交易服务部
银联山东分公司	2013 年度银联信用卡推广贡献奖	广发济南分行
授奖单位	**奖项名称**	**获奖个人**
中国金融思想政治工作研究会 中国金融企业文化促进会	2012-2013 年全国金融系统思想政治工作先进工作者	庞新锋
中国银行业协会	2013 年度中国银行业文明规范服务“明星大堂经理”、“微笑之星”	宋逸然

恒丰银行股份有限公司

领导干部及职能部门一览表

行长（或其他称谓的第一负责人）	副行长（或其他称谓的同级领导）
蔡国华	栾永泰　宋恒继　毕继繁　于海松

地　址	山东省烟台市芝罘区南大街248号		邮　编	264001	
职能部门	正职	副职	职能部门	正职	副职
授信管理部	张　立	王　伟　田世刚　牟建国	董事会办公室	于海松	解永涛　李志帅
金融市场部	迟德贤	樊秀娟　刘敬远　周文豪　王　锐	监事会办公室	唐爱军	
零售银行业务管理部	刘金平	白　舸	办公室	吕雅君	于方圆
国际业务管理部	赵联斌	张永聚　杨奎峰	人力资源管理部	邢秀生	迟世波
投资银行业务管理部	曲晓文	孙喜讯　赵雯雯	行政事务管理部	王传波	赵　嫔
中小企业信贷管理部	孙宏琦	王雁飞	计划财务部		王艳梅
票据业务管理部	徐澜涌		合规管理部	孙宗奎	王　磊
公司业务管理部	赵鲁宁		审计部		唐爱军　毕国器
贸易金融部		吴　靓	风险控制管理部	姜海臣	任书亮　高林茂
电子银行部		王朝晖	统计部		高俊美　衣淑娜
专家贷审委办公室		徐　薇	法律事务部	刘小萍	
中间业务审批委员会办公室		王昭强（主持工作）	运营管理部		崔胜春　李　杨
贸易融资审查委员会办公室		尹宏波	保卫部		张　锐
科技部	孙光辉	隋增平　刘晓亮　盖　良	监察室	王长荥	张延月
运行保障部		吴春杰　李祥胜	机构管理部	邢笃奎	
上海研发中心	刘　军	李　波　刘红梅	科技发展部	于锡强	
北京研发中心		姚永吉	投资开发部	肖　磊	
业务创新部	彭渊豪（兼）	周文豪	资产运营管理部	王代纯	
客户服务中心	刘亚军	马述明	工会女工委办公室	陈悦慧	
研究发展部	刘金平				

机构概况一览表

年度	内设职能部门数量	下设分支机构					员工总人数		备注
		总数	地市分行数	县区支行数	分理处营业所数	储蓄所数		正式职工人数	
2009 年	33	93	8	8	29		2372	2372	
2010 年	35	107	15	9	29		2834	2834	
2011 年	35	117	20	9	29		3181	3181	
2012 年	39	130	21	14	29		3604	3604	
2013 年	39	145	24	19	29		4254	4254	

先进集体及个人一览表

授奖单位	奖项名称	获奖集体
恒丰银行总行	十佳一级分行	杭州分行、重庆分行、成都分行、西安分行、苏州分行、烟台分行、青岛分行
	十佳二级分行	济南东营分行、济南聊城分行、南京无锡分行、杭州义乌支行、成都乐山分行、成都南充分行、重庆涪陵支行
	十佳支行	青岛燕儿岛路支行、济南东营西城支行、南京城北支行、杭州余杭支行、成都金沙支行、重庆高新支行、烟台上夼西路支行、昆明滇池度假区支行、西安高新支行
	经营效益标兵分行	重庆分行、烟台分行
	存款业务标兵分行	烟台分行、成都分行
	贷款业务标兵分行	西安分行、重庆分行
	票据业务标兵分行	烟台分行、西安分行
	国际业务标兵分行	杭州分行、青岛分行
	零售业务标兵分行	重庆分行、烟台分行
	理财融资业务标兵分行	重庆分行、杭州分行
	资金同业业务标兵分行	重庆分行、烟台分行
	投资银行业务标兵分行	青岛分行、杭州分行
	总行机关先进集体	投资银行部、合规管理部、人力资源部、金融市场部、办公室、计划财务部
授奖单位	**奖项名称**	**获奖个人**
恒丰银行总行	十佳一级分行行长	周德元 唐金文 宋　豪 庄保太 杜　娟 秦雪梅 于　玲
	十佳二级分行行长	任显芬 王永伟 梁科杰 陆晓航 金爱东 彭文友 周文革
	十佳支行行长	胡崇懋 张明泽 王风雷 赵新华 李久润 曹　梦 成巍立 董　钧 陈　睿
	十佳分行副行长	彭迪蒙 张雪庆 王洪民 于　宙 李　军 刘永东 韩玉梅 莫　骜 丁建洪 陈志国 于国强 周少梅 周月友 冉亨茂
	总行十佳经营能手	张　森 迟德贤
	分行十佳经营能手	谢博尼 陶星洁 艾恩如 房永福 邢　文 王　欣 方远明 张峻岭

山东省农村信用社联合社

领导干部及职能部门一览表

理事长（党委书记）	主任（副理事长、党委副书记）	副主任（或其他称谓的同级领导）
宋文瑄	张建民	丁浩升　展西亮　郇　涛　王宝城

地　址	济南市经七路6号			邮　编	250001
职能部门	正　职	副　职	职能部门	正职	副　职
办公室	孙清华	朱连庆　刘廷伟	监察保卫部	李金安	李永昌
机关党办	宫淑梅		巡视办公室	朱立芳	
机关工会	宫淑梅	康　东	科技信息部	于富海	杜海松　焦大光　肖　宁
基建办	赵凤彬		济南科技中心		王仁福
政策研究部	陈卫东	赵书阳　王高义	黄岛科技中心		姚念馥
业务发展部	王季刚	王永升	电子银行部	于振福	张　焰　朱大伟
信贷管理部	黄孝杰	巩方波　伍永清	合规部	袁德亭	杨　青
资产管理部	王　军	梁晓玫	资金中心	刘传武	刘永法
财务管理部	马立军	傅宝汉	创新研发中心	帖晓鹏	徐　亮　巩丽红
人力资源部	张　珺		管理工程提升办公室		蒋继伟
审计部	田杰友	王少军			

机构概况一览表

年度	内设职能部门数量	下设分支机构					员工总人数	正式职工人数	备注
		总数	市级联社、办事处	县级联社、合行、商行数	分理处、营业所数	储蓄所数			
2009年	11	5332	17	132	5044	139	73282	56458	
2010年	11	5280	17	132	5030	101	76673	58650	
2011年	12	5229	17	132	4970	110	77441	67906	
2012年	12	5218	17	118	5101	101	77189	67803	
2013年	14	5180	16	118	5004	42	77399	71120	

先进集体及个人一览表

授奖单位	奖项名称	获奖集体
山东省委、省政府	全省信访工作先进单位	省联社
人行总行	全国农村支付服务环境建设先进集体	
中国银联山东分公司	2013年度山东银联创新业务合作贡献奖	

续表

授奖单位	奖项名称	获奖集体
省文明委	省级文明单位	省联社
省人社厅	省直管企业养老保险工作先进单位一等奖	
省国资委	省级青年文明号	
中华总工会	全国五一巾帼标兵岗	济南市润丰农村合作银行营业部
省纪委、省委宣传部、省监察厅、省国资委、省委组织部、省总工会	山东省厂务公开民主管理先进单位	河口农村商业银行 潍坊农商银行坊子支行
中华全国妇女联合会，全国妇女“巾帼建功”活动领导小组	国家级巾帼文明岗	费县农村商业银行营业部
山东省总工会	山东省劳动关系和谐企业（四星）	博兴农村商业银行
山东省文明办 山东省农村信用社联合社	文明服务单位	青岛农商银行平度支行营业部等31家单位
授奖单位	**奖项名称**	**获奖个人**
省财贸金融工会	山东省财贸金融系统工会优秀工会之友	郇　涛　王宝城
全国总工会	全国五一劳动奖章	张效节
山东省政府	山东省劳动模范	王广明等12人
山东省总工会	山东省富民兴鲁劳动奖章	吴加军　吴新民
人行总行	全国农村支付服务环境建设先进个人	郭　强
共青团山东省国资委委员会	山东省省管企业青年五四奖章	张　焰
山东省财贸金融工会委员会	山东省财贸金融系统优秀工会工作者	宋峰光
中国银联山东分公司	2013年度山东银联创新业务先进个人	于振福等5人
中国银联山东分公司	2013年度山东省银行卡发展先进个人	王季刚等6人
山东反假货币工作联席会	山东省反假货币先进个人	李　伟
山东省总工会	山东省优秀工会积极分子	聂　磊
共青团中央	全国优秀共青团员	吕　玥
山东省经信委	山东省优秀经营管理者	吴士合
山东省省管企业精神文明建设委员会	道德模范（孝老爱亲）	杨小红
山东省省管企业精神文明建设委员会	道德模范（助人为乐）	丁延宝
山东省文明办、省联社	文明服务标兵	王庆莲等69人

齐鲁银行

领导干部及职能部门一览表

行长（或其他称谓的第一负责人）			副行长（或其他称谓的同级领导）		
董事长　王晓春			行长　黄家栋		
地　址	济南市中区顺河街176号			邮　编	250001
职能部门	正职	副职	职能部门	正职	副职
办公室	吴　刚		公司银行部	陶文喆	
人力资源部	李九旭		小企业银行部	刘　霞	

续表

职能部门	正职	副职	职能部门	正职	副职
董事会办公室	胡金良		零售银行部	曹先锋	
计财部	高永生		金融市场部	朱　宁	
合规部	陈晋洪		国际业务部	郭建忠	
内审部	吴红稳		电子银行部	葛　萍	
监察室	王玉良		机构投行部	聂伟才	
党工办	刘汉方		风险管理部	李德高	
科技部	李振军		信贷审批部	史怀雷	
行管保卫部	王明忠		运营部	高爱青	
转型工作领导小组办公室	张志高				

机构概况一览表

年度	内设职能部门数量	下设分支机构					员工总人数		备注
		总数	地市分行数	县区支行数	分理处、营业所数	储蓄所数		正式职工人数	
2009 年	20	71	2	5	0	0	1806	1806	
2010 年	21	79	3	7	0	0	2024	2024	
2011 年	20	81	3	9	0	0	2110	2110	
2012 年	19	82	3	9	0	0	2100	2100	
2013 年	19	86	3	12	0	0	2311	2311	

先进集体及个人一览表

授奖单位	奖项名称	获奖集体
中国银行业协会	中国银行业文明规范服务千佳示范单位	齐鲁银行聊城分行
中央国债登记结算公司	债券自营业务优秀结算成员	齐鲁银行
山东银联	2011 年度银行卡跨行交易质量奖	
人行济南分行营业管理部	绿色信贷工作先进单位	
济南市市委	全市行风民主评议中，位居公共服务行业综合测评排名行业第八名，金融机构第一名	
中国银行业协会	首届中国地方金融十佳特色产品奖	
中国金融认证中心	2013 年区域性商业银行最佳网上银行业务拓展奖	
授奖单位	**奖项名称**	**获奖个人**
中国银行业协会	第五届全国杰出财富管理师评选银奖	郭大朝

青島银行

领导干部及职能部门一览表

行长（或其他称谓的第一负责人）			副行长（或其他称谓的同级领导）		
郭少泉（董事长） 王 麟（行长） 邹君秋（监事长）			陈 青 王 瑜 杨峰江 杨长德 肖 群 姜福鑫		
地 址	青岛市香港中路68号			邮 编	266071
职能部门	正职	副职	职能部门	正职	副职
董监事会办公室	吕 岚		信息技术部	杨 斌	张大卫 韩朝丽 侯 冬 张 佳
办公室	文洪进	于 群	电子银行部	刘 静	
人力资源部	姜福鑫（兼）	田玉贤 曹立胜 桂 林	会计部	张爱青	汤 潇 徐 楠
计划财务部	王 波	刘晓曙 朱贵东 Simone Leri	审计部	徐万盛	王雪蓉
信贷管理部	孙继刚	李庆伟 盛志远 赵凤杰 王春雨	机构管理部	张永泰	
授信审批部	陆连华	李 楠 王洪春 唐 衡 王报春 Franco Cugnach	研究发展部	李爱英	徐洪治
公司银行部	孙 刚	王崭先 王 荣	法律合规部	孟宪政	周尊严
贸易金融事业部	姜 晖	崔积峰 周 婷 张海英	安全保卫部	杨顺喜	邵韦斌
金融市场部	刘 鹏	王 茜	行政部	张守建	吴洪展
票据中心	唐 坚		流程银行办公室	李振国	
小企业金融部	郑永俊	徐 宏 魏 刚	业务拓展三部	封宗顺	
零售银行部	徐世军	林 栋 于平程	个人信贷部	张从民	魏良永
财富管理中心	黄 蕾		服务监督中心	赵 荣	

机构概况一览表

年度	内设职能部门数量	下设分支机构					员工总人数		备注
		总数	地市分行数	县区支行数	分理处、营业所数	储蓄所数		正式职工人数	
2009年	15	44	1	5	0	0	1249	1249	
2010年	25	45	1	5	0	0	1624	1478	
2011年	28	47	2	6	0	0	1972	1717	
2012年	28	51	2	9	0	0	2281	1939	
2013年	26	60	4	15	0	0	2748	2237	

先进集体及个人一览表

授奖单位	奖项名称	获奖集体
中国外汇交易中心	优秀交易员奖	青岛银行
中国银监会	中国银行业信息科技风险管理二类研究成果	
授奖单位	**奖项名称**	**获奖个人**
青岛市委、青岛市政府	青岛市拔尖人才	郭少泉
山东省委、省政府	山东省劳动模范	

齐商银行

领导干部及职能部门一览表

行长（或其他称谓的第一负责人）			副行长（或其他称谓的同级领导）		
杲传勇			赵晓东 韩兴柱 鞠杰 王强 丁树博 王涛 郑文杰 曹爱萍 张东升 孙高荣		
地址	淄博市张店区中心路105号		邮编	255000	
职能部门	正职	副职	职能部门	正职	副职
董、监事会秘书处	马慧玲	李刚	计划财务部	郝同利	王新兵
办公室	刘锦程	史卫东 葛军生 朱莉	保卫出纳部	张海清	于霞
基建管理部	张建文	苑立坤	会计结算部	高源	袁征喹 王刚
人力资源部	国建鑫	张红博	授信审批部	周航升	
培训中心	滕永滔		公司金融部	张振焱	张澎
宣传部	张学民		零售金融部	岳雷	
纪检监察部	耿卫东	孙玉宁	国际金融部	王飞雪	赵莉 李亮
风险管理部	刘庆国	罗长征	金融市场部	李保国	曹源
稽核审计部	刘丽珍	栾贻峰	同业投行部	谭秀弟	宋继峰 王健 司彦江
科技信息部	刘映辉	张宏涛 马立俊	小企业金融服务中心	邹倩	胥计忠 王凯 姚建东

机构概况一览表

年度	内设职能部门数量	下设分支机构					员工总人数	正式职工人数	备注
		总数	地市分行数	县区支行数	分理处、营业所数	储蓄所数			
2009年	18	74	2	72	0	0	1527	1527	
2010年	18	76	2	74	0	0	1586	1527	
2011年	16	77	2	75	0	0	1722	1556	
2012年	21	81	3	78	0	0	1867	1668	
2013年	18	86	4	82	0	0	2411	1810	

先进集体一览表

授奖单位	奖项名称	获奖集体
中央国债登记结算公司	全国银行间市场投标认购债券总量机构排名	齐商银行
中国银行业协会	2012年度中国银行业文明规范服务千佳示范单位	齐商银行总行营业部
山东省银行业协会	2012年度山东省银行业文明规范服务示范单位	齐商银行营业部、高新区支行营业部、共青团支行营业部、山铝支行、果里支行、齐城支行
陕西省金融办	2012年度陕西省金融保险业财务统计工作先进单位	齐商银行西安分行
山东省银行业协会	山东省银行业服务小微企业十佳金融产品奖	齐动力—租金贷
	山东省银行业服务三农十佳金融产品奖	齐动力—出疆棉补贴融资
银联山东分公司	2012年度银联借记卡推广贡献奖	齐商银行
山东银行业协会	2012年度山东省银行业信息宣传工作先进单位	
全国银行间同业拆借中心	2012年度银行间本币市场交易100强机构	
人行西安分行	陕西省支付系统运行管理"优秀单位"	齐商银行西安分行
陕西省银行业协会	2013年陕西省银行业业务技能比赛精神文明奖	
中国外汇交易中心济南分中心	2013年度山东省银行间外汇市场优秀会员	

烟台银行

领导干部及职能部门一览表

董事长、行长、监事长			副行长（或其他称谓的同级领导）		
叶文君 石学东 王建春			孙 涛 左 华 冯丽强		
地 址	烟台市芝罘区海港路25号			邮 编	264000
职能部门	正职	副职	职能部门	正职	副职
办公室	秦鲁斌	易建生 李 健	资产管理部	贺庆寿	于 涛 卢 健
监察与保卫部	李文章	王利新	计划财务部	孙 朋	徐明文
人力资源部	李振勇	邱义蓉	金融市场部		冷绍辉
风险管理部	孙永辉		稽核监督部	姜美华	车成文
授信管理部	范宝琦	李建章	合规部	侯利民	
战略发展部	刘 伦		科技部	周爱民	吴 鸿
会计结算部	王慧明		市场推广部		李 健
公司业务部		吕景明(主持工作) 李文奇	个人业务部		王淑华
小企业贷款部	姚 华		国际业务部	郑速民	

机构概况一览表

年度	内设职能部门数量	下设分支机构					员工总人数	正式职工人数	备注
		总数	地市分行数	县区支行数	分理处、营业所数	储蓄所数			
2009 年	13	71	0	71	0	0	1404	1272	
2010 年	14	72	0	72	0	0	1468	1357	
2011 年	17	72	0	72	0	0	1470	1369	
2012 年	18	72	0	72	0	0	1481	1396	
2013 年	18	72	0	72	0	0	1463	1402	

先进集体一览表

授奖单位	奖项名称	获奖集体
人行济南分行	2013 年山东省提升现金服务水平专项行动先进集体	烟台银行营业部
银联山东分公司	2013 年度山东省银行卡工作先进单位	烟台银行

潍坊银行

领导干部及职能部门一览表

行长（或其他称谓的第一负责人）			副行长（或其他称谓的同级领导）		
史跃峰			闫红兵 陈瑞源 王宗华 温英杰 仪修喜 朱毅达 李建卫 黄建军 徐振文 王新光 周世国 高玲玲 王远军 刘春萍 白永刚 李文玲 李子刚		
地　址	潍坊市奎文区胜利东街 5139 号		邮　编	261041	
职能部门	正职	副职	职能部门	正职	副职
董事会办公室	贾晓云		授信管理部	张　彬	周兆友
监事会办公室	丁隆波		国际业务部	王　伟	付　燕
办公室	王海滨	陈志兴　仲　峰	个人客户部	孟红升	刘承红
人力资源部	张海波	李庆伟	公司客户部	张振升	王贵河　吴德新
战略研究部	邢志伟	王伟民	小微客户部	郑友坤	聂兴华　邱国建
党群工作部	宋欢欢	冷力文	同业金融部	李　勃	魏海涛
监察室	宋欢欢（兼）	冷力文（兼）	信息科技部	闫学顺	于太勇
品牌管理部	戴妮娜	唐兆亮	电子银行部	李素平	丁荣军
安全保卫部	王德曜	毛国栋	内部审计部	李子刚	刘宝民　许　艳

续表

职能部门	正职	副职	职能部门	正职	副职
计划财务部	李志刚	贾锋江 成红卫	特殊资产部	王晓强	徐 峰
机构管理部	王永霖	岳 旭	清算出纳部	李法军	黎卫东 张雪松
运行管理部	齐寿东	刘 艳 张 鹏	职工培训学院	吕 和	李文博 张建梅
风险控制部	张始海	周锡军			

机构概况一览表

年度	内设职能部门数量	下设分支机构					员工总人数	正式职工人数	备注
		总数	地市分行数	县区支行数	分理处、营业所数	储蓄所数			
2009年	20	47	0	47	0	0	1220	1220	
2010年	20	48	1	47	0	0	1319	1319	
2011年	25	50	1	49	0	0	1509	1509	
2012年	25	55	1	54	0	0	1698	1698	
2013年	25	65	2	63	0	0	1956	1608	

先进集体及个人一览表

授奖单位	奖项名称	获奖集体
外汇局山东省分局	2012年度山东省国际收支优秀申报单位	潍坊银行
银联山东分公司	2012年度山东银联标准借记卡推广贡献奖	潍坊银行
银联山东分公司	2013年度山东银联创新业务合作进步奖	潍坊银行
中国外汇交易中心济南分中心	2013年度银行间外汇市场优秀会员	潍坊银行
中华全国总工会	全国职工教育培训示范点	职工培训学院
山东省银监局	2013年度信息科技风险管理课题研究二类成果	信息科技部
中国银监会	海域使用权抵押贷款获“2012年度全国银行业金融机构小微企业金融服务特色产品”	青岛胶南海汇村镇银行
人行征信中心	2012年度企业征信系统数据质量工作优秀机构	青岛胶南海汇村镇银行
授奖单位	**奖项名称**	**获奖个人**
山东省政府	山东省劳动模范	史跃峰
人民银行征信中心	个人征信系统数据质量工作优秀个人	成云鹏
外汇局山东省分局	2012年度山东省国际收支申报优秀申报员	李晓玲
银联山东分公司	2013年度山东银联银行卡产业发展先进个人	郭兆斌
银联山东分公司	2013年度山东银联创新业务合作进步奖先进个人	李素平 丁荣军 王 仲
山东省城市商业银行合作联盟	信息科技建设先进个人	周 珂 王承晖 李荣健 王孔清 张 斌
银联山东分公司	2012年度山东银联银行卡发展先进个人	李荣健 王沁园 李素平 孙玉波

续表

授奖单位	奖项名称	获奖个人
山东省城市商业银行合作联盟	2013年度电子银行业务创新先进个人	王　仲　孙建亮
山东省城市商业银行合作联盟	信息系统运维先进个人	马　强　王　昊
人民银行征信中心	2012年度企业征信系统数据质量工作优秀个人	张馨予
	2013年度个人征信系统数据质量工作优秀个人	高玉晓

威海市商业银行

领导干部及职能部门一览表

行长（或其他称谓的第一负责人）			副行长（或其他称谓的同级领导）		
谭先国（董事长）　赛志毅（行长） 孙宝镇（监事会主席）			邓　卫　张仁钊　刘　河　刘昌杰 毕秋波　姜学明　李海清　邢志强		
地　址	山东省威海市宝泉路9号			邮　编	264200
职能部门	正职	副职	职能部门	正职	副职
办公室	林峰山	张家恩　王　东	授信审批部	唐彬彬	孙华斌　焦念胜
人力资源部	王树奇	郭志远　冷朝晖 于　瀚	金融市场部	程　玉	
计划财务部	陶遵建	卢光明　陶　蕾	科技信息部	张文明	刘艳梅　蔡应江
会计结算部	蒋其学	刘春燕　谷风利 李　艳	资产保全部	苗延芬	刘愿梅
零售银行部	高　洁	管　鹏　任　燕 蔡玉欣	安全保卫部	于春勇	夏卫东
小企业银行部	张晓东	景绍新　李　明	战略管理部	师　阳	陈　蓉
审计部	王若芳	陶咏梅	国际业务部	秦浩东	王者庆　谷婷婷
风险管理部	崔连山	张传政　毕建明	公司银行部	镡方东	汪海珊　何向阳 乔渊明
董事会办公室	李　杰	许　强	监事会办公室	张雪凝	
投资银行部	朱焕新				

机构概况一览表

年度	内设职能部门数量	下设分支机构					员工总人数		备注
		总数	地市分行数	县区支行数	分理处、营业所数	储蓄所数		正式职工人数	
2009年	14	37	2	35			1018	958	
2010年	16	42	3	39			1277	1103	
2011年	16	47	3	44			1470	1365	
2012年	16	56	5	51			1865	1725	
2013年	16	64	7	57			2374	2213	

先进集体及个人一览表

授奖单位	获奖名称	获奖集体
金融时报社	中国金融机构金牌榜．金龙奖一年度最具竞争力中小银行	威海市商行
山东省质监局	2013 年度山东省服务名牌	
人行济南分行	山东省省级提升现金服务水平专项行动先进集体	威海市商行会计结算部现金中心
中国外汇交易中心济南分中心	2013 年度济南分中心银行间外汇市场优秀会员	威海市商行
银联山东分公司	2013 年度山东银联创新业务合作贡献奖	
授奖单位	**获奖名称**	**获奖个人**
山东银监局	优秀个人	于明杰　胡华杰
银联山东分公司	2013 年度山东银联创新业务合作贡献奖先进个人	蔡玉欣　石　青　马　娟　李　明　刘　鹏

临商银行

领导干部及职能部门一览表

董事长	监事长	纪委书记	副行长（或其他称谓的同级领导）
钱　进	庄　依	臧文勇	王君泰　徐　毅　刘建军　葛　磊　徐　建　韩　伟

地　址	临沂市兰山区北京路 37 号	邮　编	276000

职能部门	正职	副职	职能部门	正职	副职
董事会办公室		姜云晓　韩　燕　李　艳	信息科技部	彭穗峰	魏绪勇
监事会办公室	陈　震		法律合规部	姚子峰	陈洪义
公司业务部	吴立国	刘成才	风险管理部	姚子峰	
小企业业务部	巩世奎	李春叶	办公室	扈胜勇	杨一国
个人业务部	崔社兴	周鲁凯　赵　晗	人力资源部	王学平	李红红
国际业务部	苏贻庆	尚艳红	审计部	姜云飞	孙西胜
金融市场部	杜　敏	王玉奎	保卫部	陈广伟	彭元会
资产保全部	陈京涛	张　峰　许玉国	监察部	孟庆达	
计划财务部	张振丽	彭秀英	工会办公室	吕学荣	
信贷管理部	汲生好		后勤服务部	石连旭	鞠海成　袁　振　王国栋
运营管理部	卢兆华		基建办公室	刘洪志	刘瑞山　刘长国

机构概况一览表

年度	内设职能部门数量	下设分支机构					员工		备注
		总数	地市分行数	县区支行数	分理处、营业所数	储蓄所数	总人数	正式职工人数	
2009 年	19	64	1	62			1406	1406	

续表

年度	内设职能部门数量	下设分支机构					员工总人数	正式职工人数	备注
		总数	地市分行数	县区支行数	分理处、营业所数	储蓄所数			
2010 年	20	67	1	65			1704	1610	
2011 年	20	69	1	67			1790	1652	
2012 年	22	70	1	68			2085	1900	
2013 年	22	73	1	71			1999	1826	

日照银行

领导干部及职能部门一览表

党委书记（或其他称谓的第一负责人）			董事长、行长、副行长（或其他称谓的同级领导）		
费洪军（党委书记）			王　森（董事长）　闫　鸣（行长） 高月康　焦自竺　黄　玲　王永健 杨宝峰　袁玲玲　宋　文		
地　址	山东省日照市烟台路 197 号			邮　编	276826
职能部门	正职	副职	职能部门	正职	副职
办 公 室	宋　文（兼）	范　文　陈　迎 刘　伟	个人金融业务部	倪孝军	时培金
人力资源部	汪　芳	段　洁	资产管理部	郭全海	
计划财务部	马　辉	张茹茹	风险管理部	寇祥亮	
营运管理部	黄　维	褚江艳	信贷管理部	宋宜涛	
科技部	秦宝林	王秀明	工会办公室	马　莉	
审计部	黄　丽	刘　芸	保卫部		张茂新
公司业务部		姜　岩　管延伟	监事会办公室	刘维震	
金融市场部	刘秀梅	郭炳岭	纪检监察室	闫东章	
国际业务部	任晓燕	庄　霞　韩英丽	车队	滕怀湘	

机构概况一览表

年度	内设职能部门数量	下设分支机构					员工总人数	正式职工人数	备注
		总数	地市分行数	县区支行数	分理处、营业所数	储蓄所数			
2009 年	16	25	1	23			774	668	
2010 年	17	28	2	25			881	766	
2011 年	18	30	2	27			981	851	
2012 年	18	36	2	33			1153	993	
2013 年	18	44	4	39			1434	1292	

先进集体及个人一览表

授奖单位	奖项名称	获奖集体
中华全国总工会	全国模范职工之家	日照银行工会
外汇局国际收支司、中国统计学会国际收支统计分会	2012 年度国际收支统计之星先进单位	日照银行
银联山东分公司	2013 年 3 季度山东受理市场综合营销季度奖	
山东银监局	“夯实统计信息基础，提升银行业数据质量”竞赛活动突出贡献集体	
山东省发改委	2012 年全省服务业三大载体考核先进单位	
中国外汇交易中心济南分中心	中国外汇交易中心济南分中心优秀交易单位	
外汇局山东省分局	2013 年度山东省国际收支优秀申报单位	
授奖单位	奖项名称	获奖个人
银联山东分公司	2013 年度银行卡产业发展先进个人	成　豪　纪　潇　王　勇　吕世明
山东城商行联盟	2013 年度电子银行业务创新先进个人	孙中峰
山东银监局	“夯实统计信息基础，提升银行业数据质量”竞赛活动突出贡献个人	张茹茹
山东城商行联盟	信息科技建设先进个人	范丰伟　王　勇　张传斌
	电子银行业务创新先进个人	吕世明
	信息系统运维先进个人	李金萍　汪琼瑶

德州银行

领导干部及职能部门一览表

行长（或其他称谓的第一负责人）			副行长（或其他称谓的同级领导）		
孙玉芝			常　青　杜成金　李书华　尹德恩　郑亚林　吴玉华　张正忠　周成亮　侯玉荣　薛　梅　王　东　李金涛　徐圣颖　蔡　敏		
地　址	德州市三八东路 1266 号		邮　编	253000	
职能部门	正职	副职	职能部门	正职	副职
董监办	王树志	代小军	战略发展部	刘亚楠	
审计部	蔡　敏	张雪梅	公司业务部	张金红	
国际业务部	马　勇	田玉焕	个人业务部	潘春芳	郭　玲
金融市场部	王　东（兼）	刘　斌　刘珊珊	微小企业部	刘　毅	
运行管理部	张让慧		清算出纳中心	周　洁	
电子银行部	徐晓东	杨　军	科技信息部	张　霞	刘国强
风险管理部	陈保兴		授信管理部	于明臣	尹海峰
计划财务部	朱建丽		资产保全部	赵秀君	王文忠　赵遵舜　徐　晖　麻　强
综合部	肖　敏　刘拥军	王子俊　吴晓梅	人力资源拓展部	徐圣颖	何文生
行政事务部	张福祥	邱海军　盛宝东			

机构概况一览表

年度	内设职能部门数量	下设分支机构					员工总人数		备注
		总数	地市分行数	县区支行数	分理处、营业所数	储蓄所数		正式职工人数	
2009 年	10	29	0	28	0	0	614	511	
2010 年	11	32	0	31	0	0	681	559	
2011 年	14	34	0	33	0	0	735	600	
2012 年	15	38	0	37	0	0	847	734	
2013 年	19	41	1	40	0	0	960	960	

先进集体及个人一览表

授奖单位	奖项名称	获奖集体
全国总工会	全国模范职工之家	德州银行
人民银行征信中心	2012 年度企业征信系统数据质量工作优秀机构	德州银行
中央金融团工委、中国银行业协会	国家级“送金融知识下乡”宣传服务站	德州银行宁津支行
共青团山东省委	山东省青年文明号	德州银行银河支行
	山东省五四红旗团委	德州银行
山东省总工会	山东省劳动关系和谐企业	德州银行
人行济南分行办公室	2013 年山东省提升现金服务水平专项行动先进集体	德州银行鑫都支行
授奖单位	**奖项名称**	**获奖个人**
人民银行征信中心	企业征信系统数据质量工作优秀个人	张　霞　邵宏跃
	个人征信系统数据质量工作优秀个人	于明臣
山东省政府办公厅	山东省劳动模范	孙玉芝
省妇联、省经信委、省科技厅、省环保厅、省地税局、省国税局、省工商局、省质监局、省工商联、省女企业家协会联合	山东省最具影响力十大女企业家	
人行济南分行	山东省“承诺十八项、献礼十八大”活动先进个人	张让慧
	山东省机构信用代码推广应用工作先进个人	华　晔
	山东省“残缺人民币回收质量管理年”活动先进个人	孙英林
银联山东分公司	山东银联创新业务合作先进个人	杨　军　白　莲　宋丰印

济宁银行

领导干部及职能部门一览表

董事长	监事长	行　长	副行长（或其他称谓的同级领导）
李　敏	李维水	李印喜	陈振勇　梁汝亮　张衍珍　焦春华　宫　振

续表

地 址	济宁市古槐路58号			邮 编	272100
职能部门	正职	副职	职能部门	正职	副职
董事会办公室		王 庆	法律合规部	张晓锋	
审计部		杜艳红	计划财务部	王宝霞	徐 环 刘震时
监事会办公室	孙 青		结算运营部	杨 杰	赵志伟 袁贵贤
行政管理部	刘 君	杜欣然	机构业务部	吕美晶	褚秀华
人力资源部		李新芳	科技部	崔兴嘉	
信贷业务部	陈 亮	王惠芳	电子银行部	马 榛	杨丙惠
风险管理部	陈洪卫	马传举	国际业务部	贾同星	刘明艳 王忠海
金融市场部	李伟民	王亚男	安全保卫部	杨学志	
小微贷款中心	代守红	李 乾	工会		牛朝晖

机构概况一览表

年度	内设职能部门数量	下设分支机构					员工总人数	正式职工人数	备注
		总数	地市分行数	县区支行数	分理处、营业所数	储蓄所数			
2009年	14	22		7	15		447	447	
2010年	18	25		10	15		661	661	
2011年	18	27		11	16		821	821	
2012年	19	32		16	16		991	991	
2013年	19	39	4	18	17		1103	1103	

东营银行

领导干部及职能部门一览表

行长（或其他称谓的第一负责人）			副行长（或其他称谓的同级领导）		
石子强 高树松 袁学军			王乃军 王希凯 张爱民 付光远		
地 址	东营市东营区井冈山路808号			邮 编	257000
职能部门	正职	副职	职能部门	正职	副职
发展规划部	李德星	李新鹏	合规部	王 峰	王伟杰
人力资源部	韩念华	朱文郁	电子银行部	盖登攀	
信贷管理部	孟凡城	尚俊敏	零售业务部	余禄强	孙玉娟
党群监察部	宋士平	耿润坤	公司业务部	郭 华	刘维亮
审计部	李旭光	黄 坤	国际业务部	李杰善	

续表

职能部门	正职	副职	职能部门	正职	副职
资金同业部	吕玉明	钟少华	风险管理部	刘　昊	
运营管理部	尹　玮	徐新艳	行政事务部	马其胜	
计划财务部	刘瑞江	吴顺青	信息技术部	吴行飞	王　飞

机构概况一览表

年度	内设职能部门数量	下设分支机构					员工总人数		备注
		总数	地市分行数	县区支行数	分理处、营业所数	储蓄所数		正式职工人数	
2009年	14	22	2	6	0	0	515	430	
2010年	14	24	2	8	0	0	596	484	
2011年	14	27	2	9	0	0	701	642	
2012年	14	31	2	11	0	0	795	741	
2013年	16	40	4	13	0	0	941	852	

莱商银行

领导干部及职能部门一览表

行长（或其他称谓的第一负责人）			副行长（或其他称谓的同级领导）		
李敏实（董事长）　谭乐清（行长）			赵怀方　尚海燕　李学斌　崔　军　苏全利　杨宏峰　段　霞　于　泓		
地　址	莱芜市高新技术开发区龙潭东大街137号			邮　编	271100
职能部门	正职	副职	职能部门	正职	副职
办公室	李标实		公司银行部	陈法军	
董事会办公室	邵　勇		信息科技部	郝呈刚	
监事会办公室	李国实		金融市场部	马新生	
人力资源部	尚海燕		国际业务部	穆凤兰	
内审部	高新会		机构发展管理部	邵　勇	
合规风险部	卢光书		个人银行部	焦　颖	
计划财务部		张瑞杰	电子银行部		侯丽群
业务运营部	侯爱红		授信审批部	张乘胜	
保障安全部	张继军		企业文化部	李学斌	
工会办公室	张　歌				

机构概况一览表

年度	内设职能部门数量	下设分支机构					员工总人数		备注
		总数	地市分行数	县区支行数	分理处、营业所数	储蓄所数		正式职工人数	
2009年	11	27	2	25	0	0	626	617	
2010年	11	33	3	30	0	0	793	793	
2011年	11	36	3	33	0	0	915	915	
2012年	11	44	3	41	0	0	1000	1000	
2013年	19	53	7	46	0	0	1351	1351	

先进集体及个人一览表

授奖单位	奖项名称	获奖集体
山东省企业联合会、山东省企业家协会、山东省工业经济联合会、山东省质量管理协会	山东省履行社会责任示范企业	莱商银行股份有限公司
社科院金融研究所、《金融时报》社	年度最佳社会责任中小银行	
授奖单位	**奖项名称**	**获奖个人**
山东省企业联合会、山东省企业家协会、山东省工业经济联合会、山东省质量管理协会	山东省积极履行社会责任企业经营者	李敏实

枣庄银行

领导干部及职能部门一览表

行长（或其他称谓的第一负责人）			副行长（或其他称谓的同级领导）		
吕士伟			樊印华　许太景　刘　永　崔　健　张德安　朱玉军		
地　址	枣庄市市中区文化中路60号			邮　编	277100
职能部门	正职	副职	职能部门	正职	副职
监事会办公室	陆　萍		金融市场部	张　敏	
人力资源与发展部	韩西瑾	王爱军	稽核部	杨　静	邢洪水　贾丽梅
办公室	张　伟	边道侠	合规保卫部	孔　伟	王　磊
会计财务部	吴桂真		风险控制部	张　娜	

续表

职能部门	正职	副职	职能部门	正职	副职
业务部	杨相云	杜　强	科技部	赵　娜	
个人金融业务部	王红亚		特种资产管理部		

机构概况一览表

年度	内设职能部门数量	下设分支机构					员工总人数		备注
		总数	地市分行数	县区支行数	分理处、营业所数	储蓄所数		正式职工人数	
2009 年	7	14		2			346	314	
2010 年	7	14		2			351	316	
2011 年	7	15		3			415	339	
2012 年	9	16		4			459	372	
2013 年	12	18		4			567	460	

先进集体及个人一览表

授奖单位	奖项名称	获奖集体
省文明委	省级文明单位	枣庄银行
省财政厅	山东省金融企业绩效评价等级 A 级	
人行济南分行办公室	山东省提升现金服务水平专项行动先进集体	枣庄银行营业部
共青团省委	省级青年文明号	枣庄银行薛城支行
授奖单位	**奖项名称**	**获奖个人**
山东省城商行联盟	电子银行业务创新先进个人	董　慧　关　莉
	信息系统运维先进个人	褚　琳　贺志文　褚洪涛　褚文博
山东省银行业协会	山东省银行业文明规范服务明星大堂经理	赵雨欣

泰安市商业银行

领导干部及职能部门一览表

行长（或其他称谓的第一负责人）			副行长（或其他称谓的同级领导）		
展　鹏（董事长）　石占银（行长）　张海涛（监事长）			史建国　李志辉　李成山　赵传迎　杨方步		
地　址	泰安市长城路 3 号		邮　编	271000	
职能部门	正职	副职	职能部门	正职	副职
行政部	张志鹏		公司业务总部	张传智	
人力资源部		聂　静	零售业务总部	赵晓坤	周　娟
授信管理部	毕晓军		内审部	刁光阳	

续表

职能部门	正职	副职	职能部门	正职	副职
科技信息部		秦传贞	运营管理部	姜传朋	
风险合规部		阴向征	金融市场总部	夏学明	
电子银行部	冯德东		党群监察部	王　涛	
计划财务部	梁　涛		资产保全部		冯　彬
北京研发中心	安　鹏				

机构概况一览表

年度	内设职能部门数量	下设分支机构					员工总人数		备注
		总数	地市分行数	县区支行数	分理处、营业所数	储蓄所数		正式职工人数	
2009 年	11	24	0	24	0	0	893	893	
2010 年	11	25	0	25	0	0	942	942	
2011 年	13	26	0	26	0	0	983	983	
2012 年	14	27	0	27	0	0	717	717	
2013 年	15	29	0	29	0	0	1108	783	

山东临沂兰山农村合作银行

领导干部及职能部门一览表

董事长	行长	监事长	副行长（或其他称谓的同级领导）		
侯家明	马瑞卿	诸葛风沂	鞠佃军　赵永正　张乃飞　丁万刚　邵景东		
地　址	临沂市兰山区解放路 215 号			邮　编	276000
职能部门	正职	副职	职能部门	正职	副职
综合部	刘桂涛	何志华　全先周	公司业务部	朱　艳	刘维家
业务管理部	王洪杰	刘朝兴　吴　昆	电子银行部	于晓磊	徐　红
风险管控部	王乐永		市场营销部	闵香芳	
资产保全部	孙丽萍	苑鹏程	资产清收部	张　帅	徐祇柳　历启源　马　静
财务会计部	李祥英	冯利军　刘秀蜜	国际业务部	谷　斌	张　萍
科技部	公维强	杜立伟	资金营运部	刘　伟	张海燕
人力资源部	宫　杰		基建部	姜文飞	胡　刚
监察保卫部	杜海波	鲁守树			
审计部	朱礼霞	魏双柱　庞欣欣			

机构概况一览表

年度	内设职能部门数量	下设分支机构					员工总人数		备注
		总数	地市分行数	县区支行数	分理处、营业所数	储蓄所数		正式职工人数	
2009 年	14	87	0	37	50	0	1198	718	
2010 年	16	92	0	32	60	0	1215	739	
2011 年	16	92	0	32	60	0	1215	1058	
2012 年	17	92	0	32	60	0	1185	1029	
2013 年	16	88	0	30	58	0	1144	1069	

山东圣泰农村合作银行

领导干部及职能部门一览表

董事长	监事长	行　长	副行长（或其他称谓的同级领导）		
蒋　伟	郑海军	郑月梅	曲东辉　曹天亚　王盛炜		
地　址	济宁市建设路 110 号			邮　编	272000
职能部门	正职	副职	职能部门	正职	副职
财务会计部	王　洁	姚春玲	党委办公室	刘纪国	张利平
办公室	接　伟		人力资源部	王文彦	
风险管理部	于水明	薛　岭	政策法规部	李兴惠	
审计部	崔　园	安　鹏	监察保卫部	张奉娟	付仰鑫
市场拓展部	赵振华		资产管理部	朱远武	
科技部	黄志刚		信贷管理部	李正阁	王玉梅
合规部部	潘　岩		放款中心	孔迎新	
公司业务一部	翟玉龙	韩伟华	公司业务二部	苏亚峰	邵　光

机构概况一览表

年度	内设职能部门数量	下设分支机构					员工总人数		备注
		总数	地市分行数	县区支行数	分理处、营业所数	储蓄所数		正式职工人数	
2009 年	14	27		18	9		420	382	
2010 年	14	27		18	9		441	406	
2011 年	15	27		18	9		453	411	
2012 年	15	27		18	9		451	409	
2013 年	16	27		18	9		470	430	

南洋商业银行(中国)有限公司青岛分行

领导干部及职能部门一览表

行长（或其他称谓的第一负责人）			副行长（或其他称谓的同级领导）		
李向前			马　勇　马　强　陶　伟		
地　址	山东省青岛市南京路66号			邮　编	266071
职能部门	正职	副职	职能部门	正职	副职
企金部	樊洪美		合规部	李　飒	
个金部	王　健		财务部	徐慧莲（代）	
运营部	鞠晓璐		行政部	王锡文	
营业部	刘英静		风险管理部	郭海波	

机构概况一览表

年度	内设职能部门数量	下设分支机构					员工总人数		备注
		总数	地市分行数	县区支行数	分理处、营业所数	储蓄所数		正式职工人数	
2009年	6						37	37	
2010年	7						41	41	
2011年	7	1		1			63	63	
2012年	7	2		2			86	86	
2013年	8	3		3			107	107	

先进集体及个人一览表

授奖单位	奖项名称	获奖集体
南洋商业银行（中国）	KPI考核第一名	南商（中国）青岛分行
授奖单位	**奖项名称**	**获奖个人**
人行青岛市中支	金融统计知识竞赛 三等奖	赵　梅

新韩银行(中国)有限公司青岛分行

领导干部及职能部门一览表

行长（或其他称谓的第一负责人）		副行长（或其他称谓的同级领导）	
郑浩喆		李垣硕	
地　址	青岛东海西路28号中信万通证券大厦4楼	邮　编	266071

续表

职能部门	正职	副职	职能部门	正职	副职
个人业务部	刘素娟	宋 柏 王 瑜	营业部	宋 柏	王 瑜
国际业务部	王 瑜	宋 柏	贷款部	李垣硕	朴正一
总务部	朴正一	李垣硕			

机构概况一览表

年度	内设职能部门数量	下设分支机构					员工总人数		备注
		总数	地市分行数	县区支行数	分理处、营业所数	储蓄所数		正式职工人数	
2009年	5	2	1	1	0	0	34	31	
2010年	5	2	1	1	0	0	45	42	
2011年	5	2	1	1	0	0	50	47	
2012年	5	2	1	1	0	0	53	50	
2013年	5	2	1	1	0	0	58	58	

汇丰银行(中国)有限公司济南分行

领导干部及职能部门一览表

行长（或其他称谓的第一负责人）			副行长（或其他称谓的同级领导）		
仇吉媛			黄黎明 薛 洁		
地 址	济南市市中区经七路房产大厦1-107室			邮 编	250001
职能部门	正职	副职	职能部门	正职	副职
工商金融服务部	薛 洁		个人银行服务	刘晓芳	
环球银行服务部	尹 莉		贸易服务部	延翠华	
人力资源部	杨彩梅		合规部	魏 巍	
营运部	纪 元		财务部	王晓明	
安保部	赵寅东				

机构概况一览表

年度	内设职能部门数量	下设分支机构					员工总人数		备注
		总数	地市分行数	县区支行数	分理处、营业所数	储蓄所数		正式职工人数	
2009年	9	1	1	0	0	0	34	34	
2010年	9	1	1	0	0	0	34	34	
2011年	9	1	1	0	0	0	34	34	
2012年	10	1	1	0	0	0	31	31	
2013年	9	1	1	0	0	0	35	35	

先进集体及个人一览表

授奖单位	奖项名称	获奖集体
人行济南分行营管部	征信管理专业知识竞赛 先进集体二等奖	汇丰济南分行
山东银监局	监管统计工作先进单位三等奖	
汇丰银行总行	2013年4季度存款 流动红旗积分奖	汇丰银行济南分行零售银行与财富管理部
	半年度资源优化项目竞赛一等奖	汇丰银行济南分行营运部
	营运服务知识电话竞赛一等奖	
授奖单位	**奖项名称**	**获奖个人**
汇丰银行总行	汇丰中国价值典范	薛　洁

汇丰银行(中国)有限公司青岛分行

领导干部及职能部门一览表

行长（或其他称谓的第一负责人）			副行长（或其他称谓的同级领导）		
张　芳			孙翠霞　姜　鲁		
地　址	青岛市香港中路76号颐中皇冠假日酒店八楼			邮　编	266071
职能部门	正　职	副　职	职能部门	正　职	副　职
工商业务部	姜　鲁		合规部	丁维鑫	
环球银行部	宋　红		财务部	姚振宇	
环球贸易及融资业务部	（运营部） 贾月萱		人力资源部	程　虹	
环球贸易及融资业务部	（贸易销售部） 任晓立		资讯科技部	邱　东	
零售银行及财富管理业务部	周　倩		采购部	王逸心	
营运部	傅明霞		安全和欺诈风险部	庄建春	

机构概况一览表

年度	内设职能部门数量	下设分支机构					员工总人数		备注
		总数	地市分行数	县区支行数	分理处、营业所数	储蓄所数		正式职工人数	
2009年	12	5	1	4			169	169	
2010年	12	5	1	4			155	155	
2011年	12	5	1	4			147	147	
2012年	12	5	1	4			137	137	
2013年	12	5	1	4			125	125	

渣打银行(中国)有限公司青岛分行

领导干部及职能部门一览表

行长（或其他称谓的第一负责人）			陈国华		
地　址	青岛市市南区香港中路 40 号数码港旗舰大厦 35 层		邮　编	266071	
职能部门	正职	副职	职能部门	正职	副职
合规部	高　祥		香港中路支行	王原生	
本地企业部	丘以琳		中小企业部	丛　峰	
对公操作部	李　斌		城阳支行	高　磊	
贸易融资与现金管理部	何文彦		香港中路第二支行	韩丽娜	
大宗商品贸易部	朱云帆		海尔路支行	杨颂军	

机构概况一览表

年度	内设职能部门数量	下设分支机构					员工总人数		备注
		总数	地市分行数	县区支行数	分理处、营业所数	储蓄所数		正式职工人数	
2009 年	7	2	1	0	0	0	50	50	
2010 年	8	3	1	0	0	0	74	74	
2011 年	11	4	1	0	0	0	116	116	
2012 年	11	5	1	0	0	0	120	120	
2013 年	11	5	1	0	0	0	121	121	

企业银行(中国)有限公司青岛分行

领导干部及职能部门一览表

行长（或其他称谓的第一负责人）			副行长（或其他称谓的同级领导）		
梁锺必			河龙泽		
地　址	青岛市崂山区苗岭路 36 号国际发展中心一、二层网点			邮　编	266061
职能部门	正职	副职	职能部门	正职	副职
合规部	杨　倩		贷款部	河龙泽	
外汇部	李光勋		总务部	河龙泽	
存款部	丛广莹		IT 部	河龙泽	

机构概况一览表

年度	内设职能部门数量	下设分支机构					员工		备注
		总数	地市分行数	县区支行数	分理处、营业所数	储蓄所数	总人数	正式职工人数	
2009年	5	1	1				32	32	
2010年	5	2	1	1			35	35	
2011年	5	2	1	1			40	40	
2012年	5	2	1	1			52	52	
2013年	6	3	1	2			57	57	

瑞穗实业银行(中国)有限公司青岛分行

机构概况一览表

年度	内设职能部门数量	下设分支机构					员工		备注
		总数	地市分行数	县区支行数	分理处、营业所数	储蓄所数	总人数	正式职工人数	
2009年	5	1	1				32	32	
2010年	5	2	1	1			35	35	
2011年	5	2	1	1			40	40	
2012年	5	2	1	1			52	52	
2013年	6	3	1	2			57	57	

先进集体及个人一览表

授奖单位	奖项名称	获奖集体
人行济南分行《山东金融年鉴》编委会	优秀稿件一等奖	瑞穗银行青岛分行
授奖单位	**奖项名称**	**获奖个人**
人行青岛市中支	金融统计工作优秀统计人员	李　园
	标准化存贷款综合抽样统计试点工作先进个人	陈雪萍

中国人民财产保险股份有限公司山东省分公司

领导干部及职能部门一览表

总经理（或其他称谓的第一负责人）			副总经理（或其他称谓的同级领导）		
方　杰			徐本议　翟瑞贞　刘虎青　胡　伟（副总经理兼济南市分公司总经理）　董国升　崔建生　李普廷		
地　址	山东省济南市泺源大街88号保险大厦			邮　编	250011
职能部门	正职	副职	职能部门	正职	副职
办公室/市场企划部		陈同富　黄卫国	意外健康保险部	田东辉	刘纯艳
人力资源部/教育培训部	王海峰	苏东崛　许春光	农险事业部山东省分部	衣建伟	
财务会计部	杨林海	戴　慧　王晓娅　王洪祥	销售管理部	赵鲁军	李秋涛　崔永波　袁吉强
车辆保险部	于　航		电子商务部/网络保险部	何　华	华　娜
车商业务部	于　航	王　成	理赔事业部	王祝炜	赵培东　唐　军
财产保险部	毕建军	王　品	再保险部	陈　敏	
船舶货运保险部	王桥军		信息技术部	董　平	李继红
重要客户部	曹宏伟		客户服务管理部	张志波	谢　磊　高跃华　邢　云
银行保险业务部/经纪代理业务部	李洪武		精算部	刘存真	
责任保险事业部/信用保证保险事业部	李　勇	马加平	监察部/法律部/合规部	夏文生	韩素梅　赵怡佳
			工会办公室	毕岩玉	

机构概况一览表

年度	内设职能部门数量	下设分支机构				员工总人数	正式职工人数	备注
		总数	市分公司	县区支公司	营业部			
2009年	20	245	16	138	91	7225	4119	
2010年	19	244	16	139	89	7166	3889	

续表

年度	内设职能部门数量	下设分支机构				员工		备注
		总数	市分公司	县区支公司	营业部	总人数	正式职工人数	
2011 年	20	246	16	139	91	9202	3962	
2012 年	22	246	16	139	91	9035	3896	
2013 年	21	277	16	139	122	9056	3836	

中国人寿保险股份有限公司山东省分公司

领导干部及职能部门一览表

总经理		副总经理		总经理助理	
白　彬		胡　斌　张　明　徐明光　李恩林　周曙光		吴　锋	
地　址	济南市泺源大街 88 号			邮　编	250011
职能部门	正职	副职	职能部门	正职	副职
办公室	张继旋		信息技术部	孙相建	
人力资源部	张志强		个险销售部	王晓晨	王洪涛
工会工作部	邢厚佺	崔庆金	团体业务部	岳文成	伏　晓
监察部 销售督察部		黄　芳	银行保险部	陈　雁	袁任远
财务管理中心	朱淑琴		内控合规部	汤　明	
业务管理中心	付桂霞		教育培训部	孙华增	刘文权
客户服务管理中心	林健吾	陈丽梅			

机构概况一览表

年度	内设职能部门数量	下设分支机构				员工		备注
		总数	地市分公司数	县区支公司数	农村营销服务部数	总人数	正式职工人数	
2009 年	13	147	16	131	1130	5706	5706	
2010 年	14	147	16	131	1142	5565	5565	
2011 年	14	147	16	131	1130	5442	5442	
2012 年	14	147	16	131	1103	5452	5452	
2013 年	14	147	16	131	1255	5466	5466	

先进集体及个人一览表

授奖单位	奖项名称	获奖集体
人寿保险总公司	金花建功集体	莱芜分公司城区收展部

续表

授奖单位	奖项名称	获奖集体
山东省财贸金融工会	工会工作先进单位	烟台分公司
	女职工建功立业标兵岗	德州分公司客户服务部
	工人先锋号	临沂分公司个险销售部
授奖单位	**奖项名称**	**获奖个人**
人寿保险总公司	百朵金花	贺光红　谭　蕾　张红颜　张冬梅
山东省财贸金融工会	优秀工会之友	张期亮
	优秀工会工作者	李学锋
	女职工建功立业标兵	张　倩　刘玉静
	工会女职工先进工作者	朱淑琴

泰山财产保险股份有限公司

领导干部及职能部门一览表

董事长 党委书记	总经理	董事副 总经理	党委副书记、纪委 书记、工会主席	副总经理	董事会 秘书	总经理 助理
郭永利	张云翔	王启祥	牟文军	马鲁明　赵　辉 贺竹君(挂职)	张宗旺	安中涛
地　址	山东省济南市高新技术开发区舜华路1173号			**邮　编**	250101	
职能部门	**正职**	**副职**	**职能部门**	**正职**	**副职**	
办公室 (董办、党办)	张宗旺(兼)	马纯泺	车险部	马鲁明(兼)		
人力资源部	迟家明		非车险部 (再保险部)	艾洵飞	冯玉芹　郑素梅	
计划财务部	周开蕴		营业总部 (农业险部)	彭新刚	宋建军　刘　强	
企划精算部	汪　洋	马国东	客户服务部	赵　峰	王艳彬	
资产管理部	沈存磊		信息技术部	贺竹君(兼)	时　杰	
营销管理部	姜秀昶	马伟新 陈勇军	审计监察部 (法律合规部)	刘效明	王　勃　徐　巍	

机构概况一览表

年度	内设职能部门数量	下设分支机构					员工总人数	正式职工人数	备注
		总数	省级分公司数	城市分公司数	地市中心支公司数	县区支公司数			
2009年									
2010年									
2011年	17	4	3	1			254	254	
2012年	17	42	5	2	19	16	972	972	
2013年	12	58	5	2	22	29	1268	1268	

先进集体及个人一览表

授奖单位	奖项名称	获奖集体
山东省政府安委会	2012年度全省安全生产工作先进单位	泰山财产保险公司
山东省国资委团委	山东省省管企业五四红旗团委	泰山财产保险公司团委
授奖单位	**奖项名称**	**获奖个人**
山东省政府安委会	2012年度全省安全生产工作先进个人	施申铎
山东省国资委团委	山东省省管企业优秀共青团干部	邹　凯
	山东省省管企业优秀共青团员	周明珠

中国平安财产保险股份有限公司青岛分公司

领导干部及职能部门一览表

总经理		副总经理	
李小安		张小玲　王连涛　洪锦平	
地　址	青岛市市南区香港西路67号光大国际金融中心15层	**邮　编**	266071
职能部门	**负责人**	**职能部门**	**负责人**
个车部	卞　青	车险意健险理赔部	王琛松
个人渠道管理部		财产险理赔部	苏国星
意外险和健康险部	刘笑西	财务部	李卫东
团财部	陈　鑫	培训部	付海琪
团车部	高　峰	办公室	李晨晨
团体渠道营销部	安伯森	人力资源部	王少峰
房贷清欠项目组	朱考铭	市场企划部	崔红玫
客户服务部	张洪海		

机构概况一览表

年度	内设职能部门数量	下设分支机构			员工		备注
		总数	地市分公司数	县区支公司数	总人数	正式职工人数	
2009年	15	69	8	61	1012	1012	
2010年	15	72	8	64	1236	1236	
2011年	15	58	8	50	1377	1377	
2012年	15	71	8	63	1185	1185	
2013年	15	69	8	61	1251	1251	

先进集体及个人一览表

授奖单位	奖项名称	获奖集体
中国质量万里行促进会	A级服务质量单位	平安产险青岛分公司

续表

授奖单位	奖项名称	获奖集体
青岛保监局	2012 年度和谐号服务示范岗	客户服务部
	2012 年度优质服务窗口	
平安产险总公司	服务明星门店	
	平安 VIP 俱乐部 2013 年度“联动平安”全国会员活动评比三等奖	
	第五届车险查勘定损技能比武大赛团体二等奖、医疗个人二等奖	车意理赔部
授奖单位	**奖项名称**	**获奖个人**
青岛保监局	2012 年度和谐号服务示范岗（个人岗）	王明杰
平安产险总公司	第五届车险查勘定损技能比武大赛医疗个人二等奖	宋欣峰

中国平安人寿保险股份有限公司青岛分公司

领导干部及职能部门一览表

总经理			副总经理		
张 毅			智 勇 徐 前 逯星火 宋本荣 薛 军 刘景观 李邦海		
地址	青岛市市南区香港中路 61 号阳光大厦 B 座			邮编	266071
职能部门	正职	副职	职能部门	正职	副职
行政部	李殿敏		人力资源部	万正锋	
财务部	吴大为		企划部	于江宁	
营销管理部	杜有光		营销企划部	刘智海	
运营督导部	任伟忠		培训部	戚 斌	
业务管理部	史 平		客户服务部	成 凯	
区拓管理部	李宝通		二元发展部	林在泉	
综合开拓部	杨 泓		银行保险部	逄锦逄	

机构概况一览表

年度	内设职能部门数量	下设分支机构				员工总人数	正式职工人数	备注
		总数	地市分公司数	县区支公司数	营销服务部数			
2009 年	18	63	8	55	0	1608	1223	
2010 年	18	62	7	55	0	1408	1117	
2011 年	17	124	7	62	55	1345	1088	
2012 年	16	137	7	62	68	1347	1100	
2013 年	16	131	7	62	62	1352	1099	

先进集体及个人一览表

授奖单位	奖项名称	获奖集体
平安人寿总公司党委	先进党支部	平安人寿青岛分公司第三党支部
授奖单位	奖项名称	获奖个人
平安人寿总公司党委	先进个人	崔东英
平安人寿总公司	平安勋章	舒明豪
	二十年长期服务奖	李　晖
	十五年长期服务奖	于江宁　戚　斌　李殿敏　吴大为　郝颖俊

华泰财产保险有限公司山东分公司

领导干部及职能部门一览表

总经理			副总经理		
耿仁伟			刘艳娥		
地　址	济南市历下区解放路159号山东金融超市8层			邮　编	250011
职能部门	正职	副职	职能部门	正职	副职
车险承保部	张爱东		计划财务部	刘昌金	
车险理赔部	张　晨		行政人事部	耿仁伟（兼）	
商险管理部	刘鸿梅		营销管理部	张爱东（兼）	
个险管理部	陈　燕				

机构概况一览表

年度	内设职能部门数量	下设分支机构					员工		备注
		总数	地市支公司数	县区支公司数	营销服务部数	储蓄所数	总人数	正式职工人数	
2009年	5	7	2	4			90	90	
2010年	5	7	2	4			100	100	
2011年	6	8	3	4			168	168	
2012年	7	12	6	5			221	221	
2013年	7	12	6	5			221	221	

太平财产保险有限公司山东分公司

领导干部及职能部门一览表

总经理（或其他称谓的第一负责人）	副总经理（或其他称谓的同级领导）
陈中乾	欧汉斌　许新华　闫　雁

续表

地　址	济南市阳光新路69号泉景•鸿园商务大厦9层			邮　编	250022
职能部门	正职	副职	职能部门	正职	副职
综合部	杜钦杰		销售管理部	马文忠	张　丹
人力资源部	刘　展		经代银保部	闫　雁（兼）	陆　晓
财务会计部	庞　伟		综合开拓部	孙　琳	
财产险部	刘　鹏		车商部	欧汉斌（兼）	
车险部	赵　磊		电子商务室	康　峥	
客户服务部	贾建防				

机构概况一览表

年度	内设职能部门数量	下设分支机构				员工总人数	正式职工人数	备注
		总数	地市分公司数	县区支公司数	分理处、营业所数			
2009年	9	25	6	19		212	212	
2010年	9	25	6	19		246	246	
2011年	10	26	7	19		269	269	
2012年	10	30	11	19		362	362	
2013年	11	35	12	23		556	556	

先进集体及个人一览表

授奖单位	奖项名称	获奖集体
中国太平保险集团公司	优秀管理铜奖	太平财险山东分公司
太平财险有限公司	优秀管理奖	太平财险山东分公司财务会计部、烟台中心支公司
	特殊贡献奖	太平财险山东分公司车险部、临沂中心支公司
	整合资源奖	太平财险山东分公司综合开拓部
	优秀展业团队	太平财险山东分公司烟台寿销产团队、潍坊车商部
授奖单位	奖项名称	获奖个人
太平财险有限公司	优秀管理人员奖	许新华
	优秀员工	杜钦杰　孙延春
	特殊贡献奖	张克国
	杰出展业员	王锡华

太平人寿保险有限公司山东分公司

领导干部及职能部门一览表

总经理（或其他称谓的第一负责人）			副总经理（或其他称谓的同级领导）		
金依群			张永森　刘　敬		
地　址	济南市泺源大街229号金融大厦31楼			邮　编	250012
职能部门	正职	副职	职能部门	正职	副职
办公室	刘爱慧		人力资源部	田序涛	
财务部	孙　华		企划部/风险及合规管理部	宫文超	
个人业务部	张鹏轩		教育培训部	孙　蕾	
综合开拓部	曹少海		银行保险业务发展部	孙衍东	
银行保险销售支援部	王伟良		保费部	刘　敬（兼）	
运营服务部	孙进春		个险管理本部	汤　伟	
银保管理本部	王朝东				

机构概况一览表

年度	内设职能部门数量	下设分支机构				员工总人数	正式职工人数	备注
		总数	中心支公司数	支公司数	营销服务部数			
2009年	12	64	14	18	31	1373	1373	
2010年	13	70	15	23	31	1421	1421	
2011年	13	81	15	37	28	1654	1654	
2012年	12	83	15	40	27	1468	1468	
2013年	13	84	15	41	27	1351	1351	

先进集体及个人一览表

授奖单位	奖项名称	获奖集体
太平人寿保险有限公司	特殊贡献单位	山东分公司（续收）
	资源整合先进单位	山东分公司（寿销产）
	内部争先进位奖（个险）	山东分公司（个险）
	内部争先进位奖（总保费）	山东分公司
	先进集体	山东分公司个人业务部、淄博中心支公司、日照中心支公司、烟台中心支公司
授奖单位	**奖项名称**	**获奖个人**
太平人寿保险有限公司	优秀管理人员	刘　敬
	特殊贡献人员	金依群　张教强　傅春华　杨　磊　李　青　董学军　张　剑　柳　涛

续表

授奖单位	奖项名称	获奖个人
太平人寿保险有限公司	优秀员工	李　青　张　剑　傅春华　王　辉　杨　磊 汤　伟　孔　娜　黄　静　王　军　张鹏轩 孙　蕾　孙衍东　何宝彤　李金芬　张　萍 张　松　宫文超　刘爱慧　张晓燕　华干昌 孔　振　杨　栋　赵永江　姜俊杰　罗　兵

山东省国际信托有限公司

领导干部及职能部门一览表

董事长	总经理	副总经理	财务总监	总经理助理
相开进（拟任）	王映黎（拟任）	李高峰　周建蕖	马文波（拟任）	宋　冲　岳增光　李晓鹏（均为拟任）

地　址	济南市解放路166号	邮　编	250013
职能部门	负责人	职能部门	负责人
综合管理部	于　晖	计划财务部	马文波（兼）
风险控制部	岳增光（兼）	合规法律部	危　东
业务督察部	张如明	IT运营部	陈全捷
运营托管部	崔佳茵	财富管理中心	李　燕
自营业务部	蒲　冰	基建基金财务部	马文波（兼）
基建基金管理部	李晓鹏（兼）	基础设施业务部	王思远
投资银行部	林冠蔚	资产管理部	高征宇
信托业务一部	牛序成	信托业务二部	孙波涛
信托业务三部	王　旭	信托业务四部	付吉广
信托业务五部	田志国	信托业务六部	杨学兵
信托业务七部	宋　磊	青岛业务部	刘　川
北京业务总部	陶宇波	上海业务总部	薛继伟
华南区域总部	宋　冲（兼）	厦门业务部	陈　照
长沙业务部	刘　超	南京业务部	王梦飞
西安业务部	李　竟		

机构概况一览表

项目＼年度	2009年	2010年	2011年	2012年	2013年
内设职能部门数量	19	21	23	27	29
员工总人数	91	118	130	157	173
正式职工人数	83	95	106	136	154

中国华融资产管理股份有限公司山东省分公司

领导干部及职能部门一览表

总经理			副总经理		
童　玲			姜同伟　王丙亮　尚海涛		
地　址	济南市经三路89号			邮　编	250001
职能部门	正职	副职	职能部门	正职	副职
综合管理部	薛　萍		计划财务部	张　惠	
业务一部		孙　岳	业务二部	侯训和	
业务三部	李　泉	杨锐明	业务四部	颜慧卿	
股权业务部		武振全	法律事务部		
风险管理部	孙福柱	王　芸　霍晓惠			

先进个人一览表

授奖单位	奖项名称	获奖个人
中国华融资产管理股份有限公司	2012年度青年岗位能手	张永虎

中国长城资产管理公司济南办事处

领导干部及职能部门一览表

总经理（党委书记）			副总经理（党委委员）		
刘学堂			崔福成　郭小霞　荆　珂		
地　址	济南市经七路168号			邮　编	250001
职能部门	正职	副职	职能部门	正职	副职
综合管理部	李　伟	张　满　布建春	业务管理（审核）部	袁　新	张　卉
法律合规部	王　斌		资金财务部	张凤霞	
专项管理部	王朝山		监察审计部		张永军　王钦波
代理业务部（业务八部）	孙　雷	王创利　李明海			
业务部门	正职	副职	业务部门	正职	副职
新立克项目部	韩生佩	王鲁华	业务一部		王　颢
业务二部		王全红	业务三部	李　立	梁国忠
业务四部	杨　方		业务五部		董振义
业务六部		夏　炜	业务七部	刁海波	
业务十部		霍　杰	业务十一部	冯益国	

续表

业务部门	正职	副职	业务部门	正职	副职
业务十二部	宗培顺		业务十三部		张吉泰（主持工作）
业务十四部	赵　伟		业务十五部	于立杰	

机构概况一览表

项目＼年度	2009 年	2010 年	2011 年	2012 年	2013 年
内设职能部门数量	7	7	7	7	7
员工总人数	152	132	116	110	89

先进集体及个人一览表

授奖单位	奖项名称	获奖集体
长城总公司	先进单位	长城公司济南办
长城总公司	先进基层党组织	长城公司济南办第一党支部
全国金融工会	全国金融模范职工之家	长城公司济南办工会
山东金融工会	学习型组织先进单位	长城公司济南办
山东省财贸金融工会	女职工建功立业标兵岗	长城公司济南办综合管理部
授奖单位	**奖项名称**	**获奖个人**
长城总公司	先进工作者	王　斌　李　伟（女）　赵　伟　刁海波 雷　娟　高　婷　吴春晓　尹燕博　邵兰淇
	优秀共产党员	张永军　王　斌　袁　新 李　立　赵　伟　董振义
	优秀党务工作者	李　伟（女）
	优秀纪检监察干部	张永军
	十佳管理标兵	王　斌
	十佳项目经理	刁海波
	优秀信息员	林婷婷
山东金融工会	知识型职工标兵	王　斌
山东省财贸金融工会	优秀工会工作者	张　满
山东省财贸金融工会	女职工建功立业标兵	雷　娟（女）

中国信达资产管理股份有限公司山东省分公司

领导干部及职能部门一览表

总经理（或其他称谓的第一负责人）	副总经理（或其他称谓的同级领导）
陈正斌	鲁宝兴　赵　波

续表

地　址	济南市经三路 293 号			邮　编	250021
职能部门	正职	副职	职能部门	正职	副职
综合管理部	吴新明		业务一部	苏爱珍	
业务审核部	王　振		业务二部	胡蔚萱	
法律事务部	杨永欣		业务三部	周宇承	
计划财务部	张　卿				

机构概况一览表

项目＼年度	2009 年	2010 年	2011 年	2012 年	2013 年
内设职能部门数量	7	7	7	7	7
员工总人数	67	56	49	49	52
正式职工人数	54	44	40	43	44

中国东方资产管理公司青岛办事处

领导干部及职能部门一览表

总经理（或其他称谓的第一负责人）			副总经理（或其他称谓的同级领导）		
吴少杰			李明波　王建英　刘　照		
地　址	青岛市香港中路 6 号世贸中心 B 座三层			邮　编	266071
职能部门	正职	副职	职能部门	正职	副职
办公室	王琳瑛	王凤新	资产经营一部	董昌青	
财会部	刘　丽		资产经营二部	宋健君	
风险部	窦桂斌		济南业务部	田国奎	

机构概况一览表

项目＼年度	2009 年	2010 年	2011 年	2012 年	2013 年
内设职能部门数量	6	6	6	6	6
员工总人数	42	42	48	48	49

中国银联股份有限公司山东分公司

领导干部及职能部门一览表

总经理（或其他称谓的第一负责人）	副总经理（或其他称谓的同级领导）
李金良	张春玲　孟光勇

续表

地　址	济南市高新区舜风路 1006 银山大厦			邮　编	250101
职能部门	正职	副职	职能部门	正职	副职
办公室	董保军		市场拓展部	李宝成	张子晶
业务部	郝义泉		银行合作部	黄平生	段好勇
技术部	赵葆军				

中国银联股份有限公司青岛分公司

领导干部及职能部门一览表

总经理（或其他称谓的第一负责人）			副总经理（或其他称谓的同级领导）		
赵玉东			吴　坚		
地　址	青岛市香港中路 6 号世贸中心 B 座 5 楼			邮　编	266071
职能部门	正职	副职	职能部门	正职	副职
办公室	金　莲		市场部	宋伟真	王腾峰
技术部	杨洪江	刘　健	业务部	田　兰	温　曦

机构概况一览表

项目＼年度	2009 年	2010 年	2011 年	2012 年	2013 年
内设职能部门数量	4	4	4	4	4
员工总人数	25	27	28	28	29

中国重汽财务有限公司

领导干部及职能部门一览表

董事长	总经理	常务副总经理	副总经理	党总支副书记工会主席	
宋其东	韩文杰	田玉伟	刘敬斌	刘其贵	
地　址	济南市无影山东路39号			邮　编	250031
职能部门	正职	副职	职能部门	正职	副职
综合管理部	刘其贵（兼）	王永涛	汽车金融服务中心	李玉智	夏　彤　杨　敏
信贷投行部	刘德英		营业管理部		玄甲莲(主持工作)
计划财务部		谭　燕(主持工作)	稽核审计部		梁　勇(主持工作)
风险管理部		魏　伟(主持工作)	信息科技室		石仁国(主持工作)
资产管理部		张异香(主持工作)			

机构概况一览表

年度	内设职能部门数量	下设分支机构	员工总人数	正式职工人数	备注
2009年	6		39	39	
2010年	6		58	58	
2011年	8		80	80	
2012年	9		90	90	
2013年	9		97	97	

南山集团财务有限公司

领导干部及职能部门一览表

总经理	副总经理	总经理助理
隋　政	曲丽华	郭　芸

地　址	龙口市南山工业园南山南路4号		邮　编	265706	
职能部门	正职	副职	职能部门	正职	副职
综合管理部	冯玉民	高玉臣	信贷业务部	战永磊	
审计稽核部		李　刚	计划财务部	朱元森	
风险合规部	隋家宁		投资银行部	战永磊（兼）	
资金结算部		赵　铎			

机构概况一览表

年度	内设职能部门数量	下设分支机构	员工总人数	正式职工人数	备注
2009年	7		24	23	
2010年	7		31	30	
2011年	7		31	30	
2012年	7		31	30	
2013年	7		31	30	

中国石化财务有限责任公司山东分公司

领导干部及职能部门一览表

党支部书记	经理、党支部副书记	副经理
张建江	宫　琳	吕固江　赵　博

续表

地 址	青岛市市南区山东路2号甲华仁国际大厦26层			邮 编	266071
职能部门	正职	副职	职能部门	正职	副职
综合部	张 妤	许钦珍	信贷部	陈旭玲	韦仁华
内控稽核部	刘荣义		结算部	张明华	刘 莹
财会部	李金海	肖培培			

机构概况一览表

年度	内设职能部门数量	下设分支机构					员工总人数	正式职工人数	备注
		总数	地市分行数	县区支行数	分理处、营业所数	储蓄所数			
2009年	4	0					27	25	
2010年	4	0					33	31	
2011年	5	0					36	32	
2012年	5	0					34	31	
2013年	5	0					34	31	

先进个人一览表

授奖单位	奖项名称	获奖个人
中国石化集团公司	劳动模范	张建江
	直属机关工会优秀会员	张 妤
中石化财务公司	先进个人	张明华
	优秀工会会员	张 妤
	优秀团员	肖培培

山东钢铁集团财务有限公司

金融机构概况表

单位名称	董事长（第一负责人）	总经理和副总经理、总经济师	员工总数	辖内营业网点数
山东钢铁集团财务有限公司	陶登奎	李凤强 闵宪金 赵永辉 杨再昌	37	1

山东黄金集团财务有限公司

领导干部及职能部门一览表

总经理		常务副总经理		副总经理	
吴　晨		齐宗弟		王述曦　于志强	
地址	山东省济南市舜华路2000号舜泰广场3号楼黄金大厦4楼			邮编	250101
职能部门	正职	副职	职能部门	正职	副职
综合管理部	张　青		信贷管理部	修新鲁	
审计稽核部	王国斌		计划财务部		韩　喆
风险管理部	黄文娟		投资银行部	张　青	
信息技术部		许　畅	营业管理部	张　颖	

机构概况一览表

年度	内设职能部门数量	下设分支机构	员工总人数	正式职工人员	备注
2013年	8	0	31	24	

第十五部分

国内经济金融主要统计指标

一、国内金融主要统计指标

金融机构（含外资）本外币信贷收支分地区表

（2013年）

单位：亿元

项目 地区	各项存款		单位存款		活期存款		定期存款	
	余额	比年初	余额	比年初	余额	比年初	余额	比年初
全　国	1070587.72	126577.48	541793.87	63043.75	224045.38	14362.44	155196.65	26646.08
总　行	22933.45	4294.95	15848.68	2324.28	5204.55	744.21	6436.85	719.96
北　京	91660.54	6588.82	57611.62	5962.68	17920.06	-59.10	22594.97	4060.41
天　津	23316.56	2976.68	14063.14	1918.19	5910.89	531.10	2882.79	725.03
河　北	39444.45	5181.06	14381.26	2021.15	7443.38	696.82	3093.67	640.87
山　西	26269.02	2108.41	11277.63	432.80	6023.94	-562.27	2868.39	590.03
内蒙古	15263.75	1585.78	6863.31	656.05	4281.85	294.51	1083.91	194.77
辽　宁	39418.02	4170.97	17034.27	1547.44	7491.90	243.88	4274.64	503.63
吉　林	14885.94	2066.91	6235.62	978.20	3217.11	167.74	1548.07	407.88
黑龙江	18293.37	1746.39	7037.76	391.30	4022.63	111.34	1689.40	57.66
上　海	69256.32	5474.25	41491.55	4068.10	11485.44	118.08	12696.34	2154.57
江　苏	88302.07	10163.50	49575.07	5080.04	16018.24	1198.81	14937.02	2740.07
浙　江	73732.36	7051.47	39097.81	3168.04	12362.77	726.75	14165.78	1194.20
安　徽	26938.23	3719.75	12534.38	1652.73	5795.86	120.06	3412.53	849.00
福　建	28938.81	3857.04	14807.43	2136.36	6257.46	576.42	3148.92	751.92
江　西	19582.71	2742.33	8747.11	1284.57	4425.35	476.15	2160.97	284.85
山　东	63357.88	7916.76	30075.76	3536.31	12121.98	787.70	7668.90	615.66
河　南	37591.10	5651.73	15537.68	2367.96	7863.01	903.45	3572.07	890.34
湖　北	32902.83	4641.89	14766.09	2080.71	7368.15	651.17	3063.32	596.79
湖　南	26876.03	3725.57	10960.39	1498.95	6226.53	519.25	2573.49	584.93
广　东	119685.15	14190.50	58088.94	6778.75	19684.03	1326.26	18729.08	2945.77
广　西	18400.48	2425.07	8384.29	917.37	4528.32	333.94	1874.05	356.99
海　南	5952.50	839.88	3069.13	421.70	1881.52	183.52	511.79	87.96
重　庆	22789.17	3356.52	12247.08	1934.04	4773.64	254.87	2974.15	657.57
四　川	48122.05	6534.46	22543.96	2893.64	10696.90	922.79	6980.80	1720.09
贵　州	13297.62	2729.03	6697.19	1459.85	4671.64	764.54	907.21	287.93
云　南	20829.34	2758.60	10937.22	1444.46	6565.41	580.63	2389.87	614.96
西　藏	2500.94	491.57	1897.52	419.88	1140.26	77.67	717.12	355.37
陕　西	25736.72	2884.27	12369.31	1135.55	7185.10	201.66	2708.98	597.90
甘　肃	12070.64	1938.33	5649.61	911.80	3524.24	528.33	1213.17	121.31
青　海	4110.74	572.37	2338.84	348.28	1607.15	166.38	486.76	132.74
宁　夏	3881.40	373.80	1806.34	126.60	957.41	108.54	412.23	-63.48
新　疆	14247.54	1818.82	7817.89	1145.97	5388.67	667.23	1419.43	268.40

续表1

（2013年） 单位：亿元

项目 地区	个人存款		储蓄存款		所有者权益		资金来源总计	
	余额	比年初	余额	比年初	余额	比年初	余额	比年初
全国	471090.18	55302.53	451826.58	48917.50	100453.06	14842.34	1283359.14	161560.19
总行	3984.16	122.77	1023.26	-76.07	57317.98	6310.83	194544.36	18768.31
北京	25552.00	483.78	23747.57	1513.44	2240.41	414.20	56624.22	5958.98
天津	8248.97	914.35	7695.83	575.26	1239.65	255.65	23911.46	3236.87
河北	23751.59	2843.34	23421.49	2694.53	1370.57	341.44	26673.90	3467.08
山西	13660.42	1515.93	13385.00	1342.32	881.42	203.25	16831.14	2473.02
内蒙古	7685.11	1002.54	7478.98	856.06	967.85	179.71	14401.39	2010.88
辽宁	20481.77	2259.58	19857.92	1899.81	1741.19	365.44	33414.97	4818.50
吉林	7961.76	956.51	7803.80	872.40	551.20	133.30	12356.49	2145.95
黑龙江	10420.63	995.13	10125.56	794.89	728.74	131.31	13557.60	2207.19
上海	23097.35	1572.45	21185.69	1272.45	2904.32	346.62	312957.15	32033.91
江苏	35407.69	4523.24	34072.84	3771.88	3463.11	586.82	72007.22	8674.19
浙江	30677.19	3195.47	29360.48	2466.17	3306.90	487.59	72529.06	8514.24
安徽	13386.70	1957.22	12959.79	1747.55	1254.58	326.42	21136.94	3191.79
福建	12414.05	1435.76	12002.44	1366.88	2626.94	409.97	34156.45	7464.61
江西	9978.47	1404.91	9758.57	1255.44	958.39	226.09	15106.94	2532.47
山东	30791.43	3972.95	29967.33	3462.78	2495.81	472.98	51362.60	6012.20
河南	20719.28	3015.27	20297.73	2767.94	1429.01	322.01	25978.04	4040.54
湖北	15972.15	2363.03	15570.99	2094.66	1208.44	326.35	24213.67	3223.24
湖南	14784.49	2076.32	14584.78	1962.81	835.21	200.84	20168.30	2631.46
广东	53085.11	5634.29	50638.64	4498.88	5027.79	866.35	90060.11	14132.35
广西	9532.48	1484.08	9151.06	1258.28	807.99	155.56	15637.35	2166.46
海南	2556.20	332.70	2480.36	292.75	180.65	40.38	4952.41	797.35
重庆	9893.28	1394.88	9648.41	1270.19	1147.22	254.43	20127.53	2368.04
四川	23025.21	3392.01	22663.49	3170.01	1780.86	409.60	34021.19	5307.80
贵州	6038.91	1180.60	5929.92	1113.73	584.27	184.82	11146.36	2304.21
云南	9182.24	1291.38	9004.00	1222.91	811.05	208.77	17219.76	2455.68
西藏	496.76	91.95	496.49	91.73	42.39	15.65	1137.87	351.32
陕西	12708.79	1719.45	12302.30	1489.07	834.02	228.01	18001.93	2969.40
甘肃	6071.28	956.22	5901.06	829.87	553.52	163.64	9383.99	1709.82
青海	1539.08	253.59	1510.11	228.80	200.13	69.88	3758.16	746.19
宁夏	1960.98	266.96	1893.43	208.06	259.82	50.67	4209.13	618.16
新疆	6024.66	693.86	5907.24	602.00	701.66	153.75	11771.45	2227.98

续表 2

（2013 年）　　　　单位：亿元

地区 \ 项目	各项贷款		境内贷款		短期贷款		个人贷款及透支		单位普通贷款及透支	
	余额	比年初	余额	比年初	余额	比年初	余额	比年初	余额	比年初
全　国	766326.64	93325.35	750433.10	91038.26	311771.97	43647.78	70222.42	14657.35	206713.42	26970.56
总　行	34655.09	7194.46	28894.10	5704.27	20530.86	5808.83	13572.71	4364.61	6624.81	1381.67
北　京	47880.92	4578.70	45052.16	4592.85	15693.80	2808.54	1450.61	493.14	11632.26	1674.18
天　津	20857.80	2427.27	20761.21	2415.03	6251.05	1096.55	418.95	147.58	4571.65	676.91
河　北	24423.22	3031.83	24356.35	3012.24	10788.16	1592.90	1932.70	417.40	7849.41	1176.85
山　西	15025.46	1807.06	15024.91	1807.12	6089.83	808.50	1295.28	231.65	4411.59	528.92
内蒙古	13056.68	1639.70	13033.32	1632.50	5295.41	853.19	1526.64	303.57	3448.58	490.79
辽　宁	29722.04	3364.38	29484.23	3343.78	11643.43	1778.78	1690.90	389.60	8377.27	1184.90
吉　林	10805.22	1525.99	10774.92	1523.01	3993.51	792.29	705.70	96.33	2986.24	669.25
黑龙江	11782.49	1506.13	11660.43	1458.13	5024.69	729.13	1110.21	84.69	3512.81	584.72
上　海	44358.07	3297.65	43561.02	3218.69	13673.79	581.28	909.84	25.45	9818.39	424.23
江　苏	64908.22	7038.09	64692.06	7044.23	30604.85	2419.85	4023.39	397.19	22743.62	2351.52
浙　江	65338.54	5704.64	65158.06	5672.57	39638.75	2719.55	9966.63	1062.40	26698.72	1962.59
安　徽	19688.18	2859.24	19589.91	2812.13	7654.84	1295.01	1586.84	265.13	5488.13	932.24
福　建	25963.45	3440.86	25708.43	3389.98	11678.80	1331.82	3498.82	583.70	6682.70	657.17
江　西	13111.73	1981.87	13103.09	1979.50	5766.48	1070.51	1989.53	464.63	3384.02	623.61
山　东	47952.10	4925.44	46419.42	4768.03	25005.74	2511.43	4184.92	249.10	17478.54	2139.75
河　南	23511.41	3144.22	23494.43	3150.03	11823.35	1780.36	3070.60	545.29	7798.39	1005.62
湖　北	21902.55	2834.37	21479.99	2784.72	7857.28	1372.76	1425.04	333.57	5328.07	855.75
湖　南	18141.13	2448.70	18095.47	2443.08	5565.09	749.48	1661.30	282.89	3433.56	431.34
广　东	75664.16	8283.83	73820.54	8208.27	25550.38	3590.33	4691.48	1526.54	15939.32	2204.45
广　西	14081.01	1711.37	13889.16	1691.51	4273.14	791.19	855.81	191.95	3107.95	566.30
海　南	4630.78	734.84	4432.14	708.32	707.37	185.83	56.89	16.82	501.09	120.88
重　庆	18005.69	2383.31	17995.27	2381.51	5153.08	1096.26	1009.21	316.19	3283.12	585.02
四　川	30298.85	4103.99	30221.59	4089.01	10097.61	1913.22	2177.20	560.08	7287.70	1269.80
贵　州	10156.96	1798.38	10136.77	1796.06	2277.27	466.37	530.22	150.29	1581.24	326.30
云　南	16128.90	1945.56	15930.42	1895.41	5032.28	891.40	1349.20	324.20	3284.45	560.14
西　藏	1076.96	412.65	1076.96	412.65	259.77	132.74	32.75	14.87	216.44	110.54
陕　西	16537.69	2395.40	16520.37	2397.46	4803.21	738.56	1203.57	221.98	3223.91	469.68
甘　肃	8822.23	1609.59	8783.16	1605.21	3272.78	729.71	922.06	293.98	2159.69	394.77
青　海	3514.68	642.82	3405.62	604.15	837.57	181.13	104.33	30.80	657.45	121.66
宁　夏	3947.29	572.67	3929.48	561.17	1503.44	204.45	508.45	76.33	897.39	139.09
新　疆	10377.13	1980.33	9948.12	1935.63	3424.35	625.82	760.65	195.41	2304.92	349.92

续表 3

（2013年） 单位：亿元

项目 \ 地区	贸易融资		中长期贷款		个人贷款		单位普通贷款		境外贷款	
	余额	比年初	余额	比年初	余额	比年初	余额	比年初	余额	比年初
全　国	33716.58	1873.64	410345.50	46298.74	128379.60	22480.44	239200.36	18591.11	15893.53	2287.09
总　行	326.16	72.49	6566.45	-269.75	48.07	-14.86	5029.20	9.56	5760.99	1490.19
北　京	2577.04	634.71	28171.72	1856.88	6398.61	1121.90	18119.89	542.71	2828.77	-14.15
天　津	1256.88	270.99	11617.98	911.74	2063.80	329.10	7937.19	338.32	96.58	12.24
河　北	987.51	-14.63	12846.73	1391.80	4145.94	865.46	7928.58	470.34	66.87	19.59
山　西	372.56	44.66	8040.68	868.72	979.67	221.79	6124.47	669.07	0.55	-0.06
内蒙古	300.92	54.95	7502.45	691.26	1897.54	232.76	5147.01	333.71	23.36	7.21
辽　宁	1548.54	202.20	17004.41	1582.93	4386.27	686.95	11309.31	693.56	237.81	20.60
吉　林	250.26	11.73	6517.57	719.18	1987.39	372.24	3782.93	142.69	30.30	2.98
黑龙江	398.87	67.74	6208.89	710.97	2252.80	344.86	3515.60	328.10	122.06	48.00
上　海	2894.61	136.34	25901.76	2320.36	7763.92	1322.42	13783.83	660.10	797.05	78.96
江　苏	3709.78	-357.79	31732.42	4239.62	11080.20	1782.64	17028.66	2020.13	216.15	-6.14
浙　江	2916.67	-309.67	23736.96	2969.93	9053.71	1317.67	13040.39	1371.18	180.47	32.07
安　徽	554.69	95.54	11148.53	1554.52	4200.42	810.68	6057.42	630.66	98.28	47.11
福　建	1470.01	80.01	13492.98	2083.40	5931.25	1356.57	6783.78	575.07	255.01	50.88
江　西	353.30	-19.73	7141.04	962.63	2928.85	531.39	3385.19	341.01	8.65	2.37
山　东	3251.90	113.97	19498.20	2489.38	7039.82	1367.09	10776.02	885.43	1532.68	157.41
河　南	784.33	178.88	11029.60	1421.25	3667.19	860.70	6260.91	380.83	16.98	-5.81
湖　北	1030.60	195.49	13127.20	1410.19	3789.82	667.75	7880.03	443.79	422.56	49.66
湖　南	470.24	38.43	12294.92	1755.56	4047.76	804.60	7267.88	687.48	45.66	5.62
广　东	4809.19	-145.67	45767.47	4749.44	17120.55	2479.42	22838.30	1983.33	1843.62	75.56
广　西	308.75	33.04	9486.51	948.77	3478.46	487.65	5089.92	213.45	191.85	19.85
海　南	149.38	48.11	3685.42	548.44	503.67	88.10	2910.04	375.46	198.63	26.52
重　庆	856.74	193.14	12183.85	1206.96	4193.02	832.77	7065.73	204.16	10.42	1.80
四　川	627.93	82.58	19692.14	2150.00	6795.72	1179.16	11118.79	633.91	77.26	14.98
贵　州	158.16	-9.63	7759.55	1353.48	2501.93	559.55	4422.24	604.11	20.19	2.32
云　南	398.19	7.81	10600.03	955.64	3038.17	464.07	7049.90	354.23	198.48	50.15
西　藏	5.59	4.33	759.81	295.11	148.16	34.05	537.51	244.17	0.00	0.00
陕　西	358.27	39.33	11217.57	1677.90	3407.28	556.01	6534.10	901.97	17.31	-2.06
甘　肃	186.65	40.02	5106.33	885.62	1357.52	307.08	3547.44	546.39	39.08	4.38
青　海	74.04	27.32	2419.89	426.06	178.91	53.20	2009.72	324.71	109.06	38.67
宁　夏	93.70	-12.73	2303.17	342.32	555.73	114.75	1588.56	201.42	17.82	11.50
新　疆	235.14	69.65	5783.27	1088.42	1437.48	342.91	3329.83	480.05	429.01	44.70

金融机构（含外资）人民币信贷收支分地区表

（2013年）

单位：亿元

项目 地区	各项存款		单位存款		活期存款		定期存款	
	余额	比年初	余额	比年初	余额	比年初	余额	比年初
全　国	1043846.86	125620.44	520825.90	61981.82	216591.39	15024.81	147524.01	25541.23
总　行	20671.58	4314.74	13840.73	2275.79	4207.28	803.64	5558.41	669.13
北　京	87990.60	6386.93	55183.81	5669.55	17227.31	15.68	21500.27	3892.77
天　津	22684.59	2963.27	13533.26	1908.36	5706.61	578.07	2700.55	722.72
河　北	39221.33	5202.35	14227.96	2047.26	7364.31	724.95	3047.05	653.78
山　西	26105.35	2051.19	11163.97	378.83	5994.48	-550.59	2809.00	547.25
内蒙古	15205.69	1588.04	6830.96	661.53	4268.91	298.33	1075.00	193.85
辽　宁	38667.85	4158.43	16502.44	1550.88	7208.86	279.65	4109.99	500.62
吉　林	14781.42	2068.53	6192.36	984.86	3179.85	161.17	1545.88	416.22
黑龙江	18131.83	1799.13	6947.14	455.18	3996.37	108.29	1640.63	105.11
上　海	65037.47	5093.39	38326.52	3567.39	10281.47	76.20	11482.14	1831.64
江　苏	85604.08	10094.11	47175.23	5038.55	15052.90	1268.46	14237.27	2522.49
浙　江	71986.58	7099.13	37839.62	3168.05	11871.37	798.24	13805.21	1155.06
安　徽	26739.33	3755.09	12374.07	1693.72	5720.82	186.23	3346.87	827.87
福　建	28043.82	3737.97	14080.41	2031.84	6056.95	600.11	2923.99	686.67
江　西	19434.75	2717.52	8633.96	1262.27	4394.62	480.69	2086.86	257.82
山　东	62077.88	7722.42	29001.37	3373.65	11623.98	757.06	7335.05	558.45
河　南	37048.88	5431.52	15065.94	2154.15	7804.40	901.25	3239.70	746.92
湖　北	32636.15	4626.80	14569.65	2070.93	7286.91	662.98	2997.64	578.37
湖　南	26756.64	3716.31	10888.71	1493.50	6176.93	517.80	2566.40	581.60
广　东	114855.02	14523.97	54142.71	7159.06	18792.80	1451.38	17343.13	2974.34
广　西	18267.25	2402.58	8284.36	896.10	4494.71	334.00	1849.44	341.88
海　南	5887.01	836.07	3019.33	418.49	1837.56	179.50	507.25	88.34
重　庆	22202.10	3258.84	11697.54	1840.30	4662.58	298.05	2766.33	633.88
四　川	47667.28	6526.38	22160.38	2894.34	10587.98	960.81	6815.79	1743.28
贵　州	13265.01	2724.21	6676.54	1456.59	4658.64	766.13	906.39	287.99
云　南	20711.60	2724.18	10856.16	1413.36	6540.67	579.82	2380.76	609.62
西　藏	2499.08	493.38	1896.15	421.69	1139.20	77.27	716.82	357.58
陕　西	25577.19	2910.70	12270.61	1166.74	7121.72	239.93	2700.36	594.00
甘　肃	12029.66	1993.65	5630.51	969.00	3505.94	582.52	1213.08	121.34
青　海	4102.54	574.16	2336.41	350.61	1605.11	166.16	486.76	133.68
宁　夏	3868.47	372.62	1799.87	126.27	952.21	109.12	412.04	-63.59
新　疆	14088.83	1752.82	7677.24	1082.98	5267.96	611.93	1417.96	270.47

续表 1

（2013年） 单位：亿元

项目 地区	个人存款				所有者权益		资金来源总计	
			储蓄存款					
	余额	比年初	余额	比年初	余额	比年初	余额	比年初
全　国	466502.39	55261.66	447601.57	48777.22	96390.33	14224.05	1231993.04	155217.58
总　行	3827.72	189.27	998.46	-76.99	54312.79	6248.77	187368.66	16535.91
北　京	24832.73	467.71	23086.41	1497.10	2110.36	228.01	49008.30	5182.90
天　津	8159.56	910.53	7612.31	571.16	1210.19	243.84	22376.24	2756.89
河　北	23685.59	2837.61	23357.17	2688.87	1363.37	336.19	26185.83	3469.58
山　西	13612.19	1512.58	13339.37	1338.96	879.64	202.88	16687.26	2435.16
内蒙古	7661.19	999.62	7455.17	853.18	965.59	178.32	14287.84	2011.18
辽　宁	20272.44	2243.09	19659.51	1883.08	1707.94	347.95	31506.25	4585.96
吉　林	7901.70	950.63	7745.33	866.33	545.78	132.66	12243.37	2156.13
黑龙江	10350.81	984.04	10058.60	783.88	721.58	127.54	13042.84	2118.01
上　海	22314.51	1591.22	20486.25	1264.41	2582.95	308.60	308553.19	32676.32
江　苏	35147.09	4502.48	33823.90	3751.32	3397.20	564.75	68638.85	8750.14
浙　江	30231.46	3255.13	28922.97	2524.29	3299.20	474.16	69504.44	8361.80
安　徽	13350.87	1953.22	12924.91	1743.57	1171.30	242.53	20420.48	3001.37
福　建	12255.38	1424.16	11847.25	1354.67	2608.26	432.44	32286.19	6737.75
江　西	9944.66	1402.54	9725.17	1253.16	958.08	226.67	14924.45	2511.37
山　东	30614.34	3953.10	29796.08	3442.49	2429.57	431.08	48075.57	5682.64
河　南	20651.32	3008.81	20232.12	2761.48	1429.41	322.90	25565.26	3902.09
湖　北	15905.45	2356.39	15507.03	2087.56	1195.08	296.97	23070.60	3125.74
湖　南	14737.93	2072.27	14539.68	1958.85	829.17	194.97	19797.01	2585.22
广　东	52319.43	5614.93	49891.35	4478.50	4836.51	811.84	81409.08	13238.29
广　西	9499.36	1482.62	9118.91	1256.70	802.46	144.67	15175.95	2164.41
海　南	2540.73	331.90	2465.38	291.96	172.74	31.69	4307.68	654.24
重　庆	9866.12	1391.99	9622.31	1266.97	1128.13	238.34	19481.19	2205.32
四　川	22956.68	3384.84	22597.30	3162.74	1773.57	405.21	33259.10	5160.36
贵　州	6027.87	1179.43	5919.05	1112.59	582.88	184.90	11092.42	2326.89
云　南	9146.55	1287.97	8969.81	1219.34	810.41	207.95	16887.05	2447.91
西　藏	496.30	91.93	496.03	91.71	42.39	15.67	1137.60	351.34
陕　西	12654.39	1717.09	12249.36	1486.62	827.37	225.27	17678.16	2924.45
甘　肃	6048.40	953.75	5878.47	827.43	550.54	155.09	8990.48	1685.07
青　海	1533.13	253.21	1504.17	228.42	198.55	67.16	3641.40	706.31
宁　夏	1954.74	266.26	1887.23	207.37	259.25	50.34	4172.48	614.31
新　疆	6001.74	691.35	5884.50	599.48	688.05	144.67	11217.83	2152.51

续表 2

（2013 年） 单位：亿元

项目 地区	各项贷款		境内贷款		短期贷款		个人贷款及透支		单位普通贷款及透支	
	余额	比年初	余额	比年初	余额	比年初	余额	比年初	余额	比年初
全　国	718961.46	88916.22	717087.69	88852.00	290237.82	41985.23	70143.37	14643.89	200264.03	26247.50
总　行	28207.09	5915.34	27436.16	5794.75	20083.07	5708.99	13511.82	4354.69	6472.88	1340.41
北　京	40506.70	3954.06	40463.87	3953.28	13630.03	2183.64	1448.84	492.87	10927.07	1514.64
天　津	19453.31	2027.72	19447.70	2027.71	5500.74	831.40	418.61	147.48	4386.33	632.86
河　北	23966.01	3041.92	23965.52	3042.03	10504.24	1631.38	1932.31	417.29	7734.87	1176.80
山　西	14887.53	1774.30	14887.41	1774.30	5977.24	775.19	1295.21	231.65	4392.04	526.88
内蒙古	12944.17	1635.59	12944.09	1635.60	5242.18	855.26	1526.54	303.57	3435.51	498.05
辽　宁	27944.02	3163.06	27936.26	3162.71	10493.91	1549.44	1689.69	389.03	7780.84	1028.48
吉　林	10696.52	1532.22	10696.06	1532.28	3946.28	797.86	705.57	96.27	2976.80	670.36
黑龙江	11359.43	1436.43	11359.25	1436.44	4770.86	697.46	1110.06	84.68	3432.22	579.22
上　海	39748.56	3176.63	39562.35	3194.54	11042.93	602.80	907.85	25.19	8810.61	463.82
江　苏	61836.53	7207.83	61787.95	7209.66	28177.42	2629.00	4021.97	397.02	22232.99	2328.55
浙　江	62597.56	5490.70	62583.67	5493.24	37600.99	2612.93	9965.17	1062.16	26138.94	1771.29
安　徽	19088.79	2760.80	19082.32	2755.12	7343.01	1271.40	1586.70	265.10	5391.65	950.19
福　建	24487.53	3182.80	24425.61	3184.97	10752.70	1197.03	3497.04	583.29	6485.39	634.14
江　西	12953.47	1979.30	12952.28	1980.79	5655.71	1066.69	1989.39	464.62	3369.83	618.72
山　东	44761.26	4613.35	44559.71	4655.59	23531.34	2459.72	4184.24	248.85	17132.82	2086.59
河　南	23100.87	3004.04	23100.36	3005.85	11466.89	1634.39	3070.30	545.10	7745.26	1018.50
湖　北	20796.86	2756.46	20794.32	2757.37	7479.38	1355.77	1424.88	333.53	5122.86	839.92
湖　南	17774.99	2394.68	17768.70	2395.66	5395.87	747.22	1661.17	282.84	3376.85	447.06
广　东	68491.93	8222.34	68062.63	8226.58	21779.69	3718.00	4687.20	1526.23	15022.83	2159.74
广　西	13653.38	1697.87	13649.60	1696.74	4099.18	791.52	855.67	191.90	3047.81	587.20
海　南	3988.76	591.86	3983.62	593.03	594.32	113.37	56.81	16.81	406.12	51.43
重　庆	17381.55	2222.23	17377.33	2222.53	4613.86	958.87	1009.04	316.17	3247.30	588.89
四　川	29542.74	3950.97	29537.97	3951.49	9717.28	1810.17	2176.60	559.76	7155.54	1251.00
贵　州	10104.30	1821.15	10103.76	1821.22	2244.51	491.53	530.14	150.27	1577.74	330.97
云　南	15812.20	1928.20	15749.32	1917.81	4902.87	913.76	1349.05	324.20	3244.82	570.29
西　藏	1076.69	412.68	1076.69	412.68	259.77	132.74	32.75	14.87	216.44	110.54
陕　西	16219.84	2350.19	16218.13	2350.11	4697.04	728.70	1203.48	221.96	3188.41	458.35
甘　肃	8430.00	1584.64	8430.07	1584.63	3030.80	723.21	922.00	293.96	1957.41	403.91
青　海	3398.17	603.09	3398.17	603.09	834.73	181.00	104.30	30.81	657.45	121.66
宁　夏	3910.15	568.07	3910.14	568.08	1496.05	211.89	508.42	76.33	897.39	139.09
新　疆	9840.46	1915.71	9836.67	1912.13	3372.94	602.91	760.55	195.40	2299.01	347.95

续表 3

（2013 年）

单位：亿元

项目/地区	贸易融资		中长期贷款						境外贷款	
					个人贷款		单位普通贷款			
	余额	比年初	余额	比年初	余额	比年初	余额	比年初	余额	比年初
全　国	18735.18	954.43	398862.41	45860.36	128360.42	22482.12	231068.81	18096.01	1873.76	64.22
总　行	91.73	24.35	5574.05	-75.16	48.02	-14.86	4494.64	49.41	770.93	120.59
北　京	1220.73	167.20	25647.25	1842.10	6397.67	1122.51	16103.72	487.20	42.82	0.78
天　津	692.22	49.98	11168.25	856.17	2063.72	329.08	7509.64	277.77	5.61	0.01
河　北	818.51	24.01	12740.13	1382.98	4145.90	865.42	7830.80	463.90	0.49	-0.11
山　西	279.60	13.37	8015.78	869.21	979.67	221.79	6106.18	666.65	0.12	0.00
内蒙古	260.86	49.76	7467.34	692.21	1897.53	232.76	5132.38	339.29	0.07	-0.01
辽　宁	996.67	129.78	16610.16	1631.76	4386.20	686.93	11069.04	744.24	7.76	0.35
吉　林	212.60	16.24	6486.06	722.87	1987.39	372.24	3764.29	145.92	0.46	-0.06
黑龙江	225.77	41.34	6161.54	720.27	2252.80	344.86	3483.14	334.24	0.19	-0.01
上　海	1282.45	123.14	24557.06	2290.19	7750.11	1322.13	12753.19	623.39	186.21	-17.92
江　苏	1796.10	-124.30	31260.79	4197.91	11080.02	1782.77	16672.03	1960.77	48.58	-1.84
浙　江	1442.19	-222.79	23242.76	2895.36	9053.63	1317.59	12662.54	1294.52	13.90	-2.54
安　徽	339.48	54.02	10953.00	1521.15	4200.40	810.67	5936.75	594.54	6.48	5.68
福　建	753.48	-29.29	13137.82	2013.25	5930.75	1356.72	6501.62	517.11	61.93	-2.17
江　西	256.86	-18.65	7103.67	968.38	2928.84	531.37	3359.06	347.68	1.19	-1.49
山　东	2124.02	115.65	19123.85	2429.42	7039.78	1367.05	10603.01	870.98	201.55	-42.25
河　南	481.30	20.21	10993.02	1423.92	3667.18	860.69	6241.97	381.45	0.51	-1.81
湖　北	858.06	194.38	12820.21	1399.78	3789.81	667.76	7737.74	553.15	2.54	-0.90
湖　南	357.85	20.50	12138.54	1710.13	4047.75	804.60	7163.85	638.99	6.28	-0.98
广　东	1959.26	26.27	43876.74	4636.08	17117.36	2480.84	21577.72	1851.13	429.30	-4.24
广　西	195.07	12.52	9421.02	953.32	3478.44	487.63	5070.18	215.11	3.77	1.13
海　南	131.37	45.12	3349.95	505.62	503.66	88.10	2653.20	349.30	5.14	-1.17
重　庆	353.51	51.90	12105.13	1185.37	4193.00	832.76	7013.04	180.01	4.23	-0.30
四　川	380.35	-1.36	19389.64	2116.21	6795.70	1179.15	10895.16	604.18	4.76	-0.52
贵　州	128.99	10.88	7759.30	1353.48	2501.91	559.54	4422.24	604.11	0.55	-0.07
云　南	308.55	20.02	10548.33	955.68	3038.17	464.07	7009.63	353.59	62.88	10.40
西　藏	5.59	4.33	759.55	295.13	148.16	34.05	537.51	244.17	0.00	0.00
陕　西	287.68	40.82	11026.40	1641.20	3407.25	556.01	6387.60	876.24	1.71	0.08
甘　肃	147.01	24.40	4995.26	871.55	1357.51	307.08	3486.48	522.89	0.01	0.01
青　海	71.23	27.19	2415.29	425.12	178.91	53.20	2008.13	325.01	0.01	0.00
宁　夏	86.35	-5.28	2291.29	341.87	555.73	114.75	1586.03	201.79	0.01	-0.01
新　疆	189.73	48.73	5723.23	1087.82	1437.47	342.90	3296.30	477.26	3.79	3.58

金融机构（含外资）外汇信贷收支分地区表

（2013年）

单位：亿美元

地区＼项目	各项存款		单位存款					
					活期存款		定期存款	
	余额	比年初	余额	比年初	余额	比年初	余额	比年初
全　国	4385.98	283.87	3439.12	272.14	1222.59	-68.70	1258.45	213.54
总　行	370.99	7.98	329.34	17.60	163.57	-4.55	144.08	12.41
北　京	601.94	50.18	398.21	58.59	113.62	-8.49	179.55	32.06
天　津	103.65	5.24	86.91	4.17	33.50	-6.47	29.89	1.26
河　北	36.60	-2.29	25.14	-3.40	12.97	-4.09	7.65	-1.82
山　西	26.84	9.91	18.64	9.15	4.83	-1.71	9.74	7.10
内蒙古	9.52	-0.07	5.30	-0.71	2.12	-0.54	1.46	0.19
辽　宁	123.04	5.69	87.23	2.07	46.42	-4.30	27.00	1.29
吉　林	17.14	0.26	7.10	-0.85	6.11	1.23	0.36	-1.32
黑龙江	26.50	-7.60	14.86	-9.72	4.31	0.61	8.00	-7.31
上　海	691.97	81.36	519.12	95.24	197.47	12.59	199.15	57.35
江　苏	442.52	24.32	393.62	18.41	158.33	-6.33	114.77	38.06
浙　江	286.34	1.01	206.37	6.19	80.60	-8.96	59.14	8.00
安　徽	32.62	-4.64	26.29	-5.73	12.31	-10.16	10.77	3.68
福　建	146.79	23.35	119.24	20.21	32.89	-2.78	36.89	11.49
江　西	24.27	4.68	18.56	4.10	5.04	-0.57	12.16	4.66
山　东	209.94	37.22	176.22	31.17	81.68	7.33	54.76	10.74
河　南	88.93	37.70	77.37	36.34	9.61	0.64	54.52	24.45
湖　北	43.74	3.71	32.22	2.52	13.33	-1.48	10.77	3.25
湖　南	19.58	2.06	11.76	1.22	8.13	0.48	1.16	0.56
广　东	792.23	-29.28	647.25	-41.08	146.18	-15.52	227.32	2.28
广　西	21.85	4.23	16.39	3.88	5.51	0.16	4.04	2.53
海　南	10.74	0.93	8.17	0.76	7.21	0.86	0.74	-0.04
重　庆	96.29	18.43	90.13	17.62	18.22	-6.32	34.09	4.79
四　川	74.59	3.52	62.91	1.78	17.87	-5.51	27.07	-2.88
贵　州	5.35	0.93	3.39	0.62	2.13	-0.19	0.13	-0.01
云　南	19.31	6.05	13.29	5.35	4.06	0.25	1.49	0.89
西　藏	0.30	-0.28	0.22	-0.28	0.17	0.07	0.05	-0.35
陕　西	26.17	-3.42	16.19	-4.48	10.40	-5.78	1.11	0.65
甘　肃	6.72	-8.60	3.13	-9.01	3.00	-8.53	0.01	0.00
青　海	1.35	-0.25	0.40	-0.36	0.34	0.05		-0.15
宁　夏	2.12	0.25	1.06	0.08	0.85	-0.07	0.03	0.02
新　疆	26.03	11.28	23.07	10.71	19.80	9.39	0.24	-0.32

续表 1

（2013年） 单位：亿美元

地区 \ 项目	个人存款		储蓄存款		外汇买卖（来源方）		结售汇		所有者权益	
	余额	比年初	余额	比年初	余额	比年初	余额	比年初	余额	比年初
全　国	752.48	29.08	692.98	43.11	3537.73	175.79	1266.42	-113.44	666.36	118.36
总　行	25.66	-9.81	4.07	0.27	3672.41	302.97	1269.05	-102.94	492.90	24.66
北　京	117.97	6.10	108.44	5.85		-7.21			21.33	30.26
天　津	14.66	1.05	13.70	1.06		-1.87		-1.85	4.83	2.02
河　北	10.82	1.24	10.55	1.22	1.06	0.98	1.02	0.98	1.18	0.87
山　西	7.91	0.77	7.48	0.76	0.04	0.02	0.01	0.01	0.29	0.07
内蒙古	3.92	0.58	3.91	0.58	0.27	0.27	0.24	0.24	0.37	0.23
辽　宁	34.33	3.65	32.54	3.64		-0.44		-0.44	5.45	2.95
吉　林	9.85	1.23	9.59	1.25	0.97	0.84	0.82	0.82	0.89	0.13
黑龙江	11.45	2.11	10.98	2.08	0.40	0.33	0.41	0.41	1.17	0.64
上　海	128.40	0.87	114.72	4.72	117.15	103.79	111.37	111.37	52.71	7.63
江　苏	42.74	4.59	40.83	4.50		-1.69			10.81	3.84
浙　江	73.11	-7.30	71.76	-7.09					1.26	2.17
安　徽	5.88	0.81	5.72	0.80		-0.32	0.04	-0.26	13.66	13.76
福　建	26.02	2.63	25.45	2.71		-25.74		-22.69	3.06	-3.48
江　西	5.54	0.54	5.48	0.53	0.27	0.20	0.19	0.19	0.05	-0.09
山　东	29.05	4.03	28.09	4.07	0.13	-0.91	1.86	-1.19	10.86	6.99
河　南	11.15	1.36	10.76	1.35	0.14	0.11	0.11	0.10	-0.07	-0.14
湖　北	10.94	1.39	10.49	1.44		-0.37		-0.29	2.19	4.74
湖　南	7.64	0.87	7.40	0.85	0.54	0.44	0.50	0.44	0.99	0.96
广　东	125.59	6.85	122.57	6.92				-9.94	31.37	9.61
广　西	5.43	0.40	5.27	0.41	0.60	0.45	0.10	0.04	0.91	1.76
海　南	2.54	0.20	2.46	0.20	0.08	0.02	0.01	0.01	1.30	1.42
重　庆	4.45	0.59	4.28	0.64	0.17	0.17	0.25	0.21	3.13	2.65
四　川	11.24	1.48	10.86	1.48	0.75	0.69	5.08	2.79	1.20	0.73
贵　州	1.81	0.24	1.78	0.23	0.07	0.03	0.02	0.02	0.23	0.00
云　南	5.85	0.72	5.61	0.74		-0.05		-0.05	0.10	0.13
西　藏	0.08	0.01	0.08	0.01					0.00	0.00
陕　西	8.92	0.64	8.68	0.65	0.10	0.02	0.02	-0.05	1.09	0.47
甘　肃	3.75	0.51	3.70	0.50	0.12	-0.03	0.05	-0.04	0.49	1.37
青　海	0.98	0.09	0.97	0.09	0.02	-0.02		-0.02	0.26	0.44
宁　夏	1.02	0.14	1.02	0.14	0.19	0.05	0.16	0.05	0.09	0.06
新　疆	3.76	0.51	3.73	0.51	0.07	0.02	0.02	0.00	2.23	1.51

续表 2

（2013 年） 单位：亿美元

项目 地区	各项贷款		境内贷款		短期贷款		个人贷款及透支		单位普通贷款及透支	
	余额	比年初	余额	比年初	余额	比年初	余额	比年初	余额	比年初
全　国	7768.73	934.58	5469.24	511.93	3531.98	370.48	12.97	2.53	1057.81	146.78
总　行	1057.59	235.24	239.13	-7.22	73.45	18.09	9.99	1.88	24.92	7.31
北　京	1209.50	135.67	752.56	124.33	338.49	109.58	0.29	0.05	115.67	28.85
天　津	230.36	70.48	215.44	68.09	123.06	45.88	0.06	0.02	30.40	7.92
河　北	74.99	0.65	64.10	-2.82	46.57	-4.72	0.06	0.02	18.79	0.57
山　西	22.62	5.89	22.55	5.90	18.47	5.85	0.01	0.00	3.21	0.42
内蒙古	18.45	1.21	14.63	-0.05	8.73	-0.07	0.02	0.00	2.14	-1.09
辽　宁	291.63	40.78	253.89	36.43	188.54	42.14	0.20	0.10	97.83	27.82
吉　林	17.83	-0.46	12.93	-1.09	7.75	-0.65	0.02	0.01	1.55	-0.13
黑龙江	69.39	13.17	49.40	4.93	41.63	6.29	0.02	0.00	13.22	1.27
上　海	756.04	41.94	655.85	23.52	431.51	9.52	0.33	0.05	165.29	-1.34
江　苏	503.81	-11.89	476.33	-12.03	398.14	-21.33	0.23	0.03	83.75	6.17
浙　江	449.57	47.53	422.25	41.20	334.23	26.99	0.24	0.05	91.81	33.19
安　徽	98.31	18.61	83.25	11.57	51.15	5.29	0.02	0.01	15.82	-2.38
福　建	242.08	48.32	210.41	38.93	151.90	26.00	0.29	0.07	32.36	4.64
江　西	25.96	1.19	24.73	0.54	18.17	1.15	0.02	0.00	2.33	0.85
山　东	523.35	65.36	305.03	27.04	241.83	15.48	0.11	0.04	56.70	10.16
河　南	67.34	24.32	64.63	24.88	58.47	24.98	0.05	0.03	8.71	-1.79
湖　北	181.35	17.84	112.46	7.73	61.98	4.56	0.03	0.01	33.66	3.53
湖　南	60.05	10.40	53.60	9.15	27.76	1.19	0.02	0.01	9.30	-2.22
广　东	1176.37	45.08	944.40	25.42	618.46	-1.76	0.70	0.07	150.32	11.62
广　西	70.14	4.25	39.29	0.35	28.53	0.80	0.02	0.01	9.86	-3.03
海　南	105.30	25.91	73.57	20.55	18.54	12.08	0.01	0.00	15.58	11.52
重　庆	102.37	28.70	101.35	28.33	88.44	24.51	0.03	0.00	5.87	-0.44
四　川	124.02	28.07	112.12	25.24	62.38	18.27	0.10	0.05	21.68	3.64
贵　州	8.64	-3.36	5.41	-3.84	5.37	-3.84	0.01	0.00	0.57	-0.73
云　南	51.94	4.32	29.70	-2.67	21.22	-2.92	0.02	0.00	6.50	-1.42
西　藏	0.04	0.00	0.04	0.00	0.00	0.00	0.00	0.00		
陕　西	52.13	8.76	49.57	9.02	17.41	2.09	0.01	0.00	5.82	1.98
甘　肃	64.32	5.90	57.91	5.01	39.69	2.22	0.01	0.00	33.18	-0.46
青　海	19.11	6.89	1.22	0.21	0.47	0.03	0.01	0.00		
宁　夏	6.09	0.91	3.17	-1.00	1.21	-1.15	0.00	0.00		
新　疆	88.02	12.92	18.28	4.29	8.43	3.90	0.02	0.00	0.97	0.34

续表 3

（2013 年） 单位：亿美元

项目 / 地区	贸易融资		中长期贷款		个人贷款		单位普通贷款		境外贷款	
	余额	比年初	余额	比年初	余额	比年初	余额	比年初	余额	比年初
全　国	2457.22	219.97	1883.43	126.26	3.15	-0.17	1333.72	118.79	2299.49	422.65
总　行	38.45	8.81	162.77	-26.07	0.01	0.00	87.68	-3.71	818.46	242.46
北　京	222.46	81.05	414.06	14.78	0.15	-0.09	330.69	18.75	456.94	11.34
天　津	92.61	37.94	73.76	11.05	0.01	0.00	70.12	11.74	14.92	2.39
河　北	27.72	-5.31	17.48	1.93	0.01	0.01	16.04	1.50	10.89	3.46
山　西	15.25	5.44	4.08	0.04		0.00	3.00	0.47	0.07	-0.01
内蒙古	6.57	1.02	5.76	0.02	0.00	0.00	2.40	-0.82	3.82	1.26
辽　宁	90.52	14.24	64.66	-5.83	0.01	0.00	39.41	-6.88	37.73	4.35
吉　林	6.18	-0.53	5.17	-0.43	0.00	0.00	3.06	-0.42	4.89	0.63
黑龙江	28.39	5.05	7.77	-1.25			5.32	-0.82	19.99	8.24
上　海	264.42	10.03	220.55	11.42	2.26	0.11	169.04	10.91	100.19	18.42
江　苏	313.88	-27.73	77.36	8.96	0.03	-0.02	58.49	11.20	27.49	0.14
浙　江	241.84	-6.57	81.06	14.30	0.01	0.01	61.97	14.06	27.32	6.33
安　徽	35.30	7.67	32.07	6.27	0.00	0.00	19.79	6.34	15.06	7.04
福　建	117.52	20.92	58.25	12.91	0.08	-0.02	46.28	10.61	31.67	9.39
江　西	15.82	0.30	6.13	-0.73	0.00	0.00	4.29	-0.93	1.22	0.65
山　东	184.99	5.28	61.40	11.38	0.01	0.01	28.38	3.15	218.33	38.32
河　南	49.70	26.74	6.00	-0.24	0.00	0.00	3.11	-0.01	2.70	-0.55
湖　北	28.30	1.03	50.35	3.17	0.00	0.00	23.34	-16.70	68.89	10.11
湖　南	18.43	3.41	25.65	8.00	0.00	0.00	17.06	8.23	6.46	1.24
广　东	467.44	-13.33	310.11	27.34	0.52	-0.21	206.76	27.24	231.97	19.66
广　西	18.65	3.82	10.74	-0.40	0.00	0.00	3.24	-0.17	30.85	3.90
海　南	2.95	0.56	55.02	8.46	0.00	0.00	42.13	5.43	31.74	5.36
重　庆	82.54	24.95	12.91	3.82	0.00	0.00	8.64	4.10	1.02	0.37
四　川	40.61	14.57	49.62	6.86	0.00	0.00	36.68	5.83	11.89	2.82
贵　州	4.78	-3.12	0.04	0.00	0.00	0.00			3.22	0.48
云　南	14.70	-1.50	8.48	0.25	0.00	0.00	6.60	0.30	22.24	6.99
西　藏	0.00	0.00	0.04	0.00						
陕　西	11.58	0.11	31.36	6.78	0.00	0.00	24.03	4.81	2.56	-0.26
甘　肃	6.50	2.68	18.22	2.79	0.00	0.00	10.00	4.04	6.41	0.89
青　海	0.46	0.03	0.76	0.17			0.26	-0.04	17.89	6.69
宁　夏	1.21	-1.15	1.95	0.13			0.41	-0.05	2.92	1.92
新　疆	7.45	3.55	9.85	0.39	0.00	0.00	5.50	0.61	69.74	8.63

二、国内经济主要统计指标

地区生产总值

单位：亿元

地 区	2007年	2008年	2009年	2010年	2011年	2012年	2013年
北 京	9846.8	11115.0	12153.0	14113.6	16251.9	17879.4	19500.6
天 津	5252.8	6719.0	7521.9	9224.5	11307.3	12893.9	14370.2
河 北	13607.3	16012.0	17235.5	20394.3	24515.8	26575.0	28301.4
山 西	6024.5	7315.4	7358.3	9200.9	11237.6	12112.8	12602.2
内蒙古	6423.2	8496.2	9740.3	11672.0	14359.9	15880.6	16832.4
辽 宁	11164.3	13668.6	15212.5	18457.3	22226.7	24846.4	27077.7
吉 林	5284.7	6426.1	7278.8	8667.6	10568.8	11939.2	12981.5
黑龙江	7104.0	8314.4	8587.0	10368.6	12582.0	13691.6	14382.9
上 海	12494.0	14069.9	15046.5	17166.0	19195.7	20181.7	21602.1
江 苏	26018.5	30982.0	34457.3	41425.5	49110.3	54058.2	59161.8
浙 江	18753.7	21462.7	22990.4	27722.3	32318.9	34665.3	37568.5
安 徽	7360.9	8851.7	10062.8	12359.3	15300.7	17212.1	19038.9
福 建	9248.5	10823.0	12236.5	14737.1	17560.2	19701.8	21759.6
江 西	5800.3	6971.1	7655.2	9451.3	11702.8	12948.9	14338.5
山 东	25776.9	30933.3	33896.7	39169.9	45361.9	50013.2	54684.3
河 南	15012.5	18018.5	19480.5	23092.4	26931.0	29599.3	32155.9
湖 北	9333.4	11328.9	12961.1	15967.6	19632.3	22250.5	24668.5
湖 南	9439.6	11555.0	13059.7	16038.0	19669.6	22154.2	24501.7
广 东	31777.0	36796.7	39482.6	46013.1	53210.3	57067.9	62164.0
广 西	5823.4	7021.0	7759.2	9569.9	11720.9	13035.1	14378.0
海 南	1254.2	1503.1	1654.2	2064.5	2522.7	2855.3	3146.5
重 庆	4676.1	5793.7	6530.0	7925.6	10011.4	11409.6	12656.7
四 川	10562.4	12601.2	14151.3	17185.5	21026.7	23872.8	26260.8
贵 州	2884.1	3561.6	3912.7	4602.2	5701.8	6852.2	8006.8
云 南	4772.5	5692.1	6169.8	7224.2	8893.1	10309.5	11720.9
西 藏	341.4	394.9	441.4	507.5	605.8	701.0	807.7
陕 西	5757.3	7314.6	8169.8	10123.5	12512.3	14453.7	16045.2
甘 肃	2702.4	3166.8	3387.6	4120.8	5020.4	5650.2	6268.0
青 海	797.4	1018.6	1081.3	1350.4	1670.4	1893.5	2101.1
宁 夏	919.1	1203.9	1353.3	1689.7	2102.2	2341.3	2565.1
新 疆	3523.2	4183.2	4277.0	5437.5	6610.1	7505.3	8360.2

注：本表按当年价格计算。

地区生产总值及增长速度

（2013 年）

地　区	地区生产总值（亿元）	第一产业	第二产业			第三产业			地区生产总值比上年增长（%）
				工　业	建筑业		#交通运输、仓储和邮政业	#批发和零售业	
北　京	19500.6	161.8	4352.3	3536.9	815.4	14986.4	883.6	2372.4	7.7
天　津	14370.2	188.5	7276.7	6678.6	598.1	6905.0	725.1	1902.5	12.5
河　北	28301.4	3500.4	14762.1	13194.8	1567.3	10038.9	2377.6	2164.0	8.2
山　西	12602.2	773.8	6792.7	6033.0	759.7	5035.8	891.7	1079.5	8.9
内蒙古	16832.4	1599.4	9084.2	7944.4	1139.8	6148.8	1303.7	1547.0	9.0
辽　宁	27077.7	2321.6	14269.5	12510.3	1759.2	10486.6	1384.1	2414.3	8.7
吉　林	12981.5	1509.3	6858.2	6033.4	824.9	4613.9	486.2	1080.6	8.3
黑龙江	14382.9	2516.8	5918.2	5090.3	827.9	5947.9	616.0	1458.1	8.0
上　海	21602.1	129.3	8027.8	7236.7	791.1	13445.1	935.1	3533.1	7.7
江　苏	59161.8	3646.1	29094.0	25612.2	3481.8	26421.6	2530.0	6273.5	9.6
浙　江	37568.5	1784.6	18446.7	16368.4	2078.2	17337.2	1326.0	4111.4	8.2
安　徽	19038.9	2348.1	10404.0	8928.0	1475.9	6286.8	707.1	1355.5	10.4
福　建	21759.6	1936.3	11315.3	9455.3	1860.0	8508.0	1176.2	1789.9	11.0
江　西	14338.5	1636.5	7671.4	6434.4	1237.0	5030.6	678.6	1035.0	10.1
山　东	54684.3	4742.6	27422.5	24222.2	3200.3	22519.2	2746.1	7523.8	9.6
河　南	32155.9	4059.0	17806.4	15960.6	1845.8	10290.5	1309.3	2072.6	9.0
湖　北	24668.5	3098.2	12171.6	10531.4	1640.2	9398.8	1078.1	1903.6	10.1
湖　南	24501.7	3099.2	11517.4	10001.0	1516.4	9885.1	1174.3	2045.7	10.1
广　东	62164.0	3047.5	29427.5	27426.3	2001.2	29689.0	2604.4	7039.2	8.5
广　西	14378.0	2343.6	6863.0	5749.7	1113.4	5171.4	677.8	1083.1	10.2
海　南	3146.5	756.5	871.3	551.1	320.2	1518.7	141.0	344.5	9.9
重　庆	12656.7	1016.7	6397.9	5249.7	1148.3	5242.0	580.9	984.4	12.3
四　川	26260.8	3425.6	13579.0	11578.6	2000.5	9256.1	751.6	1472.6	10.0
贵　州	8006.8	1029.1	3243.7	2686.5	557.2	3734.0	775.1	582.1	12.5
云　南	11720.9	1895.3	4927.8	3767.6	1160.2	4897.8	273.5	1162.2	12.1
西　藏	807.7	86.8	292.9	61.2	231.8	427.9	28.8	51.2	12.1
陕　西	16045.2	1526.1	8911.6	7507.3	1404.3	5607.5	657.3	1293.8	11.0
甘　肃	6268.0	879.4	2821.0	2225.2	595.8	2567.6	347.2	440.3	10.8
青　海	2101.1	207.6	1204.3	970.5	233.8	689.2	74.2	126.3	10.8
宁　夏	2565.1	223.0	1265.0	944.5	320.5	1077.1	201.7	133.4	9.8
新　疆	8360.2	1468.3	3766.0	3024.3	741.7	3126.0	422.4	480.9	11.0

注：本表绝对数按当年价格计算，增长速度按不变价格计算。

分地区年末常住人口

单位：万人

地　区	2007年	2008年	2009年	2010年	2011年	2012年	2013年
全国总计	132129	132802	133450	134091	134735	135404	136072
北　京	1676	1771	1860	1962	2019	2069	2115
天　津	1115	1176	1228	1299	1355	1413	1472
河　北	6943	6989	7034	7194	7241	7288	7333
山　西	3393	3411	3427	3574	3593	3611	3630
内蒙古	2429	2444	2458	2472	2482	2490	2498
辽　宁	4298	4315	4341	4375	4383	4389	4390
吉　林	2730	2734	2740	2747	2749	2750	2751
黑龙江	3824	3825	3826	3833	3834	3834	3835
上　海	2064	2141	2210	2303	2347	2380	2415
江　苏	7723	7762	7810	7869	7899	7920	7939
浙　江	5155	5212	5276	5447	5463	5477	5498
安　徽	6118	6135	6131	5957	5968	5988	6030
福　建	3612	3639	3666	3693	3720	3748	3774
江　西	4368	4400	4432	4462	4488	4504	4522
山　东	9367	9417	9470	9588	9637	9685	9733
河　南	9360	9429	9487	9405	9388	9406	9413
湖　北	5699	5711	5720	5728	5758	5779	5799
湖　南	6355	6380	6406	6570	6596	6639	6691
广　东	9660	9893	10130	10441	10505	10594	10644
广　西	4768	4816	4856	4610	4645	4682	4719
海　南	845	854	864	869	877	887	895
重　庆	2816	2839	2859	2885	2919	2945	2970
四　川	8127	8138	8185	8045	8050	8076	8107
贵　州	3632	3596	3537	3479	3469	3484	3502
云　南	4514	4543	4571	4602	4631	4659	4687
西　藏	289	292	296	300	303	308	312
陕　西	3708	3718	3727	3735	3743	3753	3764
甘　肃	2548	2551	2555	2560	2564	2578	2582
青　海	552	554	557	563	568	573	578
宁　夏	610	618	625	633	639	647	654
新　疆	2095	2131	2159	2185	2209	2233	2264

注：1.全国数据包括中国人民解放军现役军人数，但不包括香港、澳门特别行政区和台湾省数据；分省数据中未包括中国人民解放军现役军人数。

2.2010年数据为当年人口普查数据推算数；其余年份数据根据年度人口抽样调查推算。

分地区全社会固定资产投资

单位：亿元

地区	2007年	2008年	2009年	2010年	2011年	2012年	2013年
全国总计	137323.9	172828.4	224598.8	278121.9	311485.1	374674.7	447074.4
北京	3907.2	3814.7	4616.9	5403.0	5578.9	6112.4	6847.1
天津	2353.1	3389.8	4738.2	6278.1	7067.7	7934.8	9130.3
河北	6884.7	8866.6	12269.8	15083.4	16389.3	19661.3	23194.2
山西	2861.5	3531.2	4943.2	6063.2	7073.1	8863.3	11031.9
内蒙古	4372.9	5475.4	7336.8	8926.5	10365.2	11875.7	14215.5
辽宁	7435.2	10019.1	12292.5	16043.0	17726.3	21836.3	25107.7
吉林	3651.4	5038.9	6411.6	7870.4	7441.7	9511.5	10133.5
黑龙江	2833.5	3656.0	5028.8	6812.6	7475.4	9694.7	12126.0
上海	4420.4	4823.1	5043.8	5108.9	4962.1	5117.6	5647.8
江苏	12268.1	15300.6	18949.9	23184.3	26692.6	30854.2	36373.8
浙江	8420.4	9323.0	10742.3	12376.0	14185.3	17649.4	20777.1
安徽	5087.5	6747.0	8990.7	11542.9	12455.7	15425.8	18621.6
福建	4287.8	5207.7	6231.2	8199.1	9910.9	12439.9	15327.4
江西	3301.9	4745.4	6643.1	8772.3	9087.6	10774.2	12866.1
山东	12537.7	15435.9	19034.5	23280.5	26749.7	31256.0	36789.1
河南	8010.1	10490.6	13704.5	16585.9	17769.0	21450.0	26220.9
湖北	4330.4	5647.0	7866.9	10262.7	12557.3	15578.3	19307.3
湖南	4154.8	5534.0	7703.4	9663.6	11880.9	14523.2	17846.3
广东	9294.3	10868.7	12933.1	15623.7	17069.2	18751.5	22307.8
广西	2939.7	3756.4	5237.2	7057.6	7990.7	9808.6	11907.7
海南	502.4	705.4	988.3	1317.0	1657.2	2145.4	2697.4
重庆	3127.7	3979.6	5214.3	6688.9	7473.4	8736.2	10429.6
四川	5639.8	7127.8	11371.9	13116.7	14222.2	17040.0	20325.2
贵州	1488.8	1864.5	2412.0	3104.9	4235.9	5717.8	7373.6
云南	2759.0	3435.9	4526.4	5528.7	6191.0	7831.1	9968.3
西藏	270.3	309.9	378.3	462.7	516.3	670.5	876.0
陕西	3415.0	4614.4	6246.9	7963.7	9431.1	12044.5	14867.3
甘肃	1304.2	1712.8	2363.0	3158.3	3965.8	5145.0	6527.9
青海	482.8	583.2	798.2	1016.9	1435.6	1883.4	2361.1
宁夏	599.8	828.9	1075.9	1444.2	1644.7	2096.9	2651.1
新疆	1850.8	2260.0	2725.5	3423.2	4632.1	6158.8	7724.5
不分地区	2530.8	3734.9	5779.7	6759.1	5651.3	6106.4	5493.3

分地区城镇居民家庭人均可支配收入

单位：元

地区	2007年	2008年	2009年	2010年	2011年	2012年	2013年
全国总计	13785.8	15780.8	17174.7	19109.4	21809.8	24564.7	26955.1
北京	21988.7	24724.9	26738.5	29072.9	32903.0	36468.8	40321.0
天津	16357.4	19422.5	21402.0	24292.6	26920.9	29626.4	32293.6
河北	11690.5	13441.1	14718.3	16263.4	18292.2	20543.4	22580.3
山西	11565.0	13119.1	13996.6	15647.7	18123.9	20411.7	22455.6
内蒙古	12377.8	14432.6	15849.2	17698.2	20407.6	23150.3	25496.7
辽宁	12300.4	14392.7	15761.4	17712.6	20446.8	23222.7	25578.2
吉林	11285.5	12829.5	14006.3	15411.5	17796.6	20208.0	22274.6
黑龙江	10245.3	11581.3	12566.0	13856.5	15696.2	17759.8	19597.0
上海	23622.7	26674.9	28837.8	31838.1	36230.5	40188.3	43851.4
江苏	16378.0	18679.5	20551.7	22944.3	26340.7	29677.0	32537.5
浙江	20573.8	22726.7	24610.8	27359.0	30970.7	34550.3	37850.8
安徽	11473.6	12990.4	14085.7	15788.2	18606.1	21024.2	23114.2
福建	15506.1	17961.5	19576.8	21781.3	24907.4	28055.2	30816.4
江西	11451.7	12866.4	14021.5	15481.1	17494.9	19860.4	21872.7
山东	14264.7	16305.4	17811.0	19945.8	22791.8	25755.2	28264.1
河南	11477.1	13231.1	14371.6	15930.3	18194.8	20442.6	22398.0
湖北	11485.8	13152.9	14367.5	16058.4	18373.9	20839.6	22906.4
湖南	12293.5	13821.2	15084.3	16565.7	18844.1	21318.8	23414.0
广东	17699.3	19732.9	21574.7	23897.8	26897.5	30226.7	33090.0
广西	12200.4	14146.0	15451.5	17063.9	18854.1	21242.8	23305.4
海南	10996.9	12607.8	13750.9	15581.1	18369.0	20917.7	22928.9
重庆	12590.8	14367.6	15748.7	17532.4	20249.7	22968.1	25216.1
四川	11098.3	12633.4	13839.4	15461.2	17899.1	20307.0	22367.6
贵州	10678.4	11758.8	12862.5	14142.7	16495.0	18700.5	20667.1
云南	11496.1	13250.2	14423.9	16064.5	18575.6	21074.5	23235.5
西藏	11130.9	12481.5	13544.4	14980.5	16195.6	18028.3	20023.4
陕西	10763.3	12857.9	14128.8	15695.2	18245.2	20733.9	22858.4
甘肃	10012.3	10969.4	11929.8	13188.6	14988.7	17156.9	18964.8
青海	10276.1	11640.4	12691.9	13855.0	15603.3	17566.3	19498.5
宁夏	10859.3	12931.5	14024.7	15344.5	17578.9	19831.4	21833.3
新疆	10313.4	11432.1	12257.5	13643.8	15513.6	17920.7	19873.8

分地区农村居民家庭人均纯收入

单位：元

地　区	2007年	2008年	2009年	2010年	2011年	2012年	2013年
全国总计	4140.4	4760.6	5153.2	5919.0	6977.3	7916.6	8895.9
北　京	9439.6	10661.9	11668.6	13262.3	14735.7	16475.7	18337.5
天　津	7010.1	7910.8	8687.6	10074.9	12321.2	14025.5	15841.0
河　北	4293.4	4795.5	5149.7	5958.0	7119.7	8081.4	9101.9
山　西	3665.7	4097.2	4244.1	4736.3	5601.4	6356.6	7153.5
内蒙古	3953.1	4656.2	4937.8	5529.6	6641.6	7611.3	8595.7
辽　宁	4773.4	5576.5	5958.0	6907.9	8296.5	9383.7	10522.7
吉　林	4191.3	4932.7	5265.9	6237.4	7510.0	8598.2	9621.2
黑龙江	4132.3	4855.6	5206.8	6210.7	7590.7	8603.8	9634.1
上　海	10144.6	11440.3	12482.9	13978.0	16053.8	17803.7	19595.0
江　苏	6561.0	7356.5	8003.5	9118.2	10805.0	12202.0	13597.8
浙　江	8265.2	9257.9	10007.3	11302.6	13070.7	14551.9	16106.0
安　徽	3556.3	4202.5	4504.3	5285.2	6232.2	7160.5	8097.9
福　建	5467.1	6196.1	6680.2	7426.9	8778.6	9967.2	11184.2
江　西	4044.7	4697.2	5075.0	5788.6	6891.6	7829.4	8781.5
山　东	4985.3	5641.4	6118.8	6990.3	8342.1	9446.5	10619.9
河　南	3851.6	4454.2	4807.0	5523.7	6604.0	7524.9	8475.3
湖　北	3997.5	4656.4	5035.3	5832.3	6897.9	7851.7	8867.0
湖　南	3904.2	4512.5	4909.0	5622.0	6567.1	7440.2	8372.1
广　东	5624.0	6399.8	6906.9	7890.3	9371.7	10542.8	11669.3
广　西	3224.1	3690.3	3980.4	4543.4	5231.3	6007.5	6790.9
海　南	3791.4	4390.0	4744.4	5275.4	6446.0	7408.0	8342.6
重　庆	3509.3	4126.2	4478.4	5276.7	6480.4	7383.3	8332.0
四　川	3546.7	4121.2	4462.1	5086.9	6128.6	7001.4	7895.3
贵　州	2374.0	2796.9	3005.4	3471.9	4145.4	4753.0	5434.0
云　南	2634.1	3102.6	3369.3	3952.0	4722.0	5416.5	6141.3
西　藏	2788.2	3175.8	3531.7	4138.7	4904.3	5719.4	6578.2
陕　西	2644.7	3136.5	3437.6	4105.0	5027.9	5762.5	6502.6
甘　肃	2328.9	2723.8	2980.1	3424.7	3909.4	4506.7	5107.8
青　海	2683.8	3061.2	3346.2	3862.7	4608.5	5364.4	6196.4
宁　夏	3180.8	3681.4	4048.3	4674.9	5410.0	6180.3	6931.0
新　疆	3183.0	3502.9	3883.1	4642.7	5442.2	6393.7	7296.5

注：本表按当年价格计算。

分地区主要农产品产量

（2013年）

单位：万吨

地　区	粮　食	油　料	棉　花	糖　料	蔬　菜	水　果	肉　类				奶　类
								#猪　肉	#牛　肉	#羊　肉	
全国总计	60193.8	3517.0	629.9	13746.1	73512.0	25093.0	8535.0	5493.0	673.2	408.1	3649.5
北　京	96.1	1.0	0.02		266.9	103.8	41.8	24.6	2.1	1.2	61.5
天　津	174.7	0.6	4.8		455.1	54.2	46.5	29.8	3.3	1.5	68.5
河　北	3365.0	151.1	45.7	74.2	7902.1	1863.3	448.8	265.3	52.3	29.1	465.7
山　西	1312.8	19.5	3.1	22.5	1198.5	711.8	83.2	61.2	5.2	6.2	87.2
内蒙古	2773.0	158.1	0.2	181.4	1421.1	294.8	244.9	73.4	51.8	88.8	778.6
辽　宁	2195.6	113.6	0.1	17.1	3270.9	944.7	420.1	233.6	43.2	8.1	125.7
吉　林	3551.0	84.0	0.6	6.2	938.1	234.7	262.7	136.3	45.0	4.2	48.3
黑龙江	6004.1	19.0		123.2	946.1	274.4	221.3	133.4	39.7	11.8	522.5
上　海	114.2	1.5	0.4	0.7	398.4	74.7	23.8	18.3		0.6	26.5
江　苏	3423.0	150.4	20.9	9.6	5237.8	814.2	383.2	229.9	3.2	7.8	59.9
浙　江	734.0	37.8	2.8	63.9	1764.3	715.7	174.3	138.8	1.1	1.7	18.2
安　徽	3279.6	225.4	25.1	20.2	2418.0	905.1	403.8	253.4	18.1	15.0	25.3
福　建	664.4	28.8	0.01	58.6	1729.7	744.3	211.2	157.7	2.6	2.1	15.3
江　西	2116.1	119.3	13.1	64.6	1257.6	637.8	321.9	245.1	12.7	1.1	12.2
山　东	4528.2	349.6	62.1	0.01	9658.2	3028.8	774.8	392.9	67.9	33.7	281.2
河　南	5713.7	589.1	19.0	28.3	7112.5	2599.7	699.1	454.1	80.6	24.8	328.8
湖　北	2501.3	333.2	46.0	28.7	3578.3	920.5	430.1	330.6	20.2	8.2	15.8
湖　南	2925.7	224.4	19.8	73.7	3603.5	879.4	519.2	430.6	18.2	10.7	8.9
广　东	1315.9	101.0		1553.2	3144.5	1485.4	435.2	277.8	7.0	0.9	14.1
广　西	1521.8	57.2	0.2	8104.3	2435.6	1433.4	420.0	261.3	14.3	3.2	9.6
海　南	190.9	10.9		440.8	524.8	439.5	82.9	50.5	2.6	1.1	0.2
重　庆	1148.1	53.1	0.01	10.9	1600.6	319.3	207.8	155.0	7.6	3.0	6.8
四　川	3387.1	290.4	1.3	57.1	3910.7	840.1	690.4	510.8	31.1	24.5	71.1
贵　州	1030.0	91.5	0.1	159.3	1500.4	167.7	199.7	163.7	14.1	3.5	5.5
云　南	1824.0	60.7	0.04	2146.3	1625.4	634.5	359.4	276.0	31.8	14.0	59.3
西　藏	96.2	6.4			67.0	1.3	26.8	1.5	15.9	8.6	33.0
陕　西	1215.8	59.5	5.8	0.2	1629.4	1764.4	112.6	88.3	7.5	7.0	188.5
甘　肃	1138.9	69.7	7.1	24.7	1578.7	611.5	91.0	50.8	17.2	16.6	39.1
青　海	102.4	32.6		0.02	158.9	3.0	31.8	9.9	10.3	10.5	28.7
宁　夏	373.4	16.8			509.0	264.3	27.4	7.1	8.7	9.0	104.2
新　疆	1377.0	60.6	351.8	476.5	1669.9	1326.9	139.4	31.3	37.8	49.7	139.2

分地区主要工业产品产量

（2013年）

地　　区	原　油（万吨）	天然气（亿立方米）	布（亿米）	农　用化　肥（万吨）	水　泥（万吨）	生　铁（万吨）	粗　钢（万吨）
全国总计	20946.9	1170.5	882.7	7037.0	241613.6	70897.0	77904.1
北　　京		5.8			900.5		2.3
天　　津	3044.5	18.7	2.1	13.5	951.9	2214.2	2289.5
河　　北	591.0	15.6	63.4	218.4	12676.2	17027.6	18849.6
山　　西		31.6	0.5	446.1	4984.8	4303.2	4519.6
内 蒙 古		0.2		113.6	6395.7	1367.2	1978.6
辽　　宁	1001.0	7.6	3.5	77.1	6005.2	5698.0	5972.9
吉　　林	620.3	23.7	0.4	48.8	3391.0	1116.2	1245.4
黑 龙 江	4001.0	35.0	0.1	61.5	4028.5	716.3	740.2
上　　海	7.2	2.3	1.4	2.1	750.3	1637.6	1800.6
江　　苏	201.5	0.5	81.1	250.8	17991.9	6690.6	8469.1
浙　　江			153.5	33.1	12462.9	1059.8	1387.0
安　　徽			10.0	277.3	12131.4	2017.3	2351.5
福　　建			60.4	44.1	7890.4	588.3	1624.6
江　　西			7.8	107.3	9204.2	2012.2	2156.6
山　　东	2765.6	5.1	128.5	760.0	16217.8	6580.3	6119.8
河　　南	476.5	4.9	31.3	488.6	16764.4	2551.9	2736.0
湖　　北	80.1	3.1	79.3	1156.9	11042.5	2416.2	2887.8
湖　　南			3.5	135.5	11264.7	1739.8	1746.5
广　　东	1291.8	75.3	27.5	45.7	13394.9	1149.9	1442.9
广　　西	43.7		0.2	105.7	10707.5	1567.6	1666.6
海　　南	26.5	1.7		65.9	1988.4		
重　　庆		1.7	5.4	215.4	6127.0	556.2	608.9
四　　川	22.4	214.3	17.2	473.7	13897.1	2011.4	1711.5
贵　　州		0.5	0.1	533.6	8140.5	529.9	485.2
云　　南				341.9	9009.2	1936.5	1883.9
西　　藏					295.8		
陕　　西	3688.0	371.6	5.7	100.7	8545.5	882.5	916.9
甘　　肃	72.8	0.2		62.4	4412.7	897.5	953.9
青　　海	214.5	68.1		425.2	1786.3	135.1	147.6
宁　　夏	6.1		0.1	70.3	1914.3	123.0	32.2
新　　疆	2792.5	282.9	0.4	361.8	5040.2	1370.7	1176.9

续表 （2013年）

地　区	钢　材（万吨）	汽　车（万辆）	家　用电冰箱（万台）	程　控交换机（万线）	移动通信手持机（万部）	微型计算机设备（万台）	发电量（亿千瓦小时）
全国总计	106762.2	2211.7	9261.0	3115.7	145561.0	33661.0	53975.9
北　京	219.0	200.0	83.7	759.0	18716.7	1141.1	335.8
天　津	6640.9	55.7	49.3	4.0	10336.3	1072.2	624.3
河　北	22861.6	97.4		7.7			2499.4
山　西	4486.2				2387.6		2627.9
内蒙古	1797.7	1.7					3520.7
辽　宁	6863.0	108.0	84.8	58.4	2715.0	0.2	1544.3
吉　林	1510.1	164.7					769.5
黑龙江	631.0	10.5				3.5	834.0
上　海	2322.8	226.9	153.9	126.9	4384.9	8101.3	959.5
江　苏	12398.0	107.2	1063.1	5.2	3019.6	7520.7	4289.4
浙　江	3823.4	30.6	939.6	125.5	987.8	164.3	2939.3
安　徽	3138.6	100.7	2973.9		1.1	671.8	1965.8
福　建	2782.8	20.6			3841.8	1284.8	1767.7
江　西	2463.8	36.8	101.5	1.2	5513.4	7.7	874.6
山　东	8109.1	104.4	524.4	30.9	5096.7	22.4	3510.9
河　南	4255.2	40.6	517.8		9720.7		2861.8
湖　北	3344.9	158.7	226.1	56.1	714.8	97.9	2158.2
湖　南	1977.9	32.1	21.0	116.8	87.5	34.7	1347.0
广　东	3384.5	231.6	1946.0	1821.9	73672.3	2028.7	3964.8
广　西	2790.7	186.9					1259.5
海　南	27.0	10.8					230.7
重　庆	1269.6	184.0	320.0		3545.7	5593.5	627.4
四　川	2785.2	80.5	89.7		814.4	5916.2	2597.3
贵　州	562.6		155.3		4.7		1676.3
云　南	2053.9	8.0		2.1			2148.4
西　藏							29.1
陕　西	1565.2	10.5	10.9				1508.7
甘　肃	1021.6	2.1					1195.0
青　海	130.8						600.3
宁　夏	149.8						1096.5
新　疆	1395.3	1.0					1611.7

分地区规模以上工业企业主要经济指标

(2013年)

单位：亿元

地区	主营业务收入	主营业务成本	主营业务税金及附加	销售费用	利润总额	税金总额
全国总计	1029149.8	877522.4	15617.7	25339.6	62831.0	45748.5
北京	18624.8	15798.3	282.4	828.8	1254.8	804.2
天津	27011.1	23208.4	318.0	635.0	1992.8	1177.3
河北	45766.3	40019.9	423.2	727.5	2560.9	1536.2
山西	18404.7	15687.3	162.6	534.6	547.9	897.9
内蒙古	19550.8	15732.7	272.6	477.7	1682.6	1065.0
辽宁	52150.4	45093.2	856.5	1076.9	2461.6	2106.5
吉林	21950.7	18396.7	496.1	788.1	1230.1	1106.2
黑龙江	13569.8	10694.5	665.0	297.3	1150.2	1268.5
上海	34533.5	28569.0	910.7	1263.7	2415.2	1815.9
江苏	132270.4	115111.6	1127.4	2876.6	7834.1	5112.6
浙江	61765.5	53100.9	671.3	1487.0	3385.9	2298.6
安徽	33079.5	28607.4	420.9	814.0	1758.8	1287.9
福建	32847.1	28241.1	376.9	833.3	1959.5	1293.8
江西	26700.2	23246.9	272.3	421.1	1756.7	1125.7
山东	132319.0	114856.6	1483.7	2402.8	8507.7	5182.3
河南	59454.8	51194.0	640.5	1088.7	4410.8	2077.1
湖北	37864.5	32146.6	733.4	1138.6	2080.7	1680.2
湖南	31616.6	25830.0	849.3	849.2	1585.1	1973.0
广东	103655.0	88559.8	1144.6	3519.5	5854.9	3683.7
广西	16726.0	14228.6	318.7	408.0	874.0	846.8
海南	1640.7	1312.8	80.9	60.8	110.8	143.7
重庆	15417.1	13149.8	225.1	426.2	878.4	805.0
四川	35251.8	29353.2	576.0	998.8	2168.4	1820.3
贵州	6878.4	5383.6	286.6	228.9	477.3	600.4
云南	9773.1	7587.1	786.7	264.0	549.1	1226.8
西藏	93.4	80.2	1.5	6.0	7.2	9.8
陕西	17763.0	13753.7	522.7	424.7	1973.3	1378.8
甘肃	8443.7	7321.0	266.4	129.9	286.7	458.7
青海	2045.4	1632.6	47.4	63.9	141.3	138.3
宁夏	3374.5	2879.5	68.4	69.3	139.1	168.1
新疆	8608.0	6745.8	329.8	199.0	795.4	659.3

注：本表为2013年快报数据

分地区居民消费价格分类指数

（2013年，上年=100）

地　区	居民消费价格指数	食　品	烟　酒及用品	衣　着	家庭设备用　品及服务	医疗保健和个人用品	交通和通　信	娱　乐教　育文　化	居　住
全　国	102.6	104.7	100.3	102.3	101.5	101.3	99.6	101.8	102.8
北　京	103.3	104.7	100.1	101.5	101.7	100.2	99.0	103.9	105.6
天　津	103.1	105.8	100.9	101.1	102.0	100.6	98.6	102.5	104.4
河　北	103.0	105.9	100.6	102.7	101.4	101.9	99.7	101.7	102.0
山　西	103.1	106.2	102.1	102.0	101.6	100.8	99.2	102.5	102.5
内蒙古	103.2	106.3	101.5	103.7	100.8	101.4	99.5	101.9	102.3
辽　宁	102.4	104.6	100.6	102.1	101.2	101.5	99.7	100.9	102.3
吉　林	102.9	105.7	100.7	102.1	100.6	101.3	99.5	102.3	102.4
黑龙江	102.2	104.3	101.6	102.2	100.0	101.4	98.7	100.7	102.4
上　海	102.3	104.4	100.1	100.0	101.3	100.0	100.4	100.1	103.9
江　苏	102.3	104.1	98.7	103.2	102.2	101.1	99.7	101.3	102.5
浙　江	102.3	103.8	99.8	102.9	102.2	100.3	99.4	102.5	102.5
安　徽	102.4	104.7	98.7	102.1	100.9	101.2	99.9	102.7	101.4
福　建	102.5	104.0	99.7	101.9	100.4	101.4	99.8	101.9	103.3
江　西	102.5	104.5	100.6	102.8	101.0	101.3	99.7	101.8	101.9
山　东	102.2	104.8	100.3	103.3	100.3	101.0	99.3	101.3	101.4
河　南	102.9	105.6	100.4	102.5	101.5	101.5	100.2	102.9	101.9
湖　北	102.8	104.9	100.5	102.2	101.9	102.1	99.4	101.5	103.1
湖　南	102.5	104.2	103.1	102.3	101.8	101.7	100.0	102.1	101.8
广　东	102.5	103.6	100.6	101.6	101.8	101.3	99.5	101.9	103.7
广　西	102.2	103.8	99.8	102.3	101.1	100.7	99.9	100.8	102.7
海　南	102.8	103.9	100.6	100.5	101.6	102.8	101.3	101.6	103.4
重　庆	102.7	104.1	100.6	106.3	101.6	101.0	98.3	101.4	102.8
四　川	102.8	104.8	99.4	100.8	101.9	102.2	100.0	101.6	103.7
贵　州	102.5	104.1	101.5	102.3	101.1	101.5	99.6	101.8	103.0
云　南	103.1	105.5	100.7	101.0	101.7	102.5	100.2	101.2	103.6
西　藏	103.6	107.7	100.2	102.2	100.5	100.2	100.4	101.4	102.5
陕　西	103.0	105.6	100.6	102.9	103.0	102.7	98.7	100.8	102.8
甘　肃	103.2	105.6	101.0	102.7	101.8	102.1	100.0	101.6	102.7
青　海	103.9	108.1	99.4	101.7	100.9	101.7	99.0	101.0	104.5
宁　夏	103.4	107.2	99.8	103.0	101.3	103.2	98.6	99.7	102.2
新　疆	103.9	108.5	101.7	99.8	101.3	101.4	100.1	101.1	103.4

分地区货运量和货物周转量

(2013年)

地区	货运量(万吨)	#铁路	#公路	#水运	货物周转量(亿吨公里)	#铁路	#公路	#水运
全国总计	4102495	396697	3076648	559738	168164.8	29173.9	55738.1	79187.5
北京	25748	1097	24651		1051.1	894.9	156.2	
天津	45233	8349	28206	8678	3097.4	515.9	313.7	2267.8
河北	198009	22469	172492	3048	11674.1	4233.6	6577.9	862.5
山西	156045	73181	82834	30	3592.4	2313.7	1278.6	0.1
内蒙古	164346	67288	97058		4462.0	2589.2	1872.7	
辽宁	206868	20566	172923	13379	11970.3	1341.1	2792.0	7837.2
吉林	44811	6516	38063	232	1681.3	580.0	1100.0	1.3
黑龙江	61094	14561	45288	1245	1930.0	949.2	972.9	7.9
上海	84305	702	43877	39726	14332.7	14.8	352.4	13965.5
江苏	181775	7157	103709	70909	9924.6	381.2	1790.4	7753.0
浙江	188679	4831	107186	76662	8951.2	272.1	1322.1	7357.0
安徽	396391	11566	284534	100291	12335.3	877.7	6544.0	4913.7
福建	96674	3636	69876	23162	3939.6	163.5	821.4	2954.7
江西	135172	5217	121279	8676	3640.1	612.7	2829.0	198.4
山东	264100	22876	227746	13478	8194.2	1487.4	5494.8	1212.0
河南	184823	12929	162040	9854	7259.8	2153.3	4488.0	618.5
湖北	131000	5646	100945	24409	4751.8	914.3	2046.3	1791.3
湖南	184535	5169	156269	23097	3832.3	950.3	2329.5	552.4
广东	349011	9711	261273	78027	9228.6	309.7	3003.4	5915.5
广西	151143	6916	124677	19550	3856.4	809.4	1857.2	1189.8
海南	17325	960	10290	6075	621.0	13.1	75.4	532.5
重庆	87241	2475	71842	12924	2298.9	182.6	695.9	1420.4
四川	167759	8970	151689	7100	2248.6	816.7	1273.1	158.8
贵州	72703	6461	65100	1142	1294.6	658.3	610.6	25.6
云南	104329	5146	98675	508	1361.9	428.3	922.0	11.6
西藏	1850	72	1778		103.4	22.0	81.5	
陕西	141579	35767	105566	246	3200.6	1514.7	1685.0	0.8
甘肃	51463	6381	45072	10	2362.0	1550.7	811.2	
青海	13372	3784	9588		451.9	249.2	202.8	
宁夏	40914	8412	32502		873.0	363.6	509.4	
新疆	66908	7288	59620		1796.8	868.2	928.5	
不分地区	87291	598		17281	21846.7	142.3		17639.1

注：不分地区合计中包括铁路行包运输、管道运输企业、民航运输企业、中远集团海外公司及中海集团香港有限公司完成数。

分地区客运量和旅客周转量

(2013年)

地区	客运量(万人)	#铁路	#公路	#水运	旅客周转量(亿人公里)	#铁路	#公路	#水运
全国总计	2122992	210597	1853463	23535	27571.7	10595.6	11250.9	68.3
北京	64161	11680	52481		254.0	118.0	136.1	
天津	17995	3352	14556	87	267.1	178.4	88.6	0.1
河北	61718	8762	52956		1163.7	867.2	296.5	
山西	34899	6294	28487	118	386.6	189.8	196.6	0.1
内蒙古	20819	4635	16184		360.5	187.1	173.4	
辽宁	91735	13033	78168	534	941.7	572.7	362.4	6.5
吉林	34148	6629	27403	116	413.7	244.8	168.7	0.2
黑龙江	45566	10107	35102	357	473.3	256.8	216.1	0.4
上海	11691	7972	3476	243	195.0	75.3	119.1	0.6
江苏	151444	13435	135555	2454	1365.3	514.0	847.3	4.0
浙江	135348	11052	121185	3111	1025.1	437.0	583.0	5.1
安徽	126710	7210	119433	67	1286.3	552.1	734.0	0.2
福建	55107	6501	46895	1711	542.7	209.2	330.6	2.8
江西	65067	6945	57915	207	930.7	622.6	307.7	0.4
山东	75074	9246	64019	1809	1083.8	552.4	520.3	11.0
河南	136237	10532	125450	255	1574.7	861.9	712.4	0.4
湖北	91522	10410	80670	442	1052.4	634.1	415.1	3.2
湖南	159726	9231	149015	1480	1565.1	840.3	721.9	2.9
广东	153120	17658	133305	2157	1780.9	570.1	1202.5	8.4
广西	49275	3275	45606	394	611.3	193.7	415.7	1.9
海南	13328	1389	10583	1356	112.4	25.2	85.0	2.2
重庆	65183	3251	61243	689	465.4	124.9	333.3	7.3
四川	134775	8240	124145	2390	912.1	310.1	599.2	2.9
贵州	83436	4322	77359	1755	593.6	211.2	377.9	4.5
云南	47626	3189	43392	1045	431.9	106.5	323.1	2.2
西藏	1455	129	1326		42.4	11.4	31.0	
陕西	70133	6123	63650	360	745.2	421.4	323.1	0.7
甘肃	36163	2522	33556	85	595.4	383.2	212.0	0.2
青海	4790	592	4140	58	95.3	54.9	40.3	0.1
宁夏	8418	594	7568	256	102.9	44.5	58.3	0.1
新疆	40926	2286	38640		544.5	224.8	319.6	
不分地区	35397				5656.8			

注：不分地区合计为民航完成数。

分地区社会消费品零售总额

单位：亿元

地　区	2009年	2010年	2011年	2012年	2013年
全国总计	132678.4	156998.4	183918.6	210307.0	237809.9
北　京	5309.9	6229.3	6900.3	7702.8	8375.1
天　津	2430.8	2860.2	3395.1	3921.4	4470.4
河　北	5764.9	6821.8	8035.5	9254.0	10516.7
山　西	2809.0	3318.2	3903.4	4506.8	5139.3
内蒙古	2855.0	3384.0	3991.7	4572.5	5114.2
辽　宁	5812.6	6887.6	8095.3	9304.2	10581.4
吉　林	2957.3	3504.9	4119.8	4772.9	5426.4
黑龙江	3401.8	4039.2	4750.1	5491.0	6251.2
上　海	5173.2	6070.5	6814.8	7412.3	8052.0
江　苏	11484.1	13606.8	15988.4	18331.3	20796.5
浙　江	8622.3	10245.4	12028.0	13588.3	15225.5
安　徽	3527.8	4197.7	4955.1	5736.6	6542.4
福　建	4481.0	5310.0	6276.2	7256.5	8275.3
江　西	2484.4	2956.2	3485.1	4027.2	4576.1
山　东	12363.0	14620.3	17155.5	19651.9	22294.8
河　南	6746.4	8004.2	9453.6	10915.6	12426.6
湖　北	5928.4	7013.9	8275.2	9562.5	10885.9
湖　南	4913.7	5839.5	6884.7	7921.9	9018.6
广　东	14891.8	17458.4	20297.5	22677.1	25453.9
广　西	2790.7	3312.0	3908.2	4516.6	5133.1
海　南	537.5	639.3	759.3	870.8	992.9
重　庆	2479.0	2938.6	3487.8	4033.7	4599.8
四　川	5758.7	6810.1	8044.6	9268.6	10561.4
贵　州	1247.3	1482.7	1751.6	2075.9	2366.2
云　南	2051.1	2542.4	3000.1	3511.6	4004.6
西　藏	156.6	185.3	219.0	254.6	293.2
陕　西	2699.7	3196.7	3790.0	4383.8	4999.5
甘　肃	1183.0	1394.5	1648.0	1906.5	2173.8
青　海	300.5	350.8	410.5	476.0	544.1
宁　夏	339.9	403.6	477.6	542.9	610.5
新　疆	1177.5	1375.1	1616.3	1858.6	2108.2

分地区货物出口额和进口额

(2013年)

单位：亿美元

地 区	按经营单位所在地分		按境内目的地、货源地分	
	出口额	进口额	出口额	进口额
全国总计	22093.7	19503.2	22093.7	19503.2
北 京	631.1	3660.1	332.2	983.4
天 津	490.1	795.0	489.4	856.7
河 北	309.6	239.4	408.4	494.9
山 西	80.0	78.0	97.5	74.1
内蒙古	40.9	79.0	52.6	91.3
辽 宁	645.4	499.5	534.4	679.5
吉 林	67.6	191.0	57.2	195.0
黑龙江	162.3	226.5	122.4	151.6
上 海	2041.8	2370.4	1887.9	2454.5
江 苏	3288.1	2220.0	3338.1	2594.8
浙 江	2487.5	870.4	2624.2	1030.9
安 徽	282.5	173.0	224.6	165.0
福 建	1064.8	628.5	943.2	601.7
江 西	281.7	85.8	233.0	103.6
山 东	1341.9	1323.7	1415.5	1734.1
河 南	359.9	239.6	385.8	241.9
湖 北	228.4	135.4	209.9	146.5
湖 南	148.2	103.5	144.0	99.1
广 东	6363.7	4552.2	7320.4	5496.5
广 西	186.9	141.4	94.0	293.1
海 南	37.1	112.8	31.7	115.8
重 庆	468.0	219.0	382.1	205.8
四 川	419.5	226.2	327.6	223.3
贵 州	68.9	14.0	32.1	15.5
云 南	159.4	98.5	87.7	70.6
西 藏	32.7	0.5	20.5	0.5
陕 西	102.3	99.0	102.3	100.0
甘 肃	46.8	55.6	14.3	54.1
青 海	8.5	5.6	3.5	5.0
宁 夏	25.5	6.7	18.0	8.1
新 疆	222.7	52.9	159.3	216.4

分地区外商投资企业货物进出口总额

单位：万美元

地区	2012年			2013年		
	进出口总额	出口额	进口额	进出口总额	出口额	进口额
全国总计	189412020	102262008	87150012	191840258	104374888	87465370
北京	7447913	2134714	5313199	7453717	2266717	5187000
天津	7743452	3281385	4462067	8014472	3281855	4732617
河北	1775182	942078	833103	1598057	846410	751647
山西	443295	221498	221798	542062	360433	181629
内蒙古	175005	87697	87309	162855	77859	84996
辽宁	4703771	2350651	2353120	4502229	2192250	2309979
吉林	1103267	149685	953582	1073053	130031	943022
黑龙江	104585	55994	48590	141492	58264	83228
上海	28991183	13867677	15123507	28855744	13674014	15181730
江苏	35777574	20466975	15310599	33933820	19420473	14513347
浙江	10318702	6298108	4020594	9976433	6206380	3770053
安徽	997466	459109	538356	1196650	526528	670123
福建	7391259	3912712	3478547	7544632	4165086	3379546
江西	1329891	646261	683630	1276446	634414	642031
山东	10197143	6048932	4148210	10104113	5823906	4280207
河南	3378057	1874349	1503708	3992610	2298191	1694418
湖北	1383267	762005	621262	1402606	732394	670211
湖南	628079	293674	334405	635621	329770	305851
广东	57123712	34051040	23072672	59209355	35730345	23479010
广西	962586	354223	608363	947291	366629	580662
海南	1148420	161005	987415	1094688	186262	908427
重庆	2494705	1616612	878092	3764602	2581122	1183480
四川	3020240	1826060	1194180	3135193	1907760	1227433
贵州	19009	11753	7256	21963	10418	11545
云南	62375	34126	28249	84373	37119	47254
西藏	41	15	26	14	14	
陕西	614911	303991	310920	1100024	492400	607624
甘肃	11796	9806	1990	7275	4989	2286
青海	4899	2406	2493	8789	1363	7426
宁夏	32800	21816	10984	34919	19281	15638
新疆	27438	15651	11788	25163	12210	12953

沿海规模以上主要港口货物吞吐量

单位：万吨

港　口	1990 年	2000 年	2010 年	2012 年	2013 年
宁波-舟山	2554	11547	63300	74401	80978
上　海	13959	20440	56320	63740	68273
天　津	2063	9566	41325	47697	50063
广　州	4163	11128	41095	43517	45517
青　岛	3034	8636	35012	40690	45003
大　连	4952	9084	31399	37426	40746
营　口	237	2268	22579	30107	32013
日　照	925	2674	22597	28098	30937
秦 皇 岛	6945	9743	26297	27099	27260
深　圳	1258	5697	22098	22807	23398
烟　台	668	1774	15033	20298	22157
厦　门	529	1965	12728	17227	19088
连 云 港	1137	2708	12739	17367	18898
湛　江	1557	2038	13638	17092	18006

注：1. 2006 年起，宁波-舟山港统计范围包括原宁波港和舟山港，以往年度数据为原宁波港数据。
2. 2007 年起，烟台港统计范围包括原烟台港和龙口港，以往年度数据为原烟台港数据。
3. 2009 年起，湛江港和海口港港区范围有调整。
4. 2011 年起，厦门港统计范围包括原厦门港和漳州港，以往年度数据为原厦门港数据。

世界主要国家和地区国内生产总值和人均国内生产总值

排　序	国家和地区	国内生产总值（亿美元）		人均国内生产总值（美元）	
		2010 年	2012 年	2010 年	2012 年
1	美　国	149583	162446	48358	51749
2	中　国	59305	82271	4433	6091
3	日　本	54954	59597	43118	46720
4	德　国	32829	34281	40145	41863
5	法　国	25483	26129	39186	39772
6	英　国	22856	24718	36703	39093
7	巴　西	21430	22527	10978	11340
8	俄罗斯联邦	15249	20148	10710	14037
9	意 大 利	20420	20147	33761	33072
10	印　度	17109	18417	1419	1489
11	加 拿 大	15770	18214	46212	52219
12	澳大利亚	11418	15324	51746	67556
13	西 班 牙	13758	13230	29863	28624
14	墨 西 哥	10474	11781	8885	9749
15	韩　国	10149	11296	20540	22590

资料来源：世界银行数据库。

主题索引

说明:

本索引为综合性主题索引。索引款目按汉语拼音顺序(同音字按声调)排列。表格款目后注有“表”字样。款目后的阿拉伯数字表示内容所在的页码,数字后的字母 a、b 表示该页自左向右的版面区域。

汉语拼音主题索引

H

I

J

K

L

M

N